Neue ökonomische Grundrisse

Herausgegeben von
Jürgen Eichberger und Werner Neus

Werner Neus

Einführung in die Betriebswirtschaftslehre aus institutionenökonomischer Sicht

10., überarbeitete Auflage

Mohr Siebeck

Werner Neus, geboren 1959; Studium der Betriebswirtschaftslehre an der Universität Köln; 1988 Promotion; 1994 Habilitation; seit 1994 Professor für Betriebswirtschaftslehre in Tübingen.

ISBN 978-3-16-156393-5 / eISBN 978-3-16-156394-2
DOI 10.1628/978-3-16-156394-2

ISSN 1434-3363 / eISSN 2568-8839 (Neue ökonomische Grundrisse)

Die Deutsche Nationalbibliothek verzeichnet diese Publikation in der Deutschen Nationalbibliographie; detaillierte bibliographische Daten sind im Internet über *http://dnb.dnb.de* abrufbar.

1. Auflage 1998
2. Auflage 2001 (neu bearbeitet)
3. Auflage 2003 (überarbeitet)
4. Auflage 2005 (neu bearbeitet)
5. Auflage 2007 (neu bearbeitet)
6. Auflage 2009 (überarbeitet und erweitert)
7. Auflage 2011 (überarbeitet)
8. Auflage 2013 (überarbeitet)
9. Auflage 2015 (überarbeitet)
10. Auflage 2018 (überarbeitet)

© 2018 Mohr Siebeck Tübingen. www.mohrsiebeck.com

Das Werk einschließlich aller seiner Teile ist urheberrechtlich geschützt. Jede Verwertung außerhalb der engen Grenzen des Urheberrechtsgesetzes ist ohne Zustimmung des Verlags unzulässig und strafbar. Das gilt insbesondere für die Verbreitung, Vervielfältigung, Übersetzung sowie die Einspeicherung und Verarbeitung in elektronischen Systemen.

Das Buch wurde von Gulde Druck in Tübingen auf alterungsbeständiges Werkdruckpapier gedruckt und gebunden.

Vorwort zur zehnten Auflage

Jede Überarbeitung eines Lehrbuches bringt eine Reihe von Pflichtelementen mit sich, allem voran die Aktualisierung von Zahlen, Daten und Fakten.

Erfahrungen im Hörsaal, Gespräche mit Kollegen und Beobachtungen aus der realen Welt veranlassen darüber hinaus immer wieder Veränderungen der Darstellung im Detail oder auch größerer Argumentationsbögen. Im vorliegenden Band betrifft dies vor allem einen Abschnitt zur Transaktionskostenökonomik (4.5.3.2), die Ausführungen zu Unternehmensethik und Corporate Social Responsibility (5.2.5), zur Gegenüberstellung von Kredit- und Beteiligungsfinanzierung (7.3.4) sowie zum Informationsgehalt des Jahresabschlusses (8.4.5). Im Kapitel zur Spieltheorie präsentieren wir nun viele Gleichgewichtskonzeptionen durchgängig anhand der Geschichte des Mengenoligopols, des Kartells und der Kartellstabilität.

Schließlich drängen sich immer wieder auch Überarbeitungen im redaktionellen Bereich auf. Glossar und Literaturhinweise sind fühlbar ausgeweitet, alle Abschnitte sind nunmehr einheitlich arabisch durchnummeriert. Der Unterzeichner gibt seinen Studierenden gerne die Empfehlung mit, in Hausarbeiten oder Abschlussarbeiten nicht über Gebühr passivisch formulierte Sätze zu verwenden. Um diesen Hinweis künftig mit einem größeren Nachdruck vertreten zu dürfen, habe ich (endlich) ausdrücklich darauf geachtet, dass das Passiv in diesem Buch nicht mehr so aktiv sein Unwesen treibt.

Von der ersten Auflage an haben sich zahlreiche Kollegen, Freunde und nicht zuletzt die keineswegs namenlosen Hilfskräfte mit wertvollen Inputs an dem Buch beteiligt. Nachhaltigen Dank schulde ich stets und nicht abnehmend

Pierre-Christian Fink
Isabel Gaspary
Wanja Guschin
Hans Hirth
Christian Hofmann
T. Ipse
Michaela Janurova
Anna-Lena Kotzur
Alexandra Nägele
Gerhard Neus
Peter Nippel
Kerstin Pull

Justine Rehbronn
Rudolf Richter
Reinhard H. Schmidt
Theresa Schulten
Michael Schulze
Manfred Stadler
Johanna Treiber
Moritz Weber
Michael Zimmert

und mehr als allen anderen
Herbert Hax.

Exkulpationsversuche in Sachen (Tipp-) Fehler sind überflüssig, und sie gelingen auch nicht. Deshalb hier nur der Hinweis auf eine Adresse für elektronische Post, unter der Sie Ihre leider wohl gerechtfertigten Beschwerden an den Verursacher herantragen können:

betriebswirtschaftslehre@uni-tuebingen.de.

Als weitere Dienstleistung sind im weltweiten Netz unter der Adresse

https://online.mohr.de/elib/neus

Lösungshinweise zu den Wiederholungsfragen und Übungsaufgaben verfügbar.

Tübingen, im Juni 2018   Werner Neus

Inhaltsübersicht

Teil I: Einführung

Kapitel 1   Gegenstand und Methoden der Betriebswirtschaftslehre 1

Teil II: Individuen, Märkte und Unternehmen

Kapitel 2   Robinson Crusoe 27
Kapitel 3   Kooperationsvorteile und Austausch über Märkte 61
Kapitel 4   Warum Unternehmen? 97
Kapitel 5   Entscheidungsbefugnisse und Unternehmensziele 157

Teil III: Funktionsbereiche des Unternehmens

Kapitel 6   Leistungsbereich 233
Kapitel 7   Finanzbereich 313
Kapitel 8   Rechnungswesen 401

Teil IV: Analytische Instrumente für die Betriebswirtschaftslehre

Kapitel 9   Typen von Gleichungen 473
Kapitel 10   Entscheidungen bei Risiko 479
Kapitel 11   Theorie nicht-kooperativer Spiele 527
Kapitel 12   Lineare und konvexe Optimierung 571

Teil V: Schluss

Kapitel 13   Rückblick: Zum Vorgehen in diesem Buch 591

Glossar 597
Literaturverzeichnis 615
Sachverzeichnis 629

Inhaltsverzeichnis

Vorwort V
Inhaltsübersicht IX

Teil I

Einführung

Kapitel 1

Gegenstand und Methoden der Betriebswirtschaftslehre

Zum Inhalt von Kapitel 1 1
1.1 Zu Erfahrungs- und Erkenntnisgegenstand der Betriebswirtschaftslehre 2
    1.1.1 Betrieb oder Individuum? 2
    1.1.2 Wirtschaften oder Einkommenserzielung und -verwendung? 4
    1.1.3 Entscheidungen 7
    1.1.4 Zusammenfassende Abgrenzung 8
1.2 Die Sichtweise der Institutionenökonomik 10
1.3 Ziele und Methoden der Betriebswirtschaftslehre 13
    1.3.1 Kognitive und praktische Wissenschaftsziele 13
    1.3.2 Ethisch-normative Defizite der Institutionenökonomik? 16
    1.3.3 Abstraktion und Praxisbezug 18
Wiederholungsfragen und Übungsaufgaben 20
Literaturhinweise 22
Zusammenfassung 22
Schlüsselbegriffe 23

Teil II

Individuen, Märkte und Unternehmen

Zum Inhalt von Teil II 25

Kapitel 2

Robinson Crusoe

Zum Inhalt von Kapitel 2 27
2.1 Das Entscheidungsproblem von Robinson 28
    2.1.1 Präferenzen 28
        2.1.1.1 Zielkatalog 29
        2.1.1.2 Zielgewichtung 29
        2.1.1.3 Nutzenfunktionen 31
    2.1.2 Handlungsmöglichkeiten und Entscheidungstypen 32
        2.1.2.1 Budgetrestriktionen 33
        2.1.2.2 Typen von Entscheidungen 33
    2.1.3 Aktivitäten und Ergebnisse 35
    2.1.4 Unsicherheit und Ergebnisse 37
    2.1.5 Das Grundmodell der Entscheidungstheorie 38
    2.1.6 Informationsbedarf 41
2.2 Effiziente und optimale Aktionen 42
    2.2.1 Dominanz und Effizienz 42
    2.2.2 Optimale Entscheidungen 47
    2.2.3 Warum Ermittlung effizienter Lösungen? 51
2.3 Für Robinson irrelevante Fragestellungen 53
Wiederholungsfragen und Übungsaufgaben 54
Literaturhinweise 58
Zusammenfassung 58
Schlüsselbegriffe 59

Kapitel 3

Kooperationsvorteile und Austausch über Märkte

Zum Inhalt von Kapitel 3 61
3.1 Merkmale eines marktwirtschaftlichen Systems 62
3.2 Gründe für eine Kooperation 63
    3.2.1 Güterausstattung 63
    3.2.2 Kostenvorteile 65
        3.2.2.1 Absolute Kostenvorteile 65
        3.2.2.2 Komparative Kostenvorteile 68
        3.2.2.3 Kostenvorteile aufgrund von arbeitsteiliger Spezialisierung ... 71
    3.2.3 Teamproduktion 73
    3.2.4 Risikoteilung und Versicherung 75
    3.2.5 Anerkennung von Verfügungsrechten 78
3.3 Koordination über Märkte 79
    3.3.1 Koordination ohne Wettbewerb: Verhandlungen 79
        3.3.1.1 Verhandlungskosten 80
        3.3.1.2 Verhandlungsmacht 81
        3.3.1.3 Verhandlungsgeschick 83
        3.3.1.4 *Nash*-Verhandlungslösung 84
    3.3.2 Koordination mit Wettbewerb: Marktpreise 87
        3.3.2.1 Wettbewerb 87
        3.3.2.2 Marktgleichgewicht 88
        3.3.2.3 *Walras*-Auktionator 89
        3.3.2.4 Implikationen 91
Wiederholungsfragen und Übungsaufgaben 92
Literaturhinweise 95
Zusammenfassung 95
Schlüsselbegriffe 96

Kapitel 4

Warum Unternehmen?

Zum Inhalt von Kapitel 4 97
4.1 Marktunvollkommenheiten 98
    4.1.1 Vollkommene versus unvollkommene Märkte 98
    4.1.2 Transaktionskosten im weitesten Sinn 99
    4.1.3 Asymmetrische Informationsverteilung 102
        4.1.3.1 Ungleiche Informationen 102

		4.1.3.2	Formen der Informationsasymmetrie 103

               4.1.3.2   Formen der Informationsasymmetrie 103
               4.1.3.3   Begrenzung sinnvoller Vertragselemente 105
               4.1.3.4   Vorteile durch Informationsvorsprünge? 106
               4.1.3.5   Information, Kontrolle und Anreize 110
4.2   Externe Effekte... 111
       4.2.1   Definition und Beispiele 111
       4.2.2   Gefahr von Fehlentscheidungen und Ansätze zur Internalisierung...... 113
4.3   Verfügungsrechte... 116
       4.3.1   Begriff der Verfügungsrechte 116
               4.3.1.1   Differenzierung von Verfügungsrechten 116
               4.3.1.2   Bündelung oder Trennung der Verfügungsrechte............... 117
               4.3.1.3   Merkmale von Verfügungsrechten 117
               4.3.1.4   Zielrichtungen der Verfügungsrechtstheorie 119
       4.3.2   Das *Coase*-Theorem.. 120
               4.3.2.1   Aussage und Implikationen 120
               4.3.2.2   Ein Beispiel 122
4.4   Öffentliche Güter 124
       4.4.1   Begriff und Eigenschaften 124
       4.4.2   Externe Effekte bei Versorgung und Inanspruchnahme.................. 125
4.5   Ansätze zur Begründung der Existenz von Unternehmen 126
       4.5.1   Die Fragestellung 126
       4.5.2   Unternehmen und die Verteilung von Verfügungsrechten............... 128
               4.5.2.1   Das Problem 128
               4.5.2.2   Lösung bei dezentraler Koordination 128
               4.5.2.3   Gemeinsames Wohlfahrtsoptimum (First Best) 131
               4.5.2.4   Lösung durch Kontrolle.. 132
               4.5.2.5   Lösung durch Anreize 134
       4.5.3   Unternehmen zur Transaktionskostenminderung 135
               4.5.3.1   Die Grundkonzeption von *Coase* 136
               4.5.3.2   Weiterentwicklungen 138
               4.5.3.3   Vertikale Integration als Beispiel................................. 141
4.6   Unternehmensverbindungen 150
Wiederholungsfragen und Übungsaufgaben 151
Literaturhinweise.. 154
Zusammenfassung.. 155
Schlüsselbegriffe 156

Kapitel 5

Entscheidungsbefugnisse und Unternehmensziele

Zum Inhalt von Kapitel 5 157
5.1 Ausgestaltung von Unternehmensverfassungen 158
    5.1.1 Unternehmensverfassung als Zuordnung von Verfügungsrechten...... 158
    5.1.2 Rechtsformen und Unternehmensverbindungen 160
        5.1.2.1 Rechtsformwahl... 160
        5.1.2.2 Personengebundene Rechtsformen 161
        5.1.2.3 Kapitalgesellschaften.. 163
        5.1.2.4 Zusammenfassender Überblick 168
        5.1.2.5 Unternehmensverbindungen............................. 171
    5.1.3 Zur Kombination von Leitungsrechten und Residualansprüchen 172
        5.1.3.1 Das Grundproblem... 172
        5.1.3.2 Eigentümergeleitete Unternehmen..................... 174
        5.1.3.3 Managergeleitete Unternehmen 176
        5.1.3.4 Arbeitsgeleitete Unternehmen 182
        5.1.3.5 Risikoteilung und Handlungsanreize: Das LEN-Modell 186
5.2 Privatautonomie der Eigentümer und Stakeholder-Interessen 192
    5.2.1 Die Fragestellung.. 192
    5.2.2 Interessendurchsetzung über Märkte 194
        5.2.2.1 Freiwilligkeit des Vertragsabschlusses 194
        5.2.2.2 Wettbewerb... 195
    5.2.3 Schutz der Interessen Dritter durch die Rechtsordnung 195
        5.2.3.1 Schutz des Wettbewerbs 196
        5.2.3.2 Arbeitnehmerschutz... 197
        5.2.3.3 Gläubigerschutz.. 199
        5.2.3.4 Anlegerschutz... 202
        5.2.3.5 Verbraucherschutz.. 204
        5.2.3.6 Umweltschutz... 205
        5.2.3.7 Einschätzung... 206
    5.2.4 Shareholder Value, Stakeholder Value und der
           Corporate-Governance-Kodex.. 207
        5.2.4.1 Shareholder und Stakeholder 207
        5.2.4.2 Der Deutsche Corporate-Governance-Kodex................. 210
    5.2.5 Unternehmensethik und Corporate Social Responsibility................. 213
        5.2.5.1 Zur Einordnung... 213
        5.2.5.2 Die Konzeption von *Steinmann* und *Löhr* 214
        5.2.5.3 Gibt es geeignete Marktstrategien?.................... 216
        5.2.5.4 Unternehmens- oder Individualethik?................. 219
        5.2.5.5 Mythen und Fakten 221

| | | 5.2.5.6 | Fazit. | 223 |

Wiederholungsfragen und Übungsaufgaben 224
Literaturhinweise 227
Zusammenfassung 228
Schlüsselbegriffe 229

Teil III

Funktionsbereiche des Unternehmens

Zum Inhalt von Teil III 231

Kapitel 6

Leistungsbereich

Zum Inhalt von Kapitel 6 233
6.1 Nähere Abgrenzung des Leistungsbereichs 234
6.2 Personalwirtschaft 236
    6.2.1 Charakterisierung des Austauschs von Arbeitsleistungen 236
        6.2.1.1 Arbeitnehmer und Arbeitsleistungen 236
        6.2.1.2 Marktkoordination und deren Probleme 239
    6.2.2 Qualifikation von Arbeitnehmern 241
        6.2.2.1 Qualifikation und deren Erwerb 241
        6.2.2.2 Unbekannte Qualifikation und Zeugnisse 242
    6.2.3 Entlohnung und Arbeitsanreize 247
        6.2.3.1 Grenzproduktivität als Maßstab für die Entlohnung 247
        6.2.3.2 Unbeobachtbarkeit von Arbeitsleistungen 250
        6.2.3.3 Mehrperiodigkeit von Arbeitsbeziehungen 253
    6.2.4 Die Sicherung von Quasi-Renten in Arbeitsbeziehungen 256
        6.2.4.1 Renten und Quasi-Renten 256
        6.2.4.2 Beispiele für Quasi-Renten in Arbeitsbeziehungen 258
        6.2.4.3 Interne Arbeitsmärkte 260
        6.2.4.4 Sicherung oder Beseitigung von Quasi-Renten? 263
6.3 Absatzwirtschaft 265
    6.3.1 Einführung 265
        6.3.1.1 Das Entscheidungsfeld 265
        6.3.1.2 Das absatzpolitische Instrumentarium 267
        6.3.1.3 Ansatzpunkte für die Bildung von Partialmodellen 269
        6.3.1.4 Eigenschaften von Preis-Absatz-Funktionen 270

	6.3.2	Preispolitik und Produktgestaltung bei symmetrischer Informationsverteilung 272
		6.3.2.1 Preispolitische Spielräume bei homogenen Gütern 272
		6.3.2.2 Preispolitik im Oligopol mit heterogenen Gütern 275
		6.3.2.3 Horizontale Produktdifferenzierung im Oligopol 278
		6.3.2.4 Vertikale Produktdifferenzierung 280
	6.3.3	Unbekannte Produktqualität 282
		6.3.3.1 Sucheigenschaften 282
		6.3.3.2 Erfahrungseigenschaften 283
		6.3.3.3 Vertrauenseigenschaften 285
	6.3.4	Strategisches Verhalten 286
		6.3.4.1 Was ist strategisch an strategischem Verhalten? 286
		6.3.4.2 Strategisches Verhalten gegenüber den Kunden 288
		6.3.4.3 Strategisches Verhalten gegenüber den Konkurrenten 290
	6.3.5	Franchising als Beispiel für eine komplexe Vertragsgestaltung im Absatzbereich 292
		6.3.5.1 Merkmale von Franchise-Verträgen 292
		6.3.5.2 Empirische Bedeutung des Franchising 293
		6.3.5.3 Beurteilung von Franchise-Verträgen 294
6.4	Gestaltung der Leistungstiefe 297
	6.4.1	Das Problem 297
	6.4.2	Produktionskostenargumente 298
	6.4.3	Wettbewerbsargumente 300
	6.4.4	Koordinationsargumente 301

Wiederholungsfragen und Übungsaufgaben 303
Literaturhinweise 309
Zusammenfassung 310
Schlüsselbegriffe 312

Kapitel 7

Finanzbereich

Zum Inhalt von Kapitel 7 313
7.1 Ein zahlungsbezogenes Bild des Unternehmens 314
7.2 Investitionsrechnung 317
    7.2.1 Klassifizierung... 317
        7.2.1.1 Typen von Investitionsentscheidungen......................... 317
        7.2.1.2 Statische und dynamische Investitionsrechnung............... 319
    7.2.2 Grundlagen der Finanzmathematik 320
        7.2.2.1 Diskontierung 320
        7.2.2.2 Barwerte und Endwerte von Zahlungsströmen 323
    7.2.3 Sichere Erwartungen und exogener Kalkulationszinsfuß................ 325
        7.2.3.1 Kapitalwert, Endwert und äquivalente Annuität............... 326
        7.2.3.2 Interner Zinsfuß 331
        7.2.3.3 Die Einbeziehung von Ertragsteuern............................ 334
7.3 Unternehmensfinanzierung 337
    7.3.1 Finanzierungstitel als Instrumente der externen Finanzierung......... 337
        7.3.1.1 Merkmale von Finanzierungstiteln.............................. 337
        7.3.1.2 Kapitalbedarf und Anlageinteressen 339
        7.3.1.3 Transformationsleistungen 339
    7.3.2 Kreditfinanzierung 342
        7.3.2.1 Merkmale und Ausprägungen der Kreditfinanzierung 342
        7.3.2.2 Fehlanreize bei de facto begrenzter Haftung 343
        7.3.2.3 Kreditsicherheiten... 348
    7.3.3 Beteiligungsfinanzierung 351
        7.3.3.1 Merkmale und Ausprägungen der Beteiligungsfinanzierung.. 351
        7.3.3.2 Separation of Ownership and Control 352
    7.3.4 Gegenüberstellung von Kredit- und Beteiligungsfinanzierung 353
    7.3.5 Interne Finanzierung.. 355
    7.3.6 Finanzierungsentscheidungen 359
        7.3.6.1 Rendite- und Risikowirkungen der Verschuldung
                (Leverage-Effekt) 360
        7.3.6.2 Das Wertadditionstheorem und die Irrelevanz der
                Finanzierung 362
        7.3.6.3 Finanzierungsbedingte Wertminderungen..................... 367
        7.3.6.4 Vorteile und Grenzen der Kreditfinanzierung 369
7.4 Komplexe Vertragsgestaltungen im Finanzbereich 371
    7.4.1 Finanzierungsleasing.. 371
        7.4.1.1 Formen und empirische Bedeutung des Leasing 371
        7.4.1.2 Beurteilung des Finanzierungsleasing.......................... 373

Inhaltsverzeichnis

  7.4.2 Venture-Capital 377
    7.4.2.1 Finanzierungsprobleme bei Unternehmensgründungen 377
    7.4.2.2 Merkmale und empirische Bedeutung der
        Venture-Capital-Finanzierung 380
  7.4.3 Projektfinanzierung 385
    7.4.3.1 Merkmale und empirische Bedeutung 385
    7.4.3.2 Projektbeteiligte 387
    7.4.3.3 Risikoverteilung 389
Wiederholungsfragen und Übungsaufgaben 392
Literaturhinweise 397
Zusammenfassung 397
Schlüsselbegriffe 399

Kapitel 8

Rechnungswesen

Zum Inhalt von Kapitel 8 401
8.1 Aufgaben des Rechnungswesens 402
  8.1.1 Informationsbedarf nach Aufgaben 402
    8.1.1.1 Abgrenzung der Informationszwecke 402
    8.1.1.2 Entscheidungsrechnungen 403
    8.1.1.3 Kontrollrechnungen 404
  8.1.2 Informationsbedarf nach Adressaten 406
    8.1.2.1 Externes Rechnungswesen 406
    8.1.2.2 Internes Rechnungswesen 408
  8.1.3 Zum Bedarf an Regulierung des externen Rechnungswesens 409
8.2 Bestands- und Bewegungsgrößen 410
8.3 Der ökonomische Gewinn als investitionsrechnerischer Erfolg 411
  8.3.1 Die Grundkonzeption 411
  8.3.2 Erweiterungen 412
  8.3.3 Ein einfaches Beispiel 413
  8.3.4 Beurteilung des ökonomischen Gewinns 415
8.4 Der handelsrechtliche Jahresabschluss 416
  8.4.1 Abgrenzung von der Zahlungsmittelrechnung 417
  8.4.2 Bestandteile des Jahresabschlusses 421
    8.4.2.1 Bilanz 421
    8.4.2.2 Gewinn- und Verlustrechnung 423
    8.4.2.3 Anhang 425
    8.4.2.4 Lagebericht 425
  8.4.3 Pflicht zur Erstellung eines Jahresabschlusses 425

8.4.4 Grundsätze ordnungsmäßiger Buchführung (GoB) 426
8.4.5 Zum Informationsgehalt des Jahresabschlusses 430
8.5 Kosten- und Erlösrechnung 434
    8.5.1 Zweck der Kosten- und Erlösrechnung 434
    8.5.2 Abgrenzung von der Finanzbuchhaltung 435
    8.5.3 Gliederungen von Kosten 437
    8.5.4 Basiselemente einer Kostenrechnung 439
        8.5.4.1 Kostenartenrechnung 440
        8.5.4.2 Kostenstellenrechnung 440
        8.5.4.3 Kostenträgerrechnung 441
        8.5.4.4 Ein Beispiel 441
        8.5.4.5 Prozessorientierte Kostenrechnung 444
    8.5.5 Kosteninformationen und Absatzentscheidungen 446
        8.5.5.1 Fragwürdige Kostenaufschlagsmethode 446
        8.5.5.2 Preisuntergrenzen für Zusatzaufträge 448
    8.5.6 Verrechnungspreise 449
        8.5.6.1 Anwendungsmöglichkeiten 449
        8.5.6.2 Ermittlung von Verrechnungspreisen 451
        8.5.6.3 Beurteilung von Verrechnungspreisen 455
    8.5.7 Zur Vereinbarkeit von Kosten- und Investitionsrechnung 457
Wiederholungsfragen und Übungsaufgaben 463
Literaturhinweise 467
Zusammenfassung 468
Schlüsselbegriffe 469

Teil IV

Analytische Instrumente für die Betriebswirtschaftslehre

Zum Inhalt von Teil IV 471

Kapitel 9

Typen von Gleichungen

9.1	Definitionsgleichungen..	473
9.2	Identitätsgleichungen	474
9.3	Annahmen	474
9.4	Verhaltensgleichungen...	475
9.5	Optimalitätsbedingungen..	476
9.6	Gleichgewichtsbedingungen...	477
9.7	Theoreme	477

Kapitel 10

Entscheidungen bei Risiko

10.1 Einordnung der Entscheidungen bei Risiko.. 479
10.2 Wahrscheinlichkeitsrechnung 480
    10.2.1 Zufallsvariablen und Wahrscheinlichkeitsverteilungen 480
    10.2.2 Wahrscheinlichkeits- und Verteilungsfunktion............................ 481
    10.2.3 Parameter von Wahrscheinlichkeitsverteilungen 484
    10.2.4 Rechenregeln für Verteilungsparameter................................... 487
    10.2.5 Mehrdimensionale Zufallsvariablen 488
        10.2.5.1 Gemeinsame, bedingte und Randverteilungen................. 488
        10.2.5.2 *Bayes*ianisches Lernen... 490
10.3 *Bernoulli*-Prinzip... 493
    10.3.1 Die Konzeption 493
    10.3.2 Annahmen über rationales Handeln....................................... 496
    10.3.3 *Bernoulli*-Befragung.. 498
        10.3.3.1 Der Entscheidungsprozess....................................... 498
        10.3.3.2 Ein Beispiel... 499
    10.3.4 Normierte Nutzenwerte und positive Lineartransformationen 500
    10.3.5 Kritik an den Verhaltensannahmen.. 501
    10.3.6 Nutzenfunktionen und Risikoeinstellungen 504

10.3.7 Maßgrößen für die Risikoaversion 506
10.4 (μ, σ)-Prinzip 509
    10.4.1 Idee der Vereinfachung 509
    10.4.2 (μ, σ)-Prinzip und Risikoeinstellung 509
    10.4.3 Schwächen des (μ, σ)-Prinzips 510
    10.4.4 Vereinbarkeit mit dem *Bernoulli*-Prinzip 512
10.5 Stochastische Dominanz 514
    10.5.1 Idee und Begriff 514
    10.5.2 Relation zum *Bernoulli*-Prinzip 517
    10.5.3 Ein Beispiel 517
    10.5.4 Relation zum (μ, σ)-Prinzip 520
Wiederholungsfragen und Übungsaufgaben 521
Literaturhinweise 525
Schlüsselbegriffe 526

Kapitel 11

Theorie nicht-kooperativer Spiele

11.1 Grundelemente und Darstellungsformen 527
11.2 Gleichgewicht in einstufigen Spielen 532
    11.2.1 Gleichgewicht in dominanten Strategien 532
    11.2.2 *Nash*-Gleichgewicht 533
    11.2.3 Einige Beispiele 535
        11.2.3.1 Gefangenendilemma 535
        11.2.3.2 Homogenes Mengendyopol 537
        11.2.3.3 Elfmeter und Kontrollspiele 539
        11.2.3.4 Koordinationsspiele 545
11.3 Gleichgewicht in mehrstufigen und wiederholten Spielen 547
    11.3.1 Endliche Spiele 548
        11.3.1.1 Das Rekursionsprinzip 548
        11.3.1.2 Teilspielperfektes Gleichgewicht 551
    11.3.2 Unendliche Spiele 553
11.4 Einbeziehung von Informationsdefiziten 558
    11.4.1 Unvollkommene und unvollständige Information 558
    11.4.2 *Bayes*ianisches Gleichgewicht 560
    11.4.3 Perfektes *Bayes*ianisches Gleichgewicht 562
Wiederholungsfragen und Übungsaufgaben 566
Literaturhinweise 570
Schlüsselbegriffe 570

Kapitel 12

Lineare und konvexe Optimierung

12.1 Kurzfristige Produktionsprogrammplanung als Beispiel für ein Optimierungsproblem 571
12.2 Lineare Optimierung und das Preistheorem 573
    12.2.1 Ein Problem der linearen Optimierung 573
    12.2.2 Primal und Dual 574
    12.2.3 Das Preistheorem 574
    12.2.4 Verrechnungspreise und wertmäßige Kosten 575
    12.2.5 Ermittlung der Produktionsmengen und der Verrechnungspreise 576
        12.2.5.1 Analytische Lösung: Der Simplex-Algorithmus 576
        12.2.5.2 Umschreibung der grafischen Lösung 578
    12.2.6 Ein Beispiel 578
        12.2.6.1 Analytische Lösung 578
        12.2.6.2 Grafische Lösung 580
12.3 Nichtlineare Optimierung 581
    12.3.1 Die grundlegende Situation 581
    12.3.2 Der Satz von *Kuhn* und *Tucker* 582
    12.3.3 Ein Beispiel 583
        12.3.3.1 Analytische Lösung 583
        12.3.3.2 Grafische Darstellung 584
        12.3.3.3 Wertmäßige Kosten 585
Wiederholungsfragen und Übungsaufgaben 586
Literaturhinweise 589
Schlüsselbegriffe 590

Teil V

Schluss

Kapitel 13

Rückblick: Zum Vorgehen in diesem Buch

13.1 Gegenstand der Betriebswirtschaftslehre 591
13.2 Die eingenommene Sichtweise 591
13.3 Entscheidungen in Unternehmen 593
13.4 Quantitative Methoden 594
13.5 Vereinfachungen und Verkürzungen 594

Glossar 597

Literaturverzeichnis 615

Sachverzeichnis 629

Teil I

Einführung

Kapitel 1

Gegenstand und Methoden der Betriebswirtschaftslehre

Zum Inhalt von Kapitel 1

Das einführende Kapitel 1 dient der Bestimmung des Rahmens für die Beantwortung der Fragen, denen wir in den weiteren Kapiteln nachgehen werden.

In Abschnitt 1.1 diskutieren wir, mit welchem real beobachtbaren Phänomen wir uns in der **Betriebswirtschaftslehre** beschäftigen (**Erfahrungsgegenstand**) und welcher Aspekt dieses empirischen Phänomens im Mittelpunkt steht (**Erkenntnisgegenstand**). Etwas abweichend von vielen anderen Lehrbüchern der Betriebswirtschaftslehre stehen hier als Erfahrungsgegenstand das einzelne **Individuum**, als zentraler Erkenntnisgegenstand dessen Bemühen um **Einkommenserzielung** im Mittelpunkt. Die Partizipation an einem Unternehmen – in welcher Rolle auch immer – ist aus diesem Blickwinkel Mittel zum Zweck. Dieser Zugang erlaubt es, einige Aspekte der Koordination von Entscheidungen besonders zu verdeutlichen.

Abschnitt 1.2 dient der Präzisierung der eingenommenen Sichtweise. Das verwendete Untersuchungsprogramm bezeichnet man als **Institutionenökonomik**. Deren kennzeichnendes Merkmal ist die Einbeziehung der Unvollkommenheit von Märkten, insbesondere einer asymmetrischen Informationsverteilung. Unter diesen Rahmenbedingungen kann sich die ausschließliche Orientierung ökonomisch handelnder Individuen an ihren persönlichen Einkommensinteressen als prekär herausstellen. Viele empirische Regelmäßigkeiten erweisen sich als Maßnahme zur Milderung der dadurch hervorgerufenen Probleme.

Schließlich kommentieren wir in Abschnitt 1.3 die verfolgten Ziele und die angewendeten Methoden etwas näher.

1.1 Zu Erfahrungs- und Erkenntnisgegenstand der Betriebswirtschaftslehre

Betriebswirtschaft und auch Betriebswirtschaftslehre sind alltägliche Begriffe. Auch ein nicht spezifisch vorgebildeter Mensch hat eine gewisse Vorstellung von diesem Fach. Spontan mit Betriebswirtschaftslehre assoziierte Stichworte sind Unternehmen, Arbeitsplätze oder Gewinnerzielung, vielleicht auch schon speziellere Ideen wie Buchhaltung, Werbung oder Unternehmensbesteuerung. Eine genauere Kennzeichnung des Gegenstandes der Betriebswirtschaftslehre sollte idealerweise zwei Bedingungen erfüllen: sämtliche Aspekte der Betriebswirtschaftslehre umfassen und zugleich trennscharf Elemente abgrenzen, die nicht Gegenstand der Betriebswirtschaftslehre sind. Dafür ist es zweckmäßig, zwischen Erfahrungs- und Erkenntnisgegenstand zu unterscheiden.

> Der *Erfahrungsgegenstand* ist das empirische Phänomen, das es zu beschreiben gilt.

> Der *Erkenntnisgegenstand* entspricht dem Blickwinkel und der speziellen Fragestellung, aus denen heraus der Erfahrungsgegenstand betrachtet wird.

Der Gedanke liegt nahe, als Erfahrungs- und Erkenntnisgegenstand der Betriebswirtschaftslehre die beiden ersten Wortbestandteile zu verwenden. So wird beispielsweise bei *Zelewski* als Erkenntnisobjekt das wirtschaftliche Handeln und als Erfahrungsobjekt der Betrieb angeführt.[1] Diese Abgrenzung des Faches bringt jedoch eine Reihe kaum sauber zu lösender Probleme mit sich, wie nachstehend anhand einiger Beispiele verdeutlicht wird. Deshalb wird hier schließlich für eine etwas andere Abgrenzung plädiert.

1.1.1 Betrieb oder Individuum?

Im auflagenstärksten unter den einführenden Lehrbüchern zur Betriebswirtschaftslehre wird der Betrieb wie folgt definiert:

> Der *Betrieb* ist „eine planvoll organisierte Wirtschaftseinheit, in der Produktionsfaktoren kombiniert werden, um Güter und Dienstleistungen herzustellen und abzusetzen".[2]

---

[1] Vgl. *Zelewski* (2008), S. 9 ff. bzw. S. 17 ff.
[2] *Wöhe/Döring* (2016), S. 27.

Diese Definition umfasst offensichtlich gleichermaßen private Betriebe wie einen Automobilhersteller und öffentliche Betriebe wie die Stadtwerke. Der Unterschied zwischen diesen Betriebstypen besteht in der Zielsetzung ihrer jeweiligen Tätigkeiten, die bei privaten Betrieben primär auf der Einkommenserzielung, bei öffentlichen Betrieben primär auf der Versorgung liegt. Auf diesen Punkt kommen wir später bei der Untersuchung des Erkenntnisgegenstandes zurück. Infolge der Fokussierung auf die Faktorkombination sowie auf Herstellung und Absatz von Gütern und Dienstleistungen sind private Haushalte zunächst nicht in die Definition einbezogen. Allerdings ist deren Verhalten beispielsweise als Konsumenten auf Gütermärkten und als Anbieter von Arbeitsleistungen sowie von liquiden Mitteln für betriebliche Investitionen zweifellos ebenfalls Gegenstand der Betriebswirtschaftslehre. Die Beschränkung des Erfahrungsgegenstandes der Betriebswirtschaftslehre auf Betriebe wäre also nur dann vertretbar, wenn zugleich Privathaushalte unter Betriebe subsumiert werden.

Diskussionsbedürftig ist, ob eine Wirtschaftseinheit dann kein Betrieb mehr ist, wenn sie nicht planvoll organisiert ist.[3] Dass alle betrieblichen Aktivitäten einer vernünftigen Planung folgen, kann man ebenso bezweifeln wie die Aussage, die Organisation von Betrieben sei ausschließlich Ausdruck von Rationalverhalten.

Problematisch ist auch der Verweis auf eine *„Wirtschaftseinheit"*. Die Wortwahl legt nahe, dass eine einheitliche Verhaltensweise und bei entsprechend planvollem Handeln auch eine einheitliche Interessenlage gegeben sind. Es ist jedoch fraglich, ob davon durchgängig ausgegangen werden darf. Nach allgemeiner Anschauung sind an einem Betrieb gewöhnlich mehrere Individuen beteiligt. In der Betriebswirtschaftslehre ist daher auch die Frage zu beantworten, wie es zur Zusammenarbeit mehrerer Individuen in einem Betrieb kommt: Warum werden die Gütererstellung und -verwertung oder insgesamt die Einkommenserzielung von mehreren Individuen gemeinsam vorgenommen? Es ist kein hinreichendes Verständnis für die Erscheinung „Betrieb" zu gewinnen, wenn nicht geklärt wird, worin dessen spezifische Vorteile gegenüber anderen Formen der Leistungserstellung, der Koordination von Entscheidungen oder der Verteilung der mit Entscheidungen verbundenen Risiken liegen. Schon das Zustandekommen der Institution Betrieb ist Ergebnis von Entscheidungen durch Individuen. Demnach versuchen Individuen, über Betriebe ihre eigenen Bedürfnisse zu befriedigen. Das nach außen sichtbare Verhalten eines Betriebes zu untersuchen kann also nur einen Teil der relevanten Fragen beantworten. Die Partizipation an betrieblichen Aktivitäten (als Kapitalgeber, Arbeitnehmer, Lieferant oder Abnehmer der Produkte) ist stets nur Mittel zum Zweck, und ein besonders wichtiger Zweck ist die Einkommenserzielung.

---

[3] Vgl. bspw. *Schneider* (2008), S. 603 und 605.

Eine Sichtweise, nach der „die Betriebe (...) Träger von Entscheidungen über Ziele und Mittel des Wirtschaftens"[4] sind, erweist sich also als wenig zweckmäßig. Das nachfolgende Zitat von *Meckling/Jensen* erfasst die im Weiteren eingenommene Perspektive besser.

> „Das Unternehmen ist kein Individuum. Es fühlt nicht; es trifft keine Entscheidungen; es kann nicht die Steuerlast tragen; es kann nicht die Kosten der Regulierung tragen; es kann nicht von Zöllen und Subventionen profitieren. Alle diese Aktionen nützen oder schaden selbstverständlich **Individuen**, die irgendeine Beziehung zu dem Unternehmen haben, wie Kapitalgeber, Angestellte oder Kunden. Aber es ist buchstäblicher Unsinn zu sagen, dass dem Unternehmen genützt oder geschadet wird."[5]

Dennoch kann es bei bestimmten Fragestellungen aus Gründen der Vereinfachung sinnvoll sein, Betriebe zu behandeln, als wären sie Individuen.

Mehrere Individuen zu einer Wirtschaftseinheit zusammenzufassen ist schließlich aus einem weiteren Grund problematisch: Wir können nicht ohne weiteres davon ausgehen, dass die einzelnen Individuen sich an den Interessen der Wirtschaftseinheit orientieren. Vielmehr werden sie das Gruppeninteresse im Allgemeinen nur dann verfolgen, wenn es mit ihrem individuellen Interesse vereinbar ist; dies wird in Abschnitt 2 dieses Kapitels noch deutlicher herausgearbeitet.

Den Aspekt des Erfahrungsgegenstandes zusammenfassend vertreten wir hier also die Auffassung, das Individuum in den Mittelpunkt des Interesses der Betriebswirtschaftslehre zu rücken. Dies entspricht zugleich der wissenschaftlichen Konzeption des ***methodologischen Individualismus***[6]. Es gehört zu den kennzeichnenden Merkmalen dieses Zugangs, dass Individuen sich in Fähigkeiten und Präferenzen unterscheiden können.

1.1.2 Wirtschaften oder Einkommenserzielung und -verwendung?

Auch mit Blick auf den Erkenntnisgegenstand der Betriebswirtschaftslehre erfolgt ein erster Blick auf das bereits zitierte Standardlehrbuch:

> „Unter **Wirtschaften** versteht man den sorgsamen Umgang mit knappen Ressourcen."[7]

---

4   *Kosiol* (1968), S. 13.
5   Wörtliche Übersetzung aus *Meckling/Jensen* (1983), S. 10; Hervorhebung im Original.
6   Siehe dazu näher *Richter/Furubotn* (2010), S. 3.
7   *Wöhe/Döring* (2016), S. 4.

Unzweifelhaft sind gewisse natürliche Ressourcen knapp, namentlich in dem Sinne, dass sie nicht vermehrbar sind. Nach welchen Werturteilen auch immer – seien sie beispielsweise ethischer oder ökonomischer Natur – ist es unstrittig, dass mit solchen Ressourcen „sorgsam" umgegangen werden sollte, wobei „sorgsam" keine von vornherein präzise Qualifikation ist. Daher bleibt die zitierte Formulierung zu vage. Für die Konkretisierung ist es hilfreich, Input-Output-Relationen zu analysieren, also das Verhältnis eingesetzter Mittel und erreichter Ziele:

> Das **ökonomische Prinzip** (oder Rationalprinzip) verlangt, ein vorgegebenes Ziel mit dem geringsten Mitteleinsatz zu erreichen (**Minimumprinzip**) oder mit einem vorgegebenen Mitteleinsatz eine möglichst weitgehende Zielerreichung zu bewirken (**Maximumprinzip**).

Eine Forderung, man solle mit den geringsten Mitteln eine möglichst weitgehende Zielerreichung erlangen, erweist sich als nicht hilfreich, weil sie nicht in eine operationale Handlungsanweisung umgesetzt werden kann.[8] Dies lässt sich gut am Beispiel eines Leichtathleten verdeutlichen, der ratlos zurückbleiben müsste, wenn er in einer möglichst kurzen Zeit eine möglichst lange Strecke zurücklegen soll.[9]

Das Rationalprinzip lässt sich normativ und deskriptiv interpretieren. **Normative Aussagen** bestehen in Handlungsvorschriften, in Empfehlungen, mit welchen Mitteln ein bestimmtes Ziel am besten erreicht werden kann. **Deskriptive Aussagen** erklären beobachtbare Sachverhalte und sind empirisch widerlegbar.

Viele normative Aussagen der Betriebswirtschaftslehre lassen sich unmittelbar auf das Rationalprinzip zurückführen. Dies kann man zum Beispiel belegen durch Sätze wie: „Produziere eine bestimmte Gütermenge zu den geringsten Kosten!" oder „Investiere so, dass mit einem bestimmten eingesetzten Vermögen ein möglichst großer Rückfluss erzielt wird!". Die normative Variante des Rationalprinzips erweist sich als das zentrale **ökonomische Basiswerturteil**, aus dem viele weitere Aussagen abgeleitet werden, nämlich dass die Verschwendung von Ressourcen stets vermieden werden soll. Die Anknüpfung an den oben angesprochenen sorgsamen Umgang mit Ressourcen ist offensichtlich. Der Begriff Verschwendung macht allerdings noch keine Aussage über die sachliche Verwendung von Mitteln. Vielleicht mag die eine oder andere Person hohe Ausgaben für einen luxuriösen Dienstwagen oder einen gut gefüllten, be-

---

[8] In Abschnitt 2.2 wird deutlich, dass es unabhängig von der mangelnden Eignung als Aufgabenstellung natürlich besser ist, mit weniger Mitteln ein weiter gehendes Ziel zu erreichen als umgekehrt.

[9] Rieger (1929), S. 57.

gehbaren Schuhschrank für Verschwendung halten. Im Sinne des Rationalprinzips sind das jedoch höchstens ungewöhnliche Zielsetzungen, solange die konkreten Güter zu geringsten Mitteln beschafft werden.

Ein für die Betriebswirtschaftslehre typischer Anwendungsbereich des ökonomischen Prinzips ist der produktionstechnische Bereich der Kombination von Einsatzfaktoren. Betriebliche Tätigkeiten sind demnach so zu organisieren, dass eine bestimmte Produktionsmenge mit der geringsten Menge von Produktionsfaktoren hergestellt wird; übertragen in eine monetäre Dimension entspricht dies der Kostenminimierung bei einer gegebenen Produktmenge. Da Unternehmen in der Regel nicht nur eine Produktart herstellen, müsste sich die Aussage bei allgemeinerer Darstellung auf ein Güterbündel beziehen. Zudem wäre zu ergänzen, dass nicht nur eine bestimmte Menge von Produkten, sondern auch eine bestimmte Produktqualität herzustellen ist. Diese Beispiele für eine erforderliche Präzisierung zeigen, dass eine hohe Genauigkeit der Abgrenzung nur um den Preis sehr umständlicher Formulierungen zu erzielen ist.

Die Frage nach der Wirtschaftlichkeit der Gütererstellung stellt sich in allen Formen von Betrieben, darunter auch in privaten Haushalten und öffentlichen Betrieben. Weite Teile der Betriebswirtschaftslehre fokussieren aber private Betriebe, bei denen von vornherein intendiert ist, die hergestellten Güter und Dienstleistungen auf dem Markt zu veräußern. Damit rückt die Zielsetzung der Einkommenserzielung in den Mittelpunkt.

Die Überschrift zu diesem Abschnitt verweist neben der Einkommenserzielung auf die Einkommensverwendung. Auch darauf können wir das ökonomische Prinzip anwenden. Offenbar geht es darum, einen bestimmten Grad der Bedürfnisbefriedigung mit den geringsten Mitteln zu erreichen. Die Einkommensverwendung dient in der Sprache der ökonomischen Theorie der Erzielung eines **Nutzens**. Nutzen kann durch Konsum hervorgerufen werden, wie der oben etwas ironisch als Beispiel herangezogene begehbare Schuhschrank verdeutlicht. Eine nutzenstiftende Verwendung von Einkommen kann aber auch darin bestehen, karitativ tätig zu werden, gemeinnützige Stiftungen einzurichten oder ähnliches. Angesichts der vielschichtigen Bedürfnisse von Individuen sind die Gründe für eine Nutzenentstehung entsprechend vielschichtig.

Fraglich ist, ob auch deskriptive betriebswirtschaftliche Aussagen stets mit dem Rationalprinzip vereinbar sein müssen. Den Blickwinkel ausschließlich auf rationales Verhalten zu verengen hätte zur Folge, weite Bereiche des tatsächlichen Verhaltens von Individuen außer Acht zu lassen. Angesichts der realen Möglichkeit von Fehlentscheidungen[10] sollten wir Aussagen über die Vermeidung von Fehlentscheidungen und Vorschläge für Reaktionen auf mögliche Fehlentscheidungen anderer Parteien ableiten können. Bei kompletter Be-

---

[10] Im Einzelnen wäre natürlich noch zu präzisieren, was genau eine *Fehl*entscheidung ist.

schränkung auf die Analyse rationalen Verhaltens könnte die Betriebswirtschaftslehre dem Anspruch, Aussagen über die Realität zu machen, kaum gerecht werden. Zwar könnte man das Rationalprinzip als Maßstab für jedes menschliche Verhalten formal zu retten versuchen, indem den Individuen genau diejenigen Bedürfnisse unterstellt werden, welche dazu führen, dass das beobachtbare Verhalten rational ist. Eine solche Argumentation wäre jedoch zirkelschlüssig: Sie wäre von einer bemerkenswerten inneren Logik, zugleich aber von einer ebenso bemerkenswerten Leere an gehaltvollen Aussagen. Obwohl Wirtschaften sicherlich auf eine rationale Verwendung von Einsatzgütern gerichtet ist, wäre also die Beschränkung des Erkenntnisgegenstandes auf rationales Handeln unzweckmäßig. Deskriptive Theorien, die ein in Bezug auf das Rationalprinzip widersprüchliches Verhalten untersuchen, sind insofern ebenfalls Teil der Wirtschaftswissenschaft im Allgemeinen und der Betriebswirtschaftslehre im Besonderen.

Umgekehrt lassen sich viele betriebliche Probleme auch mit anderen Methoden als denen der Wirtschaftswissenschaft untersuchen. So ist Mobbing gewiss ein betriebliches und auch betriebswirtschaftliches Problem, weil es die Produktivität betrieblicher Abläufe fühlbar herabsetzt. Zur Erklärung des Entstehens und zur Bewältigung der wirtschaftlich wie menschlich schädlichen Folgen des Mobbing ist es gleichwohl sinnvoll, auch außerökonomische Wissenschaften wie beispielsweise Psychologie oder Soziologie heranzuziehen. Für die Erforschung begrenzt rationalen Verhaltens erhielt denn auch im Jahre 2002 in naheliegender Weise mit *Daniel Kahneman* ein Psychologe den Nobelpreis für Wirtschaftswissenschaft.

1.1.3 Entscheidungen

Der Verweis auf positive und normative Aussagen der Betriebswirtschaftslehre impliziert bereits, dass mit der Auswahl zwischen Handlungsalternativen die Entscheidungen im Mittelpunkt des Interesses stehen.

Es ist trivial, dass **Entscheidungen** stets einen Zukunftsbezug aufweisen. Es ist fast ebenso trivial, dass aufgrund der generellen Unsicherheit der Zukunft die Entscheidungsfolgen unsicher sind. Demnach muss planvolles Handeln nach Maßgabe des ökonomischen Prinzips auch der Dimension der Unsicherheit Rechnung tragen. In der Regel bedeutet dies, dass es Kennzeichen wirtschaftlichen Handelns ist, Unsicherheiten zu verringern. Das stellt keineswegs einen Widerspruch dazu dar, dass ein wirtschaftlicher Erfolg kaum erzielbar ist, ohne dafür gewisse Risiken in Kauf zu nehmen. Das Interesse an der Verringerung von Unsicherheiten äußert sich darin, dass Individuen unter sonst gleichen Bedingungen (insbesondere bei einem fixierten durchschnittlichen Erfolg) ein geringeres Risiko dem höheren Risiko vorziehen. In der Sprache der Theorie bezeichnet man diese Haltung als **Risikoaversion**.[11]

Die Fähigkeit, Entscheidungen zu treffen, setzt keineswegs Selbständigkeit im rechtlichen Sinne voraus. Auch in einem System der Zentralverwaltungswirtschaft, wo (scheinbar) ausschließlich der zentrale Planer Entscheidungen trifft, sind tatsächlich alle beteiligten Individuen Träger von Entscheidungen. Inwieweit Individuen den geforderten Beitrag zur Einhaltung der Pläne leisten, ist Gegenstand ihrer Entscheidungen. Um das Argument auf zynische Weise weiter zu schärfen, können wir es sogar auf ein perverses System der Sklaverei ausweiten: Auch für den Sklaven stellt sich gedanklich das Entscheidungsproblem, den erteilten Befehlen Folge zu leisten oder nicht – selbst wenn die Folgen eines verweigerten Befehls für einen Sklaven verheerend sein dürften. Die Frage, welche Mechanismen in Hierarchien, die grundsätzlich auf dem Weisungsprinzip aufbauen, die Befolgung von Weisungen sichern, stellt ein wesentliches Thema der Betriebswirtschaftslehre dar. Die leitende Instanz muss stets damit rechnen, dass eine handelnde Person ihre eigenen Interessen verfolgt. Die Existenz von Weisungen oder Vorschriften – seien sie gesetzlich oder vertraglich im weitesten Sinne – sagt noch nichts über deren Beachtung aus.

1.1.4 Zusammenfassende Abgrenzung

Die voranstehenden Ausführungen lassen sich wie folgt zusammenfassen:[12]

> *Gegenstand der Betriebswirtschaftslehre* ist die Untersuchung von individuellen, die Einkommenserzielung und -verwendung betreffenden Entscheidungen. Aufgrund der Zukunftsbezogenheit von Entscheidungen ist auch die Unsicherheit über das Einkommen zu gestalten. Einkommensbezogene Entscheidungen von Individuen umfassen auch die Koordination von Handlungen mehrerer Individuen.

Dieses Verständnis der Betriebswirtschaftslehre entspricht etwa dem, was *Wilhelm Rieger* zu Beginn des 20. Jahrhunderts als **Privatwirtschaftslehre** bezeichnete. Die Umbenennung zur Betriebswirtschaftslehre brachte eine Verengung des Untersuchungsgegenstandes mit sich, weil das Rationalprinzip stärker auf den Faktoreinsatz bezogen wurde; die Einkommenserzielung trat in den Hintergrund. Zugleich ging damit durch die Einbeziehung solcher Betriebe, bei denen die Einkommenserzielung keine Rolle spielt (etwa die oben genannten

---

[11] Siehe dazu ausführlich Abschnitte 10.3.6 und 10.4.2.
[12] Insgesamt ähnlich *Schneider* (1995), S. 28.

öffentlichen Versorgungsbetriebe), eine Verbreiterung des Untersuchungsgegenstandes einher. Diese Entwicklung hatte durchaus auch ideologische Hintergründe, weil die Fachvertreter, welche den Begriff der Betriebswirtschaftslehre demjenigen der Privatwirtschaftslehre vorzogen, sich vom „öden Profitstreben"[13] abheben wollten. Nach allem bisher Vorgetragenen ist es allerdings abseitig, der so abgegrenzten Betriebswirtschaftslehre die ausschließliche Beschäftigung mit ödem Profitstreben zu unterstellen.

Die nachfolgenden Ausführungen sind ähnlich wie bei *Rieger* auf ein marktwirtschaftliches Wirtschaftssystem ausgerichtet. Ein solches System ist gekennzeichnet durch **Privatautonomie**, der durch den **Wettbewerb** verschiedener Wirtschaftseinheiten und durch **staatliche Reglementierung** Grenzen gesetzt sind. Es ändert nichts an dem Grundprinzip, wenn wir „Marktwirtschaft" durch Voranstellung eines Adjektivs (beispielsweise „sozial" oder „ökologisch") in einer bestimmten Art und Weise näher präzisieren. Der Unterschied zwischen verschiedenen möglichen Varianten der Marktwirtschaft besteht in den Werturteilen, welche einer bestimmten staatlichen Gestaltung von Rahmenbedingungen zugrunde liegen. Dies lässt zugleich Raum für eine demokratische Legitimation.

Die Marktwirtschaft verdient allerdings nur dann ihren Namen, wenn die Privatautonomie verbunden ist mit der Verantwortung für die Entscheidungsfolgen. Das Einstehen für die Entscheidungsfolgen umfasst die Berechtigung, sich Erfolge anzueignen, ebenso wie die Verpflichtung, nicht an der Entscheidung beteiligte Personen von negativen Entscheidungsfolgen freizustellen. Mit der Privatautonomie muss also kurz gesagt die **Haftung** einhergehen.[14]

Die Fokussierung auf die Marktwirtschaft stellt eine gewisse Einschränkung gegenüber einer Betriebswirtschaftslehre dar, die unabhängig vom gesamtwirtschaftlichen System geltende Aussagen treffen möchte. Diese Einschränkung können wir damit begründen, dass Zentralverwaltungssysteme eine vernachlässigbare empirische Relevanz besitzen. Überdies ermöglicht uns diese Beschränkung, einen bestimmten Aspekt wirtschaftlicher Fragestellungen noch deutlicher hervorzuheben: nämlich die Koordination von Entscheidungen selbständiger, auf ihr eigenes Einkommen bedachter Individuen. Als weiteren Schwerpunkt kann man die Koordination von Entscheidungen identifizieren, also Fragen wie: Warum kooperieren Individuen? In welchen Formen kooperieren sie? Welche Institutionen sichern die durch eine Kooperation ermöglichten Vorteile?

Um Missverständnissen vorzubeugen, sei betont, was bisher eher zwischen den Zeilen angeklungen ist: Die hier entwickelte Konzeption der Betriebswirtschaftslehre ist keineswegs die einzig denkbare; insbesondere hinsichtlich des

---

[13] *Rieger* (1929), S. 48.
[14] Diesen Gedanken werden wir in Abschnitt 4.2 ausführlich weiterentwickeln.

Erkenntnisgegenstandes können wir zahlreiche Ansätze unterscheiden.[15] Die neben der konsequent ökonomischen Ausrichtung wohl am häufigsten vertretene Sichtweise ist die der Betriebswirtschaftslehre als Managementlehre, also als multidisziplinäre Führungslehre.[16]

1.2 Die Sichtweise der Institutionenökonomik

Die betriebswirtschaftlichen Darstellungen unterscheiden sich also im Einzelnen dadurch, wie das wirtschaftliche Handeln besonders betont wird. In diesem Buch nehmen wir die Sichtweise der (Neuen) Institutionenökonomik ein. **Institutionenökonomik** steht für ein Gedankengut, das man noch weiter ausdifferenzieren könnte; alle Zweige folgen aber einem verwandten Untersuchungsprogramm. Es finden sich auch die Schlagworte **Informationsökonomik** oder **Vertragstheorie**.

Individuen sind bestrebt, ihre Bedürfnisse bestmöglich zu befriedigen. Diese Zielsetzung haben wir konkretisiert zur Optimierung eines Einkommensstroms. Das Einkommen umfasst allerdings beispielsweise nicht unmittelbar das „Arbeitsleid", also die mit der Erbringung von Arbeitsleistungen möglicherweise verbundene Nutzenminderung.[17] Jedoch lässt sich das Arbeitsleid in Form seines monetären Äquivalents in die Einkommensermittlung einbeziehen. Entsprechend kann man mit anderen nicht-monetären Zielgrößen verfahren. Elementare Überlegungen über unterschiedliche Ressourcenausstattungen und Spezialisierungsvorteile führen zu der Erkenntnis, dass die Kooperation mit anderen Individuen der Verfolgung individueller Ziele dienlich ist.[18] Kooperation setzt häufig voraus, die Verfolgung eigener Ziele soweit einzuschränken, dass auch die Kooperationspartner bereit sind, zum gemeinsamen Erfolg beizutragen. Die Partner haben also ein teilweise übereinstimmendes Interesse, nämlich den gemeinsamen Wunsch nach dem Gelingen von Projekten. Teilweise divergieren die Interessen aber auch, zum einen in Bezug auf die Aufteilung des gemeinsam erwirtschafteten Einkommensstroms, zum anderen in Bezug auf die Aufbringung der erforderlichen Einsatzgüter. Die partiell voneinander abweichenden Interessen erfordern es, Vorkehrungen gegen das Scheitern einer grundsätzlich lohnenden Kooperation zu treffen. Eine solche Gefahr besteht,

---

[15] Für einen Überblick über andere Ansätze siehe *Schanz* (2009).
[16] Bspw. *Hopfenbeck* (2002).
[17] Einem bisweilen vorgebrachten, etwas mutwilligen Missverständnis vorbeugend sei darauf hingewiesen, dass „Arbeitsleid" keineswegs impliziert, dass Individuen notorisch faul sind. Vielmehr zeigt der Begriff an, dass Arbeit schon deshalb abgegolten werden muss, weil damit der Verzicht auf andere Einkommensmöglichkeiten verbunden ist. Arbeitsfreude würde demgegenüber die Bereitschaft implizieren, dafür zu bezahlen, dass man arbeiten darf. Siehe zur Erklärung der Konzeption des Arbeitsleids auch Abschnitt 2.2.2.
[18] Vgl. Abschnitt 3.2.

weil die allzu konsequente Verfolgung eigener Interessen innerhalb einer Partnerschaft den Gesamterfolg verringern kann. Die Suche nach Arrangements zur **Sicherung möglicher, aber gefährdeter Kooperationsvorteile** macht den Hauptgegenstand der Institutionenökonomik und einen wesentlichen Teil der Betriebswirtschaftslehre aus.

Viele Beiträge schlagen dabei gedanklich den folgenden Weg ein: Zunächst erfolgt eine Suche nach Verhaltensweisen, die bei Abwesenheit von Sicherungsmaßnahmen den gemeinsamen Erfolg gefährden können. Solche Verhaltensweisen bezeichnen wir als **Fehlanreize**. Die betreffenden Gedankenexperimente klammern mit Bedacht sogar gesetzliche Regelungen aus. Ergebnis solcher Überlegungen ist eine Welt, in der jedes Individuum seine eigenen Interessen konsequent durchzusetzen versucht, auch unter Zuhilfenahme von Betrug, Täuschung, Arglist und dergleichen. Aber nur einfältige oder böswillige Kommentatoren können daraus die Behauptung ableiten, die Institutionenökonomik vertrete die Vorstellung, dass damit die einkommensbezogenen Entscheidungen hinreichend beschrieben sind. Noch absurder wäre die Auslegung, dass die Institutionenökonomik ein derartiges Verhalten empfehle. Vielmehr geht es um die Frage: „Wie können wir Institutionen so gestalten, dass Menschen, die ihr (...) breit definiertes Eigeninteresse verfolgen, Entscheidungen treffen, die ihren *gemeinsamen* Interessen nicht widersprechen."[19]

> **Untersuchungsziel der Institutionenökonomik** ist die Erklärung und Gestaltung vertraglicher, institutioneller oder gesetzlicher Regelungen zur Sicherung möglicher, aber gefährdeter Kooperationsvorteile.

Den Begriff „Institution" verwenden wir in einer sehr allgemeinen Auslegung, nämlich als ein Bündel von Verhaltensregeln plus Vorkehrungen zu deren Durchsetzung. Dazu zählen Gesetze (beispielsweise das Handelsrecht), Verträge auf der Mikroebene (beispielsweise ein Arbeitsvertrag) oder auf der Makroebene (beispielsweise die Europäischen Verträge) und Organisationen (beispielsweise Unternehmen). Aber auch Märkte und die damit verbundene Organisation des Handels (beispielsweise die XETRA-Plattform der Deutschen Börse) stellen Institutionen dar. Und nicht zuletzt ist auch die Moral unter Institution zu subsumieren.

Wir müssen uns aber bewusst machen: Weder die Existenz von Gesetzen noch das Vorhandensein ethischer Werte, die der Moral zugrunde liegen implizieren, dass Individuen die betreffenden Verhaltensregeln immer einhalten. Dies zu unterstellen wäre Wunschdenken. Daher sind Vorkehrungen zur Durchsetzung von Regeln einzubeziehen, wie beispielsweise gesetzliche oder vertragliche Strafen, aber auch so etwas wie Vertrauensentzug.

---

[19] *Brennan* (2014), S. 335 (Hervorhebung ergänzt).

Begriffe wie Kooperation, Koordination oder Vertrag verwenden wir im Weiteren in einer sehr allgemeinen Bedeutung, die sich zum Teil vom Sprachgebrauch außerhalb der Wirtschaftswissenschaft unterscheidet:

Kooperation steht für jede Form des gemeinsamen Handelns von Individuen. Die am wenigsten intensive Form der Kooperation besteht im Austausch von Gütern; eine stärkere gegenseitige Abhängigkeit ergibt sich aus einer langfristig gültigen Vereinbarung über die gemeinsame Gütererstellung. Kooperation bedeutet hingegen im Allgemeinen *nicht*, dass Kooperationspartner sich ausschließlich von einem gemeinsamen Ziel leiten lassen.

Die Verhaltensannahmen der Institutionenökonomik gehen recht weit:[20] Die Entscheider handeln annahmegemäß opportunistisch. **Opportunismus** ist eine spezifische Form eigennützigen Verhaltens, das auch die bewusste Schädigung Dritter oder einen Regelverstoß einschließt, wenn dies den Nutzen des Entscheiders fördert. Ein bloß eigennütziger, nicht aber opportunistischer Entscheider hält sich dagegen *unbedingt* an gesetzliche Regeln oder private Vereinbarungen, auch dann, wenn sie den eigenen Interessen zuwiderlaufen. Wer zum Beispiel zulässige Steuersparmodelle in Anspruch nimmt, handelt eigennützig, weil regelkonform, wer hingegen sein Geldvermögen ins Ausland transferiert und Zinserträge nicht deklariert, handelt opportunistisch (und überdies kriminell).

Eine freiwillige Kooperation erfordert es, die Entscheidungen der daran beteiligten Parteien derart aufeinander abzustimmen, dass sie aus eigennützigen Motiven an der Kooperation mitwirken wollen. Es ist also notwendig, dass alle Parteien bei Mitwirkung an der Kooperation zumindest nicht schlechter dastehen als ohne sie („Teilnahmebedingung"). Die **Koordination** umfasst darüber hinaus die Präzisierung von Leistung und Gegenleistung der Parteien. Ein einfacher Koordinationsmechanismus ist der Preis für Güter, also deren Austauschverhältnis.[21] Die Koordination von Entscheidungen erfolgt durch die individuell optimale Anpassung der Individuen an bestimmte Austauschverhältnisse. Eine andere Form der Koordination sind Weisungen, also die Vorgabe von expliziten Verhaltensnormen durch eine dazu befugte Instanz.

Die Verwendung des Begriffs **Vertrag** hängt hier nicht davon ab, ob die rechtlichen Kriterien der §§ 145 ff. BGB erfüllt sind. Vielmehr subsumieren wir unter diesem Begriff alle Vereinbarungen, die Individuen im Rahmen ihrer Kooperation schließen. Im einfachsten Fall kann die Vereinbarung die Zug-um-Zug-Abwicklung von Leistung und Gegenleistung beim Austausch von Gütern vorsehen (ähnlich dem Kaufvertrag im Recht). Ebenso bezeichnen wir eine komplizierte Regelung über eine langfristige Kooperation mit vielen wechsel-

---

[20] *Richter/Furubotn* (2010), S. 5 f.
[21] Vgl. Abschnitt 3.3.2.

seitigen Leistungen und bestimmten Kontroll- oder Weisungsrechten als Vertrag. Unter den Begriff fallen auch sogenannte **implizite Verträge** (selbstdurchsetzende Verträge), also vor Gericht nicht durchsetzbare Vereinbarungen. Solche Verträge können nur dann sinnvoll sein, wenn die Vertragspartner freiwillig die Absprachen einhalten. Da sie dies nur tun, wenn die Einhaltung im jeweils individuellen Interesse liegt, ist die Möglichkeit zum Abschluss eines impliziten Vertrages Restriktionen unterworfen, die wir als Anreizverträglichkeit bezeichnen.[22] Zusammengefasst steht „Vertrag" also ganz pauschal als Festlegung einer bestimmten Form der Koordination.

Wir können festhalten: **Konstituierende Merkmale der Institutionenökonomik** sind eigennütziges Verhalten, eine asymmetrische Informationsverteilung zwischen kooperierenden Individuen sowie die Analyse von Institutionen zur Sicherung gefährdeter Kooperationsvorteile.

1.3 Ziele und Methoden der Betriebswirtschaftslehre

1.3.1 Kognitive und praktische Wissenschaftsziele

> Das **kognitive Ziel** einer Wissenschaft besteht darin, einen Erkenntnisfortschritt zu erzielen, also das Wissen um Erfahrungs- und Erkenntnisgegenstand zu vermehren.

Eine Theorie, die dem kognitiven Ziel einer Wissenschaft dient, bezeichnet man als erklärende, **deskriptive** oder **positive Theorie**. Solche Theorien machen häufig Aussagen der Form „wenn – dann". Es sind Gesetzmäßigkeiten zu finden, die bei einem vorgegebenen Rahmen von Bedingungen eine bestimmte Folgerung zulassen. Da es sich bei der Wirtschaftswissenschaft nicht um eine Naturwissenschaft handelt, träfe die Umschreibung „empirische Regelmäßigkeit" den Sachverhalt noch besser. Angesichts des Gegenstandes der Betriebswirtschaftslehre geht es also um die Erklärung von individuellen, die Einkommenserzielung betreffenden Entscheidungen. Ein Beispiel für eine derartige Aussage (hier aus dem Bereich der positiven Theorie der Rechnungslegung) wäre: „Je weiter der Gesellschafterkreis in einer Aktiengesellschaft gestreut ist, desto eher wird der Vorstand Ansatz- und Bewertungswahlrechte in der Bilanz so ausüben, dass der Jahresüberschuss gering ausfällt." Die Folgerung (eine bestimmte Ausprägung der Bilanzpolitik) ist hier abgeleitet aus einer Bedingung (weiter Gesellschafterkreis) und einer Gesetzmäßigkeit (Interesse des Vorstands an einem Handlungsspielraum gegenüber den Aktionären).

---

[22] Vgl. Abschnitt 4.1.3.3.

Natürlich reicht es nicht aus, eine solche Behauptung bloß aufzustellen. Vielmehr bedarf sie einer Abstützung durch eine gedankliche Konstruktion, also eine Theorie, oder durch einen empirischen Befund. Im genannten Beispiel könnte die Argumentation so aussehen: Der Vorstand einer Aktiengesellschaft ist generell an einem Handlungsspielraum zur Gestaltung der eigenen Einkommenssituation interessiert. Dieser Spielraum wächst mit dem Unternehmensvermögen, über das der Vorstand verfügen kann. Durch Verhinderung der Ausschüttung an die Aktionäre kann der Vorstand zur Erhaltung des Unternehmensvermögens beitragen. Da die Ausschüttungsobergrenze an den Jahresüberschuss gekoppelt ist, hat der Vorstand ein Interesse daran, diesen möglichst gering auszuweisen. Der Bezug zu der Bedingung lässt sich so herstellen: Auch die Aktionäre orientieren sich an ihren eigenen Einkommensmöglichkeiten. Die Verfügungsmacht über die in der Gesellschaft gebundenen Mittel möchten sie behalten – was übrigens nicht heißt, dass Aktionäre stets die Ausschüttungen maximieren wollen. Im Falle eines engen Gesellschafterkreises fällt es den wenigen Aktionären leichter, ihre Einflussmöglichkeiten über Hauptversammlung und Aufsichtsrat so zu koordinieren, dass sie den Vorstand veranlassen können, Rechnungslegungsspielräume in ihrem Interesse wahrzunehmen. Bei einem weiten Gesellschafterkreis ist dies erschwert, daher hat der Vorstand größere Freiheitsgrade. Die als Beispiel herangezogene Argumentation leistet natürlich keine abschließende Diskussion zu Entscheidungen im Rahmen der Bilanzpolitik. Schon gar nicht impliziert sie eine Aussage darüber, ob die dargelegte Gesetzmäßigkeit normativ zu befürworten sei.

Es steht nicht im Widerspruch zum kognitiven Wissenschaftsziel, Gedankengebäude zu errichten, die keinerlei Bezug zu empirischen Phänomenen haben. In dem Fall spräche man von einer **Formalwissenschaft**. Nach allgemeinem Verständnis ist dies für die Betriebswirtschaftslehre jedoch unangemessen; sie gilt als eine anwendungsorientierte Wissenschaft. Dementsprechend sollten die erklärenden Ansätze auch einen Bezug zur Realität haben. Realitätsbezug lässt sich im Rahmen einer erklärenden Theorie am ehesten durch die Formulierung empirisch überprüfbarer Aussagen herstellen.[23] Die empirische Überprüfbarkeit setzt die Möglichkeit zur Widerlegung (**Falsifizierung**) voraus. Im vorgetragenen Beispiel ist dies der Fall: Wären die theoretischen Erwägungen korrekt, müssten Aktiengesellschaften mit ausgeprägtem Streubesitz in konjunkturellen Aufschwungphasen einen geringeren Gewinnzuwachs aufweisen als Unternehmen mit engem Eigentümerkreis.

Realitätsbezug gewinnt das Erkenntnisziel einer Wissenschaft auch dadurch, dass die gewonnenen Erkenntnisse die Möglichkeiten zur Umsetzung im Rahmen des praktischen Wissenschaftsziels verbessern.

---

[23] Vgl. *Tirole* (2002), S. 636.

> Das **praktische Wissenschaftsziel** besteht darin, Beiträge zur zielgerichteten Gestaltung von Sachverhalten zu liefern.

Bezogen auf die Betriebswirtschaftslehre bedeutet dies: Es sind **Handlungsempfehlungen** für Entscheidungen zu formulieren, wenn Menschen ein Einkommen erzielen, steigern oder die Unsicherheit darüber verringern wollen. Theorien mit diesem Ziel bezeichnet man als **normative** oder **präskriptive** Theorien. Normative Theorien lassen sich ihrerseits differenzieren in praktisch-normative und ethisch-normative (bekennend-normative) Theorien.

Bei **praktisch-normativen** Theorien wird das von den Individuen verfolgte Ziel als exogene Größe betrachtet, ist also selbst nicht Gegenstand der Theorie. Sie macht vielmehr lediglich Aussagen darüber, durch welche Entscheidungen das vorgegebene Ziel am besten erreicht werden kann; diese Form von Theorie hat also einen instrumentalen Charakter. Vielleicht könnte man die Maximierung des Gewinns eines Unternehmens für eine geeignete Konkretisierung der Verfolgung des Einkommensziels von Entscheidern halten. Daraus ließe sich die Handlungsempfehlung ableiten, die Produktions- und Absatzmengen von Gütern solange auszudehnen, wie die zusätzlich anfallenden Aufwendungen geringer sind als die zusätzlich resultierenden Erträge.

Ein solcher theoretischer Satz macht jedoch keinerlei Aussage darüber, ob Gewinnmaximierung tatsächlich eine zweckmäßige Konkretisierung des Einkommensziels ist. Dagegen spricht schon, dass angesichts der Unsicherheit kaum eindeutig gesagt werden kann, welche Maßnahmen zu einem maximalen Gewinn führen. Gewinn ist bei unsicheren Erwartungen eine unoperationale Größe, weil eine Entscheidung, die bei der einen Zukunftsentwicklung einen besonders hohen Gewinn herbeiführt, im Falle einer anderen Zukunftsentwicklung vielleicht sogar mit einem Verlust verbunden ist.

Eine praktisch-normative Theorie macht erst recht keine Aussage darüber, ob die Einkommensorientierung nach irgendwelchen allgemeingültigen ethischen Grundwerten eine zu befürwortende Zielsetzung ist. Dies wäre Gegenstand einer **ethisch-normativen Theorie**, welche die Beurteilung der Zielsetzung für menschliches Handels als Bestandteil der Aussagen versteht. Der Anspruch geht dabei offensichtlich viel weiter. Ein gewisses Problem solcher Theorien liegt darin, dass über die Grundwerte Werturteile in die Theorie einfließen, die einer (wirtschafts-) wissenschaftlichen Analyse nicht immer zugänglich sind. Ein Teil der Kritik, die aus dem Blickwinkel einer ethisch-normativen Theorie an der hier vorgetragenen Konzeption der Betriebswirtschaftslehre geübt wird, wird im Abschnitt über die Unternehmensethik untersucht.[24] Die Er-

---

[24] Vgl. Abschnitt 5.2.6.

widerung auf diese Kritik basiert auf der Idee, dass in der Wirtschaftswissenschaft vor allem ökonomische Werturteile verwendet werden sollten, insbesondere die Forderung nach Vermeidung jeder Verschwendung (Rationalprinzip). Das Primat ökonomischer Werturteile steht allerdings keineswegs per se im Gegensatz zur Vereinbarkeit mit anderen, ethischen Maximen, zumal die Reichweite der Maxime „Vermeidung von Verschwendung" limitiert ist.

Im Wesentlichen stellen wir in der Betriebswirtschaftslehre also deskriptive und normative Theorien einander gegenüber. Es gibt jedoch auch Theorien, die in dieses Raster nicht hineinpassen. Ein Beispiel dafür sind Überlegungen zur Messung des Gewinns als eine bestimmte Form des periodisierten Erfolgs einer wirtschaftlichen Aktivität. Der Gewinn scheint zunächst eine einfache Größe zu sein; der nähere Blick zeigt jedoch, dass wir die Eignung einer bestimmten Methode zur Messung des in einer Periode erzielten Erfolgs nur vor dem Hintergrund bestimmter Messziele beurteilen können.[25] Die Messziele leiten sich wiederum aus betriebswirtschaftlichen Theorien ab. Die Messung des Periodenerfolgs erfordert also eine eigene Theorie, eine **messende** oder **metrisierende Theorie.**[26]

1.3.2 Ethisch-normative Defizite der Institutionenökonomik?

Es ist angebracht, noch einmal auf die Besonderheiten des institutionenökonomischen Untersuchungsprogramms Bezug zu nehmen. Vertreter dieses Untersuchungsprogramm sind bisweilen mit dem Vorwurf konfrontiert, sie gingen mit der Verhaltensannahme des Opportunismus von einem völlig falschen Menschenbild aus. So findet sich das Zitat: Institutionenökonomische Ansätze „verbiegen die Wirklichkeit, indem sie die Zusammenarbeit in Unternehmen unter der Annahme analysieren, dass jeder Mitarbeiter nicht nur den Vorgesetzten, sondern auch den Arbeitskollegen über's Ohr hauen will – zwecks Maximierung des eigenen Wohlbefindens"[27].

Diese Einschätzung beruht allerdings auf einem Missverständnis: Die grundlegende Hypothese der Institutionenökonomik in Bezug auf menschliches Verhalten lautet, dass Geschäftsusancen, Verträge, Gesetze und dergleichen Institutionen sind, welche die Erlangung eines gemeinsamen Erfolges in einer Welt sicherstellen, die grundsätzlich durch Verfolgung der individuellen Bedürfnisbefriedigung gekennzeichnet ist. Es ist schwer, ausgehend von einer anderen Prämisse den Sinn des Strafrechts, der Wirtschaftsprüfung oder zahlreicher anderer Überwachungs- und Sanktionsinstrumente zu belegen. Wenn die Handlungsmaxime stets das Gemeinwohl wäre und das Individualziel stets hintange-

---

[25] Vgl. Abschnitt 8.3.
[26] *Schneider* (1995), S. 204 ff.
[27] *Albach/Albach* (1989), S. V.

stellt würde, bedürfte es keiner Regelungen über die Sanktionierung krimineller Handlungen. Es bedürfte ebenfalls nicht der Überprüfung der Rechnungslegung in Unternehmen, wenn von der Ehrlichkeit aller Manager ausgegangen werden könnte.

Ebenfalls unterstellt die Institutionenökonomik keineswegs, dass *alle* Menschen ihren Eigennutz über alles stellen oder dass bestimmte Menschen dies *stets* tun. Beispielsweise zeigt die empirische Verhaltensforschung, dass Menschen, die „kognitiv ausgelastet" sind, also unter Stress stehen, eher egoistische Entscheidungen treffen als jene, die weniger Stress ausgesetzt sind.[28] Entscheidend für das Weitere ist, dass sich ein wirtschaftlich handelnder Akteur nie völlig sicher sein kann, ob der jeweilige Geschäftspartner sich tatsächlich am gesamten Kooperationsgewinn orientiert oder nur an seinem eigenen Anteil.

Weiter ist es nicht unmoralisch, die Auswirkungen unmoralischen Verhaltens zu untersuchen. Im Gegenteil kann eine Wissenschaft, die den Anspruch erhebt, Aussagen über die Wirklichkeit zu machen, sich nicht auf die Untersuchung erwünschten menschlichen Verhaltens beschränken, sondern muss **Hypothesen** über die Determinanten des **tatsächlichen menschlichen Verhaltens** aufstellen. Das Untersuchungsprogramm der Institutionenökonomik zählt bei allen vielleicht vorhandenen Defiziten zu den erfolgreichsten Ansätzen zur Untersuchung wirtschaftlicher Entscheidungen.

Schließlich ist darauf hinzuweisen, dass die Moral, welche das Über's-Ohr-Hauen anrüchig erscheinen lässt, bereits selbst eine der Institutionen darstellt, die hilft, gefährdete Kooperationsvorteile abzusichern. „Ethik lohnt sich auch ökonomisch" und „Wenn der Homo Oeconomicus seine eigene Nutzenfunktion wählen könnte, würde er eine mit Gewissen wollen?", so lauten die Titel zweier Aufsätze, die genau diesen Zusammenhang aufgreifen.[29] Plädoyers für ein moralisches Verhalten sind also keineswegs eine Alternative zur Institutionenökonomik. Die Lektion ist vielmehr, dass die Erziehung zu einem am Gemeinwohl orientierten Verhalten kostspieligere Institutionen ersetzen kann.

Mit ursächlich für die teilweise anzutreffenden Missverständnisse ist wohl das oben beschriebene Vorgehen im Rahmen vieler institutionenökonomischer Untersuchungen: Häufig geht es zuerst um die Identifikation möglicher Fehlanreize, deren Ursache im opportunistischen Verhalten zu finden ist. Erst anschließend erarbeitet die Theorie geeignete Institutionen, welche die Probleme verringern oder beseitigen. Betont man den ersten Schritt, entsteht das schräge Bild, Individuen hätten ein aktives Interesse an der Schädigung Dritter. Richtig ist indes das Gegenteil: Gerade das Wissen um die teilweise voneinander abweichenden Interessen erzeugt die Bereitschaft, die eigenen Handlungsspielräume

---

[28] Vgl. *Kahneman* (2012), S. 57.
[29] *Krelle* (1992) bzw. *Frank* (1987), wobei letzterer die von ihm gestellte Frage selbstverständlich bejaht.

von vornherein einzuschränken, die Bereitschaft also, sich an solche Verhaltensweisen zu binden, die dem Gemeinwohl dienen.

So lässt sich die **Gestaltung von** Verträgen, **Institutionen** oder rechtlichen Vorschriften interpretieren: Eine durch Institutionen geschaffene **Beschränkung von Handlungsspielräumen** soll solche Situationen vermeiden helfen, in denen es vorteilhaft ist, das Eigenwohl zu Lasten des gemeinsamen Wohls aller Partner durchzusetzen. Gerade das Interesse am Gemeinwohl macht es für die an einer Kooperation Beteiligten unumgänglich, sich mit Verhaltensweisen auseinanderzusetzen, die das Einzelwohl in den Mittelpunkt rücken. Richtig ist also: Institutionen „setzen **Anreize zu gegenseitigem Vertrauen** und verstärken dieses Vertrauen. Unternehmen sind, so gesehen, in einer auf Eigennutz aufbauenden Gesellschaftsordnung, vertrauensbildende Maßnahmen'"[30].

1.3.3 Abstraktion und Praxisbezug

Ein häufig an die Betriebswirtschaftslehre (insbesondere bei Hervorhebung der *Lehre*) herangetragener Anspruch ist die Praxisnähe oder – etwas schwächer formuliert – der Praxisbezug. Im Kern geht es dabei um die Frage, wie weit die Abstraktion von realen Sachverhalten sinnvollerweise gehen sollte, um durch vereinfachte Modellstrukturen positive oder normative Aussagen zu gewinnen. Kritiker stellen insbesondere die Eignung von Modellen, die eine formalisierte, mathematische Sprache verwenden, als Hilfestellung für reale betriebliche Entscheidungen in Frage. Es taucht dann der Vorwurf auf, solche theoretischen Ansätze seien zu wenig „praxisnah".

Neben der näheren Auseinandersetzung mit dieser Befürchtung ist auch zu prüfen, ob die betriebswirtschaftliche Praxis nicht bisweilen zu „theoriefern" ist. Mit ursächlich für das Entstehen der Banken- und Finanzkrise waren Fehlentwicklungen wie falsche Entlohnungssysteme oder eine unzweckmäßige Gestaltung von Kreditverbriefungstransaktionen. In beiden Fällen hatte die Theorie die mangelnde Eignung bereits vor der Krise erkannt, während die Praxis keine Bereitschaft zeigte, von gefährlichen Usancen Abstand zu nehmen.

Es gehört unstrittig zu den Aufgaben der Betriebswirtschaftslehre und der Wirtschaftswissenschaft im Allgemeinen, Handlungsempfehlungen auszusprechen. Normative Modelle drohen aber in eine Beliebigkeit abzugleiten, wenn sie allzu viele Einzelheiten des beobachtbaren Entscheidungsverhaltens einbeziehen. *Tirole* verdeutlicht dies so:[31] **Experimentelle Befunde** besagen sehr robust, dass im sogenannten Ultimatumspiel[32] Entscheider nicht verhandelbare

---

[30] *Albach* (1991), S. 6 (Hervorhebung ergänzt).
[31] Vgl. *Tirole* (2002), S. 637.
[32] Vgl. Abschnitt 11.3.1.1. Dabei handelt es sich um ein extrem konstruiertes Verhandlungsspiel: Eine Partei macht einen Verteilungsvorschlag für eine feste Verteilungsmasse. Akzeptiert die andere Partei, erfolgt die Zuteilung, bei Ablehnung erhalten beide Seiten nichts.

Verteilungsangebote zurückweisen, wenn das Angebot für den Vorschlagenden einen deutlich größeren Gewinnanteil vorsieht als für den Annehmenden (bzw. Ablehnenden). Rational wäre es dagegen, auch einen kleinen positiven Betrag zu akzeptieren, wenn die Alternative darin besteht, gar nichts zu bekommen. Den tatsächlichen Befund könnte man damit erklären, dass der Ablehnende aufgrund einer Verärgerung den Vorschlagenden dafür bestraft, dass er ein unfreundliches Angebot gemacht hat. Alternativ könnte das Ergebnis Ausdruck einer nicht weiter mit Emotionen behafteten Ungleichheitsaversion sein. Möglich ist es auch, dass man schlechthin nicht „schwach" erscheinen möchte. Das Problem dieser Theorien zur Erklärung des Verhaltens besteht darin, dass sie zu völlig anderen Folgerungen für normative Aussagen führen. Auch wenn gewisse Erklärungsdefizite zu konstatieren sind, vermeidet die sparsame Modellierung auf Basis der Rationalität die genannten Auslegungsprobleme.

Eine intuitive Vorstellung der **Sinnhaftigkeit von Modellen** gerade für praktisch-normative Zwecke erhält man aus dem Nebeneinander von Landkarte und Landschaft.[33] Um sich in der Landschaft zurechtzufinden, benötigt man die Landkarte, die offenbar nur dann hilfreich ist, wenn sie genügend von der Landschaft abstrahiert. Anderenfalls hätte die Karte keinen zusätzlichen Informationswert und könnte nicht den Überblick über die Landschaft erleichtern. Ist der Maßstab jedoch zu klein gewählt (die Abstraktion also zu weitgehend), dann hilft die Karte nicht mehr weiter, weil der eigene Standort relativ zum angestrebten Ziel nicht mehr erkennbar ist. Dieses Bild macht außerdem deutlich, dass für unterschiedliche Erkenntnisziele oder unterschiedliche Entscheidungen auch **unterschiedliche Abstraktionsgrade** erforderlich sind: Für die Planung der Reise hilft ein Gesamtüberblick; wenn man aber wissen will, ob man an einer Gabelung rechts oder links abbiegen soll, reicht der Gesamtüberblick nicht aus, es ist eine Verringerung des Abstraktionsgrades erforderlich. Demzufolge ist es gerade für einen ersten Einstieg in ökonomische Probleme, gewissermaßen für die Planung der Reise, zweckmäßig, stärker abstrahierende Überlegungen anzustellen, um den Zugang zu erleichtern. Erst nach einer erfolgreichen Groborientierung in Bezug auf wirtschaftliche Fragestellungen ist es sinnvoll, feiner zu differenzieren.

Wenn die Verwendung von Modellen deutlich macht, dass sich zahlreiche Probleme auf dasselbe Grundmuster zurückführen lassen, erweisen sie sich als überaus praxisnah. Dem so Angeleiteten fällt es leichter, betriebswirtschaftlich relevante Erkenntnisse zu gewinnen. Der Einsatz der **mathematischen Logik** hilft, diesen Anspruch zu erfüllen, weil sie die analytische Verwandtschaft unterschiedlicher Entscheidungsprobleme hervorhebt. Bei schwierigeren Fragestellungen lassen sich Interdependenzen zwischen einzelnen Aspekten zweifelsfrei nachweisen, wo Rückwirkungen anderenfalls leicht hätten übersehen

---

[33] Ähnlich *Krahnen* (1985), S. 5.

werden können. Und schließlich zwingen mathematische Modelle dazu, den „Input" für gedankliche Konstruktionen präzise offenzulegen; Verschleierung mangelnder gedanklicher Schärfe ist nicht länger möglich. Weder das scheinbare Problem noch die hier vorgebrachten Kommentare sind neu. Bereits 1970 schrieb einer der bedeutendsten deutschen Betriebswirte:

> „Die Vorstellung, man könne Inhalt und Ergebnis mathematischer Ableitungen häufig ebenso gut verbal und ohne Verwendung mathematischer Symbole zum Ausdruck bringen, scheint weit verbreitet zu sein. Wer allerdings selber einmal versucht hat, einen mathematischen Gedankengang in seinen Grundzügen rein verbal wiederzugeben, weiß, dass diese Übersetzung **kaum ohne Verlust an Klarheit oder Präzision** möglich ist. ... Zusammenhänge, deren verbale Darstellung schwierig, zeitraubend und missverständlich wäre, lassen sich in der Sprache der Mathematik kurz, klar und einfach wiedergeben."[34]

In jüngerer Zeit ist zunehmend die Denkfigur des **Homo Oeconomicus** – also das Sinnbild des **konsequent rationalen Entscheiders** – der Kritik ausgesetzt. Es ist völlig unstritig, dass einige daraus abgeleitete Implikationen empirisch falsch sind. Auf die verhaltenswissenschaftliche Entscheidungsforschung beispielsweise von *Kahneman* haben wir bereits verwiesen. Tatsächlich steht der Homo Oeconomicus aber nicht für ein bestimmtes Menschenbild. Vielmehr ist er „nichts anderes als ein Theoriekonstrukt zur Ableitung von Verhaltenstendenzen in bestimmten Situationen"[35]. Trotz der genannten Grenzen ist dieses Theoriekonstrukt geeignet, weite Teile wirtschaftlichen Handelns zutreffend zu beschreiben. Daher wäre es völlig verfehlt, diese Form der Abstraktion aufzugeben.

Wiederholungsfragen und Übungsaufgaben

Lösungshinweise *https://online.mohr.de/elib/neus*.

Aufgabe 1.1

a) Worin liegt der Unterschied zwischen eigennützigem Verhalten im Allgemeinen und opportunistischem Verhalten im Besonderen?
b) Diskutieren Sie kritisch das Für und Wider der Opportunismusannahme.

---

[34] *Hax* (1970), S. 577.
[35] *Homann* (2015), S. 52.

Aufgabe 1.2

a) Erklären Sie die Begriffe „Erfahrungsgegenstand" und „Erkenntnisgegenstand" einer Wissenschaft.
b) Was spricht dafür, den Betrieb, was dafür, ein einzelnes Individuum als Erfahrungsgegenstand der Betriebswirtschaftslehre anzusehen?

Aufgabe 1.3

Kommentieren Sie die Aussage: „Das ökonomische Prinzip kann man gleichermaßen positiv wie normativ interpretieren."

Aufgabe 1.4

Erklären Sie, inwiefern sich die folgenden Aussagen am kognitiven oder am praktischen Wissenschaftsziel orientieren:
a) Bei Insolvenzgefahr des Geschäftspartners sollte man sich um alternative Geschäftsbeziehungen bemühen.
b) Ist der Geschäftspartner insolvenzgefährdet, hat er meist einen Managementfehler begangen.
c) Die Streuung von Risiken erreicht man, indem unterschiedliche Anlagen vorgenommen werden.

Aufgabe 1.5

In der Institutionenökonomik berücksichtigt man insbesondere, dass jeder Partner im Rahmen der Kooperation mit anderen Partnern seine eigenen Ziele verfolgt.
a) Welche Problematik entsteht daraus?
b) Wie kann man versuchen, sie zu meistern?

Aufgabe 1.6

Beurteilen Sie, ob die folgenden Aussagen richtig oder falsch sind:
a) Es ist eine unsinnige Formulierung des Rationalprinzips, wenn verlangt wird, mit minimalen Mitteln ein maximales Ziel zu erreichen.
b) Nach den Verhaltensprämissen der Institutionenökonomik sind wirtschaftliche Akteure vor allem daran interessiert, sich durch betrügerische Handlungen auf Kosten anderer zu bereichern.
c) Dem Rationalprinzip zufolge soll ein gegebenes Ziel stets mit minimalen Mitteln erreicht werden.
d) Als Opportunismus bezeichnet man eine Ausprägung eigennützigen Verhaltens, die auch den Einsatz von List und Tücke nicht ausschließt.

e) Das praktisch-normative Wissenschaftsziel besteht darin, Individuen Handlungsempfehlungen zur Zielerreichung zu geben.
f) Modelle sind typisch für die ökonomische Theorie. Praktische Entscheidungen werden ohne Bezug auf Modelle getroffen.

Literaturhinweise

Von den einführenden Lehrbüchern zur Betriebswirtschaftslehre hat *Wöhe/Döring* (2016) die höchste Gesamtauflage erzielt. Zumindest als Vergleich für andere Möglichkeiten der Einführung zum Kern der Sache sollte dies zur Hand genommen werden.

Die hier eingenommene Sichtweise der Betriebswirtschaftslehre geht zurück auf *Rieger* (1929), ein von der Konzeption her immer noch modernes Buch. Eine in vielen Punkten ähnliche Sichtweise nimmt *Schneider* (1995) ein; für die Einordnung seiner Darstellung sind jedoch Vorkenntnisse erforderlich. Die Rolle von Unternehmer und Unternehmen in der Marktwirtschaft erörtert *Hax* (2005) eingehend und in einer Weise, die keine Vorkenntnisse erfordert.

Einen Überblick über andere Untersuchungsprogramme, die ebenfalls unter Betriebswirtschaftslehre subsumiert werden, bietet *Schanz* (2009). Die Lektüre ist zur Abrundung der Einführung zu empfehlen.

Im anregenden, aber Vorkenntnisse voraussetzenden Aufsatz von *Wenger* (1989) wird deutlich, welche Auswirkungen das ausgewählte Untersuchungsprogramm auf Folgerungen aus betriebswirtschaftlichen Theorien hat.

Einen umfassenden Überblick über institutionenökonomische Fragestellungen gibt das Buch von *Richter/Furubotn* (2010). Eine kurze Einschätzung für die Theorie des Unternehmens findet sich in *Hax* (1991).

Das vorliegende Buch enthält einige Abschnitte, die man auch als Teil einer Einführung in die Volkswirtschaftslehre begreifen kann. Ein solcher Zuschnitt findet sich (bei anderer Ausfüllung im Einzelnen) auch bei *Spremann* (2013).

Zusammenfassung

1. Gegenstand der Betriebswirtschaftslehre sind Entscheidungen von Individuen über die Erzielung von Einkommen und die Verringerung der Einkommensunsicherheit. Eine wichtige Gruppe von Entscheidungen sind diejenigen über die Koordination der Entscheidungen mehrerer Individuen.
2. Nach dem Untersuchungsprogramm der Institutionenökonomik lassen sich Individuen von ihren eigenen Einkommenszielen leiten.

3. Bei der Koordination von Entscheidungen mehrerer Individuen muss davon ausgegangen werden, dass Transaktionskosten im weitesten Sinne (also Marktunvollkommenheiten) die Koordination erschweren.
4. Die Institutionenökonomik verweist auf Probleme („Fehlanreize"), die entstehen könnten, wenn nicht geeignete Vereinbarungen zwischen Individuen („Institutionen", darunter Gesetze, Verträge, stillschweigende Übereinkünfte usw.) dies verhindern. Die Aussagen über Fehlanreize dienen nicht der Beschreibung der Welt; vielmehr geht es darum, empirisch beobachtbare Institutionen als sinnvolle Antworten auf Fehlanreize zu interpretieren und Vorschläge für eine sinnvolle Gestaltung von Institutionen zu machen.
5. Zwei Formen von Theorien stehen im Mittelpunkt der Betriebswirtschaftslehre: deskriptive Theorien zur Erklärung beobachtbarer Sachverhalte und normative Theorien zur zielgerichteten Gestaltung von Sachverhalten. Inwieweit auch Theorien zur „richtigen" Zielsetzung Gegenstand der Betriebswirtschaftslehre sind, ist umstritten.
6. Die Betriebswirtschaftslehre ist eine anwendungsorientierte Wissenschaft. Dennoch sollte sie nicht auf eine Abstraktion verzichten. Im Gegenteil liegt jeder realen Entscheidung ein Modell zugrunde. Aufgabe der Betriebswirtschaftslehre ist es, die unterstellten Vereinfachungen offenzulegen, Aussagen über sinnvolle Vereinfachungen zu machen und auf deren Basis logisch konsistente Folgerungen abzuleiten. Insbesondere für den letztgenannten Punkt bietet die mathematische Entscheidungslogik den adäquaten Rahmen.

Schlüsselbegriffe

Betrieb
Einkommenserzielung
Erfahrungsgegenstand
Erkenntnisgegenstand
Institutionenökonomik
Kooperation
Koordination

Modelle
Privatwirtschaftslehre
Rationalprinzip
Theorie
   normative
   positive
Vertrauen

Teil II

Individuen, Märkte und Unternehmen

Zum Inhalt von Teil II

Viele Lehrbücher zur Betriebswirtschaftslehre setzen Unternehmen oder Betriebe als Untersuchungsobjekt schlicht voraus. Bei einem solchen Vorgehen lässt sich nur schwer erklären, worin der besondere Vorteil des **Koordinationsmechanismus** „Weisung" gegenüber dem Koordinationsmechanismus „Preis" liegen kann. Für eine sachgerechte Gestaltung von Unternehmen ist es aber zweckmäßig, Rahmenbedingungen zu identifizieren, unter denen die Weisung dem Preis, also das Unternehmen dem Markt überlegen ist. Es ist wenig sinnvoll, die Koordination von Entscheidungen in Unternehmen in einem Umfeld verbessern zu wollen, in dem dennoch der Markt das überlegene Koordinationsinstrument ist. Statt an der internen Organisation zu feilen, sollten dann eher Auslagerungen erfolgen. Vor diesem Hintergrund legen die folgenden Kapitel ein besonderes Gewicht auf die Diskussion von Überlegungen, welche die *Existenz von Unternehmen* rechtfertigen. Der Weg dahin erfolgt in mehreren Schritten.

Bei der Koordination der Entscheidungen mehrerer Individuen tauchen auch Fragestellungen auf, die nicht kooperationsbedingt sind, sondern Entscheidungsprobleme schlechthin darstellen. Solche Probleme ziehen wir vor die Klammer und behandeln sie vorab in Kapitel 2. **Robinson Crusoe** ist das Sinnbild des auf sich alleine gestellten Menschen, bei dem situationsbedingt keinerlei Potenzial für eine wirtschaftliche Kooperation besteht und folglich kein Bedarf an Koordination von Entscheidungen aufkommen kann.

Aber auch wenn es mehrere Individuen gibt, ist es nicht selbstverständlich, dass sie bei ihren wirtschaftlichen Aktivitäten *kooperieren*. Denkbar ist, dass sie unabhängig und isoliert voneinander ihre Ziele zu verfolgen suchen. Aufgabe von Kapitel 3 ist es zu zeigen, warum es häufig sinnvoll ist, dass Individuen ihre wirtschaftlichen Ziele gemeinsam verfolgen, worin also mögliche Kooperationsvorteile bestehen. Zudem untersuchen wir die Frage, wie eine solche Kooperation auf Basis einer völlig *dezentralen Koordination* erfolgen könnte.

Gegenstand von Kapitel 4 ist es, Bedingungen herauszuarbeiten, unter denen eine zumindest teilweise zentral vorgenommene Koordination von Entscheidungen von Vorteil ist. Ausgangspunkt sind dabei die bei einer ausschließlich dezentralen Koordination auftretenden Schwierigkeiten. Die *Existenz von Unternehmen* kann am Ende von Kapitel 4 als begründet gelten.

Bei der betriebswirtschaftlichen Untersuchung von Entscheidungen in Unternehmen werden häufig die **Einkommensinteressen der Eigentümer** des Unternehmens oder daraus abgeleitete Größen (zum Beispiel der Gewinn) als Zielgröße verwendet. In Kapitel 5 zeigen wir, dass dies kein Wert-Vorurteil ist, sondern aus genau den Überlegungen folgt, die zur Überlegenheit der zentralen über die dezentrale Koordination von Entscheidungen führen. Zu erörtern ist weiter, wie es bei Fokussierung auf die Einkommensinteressen der Eigentümer um den Schutz der Interessen anderer, an Entscheidungen nicht unmittelbar beteiligten Personen bestellt ist. Daran anknüpfend diskutieren wir schließlich einige Vorstellungen über eine ethisch-normative Betriebswirtschaftslehre.

Kapitel 2

Robinson Crusoe[1]

Zum Inhalt von Kapitel 2

Viele in der Betriebswirtschaftslehre wichtige Fragen können für Robinson Crusoe keine Rolle spielen. Dies gilt ganz allgemein für jeden Aspekt des Austauschs von Gütern und Leistungen. Man könnte es für die Betriebswirtschaftslehre als konstituierend ansehen, dass erstellte Leistungen auf dem Markt abgesetzt werden müssen, so jedenfalls eine oben zitierte Definition des Betriebs[2]. Für Robinson kommt hingegen nur die Eigenbedarfsdeckung in Frage. Einkommenserzielung und die Verringerung von Einkommensunsicherheiten sind allerdings auch von Robinson angestrebte Ziele. Demnach zählt nach der in diesem Buch vorgenommenen Abgrenzung auch die Untersuchung von Robinsons Entscheidungsproblemen zur Betriebswirtschaftslehre. Robinson lässt sich als *Ein-Personen-Betrieb* ohne Außenbeziehungen interpretieren.

Bestimmte Bausteine von *Entscheidungsproblemen* unterscheiden sich nicht danach, ob ein gezwungenermaßen autarker Mensch zu entscheiden hat oder ob viele Menschen ihre Entscheidungen koordiniert treffen. Diese Grundlagen einer jeden Entscheidung sind Gegenstand von Abschnitt 2.1. Die konkrete Situation von Robinson verwenden wir dabei als Beispiel, um die Bedeutung von Zielsetzungen, Handlungsmöglichkeiten und Informationen über die Zukunft für die Entscheidung zu diskutieren.

Das *ökonomische Prinzip* als die in der Betriebswirtschaftslehre allgegenwärtige Grundlage der Auswahl zwischen Handlungsmöglichkeiten sprechen wir in Abschnitt 2.2 genauer an. Wesentlich ist, dass die Anwendung des Rationalprinzips unabhängig von individuellen Zielvorstellungen eine Vorauswahl geeigneter („effizienter") Handlungsmöglichkeiten ermöglicht.

In Abschnitt 2.3 erinnern wir kurz daran, dass Robinsons Entscheidungsprobleme zwar Gegenstand der Betriebswirtschaftslehre sind, jedoch ganz zentrale Probleme der Betriebswirtschaftslehre für Robinson keine Rolle spielen.

---

[1] *Defoe* (1719). Alle wörtlichen Zitate aus Robinson Crusoe folgen der Ausgabe des Diogenes-Verlags von 1985.
[2] Vgl. Abschnitt 1.1.

2.1 Das Entscheidungsproblem von Robinson

Die Ausgangssituation ist wie folgt: Nach einem Schiffbruch, dessen einziger Überlebender er ist, strandet Robinson auf einer Insel. Er hat noch Gelegenheit, Werkzeuge (zum Beispiel Äxte, Sägen, Schleifsteine, Waffen und Pulver) und Nahrungsmittel (etwa Zwieback, Rum, Reis und Käse) von dem Schiff zu retten, bevor es im Meer versinkt.

Robinsons Insel ist **menschenleer**. Weitere Entwicklungen im Roman wie das Auftauchen der Kannibalen, von Freitag und der Seefahrer lassen wir hier außer Acht. Es ist also keinerlei Koordination ökonomischer oder sozialer Aktivitäten erforderlich. Jedoch finden sich auf der Insel einige Güter, die Robinson das Überleben erleichtern oder gar erst ermöglichen (zum Beispiel Trauben, Schildkröten und deren Eier sowie Süßwasser).

Mit diesen Ressourcen und seiner Arbeitskraft muss Robinson für seinen gegenwärtigen und künftigen Lebenserhalt sorgen. Dies ist durchaus ein Problem der Einkommenserzielung im Sinne der Vermögenssteigerung; allerdings wird das Vermögen nicht in monetärer Dimension gemessen, sondern in nutzenstiftenden Sachgütern. Die Verringerung von Einkommensunsicherheiten ist für Robinson schon deshalb wichtig, weil für ihn keine Versicherung verfügbar ist.

Ohne nähere Begründung setzen wir schließlich voraus, dass Robinson es grundsätzlich vorzieht, die Insel zu verlassen, wenn er die Möglichkeit dazu erhält: ein Wunsch, dem Robinson stets Ausdruck verleiht.

2.1.1 Präferenzen

Wer das Ziel nicht kennt, wird den Weg nicht finden:[3] Bevor Robinson über die Verwendung der für ihn verfügbaren Ressourcen entscheidet, muss er sich darüber im Klaren sein, was er mit seinen Entscheidungen bewirken will. Er muss also seine **Zielsetzung** konkretisieren. In der Betriebswirtschaftslehre beschränkt man sich häufig darauf, monetäres Einkommen als Zielgröße zu verwenden. Dieses Vorgehen scheidet für Robinson aus, weil er keinen Tauschpartner hat, dem er für Geld Güter abkaufen könnte. Robinson muss also seine Zielvorstellungen direkt in Gütereinheiten ausdrücken.

Bei der Rettung von Vermögensgegenständen vom Schiff – also Dingen, die ihm nützlich sind – stößt Robinson auch auf Gold- und Silbermünzen; er bezeichnet sie allerdings als „nichtswürdiges Blech". Dennoch nimmt er sie schließlich mit, allerdings nicht für den Gebrauch auf der Insel, sondern für die Eventualität seiner Befreiung von dort.

---

[3] Dieser Satz wird *Christian Morgenstern* (1871-1914) zugeschrieben. In dessen Gedichtband „Wir fanden einen Pfad" beginnt das Gedicht „Wer vom Ziel nichts weiß" so: „Wer vom Ziel nichts weiß, kann den Weg nicht haben...".

2.1.1.1 Zielkatalog

> Der **Zielkatalog** umfasst die Gesamtheit aller Aspekte, welche die Wohlfahrt eines Entscheiders beeinflussen und ihrerseits vom Entscheider beeinflusst werden können.

Pauschal angeführte Ziele von Robinson sind die Sicherung „gegen die Wilden und gegen reißende Tiere" sowie, sich „alle möglichen Annehmlichkeiten zu verschaffen".

An erster Stelle steht die gegenwärtige Sicherung des Überlebens, die Robinson mit geringen Mengen von Nahrungsmitteln gewährleisten muss. Ebenso wichtig ist, das Überleben auch in der Zukunft zu sichern; es muss also während des gesamten **zeitlichen Planungshorizonts** (dies kommentieren wir unten näher) eine Mindestausstattung an Nahrungsmitteln zur Verfügung stehen. Über die Lebenssicherung hinaus bestehen zusätzliche Konsumwünsche, zu deren Befriedigung weitere Nahrungs- und Genussmittel verfügbar sind. Nutzensteigernd wirkt sich zudem die Qualität der Unterkunft aus, die Robinson mit seiner Arbeitskraft und den ihm verfügbaren Hilfsmitteln verbessern kann.

Die zweite wesentliche Zielkomponente besteht in einem nutzensteigernden Einsatz der Zeit. Direkt nutzenstiftende Verwendungen liegen in der Muße, in Wanderungen über die Insel oder in der Beschäftigung mit der Bibel, dem einzigen Buch, das Robinson auf die Insel hat retten können. Neben dieser unmittelbar nutzenstiftenden Verwendung der Zeit kann Robinson sie auch mittelbar nutzenstiftend einsetzen, nämlich in Form der Arbeit zur Sicherung der künftigen Güterausstattung. Dabei ist zu beachten, dass die Arbeit unmittelbar den Nutzen mindert.[4]

Zur Befriedigung sozialer oder kultureller Bedürfnisse hat Robinson nur geringe Möglichkeiten. Neben dem ebenfalls geretteten Hund könnten gezähmte Tiere (Ziegen, Papageien) ein Minimum an Geselligkeit herbeiführen, was dem völligen Alleinsein noch vorzuziehen ist. Wenn auch für das Leben auf der Insel belanglos, kann der Erhalt wenigstens rudimentärer kultureller Errungenschaften wie der Sprache sich dann positiv auswirken, wenn tatsächlich ein rettendes Schiff Robinson von der Insel befreit.

2.1.1.2 Zielgewichtung

Um angemessene Entscheidungen treffen zu können, muss Robinson eine relative **Gewichtung** der einzelnen Zielbeiträge vornehmen. Häufig lassen sich ein-

---

[4] Vgl. Abschnitt 2.1.1.3.

zelne Zielerreichungsgrade zu einem Gesamtziel zusammenfassen. Die Gewichte der Teilziele hängen gewöhnlich von dem bereits realisierten Niveau der einzelnen Zielbeiträge ab.

Typisch ist ferner, dass verschiedene Zielbeiträge nicht unabhängig voneinander Nutzen stiften. Dies wäre nur dann der Fall, wenn die einzelnen, gewichteten Zielbeiträge additiv in das Gesamtziel eingehen. Es gibt jedoch Güter, die nur bei gemeinsamer Verfügbarkeit einen positiven Zielbeitrag leisten oder dann einen höheren Zielbeitrag ermöglichen. Solche Güter bezeichnet man als **komplementär**. Typische Beispiele für komplementäre Güter sind die Pfeife und der Pfeifentabak. Für die meisten Güter gilt jedoch die umgekehrte Relation. Das heißt, in gewissen Grenzen kann der Minderkonsum eines Gutes durch einen Mehrkonsum eines anderen Gutes so kompensiert werden, dass der Gesamtnutzen gleich bleibt. Solche Güter heißen **substitutiv**. Für Robinson sind zum Beispiel Melonen und Trauben substitutive Güter.

Zu beachten ist auch die zeitliche Komponente der Zielbeiträge. Gegenwärtige und künftige Güterverbräuche stiften jeweils einen Nutzen, der aber nicht unbedingt übereinstimmen muss. Häufig geht man davon aus, dass gegenwärtige Güter einen höheren Nutzen bedeuten als künftige; es besteht also eine **Gegenwartspräferenz**. Außerdem kann es hinsichtlich der Nutzenwahrnehmung zeitliche Interdependenzen geben. Zum Beispiel kann sich Robinson an ein bereits realisiertes Konsumniveau gewöhnen. In diesem Fall bewirkt eine Verringerung dieses Niveaus eine stärkere Nutzenminderung als die mit der vorherigen Erhöhung des Niveaus verbundene Nutzensteigerung. Dies korrespondiert mit dem sogenannten **Besitzstandsdenken** oder entscheidungstheoretisch dem Besitztumseffekt oder Verlustaversion. [5]

Ein typischer Gegenstand betriebswirtschaftlicher Fragestellungen ist weiter die Verringerung von Einkommensunsicherheiten, weil Individuen in den meisten Entscheidungssituationen der Unsicherheit abgeneigt sind. Die Tatsache also, dass bestimmte Handlungen nicht eindeutige Folgen nach sich ziehen, sondern auch der Zufall die Ergebnisse beeinflusst, wird von Individuen als nutzenmindernd empfunden. Demnach kann es lohnend sein, für die **Verringerung von Einkommensunsicherheiten** Ressourcen einzusetzen. Solche Risikominderungsmaßnahmen haben zum Ziel, den Einfluss des Zufalls auf die Konsummöglichkeiten zu verringern.

Risiko betrifft die Zielgewichtung und nicht den Zielkatalog, da Risiko nicht „an sich" maßgeblich ist, sondern Art und Umfang der relevanten Zielbeiträge dem Risiko ausgesetzt sind. Wenn dennoch bisweilen die Nutzenwirkung der Unsicherheitskomponente separiert betrachtet wird, dient dies der Vereinfachung der Sprache und der formalen Analyse.

---

5   Siehe für einen Überblick *Kahneman/Knetsch/Thaler* (1991).

2.1.1.3 Nutzenfunktionen

Rationale Entscheider folgen der Zielsetzung der **Nutzenmaximierung**. Das muss allerdings nicht stets bedeuten, dass die einzelnen Zielbeiträge maximiert werden. Es ist möglich, dass bei bestimmten Gütern irgendwann eine **Sättigung** eintritt, sodass eine weitere Erhöhung der verfügbaren Gütermenge keine Nutzensteigerung mehr mit sich bringt. Nutzenmaximierung ist nur operational, wenn es möglich ist, die einzelnen Zielbeiträge zu explizieren und über die gegenseitige Beeinflussung der Nutzenzuwächse Aussagen zu machen. Die Nutzenfunktion eines Entscheiders fassen Zielkatalog und Zielgewichte zusammen. Eine wichtige Implikation einer Nutzenfunktion ist die Nutzenveränderung bei einem Zuwachs der Gütermenge.

> Der **Grenznutzen** ist der Nutzenzuwachs bei einer geringfügigen Ausweitung des Konsums eines bestimmten Gutes.

Ohne Einschränkung der Allgemeinheit beeinflussen die verfügbaren Mengen x_i verschiedener Güter $i = 1, \dots, n$ den Nutzen, sodass gilt $u = u(x_1, \dots, x_n)$. Bei der Bestimmung des Grenznutzens geht es um die Nutzenwirkung einer kleinen (marginalen) Steigerung der verfügbaren Menge eines Gutes. Mathematisch formuliert entspricht der Grenznutzen also der ersten partiellen Ableitung.

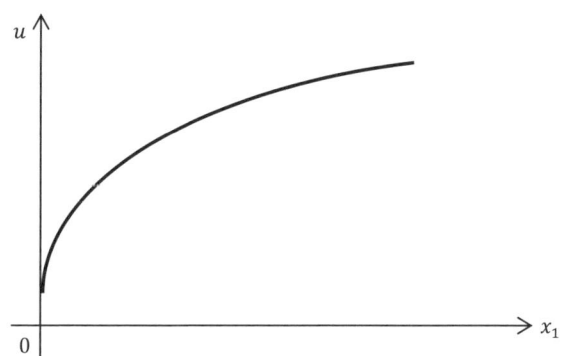

Abbildung 2.1:
Nutzenfunktion mit positivem, abnehmendem Grenznutzen,

wobei
u Nutzen
x_1 verfügbare Menge von Gut 1.

Der in Abbildung 2.1 wiedergegebene Verlauf der Nutzenfunktion bei Variation der Gütermenge x_1 lässt verschiedene Schlüsse zu: Bei Gut 1 handelt es sich wegen $u(0, x_2, \dots, x_n) > 0$ offenbar nicht um ein existenziell bedeutendes Gut; dies ist eine Aussage über das Nutzenniveau. Der Blick auf die erste (partielle) Ableitung zeigt, dass sie durchgängig positiv ist, es gibt also einen durchgängig positiven Grenznutzen. Dies bedeutet, dass mit einer größeren Gütermenge stets ein höherer Nutzen verbunden ist. Schließlich ist die zweite (partielle) Ableitung negativ, der Anstieg der Nutzenfunktion flacht ab. Bei einer kleinen verfügbaren Gütermenge führt eine Mengenausweitung also zu einem höheren Nutzenzuwachs als bei einer großen verfügbaren Gütermenge.

Bei Güterverbräuchen gilt ein **positiver, aber abnehmender Grenznutzen** als typisch. Demnach ziehen Entscheider mehr Konsum einer geringeren Konsummenge vor, der Nutzenzuwachs ist aber geringer, wenn das bereits realisierte Konsumniveau hoch ist. Dem Arbeitseinsatz wird regelmäßig ein negativer Nutzen zugeschrieben; Robinson fühlt sich bisweilen „in großer Versuchung, diese undankbare Fronarbeit aufzugeben". Dies kann man entweder mit unmittelbar empfundenem Arbeitsleid oder mit entgangenem Nutzen der Freizeit begründen. Der Grenznutzen der Arbeit ist also negativ, und dies umso mehr, je mehr bereits gearbeitet wird. Denn ein Entscheider verzichtet zuerst auf die am wenigsten attraktiven Möglichkeiten der Freizeitgestaltung. Je mehr er arbeitet, desto attraktiver ist für ihn die verbleibende Freizeit, desto lästiger also jede zusätzliche Arbeit. Sieht man Freizeit als Konsumgut an, kann man sich die Unterscheidung zwischen Konsumgütern mit positivem Nutzenbeitrag und Arbeitszeit mit negativem Nutzenbeitrag ersparen und als Regelfall festhalten, dass der Grenznutzen von Konsumgütern positiv, aber abnehmend ist.

Unter der Prämisse eines generell positiven Grenznutzens ist das betreffende Gut ohne weiteres knapp, weil eine größere Güterausstattung stets mit einem höheren Nutzen verbunden ist. In Bezug auf ein einzelnes Konsumgut ist dies jedoch nicht zwingend. Für Robinson gibt es vermutlich bei der Freizeit eine Sättigung, weil bei ihm angesichts der beschränkten Betätigungsmöglichkeiten irgendwann Langeweile einkehrt.

Grundsätzlich lässt sich der Verbrauch desselben Gutes zu unterschiedlichen Zeitpunkten als Verbrauch unterschiedlicher Güter erfassen. Die Aversion gegen Unsicherheit geht nicht als eigene Zielkomponente in die Nutzenfunktion ein, sondern schlägt sich in bestimmten Verläufen der Nutzenfunktion nieder.[6]

2.1.2 Handlungsmöglichkeiten und Entscheidungstypen

Alle wirtschaftlichen Entscheidungen, auch die von Robinson, bestehen in der Auswahl aus mehreren Handlungsmöglichkeiten. Wo sich keine Alternative stellt, braucht man sich über Entscheidungen keine Gedanken zu machen.

In der Regel ist über **Aktivitätenbündel** zu entscheiden, die durch bestimmte Kombinationen von Einzelaktivitäten gekennzeichnet sind. Die maximal an die

---

[6] Vgl. Abschnitt 10.3.6.

Beschreibung der Handlungsmöglichkeiten zu stellende Anforderung ist, einen Katalog von *einander ausschließenden* Aktivitätenbündeln zu formulieren, aus denen genau eines auszuwählen ist. Jedoch sind nicht alle denkbaren Aktivitätenbündel zulässig, vielmehr müssen bestimmte Bedingungen eingehalten werden. Dies gilt insbesondere für Robinsons Ausstattung mit Ressourcen (Güter, Arbeitskraft und Zeit), also für die Budgetrestriktionen.

2.1.2.1 Budgetrestriktionen

An jedem Tag gilt selbstverständlich, dass sich die verschiedenen geplanten Aktivitäten in ihrer Dauer zu nicht mehr als 24 Stunden addieren dürfen; Robinson verteilt seine Zeit auf Arbeit, Spaziergang, Ruhe und Erholung sowie Bibellektüre.

Ähnlich ist in jedem Zeitpunkt der Gesamteinsatz von Nahrungsmitteln beschränkt auf die verfügbaren Mengen. Denkbare Verwendungsrichtungen sind der Verbrauch, das Horten (also die unveränderte Aufbewahrung von Gütern) und der Einsatz in der Produktion (also die Veränderung von Gütern, zumeist mit einer quantitativen oder qualitativen Verbesserung verbunden). Offensichtlich gibt es eine enge Interdependenz zwischen den Entscheidungen zu einem Zeitpunkt und den Budgetrestriktionen der folgenden Zeitpunkte. Im Falle des Hortens ist das trivial, weil die betreffenden Güter genau einmal verbraucht werden können. Lediglich über den Zeitpunkt kann entschieden werden. Interessanter ist der Zusammenhang bei der produktiven Verwendung, die im Allgemeinen zusätzliche Konsummöglichkeiten in der Zukunft eröffnet, möglicherweise auch erst nach mehreren Schritten.

Die Prüfung von Aktivitäten auf ihre *Zulässigkeit*, also auf Vereinbarkeit mit den *Budgetrestriktionen*, muss stets am Anfang eines Entscheidungsprozesses stehen, weil nur eine zulässige Aktivität auch optimal sein kann. Nach dem Fehlschlag des langwierigen Versuchs, ein seetüchtiges Boot herzustellen, erkennt Robinson, „jedoch zu spät, die Torheit, ein Werk zu unternehmen, ehe man den Aufwand berechnet und sich geprüft hat, ob die eignen Kräfte zur Vollendung desselben hinreichend sind".

2.1.2.2 Typen von Entscheidungen

Als *Produktionsentscheidungen* bezeichnen wir Entscheidungen über die Kombination von Einsatzgütern (Produktionsfaktoren, Input). Zum Beispiel sind für die Fertigung eines tönernen Topfes der Ton, eine Vorrichtung zum Drehen, Brennstoff für das Feuer zum Brennen sowie Arbeitskraft erforderlich. Die insgesamt für die Produktion verfügbare Menge von Produktionsfaktoren steht fest. Bei Produktionsentscheidungen geht es also darum, aus der gegebenen Menge von Einsatzgütern ein geeignetes Bündel von Ausbringungsgütern

(Produkten, Output) herzustellen. Eine subtilere Art von Produktionsentscheidungen betrifft die Herstellung von Investitionsgütern (etwa Schaufeln und Körbe), also solcher Güter, die nicht unmittelbar dem Konsum dienen, sondern die anschließende Herstellung von Konsumgütern erst ermöglichen oder erleichtern. Produktionsentscheidungen sind ein typisches Anwendungsfeld des Rationalprinzips, denn vor allem ist die Verschwendung von Gütern zu vermeiden.

Investitionsentscheidungen betreffen im Wesentlichen die intertemporale Allokation, also die Aufteilung von Gütern auf jetzigen und künftigen Konsum. Dabei werden die künftigen Konsummöglichkeiten von den jetzigen Investitionsentscheidungen maßgeblich beeinflusst. Investition geht stets mit einem Konsumverzicht einher; deshalb kann man auch von **Konsumentscheidungen** statt von Investitionsentscheidungen sprechen. Ein enger Zusammenhang zwischen Produktions- und Investitionsentscheidungen ergibt sich daraus, dass bei einer besonders vorteilhaften Relation zwischen Einsatzgütern und Produkten die Neigung zunimmt, Ressourcen vom gegenwärtigen Konsum abzuziehen und der Investition zuzuführen.

Konsum führt zum unmittelbaren Verbrauch von Gütern, die Investition dient der Sicherung oder Steigerung des künftigen Konsums. Dafür entzieht der Entscheider Güter der gegenwärtigen Konsumsphäre und setzt sie produktiv ein, wobei das Horten als Grenzfall der Produktion einbezogen ist. Die zeitliche Aufteilung betrifft verschiedene Güter: Robinson kann Nahrungsmittel unmittelbar verbrauchen, je nach Beschaffenheit für den künftigen Verbrauch horten (zum Beispiel Rum, den er nicht wieder ersetzen kann) oder produktiv einsetzen, um einen künftigen Mehrkonsum desselben Gutes oder anderer Güter zu ermöglichen (zum Beispiel Gerste, die Robinson zu Mehl und Brot verarbeiten und verzehren oder als Saatgut einsetzen kann). Eine Auswahlmöglichkeit hat Robinson auch in Bezug auf die Zeit. Er kann sie verwenden, um zu arbeiten (seine Hütte herrichten, um der Witterung nicht zu sehr ausgesetzt zu sein, Land urbar machen, Felder bearbeiten, Fischen und dergleichen) oder unmittelbar die auf der Insel spärlichen Vergnügungen zu suchen. Gut möglich ist, dass Robinson auch die Arbeit bis zu einem gewissen Grad als Vergnügen ansieht. Umgekehrt hat auch die Muße eine positive Auswirkung auf das künftige Konsumniveau, denn sie trägt dazu bei, die Arbeitskraft zu erhalten und zu regenerieren. Robinson folgt denn auch einer „Einteilung des Tagwerks, sodass weder die Kräfte erschöpft werden noch die Zeit vergeudet wird".

Als dritten Typ von Entscheidungen können wir *das Risiko betreffende Entscheidungen* identifizieren. Angesichts der allgemeinen Umweltunsicherheit können sich andere Produktions- und Investitionsentscheidungen als vorteilhaft erweisen, als es im Zustand sicherer Erwartungen der Fall wäre. Ein Entscheider gestaltet dabei den Einfluss der Unsicherheit auf die nutzenbestimmenden Zielbeiträge. Weil die Produktion unsicherheitsbehaftet ist, hortet Robinson Teile der Güter als Reserven, um der Gefahr des Verlustes von als Produktionsfaktoren verwendeten Gütern vorzubeugen. Eine derartige Reservehaltung kommt vor allem dann in Frage, wenn sich durch Produktion nur eine relativ geringe Verbesserung der gesamten Güterausstattung erreichen lässt. Ferner können **Reserven** dazu dienen, ein Konsumpotenzial auch für solche Situationen zu sichern, in denen zum Beispiel aufgrund einer Erkrankung die Erstellung von Gütern vorübergehend ausscheidet. Robinson liegt daran, „Vorräte in großer Masse anzulegen, um (s)einen künftigen Lebensunterhalt zu sichern".

Neben der Reservehaltung besteht ein geeignetes Verhalten der Unsicherheit gegenüber darin, die eingesetzten Güter unterschiedlichen Risiken auszusetzen. Es ist nämlich nicht davon auszugehen, dass sich alle Zufälle gleichermaßen glücklich oder gleichermaßen unglücklich auswirken. Die Gesamtwirkung der Unsicherheit auf die für den Konsum verfügbare Gütermenge verringert sich dadurch. Nach einem Gewitter verteilt Robinson seine Pulvervorräte auf „nicht weniger als hundert Pakete", um zu vermeiden, dass ein einziger Blitz seine gesamten Vorräte vernichten kann. Außerdem setzt er zunächst Saatgut in kleineren Mengen zu unterschiedlichen Jahreszeiten ein, weil er die geeignetsten Monate für die Aussaat noch nicht kennt. Solche Maßnahmen der Risikominderung durch Risikostreuung bezeichnet man als **Diversifikation**.

2.1.3 Aktivitäten und Ergebnisse

Die Bewertung von Aktivitäten erfolgt im Wesentlichen nicht um ihrer selbst willen, sondern im Hinblick auf die durch sie herbeigeführten Ergebnisse. Dies sind die konsumierbaren Gütermengen, inklusive Freizeit und Geselligkeit. Die Gütermengen hängen aber nicht nur vom Konsumverzicht in der Gegenwart ab (dies gilt nur für das Horten), sondern auch von der Produktionstechnologie sowie der Realisation des Risikos.

Bei der Festlegung erforderlicher oder lohnender Einsätze von Gütern in der Produktion kommt es wesentlich darauf an, in welcher Relation Einsatz- und Ausbringungsgüter stehen. Maßgeblich ist, wie hoch die durch einen Mehreinsatz von Input ausgelöste Outputsteigerung ist. Die Einsatzgüter (zum Beispiel Saatgut, Arbeitszeit, Holz) bezeichnen wir als **Produktionsfaktoren**,[7] das Produktionsergebnis (zum Beispiel Ernte, Unterkunft) als **Produkte**.

Im Hinblick auf die Planung des Faktoreinsatzes ist die Unterscheidung der Faktoren in Verbrauchs- und Potenzialfaktoren hilfreich. **Verbrauchsfaktoren** (oder: Repetierfaktoren, Material) sind dadurch gekennzeichnet, dass sie im Produkt aufgehen oder bei der Produktion verbraucht werden, in jedem Fall

---

[7] Die nachstehende Differenzierung von Produktionsfaktoren folgt der in der Betriebswirtschaftslehre üblichen Einteilung. In der Volkswirtschaftslehre findet sich zumeist eine andere Untergliederung. Vgl. dazu bspw. *Schumann/Meyer/Ströbele* (2011), Abschnitt V.C.

aber nach erfolgter Produktion nicht mehr vorhanden sind. Deshalb muss man sie bei jedem Produktionsvorgang von neuem, wiederholt bereitstellen. Ein Beispiel für die von Robinson eingesetzten Verbrauchsfaktoren ist das Saatgut bei der Produktion von Korn. Demgegenüber sind **Potenzialfaktoren** (oder: Gebrauchsfaktoren) dadurch gekennzeichnet, dass sie ein bei vielen Produktionsvorgängen abrufbares Leistungspotenzial haben. Potenzialfaktoren gehen normalerweise bei der Produktion nicht unter, sondern stehen auch künftig noch zur Verfügung, unter Umständen aber nur in einer verminderten Qualität. Physische Faktoren mit dieser Eigenschaft bezeichnet man als Anlagen, daneben zählt auch die Arbeitskraft zu den Potenzialfaktoren. Beispiele für Robinsons Potenzialfaktoren sind die vom Schiff geretteten Werkzeuge und seine persönliche Arbeitskraft.

Die Produkte teilt man in **Konsumgüter** und **Investitionsgüter** ein, wobei Investitionsgüter der jetzigen oder künftigen Produktion dienen. Zwischenprodukte bei einer mehrstufigen Produktion (zum Beispiel Mehl als Zwischenprodukt bei der Herstellung von Brot aus Gerste) haben stets den Charakter von Investitionsgütern.

Produktion ist im Allgemeinen durch die Kombination mehrerer Produktionsfaktoren und die Erstellung mehrerer Produkte gekennzeichnet.

Das verfügbare Wissen über Produktionsmöglichkeiten bezeichnet man als **Technologie**.[8]

Der formale Zusammenhang zwischen Mengen von Einsatz- und Ausbringungsgütern heißt **Produktionsfunktion**.

Ohne hier allzu genau zu differenzieren, lassen sich die Produktionsbedingungen danach unterscheiden, ob sie substitutional oder limitational sind. Bei **substitutionalen Faktoreinsatzbedingungen** kann man den verminderten Einsatz eines Faktors so durch einen vermehrten Einsatz eines anderen Faktors kompensieren, dass die gleiche Menge von Produkten resultiert. Substitutional ist zum Beispiel der Einsatz von Kompost und Ziegenmist als Düngung für den Gemüseanbau. Bei **limitationalen Faktoreinsatzbedingungen** ist es für eine effiziente Produktion erforderlich, die Faktoren in einem bestimmten Einsatzverhältnis zu verwenden. Die Erhöhung der Einsatzmenge nur eines Faktors erhöht die Produktion in diesem Fall nicht, wenn sich die Einsatzmenge des anderen Faktors nicht ebenfalls erhöht. Ein Beispiel für limitationale Faktoren sind Wasser und Mehl bei der Produktion von Brot.

---

[8] „Technologie" ist also keineswegs ein vielleicht eleganteres Synonym für Technik. Auch losgelöst von der wirtschaftswissenschaftlichen Fachsprache bezeichnet Technologie sprachlich das Wissen um die oder die Lehre von der Technik.

Produktionsentscheidungen hängen auch von der Art der Abnutzung und der Regenerationsfähigkeit der Potenzialfaktoren ab. Insbesondere der Erhalt von Robinsons Arbeitskraft ist für ihn unverzichtbar. Es handelt sich um ein regenerationsfähiges Potenzial, das bei vorübergehend stärkerer Inanspruchnahme durch entsprechende Ruhe, Pflege und erhöhte Nahrungsaufnahme wiederhergestellt werden kann. Auch das Leistungspotenzial anderer Faktoren ist beeinflussbar: Eine Axt etwa verliert durch Gebrauch an Schärfe und damit an Nutzungsfähigkeit; durch Nachschleifen kann Robinson in begrenztem Umfang den alten Zustand wiederherstellen. Allgemein sichert oder erhöht Instandhaltung die Leistungsfähigkeit von Potenzialfaktoren.

Wesentlich für die Untersuchung der Produktionsbedingungen im Zeitablauf sind sogenannte **Lerneffekte**. Sie resultieren daraus, dass sich durch die wiederholte Produktionstätigkeit das Verhältnis von Einsatz- und Ausbringungsmenge verbessert.[9] Ursache dafür ist, dass Erfahrungen mit den Produktionsvorgängen zu einer geringeren Anzahl von Fehlern und zu einer verbesserten Präzision der Produktion führen. Ganz pauschal kommt es zu einer geringeren Verschwendung. Da Robinson als Jäger, Bauer, Schreiner, Töpfer und mehr tätig werden muss und er in diesen Dingen keine Ausbildung hat, spielen Lerneffekte für ihn eine große Rolle.

2.1.4 Unsicherheit und Ergebnisse

Bisher haben wir das Unsicherheitsphänomen noch nicht hinreichend einbezogen. Die Unsicherheit beeinflusst die Entscheidungen, weil der Zufall unmittelbar oder mittelbar Auswirkungen auf die Konsummöglichkeiten hat.

Die für Robinson zentrale Zufallsquelle ist die Produktionsunsicherheit: Die Produktmenge ist keineswegs durch einen bestimmten Faktoreinsatz eindeutig determiniert. Vielmehr können je nach Umweltentwicklung größere oder kleinere Ergebnisse die Folge sein. Da Robinsons Produktion vornehmlich landwirtschaftlicher Natur ist, besteht die bedeutendste Unsicherheitsquelle im Wetter. Zu viel oder zu wenig Regen kann der Ernte ebenso schaden wie zu viel oder zu wenig Sonnenschein.

Von wesentlicher Bedeutung für Robinsons Arbeitskraft ist die Sicherung seiner Gesundheit. Gesundheitsvorsorge kann Robinson durch eine nicht exzessive Arbeit, hinreichende Ruhe und angemessene Ernährung betreiben. Eine Erkrankung lässt sich dennoch nicht mit Sicherheit ausschließen. Neben der damit unmittelbar verbundenen Beeinträchtigung des Wohlbefindens führt eine Erkrankung zu einer verminderten Leistungsfähigkeit des Faktors Arbeit und daher mittelbar zu einer verringerten Produktion in der näheren Zukunft.

---

[9] Vgl. Abschnitt 3.2.2.3.

Annahmegemäß möchte Robinson die Insel verlassen. Daraus ergibt sich eine weitreichende Unsicherheit hinsichtlich des zeitlichen Planungshorizontes. Die Entscheidung über die Verwendung der verfügbaren Ressourcen für ein annehmliches Auskommen auf der Insel hängt offensichtlich davon ab, wie lange Robinson auf der Insel zu leben hat. Der zeitliche Horizont kann durch das Auftauchen eines rettenden Schiffes oder durch Robinsons Tod begrenzt werden. Im ersten Fall werden die noch verfügbaren Ressourcen überwiegend nachhaltig entwertet, zum geringeren Teil wird der Wert erhöht (etwa die noch vorhandene soziale Kompetenz); im zweiten Fall findet aus der Sicht von Robinson eine vollständige Entwertung aller Güter statt.

Ähnlich wie bei der systematischen Auflistung aller Aktivitätenbündel ist die maximale Anforderung an die Erfassung der Unsicherheit, alle denkbaren Zukunftsentwicklungen vollständig und überschneidungsfrei zusammenzustellen. Dann ist jede der denkbaren Zukunftsentwicklungen durch eine Kombination von Realisationen der einzelnen Zufälligkeiten gekennzeichnet, und es wird genau eine Zukunftsentwicklung eintreten.

2.1.5 Das Grundmodell der Entscheidungstheorie

Die Ausführungen in den voranstehenden Abschnitten behandelten im Wesentlichen das Grundmodell der Entscheidungstheorie. Nachdem wir dessen Bausteine am Beispiel von Robinson auf eher anekdotischer Ebene dargelegt haben, ist es angebracht, eine systematische, abstraktere und somit verallgemeinerbare Darstellung nachzuliefern.

Man geht von der Vorstellung aus, dass bestimmte Ergebnisse Folge des Zusammenwirkens von **Aktionen** (Aktivitätenbündeln) sowie **Zuständen** (Zukunftsentwicklungen) sind. Ein Ergebnis e_{ij} ($i = 1, \ldots, m; j = 1, \ldots, n$) resultiert nicht allein aus der gewählten Aktion a_i, auch der Einfluss des eingetretenen Zustandes z_j schlägt sich darin nieder. Zudem kann ein einzelnes Ergebnis e_{ij} durch so viele Komponenten gekennzeichnet sein, wie es Elemente des Zielkatalogs gibt, oder technisch formuliert: Das Ergebnis ist im Allgemeinen vektorwertig. Die Bedeutung von **Vollständigkeit** und **Überschneidungsfreiheit** der Menge von Aktionen und der Menge denkbarer Zustände für eine präzise Modellbeschreibung haben wir bereits hervorgehoben. Aktionen, Zustände und Ergebnisse und deren individuelle Bewertung durch eine Nutzenfunktion $u(\cdot)$ lassen sich übersichtlich als **Entscheidungsmatrix** darstellen (Tabelle 2.1).

Anhand der Entscheidungsmatrix können wir eine an der Anzahl von Zuständen ansetzende Differenzierung verschiedener Typen von Entscheidungssituationen vornehmen. Man spricht von **Entscheidungen bei Sicherheit** oder sicheren Erwartungen, wenn nur ein Zustand eintreten kann ($n = 1$). Aus einer bestimmten Aktion ergibt sich zwingend ein konkretes Ergebnis. Ohne weiteres ist einsichtig, dass der Fall sicherer Erwartungen nur als Vereinfachung denkbar ist. Gibt es mehr als einen denkbaren Zustand, spricht man von **Unsicherheit** oder unsicheren Erwartungen.

	z_1	...	z_j	...	z_n	
a_1	e_{11}	...	e_{1j}	...	e_{1n}	$u(a_1) = u(e_{11}, ..., e_{1n})$
...	...	...	...	...	...	...
a_i	e_{i1}	...	e_{ij}	...	e_{in}	$u(a_i) = u(e_{i1}, ..., e_{in})$
...	...	...	...	...	...	...
a_m	e_{m1}	...	e_{mj}	...	e_{mn}	$u(a_m) = u(e_{m1}, ..., e_{mn})$

Tabelle 2.1: Entscheidungsmatrix.

Beschränkt man sich trotz der Unsicherheit bewusst darauf, nur einen einzigen Zustand in die Überlegungen einzubeziehen, handelt es sich um *quasi-sichere Erwartungen*. Die dann zu verwendenden Kalküle unterscheiden sich in keiner Weise von denen, die bei sicheren Erwartungen eingesetzt werden. Der Begriff der Quasi-Sicherheit hebt lediglich die damit verbundene, bewusste Vereinfachung hervor. Offen ist zunächst, welcher der Zustände als einziger explizit berücksichtigt werden soll. Plausibel sind solche Entwicklungen, die der Entscheider aus irgendeinem Grund (hohe Eintrittswahrscheinlichkeit; repräsentative, besonders gute oder besonders schlechte Entwicklungen) hervorheben möchte.

Lassen sich für die einzelnen Zustände Eintrittswahrscheinlichkeiten angeben, spricht man von *Entscheidungen bei Risiko*. Im Risikofall ist es zweckmäßig, die Entscheidungsmatrix um eine zweite Kopfzeile mit den Eintrittswahrscheinlichkeiten für die Zustände zu ergänzen. Dadurch wird die Unsicherheit quantitativ erfassbar gemacht: Sie lässt sich durch die Wahrscheinlichkeitsverteilung umfassend beschreiben. Alternativ bietet es sich an, die Informationen durch Beschränkung auf Parameter der Wahrscheinlichkeitsverteilung (insbesondere Erwartungswert und Standardabweichung) zu verdichten. Die Quantifizierung der Eintrittswahrscheinlichkeiten kann schwierig sein. Für ökonomisch relevante Entscheidungen lassen sich *objektive Wahrscheinlichkeiten* (wie die Wahrscheinlichkeit von je 1/37 für eine der ganzen Zahlen von 0 bis 36 beim Roulette) gewöhnlich nicht angeben. Vorhandene Informationen über Zustände kann man jedoch in *subjektive Abschätzungen* umsetzen. Das Wetter als für Robinson wichtige Unsicherheitsquelle lässt sich wenigstens für kürzere Zeiträume anhand bestimmter Indikatoren vorhersagen. Daneben besagen Erfahrungswerte, dass es in bestimmten Jahreszeiten mehr regnet oder die Sonne länger scheint. Bei Beschränkung der Kalküle auf wichtige Verteilungsparameter (vor allem die bereits angeführten Größen Erwartungswert und Standardabweichung[10]) sollte man diese unmittelbar und nicht auf dem Umweg

---

[10] Vgl. dazu näher Abschnitt 10.2.3.

über Wahrscheinlichkeiten und Ergebnisse schätzen. Hier zeigt sich die Ambivalenz aggregierter Informationen: Zwar kommt es nicht zu einer expliziten Erfassung aller Informationen, jedoch ist der für die Abschätzung einzelner Parameter erforderliche Informationsbedarf geringer. Mit der Konzeption der Entscheidungen bei Risiko ist ein ganz bestimmter Risikobegriff verbunden:

> **Risiko** besteht in der Möglichkeit der Abweichung einer Zielgröße von ihrem Erwartungswert.[11]

Mit Risiko ist demnach stets die Möglichkeit besserer und schlechterer Ergebnisse verbunden, als durchschnittlich erwartet werden darf. Dieser Risikobegriff weicht vom umgangssprachlichen Risikobegriff ab, der gewöhnlich nur unerwartet schlechte Ergebnisse einbezieht; die Möglichkeit positiver Überraschungen wird dann als Chance bezeichnet. In diesem Fall bezieht sich auch „Erwartung" regelmäßig nicht auf den Erwartungswert einer Zufallsvariablen, sondern auf irgendeinen, nicht in allgemeiner Weise spezifizierbaren Wert. Im Rahmen betriebswirtschaftlicher Kalküle erweist sich der hier eingeführte, entscheidungstheoretische Risikobegriff als sinnvoller.

Kann man für die einzelnen Zustände nicht einmal subjektive Wahrscheinlichkeiten angeben, spricht man von **Entscheidungen bei Ungewissheit**.[12]

Selbstverständlich sind Kalküle, die in einem geringen Ausmaß quantifizierte Informationen einbeziehen, stets weniger differenziert als andere Kalküle. Die Situation unsicherer Erwartungen ist generell durch einen Mangel an Informationen über die Zukunft gekennzeichnet. Daher sollten alle vorhandenen Informationen über den Zufall, auch wenn sie unvollkommen sind, in Wahrscheinlichkeitsurteile umgesetzt werden. Aus den bisherigen Ausführungen über das Grundmodell der Entscheidungstheorie folgt, dass Entscheidungen bei Risiko die am besten geeignete Operationalisierung für betriebswirtschaftliche Fragestellungen darstellen. Zu deren adäquater Behandlung ist ein einschlägiges Instrumentarium erforderlich.

Dieses umfasst zunächst die Wahrscheinlichkeitsrechnung, da Wahrscheinlichkeiten als Quantifizierung der Unsicherheit herangezogen werden. Wesentlich ist daneben die Auswahl geeigneter Entscheidungsprinzipien. Die beiden wichtigsten Entscheidungsprinzipien sind das **Bernoulli-Prinzip** und das **(μ, σ)-Prinzip**. Das *Bernoulli*-Prinzip ist durch Vorgabe einer Nutzenfunktion über die Ergebnisse und durch die Entscheidungsregel „Maximiere den Nutzenerwartungswert" gekennzeichnet. Bei Anwendung des (μ, σ)-Prinzips wird ein

---

[11] Der Erwartungswert ist definiert als die mit den Eintrittswahrscheinlichkeiten gewichtete Summe der einzelnen Merkmalsausprägungen. Vgl. Abschnitt 10.2.3.

[12] Die Terminologie ist an dieser Stelle allerdings nicht immer einheitlich: Bisweilen steht Ungewissheit als Oberbegriff, Unsicherheit ist dann der Situation ohne Wahrscheinlichkeiten vorbehalten. Vgl. bspw. *Bea* (2009), S. 347 f.

unsicheres Ergebnis durch geeignete Gewichtung von Erwartungswert (μ) und Standardabweichung (σ) der Zielgröße bewertet. Das Instrumentarium für Entscheidungen bei Risiko wird in Kapitel 10 ausführlich vorgestellt.

Schließlich sind die mit den einzelnen Aktionen verbundenen Ergebnisse auf Basis der individuellen **Präferenzen des Entscheiders** durch eine Nutzenfunktion zu bewerten. Im Allgemeinen bestimmt die Gesamtheit der Ergebnisse sowie in der Risikosituation auch die zugehörigen Eintrittswahrscheinlichkeiten den Nutzen. Grundsätzlich ist dabei keine spezifische Form eines funktionalen Zusammenhangs ausgeschlossen.

2.1.6 Informationsbedarf

Auch bei einer nur knappen Skizze von Robinsons Entscheidungssituation wird deutlich, dass der für die optimale Entscheidung erforderliche Informationsbedarf enorm ist. Dies wollen wir nun an einigen Beispielen belegen.

Offenbar ist es sehr schwierig, die **Nutzenfunktion** konkret zu explizieren. Möglich und erforderlich ist jedoch die Sammlung der wesentlichen Komponenten, welche die individuelle Wohlfahrt beeinflussen. Ein funktionaler Verlauf muss praktisch hinter eher pauschalen Aussagen über die relative Vorziehenswürdigkeit zurücktreten. Man kommt leichter zu Entscheidungen, wenn verschiedene Güter ähnliche Nutzenwirkungen aufweisen. Einschätzungen über Substituierbarkeit und Komplementarität sind dabei hilfreich.

Ebenso scheidet normalerweise die vollständige Auflistung aller **Handlungsmöglichkeiten** aus. Viele Handlungsmöglichkeiten lassen sich aber schon von vornherein als abwegig einschätzen, diese muss man dann nicht näher untersuchen. Aktionen mit sehr ähnlichen Handlungsfolgen können wir zu Typen von Entscheidungen zusammenfassen, zwischen denen in einem zweiten Schritt noch auszuwählen ist.

Budgetrestriktionen sind häufig einfach zu ermitteln; für **Produktionsfunktionen** gilt dies jedoch weniger. Der genaue funktionale Zusammenhang zwischen Faktoreinsatz- und Produktmengen ist Robinson sicher nicht bekannt. Besonders wichtig erscheint es, limitationale von substitutionalen Faktoreinsatzverhältnissen unterscheiden zu können, denn bei Limitationalität kommt es leichter zur Verschwendung von Einsatzgütern, weil ein zu hoher Einsatz eines Produktionsfaktors gar keine Zusatzerträge erzeugt.

Unsichere Erwartungen sind stets mit einem Mangel an Informationen über die Zukunft verbunden. Zufall ist genau das, worüber ein Entscheider keine genaueren Informationen hat. Der nicht gedeckte Informationsbedarf ist demnach im Hinblick auf die Verminderung von Einkommensunsicherheiten besonders groß. Umso wichtiger ist es, die vorhandenen Informationen so gut wie möglich auszunutzen und eine Konkretisierung der Unsicherheit vorzunehmen. Das heißt, konkrete denkbare Zustände sind zu explizieren und wenn möglich auch mit Wahrscheinlichkeitsangaben zu versehen. Dass der Informationsstand regelmäßig nicht zur Quantifizierung objektiver Wahrscheinlichkeiten ausreicht, versteht sich von selbst. Gleichwohl sollte ein Entscheider weniger, mehr oder gleich wahrscheinliche Zustände auch als solche behandeln. Genau dies ist auch die Grundidee der in der Praxis gebräuchlichen *Szenariotechnik*.[13]

Selbst im Fall der Ungewissheit stellt das Grundmodell der Entscheidungstheorie erhebliche Anforderungen an den Informationsbedarf. Die Zusammenstellung aller Zustände wird normalerweise unvollständig bleiben. Es besteht also die Gefahr, dass Entwicklungen eintreten, die nicht explizit in den Entscheidungskalkül einbezogen wurden. Dies kann man (in Abgrenzung zu irgendeiner als möglich erkannten Realisation des Zufalls) als *Ex-post-Überraschung* bezeichnen.[14] Da man diese nicht völlig ausschließen kann, sind besondere Vorkehrungen in Form freier Anpassungspotenziale erforderlich.

Wenn auch eine vollständige Problembeschreibung und -lösung nur theoretisch möglich ist, erkennt man doch, dass diese theoretische Analyse erforderlich ist, um grundsätzlich wichtige von relativ unwichtigen Elementen des Entscheidungsproblems unterscheiden zu können. Bei einem ersten Zugang zur Betriebswirtschaftslehre gilt dies umso mehr.[15]

Schließlich ist zu betonen, dass das Grundmodell der Entscheidungstheorie eine ausgeprägte praktische Bedeutung dadurch gewinnt, dass es eine vorbildliche Strukturierung des Entscheidungsprozesses gewährleistet. Egal, in welcher Situation: Ein Entscheider sollte sich stets über Handlungsmöglichkeiten, denkbare Zustände, daraus resultierende Ergebnisse und über seine Zielvorstellungen Rechenschaft geben. Es ist nicht vorstellbar, dass man auf einem anderen Weg eine gute Entscheidung findet.

2.2 Effiziente und optimale Aktionen

2.2.1 Dominanz und Effizienz

Schon mehrfach war bisher vom Rationalprinzip und der Vermeidung der Verschwendung einerseits und der optimalen Auswahl aus mehreren Aktionen andererseits die Rede. Ganz allgemein gilt, dass die optimale Handlungsmöglichkeit stets Verschwendung vermeidet, also dem Rationalprinzip gehorcht. Deshalb könnte man sich mit der Bestimmung der optimalen Entscheidung zufriedengeben. Häufig sind Lösungen nicht eindimensional zu beurteilen, sondern setzen sich aus mehreren Kriterien zusammen, wie beispielsweise Einsatzmengen verschiedener Produktionsfaktoren oder die Kombination von eingesetzter

---

[13] Vgl. Abschnitt 10.2.3.
[14] *Schneider* (1995), S. 9.
[15] Vgl. Abschnitt 1.3.2.

Arbeit und erzieltem Einkommen. Zur Bestimmung der optimalen Lösung muss der Entscheider diese Kriterien anhand seiner Präferenzen gewichten. Wie gesehen, stellt dies möglicherweise hohe Anforderungen an den Entscheider.

Wir gehen nun davon aus, dass zwei (oder mehr) Kriterien die Vorteilhaftigkeit von Handlungen beeinflussen. Häufig gehen bei einer bestimmten Aktion Vorteile hinsichtlich eines Kriteriums mit Nachteilen hinsichtlich anderer Kriterien einher. Wegen der Probleme bei der Konkretisierung einer Nutzenfunktion kann es sich als zweckmäßig erweisen, zunächst die Menge von Aktionen zu bestimmen, die sich unabhängig von spezifischen Ausprägungen von Nutzenfunktionen als grundsätzlich geeignet erweisen. Solche Aktionen bezeichnen wir als effizient. Der Begriff der Effizienz ist einer Steigerung nicht zugänglich, wie sich aus der nachfolgenden Definition ergeben wird. Diese Eigenschaft ist der Effizienz und der Optimalität – und jedem anderen Superlativ – gemein. Die Menge effizienter Aktionen oder Lösungen stellt eine Vorauswahl dar. Umgekehrt lassen sich auch ohne Kenntnis der Nutzenfunktion bestimmte Aktionen als ungeeignet verwerfen, nämlich dann, wenn sie hinsichtlich aller Kriterien mindestens einer anderen Aktion unterlegen sind. Dieser Sachverhalt wird durch den Begriff der **Dominanz** (bzw. des Dominiertwerdens) präzisiert:

> Eine Aktion A dominiert eine andere Aktion B, wenn A hinsichtlich keines Kriteriums schlechter abschneidet als B, hinsichtlich mindestens eines Kriteriums aber überlegen ist.

Kurz formuliert gilt also: Kein Kriterium spricht für B, keines gegen A. Dominanz bezieht sich zunächst auf die relative Beurteilung zweier Handlungsmöglichkeiten, ist jedoch transitiv: Dominiert A die Aktion B und diese wiederum die Aktion C, dominiert A auch C. Dominiert eine Aktion alle anderen Handlungsmöglichkeiten, ist sie optimal.

Eng mit der Dominanz verbunden ist der bereits angeführte Begriff der **Effizienz**, die sich auch auf eine größere Menge von Aktionen anwenden lässt:

> Eine Aktion A ist effizient, wenn es keine andere Aktion gibt, die hinsichtlich mindestens eines Beurteilungskriteriums besser abschneidet als A und zugleich hinsichtlich keines Kriteriums schlechter als A.

Mit anderen Worten: Eine Handlungsmöglichkeit ist effizient, wenn sie von keiner anderen dominiert wird. Die besondere Bedeutung effizienter Lösungen ergibt sich daraus, dass **unabhängig von individuellen Präferenzen** stets nur effiziente Lösungen optimal sein können.

Die bisher vielleicht etwas abstrakt klingenden Begriffe lassen sich hinsichtlich der oben angesprochenen Entscheidungstypen konkretisieren; als einzige

Anforderung an Präferenzen setzen wir voraus, dass Güter einen positiven Grenznutzen aufweisen.

1. Die Effizienz von **Produktionsentscheidungen** lässt sich danach beurteilen, ob man eine bestimmte Produktmenge mit geringerem Einsatz verschiedener Faktoren hätte herstellen können. Die verschiedenen Beurteilungskriterien sind in diesem Fall die Einsätze der einzelnen Produktionsfaktoren; bei einem gegebenen Output ist ein geringerer Einsatz stets vorzuziehen. Benötigt man zur Herstellung eines Produktes (zum Beispiel Getreide) genau zwei Faktoren (zum Beispiel Saatgut und Arbeitszeit), bietet sich eine grafische Verdeutlichung an:

Faktorkombinationen sind ineffizient und können direkt als ungeeignet verworfen werden, wenn sie von keinem der Faktoren eine geringere und von mindestens einem der Faktoren eine höhere Einsatzmenge erfordern als irgendeine andere Faktorkombination auf derselben Isoquante.

> Als *Isoquante* bezeichnet man die Menge solcher Faktorkombinationen, die zu derselben Ausbringungsmenge führen.

Das Merkmal der Effizienz ist offensichtlich genau auf dem „Süd-West-Rand" einer Isoquante (also jeweils auf den Isoquantenabschnitten zwischen a und b) erfüllt. Alle anderen Abschnitte implizieren eine Verschwendung, sind ineffizient, werden dominiert und widersprechen dem Rationalprinzip (hier: Minimumprinzip), wie gleichbedeutende Formulierungen für denselben Sachverhalt lauten. Außerdem lässt sich ein wesentlicher Unterschied zwischen substitutionalen und limitationalen Faktoreinsatzbedingungen erkennen: Gewöhnlich wird es bei Substitutionalität mehrere effiziente Faktorkombinationen für ein bestimmtes Produktionsniveau geben, aus denen ohne weiteres eine sinnvolle Auswahl nicht möglich ist. Dies gilt für das angeführte Beispiel mit Saatgut und Arbeitszeit, die sich im Hinblick auf eine bestimmte Ernte teilweise durcheinander substituieren lassen. Jenseits einer gewissen Grenze wirkt sich der Mehreinsatz von Saatgut bei fester Arbeitszeit jedoch kontraproduktiv aus. Bei limitationalen Faktoreinsatzbedingungen hingegen gibt es zu jedem Produktionsniveau genau eine effiziente Faktorkombination (im rechten Teil der Abbildung 2.2 jeweils mit c gekennzeichnet), die somit unmittelbar auch die optimale Produktionsweise darstellt. Der vermehrte Einsatz nur eines Faktors führt nicht zu einem vermehrten Output. Robinson würde zum Beispiel gar nichts gewinnen, wenn er beim Holzhacken mehr als eine Axt einsetzte.

2. Effizienz spielt auch bei **Investitionsentscheidungen** eine zentrale Rolle. Ganz allgemein geht es bei Investitionsentscheidungen darum, Güter so zu verwenden, dass vorteilhafte Konsumströme über die Zeit resultieren. Die Interdependenz zu Produktionsentscheidungen haben wir bereits betont. Die Beurtei-

lungskriterien sind die in den einzelnen Zeitpunkten realisierbaren Konsumniveaus, wobei der Entscheider ein höheres Konsumniveau stets vorzieht. Investitionsentscheidungen sind ineffizient und widersprechen dem Rationalprinzip, wenn sie einen Konsumstrom herbeiführen, der von einem anderen dominiert wird. Auch dies lässt sich bei Beschränkung auf zwei Beurteilungskriterien, zum Beispiel zwei Zeitpunkte, grafisch darstellen.

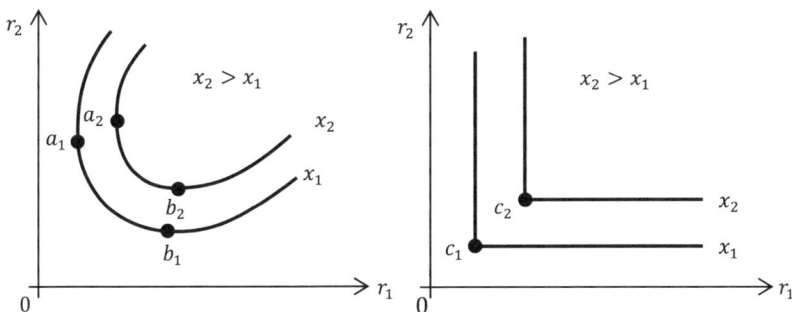

Abbildung 2.2:
Isoquanten bei substitutionalen und limitationalen Faktoreinsatzbedingungen,

wobei
r_i Einsatzmenge des Produktionsfaktors i ($i = 1,2$).

Als **Konsumplan** bezeichnet man die Zuordnung verschiedener Konsumniveaus zu den einzelnen Zeitpunkten oder Zuständen. Ein Konsumplan ist zulässig, wenn die damit verbundene Investition sämtlichen Budgetbedingungen und den technologischen Zusammenhängen gerecht wird. Ein Konsumplan x ist effizient, wenn es keinen anderen Konsumplan y gibt, für den gilt

$$c_1(y) \geq c_1(x) \text{ und } c_2(y) > c_2(x) \text{ oder}$$
$$c_1(y) > c_1(x) \text{ und } c_2(y) \geq c_2(x),$$

wobei
$c_t(j)$ Konsum in Zeitpunkt t bei Konsumplan j.

Im vorliegenden Beispiel nehmen wir an, dass zulässige Konsumpläne auf der gepunkteten Fläche sowie deren Rand liegen. Effizient sind offenbar genau diejenigen Pläne, die auf dem „Nord-Ost-Rand" der zulässigen Konsumpläne liegen.

3. Schließlich kann man den Effizienzbegriff auch im Zusammenhang mit der Unsicherheit oder dem Risiko verwenden. Für die **Unsicherheit** lässt sich das durch schlichte Uminterpretation der Abbildung 2.3 erreichen: c_t bedeutet dann nicht mehr Konsum im Zeitpunkt t, sondern Konsum in Zustand t. Für zustandsbezogene Konsumpläne gilt dann das angegebene Effizienzkriterium entsprechend.

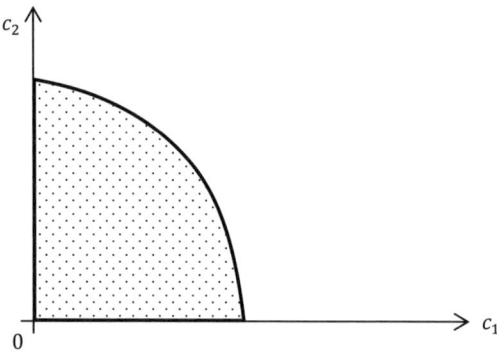

Abbildung 2.3: Zulässige Konsumpläne,

wobei
c_t Konsum in Zeitpunkt t ($t = 1,2$).

Risiko impliziert aufgrund der Kenntnis (subjektiver) Wahrscheinlichkeiten, dass Parameter wie Erwartungswert (μ) und Standardabweichung (σ) des Konsumniveaus in einem Zeitpunkt verfügbar sind. Der Erwartungswert steht für das durchschnittlich zu erwartende Konsumniveau, die Standardabweichung für die Schwankung um diesen Erwartungswert und damit für die Höhe des Risikos.[16] Von diesen Beurteilungskriterien geht der Erwartungswert positiv in die Gesamtbewertung ein, die Standardabweichung hingegen negativ, was Ausdruck der Abneigung gegenüber dem Risiko ist. Auch dies lässt sich grafisch darstellen (Abbildung 2.4).

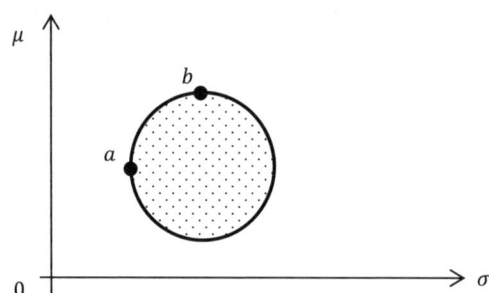

Abbildung 2.4:
Erwartungswert und Standardabweichung des Konsums
bei zulässigen Konsumplänen,

wobei
μ Erwartungswert des Konsums
σ Standardabweichung des Konsums.

---

[16] Vgl. näher Abschnitt 10.2.3.

Zulässig sind annahmegemäß alle (μ, σ)-Kombinationen innerhalb und auf dem Rand des Kreises. Effiziente Konsumpläne sehen **ceteris paribus** (das heißt bei Konstanthaltung der jeweils anderen Größe) einen höheren Erwartungswert und eine geringere Standardabweichung vor. Auch hier liegen effiziente Lösungen auf dem Rand der zulässigen Lösungen, und zwar auf dem „Nord-West-Rand", also zwischen den Punkten a und b.

Die bisher präsentierten Beispiele haben die Eigenschaft, dass Lösungen anhand zweier Kriterien zu beurteilen sind. In solchen Fällen könnte man auf die Idee kommen, Nutzenfunktionen durch eine Verhältniszahl der beiden Kriterien zu ersetzen, die der Entscheider dann minimieren oder maximieren soll. Diese Idee ist jedoch zu verwerfen, weil eine derartige Bündelung von einzelnen Elementen für ganz bestimmte Präferenzen steht und im Allgemeinen nur dann geeignet ist, wenn entweder die Zähler- oder die Nennergröße konstant bleiben – also „ceteris paribus". Das geht jedoch im Ergebnis über das Effizienzkriterium nicht hinaus. Der offensichtliche Mangel einer Zielvorschrift „Maximiere das Verhältnis von Produktionsergebnis und Faktoreinsatz" liegt schon darin, dass bei ungleichem Faktoreinsatz offenbleibt, was mit den „überschüssigen" Faktormengen der „kleineren" Produktionsmenge geschehen sollte.[17]

2.2.2 Optimale Entscheidungen

Auf Basis des durch die Effizienz konkretisierten Rationalprinzips können wir gewöhnlich nur eine **Vorauswahl** treffen, da sich nur in Ausnahmefällen eine einzige Aktion als effizient erweist. Für die Bestimmung der optimalen Aktion ist daher im Allgemeinen eine Bewertung auf Basis individueller Präferenzen erforderlich. Bei Vorliegen einer Nutzenfunktion lässt sich die optimale Lösung gewöhnlich analytisch berechnen. Die Möglichkeit einer grafischen Optimierung ist jedoch, analog zur Darstellung der effizienten Lösungen, an eine besonders geringe Anzahl von Variablen gebunden.

Als Beispiel für die grafische Ermittlung optimaler Lösungen erweitern wir nun das Entscheidungsproblem der Auswahl unter verschiedenen Konsumplänen (Abbildung 2.3) um individuelle Präferenzen.

> Eine **Nutzenindifferenzkurve** ist die Abbildung der Menge von Konsumplänen, die den gleichen Nutzen herbeiführen.

Bevor wir die Konzeption der Nutzenindifferenzkurve auf die grafische Lösung des konkreten Entscheidungsproblems anwenden, bietet es sich an, wichtige

---

[17] Ganz ähnlich in Bezug auf die Rentabilitätsmaximierung als Zielvorschrift bereits *Hax* (1963).

Eigenschaften jeder Nutzenindifferenzkurve herauszuarbeiten. Die Nutzenindifferenzkurve ergibt sich aus der Umformung der Nutzenfunktion. Hängt der Nutzen u von den Ausprägungen zweier Kriterien x_1 und x_2 ab $(u(x_1, x_2))$, gibt es zu jedem festen **Nutzenniveau** $\bar{u}$ eine Indifferenzkurve mit $x_2 = g(x_1|\bar{u} = \text{konst.})$. Werden beide Kriterien positiv bewertet, müssen die Indifferenzkurven fallen, weil eine Nutzensteigerung infolge einer Erhöhung von x_1 durch eine Nutzenminderung infolge einer Minderung von x_2 kompensiert werden muss, damit der Gesamtnutzen sich nicht verändert.

Zwei Indifferenzkurven desselben Entscheiders stehen für unterschiedliche Nutzenniveaus, die Kurven dürfen sich – Rationalverhalten unterstellt – jedoch nicht wie in Abbildung 2.5 schneiden.

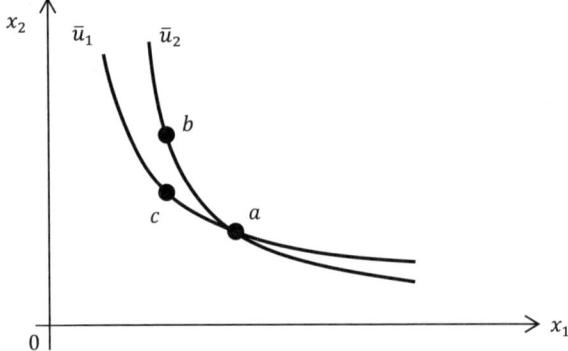

Abbildung 2.5: Widersprüche bei sich schneidenden Nutzenindifferenzkurven.

Die beiden Indifferenzkurven stehen für unterschiedliche Nutzenniveaus, für die ohne Einschränkung der Allgemeinheit gelten soll $\bar{u}_1 < \bar{u}_2$. Demnach wird die Lösung b der Lösung c vorgezogen; zugleich sind aber b und a sowie a und c äquivalent, weil sie jeweils auf derselben Indifferenzkurve liegen. Dann müssten weiter aus Gründen der **Transitivität** b und c äquivalent sein, was im Widerspruch zu der erstgenannten Präferenzrelation steht.

In unserem Investitionsproblem sind unter vernünftigen Bedingungen die Nutzenindifferenzkurven fallend und konvex. Höher oder weiter rechts verlaufende Indifferenzkurven implizieren einen größeren Konsum und stehen für ein größeres Nutzenniveau.

Der optimale Konsumplan ergibt sich als **Tangentialpunkt** c^* der Begrenzungslinie möglicher Konsumpläne und der Indifferenzkurve $\bar{u}_2$. Lösungen auf einer höher liegenden Indifferenzkurve (zum Beispiel $\bar{u}_1$) wären zwar vorzuziehen, sind jedoch mit der Menge zulässiger Konsumpläne nicht vereinbar. Lösungen auf einer niedriger liegenden Indifferenzkurve (zum Beispiel $\bar{u}_3$) sind zwar erreichbar, erweisen sich aber verglichen mit dem Tangentialpunkt als suboptimal. Die Argumentation zeigt, dass bei der grafischen Darstellung von Optimierungsproblemen regelmäßig Tangentiallösungen resultieren.

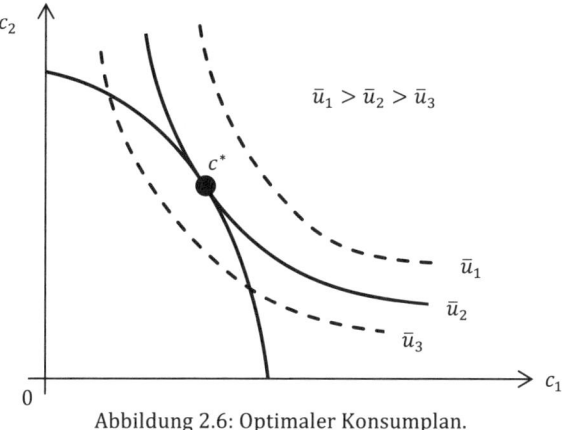

Abbildung 2.6: Optimaler Konsumplan.

Ein weiteres Beispiel mag zugleich hilfreich sein, etwaige Störgefühle im Zusammenhang mit dem häufig verwendeten Begriff „Arbeitsleid"[18] aufzulösen. Zu untersuchen ist das Entscheidungsproblem, ein optimales Niveau an Arbeitsleistung festzulegen. Die Arbeit tangiert den Nutzen des Entscheiders in zweierlei Weise: Zum einen lässt sich mit der Arbeit ein Einkommen erzielen, für das wir wie üblich unterstellen, dass ein Entscheider ceteris paribus mehr Einkommen weniger Einkommen stets vorzieht. Zum anderen beeinflusst die Arbeit den Nutzen aber auch unmittelbar. Die allermeisten Erwerbstätigkeiten sind kaum so furchtbar, dass man sie von vornherein verabscheut; vielmehr stellt Arbeit in aller Regel bis zu einer gewissen Grenze zugleich auch ein Vergnügen dar und bringt verglichen mit der völligen Untätigkeit eine Nutzensteigerung mit sich, es liegt also Arbeitsfreude vor. In einer Gesellschaft, in der sich der soziale Status weitgehend über die Erwerbstätigkeit definiert, gilt dies umso mehr. Allerdings hat diese Einschätzung ihre Grenzen. Ob diese Grenze bereits bei einer Wochenarbeitszeit von 20 Stunden erreicht ist oder eher bei dem Einsatz von beispielsweise Unternehmensberatern, die sich mit einer Wochenarbeitszeit von 100 Stunden oder mehr geradezu brüsten, ist sicher ein individuelles Merkmal, dessen genaue Ausprägung hier offenbleiben kann. Es ist jedoch unstrittig, dass es beide Bereiche gibt.

---

[18] Vgl. bspw. Abschnitte 1.2 oder 6.2.1.1.

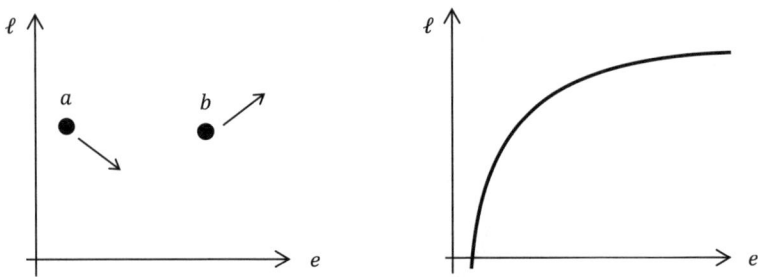

Abbildung 2.7: Präferenzen für Arbeit und Einkommen, Produktionsfunktion,

wobei
e   Arbeitsleistung („effort")
ℓ Arbeitseinkommen.

Für die Nutzenindifferenzkurven bedeutet dies, dass im Bereich geringer Arbeitsleistungen infolge der Arbeitsfreude ein Mehr an Arbeit ein Weniger an Einkommen kompensieren kann, um das Nutzenniveau konstant zu halten (Lösung *a* in Abbildung 2.7).[19] Ausgehend von demselben Einkommen, aber einem viel höheren Niveau an Arbeitsleistung ändert sich dies allerdings. Weil der Entscheider nunmehr ein Arbeitsleid empfindet, ist für ihn ein zusätzliches Arbeitseinkommen erforderlich, um bei einer zusätzlichen Arbeitsleistung das Nutzenniveau konstant zu halten (Lösung *b* in Abbildung 2.7). Insgesamt hat eine Nutzenindifferenzkurve stilisiert eine u-förmige Gestalt. Auf der Ebene der Entstehung des Arbeitseinkommens gilt die unproblematische Annahme eines abnehmenden Grenzertrages.

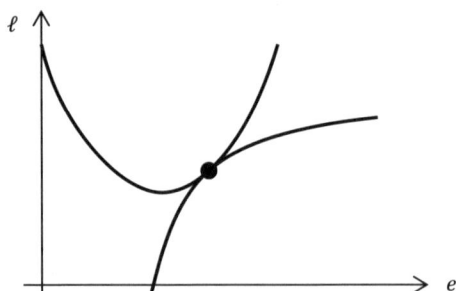

Abbildung 2.8: Marginales Arbeitsleid als Merkmal der optimalen Lösung.

Die optimale Lösung ergibt sich wieder als Tangentialpunkt von Produktionsfunktion und Nutzenindifferenzkurve (Abbildung 2.8). Unter eher unkritischen

---

[19] Die Pfeile zeigen die Richtung der Nutzenindifferenzkurve an.

Annahmen liegt die optimale Lösung also *stets* im steigenden Bereich einer Nutzenindifferenzkurve und ist daher durch ein marginales Arbeitsleid gekennzeichnet. Dieses recht allgemeingültige Ergebnis liefert zugleich die Erklärung dafür, warum wir bei Modellanalysen häufig von vornherein von Arbeitsleid und nicht von Arbeitsfreude ausgehen. (Die anekdotische Erfahrung aus dem Hörsaal zeigt zudem, dass selbst Studenten, die zunächst Arbeitsfreude für generell plausibler halten, dies spätestens dann entrüstet zurückweisen, wenn sie sich die Implikation vergegenwärtigen, dass sie bei Arbeitsfreude Geld mitbringen müssten, um überhaupt arbeiten zu dürfen.)

2.2.3 Warum Ermittlung effizienter Lösungen?

Die Bestimmung der effizienten Lösungen erfordert noch keine genaue Kenntnis der individuellen Präferenzen. Aus zwei Gründen führt daher, verglichen mit der direkten individuellen Optimierung, der Weg über die Menge effizienter Lösungen zu einer fühlbaren Vereinfachung der Entscheidung:

1. Wenn es für die eingesetzten, produzierten oder konsumierten Güter Märkte gibt, deren **Preise** wir für die Bewertung heranziehen können, verringert sich regelmäßig die Menge der effizienten Lösungen. In der Regel verbleibt sogar nur eine einzige effiziente Lösung, die dann unabhängig von individuellen Präferenzen optimal ist. Lässt sich die optimale Lösung infolge der Marktbewertung unabhängig von individuellen Nutzenvorstellungen ermitteln, spricht man von einem **Separationstheorem**. Die Bewertung mit Marktpreisen erzeugt Separationstheoreme, weil sich die ursprünglich verschiedenen Zielkomponenten unabhängig von individuellen Präferenzen zu einer einheitlichen Zielgröße zusammenfassen lassen, die dann eine monetäre Dimension hat.

Diese Erkenntnis wollen wir nun durch Fortführung des Beispiels einer Produktionsentscheidung bei substitutionalen Faktoreinsatzbedingungen (Abbildung 2.2) verdeutlichen. Wird der Faktoreinsatz mit den Faktorpreisen bewertet, erhält man die Kostenfunktion

$$k(r_1, r_2) = q_1 r_1 + q_2 r_2,$$

wobei
q_i Preis für eine Einheit des Faktors i.

Bei mengenunabhängigen Preisen stellen Isokostenlinien in einem (r_1, r_2)-Diagramm fallende Geraden dar. Je näher die Gerade zum Koordinatenursprung liegt, desto niedriger sind die Kosten. Die angemessene Formulierung des Rationalprinzips lautet: „Erstelle eine vorgegebene Produktmenge mit den geringsten Kosten." Die Minimalkostenkombination als Lösung dieses Entscheidungsproblems liegt daher – grafisch gesprochen – im Tangentialpunkt von Isoquante und Isokostenlinie.

> Eine *Isokostenlinie* ist die Abbildung solcher Faktorkombinationen, die zu gleich hohen Kosten führen.

> Die *Minimalkostenkombination* ist diejenige Faktorkombination, die eine bestimmte Produktionsmenge mit geringsten Kosten herzustellen erlaubt.

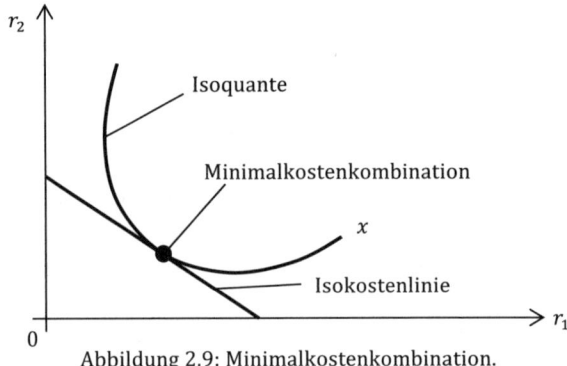

Abbildung 2.9: Minimalkostenkombination.

2. Die Erörterung der Menge effizienter Lösungen ist zudem deshalb eine sinnvolle und wichtige betriebswirtschaftliche Fragestellung, weil die ausgesonderten (dominierten) Lösungen von vornherein als ungeeignet vernachlässigt werden können, und zwar unabhängig von individuellen Präferenzen. Dies ermöglicht die **Delegation von Teilentscheidungen**: Die Vorauswahl effizienter Lösungen kann einem Spezialisten vorbehalten bleiben, der Vorteile hinsichtlich der Informationsbeschaffung und -verarbeitung aufweist. Insbesondere bei komplizierten Entscheidungsproblemen kann dies eine erhebliche Kostenminderung bedeuten. Der eigentliche Entscheider muss nur noch die optimale aus der Menge der effizienten Lösungen auswählen. Alle vorgelagerten Schritte des Entscheidungsproblems muss er nicht eigens nachvollziehen.

Es ist allerdings zu konstatieren, dass für Robinson keine der beiden Begründungen relevant ist: Für ihn ist kein Markt verfügbar, mit dessen Preisen er Gütereinsätze oder Ergebnisse bewerten kann, und es gibt auch keinen Menschen, an den er Teilentscheidungen delegieren kann. Aus diesem Grund hat der letzte Abschnitt den Charakter eines gewissen Exkurses.

2.3 Für Robinson irrelevante Fragestellungen

Die bisher vorgestellten entscheidungstheoretischen Grundüberlegungen sind offensichtlich auch für Robinson hilfreiche Analyseinstrumente. Dennoch kann man damit nur einen kleinen Teil betriebswirtschaftlicher Fragestellungen erfassen. Für Robinson stellen sich ganz pauschal sämtliche Fragen nicht, die mit dem Austausch von Gütern oder Rechten verbunden sind.

Dies betrifft Güter, die für Konsumzwecke geeignet sind oder sich für die Produktion einsetzen lassen. Der **Austausch** solcher Güter zwischen Individuen ermöglicht häufig eine allseitige Nutzensteigerung.

Daneben wäre ein Tausch im Hinblick auf die Unsicherheit interessant. Robinson kann zwar einige risikopolitische Maßnahmen ergreifen (etwa Diversifikation oder Reservehaltung), die einfachste Form der Risikopolitik, nämlich die **Risikoteilung** mit anderen risikoaversen Individuen (oder nahezu gleichbedeutend: die Versicherung), ist ihm jedoch verwehrt.

Eine differenziertere Form des Tauschs besteht schließlich darin, dass die am Handel beteiligten Personen nicht unmittelbar Güter, sondern die Verfügungsmacht über Güter tausch. Dies lässt sich vorläufig am einfachsten anhand der eigenen Arbeitskraft verdeutlichen: Diese kann man nicht unmittelbar verkaufen, jedenfalls nicht nach gewöhnlichem Verständnis, denn das wäre gleichbedeutend mit der Sklaverei. Verkaufen lässt sich jedoch ohne weiteres die Erbringung einer bestimmten einzelnen Arbeitsleistung (rechtlich: **Werkvertrag**, §§ 631 ff. BGB). Zudem ist es möglich, ein Potenzial von Arbeitsleistungen zu verkaufen und dem Erwerber dieses Leistungspotenzials innerhalb bestimmter Grenzen die Entscheidung darüber zu überlassen, wofür er dieses Potenzial einsetzen möchte. Diese Veräußerung der Verfügungsmacht über ein Leistungspotenzial ist nicht ungewöhnlich, sondern entspricht den üblichen Arbeitsverträgen (rechtlich: **Dienstvertrag**, §§ 611 ff. BGB).

Was Robinson ebenfalls nicht benötigt, sind sämtliche Hilfsmittel, die den Austausch von Gütern erleichtern, insbesondere Geld. Dies betrifft aber auch die Festlegung einer Rechtsordnung, die für die am Austausch beteiligten Parteien Probleme verringert, die bei der Durchsetzung der Gegenleistung des Tauschpartners möglicherweise entstehen würden. Dies betrifft schließlich Fragen der Moral, die ebenfalls ökonomisches Handeln erleichtert, auch wenn sie einer *ökonomischen* Analyse nicht ganz leicht zugänglich ist.[20]

---

[20] Vgl. Abschnitt 5.2.5.

Wiederholungsfragen und Übungsaufgaben

Lösungshinweise *https://online.mohr.de/elib/neus*.

Aufgabe 2.1

Eine Schraubenfabrik fertigt Holzschrauben, Metallschrauben und Nieten. Der Produktionsleiter hat ermittelt, dass bei den gegebenen Kapazitäten und Materialien nur vier Produktionspläne in Frage kommen, die jeweils mit den gleichen Kosten verbunden sind. Die bei den verschiedenen Plänen erzielbaren Produktionsmengen der einzelnen Schraubentypen (jeweils in Mio. Stück) sind in der folgenden Tabelle zusammengestellt:

	Holzschrauben	Metallschrauben	Nieten
Plan 1	5	8	7
Plan 2	6	6	8
Plan 3	7	5	5
Plan 4	6	4	7

a) Welcher Plan kann ohne weiteres als suboptimal verworfen werden?
b) Der kaufmännische Leiter bringt in Erfahrung, dass Holz- und Metallschrauben denselben Stückerlös bringen. Welche Pläne erweisen sich auch dann noch als effizient?
c) Bei welcher Preisrelation zwischen Schrauben und Nieten sind die beiden nach b) noch verbleibenden Pläne gleich gut?

Aufgabe 2.2

Ein risikoaverser Unternehmer muss sich zwischen Plänen entscheiden, die für ihn mit unsicheren Gewinnaussichten verbunden sind:

	z_1 $w_1 = 0{,}25$	z_2 $w_2 = 0{,}5$	z_3 $w_3 = 0{,}25$
Plan 1	3	4	5
Plan 2	3	4,5	8
Plan 3	2,5	5	7,5

a) Kann auf Basis der Zustandsdominanz eine Vorauswahl getroffen werden?
b) Ist eine Vorauswahl auf Basis der (μ, σ)-Dominanz möglich?
c) Welche Präferenzreihenfolge besteht für den Unternehmer, wenn er nach der (μ, σ)-Nutzenfunktion $u = \mu - \sigma^2$ entscheidet?
d) Vergleichen und kommentieren Sie die Ergebnisse unter a) und c).

Aufgabe 2.3

Ein englischer Unternehmer entwickelt verschiedene Pläne für die Erweiterung seines Unternehmens durch Zukauf deutscher Tochterunternehmen. Alle Pläne erfordern gleich hohe Anfangsauszahlungen. Die künftigen Einzahlungsüberschüsse sind unsicher. Der Unternehmer orientiert sich nur an Erwartungswert μ und Varianz σ^2 der Gewinne. Für die Pläne A bis F gilt

Plan	A	B	C	D	E	F
μ	100	160	120	150	130	120
σ^2	625	1.225	400	900	400	100

a) Ermitteln Sie grafisch die Menge der effizienten Lösungen für den Fall, dass der Unternehmer risikoavers ist. Tragen Sie dabei den Erwartungswert auf der Abszisse und die Varianz auf der Ordinate ab.
b) Ermitteln Sie anschließend, ebenfalls grafisch, die optimale Lösung für den Fall der Nutzenfunktion $u(\mu, \sigma) = \mu - 0{,}02\sigma^2$.

Aufgabe 2.4

Ein Softwareunternehmen hat den Auftrag, ein hochspezialisiertes Programm zu entwickeln. Der Abteilungsleiter für die Produktentwicklung kann dafür drei Mitarbeiter A, B und C jeweils eine Zeitlang abstellen. C gilt als der Überflieger des Unternehmens, er erhält allerdings auch ein enormes Gehalt. A und B sind solide „Handwerker", deren Arbeitszeit entsprechend billiger ist.

Nach längeren Überlegungen kommt der Abteilungsleiter zu dem Schluss, dass es fünf Möglichkeiten $x_1, \ldots, x_5$ gibt, das Programm rechtzeitig in der erforderlichen Qualität zu entwickeln. Dafür sind die folgenden Arbeitszeiten der Mitarbeiter anzusetzen:

Arbeitszeit Mitarbeiter	Plan				
	x_1	x_2	x_3	x_4	x_5
A	5	6	4	7	6
B	7	2	8	7	4
C	9	10	8	7	8

a) Gibt es einen Plan, der auf jeden Fall ausscheidet, weil er von einem der anderen Pläne dominiert wird?
b) Welche Pläne scheiden aus, wenn man weiß, dass die Mitarbeiter A und B genau gleich bezahlt werden?
c) Welcher Plan ist optimal, wenn man zusätzlich weiß, dass das Gehalt von C genau doppelt so hoch ist wie das von A und B?

d) Stellen Sie die Lösung zu c) grafisch dar. (Auf der Abszisse sollte die addierte Arbeitszeit von A und B stehen, auf der Ordinate die Arbeitszeit von C.)

Aufgabe 2.5

Welche Art von Erwartungen liegt den folgenden Gewinnaussichten bei einer Produktneueinführung zugrunde?
a) Das Produkt erbringt in jedem Fall einen Gewinn in Höhe von 120.
b) Es kann ein Gewinn oder ein Verlust eintreten.
c) Es wird nur der Erwartungswert des Gewinns einbezogen.
d) Die Wahrscheinlichkeit, einen positiven Gewinn zu erzielen, beträgt 67%.

Aufgabe 2.6

Skizzieren Sie eine Entscheidungsmatrix zu dem Problem, ob ein Bauer sein noch nicht vollständig trockenes Heu schon einfahren soll.

Aufgabe 2.7

Ein Unternehmer verfolgt zwei Ziele, den Erlös e und den Gewinn g, die beide mit positiven Vorzeichen in seinen Gesamtnutzen eingehen. Erlös und Gewinn werden durch die Höhe der Werbeausgaben w beeinflusst, wobei gilt

$$e(w) = 0{,}5w + 2,$$
$$g(w) = -0{,}1(w-7)^2 + 10.$$

Die Werbeausgaben dürfen höchstens 10 betragen.
In welchem Bereich liegen die hinsichtlich der Verfolgung beider Ziele effizienten Werbeausgaben?

Aufgabe 2.8

Gehen Sie von einem Unternehmen aus, das drei Arten von Produkten fertigen kann und hinsichtlich mehrerer Ressourcen beschränkt ist. Die Angaben im Einzelnen sind in der folgenden Tabelle enthalten:

Produktart	erforderlicher Faktoreinsatz je Stück		
	Arbeitsstunden	Rohstoff 1	Rohstoff 2
a	4	5	8
b	6	4	4
c	7	5	4
Verfügbare Kapazität	950	750	800

Bei vorläufigen Planungen haben sich zwei verschiedene *Absatz*pläne als sinnvoll herausgestellt:

	Menge von Produkt		
	a	b	c
Plan 1	60	50	40
Plan 2	40	60	60

a) Sie sollen aus Sicht der *Produktion* die Absatzpläne beurteilen. Zu welchem Ergebnis kommen Sie?

Gehen Sie nun – abweichend von den bisherigen Annahmen – davon aus, dass sich die Produktarten gegenseitig ausschließen. Das heißt, Sie können genau eine der Produktarten herstellen. Sie wissen, dass alle Produkte denselben Absatzpreis erzielen, die Faktorpreise kennen Sie jedoch nicht.

b) Können Sie eines der Produkte als eindeutig überlegen oder eindeutig unterlegen identifizieren?

Aufgabe 2.9

Beurteilen Sie, ob die folgenden Aussagen richtig oder falsch sind.
a) Im Grundmodell der Entscheidungstheorie ist die Menge der möglichen Aktionen so zu formulieren, dass genau eine der Aktionen ausgewählt wird.
b) Die optimale Lösung eines Entscheidungsproblems muss sich stets in der Menge effizienter Lösungen befinden.
c) Als Isoquante bezeichnet man die Menge solcher Faktorkombinationen, die zu den gleichen Kosten führen.
d) Im Rahmen der Entscheidungstheorie wird Risiko als ambivalent angesehen: Es umfasst positive und negative Abweichungen vom Erwartungswert.
e) Die Wurzelfunktion ist eine Nutzenfunktion mit zunehmendem Grenznutzen.
f) Eine Lösung, die eine andere Lösung dominiert, ist stets effizient.
g) Für die Ermittlung der optimalen Lösung ist es bei Entscheidungen mit mehreren Teilzielen unbedingt erforderlich, zunächst die Menge der effizienten Lösungen zu bestimmen.
h) „Besitzstandsdenken" ist verständlich, weil häufig die Preisgabe eines erreichten Ziels als eine größere Nutzenminderung empfunden wird als der Nutzengewinn, der mit der entsprechenden Zielerreichung verbunden war.
i) Im Falle von limitationalen Faktoreinsatzbedingungen kann für die Erstellung einer bestimmten Produktmenge der Mindereinsatz eines Faktors durch den Mehreinsatz eines anderen Faktors kompensiert werden.

Literaturhinweise

Der Verfasser des Romans „Robinson Crusoe", *Daniel Defoe*, war, wenigstens zeitweilig, auch Kaufmann. Deshalb verwundert es wenig, wenn neben dem Aspekt des Abenteuerromans die Sichtweise eines Ökonomen immer wieder durchscheint. Es ist lohnend, Robinson Crusoe einmal als einzelwirtschaftliche Fallstudie zu lesen.

Viele Lehrbücher zur Entscheidungstheorie behandeln das Grundmodell der Entscheidungstheorie. Empfehlenswert sind die Darstellungen von *Eisenführ/Weber/Langer* (2010) und *Laux/Gillenkirch/Schenk-Mathes* (2014).

Für die in diesem Kapitel eingestreuten produktionswirtschaftlichen Grundlagen sei auf *Kistner/Steven* (2002) verwiesen.

Zusammenfassung

1. Die Bausteine des Grundmodells der Entscheidungstheorie sind Aktionen, Zustände und Ergebnisse. Vor einer Entscheidung sind die Aktionen, die sich im Regelfall aus einem Bündel von Einzelaktivitäten zusammensetzen, vollständig und überschneidungsfrei aufzulisten. Ebenso ist mit durch den Entscheider nicht beeinflussbaren künftigen Zuständen zu verfahren. Vollständigkeit und Überschneidungsfreiheit implizieren, dass der Entscheider genau eine Aktion ergreift und genau einer der Zustände eintreten wird. Die Auswahl einer Aktion und der Eintritt eines Zustandes führen zu einem bestimmten Ergebnis, das ebenfalls aus einem Bündel mehrerer Teilergebnisse bestehen kann.
2. Die Informationsanforderungen an die Umsetzung dieses Grundmodells der Entscheidungstheorie sind hoch und praktisch in der Regel nur unvollständig zu erfüllen. Daraus ist zu folgern, dass der Entscheider vorhandene Informationen soweit wie möglich in seinen Kalkül einbeziehen sollte. Auch unvollständige Informationen dürfen nicht vernachlässigt werden.
3. Die Fallstudie Robinson Crusoe zeigt, dass viele betriebswirtschaftliche Entscheidungsprobleme nicht erst durch die Kooperation mehrerer Menschen aufkommen: Die Liste der Aktionen wird wesentlich durch die Ausstattung mit Gütern und Fähigkeiten bestimmt. Im Hinblick auf Zustände sind Entscheidungen bei Sicherheit, bei Risiko und bei Ungewissheit zu unterscheiden. Bei Hervorhebung leistungswirtschaftlicher Aspekte ist für den Zusammenhang zwischen Aktionen und Ergebnissen das Wissen um Produktionsmöglichkeiten zu beachten.

4. Grundlegend für alle Entscheidungen ist die Beachtung des Rationalprinzips. Daraus ergibt sich, dass die optimale Handlungsmöglichkeit stets in der Menge effizienter Lösungen enthalten sein muss. Dominierte Aktionen sind unabhängig von individuellen Präferenzen stets suboptimal. Daher ist es möglich, die Bestimmung der Menge effizienter Lösungen zu delegieren.
5. Robinsons einkommensbezogene Entscheidungen sind Gegenstand der Betriebswirtschaftslehre. Jedoch gibt es viele und wichtige betriebswirtschaftliche Fragestellungen, die für Robinson keine Rolle spielen können.

Schlüsselbegriffe

Aktionen
Dominanz
Effizienz
Entscheidungen bei Risiko

Grundmodell der
    Entscheidungstheorie
Nutzenfunktion
Produktionsfunktion
Umweltzustände

Kapitel 3

Kooperationsvorteile und Austausch über Märkte

Zum Inhalt von Kapitel 3

Der zweite Schritt bei der Annäherung an Unternehmen als Gegenstand der Betriebswirtschaftslehre besteht in der Einbeziehung der Kooperation mehrerer Individuen. In diesem Buch setzen wir ein marktwirtschaftliches System als Rahmenbedingung für wirtschaftliche Entscheidungen voraus. Eine für den vorliegenden Zusammenhang wesentliche Implikation dieser Prämisse ist, dass Kooperationen nur *freiwillig* zustande kommen und deshalb für alle Beteiligten von Nutzen sein müssen (Abschnitt 3.1).

In Abschnitt 3.2 zeigen wir anhand einiger Beispiele, dass Kooperation ein Potenzial für einen **allseitigen Wohlfahrtszuwachs** schaffen kann. Dazu weisen wir die Existenz eines zu verteilenden Kuchens, also des Kooperationsgewinns nach; dessen Verteilung sprechen wir hier noch nicht an. Wohlfahrtssteigernde Kooperationen können sehr einfach sein, aber auch viele Einzelentscheidungen umfassen. Der erforderliche Koordinationsaufwand variiert mit der Intensität der Kooperation.

Für die Koordination von Entscheidungen ist die Entscheidungstheorie als Untersuchungsinstrument im Allgemeinen nicht hinreichend. Erforderlich ist ein Instrumentarium für die Analyse des Zusammenwirkens mehrerer rational handelnder Individuen. Die **Grundidee der Spieltheorie** skizzieren wir in Abschnitt 3.3. Eine ausführliche Einführung in die Theorie nicht-kooperativer Spiele erfolgt in Kapitel 11.

Abschnitt 3.4 enthält erste Aussagen zur **Koordination von Entscheidungen** und zur Verteilung von Kooperationsvorteilen. Eine wesentliche Determinante für die Verteilung von Kooperationsgewinnen ist, ob ein Individuum eine Auswahl zwischen mehreren potenziellen Kooperationspartnern treffen kann oder nicht, ob also Wettbewerb herrscht oder nicht. Im Fall fehlenden Wettbewerbs bewirken **Verhandlungen** die Koordination zwischen den Kooperationspartnern. Bei Wettbewerb übernehmen **Preise** die Koordination von Entscheidungen, in einem Gleichgewicht auf einem vollkommenen Wettbewerbsmarkt sogar in der denkbar besten Weise. Allerdings bleiben in einem System vollkommener Wettbewerbsmärkte Unternehmen ohne Belang.

3.1 Merkmale eines marktwirtschaftlichen Systems

Die Marktwirtschaft ist durch die **Privatautonomie** aller Entscheider gekennzeichnet. Das heißt, Individuen sind bei ihren Entscheidungen nicht weisungsgebunden, sondern orientieren sich innerhalb bestimmter Grenzen[1] an ihren eigenen Maßstäben. Dennoch kann es sich als zweckmäßig erweisen, anderen Individuen gegen Entgelt die Berechtigung zur Erteilung von Weisungen (wiederum innerhalb bestimmter Grenzen) zuzugestehen. Von diesem Aspekt werden wir zunächst noch abstrahieren und ihn erst in Kapitel 4 wieder aufgreifen.

Individuen, die ihre Entscheidungen autonom treffen, gehen eine Kooperation im Allgemeinen oder einen Gütertausch im Besonderen **nur freiwillig** ein. Dafür muss die Beteiligung an der Kooperation einen größeren Nutzen mit sich bringen als der Verzicht darauf. Diese Freiwilligkeit der Teilnahme an Kooperationen hat sich in vielen Schlagworten niedergeschlagen. In der Mikroökonomik heißt es kurz: „Wer tauscht, gewinnt." Daneben gilt es als alte Kaufmannsweisheit, dass ein Geschäft nur dann gut ist, wenn alle Parteien daran verdienen. Daraus ist zu folgern, dass es selbst für ein ausschließlich am eigenen Nutzen interessiertes Individuum wichtig ist, die Interessen möglicher Kooperationspartner zu berücksichtigen. Nur unter dieser Voraussetzung kann eine vorteilhafte Kooperation zustande kommen. *Spremann* resümiert:

> „Der Markt erlaubt, in der Wirtschaft eine neue Güterverteilung (Allokation) herbeizuführen, die auf **Freiwilligkeit aller Personen** beruht. Daher verbessert der Markt die Allokation, ohne irgendjemanden zu benachteiligen."[2]

Deshalb ist es gleichermaßen für gesamtwirtschaftliche Wohlfahrtsanalysen wie für betriebswirtschaftliche Überlegungen stets die erste Fragestellung, ob oder unter welchen Bedingungen eine bestimmte Kooperation den Gesamtnutzen aller beteiligten Parteien steigert. Dies ist eine notwendige Bedingung für einen höheren individuellen Nutzen eines jeden Partners, und dies wiederum ist notwendige Voraussetzung dafür, dass alle Partner sich freiwillig an der Kooperation beteiligen. Hingegen folgt nicht zwingend, dass bei einer Steigerung der Gesamtwohlfahrt stets auch der Nutzen jedes einzelnen Individuums zunehmen muss. Der Nutzenzuwachs eines Individuums könnte nämlich mit einem weniger hohen Nutzenrückgang eines anderen Individuums einhergehen.

Die gedankliche Auseinandersetzung mit Kooperationen erfolgt also in zwei Schritten. Zunächst identifizieren wir Situationen, in denen eine Kooperation ein **zusätzliches Wohlfahrtspotenzial** erschließt, das für die Verteilung auf die

---

1 Siehe zur Einschränkung der Vertragsfreiheit durch Gesetze Abschnitt 5.2.3.
2 *Spremann* (2013), S. 8.

Kooperationspartner verfügbar ist. Für einen einfachen Gütertausch bedeutet dies: Ist die maximale Zahlungsbereitschaft eines Käufers größer als der Betrag, den ein Verkäufer mindestens für das Gut fordert, dann gibt es eine Einigungsmöglichkeit, also einen Bereich möglicher Austauschverhältnisse (Preise), die beide Partner besser stellen, als es bei Verzicht auf den Tausch möglich wäre. Im zweiten Schritt geht es darum, die **Verteilung des** insgesamt erwirtschafteten **Kooperationsgewinns** vorzunehmen. Dabei ist zu untersuchen, auf welche konkrete Lösung innerhalb des für beide grundsätzlich akzeptablen Bereichs sich die Kooperationspartner schließlich einigen. Zu beachten ist, dass die Verteilung Rückwirkungen auf die Schaffung der Vorteile haben kann.

In diesem Kapitel untersuchen wir ausschließlich die Koordination über Märkte. Das Hauptmerkmal dieser Koordinationsform ist die Abwesenheit jedweder Weisungsberechtigung. Jeder einzelne Tausch von Gütern und Leistungen unterliegt von neuem der Bedingung der Freiwilligkeit. Kompliziertere Formen der Kooperation, beispielsweise die Vereinbarung von Weisungsrechten oder langfristig wirksame vertragliche Bindungen, können sich angesichts von Marktunvollkommenheiten als sinnvoll erweisen. Solche Formen der Kooperation sowie deren Rückwirkung der Verteilung auf die Aktivitäten der einzelnen Individuen werden wir erst in Kapitel 4 einbeziehen.

3.2 Gründe für eine Kooperation

Grundsätzlich kann es freiwillig oder ausgelöst durch einen äußeren Zwang zu einer Kooperation kommen. Im Weiteren sind ausschließlich *freiwillige Kooperationen* Gegenstand der Analyse. Dann ist es ein unabdingbares Merkmal einer jeden Kooperation, dass sie ökonomische Vorteile herbeiführt, was sich im höheren Nutzen aller an der Kooperation Beteiligten niederschlägt.

Ansatzpunkte für lohnende Kooperationen ergeben sich bei der Ausstattung der Individuen mit Konsumgütern und Produktionsfaktoren, bei produktionstechnischen Bedingungen, bei dem Phänomen der Risikoaversion und bei institutionellen Vorkehrungen zur Absicherung der Kooperationsbereitschaft.

3.2.1 Güterausstattung

In der Konsumsphäre wie auch in der Produktion ist eine bestimmte Art der kombinierten Verwendung unterschiedlicher Konsumgüter oder unterschiedlicher Produktionsfaktoren im Regelfall vorzuziehen, wenn nicht sogar unabdingbar. Bei Konsumgütern ergibt sich das zunächst aus dem **abnehmenden Grenznutzen**. Dieser führt nämlich dazu, dass Konsumenten tendenziell einen gleichmäßigen Konsum vieler Güter einem sehr ungleichmäßigen Konsum vorziehen. Zudem führen auch Komplementaritäten zur Vorziehenswürdigkeit bestimmter Güterbündel, ähnlich der Effizienz eindeutig bestimmter Faktoreinsatzverhältnisse bei limitationalen Faktoreinsatzbedingungen.

Die **Anfangsausstattung** der Individuen kann einer effizienten Nutzung in Konsum und Produktion entgegenstehen, wenn die Ausstattung eines Individuums mit unterschiedlichen Konsumgütern sehr ungleichmäßig ist oder wenn nur einige von mehreren komplementären Gütern zur Verfügung stehen. Sind für die Produktion mehrere Faktoren erforderlich, aber nicht alle vorhanden, liegen Ressourcen ebenso brach, wie wenn bei Limitationalität die Faktoren nicht im einzig effizienten Verhältnis bereitstehen. In solchen Fällen können (mindestens) zwei Individuen durch Austausch von Teilen der Anfangsausstattung den gesamten Konsumnutzen oder das gesamte Produktionsergebnis steigern. In einem solchen Tausch liegt die einfachste Form der Kooperation.

Dies wird nun anhand des **Tauschs von Konsumgütern** verdeutlicht. Es gebe zwei Individuen, die beide Nutzen aus dem Konsum von zwei Gütern ziehen. Für die Anfangsausstattungen gilt:

Gut	Individuum 1	2
a	80	50
b	30	60

Tabelle 3.1: Anfangsausstattung mit Konsumgütern.

Die Individuen haben die gleiche Nutzenfunktion:

$$u_i = \sqrt{x_{ia}x_{ib}},$$

wobei
u_i Nutzen von Individuum i ($i = 1, 2$)
x_{ij} von Individuum i konsumierte Menge des Gutes j ($j = a, b$),

sodass

$$u_1 = 48{,}99; \quad u_2 = 54{,}77.$$

Die Nutzenfunktion impliziert einen bei beiden Gütern abnehmenden Grenznutzen. Deshalb führt ein tendenziell gleichmäßiger Konsum beider Güter zu einem höheren Nutzen als ein sehr unausgewogener Konsum. Weil Individuum 1 eine besonders ungleichmäßige Güterausstattung hat, wird es bereit sein, auf eine größere Menge von Gut a zu verzichten, als es im Gegenzug von Gut b erhält.

Für die Ermittlung der optimalen Tauschmengen ist eine **Gesamtnutzenfunktion** erforderlich, welche die beiden individuellen Nutzengrößen gewichtet. Diese Frage wollen wir hier nicht weiter vertiefen. Es möge ein Beispiel genügen, in dem beide Individuen einen höheren Nutzen erzielen als vor dem

Tausch. Konkret gibt Individuum 1 30 Einheiten des Gutes a an Individuum 2 und erhält im Gegenzug 20 Einheiten des Gutes b. Dies führt zu der folgenden Situation:

	Individuum	
Gut	1	2
a	50	80
b	50	40

Tabelle 3.2: Güterausstattung nach dem Tausch.

Für den Nutzen der Individuen ergibt sich nun

$$u_1 = 50; \quad u_2 = 56{,}57.$$

Beide Individuen von dem Tausch profitieren, da beide Nutzenniveaus höher sind als vor dem Tausch, was zu beweisen war.

3.2.2 Kostenvorteile

Unter Kostenvorteilen versteht man ein überlegenes Verhältnis von Einsatz- und Ausbringungsmengen. Kostenvorteile können aufgrund unterschiedlicher Technologien (Kenntnisse von Produktionsmöglichkeiten) von vornherein auftreten. Sie können aber bei identischen Technologien auch erst im Zuge der Produktion durch Spezialisierung entstehen. Unabhängig davon, woher die Kostenvorteile stammen, ermöglichen sie bei konstantem Ressourceneinsatz eine Steigerung der gesamten Ausbringung oder für eine gegebene Ausbringungsmenge einen geringeren Ressourceneinsatz. Beides bewirkt eine allseitige Nutzensteigerung. Dafür reicht es allerdings nicht mehr aus, eine Vereinbarung alleine über den Austausch der Produkte vorzunehmen. Um eine Fehlkoordination zu vermeiden, müssen die Tauschpartner auch die Produktionspläne aufeinander abstimmen. Die Ausnutzung von Kostenvorteilen erfordert deshalb eine weitergehende Kooperation als der reine Gütertausch.

3.2.2.1 Absolute Kostenvorteile

> Ein Produzent hat gegenüber einem anderen Produzenten **absolute Kostenvorteile** bei der Produktion eines Gutes, wenn er eine bestimmte Menge dieses Gutes mit einem geringeren Ressourceneinsatz herstellen kann.

Unter Bezugnahme auf monetäre Größen lässt sich formulieren: Der Produzent mit absoluten Kostenvorteilen produziert zu **geringeren Stückkosten**.

Liegen die absoluten Kostenvorteile bei der Produktion zweier Güter bei unterschiedlichen Produzenten, sollte sich natürlich jeder Produzent auf die Produktion des Gutes beschränken, bei dem er absolute Kostenvorteile hat. Dies erfordert den anschließenden Tausch von Teilen der Produktion zwischen den Produzenten, da erst der Konsum der Güter und nicht bereits deren Herstellung einen Nutzen bewirken. Annahmegemäß konsumieren die Produzenten die für sie nach dem Tausch verfügbaren Produkte.

Es gebe zwei Produkte, die jeweils mit nur einem Produktionsfaktor hergestellt werden. Diese Partialanalyse kann man damit rechtfertigen, dass die Einsatzmengen aller anderen Faktoren fix sind. Die Produzenten haben die gleiche Nutzenfunktion über die Produkte wie im zuvor behandelten Tauschbeispiel. Die Anfangsausstattung mit dem variablen Faktor beträgt

$$v_i = 60,$$

wobei
v_i Ausstattung von Produzent i mit dem variablen Faktor ($i = 1, 2$).

Die Produzenten unterscheiden sich jedoch hinsichtlich der ihnen zur Verfügung stehenden Produktionsmöglichkeiten. Für den erforderlichen Einsatz des variablen Faktors je Produkteinheit gilt:

	Produzent	
Produkt	1	2
a	2	1
b	1	2

Tabelle 3.3: Produktionskoeffizienten bei absoluten Kostenvorteilen.

Der **Produktionskoeffizient** gibt an, wie viele Einheiten des variablen Faktors der Produzent für die Herstellung einer Produkteinheit einsetzen muss.

Monetär ausgedrückt, also bewertet mit Faktorpreisen, entspricht der Produktionskoeffizient den Stückkosten. Produzent 1 hat offenbar absolute Kostenvorteile bei Produkt b, Produzent 2 bei Produkt a.

Für den Beweis der Vorteilhaftigkeit einer koordinierten Produktion benötigen wir zunächst einen Vergleichsmaßstab. Dieser besteht in den optimalen Produktions- und Konsumplänen im Fall ohne Kooperation. Für den Produzenten 1 stellt sich das Problem des individuellen Wirtschaftens wie folgt dar: Er hat Produktionsmengen und damit zugleich Konsummengen x_{1a} und x_{1b} so festzulegen, dass sein Konsumnutzen maximal wird. Als Restriktionen sind dabei die knappe Ausstattung mit dem variablen Faktor und die Produktionskoeffizienten zu beachten.

Formal gilt

$$\sqrt{x_{1a}x_{1b}} \to \max_{x_{1a},x_{1b}} !$$

unter der Nebenbedingung[3]

$$2x_{1a} + x_{1b} = 60.$$

Eine Funktion der Gestalt

$$f(x,y) = x^z y^{1-z}$$

bezeichnet man in der Wirtschaftswissenschaft als „**Cobb-Douglas-Funktion**". Das Ergebnis der Maximierung einer solchen Funktion unter der Restriktion

$$ax + by = c$$

hat generell die Eigenschaft

$$ax^* = zc; \quad by^* = (1-z)c.$$

Der Exponent z gibt also den Anteil des begrenzenden Faktors an, der in die betreffende Verwendung fließen soll.

Cobb-Douglas-Funktionen lassen sich als Nutzenfunktionen oder als Produktionsfunktionen interpretieren. Im ersten Fall sind x und y die konsumierten Produktmengen, die Koeffizienten a und b die zugehörigen Stückpreise und c das verfügbare Budget. Im zweiten Fall stehen x und y für die Produktionsmengen, die Koeffizienten a und b für die Produktionskoeffizienten und c für die verfügbare Ressourcenmenge.

Aus den genannten Eigenschaften folgt für die optimale Lösung unmittelbar

$$x_{1a} = 15; \quad x_{1b} = 30; \quad u_1 = 21{,}21.$$

Ganz analog folgt für den Produzenten 2

$$x_{2a} = 30; \quad x_{2b} = 15; \quad u_2 = 21{,}21.$$

Nun untersuchen wir die koordinierte Produktion. Aufgrund der absoluten Kostenvorteile liegt es nahe, dass sich Produzent 1 auf die Produktion von b beschränkt, Produzent 2 hingegen nur Produkt a herstellt.

---

[3] Genau genommen muss man die Restriktion als Ungleichung formulieren, da die Ausstattung lediglich die Obergrenze darstellt. Im Optimum muss jedoch die Gleichung gelten, weil anderenfalls Nutzen- bzw. Produktionspotenziale unausgeschöpft blieben. Durch zusätzlichen Einsatz dieser unausgenutzten Ressourcen ließen sich die Produktionsmengen und damit der Nutzen steigern.

Die Faktorausstattungen ermöglichen dann bei den gegebenen Produktionskoeffizienten Produktmengen von

$$x_a = 60; \quad x_b = 60,$$

wobei
x_j gesamte Produktionsmenge von Produkt j ($j = a, b$).

Die Symmetrie der Ausstattungen und der Technologien lässt ohne weiteres eine gleichmäßige Aufteilung der Produkte plausibel erscheinen, sodass gilt:

$$x_{1a} = x_{1b} = 30; \quad u_1 = 30,$$
$$x_{2a} = x_{2b} = 30; \quad u_2 = 30.$$

Wie zu vermuten war, können beide Individuen von der Kooperation profitieren.

3.2.2.2 Komparative Kostenvorteile

Nun betrachten wir eine ähnliche Situation wie zuvor. Insbesondere sollen wieder die Ausstattungen mit dem variablen Faktor und die Nutzenfunktion übereinstimmen. Der einzige Unterschied besteht in einer Modifikation der Annahmen über die Produktionskoeffizienten. Es gilt

	Produzent	
Produkt	1	2
a	2	3
b	1	2

Tabelle 3.4: Produktionskoeffizienten mit komparativen Kostenvorteilen.

Die Messlatte, also die optimale Lösung für Produktion und Konsum bei Verzicht auf Kooperation, erhält man nach dem gleichen Vorgehen wie im voranstehenden Abschnitt:

$$x_{1a} = 15; \quad x_{1b} = 30; \quad u_1 = 21{,}21.$$
$$x_{2a} = 10; \quad x_{2b} = 15; \quad u_2 = 12{,}25.$$

Natürlich ist hier der Nutzen bei Produzent 2 geringer, weil er aufgrund höherer Kosten bei der Herstellung beider Produkte nur kleinere Produktionsmengen herstellen kann.

Anders als zuvor liegen nun die absoluten Kostenvorteile bei beiden Produkten auf Seiten von Produzent 1. Die koordinierte Produktion und der Tausch von Produkten sind damit nicht mehr selbstverständlich. Die Vorteilhaftigkeit der Kooperation zeigt sich erst dann deutlich, wenn wir die Konzeption der komparativen (relativen) Kostenvorteile einführen.

> Ein **komparativer Kostenvorteil** liegt vor, wenn die relativen Kosten eines Produkts, ausgedrückt in der erforderlichen Minderproduktionsmenge des anderen Produkts, geringer sind.

Die Kostenmessung setzt hier also nicht mehr bei dem Ressourceneinsatz an, sondern bei der Menge der erstellten Güter. Wir verwenden also einen Kalkül auf Basis von **Opportunitätskosten**. Maßgeblich ist demnach, auf wie viele Einheiten des jeweils anderen Gutes ein Produzent verzichten muss, wenn er eine zusätzliche Einheit eines Gutes herstellen möchte.

Monetär formuliert hat ein Produzent relative Kostenvorteile, wenn bei ihm die Relation der Stückkosten des betreffenden Produktes zu den Stückkosten des anderen Produktes kleiner ist als bei dem anderen Produzenten.

In unserem Beispiel hat Produzent 2 trotz eines jeweils höheren Faktoreinsatzes komparative Kostenvorteile bei Produkt a: Er muss nämlich nur auf 1,5 Einheiten von Produkt b verzichten, wenn er eine Einheit von Produkt a zusätzlich erstellen will. Produzent 1 weist eine ungünstigere Relation auf, er muss auf 2 b-Einheiten für eine zusätzliche a-Einheit verzichten.

Liegen wie im Beispiel von Tabelle 3.3 die absoluten Kostenvorteile für die Produkte bei verschiedenen Produzenten, sind mit den absoluten Kostenvorteilen stets auch komparative Kostenvorteile verbunden. Liegen dagegen wie im Beispiel von Tabelle 3.4 die absoluten Kostenvorteile bei allen Gütern auf Seiten desselben Produzenten, hat gleichwohl in aller Regel der andere Produzent einen relativen Kostenvorteil bei einem der Produkte. Die einzige Ausnahme besteht dann, wenn die relativen Kosten der Güter bei beiden Produzenten übereinstimmen.

Im vorliegenden Fall führt es verglichen mit einer jeweils isolieren Wirtschaft zu einer beiderseitigen Nutzensteigerung, wenn Produzent 2 seine gesamten Ressourcen zur Produktion von Gut a einsetzt und Produzent 1 seine Ressourcen im Verhältnis 1 : 5 auf die Produktion der Güter a bzw. b aufteilt. Dann resultieren Produktionsgesamtmengen von

$$x_a = 5 + 20 = 25; \quad x_b = 50.$$

Bei einer Aufteilung der Güter in Höhe von

$$x_{1a} = 15; \quad x_{1b} = 32,$$
$$x_{2a} = 10; \quad x_{2b} = 18$$

erhalten offenbar beide Produzenten die gleiche Menge von Gut a wie ohne Kooperation, aber eine jeweils größere Menge von Gut b. Daher erzielen beide Produzenten durch die Kooperation eine Nutzensteigerung. Es gilt nunmehr

$$u_1 = 21{,}91; \quad u_2 = 13{,}42.$$

In unserem Beispiel ist es sinnvoll, dass sich eine Partei (Produzent 2) auf die Herstellung eines Gutes (Gut a) beschränkt, während die andere Partei beide Güter produziert. Bei anderen Relationen der Produktionskoeffizienten kann es von Vorteil sein, dass sich beide Produzenten auf die Herstellung des Gutes beschränken, bei dem sie die relativen Kostenvorteile haben. Dagegen kann es bei Nutzenfunktionen mit abnehmendem Grenznutzen niemals vorteilhaft sein, beide Produzenten beide Produkte herstellen zu lassen. Auch hier gilt letztlich, dass sich die eine optimale Lösung nur in Abhängigkeit von der Aggregation der individuellen Nutzenwerte zu einem Gesamtnutzenwert bestimmen lässt.

Völlig unabhängig davon käme es jedoch zu einem nochmaligen Nutzenzuwachs, wenn alle Produktionsfaktoren komplett an denjenigen Produzenten transferiert werden könnten, der bei allen Gütern einen niedrigeren Produktionskoeffizienten hat. Im vorliegenden Beispiel ermöglicht die Übertragung aller Faktoren auf Produzent 1 (beispielsweise) eine Produktion von $x_a = 30$ sowie $x_b = 60$ und somit eine weitere Nutzensteigerung. Der Austausch von Produktionsfaktoren kommt jedoch nicht immer ohne weiteres in Frage, insbesondere dann nicht, wenn es sich um den Faktor Arbeit handelt und die Produktionskoeffizienten die individuellen Fähigkeiten eines Arbeiters widerspiegeln.

Die Konzeption der komparativen Kostenvorteile entwickelte *David Ricardo*, um daraus die Vorteilhaftigkeit des **Außenhandels** abzuleiten.[4] Tatsächlich ist diese Folgerung ohne weitere Relativierung nur für den Fall von vollkommenen Wettbewerbsmärkten zulässig. Anderenfalls könnten beispielsweise **Transaktionskosten** im Außenhandel den Vorteil wieder aufzehren. Ebenso wäre es bei einseitigen Handelsbeschränkungen denkbar, dass zwar insgesamt eine Wohlfahrtssteigerung erzielbar ist, zugleich jedoch der Nutzen nur einer Partei zunimmt, während die andere Partei eine Wohlfahrtsminderung erfährt.[5] Umgekehrt kann eine Liberalisierung des Außenhandels natürlich einer Volkswirtschaft schaden, die zuvor durch unfaire Handelspraktiken bevorteilt war. Für die Ausschöpfung möglicher Globalisierungsvorteile ist es daher von höchster Bedeutung, einen fairen Wettbewerb herbeizuführen.

Auch impliziert ein gesteigertes Potenzial für die Gesamtwohlfahrt einer Volkswirtschaft nicht zwingend, dass tatsächlich alle Personen innerhalb dieser Volkswirtschaft von der Globalisierung profitieren. Während es beispielsweise unstrittig ist, dass die deutsche Volkswirtschaft aufgrund ihrer ausgeprägten Exportorientierung im Ganzen zu den Profiteuren der Globalisierung gehört, ist es zugleich recht offensichtlich, dass es innerhalb von Deutschland **Globalisierungsgewinner und Globalisierungsverlierer** gibt. Daher sind bei der Diskussion um Globalisierungsvorteile stets auch Verteilungsfragen einzubeziehen und Umverteilungsmaßnahmen zu erwägen.

---

[4] *Ricardo* (1817).
[5] Vgl. beispielsweise *Jung/Kohler* (2017).

3.2.2.3 Kostenvorteile aufgrund von arbeitsteiliger Spezialisierung

Die bisher beschriebenen Kostenvorteile sind Ausdruck unterschiedlicher Produktionstechnologien. Auch bei übereinstimmenden Produktionsmöglichkeiten können sich jedoch aus einer arbeitsteiligen Spezialisierung der Produktion Kostenvorteile ergeben, die von vornherein noch gar nicht gegeben sind.

Einen Beleg hierfür erkennt man im sogenannten **Lerngesetz der industriellen Produktion**[6]: Empirische Untersuchungen ergaben, dass sich bei industrieller Fertigung innerhalb gewisser Grenzen die Stückkosten jeweils um einen bestimmten Prozentsatz verringern, wenn sich die *kumulierte* Produktionsmenge (also nicht die Periodenproduktion) verdoppelt. Diesen Zusammenhang kann man auf eine höhere Produktionsgeschwindigkeit, auf eine geringere Fehlerquote oder auf sonstige Verbesserungen des Produktionsprozesses zurückführen. **Arbeitsteilung** impliziert daher, dass bei Produzenten, die sich auf die Herstellung eines Produktes spezialisieren und somit bei gegebener Faktorausstattung dieses Produkt in größerer Menge herstellen, geringere Stückkosten anfallen als bei Produzenten, die viele Produkte in jeweils kleiner Menge herstellen und die deshalb weniger ausgeprägte Lerneffekte realisieren. Diesen Sachverhalt erklärte bereits *Adam Smith* sehr anschaulich anhand des Beispiels der Herstellung von Stecknadeln.[7]

Der grundlegende Zusammenhang des Lerngesetzes lässt sich durch die folgende Stückkostenfunktion beschreiben:

$$k(n) = k(1)n^{-c},$$

wobei
$k(n)$ Stückkosten der n-ten Produktionseinheit
c Kostensenkungskoeffizient.

Der funktionale Zusammenhang folgt aus der angeführten Hypothese, der zufolge eine Erhöhung der Produktionsmenge zu verringerten Stückkosten führt. Die Höhe des Parameters c ist empirisch zu ermitteln. Der Zusammenhang zwischen diesem Parameter c und der relativen Stückkostensenkung s bei Verdoppelung der kumulierten Produktionsmenge ergibt sich aus

$$1 - s = \frac{k(2n)}{k(n)} = \frac{k(1)(2n)^{-c}}{k(1)n^{-c}} = 2^{-c},$$

wobei
s relative Stückkostenreduktion bei Verdoppelung der Produktionsmenge.

---
[6] *Baur* (1967).
[7] *Smith* (1776), S. 3.

Auflösen nach c führt zu

$$c = -\frac{\ln(1-s)}{\ln 2}.$$

Die genannte Stückkostenfunktion impliziert für die Gesamtkostenfunktion in Abhängigkeit von der kumulierten Produktionsmenge eines Produzenten

$$K(n) = \sum_{i=1}^{n} k(1) i^{-c},$$

wobei
$K(n)$ Gesamtkosten der Produktionsmenge n.

Geht man zur Vereinfachung der Darstellung zu einer stetigen Funktion, also zum Integral über, erhält man

$$K(n) = \int_0^n k(1) x^{-c} dx = \frac{1}{1-c} k(1) n^{1-c}.$$

Die Zusammenhänge wollen wir wieder anhand eines Beispiels mit zwei Produzenten und zwei Produkten verdeutlichen: Die Produzenten sollen von den Produkten jeweils eine bestimmte Gesamtmenge herstellen, und zwar zu minimalen Gesamtkosten. Die Produzenten verfügen über dieselbe Technologie und stehen vor der Wahl, ob jeder der Produzenten von beiden Produkten jeweils die Hälfte der Gesamtmenge herstellt oder die Produzenten sich auf die Herstellung jeweils eines Produktes beschränken und von diesem Produkt die erforderliche Menge alleine herstellen. Es gelten die folgenden Daten:

Produkt	erforderliche Gesamtmenge	Kosten der ersten Einheit	Kostensenkungsrate s	c
a	30	10	20%	0,3219
b	40	6	15%	0,2345

Tabelle 3.5: Beispiel zu arbeitsteiliger Spezialisierung.

Stellt jeder Produzent jeweils die Hälfte der erforderlichen Gesamtmenge beider Produkte her, betragen die Gesamtkosten

$$K_{ges} = 2 \left[\frac{1}{1-c_a} k_a(1) \left(\frac{n_a}{2}\right)^{1-c_a} + \frac{1}{1-c_b} k_b(1) \left(\frac{n_b}{2}\right)^{1-c_b} \right]$$

$$= 2 \left[\frac{1}{1-0{,}3219} \cdot 10 \cdot 15^{1-0{,}3219} + \frac{1}{1-0{,}2345} \cdot 6 \cdot 20^{1-0{,}2345} \right] = 340{,}33.$$

Wegen der Symmetrie der Ausgangssituation spielt es im Falle der Spezialisierung keine Rolle, welcher Produzent welches Produkt herstellt. Es ergibt sich für die gesamten Produktionskosten

$$K_{ges} = \frac{1}{1-c_a} k_a(1) n_a^{1-c_a} + \frac{1}{1-c_b} k_b(1) n_b^{1-c_b}$$

$$= \frac{1}{1-0{,}3219} \cdot 10 \cdot 30^{1-0{,}3219} + \frac{1}{1-0{,}2345} \cdot 6 \cdot 40^{1-0{,}2345} = 280{,}03.$$

Es lässt sich also eine nicht unerhebliche **Kostensenkung** realisieren. Diese stellt zugleich den zu verteilenden **Kooperationsgewinn** dar.

3.2.3 Teamproduktion

Man spricht von Teamproduktion, wenn es bei der Herstellung eines Outputs von Vorteil ist, dass verschiedene Individuen die Inputgüter einbringen. Häufig handelt es sich bei den Inputs um die Arbeitsleistung der Teammitglieder. Dies gilt beispielsweise für zwei Arbeiter einer Spedition, die gemeinsam eine Reihe von Lastwagen beladen sollen.[8]

Im Hinblick auf die Dringlichkeit einer Teamproduktion gibt es zwei Möglichkeiten: Entweder kommt ein Output überhaupt nur dann zustande, wenn alle am Team beteiligten Parteien ihren Input beisteuern. Einen solchen Fall diskutieren wir später ausführlich, um die Notwendigkeit von komplexen Koordinationsformen wie ein Unternehmen zu verdeutlichen.[9] Hier greifen wir hingegen zunächst den Fall auf, dass der zu erbringende Output grundsätzlich auch von jedem der Teammitglieder alleine hergestellt werden kann, nur eben weniger wirtschaftlich. Dies belegt, dass Teamproduktion nicht erst dann relevant wird, wenn sie für ein positives Produktionsergebnis zwingend erforderlich ist.

Zur Verdeutlichung der grundlegenden Zusammenhänge und der effizienzsteigernden Wirkung einer Teamproduktion ziehen wir das Beispiel einer Unternehmensgründung im Beratungsbereich heran, an der zwei Gründer beteiligt sein können, beispielsweise ein Betriebswirt und ein Informatiker. Jeder der beiden könnte auch im Alleingang ein Unternehmen gründen, die kombinierte Kompetenz bei zwei wichtigen Erfolgsfaktoren erhöht jedoch die Effizienz. Die Gründer bringen jeweils ihre Arbeitsleistung a_i ein. In Abhängigkeit der jeweiligen Leistungen kommt es zu einem Umsatzerlös (als in monetärer Dimension gemessene Produktion) von

$$e = a_1 + a_2 + a_1 a_2,$$

wobei
e Umsatz des Unternehmens
a_i Arbeitsleistung von Teammitglied i $(i = 1, 2)$.

---

[8] Alchian/Demsetz (1972), S. 779.
[9] Vgl. Abschnitt 4.5.2.

Wenn die Teammitglieder ihre Arbeitsleistung in das Unternehmen einbringen, müssen sie jeweils auf andere Einkommen verzichten. Somit entstehen ihnen Opportunitätskosten. Zur Vereinfachung unterstellen wir, dass die Kostenfunktionen der Teammitglieder übereinstimmen:

$$k_i = ca_i^2,$$

wobei
k_i individuelle Kosten von i ($i = 1, 2$)
c Kostenparameter ($c > 0{,}5$).

Der Gewinn des Unternehmens ergibt sich als Differenz von Erlösen und Kosten:

$$g = e - (k_1 + k_2) = a_1 + a_2 + a_1 a_2 - c(a_1^2 + a_2^2),$$

wobei
g Unternehmensgewinn.

Die Gewinnfunktion $g(a_1, a_2)$ weist die für die Teamproduktion typische Eigenschaft auf, dass die Beiträge der einzelnen Leistungen zum Gesamtgewinn nicht additiv separierbar sind.[10] Kennzeichnend für die Teamproduktion ist insbesondere eine *positive Kreuzableitung* der Gewinnfunktion nach den einzelnen Arbeitsleistungen:

$$\frac{\partial^2 g}{\partial a_1 \partial a_2} > 0.$$

Bei einem Mehreinsatz einer Leistung steigt der durch den Mehreinsatz der anderen Leistung bewirkte Gewinnzuwachs. Eine solche positive Wirkung muss nicht zwingend wie hier durch eine wechselseitige Steigerung des marginalen Outputs hervorgerufen werden, sondern kann sich auch infolge einer wechselseitigen Senkung der Grenzkosten ergeben. Unabdingbar ist alleine, dass es *Synergieeffekte* gibt; als Sinnbild für die positiven Wechselwirkungen verwendet man gerne die Gleichung „2 + 2 = 5".

Nun wollen wir nachweisen, dass sich bei Kooperation der Teammitglieder tatsächlich ein größerer Gesamtgewinn ergibt, als wenn jeder für sich ein Unternehmen gründet. Bei der gegebenen Technologie gilt im Falle der jeweils isolierten Unternehmensgründung für die Gewinne

$$g_i = e - k_i = a_i - ca_i^2 \quad (i = 1, 2).$$

Aus der notwendigen Bedingung für das Gewinnmaximum ($\partial g_i / \partial a_i = 0$) erhält man zunächst für die optimale individuelle Arbeitsleistung

---

[10] Bei additiver Separierbarkeit gehen die Arbeitsleistung nicht multiplikativ verknüpft in die Gewinnfunktion ein.

$$\hat{a}_i = \frac{1}{2c} \ (i = 1, 2)$$

und damit weiter für den maximalen individuellen Gewinn

$$\hat{g}_i = \frac{1}{4c} \ (i = 1, 2).$$

Der von beiden Beratern insgesamt erzielte Gewinn beträgt somit

$$\hat{g} = \hat{g}_1 + \hat{g}_2 = \frac{1}{2c}.$$

Sofern aber beide Gründer als Team kooperieren, gilt die obige Gewinnfunktion

$$g = a_1 + a_2 + a_1 a_2 - c(a_1^2 + a_2^2).$$

Die notwendige Bedingung für das Gewinnmaximum besteht dann aus dem Gleichungssystem

$$\frac{\partial g}{\partial a_i} = 1 + a_{3-i} - 2ca_i = 0 \ (i = 1, 2),$$

und führt zu der Lösung

$$a_1^* = a_2^* = \frac{1}{2c - 1}.$$

Nach Einsetzen erhält man für den maximalen Gesamtgewinn

$$g^* = \frac{1}{2c - 1} > \frac{1}{2c} = \hat{g}.$$

Offensichtlich ist der maximale Gewinn bei Teamproduktion g^* größer als der maximale Gesamtgewinn bei jeweils isolierter Produktion $\hat{g}$. Ursache dafür ist, dass die Teammitglieder nunmehr bei der Bestimmung der jeweiligen Inputs die positive Wirkung auf die Grenzproduktivität des jeweils anderen Inputs einbeziehen. Daher leisten beide Partner in effizienter Weise einen höheren Input.

3.2.4 Risikoteilung und Versicherung

Risikoteilung kann sich wohlfahrtssteigernd auswirken, wenn die beteiligten Individuen risikoavers sind, das heißt, wenn sie bei einem festen durchschnittlichen Niveau der Zielgröße eine geringere Schwankung einer höheren vorziehen.[11] Bei Risikoaversion empfinden die Individuen das Risiko als „**Ungut**", für dessen „Erwerb" sie eine Prämie erhalten und nicht zahlen müssen. Trotz Risikoaversion ist ein Individuum bereit, anderen Individuen Risiko abzunehmen,

---

[11] Siehe für eine genauere Definition und Messung der Risikoaversion Abschnitte 10.3.5 und 10.3.6.

wenn die Risikoübernahme adäquat abgegolten wird. Umgekehrt lassen sich Risiken nur dann auf andere Individuen abwälzen, wenn man diesen dafür eine angemessene Prämie zahlt. Risikoteilung oder, anders ausgedrückt, der Handel mit Risiken ist nutzensteigernd, wenn die Prämie, die der „Verkäufer" des Risikos zu zahlen bereit ist, größer ist als die Prämie, die der „Käufer" des Risikos mindestens verlangt. Auf diesem Prinzip (und auf der Diversifikation von Risiken) beruht eine Versicherung.

Das folgende Beispiel beschränkt sich auf den Aspekt der Risikoteilung. Ein Individuum hat eine unsichere Konsumposition, das heißt, die Höhe der konsumierbaren Mittel hängt vom eintretenden Umweltzustand ab. Ein zweites Individuum hat hingegen eine risikolose Position. Es gibt nur zwei Umweltzustände, die gleich wahrscheinlich sind. Die unsicheren Positionen werden anhand von Erwartungswert und Varianz bewertet.

Der **Erwartungswert** als Maß für das mittlere Niveau der Zielgröße ist allgemein definiert als mit den Eintrittswahrscheinlichkeiten gewichtete Summe der unsicheren Größe in den einzelnen Zuständen:

$$\mu_i = \sum_{j=1}^{n} c_{ij} w_j,$$

wobei
μ_i Erwartungswert des Konsums von Individuum i ($i = 1, 2$)
c_{ij} Konsum von Individuum i in Zustand j ($j = 1, ..., n$)
w_j Eintrittswahrscheinlichkeit von Zustand j.

Die **Varianz** ist definiert als Erwartungswert der quadrierten Abweichung vom Erwartungswert und kann als **Risikomaß** angesehen werden. Es gilt

$$\sigma_i^2 = \sum_{j=1}^{n} (c_{ij} - \mu_i)^2 w_j,$$

wobei
σ_i^2 Varianz des Konsums von Individuum i.

Für das Beispiel soll konkret gelten

	$w_1 = 50\%$	$w_2 = 50\%$	μ	σ^2
c_1	15	25	20	25
c_2	20	20	20	0

Tabelle 3.6: Konsummöglichkeiten bei Risiko.

Der Nutzen hängt von Erwartungswert und Varianz der Konsummöglichkeiten ab. Die Individuen haben übereinstimmend die Nutzenfunktion

$$u_i = \mu_i - 0{,}1\sigma_i^2 \ (i = 1, 2),$$

sodass

$$u_1 = 20 - 0{,}1 \cdot 25 = 17{,}5; \ u_2 = 20.$$

Individuum 2 soll nun eine unbedingte Vorabzahlung von 3,5 € (dies entspricht der **Versicherungsprämie**) erhalten. Im Gegenzug ist eine Zahlung von 5 € (**Versicherungsleistung**) für den Fall zu leisten, dass der Zustand 1 eintritt (Schadensfall aus Sicht von 1). Bei Eintritt von Zustand 2 gibt es hingegen keinerlei Verpflichtung für Individuum 2. Diese Konstruktion weist alle Merkmale einer Versicherung auf. Die modifizierten Konsumpositionen betragen:

	$w_1 = 50\%$	$w_2 = 50\%$	μ	σ^2
c_1	$15 - 3{,}5 + 5 = 16{,}5$	$25 - 3{,}5 = 21{,}5$	19	6,25
c_2	$20 + 3{,}5 - 5 = 18{,}5$	$20 + 3{,}5 = 23{,}5$	21	6,25

Tabelle 3.7: Konsummöglichkeiten nach Versicherung.

Für den Nutzen dieser Positionen gilt:

$$u_1 = 19 - 0{,}1 \cdot 6{,}25 = 18{,}375,$$
$$u_2 = 21 - 0{,}1 \cdot 6{,}25 = 20{,}375.$$

Von der Versicherung profitieren sowohl der Versicherungsnehmer ($i = 1$) als auch der Versicherungsgeber ($i = 2$). Die positiven Nutzeneffekte wären sogar noch stärker, wenn der Versicherungsgeber eine geringere Risikoaversion aufwiese als der Versicherungsnehmer. Der **Grad der Risikoaversion** äußert sich im Gewichtungsfaktor für die Varianz (hier: 0,1), die mit negativem Vorzeichen in den Nutzen eingeht. Je niedriger dieser Faktor ist, desto schwächer ist die Risikoaversion eines Individuums. Das Beispiel zeigt aber, dass für das Zustandekommen eines Kooperationsvorteils Unterschiede in der Risikoaversion keineswegs erforderlich sind. Es ist übrigens keineswegs zufällig, dass in der vorgestellten Lösung beide Individuen ein gleich hohes Risiko tragen. Weisen zwei Individuen die gleiche Risikoaversion auf, besteht die **optimale Risikoverteilung** darin, dass beide je die Hälfte des Risikos tragen.[12]

Die gleiche Lösung lässt sich auch anders interpretieren, nämlich als wechselseitige Beteiligung an dem jeweiligen konsumierbaren Einkommen. Konkret müsste Individuum 2 mit 50% am ursprünglichen Einkommen von Individuum 1 sowie Individuum 1 einen Anteil von 45% des ursprünglichen Einkommens von 2 erhalten. Es lässt sich leicht nachprüfen, dass auch bei dieser Umverteilungsregel beide Individuen exakt die in Tabelle 3.7 angegebenen Konsummöglichkeiten erreichen.

---

[12] Vgl. ausführlicher und allgemeiner Abschnitt 5.1.3.5.

Das Beispiel zeigt ferner, dass mit Risikoteilung häufig eine Risikotransformation einhergeht. Die Summe der Einzelrisiken bei Risikoteilung ist geringer als das Gesamtrisiko. Ursache dafür ist die quadratische Abhängigkeit der Varianz vom Umfang der risikobehafteten Einkommensposition.

3.2.5 Anerkennung von Verfügungsrechten

In den vorstehenden Abschnitten haben wir lediglich Potenziale für das Entstehen von Kooperationsvorteilen aufgezeigt. Offen blieb die Frage nach der Verteilung dieser Potenziale auf die beteiligten Parteien. Offensichtlich liegt die Entstehung von Kooperationsvorteilen im gemeinsamen Interesse der Kooperationspartner. Dagegen besteht im Hinblick auf die Verteilung der Kooperationsgewinne ein unmittelbarer Konflikt. Löst man sich – im Vorgriff auf die ausführliche Behandlung unvollkommener Märkte in Kapitel 4 – von der Vorstellung einer völlig konfliktfreien Wirtschaft, gewinnen auch Ansatzpunkte zur Minderung von mit der Konfliktlösung verbundenen Kosten an Bedeutung.

Als die elementarste Form einer **Lösung von Konflikten** könnte man das Recht des Stärkeren ansehen. Dies hätte allerdings zur Folge, dass die weniger Starken kostenträchtige Maßnahmen zum Schutz der eigenen Interessen (oder gar der eigenen Person) ergreifen müssten. Ohne solche Schutzmaßnahmen wäre niemand bereit, Ressourcen in wirtschaftliche Kooperationen zu investieren. Die mit den Schutzmaßnahmen verbundenen Aufwendungen kann man als „Rüstungskosten" in einem weit verstandenen Sinne bezeichnen. Solche Kosten sind besonders schädlich, weil ihrer Entstehung keine produktiven Wirkungen gegenüberstehen.

In einer solchen Situation können die beteiligten Parteien eine Wohlfahrtssteigerung herbeiführen, wenn sie durch wechselseitige Vereinbarungen die Rechte der jeweils anderen Partei anerkennen. Dabei geht es um die Sicherheit der individuellen **Verfügungsrechte**[13] über Ressourcen und Vermögen. Auch ohne weitergehende „Rüstung" verbleiben dann die Erträge bei den investierenden Parteien. Dies kann man auch ganz wörtlich verstehen: Nach dem Ende des kalten Krieges und dem damit einhergehenden Ende des extrem teuren Wettrüstens wurden die damit freigesetzten Mittel auch als „Friedensdividende" bezeichnet.

Allerdings müssen Vereinbarungen zur Senkung von Kosten des Schutzes individueller Interessen bestimmte Eigenschaften erfüllen, um funktionsfähig zu sein:[14] Zum einen müssen sie **allgemein akzeptiert** sein; ein nur einseitiger Verzicht auf individuelle Schutzvorkehrungen stellt keine stabile Lösung dar.

---

[13] Die Bedeutung von Verfügungsrechten und deren Verteilung für die wirtschaftliche Effizienz diskutieren wir in Abschnitt 4.3 grundlegend und in Abschnitt 5.1.3 speziell mit Blick auf Unternehmen.
[14] *Homann/Suchanek* (2005), S. 119.

Zum anderen müssen die Vereinbarungen **glaubwürdig**, also für die beteiligten Parteien verlässlich sein. Angesichts der generellen Eigennutzprämisse ist es erforderlich, Verstöße gegen die Vereinbarungen zu ermitteln und gegebenenfalls zu sanktionieren. Nur dann liegt nämlich die Beachtung der Vereinbarungen auch im individuellen Interesse aller beteiligten Parteien.

3.3 Koordination über Märkte

Im Weiteren stellen wir Möglichkeiten zur Koordination von Entscheidungen mehrerer Individuen vor und beurteilen sie. Die idealtypischen Koordinationsmöglichkeiten sind Märkte und Hierarchien. Mit letzteren werden wir uns allerdings erst in Kapitel 4 nach der Einbeziehung einiger Marktunvollkommenheiten näher beschäftigen.

Die Koordination über Märkte erfolgt über **Preise**. Preise signalisieren, ob es vorteilhaft ist, ein Gut zu kaufen oder zu verkaufen, oder ob die Produktion eines Gutes lohnend ist, weil der erzielbare Erlös die erforderlichen Kosten übersteigt. Es hängt von den Alternativen der jeweils anderen Marktseite ab, ob ein Marktteilnehmer die Preise beeinflussen kann. Zunächst unterstellen wir, dass dies nicht der Fall ist. Dann müssen die Kooperationspartner die Preise, also die Austauschverhältnisse zwischen Leistungen und Gegenleistungen, einvernehmlich im Wege von Verhandlungen festlegen. Im Anschluss an den Abschnitt über Verhandlungen analysieren wir die Situation, in der für alle Marktteilnehmer Alternativen zu einer bestimmten Kooperation bestehen, in der es also, kurz gesagt, Wettbewerb gibt.

3.3.1 Koordination ohne Wettbewerb: Verhandlungen

Die Situation ohne jeden Wettbewerb ist dadurch gekennzeichnet, dass es ausscheidet, einen Kooperationspartner durch einen anderen zu ersetzen. Es gibt auf jeder Marktseite nur einen Marktteilnehmer. Im Weiteren betrachten wir konkret den Fall, dass nur zwei Individuen in eine potenzielle Kooperation verwickelt sind, die grundsätzlich für beide lohnend sein könnte. Ohne Wettbewerb ist es das kennzeichnende Merkmal dieser Situation, dass die Kooperation nicht zustande kommt, wenn sich die beiden Partner nicht einigen. Eine Alternative zur Einigung besteht für beide Partner nur im Verzicht auf die Kooperation.

Das wesentliche Ergebnis der Koordination ist der Preis, also die Relation von Leistung und Gegenleistung. Der Preis kommt hier nicht infolge anonymer Kräfte zustande, sondern resultiert aus Verhandlungen der beiden Partner. Das konkrete Verhandlungsergebnis hängt von Einflussgrößen ab, die nicht alle einer präzisen Analyse zugänglich sind. Bestimmte Regeln des Verhandlungsspiels induzieren ganz konkrete Verhandlungsergebnisse. Für eine analytische Behandlung von Verhandlungsproblemen sind also die Spielregeln präzise festzulegen, da anderenfalls das Verhandlungsergebnis unbestimmt ist. Grundsätzlich sind nahezu beliebige Spielregeln denkbar. Im konkreten Fall müssen sich aber die eigentlichen Determinanten der Verhandlung in den Regeln niederschlagen.

3.3.1.1 Verhandlungskosten

Im Allgemeinen ist das Verhandlungsergebnis zunächst schwierig abzuschätzen, weil auf einen Einigungsvorschlag des einen Partners der andere Partner stets mit einem Gegenvorschlag (mit einer gewissen Umverteilung zu dessen Gunsten) antworten kann.

Wir können aber davon ausgehen, dass mit der Verhandlung Kosten verbunden sind, beispielsweise aufgrund der Ungeduld oder der nervlichen Belastung der Verhandlungsführer oder dadurch, dass während der Verhandlungsdauer andere lohnende Aktivitäten brach liegen. Bei der Konkretisierung der Verhandlungskosten hilft die Vorstellung, dass sich bei jeder nachfolgenden Verhandlungsrunde der zu verteilende Gesamtgewinn verringert. Noch konkreter ließe sich das Beispiel einer Eissplittertorte anführen, die während der Verhandlungsdauer schmilzt, wodurch sogar im wörtlichen Sinn der zu verteilende Kuchen geringer wird.[15]

Daher sollten rationale Verhandlungsparteien den tatsächlichen Anfall von Verhandlungskosten durch eine sofortige Einigung vermeiden. Sofern die anderenfalls auftretenden Verhandlungskosten symmetrisch und nicht allzu hoch sind sowie weiter die Parteien über die tatsächlichen Verhandlungskosten der jeweiligen Gegenpartei informiert sind, ist eine gleichmäßige Verteilung des Kooperationsgewinns zu erwarten. Sind allerdings die potenziellen Verhandlungskosten sehr hoch, können sich substantielle Vorteile für die zuerst ziehende Partei ergeben, es kommt also zu einem ***First Mover Advantage***.

Verhandlungskosten können sich umso mehr als eine wichtige Determinante der Verhandlungsergebnisse erweisen, wenn sie asymmetrisch sind. Die Partei mit höheren Kosten hat ein größeres Interesse an einer schnellen Einigung und ist daher bereit, größere Zugeständnisse zu machen. Auch dies steht bei Rationalverhalten einer sofortigen Einigung jedoch nicht entgegen, lediglich wäre hier eine ungleichmäßige Verteilung des Kooperationsgewinns zu erwarten.

Es bleibt also die Frage, warum sich reale Verhandlungen trotz der Kosten tatsächlich häufig in die Länge ziehen. Dies kann zum einen dadurch begründet

---

[15] *Dixit/Nalebuff* (1995), S. 48 f. Mit einer analytischen, spieltheoretischen Behandlung dieses Szenarios befassen wir uns in Abschnitt 11.3.1.

sein, dass über die konkrete Verhandlungssituation eine *asymmetrische Informationsverteilung* herrscht. Denkbar ist insbesondere, dass die individuelle Bewertung des Kooperationsgewinns durch die Gegenpartei oder deren individuelle Verhandlungskosten nicht mit Sicherheit bekannt sind. Dann kann es sich lohnen, trotz Verhandlungskosten mehrere Verhandlungsrunden in Kauf zu nehmen, um die Verhandlungsparameter der Gegenpartei besser abschätzen zu können. Zum anderen kann eine längere Verhandlungsdauer eine Rechtfertigungsfunktion haben. Dies gilt namentlich für Verhandlungen, in denen der Verhandlungsführer stellvertretend für eine Gruppe betroffener Partner handelt und der individuelle Einsatz des Verhandlungsführers zur Debatte steht. Eine zu schnelle Einigung könnte hier den Eindruck hervorrufen, zu wenig für die eigene Klientel erreicht zu haben. Ein Beispiel hierfür erkennt man in den Ritualen von Tarifverhandlungen.[16]

Schließlich ist nicht zu vernachlässigen, dass angesichts der unvermeidlich konfliktträchtigen Situation der Aufteilung eines Kooperationsgewinnes psychologisch begründete Blockadehandlungen das Rationalverhalten überlagern: „Stolz und Irrationalität können nicht ignoriert werden."[17] Daher können auch konfliktmindernde Kriterien wie Fairness und, eng damit verbunden, eine gewisse Gleichmäßigkeit der Verteilung eine wichtige Determinante einer Verhandlungslösung sein.

3.3.1.2 Verhandlungsmacht

Die relative Verhandlungsmacht der Verhandlungsparteien ist eine offensichtliche Determinante des Verhandlungsergebnisses. Die Verhandlungsmacht ihrerseits ergibt sich unter anderem daraus, welche Folgen eine Nicht-Einigung auf die jeweiligen Parteien hat, welches Ergebnis also bei der besten Alternativlösung, der *„Outside Option"*, resultiert. Wie gut der Wert dieser Alternative ist, hängt zunächst von alternativ möglichen Transaktionspartnern ab. Hat eine Partei A die Möglichkeit, sich auch mit einem anderen Partner zu einigen, Partei B hingegen nicht, ist A bei Verhandlungen im Vorteil. Umgekehrt ist B unbedingt auf die Einigung mit dem einzig möglichen Partner A angewiesen. Dann kann A dem B ein **Ultimatum-Angebot** unterbreiten: Das heißt, die Kooperation kommt nur zustande, wenn B dieses eine Angebot unmittelbar akzeptiert. Aufgrund seiner individuellen Lage kann B nicht glaubwürdig den Anschein erwecken, auf das Angebot nicht eingehen zu wollen, und ein für ihn selbst günstigeres Alternativangebot machen. Im vorliegenden Extremfall kann sich daher

---

[16] „Die letzte Viertelstunde." soll *Talleyrand*, der französische Verhandlungsführer auf dem Wiener Kongress (September 1814 bis Juni 1815), auf die Frage geantwortet haben, wie lange denn die Verhandlungen gedauert hätten.
[17] *Dixit/Nalebuff* (1995), S. 30.

Partner *A* den gesamten Kooperationsgewinn aneignen. Dieses Argument verweist im Kern auf die Wettbewerbssituation zwischen den beiden Partnern.

Allerdings kann die Verhandlungsmacht selbst dann eine Rolle spielen, wenn für keinen Partner eine alternative Kooperationsmöglichkeit zur Verfügung steht. Dies ist der Fall, wenn der Kooperationsgewinn zunächst wenigstens zum Teil nur bei einer der Parteien anfällt. Folgendes Beispiel soll dies verdeutlichen:

Es gebe den Eigentümer eines verkehrsgünstig und landschaftlich schön gelegenen Hangs in den Alpen sowie einen einzigen Hersteller von Skiliften. Der Hang ist naturgegeben einzigartig, und es kommt auch nur ein Skilift-Produzent in Frage. Daher lässt sich dieser Hang nur dann für den Wintersport erschließen, wenn sich beide Partner über das Projekt einigen und über die Verteilung des regelmäßig wiederkehrenden Gewinns aus dem Betrieb des Lifts mit einem für beide Seiten akzeptablen Ergebnis verhandeln. Die Gewinnverteilung schlägt sich in dem Preis nieder, den der Eigner des Hangs für den schlüsselfertig zu übergebenden Lift zu zahlen hat. Alternativ könnte der Skilift-Produzent dem Grundstückseigner den Hang abkaufen. In diesem Fall ginge es um den Kaufpreis für den Hang. Auch eine Einigung auf Basis der Miete wäre denkbar. Insoweit besteht noch keine besondere Dringlichkeit für einen der beiden Partner. Das Verhandlungsergebnis wird durch andere Determinanten beeinflusst, beispielsweise durch die relativen Verhandlungskosten.

Die Situation ändert sich aber, wenn sich beide Beteiligte vergegenwärtigen, dass der Eigentümer des Hangs auf demselben nach Erstellung des Lifts auch noch eine Skihütte errichten kann, deren gastronomischer Betrieb nur dann einen Gewinn verspricht, wenn es einen Skilift gibt. Der Eigentümer hat somit ein gestiegenes Interesse am Zustandekommen des Liftbetriebs, da **mittelbar** noch **weitere Gewinne** damit verbunden sind. Diese Situation verbessert seine Verhandlungslage bezüglich des Liftpreises allerdings keineswegs, denn der Lift-Hersteller erkennt, dass der Eigentümer zu fühlbaren Zugeständnissen bereit sein wird, um die Folgegewinne zu sichern. Möglicherweise ist der Eigentümer sogar bereit, aus dem Erwerb und Betrieb des Lifts einen Verlust hinzunehmen, wenn der Gewinn aus der Skihütte nur groß genug ist.

Der Barwert der laufenden Überschüsse aus dem Betrieb des Lifts beträgt 240, und es fallen für die Produktion des Lifts Kosten in Höhe von 150 an. Bei einer gleichmäßigen Verteilung der Gesamtgewinne, wie sie beispielsweise mit Verhandlungskosten gerechtfertigt werden kann, wäre also ein Preis von 195 angemessen, weil er für beide Partner einen Vermögenszuwachs von 45 bedeutet (Fall 1). Kann der Eigentümer des Hanges aber durch den Betrieb der Skihütte weitere Gewinne mit dem Wert von 60 erzielen (Fall 2), ist ein Gesamtgewinn von 150 aufzuteilen, und der ausgehandelte Preis könnte 225 betragen. Der Gewinn aus dem Liftbetrieb wird dann im Verhältnis 15 : 75 zugunsten des Liftherstellers aufgeteilt. Haben die Gewinne aus der Skihütte sogar einen Wert von 110 (Fall 3), ist der Hangeigentümer bereit, einen Preis von 250 zu bezahlen, der für ihn zwar den Liftbetrieb zu einem Verlustgeschäft macht, den Gesamtgewinn von 200 aber gleichmäßig auf die **beiden unentbehrlichen** Partner aufteilt.

	Fall 1	Fall 2	Fall 3
Hütte			
Gewinn Hangeigentümer	0	60	110
Lift			
Barwert der Betriebsüberschüsse	240	240	240
Produktionskosten für den Lift	150	150	150
Gesamtgewinn aus dem Lift	90	90	90
Preis	195	225	250
Gewinnanteil Hangeigentümer	45	15	-10
Gewinnanteil Liftproduzent	45	75	100
Gesamtgewinn Hangeigentümer	45	75	100
Gesamtgewinn Liftproduzent	45	75	100

Tabelle 3.9: Verhandlungen bei einseitigen Zusatzgewinnen.

Das Beispiel belegt eine allgemeingültige Folgerung: Wer ein besonderes Interesse am Zustandekommen der Kooperation hat (zum Beispiel, weil für ihn damit noch weitere Vorteile verbunden sind), erhält einen geringeren Teil des Kooperationsgewinns.

Im vorgestellten Beispiel ergibt sich dieses Interesse aus zunächst teilweise nur einseitig anfallenden Gewinnen. Es gibt jedoch auch andere Anhaltspunkte für die generelle Folgerung, so etwa, wenn die Verteilung eines Gewinns aufgrund der Unterschiedlichkeit in der Ausgangsposition eine deutlich andere Wirkung entfaltet. Dies diskutieren wir unten in einem Szenario mit Verhandlungspartnern, die zum einen ein unterschiedliches Anfangsvermögen haben, zum anderen einen abnehmenden Grenznutzen aufweisen.[18]

3.3.1.3 Verhandlungsgeschick

Nach allgemeinem Verständnis ist auch das relative Verhandlungsgeschick eine wesentliche Determinante von Verhandlungsergebnissen. Dies ist jedoch einer ökonomischen Analyse kaum zugänglich, wenn man mit Verhandlungsgeschick etwas anderes meint als rationales Verhalten, das wir aber ohnehin allen Individuen unterstellen. Rationales Verhalten in Verhandlungen äußert sich in der adäquaten Berücksichtigung der relativen Verhandlungskosten und der Alternativen des Gegenübers. Bezieht man dies ein, schlägt sich das Verhandlungsgeschick darin nieder, wieviel ein Verhandlungsführer zusätzlich zu dem, was

---

[18] Vgl. dazu die Ausführungen zu Tabelle 3.10 unten in diesem Kapitel.

nach Erfassung aller Wägbarkeiten zu erwarten gewesen wäre, als Ergebnis erzielt. Dies kann aber nur dann eine von Null verschiedene Größe sein, wenn sich einer der Verhandlungsführer nur begrenzt rational verhält oder wenn aufgrund zufälliger, von keinem der Partner zu beeinflussender Umstände eine gewisse Umverteilung, ausgehend von dem zu erwartenden Wert, resultiert.

Für die Prognose von Verhandlungsergebnissen und für Empfehlungen zur Verhandlungsgestaltung sollten wir Ursachen möglichst präzise benennen und quantifizieren. Der Begriff „Verhandlungsgeschick" deckt – wenn man ihn voreilig einführt – die richtige Umsetzung der bisher als wichtig erkannten Aspekte zu und erweist sich als **kontraproduktiv**. Nähere Ausführungen hierzu sind daher entbehrlich.

Die bisherigen Ausführungen zu Verhandlungen beruhten überwiegend auf der Prämisse einer symmetrischen Informationsverteilung. Die Verteilung des Gewinns lässt sich nur dann eindeutig voraussagen, wenn die Handlungsmöglichkeiten und die von den Vertragspartnern einzubringenden Ressourcen zweifelsfrei bekannt sind. Ist dies nicht der Fall, ergibt sich eine nachhaltige Veränderung der Verhandlungssituation. Wie bereits angesprochen, kann unter diesen Umständen der Ablauf einer Verhandlung selbst die Einschätzung darüber verändern, welche anderen Handlungsmöglichkeiten der Partner hat oder wie wertvoll die von ihm eingesetzten Ressourcen sind. In einem solchen Fall müssen wir auch das **Lernen** im Zuge der Verhandlung explizit in die Überlegungen einbeziehen, in der Sprache der Spieltheorie: Man sucht nach einem **perfekten Bayesianischen Gleichgewicht**.[19] Nur scheinbar gewinnt aber Verhandlungsgeschick hier eine größere Bedeutung. Stets geht es darum, aus dem vorhandenen Wissen bestmöglich eine Verhandlungsstrategie abzuleiten. Dies ist kennzeichnend für rationales Verhalten. Darüber hinaus ist kein Platz für eine besondere „Geschicklichkeit".

3.3.1.4 *Nash*-Verhandlungslösung

Verhandlungen, die mit einer Umverteilung zwischen den verhandelnden Parteien verbunden sind, sind aus naheliegenden Gründen per se konfliktträchtig. Insbesondere für sich wiederholende Verhandlungssituationen kann es daher sinnvoll sein, generelle Regeln zu vereinbaren, welchen Eigenschaften die Lösung genügen soll. Losgelöst von einer konkreten Verhandlungssituation, in der die jeweiligen Interessenlagen offensichtlich sind, kann man leichter zu einer von allen Seiten akzeptierten Regelung kommen. Die Möglichkeit der Vorab-Bindung an eine bestimmte Verhaltensweise ist Kennzeichen **kooperativer Spiele**. Für die praktische Anwendung heißt dies, dass die Vereinbarungen auch durchsetzbar sein müssen.

---

[19] Vgl. Abschnitt 11.4.4.

Es gibt verschiedene normative Vorschläge für Verhandlungslösungen, darunter vor allem **die egalitäre Lösung**, die **utilitaristische Lösung** und die **axiomatische Lösung**.[20] Aufgrund der herausgehobenen Bedeutung betrachten wir die auf Nash zurückgehende[21] axiomatische Lösung näher. Ausgangspunkt ist eine Reihe von plausiblen Anforderungen (Axiomen) an eine vernünftige Verhandlungslösung. Zu diesen Anforderungen gehören unter anderem die **Zulässigkeit** (es ist unmöglich, mehr als die Verteilungsmasse auf die Verhandlungsparteien zu verteilen), die **Effizienz** (Verteilung der gesamten Verteilungsmasse) sowie die **gleichmäßige Verteilung** bei **symmetrischer Ausgangssituation** (das heißt Übereinstimmung von Nutzenfunktion, Ausgangsvermögen und Verhandlungsmacht). Nash konnte nachweisen, dass es genau eine Funktion zur Bestimmung von Verhandlungslösungen gibt, die mit sämtlichen von ihm postulierten Anforderungen vereinbar ist, nämlich die Maximierung des Produktes der Nutzenzuwächse.

Berücksichtigt man weiter die relative Verhandlungsmacht der Verhandlungsparteien, kommt man zu dem Ansatz

$$NP = \bigl(u_1(a_1 + g_1) - u_1(a_1)\bigr)^\beta \bigl(u_2(a_2 + g - g_1) - u_2(a_2)\bigr)^{1-\beta} \to \max_{g_1}!,$$

wobei
NP Nash-Produkt
u_i Nutzen von Verhandlungspartei i ($i = 1, 2$)
a_i Ausgangsvermögen von Verhandlungspartei i
     (zugleich „Outside Option", also das Ergebnis bei Nicht-Einigung)
g zu verteilender Kooperationsgewinn
g_i Anteil des Kooperationsgewinns für Verhandlungspartei i
β relative Verhandlungsmacht von Partei 1.

Bei der Formulierung der Zielfunktion ist mit $g_2 = g - g_1$ bereits berücksichtigt, dass genau der gesamte Kooperationsgewinn zur Verteilung kommt. Die Lösung ist also gleichermaßen zulässig wie effizient.

Von drei wesentlichen Determinanten kann man vermuten, dass sie einen wesentlichen Einfluss auf die Nash-Lösung ausüben: die Gestalt der **Nutzenfunktion** (linear oder degressiv), das **Ausgangsvermögen** (gleich oder verschieden) sowie die **Verhandlungsmacht** (gleich oder verschieden). Nachstehend untersuchen wir die Auswirkungen dieser Determinanten anhand verschiedener Konstellationen eines numerischen Beispiels. Dazu treffen wir im Einzelnen die folgenden Annahmen:

Die Nutzenfunktionen gehören der Klasse der Potenzfunktionen an: $u_i(x) = x^\gamma$. Als Fallunterscheidungen vergleichen wir die lineare Nutzenfunktion mit einem konstanten Grenznutzen ($\gamma = 1$) und eine degressive Nutzenfunktion mit

---

[20] Vgl. umfassend *Myerson* (1991), S. 375 ff.
[21] *Nash* (1950). Siehe auch *Luce/Raiffa* (1957), S. 124 ff.

abnehmendem Grenznutzen ($\gamma = 0{,}8$). Dabei gehen wir jeweils davon aus, dass beide Parteien dieselbe Nutzenfunktion aufweisen.[22]

Die Parteien haben entweder übereinstimmend das Ausgangsvermögen von $a_1 = a_2 = 0$, oder Partei 1 hat (einseitig) ein höheres Ausgangsvermögen von $a_1 = 50$. Der zu verteilende Kooperationsgewinn beträgt stets $g = 100$.

Schließlich haben die Parteien entweder eine gleiche Verhandlungsmacht ($\beta = 0{,}5$), oder Partei 1 hat eine höhere relative Verhandlungsmacht ($\beta = 0{,}6$). Aus diesen drei dichotomen Fallunterscheidungen resultieren acht zu untersuchende Konstellationen. Die nachstehende Tabelle enthält neben den exogenen Parametern den Gewinnanteil für Partei 1 im Fall der *Nash*-Lösung. Das Ergebnis für Fall 8 ergibt sich beispielsweise als Lösung des Optimierungsproblems

$$[(50 + g_1)^{0{,}8} - 50^{0{,}8}]^{0{,}6}[(0 + 100 - g_1)^{0{,}8} - 0^{0{,}8}]^{0{,}4} \to \max_{g_1}!$$

Fall	γ	a_1	β	g_1
1	1	0	0,5	50
2	1	0	0,6	60
3	1	50	0,5	50
4	1	50	0,6	60
5	0,8	0	0,5	50
6	0,8	0	0,6	60
7	0,8	50	0,5	53,94
8	0,8	50	0,6	63,56

Tabelle 3.10: *Nash*-Lösungen für verschiedene Konstellationen.

Aus den in Tabelle 3.10 zusammengestellten Ergebnissen lassen sich einige verallgemeinerungsfähige Eigenschaften der *Nash*-Lösung ablesen:

1. Bei einer symmetrischen Ausgangssituation ($a_1 = 0, \beta = 0{,}5$) erhalten beide Parteien unabhängig von der Gestalt der Nutzenfunktion denselben Gewinnanteil. Dies ergibt sich bereits aus der Konstruktionsvorschrift für die *Nash*-Lösung.

2. Hat Partei 1 die höhere relative Verhandlungsmacht ($\beta = 0{,}6$), erhält sie einen höheren Gewinnanteil. Unter bestimmten Normierungsbedingungen (übereinstimmende Nutzenfunktionen sowie zusätzlich konstanter Grenznutzen oder übereinstimmende Anfangsausstattungen von Null) geben die Exponenten β bzw. $1 - \beta$ direkt den Anteil des Kooperationsgewinns an, den die jeweilige Verhandlungspartei erhält. Die Fälle 7 und 8 belegen jedoch, dass dies nicht allgemein zutrifft.

3. Bei linearen Nutzenfunktionen, also einem konstanten Grenznutzen, hat das Ausgangsvermögen keinen Einfluss auf die Lösung. Dies gilt für die Höhe

---

[22] Die Einbeziehung unterschiedlicher Nutzenfunktionen wäre zwar ebenfalls interessant; allerdings lassen sich auf dieser Basis keine verallgemeinerungsfähigen Aussagen ableiten.

der Vermögen ebenso wie für etwaige Unterschiede im Vermögen der verschiedenen Parteien.

4. Als zunächst überraschend könnte man es empfinden, dass in den Fällen 7 und 8 (degressive Nutzenfunktion und unterschiedliche Ausgangsvermögen) keineswegs die Partei mit dem geringeren Anfangsvermögen einen höheren Gewinnanteil erhält, sondern eben die Partei mit dem größeren Vermögen. Ursächlich dafür ist, dass zum einen das *Nash*-Produkt aufgrund seiner Konstruktion eine tendenziell gleiche Nutzensteigerung einer sehr ungleichen Nutzensteigerung vorzieht. Zum anderen ist der Nutzenzuwachs bei abnehmendem Grenznutzen geringer, wenn das Ausgangsvermögen höher ist. Zusammen führen diese Punkte dazu, dass die Partei mit höherem Ausgangsvermögen einen höheren Gewinnanteil erhalten soll.

3.3.2 Koordination mit Wettbewerb: Marktpreise

3.3.2.1 Wettbewerb

Der Hauptunterschied zwischen den bisher untersuchten Verhandlungssituationen und einem Markt mit Wettbewerb ist, dass nun für alle Seiten ein Wechsel des Kooperationspartners in Frage kommt. Ist der Vertragspartner nicht von vornherein vorgegeben, besteht der erste Schritt einer Kooperation in der Suche nach dem am besten geeigneten Vertragspartner.

Für den Verkäufer eines Gutes ist dies diejenige Partei, welche die **größte Zahlungsbereitschaft** für dieses Gut aufweist.[23] Die größte Zahlungsbereitschaft unter potenziellen Käufern weist auf, wer die größte Dringlichkeit der Nachfrage hat. Im Falle von Investitionsgütern äußert sich dies in den Gewinnen, die sich unter Einsatz des nachgefragten Gutes erzielen lassen. Bei Konsumgütern schlägt sich die Dringlichkeit im durch den Konsum des betreffenden Gutes herbeigeführten Nutzenzuwachs nieder.

Ein Käufer sucht nach demjenigen Verkäufer, der zum geringsten Betrag bereit ist, sich von dem betreffenden Gut zu trennen. Diese **Mindestforderung** ist dort am geringsten, wo das Gut den geringsten Nutzen stiftet, wo also der Verzicht auf dieses Gut die geringste Nutzenminderung herbeiführt oder mit der Produktion des Gutes die geringsten Kosten verbunden sind.

Schon aus diesen einfachen Überlegungen geht hervor, dass bei Wettbewerb Güter von den Stellen abfließen, wo der Verzicht mit dem geringsten Mindernutzen einhergeht, und dorthin gelangen, wo sie den höchsten Zusatznutzen herbeiführen. Das Lenkungsinstrument, das die Güterströme koordiniert, ist auf einem Wettbewerbsmarkt der **Preis**.[24] Ist für ein Individuum der mit einem Gut verbundene Zusatznutzen geringer als der erzielbare Preis, erweist sich der

---

[23] Natürlich muss die Zahlungsbereitschaft auch durch eine **Zahlungsfähigkeit** gedeckt sein.
[24] Ausführlicher *Neus* (1998), S. 18-20.

Verkauf des Gutes als vorteilhaft. Umgekehrt wird ein Gut nur dann gekauft, wenn sein Preis geringer ist als der zusätzlich ermöglichte Nutzen.

3.3.2.2 Marktgleichgewicht

Die von den Preisen ausgelösten Kauf- und Verkaufswünsche sind allerdings noch keine hinreichende Beschreibung der Koordination auf einem Wettbewerbsmarkt. Vielmehr ist die Gesamtkoordination nur dann erfolgreich, wenn die durch Preise ausgelösten Transaktionswünsche sich in ihrem Volumen entsprechen, wenn also jeder, der zu einem bestimmten Preis kaufen möchte, auch auf einen Verkäufer trifft, der zu diesem Preis verkaufen möchte.

Ein **Marktgleichgewicht** lässt sich demnach beschreiben als eine Menge von Preisen mit den beiden folgenden Eigenschaften:

> 1. Alle Individuen passen sich im Rahmen der geltenden Budgetrestriktionen nutzenmaximierend an die Preise an und äußern Kauf- und Verkaufswünsche (**Planungsoptimum**).
> 2. Die auf dieser Basis kalkulierten Angebots- und Nachfragemengen sind bei allen Gütern ausgeglichen (**Markträumung**).

Die Markträumung ist zumindest auf vollkommenen Märkten stets eine Gleichgewichtseigenschaft. Bei Marktunvollkommenheiten kann es auch zu **Rationierungsgleichgewichten** kommen, bei denen zum Gleichgewichtspreis eine Übernachfrage herrscht. Ursache dafür ist, dass der Preis auf einem unvollkommenen Markt möglicherweise auch andere Funktionen ausübt als die Steuerung von Angebot und Nachfrage, zum Beispiel eine **Informations-** oder **Anreizfunktion**.[25]

Aussagen über ein Gleichgewicht in einem System von vollkommenen Wettbewerbsmärkten haben eine große Bedeutung, weil sie belegen, dass unter den idealisierten Voraussetzungen sehr gute Marktergebnisse resultieren:

> Die Preise im Gleichgewicht eines vollkommenen Marktes führen stets zu einer Zuordnung von Gütern zu Individuen, die ein *Pareto*-Optimum darstellt (**Erster Hauptsatz der Wohlfahrtsökonomik**).[26]

Mit Blick auf das Weitere ist auf implizite Voraussetzungen dieser Aussage zu verweisen, zu denen auf der Ebene der Institutionen das Privateigentum und die Rechtssicherheit zählen.[27]

---

[25] Siehe zur Rationierung auf einem Kreditmarkt *Stiglitz/Weiss* (1981).
[26] Siehe bspw. *Eichberger* (2004), S. 171.
[27] *Breyer/Kolmar* (2014), S. 153.

Der Verweis auf das *Pareto*-Optimum besagt, dass Marktergebnisse in Wettbewerbsmärkten in einem bestimmten Sinne „gut" sind:

> In einem **Pareto-Optimum** gibt es keinen Gütertausch, der eine allseitige Wohlfahrtssteigerung mit sich bringt.

Ausgehend von einem *Pareto*-Optimum geht demnach die Nutzensteigerung eines Individuums zwingend mit einer Nutzenminderung mindestens eines anderen Individuums einher. Ein *Pareto*-Optimum ist daher gleichzusetzen mit einer **effizienten Güterallokation**, da keine Umverteilung möglich ist, die nicht mindestens ein Individuum schlechter stellt. In der Regel gibt es eine Vielzahl von *Pareto*-Optima.[28] Welche dieser guten Lösungen letztlich zustande kommt, hängt maßgeblich von der Anfangsausstattung der Individuen ab.

3.3.2.3 *Walras*-Auktionator

Bisher haben wir gezeigt, dass Preise mit bestimmten Eigenschaften Entscheidungen so koordinieren, dass sie ein effizientes Ergebnis bewirken. Offen blieb dagegen die Frage, wie diese Preise zustande kommen.

Es ist vorstellbar, dass ein allwissender und wohlmeinender **Zentralplaner**, der alle Güterausstattungen und Präferenzen kennt, Austauschverhältnisse für beliebige Paare von Gütern so festlegt, dass sie den beschriebenen Merkmalen des Marktgleichgewichts genügen. Dann sind es jedoch nicht die Preise, welche die Koordination herbeiführen, sondern die zentrale Planung. Anstatt die Preise zu benennen, könnte der Planer auch unmittelbar allen Kooperationspartnern mitteilen, wer welche Leistung zu erbringen oder zu empfangen hat. Die Koordination erfolgt damit nicht über Preise, sondern durch **Weisungen**.

Tatsächlich ist ein Zentralplaner für die Ermittlung der Preise jedoch keineswegs erforderlich. Diese wesentliche Erkenntnis geht zurück auf *Walras*[29], das Vorgehen zur Ermittlung der Preise bezeichnet man deshalb als *Walras*-Auktion. Diese Auktion beginnt damit, dass der Auktionator zunächst **zufällige Preise** für die verschiedenen Güter **ausruft** und die Individuen Angebots- und Nachfragemengen in Abhängigkeit von diesen Preisen kalkulieren. Stimmen Angebot und Nachfrage bei allen Gütern überein, ist das Marktgleichgewicht gefunden. Gewöhnlich wird dies jedoch noch nicht der Fall sein. Dann ruft der Auktionator – und zwar, ohne zu wissen, nach welchem Kalkül die Marktteilnehmer Angebots- und Nachfragemengen bestimmen – eine neue Menge von

---

[28] Der **zweite Hauptsatz der Wohlfahrtsökonomik** besagt, dass sich jedes *Pareto*-Optimum durch ein System vollkommener Wettbewerbsmärkte rekonstruieren lässt, *Eichberger* (2004), S. 177.

[29] *Walras* (1874).

Preisen aus, worauf wiederum die Marktteilnehmer Kauf- und Verkaufswünsche offenlegen. Durch mehrfache Wiederholung des zweiten Schrittes nähern sich die Preise den Gleichgewichtspreisen mehr und mehr an (*Tâtonnement*), bis sie schließlich genau erreicht sind. Erst dann werden Umsätze getätigt.

Auch dies lässt sich leicht durch ein Beispiel verdeutlichen. Die tatsächlichen Angebots- und Nachfragefunktionen mögen folgendes Aussehen haben:

$$x_A = 20p - 200 \quad (\text{für } p \geq 10),$$

$$x_N = 1.000 - 10p \quad (\text{für } p \leq 100),$$

wobei
x_A Angebotsmenge
x_N Nachfragemenge
p Preis.

Diese Funktionen sind dem Auktionator jedoch nicht bekannt. Er beginnt mit einem zufällig ausgerufenen Preis, beispielsweise 75. Dann ergeben sich eine Nachfrage von 250 und ein Angebot von 1.300, es gibt also einen **Angebotsüberhang**. Auch ohne die Funktionen im Einzelnen zu kennen, kann der Auktionator zumindest vermuten, dass das Angebot bei einem niedrigeren Preis kleiner ist, die Nachfrage hingegen größer. Deshalb ruft der Auktionator nun den geringeren Preis von 50 aus, mit der Folge einer Nachfrage von 500 und eines Angebots von 800. Da das Angebot immer noch zu hoch ist, versucht es der Auktionator mit dem Preis von 25, was nun einen **Nachfrageüberschuss** zur Folge hat (750 vs. 300). Über weitere Versuche von (beispielsweise) 30 und 35 kommt der Auktionator schließlich zum Preis von 40, der bei einer umgesetzten Menge von 600 den Markt räumt. Weist der Dozent im Hörsaal dem Auditorium die Rolle des uninformierten Auktionators zu, dauert es erfahrungsgemäß nur wenige Abfragen, um das Gleichgewicht zu finden.

Der *Walras*ianische Auktionator ist eher als **didaktisches Hilfsmittel** und weniger als eine Beschreibung realer Vorgänge aufzufassen. Dennoch hat die Preisbildung auf Wertpapierbörsen Eigenschaften, die der *Walras*-Auktionator stilisiert abbildet. Vor allem aber zeigen die vorgetragenen Überlegungen deutlich, dass ein *dezentraler* Mechanismus für die Bestimmung der Preise ausreicht. Preise steuern also dezentral, auf Basis der individuellen Nutzenmaximierung, nicht zentral auf Basis der zu maximierenden Gesamtwohlfahrt, und führen doch ein *Pareto*-Optimum herbei. Genau dies beschrieb *Adam Smith* sehr anschaulich mit einem bekannten Satz: „Jedes Individuum wird von einer **unsichtbaren Hand** zu einem Ziel geführt, das nicht in seiner Absicht lag. ... Indem es sein Eigeninteresse verfolgt, wird das Ziel der Gesellschaft häufig effektiver gefördert, als wenn das Individuum das gesellschaftliche Ziel direkt fördern wollte."[30]

---

[30] *Smith* (1776), S. 199, Hervorhebung ergänzt.

3.3.2.4 Implikationen

Die zentrale Implikation der Aussagen über ein Gleichgewicht in einem System **vollkommener Wettbewerbsmärkte** ist, dass die Koordination über Märkte in einem umfassenden Sinn die **wirtschaftliche Effizienz** sicherstellt.

Die für die Betriebswirtschaftslehre wesentliche Begleiterscheinung einer solchen Modellwelt ist, dass in ihr die Marktteilnehmer alle Güter und Leistungen einzeln tauschen können, wobei die Preise die Aufgabe der Koordination erfüllen. Im Falle eines Hausbaus beispielsweise betrifft dies sämtliche erforderlichen Güter (Grundstück, Ziegel, Zement, Sand, Dachbalken, Fenster usw.). Ebenso kann die Bauherrin die für die Errichtung des Hauses erforderlichen Leistungen (Beratung durch den Architekten, einzelne Arbeitsstunden von Maurern, Zimmerleuten, Klempnern usw.) einzeln erwerben und abgelten. Bei der Veräußerung der Arbeitskraft macht es keinen Unterschied, ob das Arbeitspotenzial einem Unternehmen angedient wird, dessen Leitung nach dem Weisungsprinzip darüber verfügt, oder nicht. Es ist völlig ausreichend, jeweils einzelne Leistungen auf dem Markt zu veräußern. Pauschal lässt sich festhalten, dass in der beschriebenen Modellwelt keine wie auch immer geartete Bündelung von Transaktionen gegenüber der isolierten Abwicklung der kleinsten denkbaren Transaktionseinheiten einen Vorteil erbringen kann.

Was also in einem System von vollkommenen Wettbewerbsmärkten **nicht erforderlich** ist, sind **Unternehmen**, die grundsätzlich auf Dauer angelegt sind und in denen Entscheidungen mindestens teilweise nach dem Weisungsprinzip koordiniert werden.[31] Alle über die reine Marktkoordination hinausgehenden Lenkungsinstrumente, und dazu gehören Unternehmen, sind also in einem vollkommenen Markt nicht nützlich, allerdings auch nicht schädlich. Sie hätten, wenn es sie denn gäbe, lediglich den Charakter von „folkloristischen Besonderheiten"[32].

Im Ergebnis wären damit viele wesentliche Fragestellungen der Betriebswirtschaftslehre schlicht *irrelevant*. Dazu gehören die Fragen, warum Unternehmen existieren und wie die Koordination von Entscheidungen von Individuen erfolgt, die sich an ein Unternehmen gebunden haben. Unsere Ausführungen zeigen, dass solche Fragen bei Annahme vollkommener Märkte nicht sinnvoll zu beantworten sind. Deshalb ist stets als Referenzpunkt zu beachten, dass eine gehaltvolle Erklärung der Gründung und Existenz von Unternehmen nur dann gelingt, wenn die Analyse unter Rahmenbedingungen erfolgt, die mit einem Gleichgewicht eines Systems vollkommener Wettbewerbsmärkte nicht vereinbar sind. Es ist demnach eine im Ergebnis uninteressante Frage, wie Unternehmen sich auf vollkommenen Märkten verhalten würden.

---

[31] Vgl. Abschnitt 4.5.1.
[32] So in einem ähnlichen Zusammenhang *Hax* (1991), S. 54.

Wiederholungsfragen und Übungsaufgaben

Lösungshinweise *https://online.mohr.de/elib/neus*.

Aufgabe 3.1

Zwei ehemalige Studienkollegen treffen sich Jahre nach dem Studium wieder. A ist inzwischen Ministerialrat im Wirtschaftsministerium, B ist im Moment arbeitslos. Zusammen entwerfen sie ein Konzept für die Beratung von Inhabern kleiner Ladenlokale. Das Konzept funktioniert nur dann, wenn A und B mitmachen. Wenn beide mitmachen, ergibt sich ein Gewinn von 345.000 € jährlich. Allerdings muss A dann auf sein Beamtengehalt von 63.000 € verzichten; für B steht lediglich das Arbeitslosengeld von jährlich 8.000 € auf dem Spiel.

Die ehemaligen Studenten erinnern sich, dass die *Nash*-Verhandlungslösung eine vernünftigen Maßstäben gehorchende Verteilung von Gewinnen vorsieht. Deshalb wollen sie danach vorgehen. Beide setzen ihren Nutzen mit ihrem Jahreseinkommen gleich.

a) Wie hoch ist der Gewinnanteil für A (in €), welchen Betrag erhält B?
b) Beurteilen Sie die Gewinnverteilung.

Aufgabe 3.2

Zwei Produzenten ($i = 1, 2$) sind in der Lage, mit den ihnen zur Verfügung stehenden Mitteln jeweils zwei Produkte ($j = a, b$) herzustellen. Die Kosten je Produkteinheit sind in der folgenden Tabelle zusammengefasst:

	Produzent	
Produkt	1	2
a	2	3
b	1	2

Produzent 1 stehen insgesamt Mittel in Höhe von 8 zur Verfügung, Produzent 2 Mittel in Höhe von 12. Die Produzenten bewerten die von ihnen konsumierbaren Produktmengen jeweils mit der Nutzenfunktion $u_i = a_i b_i$.

a) Ermitteln Sie die bei isolierter Produktion hergestellten (nutzenmaximierenden) Produktionsmengen a_1, b_1, a_2 und b_2 sowie den damit realisierten Nutzen u_1 und u_2.
b) Wo liegen jeweils die komparativen Kostenvorteile?
c) Welche Gesamtproduktmengen a und b lassen sich bei einer abgestimmten Produktion mit anschließendem Produktaustausch herstellen, wenn nur die Produkte, nicht aber die Faktoren ausgetauscht werden können und jeder Produzent sich auf die Produktion genau einer Produktart beschränkt?

d) Geben Sie eine Verteilung der Gesamtproduktion an, die für beide Produzenten einen höheren Nutzen ermöglicht als den bei isolierter Produktion erreichbaren. (Gehen Sie davon aus, dass die Produkte teilbar sind.)

Aufgabe 3.3

Zwei Kleinunternehmer betreiben in einem Badeort an der Ostsee einen Strandkorbverleih bzw. ein Kindertheater. Der Erfolg dieser Unternehmen hängt nachhaltig vom Wetter ab. Sonniges und regnerisches Wetter sind gleich wahrscheinlich. Für die täglichen Gewinne in € gilt:

	Sonne	Regen
Strandkorbverleih	180	120
Kindertheater	140	160

a) Ermitteln Sie Erwartungswert und Varianz der Gewinne.
b) Beide Unternehmer sind risikoavers und beschließen, sich gegenseitig zu versichern. Der Betreiber des Theaters erhält vorab eine Zahlung von 15 € und muss bei Regen den Betrag x an den Strandkorbverleiher zahlen. Ermitteln Sie den Betrag x auf Basis der Prämisse, dass der Erwartungswert der Gewinne bei beiden Unternehmern gleichbleiben soll. Zeigen Sie, dass unabhängig vom Grad der Risikoaversion beide von dieser Lösung profitieren.
c) Ermitteln Sie die Anteile für eine wechselseitige Beteiligung der Kleinunternehmer, die zu derselben Lösung führt wie die unter b).

Aufgabe 3.4

Zwei Brüder Hinz und Kunz haben den Trödel ihrer Eltern auf einem Flohmarkt verkauft und dabei insgesamt 160 € eingenommen. Die Brüder haben vor der Aufteilung des Erlöses ein Vermögen von je 1.200 €. Die Nutzenvorstellungen orientieren sich jeweils am Vermögen nach Aufteilung des Erlöses. Hinz hat die Nutzenfunktion $u_H = \sqrt{H}$, für die Nutzenfunktion von Kunz gilt $u_K = 0,1K$. Die Verhandlungsmacht zwischen den Brüdern ist ausgeglichen.
a) Ermitteln Sie die Aufteilung der Erlöse (h für Hinz und $k = 160 - h$ für Kunz) nach Maßgabe der Nash-Verhandlungslösung. Die Beträge h und k dürfen nicht negativ werden.
b) In welche Richtung würde sich das Ergebnis verändern, wenn Hinz anfangs ein Vermögen von 1.500 € hätte?
c) In welche Richtung würde sich das Ergebnis verändern, wenn Kunz anfangs ein Vermögen von 1.500 € hätte?

Aufgabe 3.5

Ungleichmäßige Güterausstattungen können einen Anreiz zum Tausch bieten.
a) Zeigen Sie, dass bei der Nutzenfunktion $u(x,y) = \sqrt{x} + \sqrt{y}$ eine gleichmäßige Güterausstattung mit $x = y$ stets zu einem größeren Nutzen führt als eine ungleichmäßige Güterausstattung mit $x \neq y$. (Unter welcher Bedingung sind Güterausstattungen überhaupt vergleichbar?)
b) Auf welche Eigenschaft der Nutzenfunktion lässt sich das Ergebnis zurückführen?

Aufgabe 3.6

Welcher Unterschied besteht zwischen absoluten Kostenvorteilen im Allgemeinen und Spezialisierungsvorteilen im Besonderen?

Aufgabe 3.7

Zwei schlaue Kinder, ein Mädchen und ein Junge, streiten sich um die Aufteilung einer kleinen Eissplittertorte. Der Junge ist so verfressen, dass er einem Stück Torte den doppelten Nutzen zubilligt wie das Mädchen. Im Übrigen möchten beide möglichst viel für sich haben. Die Torte besteht aus 5 Stücken. Klar ist, dass die Schlemmerei erst dann beginnen kann, wenn die Kinder sich über die Verteilung geeinigt haben. Das Mädchen darf mit einem Verteilungsvorschlag beginnen, danach wechseln sich die Teilungsvorschläge ab. Im Fall eines nicht akzeptablen Vorschlags wird stets eine „Schmollrunde" eingelegt, während der jeweils ein Stück Torte wegschmilzt.
a) Welchen Vorschlag macht das Mädchen als erstes?
b) Wird der Junge diesen Vorschlag akzeptieren?
c) Spielt es für die Verteilung eine Rolle, dass der Junge doppelt so verfressen ist wie das Mädchen?

Aufgabe 3.8

Beurteilen Sie, ob die folgenden Aussagen richtig oder falsch sind.
a) Die Vorstellung vom *Walras*ianischen Auktionator verdeutlicht, dass zur Bestimmung von Marktgleichgewichtspreisen eine zentrale Planung nicht erforderlich ist.
b) Lerneffekte führen typischerweise zu einem Stückkostenrückgang bei zunehmender kumulierter Produktionsmenge.
c) Nur wenn zwei Individuen den gleichen Grad an Risikoaversion aufweisen, kann Risikoteilung ein Motiv für eine Kooperation darstellen.
d) Zu den kennzeichnenden Merkmalen eines marktwirtschaftlichen Systems zählen Selbständigkeit und Eigenverantwortlichkeit.

e) Ist von zwei Kooperationspartnern nur der eine Partner stark am Zustandekommen der Kooperation interessiert, kann man davon ausgehen, dass diesem Partner der überwiegende Teil des Kooperationsgewinns zufällt.
f) Die Übereinstimmung von Angebots- und Nachfragemenge kennzeichnen ein Marktgleichgewicht hinreichend.
g) Das Lerngesetz der industriellen Produktion besagt, dass sich die Stückkosten von Periode zu Periode halbieren.
h) Mit Hilfe der Theorie nicht-kooperativer Spiele kann man nur Konkurrenzsituationen, nicht aber Kooperationssituationen adäquat abbilden.
i) Absolute Kostenvorteile bei unterschiedlichen Produzenten implizieren stets auch komparative Kostenvorteile bei den betreffenden Produzenten.
j) Die Existenz von Unternehmen steht im Widerspruch zum Gleichgewicht in vollkommenen Märkten.

Literaturhinweise

Dieses Kapitel hat einen für einführende Lehrbücher zur Betriebswirtschaftslehre eher ungewöhnlichen Zuschnitt. Dies hängt mit der etwas künstlichen Trennung zwischen Betriebswirtschaftslehre und Volkswirtschaftslehre zusammen. Aus diesem Grund gibt es keine Quellen, auf die pauschal verwiesen werden könnte. Die einzelnen Sachfragen finden sich häufig in Quellen, die eher der Volkswirtschaftslehre zugerechnet werden.

Die Auswirkungen von Güterausstattungen und Tauschhandlungen und die Bedingungen sowie Implikationen des Gleichgewichts auf Wettbewerbsmärkten werden in mikroökonomischen Lehrbüchern untersucht. Einen weniger formalisierten Zugang bieten *Stiglitz/Walsh* (2010). Für eine originär deutschsprachige Einführung verweisen wir auf *Eichberger* (2004). Deutlich weiterführend ist *Mas-Colell/Whinston/Green* (1995).

Abhandlungen zu absoluten und komparativen Kostenvorteilen finden sich zumeist unter der Überschrift „Reale Außenwirtschaftstheorie". Eine Standardquelle hierzu ist *Rose/Sauernheimer* (2006).

Eine spielerische Einführung in die Spieltheorie bieten *Dixit/Nalebuff* (1995). *Winter* (2015) präsentiert Grundzüge der Spieltheorie in einer Form, die auf analytische Elemente weitestgehend verzichtet.

Zusammenfassung

1. Individuen könnten zwar völlig isoliert wirtschaften, die Kooperation mit anderen Individuen schafft jedoch zusätzliche Wohlfahrtspotenziale. Mit Kooperation ist dabei nicht die Verfolgung eines gemeinsamen Ziels gemeint,

sondern ein aufeinander bezogenes Handeln, mit dem jedes Individuum das eigene Ziel verfolgt.
2. Ein marktwirtschaftliches System ist durch Privatautonomie gekennzeichnet. Deshalb werden Kooperationen nur dann eingegangen, wenn verglichen mit dem Zustand ohne Kooperation alle Parteien davon profitieren.
3. Die Vorteilhaftigkeit einer Kooperation lässt sich im Fall unterschiedlicher Güterausstattungen (oder Präferenzen) schon für den Tausch von Konsumgütern belegen. Komplizierter wird die Kooperation, wenn auch die Produktion koordiniert werden soll. Dadurch können allerdings auch Technologieunterschiede oder Spezialisierungsvorteile zum beiderseitigen Vorteil ausgenutzt werden. Ein weiterer wichtiger Anlass zur Kooperation ist die Risikoteilung.
4. Die Koordination von Entscheidungen auf Märkten erfolgt durch Preise. Gibt es für die Kooperationspartner keine Alternativen zu einer bestimmten Kooperation, also keinerlei Wettbewerb, ist die Preisfindung durch Verhandlungen entscheidend. Auf einem Wettbewerbsmarkt ist der Preis jedoch ein anonymes Koordinationsinstrument: Ein einzelner Marktteilnehmer hat keinen Einfluss auf den Preis, sondern er muss sich an ihn anpassen. Zur Preisfindung ist nicht die Koordination durch einen zentralen Planer erforderlich; sie kann vielmehr dezentral vorgenommen werden.
5. Ein zentrales Ergebnis ist die Aussage, dass Gleichgewichtspreise auf einem vollkommenen Wettbewerbsmarkt stets eine effiziente Koordination von Entscheidungen (nach dem *Pareto*-Kriterium) sicherstellen.
6. Eine aus betriebswirtschaftlicher Sicht maßgebliche Implikation ist, dass unter den genannten Bedingungen Unternehmen nicht zu einer Verbesserung der Wohlfahrt beitragen. Die Existenz von Unternehmen kann nur dann erklärt werden, Aussagen über Entscheidungen durch oder in Unternehmen können nur dann sinnvoll getroffen werden, wenn geeignete Rahmenbedingungen einbezogen werden. Das heißt konkret, für betriebswirtschaftliche Untersuchungen müssen unvollkommene Märkte die Basis bilden.

Schlüsselbegriffe

Kooperationsvorteile
Kostenvorteile
Lenkung durch Preise
Marktgleichgewicht
Rationale Erwartungen

Risikoteilung
Verhandlungen
Hauptsätze der
　Wohlfahrtsökonomik

Kapitel 4

Warum Unternehmen?

Zum Inhalt von Kapitel 4

In Kapitel 3 haben wir gezeigt, dass vollkommene Wettbewerbsmärkte Koordinationsleistungen hocheffizient erbringen können und es deshalb auf derartigen Märkten keinen zwingenden Grund für die Existenz von Unternehmen gibt. Nun geht es darum, aus Marktunvollkommenheiten solche Gründe abzuleiten. Zur Bewältigung dieser Aufgabe erweist sich das **institutionenökonomische Untersuchungsprogramm** als besonders geeignet.

In Abschnitt 4.1 stellen wir **Marktunvollkommenheiten** vor und arbeiten wichtige Implikationen heraus. Marktunvollkommenheiten lassen sich im Wesentlichen auf die eine oder andere Form von Transaktionskosten (im weitesten Sinne) zurückführen. Häufig ist damit eine asymmetrische Informationsverteilung verbunden, von der mehrere Varianten unterscheidbar sind. In Verbindung mit dem eigennützigen Verhalten von Marktteilnehmern schaffen Informationsasymmetrien Bedarf an Vorkehrungen zur Sicherung möglicher, aber gefährdeter Kooperationsvorteile.

Bei **externen Effekten**, also positiven oder negativen Drittwirkungen von Handlungen, besteht die Gefahr, dass individuell optimale Handlungen nicht zugleich alle Wohlfahrtspotenziale ausschöpfen. Wegen ihrer grundsätzlichen Bedeutung für das Folgende ist den externen Effekten der Abschnitt 4.2 gewidmet.

In Abschnitt 4.3 führen wir zunächst die **Verfügungsrechtstheorie** ein. Verfügungsrechtliche Analysen heben die Verteilung von Handlungsmöglichkeiten und Anreizen besonders hervor. Dem Zusammenhang zwischen der Existenz von Transaktionskosten, der Verteilung von Verfügungsrechten auf Individuen und der Effizienz der Koordination von Entscheidungen gehen wir unter der Überschrift „*Coase*-Theorem" nach.

Wegen der engen thematischen Verwandtschaft zu externen Effekten und der Frage der Verfügungsrechte hat Abschnitt 4.4 das Phänomen der **öffentlichen Güter** zum Gegenstand.

In Abschnitt 4.5 geht es um die für die Betriebswirtschaftslehre zentrale Frage nach der Begründung der **Existenz von Unternehmen**. Ausgehend von den beschriebenen Marktunvollkommenheiten ziehen wir zwei institutionenökonomische Argumentationsmuster heran, um die Vorteilhaftigkeit solcher Formen der Koordination zu belegen, die wir als stilisierte Unternehmen interpretieren können.

Real beobachtbar sind nicht nur Unternehmen, sondern auch Unternehmensverbindungen. In Abschnitt 4.6 zeigen wir, dass sich deren Existenz grundsätzlich ähnlich plausibel machen lässt wie die von Unternehmen.

4.1 Marktunvollkommenheiten

4.1.1 Vollkommene versus unvollkommene Märkte

Von einem Wettbewerbsmarkt kann man sich eine große Leistungsfähigkeit hinsichtlich der Lenkung von Ressourcen erhoffen. Allerdings führt der Markt im Allgemeinen nur dann eine *Pareto*-optimale Allokation herbei, wenn er hinreichend gut funktioniert, oder deutlicher: wenn er vollkommen ist. Bei der Vollkommenheit handelt es sich um ein Bündel von Bedingungen mit weitreichenden Implikationen. Für die Gegenüberstellung von vollkommenen und unvollkommenen Märkten ist es erforderlich, zunächst die Konzeption der Marktvollkommenheit zu konkretisieren. Wir verwenden eine sparsame Definition, aus der sich allerdings alle Weiterungen ableiten lassen.

> Auf einem ***vollkommenen Markt*** gilt:
> 1. Die Marktteilnehmer verhalten sich rational im Sinne der Nutzenmaximierung.
> 2. Es gibt keinerlei Transaktionskosten.
> 3. Es gibt keinerlei Marktzugangsbeschränkungen.

Was genau unter der Abwesenheit von Transaktionskosten zu verstehen ist, wird im folgenden Abschnitt noch deutlicher. Mit Blick auf die Nutzenmaximierung ist zu beachten, dass eine Nutzenfunktion grundsätzlich alle denkbaren Teilziele enthalten könnte, sodass die Rationalität zunächst noch nicht hinreichend bestimmt ist. Deshalb wird die konkrete Zusatzforderung erhoben, dass keine persönlichen Präferenzen das wirtschaftliche Handeln bestimmen sollen. Das heißt, steht ein Geschäft mit bestimmten Merkmalen zur Diskussion, spielt es für sich genommen keine Rolle, mit welchem Geschäftspartner man dieses Geschäft abschließen wird. Deshalb spricht man auch von der Anforderung eines anonymen Marktes. Marktzugangsbeschränkungen können rationale Individuen daran hindern, lohnende Geschäftsmöglichkeiten zu ergreifen; als Folge daraus wäre häufig auch der Wettbewerb eingeschränkt.

Als **unvollkommen** bezeichnet man einen **Markt**, wenn wenigstens eines der Vollkommenheitsmerkmale nicht erfüllt ist.

4.1.2 Transaktionskosten im weitesten Sinne

Marktunvollkommenheiten lassen sich auf die eine oder andere Form von weit verstandenen Transaktionskosten zurückführen. Zur Abgrenzung von Transaktionskosten ist es zunächst zweckmäßig, eine Transaktion zu definieren:[1]

> Bei einer **Transaktion** werden Güter oder Rechte an Gütern über eine Schnittstelle weitergeleitet; eine möglichst eng abgegrenzte Phase der Aktivität endet und eine andere beginnt.

Transaktionskosten können verschiedene Ausprägungen annehmen:

Zunächst gibt es **Informationskosten**. Wirtschaftlich handelnde Individuen sind nicht von vornherein in Kenntnis aller Informationen, die erforderlich sind, um die denkbar besten Entscheidungen zu treffen. Es ist auch nicht kostenlos möglich, diesem Informationsdefizit abzuhelfen. Vielmehr sind Beschaffung und Verarbeitung von Informationen mit Kosten verbunden. Dies führt dazu, dass es nicht unbedingt sinnvoll ist, alle grundsätzlich interessanten Informationen zu beschaffen, denn es ist häufig schlicht zu teuer. Zudem zeigt das Internet, dass auch ein Übermaß an Informationen hinderlich sein kann. Es ist sehr aufwendig, aus einer großen Menge verfügbarer, überwiegend aber nutzloser Informationen die relevanten herauszusuchen. Beispiele für Informationskosten sind Kosten, die bei der Suche eines geeigneten Vertragspartners anfallen, Kosten für die Überprüfung der zugesicherten Qualität oder Kontrollkosten. Informationskosten können also vor und nach der Abwicklung einer Transaktion anfallen.

Eine zweite Kostenkategorie sind **Verhandlungs- und Entscheidungskosten**. Die im Entscheidungsprozess erforderlichen Kalküle sind kostenträchtig. Dies gilt umso mehr, wenn sich verschiedene Partner über die Ausgestaltung von Kooperationen einigen müssen, wenn also Verhandlungen erforderlich sind. Dass Verhandlungskosten eine wichtige Determinante von Verhandlungsergebnissen sind, haben wir bereits herausgearbeitet.[2] Aber selbst für Robinson Crusoe haben die Kosten der Entscheidungskalküle erhebliche Auswirkungen, da sie im Ergebnis zu einer **begrenzten Rationalität** führen. Dann sind eher Heuristiken[3] gefragt, die auf einfache Weise zuverlässig die optimale Lösung annähern, im Gegensatz zu überperfektionierten Ansätzen, deren Umsetzung zu teuer ist.

Während der Abwicklung von Geschäften entstehen **Kosten für die Durchsetzung** der vereinbarten Leistungen. Angesichts der Opportunismusannahme

---

[1] Sehr ähnlich *Williamson* (1985), S. 1.
[2] Vgl. Abschnitt 3.4.1.1.
[3] **Heuristiken** sind Problemlösungsverfahren, die zu einer guten, aber nicht zwingend optimalen Lösung führen, zugleich aber den Rechenaufwand in Grenzen halten.

können wir nicht ohne weiteres davon ausgehen, dass alle Kooperationspartner die abgegebenen Versprechen einhalten. Es besteht die Gefahr, dass ein Vertragspartner den Vertrag nur dann erfüllt, wenn für ihn die Vertragserfüllung verglichen mit der Vertragsverletzung vorteilhaft erscheint. Vertrauenswürdige Verträge müssen sanktionsbewehrt sein, das heißt, die Nichterfüllung muss Strafen im weitesten Sinne nach sich ziehen. Vereinbarung und Durchsetzung solcher Sanktionen sind mit Kosten verbunden. Beispiele sind Rechtsanwalts- oder Gerichtskosten.

Diskussionsbedürftig ist, ob eine spezifische Form von **Opportunitätskosten**, nämlich der Nutzen der infolge der übrigen Kosten unterlassenen Aktivitäten, als vierte Komponente in die Liste relevanter Transaktionskosten einzubeziehen ist. Informationskosten, Entscheidungskosten und Durchsetzungskosten setzen die Vorteilhaftigkeit von Kooperationen herab. Infolgedessen führen die ökonomischen Akteure möglicherweise andere, suboptimale Transaktionen durch als die, welche in Abwesenheit aller Transaktionskosten von Vorteil wären. Insofern führen Marktunvollkommenheiten – verglichen mit der Situation eines vollkommen Marktes – zu einem weiteren Wohlfahrtsverlust in Höhe der entgangenen Wohlfahrtszuwächse.

Diese Sichtweise ist bisweilen der Kritik ausgesetzt, es handele sich um einen **Nirwana-Approach**, denn die Folgerung ist aus dem Vergleich eines tatsächlichen Zustands mit einem nur denkbaren Idealzustand angeleitet.[4] Die Einbeziehung solcher Opportunitätskosten wäre nur dann sinnvoll, wenn aufgrund einer unter realen Bedingungen suboptimalen Koordination von Entscheidungen Kooperationen unterbleiben, die bei einer besseren Gestaltung auch *tatsächlich* (und nicht nur unter idealisierten Bedingungen) einen allseitigen Wohlfahrtszuwachs herbeiführen könnten. Im Rahmen theoretischer Modellüberlegungen spielt diese Überlegung zwar keine Rolle, weil sich der denkbare Idealzustand und daher auch die Differenz zu einer anderen Lösung analytisch bestimmen lassen;[5] praktisch ist dies allerdings kaum möglich.

Man könnte schließlich auf die Idee kommen, auch **Transportkosten** zu den Transaktionskosten zu zählen. Dies ist jedoch mit dem Verweis auf die Definition einer Transaktion zurückzuweisen. Der Transport ist von den vor- und nachgelagerten Aktivitäten separierbar. Daher sind die Kosten für einen Transport nicht Transaktionskosten, sondern die Produktionskosten der Leistung „Transport". Ähnlich sind die Gebühren, die bei einem Immobiliengeschäft an einen Makler zu entrichten sind, aus Sicht von Käufer und Verkäufer scheinbar Transaktionskosten. Tatsächlich handelt es sich aber um die Produktionskosten der Leistung „Vermittlung von Geschäftspartnern". Es lässt sich also zusammenfassen:

---

[4] Siehe die Diskussion zwischen *Schneider* (1987) und *Schmidt* (1987).
[5] Vgl. bspw. *Neus* (1989b).

> **Transaktionskosten** umfassen
> - Informationskosten,
> - Verhandlungs- und Entscheidungskosten und
> - Durchsetzungskosten.

Bei einigen Marktunvollkommenheiten ist nicht unmittelbar ersichtlich, welcher Zusammenhang zu den Transaktionskosten besteht. Als Beispiel dafür kann man **Marktzugangsbeschränkungen** anführen. Es ist keine ungewöhnliche Vorstellung, dass es bestimmte Teilmärkte gibt, zu denen nicht jedes Individuum Zugang hat, jedenfalls nicht auf beiden Marktseiten. Das heißt, Individuen können auf bestimmten Märkten entweder gar nicht handeln, nur kaufen oder nur verkaufen oder nur über bestimmte Intermediäre vermittelt Transaktionen abwickeln. Dies gilt beispielsweise für **Wertpapierbörsen**, auf denen nur bestimmte Händler (Makler und Kreditinstitute) zum Handel zugelassen sind. Andere Akteure können ihre Kauf- oder Verkaufswünsche auf dem Sekundärmarkt[6] nur auf dem Umweg über die genannten Intermediäre durchführen. Zum Primärmarkt[7] haben Individuen in der Regel als Verkäufer überhaupt keinen Zugang.

Mit Kosten haben diese Beschränkungen auf den ersten Blick nichts zu tun. Bei näherem Hinsehen zeigt sich aber, dass dies doch der Fall ist. Der Sinn der genannten Marktzugangsbeschränkungen erschließt sich erst vor dem Hintergrund von Transaktionskosten. Im Zusammenhang mit Wertpapieremissionen entstehen für die Erwerber hohe Informationskosten, um abschätzen zu können, ob dem für die Wertpapiere zu zahlenden Preis entsprechend werthaltige Zahlungsversprechen gegenüberstehen. Ist aber allgemein bekannt, dass nur zahlungskräftige, zuverlässige Wertpapieremittenten Wertpapiere über die Börse emittieren dürfen (und dass die Merkmale Zahlungskraft und Zuverlässigkeit auch überprüft werden), dann sinken der Informationsbedarf der Kapitalanleger und die aufzuwendenden Informationskosten. Daher haben Marktzugangsbeschränkungen einen zweifachen Einfluss auf die Transaktionskosten: Zunächst fallen Marktzugangskosten an, um die Beschränkungen zu erfüllen, das ist die negative Wirkung. Daneben verringern sich für andere Marktteilnehmer die Informationskosten, das ist die positive Wirkung. Ähnlich kann man die Zugangsbeschränkungen von Individuen zum organisierten Sekundärmarkt interpretieren, da an der Börse ein absolutes Vertrauen in Zahlungskraft und Seriosität der abgegebenen Nachfrage- oder Angebotsaufträge erforderlich ist. Dies führt zu einer Verringerung der Transaktionskosten für die zum Handel zugelassenen Individuen.

---

[6] Der **Sekundärmarkt** ist der Umlaufmarkt für bereits existierende Wertpapiere.
[7] Der **Primärmarkt** ist der Markt für die Ausgabe neuer Wertpapiere.

Die Wertpapierbörse gilt bisweilen als das beste Beispiel für einen vollkommenen Markt. Insofern scheint es überraschend, dass wir hier bestimmte Markt*un*vollkommenheiten gerade anhand der Börse diskutieren. Wie gesehen lässt sich aber begründen, dass die eine annähernde Vollkommenheit ermöglichenden Marktzugangsbeschränkungen ihrerseits eine Reaktion auf Transaktionskosten darstellen. Daher verwenden wir im Weiteren die Begriffe „unvollkommene Märkte" und „Märkte mit Transaktionskosten" synonym.

4.1.3 Asymmetrische Informationsverteilung

4.1.3.1 Ungleiche Informationen

In vielfältiger Weise behindern Marktunvollkommenheiten die Kooperation auf Märkten. Besonders hervorzuheben ist jedoch die Ungleichheit der Informationsverteilung, die sich aus der Existenz von Informationskosten ergibt. Aus der kostenlosen Verfügbarkeit aller relevanten Informationen und aus der Rationalität der Marktteilnehmer ergibt sich ein übereinstimmender Informationsstand. Nur bei einem Rationalverhalten, das auch eine richtige Informationsverwertung einschließt, ziehen Marktteilnehmer aus bekannten Tatsachen die richtigen Folgerungen. Sind jedoch mit der Beschaffung und Verarbeitung von Informationen Kosten verbunden, wird es sich höchstens zufällig ergeben, dass nach Informationsbeschaffungsaktivitäten alle Individuen den gleichen Kenntnisstand haben. In einer arbeitsteiligen Wirtschaft ist es grundsätzlich ein erwünschtes Merkmal, dass eine Spezialisierung stattfindet; dies gilt grundsätzlich auch im Informationssektor.

Den Fall eines ungleichen Informationsstandes kann man differenzieren in heterogene Informationen und asymmetrische Informationsverteilung. ***Heterogene Informationen*** sind dadurch gekennzeichnet, dass Individuen zwar unterschiedliche Erwartungen hinsichtlich bestimmter Parameter oder Variablen haben, etwa über die Haltbarkeit einer bestimmten Glühbirne. Dies bedeutet jedoch nicht, dass einige der Individuen (beispielsweise Hersteller, Händler oder Kunden) systematisch *bessere* Informationen haben, sich also weniger häufig irren oder durchweg weniger stark verschätzen. Genau dies ist aber bei einer ***asymmetrischen Informationsverteilung*** der Fall, daher spricht man auch von einem Informationsvorsprung einer der Parteien.

Bei eigennützigem Verhalten von Individuen sind mit einer asymmetrischen Informationsverteilung Gefahren verbunden. Es ist zu befürchten, dass Parteien ihre Informationsvorsprünge dazu nutzen, sich auf Kosten der schlechter informierten Kooperationspartner Vorteile zu verschaffen. Es gibt verschiedene Ausprägungen einer asymmetrischen Informationsverteilung.

4.1.3.2 Formen der Informationsasymmetrie

Eine asymmetrische Informationsverteilung wird häufig dadurch umschrieben, dass bestimmte Sachverhalte für einige Individuen „unbeobachtbar" sind. Damit ist gemeint, dass diese Sachverhalte den betreffenden Individuen nur unter spürbaren Informationskosten (unter Umständen auch nur zu prohibitiven Informationskosten, de facto also gar nicht) zugänglich sind, während anderen Kooperationspartnern dafür nur vernachlässigbare oder gar keine Kosten entstehen. Die Formen der Informationsasymmetrie unterscheiden sich danach, welche Sachverhalte unbeobachtbar sind.

> Drei typische **Formen der Informationsasymmetrie** sind
> - die Verhaltensunsicherheit (verborgene Handlungen)
> - die Qualitätsunsicherheit (verborgene Charakteristika) und
> - die Ergebnisunsicherheit.

Im Falle unbeobachtbarer Handlungen sind es Aktivitäten, über die ein unterschiedlicher Informationsstand vorherrscht. Wenn ein Arbeitgeber einem Angestellten eine Aufgabe zuweist, ist es für ersteren nicht ohne weiteres ersichtlich, wie intensiv sich der Angestellte seiner Aufgabe widmet. Diesem hingegen ist sein Arbeitseinsatz bekannt: Die Information über den erbrachten Arbeitseinsatz ist asymmetrisch verteilt. Von unbeobachtbaren Handlungen spricht man auch dann, wenn zwar die Leistung selbst beobachtbar ist, aber eine Partei deren Angemessenheit nicht beurteilen kann. Dies gilt beispielsweise für die Tätigkeit von Ärzten oder Rechtsanwälten, sofern es sich bei den Patienten bzw. Klienten nicht selbst um Mediziner bzw. Juristen handelt. Weil sich die Informationsasymmetrie in den genannten Fällen auf das Verhalten bezieht, spricht man auch von Verhaltensunsicherheit. Ebenfalls geläufige Bezeichnungen sind **Hidden Action**, weil die Handlung im Verborgenen liegt, oder **Moral Hazard**, ein Begriff, der zuerst im Bereich der Versicherungswirtschaft Verwendung fand: Schadensverhütungsmaßnahmen des Versicherten sind für den Versicherer nicht beobachtbar. Schließlich spricht man auch von einer asymmetrischen Informationsverteilung nach Vertragsabschluss, weil sich die Informationsasymmetrie auf Handlungen nach Vertragsabschluss bezieht, während bei Eingehen der Kooperation noch eine symmetrische Informationsverteilung herrschte.

Daneben sind es häufig entscheidungs- oder erfolgsrelevante **Charakteristika**, die nur einigen der kooperierenden Individuen bekannt sind. Wiederum bezogen auf eine Versicherung gilt, dass der Versicherer weniger gut als der Versicherte über dessen tatsächliches Schadensrisiko informiert ist, zum Beispiel über den Gesundheitszustand im Falle einer Kranken- oder Lebensversicherung. Ähnlich kann ein Arbeitgeber die Leistungsfähigkeit eines neu einzustellenden Arbeitnehmers schlechter beurteilen als dieser selbst. Auch für derartige Informationsasymmetrien gibt es einige Umschreibungen: Man spricht von **Qualitätsunsicherheit**, weil es in der Regel exogen bestimmte Qualitätsmerkmale sind, über die ein ungleicher Informationsstand vorliegt.[8] Der Begriff **Adverse Selection** leitet sich aus der Möglichkeit ab, dass unter Umständen nur besonders schlechte Qualitäten gehandelt werden, es also zu einer unerwünschten Auslese kommt. Sehr häufig, nicht aber zwingend besteht diese Form einer asymmetrischen Informationsverteilung schon bei Vertragsabschluss – ein weiteres Synonym.

Weniger häufig steht unsere dritte Form der Informationsasymmetrie, nämlich ein unbeobachtbares Ergebnis, im Mittelpunkt. Es ist jedoch möglich, dass weder bei Vertragsabschluss eine Qualitätsunsicherheit besteht, noch nach Vertragsabschluss Aktivitäten eines Partners oder beider Partner im Verborgenen liegen, sondern das zu verteilende Kooperationsergebnis nur für eine Seite ohne weiteres beobachtbar ist. Dieses Problem eines unbeobachtbaren Ergebnisses kann man als **Ergebnisunsicherheit** umschreiben. Manchmal findet sich der Begriff **Ex-post-Moral-Hazard**, weil der Partner in Kenntnis des Ergebnisses einen Teil desselben unterschlagen kann. Ein weiterer gebräuchlicher Begriff ist **Costly State Verification**, weil unter Bezugnahme auf das Grundmodell der Entscheidungstheorie bei gegebenen Entscheidungen das realisierte Ergebnis allein Folge des eingetretenen Umweltzustandes ist. Genau dieser ist bei Ergebnisunsicherheit nicht kostenlos beobachtbar, oder anders, er kann durch Außenstehende nur unter Inkaufnahme von Kosten verifiziert werden. Die Ergebnisunsicherheit hat insbesondere im finanzwirtschaftlichen Bereich weitreichende Implikationen, weil Ansprüche von Kapitalgebern oder Bonuszahlungen von Managern häufig an das realisierte Ergebnis geknüpft sind. Die Unklarheit über die Bemessungsgrundlage erschwert nachhaltig alle Regelungen über die Ergebnisverteilung. In der Realität resultiert die Ergebnisunsicherheit als Folge von Messproblemen. Das heißt, zwar ist *irgendein* Ergebnis beobachtbar, aber es bleibt diskussionsbedürftig, ob genau das gemessen wurde, was auch gemessen werden sollte. Die Frage nach der sinnvollen Ausgestaltung der internen und externen Unternehmensrechnung dreht sich um genau diesen Punkt.

Als letzte Form der Informationsasymmetrie findet man bisweilen die **Hidden Intention**.[9] Damit ist eine Unsicherheit darüber gemeint, ob sich der Vertragspartner tatsächlich an vereinbarte Absprachen hält, ob dieser also die in Aussicht gestellte Fairness tatsächlich umsetzt. Im Falle der üblichen Prämisse des eigennützigen Verhaltens besteht darüber jedoch keineswegs Unsicherheit. Vielmehr muss jeder Partner grundsätzlich damit rechnen, dass sein Gegenüber

---

8 „Qualität" steht dabei sehr allgemein für ein relevantes Charakteristikum, nicht nur ganz konkret etwa im Sinne einer Produktqualität.
9 Siehe *Spremann* (1990).

von Vereinbarungen abweicht, wenn es für ihn vorteilhaft ist. Geht man aber abweichend von der Grundannahme davon aus, dass es auch unbedingt ehrliche Individuen gibt, die sich stets an Absprachen halten, handelt es sich bei der Gefahr der Unfairness des Kooperationspartners um einen Fall der Qualitätsunsicherheit. Die Situation der **verborgenen Intention** fällt also konzeptionell nicht unter die asymmetrische Informationsverteilung. Allerdings lenkt die Hervorhebung dieses Szenarios die Aufmerksamkeit auf die große Bedeutung der Durchsetzbarkeit von Vereinbarungen und auf die konfliktmindernden Wirkungen eines gerechtfertigten Vertrauensvorschusses.

Selbstverständlich können die verschiedenen Formen der asymmetrischen Informationsverteilung auch gemeinsam auftreten; dies ist sogar der Regelfall. Zum Beispiel ist bei einer Krankenversicherung der Gesundheitszustand bei Versicherungsabschluss zunächst nur eine gegebene Eigenschaft, über die auf Seiten des Versicherers eine Qualitätsunsicherheit besteht. Nach Vertragsabschluss kommt es aber zusätzlich zu einer Verhaltensunsicherheit in Bezug auf Maßnahmen zur Gesundheitsvorsorge. Das zunächst exogene Qualitätsmerkmal (die Gesundheit) erhält im Laufe der Versicherungsbeziehung (durch Gesundheitsvorsorgemaßnahmen des Versicherten) einen endogenen Charakter.

4.1.3.3 Begrenzung sinnvoller Vertragselemente

Eine asymmetrische Informationsverteilung verursacht Restriktionen für die Menge sinnvoller vertraglicher Regelungen. Es ist nämlich von vornherein sinnlos, solche Pflichten vertraglich zu vereinbaren, deren Erfüllung sich nicht von beiden Kooperationspartnern überprüfen lässt. Denn entweder ist die Erfüllung der entsprechenden Pflichten ohnehin vorteilhaft für den Verpflichteten – dann ist eine vertragliche Festlegung überflüssig. Oder sie ist es nicht – dann ist die vertragliche Festlegung zwecklos, weil die Erfüllung der Pflichten nicht beobachtbar und deshalb auch nicht durchsetzbar ist. Ebenso lässt sich eine wahrheitswidrige Behauptung des Verpflichteten, seine Pflicht erfüllt zu haben, nicht widerlegen. Genauso wenig kann der Verpflichtete den Beweis der Pflichterfüllung erbringen. Es wäre denkbar, die Überprüfung durch ein **Gericht** vornehmen zu lassen; vermutlich würde ein Gericht sogar trotz aller Beweisprobleme einen Entscheid fällen. Allerdings führt bei Unbeobachtbarkeit ein Gerichtsentscheid nur zu einer weiteren Unsicherheitsquelle, die in Niemandes Interesse liegt. Dies ist zugleich der ökonomische Aspekt der Redensart: Auf hoher See und vor Gericht befindet man sich in Gottes Hand.

Die Vereinbarung etwa, dass der Verkäufer eines Gutes eine bestimmte Mindestqualität zu liefern hat, ist sinnlos, wenn der Käufer die tatsächlich gelieferte Qualität nicht beurteilen kann. Eine solche Klausel **ohne jede Bindungswirkung** ist vollständig entbehrlich, und dies umso mehr, als beiden Partnern der

Mangel an jeder Bindungswirkung bewusst ist. Hilfreich kann es unter Umständen sein, Regelungen über Indikatoren vorzusehen, die mit der eigentlich relevanten Qualität verwandt und allseits überprüfbar sind. Jedoch sind dann nur diese Indikatoren ein sinnvoller Vertragsinhalt, nicht aber die Qualität.

Entsprechend sind auch Regelungen über unbeobachtbare Handlungen überflüssig, weil unabhängig von den Vereinbarungen nach Vertragsabschluss in einer Weise gehandelt wird, die für den betreffenden Entscheider optimal ist. Eine Relativierung besteht wieder darin, dass allseits **beobachtbare Ersatzgrößen** für den eigentlich erwünschten Regelungsinhalt herhalten können, beispielsweise die überprüfbare Arbeitszeit anstelle der nicht überprüfbaren Arbeitsleistung.

Eine weitere Komplikation ergibt sich daraus, dass es bei einer grundsätzlich konflikträchtigen Kooperation letztlich auf die gerichtliche Durchsetzbarkeit von Rechte ankommt. Daher reicht es nicht einmal aus, wenn die Vertragsparteien über einen bestimmten Sachverhalt übereinstimmende Informationen haben. Vielmehr muss dieser Sachverhalt auch für ein Gericht, das die Verträge durchzusetzen hat, überprüfbar sein. Deshalb unterscheidet man üblicherweise zwei Ausprägungen der Beobachtbarkeit:[10]

> Man spricht von **Beobachtbarkeit**, wenn die an einer Kooperation beteiligten Individuen übereinstimmende Informationen haben, und von **Verifizierbarkeit**, wenn dies darüber hinaus auch für gerichtliche Instanzen gilt.

Nur im Fall der Verifizierbarkeit lassen sich Verträge im juristischen Sinn abschließen. Bei Beobachtbarkeit können die betreffenden Sachverhalte immerhin Gegenstand einer impliziten vertraglichen Vereinbarung sein.

4.1.3.4 Vorteile durch Informationsvorsprünge?

Die bisherige Darstellung könnte den Anschein erwecken, dass es günstig sei, einen Informationsvorsprung gegenüber dem Vertragspartner zu besitzen. Jedoch gilt dies nur dann uneingeschränkt, wenn man mögliche Rückwirkungen auf die vereinbarten Kooperationsbedingungen außer Acht lässt. Wir müssen aber davon ausgehen, dass Vertragspartner potenzielle Informationsnachteile in ihren Kalkül einbeziehen und nur solche Kooperationskonditionen akzeptieren, die dem denkbaren Informationsnachteil Rechnung tragen: Rationale Individuen sind vielleicht **uninformiert**, sie sind **aber nicht naiv**. Deshalb wirkt

---

[10] *Hart* (1995), S. 37.

sich die Möglichkeit eines Informationsvorsprungs auch auf diejenigen Individuen negativ aus, die diesen Informationsvorsprung haben. Dies kann man anhand einiger Beispiele verdeutlichen:

1. An der **Wertpapierbörse** handeln Anleger untereinander. Ein wichtiges Handelsmotiv sind die Informationen der Marktteilnehmer über die künftige Entwicklung der Wertpapierpreise. Aufgrund positiver Informationskosten sind Informationen ungleich verteilt. Trifft nun ein Kaufinteressent auf einen Handelspartner, der bereit ist, zum aktuellen Kurs zu verkaufen, besteht Anlass zu der Folgerung, dass der Verkäufer Informationen hat, die auf einen Rückgang des Kurses deuten. Dann sollte der Kaufinteressent aber von einem Kauf zum gegenwärtigen Kurs Abstand nehmen. Entsprechend kann man für einen Handelspartner mit einem Kaufwunsch argumentieren. Die Informationsvorsprünge lassen sich also nicht in einen Gewinn oder die Vermeidung eines Verlustes umsetzen, weil es nicht zu informationsbedingtem Handel kommt. In der Finanzmarktliteratur bezeichnet man dieses Ergebnis als **No-Trade-Theorem**.[11] Da es jedoch noch weitere Motive für Transaktionen gibt, insbesondere Liquiditätsmotive, finden Individuen mit Informationsvorsprüngen innerhalb gewisser Grenzen dennoch handelswillige Partner.

2. In einem bahnbrechenden Aufsatz zieht *Akerlof*[12] den **Markt für Gebrauchtwagen** als Beispiel heran. Vereinfacht kann man sich folgende Situation vorstellen: Von Gebrauchtwagen eines bestimmten Typs gibt es bei gleichen objektivierbaren Merkmalen (Alter, gefahrene Kilometer) vier Qualitätsklassen, die sich hinsichtlich bewertungsrelevanter, aber vom Käufer nicht eindeutig messbarer Merkmale unterscheiden (beispielsweise Rostbefall, der durch geschickte Lackierung versteckt werden kann). Die maximale Zahlungsbereitschaft der Nachfrager für Wagen mit einer gesicherten Qualität beträgt:

Klasse	Preis (Variante 1)	Preis (Variante 2)
1	12.000	6.000
2	10.000	4.000
3	8.000	2.000
4	6.000	0

Tabelle 4.1: Nach Qualitätsklassen differenzierte Gebrauchtwagenpreise (in €).

Anders als der Käufer hat der Verkäufer präzise Informationen über die Qualität seines Wagens. Er ist nur dann zum Verkauf bereit, wenn er den für einen Wagen seiner Qualität angemessenen Preis erhält.

Der erste Gedanke des Käufers könnte nun sein, in Unkenntnis der wahren Qualität den Preis für eine durchschnittliche Qualität zu bezahlen; aus seiner Sicht wäre das ein fairer Handel. Wenn die Qualitätsklassen gleich stark besetzt

---

[11] Vgl. *Milgrom/Stokey* (1982).
[12] Siehe *Akerlof* (1970).

sind, beträgt bei Variante 1 der angemessene Preis für die Durchschnittsqualität 9.000 €. Jedoch muss sich ein Käufer bewusst machen, dass zu diesem Preis nur Wagen der Klassen 3 und 4 zum Angebot kommen, da Verkäufer besserer Wagen nicht den adäquaten Preis erzielen und daher von einem Verkauf Abstand nehmen. Der durchschnittliche Wert der Wagen aus den Klassen 3 und 4 beträgt nur 7.000 €; zu diesem Preis käme aber nicht auch Klasse 3, sondern nur Klasse 4 zum Angebot. Ergebnis dieses *gedanklichen* Prozesses ist, dass von vornherein nur 6.000 € für einen Gebrauchtwagen geboten werden und genau die dafür adäquate Qualität, nämlich die schlechteste geliefert wird. Bessere Qualitäten werden nicht gehandelt. Dass nur die schlechteste Qualität gehandelt wird, macht genau die oben angesprochene **Adverse Selection** aus. Wäre die schlechteste Qualität so schlecht, dass es dafür zu keinem Preis einen Käufer gäbe (Variante 2), käme es sogar zum völligen Marktzusammenbruch, das heißt, ohne weiteres käme keinerlei Handel zustande.[13] Letztlich kann also keiner der Verkäufer einen Vorteil aus seinem Informationsvorsprung erzielen. Verkäufer überdurchschnittlicher Qualität können sogar ohne weiteres nicht einmal den angemessenen Preis realisieren. Das Beispiel lässt sich in viele Richtungen weiterentwickeln, hier haben wir nur das Grundproblem verdeutlicht.

3. Auch bei Verhaltensunsicherheit kommt man zu ähnlichen Folgerungen. Gegeben sei ein **Arbeitsverhältnis** zwischen einem Arbeitgeber und einem Sachbearbeiter. Für den Sachbearbeiter gibt es die Möglichkeit, einen besonders hohen Einsatz zu zeigen und seine Aufgaben schnell und fehlerfrei zu erledigen; alternativ kann er „Dienst nach Vorschrift" leisten. Das angemessene Jahresgehalt für hohen Einsatz sei 45.000 €, im Falle des Dienstes nach Vorschrift hingegen lediglich 37.000 €. Aus dem Output des Sachbearbeiters kann der Arbeitgeber nicht zweifelsfrei auf den Einsatz rückschließen, da die Schwierigkeit der zu bearbeitenden Sachverhalte und die Qualität der Vorarbeit von anderen Mitarbeitern sich nicht genau einschätzen lassen. Zwar ist für den Sachbearbeiter grundsätzlich ein hoher Einsatz unbequemer und nicht an sich wünschenswert, jedoch zieht er – das sei hier unterstellt – die Kombination eines hohen Einsatzes bei einer Entlohnung von 45.000 € der geringeren Entlohnung bei geringerem Einsatz vor. Deshalb verspricht er einen überdurchschnittlichen Einsatz für den Fall einer hohen Gehaltszusage.

Der Arbeitgeber kann aber angesichts der Verhaltensunsicherheit den tatsächlichen Einsatz weder unmittelbar noch mittelbar beobachten und muss erkennen, dass das Versprechen eines hohen Einsatzes nicht glaubwürdig ist. Nach Vertragsschluss hindert nichts den Sachbearbeiter, unerkannt nur Dienst nach Vorschrift zu leisten und dennoch die hohe Entlohnung zu vereinnahmen. Bei einem geringen Output kann er sich mit einer hohen Schwierigkeit und

---

[13] In dieser Strenge ist das allerdings nicht zwingend, sondern hängt von den Handlungsalternativen des Verkäufers ab. Hat beispielsweise der Verkäufer einen dringenden Liquiditätsbedarf, den er auf keine andere Weise decken kann, wird er zu jedem Preis verkaufen müssen.

schlechter Vorarbeit herausreden. Die Verminderung des Einsatzes ist für den Sachbearbeiter von Vorteil, weil er *bei einem gegebenen Gehalt* weniger Arbeit mehr Arbeit vorzieht. Im Ergebnis ist der Arbeitgeber nur bereit, ein Gehalt von 37.000 € zu zahlen. Auch in diesem Beispiel ist der Informationsvorsprung nicht von Vorteil, im Gegenteil erzielt der Sachbearbeiter sogar nur die für ihn schlechtere Lösung.

Zur Einordnung dieser Beispiele ist zu betonen: Bislang haben wir jedwede Möglichkeit zur Verringerung der Informationsasymmetrie, jede denkbare Form der Kontrolle außer Acht gelassen. Die Beispiele sind deshalb keine abschließende Beschreibung der Realität, sondern **Gedankenspiele** darüber, was bei Vernachlässigung aller Instrumente gegen unerwünschte Folgen einer asymmetrischen Informationsverteilung als Kooperationsergebnis resultieren könnte. Im Folgenden geht es daher darum, Kontrollinstrumente, Vertragsgestaltungen und dergleichen als Beiträge zur Lösung der angeführten Probleme zu erklären.

Die Folgerung aus der voranstehenden Argumentation ist, dass sich bei vernünftiger Einbeziehung möglicher Informationsnachteile eine asymmetrische Informationsverteilung häufiger zu Lasten als zugunsten des Partners mit überlegener Information auswirkt. Eine solche vernünftige Einbeziehung bezeichnet man als Bildung **rationaler Erwartungen**, die dadurch hervorgerufene Einschränkung der Menge akzeptabler Kooperationsbedingungen als Anreizverträglichkeit oder Anreizkompatibilität.

> *Anreizverträglichkeit* bedeutet, dass für den Vertragspartner Anreize bestehen müssen, versprochene Leistungen tatsächlich zu erbringen und Informationsvorsprünge wahrheitsgemäß zu kommunizieren.

Anreizverträglich sind daher nur solche Verträge, bei denen das vertragskonforme Verhalten individuell optimal ist. Daher bezeichnet man solche Verträge auch als selbstdurchsetzend. Nur bei Verletzung der Anreizverträglichkeit kann es zur Schädigung der schlechter informierten Vertragspartner kommen. Die Anreizverträglichkeit impliziert, dass es **in beiderseitigem Interesse** liegt, kostengünstige Maßnahmen gegen die Informationsasymmetrie und deren schädliche Auswirkungen zu ergreifen. Es liegt nicht im Interesse des besser informierten Kooperationspartners, seine individuelle Information zu verschleiern. Um Missverständnissen vorzubeugen, sei darauf hingewiesen, dass dies nur innerhalb von Kooperationen gilt. Für Konkurrenten auf einem Wettbewerbsmarkt ist es dagegen häufig sinnvoll, ihren Informationsvorsprung zu schützen.

4.1.3.5 Information, Kontrolle und Anreize

Die vorgetragene Argumentation zeigt, dass auf unvollkommenen Märkten das Interesse an einer Senkung der informationsbedingten Kosten und noch allgemeiner der Transaktionskosten in den Mittelpunkt rückt.

Dies betrifft zunächst die Kosten für eine Beseitigung oder Verringerung der Informationsasymmetrie. Zwar ist es auch auf dem vollkommenen Markt denkbar, dass anfangs eine ungleiche Informationsverteilung herrscht. Da aber jede Informationsbeschaffung und -verarbeitung kostenlos ist, lassen sich sämtliche Maßnahmen der Informationsangleichung ohne weitere Einschränkungen durchführen. Ein Trade-off, also ein Bedarf der Abwägung zwischen Nutzen und Kosten der Informationsbeschaffung, besteht nicht. Bei Vorliegen von Informationskosten ist es hingegen von zentraler Bedeutung, Informationsinstrumente mit geringen Kosten zu verwenden.

Ein Beispiel für die kostengünstige Beseitigung der Informationsasymmetrie ist im oben dargestellten Gebrauchtwagen-Fall die Bereitstellung einer **Garantie** durch Verkäufer eines Wagens besonders hoher Qualität. Diese Garantie kann er ohne weiteres leisten, weil ein Gebrauchtwagen hoher Qualität mit höchster Wahrscheinlichkeit keinen Defekt erleidet. Im Falle einer schlechten Qualität kommt dagegen die Garantie wahrscheinlich zum Tragen, deshalb ist sie für den Verkäufer zu teuer und wird nicht angeboten. Der Garantieumfang ist daher ein glaubwürdiges und kostengünstiges Instrument zur Beseitigung der asymmetrischen Informationsverteilung.[14]

Allgemein sind Kooperationsformen vorzuziehen, bei denen die schlechter informierte Partei einen **geringen Informationsbedarf** hat. Als Beispiel kann man die Kreditfinanzierung (mit festen Zahlungsansprüchen für den Kapitalgeber) in Abgrenzung zur Beteiligungsfinanzierung (mit zum Gewinn proportionalen Zahlungsansprüchen für den Kapitalgeber) anführen: Für einen Kreditgeber ist nur wichtig, dass der Kreditnehmer hinreichend hohe Überschüsse erzielt, um Verzinsung und Tilgung des Kredits leisten zu können. Wie hoch darüber hinaus gehende Überschüsse sind, ist für den Kreditgeber ohne Belang. Der Beteiligungsgeber ist indes proportional an allen Gewinnen und Verlusten beteiligt. Er hat verglichen mit dem Kreditgeber also einen zusätzlichen Informationsbedarf über die Höhe der erzielten Gewinne. Schlecht informierte Individuen sollten daher Kapital in Form eines Kredits und nicht durch eine Beteiligung bereitstellen.[15]

Interessant sind auch solche Kooperationsformen, die **endogen** eine Verringerung der Informationsasymmetrie bewirken. Dies sind insbesondere längere vertragliche Bindungen, während derer die Vertragspartner Informationen

---

[14] Vgl. bspw. *Grossman* (1981).
[15] *Gale/Hellwig* (1985). Vgl. auch Abschnitt 7.3.1.3.

übereinander sammeln können.[16] Das gilt zum Beispiel im oben angeführten Fall mit dem Arbeitgeber und dem Sachbearbeiter. Ist dieser längere Zeit beschäftigt, kann der Arbeitgeber aus dem durchschnittlichen Output, anders als aus einzelnen Beobachtungen, einen recht **zuverlässigen Schluss** auf die Arbeitsleistungen ziehen.[17] Ist der Output dauerhaft hoch, ist es sehr unwahrscheinlich, dass dies Folge dauerhaft leichter Aufgaben und dauerhaft guter Zuarbeit ist. Der Arbeitgeber kann vielmehr davon ausgehen, dass der Einsatz hoch war. Mehrfache gute Leistungen können deshalb einen Anlass für eine Erhöhung der Entlohnung darstellen. Die Erwartung eines auch künftig hohen Arbeitseinsatzes ist natürlich nur dann gerechtfertigt, wenn entweder weitere Lohnerhöhungen als zusätzliche Belohnungen möglich sind; ebenso käme auch die Rücknahme einer Beförderung bei wiederholt schlechten Ergebnissen in Betracht. Von maßgeblicher Bedeutung ist offenbar die **Glaubwürdigkeit**. Der einfache Schluss von der Vergangenheit auf die Zukunft reicht für die Anreizverträglichkeit im Allgemeinen nicht aus.

Im letzten Beispiel bestehen aus Sicht von Arbeitgeber und Sachbearbeiter unsichere Erwartungen über die Schwierigkeit der Aufgaben und die Qualität der Zuarbeit. Das Beispiel belegt überdies den engen Zusammenhang zwischen der Vermittlung von Anreizen und der Zuverlässigkeit von Informationen, also dem Risiko. In der Tat gibt es einen **fundamentalen Zielkonflikt** zwischen der Vermittlung starker Anreize und der effizienten Risikoteilung. Diesen Sachverhalt behandeln wir weiter unten auch analytisch.[18]

4.2 Externe Effekte

4.2.1 Definition und Beispiele

Wirtschaftliche Handlungen sind in der Regel mit Einflüssen auch auf andere Individuen verbunden. Nicht immer ist das von vornherein intendiert und nicht immer kommt es zur Einbeziehung aller Drittwirkungen in die Entscheidungen. Dies gilt insbesondere für nicht freiwillig übernommene Kosten. Denn freiwillige Vereinbarungen basieren stets auf dem Prinzip von Leistung und Gegenleistung. Deren Verhältnis wird durch den Preismechanismus gesteuert, was Verhandlungen einschließt.

> Bei Vorliegen **externer Effekte** werden bestimmte Leistungen nicht durch vertraglich zugesicherte Gegenleistungen kompensiert.

---

[16] Vgl. Abschnitt 6.2.3.3.
[17] *Fama* (1980) verdeutlicht dies anhand des Marktes für Managerleistungen.
[18] Siehe Abschnitt 5.1.3.5.

Der weiteren Verdeutlichung dient die Unterscheidung zwischen privaten und sozialen Kosten und Erträgen. **Private Kosten und Erträge** schlagen sich in der Wohlfahrt des Entscheiders nieder, **soziale Kosten und Erträge** sind alle insgesamt ausgelösten Kosten- oder Ertragswirkungen, einschließlich der Wirkungen auf andere, nicht durch eine vertragliche Beziehung einbezogene Individuen.

> Bei **externen Effekten** stimmen die privaten Kosten nicht mit den sozialen Kosten oder die privaten Erträge nicht mit den sozialen Erträgen überein.

Viele Beispiele für externe Effekte beziehen sich auf Individuen, die gar nicht bewusst in eine Kooperation eintreten. Dies gilt im Fall einer Rinderherde, die frei laufend neben einem Getreidefeld weidet und dabei einen Teil der Ernte des Getreidebauern zerstört.[19] Der Rinderbauer bezieht aber die mit der Minderernte verbundenen (Opportunitäts-) Kosten nicht in seinen Kalkül ein, weil sie nur den Getreidebauern betreffen. Da es keine Kooperationsvereinbarung zwischen den Bauern gibt, unterliegen diese Kosten nicht der Verteilung über den Preismechanismus. Die Kosten stellen einen externen Effekt dar, weil die sozialen Kosten der Rinderherde größer sind als deren private Kosten.

Es ist keineswegs zwingend, dass externe Effekte sich auf den „Externen" negativ auswirken. Ein ebenfalls häufig angeführtes Beispiel sind benachbarte Obstplantagen und Imkereien: Durch die Bienen der Imkerei wird eine intensive Bestäubung der Obstbäume hervorgerufen, und der Ernteertrag steigt. Umgekehrt erzielt auch der Imker einen höheren Honigertrag, weil die Bienen schneller an gehaltvolle Blüten kommen. Im Gegensatz zum voranstehenden Beispiel sind hier die externen Effekte positiv (der soziale Ertrag ist größer als der private Ertrag). Außerdem sind die externen Effekte **wechselseitig**, nicht nur **einseitig**. Das Beispiel zeigt deutlich, dass externe Effekte Anlass für das Eingehen einer Kooperation sein können. Tatsächlich werden Imker dafür engagiert und bezahlt, dass sie ihre Bienenvölker geeignet platzieren, um die Bestäubung bestimmter Blüten sicherzustellen.

Neben externen Effekten ohne jede explizite Kooperation gibt es auch innerhalb von Kooperationen externe Effekte. Dies ist dann der Fall, wenn sich Individuen freiwillig zu einer Kooperation zusammentun, dabei jedoch nicht alle Wirkungen in die vertragliche Gestaltung einbeziehen können. Dies betrifft beispielsweise ein **Bankenkonsortium** zur Vergabe eines Großkredits. An einem solchen Konsortium sind mehrere Banken beteiligt, um die Aufbringung eines besonders großen Kreditbetrags zu erleichtern und das Kreditausfallrisiko auf

---

[19] Vgl. *Coase* (1960).

mehrere Schultern zu verteilen. Bei jedem Kredit sollte eine hinreichend intensive Kreditüberwachung erfolgen, um rechtzeitig Anpassungsmaßnahmen ergreifen und der Insolvenz des Kreditnehmers vorbeugen zu können. Die Kreditüberwachung erzeugt jedoch innerhalb des Konsortiums positive externe Effekte: Die überwachende Bank muss die Kosten der Überwachung tragen, von der größeren Kreditsicherheit profitieren aber auch die anderen Konsortialmitglieder, die mit diesen Kosten nicht belastet sind. Über den Preismechanismus, also durch Festlegung von Leistungen und Gegenleistungen innerhalb des Konsortiums, lassen sich Kosten und Vorteile nicht abschließend auf die Mitglieder verteilen. Denn es ist nicht sicher, dass die mit der Überwachung beauftragte Bank tatsächlich adäquate Überwachungsmaßnahmen durchführt. Sie könnte den Kostenausgleich vereinnahmen und anschließend auf die Überwachung verzichten: Es herrscht eine asymmetrische Informationsverteilung, das Ausmaß der Überwachung ist nicht beobachtbar und deshalb nicht durchsetzbar.

Die Frage, ob die Externalität aus einer Beziehung herrührt, die beide Seiten freiwillig eingegangen sind, oder ob die dritte Partei auch ohne bewusste Kooperation einer vorteilhaften oder unvorteilhaften Wirkung ausgesetzt ist, hat Rückwirkungen auf die Möglichkeiten zur Problemlösung. Im erstgenannten Fall schließen die Parteien ohnehin eine explizite oder implizite vertragliche Vereinbarung zum beiderseitigen Nutzen. Dies erleichtert offensichtlich das Zustandekommen von Regelungen zur Abwehr schädlicher Folgen von Externalitäten.[20]

> ***Dichotome Unterscheidungen*** bei externen Effekten sind
> - positive – negative externe Effekte,
> - einseitige – wechselseitige externe Effekte
> - externe Effekte bei einer freiwilligen Beziehung – ohne eine freiwillige Beziehung.

4.2.2 Gefahr von Fehlentscheidungen und Ansätze zur Internalisierung

Nach der zweiten der oben vorgenommenen Umschreibungen impliziert ein externer Effekt, dass sich ein Individuum alle Vorteile aneignen kann, aber nur einen Teil der Nachteile einer Handlung zu tragen hat (negativer externer Effekt), oder dass ihm die Nachteile vollständig, die Vorteile hingegen nur partiell zugerechnet werden (positiver externer Effekt). Daraus ergibt sich, dass bei Vorliegen externer Effekte die Gefahr von **Fehlentscheidungen** im Sinne der Gesamtwohlfahrt aufkommt. Man kann tatsächlich von Fehlentscheidungen

---

[20] Vgl. *Denis* (2016), S. 473.

sprechen, weil es sich nicht lediglich um eine Umverteilung handelt, sondern eine Verschlechterung der Gesamtwohlfahrt entsteht: Der Ressourceneinsatz ist nicht effizient.

Kann sich ein Individuum alle Erträge aneignen, muss aber nicht alle Kosten tragen, erscheint die betreffende Transaktion als zu vorteilhaft und es droht eine übermäßige Aktivität. Im Beispiel mit dem Getreidefeld und der Rinderherde kann man davon ausgehen, dass der verursachte Minderertrag des Feldes umso höher ausfällt, je größer die Rinderherde ist. Müsste der Rinderbauer die verursachten Mindererträge selber tragen, würde er zwischen dem durch eine Vergrößerung der Herde erzielbaren Mehrertrag und der damit verbundenen Getreidemindererernte abwägen. Da aber allein der Getreidebauer die Nachteile in Form der Minderernte tragen muss, vergrößert der Rinderbauer seine Herde über die gesamtwirtschaftlich optimale Größe hinaus.

Größe der Herde	private Kosten	private Erträge	privater Gewinn	Minderernte*	sozialer Gewinn
1	30	75	45	10	35
2	65	145	80	20	60
3	105	210	105	30	75
4	150	270	120	40	**80**
5	200	325	**125**	50	75
6	255	375	120	60	60
7	315	420	105	70	35
8	380	460	80	80	0

*: in Geldeinheiten

Tabelle 4.2: Überproduktion bei negativen externen Effekten.

Da der Rinderbauer nach Maßgabe seines eigenen Gewinns entscheidet, erweist sich die Herdengröße von 5 als das **private Optimum** und führt zu einem Gewinn von 125. Die mit einer Herdenvergrößerung verbundenen externen Kosten gehen jedoch nicht in das genannte Entscheidungskriterium ein. Deren Einbeziehung würde nicht nur die angerechneten Kosten erhöhen, sondern auch zu einer anderen Herdengröße führen, denn der maximale soziale Gewinn in Höhe von 80 fällt bei 4 Rindern an. Das Hauptproblem externer Effekte ist also, dass es infolge der unvollständigen Internalisierung zu Fehlentscheidungen kommt.

Dies gilt auch bei den anderen oben beschriebenen Beispielen: Bei der Entscheidung über die Intensität der Kreditüberwachung orientiert sich ein Mitglied des Kreditvergabekonsortiums an den individuellen Kosten und den individuellen Vorteilen eines geringeren Kreditrisikos. Dass zugleich auch die Kreditanteile der übrigen Konsortialmitglieder einem geringeren Ausfallrisiko unterliegen, geht nicht in den Kalkül ein. Demnach tut jede einzelne Bank zu wenig für die Kreditüberwachung. Bei positiven externen Effekten zeigt sich eine Neigung zum „*Free Riding*", also zum **Trittbrettfahrerverhalten**: Jede Bank möchte von den positiven Kontrollwirkungen der anderen Banken profitieren, ohne sich an den Kontrollaufwendungen zu beteiligen.

Im Allgemeinen gilt, dass bei positiven externen Effekten eine **Unterinvestition** in die Leistung erfolgt, welche die externen Effekte herbeiführt. Dagegen kommt es bei negativen externen Effekten zu einer **Überinvestition**. Beide Ergebnisse sind wohlfahrtsschädlich, weil andere Lösungen denkbar sind, die alle Beteiligten besser stellen. Deshalb ist die Frage naheliegend, durch welche Konstruktionen sich schädliche Auswirkungen positiver oder negativer externer Effekte vermeiden lassen. Dies ist generell bei einer Internalisierung externer Effekte der Fall.

> *Internalisierung* externer Effekte steht für deren Einbeziehung in den Ausgleich von Leistungen und Gegenleistungen durch geeignete Zusatzvereinbarungen.

Gelingt die Internalisierung, kann der Erbringer eines positiven externen Effektes auch die extern erzielten Vorteile vereinnahmen. Demjenigen, der einen negativen externen Effekt ausübt, fallen auch die externen Kosten seiner Handlungen zu. Im Kern steht Internalisierung für die ökonomische Konzeption der Haftung, welche sich gleichermaßen auf positive wie negative Handlungsfolgen bezieht:

> *Haftung* im ökonomischen Sinn bedeutet die Übernahme von Handlungsfolgen.[21]

Besteht zwischen zwei Parteien kein explizites Kooperationsverhältnis, lässt sich ein Teil der externen Effekte häufig dadurch internalisieren, dass zu diesem Zweck eigens eine vertragliche Vereinbarung zwischen diesen Parteien getroffen wird. Im Falle der beiden Farmer könnte sich zum Beispiel der Rinderbauer vertraglich dazu verpflichten, dem Getreidebauern dessen Minderertrag zu ersetzen. Der Minderertrag ist damit auch für ihn persönlich ein Kostenfaktor, und der Rinderbauer trifft nun die im Sinne der Gesamtwohlfahrt richtige Entscheidung über die Größe der Rinderherde: Relativ zum Status quo ermöglicht dies eine *Pareto*-Verbesserung. Das genaue Aussehen einer solchen privatvertraglichen Lösung hängt davon ab, welche Rechte oder Pflichten die Rechtsordnung einzelnen Individuen zuweist.[22]

---

[21] *Franke* (1989).
[22] Siehe Abschnitt 4.3.2.

Die Internalisierung aller Erträge aus der Kreditüberwachung gestaltet sich schwieriger, weil eine der Leistungen, nämlich die Kreditüberwachung selber, nicht beobachtbar ist. Ursache dafür sind Informationskosten.

4.3 Verfügungsrechte

4.3.1 Begriff der Verfügungsrechte

Für den Begriff Verfügungsrechte werden auch die Ausdrücke Property Rights, Eigentumsrechte oder Handlungsrechte verwendet.

4.3.1.1 Differenzierung von Verfügungsrechten

> Gewöhnlich unterscheidet man vier **Rechte an einem Gut**:
> 1. Recht zum Gebrauch,
> 2. Recht zur Aneignung von Erträgen,
> 3. Recht zur Veränderung und
> 4. Recht zum Verkauf.

Diese Differenzierung verweist darauf, dass Güter nicht an sich einen Nutzen stiften, sondern erst durch bestimmte Rechte, die mit einem Gut verbunden sind. Die Unterschiede zwischen diesen Rechten wollen wir anhand einer Wiese verdeutlichen. Der Gebrauch der Wiese besteht in jeder denkbaren Form der Nutzung der Wiese an sich, beispielsweise für ein Sonnenbad. Davon zu trennen ist das Recht auf Aneignung der Erträge, die in diesem Fall aus dem Heu bestehen, das sich schneiden und an Vieh verfüttern lässt. Das Recht auf Veränderung schlägt sich in der Möglichkeit nieder, die Wiese in ihrer Substanz zu verändern, etwa dadurch, dass sie für Bauzwecke erschlossen wird. Das Recht des Verkaufs schließlich liegt darin, einzelne Verfügungsrechte an der Wiese oder die Wiese selbst zu veräußern.

Etwas genauer zu betrachten ist die Unterscheidung zwischen dem Gebrauchsrecht und dem Recht auf Aneignung der Erträge: Ein Abgrenzungsmerkmal ist, dass die Erträge aus einem Gut auch unabhängig von der Substanz des Gutes verwendbar sind, während der Gebrauch gerade durch die Substanz des Gutes bestimmt ist. Ein weiteres Beispiel ist eine Kuh, die sich an und für sich gebrauchen lässt (etwa, um einen Karren zu ziehen). Dieses Recht unterscheidet sich grundsätzlich von dem Recht, sich die Milch als Ertrag der Kuh anzueignen. Anders als die Nutzung der Kuh hat die Milch ihrerseits wieder alle Merkmale eines Gutes.

Gedanklich könnte man unterscheiden zwischen den Erträgen aus einer Veräußerung von Verfügungsrechten an einem Gut und den Erträgen des Gutes selbst. Bei einer Immobilie lässt sich beispielsweise die erzielte Miete als Ertrag der Immobilie ansehen; zugleich ist sie der Erlös aus der Veräußerung des Rechts zur Nutzung. Die Formulierung „Recht zur Aneignung von Erträgen" ist abgeleitet aus dem lateinischen „usus fructus". Laut § 99 Abs. 3 BGB handelt es sich bei Früchten auch um „die Erträge, welche eine Sache oder ein Recht vermöge eines Rechtsverhältnisses gewährt", beispielsweise also Mieteinnahmen. Erlöse aus der Veräußerung von Rechten zur Nutzung gehören demnach zu den Erträgen aus einem Gut.

4.3.1.2 Bündelung oder Trennung der Verfügungsrechte

Bei Verwendung des Begriffs Eigentum geht man häufig stillschweigend davon aus, dass das komplette Bündel der Verfügungsrechte in einer Hand vereinigt ist, wie es etwa der Eigentumsbegriff des § 903 BGB vorsieht. Dies ist jedoch keinesfalls zwingend. Vielmehr liegen häufig die einzelnen Rechte in verschiedenen Händen oder sie sind generell der Verfügung einzelner Individuen entzogen.

> Bezogen auf das Beispiel der Wiese könnte das heißen, dass
> - der Gebrauch einer Gruppe von Sonnenanbetern überlassen wird, die dort Bräunungsarbeit leisten,
> - das Recht zur Aneignung der Erträge einem Bauern zufällt, der mit dem Heu im Winter seine Schafe füttert,
> - kein Individuum das Recht auf Veränderung der Wiese hat, weil der Bebauungsplan diese Wiese als nur landwirtschaftlich nutzbar ausweist, und
> - das Recht auf Veräußerung dem Landeigentümer gehört.

Die Möglichkeit der Zuweisung der einzelnen Verfügungsrechte zu unterschiedlichen Personen führt zu der Frage, ob es von Vorteil ist, diese Option auch zu nutzen und nach welchen Kriterien eine getrennte Zuweisung vorgenommen werden sollte.

4.3.1.3 Merkmale von Verfügungsrechten

Für den Zusammenhang zwischen Verfügungsrechten einerseits und der Existenz von externen Effekten und deren Internalisierung andererseits sind vor allem zwei Merkmale von Verfügungsrechten von erheblicher Bedeutung: die **Exklusivität** und die **Veräußerbarkeit**.

Verfügungsrechte können exklusiv, also ausschließlich einzelnen Individuen zugeordnet sein, oder aber mehreren Individuen zugleich gehören. Die Nicht-Exklusivität von Verfügungsrechten ergibt sich als Folge bestimmter Eigenschaften von Gütern, der hoheitlichen Rechtsetzung oder einer privatvertraglichen Regelung.

Im Falle von öffentlichen Gütern[23] sind die Gebrauchsrechte generell nicht exklusiv zugewiesen. Es ist ein charakteristisches Merkmal öffentlicher Güter, dass die Nutzung durch andere Individuen nicht ausgeschlossen werden kann. Unmittelbare Folge ist, dass das Recht auf Veräußerung eines öffentlichen Gutes keinen Wert hätte, selbst wenn es einem Individuum zugewiesen wäre. Die anderen Verfügungsrechte sind bei öffentlichen Gütern nicht spezifiziert. Das typische Beispiel für ein öffentliches Gut ist die Sicherheit einer Gesellschaft nach außen und nach innen. Daneben könnte man eine Information anführen, die nicht geheim gehalten werden kann. Noch deutlicher ist der Bezug zu Verfügungsrechten, wenn man an die Inanspruchnahme und den Verbrauch einer sauberen Umwelt oder an Fischgründe in internationalen Gewässern denkt.

Auch bei *Gemeinschaftseigentum* sind Verfügungsrechte nicht exklusiv zugewiesen. Beispielsweise haben die Gesellschafter einer Offenen Handelsgesellschaft teilweise infolge vertraglicher Regelungen, teilweise infolge zwingender rechtlicher Regeln nur gemeinsame Verfügungsrechte über die Gesellschaft.[24] Eigentümergemeinschaften gibt es häufig auch bei Wohnanlagen.

Sind Verfügungsrechte nicht exklusiv einem Individuum zugewiesen, kommt es entweder zwingend (im Falle der öffentlichen Güter) oder mit großer Wahrscheinlichkeit (im Falle der Personenhandelsgesellschaft) zu externen Effekten: Bei der Erstellung von öffentlichen Gütern durch ein Individuum können andere dieses Gut ebenfalls nutzen. Nach innen wirkende Akte der Unternehmensführung oder nach außen wirksame Rechtsgeschäfte eines Gesellschafters beeinflussen unmittelbar auch die Vermögensposition der anderen Gesellschafter.

Die *Veräußerbarkeit* von Verfügungsrechten ist zum einen von Belang, weil sie an sich einen Vermögenswert darstellen kann. Zum anderen beeinflusst sie die Möglichkeit zur Internalisierung externer Effekte. Sind Verfügungsrechte veräußerbar, muss man zwischen der staatlichen Zuweisung von Verfügungsrechten durch die Rechtsordnung und der endgültigen Allokation nach dem Handel auf einem Markt für Verfügungsrechte unterscheiden. Das Verbot der Veräußerung kann eine möglicherweise für alle Parteien profitable Umverteilung von Verfügungsrechten behindern. Zu Ineffizienzen kann es zum Beispiel dann kommen, wenn die staatliche Regulierung durch Schutzgedanken geleitet ist, die sich einseitig auf den Schutz aktueller vertraglicher Beziehungen beschränken. Dem dient die Nichtabdingbarkeit bestimmter Rechte. Beispiele für

---

[23] Siehe ausführlicher Abschnitt 4.4.
[24] Vgl. Abschnitt 5.1.2.

nicht veräußerbare Verfügungsrechte erkennt man im Mieterschutz (mit der möglichen Nebenwirkung, dass infolge dessen die Erstellung von Mietwohnungen weniger vorteilhaft ist) oder im Kündigungsschutz für Arbeitnehmer (mit der möglichen Nebenwirkung, dass es sich eher lohnt, bereits angestellten Arbeitskräften Überstunden abzufordern oder Leiharbeiter einzusetzen als neue Arbeitskräfte fest einzustellen). Verfügungsrechte von Mietern und Arbeitnehmern sind letztlich de facto unveräußerlich, weil entgegenstehende Vereinbarungen unwirksam sind und vor Gericht keinen Bestand haben. Es spricht viel für die Vermutung, dass sich zumindest in Einzelfällen bessere Lösungen erreichen ließen, wenn die genannten Rechte veräußerbar wären. Dann müsste der Vermieter bzw. der Arbeitgeber ein Entgelt dafür zahlen, dass ein Mieter bzw. ein Arbeitnehmer mit der Abbedingung dieser Schutzklauseln einverstanden wäre. Ist aber einem Mieter der Mieterschutz mehr wert, als der Vermieter für die Abbedingung zu zahlen bereit ist, kommt es nicht zur Veräußerung der vom Staat zugewiesenen Verfügungsrechte. Auch in Bezug auf Verfügungsrechte gilt zunächst einmal: Wer tauscht, gewinnt.

Die Veräußerbarkeit hat schließlich auch deshalb effizienzfördernde Wirkungen, weil damit Anreize verbunden sind, den Wert eines Gutes nachhaltig zu sichern. Einen einfachen Beleg für diesen Sachverhalt erkennt man in der empirischen Regelmäßigkeit, dass der Eigentümer einer Wohnung diese häufig pfleglicher behandelt als ein Mieter, der nur kurz die Räumlichkeiten bewohnt – auf die berüchtigten Mietnomaden muss man da gar nicht erst hinweisen. Diese Anreizwirkung des Eigentums ist eine der Ursachen für das Aufkommen bestimmter Klauseln in Leasingverträgen.[25]

4.3.1.4 Zielrichtungen der Verfügungsrechtstheorie

Grundgedanke der Verfügungsrechtstheorie ist, dass die Zuordnung von Verfügungsrechten zu Individuen die Marktergebnisse, also die Lenkung (Allokation) der Produktionsfaktoren und die Verteilung der Produkte, maßgeblich beeinflusst. Aus diesem Gedanken lassen sich einige Erklärungsziele ableiten:

Das **positive Erklärungsziel** ist, den Zusammenhang zwischen der faktischen Verteilung von Verfügungsrechten, gegebenenfalls nach Handel der vom Staat zugewiesenen Anfangsausstattung mit Rechten, und den resultierenden Marktergebnissen zu erklären und empirisch zu überprüfen.

Normative Erklärungsziele gibt es zumindest in zweierlei Hinsicht: Zum einen ist zu untersuchen, welche faktische Verteilung von Verfügungsrechten der Gesamtwohlfahrt dienlich ist. In diesen Bereich fällt auch die unmittelbar betriebswirtschaftliche Frage nach der geeigneten Gestaltung von Kooperationsformen, denn die Zuweisung von Entscheidungsbefugnissen ist nichts anderes

---

[25] Vgl. Abschnitt 7.4.1.2.

als die Verteilung von Verfügungsrechten. Zum anderen ist normativ zu klären, welche Zuordnung von Verfügungsrechten der Staat vornehmen sollte, um sicherzustellen, dass eine effiziente faktische Verteilung von Verfügungsrechten daraus hervorgeht.

4.3.2 Das *Coase*-Theorem

4.3.2.1 Aussage und Implikationen

Das *Coase*-Theorem[26] betrifft den Zusammenhang zwischen externen Effekten, der staatlichen Zuordnung von Verfügungsrechten und der Internalisierung externer Effekte durch Handel mit Verfügungsrechten. Zwei Formulierungen des *Coase*-Theorems betonen unterschiedliche Implikationen:

> Die **Ex-ante-Verteilung** von Verfügungsrechten beeinflusst nicht die faktische Verteilung der Verfügungsrechte; diese ist stets effizient.

> Durch eine geeignete **Umverteilung** von Verfügungsrechten lassen sich externe Effekte stets internalisieren.

Die Begründung ist wie folgt: Eine Beseitigung der durch externe Effekte hervorgerufenen Ineffizienzen führt zu einem Wohlfahrtszuwachs, den die Beteiligten unter sich aufteilen können. Bei einer ineffizienten Verteilung von Verfügungsrechten lohnt sich deshalb solange ein Handel mit den Rechten, bis sich durch einen weiteren Austausch keine Vorteile mehr ergeben. Dies gilt unabhängig von der Anfangsausstattung mit Verfügungsrechten. Die Parallele zum ersten Hauptsatz der Wohlfahrtsökonomik ist leicht ersichtlich.

Das *Coase*-Theorem impliziert, dass es in erster Linie Sache der Individuen ist, durch **privatvertragliche Regelungen** effiziente Lösungen umzusetzen. Der Abschluss privater Verträge erfolgt stets freiwillig und zum beiderseitigen Nutzen. Die staatliche Zuweisung von Verfügungsrechten erweist sich dann für deren abschließende Platzierung als irrelevant, keineswegs allerdings für die damit einhergehende Wohlfahrtsverteilung.

> Das ***Coase-Theorem*** ist jedoch an einige Voraussetzungen gebunden:
> - keine Transaktionskosten beim Handel mit Verfügungsrechten,
> - eindeutige Ex-ante-Verteilung von Verfügungsrechten,
> - keine Beschränkung des Transfers von Verfügungsrechten und
> - keine Transaktionskosten auf dem Kapitalmarkt.

---

[26] Siehe dazu den bahnbrechenden Aufsatz von *Coase* (1960).

Wäre der Handel mit Verfügungsrechten mit Transaktionskosten verbunden, könnten einige grundsätzlich lohnende Transaktionen unterbleiben. Bei einer nur unscharfen Spezifizierung der Ex-ante-Verteilung von Verfügungsrechten durch die Rechtsordnung (also bei mangelnder Rechtssicherheit) gäbe es keine Geschäftsgrundlage für den Handel mit Rechten. Staatliche Beschränkungen des Handels mit Verfügungsrechten können lohnende Transaktionen unterbinden. Und schließlich muss gewährleistet sein, dass die effiziente Allokation der Verfügungsrechte nicht an finanziellen Beschränkungen scheitert, die jedoch nur bei einem unvollkommenen Kapitalmarkt von Belang sind.

In aller Regel sind diese Bedingungen verletzt. Wie viele andere *Irrelevanzaussagen* hat das *Coase*-Theorem daher weniger infolge seiner positiven Aussagen eine große Bedeutung. Wichtiger sind die Folgerungen aus den notwendigen Bedingungen.[27] Dass auf einem im umfassenden Sinn vollkommenen Markt die Anfangsausstattung mit Rechten keine Rolle spielt, ist eher von akademischem Interesse. Auch von praktischer Bedeutung ist hingegen die Aussage, dass die Ex-ante-Allokation von Verfügungsrechten dann wichtig ist, wenn eine effiziente faktische Allokation über den Markt für Verfügungsrechte zu scheitern droht. Das ist immer dann der Fall, wenn aus zu diskutierenden Gründen der Markt für Verfügungsrechte ernste Unvollkommenheiten aufweist.

Die wichtigste Anforderung an einen funktionsfähigen Markt für Verfügungsrechte ist die **Rechtssicherheit**. Die ursprüngliche Verteilung von Verfügungsrechten kann und muss der Staat in eindeutiger Weise vornehmen. Dagegen bedürfen alle Regelungen, welche die Vertragsfreiheit einschränken, einer eingehenden Untersuchung auf denkbare Folgewirkungen. Nicht dispositives Recht ist daher einer generellen, aber widerlegbaren „Suboptimalitätsvermutung"[28] ausgesetzt.

Für die richtige Ex-ante-Verteilung von Verfügungsrechten sind selbstverständlich Kenntnisse über die effiziente faktische Verteilung der Rechte erforderlich. Eine grundsätzliche Richtschnur ist zum Beispiel, dass derjenige, der Entscheidungen trifft, also die faktischen Verfügungsrechte innehat, sich auch die Handlungsfolgen zurechnen lassen muss. Der im Insolvenzrecht der Idee nach umgesetzte **Gleichlauf von Verfügung und Haftung** ist eine häufig praktikable Konkretisierung für die Internalisierung externer Effekte.[29]

Daneben sollte die staatliche Verteilung von Verfügungsrechten die Kosten der Durchsetzung von Rechten beachten. Die Verteilung der **Beweislast** und die Anforderungen an Beweise beeinflussen nachhaltig die Durchsetzungskosten. Die Beweislast sollte daher dort angesiedelt sein, wo für die Beweiserbringung geringere Kosten anfallen. Zum Beispiel wird ein Chemieunternehmen leichter

---

[27] Vgl. die Ausführungen zur Irrelevanz der Finanzierung in den Abschnitten 7.3.6.2 und 7.3.6.3.
[28] *Götz* (2001), S. 133.
[29] Vgl. Abschnitt 5.2.3.3.

in der Lage sein nachzuweisen, dass die Vermutung einer Schädigung der Nachbarschaft durch Immissionen nicht gerechtfertigt ist, als von Anwohnern den Nachweis zu verlangen, dass eine Schädigung die kausale Folge von Emissionen des Chemieunternehmens ist. Solche Überlegungen liefern eine Begründung beispielsweise für § 6 Abs. 1 UmweltHG, der eine Abkehr von der üblichen Beweislast beim Geschädigten vorsieht.

Könnte ein effizienter Handel mit Verfügungsrechten aus Gründen der Vermögensverteilung scheitern, ließe dies die Folgerung zu, dass Verfügungsrechte ex ante den weniger vermögenden Individuen zuzuordnen sind. Der so bewirkte Schutz von deren Interessen ist also zu befürworten. Für das Verbot der Veräußerung gilt dies jedoch (siehe oben) nur mit Einschränkungen.

Ein offenes Problem ist, die **Verfügungsrechte künftiger Generationen** in die Verteilung einzubeziehen. Damit beschäftigt sich (u. a.) die Umweltökonomik. Der Verbrauch nicht regenerativer Ressourcen ist stets mit externen Effekten auf künftige Generationen verbunden; ebenso erzeugt die Endlagerung von hoch strahlendem Atommüll unweigerlich Gefährdungen künftiger Generationen. Das eigentliche Problem liegt darin, dass Angehörige künftiger Generationen nicht schon jetzt auf dem Markt auftreten können, um sich den angemessenen Teil der gegenwärtigen Verfügungsrechte zu sichern oder sich den Verzicht auf künftige Verfügungsrechte kompensieren zu lassen. Dieses Problem wird jedoch auch durch staatliche Einflussnahme nicht zu lösen sein. Es ist kaum davon auszugehen, dass staatliche Instanzen besonders glaubwürdig als Sachwalter noch nicht geborener Individuen auftreten.

4.3.2.2 Ein Beispiel

Nun wollen wir das *Coase*-Theorem auf das in Tabelle 4.2 vorgestellte Rinder-Beispiel anwenden und dabei zwei Ex-ante-Verteilungen von Verfügungsrechten miteinander vergleichen.

1. Im ersten Fall (Tabelle 4.3) liegen die Verfügungsrechte uneingeschränkt bei dem Rinderbauern. Damit ist er zur Schädigung des Getreidebauern „berechtigt", die Ernteminderung bleibt ohne Sanktion (*Laisser-faire*). In dieser Situation ist eine privatvertragliche Vereinbarung zwischen den beiden Bauern zu erwarten. Sie könnte so aussehen, dass der Getreidebauer für jedes Rind, um das der Rinderbauer seine Herde verkleinert, diesem eine **Ausgleichszahlung** von 7,5 anbietet. Bei dieser Vereinbarung wird der Rinderbauer die Herde um genau ein Rind verringern, dies steigert seinen privaten Gewinn auf 127,5 (anstatt 125). Gleichzeitig sinkt die Mindererernte von 50 auf 40, sodass der Getreidebauer mit einer Vermögensminderung von 47,5 (anstatt 50) ebenfalls besser dasteht als zuvor. Beide Parteien haben also ein Interesse an einer solchen Übereinkunft, die Reaktion des Rinderbauern auf das Angebot des Getreidebauern sichert das soziale Optimum.

Größe der Herde	privater Gewinn	Ausgleichszahlung	Gesamtgewinn Rinder	Minderernte*	Gesamtverlust Getreide	sozialer Gewinn
2	80	22,5	102,5	20	42,5	60
3	105	15	120	30	45	75
4	120	7,5	**127,5**	40	47,5	**80**
5	**125**	–	125	50	50	75
6	120	–	120	60	60	60

*: in Geldeinheiten

Tabelle 4.3: Lösung der Fehlallokation durch freiwillige Ausgleichszahlungen.

Bei einem unvollkommenen Markt für Verfügungsrechte, beispielsweise infolge einer asymmetrischen Informationsverteilung, ist die Realisierung des sozialen Optimums erschwert. Möglicherweise kennt der Getreidebauer nicht die privaten Gewinne des Rinderbauern. Dann ist unsicher, welche Ausgleichszahlung erforderlich ist, um das soziale Optimum sicherzustellen. Außerdem könnte sich der Rinderbauer strategisch verhalten und mit einer Rinderherde von mehr als fünf Rindern beginnen, um eine ungerechtfertigt hohe Ausgleichszahlung zu erhalten. Dies könnte andere Formen der Interessenwahrung hervorrufen, welche das Ausbeutungsrisiko vermeiden, beispielsweise die teure Einzäunung der Getreidefelder.

2. Als zweiten Fall betrachten wir eine Rechtsordnung mit **Schadensersatzpflicht** mit einer staatlichen Durchsetzung von Schadensersatzrechten. In diesem Fall wird der Rinderbauer die Minderernte unmittelbar in seinen Kalkül einbeziehen und den Umfang der Herde nach Maßgabe des sozialen Optimums festlegen.

Eine Möglichkeit zu strategischem Verhalten könnte hier in einer „künstlichen" Erhöhung des Schadens durch den Getreidebauern bestehen, um ungerechtfertigt einen Schadensersatz zu erhalten. Diese Möglichkeit scheint jedoch weniger aussichtsreich, die Gefahr opportunistischen Verhaltens ist also geringer als im umgekehrten Fall.

Festzuhalten ist, dass in beiden Fällen, also unabhängig von der Ex-ante-Verteilung der Verfügungsrechte, die gleiche Produktion erfolgt, und zwar in Höhe des sozialen Optimums. Daneben sollten wir zur Kenntnis, dass die Lösungen zwar dieselbe, effiziente Allokation herbeiführen, die Verteilung der Produktionsgewinne aber komplett anders ausfällt. Während beim Laisser-faire der Rinderbauer gewissermaßen die Früchte seines Schädigungspotenzials ernten darf, muss er bei der Schadensersatzregel den angerichteten Schaden letztlich selber tragen.

4.4 Öffentliche Güter

4.4.1 Begriff und Eigenschaften

Öffentliche Güter sind Güter, die der gemeinsamen Nutzung durch alle Marktteilnehmer unterliegen. Dagegen hat der Begriff zumindest unmittelbar nichts mit der Bereitstellung durch die öffentliche Hand zu tun.

Öffentliche Güter haben zwei zentrale Merkmale: Nichtrivalität im Konsum und Nichtexklusivität.[30] *Nichtrivalität im Konsum* bedeutet, dass die Nutzung des Gutes durch eine Person die Möglichkeit der Nutzung durch andere Personen nicht einschränkt. *Nichtexklusivität* ist gegeben, wenn alle Individuen Zugang zur Nutzung des Gutes haben. Typische Beispiele für Güter, welche diese Eigenschaften aufweisen, sind die Straßenbeleuchtung sowie die innere und äußere Sicherheit eines Staates.

Reine öffentliche Güter, auf welche die beiden genannten Merkmale uneingeschränkt zutreffen, sind eher selten. Es gibt aber viele Güter, die zumindest eines der beiden Merkmale oder beide Merkmale mit gewissen Einschränkungen aufweisen. Ein Beispiel dafür sind die öffentlichen Autobahnen. Da deren Zu- und Abfahrten frei sind, ist grundsätzlich die Nichtexklusivität gegeben. Der Zugang ließe sich allerdings durch bewachte Schranken exklusiv ausgestalten, wie es etwa in Frankreich der Fall ist.[31] Daneben besteht zunächst einmal auch eine Nichtrivalität im Konsum, denn ein einzelner Autofahrer schränkt die Verfügbarkeit der Autobahn für einen anderen Autofahrer nicht ein. Allerdings findet die Nichtrivalität ihre offensichtliche Grenze in der beschränkten Kapazität einer Autobahn, die sich in der Entstehung von Staus niederschlägt.

Aufgrund der Nichtexklusivität könnte man auf die Idee kommen, es sei ein weiteres kennzeichnendes Merkmal, dass öffentliche Güter kostenlos seien. Unmittelbar einsichtig ist zunächst, dass dies nur für die Nutzung gelten kann, nicht hingegen für die Erstellung. Das Beispiel der Autobahn zeigt aber, dass auch die Nutzung nicht kostenlos sein muss. Eine Maut legt den Nutzern Gebühren auf, ohne dass die Nutzung selbst exklusiv ist.

Wiederum mit öffentlichen Gütern eng verwandt sind Ressourcen, die einer gemeinsamen Nutzung unterliegen. Dies sind in der Regel solche Ressourcen, an denen keine wohldefinierten individuellen Eigentumsrechte bestehen. Ein historisches Beispiel hierfür ist die **Allmende**, das sind im Gemeindeeigentum befindliche Flächen, welche die Gemeindemitglieder nutzen dürfen, beispielsweise Weideland, Wald oder Wege. Weil die Nutzung auf die Gemeindemitglieder beschränkt ist, ist die Nichtexklusivität verletzt; zudem ist die Nichtrivalität

---

[30] *Eichberger* (2004), S. 211.
[31] Eher akademischer Natur ist die Frage, ob ein Gut schon dann kein öffentliches Gut ist, wenn der Ausschluss von der Nutzung vorgenommen werden *könnte*, tatsächlich aber nicht vorgenommen wird. Dieser Auffassung wollen wir hier nicht folgen.

zumindest bei einiger exzessiven Nutzung der Allmende verletzt. Die Befischung internationaler Gewässer ist zwar nicht exklusiv, weist ansonsten aber ähnliche Eigenschaften auf.

4.4.2 Externe Effekte bei Versorgung und Inanspruchnahme

Wir haben bereits erklärt, dass die Exklusivität von Verfügungsrechten von großer Bedeutung für Verhaltensanreize ist. Mangelnde Exklusivität führt zu externen Effekten. Öffentliche Güter, in Reinform oder in eingeschränkter Form, weisen daher stets die Eigenschaft auf, dass infolge mehrfach zugewiesener Verfügungsrechte erhebliche externe Effekte auftreten. Diese können sich in zwei Richtungen äußern.

In Bezug auf die Bereitstellung öffentlicher Güter droht im Falle der privaten Produktion eine **Unterversorgung**. Wer die Güter herstellt, hat offenbar die Kosten dafür zu tragen, scheitert aber aufgrund der Nichtexklusivität an der Durchsetzung von Nutzungsentgelten. Während also der Nutzen komplett sozialisiert wird, bleiben die Kosten privat. Deshalb kommt es ohne weiteres nicht zur privaten Erstellung öffentlicher Güter. Das Ergebnis folgt vollumfänglich der oben abgeleiteten Logik von Unterinvestitionen bei positiven externen Effekten.

Umgekehrt droht in Bezug auf die Inanspruchnahme öffentlicher Güter eine **übermäßige Nutzung**. Denn die Inanspruchnahme ist zunächst überhaupt nicht, und selbst im Falle der ausgeprägten Nutzung durch viele Individuen nur mit relativ geringen privaten Kosten verbunden. Hingegen beeinträchtigt die übermäßige Nutzung die Wohlfahrt aller anderen potenziellen Konsumenten. Die damit verbundenen Fehlanreize lassen die „Tragödie der Allmende"[32] erkennen. Auch hier haben wir die ökonomische Logik bereits herausgearbeitet, nämlich in Form der Überinvestition bei negativen externen Effekten.

Beiträge zur Problemlösung lassen sich auf verschiedene Weise erzielen. Sofern eine Einschränkung der Nutzung öffentlicher Güter ausscheidet, erkennt man in deren Bereitstellung eine **Aufgabe für den Staat**. Es sei an die Beispiele Straßenbeleuchtung und Sicherheit erinnert. Zu klären bleibt im Falle der staatlichen Bereitstellung öffentlicher Güter jedoch deren Finanzierung. Eine nutzungsabhängige Gebührenerhebung kommt offenbar nicht in Frage. Im Falle der allgemeinen Steuerfinanzierung besteht ein Interessenkonflikt zwischen den Nutzern und den Nicht-Nutzern des öffentlichen Gutes. Naturgemäß präferieren erstere im Gegensatz zu letzteren eine großzügige Bereitstellung der Güter. Die Suche nach Verfahren zur Bestimmung der gesamtwirtschaftlich optimalen Versorgung mit öffentlichen Gütern sowie der optimalen Finanzierung dieser Güter ist ein finanzwissenschaftliches Thema, das wir hier nicht weiter

---

[32] So der Titel des Aufsatzes von *Hardin* (1968).

verfolgen wollen.[33] Eine unmittelbare Internalisierung der positiven Externalitäten kann allerdings gelingen, wenn es zu geringen Kosten möglich ist, Individuen vom Konsum öffentlicher Güter auszuschließen. In dem Fall kann sich eine private Bereitstellung auszahlen, weil nach dem Ausschluss der generellen Nutzung durch die Nutzer ein individuelles Nutzungsentgelt durchsetzbar ist. Das oben angeführte Autobahnbeispiel zeigt für Frankreich, dass bei Gebühren, die privaten Parteien zufließen, auch eine private Bereitstellung der entsprechenden Güter erfolgen kann. Im Kern geht es hierbei um die Zuweisung von Verfügungsrechten zu Privatpersonen. Dies ist zugleich der Anknüpfungspunkt für die im nächsten Abschnitt vorzutragenden Überlegungen zur Entstehung von Unternehmen.

4.5 Ansätze zur Begründung der Existenz von Unternehmen

4.5.1 Die Fragestellung

Die **Marktwirtschaft** ist grundsätzlich einem System der **Zentralplanungswirtschaft** gegenüberzustellen. Die Existenz von Unternehmen ist allerdings ein Beleg dafür, dass auch in einem marktwirtschaftlichen System nicht alle Entscheidungen einer Koordination über den Markt unterliegen. Vielmehr gibt es Hierarchien, in denen sich einige Individuen freiwillig den Weisungen anderer unterwerfen. Die hier interessanten Grenzen einer Marktallokation ergeben sich aber nicht aus dem Vergleich mit der Zentralplanungswirtschaft, sondern aus dem Vergleich der Koordination ausschließlich durch Preise mit einer Koordination, die wenigstens teilweise auf dem Weisungsprinzip beruht. Zu solchen Kooperationsformen gehören insbesondere Unternehmen.

> Ein **Unternehmen** ist eine „auf Dauer angelegte kooperative Veranstaltung von Individuen mit nicht notwendigerweise identischen Interessen zur Sicherung von ... möglichen Vorteilen gemeinsamen und koordinierten Verhaltens"[34].

Anlass für die Suche nach Gründen für die Existenz von Unternehmen ist das oben abgeleitete Ergebnis,[35] dass auf vollkommenen Märkten Unternehmen irrelevant sind. Dies ist ein denkbar schlechter Ausgangspunkt für die Betriebswirtschaftslehre. Aussagen über Entscheidungen von Individuen im Zusam-

---

[33] Vgl. dazu bspw. *Breyer/Kolmar* (2014), Abschnitt II.6.
[34] *Schauenberg/Schmidt* (1983), S. 249.
[35] Vgl. Abschnitt 3.4.2.4.

menhang mit Unternehmen sollten vereinbar sein mit Bedingungen, unter denen sich die Existenz von Unternehmen überhaupt begründen lässt. Die vorgestellten **Marktunvollkommenheiten** bieten einen geeigneten Ansatzpunkt für die Erklärung von Unternehmen als Möglichkeit zur Sicherung möglicher, aber gefährdeter Kooperationsvorteile.

Als eine pauschale Ursache für Wohlfahrtsminderungen lassen sich **Transaktionskosten** beim Austausch von Gütern oder Verfügungsrechten an Gütern anführen.[36] Unternehmen können wir als Institutionen zur Minderung von Transaktionskosten ansehen. Daneben drohen, gemessen am Kriterium der Gesamtwohlfahrt, Fehlentscheidungen auch dann, wenn es **externe Effekte** gibt, die sich durch Verträge nicht völlig internalisieren lassen.[37] Von einem Unternehmen als einer komplexen Koordinationsform kann man sich eine verbesserte Internalisierung externer Effekte erhoffen.

Der privatrechtliche Zugang zur Problemlösung besteht in der vertraglichen Absicherung von Markttransaktionen gegen Wohlfahrtsminderungen oder in der Bündelung einzelner Transaktionen, die damit der reinen Marktkoordination entzogen bleiben. Typisch für diesen Erklärungsansatz ist, dass es sich um freiwillige Anpassungsmaßnahmen handelt, von denen alle beteiligten Individuen profitieren. Eine solche Form der Abkehr von der reinen Marktkoordination ist vollständig vereinbar mit Aussagen zur Überlegenheit eines marktwirtschaftlichen Systems über eines der gesamtwirtschaftlichen Zentralplanung.

Die Alternative zur privaten Regelung, also die **staatliche Regulierung**, erweist sich nur in bestimmten Situationen als zweckmäßig, vornehmlich dann, wenn wegen Marktunvollkommenheiten die Internalisierung externer Effekte nicht gelingen kann. Gebote und Verbote erweisen sich aber auch dann nicht immer als hilfreich.

Hierarchien und *staatliche Regulierung* ergänzen in unterschiedlicher Weise die reine Marktkoordination und tragen häufig zur verbesserten Lenkung von Produktionsfaktoren bei. Jedoch nähmen wir einen schiefen Blickwinkel ein, wenn wir einseitig das **Marktversagen** hervorhöben, zugleich aber ein perfektes Funktionieren von Hierarchien und Regulierungen unterstellen würden. Systematische Organisationsfehler[38] und Staatsversagen[39] müssen wir für ein angemessenes Urteil genau so sorgfältig erfassen wie das Marktversagen. Dies bringt eine Relativierung tatsächlicher und vermeintlicher Fehler des Marktes mit sich.

---

[36] Vgl. Abschnitt 4.1.2.
[37] Vgl. Abschnitt 4.2.
[38] Siehe bspw. *Schauenberg* (2005), S. 29.
[39] Siehe bspw. *Neus/Riepe* (2018), S. 247 f.

Neben Transaktionskosten und externen Effekten gibt es Konstellationen, die zwar dem ersten Hauptsatz der Wohlfahrtsökonomik[40] widersprechen, aber nicht zur Erklärung von Unternehmen beitragen. Dies gilt beispielsweise für **natürliche Monopole**. Sie sind dadurch gekennzeichnet, dass ein einziger Anbieter eine bestimmte Gütermenge zu geringeren Kosten herstellen kann als es eine größere Anzahl an Anbietern könnte. Eine hinreichende Bedingung dafür sind durchgängig fallende Stückkosten. In einem natürlichen Monopol ist die Produktionseffizienz mangels Wettbewerb nicht mit einer guten Verteilung der Güter durch den Preismechanismus vereinbar. Schön früh hat ein Betriebswirt auf diesen Zusammenhang hingewiesen.[41]

Auf Basis der vorgetragenen Überlegungen gibt es zahlreiche Ansätze, die erklären, warum es lohnt, bestimmte Transaktionen dem Marktmechanismus zu entziehen und innerhalb eines Unternehmens abzuwickeln. Statt eines Überblicks wollen wir hier zwei Ansätze etwas näher erläutern, die zwar teilweise auf ein gemeinsames Gedankengut zurückgreifen, jedoch den Fokus auf verschiedene Aspekte richten, nämlich die Verfügungsrechtstheorie und die Transaktionskostenökonomik.

4.5.2 Unternehmen und die Verteilung von Verfügungsrechten

Den generellen Erklärungsansatz der Verfügungsrechtstheorie haben wir in Abschnitt 4.3 dargelegt. Im Zusammenhang mit der Erklärung von Unternehmen geht es konkret darum, Bedingungen zu identifizieren, unter denen der Preismechanismus nicht effizient ist und deshalb die Übertragung von Verfügungsrechten an eine Zentralinstanz die Probleme verringern kann.[42] Solche Bedingungen sind möglicherweise im Fall der Teamproduktion gegeben.

4.5.2.1 Das Problem

Wir haben bereits gesehen,[43] dass Teamproduktion das Potenzial für Kooperationsvorteile mit sich bringt. Jedoch haben wir dabei noch vernachlässigt, dass es sich auch bei einem Team um eine prekäre Partnerschaft handelt. Zwar sind nämlich alle Teammitglieder *ceteris paribus* an einem hohen Teamerfolg interessiert, zugleich versucht aber jedes Teammitglied innerhalb der Kooperation

---

[40] Vgl. Abschnitt 3.4.2.2. Die hier maßgebliche Marktunvollkommenheit besteht in Markteintrittshindernissen, die in den bei einem natürlichen Monopol unumgänglichen Kostenvorteilen ihre Ursache haben.
[41] *Schmalenbach* (1928).
[42] *Neus* (1999).
[43] Vgl. Abschnitt 3.2.3.

vorrangig seinen eigenen Nutzen zu steigern. Die daraus resultierenden Probleme sowie Lösungsmechanismen wollen wir nun diskutieren. Dabei gehen wir konkret von den folgenden vier Annahmen aus:

1. Die eine Teamproduktion kennzeichnenden **Synergieeffekte** resultieren daraus, dass die von den Teammitgliedern erbrachten Leistungen wechselseitig die **Grenzproduktivität erhöhen**:

$$\frac{\partial^2 x}{\partial e_i \partial e_j} > 0 \ (i \neq j),$$

wobei
x Ausbringungsmenge
e_i, e_j von den Teammitgliedern i und j erbrachte Leistungen.

Als Beispiel seien wieder die zwei Arbeiter einer Spedition herangezogen, die gemeinsam eine Reihe von Lastwagen beladen sollen. Dabei erweist es sich als sinnvoll, wenn ein Arbeiter die Gegenstände an die Lkw heranträgt und der andere sie darin verstaut, sodass keiner der Arbeiter immer wieder die Laderampe hinauf- oder herunterklettern muss. Daher erbringt ein Team aus zwei Arbeitern mehr Output als zwei jeder für sich tätige Arbeiter.

2. Die erbrachten **Leistungen** sind **personengebunden**. Ein Handel wie mit einer Sachleistung scheidet daher aus. Diese Eigenschaft ist insbesondere, aber nicht nur bei der Arbeitskraft gegeben. Im Falle von veräußerbaren Ressourcen ließe sich das bei dezentraler Koordination auftretende Problem leicht umgehen.

3. Die Leistung der Teammitglieder ist **nicht** kostenlos **beobachtbar**. Infolge der Aggregation zu einem Output lässt sich ein verringertes Produktionsergebnis auch nicht einem einzelnen Teammitglied ursächlich zurechnen. Eine schwächere, für das Weitere aber hinreichende Bedingung wäre, dass zwar die Teammitglieder, nicht aber dritte Parteien die Inputs beobachten können, die Inputs also nicht verifizierbar sind.

4. Schließlich ist die generelle **Eigennutzprämisse** zu beachten.

Die Koordination dieser Teamproduktion durch den Preismechanismus sähe so aus: Die Teammitglieder verpflichten sich zu einer bestimmten Leistung und teilen nach einer vorgegebenen Verteilungsregel den Ertrag untereinander auf. Jedoch erweist es sich für die Teammitglieder als möglich und lohnend, ihre eigene Leistung zu verringern (beispielsweise weniger schnell die Ladung heranzutragen bzw. zu verstauen). Dies ist möglich, weil die Abweichung von der Vereinbarung nicht sanktionierbar ist. Es ist auch vorteilhaft, weil die Kostenersparnis dem betreffenden Individuum alleine nützt, während der Minderoutput zu einem verringerten Erfolg aller Teammitglieder führt. Anders ausgedrückt, die Leistung eines Teammitglieds generiert positive externe Effekte auf die anderen Teammitglieder mit der Folge einer Unterinvestition.

Dies wollen wir nun anhand eines numerischen Beispiels für ein Team aus zwei Mitgliedern verdeutlichen. Die Produktionsfunktion lautet

$$x = 8(e_1 e_2)^{0,25}$$

und erfüllt die Bedingung einer positiven Kreuzableitung. Anders als im in Kapitel 3 angeführten Beispiel sind hier **Inputs beider Teammitglieder** erforderlich, damit überhaupt ein **positiver Output** entsteht. Einer alleine kann hier also nichts Positives bewirken. Die erbrachten Leistungen und der Ertrag werden durch ihr Geldäquivalent gemessen. Da die Produktionsfunktion symmetrisch ist, gehen wir von einer gleichmäßigen Aufteilung des Ertrags auf beide Teammitglieder aus. Die Gewinne der Teammitglieder betragen dann

$$g_i = 0{,}5x - e_i,$$

wobei
g_i Gewinn von Teammitglied i ($i = 1, 2$).

4.5.2.2 Lösung bei dezentraler Koordination

Die Lösung bei dezentraler Koordination ist dadurch gekennzeichnet, dass die beiden Teammitglieder ihren individuellen Gewinn maximieren. Da allerdings der individuelle Gewinn nicht nur von der eigenen Leistung, sondern auch von der des anderen Teammitglieds abhängt, befinden sich die Akteure in einer **strategischen Interaktion**. Sie müssen daher die Anreizverträglichkeit beachten, also überlegen, welche Arbeitsanreize von der Verteilungsregel ausgehen. Die beiden Teammitglieder optimieren auf Basis ihrer Erwartungen über die Leistung des anderen. Ein Gleichgewicht der Teamproduktion ist dadurch gekennzeichnet, dass sich die Erwartungen wechselseitig bestätigen. Eine solche Lösung bezeichnet man als **Nash**-**Gleichgewicht**[44]. Man ermittelt das Nash-Gleichgewicht als Schnittmenge der Beste-Antwort-Funktionen, welche die individuell optimale Anpassung an ein unterstelltes Verhalten des Gegenübers abbilden. Sie ergeben sich aus

$$g_i(e_i|e_{3-i} = \text{konst.}) = 0{,}5 \cdot 8(e_i e_{3-i})^{0,25} - e_i \;\rightarrow\; \max_{e_i}! \;\; (i = 1, 2).$$

Aus den jeweiligen notwendigen Bedingungen für das individuelle Gewinnmaximum,

$$\frac{\partial g_i}{\partial e_i} = e_{3-i}(e_i e_{3-i})^{-0{,}75} - 1 = 0 \;\; (i = 1, 2),$$

---

[44] Vgl. dazu Abschnitt 11.2.2.

erhält man für die Beste-Antwort-Funktionen

$$R_1: e_1 = \sqrt[3]{e_2} \Leftrightarrow e_2 = e_1^3,$$
$$R_2: e_2 = \sqrt[3]{e_1}.$$

Das maßgebliche *Nash*-Gleichgewicht ist durch folgende Ergebnisse gekennzeichnet:

$$e_i = 1; \; x = 8; \; g_i = 3 \; (i = 1, 2).$$

Abbildung 4.1 zeigt zudem, dass es ein zweites *Nash*-Gleichgewicht gibt, das durch beiderseitiges Nichtstun ($e_1 = e_2 = 0$) und folglich durch einen jeweiligen Gewinn von Null gekennzeichnet ist. Dieses zweite Gleichgewicht wird jedoch durch das erste dominiert[45] und deshalb nicht weiter beachtet.

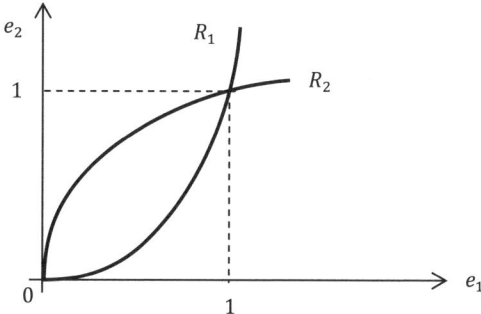

Abbildung 4.1: Beste-Antwort-Funktionen und *Nash*-Gleichgewicht.

4.5.2.3 Gemeinsames Wohlfahrtsoptimum (First Best)

Für die Beurteilung der Lösung bei dezentraler Koordination benötigt man einen Vergleichsmaßstab. Als Referenz kann man die denkbar beste Lösung heranziehen, also das gemeinsame Wohlfahrtsoptimum, das durch eine maximale Summe der Gewinne gekennzeichnet ist. Eine solche Lösung bezeichnet man als **First Best**.[46] Es gilt für den Gesamtgewinn der Teammitglieder

$$g = g_1 + g_2 = 8(e_1 e_2)^{0,25} - (e_1 + e_2),$$

wobei
g Gesamtgewinn.

---

[45] Siehe zu dominanten und dominierten Gleichgewichten Abschnitt 11.2.3.4.
[46] In Abgrenzung dazu steht das **Second Best** für ein (restringiertes) Optimum, das unter der zusätzlichen Bedingung der Anreizverträglichkeit erzielbar und weniger vorteilhaft ist.

Die notwendigen Bedingungen für das Gesamtgewinnmaximum lauten

$$\frac{\partial g}{\partial e_i} = 2e_{3-i}(e_i e_{3-i})^{-0{,}75} - 1 = 0 \quad (i = 1, 2).$$

Die hinreichende Bedingung ist erfüllt. Es muss gelten, dass die Matrix der zweiten Ableitungen negativ definit ist. Dies trifft hier zu. Durch Gleichsetzen der beiden Gleichungen erkennt man unmittelbar, dass im Optimum gelten muss

$$e_1 = e_2.$$

Unter Verwendung dieser Beziehung kommt man nacheinander zu

$$e_i = 4; \quad x = 16; \quad g_i = 4 \quad (i = 1, 2).$$

Diese Lösung kennzeichnet das Maximum des Gesamtgewinns. Wegen der Symmetrie des Ansatzes unterstellen wir dabei eine gleichmäßige Aufteilung des Gesamtgewinns auf beide Teammitglieder.

Verglichen mit diesem Maßstab erweist sich die Lösung bei dezentraler Koordination als verbesserungsfähig, weil beide Teammitglieder einen geringeren Gewinn erzielen. Dies liegt daran, dass es für beide Partner günstig ist, sich individuell weniger einzusetzen, wenn der andere die insgesamt optimale Leistung erbringt. Der vorgetragene Ansatz belegt also erneut, dass es bei Vorliegen positiver externer Effekte zu einer Unterinvestition kommt. Zudem ist ersichtlich, dass es sich bei der Teamproduktion um ein Spiel vom Typ **Gefangenendilemma** handelt.[47] Ein solches Ergebnis legt die Suche nach Koordinationsregeln nahe, mit denen sich das für beide Partner suboptimale Ergebnis vermeiden lässt. Für das vorliegende Problem gibt es zwei Vorschläge, mittels einer Zentralisierung der Koordination zu einer verbesserten Lösung zu kommen, nämlich Kontrolle und Anreize.

4.5.2.4 Lösung durch Kontrolle[48]

Alchian/Demsetz schlagen die Einführung einer Zentralinstanz zur Kontrolle der erbrachten Leistungen vor. Eine solche Kontrollinstanz kann selbst dann vorteilhaft sein, wenn sie mit Kosten verbunden ist. Die Kosten für eine auch durch ein Gericht nachprüfbare Kontrolle sollen hier $k = 1$ betragen. Wesentlich für die Kontrolle ist, dass damit die Möglichkeit zur Durchsetzung der optimalen Leistungen von $e_1 = e_2 = 4$ verbunden ist.

Eine einfache Möglichkeit der Kontrolle wäre, einen externen Kontrolleur zu engagieren, der die Kontrollen durchführt und die optimalen Leistungen sicherstellt. Die Teammitglieder müssten diesem Kontrolleur die Kosten der Kontrolle ersetzen, wobei beide ursprünglichen Teammitglieder die Kosten zu gleichen

---

[47] Vgl. dazu Abschnitt 11.2.3.1.
[48] *Alchian/Demsetz* (1972).

Teilen übernehmen. Diese einfache Lösung scheidet allerdings aus, wenn die Kontrolle ihrerseits nicht beobachtbar ist, weil sich in diesem Fall der Kontrolleur nach Erhalt der Zahlung mangels weiterer Anreize aufs Nichtstun beschränken könnte. Die Kontrolle des Kontrolleurs führt aus denselben Gründen nicht weiter. Daher erfordern Lösungen auf Basis der Kontrolle, dass für den Kontrolleur Anreize bestehen, auch tatsächlich zu kontrollieren und gegenenfalls durch Sanktionen den optimalen Einsatz der Teammitglieder durchzusetzen.

Eine Möglichkeit besteht darin, dass sich die beiden Teammitglieder darauf verständigen, das Residualrecht am Gesamtertrag und das Recht zur Festlegung der zu erbringenden Inputs auf den Kontrolleur zu übertragen. Das Residuum ist der verbleibende Ertragsüberschuss nach Abgeltung aller Ansprüche der Teammitglieder. Zwar ist für die Teammitglieder mit der Abtretung des Residuums ein Gewinnentgang verbunden, diesen lassen sie sich aber ebenfalls durch den Kontrolleur abgelten. Der Nettogewinn pro Teammitglied ist dann nicht geringer als im Fall ohne Kontrolle. Für den Kontrolleur stellt sich somit das Optimierungsproblem:

$$g_K = 8(e_1 e_2)^{0,25} - (\ell_1 + \ell_2) - 1 \to \max_{e_1, e_2, \ell_1, \ell_2} !$$

unter der Nebenbedingung

$$g_i = \ell_i - e_i \geq 3.$$

wobei
ℓ_i erfolgsunabhängige Entlohnung von Teammitglied i ($i = 1, 2$),
g_K Gewinn des Kontrolleurs.

Die Zielfunktion zeigt, dass der Kontrolleur den gesamten Ertrag erhält, die Kontrollkosten zu tragen hat und die Teammitglieder erfolgsunabhängig entlohnen muss. Die Nebenbedingungen stellen sicher, dass die Teammitglieder einen hinreichenden Lohn erzielen, der die mit der Leistungserbringung verbundenen Kosten *und* den Gewinnentgang ausgleicht. Das heißt, der Lohn ist so groß, dass für die Teammitglieder nach individuellen Kosten ein Gewinn verbleibt, der mindestens so groß ist wie im Fall ohne Kontrolle. Es ist zu beachten, dass infolge der Kontrolle die Leistungen nun beobachtbar sind. Da offensichtlich die Restriktionen im Optimum als Gleichungen erfüllt sind, können wir sie für ℓ_1 bzw. ℓ_2 in die Zielfunktion substituieren. Man kommt dann zu

$$g_K = 8(e_1 e_2)^{0,25} - (e_1 + e_2) - 7 \to \max_{e_1, e_2} !$$

Es ergibt sich also, abgesehen von der für die Optimierung irrelevanten fixen Größe von 7, dasselbe Optimierungsproblem wie bei Maximierung des gemeinsamen Gewinns. Insgesamt weist die Lösung folgende Elemente auf:

$$e_i = 4; \ x = 16; \ \ell_i = 7; \ g_i = 3; \ g_K = 1 \ (i = 1, 2).$$

Die umfassende Internalisierung gewährleistet die Durchführung der Kontrolle und die Erbringung der optimalen Leistungen. Der Kontrolleur wird zur leitenden Instanz, die alle Auswirkungen der durch sie getroffenen Entscheidungen zu tragen hat. In den Aufgaben und Kompetenzen des Kontrolleurs erkennt man den Chef der Spedition wieder. Diese Konstruktion ist mit der allgemeinen Anschauung von einem Unternehmen gut vereinbar:

Die *leitende Instanz*
- hat das Recht zur Festlegung von Produktionsplänen,
- hat ein Weisungs- und Sanktionsrecht gegenüber den Mitarbeitern,
- ist Inhaberin eines Residualanspruchs und
- hat die Möglichkeit der Veräußerung.

Die *Mitarbeiter*
- veräußern einen Teil der eigenen Verfügungsrechte und
- akzeptieren freiwillig Weisungen und Sanktionen der Zentralinstanz.

Trotz der Übertragung des Weisungs- und Sanktionsrechts kommt es bei dieser Konstruktion keineswegs zur Ausbeutung der Mitarbeiter. Selbst im hier vorgestellten schlechtesten Fall mit vollständiger Verhandlungsmacht auf Seiten der Zentralinstanz erzielen die Mitarbeiter den Gewinn, den sie ohne Beteiligung an dem Unternehmen erzielen könnten. In allen anderen Fällen kommt es zur Gewinnsteigerung.

Anzumerken bleibt, dass es nicht zwingend eine dritte Partei sein muss, welche die Kontrollposition einnimmt. Es kann sich dabei auch um eines der ursprünglichen Teammitglieder handeln. Anders formuliert: Der Chef darf durchaus mitarbeiten. Wesentlich ist allein, dass Entscheidungs-, Kontroll- und Sanktionsbefugnis mit dem vollen Residualanspruch zusammenfallen.

4.5.2.5 Lösung durch Anreize[49]

Die zuletzt vorgestellte Konstruktion ist besser als alle bisher vorgestellten Alternativen. Gegenüber dem denkbaren Optimum (dem First Best) besteht ein Verlust lediglich in Höhe der Kontrollkosten. Nach einem weiteren Ansatz können aber auch diese noch eingespart werden. Ausgangspunkt ist die Überlegung, dass zwar nicht der Input, sehr wohl aber der Output beobachtbar ist. Es lässt sich also das folgende Entlohnungsschema anwenden:

$$\ell_i = \begin{cases} 8 & \text{wenn } x \geq 16 \\ 0 & \text{wenn } x < 16 \end{cases} \quad (i = 1, 2).$$

---

[49] *Holmström* (1982).

Diese Erfolgsbeteiligung scheint ohne weiteres für beide Teammitglieder starke Anreize zu schaffen, tatsächlich die optimale Leistung von jeweils $e_i = 4$ zu erbringen. Denn weicht nur ein Individuum vom Optimum ab, erhalten beide keinerlei Ertrag. Das klingt, als wäre trotz aller angeführten Schwierigkeiten ein Team mit dezentraler Koordination und einem optimalen Gewinn möglich.

In dieser Einfachheit weist das Entlohnungsschema jedoch einen nachhaltigen Mangel auf: Bei Vorliegen eines geringeren Produktionsergebnisses als $x = 16$ dürfen laut Entlohnungsschema vorhandene positive Erträge nicht zur Ausschüttung kommen. Der Output müsste gleichsam vernichtet werden.[50] Diese selbstauferlegte Drohung ist indes in keiner Weise glaubwürdig, oder in der Sprache der Spieltheorie: Das mit der Drohung verbundene *Nash*-Gleichgewicht ist **nicht teilspielperfekt**.[51] Denn im Falle eines positiven Outputs ist es für die Teammitglieder *ex post* stets besser, diesen auch auszuschütten, in welcher Aufteilung auch immer. Das bedeutet aber, dass sich die scheinbar sehr strengen Anreize des genannten Entlohnungsschemas nicht als robust erweisen. Die angedrohte harte Strafe läuft ins Leere. Durch eine **unglaubwürdige Drohung** ist aber gar nichts gewonnen.

Die Sachlage ändert sich jedoch durch Einbeziehung einer Zentralinstanz, die das Recht zur Aneignung des Residuums erhält und wie oben eine Entlohnung von jeweils mindestens $\ell = 4 + 3 = 7$ für den Erfolgsfall verspricht. Die Durchsetzung der Minderauszahlung an die Teammitglieder ist dann ohne weiteres glaubwürdig, weil die nicht ausbezahlte Entlohnung der Zentralinstanz zufällt, die ihrerseits auch ein Interesse daran hat, dies durchzusetzen.

Auch nach Überlegungen von *Holmström* hat also die Existenz eines Inhabers von Residualansprüchen, der die Durchsetzung von Sanktionen garantiert, eine entscheidende Bedeutung. Der Inhaber der Residualansprüche ist gleichzeitig derjenige, der weitgehende Nutzungs- und Gestaltungsrechte an dem Unternehmen hat. Ob aber die Sanktionierung auf Basis von Kontrollmaßnahmen geschieht oder über die Schaffung geeigneter Formen der Entlohnung der Teammitglieder, ist nur von nachrangiger Bedeutung. Weil dabei keinerlei Verluste anfallen, ist im vorgestellten Beispiel die Entlohnungslösung besser, bei modifizierten Rahmenbedingungen muss das aber nicht der Fall sein.

4.5.3 Unternehmen zur Transaktionskostenminderung

Laut Transaktionskostentheorie werden Entscheidungen über Unternehmen abgewickelt und dem Preismechanismus entzogen, wenn dies zu einer Minderung der insgesamt anfallenden Transaktionskosten führt. In dieser Allgemein-

---

[50] Dies wäre auch dann der Fall, wenn eines der Teammitglieder einen zu hohen Input erbringt. Dazu besteht aber generell kein Anreiz.
[51] Siehe zur Teilspielperfektheit Abschnitt 11.3.1.2.

heit ist der Gedanke schon recht alt, er geht zurück auf einen weiteren bahnbrechenden Aufsatz von *Coase*[52]. Aber erst seit den 70er Jahren findet dieser Ansatz zur Erklärung der gesamtwirtschaftlichen und einzelwirtschaftlichen Organisation eine verstärkte Beachtung.

4.5.3.1 Die Grundkonzeption von *Coase*

Nach *Coase* gibt es zwei Idealtypen zur Koordination von Entscheidungen über Faktorkombinationen. Die erste Möglichkeit besteht in der Nutzung des **Preismechanismus**, wobei im Idealfall jede Ressource (jeder Produktionsfaktor) in die Verwendungsrichtung fließt, die mit dem größten Ertrag verbunden ist. Für den Inhaber der Ressource besteht der Ertrag in dem erzielbaren Preis, der seinerseits von der marginalen Produktivität abhängt. Die zweite Koordinationsmöglichkeit liegt in der Anwendung des **Weisungsprinzips**. Dieses ist zum einen durch einen Koordinator gekennzeichnet, der über die Verwendung von Produktionsfaktoren zentral entscheidet, zum anderen durch die Inhaber von Ressourcen, die sich gegen ein Entgelt den Weisungen dieses Koordinators unterwerfen. Diese Koordinationsform kann man als Hierarchie bezeichnen oder aber direkt als Unternehmen. Das Auswahlkriterium für die Wahl einer dieser Koordinationsformen sind die damit verbundenen Transaktionskosten.

Nicht nur die Organisation eines Unternehmens erfordert Kosten, sondern auch die Inanspruchnahme des Preismechanismus.

> Die Transaktionskosten des Marktes umfassen nach *Coase*:
> - Kosten für die Beobachtung der relevanten Preise,
> - Verhandlungskosten,
> - Kosten des Abschlusses von Verträgen und
> - Umsatzsteuern.

Ob und in welchem Umfang Umsatzsteuern Transaktionskosten darstellen, hängt vom Steuersystem ab. Bei einer Umsatzsteuer ohne Vorsteuerabzug handelt sich um Transaktionskosten, die sich durch Integration in ein Unternehmen zu einem erheblichen Teil vermeiden ließen. Im Fall einer Mehrwertsteuer mit Vorsteuerabzug hängt die Gesamtsteuerbelastung nicht von der Organisationsform ab. In Deutschland wurde der Vorsteuerabzug 1968 eingeführt.

Teile dieser Kosten lassen sich durch die Anwendung des Weisungsprinzips vermeiden: Die langfristige Abtretung der Verfügungsgewalt über Ressourcen an den Unternehmer führt zu einer Verringerung der Anzahl erforderlicher Vertragsabschlüsse. Dies mindert unmittelbar Suchkosten und Abschlusskosten. Vor allem aber kann man deutlich vereinfachte Verträge abschließen, da es bei

---

[52] *Coase* (1937).

Abtretung des Rechts auf Gebrauch einer Ressource überflüssig ist, die Verwendung dieser Ressource genau zu spezifizieren. Vielmehr erklärt sich der Verkäufer dieses Verfügungsrechts pauschal damit einverstanden, innerhalb gewisser Grenzen den Anweisungen des Unternehmers Folge zu leisten. Die Anwendung des Weisungsprinzips sollte demnach vor allem da zu beobachten sein, wo die angeführten Markt-Transaktionskosten hoch sind und sich durch langfristige Bindungen mit Abtretung der Freiheitsgrade an einen Unternehmer deutlich verringern lassen.

Das wirft die komplementäre Frage auf, warum nicht ein einziges Unternehmen alle Transaktionen abwickelt, welche diese Eigenschaft aufweisen. Es bedarf also auch einer Erklärung, warum es Märkte gibt und wie sich Anhaltspunkte für die **optimale Unternehmensgröße** gewinnen lassen. Hierzu lautet die Antwort von *Coase*, dass die Effektivität des Weisungsprinzips mit zunehmender Unternehmensgröße abnimmt. Ursache dafür ist, dass die Koordinationskosten infolge der zunehmenden Komplexität der Planungsaufgabe überproportional steigen und deshalb die Gefahr von Fehlentscheidungen wächst. Demnach ist die Einbeziehung zusätzlicher Transaktionen in eine bestimmte Hierarchie nur solange lohnend, wie die zusätzlichen Transaktionskosten der internen Organisation geringer sind als die auf dem Markt oder in einer anderen Hierarchie anfallenden Transaktionskosten. Auch wenn diese Überlegungen bei Erscheinen des Aufsatzes im Jahr 1937 einen erheblichen Erkenntnisfortschritt darstellten, bleiben dabei einige offene Fragen zurück:

„Markt" und „Hierarchie" stellen keine dichotome Abgrenzung dar. Vielmehr existiert eine Vielzahl von Kooperationsformen, die eine mehr oder minder große Nähe zu der einen oder anderen Form aufweisen. Als Beispiele für **Mischformen** seien nur Franchising, Leasing und Projektfinanzierung genannt.[53]

Eine zweite Schwäche liegt angesichts der schwierigen Messbarkeit von Transaktionskosten in der **Gefahr tautologischer Erklärungen**: Man geht davon aus, dass sich im Wettbewerb effiziente Koordinationsformen durchsetzen. Demnach müssen beobachtbare Koordinationsformen stets effizient sein. Diese Prämisse lässt Rückschlüsse zu auf die relative Bedeutung einzelner Transaktionskosten in bestimmten Entscheidungssituationen. Im Ergebnis wird die Argumentation damit jedoch auf den Kopf gestellt: Es erfolgt nicht ausgehend von Transaktionskosten die Erklärung von Koordinationsformen, sondern ausgehend von beobachtbaren Koordinationsformen die Ableitung von Aussagen über die vermutete Höhe von Transaktionskosten. Dies ist zirkelschlüssig.

Man erkennt somit ein erhebliches Problem in der **Quantifizierung** der Transaktionskosten. Eine solche Quantifizierung ist notwendig für die Umsetzung der Transaktionskostenökonomik. Zumindest ist es erforderlich, die Transaktionskosten verschiedener Arrangements ordinal messen zu können.

---

53 Siehe dazu ausführlich die Abschnitte 6.3.5, 7.4.1 bzw. 7.4.3.

4.5.3.2 Weiterentwicklungen

Die genannten Einwände gegen die Transaktionskostenökonomik lassen sich nicht vollständig ausräumen. Dennoch sind angesichts der Weiterentwicklungen, die vornehmlich mit dem Namen *Williamson* verbunden sind,[54] die Kritikpunkte zu relativieren.

Die Transaktionskostenökonomik ist vor allem dadurch gekennzeichnet, dass die einzelne Transaktion Gegenstand der Untersuchung ist. Das vorrangige Erklärungsziel der Transaktionskostenökonomik ist, eine möglichst präzise Zuordnung von Koordinationsformen zu Transaktionen vorzunehmen. Dafür ist es erforderlich, **Merkmale von Transaktionen** zu identifizieren, anhand derer sich eine solche Zuordnung vornehmen lässt. Weiter muss eine möglichst erschöpfende Darstellung denkbarer **Koordinationsformen** erfolgen. Und schließlich ist zu begründen, warum bestimmte Transaktionsmerkmale konkrete Koordinationsformen nahelegen.

> Die zentralen Verhaltensannahmen der Transaktionskostenökonomik sind **begrenzte Rationalität** und **opportunistisches Verhalten**.

Das wirtschaftliche Verhalten von Menschen ist nach *Williamson* „intendedly rational, but only limitedly so"[55]. Individuen streben also zwar ein Rationalverhalten an, sind aber zu dessen Umsetzung nur begrenzt in der Lage. Dies impliziert zum einen, dass Entscheider sich nicht von vornherein auf Satisfizierung[56] statt Maximierung beschränken. Sie intendieren die Maximierung, können sie aber nicht konsequent umsetzen. Zum anderen folgt daraus, dass bei Entscheidungen über die Beschaffung und Verarbeitung von Informationen sowie über die Komplexität von Koordinationsformen die dabei anfallenden Kosten zu berücksichtigen sind. Dies ist ein Argument für tendenziell einfach strukturierte Kooperationsformen anstatt ausgefeilter Detailregelungen, sofern letztere überhaupt in Frage kommen. Insbesondere kann es sich als notwendig erweisen, nicht alle Eventualitäten vertraglich zu regeln und den Kooperationspartnern insofern detaillierte Verfügungsrechte zuzuweisen. Vielmehr regeln unvollständige Verträge bewusst nur einige Sachverhalte präzise und gestehen *einem* Partner das residuale Verfügungsrecht zu. Damit ist das Recht gemeint, Vertragslücken eigenständig auszufüllen, wenn Situationen eintreten, für die im Vertrag keine Vorkehrungen getroffen sind.

Als Opportunismus bezeichnet man eine Ausprägung eigennützigen Verhaltens, die auch die absprachewidrige Schädigung anderer Vertragsparteien in

---

[54] Siehe *Williamson* (1985) für eine Zusammenfassung vieler Einzeldarstellungen.
[55] *Williamson* zitiert dabei *Simon* (1961), S. xxiv.
[56] **Satisfizierung** bedeutet die Festlegung eines Mindestziels, dessen Erreichen stets als hinreichend gut angesehen wird.

Kauf nimmt („Self-interest seeking with guile"[57]). Wie bereits ausgeführt[58], bedeutet dies keineswegs, dass Individuen ein aktives Interesse an der Schädigung Dritter hätten. Der Opportunismus betrifft zum einen die produktiven Handlungen im engeren Sinne, zum anderen die Informationsübermittlung, also die Basis für weitere Entscheidungen. Auch die Opportunismusannahme stellt eine Konkretisierung des Modellrahmens von *Coase* dar. Sie gilt allerdings nicht nur für die Transaktionskostenökonomik, sondern gleichermaßen für sämtliche Zweige der Institutionenökonomik.

> Die eine Differenzierung ermöglichenden **Merkmale von Transaktionen** sind Häufigkeit, Unsicherheit und Spezifität.

Die **Häufigkeit** einer Transaktion bestimmt schon deshalb die geeignete Koordinationsform, weil komplizierte Formen der Zusammenarbeit von Individuen nur dann sinnvoll sein können, wenn sich die mit der Gestaltung verbundenen Kosten amortisieren. Im Falle einzelner oder seltener Transaktionen ist dies regelmäßig nicht der Fall. Deshalb gilt die Tendenz, dass mit zunehmender Häufigkeit bestimmter Transaktionen die Komplexität und die Ausgefeiltheit von Kooperationsformen zunehmen. Einzelne, nicht wiederholte Transaktionen werden also häufiger über den Markt abgewickelt als im Rahmen einer Hierarchie. Umgekehrt wird deutlich, dass eine komplexe Koordinationsform wie ein Unternehmen konzeptionell auf Dauer angelegt ist.

Die **Unsicherheit** erhöht generell den Anpassungsbedarf bei der Abwicklung von Transaktionen. Anpassungen erfordern auf Basis des Weisungsprinzips geringere Kosten, weil dabei ex post, anders als bei dezentraler Koordination, eine allseitige Zustimmung nicht erforderlich ist. Es ist der zentralen Instanz möglich, innerhalb der übertragenen Verfügungsrechte von der einseitigen Ausfüllung unvollständiger Verträge Gebrauch zu machen. Bei einer dezentralen Koordination sind hingegen Neuverhandlungen erforderlich, in deren Rahmen stets alle beteiligten Parteien ihr Einverständnis zu den erforderlichen Anpassungen geben müssen. Die zusätzliche Restriktion der Ex-post-Rationalität schränkt die Menge zulässiger Lösungen weiter ein. Zusammengefasst ist also bei ausgeprägter Unsicherheit die Hierarchie dem Markt tendenziell vorzuziehen.

Das wichtigste Merkmal ist die **Spezifität**, die angibt, inwieweit sich die Leistungsfähigkeit von Ressourcen (sowohl der übertragenen als auch der für die Übertragung erforderlichen) bei der betrachteten Transaktion und bei anderen Verwendungsmöglichkeiten unterscheidet. Ist der Wert der von einem Ver-

---

[57] *Williamson* (1981), S. 1545.
[58] Vgl. Abschnitt 1.3.1.1.

tragspartner eingebrachten Ressourcen außerhalb der Beziehung deutlich geringer, ist dieser Vertragspartner an diese Beziehung gebunden, weil deren Auflösung mit Verlusten verbunden wäre. Infolgedessen besteht die Gefahr, dass sich der andere Vertragspartner die Wertdifferenz anzueignen versucht. Eine derartige Form des opportunistischen Verhaltens droht offenbar dann, wenn Spezifität zusammentrifft mit **unvollständigen Verträgen**. Wären Kontroll- und Durchsetzungsmaßnahmen kostenlos, hätten die genannten Argumente keinerlei Belang. Sofern aber eine nachträgliche Ausbeutung nicht auszuschließen ist, lohnen sich Investitionen in spezifische Ressourcen nicht. Zur Sicherstellung des Kooperationserfolgs sind bei spezifischen Investitionen also Vorkehrungen für den Schutz der spezifischen Vorleistungen erforderlich.

> Spezifitäten können in sachlicher, persönlicher oder räumlicher Hinsicht vorliegen.

Sachliche Spezifitäten beziehen sich auf Güter, welche die Eigenschaft haben, nur in einer Verwendungsrichtung ihre volle Leistungskraft zu entfalten. Als Beispiel könnte man eine Anlage zur Abfüllung eines Zitronenteepulvers mit einer so großen Kapazität anführen, dass die sich ergebende Kostendegression nur bei einer Lieferbeziehung zu dem größten Abnehmer zum Tragen kommt. *Persönliche Spezifitäten* liegen in Qualifikationen, die auf ganz spezielle Tätigkeiten zugeschnitten sind. Die Ausbildung zu einem Spitzen-Tennisspieler führt nur im Profitennis zu einem adäquaten Einkommen. Eine (zum Beispiel) dopingbedingte Sperre würde die überragenden Fähigkeiten völlig entwerten. Eine Anlage ist *räumlich spezifisch*, wenn sie ihre speziellen Vorteile ihrem Standort verdankt. Hier wäre an die Gewinnung von Roheisen aus Eisenerz zu denken, die unmittelbar neben einem Stahlwerk liegt. Der spezifische Vorteil ist, dass das noch flüssige Eisen keiner nochmaligen Erhitzung bedarf. Der damit verbundene Energiekostenvorteil käme bei Beziehungen zu anderen, entfernt liegenden Veredelungswerken nicht zum Tragen.

Für alle Formen spezifischer Investitionen gilt, dass sie nicht oder nur zu einem geringen Teil reversibel sind, sie lassen sich also nicht rückgängig machen; daher spricht man von Sunk Costs.

> Investitionsausgaben führen zu **Sunk Costs** (irreversiblen Kosten), wenn sich die gebundenen Ressourcen nicht wieder freisetzen lassen.

Zeit- oder nutzungsbedingte Wertminderungen wie planmäßige Abschreibungen auf den Fuhrpark einer Spedition zählen dagegen nicht zu den Sunk Costs.

Der Begriff Spezifität erinnert sprachlich an Spezialisierungsvorteile. In der Tat sind mit spezifischen Investitionen verglichen mit unspezifischen Investitionen häufig deutliche Kostensenkungen verbunden.

Über die Idealtypen von Markt und Hierarchie hinaus lassen sich auch differenziertere Formen der Koordination in die Überlegungen einbeziehen, wie die nachstehende Übersicht zeigt:

		Investitionen		
		unspezifisch	gemischt	spezifisch
Häufigkeit	selten	Markt	neoklassische Verträge	
	häufig		relationale Verträge	Hierarchie

Abbildung 4.2:
Zuordnung von Kooperationsformen zu Merkmalen von Transaktionen [59].

Die neben Markt und Hierarchie zusätzlich einbezogenen Koordinationsformen sind neoklassische Verträge und relationale Verträge. Bei seltenen Transaktionen lohnt es sich trotz der Spezifität noch nicht, die komplexe Organisationsform eines Unternehmens einzurichten. Dennoch ist ein gewisser Schutz der spezifischen Leistung erforderlich. Zu diesem Zweck werden *Williamson* zufolge dritte, streitschlichtende Parteien wie beispielsweise Gerichte einbezogen, die eine nachträgliche Ausbeutung verhindern sollen. Dies ist ein Merkmal *neoklassischer Verträge*. Ebenso zahlt sich bei einer gering ausgeprägten Spezifität die Organisation eines Unternehmens noch nicht aus, obwohl es sich um eine häufige Transaktion handelt. Allerdings lassen wiederholte Transaktionen die Möglichkeit zu, Elemente wie Fairness oder Reputation in die andauernde Geschäftsbeziehung einfließen zu lassen und somit einen *relationalen Vertrag* zu schließen.

4.5.3.3 Vertikale Integration als Beispiel

Im Folgenden zeigen wir an einem Beispiel, wie die Integration zweier Kooperationspartner unter eine einheitliche Leitung zur Sicherung der mit einer spezifischen Investition verbundenen Vorteile beitragen kann.

> Unter **vertikaler Integration** versteht man die Zusammenfassung von im Produktionsprozess nacheinander gelagerten Stufen unter eine einheitliche Leitung.

---

[59] Vgl. *Williamson* (1979), S. 253.

Damit die Integration überhaupt zur Entscheidung steht, muss es sich um technisch separierbare Produktionsstufen handeln. Die Übertragung der Zwischenprodukte von der ersten zur zweiten Produktionsstufe stellt also eine Transaktion im Sinne der Transaktionskostenökonomik dar. Es stellt sich die Frage, ob die Abwicklung der Transaktion über den Markt (also koordiniert über den Preismechanismus, durch einfache Kaufverträge) oder im Rahmen eines Unternehmens (also auf Basis von Weisungen) erfolgen soll. Im Folgenden diskutieren wir nur diese beiden Extremlösungen und lassen Zwischenlösungen wie langfristig bindende Verträge außer Acht.

Marktlösung

Das Szenario[60] lässt sich durch die folgende Abbildung darstellen:

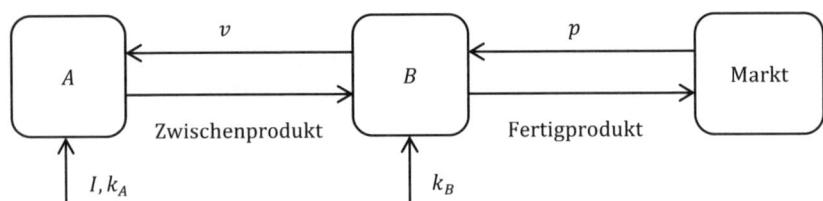

Abbildung 4.3: Lieferbeziehungen, Kosten und Investitionen.

Die zweistufige Fertigung zielt auf eine einzelne Produkteinheit. Die Unterscheidung zwischen Stückkosten und Gesamtkosten erübrigt sich daher. Auf der ersten Produktionsstufe fertigt der Hersteller A (Lieferant) ein Zwischenprodukt. Die Höhe der Produktionskosten k_A hängt von einer kostensenkenden Investition ab, über deren Höhe I der Lieferant entscheiden kann. Es gilt

$$k_A = k_0 - 2\pi\sqrt{I},$$

wobei
k_A Produktionskosten für das Zwischenprodukt
k_0 Kosten ohne kostensenkende Maßnahmen
I Höhe der kostensenkenden Investitionen
π Maß für das Kostensenkungspotenzial.

Der Parameter π steht für das Kostensenkungspotenzial. Je höher π, desto größer ist die mit einer bestimmten Investition erreichbare Kostensenkung.

Auf der zweiten Stufe fertigt der Hersteller B (Abnehmer) das Endprodukt. Für die Weiterverarbeitung fallen Kosten in Höhe von k_B an. Auf dem Absatzmarkt erzielt B einen Preis von p.

Angesichts des exogenen Endproduktpreises p entspräche es der **First-Best-Lösung**, wenn Lieferant und Abnehmer ihre Kooperation so ausgestalten, dass

---

[60] Der Ansatz folgt in der Hauptsache *Tirole* (1988), S. 55 ff.

Kap. 4: Warum Unternehmen?

die Summe aller Kosten einschließlich der Investitionsausgaben (also $k_A + k_B + I$) minimal ausfällt. Die maßgebliche Variable bei dieser Optimierungsaufgabe ist die Investition I. Es gilt

$$k_A + k_B + I = k_0 - 2\pi\sqrt{I} + k_B + I,$$

wobei
k_B Weiterverarbeitungskosten bei der Fertigung des Endproduktes.

Die Gesamtausgaben sind offensichtlich dann minimal, wenn

$$I = \pi^2.$$

Die Marktlösung ist aber dadurch gekennzeichnet, dass es keine einheitliche, leitende Instanz mit Weisungsbefugnis gibt, welche die Entscheidungen von Lieferant und Abnehmer koordinieren könnte. Vielmehr treffen die beiden Parteien diejenigen Entscheidungen, die ihren eigenen Gewinn maximieren. Der jeweilige Gewinn hängt maßgeblich davon ab, welchen Zwischenproduktpreis v der Abnehmer an den Lieferanten zahlen muss. Für die individuellen Gewinne gilt

$$g_A = v - k_A(I) - I,$$
$$g_B = p - k_B - v,$$

wobei
g_i Gewinn des Herstellers i ($i = A, B$)
v Preis für das Zwischenprodukt
p Absatzpreis für das Fertigprodukt.

Der Zwischenproduktpreis v ergibt sich aus einer Verhandlung zwischen Lieferant und Abnehmer. Zu beachten ist, dass zum Zeitpunkt der Preisverhandlung die Investition bereits getätigt ist. Sie ist deshalb nicht mehr Gegenstand der Verhandlung.

Für den Ausgang der Verhandlung ist es von Bedeutung, welche Alternativen die Verhandlungspartner haben, welche Gewinne sie also bei Scheitern der Verhandlung erzielen können. Im Falle des Abnehmers B ist dies die einfache **Unterlassensalternative**, weil er nicht hat in Vorleistung treten müssen. Der Lieferant A hat jedoch bereits eine Investition in seine Produktionstechnologie vorgenommen. Für ihn ist es deshalb wichtig, welche Erlöse er aus seiner Investition erzielen kann, wenn die Verhandlungen mit B nicht zu einem positiven Abschluss kommen.

Die dann verbleibenden Nettoerlöse hängen vom **Grad der Spezifität** der Investition ab. Handelt es sich um eine völlig unspezifische Investition, kann A das damit verbundene Know-how in vollem Umfang für andere Zwecke verwenden. Der Investitionsbetrag könnte dann also vollständig wiedergewonnen werden. Wenn es sich jedoch um eine spezifische Investition handelt, verliert das Know-how bei einer Umwidmung an Wert, sodass der Investitionsbetrag teilweise unwiederbringlich verloren ist. Der Grad der Spezifität äußert sich in der Höhe des für den Lieferanten erzielbaren Alternativerlöses a. Es gilt

$$a = (1-s)I,$$

wobei
a Wert der zweitbesten Verwendung der Investition
s Grad der Spezifität der Investition ($0 \leq s \leq 1$).

Je größer der Parameter s, desto spezifischer ist die Investition und desto geringer der Alternativerlös. Im Zuge der Verhandlungen wirkt sich ein geringer Alternativerlös für den Lieferanten ungünstig aus, weil er den Forderungen des Abnehmers nach Verringerung des Preises für das Zwischenprodukt kaum glaubwürdig entgegentreten kann.

Für die Bestimmung des Preises für das Zwischenprodukt verwenden wir die *Nash*-Verhandlungslösung[61]. Dazu sind die individuellen Gewinne bei Gelingen und bei Scheitern der Verhandlung zu vergleichen:

	Gelingen der Verhandlung	Scheitern der Verhandlung
Gewinn für A	$v - k_A - I$	$-sI$
Gewinn für B	$p - k_B - v$	0

Tabelle 4.4: Gewinne bei Gelingen und bei Scheitern der Verhandlung.

Bei einer spezifischen Investition erleidet A also einen Verlust, wenn die Verhandlungen scheitern. Nach der **Nash-Lösung** erfüllt der Preis v die Anforderung, das Produkt der individuellen Gewinnsteigerungen zu maximieren. Der *Nash*-Ansatz lässt es in einfacher Weise zu, dass die beteiligten Parteien A und B von vornherein eine unterschiedliche Verhandlungsmacht aufweisen. Es gilt daher

$$[(p - k_B - v) - 0]^{1-\alpha}[(v - k_A - I) - (-sI)]^{\alpha} \to \max_{v}!,$$

wobei
α relative Marktmacht des Lieferanten A.

In Abhängigkeit von der getätigten Investition kommt man zu

$$v(I) = \alpha(p - k_B) + (1 - \alpha)[k_A(I) + (1 - s)I].$$

Zum einen beeinflusst die Spezifität den Preis: Weil eine höhere Spezifität die Alternative für den Lieferanten verschlechtert, hat er eine schwächere Verhandlungsposition und erzielt demzufolge einen geringeren Preis. Zum anderen ist der Preis umso kleiner, je größer die relative Marktmacht des Lieferanten

---

[61] Vgl. Abschnitt 3.3.1.4.

ausfällt. Aus der vorstehenden Gleichung geht überdies hervor, dass die Spezifität mit der generellen Verhandlungsmacht interagiert.

Bei der Entscheidung über die kostensenkende Investition muss der Lieferant A die Rückwirkung auf den Preis einbeziehen. A maximiert seinen Gewinn

$$g_A(I) = v(I) - k_A(I) - I$$
$$= \alpha(p - k_B - k_0) + 2\alpha\pi\sqrt{I} - (\alpha + s(1-\alpha))I \to \max_I!$$

In der Marktlösung wählt der Lieferant demzufolge die Investition

$$\hat{I} = \left(\frac{\alpha\pi}{\alpha + s(1-\alpha)}\right)^2,$$

und die Kosten für die Herstellung des Zwischenproduktes belaufen sich auf

$$\hat{k}_A = k_0 - \frac{2\alpha\pi^2}{\alpha + s(1-\alpha)}.$$

Maßgeblich für die Beurteilung der ökonomischen Effizienz ist der damit herbeigeführte Gesamtgewinn von Lieferant und Abnehmer. Dafür erhält man

$$\hat{g} = p - k_B - \hat{k}_A - \hat{I} = \underbrace{p - k_0 - k_B}_{\equiv \bar{g}} + \frac{\alpha(\alpha + 2s(1-\alpha))}{(\alpha + s(1-\alpha))^2}\pi^2,$$

wobei

$\bar{g} \equiv p - k_0 - k_B$ Gewinn, soweit unabhängig von endogenen Variablen.

Zwei Wirkungskanäle verdienen eine genauere Betrachtung, nämlich der Einfluss der Spezifität und der Einfluss der direkten Verhandlungsmacht. Als Vergleichsmaßstab wird dabei die Lösung herangezogen, die sich bei gemeinsamer Gewinnmaximierung ergäbe; diese Lösung stellt hier zugleich das Wohlfahrtsoptimum, also das First Best dar.

Mit Blick auf die Spezifität ist unmittelbar ersichtlich, dass die Marktlösung mit dem First Best vereinbar ist, wenn die kostensenkende Investition völlig unspezifisch ist ($s = 0$). Es ist weiter ersichtlich, dass sich Investitionsvolumen und realisierter Gesamtgewinn umso weiter vom First Best entfernen, je spezifischer die Investition ist. Als Ursache dafür hatten wir bereits die infolge der Spezifität verschlechterte Verhandlungsposition des Lieferanten erkannt, welche seine Investitionsanreize verringert.

Aus dem rechten Teil der Tabelle 4.5 geht hervor, dass die originäre Marktmacht α eine eigene Wirkung entfaltet. Hat der Lieferant keinerlei Marktmacht ($\alpha = 0$), bestehen für ihn unabhängig von der Spezifität keinerlei Investitionsanreize, weil der Abnehmer sich die komplette Netto-Kostensenkung aneignen kann. Umgekehrt spielt die Spezifität bei vollständiger Marktmacht des Lieferanten ($\alpha = 1$) keine Rolle, weil der Lieferant die Vorteile seiner Investition vollständig internalisieren kann.

		Spezifität			Marktmacht		
	First Best	$s=0$	$0<s<1$	$s=1$	$\alpha=0$	$0<\alpha<1$	$\alpha=1$
$\hat{I}$	π^2	π^2	$\dfrac{\partial \hat{I}}{\partial s}<0$	$\alpha^2\pi^2$	0	$\dfrac{\partial \hat{I}}{\partial \alpha}>0$	π^2
$\hat{g}-\bar{g}$	π^2	π^2	$\dfrac{\partial \hat{g}}{\partial s}<0$	$\alpha(2-\alpha)\pi^2$	0	$\dfrac{\partial \hat{g}}{\partial \alpha}>0$	π^2

Tabelle 4.5: Einfluss von Spezifität und Marktmacht.

Anhand der in der Tabelle nicht ausgewiesenen Kreuzableitungen erkennt man schließlich, dass sich die schädlichen Wirkungen von hoher Spezifität und mangelnder Marktmacht des Lieferanten auf Investition $\hat{I}$ und Gesamtgewinn $\hat{g}$ verstärken, wenn die Marktmacht niedrig und die Spezifität hoch sind.

Entscheidung über Integration und Spezifität

Die Hauptthemen dieses Abschnitts sind aber nicht Investition und Gesamtgewinn, sondern die Entscheidung über die Koordinationsform, also zwischen Marktlösung und Integrationslösung. Dem Kooperationsgewinn $\hat{g}$ der Marktlösung ist derjenige maximale Kooperationsgewinn g^* gegenüberzustellen, der sich erzielen ließe, wenn es zu einer vertikalen Integration kommt. In diesem Fall handelt es sich bei dem für das Zwischenprodukt angesetzten Preis v lediglich um einen internen Verrechnungspreis, der auf den Gesamtgewinn keinerlei Einfluss hat: direkt ohnehin nicht, aber auch nicht mittelbar. Denn in einem vertikal integrierten Unternehmen kann die Zentrale über die Investition unabhängig vom Verrechnungspreis entscheiden. Bei zwei separierten Unternehmen bezieht dagegen – wie gesehen – der Lieferant A die Rückwirkung der Investition auf den Zwischenproduktpreis in seinen Kalkül ein.

Um das Entscheidungsproblem der vertikalen Integration nicht von vornherein zugunsten der integrierten Lösung zu verzerren, unterstellen wir für das Folgende, dass bei Integration zusätzlich Kosten der internen Organisation in Höhe von c anfallen. Bei der Integrationslösung ist der gesamte Kooperationsgewinn zu maximieren:

$$g = p - k_B - k_A(I) - I - c \to \max_I!,$$

wobei
c Kosten der internen Organisation.

Für die optimale Investition in Kostensenkung ergibt sich

$$I^* = \pi^2.$$

Da (annahmegemäß) die Kosten der Integration nicht von der Höhe der Investition abhängen, kommt es bei Integration nicht zu einer Verzerrung der Investitionsanreize, und es wird die first-best-optimale Investition festgelegt. Sofern also nicht entweder die Investition völlig unspezifisch oder die Marktmacht des Lieferanten vollständig ist, führt die Integrationslösung zu einer besseren Investitionsentscheidung als die Marktlösung.

Nach Einsetzen der optimalen Investition in die Ausgangsgleichung ergibt sich der maximale Kooperationsgewinn bei vertikaler Integration:

$$g^* = \bar{g} + \pi^2 - c.$$

Für die Entscheidung über die Integration sind die beiden Gewinne zu vergleichen. Es gilt

$$g^* > \hat{g} \Leftrightarrow \left(\frac{\pi s(1-\alpha)}{\alpha + s(1-\alpha)}\right)^2 > c.$$

Die Existenz von Unternehmen lässt sich also wie folgt begründen: Spezifität führt infolge von externen Effekten zu Transaktionskosten in Form nicht ausgeschöpfter Kostensenkungspotenziale. Je größer diese Potenziale sind, desto wichtiger ist es, die externen Effekte zu internalisieren. Genau dies geschieht durch die Integration unter einheitliche Leitung. Dadurch wird die Unterinvestition beseitigt.

Bisher haben wir unterstellt, dass die Spezifität der Investition durch einen exogenen Parameter s gekennzeichnet ist. Tatsächlich unterliegt aber auch der Grad an Spezifität einer Entscheidung. Man kann davon ausgehen, dass sich nach einer präzisen Abstimmung auf die erforderlichen Belange mit einer höheren Spezifität s größere Kostensenkungspotenziale π erreichen lassen ($\pi'(s) > 0$). Anderen Verwendungen des Know-hows steht das dann aber entgegen. Dies verdeutlichen wir nun anhand eines Beispiels mit zwei Technologien. Es soll gelten $\pi_1 < \pi_2$ sowie $0 = s_1 < s_2 = s$. Das heißt, die Technologie 2 weist die größere Spezifität auf und bringt ein höheres Kostensenkungspotenzial mit sich.

Grundsätzlich stehen vier Organisationsformen zur Verfügung, nämlich die Marktkoordination mit niedriger (MN) oder hoher Spezifität (MH) sowie die Integration mit niedriger (IN) oder hoher Spezifität (IH). Die verschiedenen Lösungen führen zu den folgenden Gewinnen:

	Markt ($\hat{g}$)	Integration (g^*)
Niedrige Spezifität	$\bar{g} + \pi_1^2$	$\bar{g} + \pi_1^2 - c$
Hohe Spezifität	$\bar{g} + \pi_2^2 - \left(\frac{\pi_2 s(1-\alpha)}{\alpha + s(1-\alpha)}\right)^2$	$\bar{g} + \pi_2^2 - c$

Tabelle 4.6: Maximale Gewinne je nach Kooperationsform und Spezifität.

Unter Verwendung einiger Hilfsvariablen lassen sich die Gewinnrelationen übersichtlicher darstellen. Zu diesem Zweck definieren wir

$$\gamma = \bar{g} + \pi_1^2,$$

$$\delta = \pi_2^2 - \pi_1^2,$$

$$\omega = \left(\frac{\pi_2 s(1-\alpha)}{\alpha + s(1-\alpha)}\right)^2,$$

wobei
γ Gewinn der Referenzlösung MN
δ Gewinnzuwachs infolge des größeren Kostensenkungspotenzials bei hoher Spezifität
ω Opportunitätskosten der hohen Spezifität bei Marktkoordination.

Für die vereinfachte Gewinnmatrix erhält man somit

	Markt	Integration
Niedrige Spezifität	γ	$\gamma - c$
Hohe Spezifität	$\gamma + \delta - \omega$	$\gamma + \delta - c$

Tabelle 4.7: Vereinfachte Darstellung der Gewinne.

Es ist sofort ersichtlich, dass die Kombination der Integration mit der niedrigen Spezifität (IN) nie sinnvoll sein kann, weil den Kosten der internen Organisation keinerlei Vorteile gegenüberstehen. Abbildung 4.4 enthält eine übersichtliche Darstellung, welche der drei übrigen Lösungen MN, MH oder IH in Abhängigkeit der Parameter δ, ω und c vorzuziehen ist.

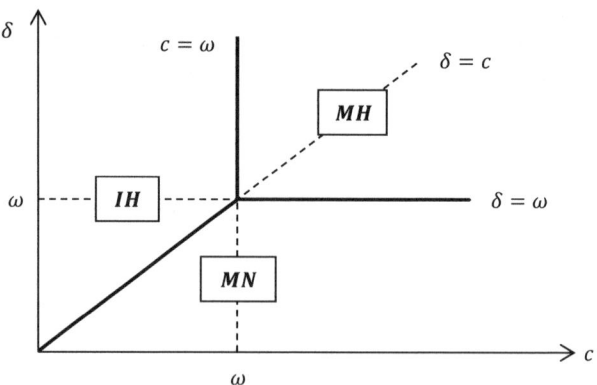

Abbildung 4.4: Optimale Organisationsformen.

Zusammenfassend lässt sich festhalten:

1. Die optimale Spezifität ist im Fall der Integration nicht niedriger als im Fall der Marktlösung.
2. Ist eine höhere Spezifität produktiv effizient, weil sie mit einem größeren Kostensenkungspotenzial verbunden ist, sichert möglicherweise erst die Integration die Wahl der effizienten Technologie.
3. Die Zusammenfassung von Aktivitäten unter eine einheitliche Leitung (also die Integration) ist insbesondere dann vorzuziehen, wenn
   - die Transaktionskosten des Marktes (ω) hoch sind,
   - die richtigen Investitionsanreize wichtig sind (also bei einem hohen Kostensenkungspotenzial δ) und
   - die Kosten der internen Organisation c niedrig sind.

Die Transaktionskosten des Marktes hängen dabei sowohl von der Spezifität als auch von den Marktmachtverhältnissen ab. Die Transaktionskosten sind hoch, wenn die Spezifität ausgeprägt und wenn die Marktmacht der spezifisch investierenden Partei niedrig ist.

Der vorgestellte Fall und seine Lösung spiegeln ein Phänomen wider, das als **fundamentale Transformation** bezeichnet wird. Damit ist gemeint, dass sich die Verhandlungssituation bei Eingehen spezifischer Investitionen deutlich verändert. Der Einstieg in die Kooperation erfolgt unter Einbeziehung aller Kosten und Erträge, die mit dem jeweiligen Vorhaben verbunden sind. Diese ausgeglichene Verhandlungssituation ändert sich, nachdem eine Partei (im vorstehenden Beispiel der Produzent des Zwischenprodukts) spezifische Investitionen getätigt hat. Bei reinen Markttransaktionen ist die spezifische Investition nicht hinreichend geschützt. Die investierende Partei ist nunmehr an den Partner gebunden, weil sie sich nicht verlustfrei aus der Kooperation zurückziehen kann. Aus diesem Grund bleibt der Veräußerungsverlust bei abschließender Nicht-Einigung über die Kooperationsbedingungen ohne Kompensation. Wer spezifische Investitionen tätigt, begibt sich damit in eine zumindest teilweise ausbeutungsoffene Position; es droht ein sogenannter **Hold Up** (wörtlich: Raubüberfall), also eine erpresserische Drohung der Gegenseite, die Kooperation platzen zu lassen. Der sich aus der Erpressung ergebende positive externe Effekt zieht bei reinen Markttransaktionen eine Unterinvestition nach sich, im vorstehenden Beispiel auf dem Gebiet kostensenkender Investitionen. Fallstudien aus der Automobilindustrie zeigen, dass es in derartigen Situationen zum Schutz spezifischer Investitionen tatsächlich zu längerfristigen Bindungen kommt.[62]

---

[62] *Klein/Crawford/Alchian* (1978).

4.6 Unternehmensverbindungen

Bei dem vorliegenden Stand der Diskussion sind Unternehmen keineswegs mehr Institutionen, deren Existenz unerklärlich ist oder lediglich eine „folkloristische Besonderheit"[63] darstellt. Ebenso wie die Gestaltung von Kooperationen zwischen Individuen durch Bildung von Unternehmen sind auch Kooperationen zwischen den so geschaffenen Institutionen beobachtbar. Mit anderen Worten, nicht nur Individuen, sondern auch Unternehmen bilden untereinander Institutionen.

Beispiele sind langfristige Liefer- bzw. Abnahmeverpflichtungen, gegenseitige Kapitalbeteiligungen, die Gründung gemeinsamer Tochterunternehmen (*Joint Ventures*) oder Gelegenheitsgesellschaften zur Abwicklung einzelner Aufgaben, beispielsweise das mehrfach angesprochene Kreditvergabekonsortium von Banken. Die intensivste Form der Kooperation zwischen Unternehmen ist deren **Fusion**, also deren vollständige Integration.

Die Erklärung für das Phänomen der Unternehmenskooperationen lässt sich im Prinzip mit einem ähnlichen Gang der Argumentation finden. Die Besonderheit liegt nur darin, dass es sich um eine mehrstufige Form der Institutionenbildung handelt. Unterschiedliche Formen der Ausgestaltung von Unternehmensverbindungen behandeln wir nachfolgend unter dem Stichwort Rechtsformen von Unternehmen.[64] Auch die Frage nach der optimalen Leistungstiefe, also dem optimalen Grad der Integration vor- oder nachgelagerter Produktionsstufen, greifen wir später noch einmal vertieft auf.[65]

Die Integration einzelner Aktivitäten zu Unternehmen oder mehrerer Unternehmen zu Unternehmensverbindungen kann Vorteile erbringen. Selbstverständlich gilt aber die *Coase*sche Erkenntnis, dass einer sinnvollen Unternehmensgröße auch eine Obergrenze gesetzt ist. Es gehört zu den als gesichert geltenden Erkenntnissen, dass es sehr schwierig ist, sämtliche denkbaren Vorteile aus der Integration zweier Unternehmen auch tatsächlich zu realisieren.[66] Dies deckt sich mit der empirischen Beobachtung, dass keineswegs alle in Angriff genommenen Fusionen erfolgreich enden. Wegen überproportional steigender Transaktionskosten der internen Organisation kann eben nicht davon ausgegangen werden, dass ein Großunternehmen so viel leisten kann wie viele Kleinunternehmen zusammen, und noch mehr.[67]

---

[63] *Hax* (1991), S. 54.
[64] Vgl. Abschnitt 5.1.2.
[65] Vgl. Abschnitt 6.4.
[66] *Roll* (1986). Siehe für einen breiten Überblick über Theorie und Empirie zu Fusionen *Copeland/Weston/Shastri* (2008), Kapitel 18.
[67] Siehe dazu *Williamson* (1985), Kapitel 6; *Richter/Furubotn* (2010), S. 422-428; *Neus* (2000).

Kap. 4: Warum Unternehmen?   151

Wiederholungsfragen und Übungsaufgaben

Lösungshinweise *https://online.mohr.de/elib/neus*.

Aufgabe 4.1
Häufig unterscheidet man drei Formen der Informationsasymmetrie.
Erklären Sie die Unterschiede und geben Sie jeweils zwei Beispiele aus der Unternehmenspraxis.

Aufgabe 4.2
Ein Keksproduzent erhält von einer großen Einzelhandelskette das Angebot, im nächsten Geschäftsjahr 3 Mio. Einheiten einer bestimmten Gebäcksorte abzusetzen. Voraussetzung dafür ist, dass der Produzent die bisherige Kapazität von 500.000 Einheiten versechsfacht. Nach einer Erhebung der Marketing-Abteilung des Keksproduzenten lassen sich über die bisherigen Kanäle auch unter idealen Bedingungen maximal 1 Mio. Einheiten verkaufen.
a) Welche Chancen und Gefahren liegen für den Keksproduzenten in dem Angebot der Einzelhandelskette?
b) Welche Maßnahmen könnten dazu beitragen, die Risiken zu verringern?

Aufgabe 4.3
Nennen Sie Beispiele für unterschiedliche Transaktionskosten bei Abschluss eines Arbeitsvertrages und versuchen Sie, diese zu systematisieren.

Aufgabe 4.4
Zum Angebot stehen Waschmaschinen in drei Qualitätsklassen. Die Werte für die jeweiligen Qualitäten betragen:

Qualitätsklasse	Wert
hohe Qualität	900 €
mittlere Qualität	500 €
niedrige Qualität	400 €

Allerdings ist die Qualität einer bestimmten Waschmaschine für potenzielle Nachfrager nicht erkennbar. Mangels besserer Information gehen die Nachfrager zunächst davon aus, dass alle Qualitäten gleich wahrscheinlich sind.
a) Angenommen, ein Anbieter verkauft nur dann, wenn er mindestens einen Preis erhält, der bei bekannter Qualität gezahlt würde. Wie hoch ist der

durchschnittliche Wert einer Waschmaschine, für die ein Nachfrager 500 € zu zahlen bereit ist?
b) Wie hoch ist der durchschnittliche Wert einer Waschmaschine unter der Annahme, dass alle Anbieter ihre Waren in der betrachteten Periode verkaufen müssen (zum Beispiel, weil das Fertigwarenlager geräumt werden muss)?
c) Welche Qualität werden die Anbieter produzieren, wenn die Waschmaschinen noch gar nicht hergestellt sind?

Aufgabe 4.5

Ein risikoindifferenter Unternehmer ist mit zwei einander ausschließenden Investitionsprojekten konfrontiert, die beide eine Anfangsauszahlung von 100.000 € erfordern. Einzahlungsüberschüsse fallen nach Ablauf einer Periode an. Es sind zwei Umweltzustände möglich, wobei Zustand 1 mit einer Wahrscheinlichkeit von 95% eintritt:

	Zustand 1	Zustand 2
Projekt A	120.000	110.000
Projekt B	125.000	0

a) Welches Projekt sollte der Unternehmer wählen, wenn er die Anfangsauszahlung aus eigenen Mitteln finanzieren muss?
b) Der Unternehmer besitzt allerdings nicht genügend eigene Mittel. Daher muss er die Anfangsauszahlung teilweise per Kredit finanzieren. Am Periodenende hat er für Verzinsung und Tilgung des Kredits einen Betrag von 44.000 € an seine Bank zu leisten. Für welches Projekt entscheidet sich der Unternehmer unter diesen Bedingungen?
c) Unter der Voraussetzung, dass Projekt A durchgeführt wird, wäre die Bank bereit, einen deutlich niedrigeren Zins zu verlangen, der zu einer Rückzahlungsverpflichtung von 41.800 € führen würde. Kann sich die Bank, für welche die Projektwahl nicht beobachtbar ist, auf das Versprechen des Unternehmers verlassen, tatsächlich das Projekt A durchzuführen?
d) Warum hat der Unternehmer ein Interesse daran, der Bank gegenüber sicherzustellen, dass tatsächlich Projekt A durchgeführt wird?

Aufgabe 4.6

Zwei Einproduktunternehmen 1 und 2 fertigen die Güter X bzw. Y in den Mengen x bzw. y. Für die Kostenfunktionen gilt

$$k_1 = x^2 + 20x,$$
$$k_2 = 5y^2 + 10y + 10x.$$

Die Stückpreise betragen $p_X = 50$ und $p_Y = 80$.
a) Erklären Sie den vorliegenden externen Effekt und geben Sie ein praktisches Beispiel.
b) Welche Produktionsentscheidungen treffen die beiden gewinnmaximierenden Unternehmen?
c) Wie hoch sind die privaten, wie hoch die sozialen Grenzkosten bei Unternehmen 1?
d) Wie hoch wäre die gewinnmaximale Produktion von Unternehmen 1 bei einer Kalkulation mit sozialen Kosten?
e) Wie könnten Nachfrager die Güterverschwendung bei individueller Gewinnmaximierung korrigieren?

Aufgabe 4.7

Warum kann ein großes Unternehmen nicht stets so viel leisten wie viele kleine Unternehmen zusammen, oder sogar mehr („*Williamsons* Rätsel")?

Aufgabe 4.8

a) Unter welchen Umständen ist die Ex-ante-Verteilung von Verfügungsrechten für die Ex-post-Verteilung relevant?
b) Verdeutlichen Sie dies an einem Beispiel aus dem Umweltschutz.

Aufgabe 4.9

a) Was versteht man unter dem Begriff „fundamentale Transformation"?
b) Wie kann es dazu kommen?
c) Was bedeutet die fundamentale Transformation für die Stabilität von Kooperationsbeziehungen?

Aufgabe 4.10

Beurteilen Sie, ob die folgenden Aussagen richtig oder falsch sind:
a) Bei Gemeinschaftseigentum kommt es häufig zu negativen externen Effekten. Daher erfolgt eine übermäßige Inanspruchnahme von Gütern in Gemeinschaftseigentum.
b) Wenn sich ein Entscheider alle positiven Auswirkungen seiner Entscheidung zurechnen kann, er sich zugleich aber nicht alle negativen Wirkungen zurechnen lassen muss, spricht man von einem positiven externen Effekt.
c) Eine der wesentlichen Determinanten für die relative Vorteilhaftigkeit von Markt oder Hierarchie als Koordinationsform ist die Spezifität der ausgetauschten Güter.

d) Unter „Moral Hazard" versteht man das Problem, dass der eine Partner nicht weiß, welche Aktivitäten der andere Partner ergreifen kann.
e) Exklusivität von Verfügungsrechten bedeutet, dass die üblicherweise unterschiedenen Verfügungsrechte einer einzigen Person zugeordnet werden.
f) Der Erwerb eines Mercedes A-Klasse durch eine Autovermietung führt für diese zu Sunk Costs.
g) Auf einem vollkommenen Markt ist es einem Nachfrager (ceteris paribus) egal, von welchem Anbieter er ein Produkt kauft.
h) Verifizierbarkeit bedeutet, dass wichtige Informationen auch von dritter Seite überprüft werden können.
i) Die Einführung einer Kontrollinstanz löst keinerlei Probleme, wenn deren Kontrolltätigkeit ihrerseits nicht überwacht werden kann.

Literaturhinweise

In Kapitel 4 haben wir wesentliche Bausteine der Institutionenökonomik etwas genauer eingeführt. Dies gilt für Transaktionskosten, für die Theorie der Verfügungsrechte und für die Transaktionskostenökonomik. Alle diese Elemente sind in *Richter/Furubotn* (2010) ausführlich dargestellt. Die weiteren Literaturhinweise zeigen, dass der Inhalt auch von Kapitel 4 nicht zum Standardrepertoire aller betriebswirtschaftlichen Lehrbücher zählt.

Zu den Formen asymmetrischer Informationsverteilung wird häufig auf *Spremann* (1990) verwiesen.

Externe Effekte, das *Coase*-Theorem und die Verfügungsrechtstheorie bilden häufig eine Untersuchungseinheit. Eine interessante Referenz ist hier das Lehrbuch zur ökonomischen Analyse des Zivilrechts von *Schäfer/Ott* (2013). Der Band von *Büdäus/Gerum/Zimmermann* (1988) enthält zahlreiche Aufsätze, die verdeutlichen, wie fruchtbar sich die Verfügungsrechtstheorie in der Betriebswirtschaftslehre einsetzen lässt.

Die Monografie von *Williamson* (1985) zur Transaktionskostenökonomik ist nicht ganz einfach zu lesen. Dennoch ist die Lektüre als Zusammenfassung früherer Darstellungen lohnend.

Zum Untersuchungsgegenstand dieses Kapitels gibt es zudem einige Aufsätze aus der Kategorie: „häufig zitiert, selten gelesen": *Coase* (1937), *Coase* (1960), *Alchian/Demsetz* (1972), *Klein/Crawford/Alchian* (1978), *Holmström* (1982). Eine interessante Ergänzung zu Abschnitt 4.5 ist der Aufsatz von *Arrow* (1969). Jeweils ist die Lektüre empfehlenswert, nicht nur, weil es sich um „Klassiker" handelt.

Zusammenfassung

1. Nur auf unvollkommenen Märkten können Unternehmen eine effizienzsteigernde Wirkung haben. Marktunvollkommenheiten lassen sich in der Regel auf Transaktionskosten im weitesten Sinn zurückführen. Besonders zu betonen sind Informationskosten, weil sie zu einer asymmetrischen Informationsverteilung von Marktteilnehmern führen. Diese wiederum erhöht auch andere Kosten der Koordination von Entscheidungen.
2. Informationsvorsprünge können Möglichkeiten eröffnen, sich ex post auf Kosten von Kooperationspartnern zu bereichern. Kooperationspartner sind vielleicht schlecht informiert, aber nicht naiv; sie bilden rationale Erwartungen. Deshalb ergreifen sie Vorkehrungen gegen eine solche Ausbeutung. Dadurch werden Kooperationen verteuert und verlieren an Vorteilhaftigkeit; unter Umständen wird ganz auf sie verzichtet. Daraus folgt, dass beide Kooperationspartner ein Interesse daran haben, die Auswirkungen einer asymmetrischen Informationsverteilung kostengünstig zu beseitigen.
3. Die bei Informationsasymmetrien aufkommenden Fehlanreize sind stets mit externen Effekten verbunden. Das heißt, ein Entscheider trägt nicht zugleich alle Vorteile und Nachteile einer Entscheidung. Bei externen Effekten droht ein ineffizienter Faktoreinsatz.
4. Durch eine geeignete Verteilung der Verfügungsmacht über Güter lassen sich externe Effekte internalisieren, also auf die Entscheider zurückverlagern. Dies wird besonders deutlich, wenn man Eigentum als ein Bündel von Verfügungsrechten begreift. Bei Marktunvollkommenheiten ist aber auch die Sicherung der richtigen Verteilung von Verfügungsrechten erschwert.
5. Als Ergebnis von Transaktionskosten, einer asymmetrischen Informationsverteilung und opportunistischem Verhalten von Individuen kann man ein Marktversagen konstatieren. Das heißt, der Markt ist nicht in der Lage, stets eine effiziente Lenkung von Ressourcen zu gewährleisten. Unter den genannten Bedingungen gilt dies aber auch für die privatvertraglichen oder staatlichen Alternativen (Hierarchien bzw. Regulierung): hier spricht man vom Organisationsversagen bzw. Staatsversagen.
6. Anhand zweier Spielarten der Institutionenökonomik, der Verfügungsrechtstheorie und der Transaktionskostenökonomik, haben wir gezeigt, dass unter bestimmten Bedingungen die Koordination von Entscheidungen in Unternehmen (also zentral, durch Weisungen) besser funktioniert als auf dem Markt (also dezentral, durch Preise). Kennzeichnende Merkmale eines Unternehmens sind demnach die einheitliche Leitung und die Möglichkeit zur Aneignung des Residuums durch die koordinierende Instanz.

Schlüsselbegriffe

Anreizverträglichkeit
Asymmetrische
　Informationsverteilung
Beobachtbarkeit
Coase-Theorem
Externe Effekte
Opportunismus

Qualitätsunsicherheit
Rationale Erwartungen
Spezifität
Transaktionskosten
Verfügungsrechte
Verhaltensunsicherheit
Verifizierbarkeit

Kapitel 5

Entscheidungsbefugnisse und Unternehmensziele

Zum Inhalt von Kapitel 5

Unternehmen sind charakterisiert durch das Verhalten von Individuen, die Unternehmen gründen oder über Unternehmen Geschäfte mit anderen Individuen abwickeln. Dennoch kann es für die Behandlung einiger Probleme zweckmäßig sein, das Unternehmen als Einheit zu betrachten. Das beobachtbare Verhalten von Unternehmen hängt maßgeblich davon ab, welche Instanzen Entscheidungsbefugnisse innehaben und nach welcher Maßgabe Instanzen Entscheidungsbefugnisse erhalten.

Die Antworten auf diese Fragen sind kennzeichnend für die in Abschnitt 5.1 untersuchten *Unternehmensverfassungen*. Diese sind geprägt durch Gesetze, Satzungen und die Leitungsorganisation von Unternehmen. Zunächst erörtern wir Möglichkeiten der rechtlichen Ausgestaltung von Unternehmen. Unter Rückgriff auf die Theorie der Verfügungsrechte lässt sich zeigen, dass die Effizienz bestimmter Unternehmensverfassungen maßgeblich von der Zuweisung der wesentlichen Verfügungsrechte (Residualeinkommen und Verfügungsmacht) abhängt. Unter diesem Blickwinkel vergleichen wir wichtige Idealtypen der Unternehmensverfassung, nämlich das eigentümergeleitete, das managergeleitete und das arbeitsgeleitete Unternehmen. Im Ergebnis spricht viel dafür, aus Gründen der Effizienz die Interessen der Eigentümer in den Mittelpunkt zu rücken: Auf diese Weise lässt es sich am ehesten erreichen, externe Effekte gering zu halten.

Gegenstand von Abschnitt 5.2 ist die Untersuchung der Frage, ob mit der Orientierung an den Eigentümerinteressen ein Interessenmonismus[1] verbunden ist und es zu einer Vernachlässigung der Interessen anderer **Stakeholder** kommt. Dagegen spricht, dass der Privatautonomie der Eigentümer von Unternehmen durch den **Wettbewerb** Grenzen gesetzt sind und dass die staatliche **Rechtsordnung** zusätzliche Schranken errichtet. Zum Schluss dieses Kapitels diskutiert, ob zusätzlich zu den genannten Restriktionen eine besondere ***Unternehmensethik*** als weitere tragende Säule einer Marktwirtschaft erforderlich ist.

---

[1] Vgl. zu dieser Befürchtung bereits *Steinmann* (1969).

5.1 Ausgestaltung von Unternehmensverfassungen

5.1.1 Unternehmensverfassung als Zuordnung von Verfügungsrechten

> Die **Unternehmensverfassung** ist gekennzeichnet durch die Zuordnung von Entscheidungskompetenzen und die Festlegung von Entscheidungsregeln auf der Leitungsebene eines Unternehmens.

Demzufolge macht es die Unternehmensverfassung aus, wie Verfügungsrechte auf die an dem Unternehmen beteiligten Parteien verteilt sind. Im Wesentlichen ist die Unternehmensverfassung eng verwandt mit dem Begriff der *„Corporate Governance"*, den man umschreiben kann als „Gesamtheit der Regelungen und Vorkehrungen, die bestimmen, wie in wichtigen Organisationen – namentlich in großen Unternehmen – wesentliche Entscheidungen getroffen werden"[2]. Von weitreichender Bedeutung ist vor allem die Leitungsorganisation, weniger die Verästelung von Regelungen bis hin zum einzelnen Mitarbeiter. Es gibt verschiedene Ansatzpunkte zur Gestaltung der Unternehmensverfassung: die Rechtsform des Unternehmens, die Satzung bzw. der Gesellschaftsvertrag und die Unternehmensorganisation inklusive informeller Regeln. Vorgegeben sind dagegen die durch den Staat gesetzten Rahmenbedingungen.

Zu den Merkmalen der Unternehmensverfassung gehört auch die Möglichkeit, Entscheidungskompetenzen und Entscheidungsregeln neu zu ordnen. Bei einigen Unternehmenstypen, insbesondere bei börsennotierten Aktiengesellschaften, liegen der Umgestaltung der Unternehmensverfassung Markthandlungen zugrunde. Man spricht dann vom **Market for Corporate Control** (Markt für Unternehmenskontrolle), dessen Funktionsweise ebenfalls einen Einfluss auf Unternehmensverfassungen hat.

Bei den in Kapitel 4 vorgestellten Ansätzen zur Erklärung von Unternehmen spielen verschiedene Verfügungsrechte an Unternehmen eine wesentliche Rolle. Zunächst gilt dies für die Ausübung der **Unternehmensleitung**. Dieses Verfügungsrecht sollte allerdings nicht voreilig mit der Tätigkeit des Vorstands eines Unternehmens gleichgesetzt werden. Wie die weiteren Ausführungen zeigen werden, ist die Funktion „Unternehmensleitung" häufig auf verschiedene Gruppen von Individuen verteilt.

---

[2] *Schmidt* (2013), S. S13. Zur näheren Ausfüllung dieses Begriffs durch den Deutschen Corporate-Governance-Kodex siehe Abschnitt 5.2.4.2.

> Zu den **Verfügungsrechten der Unternehmensleitung** zählen
> 1. das Recht, die Verträge mit allen Beteiligten des Unternehmens zu gestalten,
> 2. das Weisungsrecht, also das Recht, innerhalb vertraglich und gesetzlich begrenzter Spielräume Kooperationspartnern Aufgaben zuzuweisen. Damit kann das Recht verbunden sein, durch Sanktionen, beispielsweise durch einseitige Entlassung aus dem Unternehmensverbund, die Befolgung von Weisungen durchzusetzen, und
> 3. das Recht zur Ausfüllung unvollständiger Verträge. Dies kann man als das residuale Verfügungsrecht bezeichnen, nämlich das Recht, unklare Verfügungsrechte auszuüben oder zuzuweisen.

Das zweite zentrale Verfügungsrecht besteht in der Möglichkeit zur Aneignung der Unternehmensüberschüsse, die ein **Residualeinkommen** darstellen. Man spricht vom Residuum, weil es um das Einkommen geht, welches nach Befriedigung aller Kontrakteinkommen verbleibt. Inhaber von Kontrakteinkommen, also vertraglich bestimmter Einkommen, sind vor allem Arbeitnehmer, Kreditgeber und Lieferanten. Noch griffiger ist die Gegenüberstellung des Begriffspaars Festbetragsansprüche und Restbetragsansprüche.[3] Ein **Festbetragsanspruch** hat unabhängig vom Gesamteinkommen des Unternehmens eine feste Höhe und ist demnach nicht vom Zufall abhängig. Jedenfalls gilt dies solange, wie das Unternehmen seinen Zahlungsverpflichtungen nachkommen kann, also keine Insolvenz eintritt. Dagegen schlägt sich die Unsicherheit in den **Restbetragsansprüchen** als Differenz zwischen dem unsicheren Bruttoeinkommen und den sicheren Festbetragsansprüchen nieder. Ungeachtet möglicher Unschärfen im Einzelfall ist dies ein zweckmäßiger Ausgangspunkt für die Gegenüberstellung von Idealtypen.

Im Englischen findet sich das Begriffspaar „**Ownership and Control**". Mit „Ownership" ist nicht das gesamte Bündel von Verfügungsrechten gemeint, sondern nur das Recht auf ein Residualeinkommen. Anders, als es ein erster Eindruck vielleicht nahelegen könnte, gilt somit mehr der Residualanspruch (und damit die vorrangige Risikoübernahme) und weniger die Ausübung der Unternehmensleitung als kennzeichnend für das Eigentum. Das englische Wort „Control" korrespondiert nur lose mit dem deutschen Begriff „Kontrolle". Vielmehr geht es um die Steuerung von Unternehmen, im Kern also um die Unternehmensleitung.

Separation of Ownership and Control bedeutet demnach, dass nicht die Inhaber der Residualansprüche, sondern eine andere Instanz das Unternehmen leitet. Aus den Ergebnissen von Kapitel 4 geht hervor, dass die Trennung der

---

[3] *Stützel* (1981), S. 208.

Unternehmensleitung von den Residualansprüchen zu externen Effekten führt. Denn die Leitungsinstanz trifft die Entscheidungen, die Entscheidungswirkungen fallen aber vorrangig den Inhabern der Residualansprüche zu. Andererseits kann man sich von der Trennung der Bündel von Verfügungsrechten Spezialisierungsvorteile versprechen. Bei der Gestaltung der Unternehmensverfassung geht es im Wesentlichen darum, die schädlichen Implikationen externer Effekte und Spezialisierungsvorteile situationsabhängig gegeneinander abzuwägen.

5.1.2 Rechtsformen und Unternehmensverbindungen

5.1.2.1 Rechtsformwahl

Die Wahl der Rechtsform eines Unternehmens setzt ein **Bündel rechtlicher Regelungen** in Kraft, das bestimmte Sachverhalte vorab regelt, die sich zwischen den Gesellschaftern oder gegenüber Dritten im Nachhinein als besonders konfliktträchtig erweisen könnten. Im Wesentlichen betrifft dies die Kapitalbeteiligung, die Leitungsbefugnis nach innen und Vertretungsmacht nach außen, die Erfolgsbeteiligung und Risikoübernahme sowie Kontrollrechte und Publizität. Damit betrifft die Rechtsformwahl unmittelbar die Unternehmensverfassung. Wesentliche Auswirkungen hat die Rechtsformentscheidung auch auf die Besteuerung von Unternehmen und Eigentümern.

Erklärungsbedürftig ist, welche möglichen Vorteile daraus resultieren, wenn die Rechtsformwahl ein Bündel einzelner Regelungen vorab festschreibt. Es wäre auch denkbar, jede einzelne vertragliche Beziehung individuell auszugestalten. Die Festlegung auf **nicht abdingbare Rechte oder Pflichten** kann es aber ermöglichen, auch solche Regelungen zu vereinbaren, die zwar ex ante für alle Beteiligten sinnvoll sind, ex post aber für wenigstens einen der Beteiligten suboptimal wären und demnach scheitern könnten. Ein Beispiel ist die sich aus dem Handels- und Gesellschaftsrecht ergebende Ausschüttungsbeschränkung bei Kapitalgesellschaften. Die Rechtsformwahl erlaubt also die **glaubwürdige Bindung** an Kooperationsformen, die im allseitigen Interesse liegen. Überdies fördert die mit der Rechtsformwahl verbundene Standardisierung eine gewisse Transparenz.

Neben der Möglichkeit zur Rechtsformwahl äußert sich die Vertragsfreiheit auch darin, dass nicht alle wesentlichen Regelungen durch Gesetze verbindlich festgeschrieben sind. Vielmehr sind zahlreiche Vorschriften dispositiv, das heißt, sie lassen sich durch vertragliche Vereinbarungen (Gesellschaftsvertrag oder Satzung) abändern.

Die Rechtsformen von Unternehmen unterscheiden sich zunächst darin, ob es sich um eine **Personengesellschaft** oder um eine **Kapitalgesellschaft** handelt. Im Folgenden stellen wir die wichtigsten Merkmale der häufigsten Rechtsformen zusammen.

5.1.2.2 Personengebundene Rechtsformen

Der Idee nach sind Personengesellschaften besonders eng mit den Gesellschaftern verbunden. Dies äußert sich beispielsweise in einer erschwerten Übertragung der Gesellschaftsanteile und in Regelungen über die Vertretung der Gesellschaft nach außen.

> Die wichtigsten *personengebundenen Rechtsformen* sind
> - der Einzelkaufmann,
> - die Offene Handelsgesellschaft (OHG) und
> - die Kommanditgesellschaft (KG).

Auf den *Einzelkaufmann* finden die Regeln für Kaufleute im Handelsgesetzbuch (HGB) in Verbindung mit den einschlägigen Vorschriften des Bürgerlichen Gesetzbuches (BGB) Anwendung. Der Einzelkaufmann selbst charakterisiert das Unternehmen. Er stellt dem Unternehmen das erforderliche Eigenkapital alleine zur Verfügung, und ihm steht das Residualeinkommen alleinig zu. Der Einzelkaufmann *haftet auch mit seinem Privatvermögen* für die Verbindlichkeiten des Unternehmens, eine Trennung zwischen der privaten und der betrieblichen Vermögenssphäre gibt es im Kern nicht (wenn auch steuerliche Regelungen hierzu bestimmte Annahmen treffen). Die Haftung auch mit dem Privatvermögen umschreibt man bisweilen als „unbegrenzte Haftung". Dies ist jedoch im Ergebnis ungenau, weil auch das Privatvermögen nicht immer zur Deckung aller Verbindlichkeiten ausreicht. Jenseits seines Vermögens kann aber niemand verpflichtet werden („ultra posse nemo obligatur").

Die *Publizitätsvorschriften* richten sich nach der Größe des Unternehmens. Die Publizitätspflicht setzt nach § 1 Abs. 1 PublG (Publizitätsgesetz) voraus, dass mindestens zwei der folgenden drei Merkmale erfüllt sind: Bilanzsumme von mehr als 65 Mio. €, Umsatzerlöse von mehr als 130 Mio. € und mehr als 5.000 Arbeitnehmer. Unternehmen in der Rechtsform des Einzelkaufmanns weisen diese Größenmerkmale nur sehr selten auf. In der Regel ist ein Einzelkaufmann daher nicht publizitätspflichtig.

Es ist leicht ersichtlich, dass die Rechtsform des Einzelkaufmanns dem theoretischen Ideal der Vereinigung aller Verfügungsrechte über das Unternehmen sehr nahekommt. Externe Effekte treten kaum auf, allerdings lassen sich auch keine Spezialisierungsvorteile im Hinblick auf Unternehmensleitung oder Risikotragfähigkeit erzielen.

Die *Offene Handelsgesellschaft* (OHG) ist die Übertragung der Rechtsform des Einzelkaufmanns auf den Fall mehrerer Gesellschafter. Das Handelsgesetzbuch sieht zwar bestimmte Regeln für die OHG vor (§§ 105-160 HGB), viele Vorschriften gelten aber nur vorbehaltlich einer anderweitigen Regelung im Gesellschaftsvertrag. Dies gilt insbesondere für das Rechtsverhältnis der Gesellschafter untereinander (§ 109 HGB), beispielsweise für das Recht und die Pflicht zur gemeinsamen Geschäftsführung oder für die Gewinnverteilung. Abdingbar ist auch, dass alle Gesellschafter zur Vertretung der Gesellschaft gegenüber Dritten berechtigt sind. Dem Verkehrsschutz dient allerdings, dass der Ausschluss der Vertretungsmacht per Gesellschaftsvertrag auch im Handelsregister publik zu machen ist (§§ 106 Abs. 2, 107 HGB). Eine zwingende Vorschrift ist dagegen, dass die Gesellschafter den Gläubigern des Unternehmens persönlich als Gesamtschuldner haften (§ 128 HGB). Demnach muss jeder einzelne Gesellschafter mit seinem Privatvermögen für alle Verbindlichkeiten der Gesellschaft einstehen, und dies unabhängig von der Höhe seiner Kapitaleinlage.

In einer OHG haben die Gesellschafter die Verfügungsrechte über das Unternehmen *gemeinschaftlich* inne. Dies gilt gleichermaßen für das Residualeinkommen wie für die Unternehmensleitung. Aufgrund des im Regelfall kleinen Gesellschafterkreises und der gemeinschaftlichen Geschäftsführung ergeben sich daraus gewöhnlich keine allzu schwerwiegenden Anreiz- und Kontrollprobleme. Dass hier aber immerhin grundsätzlicher Regelungsbedarf besteht, sieht auch der Gesetzgeber. Denn ein von der Geschäftsführung ausgeschlossener Gesellschafter hat unabhängig vom Gesellschaftsvertrag ein umfassendes Kontrollrecht inne (§ 118 HGB). Eine anders lautende Vereinbarung ist unwirksam, wenn Grund zur Annahme unredlicher Geschäftsführung besteht.

Die **Kommanditgesellschaft** (KG) unterscheidet sich vor allem dadurch von der OHG, dass einige der Gesellschafter nur mit ihrer Einlage für die Verbindlichkeiten der Gesellschaft haften. Das Privatvermögen der Gesellschafter bleibt also unberührt. Die Ähnlichkeit zur OHG zeigt sich darin, dass die Vorschriften über die OHG grundsätzlich auch für die KG gelten, wenn in den §§ 161-177a HGB nichts anderes vorgeschrieben ist (§ 161 Abs. 2 HGB). Andererseits trägt das Handelsrecht der Asymmetrie zwischen den auch mit dem Privatvermögen haftenden **Komplementären** und den **Kommanditisten** Rechnung, deren Haftung auf die Einlage beschränkt ist. Im Regelfall sind Kommanditisten von der Geschäftsführung ausgeschlossen (§ 164 Satz 1 HGB). Außerdem steht ihnen lediglich das Recht zur Einsicht und zur Prüfung des Jahresabschlusses und der Bücher zu (§ 166 Abs. 1 HGB). Das Kontrollrecht geht also nicht so weit wie jenes der Gesellschafter einer OHG, die von der Geschäftsführung ausgeschlossen sind. Dies lässt sich damit rechtfertigen, dass Kommanditisten aufgrund ihrer Haftungsbeschränkung weniger stark den Folgen von Entscheidungen der Geschäftsführung ausgesetzt sind. Ihr Verlustrisiko und somit ihr Bedarf an Mitwirkungs- und Kontrollrechten ist geringer. Zur Vertretung der KG nach außen sind nur die Komplementäre berechtigt (§ 170 HGB).

Die Konstruktion der KG trägt der Tatsache Rechnung, dass es schwierig sein kann, den Bedarf an Eigenkapital durch wenige Gesellschafter zu decken, wenn die Gesellschaft eine bestimmte Größe überschreitet. Andererseits ist es nicht leicht, weitere Gesellschafter zu finden, die ihre persönliche Vermögenslage vollständig an die Gesellschaft binden wollen und zur Beteiligung an der Geschäftsführung bereit sind. Letzteres würde auch die Koordinationsprobleme bei der Geschäftsführung erhöhen. Die KG ermöglicht die Einbeziehung von Beteiligungsgebern, die eine weniger enge Bindung an das Unternehmen bevorzugen. Mit den Kommanditisten gibt es nun auch solche Eigentümer des Unternehmens, die zwar (mit einer gewissen Einschränkung durch die Haftungsbeschränkung) ein Residualeinkommen erzielen, aber nicht an der Unternehmensführung beteiligt sind. Die daraus resultierenden Probleme werden aber dadurch begrenzt, dass das Vermögen der geschäftsführenden Komplementäre noch stärker vom Unternehmenserfolg abhängt.

5.1.2.3 Kapitalgesellschaften

Kapitalgesellschaften sind im Prinzip auf Dauer angelegt und in ihrem Bestand nicht an bestimmte Gesellschafter gebunden. Dies verringert Nachfolgeprobleme, die im Ableben natürlicher Personen begründet sind. In Bezug auf das Unternehmen gibt es kein Generationenproblem, da es als eigene Rechtsperson, als *juristische Person*, dauerhaft existiert.

Die Gesellschafter einer Kapitalgesellschaft üben vor allem über ihre Kapitalanteile und die damit verbundenen Rechte Einfluss auf die Gesellschaft aus. Kapitalgesellschaften sind generell dadurch gekennzeichnet, dass die Gesellschafter wie Kommanditisten nur mit der Kapitaleinlage für die Verbindlichkeiten der Gesellschaft haften. Rechtlich äußert sich das darin, dass Kapitalgesellschaften juristische Personen sind, die mit einem bestimmten Vermögen ausgestattet sind, das den Gläubigern zur Befriedigung ihrer Forderungen zur Verfügung steht. Die Regelungen über Kapitalgesellschaften sind in Deutschland stark durch die Idee des *Gläubigerschutzes* geprägt.

> Die wichtigsten Rechtsformen von *Kapitalgesellschaften* sind
> - die Gesellschaft mit beschränkter Haftung (GmbH) und
> - die Aktiengesellschaft (AG).

Die häufigste Form einer Kapitalgesellschaft ist die *Gesellschaft mit beschränkter Haftung* (GmbH). Seit 1980 gibt es keine Vorschrift mehr über die Mindestanzahl von Gesellschaftern; die GmbH steht deshalb auch einem einzelnen Kaufmann offen, der die private und die betriebliche Vermögenssphäre deutlicher trennen will. Aufgrund dieser Trennung haben Vorschriften über die Vermögensausstattung der GmbH eine größere Bedeutung als bei Personengesellschaft. Das Stammkapital der GmbH, also die Summe der Einlagen aller Gesellschafter, muss grundsätzlich mindestens 25.000 € betragen (§ 5 Abs. 1

GmbHG). Allerdings kann die GmbH auch die Sonderform der Unternehmergesellschaft annehmen, bei der nach § 5a GmbHG die Vorschrift zum Mindeststammkapital entfällt; in diesem Fall muss die Firma die Bezeichnung „Unternehmergesellschaft (haftungsbeschränkt)" führen. Die Geschäftsführung einer GmbH erfolgt durch einen oder mehrere Geschäftsführer, die zugleich Gesellschafter sein können, aber nicht sein müssen (§ 6 GmbHG). Auch die Vertretung der Gesellschaft erfolgt durch die Geschäftsführer (§ 35 GmbHG). Nicht an der Geschäftsführung beteiligten Gesellschaftern stehen weitgehende Informations-, Kontroll- und Mitgestaltungsrechte zu (beispielsweise §§ 42a, 46 Ziff. 5 und 6 GmbHG). Als ein besonderes Kontrollorgan kann ein **Aufsichtsrat** gebildet werden (§ 52 GmbHG). Neben den Vertretern der Eigentümer müssen ab einer bestimmten Arbeitnehmerzahl auch Arbeitnehmervertreter Mitglied des Aufsichtsrats sein, sodass dieser nicht mehr ein reines Kontrollinstrument der Eigentümer darstellt.

Nach § 1 Abs. 1 Ziff. 3 DrittelbG (Drittelbeteiligungsgesetz) *muss* in einer GmbH mit mehr als 500 Arbeitnehmern ein Aufsichtsrat gebildet werden. Nach § 4 Abs. 1 DrittelbG stellen dann Arbeitnehmervertreter ein Drittel der Aufsichtsratsmitglieder. Bei mehr als 2.000 Arbeitnehmern ist das Mitbestimmungsgesetz (MitbestG) anzuwenden, nach dem es eine paritätische **Mitbestimmung** gibt. Das heißt, der Aufsichtsrat ist je zur Hälfte aus Vertretern der Eigentümer und der Arbeitnehmer zusammengesetzt. Allerdings ergibt sich aus den §§ 27 Abs. 2 sowie 29 Abs. 2 MitbestG, dass im Zweifelsfall die Eigentümervertreter die Aufsichtsratsentscheidungen dominieren können.

Kapitalgesellschaften unterliegen anderen **Publizitätsvorschriften** als Personengesellschaften (§§ 325-329 HGB). Der Jahresabschluss, der Lagebericht und die Gewinnverwendung sind beim Handelsregister publik zu machen, bei großen Kapitalgesellschaften zusätzlich im Bundesanzeiger zu veröffentlichen. Bezüglich der Offenlegung gibt es einige Vereinfachungen für kleine und mittelgroße Kapitalgesellschaften. Kriterien für die Größenabgrenzung sind nach § 267 HGB Bilanzsumme, Umsatzerlöse und Beschäftigtenzahl:[4]

	Bilanzsumme B in Mio. €	Umsatzerlöse U in Mio. €	Anzahl A der Arbeitnehmer
klein	$0 \leq B \leq 6$	$0 \leq U \leq 12$	$0 \leq A \leq 50$
mittelgroß	$6 < B \leq 20$	$12 < U \leq 40$	$50 < A \leq 250$
groß	$20 < B$	$40 < U$	$250 < A$

Tabelle 5.1: Merkmalsausprägungen für Größenklassen von Kapitalgesellschaften.

---

[4] Die Quantifizierung der Größenklassen unterliegt in unregelmäßigen Abständen immer wieder einmal einer Anpassung, zuletzt durch das Bilanzrichtlinie-Umsetzungsgesetz (BilRUG) vom 17.07.2015.

Eine Kapitalgesellschaft gilt als klein, wenn sie mindestens zwei der drei Kriterien für eine kleine Gesellschaft erfüllt; sie gilt als groß, wenn sie mindestens zwei Kriterien für eine große Gesellschaft erfüllt. In allen anderen Fällen ist sie mittelgroß. Kleine Gesellschaften brauchen nur eine verkürzte Bilanz und eine verkürzte Gewinn- und Verlustrechnung aufzustellen, mittelgroße Gesellschaften müssen nur die verkürzte Bilanz offenlegen.

Nochmals unterhalb den in Tabelle 5.1 angesiedelten Schwellen befinden sich **Kleinstkapitalgesellschaften** nach § 267a HGB mit den Größenmerkmalen $B \leq 0{,}35; U \leq 0{,}7; A \leq 10$. Der erforderliche Grad an Detaillierung des Jahresabschlusses ist hier nochmals herabgesetzt.

Der oben angesprochene Gläubigerschutz erfährt seine Umsetzung durch das Bemühen, eine einseitige Verlagerung von Einkommensrisiken auf die Gläubiger (Inhaber der Kontraktansprüche) zu verhindern. Dies wäre beispielsweise bei einem Einlagenabzug der Fall. Der **Gläubigerschutz** schlägt sich daher in Hindernissen bei der Kapitalherabsetzung (§§ 58-58f GmbHG) und in den Rechnungslegungsvorschriften (§§ 238-335b HGB) nieder.[5]

Wenn Nicht-Gesellschafter die Geschäftsführung innehaben, sind Regelungen zum Schutz der Eigentümerinteressen erforderlich, da die Verfügungsmacht über das Gesellschaftsvermögen in den Händen der Geschäftsführer liegt, die als solche nicht unmittelbar von Vermögensveränderungen betroffen sind. Weil die Gesellschafter bei Abfassung des Gesellschaftsvertrages ihren Schutz selbst durchsetzen können, sind diese Regelungen im Wesentlichen dispositiv (§ 45 Abs. 2 GmbHG). Häufig hat eine GmbH einen engen Eigentümerkreis. Dies erleichtert die Kontrolle der Geschäftsführung. Externe Effekte bei Kontrollanstrengungen spielen also keine große Rolle. Die Gesellschafter können beschließen, die Befugnis der Geschäftsführer zur Vertretung der Gesellschaft einzuschränken (§ 37 GmbHG). Zudem ist die Bestellung der Geschäftsführer jederzeit widerruflich (§ 38 GmbHG). Daher ist die **Geschäftsführung** letztlich **Weisungsempfänger** der Gesellschafter, wenn letztere dies so haben wollen.

Die **Aktiengesellschaft** (AG) ist die bei Großunternehmen am weitesten verbreitete Rechtsform. Als einzige aller Rechtsformen erlaubt sie die Börsennotierung ihrer Beteiligungstitel (der Aktien). Dies stellt eine erhebliche Erleichterung der Aufbringung von Beteiligungskapital durch eine Vielzahl von Eigentümern dar. Ähnlich wie bei der GmbH gibt es auch bei der AG keine Vorschriften über eine Mindestanzahl von Gründern. Das Grundkapital muss auf einen Mindestnennbetrag von 50.000 € lauten (§ 7 AktG). Sofern für einzelne Aktien ein Nennbetrag angegeben ist, muss er mindestens 1 € lauten (§ 8 Abs. 2 AktG). Daneben besteht auch die Möglichkeit, nennwertlose Stückaktien auszugeben; in diesem Fall darf der auf eine Stückaktie entfallende Teil des Grundkapitals 1 € nicht unterschreiten (§ 8 Abs. 3 AktG).

---

[5] Siehe zu Rechnungslegungsvorschriften ausführlicher Abschnitte 8.4.2-8.4.4.

> In der AG sind die Entscheidungs- und Kontrollrechte drei Instanzen zugewiesen: Vorstand, Aufsichtsrat und Hauptversammlung.

Der **Vorstand** leitet die Gesellschaft unter eigener Verantwortung (§ 76 Abs. 1 AktG) und vertritt sie auch nach außen (§ 78 Abs. 1 AktG). Die zentrale Aufgabe des **Aufsichtsrats** ist die Überwachung der Geschäftsführung (§ 111 Abs. 1 AktG), daneben hat er bei bestimmten Geschäften einen Zustimmungsvorbehalt (§ 111 Abs. 4 AktG). Zudem bestellt der Aufsichtsrat den Vorstand und setzt seine Bezüge fest (§§ 84 Abs. 1, 87 Abs. 1 AktG). Es ist also falsch, wenn bisweilen suggeriert wird, der Vorstand lege sein Gehalt selbst fest. Anders als bei der GmbH ist bei der AG der Aufsichtsrat zwingend vorgeschrieben, es gelten die entsprechenden Mitbestimmungsregeln. Über die **Hauptversammlung** nehmen die Aktionäre ihre Eigentümerrechte wahr. Zu den Entscheidungsrechten der Hauptversammlung zählen die Bestellung der Eigentümervertreter im Aufsichtsrat und Maßnahmen der Kapitalbeschaffung, aber im Regelfall ausdrücklich nicht die Geschäftsführung (§ 119 Abs. 1 und 2 AktG).

Es gibt Typen von Aktien, die sich durch die Mitwirkungsrechte auf der Hauptversammlung unterscheiden: **Stammaktien** mit einem vollen Stimmrecht und stimmrechtslose **Vorzugsaktien** (§ 139 AktG). Inhaber von Vorzugsaktien sind nur bei bestimmten Maßnahmen (etwa bei Kapitalerhöhungen) stimmberechtigt. Als Ausgleich für diese Minderung der Mitgestaltungsrechte stehen den Vorzugsaktionären bevorzugte Dividendenzahlungen zu. Es kommt auch dann zu Ausschüttungen, wenn der Gewinn nicht ausreicht, um alle Aktionäre zu bedienen. Kommt die Vorzugsdividende in zwei aufeinanderfolgenden Jahren nicht zur Auszahlung, lebt das Stimmrecht wieder auf (§ 140 Abs. 2 AktG). Nur wenn die unmittelbaren Vermögensrechte eines Vorzugsaktionärs nicht mehr gesichert sind, darf er im Rahmen der Kompetenzen der Hauptversammlung mitentscheiden. Stammaktien verbriefen zugleich unmittelbare Vermögensrechte und Mitgestaltungsrechte. Den mit dem Aktienhandel verbundenen Handel mit Stimmrechten bezeichnet man auch als **Markt für Unternehmenskontrolle**.

Aktionäre haben ein Auskunftsrecht bezüglich der Angelegenheiten der AG. Der Vorstand darf aber unter einer Reihe von Bedingungen die Auskunft verweigern, beispielsweise wenn die Erteilung der Auskunft der Gesellschaft einen Nachteil zufügen könnte (§ 131 Abs. 3 AktG). Die Publizitätsvorschriften für die AG entsprechen den allgemeinen Regelungen für Kapitalgesellschaften. *Eine kapitalmarktorientierte AG* gilt unabhängig von ihrer tatsächlichen Größe als große Kapitalgesellschaft (§ 267 Abs. 3 Satz 2 HGB).[6] Daneben unterliegt eine börsennotierte AG auch der Ad-hoc-Publizität (Art. 17 MAR)[7], also der Verpflichtung, kursbeeinflussende Informationen unverzüglich zu veröffentlichen. Neben den bereits bei der GmbH genannten Instrumenten des Gläubigerschutzes gibt es bei der AG eine Beschränkung des Erwerbs eigener Aktien durch die AG (§ 71 AktG), der einer Einlagenrückzahlung gleichkäme.

Die AG ist der Idealtyp eines Großunternehmens, jedoch gibt es durchaus auch kleinere AGs. Weil einzig die AG die Börsennotierung der Beteiligungstitel ermöglicht, ist die AG zugleich der Idealtyp der **Publikumsgesellschaft**, wobei es wiederum Ausnahmen gibt, beispielsweise die Familien-AG oder andere AGs mit engem Gesellschafterkreis. Die folgende Beurteilung geht aber von der Vorstellung einer Publikumsgesellschaft aus. Die Verfügungsrechte sind dabei verteilt. Der Vorstand leitet das Unternehmen, dessen Überwachung übernimmt der Aufsichtsrat, dessen Bestellung seinerseits teilweise durch die Hauptversammlung erfolgt. Dass der Aufsichtsrat mitbestimmt ist, ändert an der grundsätzlichen Einschätzung nicht viel. Ökonomisch gesehen erfolgen also sowohl die Steuerung des Unternehmens als auch die Kontrolle in delegierter Form.

Anders als es das deutsche Aktienrecht vorsieht, gibt es in anderen Ländern wie beispielsweise den USA oder dem Vereinigten Königreich kein zweigliedriges System der Unternehmensverfassung mit Vorstand und Aufsichtsrat, sondern ein eingliedriges System. Insbesondere für die Ausgestaltung der Leitungsorganisation internationaler Konzerne ist dies ein erschwerender Umstand. Deshalb besteht die Möglichkeit, eine Europäische Gesellschaft (*Societas Europaea*, SE) einzurichten, wobei wiederum die Wahl zwischen einer dualistischen und einer monistischen Unternehmensverfassung mit einem Verwaltungsrat besteht (§§ 15 ff. bzw. 20 ff. SEAG). Der Verwaltungsrat leitet das Unternehmen und überwacht die Geschäftsführung. Die operative Geschäftsführung liegt in den Händen Geschäftsführender Direktoren („Executives"), deren Bestellung durch den Verwaltungsrat erfolgt. Die Mitgliedschaft im Verwaltungsrat steht der Bestellung zum Geschäftsführenden Direktor nicht entgegen.

Einige Vorschriften des Aktiengesetzes verweisen auf ein eigenes **Gesellschaftsinteresse**. Zum Beispiel sind bei einer Verletzung der Sorgfaltspflicht Vorstand und Aufsichtsrat *der Gesellschaft* (und nicht etwa den Aktionären) gegenüber schadensersatzpflichtig (§§ 93, 116 AktG). Eine ähnliche Regelung findet sich für Wirtschaftsprüfer in § 323 Abs. 1 Satz 3 HGB. Aus ökonomischer Sicht ist es aber fragwürdig, ein eigenes Gesellschaftsinteresse zu konstruieren

---

[6] Laut § 264d HGB ist eine Kapitalgesellschaft **kapitalmarktorientiert**, wenn sie einen organisierten Markt (also eine Wertpapierbörse) in Anspruch nimmt oder die Börsenzulassung von Wertpapieren beantragt hat. Eine im Wesentlichen entsprechende Formulierung findet sich in § 161 Abs. 1 Satz 2 AktG.

[7] Die den Insiderhandel betreffenden Vorschriften sind durch eine Europäische Verordnung, die Market Abuse Regulation (MAR), geregelt, die in der Europäischen Union unmittelbar geltendes Recht ist.

und sogar über das Eigentümerinteresse zu heben. Die Delegationsbeziehung zwischen Eigentümern, Vorstand und Aufsichtsrat wird dabei vernachlässigt. Bizarr wäre die Fiktion des Gesellschaftsinteresses dort, wo ein Aufsichtsrat seine Pflicht zur Überwachung des Vorstands verletzt und der Vorstand als Vertreter der Gesellschaft dagegen vorgehen soll, um den der Gesellschaft entstandenen Schaden ersetzen zu lassen.

5.1.2.4 Zusammenfassender Überblick

Aufgrund der Vertragsfreiheit ist über die Rechtsform eines Unternehmens eine Entscheidung zu treffen, die von mehreren Aspekten abhängt. Hier haben wir die **Verteilung von Verfügungsrechten** (Unternehmensleitung und Residualeinkommen) hervorgehoben. Die glaubwürdige, dauerhafte Bindung an Regelungen, die mögliche Vertragspartner schützen, spielt ebenfalls eine wichtige Rolle. Dennoch ist die Rechtsformwahl natürlich nicht ausschließlich institutionenökonomisch determiniert. Eine weitere wichtige Einflussgröße für die Rechtsformwahl sind beispielsweise steuerliche Vorschriften.

Aufgrund der **Publizitätsvorschriften** erscheinen vielleicht Kapitalgesellschaften weniger attraktiv als Personengesellschaften, weil erstere zumindest mit einer Registerpublizität verbunden sind. Die Publizitätsaversion von Unternehmern ist als eine empirische Regelmäßigkeit durchaus eine Determinante der Rechtsformwahl, wenn auch die genannte Einstellung selbst ökonomisch nur schwer begründbar ist.

Tabelle 5.2 enthält eine Übersicht über einige markante Unterschiede zwischen den vorgestellten Rechtsformen.

Merkmal	Personengebundene Unternehmen			Kapitalgesellschaften	
	Einzel-kaufm.	OHG	KG	GmbH	AG
Anzahl Eigentümer	1	≥ 2	≥ 2	beliebig	beliebig
Mindesteinlage	keine			25.000 €*	50.000 €**
Kleinste Stückelung der Einlage	keine			1 €	
Haftung der Eigentümer auch mit dem Privatvermögen	ja	ja	Komplementäre: ja; Kommanditisten: nein	nein	
Leitungsbefugnis	Inhaber	Gesellschafter	Komplementäre	Geschäftsführer	Vorstand

* mit der Ausnahme des Sonderfalls der Unternehmergesellschaft
** 120.000 € bei dem Sonderfall der Europäischen Gesellschaft

Tabelle 5.2: Synopse zu den Rechtsformen.

Tabelle 5.3 zeigt die quantitative Bedeutung der einzelnen Rechtsformen deutscher Unternehmen. Die Daten bestätigen, was aufgrund der voranstehenden

Betrachtung schon zu vermuten war: Unternehmen in der Rechtsform des Einzelkaufmanns sind am häufigsten und im Durchschnitt am kleinsten. AGs sind im Durchschnitt die größten Unternehmen.

Rechtsform	Anzahl	Anteil Anzahl	Umsatz*	Anteil Umsatz	Umsatz* je Unternehmen
Einzelunternehmen					
1999	2.037.230	70,58%	502.358	12,89%	0,247
2006	2.179.953	70,33%	519.337	10,53%	0,238
2011	2.211.766	68,79%	556.960	9,79%	0,252
2015	2.181.285	67,00%	574.640	9,59%	0,263
Personengesellschaften					
1999	357.009	12,37%	1.120.001	28,74%	3,137
2006	389.945	12,58%	1.389.263	28,18%	3,563
2011	420.002	13,06%	1.545.318	27,17%	3,679
2015	432.820	13,29%	1.539.683	25,71%	3,557
Aktiengesellschaften					
1999	3.951	0,14%	807.836	20,73%	204,464
2006	7.329	0,24%	949.057	19,25%	129,493
2011	8.012	0,25%	1.037.401	18,24%	129,481
2015	8.010	0,25%	1.061.993	17,73%	132,583
GmbH					
1999	438.085	15,18%	1.270.453	32,60%	2,900
2006	455.030	14,68%	1.729.052	35,07%	3,800
2011	495.733	15,42%	2.079.117	36,56%	4,194
2015	528.038	16,22%	2.294.062	38,30%	4,345
Sonstige					
1999	49.993	1,73%	196.664	5,05%	3,934
2006	67.236	2,17%	343.291	6,96%	5,106
2011	79.582	2,48%	468.383	8,24%	5,886
2015	105.384	3,24%	519.365	8,67%	4,928
Insgesamt					
1999	2.886.268	100,00%	3.897.312	100,00%	1,350
2006	3.099.493	100,00%	4.930.000	100,00%	1,591
2011	3.215.095	100,00%	5.687.179	100,00%	1,769
2015	3.255.537	100,00%	5.989.743	100,00%	1,840

* in Mio. €; Quelle: Umsatzsteuerstatistik, verschiedene Jahre.

Tabelle 5.3: Häufigkeit und Umsatz von Unternehmen nach Rechtsformen.[8]

In den späten 90er Jahren und nach dem Jahrhundertwechsel ist die Anzahl der AGs stark angestiegen, zugleich ist der durchschnittliche Umsatz je AG aber erheblich gesunken. Dies lässt sich auf Rechtsformwechsel oder Neugründungen

---

[8] Die Angaben beruhen auf den unterjährigen Umsatzsteuervoranmeldungen. Kleinstunternehmen müssen keine Voranmeldungen angeben, sondern nur die abschließende Umsatzsteuererklärung. Daher wird in Tabelle 5.3 die Anzahl von Einzelunternehmen stark, deren Umsatzanteil etwas unterschätzt sowie deren Umsatz je Unternehmen überschätzt.

im Vorfeld von **Börseneinführungen** zurückführen, Transaktionen also, die gegen Ende der 90er Jahre im Umfeld des Neuen Marktes boomten. Neu an die Börse gebrachte AGs sind im Durchschnitt kleiner als andere AGs, daraus ergibt sich die verringerte durchschnittliche Größe. Erkennbar ist ferner einer gewisse Tendenz weg von den Rechtsformen mit unbeschränkter Haftung (Einzelkaufmann und OHG) hin zu den Rechtsformen mit beschränkter Haftung (GmbH und AG).

Würde man die Zahlen in die Vergangenheit verlängern, ließen sich weitere systematische Entwicklungen belegen. Zum Beispiel hat die Rechtsform der GmbH erst seit Anfang der 80er Jahre ihre – was den Gesamtumsatz anlangt – dominierende Rolle entwickeln können, als es erstmals zulässig wurde, auch mit nur einem Gesellschafter eine GmbH zu gründen. Zuvor kam für einen einzelnen Unternehmer nur die Rechtsform des Einzelkaufmanns in Frage.

Die in Tabelle 5.3 enthaltenen Informationen verdienen es, der Insolvenzstatistik gegenübergestellt zu werden. In den Jahren bis hin zu 2003 gab es regelmäßig neue Rekorde an **Unternehmensinsolvenzen** im Laufe eines Jahres. In der Phase danach waren Unternehmensinsolvenzen rückläufig, um während der Finanzkrise wieder anzusteigen. Insgesamt spiegelt die Zahl der Unternehmensinsolvenzen die konjunkturellen Schwankungen wider. Tabelle 5.4 gibt einen Überblick über die Entwicklung der Unternehmensinsolvenzen.

Jahr	Insolvenzen	
	Unternehmen	Verbraucher
2001	32.278	13.277
2003	39.320	33.609
2005	36.843	68.898
2007	29.160	105.238
2009	32.687	101.102
2011	30.099	103.289
2013	25.995	91.200
2015	23.101	80.146
2016	21.518	77.238

Quelle: Insolvenzstatistik des Statistischen Bundesamtes.
Tabelle 5.4: Unternehmens- und Verbraucherinsolvenzen.

Manche Beobachter interpretieren eine hohe Zahl von Unternehmenspleiten als dramatischen Krisenindikator. Der Vergleich der Tabelle 5.3 und 5.4 zeigt indes, dass dies ein unzulässig verkürzter Schluss ist. Per Saldo gibt es zwar einerseits viele Insolvenzen, andererseits aber auch einen erheblichen Netto-Zuwachs an Unternehmen. Die Anzahl an **Unternehmensgründungen** übersteigt also die Anzahl an Insolvenzen deutlich und anhaltend. Dies erinnert daran, dass Insolvenzen letztlich nicht mehr sind als ein unfreiwilliger Marktaustritt bei Wettbewerb und dass der Wettbewerbsprozess durch einen stetigen Wandel gekennzeichnet ist. Insolvenzen sind also keineswegs *per se* bedenklich, sondern nur wegen der damit verbundenen zusätzlichen Transaktionskosten.

Dass Insolvenzen allerdings auch kritische Implikationen haben können, zeigt der Blick auf die seit Inkrafttreten der Insolvenzordnung 1999 ermöglichten **Verbraucherinsolvenzen**. Nach einem rasanten Anstieg bis 2007 befinden sich die Zahlen auf einem hohen Niveau und nehmen bei einer wirtschaftlichen Erholung wie beispielsweise nach der Rezession 2009 etwas langsamer ab als die Unternehmensinsolvenzen. Es gibt also einen recht hohen Anteil von Privathaushalten, deren Einkommens- und Vermögensentwicklung mit ihrer Verschuldung nicht Schritt hält.

5.1.2.5 Unternehmensverbindungen

Nicht nur für einzelne Unternehmen, sondern auch für Unternehmensverbindungen, also Formen der Kooperation einzelner Unternehmen, gibt es verschiedene rechtliche Ausgestaltungen, die sich in der Intensität der Verbindung unterscheiden.

Von einem **Mehrheitsbesitz** spricht man, wenn die Mehrheit der Anteile eines rechtlich selbständigen Unternehmens einem anderen Unternehmen gehört (§ 16 Abs. 1 AktG). Eine **Beteiligung** ist (anders als der bloße Besitz) unabhängig vom Umfang dadurch gekennzeichnet, dass der Anteilserwerb dem eigenen Geschäftsbetrieb durch Herstellung einer dauerhaften Verbindung zu dem erworbenen Unternehmen dient (§ 271 Abs. 1 Satz 1 HGB). Der ausschließliche Besitz könnte dagegen als reine, vielleicht nur vorübergehende Finanzanlage dienen, beispielsweise zur Verwendung von Liquiditätsreserven. Nach § 271 Abs. 1 Satz 3 HGB ist von einer Beteiligung auszugehen, wenn die Anteile mehr als 20% des Nennkapitals umfassen. Eine Mehrheitsbeteiligung ist durch die Mehrheit der Stimmrechte gekennzeichnet (§ 16 Abs. 1 AktG). Eine weitergehende Verbindung besteht, wenn von zwei rechtlich selbständigen Unternehmen das eine unmittelbar oder mittelbar einen **beherrschenden Einfluss** ausüben kann (§ 17 Abs. 1 AktG). Im Falle des Mehrheitsbesitzes wird das häufig der Fall sein. Daneben besteht die Möglichkeit, einen Beherrschungsvertrag abzuschließen (§ 291 Abs. 1 AktG), sodass die Instanzen des beherrschenden Unternehmens dem Vorstand des beherrschten Unternehmens Weisungen erteilen können (§ 308 AktG). Aber auch informelle Verbindungen, beispielsweise über die personelle Zusammensetzung der Organe, können zur Möglichkeit der beherrschenden Einflussnahme führen.

Von einem **Konzern** spricht man, wenn ein beherrschendes und mindestens ein beherrschtes Unternehmen unter einheitliche Leitung zusammengefasst sind (§ 18 Abs. 1 Satz 1 AktG). Liegt ein Beherrschungsvertrag vor, ist die einheitliche Leitung zu unterstellen. Die Konzernbildung stellt eine weitere Zunahme der Bindungsintensität dar.

Der rechtliche Extremfall einer Unternehmensverbindung ist die *Verschmelzung* (§§ 2 ff. UmwG – Umwandlungsgesetz), häufig kurz als Fusion bezeichnet. Dabei werden zwei zuvor rechtlich selbständige Unternehmen zu einer Einheit zusammengefasst. Entweder kommt es zur Übertragung des Vermögens eines Unternehmens auf ein anderes Unternehmen (Verschmelzung durch Aufnahme), dann geht nur die übertragende Gesellschaft unter, oder die beiden Gesellschaften bilden zusammen eine neue Gesellschaft (Verschmelzung durch Neubildung).

Häufig liegt der Kooperation zwischen Unternehmen ein *Gemeinschaftsunternehmen* zugrunde, oben als Joint Venture bezeichnet. Grundsätzlich kommen dafür alle geschilderten Rechtsformen in Frage. Daneben gibt es die Gesellschaft bürgerlichen Rechts (GbR; §§ 705-740 BGB). Dabei verpflichten sich die Gesellschafter (im diskutierten Fall selbständige Unternehmen) vertraglich, die Erreichung eines gemeinsamen Zweckes in der durch den Vertrag bestimmten Weise zu fördern, insbesondere die vereinbarten Beiträge zu leisten. Typische Beispiele für eine solche GbR sind Bankenkonsortien zur gemeinschaftlichen Vergabe von Großkrediten oder zur Unterstützung von Wertpapieremissionen sowie Arbeitsgemeinschaften im Baugewerbe. Der Zweck solcher Gelegenheitsgesellschaften besteht darin, gemeinschaftlich solche Leistungen zu übernehmen, die einen einzelnen Gesellschafter überfordern würden.

Ebenso wie Gründung und Ausgestaltung eines Unternehmens schlechthin haben auch Vereinbarung und Gestaltung einer Unternehmensverbindung Wirkungen auf die Verteilung von Verfügungsrechten. Anreize und Risikoverteilung sind bei Unternehmensverbindungen in Bezug auf die beteiligten Unternehmen nach denselben Kriterien zu beurteilen wie bei Unternehmen in Bezug auf die beteiligten Individuen.

5.1.3 Zur Kombination von Leitungsrechten und Residualansprüchen

5.1.3.1 Das Grundproblem

Nach dem Abschnitt über Rechtsformen von Unternehmen greifen wir den Hauptfaden über die Ausgestaltung von Unternehmensverfassungen wieder auf. Es ist zweckmäßig, vor der Vorstellung einzelner typischer Unternehmensverfassungen auf generelle Wirkungen der Kombination der Unternehmensleitung mit dem Anspruch auf ein Residualeinkommen hinzuweisen. Der Hauptvorteil liegt in der Vermeidung von externen Effekten, weil die Entscheider die weit überwiegenden Risiken tragen und daher die positiven und negativen Entscheidungswirkungen auf sich nehmen. Die damit verbundenen Nachteile bestehen zum einen in der einseitigen Risikoverteilung, zum anderen in Problemen bei der Kapitalaufbringung.

Kennzeichnend für die leitende Instanz ist die Aufgabe, **Verträge** mit den dem Unternehmen verbundenen Individuen **abzuschließen**. Die Konditionen dieser Verträge sind im Wesentlichen marktdeterminiert, da Externe nur dann bereit sind, mit dem Unternehmen zu kooperieren, wenn sie dabei mindestens die Vorteile erzielen können, die auch außerhalb des Unternehmens (also bei alternativer Verwendung der Ressourcen auf dem Markt) erreichbar wären. Für die Leitung ist deshalb die Durchführung nur solcher Projekte interessant, die ein größeres Bruttoeinkommen generieren als die Summe der kontraktbestimmten Einkommen aller Vertragspartner. Zusätzlich muss das Bruttoeinkommen auch die von der Leitung selbst bereitgestellten Ressourcen (in der Regel Kapital und Arbeit) abgelten, die sich sonst anderweitig einkommenserzielend hätten einsetzen lassen. Es sind also auch die Opportunitätskosten einzubeziehen. Überdies müssen alle Einkommen, soweit sie einem Risiko ausgesetzt sind, eine Risikoprämie enthalten, die mit dem jeweils übernommenen Risiko wächst. Angesichts allseitiger Risikoaversion handelt es sich bei der Bereitschaft zur Risikoübernahme um eine **knappe Ressource**, deren Bereitstellung durch einen Preis abzugelten ist. Der Überschuss des Bruttoeinkommens nach Abgeltung aller Ressourceneinsätze, inklusive der Risikoprämien, macht den Gewinn aus.

Diese Sichtweise der Unternehmensleitung führt zu einigen Erkenntnissen: Zum ersten wird deutlich, dass das Unternehmen insgesamt nicht als Monolith anzusehen ist, sondern durch ein **Netz von Vertragsbeziehungen** zwischen Individuen[9] umschrieben werden kann, in dessen Zentrum die Unternehmensleitung steht. Zum zweiten vermeidet die Verwendung von Festbetragsansprüchen monetäre externe Effekte, weil die Interessen der Vertragspartner aufgrund fester, marktdeterminierter Vertragskonditionen nicht von den Entscheidungen der Unternehmensleitung abhängen und die Unternehmensleitung als Inhaber des Residualanspruchs alle Folgen ihrer Entscheidungen selbst zu tragen hat. Zum dritten zeigt sich darin ein besonders starkes Argument für die Orientierung an den **Einkommenszielen der Residualanspruchsberechtigten**[10], kurz: am Gewinn. Bei einem positiven Gewinn ist nämlich der Wohlfahrtsverzicht durch den Ressourceneinsatz (ausgedrückt in den Faktorpreisen) geringer als der Wohlfahrtsgewinn durch die erstellten Leistungen (ausgedrückt in den Produktpreisen). Die Möglichkeit zur Gewinnerzielung ist daher ein Indikator für eine gesamtwirtschaftlich erwünschte Produktion.

---

[9] *Jensen/Meckling* (1976), S. 310 f.
[10] Das sind häufig die Eigentümer, auch wenn das nicht zwingend ist. Vgl. Abschnitt 5.1.3.4.

Allerdings sind gewisse **Relativierungen** dieser Aussage vorzubringen. Andauernde Gewinnpotenziale sind nur bei einem eingeschränkten Marktzugang vorstellbar, letztlich also nur bei **unvollkommenem Wettbewerb**. Dieser kann zu wohlfahrtsmindernden Preissetzungsspielräumen führen. Andere Marktunvollkommenheiten bringen eine mangelnde Berücksichtigung von Ressourceneinsätzen im Preismechanismus mit sich. Dies betrifft beispielsweise die Einschränkung der Verfügungsrechte kommender Generationen durch den Verbrauch nicht erneuerbarer Ressourcen. Daneben kann es auch innerhalb der grundsätzlich durch den Preismechanismus gesteuerten Vertragsbeziehungen zu **externen Effekten** kommen, wenn der Entscheider nur begrenzt in der Lage ist, seine Vertragspartner von allen Risiken freizustellen. Angesichts der de facto stets begrenzten Haftung ist davon auszugehen.

Bisher war zwar von Unternehmensleitung und Residualansprüchen die Rede, aber noch nicht davon, welche Individuen diese Verfügungsrechte innehaben sollen. In den folgenden Abschnitten stellen wir drei typische Unternehmensverfassungen vor, die zwar nicht alle denkbaren Konstellationen erfassen, aber die wesentlichen Argumente für die Beurteilung von Unternehmensverfassungen hinreichend zu verdeutlichen erlauben.[11]

In einem kapitalgeleiteten Unternehmen können die Eigentümer selbst die Leitung innehaben (***eigentümergeleitetes Unternehmen***). Möglich ist aber auch, dass sie an angestellte Manager delegiert wird (***managergeleitetes Unternehmen***). Diesen Varianten des kapitalgeleiteten Unternehmens wird das arbeitsgeleitete Unternehmen gegenübergestellt, in der Leitung und Residualansprüche grundsätzlich in den Händen der Arbeitnehmer vereinigt sind.

5.1.3.2 Eigentümergeleitete Unternehmen

Im kapitalgeleiteten Unternehmen schlechthin liegen wesentliche Verfügungsrechte unmittelbar oder mittelbar in den Händen von Financiers des Unternehmens. Das von diesen Kapitalgebern bereitgestellte Kapital ist das Eigenkapital des Unternehmens.[12] Daneben gibt es Fremdkapital, dessen Inhaber nicht an der Unternehmensleitung beteiligt sind und ein vertragsbestimmtes Festbetragseinkommen erzielen. Wie bereits hervorgehoben, ist das zentrale mit dem Eigentum an einem Unternehmen einhergehende Verfügungsrecht der Anspruch auf ein **Residualeinkommen**.

Das eigentümergeleitete Unternehmen ist zusätzlich dadurch gekennzeichnet, dass die Eigenkapitalgeber direkt die **Unternehmensleitung** ausüben. In einem eigentümergeleiteten Unternehmen sind also die maßgeblichen Ausprä-

---

[11] Siehe allgemeiner *Picot* (1981) und *Fama/Jensen* (1983a), (1983b).
[12] Das ist jedenfalls die Regel. Natürlich ist es aber auch denkbar, dass ein Eigentümer dem Unternehmen einen Kredit gibt, das Kapital also als Fremdkapital zur Verfügung stellt.

gungen der Verfügungsrechte am Unternehmen in einer kleinen Gruppe von Individuen, im Extremfall sogar in der Hand einer einzigen Person vereint. Diese Individuen haben alle Verfügungsrechte am Unternehmen inne, wenn auch gegebenenfalls nicht ungeteilt (was die Residualansprüche anbelangt) oder ausschließlich (was das Recht zur Unternehmensleitung anbelangt). Charakteristisch für ein eigentümergeleitetes Unternehmen ist insgesamt: Wer das Eigenkapital bereitstellt, hat Anspruch auf das (bzw. einen Teil des) Residualeinkommen(s) und leitet das Unternehmen.

Eine solche Regelung ist mit vielen **Rechtsformen** eines Unternehmens vereinbar. Der Idealtyp ist jedoch der Einzelkaufmann, der als alleiniger Eigentümer des Unternehmens fungiert, das Unternehmen alleine leitet (vielleicht unter Delegation gewisser Entscheidungskompetenzen an operative Stellen) und mit seinem gesamten Vermögen für die Erfüllung der vertraglich versprochenen Leistungen haftet.

Unbegrenzte Haftung im eigentlichen Wortsinn stünde für die völlige **Vermeidung von externen Effekten**. Alle Vertragspartner wären von den Entscheidungswirkungen des Unternehmensleiters freigestellt, sie müssten keinerlei Risiko tragen. In einer unsicheren Umwelt lässt sich jedoch nicht ausschließen, dass das Vermögen des Unternehmens nicht ausreicht, um die Ansprüche der Vertragspartner stets vollständig zu befriedigen. Deshalb kann die Risikofreistellung nur durch eine externe Vermögensmasse, nämlich das Privatvermögen des Eigentümers gewährleistet werden. Eine faktische Obergrenze für die Haftung ergibt sich allerdings auch bei Rechtsformen, die eine „unbegrenzte Haftung" vorsehen, durch das Vermögen der haftenden Person(en).

Die generellen Vorzüge einer solchen Unternehmensverfassung haben wir bereits dargestellt. Dem stehen jedoch einige spezifische Nachteile gegenüber. Bei Beschränkung auf einen einzigen Eigentümer leuchtet es ein, dass Fähigkeit und Bereitschaft der **Risikoübernahme** begrenzt sind – die Fähigkeit durch das begrenzte Vermögen und die Bereitschaft durch die individuelle Risikoaversion. Daneben kann man aufgrund der ebenfalls begrenzten Koordinationsfähigkeit eines einzelnen Individuums einen erhöhten Delegationsbedarf vermuten. Sofern die Delegation mit höheren Kosten verbunden ist als die kollektive Entscheidungsbefugnis mehrerer Gesellschafter, wird der sinnvollen Unternehmensgröße für einen Einzelkaufmann eine zusätzliche Grenze gesetzt. Für ein Großunternehmen ist eine Unternehmensverfassung mit vollständiger Bündelung aller Verfügungsrechte also kaum geeignet.

Die gemeinsame Leitung durch mehrere Partner (wie in der Rechtsform einer OHG) schafft hier zunächst Abhilfe, jedoch ist bei einer steigenden Anzahl von Partnern die gemeinsame Leitung des Unternehmens zunehmend erschwert. Externe Effekte kommen schon deshalb auf, weil jeder Partner für die Gesellschaft verpflichtende Geschäfte tätigen kann und auch die anderen Partner von den wirtschaftlichen Folgen dieser Geschäfte betroffen sind. Das kann sich negativ auswirken, wenn für solche Geschäfte bestimmte Leistungen eines einzelnen Partners erforderlich sind (*positiver externer Effekt*; es droht eine zu geringe Leistung des betreffenden Partners). Daneben ist zu beachten, dass das Haftungspotenzial einschließlich des Privatvermögens bei den Partnern unterschiedlich ausfällt. Deshalb kann ein wenig vermögender Partner nur in geringem Umfang Haftung übernehmen (*negativer externer Effekt*; der Partner droht dem Unternehmen ein zu hohes Risiko aufzubürden).

Unter den eigentümergeleiteten Unternehmen gibt es auch solche Formen, bei denen die Haftung der Eigentümer von vornherein auf das Unternehmensvermögen beschränkt ist, nämlich GmbHs mit nur einem oder sehr wenigen Gesellschaftern, die zugleich die Geschäftsführung innehaben. Denkbar wäre auch die Ausprägung der AG mit einer geringen Gesellschafterzahl. Dazu könnte auch eine Familien-AG gehören, wenn Mitglieder der Familie das Unternehmen leiten. Die grundsätzlichen Probleme von Kapitalgesellschaften mit engem Gesellschafterkreis sind sehr ähnlich, wie wir es zuvor für eine größere Partnerschaft beschrieben haben. Allerdings taucht das Haftungsproblem hier weniger unter den Gesellschaftern auf als gegenüber den anderen Vertragspartnern (Kreditgeber, Arbeitnehmer, Lieferanten sowie in Bezug auf Gewährleistungspflichten auch Abnehmer der Produkte). Die vollständige Vereinigung aller Verfügungsrechte (inklusive der mit Residualeinkommen verbundenen Risikoübernahme) ist hier bereits deutlich verwässert.

5.1.3.3 Managergeleitete Unternehmen

Dem offenkundigen Vorteil eines eigentümergeleiteten Unternehmens, nämlich der Vermeidung externer Effekte, steht als Nachteil der Verzicht auf die *Spezialisierung der Eigentümerfunktionen* entgegen. Diese Spezialisierung lässt sich durch eine andere idealtypische Unternehmensverfassung erreichen, nämlich die der Publikumsgesellschaft oder – gleichbedeutend – des managergeleiteten Unternehmens.

Offenbar ist es von Vorteil, die einzelnen Verfügungsrechte über ein Unternehmen unabhängig voneinander dahin zu leiten, wo dafür Spezialisierungsvorteile existieren. Nach der oben vorgenommenen Einteilung umfasst die erforderliche Qualifikation zum Eigentümer im Wesentlichen die Fähigkeit, ein *Unternehmen* zu *leiten*, die Möglichkeit der *Kapitalbereitstellung* sowie die Fähigkeit und Bereitschaft zur *Risikoübernahme*. Es ist naheliegend, dass diese Eigenschaften im Allgemeinen nicht gebündelt bei Individuen auftreten. Vielmehr ist zu erwarten, dass die Fähigkeit zur Unternehmensleitung (einschließlich des Ideenreichtums beim Aufspüren gewinnträchtiger Geschäfte) unabhängig ist von der Vermögensausstattung, die wiederum für die Finanzierung von Unternehmen erforderlich ist. Immerhin kann man aber davon ausgehen, dass die Fähigkeit und vermutlich auch die Bereitschaft zur Risikoübernahme positiv mit dem Vermögen korrelieren. Empirische Untersuchungen auf Finanzmärkten zeigen, dass die Risikobereitschaft eine steigende Funktion des Vermögens ist.[13] In der Sprache der Entscheidungstheorie bezeichnet man dies als abnehmende absolute Risikoaversion.[14]

Kennzeichen des managergeleiteten Unternehmens ist die Leitung des Unternehmens durch Individuen, die gar nicht oder nur in einem sehr geringen Umfang Inhaber der Residualansprüche sind, also höchstens einen kleinen Anteil am Eigenkapital halten. Die Inhaber der Residualansprüche hingegen erzielen zwar ein Residualeinkommen und tragen demzufolge das Risiko, sie sind jedoch nicht oder nicht unmittelbar an der Unternehmensleitung beteiligt. Damit ist der Vorteil verbunden, dass sie nicht die Fähigkeit zur Unternehmensleitung aufbringen müssen. Umgekehrt müssen die angestellten Manager zur persönlichen Risikoübernahme oder zur Finanzierung weder bereit noch fähig sein. Ein weiterer Vorteil dieser **Spezialisierung der Eigentümerfunktionen** liegt darin, dass bei einer reinen Kapital- und Risikobeteiligung ohne Partizipation an der Unternehmensführung die Möglichkeit besteht, an vielen Unternehmen zugleich eine kleine Beteiligung zu halten. Die damit verbundene Kombination verschiedener Beteiligungen in einem Portefeuille eröffnet die Möglichkeit zur Risikominderung durch **Diversifikation**. Diversifikation ergibt sich bei unsicheren Erwartungen dadurch, dass normalerweise nicht alle Beteiligungen gleichzeitig entweder hohe oder niedrige Einkommen abwerfen, sondern jeweils einige Beteiligungen hohe und andere niedrige Erträge erzielen. Im Ergebnis verringert sich dadurch das Risiko des Gesamteinkommens. Dem hier beschriebenen Idealtyp eines Unternehmens kommt die börsennotierte Publikums-AG sehr nahe.

Natürlich gilt auch hier, dass den skizzierten Vorteilen gewisse Nachteile gegenüberstehen. Die fehlende Risikobeteiligung bedeutet zugleich eine **fehlende Erfolgsbeteiligung**. Deshalb bestehen für das angestellte Management nur geringe Anreize, sich für eine Steigerung des Gewinns einzusetzen. Vermutlich wird das Management vielmehr die von den Financiers zur Verfügung gestellten Mittel so verwenden, dass sie primär den Vorstandsmitgliedern einen persönlichen Nutzen bringen.

> Es gibt zahlreiche Beispiele für **Fehlanreize** eines nicht oder nur schwach am Unternehmenserfolg beteiligten Managements.

---

[13] Vgl. *Friend* (1977).
[14] Siehe dazu Abschnitt 10.3.7.

Nachstehend ist eine Reihe von Beispielen für ein fehlgeleitetes Verhalten aufgeführt:

1. Eine Kapitalanhäufung durch Nicht-Ausschüttung von Gewinnen kann den Interessen der Aktionäre zuwiderlaufen, wenn die innerhalb des Unternehmens erreichbare Rendite geringer ist als diejenige, welche die Aktionäre durch anderweitige Geldanlage außerhalb des Unternehmens erzielen könnten. Den Interessen der Unternehmensleitung könnte die Thesaurierung gleichwohl förderlich sein, weil dadurch der Einflussbereich ausgedehnt wird und sich zusätzliche Freiheitsgrade für weitere Investitionen oder Akquisitionen ergeben. Zudem korreliert die Managerentlohnung deutlich mit der Unternehmensgröße, sodass Manager häufig eine Wachstumsstrategie einer wertorientierten Strategie vorziehen. Als Beispiel für diesen Problemkreis kann man anführen, dass sich zu Beginn der 90er Jahre in der Daimler Benz AG[15] nach der Umsetzung unternehmerischer „Visionen" eines gefeierten „Managers des Jahres" dieser sich die Vernichtung von Aktionärsvermögen in zweistelliger Milliardenhöhe vorwerfen lassen musste.[16]

2. Überhöhte Aufwendungen, die der Förderung des persönlichen Ansehens von Vorstandsmitgliedern dienen, erkennt man in einem ausgeprägten Mäzenatentum, dessen Kosten von anderen Individuen (nämlich den Aktionären) zu tragen sind. Zu dieser Rubrik zählt es auch, wenn es Unternehmensleitungen aufgrund vorgeblich gemeinwirtschaftlicher Verantwortung versäumen, die Interessen ihrer Auftraggeber gegen die Interessen Dritter zu schützen. Zu den Aufgaben von Managern gehört es nämlich auch, erforderliche Konflikte auszutragen. Als Beispiel könnte man hier die Entlohnung von Arbeitnehmern deutlich über Marktkonditionen anführen (wobei letztere natürlich schon berücksichtigen, dass zufriedene Mitarbeiter produktiver arbeiten). Von der Volkswagen AG erzählt man sich, dass die verglichen mit anderen Unternehmen derselben Branche deutlich höhere Entlohnung auch dazu diente, den Widerstand von Arbeitnehmervertretern gegenüber kostspieligen Vorlieben eines früheren Vorstandsvorsitzenden (beispielsweise das 1000 PS-Auto der Marke Bugatti) zu kompensieren.

3. Die Grenze zum Betrug wird überschritten, wenn der Vorstandsvorsitzende einer Publikumsgesellschaft seine Mitarbeiter anweist, von einem Zulieferunternehmen Vorprodukte zu überhöhten Preisen zu erwerben. Wenn zugleich der Vorstand Miteigentümer des Zulieferers ist, wird auf diese Weise Vermögen von den Aktionären auf das eigene Konto transferiert (ungeachtet der

---

[15] Der Klarheit halber sei angesichts der Nennung konkreter Unternehmen betont, dass wir keine rechtliche Qualifikation vornehmen. Dies ist selbstverständlich in jedem einzelnen Fall den Gerichten vorbehalten.

[16] *Wenger* kommt zu einer Schätzung von 36 Mrd. DM und sieht „die größte Kapitalvernichtung, dies es jemals in Deutschland zu Friedenszeiten geben hat" (Der Spiegel 31-1995, S. 28).

rechtlichen Bewertung so ähnlich geschehen in der Mannesmann AG). Vergleichbar ist, wenn das Unternehmen die Bezahlung von Gartenbaudienstleistungen für die Privathäuser von Vorstandsmitgliedern übernimmt (wie es mutmaßlich in der VEBA AG der Fall war).

4. Rechtswidrig ist der Insiderhandel des Airbus-Vorstandsmitglieds, das kurz vor dem Bekanntwerden von Probleme bei der Fertigung des Großflugzeug A380 erhebliche Teile seiner Aktien verkaufte und auf diese Weise Millionenverluste auf andere Aktionäre abwälzen konnte.

5. Rechtlich zweifelhaft, vor allem aber moralisch unhaltbar ist es, wenn der Arbeitsdirektor der Volkswagen AG es seinem Betriebsratsvorsitzenden ermöglicht, dessen Geliebter auf Unternehmenskosten erhebliche Geldbeträge ohne Gegenleistung zukommen zu lassen. Die in weiteren Fällen erbrachten Gegenleistungen anderer Damen tragen ebenfalls nicht zur Wertsteigerung des Unternehmens bei.

6. Von hoher krimineller Energie zeugen die Fälle der Bilanzfälschung in den USA (Enron, Worldcom), die offenbar mit dem Ziel vorgenommen wurde, den Aktienkurs durch manipulierte Informationen kurzfristig nach oben zu treiben. Die Motivation dafür dürfte auch in üppig dotierten Aktienoptionsplänen der Vorstände zu finden sein. Dieses Beispiel verdeutlicht zugleich, dass sich auch unzweckmäßig gestaltete Anreizmechanismen – die ursprünglich doch eine Interessenangleichung herbeiführen sollten – verheerend auswirken können.

Offensichtlich kommt also ein managergeleitetes Unternehmen nicht ohne **Kontrollmechanismen** aus, welche die Freiheitsgrade eines angestellten Managements einschränken. Die Beobachtungen implizieren zudem, dass die tatsächlich bereits vorhandenen, gesetzlichen und vertraglichen Vorkehrungen unzureichend sind. Eine treffliches Bonmot des Bankiers *Carl Fürstenberg* (1850-1933) ironisiert diesen Zusammenhang: Ihm zufolge sind Aktionäre dumm und frech: dumm, weil sie ihr Vermögen hergeben; frech, weil sie überdies noch Dividenden sehen wollen.

> Verschiedene Märkte sowie interne Kontrollmaßnahmen leisten Beiträge zur **Lösung von Anreizproblemen** zwischen Management und Eigentümern.

Das erste Bündel von Kontrollmaßnahmen geht vom **Finanzmarkt** aus, denn Anleger stellen nur dann Kapital bereit, wenn sie eine angemessene risikoangepasste Rendite erzielen können. Auch ein Management, das grundsätzlich wie in den oben genannten Beispielen an eigennützigem Verhalten interessiert ist, muss wenigstens soweit die Eigentümerinteressen beachten, dass das Potenzial zur Aufnahme externen Kapitals nicht zusammenbricht.

Absatzmärkte üben eine Kontrolle aus, sofern dort ein hinreichender Wettbewerb herrscht. Denn die angesprochenen, unproduktiven Maßnahmen der

Unternehmensleitung führen zu einer vermeidbaren Kostensteigerung. Der Versuch, die Kostensteigerungen durch Preiserhöhungen zu kompensieren, führt je nach Grad des Wettbewerbs zu einer mehr oder minder drastischen Einschränkung des Absatzes und damit letztlich der Freiheitsgrade des Managements. Wenn sich die höheren Kosten nicht durch höhere Erlöse kompensieren lassen, zehren die Verluste die Substanz des Unternehmens auf, im Extremfall bis hin zur Insolvenz. Daher trägt der Produktmarktwettbewerb dazu bei, die Freiheitsgrade des Managements zu begrenzen.

Eine weitere Form der marktbezogenen Kontrolle der Unternehmensleitung besteht im **Arbeitsmarkt** für Manager. Zum einen könnte das mittlere Management deutlich zu machen versuchen, dass es zu einer kompetenteren Unternehmensleitung in der Lage ist. Zum anderen könnte eine erfolgsabhängige Entlohnung des Managements eine gewisse Interessenharmonisierung zwischen Vorstand und Aktionären herbeiführen. Die seit geraumer Zeit vieldiskutierten Aktienoptionspläne[17] sind ein Beispiel dafür, ebenso die im Zuge der Bankenkrise in Verruf geratenen Boni. Die Erfolgsbeteiligung bedeutet aber schon eine gewisse Abkehr vom idealtypischen Bild der Trennung von Residualansprüchen und dem Recht zur Unternehmensleitung. Zudem bringt eine falsche Ausgestaltung einer erfolgsabhängigen Entlohnung ihrerseits dramatische Fehlanreize mit sich. Hier lassen sich die Bonuspläne von Investmentbankern anführen, die kurzfristige Erfolge ausgeprägt honorieren, langfristige Erfolge außer Acht lassen und Misserfolge nicht negativ sanktionieren.[18] Es gehört zu den gesicherten Erkenntnissen, dass solche Entlohnungsformen das Entstehen der Finanzkrise begünstigt haben.

Schließlich stellt auch der **Markt für Unternehmenskontrolle** ein Instrument zur Disziplinierung von Managern dar.[19] Die Grundidee ist, dass nach dem Erwerb der Aktienmehrheit (genauer: der Stimmrechtsmehrheit) die Möglichkeit besteht, das Management abzulösen. In einer deutschen Aktiengesellschaft ist dabei der Umweg über den Aufsichtsrat einzuhalten. Ist der Marktwert eines Unternehmens infolge einer ineffizienten Unternehmensführung geringer, als er es sein könnte, kann nach Ablösung des Vorstands und Durchsetzung einer effizienten Unternehmenspolitik die Initiatoren einer solchen *„feindlichen Übernahme"* die erzielte Marktwertsteigerung vereinnahmen. Schon die *Drohung* einer Übernahme trägt dazu bei, dass der Vorstand eines Unternehmens von einer Politik absieht, die von der Marktwertmaximierung deutlich abweicht. Mit dem bisweilen apostrophierten Kahlfraß der Unternehmenslandschaft durch Heuschrecken hat dies zunächst einmal nichts zu tun.

---

17 Vgl. *Wenger/Knoll/Kaserer* (1999).
18 Dass solche Entlohnungssysteme beobachtbar sind, ist im Übrigen kein Zeichen für das Versagen der Theorie, sondern der Unternehmenspraxis.
19 Vgl. *Kräkel* (2015), S. 314 ff.

Zusätzlich zu den verschiedenen Formen der Marktkontrolle sieht im Falle des managergeleiteten Unternehmens regelmäßig auch die Unternehmensverfassung **Kontroll- und Einflussrechte für die Anteilseigner** vor, und zwar gleichermaßen gesetzlich wie durch die Satzung gestaltet. Der Aufsichtsrat ist trotz gewisser Verwässerungen durch Mitbestimmungsregeln grundsätzlich ein Instrument zur Überwachung des Vorstands einer AG durch Aktionärsvertreter. Bei Kontrollorganen muss jedoch sichergestellt sein, dass der Kontrolleur adäquate Anreize hat, tatsächlich eine hinreichende Kontrollintensität an den Tag zu legen.[20] Es gibt genügend Beispiele dafür, dass dies nicht in jedem realen Aufsichtsrat der Fall ist.

Der Vergleich von eigentümergeleiteten und managergeleiteten Unternehmen zeigt, dass die Vor- und Nachteile komplementär zueinander sind. Kosten der Unternehmensverfassung bestehen im Falle des **eigentümergeleiteten Unternehmens** in zu hohen Risikoprämien wegen der schlechten Risikoverteilung. Hinzu kommen Probleme der Kapitalaufbringung. Beides kann zum Verzicht auf grundsätzlich lohnende Projekte führen. Das managergeleitete Unternehmen erfordert trotz hilfreicher Beiträge von Wettbewerbsmärkten höhere Kontrollkosten. Außerdem resultieren aus Fehlentscheidungen im Sinne der Aktionäre Opportunitätskosten, denn alle Kontrollmaßnahmen bleiben aufgrund der damit verbundenen Kosten unvollkommen.

Die vorgetragene Argumentation lässt den Schluss zu, dass eine **Publikumsgesellschaft** deutliche Vorteile hat, wenn die Managerkontrolle nicht mit gravierenden Kosten verbunden ist. Davon kann man ausgehen, wenn der Wettbewerb auf den Absatzmärkten intensiv ist und wenn ein großer Bedarf an der Zuführung von externem Kapital besteht, beispielsweise in Wachstumsphasen. Außerdem lohnt sich die Publikumsgesellschaft aufgrund der ausgeprägten Risikoteilung bei einem hohen Risiko. Die Argumente zeigen, dass es wichtig ist, die Möglichkeiten des Zugangs junger, schnell wachsender und risikoträchtiger Unternehmen zum Aktienmarkt zu verbessern. In den komplementären Fällen ist es hingegen tendenziell angezeigt, die Verfügungsrechte über das Unternehmen zu bündeln anstatt zu separieren. Niederschlag findet diese Folgerung zum Beispiel in sogenannten „**Management Buy Outs**". Dabei erwerben Vorstandsmitglieder zumeist unter Inkaufnahme einer hohen persönlichen Verschuldung die Aktienmehrheit, und ein zuvor managergeleitetes Unternehmen wird in ein eigentümergeleitetes Unternehmen transformiert. Weil sich dabei Unternehmen von der Börsenöffentlichkeit zurückzieht, spricht man auch vom „**Going Private**".

---

[20] Vgl. Abschnitt 4.5.2.4.

5.1.3.4 Arbeitsgeleitete Unternehmen

Es ist nicht selbstverständlich, dass das Unternehmen unmittelbar oder mittelbar im Interesse der am Unternehmen beteiligten Kapitalgeber geführt wird. Vielmehr können wir der Unternehmensverfassung eines kapitalgeleiteten Unternehmens die Verfassung eines arbeitsgeleiteten Unternehmens gegenüberstellen. Dieser Typ ist zwar sehr viel **weniger verbreitet** als ein kapitalgeleitetes Unternehmen. Am ehesten könnte man die Verfassung selbstverwalteter Unternehmen im früheren Jugoslawien anführen.[21] Eine gewisse Ähnlichkeit ergibt sich auch zum Inhaber eines kleinen Handwerksbetriebs, der ausschließlich durch Kredite finanziert ist und keine angestellten Mitarbeiter hat, oder zu einer Rechtsanwaltskanzlei[22]. Demgegenüber bestimmt sich selbst die Unternehmensverfassung einer Genossenschaft über Kapitaleinlagen, mit der Ausnahme der Abstimmung in der Generalversammlung, die laut Genossenschaftsgesetz nach Köpfen und nicht nach Kapitaleinlagen erfolgt (§ 43 Abs. 3 Satz 1 GenG). Ein Vergleich von kapitalgeleiteten und arbeitsgeleiteten Unternehmen ermöglicht aber ungeachtet der geringen empirischen Relevanz das Herausarbeiten weiterer Determinanten für die Effizienz einer Unternehmensverfassung oder einer bestimmten Verteilung von Verfügungsrechten.

Aus dem Begriff des arbeitsgeleiteten Unternehmens[23] lässt sich bereits auf das kennzeichnende Merkmal schließen: In einem arbeitsgeleiteten Unternehmen haben die Arbeitnehmer[24] die **Unternehmensleitung** inne, was wie in einem kapitalgeleiteten Unternehmen die Möglichkeit einschließt, die Tätigkeit der Unternehmensleitung zu delegieren. Hinzu kommt, dass auch das **Residualeinkommen** den Arbeitnehmern zufällt. Dies impliziert bekanntlich gleichermaßen die Berechtigung, sich hohe Erfolge anzueignen, wie die Verpflichtung, Unternehmensverluste zu tragen. Dagegen stellen die Arbeitnehmer nicht das für die Unternehmensfinanzierung notwendige Kapital bereit. Dann würde es sich nämlich nur um eine Variante des kapitalgeleiteten Unternehmens handeln. Aus dem gleichen Grund ist es in einem arbeitsgeleiteten Unternehmen ausgeschlossen, dass ein Arbeitnehmer seine Einkommensansprüche veräußern, also „kapitalisieren" kann.

Außer im Fall eines Unternehmens mit sehr wenigen Arbeitnehmern führt es zu sehr hohen Koordinationskosten, wenn alle Arbeitnehmer unmittelbar an der Unternehmensleitung partizipieren. Daher erfordert ein arbeitsgeleitetes

---

[21] Vgl. dazu ausführlich *Furubotn/Pejovic* (1970).
[22] Siehe dazu *Carr/Mathewson* (1990).
[23] Alternativ heißt es „Unternehmen mit Arbeiter-Selbstverwaltung" oder „Unternehmen im Eigentum des Faktors Arbeit"; vgl. dazu *Richter/Furubotn* (2010), S. 465 ff. und S. 492 ff.
[24] Hier zeigt sich eine Merkwürdigkeit des üblichen Sprachgebrauchs: Die Anbieter des Faktors Arbeit, die für das Unternehmen Arbeitsleistungen bereitstellen, werden als Arbeit**nehmer** bezeichnet, während die Anbieter des Faktors Kapital, die für das Unternehmen liquide Mittel beisteuern, Kapital**geber** genannt werden. Trotz der sprachlichen Inkonsistenz verwenden wir hier die üblichen Bezeichnungen.

Unternehmen im Regelfall eine **Delegation** der Unternehmensleitung an ein angestelltes Management. Dieses Management ist auf die Interessen der Arbeitnehmer zu verpflichten und durch Arbeitnehmervertreter zu überwachen. Analog zum mitbestimmten kapitalgeleiteten Unternehmen wäre es denkbar, auch andere Interessengruppen, beispielsweise die Kapitalgeber, an der Überwachung der Unternehmensleitung mitwirken zu lassen. In Bezug auf Delegation und Kontrolle der Geschäftsführung weist das arbeitsgeleitete demnach eine erhebliche Ähnlichkeit zum managergeleiteten Unternehmen auf. Eine sehr weit gehende Verknüpfung von Unternehmensleitung und Residualansprüchen wie in einem eigentümergeleiteten Unternehmen kommt in einem arbeitsgeleiteten Unternehmen kaum in Frage. Im Folgenden ist zu untersuchen, welche Folgerungen in Bezug auf wichtige Unternehmensentscheidungen aus der Unternehmensverfassung eines arbeitsgeleiteten Unternehmens zu ziehen sind.

Das Entscheidungskriterium, anhand derer Arbeitnehmer über die Durchführung von **Investitionsprojekten** entscheiden, ist das (Residual-) Einkommen pro Arbeitnehmer. Ein Projekt ist für die Gesamtheit der Arbeitnehmer vorteilhaft, wenn das Pro-Kopf-Einkommen ansteigt. In diesem Fall handelt es sich für die Arbeitnehmer um ein lohnendes Projekt, anderenfalls nicht. Weiter ist bei Investitionskalkülen zu beachten, dass Arbeitnehmer nur dann an einer Beschäftigung in einem Unternehmen interessiert sind, wenn das dabei anfallende Einkommen größer ist als das bei anderer Beschäftigung erzielbare Alternativeinkommen. Die letztgenannte **Teilnahmebedingung** lässt sich unter der vereinfachenden Annahme, dass alle Arbeitnehmer das gleiche Einkommen erhalten, formalisieren zu

$$\frac{\ell}{a} > m,$$

wobei
ℓ Gesamteinkommen aller Arbeitnehmer des Unternehmens
a gegenwärtige Anzahl der Arbeitnehmer
m alternativ mögliches Markteinkommen.

Je stärker der Quotient das Markteinkommen übersteigt, desto produktiver ist offenbar das Unternehmen. Das Projekt, über das zu entscheiden ist, führt zu einer Steigerung des Gesamteinkommens um $\Delta\ell$; für die Durchführung des Projekts sind n zusätzliche Arbeitnehmer erforderlich. Gemessen am Pro-Kopf-Einkommen ist das Zusatzprojekt lohnend, wenn gilt

$$\frac{\ell + \Delta\ell}{a + n} > \frac{\ell}{a} \Leftrightarrow \frac{\Delta\ell}{n} > \frac{\ell}{a},$$

wobei
$\Delta\ell$ zusätzliches Gesamteinkommen durch das Projekt
n erforderliche Anzahl zusätzlicher Arbeitnehmer.

Das heißt, der Gesamteinkommenszuwachs pro zusätzlichem Arbeitnehmer muss größer sein als das Einkommen je Arbeitnehmer ohne das Projekt. Dieses wiederum übersteigt wegen der Teilnahmebedingung das erzielbare Alternativeinkommen. Ein zusätzlicher Arbeitsplatz steigert grundsätzlich die Gesamtwohlfahrt, wenn das je zusätzlichem Arbeitnehmer erzielte Zusatzeinkommen größer ist als das Alternativeinkommen $((\Delta \ell/n) > m)$. In einem Unternehmen mit hoher Effizienz, in dem das Pro-Kopf-Einkommen viel höher liegt als das marktübliche Einkommen $((\ell/a) - m \gg 0)$, liegt das von den bereits beschäftigten Mitarbeitern angelegte Kriterium somit deutlich höher als die Anforderung nach dem gesamtwirtschaftlichen Kriterium. Demzufolge kommt es gerade in besonders effizienten Unternehmen mit hoher Arbeitsproduktivität zu einer **Unterinvestition**, wenn Arbeitnehmer über die Projekte zu entscheiden haben. Diese Unterinvestition ist ursächlich darauf zurückzuführen, dass die neu eintretenden Arbeitnehmer von einem positiven externen Effekt profitieren, der zu Lasten der bisherigen Arbeitnehmer geht.

Dieses Problem lässt sich nur umgehen, wenn die ursprünglichen Arbeitnehmer für die gleiche Arbeit einen größeren Einkommensanteil erhalten als die neu eingestellten Arbeitnehmer. Dadurch ließe es sich vermeiden, die hohen gegenwärtigen Einkommen mit den hinzukommenden Arbeitnehmern zu teilen. In Rechtsanwaltskanzleien erkennt man eine ähnliche Regelung in der Unterscheidung zwischen Partnern und Assistenten. Die Entlohnung der Assistenten erfolgt nicht auf Basis des Gesamterfolgs, sondern in Höhe des marktüblichen Gehalts. Somit liegt der Sonderfall eines arbeitsgeleiteten Unternehmens vor, bei dem einige Arbeitnehmer ein Residualeinkommen erzielen, andere nicht. Darin lässt sich eine **Parallele zu** einem **kapitalgeleiteten Unternehmen** erkennen, in dem einige Kapitalgeber am Residualeinkommen partizipieren, nämlich die Eigenkapitalgeber, während andere eine ergebnisunabhängige Verzinsung erhalten, nämlich die Fremdkapitalgeber.[25] Die Argumentation zeigt, dass es in einem arbeitsgeleiteten Unternehmen nicht leichter ist als in einem kapitalgeleiteten Unternehmen, wirtschaftliche Effizienz mit einem gelebten Solidaritätsgedanken in Einklang zu bringen.

Der beschriebene Sachverhalt weist eine gewisse Parallele auf zu **Lohnverhandlungen** zwischen Arbeitgebern und Gewerkschaften. Sofern Gewerkschaften in rationaler Weise den erwarteten Nutzen ihrer Mitglieder maximieren, wählen sie einen höheren Lohn und eine geringere Beschäftigung als in einem markträumenden Wettbewerbsgleichgewicht, das seinerseits mit einer höheren Beschäftigung verbunden wäre.[26] Diese Folgerungen gelten nicht nur für die Löhne, sondern lassen sich übertragen auf Fragen wie den Kündigungsschutz oder durch Lohnnebenkosten abzugeltende Versicherungsleistungen.

---

[25] Siehe zu den idealtypischen Formen der Kredit- und Beteiligungsfinanzierung Abschnitte 7.3.2 und 7.3.3.
[26] Vgl. bspw. *McDonald/Solow* (1981).

Wenn die Arbeitnehmer den Anspruch auf die Residualeinkommen innehaben, erzielen neben anderen Vertragspartnern (zum Beispiel Lieferanten) nun auch die Kapitalgeber ein vom Unternehmenserfolg unabhängiges Einkommen. Wer zur externen Finanzierung beiträgt, erhält also lediglich feste Zins- und Tilgungszahlungen. Anderenfalls trügen die Kapitalgeber das Erfolgsrisiko und das arbeitsgeleitete wäre von dem oben beschriebenen managergeleiteten Unternehmen kaum mehr zu unterscheiden. Die externe Finanzierung eines arbeitsgeleiteten Unternehmens hat also zwangsläufig die Form der **Kreditfinanzierung**. Da die Zahlungen unabhängig von den erzielten Unternehmensüberschüssen zu entrichten sind, lastet in einem arbeitsgeleiteten Unternehmen ein erhebliches Risiko auf den Arbeitnehmereinkommen.

Im Zusammenhang managergeleiteter Unternehmen haben wir bereits erklärt, dass eine bestimmte Risikoverteilung anhand von Risikobereitschaft und Risikotragfähigkeit zu beurteilen ist. Die Risikobereitschaft ergibt sich aus den individuellen Risikopräferenzen der Arbeitnehmer. Es gibt keinen Grund anzunehmen, Arbeitnehmer seien per se mehr oder weniger risikobereit (also weniger oder mehr risikoavers) als Kapitalgeber. Weiter ist erneut darauf hinzuweisen, dass laut empirischen Erkenntnissen die **Risikobereitschaft** mit steigendem Vermögen zunimmt. Sofern also Arbeitnehmer so vermögend sind wie Kapitalgeber, ist die Risikoverteilung in einem arbeitsgeleiteten Unternehmen nicht anders zu beurteilen als in einem kapitalgeleiteten Unternehmen. Das gleiche gilt in Bezug auf die **Risikotragfähigkeit**. Risikotragfähigkeit im Sinne der Fähigkeit, andere Interessengruppen wirksam von Risiko freizustellen, erfordert die tatsächliche Möglichkeit, Verluste aufzufangen und auszugleichen. Dazu ist Vermögen erforderlich. Nach den bisher vorgetragenen Argumenten hängen also Risikobereitschaft und Risikotragfähigkeit von der Vermögensverteilung ab. Die genannte Risikoverteilung erwiese sich dann als suboptimal, wenn Arbeitnehmer über ein geringeres Vermögen verfügen als Kapitalgeber.

Es gibt noch einen weiteren Grund für eine suboptimale Risikoverteilung: Anders als in einem managergeleiteten Unternehmen lastet zwar das Erfolgsrisiko auf vielen Schultern, nämlich auf vielen Arbeitnehmern statt auf vielen Aktionären. Jedoch ist es einem Arbeitnehmer nicht in gleichem Maße wie einem Aktionär möglich, **Risiken zu streuen** und dadurch eine Risikominderung herbeizuführen. Arbeitnehmer können ihre Arbeitskraft nicht auf zahlreiche Unternehmen verteilen, um ein diversifiziertes Portefeuille von Residualeinkommen zu erhalten.

Überdies hat die mangelnde Veräußerbarkeit der Ansprüche von Arbeitnehmern einen Einfluss auf Investition und Finanzierung eines arbeitsgeleiteten Unternehmens. Im Kern impliziert dies, dass die Teilhabe an den Unternehmenserfolgen mit dem Ausscheiden aus dem Unternehmen erlischt. Daher orientieren sich die Entscheidungen an **kurzfristigen Überschüssen**, denn an Erfolgen, die erst nach dem Ausscheiden aus dem Unternehmen anfallen, partizipiert ein Arbeitnehmer nicht. Ähnlich ist zu befürchten, dass die Ausschüttung laufender Überschüsse zu Lasten der Selbstfinanzierung überhandnimmt. Kritisch ist dies deshalb, weil wie gesehen im arbeitsgeleiteten Unternehmen die externe Finanzierung auf Kredite beschränkt ist. Die Neigung zur Selbstfinanzierung ist in einem kapitalgeleiteten Unternehmen tatsächlich größer, weil bei sich bei einem Verkauf der Kapitalanteile auch die künftig anfallenden Erträge realisieren lassen.

Zusammenfassend lässt sich festhalten, dass die Unternehmensverfassung des arbeitsgeleiteten Unternehmens in der idealtypischen Form (also ohne jede Kapitalbeteiligung der Arbeitnehmer) verglichen mit einem kapitalgeleiteten Unternehmen keine Verbesserungen mit sich bringt. Es sind jedoch einige zusätzliche Probleme zu konstatieren, die sich nur teilweise korrigieren lassen, und auch dies nur um den Preis, dass in die Unternehmensverfassung Elemente eines kapitalgeleiteten Unternehmens eingehen, wie etwa die Veräußerbarkeit der Ansprüche gegen das Unternehmen. Aus theoretischer Sicht kann die geringe empirische Verbreitung arbeitsgeleiteter Unternehmen per Saldo also nicht überraschen.

5.1.3.5 Risikoteilung und Handlungsanreize: Das LEN-Modell

Insgesamt zeigte die vorstehende Diskussion typischer Unternehmensverfassungen, dass die Fragen von Risikoverteilung und Anreizvermittlung maßgebliche Determinanten bilden. Besonders deutlich wurde dies bei dem managergeleiteten Unternehmen. Diese Überlegungen wollen wir nun nun etwas verallgemeinern und formalisieren.

Generell sollten wir von einer allseitigen Risikoaversion ausgehen. Daher ermöglicht einerseits die Risikoaufteilung zwischen mehreren Parteien, wie beispielsweise in einer Publikumsgesellschaft, grundsätzlich einen allseitigen Wohlfahrtsgewinn.[27] Andererseits sind mit der Risikoteilung häufig externe Effekte verbunden. Dies trifft dann zu, wenn eine Partei eine für sie individuell mit Kosten verbundene, nicht beobachtbare Entscheidung zu treffen hat, wie es bei dem angestellten Management einer Publikumsgesellschaft der Fall ist. Mit der Risikoteilung ist stets auch die Aufteilung der erzielten Erträge verbunden, was die Anreize für das Management, wertsteigernde Entscheidungen zu treffen, vermindert. Diesen *fundamentalen Zielkonflikt* zwischen der Anreizvermittlung und der Risikoteilung in einer Kooperation bei unsicheren Erwartungen und Moral Hazard analysieren wir anhand des einfachen, auch im Detail nachvollziehbaren LEN-Modells.[28] Das Akronym ergibt sich aus den Annahmen

---

[27] Vgl. Abschnitt 3.2.4.
[28] Die Bezeichnung geht auf *Spremann* (1987) zurück.

einer *L*inearen Ergebnisaufteilung, einer *E*xponentiellen Nutzenfunktion und *N*ormalverteilter Zufallsvariablen.

Ausgangspunkt für die folgenden Überlegungen ist der risikoaverse Unternehmer *A*. Wegen seiner Risikoaversion lohnt es sich für ihn grundsätzlich, mit einem Partner *B* eine Risikoteilung vorzunehmen. Praktisch könnte dies durch die Gestaltung eines geeigneten Finanzierungsvertrages geschehen; die Gegenleistung für die Beteiligung des Partners am Unternehmenserfolg bestünde in diesem Fall im Beitrag zur Unternehmensfinanzierung. *B* ist jedoch nicht an der Unternehmensleitung beteiligt, sei es, weil er durch anderweitige Verpflichtungen zu stark belastet ist, sei es, weil er nicht die fachliche Kompetenz für die Tätigkeit der Unternehmensführung aufweist. Im Weiteren gehen wir davon aus, dass der monetäre Erfolg x des Unternehmens neben dem Zufall ausschließlich von der Leistung e des Unternehmers abhängt. Alle anderen Ressourceneinsätze sind fixiert und spiegeln sich im funktionalen Zusammenhang zwischen x und e wider. Für das Ergebnis x gilt

$$\tilde{x} = e + \tilde{\varepsilon},$$

wobei
$\tilde{x}$ unsicheres Produktionsergebnis
e Leistung („Effort") des Unternehmers
$\tilde{\varepsilon}$ Zufallsschwankung des Produktionsergebnisses
   $[\mathrm{E}\{\tilde{\varepsilon}\} = 0; \mathrm{Var}\{\tilde{\varepsilon}\} = \sigma^2 > 0]$.

Aus Gründen der einfacheren Darstellung messen wir die Leistung direkt in Outputeinheiten.

Der Unternehmer und sein Partner vereinbaren eine lineare Aufteilung des Ergebnisses x. Partner *B* soll ein (positives oder negatives) Fixum β sowie eine nichtnegative Beteiligung von $(1 - \alpha)$ am Ergebnis erhalten. Dann beträgt das Einkommen von *B*

$$\tilde{\ell}_B = (1 - \alpha)\tilde{x} + \beta,$$

wobei
$\tilde{\ell}_B$ Einkommen von Partner *B*
α Beteiligungsquote des Unternehmers *A* am Ergebnis
β ergebnisunabhängiges Fixum für den Partner *B*.

Für die Bestimmung des Einkommens des Unternehmers *A* ist neben der Ergebnisbeteiligung von *B* zu berücksichtigen, dass *A* die Kosten seiner Arbeitsleistung individuell zu tragen hat. Für die Kosten k der Arbeitsleistung gilt

$$k(e) = \frac{e^2}{2\pi},$$

wobei
k Kosten der Arbeitsleistung
π Parameter für die Produktivität der Leistung.

Interpretiert man die Leistung e als Maß für die durch A eingesetzte Zeit, ist der überproportionale Anstieg plausibel, weil die Erhöhung der Leistung den Abzug der Zeit von anderen Verwendungen erfordert. A verzichtet zunächst auf solche Beschäftigungen, deren Grenzerträge (bei produktiver Verwendung) oder Grenznutzen (bei konsumtiver Verwendung) am geringsten sind. Dies bringt einen zunehmenden Anstieg der Opportunitätskosten mit sich. Eine quadratische Funktion ist die einfachste Form, diesen Sachverhalt zu erfassen. Der Parameter π steht für die Produktivität der Leistung. Je größer π ist, desto geringer sind die für einen gleichen erwarteten Output x erforderlichen Kosten, desto höher ist also die Produktivität als das Verhältnis von Output und Input.

Insgesamt erhält man für das Einkommen von A

$$\tilde{\ell}_A = \tilde{x} - \tilde{\ell}_B - k(e) = \alpha\tilde{x} - \beta - \frac{e^2}{2\pi},$$

wobei
$\tilde{\ell}_A$ Einkommen des Unternehmers A.

Der Nutzen von A und B hängt nur von Erwartungswert und Varianz des jeweiligen Einkommens ab. Diese sehr einfache Form der Zielfunktion folgt aus den Annahmen über die exponentiellen Nutzenfunktionen und die Normalverteilung.[29] Es gilt

$$u_i = \mathrm{E}\{\tilde{\ell}_i\} - \frac{1}{2}\theta_i \operatorname{Var}\{\tilde{\ell}_i\},$$

wobei
u_i Nutzen von i $(i = A, B)$
θ_i Risikoaversionskoeffizient von i.

Unter Verwendung der Bestimmungsgleichung für x erhält man für die Erwartungswerte und Varianzen[30]

$$\mathrm{E}\{\tilde{\ell}_A\} = \alpha e - \beta - \frac{e^2}{2\pi}; \ \operatorname{Var}\{\tilde{\ell}_A\} = \alpha^2 \sigma^2,$$

$$\mathrm{E}\{\tilde{\ell}_B\} = (1-\alpha)e + \beta; \ \operatorname{Var}\{\tilde{\ell}_B\} = (1-\alpha)^2 \sigma^2,$$

und somit für den Nutzen von Unternehmer A bzw. Partner B

$$u_A = \alpha e - \beta - \frac{e^2}{2\pi} - \frac{1}{2}\theta_A \alpha^2 \sigma^2,$$

$$u_B = (1-\alpha)e + \beta - \frac{1}{2}\theta_B (1-\alpha)^2 \sigma^2.$$

---

[29] Vgl. Abschnitt 10.4.4.
[30] Die Rechenregeln für Erwartungswerte und Varianzen sind in Abschnitt 10.2.4 ausführlich beschrieben.

Auf dieser Basis ist nun die optimale Gestaltung der Kooperation zu bestimmen. Ähnlich wie bei Ansätzen zur Erklärung von Unternehmen[31] ist zu beachten, dass der Unternehmer nicht den gemeinsamen Nutzen der beiden Parteien maximiert, sondern eigennützig handelt. Als die gestaltende Partei der Kooperation kann der Unternehmer über drei Variablen entscheiden: die Parameter α und β der Ergebnisaufteilung sowie seinen Arbeitseinsatz e.

Diese Leistung stellt eine nicht beobachtbare Variable dar, es liegt also eine Verhaltensunsicherheit (**Moral Hazard**) vor.[32] Auch der Rückschluss vom erzielten Einkommen auf die erbrachte Leistung scheidet aus, denn ein geringer Output kann gleichermaßen aus einem niedrigen Arbeitseinsatz wie aus einer unvorteilhaften Realisation der Zufallsvariablen ε resultieren. Oder prägnanter formuliert: Fleiß und Pech führen zum selben Ergebnis wie Faulheit und Glück. Daher wäre es sinnlos, die Leistung des Unternehmers vertraglich festlegen zu wollen. Jedoch wissen beide Parteien, dass der Unternehmer nach Abschluss eines Kooperationsvertrages die nach Maßgabe seines eigenen Nutzens optimale Leistung wählt. Der Zusammenhang zwischen der gewählten Leistung und den Parametern der Ergebnisverteilung $e = e(\alpha, \beta)$ stellt demnach eine Restriktion für die Optimierung dar. Die Berücksichtigung dieses Zusammenhangs sichert die **Anreizverträglichkeit** der Kooperation. Konkret muss dafür gelten

$$\frac{\partial u_A}{\partial e} = \alpha - \frac{e}{\pi} = 0 \;\Rightarrow\; e_A = \alpha\pi,$$

wobei
e_A durch die Ergebnisaufteilung induzierte Leistung des Unternehmers A.

Man sieht, dass das Fixum β die Leistungsanreize nicht beeinflusst, sondern diese alleine von der proportionalen Ergebnisaufteilung α abhängen.

> Die **Leistungsbereitschaft** des Unternehmers ist umso größer, je größer sein variabler Ergebnisanteil ist.

Bei einem zunehmenden Anteil für den Partner (also bei abnehmendem α) nehmen die positiven externen Effekte der Leistungserbringung zu und daher die Leistungsanreize ab; die Kosten der Arbeit trägt der Unternehmer zur Gänze, die Erträge kann er nur zum Anteil α vereinnahmen. Könnte sich der Unternehmer die Erträge seines Einsatzes komplett aneignen ($\hat{\alpha} = 1$), würde er die gesamten Kosten gegen die gesamten Erträge abwägen und somit die im Sinne der Gesamtwohlfahrt optimale Entscheidung treffen. Ginge es bei der Kooperation alleine um die Anreize, dürfte der Unternehmer keine proportionale Beteiligung

---

[31] Vgl. Abschnitt 4.5.2.2.
[32] Vgl. Abschnitt 4.1.3.2.

seines Partners vorsehen. Dies allerdings wäre mit einem Verzicht auf jede Risikoaufteilung verbunden.

Als weitere Restriktion hat der Unternehmer zu beachten, dass die Mitwirkung des Partners B freiwillig ist. Die Bereitschaft mitzuwirken ist an ein Einkommen geknüpft, das für den Partner einen mindestens so hohen Nutzen stiftet, wie er ihn auch anderenfalls erzielen könnte (**Teilnahmebedingung**):

$$u_B \geq \bar{u}_B,$$

wobei
$\bar{u}_B$ Alternativnutzen für den Partner B.

Das gesamte Optimierungsproblem lautet also

$$u_A = \alpha e - \beta - \frac{e^2}{2\pi} - \frac{1}{2}\theta_A \alpha^2 \sigma^2 \to \max_{\alpha,\beta,e}!$$

unter den Nebenbedingungen

$$e = \alpha \pi \quad \text{(Anreizverträglichkeit)},$$

$$u_B = (1-\alpha)e + \beta - \frac{1}{2}\theta_B(1-\alpha)^2 \sigma^2 \geq \bar{u}_B \quad \text{(Teilnahmebedingung)}.$$

Im Optimum muss die Teilnahmebedingung als Gleichung erfüllt sein.[33] Nach Substitution der Teilnahmebedingung für β und der Anreizverträglichkeitsbedingung für e in die Zielfunktion erhält man eine Optimierungsaufgabe mit einer Variablen (α) ohne Restriktion. Für die **second-best**-optimale Lösung gilt

$$\alpha^* = \frac{\pi + \theta_B \sigma^2}{\pi + (\theta_A + \theta_B)\sigma^2}.$$

Die Lösung für die Arbeitsleistung e ist bereits durch die Anreizverträglichkeitsbedingung formalisiert. Die Lösung für das Fixum β ergibt sich aus der Teilnahmebedingung; sie interessiert hier nicht weiter, weil sie ausschließlich die Einhaltung dieser Restriktion sichert und weder die Anreize noch die Risikoteilung beeinflusst.

Eine genauere Analyse der Lösung α^* zeigt:

Die **Anreize für den Unternehmer** und damit zugleich seine Risikoübernahme sollten umso größer sein,
- je kleiner das Risiko σ^2 ist,
- je kleiner die Risikoaversion des Unternehmers θ_A ist,
- je größer die Risikoaversion des Partners θ_B ist und
- je größer die Produktivität π der Unternehmers ist.

---

[33] Neus (1989a), S. 94.

Für die abschließende Interpretation ist es sinnvoll, zu Vergleichszwecken das Ergebnis für den Sonderfall heranzuziehen, in dem es allein auf die Risikoverteilung und überhaupt nicht auf die Anreizvermittlung ankommt. Dies lässt sich leicht aus der allgemeinen Lösung ableiten, indem man eine völlig unproduktive Leistung des Unternehmers unterstellt ($\pi = 0$). Man erhält für diesen Fall

$$\bar{\alpha} = \frac{\theta_B}{\theta_A + \theta_B} = \frac{\frac{1}{\theta_A}}{\frac{1}{\theta_A} + \frac{1}{\theta_B}},$$

wobei
$\bar{\alpha}$ unter Risikoteilungsgesichtspunkten optimaler Anteil für den Unternehmer.

Die erste Gleichung für die optimale Risikoteilung ist analytisch übersichtlicher, die zweite ist aber leichter zu interpretieren. Der Kehrwert der Risikoaversion ($1/\theta_i$) kennzeichnet die Risikotoleranz der Individuen, also die jeweilige Bereitschaft, Risiko zu übernehmen.

> Optimale Risikoteilung bedeutet, dass die Individuen jeweils denjenigen Teil des Risikos – $\bar{\alpha}$ für A und $(1 - \bar{\alpha})$ für B – tragen sollen, welcher dem **Anteil der eigenen Risikotoleranz an der Summe der Risikotoleranzen** entspricht.

Dies ist die allgemeingültige Regel für die optimale Risikoteilung, keine Besonderheit des hier untersuchten Gestaltungsproblems.[34]

Tatsächlich stellt die optimale Lösung α^* für den Steuerungsparameter einen Kompromiss zwischen den Teilzielen Anreizvermittlung und Risikoverteilung dar. Sofern alle Parameter von Null verschieden sind, gilt

$$0 < \bar{\alpha} < \alpha^* < \hat{\alpha} = 1,$$

wobei
$\hat{\alpha}$ unter Anreizgesichtspunkten optimaler Anteil für den Unternehmer.

Die optimale Gesamtlösung liegt demnach zwischen denjenigen Lösungen, die ausschließlich die optimale Risikoteilung ($\bar{\alpha}$) bzw. ausschließlich die optimalen Anreize ($\hat{\alpha}$) herbeiführen. Die Determinanten der konkreten Lösung sind die Produktivität der Leistung des Unternehmers, das Risiko und der Grad der Risikoaversion der beiden Partner. Generell gilt: Je wichtiger ein Teilziel ist, desto stärker schlägt sich dieses Teilziel im optimalen Kompromiss nieder. Ist zum

---

[34] Zum selben Ergebnis kommt man beispielsweise in Bezug auf die Risikoverteilung in einem Versicherungsverein auf Gegenseitigkeit (vgl. *Wilson* 1968) oder das Marktgleichgewicht auf dem Aktienmarkt (beschrieben durch das Capital Asset Pricing Model, CAPM, besonders deutlich bei *Mossin* 1973).

Beispiel die Arbeit des Unternehmers höchst produktiv (π also sehr hoch), nähert sich α^* dem Wert $\hat{\alpha} = 1$ an, weil die Vermittlung angemessener Anreize an Bedeutung gewinnt. Ist umgekehrt das Risiko (σ^2) sehr hoch, liegt α^* nahe bei $\bar{\alpha}$, weil die Risikoteilung besonders wichtig ist. Das Gleiche gilt bei starker Risikoaversion. Fazit aus diesem Modell ist:

> Bei unsicheren Erwartungen, Risikoaversion und einer asymmetrischen Informationsverteilung gibt es einen im Allgemeinen nicht auflösbaren *Zielkonflikt* zwischen der optimalen Risikoteilung und der optimalen Vermittlung von Leistungsanreizen.

Demgegenüber bestünde das **First Best** darin, zugleich die optimale Risikoverteilung und die optimale Leistung zu gewährleisten. Dies allerdings wäre nur dann möglich, wenn sich die Leistung des Unternehmers vertraglich erzwingen ließe.

Die Ergebnisse kann man auf alle Kooperationsbeziehungen übertragen, die durch unsichere Erwartungen, durch Risikoaversion, durch Erbringung einer individuell kostenträchtigen Leistung eines Partners und durch eine asymmetrische Informationsverteilung hinsichtlich dessen Leistung (also durch **Moral Hazard**) gekennzeichnet sind.

5.2 Privatautonomie der Eigentümer und Stakeholder-Interessen

5.2.1 Die Fragestellung

Ein marktwirtschaftliches System ist durch **Privatautonomie** der handelnden Individuen und durch deren **Eigenverantwortlichkeit** gekennzeichnet. Daraus ergibt sich, dass Individuen selbständig und selbstverantwortlich nach eigenem Einkommen oder der Verminderung von Einkommensrisiken streben. Dabei sind sie frei in der Wahl der verwendeten Mittel, sie müssen sich aber die Folgen ihrer Handlungen zurechnen lassen. Sieht man von dem in Kapitel 2 diskutierten Sonderfall Robinson Crusoe ab, ist es ein typisches Mittel, durch Kooperation mit anderen Individuen den eigenen Vorteil zu steigern. Da – spiegelbildlich – die anderen, ebenfalls autonomen und eigenverantwortlichen Individuen mit den gleichen Motiven in eine Kooperation hineingehen, ist der beiderseitige Vorteil Voraussetzung für eine Kooperation.

In den vorangegangenen Abschnitten und Kapiteln haben wir gezeigt:
1. Häufig ist es eine geeignete Kooperationsform, freiwillig auf einen Teil der Autonomie zu verzichten und **Weisungen** anderer Individuen zu befolgen. Damit verbunden ist regelmäßig eine Verringerung der Eigenverantwortlichkeit. Dies sind wesentliche Merkmale eines Unternehmens.
2. Ein Unternehmen lässt sich charakterisieren als ein **Netz von Verträgen**, in dem Leistungen und Gegenleistungen der Vertragspartner festgeschrieben sind. Ein solches Netz von Verträgen ist insbesondere dann geeignet, allseitige Vorteile hervorzurufen, wenn die Inhaber der Residualansprüche es knüpfen. Dies begrenzt nämlich das Aufkommen von Externalitäten.
3. Sehr viel spricht dafür, dass es die **Eigentümer** (Eigenkapitalgeber) des Unternehmens sein sollten, denen die Residualansprüche zufallen. Inwieweit die Eigentümer die Unternehmensleitung delegieren sollten, hängt von den Umständen des einzelnen Unternehmens ab.

Insbesondere die Punkte 2 und 3 stoßen bisweilen auf gewisse Vorbehalte. Ein Unternehmen sei eine soziale Veranstaltung und nicht Privatsache der Eigentümer. Deshalb sei es auch nicht akzeptabel, dass ausschließlich die Einkommensinteressen der Eigentümer die Zielgröße von Unternehmen ausmachen; ein solches Unternehmen sei *interessenmonistisch*. Mit dieser Sichtweise ist die Befürchtung verbunden, dass die Interessen anderer Beteiligter als der Eigentümer gar nicht oder nur unzureichend Berücksichtigung finden.

Das vorgeschlagene Gegenmodell ist das *interessenpluralistisch* ausgerichtete Unternehmen.[35] Darin sollen sich stets die Interessen aller Interessengruppen (aller **Stakeholder**) unmittelbar im Unternehmensziel niederschlagen. Neben den Kapitalgebern zählen beispielsweise die Arbeitnehmer, die Konsumenten und der Fiskus zu den Stakeholdern. Alle Gruppen von Stakeholdern sollen in einem Unternehmensrat vertreten sein, der eine Zielorientierung für die Unternehmensleitung vorgibt und deren Einhaltung kontrolliert. Ein solches Bild eines Unternehmens hat schon deshalb eine vorteilhafte Anmutung, weil es mit einer demokratisch verfassten Organisation korrespondiert.

Im Folgenden zeigen wir, dass diese Idee – unabhängig von der diskussionsbedürftigen Umsetzbarkeit – dennoch Ausfluss eines **grundlegenden Missverständnisses** ist. Zur Wahrung eigener Interessen ist es nämlich keineswegs erforderlich, an Entscheidungen der Unternehmensleitung oder an der Formulierung von Unternehmenszielen unmittelbar beteiligt zu sein. Durch Markthandlungen einerseits und durch die Gestaltung der Rechtsordnung andererseits lassen sich die Interessen anderer Individuen als der Eigentümer hinreichend absichern. In demokratischen Gesellschaften fließen legitimierte Werturteile über eine gewählte Legislative in die Rechtsordnung ein.

---

[35] *Steinmann* (1969).

5.2.2 Interessendurchsetzung über Märkte

Ausgangspunkt der folgenden Überlegungen ist ein Unternehmer, der seine Ideen, sein Kapital und seine Arbeitskraft in ein zu gründendes Unternehmen einbringen will, dessen Eigentümer er somit wird. Damit das Projekt Erfolg haben kann, muss der Unternehmer externe Kreditgeber, Arbeitnehmer, Lieferanten sonstiger Produktionsfaktoren sowie Abnehmer für die erstellten Produkte gewinnen. Den voranstehenden Ausführungen folgend leitet der Unternehmer selbst das Unternehmen. Seine Interessen sind durch seinen Residualanspruch hinreichend definiert. Bei dessen Bestimmung bezieht der Unternehmer auch Opportunitätskosten für den Einsatz seiner Arbeit und des vom ihm selbst bereitgestellten Kapitals sowie Risikoprämien ein. Dieses Residualeinkommen steigt, wenn die für die Faktorbeschaffung zu entrichtenden Preise sinken und wenn die für die Produkte erzielten Erlöse steigen. Infolge seiner Funktion als Unternehmensleiter steht es grundsätzlich in der Kompetenz des Eigentümers, Vertragskonditionen nach eigenem Gutdünken festzulegen. Zu untersuchen ist, ob dabei tatsächlich die Interessen der anderen beteiligten Parteien vernachlässigt werden.

5.2.2.1 Freiwilligkeit des Vertragsabschlusses

Das erste wesentliche Argument gegen eine solche Befürchtung ist die Freiwilligkeit der Vertragsabschlüsse.

Zunächst könnte es im Interesse des Unternehmers liegen, alle Faktoren möglichst gering zu entlohnen. Er ist jedoch auf die Bereitstellung der Faktoren durch externe Partner unbedingt angewiesen. Deshalb muss der Unternehmer Kredite, Arbeit, Vorprodukte usw. mindestens in einem Umfang entlohnen, der bei den Vertragspartnern die **Bereitschaft zur Teilnahme** am Unternehmen sichert. Wie hoch diese Entlohnung sein muss, hängt von den Alternativen ab, die den potenziellen Vertragspartnern offenstehen. Ein Kreditgeber könnte seine liquiden Mittel anderweitig anlegen oder für den Konsum verwenden; Arbeitnehmer könnten ihre Arbeitskraft anderen Unternehmen zur Verfügung stellen, sich in einem selbst gegründeten Unternehmen engagieren oder sich Freizeitaktivitäten zuwenden; ähnlich kann man für alle anderen Vertragspartner argumentieren.

Entsprechendes gilt für die Absatzseite. Grundsätzlich hat der Eigentümer erst einmal ein Interesse daran, einen möglichst hohen Absatzpreis für die erstellten Güter zu verlangen. Eine Grenze findet dieses Verlangen aber in der Zahlungsbereitschaft der Kunden. Wieviel diese zu zahlen bereit sind, hängt von deren Vermögen, Präferenzen und alternativen Konsum- und Sparmöglichkeiten ab.

Beschaffung und Absatz sind für den Eigentümer also nur möglich, wenn er Vertragskonditionen anbietet, die für die Vertragspartner eine Verbesserung gegenüber ihren Alternativen darstellen. Hier haben wir auf Basis von Preisen argumentiert, die ein besonders wichtiges *Beispiel* für Vertragskonditionen darstellen. Offensichtlich folgt die Argumentation zur Produktqualität, zu den Arbeitsbedingungen usw. der gleichen Logik, wobei zwischen Preisen und anderen Vertragsmerkmalen substitutive Beziehungen bestehen. Sieht sich der Eigentümer nicht in der Lage, für seine Vertragspartner insgesamt hinreichend attraktive Konditionen anzubieten, weil sie für ihn ein negatives erwartetes Residualeinkommen bedeuten, erweist sich das Projekt als für ihn nicht vorteilhaft. Zugleich handelt es sich dann um eine gesamtwirtschaftlich nicht erwünschte Produktion.

5.2.2.2 Wettbewerb

Die Wirksamkeit der beschriebenen Restriktion für die Privatautonomie des Eigentümers hängt offenbar stark davon ab, wie viele und welche Alternativen seine potenziellen Vertragspartner haben. Ein funktionsfähiger Wettbewerb schränkt den Handlungsspielraum des Eigentümers ein, weil sich für seine Vertragspartner die Menge an Alternativen erhöht. Somit ist Wettbewerb eine notwendige Bedingung dafür, dass tatsächlich die Interessen der Vertragspartner gewahrt bleiben.

Der Wettbewerb zwingt den Eigentümer dazu, für die Faktorentlohnung nicht weniger als die Konkurrenten zu bieten und für die Produkte nicht mehr als die Konkurrenten zu verlangen, wenn er ein bestimmtes Kontraktvolumen erreichen will.

> Je schärfer der Wettbewerb ist, desto stärker muss der Eigentümer bei seinen Entscheidungen auf die Interessen der Vertragspartner Rücksicht nehmen.

Für das Weitere sollten wir hervorheben: Dafür ist es keineswegs erforderlich, die Interessen der Vertragspartner in der Zielsetzung zu berücksichtigen. Vielmehr gehen sie **über die Restriktionen** in den Entscheidungskalkül des Eigentümers ein. Auch in der Wirtschaft hört die Freiheit des Einen da auf, wo die des Anderen anfängt.

5.2.3 Schutz der Interessen Dritter durch die Rechtsordnung

Viele rechtliche Regeln stellen fühlbare Eingriffe in die Vertragsfreiheit dar. In diesem Abschnitt wollen wir zeigen, dass dem häufig die Intention zugrunde liegt, tatsächlich oder vermeintlich *schutzwürdige und schutzbedürftige Interessen* zu sichern. Dies gilt beispielsweise für den Arbeitnehmer-, Verbraucher-

und Gläubigerschutz, aber auch im Zusammenhang der Interessen „der Allgemeinheit". Zum anderen vermittelt dieser Abschnitt einen Einblick in die vielfältigen Regulierungen, denen (nicht nur) die Eigentümer von Unternehmen oder deren Vertreter ausgesetzt sind.

5.2.3.1 Schutz des Wettbewerbs

Wie gesehen, ist eine vernünftige Interessenwahrung durch Markttransaktionen nur möglich, wenn es Marktalternativen gibt, das heißt, wenn man nicht auf den Abschluss mit einem bestimmten Partner angewiesen ist. Durch vertragliche Konstruktionen mehr oder minder formeller Art könnten vielleicht einige Marktteilnehmer ihre Transaktionen so koordinieren, dass für andere Marktteilnehmer eine echte Wahlfreiheit nicht mehr besteht. Ein Beispiel dafür wäre ein **Preiskartell**, bei dem sich verschiedene Anbieter eines bestimmten Gutes auf einen (hohen) Verkaufspreis einigen und damit auf Kosten der Konsumentenwohlfahrt ihren gemeinsamen Gewinn erhöhen. Oligopolmodelle zeigen, dass dabei die Gewinnsteigerung geringer ist als die Schädigung der Konsumenten, sodass es zu einem Wohlfahrtsverlust kommt. Als schädlich für den Wettbewerb kann sich ebenso der Zusammenschluss von Unternehmen erweisen. Durch Fusionen kann sich die Anzahl der Anbieter (oder in Bezug auf Vorprodukte die Anzahl der Nachfrager) so sehr verringern und deren Größe so sehr erhöhen, dass eine Marktmacht entsteht, die es erlaubt, von Wettbewerbsbedingungen weit entfernte Konditionen durchzusetzen.

Das Wettbewerbsrecht hat demzufolge primär das Ziel, die **Freiheit des Wettbewerbs** sicherzustellen und eine wettbewerbsgefährdende wirtschaftliche Macht zu beseitigen. Der Verfolgung dieses Ziels dienen zahlreiche konkrete Vorschriften. Als wichtige *Beispiele* sind zu nennen:

Vereinbarungen, die eine Verhinderung, Einschränkung oder Verfälschung des Wettbewerbs bezwecken oder bewirken, sind verboten (§ 1 GWB – Gesetz gegen **Wettbewerbsbeschränkungen**). Es gibt allerdings zahlreiche Ausnahmen, die der Idee nach wettbewerbsmindernde Wirkungen gegen bestimmte gesamtwirtschaftliche Vorteile abwägen. Zum Beispiel sind Kartelle, die eine Normung und Typung zum Ziel haben, zulässig (§ 2 Abs. 1 GWB).

Die missbräuchliche Ausnutzung einer **marktbeherrschenden Stellung** ist verboten (§ 19 Abs. 1 GWB). Marktbeherrschung liegt vor, wenn es keinen fühlbaren Wettbewerb gibt oder wenn ein Unternehmen eine überragende Marktstellung hat. Indizien für eine Marktbeherrschung sind ein hoher Marktanteil des betreffenden Unternehmens und eine hohe Konzentration, also der Fall, dass wenige Unternehmen einen hohen Marktanteil auf sich vereinigen. Unternehmenszusammenschlüsse sind zu untersagen, wenn dadurch eine marktbeherrschende Stellung entsteht (§ 36 Abs. 1 GWB).

Bestimmte Formen von Handlungen können untersagt werden, wenn sie den Wettbewerb beeinträchtigen (§ 3 UWG – Gesetz gegen **unlauteren Wettbewerb**). Hier relevante Handlungen beeinträchtigen die Entscheidungsfreiheit der Verbraucher oder nutzen die Unerfahrenheit von Kindern oder Jugendlichen aus (§ 4 UWG). Einbezogen sind auch Handlungen, die Marktteilnehmer in unzumutbarer Weise belästigen. Dazu gehören das Vollstopfen von Briefkästen mit Werbemüll trotz ausdrücklicher Hinweise oder Telefonanrufe ohne Einwilligung der Verbraucher (§ 7 UWG).

Mit unlauterem Wettbewerb verwandt ist das Problem der **Bestechung** bzw. **Bestechlichkeit** im geschäftlichen Verkehr. Dies ist jedoch nicht im Wettbewerbsrecht, sondern durch das Strafrecht untersagt (§§ 299 ff. StGB – Strafgesetzbuch).

Des Weiteren greift das Ladenschlussgesetz, in dem allgemeine **Ladenschlusszeiten** geregelt sind (§ 3 LadschlG), in den Wettbewerb ein. Auch nach halbherzigen Reformen 1996 und 2003 ließ das Ladenschlussgesetz nur wenige Ausnahmen zu. Im Zuge der am 1. September 2006 in Kraft getretenen Föderalismusreform erhielten aber die Bundesländer die Kompetenz zur Regelung der Ladenöffnungszeiten. Seither haben viele Länder von der Möglichkeit der Deregulierung Gebrauch gemacht; häufig gilt nun die 6×24-Regelung, das heißt, an Werktagen besteht keine Beschränkung der Öffnungszeiten mehr. In Bundesländern, die keine eigene Regelung verabschiedet haben (beispielsweise Bayern), gilt das bisherige Bundesrecht weiter.

Das Ladenschlussgesetz und das Gesetz gegen unlauteren Wettbewerb sind Beispiele dafür, dass das Wettbewerbsrecht den Wettbewerb auch einschränken kann, nämlich dann, wenn der Wettbewerb mit anderen schutzwürdigen Gütern konfligiert. Wann Wettbewerb aus ökonomischer Sicht unlauter oder unfair ist, lässt sich allerdings nur schwer beurteilen.

Im Wettbewerbsrecht zeigt sich besonders deutlich die Überlagerung deutscher und europäischer Normen. Auch wenn das GWB als recht scharfes Kartellrecht gilt, verhängt die EU-Wettbewerbskommission viele weitere Sanktionen. Strafen gegen den Missbrauch der marktbeherrschenden Stellung (beispielsweise gegen die Deutsche Bahn) oder wegen Preisabsprachen (beispielsweise in der Röhren- und Kartonindustrie sowie im Vitaminmarkt) nehmen häufig dreistellige Millionenbeträge (in €) an. Dies unterstreicht, welche Bedeutung einem funktionsfähigen Wettbewerb auch praktisch beigemessen wird.

5.2.3.2 Arbeitnehmerschutz

Der Grundgedanke des Arbeitsrechts ist, dass ein Arbeitnehmer auch bei vorhandenem Wettbewerb zwischen verschiedenen Arbeitgebern nicht hinreichend in der Lage ist, seine Interessen zu wahren. Aus diesem Grund ist das Arbeitsrecht weitgehend als Schutz der Arbeitnehmer vor der unterstellten **Macht** *der Arbeitgeber* konzipiert. Viele Regelungen sind einseitig zwingend, das heißt, sie binden nur den Arbeitgeber, nicht aber den Arbeitnehmer (beispielsweise § 619 BGB). Die gesetzlichen Regelungen betreffen insbesondere die Leistungen der Arbeitgeber und den Bestand der Arbeitsverhältnisse. Folgende *Beispiele* sollen dies verdeutlichen:

Beim Abschluss von **Tarifverträgen**, die eine Festlegung von Rechten und Pflichten der Tarifpartner vornehmen, besteht eine Ausnahme vom Kartellverbot. Das heißt, Gewerkschaften und Spitzenorganisationen der Arbeitgeber können für ihre Mitglieder verbindliche Verträge abschließen (§ 2 Abs. 2 TVG – Tarifvertragsgesetz). Die beiderseitige Kartellierung dient der Herstellung grundsätzlich gleicher Machtverhältnisse. Abweichungen von tarifvertraglichen Bestimmungen müssen durch den Tarifvertrag gestattet sein, es sei denn, sie enthalten Regelungen zugunsten der Arbeitnehmer (§ 4 Abs. 3 TVG). Zur Erhöhung der Flexibilität enthalten seit einiger Zeit Tarifverträge häufig sogenannte Öffnungsklauseln, die es dem Arbeitgeber ermöglichen, nach Absprache mit den betrieblichen Arbeitnehmervertretungen tarifvertragliche Regelungen zu Lasten der Arbeitnehmer zu verändern.

Arbeitsverträge sind grundsätzlich Dienstverträge (§§ 611-630 BGB); demnach gilt der schuldrechtliche Grundsatz der gegenseitigen Abhängigkeit von Leistung und Gegenleistung. Jedoch gibt es Ausnahmen davon zugunsten des Arbeitnehmers, insbesondere Regelungen über die **Entgeltfortzahlung** an Feiertagen oder im Krankheitsfall (§§ 2, 3 EntgFG – Entgeltfortzahlungsgesetz). Es ist durchaus bemerkenswert, dass die eine Vertragspartei ihre Leistung selbst dann erbringen muss, wenn die andere zur Erbringung der Gegenleistung nicht in der Lage ist.

Bei Arbeitsverhältnissen, die länger als sechs Monate bestehen, sind **Kündigungen** nur wirksam, wenn sie durch einen in der Person oder im Verhalten des Arbeitnehmers liegenden Grund bedingt sind oder wenn es der Betrieb erfordert (§ 1 Abs. 1 und 2 KSchG – Kündigungsschutzgesetz). Auch bei Vorliegen betrieblicher Erfordernisse sind Kündigungen unwirksam, wenn soziale Gesichtspunkte nicht ausreichend berücksichtigt wurden. Die Art der Berücksichtigung sozialer Belange hat der Arbeitgeber anzugeben (§ 1 Abs. 3 KSchG).

Zu sogenannten Betriebsänderungen gehören die Entlassung einer größeren Anzahl von Mitarbeitern, die Verlegung eines Betriebs oder die Einführung neuer Fertigungsverfahren (§ 111 BetrVG – Betriebsverfassungsgesetz). Im Falle von Betriebsänderungen ist der Interessenausgleich mit dem Betriebsrat zu suchen und ein Sozialplan zu erstellen. Der **Sozialplan** ist eine Einigung über den Ausgleich oder die Milderung der wirtschaftlichen Nachteile, die den Arbeitnehmern durch die Betriebsänderung entstehen (§ 112 Abs. 1 BetrVG). Im Falle von Entlassungen kann der Sozialplan auch gegen den Willen des Arbeitgebers erzwungen werden (§ 112 Abs. 4 BetrVG).

Neben allgemeinen Schutzvorschriften gibt es auch speziellere Regelungen, beispielsweise das Mutterschutzgesetz. Solche Regelungen haben durchweg die unmittelbare Wirkung, dass sie Arbeitnehmer in bestehenden Arbeitsverhältnissen schützen. Es gibt aber auch mittelbare Wirkungen derartiger Schutzklauseln, die sich, insbesondere wenn sie nicht abdingbar sind, auch gegen die Arbeitnehmerinteressen auswirken können. Zum Beispiel haben die Regelungen über den Sozialplan zur Folge, dass die Entlassung von Arbeitnehmern einer Investition in Kostensenkungen gleichkommt, deren Rentabilität durch Neueinstellungen wieder zunichtegemacht würde. Eine Minderung der Entlassungskosten aus Sicht des Arbeitgebers erleichtert deshalb Neueinstellungen, oder anders: Sozialpläne stellen ein Hindernis für Neueinstellungen dar. Des Weiteren steht außer Frage, dass Mutterschutzregelungen zwar Mütter schützen, zugleich aber die Chancen junger Frauen auf dem Arbeitsmarkt verringern. Dies führt zu einem Bedarf an Gleichstellungsregelungen usw. Häufig führt ein gut gemeinter Eingriff in Märkte dazu, dass weitere Eingriffe erforderlich werden, um die nicht intendierten „Nebenwirkungen" zu begrenzen. Für die dadurch ausgelöste Tendenz zur Ausbreitung staatlicher Regulierung gibt es die griffige Bezeichnung als „*Ölflecktheorem*", das häufig *Walter Eucken* zugeschrieben wird. Tatsächlich ist das Gedankengut aber wohl älter. So heißt es in einem ähnlichen Zusammenhang: „Will die Obrigkeit die Dinge nicht dadurch wieder ins Geleise bringen, dass sie von ihrem isolierten Eingriff absieht (...), dann muss sie dem ersten Schritt weitere folgen lassen."[36]

Insgesamt kann man festhalten, dass arbeitsrechtliche Vorschriften die Interessen der Arbeitsplatzinhaber schützen. Das Zustandekommen neuer Arbeitsverhältnisse wird dagegen eher behindert.

5.2.3.3 Gläubigerschutz

Der Gedanke des Gläubigerschutzes ist im deutschen Wirtschaftsrecht weit verbreitet; zum Beispiel ist er eine der tragenden Säulen der Rechnungslegungsvorschriften.[37] Insbesondere das Insolvenzrecht ist durch einen besonders deutlichen Gläubigerschutz gekennzeichnet.

Es liegt eine **Insolvenz** vor, wenn ein Schuldner zahlungsunfähig ist, das heißt seine fälligen Zahlungsverpflichtungen nicht erfüllen kann (§ 17 InsO – Insolvenzordnung). Im Fall einer Kapitalgesellschaft liegt auch dann Insolvenz vor, wenn das Unternehmen überschuldet ist, das heißt, „wenn das Vermögen des Schuldners die bestehenden Verbindlichkeiten nicht mehr deckt, es sei denn die Fortführung des Unternehmens ist nach den Umständen überwiegend wahrscheinlich" (§ 19 Abs. 2 Satz 1 InsO).

---

[36] *v. Mises* (1929), S. 11.
[37] Vgl. Abschnitt 8.4.4.

> Das Hauptziel eines Insolvenzverfahrens liegt darin, die **optimale Verwertung des Schuldnervermögens** sicherzustellen.

Hierin unterscheidet sich das geltende Recht von den vor 1999 geltenden Regelungen, die eher die maximale Befriedigung der Gläubigeransprüche im Mittelpunkt sahen. Eine effiziente Verwertung des Schuldnervermögens könnte im Wesentlichen aus zwei Gründen scheitern:

1. Der ungeordnete Versuch einzelner Gläubiger, im Wege der Einzelzwangsvollstreckung ihre Ansprüche durchzusetzen, könnte dazu führen, dass sich die insgesamt an alle Gläubiger zu verteilende Vermögensmasse verringert, also eine ineffiziente Verwertung des Schuldnervermögens erfolgt. Ein Vollstreckungsverbot (§ 89 Abs. 1 InsO) sichert die Möglichkeit, die richtige Entscheidung über **Fortführung oder Zerschlagung** der betrieblichen Einheit zu treffen. Auch in der Insolvenz ist die Fortführung des Unternehmens als wirtschaftliche Einheit möglich. Es kommt dann zur rechtlichen Neuordnung der Eigentumsverhältnisse, der bisherige Eigentümer muss auf seine Eigentumsrechte weitgehend verzichten. Bei der Beurteilung dieses Verzichts sollte man daran denken, dass die damit verbundene Entwertung der Rechte nicht erst durch die Insolvenz entsteht, sondern Folge der Verluste ist, die der Insolvenz vorangehen. Die Verwertung einzelner Vermögensgegenstände könnte die Fortführung des Betriebs erschweren oder unmöglich machen. Deshalb ermöglicht das Insolvenzrecht auch Eingriffe in vertraglich vereinbarte Rechte (wie beispielsweise Grundpfandrechte).

Eine Parallele zum hier diskutierten Problem erkennt man im sogenannten **Bank Run**, also einem Schaltersturm auf Banken. Zu einem Run kann es kommen, wenn die Sparer aufgrund der Befürchtung, ihre Einlagen seien nicht mehr sicher, auf der Rückzahlung bestehen und ebendies die Zahlungsunfähigkeit der Bank herbeiführt. Der interessante Punkt ist, dass mangelndes Vertrauen der Sparer auch dann zur Zahlungsunfähigkeit der Bank führen kann, wenn diese über hinreichende Vermögenswerte verfügt. Ursache dafür ist die mangelnde Liquidität der Vermögensgegenstände, die hohe Liquidationsverluste mit sich bringt. Wegen der Gefahr des Runs und im Bemühen um dessen Verhinderung zählt das Bankgewerbe zu den am stärksten regulierten Branchen.

2. Daneben kann es zu einer Vermögensminderung kommen, wenn weiterhin der Schuldner (also der Eigentümer des Unternehmens) das Unternehmen führt, obwohl ein Insolvenzgrund vorliegt. Dies liegt an der unterschiedlichen Struktur der Ansprüche von Schuldner und Gläubigern.[38] In der Insolvenz kann der Schuldner normalerweise nicht mehr damit rechnen, nennenswerte Zahlungen aus dem Unternehmen zu erhalten. Demnach hat er wenig zu verlieren,

---

[38] Vgl. Abschnitt 7.3.4.

aber viel zu gewinnen, wenn er besonders riskante Geschäfte tätigt. Im Erfolgsfall könnten sich künftige Gewinnaussichten eröffnen, im Misserfolgsfall mindern sie aber nicht mehr das Vermögen des Schuldners, sondern das der Gläubigergesamtheit. Deshalb ist der Schuldner bereit, auch solche Geschäfte zu tätigen, die bei angemessener Abwägung von Gewinn- und Verlustmöglichkeiten nicht vorteilhaft sind (**Risikoanreizproblem**[39]). Daher ist es sinnvoll, dem Schuldner rechtzeitig die Verfügungsgewalt über das Unternehmen zu entziehen, selbst wenn dies einen schwerwiegenden Eingriff in Eigentumsrechte bedeutet. Bei Eröffnung eines Insolvenzverfahrens geht die Verfügungsgewalt auf einen Insolvenzverwalter über (§ 80 Abs. 1 InsO), der vorrangig die Interessen der Gläubiger zu vertreten hat. Im Ergebnis werden aus den Gläubigern eines Unternehmens deren wirtschaftliche Anteilseigner.

Die genannten Probleme lassen sich auf das Vorliegen negativer externer Effekte zurückführen. Im ersten Fall vernachlässigen einzelne Gläubiger die bei anderen Gläubigern eintretenden Vermögensminderungen. Die Einzelzwangsvollstreckung mag zwar individuell vorteilhaft, insgesamt aber schädlich sein. Einen solchen Zerschlagungswettlauf gilt es zu verhindern. Im zweiten Fall ist es der Schuldner, der die Vermögensminderung bei Gläubigern nicht in den Maßstab für seine Entscheidungen einbezieht. In einer solchen Situation das Recht zur Unternehmensleitung auf einen Vertreter der Gläubiger zu übertragen zeugt von dem Grundgedanken des Insolvenzrechts, die **Parallelität von Haftung und Verfügung** herzustellen, also externe Effekte zu verringern.

Ein weiterer institutionenökonomisch interessanter Baustein des Insolvenzrechts ist, auch wenn sie nicht dem Gläubigerschutz dient, die **Restschuldbefreiung** für natürliche Personen (§§ 286 ff. InsO). Ausgangspunkt ist die Beobachtung, dass in Kapitalgesellschaften deren Eigentümer mit Abschluss des Insolvenzverfahrens abschließend entschuldet sind. Vor Inkrafttreten der Insolvenzordnung bestand eine solche Möglichkeit in Personenhandelsgesellschaften und für Privatpersonen nicht. Offengebliebene Verbindlichkeiten, Verzugszinsen und Verfahrenskosten haben sich häufig zu einem so hohen Schuldenstand addiert, dass für die Schuldner keinerlei Aussicht mehr bestand, in nennenswertem Umfang am Erfolg ihrer eigenen wirtschaftlichen Aktivitäten zu partizipieren. Folglich waren die Anreize, wirtschaftliche Anstrengungen zu unternehmen, extrem gering. Die Regelungen über die Restschuldbefreiung sehen nun vor, dass der Schuldner nach einer sechsjährigen **Wohlverhaltensperiode**, in der er laufende Bezüge an einen Treuhänder abführen muss, von der danach noch verbleibenden Restschuld befreit wird. Die positive Anreizwirkung der Restschuldbefreiung besteht darin, dass der Schuldner anschließend wieder unbelastet am Wirtschaftsleben teilnehmen kann, Externalitäten fallen also deutlich geringer aus. Relativierend steht dem jedoch entgegen, dass die

---

[39] Vgl. Abschnitt 7.3.2.2.

harte **Sanktionsdrohung** des Insolvenzverfahrens *aufgeweicht* wird. Dies verringert die Anreize, im Vorfeld alles zu unternehmen, um die Insolvenz zu verhindern. Um diesen schädlichen Anreiz zu verringern, ist daher de facto die Bewilligung der Restschuldbefreiung an eine Reihe von Voraussetzungen geknüpft, die – pauschal formuliert – verlangen, dass es sich um einen „ehrlichen Schuldner" handelt.

Die vorgestellten insolvenzrechtlichen Regelungen dienen nicht nur dem Schutz bestehender Schuldverhältnisse, sondern sie erleichtern auch das Zustandekommen weiterer Kreditverträge. Aus ökonomischer Sicht ist deshalb die Grundkonzeption des Insolvenzrechts als gut gelungen zu bezeichnen.

5.2.3.4 Anlegerschutz

Anleger sind Privathaushalte und Unternehmen, die liquide Mittel anlegen. Die Interessen der Anleger sind schutzbedürftig, weil sie dem Kapitalnehmer die Verfügungsmacht über die extrem plastische (also vielfältig verwendbare) Ressource Geld überlassen und daher einer ausgeprägten Verhaltensunsicherheit ausgesetzt sind.

Zu den Anlegern zählen zunächst die Sparer, die ihre Mittel einer Bank überlassen, die sie ihrerseits an Kreditnehmer weiterverleiht. Zielsetzung der **Bankenaufsicht** ist es vor allem, die Sicherheit der den Banken überlassenen Mittel zu gewährleisten (§ 6 Abs. 2 KWG – Kreditwesengesetz).[40] Wichtige Vorschriften, die dazu beitragen sollen, betreffen die hinreichende Eigenkapitalausstattung, die Sicherung der Liquidität der Banken, das Risikomanagement sowie die Verpflichtung, sich einer Entschädigungseinrichtung anzuschließen. Die drei erstgenannten Maßnahmen dienen dazu, der Zahlungsunfähigkeit der Bank vorzubeugen und stehen demzufolge für einen indirekten Einlegerschutz. Die Entschädigung sieht dagegen einen direkten Einlegerschutz vor, indem Einleger bei Eintritt der Zahlungsunfähigkeit eine Entschädigung erhalten. Die Tatsache, dass nach § 8 Abs. 1 EinSiG (Einlagensicherungsgesetz) der gesetzliche Entschädigungsanspruch auf 100.000 € begrenzt ist, macht deutlich, dass insbesondere Kleinanleger als schutzbedürftig gelten.

Das Bankenaufsichtsrecht ist im Übrigen ein sehr deutliches Beispiel für die Entwicklung, dass im Bereich der Regulierung von Unternehmen nationales Recht zunehmend durch unmittelbar geltendes europäisches Recht ersetzt wird. Die europäische Harmonisierung wird also nicht mehr durch Richtlinien vorangetrieben, die noch in nationales Recht umgesetzt werden müssen, wobei häufig gewisse Mitgliedsstaaten-Wahlrechte auszuschöpfen waren. Vielmehr

---

[40] Vgl. zur Bankenaufsicht ausführlich *Neus* (2017).

sind jüngere Vorschriften – im Bankaufsichtsrecht exemplarisch die Eigenkapital- und Liquiditätsvorschriften der Capital Requirements Regulation (CRR) – durch unmittelbar geltende europäische Verordnungen gekennzeichnet.

Neben den Sparern sind auch Kapitalanleger an der Börse durch vielfältige Vorschriften geschützt. Dies betrifft zunächst die Regelungen in Bezug auf die *Börsenzulassung* von Wertpapieren. Auf Basis verschiedener Vorschriften im Börsengesetz, Wertpapierprospektgesetz und einiger Verordnungen der EU ist es erforderlich, dass ein Wertpapieremittent in einem Emissionsprospekt die wichtigsten Informationen über Ertragsmöglichkeiten und Risiken der jeweiligen Wertpapiere in einer nachvollziehbaren Form zusammengestellt und veröffentlicht. Der Emittent und die die Emission betreuende Bank haften für die Vollständigkeit und Richtigkeit der im Prospekt enthaltenen Angaben. Das Bündel von Vorschriften trägt insbesondere zur Verringerung der Qualitätsunsicherheit auf dem Primärmarkt für Wertpapiere bei, für die es naturgemäß noch keine beobachtbaren Marktpreise gibt.

Aber auch nach Aufnahme des Börsenhandels bestehen ausgeprägte Qualitätsunsicherheiten. Insbesondere besteht für Kleinanleger die Gefahr, dass Unternehmensinsider ihre überlegenen Informationen ausnutzen, um überlegene Rendite zu erzielen oder drohende Verluste auf andere Anleger abzuwälzen. Aus diesem Grund gibt es zum einen *Insiderhandelsverbote* (Art. 14, 15 MAR – Market Abuse Regulation, Marktmissbrauchsverordnung); zum anderen müssen Insiderinformationen oder Handelsaktivitäten potenzieller Insider wie beispielsweise Führungskräfte von Aktiengesellschaften veröffentlicht werden (Art. 17, 19 MAR). Empirische Untersuchungen zum Insiderhandel in Deutschland legen allerdings Befunde offen, die keinen anderen Schluss zulassen, als dass illegaler Insiderhandel von Vorständen, Aufsichtsräten und deren Angehörigen stattfindet.[41]

Schließlich sind Kleinanleger bei Vorhandensein eines Großaktionärs der besonderen Gefahr ausgesetzt, ihre Interessen in den einschlägigen Gremien einer Aktiengesellschaft nicht schützen zu können. Dies gilt insbesondere dann, wenn in der Folge einer Unternehmensübernahme der neue Hauptaktionär das Unternehmen deutlich umstrukturieren und in seinen Konzern eingliedern möchte. Es ist fraglich, ob die aktienrechtlichen Schutzvorschriften bei Gewinnabführungs- oder Beherrschungsverträgen nach § 291 Abs. 1 AktG tatsächlich einen hinreichenden Minderheitenschutz gewährleisten.[42] Das zentrale Prinzip der *Übernahmeregulierung* ist daher die Gleichbehandlung der Aktionäre (§ 3 Abs. 1 WpÜG – Wertpapiererwerbs- und Übernahmegesetz). Beispiele für konkrete Regelungen mit diesem Ziel erkennt man im Verbot von Teilangeboten (§ 32 WpÜG) sowie in der Pflicht zur Abgabe eines Übernahmeangebots, wenn

---

41 *Dymke* (2011), insb. Kapitel 4.
42 Vgl. *Hecker* (2000), S. 418-438, mit kompakter Zusammenfassung einer umfassenden Untersuchung.

ein Großaktionär mehr als 30% der Stimmrechte auf sich vereinigt (§ 35 Abs. 2 Satz 1 WpÜG). Beide Regelungen verhindern, dass Aktionäre gegen ihren Willen in die Rolle von Minderheitsaktionären geraten.

5.2.3.5 Verbraucherschutz

Dem Verbraucherschutz dient unter anderem das **Produkthaftungsrecht**. Der gesetzlichen Regelung liegt der Gedanke zugrunde, dass Konsumenten schlechter als Produzenten in der Lage sind, Produktrisiken zu tragen. Zudem besteht die Vermutung, sie seien nicht imstande, eine Risikoübernahme der Produzenten durch Markttransaktionen zu sichern. Die betreffenden Risiken beziehen sich auf den Tod, die Verletzung des Körpers oder der Gesundheit oder die Beschädigung einer Sache (§ 1 Abs. 1 Satz 1 ProdHaftG – Produkthaftungsgesetz).

Das Produkthaftungsrecht verpflichtet den Hersteller zum Schadensersatz, wenn ein **Produktfehler** vorliegt, wenn das Produkt also nicht die berechtigterweise erwartete Sicherheit bietet (§ 3 Abs. 1 ProdHaftG). Dabei werden der adäquate Gebrauch und der Stand der Technik zum Zeitpunkt des Verkaufs als Maßstab herangezogen. Wesentlich ist, dass die Ersatzpflicht des Herstellers vertraglich nicht ausgeschlossen werden kann (§ 14 ProdHaftG).

Zwar ist die Schadensersatzpflicht insofern eingeschränkt, als dass der Hersteller mit einem vernünftigen Gebrauch rechnen darf.[43] Doch auch hier kann man bezweifeln, ob es *stets* der Produzent ist, der mit den geringsten Kosten einen Schaden vermeiden kann – dann wäre das zwingende Recht angemessen. Dem entgegen ist jedoch zu bedenken, ob mit der vielfach beschworenen „Mündigkeit" der Bürger nicht auch deren Verantwortlichkeit einhergehen müsste. Die Frage, ob das Produkthaftungsrecht eher „Wohltat oder Plage" darstellt, lässt sich abschließend nicht undifferenziert beantworten.[44]

Einige Reformen des Bürgerlichen Rechts haben die rechtliche Position von Konsumenten weiter gestärkt. Die gesetzlichen Regelungen zum Verbrauchsgüterkauf (§§ 474 ff. BGB) sehen sogar eine **Beweislastumkehr** vor (§ 476 BGB). Das heißt, wenn ein Verbrauchsgut innerhalb von weniger als sechs Monaten nach dem Kauf einen Sachmangel aufweist, muss der Verkäufer – wenn er ein Unternehmer ist – nachweisen, dass der Sachmangel nicht bereits beim Verkauf bestand. Es ist zweifelhaft, ob wirklich stets der Verkäufer besser dazu imstande ist, die tatsächliche Sachlage zu beweisen. Vielmehr ist wohl zu befürchten, dass der intendierte Verbraucherschutz vor allem den Handel erschwert.

---

[43] In den USA wurde angeblich ein Hersteller von Mikrowellen zum Schadensersatz herangezogen, weil eine Katzenhalterin das nasse Fell der Katze darin trocknen wollte und die Katze dabei verstarb. Der Hersteller hätte explizit darauf hinweisen müssen, dass dieser Gebrauch unzulässig ist. In Deutschland ist mit einem derartigen Unfug wohl nicht zu rechnen.

[44] Mehr zu dieser Frage findet sich bei *Adams* (2004), S. 183 ff.

Auch ist zu beobachten, dass bei Inzahlungnahme der Gebrauchtwagen von Autokäufern Autohäuser geringere Preis zahlen und auf diese Weise eine Kompensation der zu erwartenden Garantieleistungen vornehmen.

5.2.3.6 Umweltschutz

Im Umweltbereich kann man einen Bedarf an gesetzlicher Durchsetzung von Interessen vermuten, weil es vielerlei externe Effekte gibt, die gegenwärtige wie künftige Generationen betreffen. Gleichzeitig scheitert mangels individueller Eigentumsrechte an der Umwelt die private Internalisierung der externen Effekte. Der Regulierungsbedarf lässt sich hier aus den Eigenschaften eines öffentlichen Gutes ableiten.

> ***Zielsetzungen des Umweltrechts*** sind die Verminderung bestehender Umweltschädigungen, die Abwehr von Schäden und die Schaffung von Freiräumen für künftige Generationen.

Es gibt zwei wesentliche Ansatzpunkte für das Umweltrecht:
  1. Zum einen dienen **Gebote und Verbote** der Einschränkung von Spielräumen für schädliche Handlungen. Solche Regelungen beginnen mit Anmelde- und Anzeigepflichten. Strenger wirkt ein Verbot mit Erlaubnis- oder Genehmigungsvorbehalt. Ein Beispiel dafür ist die Genehmigungspflicht für die Errichtung und den Betrieb einer Anlage, die schädliche Umweltwirkungen in besonderem Maße hervorzurufen geeignet ist (§ 4 BImSchG – Bundesimmissionsschutzgesetz), etwa eine Fabrik zur Herstellung von Kunststoffen. Vielfach sind es Verfügungen der Verwaltung, die betriebliche Gestaltungsspielräume einschränken. Beispielsweise kann die Verwaltung nachträgliche Anordnungen treffen, wenn sich nach der Genehmigung herausstellt, dass die Allgemeinheit oder die Nachbarschaft nicht hinreichend geschützt sind (§ 17 Abs. 1 BImSchG).
  2. Zum anderen setzen das Umwelthaftungsrecht durch Umweltsteuern, Lenkungsabgaben und Ausgleichsabgaben oder auch privatrechtliche Vereinbarungen **Anreize**, die betrieblichen Tätigkeiten nach Maßgabe der Umweltverträglichkeit zu gestalten. Ein Beispiel für diesen vieldiskutierten Regelungsbereich ist die Abwasserabgabe, deren Höhe sich aus der Schädlichkeit der Einleitung ergibt (§ 3 AbwAG – Abwasserabgabengesetz). In die gleiche Richtung weist grundsätzlich der Handel mit Emissionsrechten, wenn auch bislang die Funktionsfähigkeit dieses Marktes gewiss verbesserungsfähig ist. Die Funktionsfähigkeit leidet darunter, dass CO_2 emittierende Unternehmen über Gebühr viele Emissionsrechte erhalten haben. Die Emissionsrechte sind also nicht knapp genug, um einen so hohen Preis herbeizuführen, der Unternehmen in ihrem Emissionsverhalten deutlich genug zu beeinflussen.

Haftungsregeln finden sich im Umwelthaftungsrecht, das zudem die Besonderheit aufweist, dass unter bestimmten Bedingungen von einer Kausalitätsvermutung ausgegangen werden kann (§ 6 Abs. 1 UmweltHG – Umwelthaftungsgesetz). Üblicherweise muss ein Geschädigter nachweisen, dass die Schädigung von einer bestimmten Anlage ausgeht. Es ist jedoch zu befürchten, dass er den Kausalitätsnachweis nicht erbringen kann und deshalb die Schadensersatzpflicht ins Leere läuft. Deshalb wird der Nachweis durch eine Vermutung ersetzt, die der mutmaßliche Schädiger zu widerlegen hat. Diese **Beweislastumkehr** erhöht die Anreize, Schädigungen nach Möglichkeit zu vermeiden. Vermutlich ist der Betreiber einer Anlage leichter in der Lage, die Vermutung zu widerlegen, als der Geschädigte, die Ursache zu beweisen. Dies erleichtert die Internalisierung externer Effekte. Anders als oben im Bereich der generellen Regelungen für Verbrauchsgüter erscheint hier die Beweislastumkehr auch ökonomisch sinnvoll.

5.2.3.7 Einschätzung

Der hier vorgenommene Überblick über einige Gebiete der betriebswirtschaftlich relevanten Teile der Rechtsordnung ist keineswegs vollständig. Als weiteres Beispiel für ein Rechtsgebiet, in dem starke Eingriffe in private Eigentumsrechte vorgenommen werden, das aber in der betriebswirtschaftlichen Literatur fast völlig vernachlässigt wird, sei nur das *Bau- und Mietrecht* genannt. Zwar in diesem Kurzüberblick übergangen, ansonsten aber auch im Rahmen der Betriebswirtschaftslehre stark einbezogen sind die wirtschaftlichen Auswirkungen des *Steuerrechts*. Eine vollständige Behandlung dieser oder gar aller relevanten Rechtsgebiete scheidet ohnehin aus.

Jedoch zeigen bereits die erörterten Rechtsquellen, dass Gesetze nicht immer mit dem Postulat einer effizienten Ressourcenallokation vereinbar sind. Das muss man nicht einmal kritisch sehen. Denn neben der *Allokationseffizienz* gibt es gewiss weitere (außerökonomische) Maßstäbe zur Beurteilung gesetzlicher Regelungen. Weiter sollte deutlich geworden sein, dass bestimmte gesetzliche Vorschriften einzelnen Gruppen von Individuen Vorteile verschaffen. Daher ist es kaum verwunderlich, wenn Vertreter von Interessengruppen (Lobbyisten) auf die staatliche Gesetzgebung Einfluss zu nehmen versuchen. Auch das ist solange noch nicht per se schädlich, wie die verschiedenen Interessengruppen einen gleich wirksamen Zugang zur Gesetzgebung haben. Es steht jedoch zu befürchten, dass wirtschaftlich starke Akteure über ein größeres Beeinflussungspotenzial verfügen.

Gegen Aktivitäten des *Rent Seeking* spricht zudem, dass damit Beeinflussungskosten verbunden sind, die in Kauf genommen werden, um eine allokationsverzerrende Umverteilung zu eigenen Gunsten herbeizuführen. Per Saldo besteht darin eine Ressourcenverschwendung.

5.2.4 Shareholder Value, Stakeholder Value und der Corporate-Governance-Kodex

5.2.4.1 Shareholder und Stakeholder

Einer der zentralen Argumentationsstränge in diesem Kapitel ist die Frage nach der „richtigen" *Zielsetzung für unternehmerische Entscheidungen*. Mögliche Zugänge zu einer Antwort bieten vor allem der Shareholder-Value-Ansatz mit der Fokussierung auf die Sichtweise der Anteilseigner und der Stakeholder-Value-Ansatz, der durch die Einbeziehung der Vermögensinteressen auch anderer Gruppen wie Arbeitnehmern, Kunden, Lieferanten oder Kreditgebern in die Zielsetzung gekennzeichnet ist. Während beide Ansätze auf dem methodologischen Individualismus fußen, formulieren Juristen in Bezug auf Kapitalgesellschaften gerne ein eigenes Unternehmensinteresse.[45] Nachstehend untersuchen wir die Relation zwischen diesen Bausteinen und vergleichen sie mit der im Prinzip unverbindlichen Handlungsempfehlung des Deutschen Corporate-Governance-Kodex.

Mit Blick auf die Reichweite der Argumentation ist zunächst festzuhalten, dass sie sich vor allem auf die Rechtsform der *Aktiengesellschaft* bezieht, denn nur dort leitet der Vorstand das Unternehmen in eigener Verantwortung (§ 76 Abs. 1 AktG). In der GmbH können die Gesellschafter nach § 37 GmbHG die Vertretungsbefugnis der Geschäftsführer einschränken und nach § 38 GmbHG deren Bestellung jederzeit widerrufen. Bereits daraus ergibt sich für die Geschäftsführer eine Notwendigkeit zum Handeln im Eigentümerinteresse. In personengebundenen Rechtsformen[46] gilt das angesichts der Haftung der Eigentümer auch mit ihrem Privatvermögen umso mehr. Hinzu kommt, dass in den letztgenannten Rechtsformen häufig die Gesellschafter zugleich die Geschäftsführung innehaben.

Man kommt – allerdings voreilig – zu einem eindeutig positiven Urteil über den Shareholder Value als Unternehmensziel, wenn man ausschließlich Argumente heranzieht, die nur auf vollkommenen Märkten Gültigkeit beanspruchen können. Die dort geltenden Bedingungen (insbesondere perfekte Information, uneingeschränkte Rationalität und fehlende Marktmacht) implizieren, dass alle Marktteilnehmer potenzielle Schädigungen durch die Eigentümer erkennen und kostenlos wirksame Vorsorgemaßnahmen ergreifen können. Im Ergebnis würden daher auf einem vollkommenen Markt alle Marktteilnehmer stets einstimmig diejenigen Entscheidungen befürworten, die das Vermögen der Eigentümer maximieren; diese Entscheidungen entsprächen zugleich den Entscheidungen, die den Wert aller Ansprüche an das Unternehmen, also dessen Gesamtwert maximieren. Diese Argumentation ist zwar in ihrem Bezugsrahmen

---

[45] Vgl. bspw. *Spindler* (2008).
[46] Vgl. Abschnitt 5.1.2.2.

nicht angreifbar, allerdings schränkt genau dieser Bezugsrahmen die praktische Relevanz bis zur Vernachlässigbarkeit ein.

> Entscheidungen nach dem Shareholder Value und nach dem Stakeholder Value stimmen **nur auf vollkommenen Märkten** überein.[47]

Eine gehaltvollere Auseinandersetzung mit der Frage nach der Eignung des Shareholder Value als Unternehmenszielgröße muss also Marktunvollkommenheiten einbeziehen. Ein wesentlicher Baustein bei der Begründung des Shareholder-Value-Ansatzes ist – auch und gerade auf unvollkommenen Märkten – die Vermeidung externer Effekte. Vorrangig sind es die Eigentümer als Inhaber der Restbetragsansprüche, die Verluste auffangen, bevor andere Anspruchsinhaber Vermögensminderungen hinnehmen müssen. Daher fallen externe Effekte geringer aus, wenn in Unternehmen die Eigentümerinteressen die Entscheidungen bestimmen. Jedoch ist es infolge der Haftungsbegrenzung (de facto auch in Personengesellschaften) nicht auszuschließen, dass das von Eigentümern bereitgestellte Vermögen zur Befriedigung aller Ansprüche Dritter nicht ausreicht. Für diesen Fall sieht das Insolvenzrecht vor, dass die Verfügungsmacht über das Unternehmen auf die durch den Insolvenzverwalter vertretene Gläubigergemeinschaft übergeht. Eines der wesentlichen Zwischenziele des Insolvenzrechts ist, die rechtzeitige Auslösung eines Insolvenzverfahrens zu gewährleisten. Hier ist es sinnvoll und notwendig, die **Eigentümerrechte einzuschränken** und deren Interessen hintanzustellen.

Wenn dem Shareholder-Value-Ansatz folgend das Vermögen der Anteilseigner maximiert werden soll, ist zu klären, auf welchen Zeitpunkt sich dieses Vermögen bezieht. Es ist zweckmäßig, den Zeitpunkt $t = 0$ der vertraglichen Bindung zwischen dem Unternehmen (den Eigentümern) und den anderen Parteien zum Maßstab zu machen. Da aber Unternehmen und vertragliche Bindungen an Unternehmen in der Regel auf Dauer angelegt sind, stellt sich die Frage, ob sich nach Vertragsschluss ergebende Handlungsspielräume im Sinne der Anteilseigner oder in einem weiter abgegrenzten Interesse auszufüllen sind.[48]

Es führt zum größten Gegenwartswert, wenn Anreize bestehen, auch in künftigen Zeitpunkten $\hat{t} > 0$ diejenigen Entscheidungen zu treffen, die den Shareholder Value in $t = 0$ maximieren. Angesichts unsicherer Erwartungen und zwischenzeitlich eingetretener Lerneffekte kann es allerdings dazu kommen, dass *ex post* (also in $\hat{t}$) aus Sicht der Eigentümer andere Entscheidungen optimal sind

---

[47] Die zur Einmütigkeit („Unanimity") führende Argumentation wird besonders deutlich bei *DeAngelo* (1981). Die Grenzen der Argumentation, insbesondere das Erfordernis vollkommener Märkte, arbeitet *Wilhelm* (1987) heraus.

[48] Vgl. zur folgenden Argumentation *Schmidt/Spindler* (1997), S. 530-533.

als diejenigen, welche in $t = 0$ für den Zeitpunkt $t = \hat{t}$ vorgesehen waren.[49] Dies gilt vor allem dann, wenn die Vertragspartner – aus welchen Gründen auch immer – außerhalb des Unternehmens keine genauso gute Alternative für den Einsatz ihrer Ressourcen finden, wenn sie also in Verbindung mit dem Unternehmen eine Rente oder – noch kritischer – eine **Quasi-Rente** erzielen.[50] Um diese Renten könnten die Eigentümer die anderen Interessengruppen möglicherweise prellen. Es ist daher diskussionsbedürftig, ob die Eigentümerinteressen auch dann Vorrang haben sollten, wenn sie ex post in einem Widerspruch stehen zu einem *den Gesamtwert* des Unternehmens maximierenden Plan. Die Alternative dazu könnte in einem „fairen", an den Interessen aller Stakeholder orientierten Vorgehen der Unternehmensleitung bestehen, so, wie es in $t = 0$ vorgesehen war.

Aus den institutionenökonomischen Vorarbeiten ergibt sich, dass ein späteres Abweichen von den ursprünglichen Plänen wertmindernd ist, wenn der Anreiz abzuweichen vorhersehbar ist. Die mit unvollständigen Verträgen verbundene Flexibilität ist also nicht von Vorteil; im Gegenteil ist die **wirksame Bindung** an Versprechen wertvoll.[51] Das einfache Versprechen eines fairen Verhaltens ist allerdings unglaubwürdig. Es ist ebenfalls untauglich, eine angestellte Unternehmensleitung auf den Stakeholder Value verpflichten zu wollen: Angesichts des Opportunismus und der asymmetrischen Informationsverteilung würde dies lediglich den Managerinteressen gegenüber allen Drittinteressen den Vorrang geben. Erforderlich ist vielmehr, durch wirksame Bindungen sicherzustellen, dass sich ex post (in $\hat{t}$) ein faires Verhalten der Eigentümer als für sie vorteilhaft herausstellt; die Anreizverträglichkeit muss also auch ex post erfüllt sein. Dann liegt es im Interesse der Eigentümer, ex ante bis zu einem gewissen Grad die eigenen Handlungsspielräume zugunsten anderer Interessengruppen zu beschränken. Aus diesem Grund liegen gesetzliche Vorschriften zum Arbeitnehmer-, Verbraucher- oder Gläubigerschutz auch im Interesse der Eigentümer von Unternehmen. Sie erleichtern es, glaubwürdige Bindungen herzustellen. Wenn dies gelingt, bedarf es keiner Umformulierung der Zielsetzung für die Eigentümer. Wenn dies nicht gelingt, erkennt man hier einen möglichen Ansatzpunkt für staatliche Regulierung.

Eine offene Flanke in dieser Argumentation bleiben **Unternehmensverkäufe**. In deren Folge kann es zum Bruch der bei Vorliegen unvollständiger Verträge gemachten Versprechungen uns somit zu einem enttäuschten Vertrauen von Seiten der Stakeholder kommen. Aus diesem Grund ist es nachvollziehbar,

---

[49] Dieses Argument trifft natürlich auch für alle anderen Interessengruppen zu. Daher ist es untauglich als Punkt gegen die Orientierung am Shareholder Value.

[50] Siehe zu den Begriffen Rente und Quasi-Rente Abschnitt 6.2.4.1.

[51] Die zunächst vielleicht überraschenden Nachteile der Flexibilität bringt der Titel des Beitrags von *Krahnen/Schmidt/Terberger* (1985) schön zum Ausdruck: „Der ökonomische Wert von Flexibilität und Bindung".

wenn Unternehmensübernahmen mit Blick auf die Interessen der Stakeholder bisweilen kritisch gesehen werden.[52]

Letztlich lässt sich ein fühlbarer Gegensatz zwischen einem „moderaten" Shareholder-Value-Ansatz[53] und dem Stakeholder-Value-Ansatz also eher nicht konstatieren. Allerdings ist der Vergleich der beiden Konzeptionen dadurch erheblich erschwert, dass eine gewisse Unklarheit darüber herrscht, was man unter dem Stakeholder-Value-Ansatz genau versteht.[54] Bisweilen wird der „Shareholder Value" unter Bezugnahme auf eine pervertierte Auslegung der Eigentümerinteressen zu einem *gesellschaftspolitischen Feindbild* aufgebauscht.[55] Es liegt nämlich dezidiert nicht im (wohlverstandenen) Interesse der Eigentümer, durch Täuschung der Marktteilnehmer oder durch Ausschöpfung aller Ausbeutungsspielräume kurzfristige Erfolge zu erzielen. Diese würden vielmehr mittelfristig auf künftige Handlungsspielräume von Unternehmen zurückfallen und somit den Wert künftig erzielbarer Überschüsse mindern. Eine ökonomisch begründbare Fundierung des Shareholder Value als Unternehmensziel kann daher gewiss nicht auf kurzfristig sichtbare Erfolge gerichtet sein, wie sie vielleicht in Quartalsergebnissen aufscheinen.

Schließlich ist auf solche externe Effekte zu verweisen, die nicht auf einer freiwilligen Beziehung zwischen Unternehmen und externen Stakeholdern beruhen.[56] Es bedarf einer gewissen Naivität um zu erwarten, dass der Markt eine vollständige Internalisierung dieser Effekte gewährleistet. Zugleich gilt auch hier, dass dies keineswegs ausschließlich auf die Eigentümerinteressen zutrifft. Auch Externalitäten ohne freiwillige Beziehungen bilden also generell eine Einflugschneise für eine *staatliche Regulierung*, wie wir sie in Abschnitt 5.2.3 erörtert haben.

5.2.4.2 Der Deutsche Corporate-Governance-Kodex

Mit dem Spannungsfeld von Zielsetzungen für Unternehmensentscheidungen und Grundsätzen guter Unternehmensführung beschäftigt sich auch das Regelwerk des Deutschen Corporate-Governance-Kodex (im Weiteren kurz Kodex). Zwar richtet sich der Kodex ausdrücklich und unmittelbar an börsennotierte Gesellschaften, dessen Präambel empfiehlt jedoch auch nicht kapitalmarktorientierten Unternehmen seine Beachtung. Der Kodex enthält zwingend zu befolgende Umschreibungen gesetzlicher Vorschriften, Empfehlungen und Anregungen. In Bezug auf die Empfehlungen gilt für kapitalmarktorientierte Gesellschaf-

---

[52] Vgl. bspw. *Shleifer/Summers* (1988).
[53] *Schmidt/Spindler* (1997), S. 517 und S. 534.
[54] Ähnlich *Spremann* (1996), S. 481 ff.
[55] Mit den dabei zugrunde liegenden Missverständnissen setzt sich *Denis* (2016) auseinander.
[56] Vgl. Abschnitt 4.3.1.1.

ten nach § 161 Abs. 1 AktG das „*Comply-or-Explain*"-Prinzip, das heißt, entweder folgt die Gesellschaft den Empfehlungen des Kodex oder sie erklärt öffentlich zugänglich, dass und warum sie den Empfehlungen nicht folgt. Von den Anregungen darf auch ohne Offenlegung abgewichen werden.

Ziel des von einer Regierungskommission formulierten Kodex ist es, das deutsche Governance-System durch eine leicht zugängliche Zusammenstellung von Regeln über die Leitung und Überwachung von Unternehmen transparent zu machen und das Vertrauen in die Unternehmensführung deutscher börsennotierter Gesellschaften zu stärken. Die Zielsetzung erhöhter Transparenz erklärt sich vor allem vor dem Hintergrund der deutlichen Unterschiede zwischen der Unternehmensverfassung deutscher Gesellschaften und dem in den angelsächsischen Ländern anzutreffenden System. Jährlich erfolgt eine Überprüfung des Bedarfs an Aktualisierung des Kodex.[57]

Der Kodex sieht gemäß Präambel das **Unternehmensinteresse** darin, „im Einklang mit den Prinzipien der sozialen Marktwirtschaft für den Bestand des Unternehmens und seine nachhaltige Wertschöpfung zu sorgen. Diese Prinzipien verlangen nicht nur Legalität, sondern auch ethisch fundiertes, eigenverantwortliches Verhalten (Leitbild des Ehrbaren Kaufmanns)". In Bezug auf ein vorliegendes Übernahmeangebot heißt es unter Ziffer 3.7: „Bei ihren Entscheidungen sind Vorstand und Aufsichtsrat an das beste Interesse der Aktionäre und des Unternehmens gebunden." Laut Ziffer 4.1.1 leitet der Vorstand „das Unternehmen in eigener Verantwortung im Unternehmensinteresse, also unter Berücksichtigung der Belange der Aktionäre, seiner Arbeitnehmer und der sonstigen dem Unternehmen verbundenen Gruppen (Stakeholder) mit dem Ziel nachhaltiger Wertschöpfung", was die Formulierung des § 76 Abs. 1 AktG aufgreift und ergänzt. Insgesamt legt der Kodex offenbar die Orientierung am Stakeholder Value nahe; der mehrfache Verweis auf die nachhaltige Wertschöpfung und das Interesse der Aktionäre relativieren diese Einschätzung allerdings. Zudem bleibt ungeklärt, wie Vorstand und Aufsichtsrat sich denn verhalten sollen, wenn das jeweilige beste Interesse von Aktionäre und Unternehmen nicht vereinbar sind.

Zu wesentlichen Bestandteilen guter Unternehmensführung gehört die **Compliance**, also „die Einhaltung der gesetzlichen Bestimmungen und der unternehmensinternen Richtlinien", das Risikomanagement und Risikocontrolling sowie die Beachtung der Vielfalt (**Diversity**) bei der Besetzung von Vorstand, Aufsichtsrat und Führungspositionen. Dies bezieht sich ausdrücklich auf eine „angemessene Berücksichtigung von Frauen", schließt aber auch eine Vielfalt im Hinblick auf Ausbildung, fachliche Kenntnisse oder Nationalität der Inhaber von Führungspositionen ein.

---

[57] Alle nachfolgenden Zitate stammen aus der Fassung des Kodex vom 07.02.2017.

Eine besondere und zunehmende Aufmerksamkeit widmet der Kodex der **Vergütung der Vorstandsmitglieder**. Während die öffentliche Diskussion vor allem die Höhe der Vergütung debattiert, geht es im Kodex vorrangig um dessen Struktur. Um für den Vorstand Anreize zu einer wertorientierten Unternehmensführung zu setzen, soll die Vergütung neben einem Fixum auch variable Bestandteile umfassen. Zugleich ist aber zu vermeiden, dass die Vergütung eine übermäßige Risikoübernahme des Vorstands provoziert. Daher muss der variable Teil auch negativen Entwicklungen Rechnung tragen. Dem Ziel der nachhaltigen Unternehmenswicklung dient es, mehrjährige Bemessungsgrundlagen heranzuziehen. Nicht gewollt sind weiter sogenannte „**Goldene Fallschirme**" für Vorstandsmitglieder, die über Gebühr hohe Abfindungen im Falle des Ausscheidens vorsehen. Daher sind die Abfindungen limitiert – wenn auch auf sehr hohem Niveau, nämlich dem Wert von zwei Jahresvergütungen.[58] Umfang und Struktur der Vorstandsvergütung sind nach § 285 Satz 1 Nr. 9 HGB unter Namensnennung offenzulegen. Dies soll einer Selbstbedienungsmentalität vorbeugen.

Insgesamt wird der Kodex seiner Aufgabe gerecht, die Unternehmensverfassung deutscher Gesellschaften zu erklären. Er reflektiert Änderungen im Recht und gesellschaftliche Diskussionen (wie zuletzt etwa um die Angemessenheit der Managervergütung oder um die Erhöhung des Frauenanteils in der Unternehmensführung) und nimmt deren Aufarbeitung vor. Es wäre aber ein Missverständnis zu erwarten, dass der Kodex oder die ihn formulierende Regierungskommission aus eigener Kraft die Unternehmensverfassung prägen.

Wir haben bereits darauf hingewiesen, dass Unternehmen infolge der Comply-or-Explain-Regel die über gesetzliche Vorschriften hinausgehenden Empfehlungen nicht zwingend befolgen müssen, ein Abweichen aber bekanntzumachen und zu begründen haben. Der **Grad der Akzeptanz** der einzelnen Empfehlungen lässt sich daher leicht empirisch überprüfen. Einschlägige Untersuchungen[59] zeigen, dass die Akzeptanz grundsätzlich recht hoch ist und in der Zeit von 2010 bis 2015 zwischen knapp 80% und gut 85,8% geschwankt hat. Bei den nochmals unverbindlicheren Anregungen ist man auf Schätzungen der Akzeptanz angewiesen; diese liegt mit zuletzt 65,1% erheblich geringer als bei den Empfehlungen. Die Akzeptanzquoten liegen bei den in den Deutschen Aktienindex (DAX) aufgenommenen Großunternehmen mit 96,2% bzw. 78,3% jeweils deutlich höher als bei dem Rest der Stichprobe. Teilweise trivial anmutende Empfehlungen, beispielsweise dass der Vorstand eine Geschäftsordnung haben

---

[58] Für die Branche der Banken sieht die Institutsvergütungsverordnung (InstitutsVergV) eine detailliertere und weiter gehende Begrenzung der Vergütung von Geschäftsleitern und Risikoträgern vor, darunter eine aufgeschobene Auszahlung von variablen Vergütungsbestandteilen.

[59] Siehe v. Werder/Bartz (2013, 2014) und v. Werder/Turkali (2015); alle nachfolgend genannten Zahlen sind diesen Aufsätzen entnommen.

soll (Ziffer 4.2.1), werden von 100% der Unternehmen befolgt; andere Empfehlungen, beispielsweise dass sich der Aufsichtsrat für seine Zusammensetzung das Ziel der angemessenen Beteiligung von Frauen vorgibt (Ziffer 5.4.1), erfüllen dagegen nur 63,9% der Unternehmen. Im Jahr 2013 betrug diese Quote im Übrigen noch nur 50%; die Diskussion um die Frauenquote scheint also eine gewisse Wirkung gehabt zu haben.

5.2.5 Unternehmensethik und Corporate Social Responsibility

5.2.5.1 Zur Einordnung

Der bisherige Stand der Argumentation zur Frage nach dem richtigen Unternehmensziel lässt sich wie folgt zusammenfassen:

Ein Gleichgewicht in einem System vollkommener Wettbewerbsmärkte stellt stets ein *Pareto*-Optimum dar, ist also mit einer effizienten Ressourcenallokation und einer effizienten Verteilung verbunden. Zunächst einmal **offen bleibt** dabei **die konkrete Verteilung**. Hier liegt ein Ansatzpunkt für eine staatliche Einflussnahme, um die gesellschaftlich erwünschte unter den effizienten Verteilungen sicherzustellen. Als Zielsetzung für Unternehmen gilt unter diesen Bedingungen unzweifelhaft die Gewinnmaximierung bzw. in mehrperiodigen Analysen unter Einbeziehung unsicherer Erwartungen die Maximierung des Marktwertes des Unternehmens, also des Shareholder Value.

Natürlich ist es zwingend, für eine Analyse mit realem Anspruch unvollkommene Märkte mit unvollkommenem Wettbewerb zu untersuchen. Unter diesen Bedingungen sind denkbare Kooperationsvorteile gefährdet und bedürfen der Absicherung durch geeignete Institutionen. Auf der privaten Ebene sind dies vertragliche Lösungen (im weitesten Sinne), auf der staatlichen Ebene die Lenkung individueller Entscheidungen durch Gebote, Verbote und Anreize. Dann spricht immer noch viel dafür, dass die Orientierung am Shareholder Value eine vernünftige Zielsetzung ist, weil damit eine weitreichende Internalisierung externer Effekte verbunden ist. In jedem Fall kommt dem Staat hier die erheblich bedeutsamere Aufgabe zu, die von Unternehmen verfolgten Ziele gewissermaßen durch **Leitplanken** in die richtige Richtung zu lenken. Die meisten der zahlreichen staatlichen Eingriffe in das Wirtschaftsleben lassen sich genau so interpretieren.

Ungeachtet der privaten und staatlichen Maßnahmen mit dem Ziel, gefährdete Kooperationsvorteile abzusichern, lässt sich immer wieder auch ein Markthandeln beobachten, das aus wirtschaftlicher Sicht das *Pareto*-Kriterium verletzt und aus überökonomischer Sicht mit ethischen Maßstäben im Konflikt gerät. Solche Verhaltensweisen gibt es im Unternehmenssektor, aber ebenso im Sektor privater Haushalte. Es ist kaum erforderlich, hier ausdrücklich auf Umweltverstöße im weitesten Sinne oder auf leichtfertige Risikostrategien im Vorfeld der Finanzkrise 2007/2008 zu verweisen.

Solche Beobachtungen geben Anlass zu fragen, ob nicht neben Wettbewerb und Regulierung eine **dritte Säule der Wirtschaftsverfassung** erforderlich ist, um den genannten Entwicklungen entgegenzuwirken. Das Thema ist nicht neu. Seit Mitte der 80er Jahre gibt es eine intensive Diskussion um eine eigene Unternehmensethik. Dabei handelt es sich zumeist um stark normativ geprägte Gedankengebäude, für die wir im nachfolgenden Abschnitt ein exponiertes Beispiel rekapitulieren und beurteilen wollen.[60] Seit einiger Zeit tritt die Thematik in einem neuen Gewand in den Vordergrund, nämlich unter der Überschrift **Corporate Social Responsibility** (CSR). Überlegungen dazu haben zum einen ebenfalls eine normativ geprägte Seite, sodass es sich gewissermaßen „um alten Wein in neuen Schläuchen" handelt. Zum anderen gehen die Untersuchungen aber verstärkt mit ökonometrischen Methoden der Frage nach, welche Ursachen und Auswirkungen CSR-Aktivitäten haben. In die Messung von CSR-Aktivitäten gehen verschiedene Indikatoren ein, die sich beispielsweise auf die Merkmale kommunales Engagement, Diversität, Mitarbeiterbeziehungen, Umwelt, Produktsicherheit, Corporate Governance sowie Menschenrechte zurückführen lassen.[61]

5.2.5.2 Die Konzeption von *Steinmann* und *Löhr*

> *Unternehmensethik* umfasst „alle durch dialogische Verständigung mit den Betroffenen begründeten bzw. begründbaren materialen und prozessualen Normen, die von einer Unternehmung zum Zwecke der Selbstbindung verbindlich in Kraft gesetzt werden, um die konfliktrelevanten Auswirkungen des Gewinnprinzips bei der Steuerung der konkreten Unternehmensaktivitäten zu begrenzen"[62].

Dieser Konzeption folgend handelt es sich bei der Unternehmensethik um eine selbstauferlegte Restriktion bei der Verfolgung des Einkommensziels. Nach *Steinmann/Löhr* muss diese Restriktion auch bindend sein, Unternehmensethik also zwingend im Gegensatz zum Gewinnprinzip stehen. Aktivitäten, die das Gewinnprinzip in Einklang mit den Interessen der Betroffenen bringen und den Zielkonflikt beseitigen, zählen nach diesem Verständnis nicht dazu. Das zweite kennzeichnende Merkmal ist, dass alle von Unternehmensentscheidungen Betroffenen die restriktiv wirkenden Normen durch dialogische Verständigung gewinnen sollen. Schließlich handelt es sich um situationale Normen, die nicht mit allgemeingültigen Normen der Rechtsordnung gleichzusetzen sind.

---

[60] Vgl. *Steinmann/Löhr* (1988), (1991).
[61] Vgl. *Krüger* (2015) und *Davidson et al.* (2016).
[62] *Steinmann/Löhr* (1988), S. 310.

Ein wesentliches Merkmal der Normenfindung soll sein, dass sie durch „eine unvoreingenommene, zwangfreie und nicht-persuasive Verständigung"[63] aller Betroffenen zustande kommt. Es geht also darum, unter Außerachtlassung der eigenen Interessen alle vernünftigen Argumente zur Konfliktlösung zusammenzutragen und in Normen zu kleiden, die somit das Allgemeininteresse widerspiegeln. Unter den Bedingungen einer idealen Diskussion erkennt dann jeder Beteiligte diese Normen als im Gesamtinteresse liegend an und befolgt sie.

Das Problem dieser Konzeption liegt darin, dass Betroffene unvoreingenommen diskutieren sollen. **Betroffenheit** bedeutet zwangsläufig, dass die Normensetzung die eigenen Interessen beeinflusst, entweder positiv oder negativ. **Unvoreingenommenheit** bedeutet hingegen, dass die vermuteten Auswirkungen der Normensetzung auf den einzelnen Teilnehmer der Diskussion deren Gang nicht beeinflussen dürfen, sondern die Diskussionsteilnehmer ihre eigenen Interessen vernachlässigen. Es ist ein häufig vorgebrachtes und auch gut nachvollziehbares Bild, dass Parteien unter dem *Schleier der Unwissenheit*[64] unvoreingenommen diskutieren können. Damit ist eine Situation gemeint, in der die Diskussionsteilnehmer zwar die grundsätzlich verschiedenen Interessenslagen kennen, jedoch nicht oder noch nicht wissen, welche die eigene Rolle in dem untersuchten Interessenkonflikt ist. Unvoreingenommenheit bei Betroffenheit hieße jedoch mindestens für einige der Beteiligten, Normen zu befürworten, die den als solchen erkannten Eigeninteressen zuwiderlaufen.

Steinmann/Löhr (1991) schlagen als Instrument zur Implementierung unternehmensethischer Normen **Ethikkommissionen** vor, welche der Unternehmensführung eine zusätzliche Legitimation zukommen lassen sollen. Diese Ethikkommissionen sind offenbar eine nur geringfügig variierte Form des Unternehmensrates, den *Steinmann* schon früher für Großunternehmen vorgeschlagen hat.[65] Die dagegen vorzubringenden Vorbehalte, insbesondere die kritische Einschätzung der Möglichkeiten zur Entscheidungsfindung, gelten auch hier. Die Zusammensetzung der Ethikkommissionen reicht angesichts der „Fernwirkungen" moralisch fragwürdiger Handlungen im Umweltbereich, die zum weltweiten Klimawandel beitragen können, sogar noch weiter.

Der vorgestellte normative Zugang weist zudem eine fühlbare Widersprüchlichkeit auf: Könnte man nämlich von einem derartigen menschlichen Handeln ausgehen, wäre die Diskussion um Unternehmensethik von vornherein überflüssig, zumindest aber nur dort angezeigt, wo es um ein irrtümliches Verhalten wider die Gemeininteressen geht. Es steht also bei einer Diskussion der Betroffenen zu befürchten, dass sie *gerade nicht* unvoreingenommen vernünftige Argumente zusammentragen, sondern dass sie versuchen, Druck auszuüben,

---

[63] Ebenda, S. 308.
[64] *Rawls* (1971).
[65] Siehe Abschnitt 5.2.1.

die eigenen Interessen zu verschleiern oder auf sonstige Weise das Diskussionsergebnis zu eigenen Gunsten zu manipulieren. Kurz formuliert: **Betroffenheit und Unvoreingenommenheit schließen einander aus.**[66]

Vereinfachend zusammengefasst verläuft die Argumentation ungefähr so: Übermäßiger Eigennutz in der schädlichen Ausprägung des Opportunismus führt wegen unzureichender Marktkontrolle und unzureichender staatlicher Reglementierung dazu, dass (einige) Entscheider wirtschaftlich und ethisch unerwünschte Handlungen ergreifen. Der Lösungsvorschlag besteht in der normativen Forderung, opportunistisch handelnden Individuen die schädlichen Auswirkungen ihres Verhaltens zu erklären und dies mit der Forderung zu verbinden, das opportunistische Verhalten einzustellen. Die Erfolgsaussichten eines solchen Vorgehens sind gewiss umso größer, je stärker Individuen geneigt sind, eben nicht opportunistisch zu handeln, sondern sich durch Hinweise auf ethisch korrektes Verhalten beeinflussen zu lassen. Genau dann ist allerdings die gesamte Problematik von nur geringer Bedeutung. Umgekehrt ist in dem Maße, wie Opportunismus zu beklagen ist, daran zu zweifeln, dass der rationale Diskurs zum erhofften Ergebnis führt.

Ausgangspunkt für das Folgende sollte eher sein: Die Bereitschaft, sich ethischen Normen unterzuordnen, die den eigenen Interessen entgegenstehen, ist eine knappe Ressource.[67] Eine gute Wirtschaftsordnung sollte daher solche Rahmenbedingungen schaffen, die so weit wie eben möglich individuelle Nutzenkalküle in gesellschaftlich erwünschte Bahnen zu lenken. In den Begriffen von *Pies/Blome-Drees* (1993) geht also darum, die wirtschaftliche Akzeptanz mit der **moralischen Akzeptanz** in Einklang zu bringen. Zweckmäßig für die Durchsetzung ethischer Belange ist somit die Ausgestaltung eines Rahmens, bei dem die Verfolgung von Individualinteressen zugleich die Gesamtwohlfahrt fördert. „Es gilt zu verhindern, dass die konfligierenden Interessen dazu führen, dass die gemeinsamen Interessen nicht zum Zuge kommen."[68] Vorstellungen über das Führen rationaler Diskurse, unter deren Voraussetzungen Unternehmensethik gar nicht erst auf der Tagesordnung stünde, helfen dagegen nicht weiter.

5.2.5.3 Gibt es geeignete Marktstrategien?

Es rückt also die Frage in den Mittelpunkt, ob es in einem Wettbewerbsumfeld auch aus Unternehmenssicht nachhaltige Marktstrategien gibt, welche die Herstellung ethisch erwünschter Produkte und die Anwendung ebensolcher Produktionsprozesse gewährleisten. Für die gedankliche Strukturierung bietet sich eine Fallunterscheidung an:

---

[66] *Hax* (1995), S. 180.
[67] *Hax* (1993), S. 773.
[68] *Homann* (2015), S. 51.

Im **ersten Fall** wäre kein Konsument dazu bereit, die höheren Kosten für eigentlich erwünschte Produkte und Prozesse zu tragen. Das ist dann gewiss beklagenswert. Zugleich erschließt sich in diesem Fall keineswegs unmittelbar, warum es ausgerechnet Unternehmen sein sollten, denen hier eine Anpassungslast abverlangt wird. Dies ist kein Plädoyer für das „**St.-Florians-Prinzip**"[69], sondern dafür, dass ethische Erwägungen prinzipiell auf der individuellen Ebene ihren Platz haben. Überdies bestünde die Gefahr, dass ausgerechnet solche Unternehmen, deren Entscheider sich ethisch korrekte Maßstäbe zu Eigen machen, Schwierigkeiten haben, ihre Position im Wettbewerb zu verteidigen und nicht durch Insolvenz zu einem unfreiwilligen Marktaustritt gezwungen werden. Tatsächlich gibt es empirische Belege dafür, dass Unternehmen mit höheren finanziellen Spielräumen im CSR-Bereich aktiver sind als solche Unternehmen, die an ihrer finanziellen Grenze operieren,[70] oder anders: CSR muss man sich auch leisten können.

Im **zweiten Fall** besteht eine grundsätzliche Bereitschaft dafür, ethisch korrektes Verhalten auch abzugelten, sodass es tatsächlich eine Vielzahl von Individuen gibt, die eine solche Verhaltensänderungen wünscht – nach individueller Abwägung moralischer und ökonomischer Aspekte.[71] Davon ist tatsächlich auszugehen, wenn man an den Bio-Boom im Nahrungsmittelsektor oder an Fair-trade-Aktivitäten denkt. Die Betonung der **Konsumentensouveränität** als Mittel zur Durchsetzung moralisch akzeptablen Verhaltens darf man demnach nicht als reine „Möglichkeitsschwärmerei" abqualifizieren. Im Gegenteil liest man von der „Macht des Einkaufswagens"[72] oder dem Entstehen eines „moralischen Marktes"[73].

Zudem lässt sich nicht nur die Möglichkeit der positiven Sanktionierung durch eine hohe Zahlungsbereitschaft erkennen. Auch in der negativen Sanktionierung durch wegfallende Nachfrage im Fall von ethisch fragwürdigem Verhalten zeigt sich ein Hebel für Konsumenten. Dies gilt beispielsweise für das Verhalten von Shell im Zusammenhang mit der Versenkung einer Ölplattform[74].

---

69 Das Stoßgebet an den Heiligen Florian, dem Schutzpatron für die Abwendung von Feuer, lautet: „Heiliger St. Florian, verschon mein Haus, zünd andre an." Die innere Logik besteht darin, dass Probleme bitte woanders zu lösen seien und nicht im eigenen Vorgarten. Bemerkenswert ist daneben die nette sprachliche Verdoppelung (sanctus: lateinisch für heilig).
70 Vgl. *Hong/Kubik/Scheinkman* (2012).
71 Vgl. *Hart/Zingales* (2017).
72 Die Zeit vom 28.12.2006.
73 Der Spiegel vom 11.06.2007.
74 Der Fall ist ausführlich dokumentiert bei *Greenpeace* (2015).

Auch das von *Steinmann/Löhr* herangezogene Nestlé-Beispiel legt die Folgerung nahe, dass weniger ein „zwangfreier Diskurs" als der Boykott von Nestlé durch zahlreiche Konsumenten eine Verhaltensänderung herbeiführte.[75]

Für den Erfolg einer auf Konsumentensouveränität abstellenden Wettbewerbsstrategie wird es häufig erforderlich sein, durch geeignete Informationsaktivitäten eine moralische Fragwürdigkeit bisheriger Aktivitäten deutlicher offenzulegen. Diese Ansicht erfährt dadurch eine empirische Unterstützung, dass insbesondere in Unternehmen, die einer aufmerksameren Beobachtung durch Konsumenten unterliegen, ein positiver Zusammenhang zwischen CSR-Aktivitäten und Unternehmenswert zu konstatieren ist.[76] Unternehmensaktivitäten unter dem Label der gesellschaftlichen Verantwortung lassen sich daher auch als Maßnahmen des **Reputationsmanagements** interpretieren.[77] Die Gewährleistung des guten Rufs ist dabei ein direkter Faktor für den finanziellen Erfolg des Unternehmens.

Wer die Auffassung vertritt, die Orientierung an gesellschaftlichen Werten sei per se wichtiger als marktwertorientierte Unternehmensstrategien, mag diesen Zusammenhang als kaltschnäuzig beklagen. Es ließe sich jedoch auch viel optimistischer die Auffassung vertreten, dass infolge der Einbettung von Unternehmen in Arbeits-, Beschaffungs-, Finanz- und Absatzmärkte nicht nur die Interessen-, sondern auch die Werthaltungen der jeweilgen Marktakteure in das Unternehmenshandeln einfließen müssen, damit das Unternehmen einen dauerhaften Erfolg erzielt.

Man würde jedoch ein unangemessen optimistisches Bild zeichnen, wenn man nicht auch auf konkrete gegenteilige Beobachtungen hinweise. Es scheint nämlich in einigen Unternehmen die Einschätzung vorzuherrschen, ihre Konsumenten seien ausschließlich dem Eigennutz verpflichtete Egoisten, denen jedwede soziale Verantwortung abgeht. Dazu sei auf den recht unverhohlen asoziales Verhalten propagierenden, bis 2014 verwendeten Slogan der Postbank verwiesen: „Unterm Strich zähl' ich." Kaum weniger ekelhaft ist das von Audi geprägte Motto „Unterwegs in Richtung ich"[78]. Wenn solche Slogans tatsächlich für eine besondere Kundennähe stehen, erkennt man darin den Bedarf, tatsächlich von jedermann (und eben nicht vor allem von Unternehmen) wirtschaftsethisches Verhalten einzufordern.

Eine weitere Relativierung ist im Hinblick auf das staatliche Handeln anzubringen, das ja ebenfalls dazu beitragen sollte, individuell rationale mit gesellschaftlich erwünschten Verhaltensweisen zu versöhnen. Denn natürlich können

---

[75] Der Fall betrifft den vermuteten Zusammenhang zwischen der Verwendung von Muttermilchersatzprodukten und der Kindersterblichkeit in Entwicklungsländern. Siehe dazu ausführlich *Steinmann/Löhr* (1988), S. 301 ff.
[76] Vgl. *Servaes/Tamayo* (2013).
[77] Vgl. *Franke* (2016).
[78] http://www.audi.com/de/models/q3.html (abgerufen am 20.02.2018).

wir nicht davon ausgehen, dass einerseits Märkte unvollkommen funktionieren, zugleich aber die staatliche Regulierung tatsächlich von einem allwissenden und – hier noch wichtiger – wohlmeinenden Planer vorgenommen wird. **Probleme bei der Regulierung** erkennt man dann, wenn die Entwicklung der Rechtsordnung und ihre Umsetzung ethischen Anforderungen nur unzureichend genügen. Diese Einschätzung lässt sich beispielsweise durch die Zurückhaltung bei der Durchsetzung geltender Steuergesetze belegen, wie man sie in eher seltenen und wenig intensiven Betriebsprüfungen oder in der Absetzung konsequent agierender Steuerfahnder erkennt.[79] Ein weiteres Beispiel erkennt man in der hierzulande völlig unzureichenden Überwachung und wenig ausgeprägten Sanktionierung von Unternehmen der Automobilbranche, die durch Verwendung unerlaubter Abgasreinigungstechniken gleichermaßen die eigene Kundschaft wie die Umwelt insgesamt betrogen hat.

Solche Beobachtungen liefern zugleich einen Beleg dafür, dass staatlicherseits inkonsequentes Verhalten eine moralische Orientierung von Staatsbürgern erschwert – legt die nonchalante Tolerierung von Steuerverkürzung oder Umweltverschmutzung doch den Eindruck nahe, es handele sich um Kavaliersdelikte. Von demokratisch legitimierten Instanzen erlassene Normen verlangen aber nach Durchsetzung.

Die Argumentation in diesem Abschnitt führt zu dem Gedanken, dass es vielleicht ganz allgemein wirtschaftlich Akteure sind, deren Verhalten sich an ethischen Maßstäben messen lassen sollte, und nicht nur speziell das Unternehmenshandeln.

5.2.5.4 Unternehmens- oder Individualethik?

Schon aus dem methodologischen Individualismus ergibt sich:

> „Das Unternehmen kann nicht sozial (oder sonst wie) verantwortlich sein. ... **Verantwortlichkeit ist** ein normatives Konstrukt, das **nur für Menschen** relevant ist. Ein Unternehmen kann nicht verantwortlicher sein als ein Haufen Kohle."[80]

Ein offeneres Verständnis von Betriebswirtschaftslehre nicht als Managementlehre sondern als Lehre von individuellen, das Einkommen betreffenden Entscheidungen legt die Sichtweise nahe, dass bei allen wirtschaftlich relevanten

---

[79] Vgl. „So fährt man eine bestens aufgestellte Steuerfahndung vor die Wand". Zeit-online vom 19.01.2018, abgerufen am 20.02.2018.
[80] Wörtliche Übersetzung aus *Meckling/Jensen* (1983), S. 10. Angesichts der Doppeldeutigkeit des Begriffs „Kohle" im umgangssprachlichen Sinne ist das Zitat in der deutschen Übersetzung ein nettes Bonmot. Tatsächlich ist hier mit „Kohle" jedoch nicht „Geld" gemeint.

Entscheidungen der ethische Aspekt einzubeziehen ist, also auch bei Entscheidungen von Personen in Privathaushalten. Weil eben Verantwortlichkeit eine auf einzelne Individuen anzuwendende Konstruktion ist, kann es nicht überraschen, dass das oben bereits angesprochene Reputationsmanagement häufig unter Einbindung konkreter Personen erfolgt: Dies gilt zum Beispiel für das Credo des Herstellers von Tennisbekleidung Trigema, nur in Deutschland zu produzieren und damit hierzulande Arbeitsplätze zu sichern. Sehr ähnlich wirbt auch der Motorölhersteller Liqui Moly. Ein weiteres Beispiel erkennt man im Babynahrungsproduzenten Hipp, der auf seiner Internetseite die Nachhaltigkeit seiner Produkte und seiner Produktionsweise intensiv bewirbt.[81] In allen genannten Fällen sind die begleitenden Werbestrategien direkt auf die jeweilige **Person des Unternehmers** (*Wolfgang Grupp*, *Ernst Prost* bzw. *Claus* und *Stefan Hipp*) zugeschnitten, um eine persönliche Vertrauenswürdigkeit zu kommunizieren und auszunutzen.

Der Verweis auf die Verantwortlichkeit von Personen statt von Institutionen erinnert daran, dass in managergeleiteten Unternehmen die Agency-Beziehungen zwischen Eigentümern und Managern einzubeziehen sind. CSR-Aktivitäten in managergeleiteten Unternehmen könnten Ausdruck eines **eigennützigen Verhaltens** des Managements sein. Demnach würden Manager auf Kosten der Eigentümer ein seitens einer breiteren Öffentlichkeit erwünschtes Verhalten an den Tag legen, das Gewinnziele Maßnahmen des Umweltschutzes, der Förderung sozialer Gleichheit und ähnlichem unterordnet. Die alternative Sichtweise erkennt in der Verfolgung von CSR-Strategien einen Ansatz, welche einen nachhaltigen Unternehmenserfolg mit sich bringen und somit zu einer Steigerung auch des Shareholder Value beitragen. Empirische Untersuchungen erbringen zunehmend Belege dafür, dass die zweite Lesart zutrifft[82].

Aber auch im Fall von angestellten Managern spielen deren persönliche Werthaltungen eine Rolle.[83] Persönliche Merkmale der Vorstandsvorsitzenden (in der Sprache der Ökonometrie: „fixed effects") erklären fast zwei Drittel des Umfangs der CSR-Aktivitäten von Unternehmen. Vorstände, die sich durch einen größeren **„Materialismus"** auszeichnen, zeigen sich weniger aktiv im CSR-Bereich. Bei weniger materialistischen Vorständen hängt das Ausmaß von CSR-Aktivitäten davon ab, wie hoch die Gewinne der betreffenden Unternehmen sind: je höher die Gewinne, desto mehr CSR-Aktivitäten.[84] „Materialismus" wird dabei gemessen durch den Besitz teurer Autos, großer Yachten und eines Hauptwohnsitzes mit einem Wert oberhalb von 500% des Medians innerhalb der betreffenden Region.

---

[81] Siehe http://www.hipp.de → Über Hipp.
[82] Vgl. *Ferrell/Liang/Rennebog* (2017).
[83] *Davidson et al.* (2016).
[84] Auf diesen Zusammenhang hatten wir oben bereits hingewiesen; vgl. Abschnitt 5.2.5.3.

5.2.5.5 Mythen und Fakten

Ein wichtiger Teil der Problemlösung ist staatliche Regulierung, die nach unserem Verständnis durch eine im demokratischen Prozess gewonnene Gesetzgebung legitimiert sein sollte. Basis dafür ist, dass die an diesem Prozess mitwirkenden Personen (Wähler wie Gesetzgeber) auf einen guten Informationsstand zurückgreifen können. Eine bloß gefühlte Empirie oder „alternative Fakten" sind dafür offenbar besonders ungeeignet.

Öffentliche Diskussionen über ein vielleicht moralisch defizitäres Unternehmenshandeln erfolgen nicht selten in einem etwas aufgeregten Ton. Daher ist es hilfreich, zu konfliktbeladenen Themen zunächst einmal breite empirische Daten zu erheben und angemessene ökonometrische Verfahren darauf anzuwenden, statt aus einzelnen Fällen weitreichende Forderungen abzuleiten. Anhand von Beispielen lässt sich zeigen, dass einige häufig herangezogene Argumentationsmuster aus empirischer Sicht keineswegs Gültigkeit beanspruchen können und daher in der Hauptsache ungeeignet sind, moralische Defizite nachzuweisen oder Politikempfehlungen zu rechtfertigen.

Das erste Beispiel ist der behauptete Zusammenhang zwischen der Ankündigung von Unternehmen, Arbeitnehmer zu entlassen, und der Börsenreaktion auf diese Ankündigung. Die Behauptung, dass **Entlassungsankündigungen** regelmäßig mit einem Kursanstieg einhergehen, gehört zum Standardrepertoire von populären Polit-Talkshows oder sich kritisch gebender Journalisten. So hieß es beispielsweise in der Tageszeitung: „Die Ankündigung von Stellenstreichungen ist ein sicheres Mittel, um den eigenen Börsenkurs nach oben zu treiben."[85] Eine breit angelegte empirische Untersuchung für den deutschen Kapitalmarkt kommt hingegen – und zwar im Einklang mit ähnlichen Untersuchungen für ausländische Kapitalmärkte – zum Ergebnis, dass Entlassungsankündigungen insgesamt mit negativen Kapitalmarktreaktionen verbunden sind.[86] Selbst wenn die geplanten Entlassungen laut Unternehmensauskünften ausdrücklich der Renditesteigerung und nicht der Krisenbewältigung dienen sollen, ergeben sich keinerlei systematische Wirkungen. Vielmehr ist selbst in diesen Fällen die Kapitalmarktreaktion ökonomisch und statistisch insignifikant. Die häufig vorgetragene „Regel" beruht also auf einer unzulässigen Verallgemeinerung von Einzelfällen.

Das zweite Beispiel betrifft **Auslandsinvestitionen** deutscher Unternehmen. Diese sehen sich immer wieder mit dem Vorhalt konfrontiert, doch lieber in Deutschland zu investieren, um hierzulande Arbeitsplätze zu sichern. Investitionen im Ausland seien demgegenüber geeignet, heimische Arbeitsplätze zu gefährden. Breit angelegte empirische Untersuchungen zu dieser Frage zeigen

---

[85] Die Tageszeitung vom 27.06.2008, S. 2.
[86] Vgl. *Neus/Walter* (2009) sowie etwas differenzierter *Knauer/Lachmann* (2011).

hingegen auf Unternehmensebene per Saldo einen positiven Einfluss von Auslandsinvestitionen auf die Beschäftigung auch im Inland, wobei die Wirkung im Einzelnen von den Motiven für die Auslandsinvestition abhängt. Während das Motiv der **Kostensenkung** tatsächlich einen gewissen Arbeitsplatzabbau mit sich bringt, führt das Motiv der **Markterschließung** dazu, dass die Anzahl der Arbeitsplätze auch im Inland ansteigt. Und in vielen Branchen der Exportnation Deutschland dominiert eben das zuletzt genannte Motiv. Demnach gilt, „dass sich deutsche Direktinvestitionen im Ausland eher neutral bis positiv auf das Beschäftigungsniveau in Deutschland auswirken und insbesondere keine messbaren gesamtwirtschaftlich negativen Arbeitsmarkteffekte nach sich ziehen".[87]

Weiter können wir auf die ubiquitäre Behauptung verweisen, die **Schere zwischen Arm und Reich** ginge immer weiter auseinander. Tatsächlich ist diese Aussage bestenfalls bedingt richtig, weil schon für Deutschland zu unterscheiden wäre, auf welchen Zeitraum und auf welche Messgröße sich die Aussage beziehen soll. Eine Bezugnahme auf das Einkommen führt zu einem anderen Urteil als die Bezugnahme auf das Vermögen. Noch wichtiger ist es zu differenzieren, ob sich Einkommen bzw. Vermögen auf den Zustand vor oder nach der staatlichen Umverteilung durch Steuern und Transfers beziehen. Die Konzentration der Nettoeinkommen ist durchgängig wesentlich geringer als die Konzentration der Markteinkommen. Dies ist Ausfluss der gewollten Umverteilung in einer sozialen Marktwirtschaft. Tabelle 5.5 zeigt für ausgewählte Jahre die Konzentration von Markt- und Nettoeinkommen, jeweils gemessen durch den *Gini*-Koeffizienten:

	Markteinkommen	Nettoeinkommen
1991	0,344	0,241
1998	0,388	0,251
2005	0,431	0,293
2014	0,418	0,294

Quelle: *Sachverständigenrat* (2017), S. 412.
Tabelle 5.5: Einkommensungleichheit in Deutschland.

Der **Gini-Koeffizient** ist ein standardisiertes Konzentrationsmaß. Ein Koeffizient von 1 steht für eine völlige Konzentration der Merkmalssumme auf einen Merkmalsträger, ein Koeffizient von 0 für eine völlig gleichmäßige Aufteilung der Merkmalssumme auf alle Merkmalsträger. Tabelle 5.5 zeigt, dass die Nettoeinkommen nach Steuern und Transfers viel gleichmäßiger verteilt sind als die Markteinkommen. Der Sozialstaat bewirkt also eine fühlbare **Umverteilung von oben nach unten**. Weiter zeigen die Angaben, dass die Konzentration in der Periode von 1991 bis 2005 tatsächlich angestiegen ist, seither aber nicht weiter

---

[87] *Buch u. a.* (2007), S. 161; siehe auch *Matthes* (2010).

steigt. Anders als vielfach behauptet ging also das Inkrafttreten der *Hartz*-Reformen nach 2005 keineswegs mit einer weiteren Konzentration von Einkommen einher. Von einer sich immer weiter öffnenden Schere zwischen hohen und niedrigen Einkommen kann insofern keine Rede sein. Unstrittig ist indes, dass die *Hartz*-Reformen eine fühlbare Verunsicherung mit sich gebracht hat, weil arbeitslose Personen nun schneller und deutlicher als zuvor etwaige Ersparnisse angreifen und Rücklagen aufzehren müssen. Eine solche Verunsicherung geht in Ungleichheitsmaße nicht ein.

Eine letzte interessante Beobachtung besteht darin, dass unzureichend informierte Personen häufig das tatsächliche **Ausmaß der Umverteilung** durch das Steuersystem unterschätzen. In einer breit angelegten Studie in Deutschland sollten die Befragten unter anderem die bei einem jährlichen Einkommen von 10.000 € bzw. 1.000.000 € zu entrichtende Einkommensteuer schätzen.[88] Die Mediane[89] der Antworten beliefen sich auf 2.000 € bzw. 350.000 €. Die korrekten Antworten wären hingegen gewesen 179 € bzw. 475.695 €. Die Fehleinschätzungen dokumentieren, dass die befragten Personen die Besteuerung niedriger Einkommen überschätzen, die Besteuerung höher Einkommen aber unterschätzen. Per Saldo halten sie als die Umverteilung für geringer als sie es tatsächlich ist. Eine zusätzliche Relevanz gewinnt diese Beobachtung dadurch, dass es die wahrgenommene und nicht die tatsächliche Einkommensverteilung ist, welche politische Werthaltungen und somit Wahlergebnisse im demokratischen Prozess bestimmt.[90] Wahrnehmungsfehler wie der vorgestellte führen also dazu, dass Politikempfehlungen von einer fehlerhaften Basis aus abgeleitet sind.

5.2.5.6 Fazit

Die insgesamt kritische Einschätzung einer speziellen Unternehmensethik stellt keinerlei Widerspruch dazu dar, dass Moral eine auch ökonomisch wertvolle Institution ist – im Gegenteil. Sie muss allerdings sanktionsbewehrt sein. Daher ist die Förderung moralischen Wirtschaftshandelns gleichermaßen eine Frage individueller Wertorientierung wie eine Frage institutioneller Arrangements.

Auf der individuellen Ebene könnte man ohne eine allzu große Überhöhung auf den kategorischen Imperativ verweisen. Eine schlichte Formulierung von *Kants* **Kategorischem Imperativs** lautet: Moralisch richtig ist eine Handlung, die – zur Regel erhoben – auch dann noch wünschenswert ist, wenn alle Menschen nach dieser Regel handeln. Eine wichtige Implikation ist, dass eigene Handlungen anderen Menschen keinen Schaden zufügen sollen. *Carl-Christian*

---

[88] „Von Wirtschaft keinen Schimmer", Zeit-online, 08.02.2018.
[89] Für den Median gilt, dass die Hälfte der Befragten einen geringeren, die andere Hälfte einen höheren Wert angegeben haben.
[90] Siehe *Gimpelson/Treisman* (2018).

von Weizsäcker verweist auf die „saloppe" Formulierung: „Da könnte ja jeder kommen."[91] Fraglich ist jedoch, wie weit die tatsächliche Reichweite dieses Imperativs ist. Dies gilt umso mehr, wenn die Folgen eigenen Handelns auch vom Handeln anderer Entscheider abhängen und das eigene Wohlverhalten zu einer leicht auszubeutenden Position führt, wie es stets in einem Gefangenendilemma[92] der Fall ist. *Homann* formuliert insofern: „Menschen lassen sich nicht dauerhaft und systematisch in ihrem Wohlverhalten ausbeuten. Sie müssen sich gegen andere schützen, die weniger moralisch spielen, als sie es selbst eigentlich wollen."[93] Ethisch geboten ist daher die Ausgestaltung einer gesellschaftlichen Rahmenordnung, die einen solchen Schutz unterstützt. In nachvollziehbarer Weise plädiert *Homann* schließlich für eine etwas bescheidenere Anforderung an moralisches Verhalten: „Für individuelles Handeln gilt der Imperativ erst, wenn die gröbsten Formen der Ausbeutung durch eine sanktionsbewehrte Ordnung unterbunden sind. Erst dann greift der Kategorische Imperativ."[94]

Wiederholungsfragen und Übungsaufgaben

Lösungshinweise *https://online.mohr.de/elib/neus*.

Aufgabe 5.1

a) Benennen Sie den wesentlichen Unterschied zwischen einer Offenen Handelsgesellschaft (OHG) und einer Kommanditgesellschaft (KG).
b) Werden die handelsrechtlichen Vorschriften über die Geschäftsführungsbefugnis, die Vertretungsmacht und die Informationsrechte diesem Unterschied gerecht?
c) In welcher Situation weist die Rechtsform der OHG gegenüber der KG Nachteile auf?

Aufgabe 5.2

a) Geben Sie zwei Beispiele für wettbewerbsrechtliche Regelungen.
b) Erklären Sie, warum ein funktionsfähiger Wettbewerb von maßgeblicher Bedeutung ist zum einen für eine effiziente Ressourcenallokation, zum anderen für die Sicherung der Interessen verschiedener Stakeholder in einem eigentümergeleiteten Unternehmen.

---

[91] *v. Weizsäcker* (1982), S. 337.
[92] Siehe dazu Abschnitt 11.2.3.1.
[93] *Homann* (2015), S. 52.
[94] *Ebenda*.

Aufgabe 5.3

Skizzieren Sie wichtige Elemente des Arbeitnehmerschutzes in Deutschland und diskutieren Sie deren ökonomische und soziale Sinnhaftigkeit.

Aufgabe 5.4

a) Welche Determinanten haben einen Einfluss auf die Wahl der Rechtsform für ein Unternehmen?
b) Welche Vor- und Nachteile hat eine börsennotierte Publikumsaktiengesellschaft verglichen mit einer nicht notierten Aktiengesellschaft, in der es nur sehr wenige Aktionäre gibt?

Aufgabe 5.5

Die Interessen aller Interessengruppen (Eigentümer, Kreditgeber, Arbeitnehmer, Kunden, Öffentlichkeit) sind nur dann hinreichend geschützt, wenn Vertreter dieser Gruppen unmittelbar an der Formulierung von Unternehmenszielen teilhaben und an Entscheidungen der Unternehmensleitung partizipieren.
    Was spricht gegen die Behauptung?

Aufgabe 5.6

§ 14 ProdHaftG (Produkthaftungsgesetz) lautet: „Die Ersatzpflicht des Herstellers nach diesem Gesetz darf im Voraus weder ausgeschlossen noch beschränkt werden. Entgegenstehende Vereinbarungen sind nichtig."
    Was können Sie aus ökonomischer Sicht für diese Vorschrift und was dagegen vorbringen?

Aufgabe 5.7

Vier Handwerker planen, eine kleine Handwerksgenossenschaft zu gründen. Sie können in das Projekt lediglich ihre Arbeitskraft einbringen und müssen den gesamten Kapitalbedarf durch Kredite aufbringen. Alle Genossen, auch die gegebenenfalls zusätzlich hinzukommen, erhalten jeweils keinerlei Lohn, sondern lediglich eine Gewinnbeteiligung, wobei jeder den gleichen Anteil am Gewinn erhält.
    Der jährliche Gesamtgewinn g des Unternehmens (nach Abzug der Kreditkosten, aber vor Berücksichtigung der Opportunitätskosten) hängt von der Anzahl n der tätigen Handwerker (einschließlich der Gründer) ab. Der Zusammenhang lässt sich durch folgende Tabelle erfassen:

n	4	5	6	7	8	9
$g(n)$	160	220	270	308	344	369

Alternativ kann sich jeder der Gründer und der übrigen Handwerker in ein Angestelltenverhältnis begeben, das ihm einen Lohn von 30 erbringt.
a) Lohnt sich für die Handwerker die Gründung der Genossenschaft?
b) Wie viele Handwerker werden die vier Gründer zusätzlich einstellen?
c) Welche Gesamtanzahl von Handwerkern würde ein Kapitaleigner beschäftigen, der jedem Handwerker den marktüblichen Lohn bezahlen muss?
d) Erklären Sie den Zusammenhang zwischen den Lösungen unter b) und c).

Aufgabe 5.8

Die Autoren *Steinmann* und *Löhr* schreiben: Unternehmensethik ist gekennzeichnet durch „alle durch dialogische Verständigung mit den Betroffenen begründeten bzw. begründbaren materialen und prozessualen Normen, die von einer Unternehmung zum Zwecke der Selbstbindung verbindlich in Kraft gesetzt werden, um die konfliktrelevanten Auswirkungen des Gewinnprinzips bei der Steuerung der konkreten Unternehmensaktivitäten zu begrenzen." Die dialogische Verständigung soll „unvoreingenommen, zwanglos und nicht-persuasiv" sein.
a) Welche Probleme sehen Sie bei diesem Verständnis von Unternehmensethik und den Möglichkeiten zu ihrer Umsetzung?
b) Wie könnte man stattdessen dem wohl grundsätzlich berechtigten Anliegen der Unternehmensethik besser Rechnung tragen?

Aufgabe 5.9

Ein Unternehmen hat im Fertigwarenlager eine Menge von unter normalen Bedingungen unverkäuflichen Restposten. Um dennoch einen Erlös erzielen zu können, beschäftigt das Unternehmen einen nebenberuflichen Vertreter. Der Erfolg seiner Tätigkeit hängt von seiner Arbeitszeit z ab; für die Umsatzerlöse gilt $e = 2.000\sqrt{z}$. Dem Vertreter entstehen durch seine Tätigkeit anderweitige Einnahmeeinbußen in Höhe von 50 je Zeiteinheit.
a) Ermitteln Sie den für die Gesamtkooperation optimalen Zeiteinsatz des Vertreters und den zugehörigen Umsatz. Verschiedene Modelle für eine Entlohnung des Vertreters stehen zur Debatte:
   - eine feste Entlohnung von 5.000,
   - eine erlösabhängige Entlohnung von $0{,}5e$,
   - ein völliges Abtreten aller Umsätze an den Vertreter gegen eine Vorabzahlung von 15.000 des Vertreters an das Unternehmen.

b) Ermitteln Sie jeweils die vom Vertreter eingesetzte Zeit, den Umsatz sowie den Gewinn für das Unternehmen (nach Entlohnung des Vertreters) und für den Vertreter. Gehen Sie dabei davon aus, dass die eingesetzte Arbeitszeit z nur für den Vertreter beobachtbar ist. Welches Modell erweist sich als dominant?
c) Wie wäre die Lösung unter b) zu beurteilen, wenn der Bruttogewinn auch vom Zufall abhinge und das Unternehmen risikoindifferent, der Vertreter aber risikoavers wäre?

Aufgabe 5.10

Beurteilen Sie, ob die folgenden Aussagen richtig oder falsch sind.
a) GmbHs sind durchschnittlich umsatzstärker als Einzelkaufleute.
b) Seit Einführung der Europäischen Gesellschaft (SE) ist es in Deutschland nicht mehr ausgeschlossen, eine Unternehmensverfassung mit einem integrierten Verwaltungsrat zu unterhalten.
c) Eine der Grundideen des Insolvenzrechts ist, dass derjenige entscheiden soll, der auch die Entscheidungsfolgen zu tragen hat.
d) In einer GmbH steht nur das Eigenkapital zur Befriedigung der Gläubigeransprüche zur Verfügung.
e) Das Kartellamt kann für marktbeherrschende Unternehmen die Vertragsfreiheit einschränken.
f) Alle gesetzlichen Maßnahmen zum Umweltschutz sind durch Gebote und Verbote gekennzeichnet.
g) Bei hinreichend deutlicher Kennzeichnung darf der Hersteller eines Produktes die Haftung für einen Produktfehler im Voraus vertraglich ausschließen.
h) In Deutschland ist von der Anzahl der Unternehmen her der Einzelkaufmann, gemessen am Gesamtumsatz die GmbH die bedeutendste Rechtsform für Unternehmen.
i) Die Vorgabe des Shareholder Value als Zielgröße für Unternehmensentscheidungen vernachlässigt völlig die Interessen anderer Gruppen von Anspruchsinhabern.
j) In der Aktiengesellschaft wählt die Hauptversammlung den Vorstand.

Literaturhinweise

Für eine erste Einführung in die Thematik dieses Kapitels ist das Buch von *Hax* (2005) außerordentlich gut geeignet.
  Zu den Rechtsformen von Unternehmen sollte man unbedingt die einschlägigen Gesetzestexte heranziehen, insbesondere HGB, GmbHG und AktG. Einen kommentierten Überblick über Unternehmensrechtsformen findet man in den

meisten einführenden Lehrbüchern zur Betriebswirtschaftslehre. Hier sei auf *Bea* (2004) verwiesen. *Gerum/Mölls* (2009) befassen sich ausführlich mit den Mitbestimmungsregeln.

„Klassiker" zum Thema Verfügungsrechte und Unternehmensverfassung sind die Aufsätze von *Fama/Jensen* (1983a, 1983b). Der Interessenkonflikt zwischen Anteilseignern und Unternehmensleitung sowie Instrumente zu seiner Bewältigung sind in *Kräkel* (2015, Kapitel V) hervorragend darstellt. Der Aufsatz von *Hax* (1985) diskutiert ausführlich Vor- und Nachteile arbeitsgeleiteter Unternehmen; ergänzende Aspekte dazu finden sich in *Richter/Furubotn* (2010). Das LEN-Modell von *Spremann* (1987) zum Konflikt zwischen Anreizvermittlung und Risikoteilung ist Basis zahlreicher Erweiterungen.

Auch in Bezug auf die Begrenzung der Handlungsautonomie durch die Rechtsordnung empfiehlt sich die Lektüre der einschlägigen Gesetze.

Die Diskussion um die Unternehmensethik lässt sich anhand der Beiträge von *Steinmann/Löhr* (1995), *Pies/Blome-Drees* (1995) und *Hax* (1995) ganz gut nachvollziehen. Einen ausführlicheren, undogmatischen Zugang bieten *Homann/Blome-Drees* (1992). Zugleich knapp und instruktiv ist das Interview von *Homann* (2015).

Zusammenfassung

1. Für betriebswirtschaftliche Partialmodelle ist es häufig zweckmäßig, Unternehmen als handelnde Einheiten anzusehen. Deshalb ist es notwendig, für Unternehmen normativ eine geeignete Zielsetzung vorzugeben. Im Zuge der Suche nach dieser Zielsetzung ergeben sich Erkenntnisse über die zweckmäßige Leitungsorganisation von Unternehmen. Im Ergebnis stellen die Einkommensinteressen der Eigentümer (also der Shareholder Value) die sinnvolle Zielsetzung dar.
2. Effizienzmindernde externe Effekte drohen insbesondere dann, wenn in Unternehmen nicht diejenige Instanz Entscheidungen trifft, welche auch die wirtschaftlichen Folgen der Entscheidungen zu tragen hat. Dies sind vor allem die Inhaber der Residualansprüche. Wenn diese aus Gründen der Operationalität Entscheidungsbefugnisse an ein angestelltes Management delegieren, müssen hinreichende Überwachungs- und Anreizmaßnahmen ergriffen werden, die das Management wirksam auf die Interessen der Inhaber von Residualansprüchen verpflichten.
3. Aus Gründen der Risikoübernahme und der Möglichkeiten zur Unternehmensfinanzierung sind Eigentümer besser als Arbeitnehmer in der Lage, die Residualansprüche einzunehmen und andere Gruppen von Individuen vom Risiko freizustellen. Dadurch werden die Interessen anderer Stakeholder keineswegs vernachlässigt.

4. In einem marktwirtschaftlichen System sind Individuen in ihrem wirtschaftlichen Verhalten autonom. Deshalb findet ein Unternehmenseigner nur dann Vertragspartner, wenn er diesen Konditionen anbietet, die sie zumindest nicht schlechter stellen als deren beste Alternative. Ein hinreichender Wettbewerb ist erforderlich, um für alle Marktteilnehmer Alternativen bei der Vertragspartnersuche zu schaffen, zwischen denen sie auswählen können.
5. Wo aufgrund von Marktunvollkommenheiten die Freiwilligkeit der Vertragsabschlüsse und der Wettbewerb nur unzureichende Restriktionen setzen, muss die Rechtsordnung ergänzende Regelungen treffen. Dies lässt sich anhand vieler Beispiele aus verschiedenen Rechtsgebieten belegen. Wir sollten aber zur Kenntnis nehmen, dass nicht-dispositives Recht häufig zu unerwünschten Anpassungsmaßnahmen der Marktteilnehmer führt.
6. Die Notwendigkeit einer speziellen Unternehmensethik wird kontrovers diskutiert. Einigkeit besteht darüber, dass es wünschenswert ist, wenn Individuen ethische Maßstäbe in ihre Entscheidungen einfließen lassen. Jedoch ist dies ganz allgemein eine Frage der Eigenverantwortlichkeit. Der Sinn einer speziellen Unternehmensethik erschließt sich nicht.

Schlüsselbegriffe

Corporate Governance
Corporate Social Responsibility
Haftung
Kontrakteinkommen
LEN-Modell
Market for Corporate Control
Ownership and Control

Rechtsordnung
Residualeinkommen
Shareholder Value
Stakeholder Value
Unternehmensethik
Unternehmensverfassung
Wettbewerb

Teil III

Funktionsbereiche des Unternehmens

Zum Inhalt von Teil III

In den bisherigen Kapiteln haben wir begründet, warum es Unternehmen gibt und welches die angemessenen Ziele für Unternehmen sind. Nun untersuchen wir das Geschehen in den Unternehmen näher, insbesondere die Entscheidungen, welche eine Unternehmensleitung zu treffen hat. Aufgrund der bisherigen Ausführungen ist selbstverständlich, dass dafür auch Entscheidungen von Vertragspartnern der Unternehmen einzubeziehen sind.

Für den genannten Zweck ist es hilfreich, Teilbereiche des Unternehmens zu unterscheiden. Diese Differenzierung ermöglicht es, das institutionenökonomische Instrumentarium noch fruchtbarer einzusetzen. Im Weiteren analysieren wir drei wesentliche Funktionsbereiche des Unternehmens, deren Zusammenhang in der folgenden Abbildung skizziert ist:

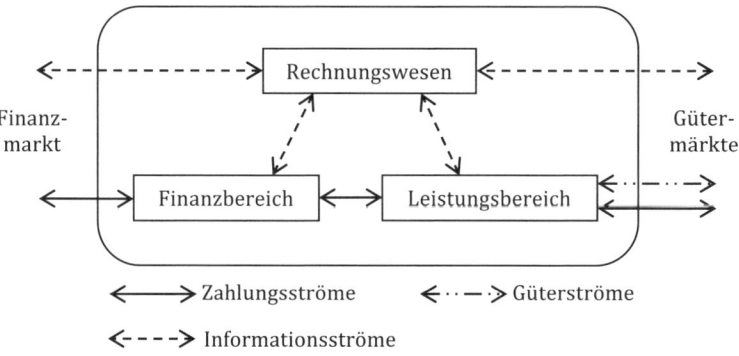

Abbildung III.1: Ein einfaches Bild des Unternehmens.

Der **Leistungsbereich** steht für die Güterwirtschaft des Unternehmens (dies schließt den Einsatz sowie die Produktion und den Absatz von Dienstleistungen ein), der Finanzbereich für die finanzwirtschaftliche Seite, das Rechnungswesen für die Informationswirtschaft. Die Bereiche agieren nicht unverbunden, sondern sind mehrfach miteinander verflochten.

Bei der Orientierung der Unternehmensentscheidungen an den Einkommenszielen der Eigentümer und anderer Kapitalgeber steht von vornherein der

Finanzbereich im Mittelpunkt der Betrachtung: Maßgeblich ist, welche Zahlungen aus dem Unternehmen heraus an die Kapitalgeber fließen. Der Leistungsbereich dient der Generierung von Zahlungsüberschüssen durch güterwirtschaftliche Transaktionen. Demnach fließen zwischen den Gütermärkten – darunter soll hier auch der Arbeitsmarkt subsumiert sein – und dem Leistungsbereich sowohl Güter- als auch Zahlungsströme. Der Überschuss der Einzahlungen des Leistungsbereichs über seine Auszahlungen (also der Leistungssaldo) fließt dem Finanzbereich zu bzw. muss von diesem gedeckt werden, wenn er negativ ist, zum Beispiel infolge hoher Investitionen.

Für die Steuerung von Entscheidungen im Finanz- und Leistungsbereich sind vielfältige interne und marktbezogene Informationen erforderlich. Solche Informationen stellt das *Rechnungswesen* bereit. Es gehört ebenfalls zu den Aufgaben des Rechnungswesens, Informationen für Externe bereitzustellen. Dies gilt vor allem für die Eigentümer, wenn diese die Unternehmensleitung an ein angestelltes Management delegiert haben, aber auch für Vertragspartner des Unternehmens, die ihrerseits ihre ökonomischen Aktivitäten auf die Lage des Unternehmens abstimmen müssen.

In den folgenden drei Kapiteln untersuchen wir die einzelnen, noch immer stark aggregierten Bereiche und die in ihnen auftretenden Entscheidungs- und Koordinationsprobleme näher.

Kapitel 6

Leistungsbereich

Zum Inhalt von Kapitel 6

Abschnitt 6.1 enthält eine nähere Beschreibung des Untersuchungsgegenstands. Wir können in dieser Einführung nicht alle Teilgebiete des Leistungsbereichs mit der angemessenen Tiefe behandeln und greifen stattdessen zwei Bereiche heraus. Infolge der institutionenökonomischen Ausrichtung dieses Buches bietet es sich an, den Schwerpunkt dieses Kapitels nicht auf technische Zusammenhänge wie Produktionsfunktionen oder Informationstechnik zu legen, sondern die Beziehung zwischen Entscheidungen treffenden Individuen in den Mittelpunkt zu rücken.

Gegenstand von Abschnitt 6.2 ist die **Personalwirtschaft**. Anders als in vielen Lehrbüchern zur Personalwirtschaft geht es hier fast ausschließlich um wirtschaftswissenschaftliche, nicht um verhaltenswissenschaftliche Fragen. Aus institutionenökonomischem Blickwinkel handelt es sich aufgrund der Merkmale des Austauschs von Arbeitsleistungen um einen besonders interessanten Teil des Leistungsbereichs. Ein besonderes Gewicht legen wir auf die Auswirkungen der mehrfach asymmetrischen Informationsverteilung zwischen Arbeitgeber und Arbeitnehmer. Dabei wird deutlich, dass statische Ansätze nur unzureichende Erkenntnisse über die Personalwirtschaft vermitteln.

Abschnitt 6.3 ist der *Absatzwirtschaft* vorbehalten. Auch bei Einbeziehung der Gründe für die Existenz von Unternehmen bleibt der Preis ein wichtiges Koordinationsinstrument. Die Preispolitik verdient daher eine vertiefte Untersuchung. Daneben geht es um die Produktgestaltung und um strategisches Marktverhalten, also die Beeinflussung anderer Marktteilnehmer. Franchising ist ein Beispiel für eine komplexe Vertragsgestaltung im Absatzbereich und steht für eine Lösung, die Elemente des Marktes und der Hierarchie miteinander verbindet.

Das Kapitel abschließend befassen wir uns in Abschnitt 6.4 mit der Frage nach der **Leistungstiefe**, also dem Grad an vertikaler Integration. Die damit verbundenen Schlagworte wie „Outsourcing" oder „Lean Production" belegen die Relevanz der Fragestellung.

6.1 Nähere Abgrenzung des Leistungsbereichs

Die Eigentümer des Unternehmens wollen Einkommen erzielen. Dafür ist der Leistungsbereich insgesamt Mittel zum Zweck. Die zentrale leistungswirtschaftliche Aktivität ist die Leistungserstellung (Produktion), die sich umschreiben lässt als Kombination und Transformation von Einsatzgütern (Produktionsfaktoren, Input) zu Ausbringungsgütern (Produkte, Output). Jeweils kann es sich um Sachgüter oder Dienstleistungen handeln. In einer arbeitsteiligen Wirtschaft ist es für die Leistungserstellung erforderlich, Einsatzgüter über den Markt zu beziehen. Die Produktion trägt nur dann zur Erfüllung des angestrebten Zwecks bei, wenn der Verkauf der erstellten Leistungen auf dem Markt zu Einzahlungen bei dem Unternehmen führt. Insgesamt lässt sich formulieren:

> „Der **Leistungsbereich** umfasst die Beschaffung und Bereitstellung von Gütern und Dienstleistungen für die Leistungserstellung, die Leistungserstellung selber und den Absatz der erstellten Leistungen."[1]

Es gibt umfangreiche Darstellungen zu Produktionsfaktorsystemen.[2] Deren Wiedergabe ist hier aber nicht erforderlich. Die weiteren Ausführungen beschränken sich darauf, die für die Leistungserstellung erforderlichen Faktoren kurz und ungenau in Arbeitsleistungen und Sachgüter einzuteilen. Die Beschaffung von Arbeitsleistungen unterscheidet sich grundlegend von der Beschaffung aller anderen Faktoren. Vorläufig lässt sich dies damit begründen, dass eine Arbeitsleistung untrennbar mit dem Menschen verbunden ist, der sie erbringen soll. Die Beschaffung von Sachgütern führt für den Erwerber der Leistung hingegen schon vor der endgültigen Faktorkombination zu einer eindeutigen Verfügbarkeit. Die Institutionenökonomik setzt immer da an, wo es zu wirtschaftlichen Beziehungen zwischen Individuen kommt. Daher ist es angemessen, Fragen der Beschaffung von Arbeitsleistungen hervorzuheben, um deren Besonderheiten angemessen Rechnung tragen zu können.

Eine scharfe Unterscheidung von **Beschaffung** und **Absatz** ist bei der in diesem Buch eingenommenen Sichtweise nicht sinnvoll, denn offensichtlich geht mit der Verwertung einer Leistung durch einen Marktteilnehmer die Beschaffung der entsprechenden Leistung durch einen anderen Marktteilnehmer einher. Im Rahmen institutionenökonomischer Ansätze sind stets auch die Erwägungen von Kooperationspartnern einzubeziehen. Konkret sind zum einen Teilnahmebedingungen einzuhalten – es ist also zu überprüfen, unter welchen Bedingungen der Partner überhaupt zur Kooperation bereit ist. Zum anderen ist sicherzustellen, dass Kooperationen anreizverträglich ausgestaltet sind. Es sind

---

[1] *Hax/Laux* (1975), S. 11.
[2] Zum Beispiel *Kern* (1992), S. 13 ff.

also die von der konkreten Gestaltung einer Kooperation ausgehenden Handlungsanreize für die beteiligten Partner einzubeziehen. Zusammengefasst stellen Beschaffung und Absatz nicht zwei Untersuchungsgegenstände dar, sondern nur einen. Dies ist keine ungewöhnliche Sichtweise. Unter dem Begriff Marketing ist das Beschaffungsmarketing ebenso zu subsumieren wie das Absatzmarketing.

Die Leistungserstellung selbst umfasst im Wesentlichen die **Faktorkombination**. Das wichtigste Instrument produktionswirtschaftlicher Analysen ist die Produktionsfunktion.[3] *Produktionsfunktionen* als formale Input-Output-Relationen sind einer institutionenökonomischen Analyse nicht zugänglich, da es sich um technische Bedingungen handelt. Das institutionenökonomische Problem ist die Gewährleistung der Verfügbarkeit von Produktionsfaktoren in der erforderlichen Menge und Qualität, zur rechten Zeit am rechten Ort, wobei den Kosten der Bereitstellung Rechnung zu tragen ist. Die institutionenökonomischen Aspekte der Produktion schlagen sich also nieder in der Koordination der die Bereitstellung von Produktionsfaktoren betreffenden Entscheidungen. Produktionsfunktionen gehen zwar, zumeist anhand besonders einfacher Beispiele, in die einschlägigen Modelle ein,[4] jedoch in Form von exogenen, nicht weiter erklärten Randbedingungen. In Bezug auf die Begründung bestimmter Formen von Produktionsfunktionen ist die Institutionenökonomik also auf Erkenntnisse anderer Theoriezweige angewiesen, die aus der Betriebswirtschaftslehre, der Wirtschaftswissenschaft im Allgemeinen oder auch aus angrenzenden Wissenschaften, zum Beispiel der Ingenieurwissenschaft, stammen können.

Es ist jedoch ein organisatorisches und damit institutionenökonomisches Problem, aus einer Menge von Produktionsfunktionen diejenige auszuwählen, welche technische Effizienz und geringe Transaktionskosten möglichst gut in Einklang bringt. In der Regel wird deshalb über die Produktionsfunktion und die Unternehmensorganisation sowie auch über die Größe des Unternehmens *nicht unabhängig* voneinander entschieden werden können.[5]

Neben den bisher angesprochenen Funktionsbereichen Beschaffung, Produktion und Absatz könnte man mit einer gewissen Berechtigung auch Planung und Organisation als eigenständige Funktionen im Leistungsbereich abgrenzen. *Organisation* lässt sich allgemein umschreiben als Koordination von Entscheidungen. Von vornherein hat damit diese gesamte Einführung in die Betriebswirtschaftslehre eine organisationstheoretische Ausrichtung. Die Lösung konkreter Organisationsprobleme ist eng verbunden mit Methoden der Erfolgs-

---

[3] Vgl. Abschnitt 2.1.3.1.
[4] Vgl. bspw. in Abschnitt 4.5.2.1 das Modell zur Erklärung von Unternehmen über die Zuordnung von Verfügungsrechten oder in Abschnitt 5.1.3.5 das LEN-Modell.
[5] Vgl. Abschnitt 4.5.3.3. Siehe auch *Riordan/Williamson* (1985).

messung und -verteilung. Dies explizieren wir näher im Abschnitt über die interne **Unternehmensrechnung**.[6] Es lässt sich also festhalten, dass die Organisation eines Unternehmens institutionenökonomisch gesehen ein zentraler Bestandteil des Leistungsbereichs ist, zugleich aber mehr umfasst als die Koordination leistungswirtschaftlicher Aktivitäten. Aus gliederungstechnischen Gründen behandeln wir in diesem Buch die Unternehmensorganisation, ebenso wie die **Planung**, nicht gesondert, sondern im Kontext konkreter betriebswirtschaftlicher Fragen. Das Gleiche gilt für die vorzustellenden Planungsmethoden.[7]

6.2 Personalwirtschaft

6.2.1 Charakterisierung des Austauschs von Arbeitsleistungen

Eine vieldiskutierte Sammelrezension personalwirtschaftlicher Lehrbücher aus dem Jahr 1983 konstatierte, dass darin „von Ökonomie nur Spurenelemente" enthalten waren.[8] Eine weitere Sammelrezension, die elf Jahre später erschien,[9] konnte immerhin einen „ökonomischen Silberstreif am Horizont" erkennen. Die Bewertung des Mangels an Ökonomie erfolgt allerdings in recht unterschiedlicher Weise.[10] Die Rezensenten beklagen die Vernachlässigung der Tatsache, dass es sich bei einem Arbeitsverhältnis nicht nur um eine soziale Veranstaltung handelt. Vielmehr geht es um Transaktionen auf einem Markt, auf dem verschiedene Teilnehmer unter Beachtung ausgeprägter rechtlicher Restriktionen ihren eigenen Vorteil suchen. Die Untersuchung der individuellen Bereitschaft, ein Arbeitsverhältnis einzugehen und beizubehalten, ist eine typische **institutionenökonomische Fragestellung**, die im Weiteren im Mittelpunkt steht. Damit ziehen wir in keiner Weise die Sinnhaftigkeit der Anwendung anderer sozialwissenschaftlicher Methoden im Rahmen der Personalwirtschaft in Zweifel.

6.2.1.1 Arbeitnehmer und Arbeitsleistungen

Im allgemeinen Sprachgebrauch versteht man unter „Arbeit" häufig den Arbeitsplatz, nicht den Faktor Arbeit, die Arbeitsleistung. Zur Vermeidung einer

---

[6] Siehe Abschnitt 8.5.
[7] Siehe zudem insgesamt die Kapitel 9 bis 12 dieses Buches.
[8] *Wunderer/Mittmann* (1983).
[9] *Sadowski u. a.* (1994).
[10] Vgl. die Diskussionsbeiträge in der Zeitschrift „Die Betriebswirtschaft" 1996, S. 667-696 und S. 855-865, sowie 1997, S. 119-134, und erneut 2004, S. 79-100. Im Jahr 2015 scheint die Diskussion noch immer nicht zur Ruhe gekommen zu sein, vgl. *Süß/Altmann* (2015), die nunmehr konstatieren, die Relation ökonomischer und verhaltenswissenschaftlicher Ansätze sei ausgewogen.

gewissen sprachlichen Verwirrung ist daher zu betonen, dass der Arbeitgeber im üblichen Sinn hier als Nachfrager von Arbeitsleistungen auftritt, der Arbeitnehmer im üblichen Sinn als Anbieter von Arbeitsleistungen.

Bei einer wirtschaftlichen Betrachtungsweise ist der Faktor Arbeit gekennzeichnet durch den Beitrag zur Ertragssteigerung und die erforderliche Abgeltung des Faktoreinsatzes (Sichtweise des Nachfragers des Faktors Arbeit) sowie durch den Arbeitslohn und das hinzunehmende Arbeitsleid[11] (Sichtweise des Anbieters des Faktors Arbeit). Das Arbeitsleid lässt sich grundsätzlich durch sein monetäres Äquivalent ersetzen. Dann kann man Arbeit in der gleichen Weise erfassen wie alle anderen Produktionsfaktoren auch. Die wesentliche Besonderheit ist demnach keineswegs, dass es **Menschen** sind, die einzelne Arbeitsleistungen abgeben, und nicht etwa Roboter, die zu den Sachleistungen zählen. Vielmehr liegt die Besonderheit darin, dass die Arbeitsleistung untrennbar verbunden ist mit ihrem Anbieter, der als Individuum stets eigene Ziele verfolgt. (Dies auch einem Roboter zu unterstellen ist wenigstens zurzeit noch Science-Fiction.) Bei der Beschaffung aller anderen Faktoren außer Arbeitsleistungen ist es zumindest möglich, wenn nicht gar die Regel, dass nach dem Erwerb die Verfügungsgewalt vollständig vom Lieferanten auf den Abnehmer übergeht (sofern man von Besonderheiten der Zahlungsweise und des Eigentumsübergangs absieht). Für Arbeitskräfte gilt dies genau nicht. Dieser Unterschied zwischen Arbeitsleistungen und anderen Faktoren hat einige Implikationen:

Die Mitwirkung des Arbeitnehmers ist *freiwillig* und in dessen Ermessen gestellt. Die Bereitschaft zur weiteren Bereitstellung von Arbeitsleistungen ist stets von neuem zu gewährleisten. Zu beachten ist weiter, dass angesichts der Rechtslage langfristige Arbeitsverträge unwirksam sind, falls sie dem Arbeitnehmer keine Möglichkeit zur Kündigung bieten.

Die **Anreiz-Beitrags-Theorie** untersucht die Folgerungen aus der Freiwilligkeit der Leistungserbringung.[12] Demnach ist ein Mitarbeiter nur dann zur Mitwirkung in einer Organisation bereit, wenn aus seiner individuellen Sicht die Beiträge, die er für die Organisation zu leisten hat, nicht größer sind als die Anreize, die ihm die Organisation bietet. Solche Anreize bestehen im Wesentlichen im monetären Entgelt, können aber auch andere Arten von Gratifikationen umfassen. Sofern die Bewertung der eigenen Beiträge auf Basis des Opportunitätsprinzips erfolgt und daher mit den anderweitig erzielbaren Anreizen gleichzusetzen ist, stimmt die Hauptaussage der Anreiz-Beitrags-Theorie völlig überein mit der Teilnahmebedingung bei der Gestaltung einer Kooperation.

---

[11] In Abschnitt 2.2.2 haben wir herausgearbeitet, dass ungeachtet einer ebenfalls zu beobachtenden Arbeitsfreude der ökonomisch relevante Teil von Arbeitspräferenzen durch Arbeitsleid gekennzeichnet ist.
[12] Vgl. bereits *Cyert/March* (1963).

Eine weitere Dispositionsmöglichkeit des Arbeitnehmers besteht in der **Art und Weise** der Bereitstellung der Arbeitsleistung. Die Qualität, Intensität, Sorgfalt usw. der Erbringung einer Arbeitsleistung sind Merkmale, die sich nur in begrenztem Maß objektivieren lassen. Die Qualität einer erbrachten Arbeitsleistung ist also im Kern unbeobachtbar und im Ergebnis nicht kontrahierbar. Ein Arbeitnehmer erbringt deshalb eine qualitativ hochwertige Arbeitsleistung nur dann, wenn es für ihn im Zeitpunkt der Leistungserbringung und unter Berücksichtigung des Arbeitsvertrages von Vorteil ist. Die Freiwilligkeit und die Dispositionsmöglichkeit begrenzen von vornherein die Möglichkeit zur „Ausbeutung" des Arbeitnehmers. Diese stünde der fortgesetzten Erbringung von Leistungen einer hinreichenden Qualität entgegen. Aufgrund der mangelnden Beobachtbarkeit widerspricht die vertragliche Verpflichtung zu einer bestimmten Leistung keineswegs der Freiwilligkeit ihrer Erbringung. Daher ist die Restriktion der Anreizverträglichkeit stets einzubeziehen.

Auch wenn technologische Entwicklungen zunehmend Ausnahmen zulassen, ist es gegenwärtig noch der Regelfall, dass ein Arbeitnehmer seine Arbeitsleistungen an einer **bestimmten Produktionsstätte** zu erbringen hat. Eine dritte Folge der Bindung der Arbeitsleistung an den Arbeitnehmer ist deshalb häufig eine **geringe Mobilität** des Faktors Arbeit. Die Möglichkeiten des Konsums, einschließlich der Befriedigung sozialer Bedürfnisse, sind an das räumliche Umfeld der Arbeitsstätte gebunden. Für die Wahrnehmung einer bestimmten Arbeitsmöglichkeit ist demnach auch die Privatsphäre entsprechend anzupassen. Es handelt sich um eine besondere Art spezifischer Vorleistungen, die vom Arbeitnehmer zu erbringen sind. Solche Vorleistungen führen zu einer Bindung der Arbeitskräfte an einen bestimmten Arbeitgeber, weil die in der Privatsphäre zu erbringenden Anpassungslasten (Verlust des Freundeskreises, berufliche Veränderung auch des Ehepartners, Schulwechsel der Kinder usw.) einen Arbeitsplatzwechsel erheblich verteuern können. Dies führt zu einer eingeschränkten Anzahl relevanter Alternativen zu einem bestimmten Arbeitsplatz. Beispielsweise steht einem Metallarbeiter, der im Vertrauen auf eine längerfristige Beschäftigung nach Wolfsburg zieht, kaum eine vernünftige Alternative zu einer Anstellung bei VW offen.

Die durch solche Vorleistungen hervorgerufene Abhängigkeit setzt einen Arbeitnehmer der Gefahr aus, dass der Arbeitgeber versucht, die Bindung zu seinen Gunsten auszunutzen. Deshalb kann ein grundsätzlich für alle Seiten vorteilhafter Wechsel von Arbeitsplätzen unterbleiben. Auch im personalwirtschaftlichen Bereich existiert also das Problem der Aneignung von Erträgen spezifischer Investitionen, und zwar gleichermaßen bei Vorleistungen des Arbeitnehmers wie des Arbeitgebers.

Arbeitsleistungen sind **inhomogen**. Dieser selbstverständliche Sachverhalt hat ebenfalls nachhaltige Auswirkungen auf die Gestaltung von Arbeitsverträgen. Die Eignung von Arbeitskräften, bestimmte Arbeitsleistungen zu erbringen, gehört häufig zu den unbeobachtbaren Merkmalen. Dies gilt mindestens für den Arbeitgeber, aber auch dem Arbeitnehmer selbst ist seine Eignung für die Bewältigung bestimmter Aufgaben nicht zwingend bekannt. Für ihn sind die Anforderungen nicht in vollem Umfang vorhersehbar. Zumindest bei der erstmaligen Erbringung von Arbeitsleistungen ist deshalb die Zuordnung von Arbeitskräften und zu erbringenden Aufgaben erschwert.

> Die wichtigsten **Merkmale von Arbeitsleistungen** sind:
> - die freiwillige Mitwirkung des Arbeitnehmers,
> - dessen laufende Dispositionsmöglichkeit,
> - die relativ geringe Mobilität der Anbieter des Faktors Arbeit und
> - die Inhomogenität von Arbeit schlechthin.

6.2.1.2 Marktkoordination und deren Probleme

Bei völliger Abwesenheit begleitender institutioneller Regelungen müsste man den Austausch von Arbeitsleistungen allein durch Preise koordinieren. Jede einzelne Arbeitsleistung wäre von neuem Gegenstand des Handels. Mehr noch, es wäre den Arbeitnehmern und dem Arbeitgeber grundsätzlich möglich, sich auch für die Zukunft zu bestimmten Arbeitsleistungen bzw. Arbeitsentgelten zu verpflichten. Und selbst im Fall unsicherer Erwartungen ist es denkbar, bedingte Verträge abzuschließen, die an den Eintritt bestimmter Zukunftsentwicklungen geknüpft sind. Derartige bedingte Verträge ermöglichen eine gute Verteilung von exogenen Umweltrisiken. Man bezeichnet Arbeitsverträge als **vollständig**, wenn sie für alle denkbaren Zustände in der Zukunft Art und Menge der gehandelten Leistungen sowie das zugehörige Entgelt festlegen.[13]

Der Abschluss solch komplexer Verträge scheidet bereits infolge der **begrenzten Rationalität** der Marktteilnehmer aus. Man kann nicht davon ausgehen, dass die beteiligten Parteien in der Lage sind, über einen längeren Planungshorizont denkbare Zukunftsentwicklungen und Erfordernisse an Arbeitsleistungen hinreichend genau zu prognostizieren. Wenn dies aber nicht möglich ist, können reine Markttransaktionen nur noch in einer Abfolge der Veräußerung bzw. des Erwerbs einzelner Arbeitsleistungen bestehen. Auf einem im Übrigen vollkommenen Markt hat dies zumindest den Nachteil der schlechten Risikoverteilung. Infolge eines eher geringen Vermögens weisen Arbeitnehmer eine geringere Risikobereitschaft und -tragfähigkeit auf; dennoch müssten auch sie bei der skizzierten Lösung das Risiko veränderter Arbeitsverträge überneh-

---

[13] *Williamson/Wachter/Harris* (1975), S. 262 ff.

men. Da zudem jeder einzelne Abschluss eines Vertrages mit Transaktionskosten verbunden ist, erweist sich eine Abfolge von Verträgen über einzelne Arbeitsleistungen schlicht als *zu teuer*.

Die Ausführungen über die Merkmale von Arbeitsleistungen zeigen, dass sie mit erheblichen Transaktionskosten einhergehen. Diese hängen vor allem mit einer **asymmetrischen Informationsverteilung** zusammen: Die Qualifikation von Arbeitsanbietern und somit deren Eignung zur Erledigung bestimmter Aufgaben ist unbekannt. Der Arbeitseinsatz und damit der vom Arbeitnehmer bestimmte Erfolg einer Arbeitsleistung sind nur in Grenzen verifizierbar. Und schließlich müssen gewöhnlich beide Parteien Vorleistungen für den erfolgreichen Einsatz des Faktors Arbeit erbringen, die sich nur dann lohnen, wenn auch die Gegenpartei im Nachhinein ihren Teil dazu beiträgt.

Typische Arbeitsverträge sind vor diesem Hintergrund dadurch gekennzeichnet, dass ein Arbeitnehmer sich für eine längere Zeitdauer grundsätzlich (innerhalb eines gewissen Rahmens) den **Weisungen des Arbeitgebers** unterwirft und dafür ein Entgelt erhält. Das Entgelt kann unmittelbar vertraglich festgelegt sein und ist dann von äußeren Umständen unabhängig. Dies ist insbesondere bei einem Zeitlohnvertrag der Fall, der für die Vertragsdauer die Entlohnung zusammen mit der Arbeitszeit festlegt. Die Alternative besteht darin, nur eine Entlohnungsregel festzulegen; der konkrete Lohn kann dann von variablen Bemessungsgrundlagen abhängen. Dies gilt zum Beispiel für den Akkordlohn, bei dem die Entlohnung der Arbeiter proportional zu der gefertigten Stückzahl erfolgt, oder für das gewinnabhängige Gehalt eines leitenden Angestellten. Auch die im Zuge der Finanzkrise häufig hart kritisierten Boni gehören in diese Fallgruppe.

Ein wichtiges Merkmal der Vertragskonstruktion ist, dass es nicht erforderlich ist, die Arbeitsinhalte, also die im Einzelnen zu erbringenden Arbeitsleistungen, im Vorhinein genau zu beschreiben. Es gilt demnach:

> *Arbeitsverträge* sind in der Regel **unvollständig**.

Infolge der grundsätzlich hierarchischen Organisation fällt es in die Entscheidungskompetenz des Arbeitgebers, die Vertragslücken auszufüllen. Für den Arbeitnehmer resultiert daraus eine gewisse Unsicherheit darüber, wie der Arbeitgeber die Aufgaben im Einzelnen präzisiert. Die Unvollständigkeit der Verträge stellt eine Abkehr von der reinen Marktkoordination dar. Im Weiteren ist zu untersuchen, welche begleitenden Instrumente dazu beitragen, ein effizientes Umfeld für den Einsatz des Faktors Arbeit zu schaffen.

6.2.2 Qualifikation von Arbeitnehmern

6.2.2.1 Qualifikation und deren Erwerb

Qualifikation kann sich zum einen auf einen Arbeitnehmer insgesamt beziehen, zum anderen auf seine spezielle Eignung für die Erledigung einer bestimmten Aufgabe. Im Folgenden nehmen wir die erstgenannte Sichtweise ein:

> Die **Qualifikation** eines Arbeitnehmers umfasst alle Voraussetzungen, die er zur Erbringung von Arbeitsleistungen mitbringt. Dazu gehören Fähigkeiten, Kenntnisse und Fertigkeiten.

Die **Fähigkeiten** eines Arbeitnehmers sind charakterisiert durch seine physischen, intellektuellen und psychischen Möglichkeiten. Für schwere handwerkliche Tätigkeiten ist eine gewisse körperliche Kraft unumgänglich, für filigrane Tätigkeiten (etwa bei der Schmuckherstellung) ist eher Feinmotorik gefragt. Jedoch treten infolge der Mechanisierung und Automatisierung körperliche Fähigkeiten in den Hintergrund, intellektuelle Fähigkeiten gewinnen an Bedeutung. Die Fähigkeit zu logischem Denken und zur Kommunikation der durch gedankliche Tätigkeit gewonnenen Informationen hat insbesondere bei der Erstellung von Dienstleistungen einen zentralen Stellenwert. Daher legen Arbeitgeber bei jeder Einstellung großen Wert auf die soziale Kompetenz von Bewerbern. Für viele Tätigkeiten ist zudem die psychische Belastbarkeit eines Arbeitnehmers von Belang, etwa in medizinischen Berufen, wo menschliches Leid und der Tod unausweichliche Begleiterscheinungen sind. Ein allgemeines Merkmal von Fähigkeiten ist, dass sie nur begrenzt variierbar sind, kurzfristig in der Regel gar nicht. Im Weiteren betrachten wir sie als exogen.

Neben Fähigkeiten sind **Kenntnisse** Bestandteil der Qualifikation. Kenntnisse lassen sich umschreiben als das Wissen von Individuen über Dinge, Sachverhalte und Vorgänge, insgesamt also als aus dem Gedächtnis abrufbare Informationen. Für betriebliche Tätigkeiten wichtige Kenntnisse umfassen zum Beispiel das Wissen über Arbeitsmaterialien und deren Eigenschaften, über den Ablauf betrieblicher Prozesse oder über Ansprechpartner im Falle von Schwierigkeiten. Arbeitnehmer eignen sich ihre Kenntnisse durch eine außerbetriebliche Schulung (allgemeine und berufsqualifizierende Ausbildung), durch jedwede Weiterbildung oder durch das Sammeln von Erfahrungen an.

Für die Ausführung bestimmter Arbeitsleistungen sind gewöhnlich Fähigkeiten und Kenntnisse erforderlich. Aus der Verbindung dieser Elemente resultieren **Fertigkeiten**, welche zu einer produktivitätserhöhenden Routine bei der Erledigung bestimmter Aufgaben führen und einen eigenen Qualifikationstatbestand begründen. Als Beispiel kann man die Fertigkeit zur Bedienung einer PC-Tastatur oder zur Anwendung eines Tabellenkalkulationsprogramms anführen. Die dafür erforderlichen Fähigkeiten und Kenntnisse sind jeweils recht gering. Durch häufige Bedienung der Tastatur oder durch regelmäßige Anwendung von Software sind jedoch erhebliche Produktivitätssteigerungen erreichbar. Man erkennt hier die enge Verbindung zu den oben angesprochenen Lerneffekten.[14] Fertigkeiten sind kein festes Merkmal eines Arbeitnehmers, sondern trainierbar.

Die genannten Qualifikationsmerkmale beziehen sich auf das Leistungsvermögen eines Arbeitnehmers. Daneben ist selbstverständlich auch der **Leistungswille** von Bedeutung. Die grundlegenden Verhaltensprämissen der Institutionenökonomik implizieren, dass die individuelle Vorteilhaftigkeit den Leistungswillen auslöst. Ein Arbeitnehmer wird also nur dann bereit sein, eine bestimmte Arbeitsleistung zu erbringen, wenn dies für ihn – unter Einbeziehung von Entlohnungs- und Sanktionsregeln und seiner individuellen Arbeitsneigung – zu einer Nutzensteigerung führt.

6.2.2.2 Unbekannte Qualifikation und Zeugnisse

Aus der Beschreibung der Qualifikationsbestandteile geht hervor, dass es sich insbesondere bei den Fähigkeiten um eine höchst individuelle Eigenschaft handelt. Für ein Individuum ist es schon schwierig genug, die eigenen Fähigkeiten richtig zu beurteilen. Umso weniger können wir davon ausgehen, dass ein Arbeitgeber die Fähigkeiten eines Bewerbers von vornherein richtig einzuschätzen vermag. Zwar handelt es sich bei Fähigkeiten nur um eines der Qualifikationsmerkmale, jedoch beeinflussen Fähigkeiten auch die Möglichkeiten des Erwerbs von Kenntnissen und Fertigkeiten.

Die Frage ist also, wie ein Arbeitgeber angesichts seiner Unsicherheit über die Qualifikation eines Arbeitnehmers eine geeignete Auswahl von Arbeitnehmern sicherstellt und sie den angemessenen Arbeitsplätzen zuweist. Selbstverständlich verringert sich im Zuge einer andauernden Beschäftigung die Asymmetrie in der Informationsverteilung über die Qualifikation des Arbeitnehmers. Dies ist bereits eines der in den nachfolgenden Abschnitten zu untersuchenden Argumente für längerfristige Arbeitsbeziehungen. Zunächst gehen wir jedoch der Frage nach, wie sich schon im Zeitpunkt des Abschlusses eines Arbeitsvertrages die mit einer asymmetrischen Informationsverteilung verbundenen Probleme verringern lassen. Als konkretes Beispiel ziehen wir dabei den **Markt für wirtschaftswissenschaftliche Hochschulabsolventen** heran.[15] Es gelten die folgenden Annahmen:

Ein Arbeitgeber kann Wirtschaftswissenschaftler grundsätzlich in zwei Typen von Stellen einsetzen, die sich entweder durch hohe (q_1) oder durch relativ niedrige (q_2) Anforderungen an das Qualifikationsniveau auszeichnen. Für den

---

[14] Vgl. Abschnitt 2.2.2.3.
[15] Der Ansatz greift die Grundidee des Modells von *Spence* (1973) auf.

sinnvollen Einsatz eines Universitätsabsolventen ist es erforderlich, dass eine richtige Zuordnung von Absolventen und Stellen erfolgt. Wegen der unterschiedlichen Opportunitätskosten für Absolventen unterschiedlicher Qualifikation muss dafür im Hinblick auf das Gehalt gelten, dass der Lohn bei hohen Anforderungen ℓ_1 höher ist als der Lohn bei geringeren Anforderungen ℓ_2.

Allerdings ist die tatsächliche Qualifikation eines Arbeitnehmers dem Arbeitgeber nicht bekannt. Die mündliche Zusicherung eines Arbeitnehmers, für das höhere Anforderungsniveau qualifiziert zu sein, ist wertlos. Aufgrund der fehlenden Möglichkeit zur Widerlegung wird jeder Arbeitnehmer unabhängig von seiner wahren Qualifikation versuchen, den besser dotierten Job zu erhalten, und behaupten, er sei hochqualifiziert. Eine falsche Auskunft ist zum Zeitpunkt der Einstellung unwiderlegbar. Sehr anschaulich bezeichnet man eine solche nicht überprüfbare und deshalb inhaltsleere Ankündigung als billiges Geschwätz (**Cheap Talk**). Erforderlich sind daher Maßnahmen, welche die Bewerber veranlassen, wahrheitsgemäß über ihre Qualifikationen Auskunft zu geben.

Examenszeugnisse könnten als Maßstab für die Qualifikation geeignet sein. Dies gilt in trivialer Weise, wenn die Examensnote eine unmittelbare Auskunft über die Qualifikation für berufliche Tätigkeiten gibt. Aus verschiedenen Gründen trifft dies jedoch nur teilweise zu. Dennoch lässt die Note die erwünschte Folgerung zu, wenn das Zustandekommen des Examens in die Überlegung einfließt. Denn man darf davon ausgehen, dass es einem Examenskandidaten mit höherer Qualifikation leichter fällt, eine gute Note zu erzielen, als einem Studierenden, dessen Fähigkeiten eher gering sind. Somit erweist sich die Note als ein mittelbarer Indikator für die Qualifikation. In einem numerischen Beispiel lässt sich der Zusammenhang durch eine Tabelle erfassen, die eine Übersicht über den je Fähigkeit und Note erforderlichen Arbeitsaufwand enthält:

$a(q_i, z_j)$	z_1 (Prädikatsexamen)	z_2 (normales Examen)
q_1	40	20
q_2	90	30

Tabelle 6.1: Arbeitseinsatz, Fähigkeit und Note,

wobei
q_i Qualifikation (Fähigkeit) von Typ i ($q_1 > q_2$)
z_j Bereich j an Zeugnisnoten ($z_1 > z_2$)
$a(\cdot)$ für die Note z_j erforderlicher Arbeitseinsatz bei Qualifikation q_i, gemessen im Gehaltsäquivalent.

Die Examensnote ergibt sich aus dem Zusammenspiel von Befähigung und Arbeitseinsatz. Grundsätzlich können beide Typen von Kandidaten ein Prädikatsexamen erreichen. Bei geringerer Qualifikation ist dazu jedoch ein viel höherer Einsatz erforderlich. Wenn die Stellenzuweisung an die Examensnote gekoppelt wird, muss ein Student zwischen dem für die Erzielung dieser Note erforderlichen Arbeitseinsatz und dem bei einer Stelle erzielbaren Gehalt abwägen. Mit dem Arbeitseinsatz (in Verbindung mit der Qualifikation) entscheidet der Student zugleich über seine Note. Zur Vereinfachung der Notation unterstellen wir, dass der Student direkt die Note als Entscheidungsvariable festlegt:

$$\ell(z_j) - a_i(q_i, z_j) \to \max_{z_j}!,$$

wobei
$\ell(z_j)$ Gehalt bei der Note z_j.

Im Weiteren ist zu zeigen, dass der Arbeitgeber durch Festlegung geeigneter Gehälter $\ell(z_j)$ tatsächlich sicherstellen kann, dass nur bessere Kandidaten in Form einer guten Examensnote eine hohe Qualifikation signalisieren. Ein solches Signalisieren beseitigt die Unsicherheit über die Qualifikation und ermöglicht eine fehlerfreie Zuordnung von Arbeitnehmern zu Stellen. Bei der Bestimmung der Gehälter muss der Arbeitgeber die Entscheidungen der Kandidaten antizipieren. Ferner wird er die angemessene Gehaltsdifferenzierung auf dem geringsten Niveau vornehmen, das für die Bewerber noch akzeptabel ist. Für den Arbeitgeber stellt sich also das Optimierungsproblem:

$$\gamma_1 \ell_1 + \gamma_2 \ell_2 \to \min_{\ell_1, \ell_2}!$$

unter den Nebenbedingungen

$$\ell_j - a_j(z_j) \geq \ell_{3-j} - a_j(z_{3-j}) \quad (j = 1, 2),$$

$$\ell_j - a_j(z_j) \geq 0 \quad (j = 1, 2),$$

wobei
γ_j Anteil des Stellentyps j an den zu besetzenden Stellen
ℓ_j Gehalt bei Note j.

Die Zielvorschrift besagt, dass der Arbeitgeber die niedrigsten möglichen Gehälter zahlen will. Die erste Gruppe von Restriktionen enthält die **Anreizverträglichkeitsbedingungen**. Für einen Studenten mit Fähigkeit q_2 soll es besser sein, sich mit einem normalen Examen zufrieden zu geben, anstatt ein Prädikat anzustreben. Bei hoher Fähigkeit soll sich hingegen das Prädikatsexamen auszahlen. Die Anreizverträglichkeitsbedingungen fordern also eine angemessene Gehaltsdifferenzierung. Daneben sind die **Teilnahmebedingungen** zu beachten, wonach es für jeden Kandidaten lohnend sein muss, die für ihn angemessene Stelle zu übernehmen. Das Gehalt muss also hoch genug sein, um den Arbeitsaufwand zur Erlangung der „richtigen" Note auszugleichen. Zur Vereinfachung unterstellen wir, dass damit zugleich das Arbeitsleid abgegolten ist. Zudem impliziert die Formulierung des Optimierungsproblems, dass Wettbewerb zwischen den Stellenbewerbern herrscht.

Die vollständige Ausformulierung des Entscheidungsproblems ergibt mit den Daten aus Tabelle 6.1:

$$\gamma_1 \ell_1 + \gamma_2 \ell_2 \rightarrow \min!$$

unter den Nebenbedingungen

$$\ell_1 - a_1(z_1) \geq \ell_2 - a_1(z_2) \;\Rightarrow\; \ell_1 - 40 \geq \ell_2 - 20,$$
$$\ell_2 - a_2(z_2) \geq \ell_1 - a_2(z_1) \;\Rightarrow\; \ell_2 - 30 \geq \ell_1 - 90,$$
$$\ell_1 - a_1(z_1) \geq 0 \;\Rightarrow\; \ell_1 - 40 \geq 0,$$
$$\ell_2 - a_2(z_2) \geq 0 \;\Rightarrow\; \ell_2 - 30 \geq 0.$$

Das Ungleichungssystem gibt zunächst nur solche Entlohnungen an, die sowohl jeden Kandidaten zur wahrheitsgemäßen Information über seine Fähigkeiten veranlassen als auch für beide Typen von Kandidaten die Bereitschaft zur Mitarbeit gewährleisten. Aus dieser Menge der zulässigen Entlohnungen ist schließlich die mit den geringsten Kosten verbundene auszuwählen.

Die beiden ersten Ungleichungen lassen sich zusammenfassen zu

$$\ell_2 + 20 \leq \ell_1 \leq \ell_2 + 60.$$

Diese Gehaltsdifferenzen sind unabhängig vom Gehaltsniveau einzuhalten. Bei einer kleineren Gehaltsdifferenz würde sich für den qualifizierten Typ ein engagiertes Studium nicht auszahlen, bei einer höheren Gehaltsdifferenz würde sich auch der weniger qualifizierte Typ um ein Prädikat bemühen. Weiter erzwingt die Teilnahmebedingung für Typ 2 eine Mindestentlohnung von $\ell_2 = 30$; wegen der erforderlichen **Gehaltsdifferenzierung** muss der Lohn für Typ 1 mindestens $\ell_1 = 50$ betragen. Es lässt sich leicht überprüfen, dass diese Lösung zu geringsten Kosten auch alle anderen Restriktionen erfüllt; sie erweist sich als optimal:

$$\ell_1^* = 50; \;\; \ell_2^* = 30.$$

Die Lösung kann man gut grafisch verdeutlichen (Abbildung 6.1): Die vier Restriktionen definieren in einem ℓ_1-ℓ_2-Diagramm eine Fläche, in der zulässige Lösungen liegen. Die **Isolohnkurven** (Kurven mit gleichem Durchschnittslohn) haben die Form fallender Geraden, wobei der Arbeitgeber solche Isolohnkurven vorzieht, die näher am Koordinatenursprung liegen. Die optimale Lösung ergibt sich in dem Eckpunkt der Menge zulässiger Entlohnungen, der am weitesten links unten liegt.

Die Lösung ist charakteristisch für Situationen, in denen die Qualitätsunsicherheit durch ein Signalisieren behoben wird und zugleich Wettbewerb zwischen den besser Informierten besteht: Der schlechtere Typ erhält eine Entlohnung, bei der er gerade noch bereit ist, die Stelle zu übernehmen. Der höher qualifizierte Typ erhält verglichen mit seiner Mindestentlohnung eine Prämie, damit er bereit ist, die Mühe für eine gute Note auf sich zu nehmen. Aus Sicht des Arbeitgebers ist die Prämie für den guten Typ unvermeidlich, dies hat seine

Ursache in der asymmetrischen Informationsverteilung; deshalb spricht man auch von einer **Informationsrente** für den besser qualifizierten Mitarbeiter.

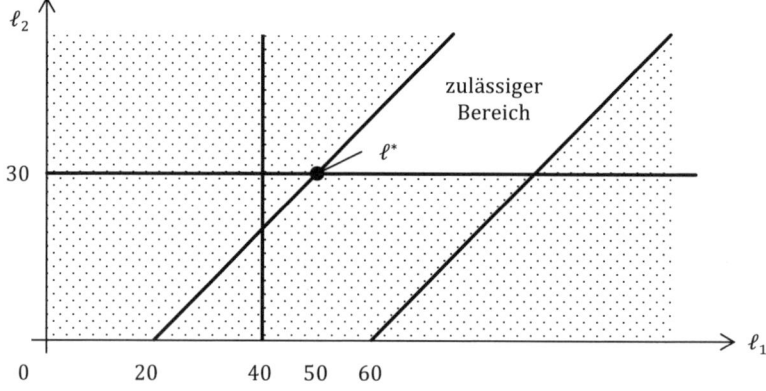

Abbildung 6.1: Grafische Lösung des Entlohnungsproblems.

Für den schlechten Typ ist die Teilnahmebedingung bindend, für den guten Typ die Anreizverträglichkeitsbedingung.

Der für das angewendete Lösungsprinzip geprägte Begriff des **Signaling** verdeutlicht, dass die Wahl der Examensnote ein Signal der Kandidaten über ihre Qualifikation darstellt. Die im Wesentlichen gleichbedeutende Bezeichnung **Self Selection**[16] hebt hervor, dass die Kandidaten durch die Selbstauswahl aus der Menge der vom Arbeitgeber angebotenen Note-Gehalt-Kombinationen ein Signal abgeben. Der Unterschied zwischen den Konzeptionen liegt in der Zugreihenfolge: Bei Signaling ergreift die besser informierte Partei ein Signal, und die schlechter informierte Partei zieht ihre Folgerung daraus. Bei Self Selection bietet die schlechter informierte Partei ein geeignetes Bündel von Verträgen an, aus denen die besser informierte Partei einen auswählt.[17] Das hier vorgestellte Modell gehört zur Kategorie der Signaling-Modelle.

Das Senden von Signalen ist hilfreich, wenn sich die eigentlich erwünschte Information nicht ohne weiteres glaubwürdig übermitteln lässt, es aber möglich ist, überprüfbare Ersatzindikatoren zum Gegenstand vertraglicher Vereinbarungen zu machen. Indikatoren sind dann geeignet, wenn sie in einem bestimmten Zusammenhang zur eigentlich erwünschten Information stehen. Konkret muss es möglich sein, die Kosten und den Nutzen des Signalisierens gegeneinander abzuwägen. Dazu müssen die Kosten (hier der erforderliche Einsatz zur Erzielung einer bestimmten Note) mit dem zu signalisierenden Merkmal (hier

---

[16] Manchmal findet sich statt des Begriffs „Self Selection" auch der Begriff „Screening".
[17] Siehe für mehr Details den (anspruchsvollen) Beitrag von *Stiglitz/Weiss* (1994).

die Qualifikation) korreliert sein. Außerdem muss der Nutzen (hier die Entlohnung) in einer Weise gestaltbar sein, dass eine **Separierung** der unterschiedlichen Typen gelingt. Im Allgemeinen gilt, dass bei einer guten Merkmalsausprägung die Produktion eines besseren Signals zu geringeren zusätzlichen Kosten möglich sein muss. Alternativ kann bei der guten Merkmalsausprägung mit dem besseren Signal ein höherer Zusatznutzen einhergehen.[18]

Die Orientierung an Zeugnissen bei der Einstellung von Arbeitnehmern ist typisch für die Personalpolitik in Deutschland. Daran lässt sich kritisieren, dass Zeugnisse für sich genommen einen Rückschluss nur auf einen Teil der Qualifikation zulassen und somit andere wichtige Teile der Qualifikation zu wenig Berücksichtigung in der Einstellungspolitik finden. Die vorgetragenen Überlegungen zeigen jedoch, dass bei mangelnder Einschätzbarkeit der Qualifikation die Zeugnisse immerhin gute Signaleigenschaften aufweisen und demnach durchaus zu Recht Verwendung finden. Aus dem vorgetragenen Signaling-Modell ließe sich zudem eine weitere, etwas provokative Folgerung ziehen: Die Ausbildungsinhalte erweisen sich nämlich als für das Signalgleichgewicht irrelevant. Entscheidend ist allein, dass sich bei unterschiedlicher Qualifikation andere Noten als individuell optimal erweisen. Offensichtlich lässt sich jedoch die gesamtwirtschaftliche Effizienz steigern, wenn ein hoher Anteil der Lerninhalte, welche ein Signaling ermöglichen, zugleich die berufliche Produktivität steigert.

Neben der Heranziehung von Zeugnisnoten könnte man weitere Signale (zum Beispiel die Studiendauer) ergänzend heranziehen. Es ist auch eine feinere Ausdifferenzierung von Qualifikationsklassen möglich. Und schließlich ist das Signaling schlechthin nur eine unter mehreren Möglichkeiten. Bezieht man die zeitliche Dimension eines Beschäftigungsverhältnisses ein, lassen sich zum Beispiel Probezeiten leicht als ein hilfreiches Instrument zur Minderung der Qualitätsunsicherheit erkennen. Unabhängig von Qualifikationsbekundungen eines Bewerbers muss dieser **on the Job** zeigen, was er zu leisten imstande ist.

6.2.3 Entlohnung und Arbeitsanreize

6.2.3.1 Grenzproduktivität als Maßstab für die Entlohnung

Zur Einführung in die Untersuchung der Entlohnung von Arbeitnehmern und der davon ausgehenden Anreizwirkungen analysieren wir die Entlohnung auf einem **vollkommenen Arbeitsmarkt** mit ausgeprägter Konkurrenz auf beiden Marktseiten. Kennzeichen eines solchen Marktes ist, dass die einzelnen Marktteilnehmer den Preis für die Arbeit (also die Entlohnung) nicht beeinflussen können, sondern sich mit ihren Angebots- oder Nachfragemengen an fixierte Preise anpassen müssen.[19]

---

[18] Dies ist zum Beispiel der Fall im Signaling-Modell von *Leland/Pyle* (1977).
[19] Vgl. Abschnitt 3.3.2.1.

Die **Nachfrage** nach Arbeitsleistungen ergibt sich aus der Gewinnmaximierung des repräsentativen Arbeitgebers. Der Gewinn entspricht der Differenz zwischen Erlösen und Kosten, von denen annahmegemäß nur die Arbeitskosten variabel sind. Dann gilt

$$g = px(a, f) - \ell a - k,$$

wobei
g Gewinn
p Absatzpreis
x Produktions- und Absatzmenge
a eingesetzte Menge des Faktors Arbeit (Stunden)
f eingesetzte Menge aller anderen Faktoren (konstant)
ℓ Preis für eine Mengeneinheit des Faktors Arbeit (Stundenlohn)
k Kosten aller anderen Faktoren als Arbeit.

Die Gleichung für den Gewinn impliziert, dass der Absatzpreis unabhängig von der Absatzmenge ist, dass also auch auf dem Absatzmarkt Wettbewerb herrscht und ein einzelner Anbieter durch seine Absatzmenge den Preis nicht beeinflusst. Die Produktionsfunktion $x(a, f)$ sei durch eine positive, abnehmende Grenzproduktivität aller Faktoren gekennzeichnet. Das heißt, die ersten partiellen Ableitungen sind positiv, die zweiten partiellen Ableitungen sind negativ.

Notwendige Bedingung für das Gewinnmaximum ist

$$\frac{\partial g}{\partial a} = p \frac{\partial x}{\partial a} - \ell = 0 \Leftrightarrow \ell = p \frac{\partial x}{\partial a}.$$

Es ist für das Unternehmen also optimal, die Nachfrage nach Arbeitsstunden so weit auszudehnen, bis der **Wert des Grenzprodukts** einer Arbeitsstunde, also der Wert der in einer Stunde zusätzlich produzierten Güter ($p \cdot \partial x/\partial a$), mit dem **Stundenlohn** (ℓ) übereinstimmt. Bei einer weiteren Ausdehnung der Nachfrage nach dem Faktor Arbeit wären die zusätzlichen Erträge geringer als die zusätzlichen Kosten. Infolge des abnehmenden Grenzprodukts ($\partial^2 x/\partial a^2 < 0$) nimmt die Nachfrage nach Arbeit ab, wenn der Lohn steigt.

Das **Angebot** an Arbeitsstunden bestimmt der repräsentative Arbeitnehmer. Er wägt ab zwischen der Entlohnung, die mit positivem Vorzeichen in seinen Nutzen eingeht, und dem Arbeitsleid, also dem Mindernutzen, den die Arbeit für ihn mit sich bringt.[20] Es gilt

$$u = \ell a - y(a),$$

wobei
u Nutzen eines Arbeitnehmers
y Arbeitsleid.

---

[20] Vgl. zum Arbeitsleid ausführlicher Abschnitt 2.2.2.

Das Arbeitsleid sei positiv und mit zunehmendem Arbeitsumfang überproportional steigend. Das heißt, die erste und die zweite Ableitung der Arbeitsleidfunktion sind positiv.[21] Für das Nutzenmaximum muss gelten

$$\frac{\partial u}{\partial a} = \ell - \frac{\partial y}{\partial a} = 0 \Leftrightarrow \ell = \frac{\partial y}{\partial a}.$$

Die Haushalte erhöhen ihr Angebot an Arbeitsstunden also so lange, wie die zusätzliche Entlohnung das zusätzliche Arbeitsleid überkompensiert.

Die gleichzeitige Berücksichtigung der Interessen von Arbeitgeber und Arbeitnehmer führt zu der Gleichgewichtsbedingung

$$p\frac{\partial x}{\partial a} = \frac{\partial y}{\partial a}.$$

Für eine Wurzelfunktion als Produktionsfunktion und eine quadratische Arbeitsleidfunktion zeigt Abbildung 6.2 eine grafische Lösung.

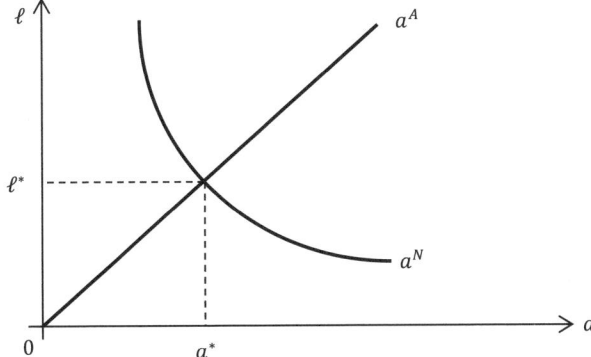

Abbildung 6.2: Gleichgewicht auf einem vollkommenen Arbeitsmarkt.

Die Effizienz des Ergebnisses lässt sich gut verdeutlichen. Ein Mehreinsatz von Arbeit ist solange effizient, wie die für das Unternehmen erzielbaren zusätzlichen monetären Erträge ($p \cdot \partial x/\partial a$) größer sind als das zusätzliche Arbeitsleid des Arbeitnehmers ($\partial y/\partial a$). Auf diese Weise kommt es zur Maximierung der Gesamtvorteile für die Eigentümer des Unternehmens (Gewinn) und für die Arbeitnehmer des Unternehmens (monetär bewerteter Nutzen). Die Bestimmungsgleichung für die Arbeitsnachfrage korrespondiert mit der Beobachtung, dass in industrialisierten Ländern aufgrund der höheren Arbeitsproduktivität die Löhne im Durchschnitt höher sind als in vorindustriellen Ländern. Vereinbar mit der Regel ist auch, dass sich im Rahmen von Tarifverhandlungen der Anstieg der Reallöhne am Produktivitätszuwachs orientieren sollte. Ein Lohnanstieg über die Produktivitätssteigerung hinaus droht nämlich die Nachfrage

---

[21] Vgl. entsprechend das LEN-Modell, Abschnitt 5.1.3.5.

nach Arbeit zu verringern. Nach der Logik des Modells könnte eine hinter dem Produktivitätsfortschritt zurückbleibende Lohnentwicklung zwar eine höhere Nachfrage nach Arbeitsstunden mit sich bringen, effizient wäre das bei gegebenen Präferenzen aber nicht.

Trotz aller vereinfachenden Annahmen zeigt das Modell, dass die Entlohnung des Faktors Arbeit nach dem **Wertgrenzprodukt** einen sinnvollen Ausgangspunkt für zusätzliche Überlegungen darstellt.

6.2.3.2 Unbeobachtbarkeit von Arbeitsleistungen

Für die vorgestellten Arbeitsverträge mit einer Entlohnung proportional zur erbrachten Arbeitsleistung ist es erforderlich, die Arbeitsleistung selbst zum Gegenstand vertraglicher Vereinbarungen zu machen. Kurz gesagt muss also die Arbeit beobachtbar sein. Anderenfalls kann ohne weiteres nur eine von der geleisteten Arbeit unabhängige Entlohnung erfolgen, wie es etwa im Fall des Zeitlohns der Fall ist. Erschwerend kann hinzukommen, dass sich der Lohn möglicherweise nur auf die Zeit der Anwesenheit am Arbeitsplatz beziehen kann. Je nach konkreter Ausgestaltung des Arbeitsplatzes steht die tatsächlich geleistete Arbeit in einem mehr (zum Beispiel bei einem Fließband) oder weniger (zum Beispiel in der Verwaltung) engen Zusammenhang mit der Zeit der Anwesenheit.

Ein Zeitlohn weist aber das Problem auf, dass von ihm kaum Anreize ausgehen, einen hohen Arbeitseinsatz zu erbringen. Vielmehr besteht die Gefahr, dass ein Arbeitnehmer seinen Einsatz so weit verringert, wie es mit den durch die Unbeobachtbarkeit hervorgerufenen **Freiheitsgraden** noch vereinbar ist. Von einem höheren Einsatz würde er nicht in Form einer höheren Entlohnung profitieren. Für einen Fließbandarbeiter sind die Freiheitsgrade gering. Er könnte vielleicht die Sorgfalt etwas herabsetzen, auch das jedoch nur in den Grenzen, die innerhalb der Qualitätskontrolle nicht auffallen. Bei einer Verwaltungstätigkeit lassen sich derartige Indikatoren aber schwieriger festlegen, die Freiheitsgrade sind also größer.

Bei allzu großen Freiheitsgraden sollte man andere Bemessungsgrundlagen für die Entlohnung heranziehen, die einen engeren Zusammenhang zum erwünschten Maßstab Arbeitsleistung aufweisen. Damit eine Bemessungsgrundlage geeignet ist, sollte sie durch die Arbeitsleistung beeinflussbar sein und einen informativen Rückschluss auf die tatsächlich erbrachte Leistung ermöglichen. Es kommt zu positiven Arbeitsanreizen, wenn eine größere Leistung die Bemessungsgrundlage so verändert, dass damit eine höhere Entlohnung verbunden ist.

Häufig ist infolge dieser Überlegungen die Entlohnung *outputbezogen*. Weil es unmöglich ist, die Arbeit unmittelbar zu entlohnen, wird das Arbeitsergebnis zum Maßstab gemacht. Bei ausführenden Tätigkeiten ist vor allem der Akkordlohn zu nennen, also eine Entlohnung proportional zu gefertigten Stücken. Für die Entlohnung von leitenden Tätigkeiten bietet es sich an, den Unternehmenserfolg insgesamt zum Maßstab zu machen. Diese Lösung kennzeichnet beispielsweise Aktienoptionsprogramme. Bei vielen Stellen besteht zumindest eine Kostenverantwortung. Dann ist es möglich, den Grad der Einhaltung von Kostenvorgaben als Lohndeterminante zu verwenden.

> Eine **outputbezogene Entlohnung** weist drei Probleme auf:
> - Einflüsse der Entscheidungen Dritter,
> - Schwierigkeiten bei der Messung des Outputs und
> - Zufallseinflüsse bei der Entstehung des Outputs.

Je größer der **Verantwortungsbereich** einer Stelle ist, desto stärker beeinflusst nicht nur der betreffende Arbeitnehmer die herangezogenen Bemessungsgrundlagen, sondern seine Kollegen, Mitarbeiter oder Vorgesetzten. Dies steht der Angemessenheit der Entlohnungsform allerdings nicht entgegen, wenn es zum Verantwortungsbereich gehört, „seinen Laden" in Ordnung zu halten, also auch für eine angemessene Leistung der Mitarbeiter zu sorgen. Wenn jedoch Vorgaben von vorgesetzten Instanzen das Ergebnis beeinflussen, sollte sich das nicht im Lohn niederschlagen.

Die Verwendung von **Kosten** als Lohneinflussgröße kann zu Problemen führen. Eine Verrechnung von Kosten erfolgt kaum je „objektiv",[22] vielmehr treten dabei Gestaltungsspielräume auf. Sowohl die **Sollkosten**, also die Kosten, die für eine bestimmte Produktions- oder Leistungsmenge bei einem ordnungsgemäßen Einsatz anfallen „dürfen", als auch die **Istkosten**, also die tatsächlich verrechneten Kosten, lassen sich nur in Grenzen objektivieren. Die Zuweisung von niedrigen Sollkosten oder hohen Istkosten werden Arbeitnehmer als ungerecht und demotivierend empfinden, wenn die Kostenvorgaben allzu ehrgeizig sind oder die Istkostenzurechnung unangemessen wirkt. Bei der Bemessung von Sollkosten nach vergangenen Kosten kann es zum Vergleich von „Schlendrian mit Schlendrian"[23] und zur Belohnung vergangener Schlamperei kommen. Zudem besteht ein verminderter Anreiz zur Kostensenkung, weil geringere aktuelle Kosten die Messlatte für die künftige Effizienz höher legen. Schließlich sind für die Kostenbemessung normalerweise auch Informationen aus den einzelnen Stellen erforderlich, deshalb droht eine verzerrte Informationsweitergabe. Nur bei sorgfältiger Ausgestaltung führt also die Verwendung von Kosteninformationen für die Entlohnung zu einer Verbesserung verglichen mit einem Zeitlohn.

---

[22] Vgl. näher Abschnitt 8.5.4.3.
[23] *Schmalenbach* (1963), S. 447.

Ein drittes Problem liegt in den von Arbeitnehmern nicht zu vertretenden **Zufälligkeiten**. Offensichtlich sind nicht alle Schwankungen des Erfolgs eines Unternehmens Folge der Entscheidungen und des Arbeitseinsatzes der Unternehmensleitung. Auch sind die Kosten für die Beschaffung von Faktoren nicht allein Folge der Bemühungen der Beschaffungsstelle. Unvorhersehbare Marktpreisveränderungen hat diese nicht zu vertreten. Sofern aber exogene Risiken das Einkommen der in solchen Stellen Beschäftigten stark beeinflussen, bedarf es zur Abgeltung dieser Risiken zusätzlicher Risikoprämien, um die Einhaltung der Teilnahmebedingung zu gewährleisten. Generell sollten diejenigen Individuen das Risiko tragen, welche die höchste Risikotoleranz und Risikotragfähigkeit aufweisen, nicht die Arbeitnehmer in den Stellen, bei denen sich das Risiko zufällig niederschlägt.

Im Rahmen des LEN-Modells haben wir den **fundamentalen Konflikt** zwischen der Vermittlung von Anreizen und der Risikoaufteilung herausgearbeitet.[24] Die optimale Anreizvermittlung liegt vor, wenn sämtliche durch eine Leistung hervorgerufenen Erfolgssteigerungen dem Erbringer der Leistung zufallen. Bei Unsicherheit ist damit die vollständige Risikoübernahme verbunden. Die optimale Risikoteilung erfordert hingegen, dass jedes Individuum in dem Umfang am Risiko beteiligt ist, welcher seiner relativen Risikobereitschaft entspricht. Da die abnehmende absolute Risikoaversion[25] den Regelfall darstellt, weisen Arbeitnehmer mit geringem Vermögen eine besonders starke Risikoaversion auf, sodass der optimale Kompromiss zwischen Anreizvermittlung und Risikoteilung eine geringe Erfolgsbeteiligung vorsieht. Das trägt zur Erklärung für das Vorherrschen des Zeitlohns bei.

Ein Ausweg aus dem genannten Dilemma eröffnet sich unter gewissen Umständen, wenn die Arbeitsergebnisse verschiedener Mitarbeiter derselben Risikoquelle ausgesetzt sind. Dann ist es nämlich möglich, die Entlohnung zweier Mitarbeiter von der **Differenz der Ergebnisse** abhängig zu machen. Im Grenzfall ist diese Differenz keinerlei Risiko ausgesetzt, sondern hängt allein von den Unterschieden im Arbeitseinsatz ab.

Eine solche Lösung kann aber ihrerseits Probleme auslösen:[26] Denkbar ist, dass sich die Mitarbeiter auf einen geringen Arbeitseinsatz verständigen, sodass eine gemessen an den geringen Leistungen hohe Entlohnung resultiert. Besonders schädlich wäre, wenn Mitarbeiter sich nicht nur für die Steigerung des eigenen Ergebnisses einsetzen, sondern auch Aktivitäten ergreifen, die das Ergebnis des Kollegen vermindern (**Sabotage**). Beeinflussen sich die einzelnen Leistungen hingegen positiv (liegen also positive externe Effekte vor), wirkt die relative Entlohnung leistungshemmend, weil mit einer höheren eigenen Leistung auch ein größeres Ergebnis des Kollegen verbunden ist, das seinerseits zu

---

[24] Vgl. Abschnitt 5.1.3.5.
[25] Siehe dazu Abschnitt 10.3.7.
[26] *Winter* (1996).

einer Verminderung der eigenen Entlohnung führt. Die Argumentation zeigt, dass eine Entlohnung auf Basis einer **relativen Leistungsbewertung** einer weiteren institutionellen Einbindung bedarf.[27]

Etwas anders liegt die Situation bei der Beurteilung der Manager von Investmentfonds. Von diesen kann man zumindest erwarten, dass sie eine Rendite in Höhe der durchschnittlichen Marktrendite erzielen. Ein erfolgreicher Fonds muss die Renditen anderer Fonds übertreffen. In beiden Fällen wirken sich zufällige Schwankungen der Marktrendite nicht auf die Leistungsbewertung aus. Außerdem spielen die zuvor genannten Probleme eine geringe Rolle, weil ein Fondsmanager die Marktrendite kaum beeinflussen kann.

6.2.3.3 Mehrperiodigkeit von Arbeitsbeziehungen

Bisher haben wir Entlohnung nur statisch beurteilt, das heißt, auf die eine einzelne Periode Bezug genommen. Einige der Aussagen bedürfen der Relativierung, wenn man die zeitliche Entwicklung der Lohnhöhe einbezieht. Sie kann sich durch Beförderungen verändern, also den Wechsel auf eine Stelle mit höheren Anforderungen und einer höheren Entlohnung, durch Entlassungen und durch Lohnentwicklungen auf derselben Stelle. Grundsätzlich wäre zwar auch eine Rückstufung auf geringer dotierte Stellen denkbar. Das ist jedoch die Ausnahme, denn ein in den USA geprägter Grundsatz der Personalpolitik besagt „**Up or Out**".[28]

Nun wollen wir die Anreizwirkungen der Ausgestaltung von Regeln für Lohnveränderungen untersuchen. Empirisch gesehen stellen ansteigende Lohnpfade die Regel dar; meist steigen also Lohn oder Gehalt eines Arbeitnehmers im Zeitablauf. Diese Regel bedeutet selbstverständlich nicht, dass bei jeder individuellen Karriere Löhne nur steigen, sondern die Regel gilt für typische, durchschnittliche Karrieren. Für das genannte Phänomen gibt es einige Gründe.[29]

> *Ansteigende Lohnpfade* lassen sich erklären durch
> - eine im Zeitablauf zunehmende Grenzproduktivität,
> - den Versuch zur Verringerung der Qualitätsunsicherheit und
> - die Vermittlung starker Anreize bei geringer Risikoverlagerung auf die Arbeitnehmer.

Ein tendenzieller Anstieg der Grenzproduktivität resultiert in den Industrieländern schon infolge der zunehmenden Kapitalintensität, der *Rationalisierung*

---

27 Siehe dazu Abschnitt 6.2.4.3.
28 *Milgrom/Roberts* (1992), S. 379 f.
29 *Harris/Holmström* (1982), S. 315 f.

im weitesten Sinne, weil dieselbe Arbeitsmenge zu einem größeren Zuwachs der Produktion führt. Diese Phänomene betreffen Arbeitsleistungen schlechthin, nicht nur die Relation der Leistungen verschiedener Arbeitnehmer. Unabhängig von der Rationalisierung steigt aber die Produktivität auch deshalb an, weil ein Arbeitnehmer in Bezug auf seine Tätigkeiten Erfahrungen sammelt. Solche Lerneffekte müssen sich in höheren Löhnen niederschlagen. Andererseits ist zu beachten, dass mit zunehmendem Alter die körperliche und geistige Leistungsfähigkeit nachzulassen beginnt. Empirischen Untersuchungen zufolge lässt selbst unter Einbeziehung von Lerneffekten die Produktivität ab einem Alter von etwa 40 Jahren nach.[30] Vor diesem Hintergrund bedarf der auch über dieses Alter hinaus zu beobachtende Anstieg der Lohnpfade einer zusätzlichen Begründung.

Als erstes Argument kann man noch einmal die **Unsicherheit** des Arbeitgebers **über die Qualifikation** eines Arbeitnehmers anführen. Denn diese bezieht sich nicht lediglich auf sein Qualifikationsniveau schlechthin, sondern auch darauf, auf welche Tätigkeit im Einzelnen die Qualifikation am besten zugeschnitten ist. Erwirbt der Arbeitgeber im Laufe einer Arbeitsbeziehung diesbezügliche Erkenntnisse, ist er in der Lage, einem Arbeitnehmer geeignete Aufgaben so zuzuweisen, dass die stellenspezifische Produktivität selbst dann zunimmt, wenn die generelle Qualifikation abnimmt.[31] Dies wird mit einem Lohnanstieg einhergehen.

Ein weiteres Argument weist einen engeren Zusammenhang zu **Anreizwirkungen** auf. Oben haben wir die häufige Verwendung von Zeitlöhnen mit der Risikoverteilung begründet. In diesem Fall lassen sich die erforderlichen Anreize dadurch vermitteln, dass die Einstufung eines Arbeitnehmers in eine höhere Lohngruppe davon abhängt, ob er sich bei der Bewältigung seiner Aufgaben bewährt hat. Die ist vor allem dann gegeben, wenn über eine geraume Zeit hinweg die Produktionsergebnisse (im weitesten Sinn) gut ausfallen. Zwar mag ein einzelnes Ergebnis relativ stark dem Zufall ausgesetzt sein, für eine längere Folge von Ergebnissen gilt dies jedoch nicht. Dauerhaft schlechte Ergebnisse sind nahezu sicher nicht Folge von Pech, sondern von Unvermögen oder von mangelndem Einsatz. Das Analoge gilt für dauerhaft gute Ergebnisse. Ein Ergebnispfad lässt demnach einen zuverlässigeren Rückschluss auf den Arbeitseinsatz und die Qualifikation zu als ein einzelnes Ergebnis. Deshalb lassen sich die Ergebnisse insgesamt als Maßstab für Beförderungen heranziehen, ohne dabei dem Arbeitnehmer allzu große Risiken aufzubürden. Ein ansteigender Lohnpfad impliziert aus dieser Sicht, dass der Arbeitgeber zunächst ein Teil des eigentlich angemessenen Arbeitsentgelts zurückbehält, damit über die Lebensarbeitszeit hinweg stets Anreize zu einem hohen Arbeitseinsatz erhalten bleiben:

---

[30] *Monissen/Wenger* (1987), S. 142 f.
[31] Ähnlich dient auch die Trainee-Phase bei einem Berufsanfänger dazu, spezielle Qualifikationen zu entdecken und anschließend eine hohe stellenspezifische Produktivität zu realisieren.

Während die gesamte Entlohnung angemessen ist, liegt die Periodenentlohnung zunächst unter, später dann über der Grenzproduktivität. Die (zu) hohe Entlohnung am Ende der Lebensarbeitszeit könnte nun einen Anreiz erzeugen, Arbeitsplätze nicht zu räumen, sondern (zu) lange beizubehalten. Mit ansteigenden Lohnprofilen ist deshalb häufig die Regel verbunden, dass ältere Arbeitnehmer zwangsweise in den Ruhestand gehen („Mandatory Retirement").[32]

Eine weitere Möglichkeit der Anreizvermittlung durch den Zeitpfad der Entlohnung besteht in wettbewerbsbasierten Formen von Beförderungsregeln, sogenannten **Leistungsturnieren** („Rank-Order Tournaments").[33] Solche Turniere sehen für eine Gruppe von Arbeitnehmern bestimmte, differenzierte Belohnungen vor (zum Beispiel unterschiedliche Gehaltssteigerungen), die diejenigen zugutekommen, welche die besten Leistungsergebnisse aufweisen. Arbeitnehmer strengen sich dann an, um in den Genuss der Beförderung zu kommen. Ein wesentlicher Vorteil dieser Lösung liegt in dem relativ geringen Informationsbedarf, denn es ist eine nur ordinale Leistungsmessung erforderlich. Allerdings brechen alle Leistungsanreize zusammen, wenn ein Arbeitnehmer keine Chance für eine Beförderung sieht. Infolge der Verwandtschaft zur relativen Leistungsbewertung gelten die dabei zu beobachtenden Vor- und Nachteile[34] auch hier.

Bei solchen Turnierlösungen, aber keineswegs nur dort, kann es zu einem **Rattenrennen**[35] kommen. Der Name dieses Phänomens ist aus der folgenden Situation abgeleitet: Der Ausrichter des Turniers lockt eine Gruppe von Ratten mit einem Stück Käse. Im Bemühen, den Käse für sich zu ergattern, läuft eine Ratte besonders schnell. Da sich aber alle Ratten so verhalten, verändert sich die Chance einer bestimmten Ratte, den Käse den anderen wegzuschnappen, nicht. Die Parallele zu Arbeitnehmern und der Beförderung liegt auf der Hand. Problematisch ist der aus dieser Situation resultierende, ineffizient hohe Arbeitseinsatz. Sofern die Arbeitnehmer die Gefahr eines Rattenrennens erkennen, profitiert auch der Arbeitgeber keineswegs von der Mehrleistung. Denn er muss entweder die Grundentlohnung oder aber die Gehaltserhöhungen anheben – sonst wären die Arbeitnehmer nicht zur Beschäftigung bereit.

---

[32] *Lazear* (1979).
[33] *Lazear/Rosen* (1981). Siehe für eine Lehrbuchdarstellung von Turnierlösungen *Kräkel* (2015), S. 102 ff.
[34] Vgl. Abschnitt 6.2.3.2.
[35] Vgl. den Titel des Beitrags von *Akerlof* (1976). Siehe ausführlicher *Miyazaki* (1977).

6.2.4 Die Sicherung von Quasi-Renten in Arbeitsbeziehungen

6.2.4.1 Renten und Quasi-Renten

Unterstellen wir einen Arbeitgeber, der als einziger einen Stundenlohn von 3 € über Tarif bezahlt. Dann erzielen dessen Arbeitnehmer einen ökonomischen Vorteil in Höhe dieser übertariflichen Leistung, weil die beste Alternative genau im Tariflohn liegt. Erzielt ein Produzent für sein Produkt einen Verkaufspreis, der höher ist als die Kosten für die Erstellung des Produktes, ist damit ein ökonomischer Vorteil in Form eines Gewinns verbunden. Diese Beispiele für ökonomische Vorteile lassen sich verallgemeinern:

> Als *ökonomische Rente* bezeichnet man den Überschuss einer Faktorentlohnung über die bestmögliche Alternativentlohnung hinaus oder die Minderkosten bei der Beschaffung von Faktoren gegenüber der nächstgünstigeren Beschaffungsmöglichkeit.

Maßstab für die Konzeption einer ökonomischen Rente ist das **Opportunitätsprinzip**, wonach es stets auf die relative Vorziehenswürdigkeit einer von mehreren Handlungen ankommt. Unternehmensgewinne haben bei einer angemessenen Abgrenzung von Kosten deshalb stets den Charakter einer Rente. Ökonomische Renten können nur dort Bestand haben, wo in irgendeiner Weise der Wettbewerb beschränkt ist, weil die Marktteilnehmer die Renten wegkonkurrieren. Relativ zu Produktionskosten hohe Absatzpreise erzeugen die Möglichkeit, hohe Gewinne zu erzielen, und veranlassen Konkurrenten, in den Markt einzutreten. Deren zusätzliches Angebot bewirkt einen Preisrückgang. Es ist erst dann nicht mehr attraktiv, in diesen Markt einzutreten, wenn sich keine Gewinne mehr erzielen lassen.

Mit bestimmten Handlungsmöglichkeiten können nur dann dauerhaft Renten verbunden sein, wenn diese Alternativen den Konkurrenten nicht offenstehen. Deshalb scheint es von Vorteil zu sein, sich solche Handlungsmöglichkeiten zu eröffnen. Dazu sind jedoch gewöhnlich **kostenträchtige Vorleistungen** erforderlich. Fraglich ist, unter welchen Bedingungen es sich lohnt, Ressourcen für die Erlangung einer Situation einzusetzen, die anschließend mit der Erzielung von Renten verbunden ist. Deshalb ist es im Zusammenhang mit Renten wichtig, die Ex-ante-Sicht und die Ex-post-Sicht zu unterscheiden. Kennzeichnend für die Ex-post-Sicht ist die Vernachlässigung der Vorleistungen für die Erzielung einer ökonomischen Rente, sodass lediglich die besonderen Vorteile einer Rente in den Kalkül eingehen. Die Ex-ante-Sicht bezieht demgegenüber alle Wirkungen ein, insbesondere auch die Entscheidung über die Erbringung der erforderlichen Vorleistungen.

Im oben vorgestellten Transaktionskostenansatz zur Erklärung von Unternehmen[36] haben wir bereits herausgearbeitet, dass diese Vorleistungen häufig spezifisch sind. Durch die einseitige Erbringung hochgradig spezifischer Vorleistungen nimmt sich ein Kooperationspartner sämtliche Freiheitsgrade, da diese Vorleistungen sich in anderen Kooperationen nicht oder nur in geringerem Maße auszahlen. Es besteht also die Gefahr, dass ein Partner, der entsprechende Vorleistungen nicht hat erbringen müssen, die mangelnde Flexibilität ausnutzt, indem er sich die Quasi-Renten aneignet.[37]

> **Quasi-Renten** sind ex post erzielbare Renten, denen Kosten in gleicher Höhe für ex ante zu erbringende Vorleistungen gegenüberstehen.

Im Beispiel des Arbeitgebers, der einen übertariflichen Lohn zahlt, ist davon auszugehen, dass die Nachfrage nach dessen Stellen besonders groß ist. Deshalb könnte der Arbeitgeber verlangen, dass die Arbeitnehmer vor Antritt der Stelle eine **Zusatzqualifikation** erwerben, die (vielleicht) nur für die Zwecke dieses Arbeitgebers hilfreich ist. Die damit verbundenen Kosten nehmen die Arbeitnehmer in Kauf, um nach Einstellung die (Ex-post-) Rente zu erzielen. In der Gesamtsicht ist der Arbeitsplatz jedoch nicht mehr und nicht weniger attraktiv als ein anderer Arbeitsplatz.

Die Bezugnahme auf die Ex-ante-Sicht macht deutlich, warum man von Quasi-Renten statt einfach von Renten spricht: Unter Einbeziehung der zu erbringenden Vorleistungen handelt es sich nämlich keineswegs um Renten, da die ex post erzielbaren Vorteile (erhöhter Erlös, verringerte Kosten) erst „erkauft" werden müssen. Vor Aufbringen der spezifischen Vorleistungen ist kein besonderer Vorteil vorhanden, da viele potenzielle Marktpartner darum konkurrieren, in die vorteilhafte Position zu gelangen. Die Wandlung von der völligen Flexibilität einer ausgeprägten Konkurrenz ex ante hin zur vollständigen Bindung nach Aufbringen der spezifischen Investitionen ex post bezeichnet man als **fundamentale Transformation**.[38]

Als wesentlich für das Folgende ist festzuhalten: Quasi-Renten können gefährdet sein, wenn sich die damit verbundenen Vorleistungen anderweitig nicht in Erlösen umsetzen lassen: Der Erbringer der Vorleistung befindet sich in einer ausbeutungsoffenen Position. Die Gefährdung von Quasi-Renten erschwert die Koordination von Entscheidungen, hier also die Ausgestaltung von Arbeitsbeziehungen, weil es fraglich ist, on sich grundsätzlich sinnvolle Vorleistungen tatsächlich auszahlen. Deshalb sind besondere Vorkehrungen zu treffen, welche

---

[36] Vgl. insbesondere Abschnitt 4.5.3.3.
[37] *Klein/Crawford/Alchian* (1978).
[38] *Williamson* (1985), S. 61 ff.

die **Bereitschaft zur Erbringung von Vorleistungen** sichern. Solche Vorkehrungen, die verhindern, dass (zum Beispiel) der Arbeitgeber sich die Quasi-Rente des Arbeitnehmers aneignet, engen häufig zugleich nachträgliche Entscheidungsspielräume ein. Eine verringerte Anpassungsfähigkeit lässt sich nicht immer vermeiden. Insbesondere in Zeiten ausgeprägter Unsicherheit oder schnellen Wandels auf technologischer Ebene ergeben sich deshalb infolge von Quasi-Renten ernste Probleme auf Arbeitsmärkten. Dies deckt sich mit empirischen Beobachtungen.

6.2.4.2 Beispiele für Quasi-Renten in Arbeitsbeziehungen

Generell entstehen Quasi-Renten, wenn aus einer Menge grundsätzlich gleicher Akteure ein einzelner spezifische Vorleistungen erbringt. Deshalb geben wir zunächst einige Belege für Spezifitäten in Arbeitsbeziehungen.

Der erste Ansatzpunkt ist die **Qualifikation von Arbeitnehmern**, insbesondere deren Kenntnisse und Fertigkeiten. Qualifikationen sind spezifisch, wenn sie sich nur innerhalb eines bestimmten Bezugsrahmens vollständig verwerten lassen, während es außerhalb des betreffenden Rahmens mehr oder weniger zu einer Entwertung der Qualifikation kommt. Dabei entstehen Ex-post-Renten, sonst wäre die Aufbringung spezifischer Vorleistungen unangebracht. Tabelle 6.2 enthält einige Beispiele für spezifische Qualifikationsmerkmale, differenziert nach Bezugsebene, Kenntnissen und Fertigkeiten.

Bezugsebene	Kenntnisse	Fertigkeiten
Arbeitsplatz	Ablauf eines Vorgangs, der nur an diesem Arbeitsplatz bearbeitet wird	Bedienung einer speziellen Maschine
Abteilung	Informationsflüsse innerhalb einer Abteilung	Anwendung einer speziellen Buchhaltungssoftware
Betrieb	Lieferanten- und Kundenbeziehungen	Führen von Verkaufsgesprächen für ein bestimmtes Produkt
Branche	branchenrelevante Rechtsvorschriften (Bsp. Kreditwesengesetz)	Beherrschen eines Handwerks (Bsp. Haareschneiden)

Tabelle 6.2: Beispiele für spezifische Qualifikationen.[39]

Die Bereitschaft von Arbeitnehmern, spezifische Vorleistungen zu erbringen, ist begrenzt, wenn der Arbeitgeber die Möglichkeit hat, die erzielbaren Produktivitätszuwächse selbst zu vereinnahmen, anstatt sie durch einen höheren Lohn abzugelten. Die Gefahr ist offensichtlich umso größer, je kleiner der Einsatzbereich von Qualifikationen ist. Vorleistungen, für welche die genannten Probleme relevant sind, umfassen im Wesentlichen die Ausbildungskosten, aber auch die bereits angesprochenen Kosten im privaten Umfeld, die beispielsweise bei räumlicher Spezifität aufkommen.

---

[39] In Anlehnung an *Alewell* (1993), S. 87.

Bei hochspezifischen Vorleistungen wäre es demnach von Vorteil, wenn der Arbeitgeber die Kosten dafür übernähme, weil kaum die Gefahr besteht, dass der Arbeitnehmer diese Qualifikation an anderen Stellen ausschöpfen könnte. Bei branchenspezifischen Qualifikationen gilt dies jedoch nicht: Nach der vom Arbeitgeber finanzierten Aus- oder Fortbildung könnte der Arbeitnehmer zu einem Konkurrenten wechseln, der – weil er die Ausbildungskosten nicht tragen musste – ein höheres Gehalt zu zahlen in der Lage ist. Schwierigkeiten bei der Abgeltung von Vorleistungen durch den Arbeitgeber könnte es auch bei den sozialen Kosten im privaten Umfeld geben. Angesichts solcher Probleme erweist sich ein Ausbildungssystem als durchaus zweckmäßig, bei dem sich Arbeitgeber, Arbeitnehmer und der Staat die Aus- und Fortbildungskosten teilen.

Spezifitäten sind aber nicht der einzige Grund, warum es zu Quasi-Renten kommen kann. Diese gibt es vielmehr auch dann, wenn infolge der Besonderheit einer Arbeitsbeziehung der **Lohn über der Grenzproduktivität** liegt. Dafür gibt es einige Anhaltspunkte:

Dies betrifft zunächst die durch **ansteigende Lohnpfade** implizierte Tendenz zu einer Entlohnung jüngerer Arbeitnehmer unter ihrem Wertgrenzprodukt, während ältere Arbeitnehmer einen darüber liegenden Lohn erhalten. Eine über die Lebensarbeitszeit hinweg angemessene Entlohnung kommt nur zustande, wenn es später auch tatsächlich später zur Auszahlung der höheren Löhne kommt. Dem steht allerdings eine verbreitete Arbeitslosigkeit insbesondere bei älteren Arbeitnehmern entgegen. Erschwerend kommt häufig hinzu, dass es bei der betrieblichen Altersversorgung Treueprämien für Betriebszugehörigkeit gibt, die bei einem Arbeitsplatzwechsel verloren gehen.[40] Problematisch ist die damit verbundene Einschränkung der Mobilität von Arbeitnehmern. Es hat nicht nur einen Wert, *irgendeinen* Arbeitsplatz innezuhaben, sondern auch den *bestimmten*, gegenwärtigen Arbeitsplatz nicht zu verlieren.

Eine weitere Ursache für das Auseinanderfallen von Lohn und Wertgrenzprodukt liegt in der **Risikoverteilung** zwischen Arbeitgeber (Unternehmenseigentümer) und Arbeitnehmer: Aufgrund des höheren Vermögens und wegen Diversifikationsmöglichkeiten, die Arbeitnehmern nicht offenstehen, haben in der Regel die Eigentümer die größere Risikobereitschaft. Daher sollten sie auch einen größeren Teil des exogenen Risikos übernehmen, das sich auf die Grenzproduktivität bezieht. Im Ergebnis haben Arbeitsverträge zugleich gewisse Elemente eines Versicherungsvertrages; in der Literatur spricht man von **impliziten Arbeitsverträgen**.[41] Die relativ zur Grenzproduktivität der Arbeit geringere Schwankung der Löhne ist mit temporären Abweichungen verbunden. Schließlich liefern auch die **mangelnde Zurechenbarkeit** von Grenzprodukten

---

[40] *Krahnen* (1990).
[41] *Rosen* (1985).

zu einzelnen Arbeitnehmern[42] oder vage Vorstellungen von einer **gerechten Entlohnung** mögliche Gründe für die Entstehung von Quasi-Renten. Quasi-Renten erzeugen Widerstände der Arbeitnehmer gegen jede Anpassung, auch wenn sie beispielsweise infolge eines technologischen Wandels erforderlich ist. Eine Ausgestaltung von Arbeitsbeziehungen, die Quasi-Renten hervorruft, droht deshalb nicht nur einzelwirtschaftlich, sondern auch gesamtwirtschaftlich schädliche Auswirkungen mit sich zu bringen. Im Folgenden werden wir untersuchen, wie sich diese Gefahr verringern lässt.

6.2.4.3 Interne Arbeitsmärkte

Offenbar bergen Arbeitsverhältnisse vielfältige durch einfache Mittel nicht vollständig zu beseitigende Probleme: Es gibt eine asymmetrische Informationsverteilung vor und nach Vertragsabschluss, und es sind Investitionen in spezifische Vorleistungen zu erbringen, deren Rendite einer Absicherung bedürfen. Im Folgenden stellen wir ein Beschäftigungsmodell vor, das viele der Probleme gegeneinander abwägt. Der dafür geprägte Begriff „**Interner Arbeitsmarkt**"[43] ist insofern etwas missverständlich, als es nicht darum geht, den Marktmechanismus (also die Steuerung durch den Preis) innerhalb eines Unternehmens zu rekonstruieren; das wäre generell wenig aussichtsreich.[44]

Ausgangspunkt ist die Charakterisierung von Arbeitsverhältnissen: Der Arbeitnehmer erklärt sich bereit, innerhalb eines gewissen, explizit nur schwach eingegrenzten Rahmens den Anweisungen des Arbeitgebers Folge zu leisten; als Gegenleistung dafür erhält er eine bestimmte Entlohnung. Zu beachten ist einerseits, dass der Arbeitgeber ex ante nicht in der Lage ist, die zu erbringenden Arbeitsleistungen genau zu beschreiben. Diese **Unvollständigkeit des Vertrages** ist nicht etwa gewollt, sondern infolge der begrenzten Rationalität unvermeidbar. Gegenstand des Arbeitsvertrages ist also die Arbeitskraft als Potenzial von Arbeitsleistungen. Weiter muss der Arbeitgeber bei der Präzisierung der Arbeitsanweisungen den **Opportunismus der Arbeitnehmer** berücksichtigen. Dieser kann sich in „hinter dem Versprechen zurückbleibendem Vertragsvollzug"[45] niederschlagen, aber auch in der Kündigung, wenn außerhalb des Unternehmens lohnendere Beschäftigungsalternativen entstehen. Umgekehrt besteht für einen Arbeitnehmer die Gefahr, dass der Arbeitgeber sich die Früchte spezifischer Vorleistungen des Personals anzueignen versucht. Schließlich sind beide Vertragsparteien daran interessiert, den Kooperationserfolg spezifischer Beschäftigungsverhältnisse zu sichern, sodass selbst bei einer de

---

[42] Vgl. Abschnitt 4.5.3.
[43] Vgl. *Williamson/Wachter/Harris* (1975), S. 269 ff.
[44] *Neus* (1997).
[45] *Sadowski* (1988), S. 225.

jure (zumindest einseitig) kurzfristigen Kündigungsmöglichkeit ein *langfristiges Beschäftigungsverhältnis* beabsichtigt ist. Für den Arbeitnehmer sieht man das häufig als nicht weiter begründungsbedürftig an. Für die Arbeitgeberseite kann man dieses Interesse zum einen mit spezifischen Investitionen erklären, zum anderen mit der Sicherung der Verfügbarkeit qualifizierter Arbeitskräfte, also der Vermeidung von Engpässen.

Es dient der *Stabilisierung* von vor Gericht nicht durchsetzbaren Vereinbarungen, die Möglichkeiten zu eigennützigem, destruktivem Verhalten und die positiven Anreize so auf die Partner zu verteilen, dass die Beziehung von keiner Seite vorzeitig beendet und die Vertragserfüllung so weit wie möglich der Effizienz angenähert wird. Der interne Arbeitsmarkt trägt dazu bei, einen vernünftigen Ausgleich der Interessen zu erreichen.

> Die wesentlichen *Merkmale eines internen Arbeitsmarktes* sind:[46]
> 1. Nur auf wenigen Ebenen der Hierarchie gibt es Einstiegspositionen, das heißt Arbeitsplätze für neu in das Unternehmen eintretende Arbeitnehmer. Die Besetzung höherer Positionen erfolgt vorrangig aus der Menge der bereits beschäftigten Mitarbeiter.
> 2. Die Lohnsätze sind an die Stellen gekoppelt und nicht an die Arbeitnehmer.
> 3. Beförderungen folgen weitgehend dem Senioritätsprinzip, das heißt, sie erfolgen vorrangig bei Arbeitnehmern, die dem Betrieb schon länger angehören.
> 4. Häufig gibt es in einem Unternehmen verschiedene Karriereleitern, zum Beispiel für technische und kaufmännische Laufbahnen oder nach Hierarchieebenen differenziert.

Ein Beispiel für einen internen Arbeitsmarkt erkennt man im öffentlichen Dienst. Die relativ wenigen Einstiegspositionen sind an das Ausbildungsniveau gebunden. Für jede Einstiegsposition gibt es eine vorgezeichnete Laufbahn, wobei eine höhere Stufe mit anspruchsvolleren Tätigkeitsmerkmalen sowie einem höheren Gehalt verbunden ist. Darüber hinaus gibt es noch eine alters- oder erfahrungsbezogene Gehaltskomponente und eine (bei Beamten) vergleichsweise üppige Altersversorgung. Die Seniorität beeinflusst die Beförderungschancen, allerdings spielen andere Merkmale (Geschlecht, Qualifikation) ebenfalls eine Rolle. Überdies ist der Wechsel von einer Karriereleiter auf eine andere zwar möglich (nämlich bei einem „Aufstiegsbeamten"), jedoch die Ausnahme.

Auch im privatwirtschaftlichen Bereich lassen ähnliche Personalmodelle beobachten. Für eine hinreichend differenzierte Stellenhierarchie ist allerdings eine gewisse *Mindestgröße* des betreffenden Unternehmens erforderlich.

---

[46] *Balzer* (1988), S. 214.

Es gibt einige Argumente dafür, dass das angeführte Bündel von Eigenschaften recht gut geeignet ist, eine Machtbalance zwischen Arbeitgeber und Arbeitnehmer herzustellen. Der erste zentrale Vorteil des Systems „interner Arbeitsmarkt" ist die **Sicherung langfristiger Arbeitsverhältnisse**. Ansteigende Lohnpfade fördern das Interesse der Arbeitnehmer an andauernder Beschäftigung in demselben Unternehmen. Ein System betrieblicher Altersversorgung, das implizite Treueprämien vorsieht, unterstreicht dies noch. Die Bindung der Arbeitnehmer ermöglicht erhöhte spezifische Investitionen des Arbeitgebers, weil nun beide Partner eine Quasi-Rente erzielen. Deren Schutz erfolgt dabei nicht durch Festschreiben bestimmter Regelungen, sondern durch ein gegenseitiges Drohpotenzial. Daher ist eine mangelnde Flexibilität weniger zu befürchten. Im Gegenteil kann es sinnvoll sein, durch personalpolitische Maßnahmen Quasi-Renten erst zu generieren, um die beiderseitige Bereitschaft zu konstruktiver Kooperation zu sichern.

Dies ist jedoch nicht der einzige Vorteil. Für den Arbeitgeber ist es wichtig, **Informationen** über die ihm unbekannte Leistungsfähigkeit der Arbeitnehmer **zu erhalten** und der Gefahr mangelnden Arbeitseinsatzes vorzubeugen. Beides ist in einer fortdauernden Beziehung leichter zu erreichen. Die Überwindung der Anonymität auf einem Markt für kurzfristige Arbeitsleistungen erlaubt es, Informationen über den Vertragspartner zu sammeln: hinsichtlich der Fairness des Arbeitgebers bei der Ausfüllung des unvollständigen Vertrages auf der einen Seite, hinsichtlich von Qualifikation und Arbeitsbereitschaft des Arbeitnehmers auf der anderen Seite. Ein verbesserter Informationsstand kann dazu beitragen, Arbeitskräfte den geeigneten Stellen zuzuweisen. Durch ein besonders faires Ausfüllen unvollständiger Verträge ist es zudem einem Arbeitgeber möglich, ein akquisitorisches Potenzial im Hinblick auf das Personal zu entwickeln, das heißt, sich einen guten Ruf als Arbeitgeber zu verschaffen und diesen zu verteidigen und damit qualifizierte Arbeitnehmer anzuziehen.

Die weitgehende Beschränkung der **Beförderungen** auf bereits angestellte Arbeitskräfte hat ebenfalls förderliche Wirkungen. Der Arbeitsoutput ist in der Regel nicht exakt zu messen. Dann sind relative Leistungsbeurteilungen trotz der oben skizzierten Probleme von Vorteil, weil die absolute Messbarkeit eine geringere Rolle spielt und weil die Arbeitnehmer ein geringeres Risiko übernehmen müssen. Die Regel, von einer gegebenen Hierarchiestufe einen bestimmten Anteil der Mitarbeiter zu befördern, lässt sich als Ausgestaltung eines Wettstreits mit fixierten Gewinnen interpretieren. Für den Arbeitgeber ist es dabei kaum möglich, in ex-post-opportunistischer Weise alle Leistungen für unzureichend zu erklären und jede Beförderung zu verweigern. Die leicht beobachtbare Weigerung, bei einem derartigen Wettstreit überhaupt jemanden zu befördern, würde das akquisitorische Potenzial des Unternehmens zerstören. Die entgegengesetzte Gefahr einer Absprache der Arbeitnehmer über zu geringe Arbeitsleistungen dürfte aufgrund einer mangelnden Stabilität nicht allzu hoch sein. Ein weiterer Vorteil der relativen Leistungsbeurteilung liegt in der Verminderung der Kosten für die Messung der individuellen Leistungen, was bei Problemen der Messbarkeit besonders interessant ist.

Die Zuschreibung der Entlohnung zu bestimmten Stellen anstatt zu bestimmten Arbeitskräften erleichtert **kollektive Lohnvereinbarungen**. Die Vereinbarung der Entlohnung für eine Vielzahl von Stellen, bei denen der Arbeitnehmer nicht von vornherein weiß, welche Position er einmal einnehmen wird, ist weniger konfliktträchtig als eine individuelle Lohnvereinbarung. Unter dem Schleier der Unwissenheit ist es leichter, Regeln zu vereinbaren, die wenigstens teilweise Vor- und Nachteile umverteilen, vor allem aber eine Verbesserung der Gesamtwohlfahrt mit sich bringen. Ein Mitarbeiter hingegen, der sich zu den Verlierern der Umverteilung zählen muss, wird nachhaltige Widerstände auch gegen eine insgesamt vorteilhafte Regelung entwickeln. Hier zeigt sich eine weitere Implikation der Erkenntnis, dass angesichts der eigenen Betroffenheit unvoreingenommene Auseinandersetzungen nicht zu erwarten sind.[47]

Auch mit der Senioritätsregel sind positive und negative Auswirkungen verbunden. Einerseits verringert die Bevorzugung der älteren Arbeitnehmer die Anreize für alte und junge Arbeitnehmer gleichermaßen. Andererseits erfolgt der Erwerb von spezifischen Qualifikationen vor allem „on the Job". Häufig ist dazu auch ein **Teaching on the Job** erforderlich. Die Bereitschaft älterer Mitarbeiter, jüngere Arbeitskräfte anzulernen und an den eigenen Erfahrungen partizipieren zu lassen, nimmt zu, wenn die Gefahr gering ist, dass der Arbeitgeber den auszubildenden Kollege bei der Besetzung der nächsten Aufstiegsposition vorzieht. Anderenfalls bestünde vielleicht die Neigung, die interne Konkurrenz durch eine ungenügende Ausbildung zu behindern.

6.2.4.4 Sicherung oder Beseitigung von Quasi-Renten?

Das Modell der internen Arbeitsmärkte macht deutlich, dass es in komplizierten Situationen nicht darauf ankommt, „reine" Lösungen zu implementieren, sondern gute Gesamtlösungen herzustellen, deren einzelne Elemente eine **Komplementarität** aufweisen. In einem grundsätzlich konfliktbeladenen Umfeld wie Arbeitsbeziehungen geschieht dies am zweckmäßigsten durch Schaffung einer *ausgewogenen Machtbalance*.

Die Alternative dazu ist, das Aufkommen von Quasi-Renten schlechthin konsequent zu vermeiden, sodass keine Seite irgendwelche Drohpotenziale hat. Der offensichtliche Vorteil einer solchen Lösung ist, dass Arbeitnehmer in die Lage versetzt werden, jederzeit ohne Einkommens- oder Vermögensverlust den Arbeitsplatz zu wechseln. Damit wäre eine wichtige Anforderung an einen **vollkommenen Arbeitsmarkt** erfüllt. Gegenwärtige institutionelle Gepflogenheiten

---

[47] Vgl. Abschnitt 5.2.5.2.

sowie arbeitsrechtliche Regelungen erschweren allerdings die Vereinbarung der erforderlichen „ausbeutungsfreien Lohnpfade".[48] Sind mit Marktunvollkommenheiten Vorteile für einzelne Arbeitnehmer verbunden, entsteht aus deren Sicht Bedarf an Schutz der Quasi-Renten, der seinerseits häufig weitere Hindernisse auf dem Arbeitsmarkt zur Folge hat. Was dem Schutz von Stelleninhabern dient, behindert zugleich das Zustandekommen neuer Beschäftigungsbeziehungen und gefährdet den Abbau der Arbeitslosigkeit.

Trotz dieser unbestreitbar richtigen Erkenntnisse ist wohl die Ausgestaltung von Arbeitsverhältnissen auf der Basis **ausgeglichener Drohpotenziale** vorzuziehen. Dafür gibt es einige Argumente:

1. Es geht nicht nur um die Zeitpfade von Grenzproduktivität und Entlohnung. Auch die im Privatbereich der Arbeitnehmer anfallenden Kosten eines Arbeitsplatzwechsels sind einzubeziehen. Dann kann aber von „Ausbeutungsfreiheit" im Fall der Übereinstimmung von Lohn und Grenzproduktivität nicht die Rede sein.

2. Spezifische Investitionen sind keineswegs das einzige Problem, es kommt auch auf die Vermittlung hinreichender Leistungsanreize an. Zudem erschwert eine mangelnde Information des Arbeitgebers über die Qualifikation der Arbeitnehmer einen Arbeitsplatzwechsel. Mit anderen Worten: Eine gewisse „Macht" des Arbeitgebers gegenüber dem Arbeitnehmer ist unverzichtbar, damit ersterer letzteren von opportunistischem Verhalten, konkret von einem zu geringen Arbeitseinsatz abhalten kann.

3. Fraglich erscheint zuletzt auch, ob selbst in Abwesenheit zwingender rechtlicher Regelungen der Arbeitsmarkt eine hinreichende Funktionsfähigkeit aufweist. Als wesentliche Ursache lässt sich benennen: Wenn der Preis nicht allein ein Instrument zur Lenkung von Ressourcen ist, kann er die Eigenschaft der Markträumung verlieren. Für die Abweichung des Lohns vom Wertgrenzprodukt lassen sich, wie gesehen, zahlreiche Gründe anführen.

Die folgende Tabelle fasst die wesentlichen Argumente zusammen:

Argumente für die	
Sicherung von Quasi-Renten	Beseitigung von Quasi-Renten
Privatkosten von Arbeitnehmern	freier Arbeitsplatzwechsel
Sicherung von Arbeitsanreizen	erhöhte Mobilität
nicht ausschließlich Lenkungsfunktion von Preisen	Ausbeutungsfreiheit

Tabelle 6.3: Beurteilung von Quasi-Renten der Arbeitnehmer.

Das Plädoyer für die Beseitigung von Quasi-Renten orientiert sich am Leitbild des vollkommenen Arbeitsmarktes. Angesichts zahlreicher Marktunvollkom-

---

[48] *Monissen/Wenger* (1987).

menheiten sind das Aufkommen und damit der Bedarf an Schutz von Quasi-Renten jedoch kaum vermeidbar. Das heißt jedoch nicht, dass der Schutz von Quasi-Renten Gegenstand staatlicher Regulierung zu sein hat; vielmehr sollte dies primär Gegenstand privater Verträge sein.

6.3 Absatzwirtschaft

6.3.1 Einführung

6.3.1.1 Das Entscheidungsfeld

Ziel absatzwirtschaftlicher Maßnahmen ist die Erzielung eines Markteinkommens durch den Verkauf der erstellten Güter und Leistungen. Ebenfalls denkbare Kriterien wie Umsatz, Marktanteil oder Wachstum sind nur insofern von Belang, als sie zu einer dauerhaften Einkommenserzielung beitragen. Das Markteinkommen besteht im Überschuss der erzielten Erlöse über die dafür erforderlichen Kosten. Damit ergeben sich unmittelbar drei Ansatzpunkte für die Zielverfolgung: **Stückerlöse**, **Stückkosten** und **Absatzmenge**. Zur Vermeidung von Missverständnissen sei erneut darauf hingewiesen, dass mit „Stück" oder „Produkt" auch eine Dienstleistung gemeint sein kann.

Die Differenz zwischen Stückerlösen (Preisen) und Stückkosten (Kosten je Produkteinheit) gibt an, wieviel sich mit einer Produkteinheit „verdienen" lässt; die Menge determiniert die Höhe des Gesamteinkommens. In vielfältiger Weise hängen die drei Determinanten voneinander und von absatzpolitischen Entscheidungen ab. Die Stückkosten und die Menge hergestellter Produkte sind über die Produktionsfunktion miteinander verbunden. Weiter ist zum Beispiel der Einsatz des Instruments „Werbung" unmittelbar mit höheren Kosten verbunden, bei einer vernünftigen Ausgestaltung der Werbung steigen aber auch Preisen oder Absatzmengen.

Insofern ist von vornherein nicht einmal klar, ob mehr **Werbung** zu höheren Stückkosten führt. Denn die Stückkosten der Produktion (also ohne die Werbekosten je Stück) sind in der Regel nicht konstant, sondern fallen oder steigen mit der Produktionsmenge. Fallen die Produktionsstückkosten im relevanten Bereich, können zusätzliche Werbekosten je Stück über die größere Absatz- und Produktionsmenge die Stückkosten der Produktion so sehr verringern, dass die gesamten Stückkosten sinken. Ähnlich lässt sich für eine hohe **Produktqualität** argumentieren. Diese ist zwar in aller Regel ebenfalls mit höheren Kosten verbunden. Zugleich trägt die Qualität aber dazu bei, Absatzmengen und Absatzpreise auf einem hohen Niveau zu halten.

Die Liste der **Interdependenzen** lässt sich fortsetzen. Es ist offensichtlich, dass bei der Untersuchung absatzwirtschaftlicher Entscheidungen grundsätzlich alle Ansatzpunkte variabel sind. Inwieweit die isolierte Untersuchung von

Teilaspekten akzeptabel ist, hängt von der konkreten Fragestellung und von Randbedingungen ab. Zu diesen Randbedingungen gehören neben der Produktionsfunktion auch die Abnehmer der Produkte und die Konkurrenten, also die anderen Marktteilnehmer auf derselben und der anderen Marktseite.

Produktionsfunktionen, das heißt Relationen zwischen Faktoreinsatzmengen und Produktmengen, müssen stets in den Kalkül eingehen. Dabei geht es nicht allein um das Mengengerüst, sondern auch um die zugehörige Erfassung der Güterwerte, kurz gesagt also um Kostenfunktionen, die sich aus den Produktionsfunktionen ableiten lassen. Ohne genaue Kenntnisse über den Zusammenhang zwischen Produktionsmengen, Produktqualitäten und Kosten ist eine vernünftige (das heißt einkommensorientierte) Absatzpolitik nicht denkbar. Gehen nur die Kostenfunktion explizit in den Absatzkalkül ein, müssen Restriktionen die Entscheidungen von Abnehmern und Konkurrenten erfassen. Deren Entscheidungen schlagen sich in der Preis-Absatz-Funktion nieder.

> Eine **Preis-Absatz-Funktion** beschreibt den für einen Anbieter gültigen Zusammenhang zwischen dem erzielbaren Absatzpreis p und der Absatzmenge x: $x = x(p)$.

Alternativ spricht man von der Nachfragefunktion. Deren Umkehrfunktion $p = p(x)$ bezeichnet man als *inverse Preis-Absatz-Funktion*.

Die Gestalt der Preis-Absatz-Funktion ist nicht nur Ausdruck der Nachfragerpräferenzen, sondern auch des Wettbewerbs auf dem relevanten Markt. Zum Beispiel bestehen bei ausgeprägter Konkurrenz auf einem Markt für völlig austauschbare Güter keinerlei preispolitische Spielräume (der Preis ist ein fixiertes Datum), weil bei einer Erhöhung des Absatzpreises über das Marktniveau alle Kunden zu Konkurrenten abwandern würden. Die Preis-Absatz-Funktion entspricht in diesem Fall einer horizontalen Geraden in einem Diagramm mit der Absatzmenge auf der Abszisse und den Preisen auf der Ordinate.

Viele absatzpolitische Maßnahmen dienen der **Beeinflussung** des Verhaltens der Kunden und demnach der Veränderung der Preis-Absatz-Funktion, Dies gilt zum Beispiel für die bereits angesprochene Werbung oder die Qualitätspolitik. Für eine zielgerichtete Gestaltung solcher Maßnahmen ist es wichtig, Kunden nicht als eine passive, zu beeinflussende Masse anzusehen, sondern zu beachten, dass Kunden aktiv durch Auswahl aus verschiedenen Handlungsalternativen ihre Eigeninteressen verfolgen. Es ist also zu überlegen, mit welchem Kalkül Kunden auf absatzpolitische Maßnahmen reagieren.

Auch die Konkurrenzsituation ist kein exogenes Datum. Die Schaffung von Wettbewerbsvorteilen auf Seiten der Kosten, der Qualität, der Kundenbindung usw. erfordert Überlegungen, wie Konkurrenten ihrerseits ihren Vorteil suchen.

Zudem reicht es nicht aus, nur die gegenwärtigen Konkurrenten in die Überlegungen einzubeziehen. Vielmehr sind auch potenzielle Konkurrenten von Bedeutung, die in besonders lukrative Märkte eintreten könnten.[49]

6.3.1.2 Das absatzpolitische Instrumentarium

Unter dem Begriff absatzpolitisches Instrumentarium[50] fasst man üblicherweise die wesentlichen Handlungsparameter zusammen, die der Verfolgung absatzpolitischer Ziele dienen.

> Zum **absatzpolitischen Instrumentarium** gehören die Wahl der Absatzmethoden, die Preispolitik, die Produktgestaltung und die Werbung.

Die Bezeichnungen stammen in dieser Form bereits aus den 50er Jahren. Die Verfasser jüngerer Lehrbücher zur Marketing-Politik verwenden häufig moderner klingende Etiketten, die im Kern jedoch nichts anderes besagen.[51] Da die Instrumente nicht unabhängig voneinander wirken, gehört zum absatzpolitischen Instrumentarium auch die gezielte Kombination der Instrumente, also der „Marketing-Mix".

Die Entscheidung über die **Absatzmethode** setzt sich aus zwei wesentlichen Bausteinen zusammen, der Wahl der Absatzwege (Vertriebskanäle) und der Wahl der Absatzmittler. In Bezug auf die **Absatzwege** stellt sich die Alternative, entweder eine direkte Beziehung zwischen Produzent und Abnehmer herzustellen oder einen oder mehrere Intermediäre einzuschalten, konkret zum Beispiel den Groß- und Einzelhandel. Einen solchen Intermediär in die Absatzbeziehung einzuschalten ist zwar mit zusätzlichen Kosten verbunden; dem stehen aber einige Vorteile gegenüber. Ein Handelsbetrieb stellt einen besseren Zugang zu den Kunden sicher, die Suchkosten der Kunden fallen geringer aus. Außerdem kann ein Handelsbetrieb aufgrund von Spezialisierungs- und Größenvorteilen bestimmte absatzfördernde Dienstleistungen kostengünstiger erbringen als der Produzent. Bei der Wahl der **Absatzmittler** geht es darum, welche Verkaufsorgane einzusetzen sind. Die grundsätzlichen Möglichkeiten bestehen darin, unternehmenseigene Absatzmittler (Reisende) oder selbständige Verkaufsorgane (Vertreter oder Kommissionäre) einzusetzen. Unschwer erkennen wir, dass es sich bei diesen Entscheidungen wieder um die Frage „Markt oder Unternehmen" handelt.

---

[49] Beide Punkte untersuchen wir in Abschnitt 6.3.4 näher.
[50] *Gutenberg* (1984).
[51] Siehe zum Beispiel *Homburg/Küster/Krohmer* (2013).

Die **Preispolitik** betrifft einen besonders wichtigen Aktionsparameter, da in einem marktwirtschaftlichen System trotz der Existenz von Unternehmen die die Steuerung der meisten Entscheidungen über Preis erfolgt. Maßgeblich für die Wahl eines Preises ist der für einen Anbieter geltende Zusammenhang zwischen Absatzpreisen und -mengen, also die Preis-Absatz-Funktion. Lage und Form der Preis-Absatz-Funktion hängen ab von der Konkurrenzsituation und vom Einsatz der übrigen absatzpolitischen Instrumente, zum Beispiel der Qualität der angebotenen Güter oder der Werbung. Zur Preispolitik zählt man über die Festlegung der Preise hinaus auch die Gestaltung von Nebenkonditionen wie Rabatte oder Zahlungsbedingungen, daher spricht man allgemeiner auch von der Konditionengestaltung. Einige mikroökonomische Modelle unterstellen statt der Preispolitik eine Mengenpolitik.[52] Dabei befinden die Entscheider primär über die abzusetzende Menge. Der Preis ist dann so festzulegen, dass die gewählte Menge auch tatsächlich absetzbar ist. Auf der betrieblichen Ebene korrespondiert eine solche Mengenentscheidung am ehesten mit der Entscheidung über die Produktionskapazität.

Die **Produktgestaltung** umfasst mehrere Aktionsparameter, insbesondere bei Subsumption der Gestaltung des gesamten Produktprogramms (des Sortiments) unter diesen Begriff. Entscheidungen bei der Produktgestaltung im engeren Sinn lassen sich durch den Grad der Produktdifferenzierung beschreiben. Man spricht von **vertikaler Produktdifferenzierung**, wenn es qualitative Unterschiede in den Produkten gibt. Das bedeutet, dass alle Nachfrager ceteris paribus, insbesondere also bei konstanten Preisen, bestimmte Produktvarianten (nämlich die mit der höheren Qualität) vorziehen. Ein Beispiel wäre die Haltbarkeit einer Waschmaschine. Die **horizontale Produktdifferenzierung** ist hingegen dadurch gekennzeichnet, dass es mehrere Produktvarianten gibt, deren Wahrnehmung Geschmackssache ist, zum Beispiel die Farbe von Kraftfahrzeugen. Bei der Entscheidung über den Grad der Produktdifferenzierung sind Kostenwirkungen (also der Zusammenhang mit der Produktion), der Zusammenhang zu den erzielbaren Preisen (also die Abstimmung mit Präferenzen der Nachfrager) und Wettbewerbsaspekte zu berücksichtigen. Für die **Sortimentsgestaltung** als Produktgestaltung im weiteren Sinne sind die gleichen Kriterien von Bedeutung.

Statt **Werbung** findet auch der umfassendere Begriff der **Kommunikationspolitik** Verwendung. Darunter fällt jede Informationspolitik in Richtung der Nachfrager, vor allem aber die gezielte Einflussnahme auf deren Präferenzen. Die Werbung hat offensichtlich nur dann eine Bedeutung, wenn es einen unterschiedlichen Informationsstand der einzelnen Marktteilnehmer oder Präferenzen der Nachfrager zugunsten bestimmter Hersteller geben kann, kurz gesagt also auf einem unvollkommenen Markt.

---

[52] Vgl. bspw. Abschnitt 11.2.3.2.

Schon aus diesem Überblick geht hervor, dass sowohl die Teilziele als auch die Wirkungen des Einsatzes einzelner absatzpolitischer Instrumente **nicht unabhängig** sind. Die Maximalforderung an ein absatzwirtschaftliches Entscheidungsmodell wäre demnach die gleichzeitige explizite Einbeziehung aller Instrumente und aller (Zwischen-) Ziele. Eine solche Forderung können wir hier aufgrund der Komplexität des resultierenden Modells nicht erfüllen. Deshalb greifen wir im Folgenden einige Teilprobleme exemplarisch heraus.

6.3.1.3 Ansatzpunkte für die Bildung von Partialmodellen

Die zwei wichtigsten Differenzierungsmöglichkeiten für die Bildung von Partialmodellen[53] im absatzwirtschaftlichen Bereich sind der Grad des Wettbewerbs und die Unterscheidbarkeit der abgesetzten Produkte.

Der **Grad des Wettbewerbs** hängt im Wesentlichen von der Zahl der Anbieter und Nachfrager auf einem Markt ab. Dementsprechend differenziert man üblicherweise verschiedene Marktformen wie in Tabelle 6.4.

Anzahl Nachfrager	Anzahl Anbieter		
	einer	wenige	sehr viele
einer	bilaterales Monopol	beschränktes Nachfrage-Monopol	Nachfrage-Monopol
wenige	beschränktes Angebots-Monopol	bilaterales Oligopol	Nachfrage-Oligopol
sehr viele	Angebots-Monopol	Angebots-Oligopol	vollkommene Konkurrenz

Tabelle 6.4: Systematik von Marktformen.[54]

Bei Absatz von Unternehmen an Konsumenten gibt es in der Regel sehr viele potenzielle Nachfrager. Deshalb bezieht man die nicht näher qualifizierten Begriffe Monopol und Oligopol stets auf ein Angebots-Monopol oder Angebots-Oligopol. Bei Herstellern von Investitionsgütern oder sonstigen Vorprodukten können aber auch Nachfrage-Monopole oder Nachfrage-Oligopole von Belang sein.

Im Hinblick auf die **Unterscheidbarkeit** differenziert man homogene und heterogene Produkte. Homogene Produkte sind untereinander vollkommen austauschbar. Dies stellt offensichtlich eher eine Vereinfachung dar als eine adäquate Beschreibung der Realität. Im Falle homogener Güter ergibt sich ein intensiverer Wettbewerb zwischen den Anbietern als bei heterogenen Gütern. Heterogene Güter sind zwar in Grenzen durch einander ersetzbar, man kann sie

---

53 **Partialmodelle** sind Modelle, die nur einen Teil der grundsätzlich interessanten Aspekte explizit einbeziehen.
54 Nach *v. Stackelberg* (1951).

jedoch nicht als vollkommenes Substitut ansehen. Schließlich gibt es die Gegenüberstellung von **substitutiven** und **komplementären Gütern**.[55]

In einführenden Lehrbüchern erfolgt zumeist eine ausführliche Behandlung der Fälle vollkommene Konkurrenz und Monopol. Allerdings sind diese Fälle genau diejenigen mit der **geringsten empirischen Relevanz**. Typisch ist im Gegenteil, dass es eine gewisse Anzahl von Wettbewerbern gibt, deren Einfluss auf das Marktergebnis (insbesondere Absatzpreise und -mengen) nicht nur marginal ist. Zudem sollte man eher von heterogenen Produkten ausgehen, die untereinander für die Nachfrager austauschbar sind – allerdings nicht vollständig, sondern nur bis zu einem gewissen Grad. Diesen typischen Fällen räumen wir nachstehend trotz des etwas schwierigeren Zugangs ein größeres Gewicht ein als in Einführungen üblich. Die Erörterung von Oligopolen erfordert eine Vertrautheit mit den Grundzügen der Spieltheorie. Die Lektüre wenigstens der beiden ersten Abschnitte von Kapitel 11 ist deshalb dringend anzuraten.

6.3.1.4 Eigenschaften von Preis-Absatz-Funktionen

Die beiden zuletzt diskutierten Aspekte, Konkurrenzsituation und Unterscheidbarkeit der Produkte, schlagen sich in der Preis-Absatz-Funktion nieder. Eine maßgebliche Kennzahl zur Beschreibung von Eigenschaften der Preis-Absatz-Funktion ist die **Preiselastizität der Nachfrage**.

Für die Punktelastizität $\varepsilon(y)$ einer Funktion $z = f(y)$ gilt allgemein

$$\varepsilon(y) = f'(y) \cdot \frac{f(y)}{y} = \frac{\partial z}{\partial y} : \frac{z}{y}.$$

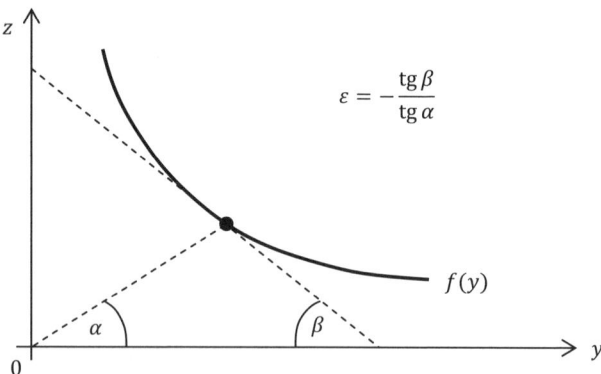

Abbildung 6.3: Preiselastizität der Nachfrage.

In einer grafischen Darstellung wie in Abbildung 6.3 entspricht die Elastizität also dem Verhältnis von Tangentensteigung (β) und Steigung des Fahrstrahls

---

[55] Vgl. Abschnitt 2.1.1.2.

(α), also der Verbindung von Koordinatenursprung und untersuchtem Punkt (y, z).

Die Anwendung auf die Preis-Absatz-Funktion führt zur Preiselastizität der Nachfrage. Da die Preis-Absatz-Funktion in der Regel wie in Abbildung 6.3 einen fallenden Verlauf aufweist, ergänzt man bei der Preiselastizität die allgemeine Definition der Elastizität zumeist um ein Minuszeichen. Anderenfalls nähme infolge der negativen Steigung der Preis-Absatz-Funktion die Elastizität einen negativen Wert an:

$$\varepsilon_p = -\frac{\partial x}{\partial p} : \frac{x}{p},$$

wobei
ε_p Preiselastizität der Nachfrage
x Nachfragemenge
p Absatzpreis.

Aus der Preiselastizität lassen sich wichtige Aussagen über **Umsatzwirkungen von Preisveränderungen** ableiten. Der Umsatz ergibt sich als Produkt von Preis und Menge:

$$e = px(p),$$

$$\frac{\partial e}{\partial p} = p\frac{\partial x}{\partial p} + x = p\frac{\partial x}{\partial p}\left(1 - \frac{1}{\varepsilon_p}\right),$$

wobei
e Umsatzerlös.

Wegen der negativen Steigung der Preis-Absatz-Funktion ($\partial x/\partial p < 0$) impliziert diese Beziehung, dass der Umsatz bei einer marginalen Preiserhöhung steigt, wenn die Preiselastizität der Nachfrage kleiner als eins ist. Ausgehend von dieser Messlatte lassen sich vier Kategorien der Preiselastizität bilden:

Die Nachfrage ist...	Bei einer Preiserhöhung...
... vollkommen unelastisch ($\varepsilon_p = 0$).	... verändert sich die Menge nicht.
... unelastisch ($0 < \varepsilon_p < 1$).	... erhöht sich der Umsatz.
... elastisch ($1 < \varepsilon_p < \infty$).	... sinkt der Umsatz.
... vollkommen elastisch ($\varepsilon_p = \infty$).	... bricht der Umsatz völlig zusammen.

Tabelle 6.5: Umsatzwirkungen verschieden starker Preiselastizitäten.

Die **Kreuzpreiselastizität** gibt an, welche Mengenwirkung eine Preiserhöhung auf die Nachfrage nach einem anderen Gut hat. Eine solche Kennzahl ist dann interessant, wenn die Nachfragemenge nicht nur vom Preis des betreffenden Gutes abhängt, sondern auch von den Preisen anderer Güter. Dann gilt

$$x_1 = f(p_1, \ldots, p_n)$$

und weiter

$$\varepsilon_{1,j} = \frac{\partial x_1}{\partial p_j} : \frac{x_1}{p_j},$$

wobei
$\varepsilon_{1,j}$ Elastizität der Nachfrage nach Gut 1 bei Veränderung des Preises von Gut j (Kreuzpreiselastizität).

Bei der Kreuzpreiselastizität verzichtet man auf die Ergänzung des Minuszeichens, weil eine Preiserhöhung von Gut 1 zu einer Erhöhung der Nachfrage nach Gut 2 führt, sofern es sich um Güter handelt, die aus Sicht der Nachfrager substitutiv sind. Die Hersteller von substitutiven Gütern konkurrieren miteinander, und zwar umso intensiver, je größer die Kreuzpreiselastizität ist. In der Regel nimmt die Kreuzpreiselastizität einen betragsmäßig geringeren Wert an als die direkte Preiselastizität. Im Falle von komplementären Gütern ist der Wert der Kreuzpreiselastizität negativ.

6.3.2 Preispolitik und Produktgestaltung bei symmetrischer Informationsverteilung

6.3.2.1 Preispolitische Spielräume bei homogenen Gütern

Zielsetzung preispolitischer Entscheidungen bei sicheren Erwartungen ist die Gewinnmaximierung, wobei der Gewinn definiert ist als Differenz zwischen Erlös und Kosten. Es ist also

$$g(p) = px(p) - k[x(p)] \to \max_p!,$$

wobei
g Gewinn
$k(\cdot)$ Kostenfunktion.

Die notwendige Bedingung für den optimalen Preis lautet

$$\frac{\partial g}{\partial p} = x + p\frac{\partial x}{\partial p} - k'\frac{\partial x}{\partial p} = \frac{\partial x}{\partial p}\left[p\left(1 - \frac{1}{\varepsilon_p}\right) - k'\right] = 0,$$

wobei
k' Grenzkosten.

Der Ausdruck nimmt den Wert Null an, wenn Grenzkosten und Grenzerlöse übereinstimmen. Bei steigenden Grenzkosten oder abnehmenden Grenzerlösen ist auch die hinreichende Bedingung für das Gewinnmaximum erfüllt.

Im **Polypol** (also bei **vollkommener Konkurrenz**) ist von einer vollkommen elastischen Preis-Absatz-Funktion für ein einzelnes Unternehmen auszugehen $(\varepsilon_p = \infty)$. Das heißt, im Falle einer marginalen Preiserhöhung wandern alle Nachfrager zur Konkurrenz ab. Bei einer marginalen Preissenkung möchten alle Nachfrager von der Konkurrenz zum betrachteten Unternehmen wechseln –

dann wird unweigerlich die Produktionskapazität zu einer bindenden Restriktion. Die vollkommene Elastizität ergibt sich daraus, dass aufgrund der großen Zahl von Anbietern die Aktivitäten eines einzelnen Anbieters keinen fühlbaren Einfluss auf das gesamte Marktergebnis haben, weder auf die gesamte Absatzmenge und noch auf den Marktpreis. Demzufolge sind die Grenzlöse eines einzelnen Anbieters konstant in Höhe des Absatzpreises. Unternehmen können sich dann nur mit ihren Produktionsmengen an den Preis anpassen. Man spricht von einem **Mengenanpasser-** oder **Price-Taker-Verhalten**. Im Falle zunehmender Grenzkosten wird die Produktion ausgedehnt, solange die Grenzkosten der letzten Produkteinheit unter dem Preis liegen; der Spezialfall $p = k'$ ergibt sich für $\varepsilon_p = \infty$ aus der voranstehenden Gleichung. Bei einer weiteren Erhöhung der Produktionsmenge wären die Zusatzkosten größer als der Preis und der Gewinn ginge zurück.

Ein **Monopolist** hat echte Preissetzungsspielräume. Die Nachfrager können nicht zu einem Konkurrenten wechseln und müssen sich demnach an den vom Monopolisten gesetzten Preis anpassen. Weil bei einer Preiserhöhung die Nachfrager nur ihre Mengen verringern, aber nicht ganz abwandern können, ergibt sich, abgesehen von Sonderfällen, eine endliche Preiselastizität der Nachfrage $(\varepsilon_p < \infty)$. In welchem Umfang die Nachfrager mit einer Mengenveränderung auf Preisveränderungen reagieren, bezieht der Monopolist in seinen Entscheidungskalkül ein. Eine Preiserhöhung wirkt insofern positiv auf den Gewinn, als der Erlös je Stück ansteigt. Gleichzeitig ist aber die Verringerung der Menge (und deren Rückwirkung auf die Kosten) zu beachten. Generell ist der Preis umso niedriger, je größer die Preiselastizität ist, je stärker also die Nachfrager mit einer Nachfrageminderung auf eine Preissteigerung reagieren.

Für den Monopolisten sind eine Preis- und eine Mengenpolitik völlig äquivalent. Mit dem gleichen Ergebnis wie bei einer Preispolitik kann er eine Absatzmenge vorgeben und dann den höchsten Preis verlangen, zu dem die Nachfrager insgesamt bereit sind, diese Menge zu kaufen. Die Entscheidungsregel für den Monopolisten stellt nur eine geringfügige Verallgemeinerung des Falles vollständiger Konkurrenz dar; es ist lediglich zu beachten, dass der Grenzlös nun nicht mehr konstant, sondern variabel ist.

Die Entscheidungskalküle eines Polypolisten und eines Monopolisten sind vergleichsweise einfach. Der Regelfall einer Marktform ist aber eher, dass sich einige, aber nicht allzu viele Konkurrenten den Markt aufteilen. Ein solches **Oligopol** ist im Allgemeinen dadurch gekennzeichnet, dass die absatzpolitischen Maßnahmen der einzelnen Wettbewerber zwar durchaus einen gewissen Einfluss auf den Marktpreis haben, aber anders als im Monopol die Bestimmung der Preise nicht autonom (unter Beachtung einer festen Preis-Absatz-Funktion) erfolgen kann. Für das Preis- oder Mengenverhalten eines Oligopolisten ist es vielmehr von großer Bedeutung, mögliche Entscheidungen der Konkurrenten in den eigenen Kalkül einzubeziehen. Man spricht deshalb von der **oligopolistischen Interdependenz**.

Ein Oligopol mit homogenen Gütern, bei dem die Konkurrenten Mengen wählen, ist die einfachste Verdeutlichung für diese Marktform. Dafür unterstellen wir – nochmals vereinfachend – eine lineare inverse Preis-Absatz-Funktion

$$p = a - b \sum_{i=1}^{n} x_i,$$

wobei
a, b positive Parameter,

und lineare Kostenfunktionen

$$k_i = f + v x_i \ (i = 1, \dots, n),$$

wobei
f Fixkosten
v konstante Grenzkosten ($v < a$).

Da die Parameter f und v für alle Unternehmen übereinstimmen, erhält man für das Gewinnmaximierungsproblem eine symmetrische Lösung.[56] Für die Absatzmenge eines jeden Unternehmens gilt

$$x_i^* = \frac{1}{n+1} \frac{a-v}{b} \ (i = 1, \dots, n).$$

Damit erhält man für den Preis

$$p^* = v + \frac{1}{n+1}(a-v)$$

und schließlich für die Gewinn eines Unternehmens

$$g_i^* = \frac{1}{(n+1)^2} \frac{(a-v)^2}{b} - f \ (i = 1, \dots, n).$$

Die recht übersichtlichen Gleichungen gelten vom Monopol ($n = 1$) bis zum Polypol ($n = \infty$) für jede Anzahl n von Anbietern. Es zeigt sich:

Je größer die Anzahl n von Konkurrenten ist, desto
- kleiner ist die Angebotsmenge x^* eines Unternehmens,
- größer ist aber die Gesamtangebotsmenge nx^*,
- kleiner ist demnach der Absatzpreis p^*,
- kleiner ist der Gewinn g^* eines einzelnen Unternehmens und
- kleiner ist auch der Gesamtgewinn ng^* aller Unternehmen.

---

[56] Siehe für die erforderliche Lösungstechnik – das *Nash*-Gleichgewicht – und dessen Herleitung Abschnitt 11.2.3.2. Vgl. ausführlicher *Güth* (1994), S. 37 f.

Die Ergebnisse zeigen, dass bei zunehmendem Wettbewerb die Gesamtangebotsmenge steigt und der Preis sinkt. Dies impliziert zwar einen geringeren Gewinn der Unternehmen; im Hinblick auf die Gesamtwohlfahrt wird der Gewinnrückgang jedoch durch den Nutzenzuwachs auf Seiten der Nachfrager überkompensiert.[57]

6.3.2.2 Preispolitik im Oligopol mit heterogenen Gütern

Die bisherige Annahme, die von den Wettbewerbern angebotenen Güter seien untereinander vollständig austauschbar, stellt eine starke Vereinfachung dar. Angemessener ist es, die Präferenzen der Nachfrager für Varianten von in der Verwendung substitutiven Gütern oder auch für bestimmte Anbieter in die Überlegungen einzubeziehen. Diese Marktform bezeichnet man auch als monopolistische Konkurrenz, weil jeder Anbieter für eine bestimmte Produktvariante Monopolist, zugleich aber der Konkurrenz durch substitutive Produkte ausgesetzt ist.

Die im Zusammenhang mit homogenen Gütern vorgestellten Grundüberlegungen gelten auch hier. Demnach sind im Oligopol die Marktaktivitäten der Konkurrenten *explizit* in den eigenen Entscheidungskalkül einzubeziehen.

Im folgenden Ansatz unterstellen wir, dass die betrachteten Güter in gewissen Grenzen substituierbar sind. Die Nachfrager sind bei größeren Preisdifferenzen bereit, vom eigentlich erwünschten Produkt auf das eines Konkurrenten zu wechseln. Für die Nachfragefunktion eines Unternehmens bedeutet dies, dass die Absatzmenge zwar invers mit dem eigenen Preis zusammenhängt, die Nachfrage aber höher ist, wenn der eigene Preis geringer ist als der durchschnittliche Preis derjenigen Güter, die substitutive Eigenschaften haben. Weiter unterstellen wir symmetrische Marktrelationen. Konkret gilt für die Nachfragefunktion:

$$x_i = a - bp_i + c(\bar{p} - p_i) \quad (i = 1, \ldots, n),$$

wobei
a, b, c positive Parameter
$\bar{p}$ durchschnittlicher Preis $\left(\bar{p} = \frac{1}{n}\sum_j p_j\right)$.

Der Parameter c gibt an, wie stark die Absatzmenge eines Anbieters auf die Abweichung vom Durchschnittspreis reagiert. Im Falle $c = 0$ verändert sich die Menge überhaupt nicht, der Absatz ist unverbunden, sodass alle Anbieter als Monopolisten agieren können. Je größer c ist, desto engere Substitute sind die Produkte, desto stärker ist also der Wettbewerb zwischen den Anbietern. Bei-

---

[57] Dies ist eine Implikation des ersten Hauptsatzes der Wohlfahrtsökonomik; vgl. Abschnitt 3.4.2.2.

spielsweise sind Autos, die sich nicht im Typ, sondern nur durch die Farbe unterscheiden, engere Substitute als unterschiedliche Modelle desselben Herstellers.

Für die Kostenfunktionen gilt weiterhin die obige Annahme:

$$k_i = f + vx_i \quad (i = 1, \ldots, n).$$

Die Anbieter wollen ihre jeweiligen Gewinne maximieren; sie betragen

$$g_i = p_i x_i - (f + vx_i)$$
$$= (p_i - v)\big(a - bp_i + c(\bar{p} - p_i)\big) - f \quad (i = 1, \ldots, n).$$

Für die Bestimmung des *Nash*-Gleichgewichts sind zunächst die Reaktionsfunktionen[58] zu ermitteln. Sie ergeben sich aus den notwendigen Bedingungen für den maximalen Gewinn bei gegebenen Preisen der Konkurrenten. Die **Reaktionsfunktion** R_i gibt an, wie Anbieter i am besten auf gegebene Preise der Konkurrenten reagieren sollte. Das **Nash-Gleichgewicht** ist durch eine Menge von Preisen $(p_1, \ldots, p_n)$ charakterisiert, die wechselseitig beste Antworten sind, sodass die Lösung stabil ist. Man erhält[59]

$$R_i: p_i = \frac{1}{2s}\left(a + vs + \frac{c}{n}\sum_{j \neq i} p_j\right) \quad (i = 1, \ldots, n),$$

wobei
s Sensitivität der Nachfragemenge in Bezug auf den eigenen Preis

$$\left(s \equiv -\frac{\partial x_i}{\partial p_i} = b + c\left(1 - \frac{1}{n}\right)\right).$$

Als generelle Regel für die Preisanpassung gilt also bei substitutiven Gütern, dass es optimale ist, auf eine erwartete Preissenkung des Konkurrenten ebenfalls mit einer Preissenkung zu reagieren und umgekehrt. Dies ist Ausdruck des Wettbewerbsverhaltens selbst bei einer begrenzten Zahl von Marktteilnehmern. Die Reaktionsfunktionen stellen ein Gleichungssystem für die zu bestimmenden Preise dar. Unter Verwendung der Überlegung, dass infolge der Symmetrie des Entscheidungsproblems (gleiche Nachfrage- und Kostenfunktionen) die Anbieter denselben Preis wählen werden, kommt man schnell zum Ergebnis

$$p^* = v + \frac{a - bv}{b + s}.$$

Aus den Nachfragefunktionen ergeben sich daraus die ebenfalls übereinstimmenden, zu diesem Preis absetzbaren Mengen

---

[58] Vgl. dazu Abschnitt 11.2.3.2.
[59] Es ist zu beachten, dass sich auch der Durchschnittspreis $\bar{p}$ durch die eigene Preissetzung verändert.

$$x^* = \frac{a - bv}{b + s} s.$$

Schließlich folgt für den Gewinn jedes einzelnen Unternehmens

$$g^* = s\left(\frac{a - vb}{b + s}\right)^2 - f.$$

Zwei Modellparameter beeinflussen die Wettbewerbsintensität. Das ist zum einen der Parameter c, der angibt, wie eng die Substitutionsbeziehung zwischen den verschiedenen Gütern ist: Je größer c, desto enger die Verwandtschaft, desto schärfer also der Wettbewerb. Zum anderen ist die Anzahl n der Anbieter von Bedeutung. Offensichtlich ist der Wettbewerb umso schärfer, je mehr Unternehmen miteinander konkurrieren. Beide Größen, c und n, gehen nur über die Hilfsvariable s in die Ergebnisgleichungen ein; jeweils gilt: Je schärfer der Wettbewerb, desto ausgeprägter ist die Mengensensitivität der Preise, desto höher also der Parameter s.

Es zeigt sich (erwartungsgemäß), dass bei schärferem Wettbewerb geringere Preise und höhere Mengen resultieren und dass die Unternehmensgewinne sinken.

Um die Wirkungsmechanismen des Wettbewerbs noch schärfer herauszuarbeiten, kann man den Preiswettbewerb mit einer Situation vergleichen, in der die Anbieter durch Eingehen eines Preiskartells eine **gemeinsame Gewinnmaximierung** betreiben, also die Gewinnsumme $g = \sum_i g_i$ durch eine geeignete Wahl von Preisen p_i maximieren. Auch dann führen die Annahmen zu einer symmetrischen Lösung und man erhält für jedes der Unternehmen

$$\hat{p} = v + \frac{a - bv}{2b},$$

$$\hat{x} = \frac{a - bv}{2},$$

$$\hat{g} = \frac{(a - bv)^2}{4b} - f,$$

wobei
$\hat{p}, \hat{x}, \hat{g}$ Preise, Mengen und Gewinne bei gemeinsamer Gewinnmaximierung.

Relativ zu den Ergebnissen bei monopolistischer Konkurrenz führt ein Preiskartell zu einem höheren Preis, zu geringeren Mengen und (natürlich) zu höheren Unternehmensgewinnen.

Die gemeinsame Gewinnmaximierung der Wettbewerber beschreibt zugleich das Entscheidungsverhalten eines **Monopolisten** mit einem n-Produkt-Unternehmen. Dieser bezieht bei der Bestimmung eines Preises die Rückwirkungen auf die jeweils anderen Preise in den Kalkül ein, also die externen Effekte einer Preisveränderung. Die Externalität besteht darin, dass die Preiserhöhung bei einem Gut eine Mengenausweitung beim anderen Gut hervorruft. Höhere Preise gewinne dadurch an Attraktivität und es kommt infolge der *Internalisierung der externen Effekte* zu einer Gewinnsteigerung.

Im Falle von komplementären Gütern (der Parameter c nähme dann einen negativen Wert an) wäre aus Sicht der Anbieter der Preis bei Wettbewerb zu hoch. Die gemeinsame Gewinnmaximierung (oder die Gewinnmaximierung eines Mehrprodukt-Monopolisten) führt dann zu niedrigeren Preisen, weil sich durch eine Preissenkung bei einem Gut eine Mengenausweitung auch bei dem anderen Gut erreichen ließe.

6.3.2.3 Horizontale Produktdifferenzierung im Oligopol

Im Fall der horizontalen Produktdifferenzierung geht es nicht um eine Qualitätspolitik im engeren Sinne, bei der alle Kunden die Vorziehenswürdigkeit ceteris paribus einheitlich einschätzen. Vielmehr unterscheiden sich die Produkte in Merkmalen, für welche die Kunden unterschiedliche Präferenzen haben. Hervorzuheben ist ferner, dass die Einbeziehung der Produktdifferenzierung für ein Unternehmen nicht eine Alternative zur Preispolitik, sondern einen **zusätzlichen Handlungsparameter** neben dem Preis darstellt. Um das Problem nicht unnötig zu verkomplizieren, gehen wir im Folgenden davon aus, dass jedes Unternehmen nur eine einzige Produktvariante anbieten kann oder will.

Das Entscheidungsproblem besteht darin, unter Einbeziehung der erwarteten Marktaktivitäten der Konkurrenten die gewinnmaximale Kombination von Produktvariante und Preis festzulegen. Die Produktgestaltung lässt sich kurzfristig nicht verändern, da eine neue Variante zusätzliche Entwicklungsarbeiten und neue Produktionsanlagen oder -prozesse erfordert. Demgegenüber ist der Preis auch kurzfristig variabel. Es ist daher davon auszugehen, dass ein Anbieter zuerst die Produktgestaltung vornimmt und erst anschließend den Preis festsetzt. Für den Konkurrenten gilt das Gleiche.

Die Lösung mehrstufiger Entscheidungsprobleme erfolgt stets **rekursiv**.[60] Das heißt, bei einer früheren Entscheidung ist deren Auswirkung auf spätere Entscheidungen einzubeziehen. Bei der Ermittlung der optimalen Folgeentscheidung sind alternativ alle denkbaren Ausprägungen der früheren Entscheidungen als Bedingung zu verwenden. Die letzte Entscheidung stellt deshalb eine bedingte Entscheidung dar. Anschließend wählt der Entscheider in Antizipation der Folgeentscheidung die optimale frühere Alternative aus.

Demnach entscheiden die Konkurrenten gedanklich zuerst über den Preis, wobei sie die eigene Produktvariante und die der Konkurrenten als gegeben un-

---

[60] Vgl. Abschnitt 11.3.1.

terstellen. Als Ergebnis dieses Preiswettbewerbs resultiert eine **Preissetzungsregel** in Abhängigkeit von der Produktgestaltung. Bei der gedanklich nachgelagerten, tatsächlich aber zuerst umgesetzten Entscheidung über die Produktgestaltung beziehen die Anbieter diese Preissetzungsregel in den Kalkül ein. Eine Produktvariation wirkt zweifach auf die Absatzmenge: zum einen unmittelbar, zum anderen auch mittelbar über die Veränderung des optimalen Preises. Auf Basis dieses Vorgehens lässt sich das *Nash*-Gleichgewicht in Produktvarianten ermitteln. Die Herleitung der Lösung ist nicht ganz einfach,[61] hier stellen wir lediglich einige Determinanten der Lösung vor und diskutieren sie.

> Die wesentlichen Determinanten der Entscheidung über die Produktgestaltung sind das Marktvolumen und die Wettbewerbsintensität.

Das **Marktvolumen** (also die maximal denkbare Nachfrage) ist offenbar wichtig, um eine hohe Absatzmenge erzielen zu können. Ein hohes Marktvolumen lässt sich am ehesten durch das Angebot einer Produktvariante erreichen, die sich am Durchschnittsgeschmack orientiert und auf keinen Fall so ausgefallen ist, dass sie viele Kunden von der Nachfrage abschreckt. Versuchen jedoch alle Konkurrenten, sich auf diese Weise am Markt zu platzieren, kommt es zu einem scharfen Preiswettbewerb, weil sich die Produktvarianten kaum voneinander unterscheiden. Eine solche Produktgestaltung würde eine hohe **Wettbewerbsintensität** hervorrufen und somit eine gewinnmindernde Wirkung entfalten. Genau dies lässt sich durch eine ausgeprägte Produktdifferenzierung zwischen den Konkurrenten verhindern. Der Gefahr eines verringerten Marktvolumens stehen höhere erzielbare Preise gegenüber. Unterscheiden sich die Produkte deutlich, wechseln Nachfrager nämlich bei einer Preiserhöhung weniger leicht zum Konkurrenten.

Für eine Konkretisierung unterstellen wir zum einen, es gebe genau zwei Konkurrenten; eine solche Marktform bezeichnet man als **Dyopol**[62]. Zum anderen sollen sich die Produktvarianten durch einen Geschmacksparameter unterscheiden, der auf einer Skala von 0 bis 1 stufenlos variiert werden kann. Dann erweist sich im Allgemeinen weder die vollständige Differenzierung (ein Konkurrent wählt die Variante 0, der andere die Variante 1) als optimal, noch wählen beide Konkurrenten dieselbe Variante (nämlich ½). Die vollständige Differenzierung erweist sich nur dann als optimal, wenn sichergestellt ist, dass alle Nachfrager als Kunden erhalten bleiben. Dieser Fall ist allerdings eher untypisch, weil er eine extrem hohe Zahlungsbereitschaft der Kunden voraussetzt.

---

[61] Vgl. *Böckem* (1993), *Woeckener* (2002).
[62] Der bisweilen zu lesende Begriff „Duopol" ist entweder ein überflüssiger Anglizismus oder aber ein hässlich aus dem Lateinischen und dem Griechischen zusammengestückeltes Misch-Fremdwort.

6.3.2.4 Vertikale Produktdifferenzierung

In Bezug auf die vertikale Produktdifferenzierung könnte die Gefahr bestehen, dass der Anbieter aus Gründen der Gewinnsteigerung eine schlechtere Produktqualität liefert als von den Konsumenten gewünscht. Dies wäre kritisch, wenn damit die Ausbeutung der Nachfrager und ein gesamtwirtschaftlicher Wohlfahrtsverlust verbunden wären. Typisch für diesen Sachverhalt wäre die *geplante Obsoleszenz*, also die gewollte Alterung von Produkten. Die gezielte Verringerung der Haltbarkeit von Glühbirnen (oder der wegen der EU-Regulierung verwendeten Nachfolgeprodukte) gilt als typisches Beispiel dafür. Eine weitere Gefahr geplanter Obsoleszenz besteht darin, in kurzen zeitlichen Abständen immer wieder neue Produktvarianten auf den Markt zu bringen, obwohl ein nur mäßiger technischer Fortschritt dies nicht angezeigt erscheinen ließe. Die Folge ist eine gefühlte Veralterung schon der vorletzten Produktvariante.

Eine geringere Haltbarkeit geht häufig mit geringere Kosten einher. Zudem steigt das Marktvolumen, weil Konsumenten die betreffenden Güter häufiger nachfragen. Mit einer solchen Produktionsausweitung könnten sogar noch zusätzliche Kostenvorteile verbunden sein, beispielsweise infolge von Lerneffekten.[63] Aus verschiedenen Gründen ist die Befürchtung einer geplanten Alterung jedoch stark zu relativieren.

Zunächst ist berücksichtigen, dass die technisch maximale Haltbarkeit eines Gebrauchsgutes in aller Regel keineswegs zugleich die optimale Haltbarkeit im Sinne eines wirtschaftlichen Kalküls darstellt. Es ist abzuwägen zwischen den Kosten für die Haltbarkeitssteigerung und deren Nutzen. Ähnlich kann man für neue Produktvarianten argumentieren. Die Abwägung schlägt sich nieder im Nachfragerkalkül, wieviel ein Kunde (zum Beispiel) für eine Glühbirne mit längerer Haltbarkeit zusätzlich zu zahlen bereit ist. Nur wenn die zusätzliche Zahlungsbereitschaft die zusätzlichen Kosten übersteigt, ist die längere Haltbarkeit auch die gesamtwirtschaftlich bessere.

Die Anbieter können die Kundeninteressen schon deshalb nicht völlig ignorieren, weil im Falle einer freiwilligen und von Kunden nicht erwünschten Qualitätsverschlechterung diese durchaus die Möglichkeit zur Sanktionierung von Anbietern haben. Auch bei geringem Wettbewerb führt die Vernachlässigung von Kundeninteressen zum Nachfragerückgang und damit zu einer Gewinnminderung, sofern die im voranstehenden Absatz formulierte Effizienzbedingung erfüllt ist. Das Gegenteil wäre nur dann der Fall, wenn es ein stabiles Qualitätsminderungs-Kartell der Anbieter gäbe. Allerdings weisen Kartelle, zumal sie wettbewerbsrechtlich sanktioniert sind, eine immanente Instabilität auf: Häufig lohnt es sich für einen Anbieter, von der Kartellvereinbarung abzuweichen, wenn die anderen sich daran halten.[64] Das Einhalten einer Kartellvereinbarung

---

[63] Vgl. Abschnitt 3.2.2.3.
[64] Vgl. ausführlicher Abschnitt 11.2.3.2.

ist also keine Gleichgewichtsstrategie. Daher bleibt die Geschichte von der ewigen Lampe, die es angeblich nur wegen der Gewinninteressen der Anbieter nicht gibt, nur eine Legende.[65]

Erhebliche Parallelen zum vorstehenden Gedankengang weist die Diskussion um die angemessene Produktsicherheit auf, ein weiteres typisches Beispiel für eine vertikale Produktdifferenzierung. Klärungsbedürftig ist insbesondere die Frage der angemessenen Haftungsregel (**Verschuldens- oder Gefährdungshaftung**). Im Falle der Gefährdungshaftung ist der Hersteller zum Schadensersatz verpflichtet, unabhängig davon, ob er den Schaden bei einem Kunden verschuldet hat oder nicht. Die Ausgestaltung der Produkthaftung als Gefährdungshaftung scheint somit „verbraucherfreundlich" zu sein. Die unmittelbare Folge ist in der Tat, dass Kunden die Hersteller häufiger in Haftung nehmen können. Infolgedessen erhöht sich die Neigung der Hersteller zu Produkten mit hoher Sicherheit, außerdem kommt es scheinbar zur Entlastung der Verbraucher von den dennoch auftretenden Schäden.

Es gibt jedoch auch **mittelbare Wirkungen**: Höhere Produktsicherheit ist mit steigenden Kosten verbunden. Demnach können Hersteller Güter nur zu einem höheren Preis anbieten. Den höheren Preis müssen alle Kunden zahlen, auch diejenigen, die nur einen sehr geringen erwarteten Schaden erleiden. Solche Kunden würden vermutlich lieber das Produktrisiko tragen, dafür aber einen geringeren Preis bezahlen. Diese Kundengruppe wird also im Fall der Gefährdungshaftung gezwungen, solche Kunden zu subventionieren, die einen höheren Schaden zu erwarten haben. Letztlich bewirken die Haftungsregeln also vor allem eine Umverteilung zwischen Kundengruppen mit unterschiedlichen Schadensrisiken. Überdies verringern sich die Anreize der Kunden zum vorsichtigen Umgang mit gefährlichen Produkten.

Aus den Beispielen zur vertikalen Produktdifferenzierung lässt sich eine **allgemeine Lektion** lernen:

> Bei der Beurteilung der **Produktqualität** sind Nutzen und Kosten abzuwägen. Zudem ist es von großer Bedeutung, Anpassungshandlungen auf dem Markt einzubeziehen.

Nicht immer stellt die höchste Qualität die beste Lösung dar oder hat im Ergebnis derjenige die Kosten zu tragen, bei dem sie unmittelbar anfallen.

---

[65] So auch der Titel des Beitrags von *Hax* (1977), der ein wichtiges Beispiel, jedoch keinesfalls einen einzigartigen Sachverhalt thematisiert.

6.3.3 Unbekannte Produktqualität

Bisher haben wir unterstellt, dass die Nachfrager die Produktqualität ohne weiteres zweifelsfrei feststellen können. Dies stellt eine starke Vereinfachung dar. Tatsächlich müssen wir davon ausgehen, dass Kunden von vornherein einer Unsicherheit über die Produktqualität unterliegen. Viele absatzwirtschaftliche Maßnahmen lassen sich nur unter Einbeziehung einer Qualitätsunsicherheit sinnvoll erklären. Bei vertikaler Produktdifferenzierung gilt dies noch mehr als bei horizontaler Produktdifferenzierung. Dadurch tritt deutlicher als bisher die Beziehung zwischen Unternehmen und Kunde in den Mittelpunkt des Interesses.

> Bei Gütern mit Qualitätsunsicherheit unterscheidet man Sucheigenschaften, Erfahrungseigenschaften und Vertrauenseigenschaften.[66]

6.3.3.1 Sucheigenschaften

Im Falle von Sucheigenschaften sind die Kunden in der Lage, schon vor dem Erwerb des Gutes dessen Qualität eindeutig festzustellen, müssen dafür allerdings Suchkosten in Kauf nehmen. Nach Beendigung des Suchprozesses können die Kunden die Nachfragemenge oder die Zahlungsbereitschaft davon abhängig machen, ob die Qualität den gestellten Anforderungen entspricht. Beispiele für Sucheigenschaften sind der Sitz von Kleidungsstücken bei einem Herrenausstatter, der Reifegrad von Obst in einem Lebensmittelladen oder der Raum auf dem Rücksitz eines Fahrzeugs bei einem Autohändler. Auch Preise zählen zu den Sucheigenschaften, wenn darüber nicht eine ausgeprägte Transparenz besteht. Bei einem weit verstandenen Qualitätsbegriff kann man sogar die bloße Existenz eines Gutes zu den Sucheigenschaften zählen, wie der Fall einer Produktneueinführung verdeutlicht.

Die Informationsnachteile der Kunden in Bezug auf Sucheigenschaften sind zwar eher gering. Gleichwohl können sie die **Absatzchancen** von Herstellern beeinträchtigen. Die Kosten für die Suchvorgänge mindern nämlich die Netto-Zahlungsbereitschaft der Nachfrager für ein Gut. Bei wiederholt gekauften Gütern haben Suchkosten eine gegenläufige Wirkung, denn sie verringern den Wettbewerb: Kunden, die einmal eine für sie akzeptable Preis-Qualität-Kombination gefunden haben, werden keine weiteren Suchanstrengungen unternehmen, sondern auch künftig das „bewährte" Produkt erwerben, um Suchkosten zu sparen. Dies erzeugt eine Präferenz für einen bestimmten Anbieter, die dieser durch eine höhere Preissetzung ausnutzen kann.

---

[66] *Nelson* (1970) und *Darby/Karni* (1973).

Hinsichtlich der Sucheigenschaften hat die **Kommunikationspolitik** der Anbieter eine große Bedeutung. Einerseits lassen sich dadurch Suchkosten für die Nachfrager verringern, andererseits führt aber eine verbesserte Transparenz zu einem intensiveren Wettbewerb. Demnach ist die offensive Informationspolitik insbesondere bei einer Produktneueinführung wichtig. Angesichts verringerter Suchkosten erhöht sich die Chance, Kunden von anderen, bereits bekannten und bewährten Produkten abzuwerben.

Bei einer asymmetrischen Informationsverteilung droht eine Schädigung durch den besser Informierten, zum Beispiel in Form der Lieferung einer schlechteren als der versprochenen Qualität. Im Fall von Sucheigenschaften ist die Gefahr von nicht erfüllten Versprechungen jedoch als gering einzustufen, weil Kunden bereits vor dem Kauf die Fehlinformation aufdecken können.

6.3.3.2 Erfahrungseigenschaften

Erfahrungseigenschaften sind dadurch gekennzeichnet, dass Nachfrager die Qualität vor dem Kauf nicht zweifelsfrei feststellen können, sondern erst während der Nutzung oder danach. Die Entscheidung über den erstmaligen Kauf eines Gutes mit Erfahrungseigenschaften können die Nachfrager deshalb nur von **Qualitätserwartungen**, nicht aber von der tatsächlichen Qualität abhängig machen. Bei Folgekäufen ist die Qualität indes bekannt, sofern nicht der Käufer den Wechsel zu einem anderen Produkt vorzieht oder der Hersteller bei jedem Produktionsvorgang von neuem über die Qualität entscheiden kann. Anders als bei Sucheigenschaften umfasst der Suchprozess bei Erfahrungseigenschaften also auch die Phase der Nutzung. Beispiele für Erfahrungseigenschaften sind die Wirksamkeit eines Fleckenmittels, der Geschmack des Rotweins einer bestimmten Lage und eines bestimmten Jahrgangs oder die Genauigkeit der von einer Schlosserei eingesetzten Fräsmaschine.

Die Gefahr der Lieferung einer schlechten Qualität gewinnt bei Erfahrungseigenschaften an Bedeutung. Dies gilt umso mehr, je seltener ein Kunde das Gut nachfragt und je schwieriger es für die Kunden ist, über die Produktqualität untereinander zu kommunizieren. Greift man den Extremfall eines einmaligen Kaufes und der Unmöglichkeit der Kommunikation heraus, droht die **adverse Selektion** unter den Produzenten, also die Gefahr, dass es sich für keinen Hersteller auszahlt, eine bessere als die schlechteste Qualität herzustellen. Dies haben wir bereits anhand des Gebrauchtwagenmarktes diskutiert.[67]

Je nach der Eigenschaft, um die es geht, können unterschiedliche absatzwirtschaftliche Aktivitäten dem Problem der adversen Selektion vorbeugen. **Haltbarkeitsgarantien** sind für längerlebige Gebrauchsgüter ein adäquates Mittel;

---

[67] Vgl. Abschnitt 4.1.3.2.

bei vielen Gütern kommen **Umtauschrechte** in Frage. Geeignete Signale zeichnen sich dadurch aus, dass der Anbieter von guter Qualität sie zu geringeren Kosten abgeben kann als ein Anbieter von schlechter Qualität. Bei einem haltbaren Gut ist die Gefahr der Inanspruchnahme der Garantie geringer als bei einem Produkt schlechterer Qualität.[68] Ein Umtauschrecht oder eine Geld-zurück-Garantie tragen dazu bei, Bedenken gegenüber der Qualität zu zerstreuen.

Bei **wiederholten Käufen** besteht die Möglichkeit, im Rahmen einer längerfristigen Verkäufer-Käufer-Bindung zusätzliche Instrumente einzusetzen, um die informationsbedingten Probleme zu verringern. Häufig ist es bei wiederholten wirtschaftlichen Beziehungen möglich, eine **Reputation**, also eine positive Qualitätserwartung bei den Käufern zu entwickeln.[69] Im vorliegenden Fall könnte ein Anbieter über eine Reputation für hohe Qualität verfügen. Allerdings kann ein Anbieter seine gute Reputation für eine Ausbeutung nutzen, indem er erwartungswidrig eine schlechte und in der Herstellung kostengünstige Qualität liefert. Ähnlich wie beim Signaling funktioniert der Mechanismus einer vertrauensschaffenden Reputation nur dann, wenn es für den Anbieter vorteilhaft ist, den Erwartungen zu genügen. Dies ist dann der Fall, wenn die Kunden die Möglichkeit zur Sanktion erhalten. Bei wiederholtem Bedarf der Nachfrager könnte die Sanktion im Wechsel zu einem Konkurrenten oder in einer verminderten Zahlungsbereitschaft liegen. Dann muss der Produzent zwischen der dauerhaften Möglichkeit zur Erzielung hoher Absatzpreise für gute Qualität und der einmaligen Möglichkeit des „Betruges" durch eine kostensenkende Minderung der Qualität abwägen; häufig fällt diese Entscheidung zugunsten der hohen Qualität aus.[70] Die Reputation lässt sich als **Geisel**[71] der Kunden interpretieren, die der Verkäufer im Falle eines enttäuschenden Verhaltens aufgeben muss. Um die Geisel zu schonen, liefert er die gute Qualität. Durch Stellung einer Geisel bindet sich der Verkäufer glaubwürdig an die Lieferung guter Qualität.

Bei den „Geiseln" muss es sich um Vermögenswerte handeln, die sich nicht anderweitig einsetzen oder wieder liquidieren lassen, also um spezifische Vermögenswerte. Ein typisches Beispiel im absatzwirtschaftlichen Bereich ist der Aufbau einer **Marke**, wobei weniger das Warenzeichen selber von Bedeutung ist als die damit verbundenen Assoziationen seitens der Kunden. Bei Zerstörung der von einer Marke ausgehenden Vertrauenswirkung kann der Anbieter die Investition in die Marke nicht auf andere Produkte übertragen. Bei den Aufwendungen für die Schaffung des Markenwertes handelt es sich um Sunk Costs, um

---

[68] Natürlich ergibt sich ein zusätzliches Problem, wenn die Haltbarkeit nicht nur von den Produkteigenschaften, sondern auch von der Art und Weise der Benutzung abhängt.
[69] Vgl. *Shapiro* (1983).
[70] Vgl. *Klein/Leffler* (1981), die zudem zeigen, dass nur dann Anreize zur Bereitstellung guter Qualität bestehen, wenn der Verkäufer über die reine Kostendifferenz hinaus eine zusätzliche Qualitätsprämie erzielen kann.
[71] Diesen drastischen Begriff hat *Williamson* (1983) in die Literatur eingeführt.

irreversible Kosten. Indem ein Hersteller die Kosten für den Aufbau einer Marke und für die Schaffung der Qualitätsassoziation beim Kunden nicht scheut, signalisiert er seine dauerhafte Bereitschaft zur Lieferung einer hohen Qualität.

Aus diesem Blickwinkel gewinnt auch die **Werbung** eine zusätzliche Bedeutung über die unmittelbare Informationsübermittlung hinaus. Allein die Tatsache, dass ein Anbieter überhaupt erhebliche Mittel für die Öffentlichkeitsarbeit aufwendet, kann Vertrauen schaffen, denn eine solche Investition kann sich nur durch eine dauerhaft hohe Absatzmenge bei relativ hohen Preisen rentieren. Dafür ist aber eine hohe Produktqualität erforderlich.

6.3.3.3 Vertrauenseigenschaften

Das zentrale Merkmal von Vertrauenseigenschaften ist, dass der Nachfrager selbst nach Erwerb und Nutzung eines Gutes die gelieferte Qualität nicht zweifelsfrei feststellen kann. Offensichtlich erschweren solche Bedingungen ganz erheblich die Gewährleistung der Lieferung einer hohen Qualität. Vertrauenseigenschaften sind am ehesten dort gegeben, wo der realisierte Kundennutzen nicht allein vom Verkäufer anhängt, sondern auch einem Zufallseinfluss ausgesetzt ist. Häufig ist dies bei **Dienstleistungen** der Fall: Bei dem Produkt „Anlageberatung" kann der Kunde aus der erzielten Investment-Rendite nicht zwingend auf die Richtigkeit der Beratung schließen, denn die Wertpapierrendite hängt auch von Zufällen ab. Eine schlechte (Ex-post-) Rendite kann ebenso gut Ergebnis einer unqualifizierten Beratung wie einer tatsächlich unvorhersehbaren Entwicklung sein. Eine gute (Ex-post-) Rendite ist nicht zwingend Indikator für eine gute Beratung, denn es könnte sich um eine hoch spekulative Empfehlung gehandelt haben, die mit viel Glück zu einem guten Anlageerfolg geführt hat. Ähnlich könnte man in Bezug auf die Behandlung durch einen Arzt oder die Prozessführung eines Anwalts argumentieren. Weitere Beispiele wären der Umfang der in einer Kfz-Werkstatt empfohlenen Reparaturen oder die Länge einer Taxifahrt in einer fremden Stadt.

Ein kennzeichnendes Merkmal von Vertrauenseigenschaften ist, dass der Kunde nicht in der Lage ist, die geleistete oder empfangene **Qualität zu beurteilen**, weil dafür bestimmte Qualifikationen erforderlich sind. Gegenüber den Erfahrungseigenschaften kommt das Problem hinzu, dass bei einer einmaligen Kundenunzufriedenheit eine Sanktionierung vielleicht gar nicht gerechtfertigt wäre. Mehr noch als oben skizziert ist deshalb die dauerhafte Marktpräsenz eines Anbieters von Vertrauensgütern erforderlich. Reputationsaufbau ist auch in Bezug auf Vertrauenseigenschaften möglich. Im Beispiel des Anwalts kann der einmalige Verlust eines Prozesses Folge einer aussichtslosen Situation sein. Verliert der Anwalt aber dauerhaft die meisten seiner Prozesse, kann ein potenzieller Klient dessen Qualifikation kaum mehr Vertrauen entgegenbringen. Ähnliche Argumentationen passen für den Anlageberater und den Arzt. Das Taxi-

Beispiel verdeutlicht dagegen, dass die Probleme schwieriger zu lösen sind, wenn es nicht zu wiederholten Leistungen kommt.

Die Bezugnahme auf **Qualifikationen** macht deutlich, dass es hier Anknüpfungspunkte zur Personalwirtschaft gibt. Bei Dienstleistungen kann man den Kunden durchaus als Arbeitgeber des Dienstleisters interpretieren. Die oben vorgebrachten Vorschläge für den Umgang mit unsicherer Qualifikation sind deshalb auch hier anwendbar, zum Beispiel die **Lizenzierung**.[72] Wirtschaftsprüfer, Rechtsanwälte, Ärzte, Lehrer usw. müssen sich erst einer langen Ausbildung und einer durch den Staat beaufsichtigten Prüfung unterziehen, bevor sie ihre Dienstleistungen anbieten dürfen. In Bezug auf eine *gewollte* Herabsetzung der Dienstleistungsqualität helfen Lizenzen und dergleichen allerdings nicht weiter. Hier ist wieder auf Reputation oder andere Geiseln zu verweisen.

6.3.4 Strategisches Verhalten

6.3.4.1 Was ist strategisch an strategischem Verhalten?

Von Strategie oder strategischem Verhalten ist in der Betriebswirtschaftslehre vielfach die Rede. Der Aussagegehalt und die Bedeutung sind dabei jedoch nicht immer einheitlich. Manchmal hat der Zusatz „strategisch" sogar lediglich den Charakter einer Sprechblase, die ohne Verlust an Aussage oder Präzision ersatzlos wegfallen könnte. Daher ist es sinnvoll, den Begriff des strategischen Verhaltens inhaltlich zu füllen.

Die erste typische Verwendung des Begriffs „strategisch" betrifft Planungen und Entscheidungen, wobei die strategische Planung als **langfristig orientierte Grobplanung** mit nachhaltiger Wirkung auf den Unternehmenserfolg zu interpretieren ist. Die strategische Planung ist bei diesem Verständnis abzugrenzen von der taktischen und operativen Planung. Die beiden letztgenannten Konzeptionen umfassen die Ausfüllung des Planungsrahmens und dessen planerische Umsetzung im Einzelnen. Ein gewisses Problem kann bei dieser Begriffsbildung darin liegen, dass der Begriff „strategisch" im Wesentlichen durch eine Weglassung, nämlich der Details der Planung, abgegrenzt ist. Es besteht somit die Gefahr, dass eine Planung auch wegen mangelnder gedanklicher Schärfe oder gar wegen Denkfaulheit das Prädikat strategisch erhält, weil eine strategische Planung die Details ja noch nicht enthalten muss. Allerdings erhält die Unterscheidung von strategischer und operativer Planung bei Vorliegen der hier häufig betonten Marktunvollkommenheiten eine verstärkte Relevanz.

Präziser ist, strategisches Verhalten als **Gestaltung der Wettbewerbsposition** eines Unternehmens zu definieren. Das steht nicht im Widerspruch zur Klassifikation als langfristig wirksame Planung mit großem Einfluss auf den Unternehmenserfolg. Die Bedeutung der Wettbewerbsposition kann man bei einer

---

[72] Vgl. *Leland* (1979).

strategischen Unternehmenspolitik in vorsichtiger Weise als Gegebenheit einbeziehen, ohne aktiv darauf Einfluss zu nehmen. Ein solches Verhalten kann man als „adaptiv" bezeichnen, weil das Marktverhalten in einer Anpassung an eine bestimmte Situation besteht. Beispiele für adaptives Verhalten erkennt man in allen einstufigen spieltheoretischen Modellen, zum Beispiel bei der Preis- oder Mengenpolitik in einem Oligopol.

Hier wollen wir das strategische Verhalten jedoch noch enger abgrenzen:[73]

> **Strategisches Verhalten** umfasst Aktivitäten der gezielten Beeinflussung zeitlich oder logisch nachgelagerter Handlungen mit dem Zweck der verbesserten eigenen Zielerreichung.

Demnach geht es um eine aktive Einflussnahme auf die Wettbewerbsposition. Aber auch die Gestaltung der internen Organisation ist einbezogen. Voraussetzung für strategisches Verhalten ist, dass es eine echte Dynamik im Modell gibt, das heißt, dass mehrere Entscheidungen aufeinander folgen. Durch eine bestimmte Wahl von Aktivitäten in früheren Zügen kann der Spieler auf die Folgezüge Einfluss nehmen. Diese Bedingung ist schon dann erfüllt, wenn bei einer einmaligen Festlegung einer Entscheidungsvariablen der eine Spieler (Konkurrent) seinen Zug zuerst vornehmen kann und der andere sich daran anpassen muss (oder kann). Im Oligopol bezeichnet man diese Positionen als die eines *Stackelberg*-Führers bzw. eines *Stackelberg*-Folgers.[74] Häufig gibt es einen sogenannten **„First Mover Advantage"**, das heißt, wer zuerst zieht, kann sich dadurch einen Wettbewerbsvorteil verschaffen. Im Fall des Stackelberg-Verhaltens bei der Mengenpolitik mit homogenen Gütern trifft das zu. Möglich ist allerdings auch, dass der Folger die zwingende Festlegung des Führers zu seinen Gunsten ausnutzen kann (**First Mover Disadvantage**), zum Beispiel bei der Preispolitik im Fall von heterogenen Gütern. Dabei erzielt ein Anbieter aus einer ex ante symmetrischen Situation in der Folger-Position einen höheren Gewinn als in der Führer-Position. Dies impliziert allerdings nicht zwingend, dass der Führer einen geringeren Gewinn erzielt als bei gleichzeitigen Zügen beider Anbieter.

Eine Gestaltung des Wettbewerbs ist auch dann möglich, wenn die Marktteilnehmer zwar gleichzeitig ihre Aktionen planen, aber mehrere Teilentscheidungen nacheinander zu treffen haben. Ein Beispiel dafür haben wir mit den aufeinanderfolgenden Entscheidungen über Produktgestaltung und Preise erörtert. Noch weiter gehende strategische Spielräume ergeben sich, wenn Unternehmen dauerhaft auf dem Markt agieren und immer wieder Entscheidungen über Preise oder andere Handlungsparameter zu treffen haben. Früher getroffene

---

[73] Sehr ähnlich *Neus/Nippel* (1996).
[74] *Varian* (1994), S. 297 ff.

Entscheidungen beeinflussen dann in aller Regel künftige Handlungsspielräume.

> Es gibt vier Gruppen von **Adressaten strategischen Verhaltens**:
> - Marktteilnehmer auf derselben Marktseite (Konkurrenten),
> - Marktteilnehmer auf der anderen Marktseite (Anbieter oder Nachfrager; die interne Organisation lässt sich hierunter subsumieren),
> - die Entscheider selbst und
> - staatliche Instanzen, die das Wettbewerbsumfeld festlegen.

Beispiele für die Beeinflussung der Konkurrenten haben wir gerade angesprochen. Eine Einflussnahme auf die Nachfrager erkennt man zum Beispiel in der Werbung oder allgemeiner in allen Maßnahmen zur Veränderung der Gestalt oder der Lage der Preis-Absatz-Funktion. Ein interessanter Fall liegt in der Selbstbeeinflussung: Häufig sind Marktaktionen hilfreich, mit denen sich ein Anbieter im Vorhinein glaubhaft an ein ausgeprägt kämpferisches Wettbewerbsverhalten binden kann (zum Beispiel Kapazitätsausweitungen oder Investitionen in kostensenkende Maßnahmen). Dies kann nämlich Markteintritte verhindern (und insofern wiederum potenzielle Konkurrenten beeinflussen) und im Ergebnis die Wettbewerbsintensität verringern. Die Einflussnahme auf staatliche Instanzen (**Lobbying**) bedarf hier keiner näheren Erläuterung. Diesbezüglich sei auf die politische Ökonomie verwiesen.[75]

6.3.4.2 Strategisches Verhalten gegenüber den Kunden

Die Hauptzielrichtung strategischen Verhaltens eines Unternehmens gegenüber den Nachfragern der Produkte besteht darin, die Kunden an das Unternehmen zu binden. Die entfaltete Bindungskraft kann man als **akquisitorisches Potenzial** bezeichnen.[76] Im Ergebnis entsteht so eine eigenständige Präferenz des Kunden für einen bestimmten Anbieter. Die Kunden mit einer starken Anbieterpräferenz bezeichnet man als **Stammkundschaft**. Die Bindungswirkung ist ein wichtiges absatzpolitisches Zwischenziel für die Unternehmenstätigkeit. Die Bereitschaft der Kunden, nicht schon bei nur geringfügig vorteilhafteren Konditionen (was Preis, Qualität oder anderes anlangt) zu einem anderen Anbieter zu wechseln, verringert die Wettbewerbsintensität und eröffnet zusätzliche Spielräume für das Unternehmen. Das akquisitorische Potenzial lässt sich generell durch den Einsatz des gesamten absatzpolitischen Instrumentariums beeinflussen.

---

[75] Siehe bspw. *Feld/Frey/Kirchgässner* (2013), Kapitel 7.
[76] *Gutenberg* (1984), S. 237 f.

Produktgestaltung ist eine gleichermaßen produktionspolitische wie absatzpolitische Aufgabe, weil Kosten- und Erlöswirkungen einzubeziehen sind. Eine besonders wichtige Determinante der Produktgestaltung ist wie oben gesehen die Reaktion der Wettbewerber. Schon der Standort der Verkaufsstelle ist eine wesentliche, horizontal differenzierte Produkteigenschaft. Die Entfernung der Kundenstandorte zu den Verkaufsstellen führt zu Transportkosten, die eine ähnliche Wirkung hervorrufen wie der (Präferenz-) Abstand einer Produktvariante von der für einen Kunden idealen Produktvariante. Neben der sachlichen und räumlichen Produktdifferenzierung gehört auch die Qualitätspolitik zur Produktgestaltung. Insbesondere in Märkten mit Qualitätsunsicherheit kann man eine dauerhaft hohe Qualität als Investition in das akquisitorische Potenzial ansehen. Eine bekannt gute Qualität hält die Kunden davon ab, zu anderen Produkten mit ex ante unbekannter Qualität zu wechseln.

Die Herstellung eines engen Kundenkontaktes ist ein Ansatzpunkt für die Steigerung des akquisitorischen Potenzials, weil durch eine Individualisierung der Absatzbeziehung persönliche Präferenzen entstehen. In der Sprache der Transaktionskostenökonomik ist vom „*relational contracting*" die Rede.[77] Solche Beziehungen entfalten natürlich nur dann ihre Wirksamkeit, wenn der Anbieter **Kundennähe** nicht nur als Schlagwort versteht sondern sich ernsthaft um die Interessen der Kundschaft bemüht. Offensichtlich ist dafür eine hohe Flexibilität des Unternehmens erforderlich. Die Vorteile einer engen Kundenbindung lassen sich offenbar nicht ohne zusätzliche Kosten erzielen. Angesichts des Wettbewerbs ist das verstärkte Bemühen um Kundennähe eine sinnvolle Wettbewerbsstrategie, wenn bei den Möglichkeiten zu deren Erreichung komparative Kostenvorteile bestehen. Insbesondere kleineren Unternehmen schreibt man diesbezüglich eine größere Flexibilität zu.[78]

Von zunehmender Bedeutung sind **Nebenleistungen** im Umfeld von Produkten, konkret etwa Finanzierungs- oder Kundendienstleistungen. Solche Dienstleistungen lassen sich durchaus unterschiedlich einordnen. Besonders günstige Absatzkredite oder Leasingmodelle haben bis zu einem gewissen Grad den Charakter eines versteckten Preisnachlasses. Bestehen aber absolute Finanzierungsengpässe auf Seiten der Kunden, kann sich die Absatzfinanzierung auch unabhängig von impliziten Preissenkungen als sinnvoll erweisen.[79] Ähnlich kann man die Bereitstellung eines gut funktionierenden Kundendienstes zu kundenfreundlichen Konditionen als einen Preisnachlass oder aber als Erweiterung möglicher Handlungen für die Kunden interpretieren.

Die **Werbung** dient der Unterstützung der genannten Instrumente. Neben der produktbezogenen Werbung ist auch die Imagewerbung geeignet, Präferenzen für einen Anbieter herzustellen.

---

[77] *Williamson* (1979), S. 253; siehe auch oben Abschnitt 4.5.3.2.
[78] *Albers* (1989).
[79] *Neus* (1995), S. 68 ff.

Die Tabelle 6.6 enthält Beispiele für die Schaffung oder Ausweitung eines akquisitorischen Potenzials. *Gutenberg* bezeichnet die einzelnen Elemente, die das akquisitorische Potenzial beeinflussen, als „rational oft gar nicht fassbare Umstände"[80]. In den voranstehenden Abschnitten haben wir aber gezeigt, dass bei Heranziehung des institutionenökonomischen Instrumentariums die Umstände durchaus einer ökonomischen Analyse zugänglich sind.[81]

Ansatzpunkt	Beispiel
Produktgestaltung	Bedienung einer Marktnische für nostalgische Autokäufer (Mini Cooper, Fiat 500)
Kundenkontakt	telefonische Nachfrage bezüglich der Zufriedenheit nach Montage einer Einbauküche
Kundendienst	„ambulante" Reparatur beim Käufer statt Einschicken ins Werk
Absatzfinanzierung	variable Ausgestaltung der Rückzahlung eines Absatzkredits
Werbung	Hervorhebung der Umweltverträglichkeit bei Reinigungsmitteln

Tabelle 6.6: Strategisches Verhalten und akquisitorisches Potenzial.

Bei Verweis auf strategische Maßnahmen ist der Zusammenhang zum letztlich relevanten Einkommensziel der Eigentümer von Unternehmen nicht immer leicht erkennbar. In Bezug auf das Zwischenziel des akquisitorischen Potenzials trifft dies jedoch gewiss zu. Die Stärke der Kundenbindung schlägt sich direkt in der Preis-Absatz-Funktion nieder. Kundenbindung bedeutet, dass sich die Kunden zwischen den Produkten verschiedener Anbieter stärker unterscheiden. Dies verringert die wahrgenommene Substitutionalität der Produkte, die Preiselastizität nimmt ab und es lassen sich höhere Preise realisieren.

6.3.4.3 Strategisches Verhalten gegenüber den Konkurrenten

Die Beeinflussung eines Konkurrenten kommt insbesondere dann in Frage, wenn dieser in Bezug auf wichtige Wettbewerbsparameter (beispielsweise die relativen Kosten) unsichere Erwartungen hat. In einem solchen Fall kann ein Anbieter durch Festlegung des Absatzpreises die Erwartung seines Konkurrenten über die Kostensituation beeinflussen. Konkret kann es die Wettbewerbsposition verbessern, wenn der Konkurrent vermutet, dass er selbst Kostennachteile hat.

Es gibt eine Vielzahl weiterer Möglichkeiten für strategisches Verhalten gegenüber Konkurrenten. Im Kern lassen sich die Alternativen in zwei Gruppen einteilen.

---

[80] *Gutenberg* (1984), S. 237.
[81] *Föhr* (1993).

Häufig ist es eine geeignete Strategie, Potenziale für **glaubwürdige Drohungen** aufzubauen, den Konkurrenten also zu signalisieren, dass sie in einem scharfen Wettbewerb nichts zu gewinnen haben. Ein Beispiel dafür wäre der Einsatz von Produktionstechniken, die eine große Kapazität mit geringen variablen Kosten verbinden. Sollten in ein solches Marktsegment neue Konkurrenten eintreten, ermöglicht die beschriebene Technik eine Produktionsausweitung zu geringen Zusatzkosten. Verglichen mit dem Neueintreter kann das etablierte Unternehmen den mit der Mengenausweitung einhergehenden Preisrückgang leichter verkraften. Sehr ähnlich ist die Neigung kleinerer Unternehmen zu beurteilen, sich aus Wettbewerbsgründen an größere Unternehmen oder Konzerne anzulehnen. Das finanzielle Potenzial ermöglicht es einem Großunternehmen, einen mit Verlusten verbundenen **Verdrängungswettbewerbs** durchzustehen, während dessen sich allein operierende Konkurrenten aus dem Markt zurückziehen müssen. Das Ziel solcher Strategien ist es, Markteintritte zu verhindern, die den Wettbewerb verschärfen.

Die Alternative zu solchen aggressiven Strategien ist, sehr vorsichtig auf dem Markt zu operieren, um nicht durch eigene Aktivitäten einen harten Widerstand der Konkurrenten zu provozieren. Eine solche Strategie könnte zum Beispiel in einer **bewussten Kapazitätsbeschränkung** bei einem Marktneueintritt bestehen, sodass es nicht zu einer nennenswerten Beeinträchtigung des auf die Konkurrenten entfallenden Marktvolumens kommt. Dann zahlt sich für die Konkurrenten ein scharfer Wettbewerb nicht aus, weil die niedrigeren Preise überwiegend die Erlöse derjenigen mindern, die den Preiskampf beginnen.

Ob eher aggressive oder eher vorsichtige Strategien vorzuziehen sind, hängt davon ab, welche **Wettbewerbsparameter** zum Einsatz kommen. Bei substitutiven Gütern führt tendenziell der Einsatz von Preisen als Wettbewerbsinstrument dazu, dass die vorsichtigen Strategien vorzuziehen sind.[82] Ursache dafür ist, dass die Konkurrenten auf eine eigene Preissenkung ebenfalls mit einer Preissenkung reagieren.[83]

In diesem Abschnitt haben wir strategisches Verhalten als Instrument der Absatzpolitik (im weitesten Sinn) diskutiert. Bei der vorgenommenen Definition von strategischem Verhalten gibt es aber auch zahlreiche entsprechende Ansatzpunkte innerhalb von Hierarchien.[84] Strategisches Verhalten ist also keineswegs nur typisch für die Marktkoordination.

---

[82] *Fudenberg/Tirole* (1984).
[83] Vgl. Abschnitt 6.3.2.2.
[84] *Jost/Weitzel* (2007), insb. Kapitel II.

6.3.5 Franchising als Beispiel für eine komplexe Vertragsgestaltung im Absatzbereich

Für einen Hersteller gibt es verschiedene Möglichkeiten, den Absatz seiner Produkte zu organisieren. Der Vertrieb kann unmittelbar oder mittelbar erfolgen, die Vertriebsorgane können demselben Unternehmen angehören wie der Hersteller oder aber selbständig sein, usw. Im Folgenden greifen wir Franchising als ein Beispiel für eine komplexe Vertragsgestaltung im absatzwirtschaftlichen Bereich heraus. Dabei zeigt sich: Die Kombination einzelner vertraglicher Elemente, die jeweils für sich genommen gar nicht vorteilhaft erscheinen müssen, kann zu einer adäquaten Bindung eines Herstellers an die Kunden und zu einer wechselseitigen Bindung von Herstellern und Absatzkanälen führen. Konkrete Alternativen zum Franchising sind der herstellereigene Filialvertrieb oder der Vertrieb über vom Hersteller unabhängige Verkaufsstellen.

6.3.5.1 Merkmale von Franchise-Verträgen

Franchise-Verträge sind untereinander nicht vollständig homogen, sondern unterscheiden sich je nach Franchise-Kette. Der nachstehende Kasten enthält die Definition des Deutschen Franchise-Verbandes.

> „Der Begriff Franchise beschreibt ein kooperatives Vertriebssystem zwischen einem Franchisegeber und einem oder mehreren Franchisenehmern. Der Franchisenehmer darf den Namen, das Design und die Geschäftsidee verwenden, um Waren zu verkaufen oder Dienstleistungen zu vertreiben. Als Gegenleistung muss der Franchisenehmer dafür Gebühren an den Franchisegeber zahlen, um die Lizenzen und Nutzungsrechte zu kaufen. In vielen Fällen führt der Franchisenehmer zusätzlich einen Teil der erwirtschafteten Gewinne an den Urheber der Geschäftsidee ab."[85]

Folgende Merkmale seien hervorgehoben: Es gibt eine Muttergesellschaft (Franchise-Geber, FG), die Absatzaufgaben, teilweise auch Produktionsaufgaben an rechtlich selbständige Tochtereinheiten (Franchise-Nehmer, FN) delegiert. Eine standardisierte Produktpalette wird unter einer einheitlichen Marke vertrieben. Häufig unterstützen auffällige Kennzeichen (zum Beispiel Pizza Hut) den Bekanntheitsgrad des Markennamens. Da beiden Seiten erhebliche Vorleistungen erbringen müssen, haben Franchise-Kontrakte der Intention nach einen langfristigen Charakter. Zudem darf der FN das Produkt in der Regel

---

[85] *DFV* (2018a), teilweise gekürzt.

nur innerhalb lokaler Grenzen vermarkten, weil es häufig viele Franchise-Filialen eines FG gibt.

Zu den üblichen Rechten des FN zählt das Recht auf Benutzung der **Marke**. Dies stellt insbesondere im Falle eines Marktneueintritts einen erheblichen Vorteil dar, weil die Marke und das äußere Kennzeichen eine Qualitätsvermutung bei der Kundschaft erzeugen. Die Standardisierung des Sortiments trägt dazu bei, Suchkosten zu verringern. Zudem erleichtert der Einsatz eines bewährten Absatz- und Produktions-Know-hows dem FN die Aufnahme des Geschäftsbetriebs. Schließlich bleibt der FN selbständig in Bezug auf betriebswirtschaftliche Einzelentscheidungen wie Personal oder lokale Werbung.

Als Gegenleistung für die überlassenen Rechte erhält der FG eine Einmalzahlung vorab und eine laufende Erfolgsbeteiligung. Zudem ist der FN meist verpflichtet, bestimmte Vorleistungen vom FG abzunehmen. Zum Schutz der von ihm eingebrachten Vermögenswerte, insbesondere des Markenwertes, behält der FG üblicherweise Überwachungs- und Eingriffsrechte sowie die Möglichkeit zur kurzfristigen Kündigung des Franchise-Vertrages. In einzelnen Punkten kann der FG auch eine Weisungsbefugnis gegenüber dem FN haben.[86]

Neben den lediglich vertraglich an die Zentrale gebundenen FN führt der FG bisweilen auch eigene Filialen als unmittelbare, rechtlich unselbständige Töchter. Die Bedeutung des Markenwertes für den nachhaltigen Erfolg der Mutter wird dadurch noch verstärkt. Für die Steuerung des gesamten Franchise-Verbundes hat dies zudem den Vorteil, dass die von FN selbst betriebene Filiale als Benchmark für die übrigen Franchise-Filialen dienen kann. Weiter dienen eigene Filialen des FG häufig auch als „Musterbetrieb".

6.3.5.2 Empirische Bedeutung des Franchising

Die Franchising-Konstruktion findet sich besonders häufig in den Branchen Restaurants, Einzelhandel und Dienstleistungen. Bedeutende Beispiele für Franchise-Unternehmen in Deutschland sind nach Zahl der Betriebe McDonald's mit 1470, das Nachhilfeunternehmen Schülerhilfe mit 1100 sowie Fressnapf mit immerhin 879 Betrieben.[87] Seit geraumer Zeit hat sich Franchising als ein Erfolgsmodell etabliert, wie Tabelle 6.7 zusammenfassend belegt. Bemerkenswert ist insbesondere der Umsatzanstieg der Franchise-Branche, der einem durchschnittlichen jährlichen Wachstum von 10,1% über eine 7-Jahres-Periode entspricht.

---

[86] Eine breite, theoriegeleitete empirische Analyse von Franchise-Verträgen liefern *Rohlfing/ Sturm* (2011).
[87] *DFV* (2018b).

Jahr	Geber	Franchising-Partner	Beschäftigte	Umsatz*
2010	980	105.472	385.272	55,0
2011	990	109.232	388.862	60,4
2012	985	112.510	401.095	61,2
2013	994	114.838	393.407	62,8
2014	1075	116.248	392.253	73,4
2015	950	117.768	406.162	99,2
2016	950	119.302	409.360	104,0
2017	950	120.724	412.850	108,3

* in Mrd. €; Quelle: *Statista* (2018).

Tabelle 6.7: Empirische Bedeutung des Franchising.

6.3.5.3 Beurteilung von Franchise-Verträgen

Für die Beurteilung der Franchise-Verträge ist zunächst die Festlegung eines Vergleichsmaßstabs erforderlich. Die wesentlichen Alternativen sind ein divisional organisiertes[88] Großunternehmen, das seinen Vertrieb über als Profit-Center geführte Filialen vornimmt[89], oder eine Reihe von völlig unabhängigen Verkaufsstellen, die keinerlei zwingenden Verbund bilden. Weitere Alternativen lassen sich auf diese Grundmuster zurückführen.

> Wichtige **Beurteilungskriterien** sind
> - die Abwägung von Risikoverteilung und Anreizvermittlung,
> - der Schutz des Markenwertes,
> - die Bereitschaft zum Eingehen spezifischer Investitionen und
> - die Wettbewerbswirkungen.

Die **Risikoteilung** ist bei der Franchise-Konstruktion sicherlich schlechter als bei dem Großunternehmen. Der FN kann sich den überwiegenden Teil des Erfolgs aneignen und trägt demnach einen großen Teil des Risikos.[90] Infolge der möglichen Diversifikation durch Bündelung der einzelnen unsicheren Erfolgsbeiträge wäre eine Zuweisung des Risikos zum FG besser. Dies gilt umso mehr, wenn es sich bei dem FG um ein Unternehmen mit breitem Eigentümerkreis und

---

[88] Im Fall der **divisionalen Organisation** erfolgt eine Untergliederung eines Unternehmens nach Geschäftsbereichen, die ihrerseits häufig durch Produkte oder Produktgruppen charakterisiert sind.
[89] Ein **Profit-Center** ist eine organisatorische Unternehmenseinheit, die eine eigene Ergebnisverantwortlichkeit im Hinblick auf Erlöse und Kosten hat.
[90] Die proportionale Umsatzbeteiligung des FG beträgt durchschnittlich gut 5%, vgl. *Rohlfing/Sturm* (2011), S. 407.

also einer ausgeprägten Risikoteilung handelt. Der FN bindet dagegen häufig sein Human- und Sachkapital an seine Filiale. Verglichen mit unverbundenen Läden schlägt die Tatsache positiv zu Buche, dass es überhaupt eine Risikoteilung mit der Zentrale gibt. Sofern der FG auch selbst Filialen führt, könnte man durch ein geeignetes Benchmarking den FN vom Gesamtrisiko der Franchise-Kette entlasten, was die Risikoverteilung deutlich verbessert.

Da generell eine konkurrierende Beziehung zwischen den Teilzielen Risikoteilung und Vermittlung von Anreizen besteht,[91] reicht es hier aus, die **Anreizwirkung** pauschal zu beurteilen. Demnach ist Franchising diesbezüglich viel besser als das divisionale Großunternehmen, aber geringfügig schlechter als einzelne Läden.

Kennzeichnend für das Franchising ist die große Bedeutung der Marke, deshalb sind der **Markenwert** und dessen Schutz in die Überlegungen einzubeziehen. Es besteht grundsätzlich die Gefahr, dass der FN eine unzureichende Qualität bereitstellt, denn hinsichtlich der Qualität gibt es positive externe Effekte. Ein Kunde verbindet seine Qualitätsvorstellungen in erster Linie mit der Marke, sodass Aufwendungen zur Qualitätssicherung oder -steigerung allen Filialen einer Franchise-Kette zugutekommen. Infolge der hohen Erfolgsbeteiligung des FN hat dieser aber den überwiegenden Teil der Aufwendungen selbst zu tragen. Dieses Problem hat ein umso größeres Gewicht, je höher der Anteil der Laufkundschaft ist; eine Kette von Autobahnraststätten mag als Extrembeispiel dienen. Externe Effekte spielen innerhalb eines Großunternehmens nur eine sehr geringe, im Falle einzelner Läden[92] überhaupt keine Rolle. Demnach ist hier ein potenzieller Nachteil des Franchising zu sehen, der entweder eine Kompensation durch anderweitige Vorteile erfordert oder dem durch gegenläufige Anreize vorzubeugen ist.

Sofern der FG auch einige Filialen in Eigenregie führt, kann er damit dokumentieren, dass er seinerseits alles Erforderliche tun wird, um den Goodwill der Kette zu schützen.

Franchise-Kontrakte sind generell durch **Sunk Costs**, also irreversible Investitionen gekennzeichnet. Überwiegend bezieht sich dies auf den FN, der Räumlichkeiten oder sonstige Gebrauchsgüter (zum Beispiel Fahrzeuge) beschaffen und für die spezifischen Zwecke der Franchise-Kette ausstatten muss. Bei Beendigung des Franchise-Vertrages lassen sich die in der Geschäftsausstattung gebundenen Mittel nicht oder nur zu einem geringen Teil wieder freisetzen. Aber auch der FG tätigt spezifische Investitionen, insbesondere in die Ausbildung und Übertragung des Know-hows an den FN, gegebenenfalls auch in Form einer Beteiligung an den Ausstattungsinvestitionen des FN.

---

[91] Vgl. Abschnitt 5.1.3.5.
[92] Bei einzelnen Läden erschwert allerdings ein Sortiment von Produkten mehrerer Hersteller den Vergleich.

Geht eine Partei spezifische Investitionen ein, erzielt sie in der Folge eine Quasi-Rente und ist der Gefahr einer Ausbeutung ausgesetzt. Daher schützt eine Integration spezifische Investitionen, weil die Ausbeutungsmöglichkeit dann keine Rolle mehr spielt. Wiederum scheint hier eher ein Nachteil als ein Vorteil der Konstruktion Franchising gegenüber dem integrierten Großunternehmen vorzuliegen.

Zu beachten ist jedoch, dass **beiderseitige Quasi-Renten** die Gefahr des Verlustes von Quasi-Renten mindern und das gemeinsame Interesse an der erfolgreichen Fortführung der Kooperation verstärken. Generell kann man zwar vermuten, dass die spezifischen Investitionen des FN ein größeres Gewicht haben. Aber auch diese Konstellation muss im Ergebnis kein Nachteil sein, sondern kann zu einer ausgewogenen Machtbalance zwischen FG und FN führen. Durch die Drohung, dem FN einen Teil der Quasi-Renten zu entziehen, kann der FG der Gefahr einer mangelnden Pflege der Marke vorbeugen. Die Drohung mit der Vertragsbeendigung ist eine wirksame Sanktion zur Abwendung einer unzureichenden Qualität. Was für sich genommen vielleicht einen Nachteil darstellt, kann sehr wohl Bestandteil eines gut funktionierenden Paketes sein.

Neben diesem Argument haben die beiderseitigen spezifischen Investitionen auch einen gewissen **Signalcharakter**.[93] Die Bereitschaft, spezifische Investitionen einzugehen, zeugt nämlich von dem Willen, eine langfristige Partnerschaft einzugehen. Eigene Filialen des FG unterstützen diese Signale. Zudem spielen beiderseitige spezifische Investitionen auch im Verhältnis zu den Kunden eine wichtige Rolle, denn sie wirken wie eine Versicherung gegen eine Qualitätsverschlechterung. Die spezifischen Investitionen rentieren sich nur dann, wenn die Marke eine andauernde Qualitätsprämie herbeiführt.

Franchising hat, verglichen mit einzeln stehenden Kleinunternehmen, eine nicht zu vernachlässigende **Wettbewerbswirkung**. Dies ergibt sich nicht allein aus größen- oder marktanteilsabhängigen Möglichkeiten zur Preissetzung. Angesichts einer Qualitätsunsicherheit kann ein FN mit der starken Marke einer Franchise-Kette schon bei Markteintritt eine Qualitätsprämie erzielen. Gegenüber einem völlig unabhängigen Geschäft hat der FN also einen Wettbewerbsvorteil.

Relativ zu einem divisional organisierten Großunternehmen könnte Franchising eine Attraktivität auf solche Individuen ausüben, die aufgrund persönlicher Präferenzen eine **selbständige Tätigkeit** einem Angestelltenverhältnis vorziehen. Solchen Individuen könnte der FG im Ergebnis eine geringere Gesamtentlohnung für alle eingesetzten Ressourcen zugestehen, als es bei einem Großunternehmen der Fall wäre. Angesichts der hohen Arbeitslosigkeit sollte man je-

---

[93] *Dnes* (1992).

doch nicht die dem FG zufallende Möglichkeit verschweigen, „eigentlich" angestellte Arbeitnehmer in eine Scheinselbständigkeit zu drängen und auf diese Weise Sozialabgaben einzusparen.

Insgesamt erweist sich Franchising als eine hybride Organisationsform, die auch im Hinblick auf Wissen und Informationsfluss Elemente der Zentralisierung und der Dezentralisierung miteinander verbindet. Aufgrund der stärkeren Bindung des FN an seine Filiale, verglichen mit einem angestellten Filialleiter eines Großunternehmens, lässt sich eine bessere Ausnutzung dezentral vorhandenen Wissens (beispielsweise über regional oder lokal spezifische Kundenbedürfnisse) vermuten. Zusammenfassend lässt sich festhalten:

> Franchising ist gekennzeichnet durch sich gegenseitig wirksam ergänzende Elemente einer institutionellen Ausgestaltung. Diese **Komplementarität** erst macht die Attraktivität des Franchising aus.[94]

6.4 Gestaltung der Leistungstiefe

6.4.1 Das Problem

Ähnlich wie Absatz und Beschaffung zwei Seiten derselben Medaille sind, stellt sich die Frage nach der Leistungstiefe stets in Bezug auf die **Rückwärtsintegration** (also die Einbeziehung vorgelagerter Produktionsstufen in das Leistungsprogramm des Unternehmens) und die **Vorwärtsintegration** (also die Einbeziehung nachgelagerter Stufen oder der Absatzkanäle). Im Weiteren rücken wir, um nicht stets die Zweiseitigkeit betonen zu müssen, die Entscheidung über die Rückwärtsintegration in den Mittelpunkt, das heißt die Entscheidung über **Eigenfertigung oder Fremdbezug**.

Die Entscheidung über Eigenfertigung oder Fremdbezug (bzw. gleichbedeutend über „Make or Buy" oder über Outsourcing) steht nur dann zur Debatte, wenn sich die einzelnen Stufen des Produktionsprozesses technisch separieren lassen. Anderenfalls ist die Eigenfertigung zwingend. Hingegen muss es nicht auf Dauer ein Hindernis für den Fremdbezug darstellen, wenn es gegenwärtig keinen externen Hersteller entsprechender Vorprodukte gibt. Sofern es sich um eine vorteilhafte Arbeitsteilung handelt, ist es möglich, einen externen Hersteller zur Produktion dieser Vorprodukte zu bewegen. Ebenso wenig stellt ein Mangel an Know-how langfristig gesehen ein Hindernis für die Eigenfertigung dar, da Know-how auf Dauer gesehen ein endogenes Merkmal ist.

Die Entscheidung über die Leistungstiefe ist demnach dadurch gekennzeichnet, dass sie nicht bei der Unternehmensgründung ein für alle Mal zu treffen ist.

---

[94] *Posselt* (2001), S. 138 ff.

Vielmehr ist in Kenntnis eingetretener und erwarteter Entwicklungen der Technik oder der Märkte stets von neuem darüber zu befinden. Deshalb ist die Fragestellung in beiden Richtungen interessant: Soll ein bisher selbst erstelltes Vorprodukt auch künftig Teil des eigenen Leistungsprogramms sein? Soll ein bisher fremdbezogenes Vorprodukt auch künftig extern bereitgestellt oder nunmehr selbst erstellt werden? Wie immer in diesem Buch subsumieren wir, wenn von Vorprodukten die Rede ist, stets auch für die Leistungserstellung erforderliche Dienstleistungen.

> Drei wesentliche Determinanten beeinflussen die Entscheidung über die Leistungstiefe: Produktionskosten, Wettbewerbseffekte und Koordinationsaspekte.

Die Argumente legen für sich genommen nicht immer dieselbe Lösung nahe. Deshalb sind sie mit ihrer Gesamtwirkung zu beurteilen.

6.4.2 Produktionskostenargumente

In diesem Abschnitt unterstellen wir, dass die Wahl zwischen Eigenfertigung und Fremdbezug die Erlöse nicht beeinflusst. Dann sind die Produktionskosten bei Eigenfertigung zu vergleichen mit den Kosten bei Fremdbezug; die Alternative mit den geringeren Kosten ist die günstigere. Es ist nicht von vornherein klar, welche Kosten unter den Produktionskosten zusammenzufassen sind. Dies betrifft sinnvollerweise Kosten, die von der Entscheidung über Eigenfertigung oder Fremdbezug abhängen (***relevante Kosten***). Daher ist zu überprüfen, welche Kosten tatsächlich variabel sind.

Zunächst nehmen wir eine ***kurzfristige Betrachtung*** vor. Dabei ist nur für einen einzelnen Auftrag zu entscheiden, ob die Eigenfertigung kostengünstiger ist als der Fremdbezug oder nicht. Alle anderen Aspekte gelten als gegeben. Diese Entscheidungsmöglichkeit stellt sich offenbar nur dann, wenn das Unternehmen technisch und vom Know-how her in der Lage ist, die entsprechenden Vorprodukte zu fertigen, es zugleich aber Marktangebote solcher Vorprodukte gibt. Am ehesten ist dies bei vielseitig verwendbaren, wenig spezifischen Teilen der Fall. Zudem ist bei einer kurzfristigen Betrachtung die Kapazität keine Variable, sondern eine vorgegebene Größe. Auf Basis dieser kurzfristig angemessenen Überlegungen sollten keine längerfristig bindenden Grundsatzentscheidungen erfolgen. Bei innerbetrieblicher Bearbeitung von Fertigungsaufträgen besteht jedoch die Gefahr, dass der intendierten Wirkung nach kurzfristige Entscheidungen aufgrund der organisatorischen ***Eigendynamik*** eine längerfristige Bindung entfalten. Dies erhöht Vorbehalte gegen die Eigenfertigung.

Sofern es hinreichende freie Kapazitäten zur Fertigung der in Rede stehenden Vorprodukte gibt, zählen ***kapazitätsbezogene Kosten*** (insbesondere also

Kapitalkosten, Abschreibungen auf die Anlagen und Personalkosten, soweit es sich um Zeitlöhne handelt) nicht zu den entscheidungsrelevanten Kosten, weil sie unabhängig von der Annahme eines weiteren Produktionsauftrages anfallen. Daher sind die Kosten der externen Beschaffung (Stückpreis mal Menge) zu vergleichen mit dem Kostenzuwachs bei Eigenfertigung. Im Wesentlichen besteht letzterer aus den Materialkosten und sowie gegebenenfalls den Akkordlöhnen. Es ist leicht einzusehen, dass bei einem solchen Vergleich die Eigenfertigung häufig vorteilhaft ist. Allerdings darf man nicht übersehen, dass diese Alternative nur für bestimmte Typen von Vorprodukten in Frage kommt. Außerdem sollte das Vorhandensein freier Kapazitäten kein dauerhaftes Phänomen sein. Dann wäre es nämlich besser **Kapazitäten abzubauen**, und die Voraussetzung für die Zweckmäßigkeit des kurzfristigen Kostenvergleichs wäre nicht mehr erfüllt.

Wenn im Unternehmen hinreichende freie Kapazitäten nicht zur Verfügung stehen, scheint kurzfristig die Möglichkeit der Eigenfertigung auszuscheiden. Es gilt jedoch zu überlegen, ob sich durch einen Verzicht auf andere Produktionsaufträge (das kann auch heißen: durch deren Aufschub) die erforderlichen Kapazitäten freistellen lassen. Auch in diesem Fall sind die Kapazitätskosten natürlich nicht entscheidungsrelevant. Allerdings sind **Opportunitätskosten** für die Inanspruchnahme eines Engpassfaktors anzusetzen. Sie resultieren entweder aus dem entgangenen Ertrag, weil infolge der Verdrängung eines Produktionsauftrages die damit verbundenen Umsätze entfallen (insofern ist die obige Annahme konstanter Erlöse zu relativieren), oder aus Kostensteigerungen infolge des Fremdbezugs anderer bisher selbst erstellter und nunmehr fremdbezogener Vorprodukte.

Bei einer **langfristigen Betrachtung** ist es nicht sinnvoll, von gegebenen Kapazitäten auszugehen. Im Gegenteil ist stets zu überlegen, ob sich durch Auslagerung der Fertigung von Vorprodukten Kapazitäten verringern lassen oder ob es sich lohnt, die Kapazität zu erweitern und weitere Vorprodukte selbst zu erstellen. Bei solchen langfristig wirksamen Entscheidungen ist es wichtig, sich nicht vom Status quo binden zu lassen, sondern vorteilhafte Änderungen zielgerichtet anzugehen. Langfristig gibt es demnach kaum Kosten, die nicht entscheidungsrelevant wären. Aufgrund der Langfristigkeit darf man auch die zeitliche Dimension der Erfolgskomponenten nicht vernachlässigen. Deshalb sind die Verfahren der **dynamischen Investitionsrechnung** dem einfachen Gewinnvergleich vorzuziehen.[95]

Jüngere Untersuchungen kommen zum Ergebnis, dass häufig eine Verringerung der Leistungstiefe von Vorteil ist. Dies ist ein wesentlicher Baustein der sogenannten **Lean Production**. Im Kern lässt sich dieses Urteil auf die bei Be-

---

[95] Vgl. Abschnitt 7.2.1.2.

schränkung auf **Kernkompetenzen** erzielbaren Spezialisierungsvorteile zurückführen, die einen fühlbaren Wettbewerbsvorteil ermöglichen. Die Rückbesinnung auf diesen einfachen und alten Gedanken ergab sich aus dem Fehlschlag der in den 70er Jahren propagierten Diversifikationsstrategien.[96] Ein etwas jüngeres Beispiel ist der Versuch der Errichtung eines „integrierten Technologiekonzerns" (Daimler-Benz), der schließlich mit einer Entflechtung endete. Typisch für Diversifikationsstrategien ist die Zusammenfassung unterschiedlicher Produktionen unter dem Dach eines Unternehmens. Die empirischen Beobachtungen belegen jedoch eine häufige Unterschätzung der damit verbundenen Koordinationsprobleme.

Ein weiteres Argument gegen eine hohe Leistungstiefe ist die erforderliche **Kapital- und Personalbindung**. Problematisch daran sind Schwierigkeiten bei der Freisetzung; bei Kapital ist dies angesichts spezifischer Investitionen nur zum Teil möglich, bei Personal teilweise überhaupt nicht. Da die Kosten für den Einsatz dieser Faktoren unabhängig vom Umfang der erstellten Leistungen anfallen, unterliegt bei einer großen Leistungstiefe der Erfolg des Unternehmens einem erheblichen Beschäftigungsrisiko, weil einem Rückgang der absetzbaren Leistungen keine entsprechende Kostensenkung gegenübersteht.

6.4.3 Wettbewerbsargumente

Es ist möglich, dass auf dem Markt für Vorprodukte nur wenige externe Lieferanten zur Verfügung stehen. In diesem Fall enthalten die Vorproduktpreise neben den Kosten einen Gewinnaufschlag. Die Internalisierung dieser Gewinne ist ein regelmäßig erwähnter Pluspunkt der Eigenfertigung. Schon die *Möglichkeit*, zur Selbsterstellung überzugehen (also die potenzielle Konkurrenz), erschwert es dem Lieferanten, hohe Preise durchzusetzen. Allerdings ist dieser Vorteil der Bereitstellung von Kapazitäten und Know-how zur Schaffung einer potenziellen Konkurrenz zu relativieren. Denn gerade bei wenig spezifischen und leicht fremdbeziehbaren Vorprodukten ist zu vermuten, dass auf den betreffenden Märkten intensiver Wettbewerb herrscht und die möglicherweise einzusparenden Gewinnspannen niedrig sind.

Der Fremdbezug beeinflusst aber auch die eigene Wettbewerbsposition. Eine sehr ausgeprägte **Beschränkung auf Kernkompetenzen** kann selbst dann zum Verzicht auf die Erstellung der Vorprodukte führen, wenn mit deren Fertigung der Erwerb von Know-how für auch in der Zukunft erfolgträchtige Produktionen verbunden wäre. In diesem Fall impliziert Fremdbezug eine schleichende Verschlechterung der eigenen Wettbewerbsposition, weil der Anschluss an technologische Entwicklungen verloren geht.

---

[96] Vgl. *Berger/Ofek* (1995).

Schließlich kann es eine hohe Leistungstiefe mit sich bringen, dass sich eine Veränderung des Produktionsprogramms nur schwer durchsetzen lässt. Geht man davon aus, dass einmal eingerichtete Stellen stets ein erhebliches **Beharrungsvermögen** entwickeln, hat dies nicht nur kostenmäßige Auswirkungen sondern setzt zugleich die Flexibilität des Unternehmens herab, also die Fähigkeit, sich veränderten Marktbedingungen anzupassen. Daher droht bei einer zu hohen Leistungstiefe auch ein Rückgang der Erlöse. Die Aufrechterhaltung einer hinreichenden Flexibilität ist auch bei der Entscheidung über die Leistungstiefe ein wichtiges Kriterium.

6.4.4 Koordinationsargumente

In den voranstehenden Kapiteln dieses Buches haben wir ausführlich belegt, dass die Koordination von Entscheidungen Kosten erfordert und auch die Erlöse beeinflusst. Die transaktionskostentheoretischen Überlegungen zur vertikalen Integration wirtschaftlicher Aktivitäten[97] lassen sich unmittelbar übertragen auf die Frage „Eigenfertigung oder Fremdbezug".

Wichtige Erkenntnisse waren:

> Die Hierarchie (hier also die Eigenfertigung) ist tendenziell dann von Vorteil
> - bei Einsatz **spezifischer** Ressourcen,
> - bei **häufiger** Abwicklung von Transaktionen und
> - wenn infolge eines **unsicheren** Transaktionsumfeldes ein regelmäßiger Anpassungsbedarf besteht.

Die letzte Aussage ist insofern zu relativieren, als es auch in einer Hierarchie schwierig sein kann, Veränderungen durchzusetzen. Zwar haben nachgelagerte Hierarchiestufen Weisungen grundsätzlich zu befolgen, dennoch können sie unangenehmen Anordnungen ein gewisses Maß an „passivem Widerstand" entgegensetzen.

Infolge der fundamentalen Transformation[98] kann sich auch das entgegengesetzte Problem ergeben: Nachdem ein Lieferant mit günstigen „Einführungskonditionen" für spezifische Vorprodukte einen Abnehmer dazu veranlasst hat, auf die Einrichtung der Möglichkeiten zur Selbsterstellung zu verzichten, ist der Abnehmer zumindest kurzfristig unter Umständen stärker von der Belieferung abhängig als der Lieferant vom Absatz. Beispielsweise standen bei Ford tagelang die Fließbänder still, weil sich die Verhandlungen über Anschlussverträge

---

[97] Vgl. Abschnitt 4.5.3.2.
[98] Vgl. Abschnitt 6.2.4.1.

mit dem Hersteller der Türschlösser in die Länge zogen.[99] Da es sich nach der fundamentalen Transformation um ein bilaterales Monopol handelt, hängt die Verteilung der Kooperationsüberschüsse auch von der Dringlichkeit des Kooperationserfolges ab.[100] Im zuletzt beschriebenen Fall ist es dem Lieferanten möglich, für Anschlusslieferungen günstigere Konditionen durchzusetzen, und der Fremdbezug könnte sich ex post als die nicht vorteilhafte Alternative erweisen. Wiederum zeigt sich, warum *investitionsrechnerische Verfahren* erforderlich sind, die nicht nur kurzfristige Kostenvergleiche, sondern sämtliche Folgen im Rahmen des zeitlichen Horizonts eines Projekts erfassen.

Bei dieser Gegenüberstellung von Idealtypen kommt die Einbeziehung von solchen Koordinationsformen zu kurz, die weder in der Vollintegration noch im generellen Fremdbezug bestehen. Es gibt jedoch auch Koordinationsformen, die zwischen Markt und Hierarchie liegen.[101]

Dazu zählen *langfristige Lieferverträge*, die nicht nur Liefermengen, sondern auch Lieferkonditionen festlegen. Dadurch lassen sich die spezifischen Investitionen eines externen Lieferanten absichern. Zugleich ist gewährleistet, dass ein Lieferant keine überzogenen Anschlussforderungen stellt, wenn für die Aufrechterhaltung der Belieferung nur noch er in Frage kommt. Bei einem langfristigen Liefervertrag handelt es sich allerdings um eine wenig flexible Konstruktion, da zur Abänderung einmal abgeschlossener Verträge eine beiderseitige Zustimmung erforderlich ist.

Erforderliche Vorleistungen für die Erstellung und den Einsatz von Vorprodukten sind *Forschungs- und Entwicklungsaktivitäten*. Forschung und Entwicklung können auch in einer Kooperation zwischen Lieferant und Abnehmer mit der Organisationsform eines eigenständigen, gemeinsamen Tochterunternehmens (Joint Venture) erfolgen. Eine solche Lösung hat den Vorteil, dass für beide Unternehmen der Zugang zum Know-how gewährleistet ist, ohne die Koordinationserschwernisse einer Vollintegration in Kauf zu nehmen. *Joint Ventures* sind durch eine beiderseitige Kapitalbeteiligung und eine beiderseitige Beteiligung am Residuum gekennzeichnet. Deshalb gibt es für beide Partner Anreize, nicht nur spezifische Investitionen, sondern im weiteren Verlauf der Kooperation laufende Inputs zu erbringen. Dies gilt auch dann, wenn sich infolge einer asymmetrischen Informationsverteilung deren Einsatz vertraglich nicht erzwingen lässt.[102] Zwar kann man vertraglich festlegen, wieviel Personal die beiden Mütter für das Joint Venture abstellen müssen. Eine besondere Kompetenz oder Motivation dieser Mitarbeiter muss jedoch der Anreizverträglichkeit genügen. Die Vermittlung von Anreizen für beide Seiten ist besonders dann

---

[99] Der Spiegel vom 22.06.1998, S. 84 f.
[100] Vgl. Abschnitt 3.4.1.2.
[101] *Hemmert* (1999).
[102] *He* (1998).

wichtig, wenn für einen Erfolg der Kooperation Beiträge beider Partner unverzichtbar sind.[103] Ähnliche Wirkungen wie ein solches Joint Venture hat offenbar eine gegenseitige Kapitalbeteiligung.

Zu den Koordinationsargumenten gehört auch, dass sich einmal eingerichtete Stellen oft nur unter erheblichen Schwierigkeiten wieder abbauen lassen. Auch innerhalb einer Hierarchie gelingt dies trotz Anwendung des Weisungsprinzips nicht ohne weiteres, weil es gerade bei einem Anwachsen der Hierarchie erforderlich ist, immer mehr Aufgaben zu delegieren. Mit der **Delegation** ist unvermeidlich ein Informationsverlust der Zentrale verbunden, sodass dies bei zentral gesteuerten Entscheidungen über Schließung oder Verkleinerung einer Abteilung auf Kosteninformationen dieser Abteilung zurückgreifen muss. Naturgemäß neigen Vertreter einer Fertigungsabteilung dazu, die Fertigungskosten so gering wie möglich auszuweisen, was aufgrund zahlreicher Messprobleme innerhalb gewisser Grenzen auch möglich ist. Das Gleiche gilt für das Personal in der Beschaffungsabteilung mit Bezug auf die Beschaffungskosten.

Ein letztes Argument gegen einen voreiligen Übergang zur Eigenfertigung, der mit einem Aufbau von Kapazitäten verbunden ist, liegt im Arbeitsrecht. Die Auszahlungen für die mit dem Abbau von Personal verbundenen *Sozialpläne* haben letztlich die Eigenschaft von Investitionen in die betriebliche Flexibilität. Mit jedem Aufbau neuer Personalkapazitäten verringert sich die Rentabilität dieser Investition. Diese Überlegung erhöht die Mindestanforderung an die Vorteile der Eigenfertigung.

Wiederholungsfragen und Übungsaufgaben

Lösungshinweise *https://online.mohr.de/elib/neus*.

Aufgabe 6.1

Auf einem Gebrauchtwagenmarkt stehen zwei Autos unterschiedlicher Qualität zum Angebot. Das gute Auto hat einen Wert von 6.000 €, das schlechte einen Wert von lediglich 4.000 €. Potenzielle Käufer können die Qualität der Autos nicht einschätzen. Die Anbieter überlegen daher, ob sie durch eine Garantie die Qualität ihres Autos signalisieren können. Die erwarteten Kosten für die Garantie betragen bei dem guten Auto 500 €, bei dem schlechten Auto 3.000 €.
a) Welche Voraussetzungen müssen für ein Signalgleichgewicht erfüllt sein?
b) Wie sieht hier das Gleichgewicht aus?

---

[103] *Grossman/Hart* (1986).

Aufgabe 6.2

Ein Maschinenbauunternehmen sieht sich der inversen Preis-Absatz-Funktion $p = 12.600 - 5x$ gegenüber, wobei x für die monatliche Produktionsmenge steht. Die Produktionsfunktion lautet $x = 2\sqrt{a}$, wobei a die Anzahl der insgesamt geleisteten Arbeitsstunden abbildet. Der zu zahlende Stundenlohn beträgt $\ell = 25$. Die sonstigen, nicht beeinflussbaren Kosten betragen 2,7 Mio. € je Monat.

a) Wie hoch ist die monatliche Arbeitsnachfrage des Unternehmens in Stunden?

b) Der repräsentative Arbeiter bewertet die von ihm täglich zu leistenden Arbeitsstunden a^* mit der Nutzenfunktion $u(a^*) = \ell a^* - 1{,}5625 a^{*2}$. Wie viele Arbeitnehmer muss das Unternehmen bei dem Stundenlohn von 25 € einstellen, wenn ein Monat 20 Arbeitstage hat?

c) Welche Wirkung hätte ein sich erhöhender Stundenlohn?

Aufgabe 6.3

Der Markterfolg zweier Unternehmen hängt von deren Investitionsvolumina ab, wobei es wechselseitige Rückwirkungen der Investitionen gibt. Für die Einzahlungsüberschüsse z_i in Abhängigkeit der Investitionsauszahlungen I_i gilt

$$z_i = 2{,}26 I_i - 0{,}06 \left(I_i^2 + I_i I_{3-i} \right) \quad (i = 1, 2).$$

Beide Unternehmen wollen den Endwert, also den Einzahlungsüberschuss abzüglich des verzinsten und getilgten Investitionsbetrages, maximieren. Der Kapitalkostensatz beträgt bei Unternehmen 1 $r_1 = 8\%$, bei Unternehmen 2 $r_2 = 10\%$.

a) Ermitteln Sie die optimalen Investitionsbeträge für die beiden Unternehmen, wenn sie ihre Investitionspläne gleichzeitig festlegen (*Cournot-Nash*-Verhalten).

b) Ermitteln Sie die Investitionspläne, wenn Unternehmen 1 sich zuerst entscheidet und Unternehmen 2 dies beobachten kann (*Stackelberg*-Verhalten). Gehen Sie nun davon aus, dass in Unternehmen 2 nicht die Eigentümer die Investitionsentscheidungen treffen, sondern ein angestellter Manager mit erfolgsabhängiger Entlohnung. Die (unternehmensinterne) Erfolgsbemessung beruht nicht auf dem Kapitalkostensatz, sondern auf einem kalkulatorischen Zins von $\hat{r}_2 = 7\%$.

c) Wie hoch sind die Investitionsbeträge, wenn die interne Regelung in Unternehmen 2 den Entscheidern in Unternehmen 1 bekannt sind?

d) Die Eigentümer von Unternehmen 1 kommen nun auf die Idee, die Regelung der Unternehmen 2 zu imitieren, einen Manager zu beschäftigen und ihn auf Basis eines internen kalkulatorischen Zinsfußes von $\hat{r}_1 = 5\%$ zu entlohnen. Wie hoch sind nun die Investitionen? Wie hoch sind die Gewinne der beiden Unternehmen?
e) Würde die Lösung unter d) auch gelten, wenn in Unternehmen 1 nach wie vor die Eigentümer selbst die Entscheidungen treffen?
f) Was ergäbe sich, wenn beide Unternehmen Manager engagieren, diesen aber die internen Kalkulationen der jeweils anderen Unternehmen nicht bekannt wären?

Aufgabe 6.4

a) Mit welchen Argumenten lässt sich begründen, dass individuelle Lohnpfade von Arbeitnehmern ansteigend sein sollten, selbst wenn die Produktivitätsentwicklung bereits rückläufig ist?
b) Welche Probleme könnten sich aus ansteigenden Lohnpfaden für den Arbeitgeber und für den Arbeitnehmer ergeben? Wie kann man diesen Problemen begegnen?

Aufgabe 6.5

Einem Wirtschaftsprüfer fallen bei der erstmaligen Prüfung eines bestimmten Unternehmens Kosten in Höhe von 60 an. Weil er anschließend das Unternehmen bereits kennt, liegen die Kosten für erneute Prüfungen dieses Unternehmens niedriger und betragen 50. Nach fünf Prüfungen erfolgt ein zwingender Prüferwechsel.

a) Wie hoch muss die in den fünf Jahren konstante jährliche Prüfungsgebühr sein, damit der Prüfer seine Kosten gerade decken kann? Der Kalkulationszinsfuß beträgt 10%.
b) Wie hoch ist die (Quasi-) Rente, die der Wirtschaftsprüfer in den Folgeperioden (2, ..., 5) jeweils erzielt?
c) Ist angesichts dieser Konstellation die Unabhängigkeit des Prüfers von seinen Mandanten gewährleistet?

Aufgabe 6.6

a) Was versteht man unter „Lean Production"?
b) Welche Probleme sehen Sie bei der konsequenten Umsetzung dieser Idee?

Aufgabe 6.7

Auf einem Markt für ein Konsumgut hängt der Preis p von der insgesamt abgesetzten Menge x ab. Es gilt der Zusammenhang $p = 360 - 0{,}2x$. Die für alle potenziellen Anbieter einzig verfügbare Produktionstechnologie führt zu der Kostenfunktion $k = 9.000 + 0{,}1x^2$.
a) Welche Menge x_0 würde ein Monopolist absetzen?
b) Welche Menge x^* eines Anbieters kennzeichnet unabhängig von der Anzahl der Anbieter das **Produktionsoptimum** (also diejenige Menge, bei der die Stückkosten minimal sind)?
c) Wie hoch müsste die Anzahl n der Anbieter sein, damit bei jeweils effizienter Produktion und unter Wettbewerbsbedingungen (also unter Vernachlässigung der Preiswirkungen des eigenen Absatzes) genau das Gesamtangebot abgesetzt werden kann?

Aufgabe 6.8

Gesetzliche Regelungen zur Beamtenbesoldung sehen als Regel eine gleiche Entlohnung von Hochschullehrern (zum Beispiel) für Betriebswirtschaftslehre und (zum Beispiel) für Philosophie vor.
Was spricht aus personalwirtschaftlicher Sicht für, was gegen eine solche Praxis? (Legen Sie die Prämissen für Ihre Argumentation offen.)

Aufgabe 6.9

Zwei Unternehmen stellen identische Produkte her und konkurrieren auf dem Absatzmarkt. Die Kostenfunktionen lauten $k_i = 267 + 17x_i$ ($i = 1,2$). Die inverse Preis-Absatz-Funktion hat die Gestalt $p = 71 - (x_1 + x_2)$.
a) Bestimmen Sie den maximalen Gewinn für jedes der Unternehmen bei Mengenpolitik.
b) Die beiden Unternehmen denken über eine Fusion nach. Nach der Fusion entstehen Fixkosten je Periode von 619. Allerdings sind auch die Wettbewerbswirkungen zu beachten. Lohnt sich die Fusion?

Aufgabe 6.10

Auf dem Markt für Rasenmäher herrscht vollkommene Konkurrenz, das heißt, die Preise stimmen mit den für die Unternehmen entstehenden Kosten überein. Zwei Produktvarianten stehen im Angebot, die sich hinsichtlich ihrer Sicherheit im Gebrauch unterscheiden. Modell A ist idiotensicher, es kann keinesfalls ein Unfall passieren. Die Produktionskosten betragen 400 €. Bei Modell B hängt es von der Sorgfalt der Benutzung ab, ob ein Unfall passiert oder nicht. Zugleich ist Modell B billiger in der Herstellung, es kostet 300 €. Bei sorgfältiger Nutzung kann auch hier nichts passieren, bei Leichtsinn kommt es jedoch mit einer Wahrscheinlichkeit von 0,15% zu einem Unfall. Es ist davon auszugehen, dass die Hälfte der Nutzer leichtsinnig ist. Wie schwer sich der Unfall auswirkt, hängt von der beruflichen Tätigkeit des Verunfallten ab. Wiederum bei je der Hälfte der Nutzer beträgt der Schaden 80.000 € bzw. 240.000 €. Schadenshöhe und Leichtsinn sind unabhängig voneinander verteilt.

a) Wenn die Käufer den Schaden selbst tragen müssen, welcher Käufertyp präferiert das sichere Modell, wer kauft den billigen Mäher?
b) Welches Produkt wird angeboten, wenn die Hersteller die Kundentypen beim Verkauf nicht unterscheiden können und den Kunden den Schaden ersetzen müssen?
c) Welche der Lösungen führt zu den geringeren gesamtwirtschaftlichen Kosten (Produktionskosten und erwartete Schäden)?

Aufgabe 6.11

Zwei Unternehmen bieten heterogene Güter an, die einander teilweise substituieren. Für die (symmetrischen) Preis-Absatz-Funktionen gilt:

$$x_i = 400 - 12p_i + 8p_{3-i} \quad (i = 1, 2).$$

Die Stückkosten stimmen überein, sind konstant und betragen 40.

a) Gehen Sie davon aus, dass beide Unternehmen einen Preiswettbewerb führen und dabei ihre Preise gleichzeitig festlegen. Wie lauten die gewinnmaximalen Preise sowie die zugehörigen Mengen und Gewinne?
b) Ermitteln Sie aus den obenstehenden Preis-Absatz-Funktionen das Gleichungssystem, das die inversen Preis-Absatz-Funktionen beschreibt.
c) Welche Absatzmengen erweisen sich als gewinnmaximal, wenn beide Unternehmen ihre Absatzmengen als Entscheidungsvariable einsetzen?
d) Vergleichen Sie die Reaktionsfunktionen im Fall der Preispolitik und der Mengenpolitik. Versuchen Sie, die ökonomische Logik herauszuarbeiten: Wie (und warum) reagiert der jeweilige Konkurrent auf ein aggressives Marktverhalten, also eine Preissenkung bzw. eine Mengenanhebung?

Aufgabe 6.12

a) Grenzen Sie Such- und Erfahrungseigenschaften voneinander ab.
b) Geben Sie jeweils wenigstens zwei Beispiele.
c) Welche Maßnahmen kommen in Frage, um bei Erfahrungsgütern eine gute Projektqualität zu signalisieren?

Aufgabe 6.13

Ein vom Unternehmer U geleitetes Unternehmen hat einen ohne weiteres nicht mehr absetzbaren Bestand an Fertigprodukten eines Auslaufmodells mit dem Gesamtwert von 150.000 € (Produktionskosten). Im Rahmen organisatorischer Umgestaltungen will U einen Vertreter V engagieren, um wenigstens einen Teil der Waren verkaufen zu können. Für die Entlohnung von V stehen drei Modelle zur Diskussion:
- eine erlösunabhängige Entlohnung von $\ell_1 = 25.000$,
- eine erlösabhängige Entlohnung in Höhe der Hälfte des Erlöses e: $\ell_2 = 0{,}5e$,
- eine völlige Abtretung des Erlöses e an V gegen ein Fixum, das V an U zu zahlen hat: $\ell_3 = e - 120.000$.

Der durch V herbeigeführte Erlös e hängt von dessen Zeiteinsatz t ab: $e = 8.000\sqrt{t}$. Bei dem Einsatz von Zeit entstehen dem V Opportunitätskosten in Höhe von $k = 80t$.

Bei der Beurteilung der genannten Entlohnungsmodelle ist zu beachten, dass zwar der erzielte Erlös, nicht aber der Zeiteinsatz verifizierbar ist. V ist an der Maximierung seines individuellen Gewinns g_V interessiert. U orientiert sich an seinem Nettoerlös g_U (nach Entlohnung des V).

a) Welches Entlohnungsmodell ist aus Sicht von U optimal? Würde V eine andere Entlohnungsform vorziehen?

Gehen Sie nun davon aus, dass der Erlös, anders als bisher angenommen, unsicher ist. Nach gemeinsamen Überlegungen von U und V lässt sich der Zufallseinfluss durch $\tilde{e} = 8.000\sqrt{t} + \tilde{\varepsilon}$ abschätzen, wobei $\tilde{\varepsilon}$ eine Zufallsvariable mit Erwartungswert $\mu_\varepsilon = 0$ und Standardabweichung $\sigma_\varepsilon = 30.000$ ist. Gehen Sie weiter davon aus, dass U risikoindifferent ist. Hingegen ist V risikoavers und bewertet seinen Gewinn g_V mit der Nutzenfunktion

$$\varphi = \mathrm{E}\{g_V\} - \frac{\mathrm{Var}\{g_V\}}{10.000}.$$

b) Welche Entlohnungsform ziehen U und V unter den modifizierten Bedingungen vor?
c) Erklären Sie den Unterschied zwischen den Lösungen unter a) und b).
d) Bestimmen Sie die aus Sicht des U optimale Entlohnungsfunktion aus der Klasse der linearen Entlohnungsfunktionen $\ell = \alpha + \beta e$. Beachten Sie dabei, dass V nicht zur Mitarbeit gezwungen werden kann.

Aufgabe 6.14

Einem Argument zufolge engen Franchise-Verträge die Franchisenehmer über Gebühr ein. Daher sind diese lediglich scheinbar selbständig.
Welche Argumente kann man dieser Behauptung entgegenhalten?

Aufgabe 6.15

Beurteilen Sie, ob die folgenden Aussagen richtig oder falsch sind.
a) Ein ernsthaftes Problem der Entscheidung über die Leistungstiefe ist die Abgrenzung der relevanten Kosten.
b) Die menschliche Arbeitsleistung hat bei einer ökonomischen Betrachtung verglichen mit anderen Gütern keine ausgeprägten Besonderheiten.
c) Ein typisches Kennzeichen des Franchising ist die Überlassung von Nutzungsrechten an einer Marke.
d) Die Kosten für generell verwertbare Fortbildungsmaßnahmen sollten eher die Unternehmen tragen, die Kosten für unternehmensspezifische Fortbildungsmaßnahmen hingegen die Arbeitnehmer.
e) Die Kreuzpreiselastizität beschreibt die Auswirkung einer Mengenausweitung eines Produzenten auf den Absatzpreis seines Konkurrenten.
f) Das Maßnahmenbündel der internen Arbeitsmärkte hat eher die gesamte Laufbahn eines Arbeitnehmers als die Erbringung einer einzelnen Arbeitsleistung im Blick.
g) In einem Dyopol führt das Führer-Verhalten stets zu einem First Mover Advantage, das heißt, der Führer erzielt stets einen größeren Gewinn als der ihm nachfolgenden Konkurrent.
h) In einem Dyopol führt das Führer-Verhalten zu einem First Mover Advantage, das heißt, der Führer erzielt bei gleichen Kostenfunktionen einen größeren Gewinn als der ihm nachfolgenden Konkurrent.
i) Eine Implikation der Lohnfindung auf einem vollkommenen Arbeitsmarkt mit Wettbewerb ist, dass Löhne nicht schneller steigen sollten als die Produktivität, wenn die Beschäftigung nicht zurückgehen soll.
j) Aus Anreizgesichtspunkten ist eine outputbezogene Entlohnung einer inputbezogenen Entlohnung von Arbeitnehmern vorzuziehen.
k) Marketing sollte neben dem Absatz auch die Beschaffung umfassen.

Literaturhinweise

Eine ausgezeichnete Lehrbuchdarstellung zur Personalwirtschaft bieten *Milgrom/Roberts* (1992), Kapitel 10-12, sowie ausführlicher *Backes-Gellner/Lazear/Wolff* (2001). Speziell zu internen Arbeitsmärkten lohnt sich die Lektüre der zusammenfassenden Darstellung in der Dissertation von *Alewell* (1993). In einem Aufsatz argumentieren *Monissen/Wenger* (1987) für eine stärkere Einbeziehung der Marktkoordination von Arbeitsbeziehungen. Kollektive Arbeitsbeziehungen und Arbeitsrecht stehen im Mittelpunkt von *Sadowski* (2002).

Eine ausführliche Untersuchung des absatzpolitischen Instrumentariums findet sich bei *Gutenberg* (1984). Ein moderneres Standardwerk ist *Homburg/*

Küster/Krohmer (2013). Ausführungen zur Preispolitik bei homogenen und heterogenen Gütern behandeln auch Lehrbücher zur Mikroökonomik, beispielweise *Varian* (1994). Im Oligopol hängen die Marktergebnisse stark davon ab, ob die Wettbewerber eine Mengen- oder eine Preispolitik verfolgen. Für die Darstellung, Begründung und Beurteilung dieses für einen Anfänger der Wirtschaftswissenschaft nicht ganz leicht zu verstehenden Phänomens ist das Fortgeschrittenen-Lehrbuch von *Tirole* (1988, Kapitel 5) zu empfehlen. *Kaas* (1992) arbeitet die Auswirkungen der Qualitätsunsicherheit (und anderer Formen der asymmetrischen Informationsverteilung) auf die Gestaltung von Absatzbeziehungen sehr deutlich herausgearbeitet.

Die Untersuchung strategischen Verhaltens erfordert den Einsatz des spieltheoretischen Instrumentariums; insofern ist auch auf die Literaturhinweise zu Kapitel 11 zu verweisen. Eine umfassende Darstellung zum strategischen Verhalten bietet wiederum *Tirole* (1988), Teil II. Für den Leser sind die grundlegenden Ideen auch dann verständlich, wenn er nicht alle formalen Details nachvollzieht.

Eine weitergehende Analyse des Franchising aus institutionenökonomischer Sicht bietet *Posselt* (2001).

Eine vertiefte Einführung in die Frage Eigenfertigung oder Fremdbezug findet man im Aufsatz von *Picot* (1991).

Zusammenfassung

1. Arbeitsleistungen sind im Gegensatz zu allen anderen Produktionsfaktoren dadurch gekennzeichnet, dass der Arbeitgeber über sie zu keinem Zeitpunkt unabhängig vom Arbeitnehmer disponieren kann. Daneben sind ausgeprägte Informationsasymmetrien über die Qualifikation der Arbeitnehmer, deren Verhalten nach Vertragsabschluss und die Fairness der Arbeitgeber zu konstatieren.
2. Es gibt zahlreiche Möglichkeiten zur Verringerung der damit verbundenen Probleme: Zeugnisse sind Beispiele für ein Signal, mit dem sich die zunächst ungewisse Qualifikation eines Arbeitnehmers abschätzen lässt. Geeignete Entlohnungsformen schaffen Anreize für einen effizienten Arbeitseinsatz. Vor allem ermöglichen langfristige Arbeitsbeziehungen die Minderung von Koordinationsproblemen. Dies gilt für den Abbau der Informationsasymmetrien, für eine verbesserte Risikoverteilung zwischen Arbeitgeber und Arbeitnehmern sowie für Reputationseffekte.

3. Von grundsätzlicher Bedeutung nicht nur für Arbeitsbeziehungen ist die Frage, ob es angesichts existierender Marktunvollkommenheiten sinnvoll ist, das Ideal der Marktkoordination möglichst gut anzunähern. Eine Alternative besteht darin, durch eine Bündelung von für sich genommen vielleicht problematischen Einzelregelungen eine funktionierende Gesamtlösung herbeizuführen. Das Beispiel „interner Arbeitsmärkte" zeigt, dass letzteres Vorgehen von Vorteil sein kann.
4. Preispolitische Spielräume auf dem Absatzmarkt eines Unternehmens hängen im Wesentlichen davon ab, wie viele Wettbewerber auf einem Marktsegment konkurrieren und inwiefern ein angebotenes Gut aus Sicht der Kunden durch ein anderes ersetzbar ist. Besondere Aufmerksamkeit verdienen das Angebotsoligopol und der Fall heterogener Güter. In der Beziehung zwischen Unternehmen und Nachfragern treten Informationsunterschiede auf. Die Einbeziehung der Qualitätsunsicherheit seitens der Kunden trägt zur Erklärung einiger absatzpolitischer Usancen bei.
5. Im Rahmen der Absatzwirtschaft bieten sich zahlreiche Ansatzpunkte für strategisches Verhalten: Maßnahmen zur Beeinflussung von Konkurrenten, Nachfragern oder des eigenen künftigen Verhaltens brauchen unmittelbar kaum etwas mit dem absatzpolitischen Instrumentarium zu tun zu haben. Dennoch dienen sie im Ergebnis der Herbeiführung einer günstigeren individuellen Preis-Absatz-Funktion.
6. Auch im absatzwirtschaftlichen Bereich gibt es Belege für die Zweckmäßigkeit relativ komplizierter Vertragsgestaltungen, welche die Beteiligten eng aneinanderbinden, ohne eine Integration zu einem einzigen Unternehmen zu implizieren. Franchising stellt eine Vereinbarung über Absatzkanäle (teilweise unter Einbeziehung der Produktion) dar. Franchise-Verträge scheinen in einigen Punkten den Franchisenehmer zu knebeln. Solche Klauseln dienen jedoch – ähnlich wie bei internen Arbeitsmärkten – dem Schutz der Vorleistungen, die der Franchisegeber zu erbringen hat.
7. „Lean Production" (schlanke Fertigung) und Outsourcing (Fremdbezug von Vorleistungen) sind beliebte Schlagworte, um die Einschränkung der Unternehmenstätigkeit auf Kernbereiche zu begründen. Die Argumentation über die Auslagerung ist allerdings differenziert zu führen. Eine eindeutige Überlegenheit des Fremdbezugs ist keineswegs gegeben.

Schlüsselbegriffe

Akquisitorisches Potenzial
Eigenfertigung oder Fremdbezug
Franchising
Leistungsbereich
Lohnpfade
Preis-Absatz-Funktion
Preispolitik

Produktgestaltung
Qualifikation
Quasi-Rente
Signaling
Strategisches Verhalten
Werbung

Kapitel 7

Finanzbereich

Zum Inhalt von Kapitel 7

Bei den zuletzt angesprochenen leistungswirtschaftlichen Aktivitäten in einem Unternehmen besteht ein eher mittelbarer Bezug zum letztlich relevanten Einkommensziel. Einen deutlicheren Zusammenhang erkennt man bei Befassung mit den Zahlungen, die aus dem Unternehmen an die Entscheider fließen.

Im Finanzbereich steht die Zahlungssphäre des Unternehmens im Mittelpunkt des Interesses. In Abschnitt 7.1 präzisieren wir den **Untersuchungsgegenstand**. Die weitere Darstellung folgt der Unterteilung in Investition und Finanzierung.

In Abschnitt 7.2 behandeln wir **Investitionsentscheidungen**. Nach der Vorstellung einiger Grundlagen steht der Fall sicherer Erwartungen im Mittelpunkt. Zudem gehen wir von der Vereinfachung aus, dass Entscheider über Investitionen unabhängig von der Finanzierung befinden können. Diese Annahme ist recht streng, für eine Einführung in die Investitionsrechnung aber unumgänglich. Unter den verschiedenen vorgestellten Entscheidungskriterien erweist sich der **Kapitalwert** als besonders geeignet für Entscheidungen über Investitionen, weil die Maximierung des Kapitalwertes zugleich die an die Eigentümer zu verteilenden Einkommen maximiert. In das Kapitalwertkriterium lassen sich auch Steuern (sowie zahlreiche weitere, hier nicht behandelte Verallgemeinerungen) integrieren.

Während die Investitionsrechnung eher eine Entscheidungstechnik darstellt, geht es in Abschnitt 7.3 mit der **Unternehmensfinanzierung** wieder um die Kooperation zwischen Vertragspartnern. Der Schwerpunkt liegt in diesem Abschnitt, anders als bei vielen anderen Einführungen, nicht auf der Darstellung unterschiedlicher Finanzierungsformen, sondern auf deren Beitrag zur Lösung von Informations- und Anreizproblemen zwischen Kapitalgeber und Unternehmer. Nach einer allgemeinen Charakterisierung von Finanzierungsbeziehungen untersuchen wir die Idealtypen der externen Finanzierung sowie die interne Finanzierung. Angesichts der bestehenden Finanzierungsalternativen muss man **Finanzierungsentscheidungen** treffen. Obwohl praktisch kaum relevant, nehmen wir den vollkommenen Kapitalmarkt als Ausgangspunkt. Aus den Erkenntnissen über die Irrelevanz der Finanzierung auf einem vollkommenen Markt ergeben sich wichtige Determinanten für eine gute Finanzierung auf einem unvollkommenen Kapitalmarkt.

Auch im Finanzbereich von Unternehmen gibt es interessante Vertragsgestaltungen, die Einzelregelungen bündeln und Investition und Finanzierung miteinander verbinden. Gegenstand von Abschnitt 7.4 sind das **Finanzierungsleasing**, die **Venture-Capital-Finanzierung** sowie die **Projektfinanzierung**.

7.1   Ein zahlungsbezogenes Bild des Unternehmens

„Die mit der Gestaltung und Abstimmung der Zahlungsströme verbundenen dispositiven Aufgaben sind dem **Finanzbereich** der Unternehmen zuzuordnen."[1]

Aus der Sicht des Finanzbereichs ist es erforderlich, sämtliche durch Unternehmensaktivitäten ausgelöste Zahlungen zu erfassen und zu steuern. Das eingangs von Teil III dieses Buches entworfene Bild eines Unternehmens[2] reduzieren wir dafür auf die Zahlungsströme, die wir ihrerseits differenzierter behandeln. Man könnte sogar noch feiner unterscheiden und zusätzlich den **Finanzinvestitionsbereich** hervorheben. Finanzinvestitionen sind Anlagen, die nicht für den Betriebszweck vorgenommen werden, zum Beispiel also Wertpapierkäufe. Auch im Finanzinvestitionsbereich gibt es völlig analog zum Leistungsbereich Ein- und Auszahlungen sowie einen Saldo. Die einzelnen in Abbildung 7.1 bezifferten Zahlungen lassen sich wie folgt erläutern:
1. Bei **Leistungsauszahlungen** handelt es sich um Investitionsauszahlungen des Leistungsbereichs (beispielsweise für den Erwerb von Immobilien oder Maschinen) oder um laufende Auszahlungen im Zuge der Leistungserstellung (beispielsweise für Löhne oder Rohstoffe).
2. **Leistungseinzahlungen** resultieren aus den laufenden Einzahlungen des Leistungsbereichs (insbesondere den Umsatzerlösen) sowie aus Desinvestitionen (Erlöse aus dem Verkauf von im Leistungsbereich nicht mehr benötigten Vermögensgegenständen, beispielsweise für bei Erneuerung des Fuhrparks in Zahlung gegebene Pkws).
3. Der **Leistungssaldo** ist die positive oder negative Differenz zwischen Leistungseinzahlungen und Leistungsauszahlungen. Bei einer positiven Differenz ist im Finanzbereich über dessen Verwendung zu entscheiden (beispielsweise Ausschüttung an die Eigentümer, Kredittilgung oder auch eine Finanzanlage), ein negativer Überschuss bedarf einer anderweitigen Deckung durch den Finanzbereich (beispielsweise durch eine Kreditaufnahme oder eine Einlage der Eigentümer).

---

[1]   *Franke/Hax* (2009), S. 10.
[2]   Siehe Teil III, Abbildung III.1.

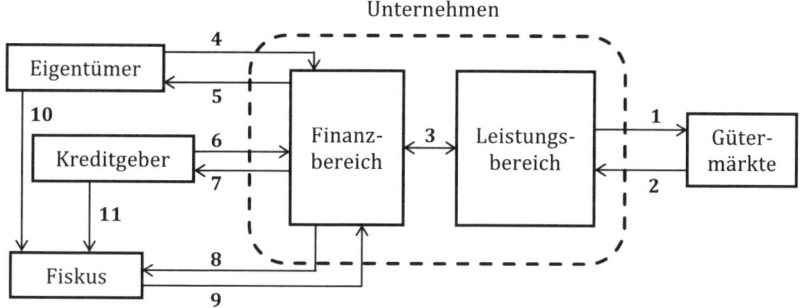

Abbildung 7.1: Ein zahlungsbezogenes Bild des Unternehmens.

4. Die Zahlungen der Eigentümer an den Finanzbereich umfassen fast ausschließlich die **Einlagen der Eigentümer**. Hinzu kommen Nachschüsse, sofern es sich um eine Rechtsform handelt, bei der die Eigentümer auch mit ihrem Privatvermögen für die Verbindlichkeiten des Unternehmens haften (Einzelkaufleute oder Personengesellschaften). Auch diese Nachschüsse lassen sich aber als Einlagen interpretieren.
5. Die **Auszahlungen an die Eigentümer** (Ausschüttungen bei Kapitalgesellschaften oder Entnahmen bei Personengesellschaften) sind der eigentliche Unternehmenszweck. Da Eigenkapital typischerweise, wenn auch nicht zwingend, dem Unternehmen dauerhaft zur Verfügung steht, resultieren Auszahlungen vor allem aus den laufenden Überschüssen nach Befriedigung aller anderen Zahlungsanforderungen (einschließlich der Auszahlungen zur Sicherung der künftigen Ertragskraft des Unternehmens).
6. **Einzahlungen der Kreditgeber** gehen mit einer Kreditaufnahme einher.
7. Die **Auszahlungen an die Kreditgeber** sind durch deren verbindliche Verzinsungs- und Tilgungsansprüche bedingt.
8. **Steuerzahlungen** sind die Auszahlungen an den Fiskus. Dem Finanzbereich sind die Ertragsteuern zuzurechnen, insbesondere die Körperschaftsteuer und die Gewerbesteuer. Bei entsprechender Ausgestaltung des Steuersystems gehören auch Substanzsteuern wie die Vermögensteuer und die Gewerbekapitalsteuer hierhin; sie werden gegenwärtig in Deutschland aber nicht erhoben. Andere, leistungswirtschaftlich bedingte Steuern wie die Mineralölsteuer oder die Kfz-Steuer sind dagegen Leistungsauszahlungen.
9. Bestimmte Formen von **Subventionen** führen zu Zahlungseingängen im Finanzbereich, zum Beispiel Investitionszulagen. Andere Formen von Subventionen mindern die Steuerlast. Diese wären mit einem negativen Vorzeichen unter die Ziffer 8 zu subsumieren.

10. Die **Steuerzahlungen der Eigentümer** scheinen zunächst mit den Zahlungen des Unternehmens nichts zu tun zu haben. Jedoch beeinflusst zum Beispiel die Ausschüttungsentscheidung eines Unternehmens die Summe der Steuerzahlungen von Unternehmen und Eigentümern. Dies ist in der Gesamtsicht zu erfassen. Die Steuern der Eigentümer sind dabei nur insoweit relevant, als sie sich auf die im Zusammenhang mit dem Unternehmen erzielten Einkünfte beziehen.
11. Das gleiche gilt für die **Steuerzahlungen der Kreditgeber**.

Ohne entsprechende finanzwirtschaftliche Aktivitäten lassen sich leistungswirtschaftliche Pläne nicht umsetzen. Die Beurteilung der Vorteilhaftigkeit dieser Aktivitäten ist Gegenstand der **Investitionsrechnung**.[3] Die dafür erforderlichen Informationen stammen aus dem Rechnungswesen. Dessen Aufgabe besteht im vorliegenden Kontext zunächst in der systematischen Erfassung aller Zahlungen. Weiter sind diese Informationen für interne Entscheidungszwecke zweckmäßig aufzuarbeiten. Schließlich stellt das Rechnungswesen auch extern Informationen bereit, aufgrund derer Eigentümer, Kreditgeber und Fiskus, aber auch Geschäftspartner im güterwirtschaftlichen Bereich ihre finanziellen Transaktionen mit dem Unternehmen gestalten können.

Finanzwirtschaftliche Aktivitäten lassen sich stets auf Investition und Finanzierung zurückführen. In der Literatur gibt es keine eindeutige Abgrenzung dieser Begriffe. Die folgenden Definitionen sind auf die Belange dieses Buches zugeschnitten und allgemein betrachtet angreifbar. Zum Beispiel fehlt die Einbeziehung der Bereitstellung liquider Mittel für Konsumzwecke im Privatbereich. Hier soll gelten:

Investition ist die Verwendung (Bindung) liquider Mittel mit dem Zweck der Überschusserzielung.

Finanzierung ist die Bereitstellung liquider Mittel für Investitionen.

Die Abgrenzung von Investition und Finanzierung lässt sich durch eine grobe bilanzielle Darstellung verdeutlichen.[4] Dabei zeigt cum grano salis[5] die Aktivseite der Bilanz die getätigten Investitionen an, während sich auf der Passivseite die Finanzierungsmaßnahmen niederschlagen:

---

[3] Vgl. Abschnitt 7.2.
[4] Vgl. zur Bilanz näher Abschnitt 8.4.2.1.
[5] „**Cum grano salis**" bedeutet wörtlich „mit einem Körnchen Salz". Gemeint ist, dass die betreffende Aussage bei genauerer Betrachtung einer gewissen Relativierung bedürfen könnte.

Aktiva	Passiva
= Vermögen	= Kapital
= Mittelverwendung	= Mittelherkunft
= Bindung liquider Mittel	= Bereitstellung liquider Mittel

Tabelle 7.1: Bilanzielle Darstellung von Investition und Finanzierung.

Die im Wege der Finanzierung bereitgestellten Mittel bezeichnet man als Kapital. Das Kapital legt die Herkunft der Mittel offen; grob unterscheidet man in *Eigen- und Fremdkapital*. In den Vermögensgegenständen auf der Aktivseite einer Bilanz (beispielsweise Gebäude, Maschinen, Rohstoffe oder Forderungen) schlägt sich die Kapitalbindung nieder. Das gewählte Investitionsprogramm bestimmt den Kapitalbedarf. Der anfängliche Kapitalbedarf ergibt sich aus der Anfangsauszahlung für die Investition. Die sich daran anschließende Kapitalfreisetzung und zugleich der noch verbleibende Kapitalbedarf sind bestimmt durch die Höhe und die zeitliche Erstreckung der Einzahlungsüberschüsse aus der Investition.

7.2 Investitionsrechnung

7.2.1 Klassifizierung

Gegenstand der Investitionsrechnung ist die Ermittlung der Vorteilhaftigkeit bestimmter Investitionsvorhaben. Die Investitionsrechnung stellt demnach Verfahren für die praktisch-normative Entscheidungstheorie bereit.

7.2.1.1 Typen von Investitionsentscheidungen

Typen von Investitionsentscheidungen kann man in mehrfacher Weise differenzieren, zum Beispiel nach inhaltlichen Aspekten in Real- oder Finanzinvestitionen sowie in Erweiterungs- oder Ersatzinvestitionen, die eine Erhöhung bzw. die Erhaltung des Produktionspotenzials zum Ziel haben. Da aber Investitionsentscheidungen aus der Sicht des Finanzbereichs stets nur Entscheidungen über die *Gestaltung von Zahlungsströmen* sind, spielen solche sachlichen Aspekte im Weiteren keine Rolle.

Einen gewissen Unterschied macht es hingegen, ob nur über die Durchführung *einer* Investition zu entscheiden ist oder ob aus *mehreren*, sich gegenseitig ausschließenden Investitionsprojekten eines auszuwählen ist. Im ersten Fall wäre über die *absolute* Vorteilhaftigkeit zu entscheiden, im zweiten Fall über die *relative Vorteilhaftigkeit* unterschiedlicher Investitionen. Jedoch erweist sich eine scharfe Abgrenzung zwischen diesen Entscheidungstypen als unangebracht. Denn selbst bei der Auswahl zwischen einander ausschließenden Projekten befindet sich in der Regel die *Unterlassensalternative*, also der Verzicht auf jede Investition, unter den zulässigen Handlungsmöglichkeiten. Demnach ist nach der Ermittlung des besten Projekts dieses auch auf seine absolute Vorteilhaftigkeit zu überprüfen. Im Weiteren wird sich zudem zeigen, dass dem *Kapitalwert* als maßgeblichem Kriterium für die „absolute" Vorteilhaftigkeit ebenfalls der Vergleich mit einer Alternative zugrunde liegt, nämlich der Anlage der für Investitionen verfügbaren Mittel zum Marktzinssatz.

7.2.1.2 Statische und dynamische Investitionsrechnung

Die Investitionsrechnungsverfahren lassen sich einteilen in statische und dynamische Ansätze. Das Unterscheidungskriterium ist die Anzahl der explizit in den Entscheidungskalkül einbezogenen Zeitpunkte. Zudem berücksichtigen nur die dynamischen Verfahren, dass die später anfallenden Ein- oder Auszahlungen einen geringeren Gegenwartswert haben als gegenwärtige Zahlungen. Diesem Faktum gehen wir anschließend unter der Überschrift **Diskontierung** nach.

Das kennzeichnende Merkmal der statischen Investitionsrechnung ist die Heranziehung von Kennzahlen aus einer einzigen, als repräsentativ betrachteten Periode, die dann den Maßstab für die Investitionsentscheidung bildet. Die zeitliche Struktur der Erfolgskomponenten geht also nicht in die Entscheidung ein.

> Bei den Verfahren der *statischen Investitionsrechnung* unterscheidet man die Kosten- und die Gewinnvergleichsrechnung sowie die Rentabilitätsrechnung.

Die *Kostenvergleichsrechnung* kommt insbesondere bei der Auswahl zwischen verschiedenen Produktionsverfahren in Frage. Optimal ist das Verfahren, welches bei der geplanten Produktions- und Absatzmenge die geringsten Stückkosten hervorruft. Die Beschränkung auf die Kosten als Maßstab ist jedoch nur dann akzeptabel, wenn die Entscheidung keinen Einfluss auf die anderen Erfolgskomponenten, insbesondere also die Erlöse, ausübt. Bei der Entscheidung über die Verfahrenswahl ist diese Prämisse am ehesten erfüllt.

Die *Gewinnvergleichsrechnung* bezieht neben den Kosten auch die Erlöse explizit ein. Dementsprechend ist ein solcher Kalkül auch dann anwendbar, wenn sich die Erlöse infolge der Entscheidung verändern.

Einige Verfahren der Investitionsrechnung ziehen statt absoluter Vermögensgrößen Renditegrößen als Kriterium heran. Unter den statischen Verfahren betrifft dies die *Rentabilitätsrechnung*.

> Die *Rentabilität* ist definiert als Quotient von Gewinn und eingesetztem Kapital.

Allerdings ist es nicht unproblematisch, Quotienten als Zielgröße einzusetzen, wenn sowohl Zähler- als auch Nennergrößen variabel sind. Ob ein Gewinn von 200 bei einem eingesetzten Kapital von 2.000 (mit einer Rentabilität von 10%) tatsächlich besser ist als ein Gewinn von 960 bei einem eingesetzten Kapital von 12.000 (mit einer kleineren Rentabilität von 8%), kann man ohne weiteres nicht beurteilen. Vielmehr sind dafür **zusätzliche Annahmen** über die Verwendung des Differenzkapitals von 10.000 erforderlich.

Der offensichtliche Vorteil aller Verfahren der statischen Investitionsrechnung ist der geringe analytische Schwierigkeitsgrad. Das gemeinsame Problem dieser Verfahren ist die Beschränkung auf *eine repräsentative Periode*. Zum einen ist es schwierig, eine solche Periode zu identifizieren. Und selbst, wenn es eine solche Periode gibt, ist zum anderen zu fragen, ob nicht Schwankungen der einbezogenen Größen oder deren zeitliche Verteilung ebenfalls relevante Kriterien für die Beurteilung von Investitionsvorhaben darstellen. Eine nähere Auseinandersetzung mit den statischen Verfahren erübrigt sich daher.[6]

In *dynamische Verfahren* der Investitionsrechnung geht auch die *zeitliche Struktur* der Erfolgsbeiträge ein. Dies erfordert die Vergleichbarkeit von Erfolgskomponenten aus unterschiedlichen Perioden. Dazu dient die Diskontierung der einzelnen Zahlungen auf einen einheitlichen Zeitpunkt. Ein weiterer Unterschied zu den statischen Verfahren besteht darin, dass den dynamischen Verfahren in aller Regel Ein- und Auszahlungen zugrunde liegen und nicht Ertrag und Aufwand (oder Erlöse und Kosten).[7] In der Investitionsrechnung geschieht die Periodisierung also nicht durch Buchhaltung, sondern durch Diskontierung.

Im Weiteren untersuchen wir ausschließlich die dynamischen Verfahren näher. Tatsächlich ist selbst dabei häufig die Dynamik nur schwach ausgeprägt und beschränkt sich auf die Einbeziehung von Zahlungen zu verschiedenen Zeitpunkten. Die Entscheidungen selbst hingegen erfolgen ausschließlich im Planungszeitpunkt. Von dynamischen Entscheidungen im eigentlichen Wortsinn kann aber nur dann die Rede sein, wenn eine Abfolge mehrerer Entscheidungen zur Debatte steht. Dies wäre bei der *flexiblen Planung*[8] der Fall, die aber über die elementaren Grundlagen der Investitionsrechnung hinausgeht. Die „neue Investitionsrechnung"[9] ist durch die Einbeziehung jetziger Entscheidungen auf künftige Entscheidungsspielräume gekennzeichnet, bezieht also strategische Wirkungen in den Kalkül ein.

---

[6] Es gibt sogar das Urteil, dass diese Verfahren „schon Jahrhunderte zuvor durch Schriften von Forstwirtschaftlern, Bergwerksassessoren, Theologen und Mathematikern überholt waren", *Schneider* (2008), S. 605.
[7] Vgl. Abschnitt 8.4.1.
[8] *Laux* (1971).
[9] *Nippel* (1997), Kapitel I.

Seit einiger Zeit hat die flexible Planung unter dem Stichwort **Realoptionen** eine beachtliche Renaissance erlebt.[10] Insbesondere durch die Heranziehung von Optionsbewertungsmodellen scheint es möglich zu sein, die unternehmerischen Handlungsspielräume sauber in die Investitionsrechnung einfließen zu lassen. Tatsächlich ist jedoch zu konstatieren, dass dieser Optimismus nicht gerechtfertigt ist, denn die Anwendungsvoraussetzungen für die Optionsbewertung sind in eklatanter Weise verletzt.[11] Dessen ungeachtet ist es sinnvoll und erforderlich, künftige Handlungsspielräume in Investitionsentscheidungen zu berücksichtigen. In der nachfolgenden Einführung beschränken wir uns jedoch auf die einfachen Standardkalküle.

7.2.2 Grundlagen der Finanzmathematik

> Gegenstand der Finanzmathematik ist die Bewertung von Zahlungsströmen oder noch allgemeiner der durch die Verzinsung hervorgerufene **Zusammenhang zwischen Zahlungsströmen und Kapitalbeständen** zu verschiedenen Zeitpunkten.

Für alle Varianten der dynamischen Investitionsrechnung sind daher die Grundlagen der Finanzmathematik anzuwenden.

7.2.2.1 Diskontierung

Die durch eine Investition veranlassten Zahlungen fallen zu verschiedenen Zeitpunkten an. Aus zwei Gründen können wir nicht davon ausgehen, dass Zahlungen zu verschiedenen Zeitpunkten gleichwertig sind: Zum einen weisen Individuen **Zeitpräferenzen** in Bezug auf ihren Konsum auf. Neben dem positiven, abnehmenden Grenznutzen des Konsums zu einem Zeitpunkt gilt eine gewisse Gegenwartspräferenz als empirisch gesichert. Das heißt, ceteris paribus ist ein früherer Konsum mit einem höheren Nutzenzuwachs verbunden als ein späterer.[12] Zum anderen lassen sich durch Markttransaktionen gegenwärtig für den Konsum bereitstehende Mittel mittels einer verzinslichen Geldanlage in einen künftigen Betrag transformieren, der infolge der Verzinsung höher ist. Ebenso

---

10 Vgl. bspw. *Dixit/Pindyck* (1994).
11 Vgl. *Kruschwitz* (2014), Abschnitt 6.11. Der Abschnitt trägt die Überschrift: „Realoptionen (ein Irrweg!)".
12 In Abschnitt 2.1.1 haben wir darauf hingewiesen, dass Arbeit unmittelbar den Nutzen mindert. Dies impliziert, dass wir „Arbeitsleid" wie einen negativen Konsum behandeln können. Per Analogie lässt sich deshalb folgern, dass künftige Arbeit weniger nutzenmindernd ist als gegenwärtige Arbeit. Die damit verbundene Neigung, Arbeit aufzuschieben, bezeichnet man als „*Prokrastination*".

lassen sich künftig verfügbare Mittel durch eine Kreditaufnahme in jetzt konsumierbare Beträge transformieren, allerdings nur in einen geringeren Betrag, weil die künftigen Mittel für die Rückzahlung *und Verzinsung* des Kredits hinreichen müssen.

Man kommt also zum Ergebnis, dass ein gewisser Betrag an Zahlungsmitteln einen höheren Wert hat, wenn er zeitlich früher zur Verfügung steht. Für den Vergleich von Zahlungen zu verschiedenen Zeitpunkten müssen wir daher entweder frühere Zahlungen auf den späteren Zeitpunkt *aufzinsen* oder spätere Zahlungen auf den früheren Zeitpunkt *abzinsen*. „**Diskontierung**" ist der Überbegriff, der die beiden Möglichkeiten „Abzinsung" und „Aufzinsung" umfasst. Der Diskontierungsfaktor kann entweder ein **Marktpreis** sein (also der Zinssatz) oder aber eine Größe, welche die individuellen Präferenzen widerspiegelt. Diese bezeichnet man als **Grenzrate der** zeitlichen **Substitution**.[13] Im Weiteren ziehen wir ausschließlich die Interpretation als Zinssatz heran, genauer: als Marktpreis für die einperiodige Geldüberlassung.

Gibt es Zahlungsansprüche z_0, fällig im gegenwärtigen Zeitpunkt 0, und z_T, fällig im zukünftigen Zeitpunkt T, lässt sich anhand folgender Überlegung überprüfen, welche Zahlung einen größeren Wert hat: Der Betrag z_0 kann man bis zum Zeitpunkt $t = 1$ verzinslich **anlegen**, wobei der Zinssatz i beträgt. In $t = 1$ erhält man den Betrag inklusive der Verzinsung zurück, also $(1 + i)z_0$. Dieser Betrag wiederum kann man erneut, bis zum Zeitpunkt $t = 2$, verzinslich anlegen, woraus $(1 + i)[(1 + i)z_0] = (1 + i)^2 z_0$ resultiert. Aufgrund der wiederholten Anlage bis zum Zeitpunkt $t = T$ erhält man:

$$z_0 \text{ ist } \begin{Bmatrix} \text{besser als} \\ \text{gleich gut wie} \\ \text{schlechter als} \end{Bmatrix} z_T \Leftrightarrow (1 + i)^T z_0 \begin{Bmatrix} > \\ = \\ < \end{Bmatrix} z_T,$$

wobei
z_0 Zahlung in der Gegenwart
z_T Zahlung in der Zukunft (nach T Perioden)
i Zinssatz.

Bei einem Vergleich einer Zahlung von 90 in der Gegenwart ($t = 0$) mit einer Zahlung von 100 nach drei Perioden ($t = 3$) erhält man im Falle eines Zinssatzes von 3%

$$90 \cdot 1{,}03^3 = 98{,}35 < 100,$$

der spätere Anspruch ist also vorzuziehen. Das Ergebnis des Vergleichs hängt von der Höhe des Zinssatzes ab. Bei einem höheren Zinssatz kommt es zu einer höheren Aufzinsung des früheren Betrags.

---

[13] *Kruschwitz/Husmann* (2012), S. 13.

Daraus folgt: Je größer der Zinssatz, desto höher ist relativ der Wert einer früheren Zahlung. Bei einem Zinssatz von beispielsweise 4% kommt man zu

$$90 \cdot 1{,}04^3 = 101{,}24 > 110;$$

nun hat die frühere Zahlung einen höheren Wert.

Eine entsprechende Argumentation gilt für den Fall einer **Kreditaufnahme** bei Diskontierung des Betrags z_T auf den Zeitpunkt $t = 0$. Dabei ist zu beachten, dass z_T im Zeitpunkt T für die Tilgung des Kredites und der Zahlung aller aufgelaufenen Zinsen und Zinseszinsen ausreichen muss. Demnach muss gelten:

$$z_0 \text{ ist } \begin{Bmatrix} \text{besser als} \\ \text{gleich gut wie} \\ \text{schlechter als} \end{Bmatrix} z_T \Leftrightarrow z_0 \begin{Bmatrix} > \\ = \\ < \end{Bmatrix} (1+i)^{-T} z_T.$$

Die Beurteilungen auf Basis von Auf- und Abzinsung führen bei einem einheitlichen Zinssatz stets zum selben Ergebnis, was den Vergleich zweier Zahlungen anlangt. Mit den oben angeführten Zahlen erhält man

$$90 < 100 \cdot 1{,}03^{-3} = 91{,}51.$$

Eine gewisse Verallgemeinerung erzielt man bei Betrachtung des Wertes einer in t fälligen Zahlung z_t in einem beliebigen Referenzzeitpunkt t^*:

$$v_{t^*} = z_t (1+i)^{t^*-t},$$

wobei
v_{t^*} Wert zum Zeitpunkt t^*
z_t in Zeitpunkt t fällige Zahlung.

Diese Bewertungsgleichung beruht auf der Konvention, dass Zahlungen nur am Ende von Perioden anfallen (**nachschüssige Zahlungen**). Zeitpunkte kennzeichnen demnach stets das Ende eine Periode. Die Periode 3 läuft von Zeitpunkt $t = 2$ bis Zeitpunkt $t = 3$:

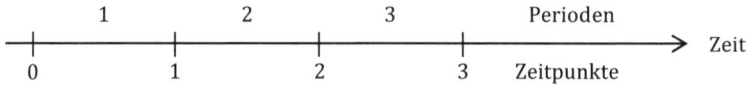

Abbildung 7.2: Zeitpunkte und Perioden.

Die in $t = 3$ fällige Zahlung von 100 hat bei einem Zinssatz von 3% auf ausgewählte Zeitpunkte t^* diskontiert die folgenden Werte:

t^*	Wert
0	$100 \cdot 1{,}03^{(0-3)} = 91{,}51$
1	$100 \cdot 1{,}03^{(1-3)} = 97{,}09$
3	$100 \cdot 1{,}03^{(3-3)} = 100$
5	$100 \cdot 1{,}03^{(5-3)} = 126{,}09$

Tabelle 7.2: Werte zu unterschiedlichen Zeitpunkten.

Zwei Referenzzeitpunkte sind von besonderem Belang. Bezieht man die Diskontierung auf den Planungszeitpunkt $t^* = 0$, spricht man vom Gegenwartswert oder **Barwert**. Bei Aufzinsung auf das Ende des Planungshorizontes $t^* = T$ erhält man den **Endwert**.

7.2.2.2 Barwerte und Endwerte von Zahlungsströmen

Im Folgenden geht es nicht mehr um die Bewertung und den Vergleich einzelner Zahlungen zu verschiedenen Zeitpunkten, sondern um die Bewertung von Zahlungsströmen oder allgemeiner die **Relation von Zahlungsströmen und Kapitalbeständen** zu unterschiedlichen Zeitpunkten. Der Zahlungsstrom **z** steht dabei für eine zusammengehörige Folge von Zahlungen zu unterschiedlichen Zeitpunkten: $\mathbf{z} = \{z_1, \ldots, z_T\}$. Bei Bezug auf Investitionen handelt es sich bei diesen Zahlungen z_t ($t > 0$) um die durch eine Anfangsauszahlung ausgelöste Folge künftiger Einzahlungsüberschüsse; das schließt mögliche Rückzahlungen bei Finanzinvestitionen ein. Der Zahlungsstrom **z** ist schließlich um die Anfangsauszahlung $-z_0$ zu ergänzen. Der Wert $v_0(\mathbf{z})$ eines Zahlungsstroms setzt sich additiv aus den Werten der einzelnen darin enthaltenen Zahlungen zusammen. Für den **Barwert** eines Zahlungsstroms gilt demnach

$$v_0(\mathbf{z}) = \sum_{t=1}^{T} z_t (1+i)^{-t},$$

wobei
z Zahlungsstrom.

Für den **Endwert** eines Zahlungsstroms erhält man unmittelbar

$$v_T(\mathbf{z}) = \sum_{t=1}^{T} z_t (1+i)^{T-t} = (1+i)^T v_0(\mathbf{z}).$$

Bisweilen ist der Sonderfall von über die Laufzeit konstanten Zahlungen von Interesse. In diesem Fall gilt $z_1 = z_2 = \cdots = z_T = z$; die periodische Zahlung z bezeichnet man als **Rente**.

Unter Anwendung der Formeln für geometrische Reihen erhält man für den Barwert einer endlichen Rente

$$RB = \sum_{t=1}^{T} z(1+i)^{-t} = z \underbrace{\frac{(1+i)^T - 1}{i(1+i)^T}}_{RBF},$$

wobei
RB Rentenbarwert
RBF Rentenbarwertfaktor.

Der **Rentenbarwertfaktor** $RBF(i,T)$ transformiert auf Basis des Kalkulationszinsfußes i eine über T Perioden zahlbare, nachschüssige Rente von einer Geldeinheit in den Rentenbarwert.

Eine Rente kann grundsätzlich eine unendliche Laufzeit haben. Den Grenzwert für den Rentenbarwertfaktor erhält man leicht nach Kürzen um $(1+i)^T$. Für den Barwertfaktor einer unendlichen Rente gilt daher:

$$\lim_{T \to \infty} RBF(i,T) = \frac{1}{i}.$$

Schließlich ist auch der umgekehrte Fall von Belang, nämlich die Transformation eines Kapitalbetrages in einen über die Laufzeit hinweg konstanten Zahlungsstrom, also eine endliche oder unendliche Rente. Einen solchen über die Laufzeit hinweg konstanten Betrag bezeichnet man als **Annuität**.

Bei der Renten- bzw. Annuitätenrechnung ist die Frage zu beantworten, wie hoch ein periodisch mit einer Laufzeit von T zu zahlender Betrag $\bar{a}$ sein muss, damit der Barwert dieser Annuitäten dem Barwert des Zahlungsstroms $\mathbf{z}$ gerade entspricht. Für diese Annuität muss gelten

$$v_0(\mathbf{z}) = \sum_{t=1}^{T} z_t(1+i)^{-t} = \sum_{t=1}^{T} \bar{a}(1+i)^{-t},$$

wobei
$\bar{a}$ äquivalente Annuität.

Unter Heranziehung der Formeln für endliche Reihen erhält man

$$\bar{a} = \underbrace{\frac{i(1+t)^T}{(1+t)^T - 1}}_{AF} v_0(\mathbf{z}),$$

wobei
AF Annuitätenfaktor.

> Der **Annuitätenfaktor** $AF(i,T)$ transformiert auf Basis des Kalkulationszinsfußes i einen gegenwärtigen Kapitalbetrag von einer Geldeinheit in eine über T Perioden zahlbare, nachschüssige Annuität.

Es ist leicht ersichtlich, dass der Annuitätenfaktor dem **Kehrwert des Rentenbarwertfaktors** entspricht. Die Gleichung für den Annuitätenfaktor gilt auch dann, wenn die Laufzeit der Annuität nicht mit der Laufzeit des Zahlungsstroms z übereinstimmt. Man kann also auch einen kurz laufenden Zahlungsstrom in eine langfristige Annuität überführen und umgekehrt. Zu beachten ist lediglich, dass die Größe T im Annuitätenfaktor dann die Laufzeit der Annuität und nicht die des ursprünglichen Zahlungsstroms kennzeichnet.

Für den Fall einer unendlich lang laufenden Annuität erhält man

$$\lim_{T \to \infty} AF(i,T) = i.$$

Das heißt, bei einer unendlichen Laufzeit entspricht der Annuitätenfaktor gerade dem Zinssatz. Schon intuitiv ist leicht einzusehen, dass bei einer unendlichen Laufzeit das Kapital erhalten bleiben muss und daher nur die Zinsen auf das eingesetzte Kapital (also auf den verfügbaren Barwert) für eine Entnahme zur Verfügung stehen. Im Übrigen gilt natürlich auch bei der Grenzwertbetrachtung, dass der Annuitätenfaktor dem Kehrwert des Barwertfaktors entspricht.

7.2.3 Sichere Erwartungen und exogener Kalkulationszinsfuß

Die einfachsten Modelle der dynamischen Investitionsrechnung sind durch die Annahmen (quasi-) sicherer Erwartungen und eines vorgegebenen Kalkulationszinsfußes gekennzeichnet. Das heißt, die Erwartungen über die durch eine Investition hervorgerufenen Ein- und Auszahlungen sind einwertig und der Kalkulationszinsfuß ist eine von den Charakteristika der Investition unabhängige Größe. Der Kalkulationszinsfuß steht für die Rendite, welche die Anleger auf dem Markt für Investitionen verlangen können. Ist diese Rendite exogen und konstant, sind Investitions- und Finanzierungsentscheidungen **unabhängig voneinander**. Nähere Untersuchungen zur Finanzierung werden jedoch zeigen, dass die Finanzierungskosten von den Investitionen abhängen, sodass eine **simultane Planung** von Investition und Finanzierung notwendig ist. Dies ginge jedoch ebenfalls über die Grundlagen hinaus.

Für die Verfahren der dynamischen Investitionsrechnung spielt die sogenannte **Wiederanlageprämisse** eine Rolle.[14] Sie besagt, dass der Kalkulationszinsfuß nicht nur bei der Verzinsung des aufgenommenen Kapitals Verwendung

---

[14] Vgl. auch Abschnitt 7.2.3.2.

findet, sondern auch bei der zinsbringenden Anlage zwischenzeitlicher Einzahlungsüberschüsse. Die Zinssätze stimmen in beiden Fällen überein.

7.2.3.1 Kapitalwert, Endwert und äquivalente Annuität

> Der **Kapitalwert** (oder gleichbedeutend **Nettobarwert**[15]) ist definiert als die Summe der auf den Entscheidungszeitpunkt diskontierten künftigen Einzahlungsüberschüsse einer Investition abzüglich der erforderlichen Anfangsauszahlung.

Allgemein gilt der Kapitalwert als das einschlägige Kriterium für Investitionsentscheidungen. Seine analytische Definition lautet:

$$kw = \sum_{t=0}^{T} z_t(1+i)^{-t} = \sum_{t=1}^{T} z_t(1+i)^{-t} - I_0,$$

wobei
- kw Kapitalwert (Nettobarwert)
- z_t Einzahlungsüberschuss im Zeitpunkt t (am Ende der Periode t)
- I_0 Anfangsauszahlung ($z_0 = -I_0$)
- T Planungshorizont.

Der Kapitalwert lässt sich interpretieren als der Betrag, den der Investor im Zeitpunkt der Investitionsentscheidung für Konsumzwecke entnehmen kann, wenn sämtliche Einzahlungsüberschüsse der Investition zur Verzinsung und Tilgung der Finanzierung verwendet werden und ein anderweitiges Vermögen nicht zur Verfügung steht.

Als Beispiel betrachten wir eine Investition, die über vier Perioden (fünf Zeitpunkte) läuft und zum Zahlungsstrom {−100; 20; 30; 40; 45} führt. Der Kalkulationszinsfuß beträgt 10%. Für den Kapitalwert erhält man

$$kw = -100 + \frac{20}{1{,}1^1} + \frac{30}{1{,}1^2} + \frac{40}{1{,}1^3} + \frac{45}{1{,}1^4} = 3{,}76.$$

Dass sich tatsächlich genau dieser Betrag zu Beginn der Investition entnehmen lässt, kann man durch einen Finanzplan belegen.

> Ein **Finanzplan** besteht in einer systematischen Zusammenstellung aller mit einem Projekt verbundenen Ein- und Auszahlungen.

---

[15] Es heißt Nettobarwert, weil der Barwert der Einzahlungsüberschüsse um die Anfangsauszahlung vermindert wird. Ein aus dem Englischen abgeleitetes Kürzel lautet **NPV** (für: Net Present Value).

Einem Finanzplan liegen einige elementare Beziehungen zugrunde. Der Bestand an gebundenem Kapital (bzw. der Kreditbestand) ergibt sich aus der rekursiven Gleichung

$$kb_t = kb_{t-1} - (z_t - i \cdot kb_{t-1} - c_t)$$

oder

$$z_t - i \cdot kb_{t-1} - c_t = kb_{t-1} - kb_t,$$

wobei
kb_t Kapitalbindung (Kreditbestand) während der Periode t
c_t Entnahme für Konsumzwecke im Zeitpunkt t.

Demnach sind die laufenden Einzahlungsüberschüsse der Investition um die Zinsen auf das gebundene Kapital und um die geplante Entnahme für Konsumzwecke zu vermindern. Die verbleibende Differenz kann man zur Kapitalfreisetzung, also zur teilweisen Rückzahlung des Kredits verwenden. Der anfängliche Kreditbestand ergibt sich als Summe der Anfangsauszahlung und des anfänglichen Konsums:

$$kb_0 = -z_0 + c_0.$$

Der Finanzplan ist zulässig, wenn nach Beendigung des Projektes der Kredit vollständig zurückgezahlt ist:

$$kb_T = 0.$$

Angewendet auf unser numerisches Beispiel ergibt sich das folgende Bild:

Zeitpunkt t	Kreditbestand kb_t	Einzahlungsüberschuss z_t	Zins $i \cdot kb_{t-1}$	Tilgung $kb_t - kb_{t-1}$	Entnahme c_t
0	103,76	-100	–	–	3,76
1	94,14	20	10,38	9,62	–
2	73,55	30	9,41	20,59	–
3	40,91	40	7,36	32,64	–
4	0	45	4,09	40,91	–

Tabelle 7.3: Finanzplan für den Kapitalwert.

Der Kapitalwert ist also derjenige Betrag, den man zusätzlich zur erforderlichen Anfangsauszahlung für die Investition aufnehmen und sofort konsumieren kann, ohne dass andere Mittel als die Einzahlungsüberschüsse für die Verzinsung und Tilgung der Finanzierung verwendet werden müssen. Diese Interpretation des Kapitalwerts macht deutlich, warum er eine so große Bedeutung als Kriterium für Investitionsentscheidungen hat: Er kennzeichnet den infolge der Durchführung einer Investition **unmittelbar realisierten Vermögenszuwachs**.

Wann der Entscheider diesen Vermögenszuwachs tatsächlich konsumiert, spielt keine Rolle. Unter Verwendung der vorstehenden Gleichungen erhält man nach einigen Umstellungen der ursprünglichen Summanden

$$kw = \sum_{t=0}^{T} z_t(1+i)^{-t} = \sum_{t=0}^{T} c_t(1+i)^{-t}.$$

Unter Einhaltung der Restriktionen für zulässige Konsumpläne entspricht der Kapitalwert demnach dem Barwert der geplanten Konsumbeträge. Den Betrag kann man unmittelbar konsumieren oder auch ganz oder teilweise zinsbringend anlegen, damit er für künftige Konsumzwecke zur Verfügung steht. Die sich ergebende Folgerung bezeichnet man als

Fisher-Separation[16]:
Die Vorteilhaftigkeit einer Investition hängt nicht von individuellen Konsumpräferenzen ab. Über die Durchführung einer Investition und die Verwendung der dadurch erzielten Vermögenssteigerung für Konsumzwecke kann man getrennt voneinander (separat) entscheiden.

Die *Fisher*-Separation liefert zugleich die theoretisch-konzeptionelle Begründung für die auf den Kapitalwert gestützten Entscheidungsregeln:

Führe eine Investition durch, wenn ihr **Kapitalwert positiv** ist.

Führe von mehreren, einander ausschließenden Investitionen diejenige durch, welche den **höchsten Kapitalwert** aufweist.

Die Unterscheidung der absoluten und der relativen Vorteilhaftigkeit einer Realinvestition ist nur begrenzt sinnvoll. Um dies zu zeigen, sollte man gedanklich die Prämisse der externen Finanzierung der Investition durch die Frage ersetzen, ob ein Investor ohnehin vorhandene oder aufgenommene Mittel für die betrachtete Realinvestition oder – alternativ – für die zum Marktzins verwenden soll. Die Realinvestition erweist sich genau als der alternativen Finanzanlage überlegen, wenn der Kapitalwert positiv ist. Auch der Beurteilung der „absoluten" Vorteilhaftigkeit einer Investition liegt also ein Alternativenvergleich zugrunde.

Wie gesehen spielt es keine Rolle, ob der Entscheider den Kapitalwert tatsächlich unmittelbar konsumiert oder nicht. Deshalb kann er über die Investition in völlig äquivalenter Weise anhand des Endwertes entscheiden.

---

[16] *Fisher* (1930); *Kruschwitz/Husmann* (2012), S. 21 ff.

> Der **Endwert** ist definiert als der auf den Planungshorizont bezogene Wert aller Ein- und Auszahlungen aus der Investition.

$$ew = \sum_{t=0}^{T} z_t(1+i)^{T-t} = kw(1+i)^T,$$

wobei
ew   Endwert.

Auch bei dem Endwert handelt es sich also um einen Nettobarwert, nun aber nicht bezogen auf den Entscheidungszeitpunkt, sondern auf das Ende des Planungszeitraumes. Daher lassen sich auch die **Entscheidungsregeln** direkt ineinander überführen:

> Führe eine Investition durch, wenn ihr **Endwert positiv** ist.

> Führe von mehreren, einander ausschließenden Investitionen diejenige durch, welche den **höchsten Endwert** aufweist.

Im vorliegenden Beispiel ergibt sich der Endwert als

$$ew = 3{,}76 \cdot 1{,}1^4 = 5{,}51.$$

Der Endwert entspricht demjenigen Betrag, den der Investor am Ende des Planungshorizontes für Konsumzwecke entnehmen kann, wenn er für die Investition keinerlei eigene Mittel eingesetzt hat. Demnach stellt der Endwert den Vermögenszuwachs bezogen auf den Planungshorizont dar. Auch dies lässt sich durch einen Finanzplan belegen, wobei wir für das Beispiel unterstellen, dass der Planungshorizont mit der Laufzeit der Investition übereinstimmt. Das ist aber keineswegs zwingend.

t	kb_t	z_t	$i \cdot kb_{t-1}$	$kb_t - kb_{t-1}$	c_t
0	100	−100	−	−	−
1	90	20	10	10	−
2	69	30	9	21	−
3	35,9	40	6,9	33,1	−
4	0	45	3,59	35,9	5,51

Tabelle 7.4: Finanzplan für den Endwert.

Oben haben wir gezeigt, wie sich ein Anfangsvermögen in eine barwertgleiche konstante periodische Zahlung, also die äquivalente Annuität $\bar{a}$, transformieren lässt.[17] Es gilt

$$\sum_{t=1}^{T} \bar{a}(1+i)^{-t} = kw \iff \bar{a} = \frac{i(1+t)^T}{(1+t)^T - 1} kw.$$

Im vorliegenden Investitionsbeispiel erhält man eine äquivalente Annuität von

$$\bar{a} = 0{,}3155 \cdot 3{,}76 = 1{,}19.$$

Der Finanzplan belegt erneut die per Konstruktion erfüllte Äquivalenz zum Kapitalwert:

t	kb_t	z_t	$i \cdot kb_{t-1}$	$kb_t - kb_{t-1}$	c_t
0	100	-100	-	-	-
1	91,19	20	10	8,81	1,19
2	71,49	30	9,12	19,69	1,19
3	39,83	40	7,15	31,66	1,19
4	0	45	3,98	39,83	1,19

Tabelle 7.5: Finanzplan für die äquivalente Annuität.

Wiederum erhält man analoge **Entscheidungsregeln**:

> Führe eine Investition durch, wenn ihre **Annuität positiv** ist.

> Führe von mehreren, einander ausschließenden Investitionen diejenige durch, welche die **höchste äquivalente Annuität** aufweist.

Im Fall von Auswahlentscheidungen lassen sich nur dann sinnvolle Aussagen treffen, wenn die Laufzeiten T der Annuitäten unabhängig von einer möglicherweise unterschiedlichen Projektdauer übereinstimmen.

Letztlich ist es selbstverständlich, dass die für den Kapitalwert gültigen Aussagen auf den Endwert und auf die äquivalente Annuität übertragbar sind, weil sich Konsumströme mit einem festen Barwert beliebig auf verschiedene Zeitpunkte verteilen lassen. Infolge der *Fisher*-Separation ist es also überflüssig, sich neben dem Kapitalwert auch mit dem Endwert oder der äquivalenten Annuität als möglichen Kriterien für Investitionsentscheidungen zu befassen.

---

[17] Vgl. Abschnitt 7.2.2.

7.2.3.2 Interner Zinsfuß

Obwohl der Kapitalwert hinreicht, um Investitionen abschließend beurteilen zu können, gibt es Personen, die Aussagen über Rendite- anstatt über Vermögensgrößen für anschaulicher halten. Wer sich diese Sichtweise zu Eigen machen will, kann auf die aus der Kapitalwertformel abgeleitete Renditegröße Bezug nehmen:

> Der *interne Zinsfuß* ist derjenige Kalkulationszinsfuß, bei dem der Kapitalwert einer Investition den Wert Null annimmt.

Der interne Zinsfuß ist implizit definiert durch

$$\sum_{t=0}^{T} z_t (1 + i^*)^{-t} = 0,$$

wobei
i^* interner Zinsfuß.

Bei dem Diskontfaktor $(1 + i^*)^{-1}$ handelt es sich um die **Nullstelle eines Polynoms T-ten Grades**. Ein solches Polynom ist mit elementaren Mitteln nur bis $T = 2$, in geschlossener Form nur bis $T = 4$ lösbar. Es ist auch möglich, dass es unter den Lösungen keinen reellen oder mehrere reelle interne Zinsfüße gibt. Das erste Faktum ist nicht weiter von Bedeutung, weil sich numerische Lösungen schon auf programmierbaren Taschenrechnern ermitteln lassen. Der zweite Hinweis ist dadurch zu relativieren, dass im Falle von Normalinvestitionen ein eindeutiger interner Zinsfuß im Bereich $i^* \in [-1; \infty[$ existiert.[18]

> *Normalinvestitionen* weisen einen Zahlungsstrom auf, der mit einer Auszahlung beginnt und genau einen Vorzeichenwechsel hat.

Die anfänglichen Auszahlungsüberschüsse können sich dabei auch über mehrere Perioden erstrecken. Auch wenn bereits der Begriff Normalinvestition anzeigt, dass es sich dabei um einen Regelfall handelt, gibt es einige relevante Investitionen, die nicht darunter fallen. Dazu gehören zum Beispiel Bausparverträge oder auch industrielle Investitionen, bei denen abschließend größere Entsorgungsprobleme zu bewältigen sind. Mit der Entsorgung sind größere Auszahlungen zum Ende einer Investition verbunden.

Im Fall von Normalinvestitionen gilt: Der Kapitalwert ist genau dann positiv, wenn der interne Zinsfuß größer ist als der Kalkulationszinsfuß. Daraus ergibt sich die **Entscheidungsregel**:

---

[18] *Hax/Laux* (1969), S. 239.

Führe eine Normalinvestition durch, wenn ihr interner Zinsfuß größer ist als der Kalkulationszinsfuß.

Bei Normalinvestitionen entspricht der interne Zinsfuß der **Rendite auf das** jeweils noch in der Investition **gebundene Kapital** (nicht also als Rendite auf die Anfangsauszahlung). Im hinreichend bekannten Beispiel erhält man einen internen Zinsfuß von $i^* = 11{,}52\%$. Der zugehörige Finanzplan sieht wie folgt aus:

t	kb_t	z_t	$i^* \cdot kb_{t-1}$	$kb_t - kb_{t-1}$	c_t
0	100	−100	−	−	−
1	91,52	20	11,52	8,48	−
2	72,06	30	10,54	19,46	−
3	40,36	40	8,30	31,70	−
4	0	45	4,65	40,35	−

Tabelle 7.6: Finanzplan für den internen Zinsfuß.

Da per Konstruktion der Kapitalwert den Wert Null annimmt, sind keinerlei Entnahmen vorgesehen. Die kalkulierten Zinszahlungen sind natürlich nicht tatsächlich zu leisten, die Investition wäre aber in der Lage, die Zinslage zu tragen ohne in die Verlustzone zu geraten.

In Bezug auf den internen Zinsfuß gilt die bereits angesprochene **Wiederanlageprämisse** als besonders kritisch.[19] In der Tat lässt sich kaum ein guter Grund dafür angeben, dass es möglich sein soll, auf dem Kapitalmarkt Mittel zu dem Zinssatz anzulegen, den zufällig eine bestimmte Investition als Rendite generiert. Bei dem Vergleich mehrerer Investitionen gilt dies umso mehr, es müsste dann sogar verschiedene Marktzinssätze geben. Allerdings spielt der genannte Einwand für Normalinvestitionen keine Rolle, weil *per Konstruktion* des internen Zinsfußes die Kapitalbindung immer nichtnegativ bleibt.

Bei Auswahlentscheidungen scheint der Gedanke nahezuliegen, von zwei Normalinvestitionen diejenige mit dem höheren internen Zinsfuß vorzuziehen. Dieser Gedanke ist aber schon deshalb verfehlt, weil bei unterschiedlichen Anfangsauszahlungen die Basis der Renditeberechnung nicht übereinstimmt. Daneben kann die unterschiedliche zeitliche Verteilung der Kapitalfreisetzung die Entscheidung verfälschen. Die Ursache für mögliche Fehlentscheidungen lässt sich anhand von Kapitalwertfunktionen gut verdeutlichen.

Die **Kapitalwertfunktion** gibt die Höhe des Kapitalwerts in Abhängigkeit vom Kalkulationszinsfuß an.

---

[19] Vgl. bspw. *Zimmermann* (2002).

Im Fall von Normalinvestitionen hat die Kapitalwertfunktion einen hyperbolisch fallenden Verlauf. In Abbildung 7.3 sind die Kapitalwertfunktionen zweier Investitionen mit den Zahlungsströmen $A = \{-150; 90; 82{,}5\}$ sowie $B = \{-80; 49{,}6; 44{,}8\}$ skizziert.

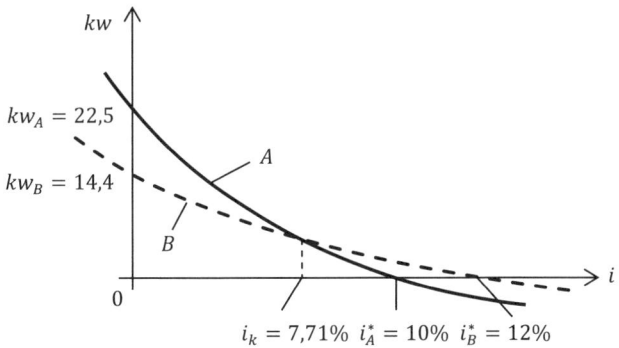

Abbildung 7.3: Kapitalwertfunktionen zweier Investitionen.

Die internen Zinsfüße der Investitionen liegen im Schnittpunkt der jeweiligen Kapitalwertfunktion mit der Abszisse. Man erhält $i_A^* = 10\%$ und $i_B^* = 12\%$. Offensichtlich stellt jedoch die Investition B trotz des höheren internen Zinsfußes keineswegs stets die bessere Investition dar. Bei Kalkulationszinsfüßen, die unter dem kritischen Kalkulationszinsfuß i_k liegen, weist vielmehr die Investition A den höheren Kapitalwert auf ($kw_A > kw_B$). Den kritischen Zinsfuß i_k kann man analytisch als den internen Zinsfuß der Differenzinvestition ermitteln.

> Die **Differenzinvestition** wird durch den Zahlungsstrom beschrieben, der sich als Differenz zwischen den Zahlungsströmen mit der höheren und der niedrigeren Anfangsauszahlung ergibt.

Hat die Differenzinvestition einen Kapitalwert von 0, stimmen die Kapitalwerte der beiden Investitionen überein. Daher ist der interne Zinsfuß der Differenzinvestition zugleich derjenige Kalkulationszinsfuß, bei dem die Kapitalwerte der verglichenen Investitionen übereinstimmen. Für die Differenzinvestition gilt im Beispiel $\Delta = \{-70; 40{,}4; 37{,}7\}$. Der kritische Zinsfuß beträgt demnach $i_k = 7{,}71\%$.

Durch ein entsprechend sorgfältiges Vorgehen (Ermittlung von i_k, Vergleich des Kalkulationszinsfußes mit i_k) kann, wenn es sich bei der Differenzinvestition um eine Normalinvestition handelt, eine Fehlentscheidung bei Auswahlentscheidungen auf Basis des internen Zinsfußes vermieden werden. Entscheidungen auf Basis des Kapitalwertes sind in jedem Fall gradliniger, weniger Einschränkungen unterworfen und daher vorzuziehen. Der interne Zinsfuß stellt als Entscheidungskriterium bestenfalls eine Krücke dar.[20]

7.2.3.3 Die Einbeziehung von Ertragsteuern

Eine wichtige Fragestellung der betriebswirtschaftlichen Steuerlehre zielt auf den Einfluss der Besteuerung auf Unternehmensentscheidungen, hier also auf Investitionsentscheidungen. Hätten Steuern keinen Einfluss auf Entscheidungen, wären sie also **entscheidungsneutral**, müsste man sie unabhängig von der Höhe der Steuerbelastung nicht in die Investitionsrechnung einbeziehen. Tatsächlich ist die Neutralität jedoch in aller Regel nicht gegeben, sodass zu überprüfen ist, wie Steuern die Investitionsentscheidungen beeinflussen können.

Dies wollen wir anhand eines besonders einfachen Steuersystems verdeutlichen, dem sogenannten **Standardmodell** der Investitionsrechnung unter Einschluss von Gewinnsteuern. Dabei gibt es eine proportionale Gewinnbesteuerung ohne Freibeträge und mit einem sofortigen, vollständigen Verlustausgleich. Der Gewinn ergibt sich als Differenz von Einzahlungsüberschuss und Periodenabschreibung. Die Abschreibung dient der Verteilung der Anfangsauszahlung $(-z_0)$ auf die Perioden der Nutzung für die Zwecke der Ermittlung eines angemessenen Periodenerfolges. Es gilt also:

$$g_t = z_t - d_t,$$
$$s_t = \tau g_t = \tau(z_t - g_t),$$
$$z_{t,s} = z_t - s_t = (1-\tau)z_t + \tau d_t,$$

wobei
g_t Gewinn der Periode t
d_t Abschreibung in der Periode t
s_t Steuerzahlung in der Periode t
τ Gewinnsteuersatz (über die Perioden hinweg konstant)
$z_{t,s}$ Einzahlungsüberschuss nach Steuern in der Periode t.

Für die Ermittlung des **Kapitalwertes nach Steuern** ist zu beachten, dass auch die Alternativanlage der Besteuerung unterliegt. Die alternativ erzielbare Rendite ist deshalb um die darauf zu entrichtende Steuer zu korrigieren. Der Kalkulationszinsfuß verringert sich auf

$$i_s = i(1-\tau),$$

wobei
i_s Kalkulationszinsfuß nach Steuern.

---

[20] Zu Recht heißt daher bei *Kruschwitz* (2014) eine Kapitelüberschrift: „Verfahren der internen Zinssätze (ein Kapitel, das Sie eigentlich nicht lesen sollten)".

Somit ergibt sich der Kapitalwert nach Steuern als

$$kw_s = z_0 + \sum_{t=1}^{T}[(1-\tau)z_t + \tau d_t](1+i_s)^{-t}$$
$$= z_0 + (1-\tau)\sum_{t=1}^{T} z_t(1+i_s)^{-t} + \tau \sum_{t=1}^{T} d_t(1+i_s)^{-t},$$

wobei
kw_s Kapitalwert nach Steuern.

Der Kapitalwert setzt sich also zusammen aus dem versteuerten Barwert der Einzahlungsüberschüsse und dem Barwert der abschreibungsbedingten Steuerminderung abzüglich der Anfangsauszahlung. Die Diskontierung erfolgt jeweils mit dem Nach-Steuer-Kalkulationszinsfuß. Der Kapitalwert hängt auch von dem gewählten Abschreibungsverfahren ab. Die Abschreibungen verteilen genau die Anfangsauszahlung auf die Perioden der Nutzung:[21]

$$\sum_{t=1}^{T} d_t = -z_0.$$

Der **Barwert der Abschreibungen** und damit der Kapitalwert nach Steuern sind aufgrund der konstanten Abschreibungssumme höher, wenn ein größerer Teil der Gesamtabschreibung früher erfolgt, sodass sich die Diskontierung weniger stark auswirkt. Diesen Effekt weisen wir nun anhand von zwei Abschreibungsverfahren nach, der linearen und der degressiven Abschreibung.

t	z_t	$d_{t,lin}$	g_t	s_t	$z_{t,s}$
0	−100	−	−	−	−100
1	20	25	−5	−2,5	22,5
2	30	25	5	2,5	27,5
3	40	25	15	7,5	32,5
4	45	25	20	10	35

Tabelle 7.7: Kapitalwert und lineare Abschreibung.

Der Kapitalwert des Nach-Steuer-Zahlungsstroms ergibt sich bei der linearen, also über die Perioden hinweg konstanten Abschreibung als $kw_s = 3{,}24$.

Die **degressive Abschreibung** ist durch eine im Zeitablauf fallende Abschreibung gekennzeichnet. Im folgenden Beispiel unterstellen wir, dass die Abschreibung periodisch um denselben Betrag fällt (**digitale Abschreibung**).

---

[21] Dies entspricht dem **Grundsatz der Pagatorik** oder auch dem **Kongruenzprinzip**. Siehe ausführlicher Abschnitt 8.4.1.

t	z_t	$d_{t,degr}$	g_t	s_t	$z_{t,s}$
0	-100	-	-	-	-100
1	20	40	-20	-10	30
2	30	30	0	0	30
3	40	20	20	10	30
4	45	10	35	17,5	27,5

Tabelle 7.8: Kapitalwert und degressive Abschreibung.

Der Nach-Steuer-Kapitalwert beträgt nun $kw_s = 4{,}32$. Das Beispiel zeigt, dass infolge des anderen Abschreibungsverfahrens der Kapitalwert steigt. Ursache dafür ist, dass bei der digitalen Abschreibung zuerst höhere, anschließend niedrigere Abschreibungsbeträge bei der Gewinnermittlung zur Verrechnung kommen als bei der linearen Abschreibung; die in der Summe konstanten Steuerzahlungen verlagern sich also zeitlich nach hinten. Dies bezeichnet man als **zinslosen Steuerkredit**.

Auf den ersten Blick überraschend ist jedoch ein zweites Ergebnis. Infolge des Abflusses von Steuern sollte man erwarten, dass bei Einbeziehung der Steuern der Kapitalwert stets niedriger ist als ohne Steuern. Indes zeigt sich, dass in unserem Beispiel bei degressiver Abschreibung der Nach-Steuer-Kapitalwert größer ist als der Vor-Steuer-Kapitalwert von $kw = 3{,}76$ – ein zunächst paradox erscheinendes Ergebnis.

> Das **Steuerparadoxon** liegt vor, wenn der Kapitalwert nach Einbeziehung der Steuern größer ist als der Kapitalwert vor Steuern.

Die Beispiele belegen, dass es zum Steuerparadoxon kommen kann, nicht aber kommen muss. Denn der Kapitalwert bei linearer Abschreibung ist niedriger, der Kapitalwert bei degressiver Abschreibung höher als der Kapitalwert vor Steuern. Wie bei anderen sogenannten Paradoxa erweist sich aber der Zusammenhang als keineswegs paradox, wenn man sich auf seine innere Logik besinnt. Der Kapitalwert impliziert den Vergleich einer Realinvestition mit einer Finanzanlage. Steigt der Kapitalwert nach Einbeziehung der Steuern, besagt dies, dass sich die relative Vorziehenswürdigkeit der Realinvestition verglichen mit der Finanzanlage erhöht hat. Insofern ist es keineswegs überraschend, dass die Einbeziehung von Steuern nicht nur die Höhe, sondern auch das Vorzeichen des Kapitalwertes verändern kann. Das hieße, ohne Steuern erweist sich die Finanzanlage als besser, nach Steuern ist hingegen die Realinvestition überlegen.

Eine Intuition für das Steuerparadoxon lässt sich durch die Überlegung gewinnen, dass die Steuerwirkung sich aus zwei Teilwirkungen zusammensetzt: Einerseits vermindert sich die Summe der Einzahlungsüberschüsse um die Summe aller Steuerzahlungen (**Volumeneffekt**), dies verringert für sich genommen den Kapitalwert. Andererseits verringert sich auch der Kalkulationszinsfuß, weil die Alternativanlage der Besteuerung unterliegt (*Zinseffekt*), dies erhöht für sich genommen den Kapitalwert. Kommt es zum Steuerparadoxon, liegt das einfach daran, dass der Zinseffekt den Volumeneffekt überwiegt.

7.3 Unternehmensfinanzierung

7.3.1 Finanzierungstitel als Instrumente der externen Finanzierung

7.3.1.1 Merkmale von Finanzierungstiteln

Dem bisherigen Bild des Unternehmens entspricht die Vorstellung, dass der Unternehmer (Kapitalnehmer) in Verhandlungen mit Financiers (Kapitalgebern) tritt, damit diese ihren Beitrag zur Deckung des Kapitalbedarfs leisten. Selbstverständlich sind dafür Gegenleistungen in Form der Verzinsung (im weiteren Sinn) zu erbringen. Regelmäßig ist es zudem erforderlich, den Kapitalgebern Informationen in einem solchen Umfang bereitzustellen, dass diese zur Kapitalüberlassung bereit sind.

Das Zustandekommen von Finanzierungsverträgen erfordert, dass kein Vertragspartner durch den Vertragsabschluss einen Nachteil erleidet. Daraus lässt sich folgern, dass jeder der Vertragspartner die empfangene Gegenleistung zumindest nicht geringer schätzt als die selbst zu erbringende Leistung.

> Als **Finanzierungstitel** bezeichnet man die Gesamtheit von Rechten und Pflichten eines Kapitalgebers.[22]

Die **Leistung des Erwerbers** eines Finanzierungstitels, also des Kapitalgebers, besteht in der Bereitstellung von liquiden Mitteln für einen gewissen Zeitraum und mit einer gewissen Beteiligung am leistungswirtschaftlichen Risiko, das sich aus der Investitionstätigkeit, aber auch aus der spezifischen Ausgestaltung des Finanzierungstitels ergibt. Es kann damit auch die Verpflichtung verbunden sein, spätere Nachschüsse leisten zu müssen. Dies ist insbesondere bei Anteilen an Personengesellschaften der Fall, deren Inhaber auch mit dem Privatvermögen für die Verbindlichkeiten der Gesellschaft haften.

Die vom **Veräußerer** eines Finanzierungstitels, also dem Unternehmer, erbrachte **Gegenleistung** besteht in der Einräumung des Anspruchs auf Beteiligung an den künftigen Einzahlungsüberschüssen aus dem Leistungsbereich (unmittelbares Vermögensrecht), was je nach Ausgestaltung einen bedingten oder unbedingten Zahlungsanspruch darstellen kann. Damit sind zugleich die wesentlichen Rechte des Inhabers eines Finanzierungstitels charakterisiert.

---

[22] Vgl. *Franke/Hax* (2009), S. 33.

Anders als der Kapitalgeber erbringt der Kapitalnehmer seine Gegenleistung erst in der Zukunft. Daraus ergibt sich ein genereller Einfluss der allgemeinen Umweltunsicherheit (*exogenes Risiko*). Aber auch Handlungen des Kapitalnehmers beeinflussen den Leistungssaldo des Unternehmens. Dies stellt ein endogenes, durch die Vertragsgestaltung beeinflussbares Risiko dar. Zu den *endogenen Risiken* zählt auch, dass ein Kapitalgeber in aller Regel schlechter über die künftigen Rückzahlungsaussichten des Unternehmens informiert ist als der Unternehmensleiter. Endogene Risiken erzeugen einen Bedarf an Sicherung der Gegenleistungen durch zusätzliche Rechte bzw. Pflichten. Beispiele für solche Rechte sind Informationsrechte, Kündigungsrechte, Mitwirkungsrechte oder auch der bevorzugte Zugriff auf bestimmte Vermögensgegenstände (*Kreditsicherheiten*).

7.3.1.2 Kapitalbedarf und Anlageinteressen

Finanzierungstitel sind Instrumente zur Abstimmung des Kapitalbedarfs des zu finanzierenden Unternehmens und der Anlageinteressen der Kapitalgeber.

Aus der Investitionsplanung ergibt sich der zu deckende Kapitalbedarf, also die erforderliche Bindung liquider Mittel in Realinvestitionen. Der **Kapitalbedarf** ist gekennzeichnet durch die Dimensionen Höhe, Zeit und Unsicherheit. Die Höhe ergibt sich im Wesentlichen aus der Anfangsauszahlung sowie gegebenenfalls durch weitere Auszahlungsüberschüsse, die während der Anlaufphase einer Investition anfallen können. Die zeitliche Erstreckung folgt aus der Verteilung der laufenden Einzahlungsüberschüsse über die Laufzeit der Investition. Früh eingehende, hohe Einzahlungsüberschüsse ermöglichen einen schnellen Abbau des Kapitalbedarfs (also eine schnelle Kapitalfreisetzung), seine mittlere zeitliche Erstreckung ist dann eher gering. Infolge der Unsicherheit künftiger Einzahlungsüberschüsse ist auch der Kapitalbedarf unsicher, sowohl was den zeitlichen Aspekt anlangt, als auch prinzipiell: Bei nachteiliger Zukunftsentwicklung kann es dazu kommen, dass der Kapitalnehmer die zur Deckung des Kapitalbedarfs aufgenommenen Mittel aus den erzielten Überschüssen nicht vollständig zurückzahlen kann.

Die **Interessen der Kapitalgeber** beziehen sich grundsätzlich auf die gleichen Dimensionen: Höhe und Dauer der Kapitalüberlassung sowie Übernahme eines kleineren oder größeren Teils des leistungswirtschaftlichen Risikos. Die Höhe des von einem einzelnen Kapitalgeber anzulegenden Vermögens kann sehr unterschiedlich sein. Generell kann man aber davon ausgehen, dass die Beträge verglichen mit dem anfänglichen Kapitalbedarf bei der Investition eher gering sind. In Bezug auf die Dauer der Anlage wünscht sich ein Kapitalanleger in jedem Fall eine kurzfristige Verfügbarkeit seiner Mittel. Das bedeutet nicht notwendig eine kurzfristige Finanzierung, aber doch eine kurzfristige Liquidierbarkeit. Schließlich ist davon auszugehen, dass Kapitalanleger risikoavers sind. Das heißt zwar nicht, dass sie gar nicht bereit sind, sich am Risiko zu beteiligen, sie erwarten aber für die Risikoübernahme eine Prämie in Form einer höheren Verzinsung.

7.3.1.3 Transformationsleistungen

Die Anlagewünsche der Kapitalgeber und der Kapitalbedarf des Unternehmens sind in der Regel nicht von vornherein miteinander vereinbar. Zudem dürfte die ausschließliche Lenkung von Zahlungsströmen durch den Preis der Finanzierungstitel wegen mehrerer einzubeziehender Dimensionen schwierig sein. Durch eine geeignete Ausgestaltung von Finanzierungstiteln kann man jedoch eine Abstimmung erreichen. Dies geschieht durch die Aufteilung des gesamten Zahlungsstroms der Investition (Anfangsauszahlung und spätere Einzahlungsüberschüsse) in verschiedene Teilzahlungsströme, die mit den einzelnen Finanzierungstiteln einhergehen (**Partenteilung**). Im Wege der Partenteilung erfüllen die Finanzierungstitel verschiedene Transformationsaufgaben. Dadurch wird es ermöglicht, die Interessen beider Seiten miteinander zu vereinbaren.

Finanzierungstitel ermöglichen eine **Interessenharmonisierung** von Unternehmen und Kapitalgebern durch
- Größentransformation,
- Fristentransformation,
- Risikotransformation und
- Transformation des Informationsbedarfs.

Die **Größentransformation** besteht in der Zerlegung des häufig hohen Kapitalbedarfs in kleinere Parten und der Aufteilung dieser Parten auf viele Kapitalgeber. Die geringe Kapitalaufbringung eines einzelnen Kapitalgebers steht dann der Finanzierung einer umfangreichen Investition nicht entgegen.

Die **Fristentransformation** ist charakterisiert durch die Finanzierung eines langfristigen Kapitalbedarfs durch jeweils nur kurzfristige Kapitalüberlassungen seitens der Kapitalgeber. Dies erfordert zunächst einmal eine **revolvierende Finanzierung.** Dabei dienen die Erlöse aus der Ausgabe neuer Finanzierungstitel zur Rückzahlung der bisherigen Finanzierungstitel; damit steht die eher kurzfristige Kapitalüberlassung nicht mehr im Gegensatz zur Finanzierung langfristiger Investitionen. Offenbar führt dies jedoch zu einem Problem der Anschlussfinanzierung: Es ist nicht sicher, ob sich die neuen Finanzierungstitel bei den Anlegern unterbringen lassen (beispielsweise, wenn sich die Ertragslage verschlechtert hat), zudem können sich die Marktkonditionen nachhaltig verändert haben, sodass zumindest ein Konditionenänderungsrisiko besteht.

Solche Probleme lassen sich durch einen gut funktionierenden **Sekundärmarkt** für Finanzierungstitel verringern. Auf einer solchen Wertpapierbörse handeln Anleger untereinander mit Finanzierungstiteln, ohne dass das Unternehmen unmittelbar davon betroffen ist. Durch Ausgabe langfristiger, börsennotierter Finanzierungstitel kann sich ein Unternehmen langfristig Kapital beschaffen. Unabhängig davon haben die Anleger die Möglichkeit, individuelle Finanzanlagen durch Veräußerung des Finanzierungstitels an andere Anleger kurzfristig zu liquidieren, ohne dabei erhebliche Veräußerungsverluste hinnehmen zu müssen.

Durch Aufteilung des Gesamtzahlungsstroms einer Investition in heterogene Parten lässt sich eine **Risikotransformation** herbeiführen. Die Erwerber verschiedener Finanzierungstitel partizipieren in unterschiedlicher Weise am Risiko der Investition. Finanzierungstitel mit einem besonders geringen Risiko (insbesondere Forderungstitel) sind für solche Anleger vorgesehen, die zwar Kapital anlegen wollen, aber infolge ihrer ausgeprägten Risikoaversion eine sehr hohe Risikoprämie verlangen würden. Finanzierungstitel, deren Überschüsse stärker dem leistungswirtschaftlichen Risiko ausgesetzt sind (insbesondere Beteiligungstitel), bieten sich hingegen für risikotolerantere Anleger an, die zwar auch eine Risikoprämie fordern, jedoch nur in geringerem Umfang. Die Idee ist, dass bei einer geschickten Ausgestaltung heterogener Parten die Gesamtrisikoprämie geringer ausfällt. Unter welchen Bedingungen dies möglich ist, untersuchen wir unten näher.[23]

Die Risikotransformation wird durch die Größentransformation unterstützt. Aufgrund der kleinen Stückelung der Finanzierungstitel kann ein Kapitalgeber zahlreiche unterschiedliche Finanzierungstitel in seinem Privatportefeuille zusammenfassen. Damit ergeben sich Diversifikationseffekte. Da nicht alle Wertpapiere mit unsicherem Ertrag gleichzeitig einen niedrigen oder gleichzeitig einen hohen Ertrag erzielen, verringert sich die Schwankung des Gesamtertrages und das durch den Anleger zu tragende Risiko.

Offenbar können diese Vorteile der Risikotransformation jedoch nur dann realisiert werden, wenn zugleich die mit den Finanzierungstiteln verbundenen Mitgestaltungsrechte delegiert werden. Die hier erkennbare Spezialisierung auf die Eigentümerfunktion Risikoübernahme erfordert die Trennung von Unternehmensleitung und Residualansprüchen.[24]

Mit der Risikotransformation eng verbunden ist die **Transformation des Informationsbedarfs**. Die Leistung der Kapitalgeber erfolgt sofort, die Gegenleistung aber erst später. Daher besteht auf Seiten der Kapitalgeber ein erhöhter Bedarf an Informationen darüber, in welchem Umfang spätere Erträge zu erwarten sind. Es ist davon auszugehen, dass die Informationen über die Ertragsaussichten ungleich verteilt sind. Bei unzureichendem Informationsstand steigt

---

[23] Vgl. Abschnitt 7.3.5.2.
[24] Vgl. Abschnitt 5.1.3.

der Bedarf an kostenträchtiger, zusätzlicher Informationsbeschaffung oder Absicherungsmaßnahmen. Deshalb sollten schlecht informierte Anleger solche Finanzierungstitel erwerben, die einen geringeren Informationsstand erfordern. Dies ist bei **Forderungstiteln** der Fall, die mit einem festen, erfolgsunabhängigen Verzinsungs- und Tilgungsanspruch (Festbetragsanspruch) versehen sind. Die einzige erforderliche Information betrifft die Fähigkeit des Schuldners zur Bedienung des festen Anspruchs, gegebenenfalls den Umfang von Zahlungen bei Zahlungsunfähigkeit des Schuldners. Für den Erwerber eines Residualanspruchs (Restbetragsanspruchs) schlägt sich hingegen jede mehr oder weniger eingenommene oder ausgegebene Geldeinheit in seinem Einkommen nieder. Deshalb hat er einen besonders hohen Informationsbedarf. Kapitalgeber, die unzureichende Informationen über ein bestimmtes Unternehmen haben, sollten folglich eher deren Forderungstitel als deren **Beteiligungstitel** erwerben.

Die Ausführungen über den Informationsbedarf lassen sich auf den Bedarf an Mitwirkungsrechten ausdehnen. Die Erkenntnisse über externe Effekte[25] zeigen, dass grundsätzlich diejenige Partei die Entscheidungsrechte innehaben sollte, die auch das Risiko zu tragen hat; anderenfalls drohen Fehlentscheidungen. Inhaber von Beteiligungstiteln sollten demnach über mehr Mitwirkungsrechte verfügen als Inhaber von Forderungstiteln.

Aus den Überlegungen zu den Transformationsaufgaben lassen sich also einige pauschale **Finanzierungsregeln** ableiten. Jedoch ist es nicht zwingend, dass diese Regeln miteinander vereinbar sind. Warum sollte ein Anleger mit einer relativ hohen Risikotoleranz „automatisch" mehr Informationen über ein Unternehmen haben? Beides spräche für sich genommen für eine Beteiligung. Man kann zwar davon ausgehen, dass Finanzierungstitel einen wesentlichen Beitrag zur Abstimmung der Bedürfnisse von Kapitalnehmern mit den Interessen von Kapitalgebern leisten. Dennoch gibt es zahlreiche verbleibende Probleme, die Raum lassen für zusätzliche Transformationsinstrumente.

Dazu gehören die bereits genannten Sekundärmärkte für Finanzierungstitel. Daneben ist auf **Finanzintermediäre** (beispielsweise Banken oder Kapitalbeteiligungsgesellschaften) zu verweisen, die sich in die Finanzierungsbeziehung einschalten und ihrerseits zusätzliche Transformationen erbringen. Trotz der Kosten der Intermediation ist es möglich, dass die Einschaltung eines Finanzintermediärs die gesamten Transaktionskosten verringert.[26]

---

[25] Vgl. Abschnitte 4.2 sowie 5.1.3.
[26] Dies ist die Logik des wichtigsten Modells zu Erklärung der Existenz von Banken, *Diamond* (1984).

7.3.2 Kreditfinanzierung

7.3.2.1 Merkmale und Ausprägungen der Kreditfinanzierung

Bei dem bisher entworfenen Bild des Unternehmens ist es der Unternehmer, der Verträge mit allen anderen Parteien schließt und diesen für ihre vertragliche Leistung einen Festbetragsanspruch einräumt. So gesehen, stellt die Kreditfinanzierung (oder gleichbedeutend: externe Fremdfinanzierung, Finanzierung mit Forderungstiteln) die „natürliche" Finanzierungsweise dar.

Kreditfinanzierung ist der Oberbegriff für viele in der ökonomischen Wirkungsweise sehr ähnliche Finanzierungsarten.

> Wichtige Ausprägungen von **Forderungstiteln** sind
> - Bankkredite,
> - Schuldverschreibungen,
> - Lieferantenkredite und
> - Kundenanzahlungen.

Bei **Bankkrediten** ist ein Finanzintermediär Kreditgeber eines Unternehmens, der sich seinerseits zu erheblichen Teilen durch Kredite beim Anlegerpublikum (also durch Bankeinlagen) refinanziert. Bankkredite lassen sich in vielfältiger Weise zusätzlich differenzieren, etwa nach den Kriterien Höhe, Fristigkeit, Art der Kreditsicherheiten[27] und Tilgungsmodalitäten.

Bei **Schuldverschreibungen** (Anleihen, *Bonds*) handelt es sich um börsennotierte, häufig langfristige Forderungstitel. Die Ausgabe von Schuldverschreibungen setzt die Börsenzulassung voraus und kommt deshalb für kleinere Unternehmen kaum in Frage. Aber auch von großen Industrieunternehmen gibt es in Deutschland gegenwärtig nur relativ wenige Schuldverschreibungen. In den angelsächsischen Ländern sind Unternehmensanleihen weiter verbreitet.

Von großer Bedeutung insbesondere bei der kurzfristigen Kreditfinanzierung sind **Lieferantenkredite**. Dabei verzichtet ein Lieferant auf die unmittelbare Begleichung einer Rechnung und räumt dem Belieferten ein Zahlungsziel von (beispielsweise) drei Monaten ein. Die Verzinsung eines Lieferantenkredits ergibt sich implizit aus der Differenz zwischen den Preisen bei unmittelbarer Bezahlung und bei Inanspruchnahme des Zahlungsziels (Skonto).

Bei größeren Fertigungsaufträgen, die eine längere Zeit beanspruchen, sind **Kundenanzahlungen** üblich. Auch diese stellen aus wirtschaftlicher Sicht Kredite dar. Man kann sich das Gesamtgeschäft vorstellen als eine Kombination aus einer Bartransaktion (Empfang des Gutes und Bezahlung Zug um Zug) in der

---

[27] Siehe dazu ausführlich Abschnitt 7.3.2.3.

Zukunft und einer jetzigen Kreditvergabe des Kunden an den Hersteller. Die Anzahlung hat den Charakter einer Kreditvergabe, die Kreditverzinsung und -tilgung wird mit dem künftigen Barzahlungspreis verrechnet.

Das **zentrale Merkmal der Kreditfinanzierung** haben wir bereits angesprochen. Der Kreditgeber stellt Kapital zur Verfügung und erhält als Gegenleistung einen **festen Zahlungsanspruch**, der grundsätzlich nicht von den im Unternehmen erzielten Überschüssen abhängt. Daneben zählt die **zeitliche Begrenzung** der Kapitalüberlassung zu den typischen Merkmalen der Kreditfinanzierung. Das heißt, entweder ist von vornherein ein bestimmter Rückzahlungsplan vorgesehen, oder es gilt eine Kündigungsfrist für die Einforderung der Rückzahlung.

Daraus folgt unmittelbar, dass Forderungstitel dem Grundsatz nach keine Beteiligung am leistungswirtschaftlichen Risiko des Unternehmens vorsehen. Die Ausnahme von diesem Grundsatz besteht in dem Fall, dass das Unternehmensvermögen (im Fall einer Personengesellschaft erhöht um das pfändbare Privatvermögen der Vollhafter) zur Befriedigung sämtlicher Verbindlichkeiten nicht ausreicht. Aus der Anspruchsstruktur ergibt sich auch, dass Kreditgeber an besonders hohen Überschüssen des Unternehmens nicht partizipieren. Das kann durchaus ein Vorteil sein, weil die Eigentümer, die Entscheidungen treffen, die Entscheidungswirkungen nicht mit anderen Interessengruppen zu teilen brauchen. Das vermindert externe Effekte. Wie bereits erklärt, ist zudem aus diesem Grund der Informationsbedarf der Kreditgeber gering und bezieht sich nur auf **Insolvenzgefahren**. Infolgedessen zählt es zu den typischen Merkmalen von Forderungstiteln, dass sie keine besonderen Mitspracherechte vorsehen, also eine unmittelbare Beteiligung an den Unternehmensentscheidungen nicht besteht.

Dies gilt jedoch nur, solange die Zahlungsansprüche der Kreditgeber tatsächlich nicht gefährdet sind. Bei einer fühlbaren Insolvenzgefahr führt die Forderungsstruktur mit einer begrenzten Partizipation der Kreditgeber an hohen Unternehmenserfolgen zu schwerwiegenden Problemen. Dementsprechend gibt es bedingte Mitsprache- und Mitentscheidungsrechte für den Fall von Zahlungsschwierigkeiten des Unternehmens.[28]

7.3.2.2 Fehlanreize bei de facto begrenzter Haftung

Der Umfang, in dem Unternehmenseigentümer für die Verpflichtungen der Gesellschaft eintreten müssen, hängt von der Rechtsform der Gesellschaft ab. Bei Kapitalgesellschaften stehen für Eigentümer nur ihre Kapitaleinlagen sowie die in der Vergangenheit gebildeten Rücklagen auf dem Spiel. In Personengesellschaften haften die Gesellschafter (mit Ausnahme der Kommanditisten in einer

---

[28] Eine theoretische Rechtfertigung dafür findet sich bei *Aghion/Bolton* (1992). Siehe auch *Neus* (2001), S. 144-149.

Kommanditgesellschaft) auch mit ihrem Privatvermögen, das allerdings ebenfalls begrenzt ist. Zudem sind Pfändungsgrenzen zu beachten. Von einer unbegrenzten Haftung für Verpflichtungen der Gesellschaft kann also keinesfalls die Rede sein. Deshalb unterstellen wir im Weiteren der Einfachheit halber und ohne Einschränkung der Allgemeinheit, dass den Gläubigern nur das Gesellschaftsvermögen zur Befriedigung ihrer Forderungen zur Verfügung steht.

Anhand numerischer Beispiele zeigen wir, dass bei ausfallbedrohten Krediten externe Effekte entstehen, die entweder Anreize zu einer **Umverteilung** von den Kreditgebern hin zu den Kreditnehmern oder gar eine **Vermögensverschwendung** mit sich bringen. Zunächst gehen wir davon aus, dass die Kreditgeber diese Gefahr nicht erkennen und demnach auch keine Vorsorge dagegen ergreifen. Derartige Vorsorgemaßnahmen beziehen wir anschließend ein.

Ausgangspunkt ist die Kreditvergabe zur Finanzierung einer bestimmten einperiodigen Investition. Der Eigentümer haftet nur mit dem Unternehmensvermögen, wobei im Fall einer schlechten Entwicklung der Unternehmenstätigkeit das Vermögen zur Verzinsung und Tilgung des Kredits nicht ausreicht. Kreditgeber und Kreditnehmer sind risikoindifferent und orientieren sich am erwarteten Endwert des Vermögens (nach Opportunitätskosten). Infolge des Wettbewerbs auf dem Kreditmarkt ist der Kreditgeber mit Kreditkonditionen einverstanden, die gerade die Opportunitätskosten decken und demnach zu einem erwarteten Endwert von Null führen. Die Kreditvergabe wird auf Basis des geplanten Investitionsprojekts P_1 kalkuliert (siehe Tabelle 7.9).

	I_0	z_1 (0,9)	z_2 (0,1)	μ	E{ew}
P_1	100	120	50	113	3
FK_1	70	80	50	77	0
EK	30	40	0	36	3

Tabelle 7.9: Ausgangsbeispiel,

wobei
I_0 Anfangsauszahlung
z_j Einzahlungsüberschuss in Zustand j ($j = 1, 2$)
          (Eintrittswahrscheinlichkeit in Klammern)
μ Erwartungswert des Einzahlungsüberschusses ($\mu = \text{E}\{z\}$)
E{ew}   erwarteter Endwert (E{ew} = $\mu - 1{,}1 I_0$)
P_1 geplante Ausgangsinvestition
FK Zahlungen durch/an den Kreditgeber
EK Zahlungen durch/an den Eigentümer.

Der Zinssatz für die Alternativanlage des Kreditgebers beträgt 10%. Für den Kredit von $FK_1 = 70$ ist daher eine erwartete Rückzahlung von 77 erforderlich, um zu einem erwarteten Endwert von Null zu kommen. Damit wäre der Kreditgeber gerade noch einverstanden. Mit 10% Wahrscheinlichkeit kommt es zur

Insolvenz, weil der Eigentümer die Forderung des Kreditgebers nicht vollständig befriedigen kann. Die vorhandenen Mittel von 50 fließen in der Insolvenz zur Gänze an den Kreditgeber. Die versprochene Rückzahlung muss also der folgenden Bedingung genügen:

$$0{,}9R_1 + 0{,}1 \cdot 50 = 1{,}1 \cdot 70 \;\Rightarrow\; R_1 = 80,$$

wobei
R_1 Rückzahlungsbetrag (Verzinsung und Tilgung) für den Kredit.

Die versprochene Rückzahlung beträgt im vorliegenden Beispiel also 80.

> Es gibt drei typische Beispiele für **Fehlanreize bei der Kreditfinanzierung**,
> - das Risikoanreizproblem,
> - das Unterinvestitionsproblem und
> - das Problem der fremdfinanzierten Ausschüttung.

Ein erster Fehlanreiz besteht im **Risikoanreizproblem**. Dem Kreditnehmer stehen nach der Kreditaufnahme, aber vor der Investition mehrere Möglichkeiten offen. Neben der geplanten Investition gibt es noch eine andere, riskantere Projektvariante P_2. Das Risikoanreizproblem liegt darin, dass der Kreditnehmer diese riskantere Investition P_2 der weniger riskanten Investition P_1 vorzieht. Mit der ausschließlichen Risikoerhöhung (bei einem konstanten Erwartungswert der Einzahlungsüberschüsse) wäre bei der unterstellten Risikoindifferenz noch kein besonderer Nachteil verbunden. Es käme allerdings zu einer Umverteilung vom Gläubiger zum Schuldner. Im Falle der Risikoaversion wäre die Risikoerhöhung an sich bereits schädlich. Um den Fehlanreiz besonders deutlich zu machen, unterstellen wir, dass die Risikoerhöhung sogar mit einer Verminderung des erwarteten Einzahlungsüberschusses einhergeht. Es ergibt sich folgendes Bild:

	I_0	z_1 (0,9)	z_2 (0,1)	μ	E{ew}
P_2	100	125	0	112,5	2,5
FK_1	70	80	0	72	−5
EK	30	45	0	40,5	7,5

Tabelle 7.10: Risikoanreizproblem.

Projekt P_2 ist riskanter als P_1: Im Erfolgsfall entsteht ein größerer Gewinn, im Misserfolgsfall ein größerer Verlust als bei Investition P_1. Zugleich ist Investition P_2 suboptimal, weil sie einen geringeren erwarteten Endwert aufweist. Bei Durchführung von P_2 statt P_1 kommt es deshalb zu einer **Vermögensverschwendung** von $3 - 2{,}5 = 0{,}5$. Dennoch ist es für den Eigentümer vorteilhaft, statt der angekündigten die riskantere Investition zu tätigen, weil der *zusätzliche* Überschuss von 5 im guten Zustand alleine ihm zufällt, während den *zusätzlichen* Verlust von 50 im schlechten Zustand alleine der Kreditgeber trägt. Dies führt zu einem **Umverteilungseffekt** in Höhe von 5 zugunsten des Eigentümers. Weil der Umverteilungseffekt den Verschwendungseffekt überwiegt, lohnt sich individuell die riskante, schlechtere Investition. Bei dieser Argumentation ist zu beachten, dass der Eigentümer die Risikoerhöhung nach der Kreditvergabe vornimmt und sich die vertraglich festgelegte Forderung des Kreditgebers daher nicht verändert.

Die Ursache für das Risikoanreizproblem liegt in der **ungleichen Partizipation** des Kreditgebers an **zusätzlichen** Gewinnen und Verlusten. Unternehmenserfolge über den Rückzahlungsbetrag hinaus haben keinen Einfluss auf die Zahlung an den Kreditgeber. Zusätzliche Verluste in der Insolvenz schaden allein dem Kreditgeber, da der Eigentümer in der Insolvenz ohnehin leer ausgeht und nichts mehr zu verlieren hat. *Falsch* wäre dagegen die Behauptung, dass generell Kreditgeber das größere Risiko tragen, denn im betreffenden Fall hat der Eigentümer bereits seine gesamten Einlagen verloren und damit den maximalen Verlust realisiert.

Den zweiten Fehlanreiz bezeichnet man als **Unterinvestitionsproblem**. Es besteht im Anreiz zum Unterlassen einer lohnenden Ergänzungsinvestition mit einem positiven erwarteten Endwert.

	I_0	z_1 (0,9)	z_2 (0,1)	μ	$E\{ew\}$
P_1	100	120	50	113	3
P_3	20	20	60	24	2
$P_1 + P_3$	120	140	110	137	5
FK_1	70	80	80	80	3
FK_2	20	22	22	22	0
EK	30	38	8	35	2

Tabelle 7.11: Unterinvestitionsproblem.

In unserem Beispiel ist zusätzliche Investition P_3 fremdfinanziert. Im Falle der Finanzierung durch den Eigentümer würde sich am Ergebnis aber nichts ändern. Der zweite Kredit ist risikolos, daher beträgt der vereinbarte Zinssatz 10%. Die besondere Wirkung der Ergänzungsinvestition ist, dass der zuvor ausfallbedrohte erste Kredit (FK_1) nunmehr sicher wird. Der erste Kreditgeber erzielt dadurch einen überraschenden Vermögenszuwachs. Dieser **Umverteilungseffekt** zu Lasten des Eigentümers und zugunsten des ersten Kreditgebers überwiegt den **Wertsteigerungseffekt** der zusätzlichen Investition. Der dem Eigentümer verbleibende erwartete Endwert ist nach Durchführung der Investition P_3 kleiner als ohne, obwohl diese für sich genommen lohnend ist. Dementsprechend verzichtet der Eigentümer auf die Zusatzinvestition.

Auch hier liegt die Ursache in der Insolvenzgefahr. Die Investition P_3 lohnt sich für den Eigentümer nicht, weil damit eine nachträgliche Absicherung des ursprünglich ausfallbedrohten Kredits verbunden wäre. Für diese Versicherung erbringt der Kreditgeber keinerlei Gegenleistung, profitiert jedoch – im Gegensatz zum Eigentümer – in vollem Umfang. Anzumerken ist, dass beim Unterinvestitionsproblem anders als beim Risikoanreizproblem verglichen mit der ursprünglichen Planung keine Schädigung eines Kreditgebers erfolgt. Allerdings resultieren Opportunitätskosten für den Unternehmer, weil eine realisierbare Vermögenssteigerung unterbleibt.

Das dritte wesentliche Problem liegt in der *fremdfinanzierten Ausschüttung*. Diese liegt in Reinform vor, wenn der Unternehmer bei unverändertem Investitionsprogramm Eigenkapital durch (zusätzliches) Fremdkapital ersetzt.

	I_0	z_1 (0,9)	z_2 (0,1)	μ	$E\{ew\}$
P_1	100	120	50	113	3
FK_1	70	80	38,76	75,88	−1,12
FK_3	20	23,2	11,24	22	0
EK	10	16,8	0	15,12	4,12

Tabelle 7.12: Fremdfinanzierte Ausschüttung.

Zunächst sind die einzelnen Zahlungen zu erläutern. Der Kreditvertrag FK_3 mit einem Kreditbetrag von 20 ist so kalkuliert, dass die Opportunitätskosten bei einer erwarteten Einzahlung von 22 gerade abgedeckt sind. Dafür ist zu berücksichtigen, dass die Verteilungsregel in der Insolvenz der Gläubigergleichbehandlung folgt (*par condicio creditorum*). Das heißt, jeder Gläubiger erhält den Teil des Vermögens, der dem Anteil seiner Forderung an der Summe aller Forderungen entspricht. Der zweite Kreditgeber kalkuliert also:

$$0,9 R_3 + 0,1 \frac{R_3}{80 + R_3} 50 = 22 \quad \Rightarrow \quad R_3 = 23,20,$$

wobei

R_3 Rückzahlungsbetrag inklusive Verzinsung für den zweiten Kredit.

Die Wirkung der fremdfinanzierten Ausschüttung besteht in einer reinen **Umverteilung** vom ersten Kreditgeber zum Eigentümer. Diese ist wiederum Folge eines nicht vorhergesehenen, zusätzlichen Ausfalls in der Insolvenz. Weil mit der Umverteilung kein Verschwendungseffekt verbunden ist, lohnt sich die Maßnahme für den Eigentümer. Es ließe sich sogar ein noch größerer Umverteilungseffekt erzielen, wenn der Eigentümer sein Eigenkapital vollständig abziehen und komplett durch Kredite ersetzen würde.

Der extremste Fehlanreiz besteht darin, den Kredit gar nicht erst zu investieren, sondern insgesamt zu unterschlagen („*take the money and run*"). Darin zeigt sich deutlich das besondere Problem der Überlassung von liquiden Mitteln: Geld ist in allen Verwendungsrichtungen gleich gut zu gebrauchen und deshalb leicht anderen als den zunächst intendierten Zwecken zuzuführen. Geld hat also eine extreme Formbarkeit (***Plastizität***).[29] Aus Sicht des Kapitalgebers ist es daher wünschenswert, die Verfügungsmacht des Kreditnehmers einzuschränken. Dies ist der wichtigste Ansatzpunkt für die Erklärung von Kreditsicherheiten.

Alle genannten Fehlanreize hängen ursächlich mit der Insolvenz zusammen, die stets externe Effekte mit sich bringt: Die Entscheidungen trifft der Eigentümer, dem jedoch nicht alle positiven und negativen Vermögenswirkungen zugerechnet werden. In den Fällen des Risikoanreizes und der fremdfinanzierten Ausschüttung handelt es sich um negative externe Effekte, sodass diese Maßnahmen ergriffen werden. Im Fall der Unterinvestition handelt es sich um einen positiven externen Effekt, sodass die Maßnahme unterbleibt. Im Licht dieser Argumentation kommt den Kreditsicherheiten die Aufgabe zu, externe Effekte so weit wie möglich zu internalisieren.

7.3.2.3 Kreditsicherheiten

Bisher sind wir davon ausgegangen, dass der Kreditgeber die Handlungen des Eigentümers nach Vertragsabschluss nicht voraussieht und auch nicht nachträglich darauf reagiert. Beide Annahmen sind in dieser Form unangemessen. Vielmehr ist davon auszugehen, dass Kreditgeber zwar über nachvertragliche Handlungen des Eigentümers schlecht informiert, jedoch keineswegs naiv sind. Das heißt, Kreditgeber erkennen die drohenden Fehlanreize und ergreifen vorbeugende Maßnahmen, was den Verzicht auf die Kreditvergabe einschließen kann. Viele solcher Maßnahmen gehören zu den Kreditsicherheiten.

> ***Kreditsicherheiten*** lassen sich grob in drei Gruppen einteilen:
> - Sicherheiten aus dem Schuldnervermögen,
> - haftungserweiternde Maßnahmen und
> - sonstige Vertragsklauseln.

Die ***Sicherheiten aus dem Schuldnervermögen*** (oder Realsicherheiten) ermöglichen es einem Gläubiger, sich Teile des Schuldnervermögens für die Befriedigung seiner individuellen Forderung zu reservieren. Derartige Sicherheiten lassen sich weiter unterteilen in Grundpfandrechte (Hypotheken und Grundschulden) sowie Mobiliarsicherheiten (beispielsweise Sicherungsübereignung, Sicherungsabtretung und Eigentumsvorbehalt).

Haftungserweiternde Maßnahmen (oder Personensicherheiten) sind dadurch gekennzeichnet, dass nicht nur das Schuldnervermögen zur Befriedigung der Gläubigerforderungen zur Verfügung steht, sondern auch weitere Vermögensgegenstände. Als typisches Beispiel sind Bürgschaften anzuführen, bei

---

[29] Vgl. *Alchian/Woodward* (1987), S. 116 f.

denen auch der Bürge mit seinem Vermögen oder mit einem Teil davon für die Verpflichtungen einsteht.

Sonstige Vertragsklauseln (Covenants) bestehen in Mitsprache- und Mitbestimmungsrechten für die Gläubiger. Dazu gehören Genehmigungsvorbehalte oder Kündigungsrechte, die der Kreditgeber ausüben darf, wenn der Schuldner bestimmten Verpflichtungen nicht mehr nachkommt (beispielsweise einen bestimmten Verschuldungsgrad nicht einhält). Kündigungsrechte dienen nicht nur dem Abzug der Mittel, sondern schaffen im Zuge von Kreditneuverhandlungen einen weitergehenden Einfluss auf die Entscheidungen des Schuldners.

Allgemein dienen Kreditsicherheiten der Verringerung von externen Effekten bei der Kreditfinanzierung. Dies beruht auf mehreren Wirkungen:

Unmittelbar ersichtlich ist, dass durch Sicherheiten der **erwartete Rückfluss** eines Gläubigers steigt. Je mehr sich die erwartete Rückzahlung dem Nominalanspruch annähert, desto geringer fallen die auf den Gläubiger entfallenden Auswirkungen von Schuldnerentscheidungen aus, desto geringer sind also die externen Effekte. Für die Unternehmensfinanzierung ist das hilfreich, wenn sich auch die auf die Gläubigergesamtheit entfallenden externen Effekte verringern. Dies ist zumindest bei Haftungserweiterungen der Fall.

Eine Verringerung von externen Effekten kommt auch dadurch zustande, dass vertragliche Vereinbarungen die **Möglichkeiten einschränken**, gläubigerschädigende Handlungen durchzuführen. Die Stellung von Sicherheiten aus dem Unternehmensvermögen führt dazu, dass später hinzutretende Gläubiger einen extrem riskanten Zahlungsanspruch haben, da im Insolvenzfall nur ein geringes freies Vermögen zur Befriedigung ungesicherter Gläubiger verbleibt. Die Bereitschaft zur Vergabe weiterer Kredite, die auch zur Folge haben, dass die Ausfallgefahren anderer Gläubiger steigen (wie bei der fremdfinanzierten Ausschüttung), verringert sich damit. Grundpfandrechte erfüllen diese Aufgabe besonders wirksam, da sie anders als Mobiliarsicherheiten einer Publizität unterliegen (Grundbuch) und die auf einer Immobilie lastenden Verpflichtungen öffentlich bekannt sind.

Haftungserweiterungen erzeugen ihre Wirkung durch eine Verschiebung der **Anreize** des Schuldners. Besonders deutlich wird dies, wenn der Eigentümer und Geschäftsführer einer GmbH eine Bürgschaft für seine Gesellschaft stellt. Im Fall des Fehlschlags des Unternehmens geht dann ein größerer Teil des Vermögens verloren. Dies vermindert den Risikoanreiz, weil wesentliche Teile des zusätzlichen Verlustes, nicht nur des zusätzlichen Gewinns auf den Eigentümer entfallen. Es ist leicht zu erkennen, dass die Stellung einer solchen Bürgschaft ökonomisch gesehen die gleichen Anreizwirkungen hat wie die Erhöhung der Eigenkapitalausstattung eines Unternehmens.

Neben den privatvertraglichen Kreditsicherheiten entfalten auch **gesetzliche Regelungen** eine gläubigerschützende Wirkung. Dies gilt pauschal für Ausschüttungsbeschränkungen, da diese den Abfluss von Eigenkapital verhindern und, wie gesehen, ein größerer Eigenkapitalbestand zur Verminderung externer Effekte bei der Kreditfinanzierung beiträgt. Daneben sind insolvenzrechtliche Regelungen zu nennen, aufgrund derer die Verfügungsmacht auf die Gläubigergemeinschaft übergeht, wenn ein Unternehmen zahlungsunfähig ist oder das Vermögen einer Kapitalgesellschaft nicht mehr deren Verbindlichkeiten deckt und zugleich von der Fortführung der Gesellschaft nicht ausgegangen werden kann (**Überschuldung**).[30] In beiden Fällen treffen weitere Verluste nicht mehr die Eigentümer, deshalb sollten sie auch nicht die Verfügungsgewalt über das Unternehmen behalten.

Die bisher gezeigten Wirkungen von Kreditsicherheiten beziehen sich auf Anreizprobleme **nach Abschluss** eines Kreditvertrages. In ähnlicher Weise sind Sicherheiten jedoch auch geeignet, Informationsprobleme **vor Abschluss** eines Kreditvertrages zu verringern. Zum einen verringert sich nachmals der Informationsbedarf: Beispielsweise erübrigt sich bei Bestellung einer erstrangigen Grundschuld in hinreichender Höhe jede weitere Kreditwürdigkeitsprüfung. Zum anderen können sich auch Signaleffekte ergeben: Ist ein Kreditnachfrager ohne weiteres bereit, für seine GmbH eine Bürgschaft zu stellen, kann der Kreditgeber folgern, dass der Kreditnachfrager ein großes Vertrauen in das zu finanzierende Projekt hat. Ist ein Unternehmer trotz eines erheblichen Privatvermögens nicht bereit, eine Bürgschaft zu stellen, muss der Kreditgeber vom Gegenteil ausgehen.

Einige der Informations- und Anreizprobleme können dazu führen, dass eine Erhöhung des Zinssatzes nicht etwa zu einer Erhöhung der erwarteten Rückzahlung beim Kreditgeber führt, sondern diese sogar verringert. Bei dem Risikoanreizproblem liegt dies daran, dass ein erhöhter Zinssatz den Anreiz, auf ein riskanteres Projekt überzuwechseln, noch erhöht. Im Falle der Qualitätsunsicherheit – dies betrifft bei der Kreditfinanzierung insbesondere die Unsicherheit des Kreditgebers über das Ausfallrisiko – kann sich die erwartete Rückzahlung verringern, wenn es aufgrund der Zinserhöhung zur adversen Selektion kommt, weil sich Kreditnachfrager mit wenig ausfallbedrohten Projekten vom Kreditmarkt zurückziehen und nach anderen Finanzierungsformen suchen. In den genannten Fällen scheidet es für die Kreditgeber aus offensichtlichen Gründen aus, als risikopolitische Maßnahme die Risikoabgeltung zu wählen, also sich ein höheres Risiko durch einen höheren Zinssatz kompensieren zu lassen. Dies würde das Risiko nur noch weiter erhöhen. In solchen Fällen kann es zur **Kreditrationierung** kommen.[31] Diese besteht darin, dass es entgegen der zu erwartenden Vermutung bei einer Erhöhung des durch die Nachfrager angebotenen

---

30 Vgl. Abschnitt 5.2.3.3.
31 Vgl. *Stiglitz/Weiss* (1981).

Preises nicht zu einer Angebotserhöhung kommt. Zugleich erklärt die der Kreditrationierung innewohnende Logik, warum Banken häufig das Risiko begrenzen und nicht eine Risikoabgeltung betreiben.[32]

7.3.3 Beteiligungsfinanzierung

Die Art und Weise der Beteiligungsfinanzierung eines Unternehmens hängt eng mit ihrer Unternehmensverfassung zusammen. Die Rechtsform ist mit kennzeichnend für die rechtliche Ausgestaltung von Beteiligungstiteln. Die Kombination oder Trennung von Unternehmensleitung und Residualansprüchen bestimmt zugleich Stärken und Schwächen der Beteiligungsfinanzierung. Da wir diese Punkte bereits ausführlich diskutiert haben,[33] können wir die Beteiligungsfinanzierung hier deutlich knapper behandeln als die Kreditfinanzierung.

7.3.3.1 Merkmale und Ausprägungen der Beteiligungsfinanzierung

Im Wesentlichen weist die Beteiligungsfinanzierung (externe Eigenfinanzierung, Finanzierung mit Beteiligungstiteln) verglichen mit der Kreditfinanzierung die komplementären Merkmale auf: Die Kapitalüberlassung erfolgt in der Regel zeitlich unbegrenzt. Es gibt keine festen Zahlungsansprüche, sondern die Inhaber der Beteiligungstitel haben einen Residualanspruch inne, der erst nach Befriedigung aller anderen Ansprüche zum Zuge kommt.

Daher tragen die Inhaber der Beteiligungstitel den überwiegenden Teil des leistungswirtschaftlichen Risikos des Unternehmens. Dies gilt nicht nur in der Insolvenz, wenn das Eigenkapital völlig verloren ist, sondern auch bei einem gut verdienenden Unternehmen, dessen Überschüsse dennoch einer erheblichen Schwankung ausgesetzt sein können. Das Eigenkapital eines Unternehmens hat neben seiner Finanzierungsfunktion vor allem die Aufgabe, als **Verlustpuffer** zu dienen. Es sei daran erinnert, dass Risiko grundsätzlich zwei Seiten hat. Risikoübernahme schließt daher ein, dass Beteiligungsgeber anders als Kreditgeber auch an sehr hohen Erfolgen partizipieren. Der Abschnitt über die Kreditfinanzierung zeigte, dass eine hinreichende Eigenkapitalausstattung zur Verminderung von Reibungsverlusten bei der Kreditfinanzierung beiträgt.

Die konsequente Risikobeteiligung erzeugt bei den Beteiligungsgebern einen **hohen Informationsbedarf**. Dieser ergibt sich zum einen daraus, dass Verluste das Kapital schneller aufzehren als bei Forderungstiteln. Zum anderen beein-

---

[32] *Risikobegrenzung* bedeutet, dass die Banken jenseits einer gewissen Risikogrenze die Kreditvergabe kategorisch ausschließen. *Risikoabgeltung* bedeutet demgegenüber, dass Banken jedes Risiko übernehmen, solange der Kreditnachfrager nur bereit und im Erfolgsfall auch in der Lage ist, einen hinreichend hohen Zinssatz für den Kredit zu bezahlen.
[33] Vgl. Abschnitt 5.1.3.

flusst jede einzelne mehr oder weniger eingenommene Geldeinheit den Erfolgsanteil eines Beteiligungsgebers. Die erforderlichen Informationen betreffen damit nicht nur wesentliche Grundsatzentscheidungen, sondern auch die alltägliche Geschäftsführung. Die Information alleine reicht aber noch nicht hin, es muss auch die Möglichkeit der Einflussnahme auf die Geschäftsführung bestehen. Dies korrespondiert mit dem Grundsatz der Parallelität von Haftung und Verfügung.

Bei Personengesellschaften erstreckt sich die Haftung der Gesellschafter auch auf ihr Privatvermögen, bei Kapitalgesellschaften ist sie auf die Einlage und die Rücklagen des Unternehmens beschränkt. Nur für die Anteile an börsennotierten Aktiengesellschaften existiert ein gut funktionierender Sekundärmarkt. Deutliche Unterschiede zwischen Beteiligungstiteln gibt es in Bezug auf die gesetzlich zugestandenen **Mitwirkungsrechte**. Vollhafter in Personengesellschaften sind grundsätzlich an der Unternehmensleitung beteiligt und haben auch im Fall des Ausschlusses von der Geschäftsführung ausgeprägte Informationsrechte. Bei Aktiengesellschaften sind dagegen die gesetzlichen Rechte der Anteilseigner stark beschränkt. Das Aktiengesetz sieht erhebliche Freiheitsgrade für den Vorstand vor, der zumindest bei Publikumsgesellschaften eher geringen Einflussmöglichkeiten der Aktionäre ausgesetzt ist.[34]

7.3.3.2 Separation of Ownership and Control

Bei der Beurteilung der Beteiligungsfinanzierung im Sinne der Ausgabe von Beteiligungstiteln an zusätzliche Anteilseigner ist zu unterscheiden, inwieweit die neuen Eigenkapitalgeber auch Entscheidungskompetenzen erhalten. Ein effizienter Entscheidungsprozess setzt voraus, dass nicht zu viele Individuen daran beteiligt sind. Ist es aus Gründen der Risikoteilung oder der Ergiebigkeit externer Finanzierungsquellen wünschenswert, viele neue Anteilseigner einzubeziehen, erfordert dies eine Beschränkung der Mitspracherechte. Dies wiederum bedeutet für die externen Kapitalgeber, dass sie zwar einen Residualanspruch innehaben und insofern für die in der Unternehmensleitung getroffenen Entscheidungen **haften**, jedoch nur in geringem Umfang über das Unternehmen verfügen können. Es kommt also zur Trennung der Residualrechte von der Unternehmensleitung, also zur „Separation of Ownership and Control".

Bei der externen Eigenfinanzierung drohen – insbesondere in der Publikumsaktiengesellschaft – infolge des geringen Einflusses auf die Unternehmensleitung Fehlanreize.[35] Sie sind umso stärker, je geringer die Erfolgsbeteiligung der Unternehmensleitung ausfällt, sei es durch einen Aktienanteil, sei es

---

[34] Vgl. Abschnitt 5.1.2.3.
[35] Vgl. Abschnitt 5.1.3.3.

durch Entlohnungsverträge. Beispiele für Fehlanreize sind ein zu hoher Konsumanteil an allen Aufwendungen, die Verlagerung von Gewinnen auf Unternehmen im Eigentum des Vorstands, die übermäßige Neigung, Gewinne zu thesaurieren und für Akquisitionen zu verwenden, sowie die mangelnde Bereitschaft, im Interesse der Eigentümer Konflikte auszutragen.

Wesentliche Beiträge zur Begrenzung der Fehlanreize leisten der Wettbewerb auf Finanz-, Absatz- und Arbeitsmärkten, die Kontrolle der Unternehmensleitung durch den Aufsichtsrat und Entlohnungsformen, welche Anreize zu aktionärsorientiertem Verhalten erhöhen. Auch ein höheres Ausmaß der Fremdfinanzierung kann dazu beitragen, Konflikte zwischen dem Vorstand und den Aktionären zu mildern. Die mit den Krediten verbundenen Auszahlungsverpflichtungen (Zinsen und Rückzahlung) schränken nämlich die Möglichkeiten des Managements ein, über Gebühr Mittel zu thesaurieren und sie für eigennützige Zwecke zu verwenden.[36] Es ist jedoch zweifelhaft, ob diese **Kontrollmechanismen** hinreichen, alle Probleme zu lösen.[37] Große institutionelle Anleger wie Pensionsfonds halten einen erheblichen Anteil des Vermögens in Aktien und besitzen genügend Know-how und Marktmacht, um Einfluss auf Vorstände von Aktiengesellschaften zu nehmen.[38] Verglichen mit ausländischen Kapitalmärkten haben solche Fonds in Deutschland noch eine eher geringe Bedeutung. Gleichwohl ist eine Entwicklung in diese Richtung unübersehbar.

7.3.4 Gegenüberstellung von Kredit und Beteiligungsfinanzierung

In vielerlei Hinsicht haben Beteiligungs- und Kreditfinanzierung komplementäre Eigenschaften. Viele der entscheidenden Eigenschaften lassen sich auf die Art und Weise der Verteilung von für die Kapitalgeber insgesamt zur Verfügung stehenden Überschüssen zurückführen. Die Ansprüche sind durch die sogenannten *„charakteristischen Funktionen"*[39] determiniert. Im Falle der beschränkten Haftung gilt

$$y_{FK} = \min\{R, y\},$$

$$y_{EK} = \max\{y - R, 0\},$$

wobei
y für die Kapitalgeber insgesamt verfügbare Verteilungsmasse
y_{FK} Anspruch des Fremdkapitals
y_{FK} Anspruch des Eigenkapitals
R Rückzahlungsbetrag (Verzinsung und Tilgung) für das Fremdkapital.

---

[36] *Grossman/Hart* (1982), *Jensen* (1986).
[37] Ähnlich *Wenger* (1987).
[38] Daher bezeichnet man solche Anteilseigner auch als *„aktive Aktionäre"*; vgl. *Jensen* (2010).
[39] *Kürsten* (2005), S. 182 ff.

Die vorstehenden Gleichungen verdeutlichen ebenso klar wie Abbildung 7.4, dass die Ansprüche der Fremdkapitalgeber zwar vorrangig zu bedienen, aber auf Verzinsung und Tilgung beschränkt sind. Dagegen erhalten die Eigenkapitalgeber mit ihrem Residualanspruch zunächst einmal nichts, solange nicht die Ansprüche des Fremdkapitals vollständig befriedigt sind. Dafür sind die Ansprüche allerdings nach oben hin unbeschränkt.

Damit sind die bereits angesprochenen, spezifischen Anreize insbesondere im Hinblick auf das Risiko verbunden. Die Gefahr des vollständigen Verlustes bei gedeckelter Teilnahme an Gewinnmöglichkeiten impliziert eine Präferenz für ein geringeres Risiko. Umgekehrt bringen die auf den Kapitaleinsatz begrenzten Verluste bei gleichzeitig unbegrenzter Gewinnpartizipation beim Eigenkapital die Präferenz für ein höheres Risiko mit sich. Die genannten Vorlieben sind keineswegs Ausdruck der persönlichen Risikopräferenzen der jeweiligen Kapitalgeber, sondern eine durch die Anspruchsstruktur bewirkte Präferenz.

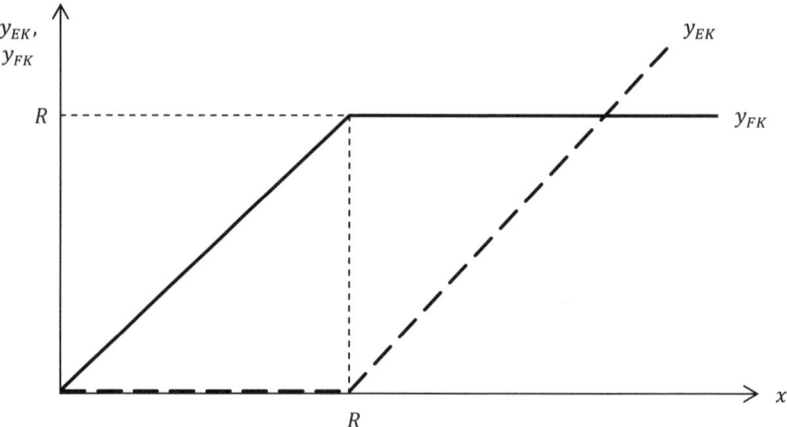

Abbildung 7.4: Charakteristische Funktionen von Eigen- und Fremdkapital.

Die zentrale Aussage ist verallgemeinerungsfähig: Eine rechtsgekrümmte, konkave Anspruchsstruktur wie bei Fremdkapital erzeugt ein risikoaverses Verhalten, eine linksgekrümmte, konvexe Struktur wie bei Eigenkapital erzeugt ein risikofreudiges Verhalten.

Die nachstehende Tabelle stellt diese und weitere wichtige Merkmale der Kredit- und Beteiligungsfinanzierung noch einmal zusammen.

Kriterium	Kreditfinanzierung	Beteiligungsfinanzierung
Dauer der Kapitalüberlassung	zeitlich befristet, unterschiedliche Laufzeiten	i.d.R. unbefristet
Zahlungsanspruch	nach oben durch Verzinsung und Tilgung beschränkt	nach oben unbegrenzt
Risikoübernahme	nachrangig; erst nach vollständiger Aufzehrung des Eigenkapitals durch Verluste	vorrangig; Verluste vermindern unmittelbar das Eigenkapital
Einflussnahme auf Entscheidungen	gering	grds. hoch; ggf. an ein Management delegiert
wichtige Problemlösungsmechanismen	Kreditsicherheiten, Kreditrationierung, Eigenkapital	Aufsichtsrat, Erfolgsbeteiligung des Managements, Fremdkapital

Tabelle 7.13: Synopse.

7.3.5 Interne Finanzierung

Neben der externen Finanzierung besteht die Möglichkeit, liquide Mittel intern bereitzustellen. Dies bezeichnet man als interne Finanzierung oder **Innenfinanzierung**. Die Jahresabschlussstatistik der Deutschen Bundesbank belegt eindrücklich die große Bedeutung der internen Finanzierung in Deutschland.

	2003	2005	2007	2009	2011	2013	2015
Innenfinanzierung	181,6	191,8	220,7	155,8	208,9	210,0	271,5
Bruttoinvestitionen	123,5	151,8	242,3	118,8	208,8	185,5	212,0
Relation in %	147,0	126,4	91,1	131,1	100,0	113,0	128,0

Quelle: *Deutsche Bundesbank* (2017): Unternehmensbilanzstatistik.

Tabelle 7.14: Innenfinanzierung und Bruttoinvestitionen (in Mrd. €).

Häufig liegt die interne Finanzierung über den Bruttoinvestitionen (also der Bindung liquider Mittel in Sachvermögen, einschließlich der Ersatzinvestitionen). Eine positive Differenz zwischen Innenfinanzierungsvolumen und Bruttoinvestitionen fließt entweder in die Geldvermögensbildung (Beteiligungen, Finanzanlagen sowie Forderungen aus Lieferungen und Leistungen) oder in den Abbau von Schulden. Das Rezessionsjahr 2009 zeigt, dass gerade in Krisenzeiten keineswegs Finanzierungsengpässe bestehen müssen. Vielmehr kann der Investitionsbedarf deutlich schneller zurückgehen als das Innenfinanzierungspotenzial.

Die interne Finanzierung besteht aus im Unternehmen erwirtschafteten und nicht wieder abgeflossenen liquiden Mitteln. Die **zahlungsorientierte Ermittlung** der internen Finanzierung können wir durch das nachstehende Schema erfassen. Außer der Verwendung liquider Mittel für Investitionen im Leistungsbereich, der Tilgung oder Aufnahme eines Kredits sowie der Kapitalrückzahlungen oder Kapitalerhöhungen durch die Eigentümer gehen alle Zahlungen darin ein:

>   laufende Einzahlungen
>   + Desinvestitionen
>   = gesamte Einzahlungen
>   − laufende Auszahlungen
>   − Zinsen auf das Fremdkapital
>   − Steuern (des Finanzbereichs)
>   − Gewinnausschüttungen
>   = *interne Finanzierung*.

Häufig leitet man den Umfang der internen Finanzierung jedoch nicht aus Zahlungen ab, sondern aus Größen des *Jahresabschlusses*. Die Basis für die Erklärung der Zusammenhänge ist die Gewinnermittlung. Grundsätzlich ergibt sich der Gewinn als Differenz zwischen Ertrag und Aufwand. Diese Größen unterscheiden sich von Einzahlungen und Auszahlungen in der Zuordnung von Zahlungen auf die Perioden für den Zweck der Ermittlung von Periodenerfolgen.[40] Zum Beispiel erfolgen Abschreibungen zur Verteilung der Anfangsauszahlung für abnutzbares Anlagevermögen auf die Perioden der Nutzung. Zuführungen zu den Rückstellungen stehen für solche künftigen Verpflichtungen, deren Ursache in der Rechnungsperiode liegt, deren Höhe aber noch nicht genau festliegt. Zudem kommt es bei Desinvestitionen zu einem Ertragsüberschuss, wenn der Kapitalfreisetzung in Höhe des Restbuchwertes ein höherer Liquidationserlös gegenübersteht. Eine vereinfachte Darstellung für die **Gewinnermittlung** hat folgendes Aussehen:

>   laufender Einzahlungsüberschuss
>   − auszahlungsloser Aufwand
>   (bspw. Abschreibungen und Zuführungen zu Rückstellungen)
>   + Liquidationsgewinn
>   (bspw. Erlöse aus Desinvestitionen abzüglich Kapitalfreisetzung)
>   = Gewinn vor Zinsen und Steuern.

Aus dem Gewinn vor Zinsen und Steuern[41] sind noch, wie oben angegeben, die Auszahlungen für Zinsen, Steuern und Gewinnausschüttungen zu bestreiten. Durch Vergleich der beiden Gleichungen ergibt sich die buchmäßige Ermittlung der internen Finanzierung.

---

[40] Vgl. Abschnitt 8.4.1.
[41] Geläufig ist das Kürzel **EBIT** (für „Earnings before interest and taxes").

> Selbstfinanzierung (Gewinn vor Zinsen und Steuern, vermindert um Zinsen, Steuern und Ausschüttungen)
> + Vermögensumschichtung (Abschreibungen und Kapitalfreisetzung)
> ± Zuführung zu den Rückstellungen
> = **interne Finanzierung**.

Abbildung 7.5 zeigt den Zusammenhang zwischen der **zahlungsbezogenen** und der **buchmäßigen Ermittlung der internen Finanzierung**. Die Zahlungsgrößen sind dabei durch Kästen hervorgehoben.

Für ein numerisches Beispiel soll gelten:

> - laufende Einzahlungen 50.900
> - laufende Auszahlungen 29.300
> - Desinvestitionserlös 1.600
> - Zinsauszahlungen 2.300
> - Gewinnausschüttungen 4.000
> - Gewinnsteuern 3.300
> - Abschreibungen 7.700
> - Abgang von Anlagegütern 700
> - Bildung von Rückstellungen 2.500

Damit ergeben sich Einzahlungen in Höhe von

$$50.900 + 1.600 = 52.500$$

und Auszahlungen in Höhe von

$$29.300 + 2.300 + 3.300 + 4.000 = 38.900.$$

Das Volumen der **internen Finanzierung** erhält man demnach bei zahlungsbezogener Ermittlung als Differenz zwischen Ein- und Auszahlungen:
Die Berechnung der internen Finanzierung auf Basis von Buchgrößen ergibt zunächst einen **Gewinn vor Zinsen und Steuern** von

$$(50.900 - 29.300) - 7.700 - 2.500 + (1.600 - 700) = 12.300.$$

Zur Ermittlung der **Selbstfinanzierung** sind noch Zinsen, Steuern und Ausschüttungen abzuziehen, sodass

$$12.300 - 2.300 - 3.300 - 4.000 = 2.700.$$

Die interne Finanzierung durch **Vermögensumschichtung** beträgt

$$7.700 + 700 = 8.400,$$

die Zuführung zu den **Rückstellungen** schließlich 2.500. Insgesamt erhält man also bei **buchmäßiger Ermittlung** für die interne Finanzierung

$$2.700 + 8.400 + 2.500 = \mathbf{13.600}.$$

Per Konstruktion müssen die Berechnungen zum selben Ergebnis führen.

$$52.500 - 38.900 = \mathbf{13.600}.$$

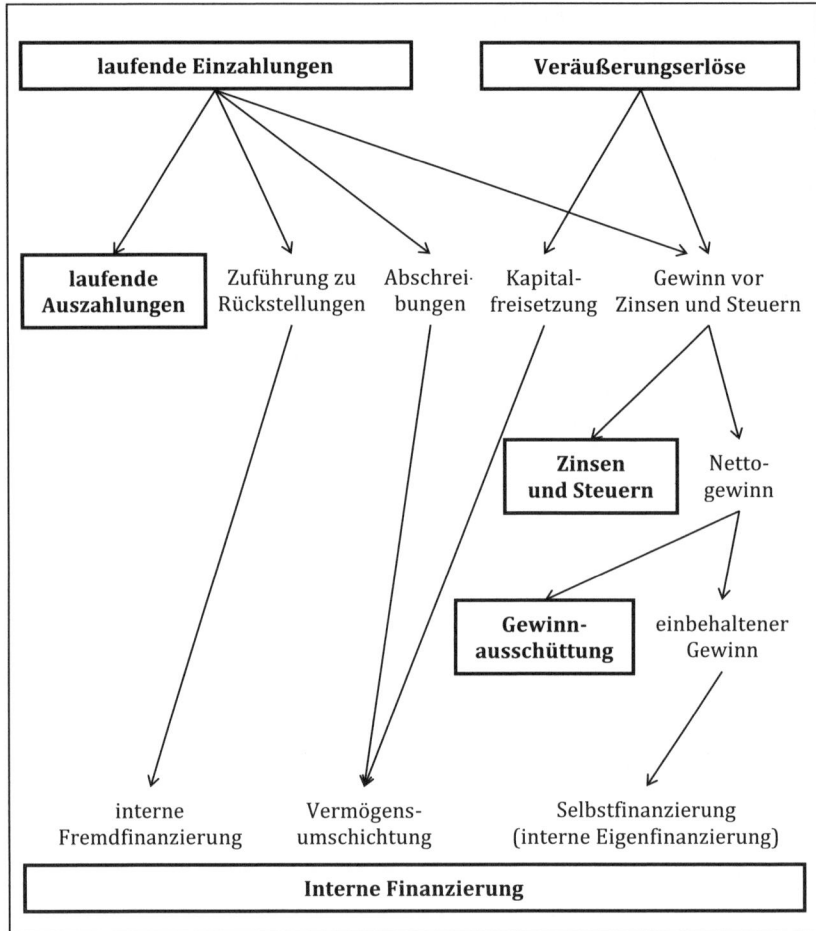

Abbildung 7.5: Interne Finanzierung.[42]

In die Höhe der internen Finanzierung gehen die **Abschreibungen** ein. Somit scheint bei einer Erhöhung der Periodenabschreibung auch die interne Finanzierung höher auszufallen. Ohne weiteres trifft dies jedoch nicht zu. Vermehrte Abschreibungen erhöhen das Innenfinanzierungsvolumen nur, wenn damit Mehreinzahlungen oder Minderauszahlungen verbunden sind. Bei Vernachläs-

---

[42] In Anlehnung an *Hax* (1998), S. 183.

sigung von Steuern und Gewinnausschüttungen wird die Erhöhung der Abschreibungen durch die Verminderung der thesaurierten Gewinne kompensiert. Eine **Finanzierung durch Buchhaltung gibt es nicht.** Eine echte Finanzierungswirkung entsteht jedoch durch eine Steuerminderzahlung infolge geringerer Gewinne oder durch eine verringerte Ausschüttung, weil gesetzliche Ausschüttungsobergrenzen an den Periodengewinn geknüpft sind. Das Gleiche gilt für Rückstellungen und für die Kapitalfreisetzung.

Aufwandsgrößen stellen eine bestimmte Zuordnung von Zahlungen zu Perioden dar. Daraus folgt zwingend, dass Auszahlungen und Aufwendungen über die Gesamtdauer eines Projektes oder eines Unternehmens übereinstimmen müssen (**Kongruenzprinzip**[43]). Weiter wird demnach ein auszahlungsloser Aufwand in einer Periode durch erfolgsneutrale Auszahlungen in anderen Perioden kompensiert. Daher haben Abschreibungen und Rückstellungen stets nur eine vorübergehende Finanzierungswirkung.

Die interne Finanzierung scheint ein sehr „bequemes" Finanzierungsinstrument zu sein, das sich daher einer großen Beliebtheit bei der Unternehmensleitung erfreut. Dies besagt auch die sogenannte „**Pecking-Order-Theorie**"[44], der zufolge die Unternehmensleitung die interne Finanzierung der Kreditfinanzierung vorzieht und diese wiederum der Beteiligungsfinanzierung. Die mangelnde Kontrolle der Mittelverwendung durch Marktteilnehmer, die Auswahlentscheidungen über ihre Anlagen treffen, ist jedoch problematisch. Möglicherweise kommt es zur Verwendung intern erwirtschafteter liquider Mittel für solche Investitionen, die sich mangels Rentabilität über eine externe Finanzierung nicht finanzieren ließen. Diese Gefahr droht insbesondere in managergeleiteten Unternehmen. Dort könnten die Entscheider mehr an einer Vergrößerung ihres Einflussbereichs statt an der Schaffung positiver Kapitalwerte interessiert sein. Zudem sind sie einer **wenig ausgeprägten Kontrolle** durch die Eigentümer ausgesetzt. Unter dem Gesichtspunkt der Kapitallenkung ist der in Deutschland sehr hohe Anteil intern finanzierter Investitionen kritisch zu beurteilen.

7.3.6 Finanzierungsentscheidungen

Finanzierungsentscheidungen betreffen die Auswahl zwischen verschiedenen Finanzierungsformen. Der Idealtyp der Finanzierungsentscheidung ist die Auswahl zwischen der Beteiligungs- und der Kreditfinanzierung oder gleichbedeutend die Entscheidung über den **Verschuldungsgrad**, also des Quotienten aus Fremdkapital und Eigenkapital. Dem steht die empirisch große Bedeutung der internen Finanzierung nicht entgegen. Die interne Finanzierung erfordert be-

---

[43] Vgl. Abschnitt 8.4.1.
[44] *Myers* (1984).

trächtliche Rückflüsse aus zunächst extern finanzierten Investitionen. Die weiteren Ausführungen in diesem Abschnitt beschäftigen sich überwiegend, aber nicht ausschließlich mit der Verschuldungsentscheidung.

7.3.6.1 Rendite- und Risikowirkungen der Verschuldung (Leverage-Effekt)

Ein Unternehmen ist durch seinen Kapitaleinsatz und die damit erzielbare, unsichere Gesamtkapital-Rentabilität gekennzeichnet, die sich aus dem Quotienten von Bruttogewinn (vor Zinsen) und Gesamtkapitaleinsatz ergibt:[45]

$$\tilde{r}_g = \frac{\tilde{g}}{GK},$$

wobei
$\tilde{g}$ Bruttogewinn (vor Zinsen)
GK Gesamtkapital
$\tilde{r}_g$ Gesamtkapitalrentabilität.

Der Bruttogewinn setzt sich zusammen aus den Fremdkapitalzinsen (Produkt aus Zinssatz und Fremdkapital) und dem Nettogewinn (Produkt aus Eigenkapitalrentabilität und Eigenkapital):

$$\tilde{g} = r_f FK + \tilde{r}_e EK,$$

wobei
FK Fremdkapital
r_f Fremdkapitalzinssatz
EK Eigenkapital
$\tilde{r}_e$ Eigenkapitalrentabilität.

Anders als der vertraglich fixierte Fremdkapitalzinssatz ist die Eigenkapitalrentabilität unsicher, weil sie sich aus einem Residualanspruch ergibt.[46] Das Gesamtkapital ergibt sich als Summe aus Fremd- und Eigenkapital:

$$GK = EK + FK.$$

Setzt man die beiden letzten Gleichungen in die erste ein und löst nach der Eigenkapitalrentabilität auf, kommt man zu

$$\tilde{r}_e = \tilde{r}_g + (\tilde{r}_g - r_f)\frac{FK}{EK}.$$

Es besteht demnach ein linearer Zusammenhang zwischen der Eigenkapitalrentabilität und dem Verschuldungsgrad. Sie steigt mit dem Verschuldungsgrad, wenn die Gesamtkapitalrentabilität größer ist als der Fremdkapitalzinssatz.

---

[45] Zur Verdeutlichung sind hier ex ante unsichere Größen mit einer Tilde gekennzeichnet.
[46] Bei den hier vorgetragenen Grundüberlegungen vernachlässigen wir die Möglichkeit der Insolvenz und unterstellen folglich eine unbegrenzte Haftung.

Weil die Verschuldung somit als Hebel auf die Eigenkapitalrentabilität wirkt, spricht man vom **Leverage-Effekt**. Dieser Effekt ist aber ambivalent, weil die Gesamtkapitalrentabilität unsicher ist und bei schlechter Geschäftslage auch kleiner als der Fremdkapitalzinssatz sein kann. In diesem Fall sinkt die Eigenkapitalrentabilität bei steigendem Verschuldungsgrad. Sie kann sogar negativ werden, wenn die Fremdkapitalzinsen größer sind als der Bruttogewinn. Wegen der Ambivalenz des Leverage-Effekts spricht man auch vom **Leverage-Risiko**. Es lässt sich gut durch die folgende Gleichung verdeutlichen:

$$\text{Var}\{\tilde{r}_e\} = \left(1 + \frac{FK}{EK}\right)^2 \text{Var}\{\tilde{r}_g\}.$$

Bei positiver Verschuldung ist demnach die Varianz der Eigenkapitalrentabilität als Risikomaß stets größer als die Varianz der Gesamtkapitalrentabilität. Zudem wächst die Varianz der Eigenkapitalrentabilität mit zunehmendem Verschuldungsgrad.

Vor einigen Jahren sah sich der damalige Vorstandssprecher der größten deutschen Bank einer scharfen Kritik ausgesetzt, weil er eine Eigenkapitalrendite von 25% zur Zielsetzung erhob: Eine solche Rendite sei völlig unangemessen hoch.[47] Im Licht der Überlegungen zum Leverage-Effekt lässt sich die Kritik genauer einordnen. Dazu ist zu berücksichtigen, dass die bilanzielle Eigenkapitalquote (EK/GK) deutscher Banken im Durchschnitt bei etwa 5% liegt, was einem Verschuldungsgrad von 19 gleichkommt. Unterstellt man weiter, dass Banken ihr Fremdkapital über Einlagen beziehen, die sich mit vielleicht $r_f = 3\%$ verzinsen, so erfordert eine erwartete Eigenkapitalrendite von $\text{E}\{\tilde{r}_e\} = 25\%$ eine erwartete Gesamtkapitalrendite von $\text{E}\{\tilde{r}_g\} = 4{,}1\%$. Dies klingt nun keineswegs wie eine unangemessen hohe Rentabilität des eingesetzten Kapitals. Viel kritischer ist dagegen das mit dem **hohen Verschuldungsgrad** verbundene **Risiko** zu sehen. Jüngere Reformen der Bankenregulierung sehen daher auch eine deutlich erhöhte Mindesteigenkapitalausstattung von Banken vor.[48]

Die Aussagen zum Leverage-Effekt erfordern keine besonderen Voraussetzungen. Er ergibt sich alleine durch Umformungen aus elementaren Definitionen. Allerdings kann man aus den einfachen Zusammenhängen auch *keine Finanzierungsregel* ableiten.

---

[47] Als kritikwürdig galt insbesondere, dass Ackermann auf derselben Pressekonferenz dieses Renditeziel in den Raum stellte und zugleich ein „Fortentwicklungsprogramm" angekündigte, das mit dem Abbau von 6.400 Stellen verbunden sein sollte.

[48] Ein beeindruckendes Plädoyer für noch mehr Bankeigenkapital halten *Admati/Hellwig* (2014).

7.3.6.2 Das Wertadditionstheorem und die Irrelevanz der Finanzierung

Ausgangspunkt für die weitere Untersuchung von Finanzierungsentscheidungen ist der vollkommene, transaktionskostenfreie Kapitalmarkt. Dabei erhält man als zentrale Aussage die Irrelevanz der Finanzierung für den Marktwert eines Unternehmens. Die Suche nach der optimalen Finanzierung stellt in einem solchen Modellrahmen *nur ein Scheinproblem* dar. Die Irrelevanzaussage geht im Kern auf *Modigliani/Miller*[49] zurück, die etwas spezieller die Irrelevanz des Verschuldungsgrades nachweisen. Es ist jedoch gleichermaßen einfacher wie allgemeiner, die Irrelevanz aus dem *Wertadditionstheorem* abzuleiten. Dazu sind zunächst einige begriffliche Dinge zu klären.

Mit dem Erwerb eines Finanzierungstitels sind künftige Einzahlungen verbunden. Infolge der generellen Umweltunsicherheit und der Erstreckung auf mehrere Zeitpunkte sind die Einzahlungen auf einen Finanzierungstitel durch einen Vektor zu beschreiben:

$$\mathbf{y} = (y_1, \ldots, y_n),$$

wobei
- $\mathbf{y}$ Einzahlungsüberschuss-Vektor („Position") eines Finanzierungstitels
- y_j Einzahlungsüberschuss in Zustand j ($j = 1, \ldots, n$).

Durch Aufblähung der Symbolik ließe sich ohne weiteres auch explizit erfassen, dass es in jedem künftigen Zeitpunkt viele Zustände geben wird. Zur Klärung der Grundzusammenhänge ist dies jedoch nicht erforderlich. Für jeden Finanzierungstitel ist ein solcher Einzahlungsvektor zu bestimmen. Je nach Ausgestaltung eines Finanzierungstitels können einige Elemente der Einzahlungsvektoren auch negativ sein, zum Beispiel bei Anteilen an Personengesellschaften, bei denen vorgesehen ist, dass die Inhaber auch mit dem Privatvermögen für die Verbindlichkeiten der Gesellschaft haften. Einzahlungsvektoren bezeichnet man auch als *Einkommenspositionen* oder kurz Positionen.

Zwei Positionen $\mathbf{y}_1$ und $\mathbf{y}_2$ sind *äquivalent*, wenn Position $\mathbf{y}_1$ in jedem Zustand zu derselben Einzahlung führt wie Position $\mathbf{y}_2$.

Die Position $\mathbf{y}_1$ *dominiert* Position $\mathbf{y}_2$, wenn sie in keinem Zustand eine geringere und in mindestens einem Zustand eine höhere Einzahlung herbeiführt als $\mathbf{y}_2$.

---

[49] *Modigliani/Miller* (1958).

Zur Verdeutlichung sei ein einfaches Beispiel mit nur zwei Zuständen betrachtet. Es möge drei Zahlungsströme geben:

$$\mathbf{y}_1 = (6; 8); \quad \mathbf{y}_2 = (5; 8); \quad \mathbf{y}_3 = (6; 8).$$

Die Positionen $\mathbf{y}_1$ und $\mathbf{y}_3$ sind offensichtlich äquivalent. Die Position $\mathbf{y}_2$ wird von $\mathbf{y}_1$ und $\mathbf{y}_3$ dominiert, weil sie in Zustand 2 dieselbe Einzahlung hervorruft, aber in Zustand 1 eine geringere als die Positionen $\mathbf{y}_1$ und $\mathbf{y}_3$.

> Im **Kapitalmarktgleichgewicht** muss stets gelten:
> - Äquivalente Positionen haben gleiche Preise.
> - Eine dominante Position hat einen höheren Preis als die dominierte Position.

Diese Aussagen bezeichnet man als **Arbitragefreiheitsbedingungen**. Sie gelten grundsätzlich für alle Märkte, nicht nur für den Kapitalmarkt. Arbitragefreiheit ist eine notwendige Bedingung für ein Marktgleichgewicht, wenn man davon ausgehen kann, dass Individuen ein größeres Vermögen einem geringeren Vermögen stets vorziehen – eine offensichtlich völlig unproblematische Annahme.[50] Dass Arbitragefreiheit für ein Gleichgewicht notwendig ist, lässt sich anhand des zuvor genannten Beispiels anschaulich erklären:

Hätten die Positionen $\mathbf{y}_1$ und $\mathbf{y}_3$ einen unterschiedlichen Preis p, etwa $p(\mathbf{y}_1) = 5$ und $p(\mathbf{y}_3) = 6$, könnten Marktteilnehmer ihr Vermögen steigern (theoretisch sogar bis ins Unendliche), indem sie die billigere Position $\mathbf{y}_1$ kaufen und die teurere Position $\mathbf{y}_3$ verkaufen. Wegen der Äquivalenz der künftigen Zahlungen entstünden den Marktteilnehmern aus diesem Vorgehen in der Zukunft keinerlei Netto-Verpflichtungen (aber auch keine Netto-Einkommen). Der Entscheider könnte die zustandsabhängigen Zahlungsverpflichtungen von 6 bzw. 8 aus dem verkauften Zahlungsstrom $\mathbf{y}_3$ genau durch die Zahlungseingänge aus dem Zahlungsstrom $\mathbf{y}_1$ decken. Das Gegenwartsvermögen stiege jedoch um die Preisdifferenz in Höhe von 1. Eine derartige Transaktion lässt sich offenbar nicht nur einfach, sondern mit einem mehrfachen Volumen durchführen, sodass der Vermögensanstieg über alle Grenzen wachsen kann. Eine solche **Geldpumpe** ist mit einem Gleichgewicht nicht vereinbar, da ein Marktgleichgewicht definitionsgemäß durch eine Menge von Preisen beschrieben ist, zu denen kein Individuum weitere Transaktionen durchführen möchte und der Markt geräumt ist.[51] Entsprechend lässt sich beweisen, dass gleiche Preise für eine dominante und eine dominierte Position nicht mit dem Gleichgewicht vereinbar sind.

---

50 Vgl. Abschnitt 2.1.1.3.
51 Vgl. Abschnitt 3.4.2.2.

Eine Implikation eines arbitragefreien Kapitalmarktgleichgewichts ist das

> **Wertadditionstheorem:**
> Für drei Positionen mit $\mathbf{y}_1 + \mathbf{y}_2 = \mathbf{y}_3$
> muss gelten $p(\mathbf{y}_1) + p(\mathbf{y}_2) = p(\mathbf{y}_3)$,

wobei
$p(\cdot)$ Bewertungsfunktion für Zahlungsströme.

Setzt sich also ein Zahlungsstrom additiv aus zwei Teilzahlungsströmen zusammen, ergibt sich auch der Wert dieses Zahlungsstromes als Summe der Werte der Teilzahlungsströme. Eine äquivalente Formulierung lautet: Die **Bewertungsfunktion** $p(\cdot)$ für Zahlungsströme ist **linear**. Der Beweis des Wertadditionstheorems lässt sich mit Hilfe der Arbitragefreiheit leicht e contrario führen: Hätte nämlich der Gesamtzahlungsstrom einen größeren Wert als die Summe der Werte der Teilzahlungsströme, ließe sich durch Erwerb der Teilzahlungsströme, deren Zusammenlegung und Veräußerung des Gesamtzahlungsstroms ein **Free Lunch** erzielen, also eine Steigerung des Gegenwartsvermögens ohne künftige Verpflichtungen. Die Argumentation für das umgekehrte Vorzeichen erfolgt analog. Eine Verletzung des Wertadditionstheorems widerspräche also der Arbitragefreiheit.

Das Wertadditionstheorem lässt sich durch eine geringfügige Erweiterung des Beispiels verdeutlichen. Es möge zwei zusätzliche Positionen geben:

$$\mathbf{y}_4 = (2; 7); \quad \mathbf{y}_5 = (4; 1).$$

Dann gilt $\mathbf{y}_4 + \mathbf{y}_5 = \mathbf{y}_3 = (6; 8)$; die Positionen $\mathbf{y}_3$ und $(\mathbf{y}_4 + \mathbf{y}_5)$ sind äquivalent. Eine Preiskonstellation $p(\mathbf{y}_3) = 6$, $p(\mathbf{y}_4) = 4{,}5$ und $p(\mathbf{y}_5) = 2$ kann demnach keinen Bestand haben: Man könnte $\mathbf{y}_3$ kaufen und $\mathbf{y}_4$ sowie $\mathbf{y}_5$ verkaufen, ohne dabei eine künftige Zahlungsverpflichtung einzugehen. Zugleich wäre damit eine Steigerung des Vermögens um die Differenz $[(4{,}5 + 2) - 6] = 0{,}5$ verbunden.

Zu zeigen bleibt, dass bei Gültigkeit des Wertadditionstheorems die Finanzierung eines Unternehmens irrelevant ist für seinen Marktwert. Ausgangspunkt ist ein **vorgegebenes Investitionsprogramm**, das durch den damit verbundenen Strom von Einzahlungsüberschüssen aus dem Leistungsbereich gekennzeichnet ist. Verschiedene Finanzierungsweisen für dieses Investitionsprogramm unterscheiden sich durch die Aufteilung des Gesamtzahlungsstroms auf die einzelnen Finanzierungstitel. Dies entspricht der Sichtweise der Finanzierung als Partenteilung.[52]

---

[52] Vgl. Abschnitt 7.3.1.3.

Für jede zulässige Finanzierungsweise muss als **Budgetgleichung** gelten, dass

$$y_P = \sum_{i=1}^{m} y_i,$$

wobei
y_P Einzahlungsstrom des Investitionsprogramms
y_i Einzahlungsstrom des Finanzierungstitels i ($i = 1, \ldots, m$).

Es kann also in der Summe genau so viel verteilt werden wie durch die Investition erwirtschaftet wird.

> Der **Marktwert eines Unternehmens** ist definiert als Summe der Marktwerte aller ausgegebenen Finanzierungstitel.[53]

Es gilt somit

$$p_u = \sum_{i=1}^{m} p(y_i),$$

wobei
p_u Marktwert des Unternehmens
$p(y_i)$ Marktwert des Finanzierungstitels i ($i = 1, \ldots, m$).

Sofern alle Finanztitelinhaber die Entscheidungen der Unternehmensleitung richtig einschätzen, führt die Maximierung des Marktwertes aller Finanzierungstitel auch zur Maximierung des Vermögens der Eigentümer des Unternehmens.[54] Die vorgenommene Definition des Marktwertes eines Unternehmens ist also zieladäquat.

Aufgrund des Wertadditionstheorems und der Budgetbedingung ergibt sich

$$p_u = \sum_{i=1}^{m} p(y_i) = p\left(\sum_{i=1}^{m} y_i\right) = p(y_P).$$

Die erste Gleichung ergibt sich aus der Definition des Marktwertes, die dritte aus der Budgetgleichung. Das mittlere Gleichheitszeichen folgt aus dem Wertadditionstheorem. Insgesamt besagt die Kette von Gleichungen, dass die **einzige Determinante** für den Marktwert eines Unternehmens der Zahlungsstrom

---

[53] Nach dieser Definition umfasst der Marktwert des Unternehmens auch den Marktwert des Fremdkapitals.
[54] Vgl. Abschnitt 5.2.4.1. Dort haben wir auch gezeigt, dass diese Aussage im Allgemeinen nur auf einem vollkommenen Kapitalmarkt Bestand hat.

ist, den das Investitionsprogramm generiert. Die Aufteilung dieses Gesamtzahlungsstroms auf die einzelnen Finanzierungstitel, also die Finanzierung des Investitionsprogramms, hat keinen Einfluss auf den Gesamtwert.

> Die Finanzierung eines Unternehmens ist *irrelevant* für dessen Marktwert.

Die Argumentation hin zu diesem Ergebnis ist schlüssig, sie setzt allerdings einige Bedingungen voraus, die deutlich zu explizieren sind:

1. Es muss möglich sein, durch Markttransaktionen Abweichungen von der **Arbitragefreiheit** zu beseitigen. Wären Markttransaktionen mit Kosten verbunden, würde es sich möglicherweise nicht auszahlen, geringfügige Preisunterschiede zu beseitigen. Und haben äquivalente Positionen unterschiedliche Preise, kann das Wertadditionstheorem und damit auch die Irrelevanz der Finanzierung bestenfalls eine eingeschränkte Gültigkeit beanspruchen.

2. Die Marktteilnehmer müssen über den Zahlungsstrom aus dem Investitionsprogramm, also über den Zahlungsvektor y_P, sowie dessen Verteilung auf die einzelnen Zahlungsvektoren y_i ($i = 1, \ldots, m$) **homogene Erwartungen** haben. Hingegen ist es nicht erforderlich, dass alle Marktteilnehmer die Wahrscheinlichkeitsverteilung über die Zustände gleich einschätzen.[55]

3. Der Zahlungsstrom aus dem Investitionsprogramm muss **exogen** sein. Hat die Finanzierungsweise eine Rückwirkung auf das Investitionsprogramm, zum Beispiel infolge von Anreiz- oder Signalwirkungen, ist die Prämisse hinfällig. Solche Wirkungen sind insbesondere dann zu vermuten, wenn zwischen Kapitalgebern und Kapitalnehmern eine asymmetrische Informationsverteilung besteht.

4. Die Finanztitelinhaber erhalten in der Summe tatsächlich den **gesamten Zahlungsstrom**, weitere Parteien partizipieren also nicht daran. Steuern und auch Insolvenzkosten implizieren aber Zahlungen an Dritte und sind zugleich finanzierungsabhängig.

Die genannten Bedingungen sind zugleich die wichtigsten Implikationen eines **vollkommenen Kapitalmarktes**. Man könnte daher auch kurz formulieren: Notwendige und hinreichende Bedingung für Arbitragefreiheit und Irrelevanz der Finanzierung ist der vollkommene Kapitalmarkt.

---

[55] Dies erkennt man leicht daran, dass die Argumentationskette an keiner Stelle auf die Eintrittswahrscheinlichkeiten Bezug nimmt. Der Genauigkeit halber ist allerdings zu ergänzen, dass Einigkeit darüber bestehen muss, welche Zustände eine positive Eintrittswahrscheinlichkeit haben.

7.3.6.3 Finanzierungsbedingte Wertminderungen

Das vorstehende Argument umkehrend lassen sich Finanzierungsregeln aus Unvollkommenheiten auf dem Kapitalmarkt ableiten. Ausgehend vom Marktwert eines Zahlungsstroms, der mit dem optimalen Investitionsprogramm verbunden ist, können sich Wertminderungen daraus ergeben, dass nicht der gesamte Zahlungsstrom in die Marktbewertung des Unternehmens einfließt, sondern **andere Parteien**, nicht nur die Finanztitelinhaber daran partizipieren. Daneben kann es aus noch zu erklärenden Gründen zu einer Abweichung vom optimalen Investitionsprogramm kommen. Solche Wertminderungen sind für Finanzierungsentscheidungen insoweit von Interesse, als sie grundsätzlich oder der Höhe nach von der Finanzierungsweise abhängen.

> Wichtige Ursachen für finanzierungsbedingte Wertminderungen sind Steuern, Insolvenzkosten und Agency-Kosten.

Finanzierungsentscheidungen haben zum Ziel, finanzierungsbedingte Wertminderungen zu minimieren.[56] Dies erörtern wir im Weiteren exemplarisch anhand der Entscheidung über den Verschuldungsgrad.

Das wichtigste Beispiel für Zahlungen an Dritte sind **Steuern**. Unabhängig von deren Höhe bräuchte man Steuern nicht in finanzwirtschaftliche Kalküle einbeziehen, wenn sie finanzierungsneutral wären, das heißt, wenn die Gesamtsteuerlast von Unternehmen und Kapitalgebern bei jeder Finanzierungsweise gleich hoch wäre. Tatsächlich erfüllt jedoch kein reales Steuersystem diese Bedingung. In der Regel ist die Fremdfinanzierung steuerlich bevorzugt. In Deutschland gilt dies zum Beispiel bei der Gewerbeertragsteuer, wo die Schuldzinsen nur zur Hälfte in die Bemessungsgrundlage eingehen; zudem unterliegen Fremdkapitalzinsen anders als Unternehmensgewinne nicht einer Doppelbesteuerung auf Unternehmens- und Kapitalgeberebene. Daher ist zu erwarten, dass eine hohe Fremdfinanzierung den Marktwert eines Unternehmens häufig positiv beeinflusst. Ausmaß und Grenzen dieser Aussagen variieren aber stark nach den jeweils geltenden steuerrechtlichen Regelungen.[57]

Wenn es zur Insolvenz eines Unternehmens kommt, bedeutet dies den Übergang der Verfügungsgewalt über das Unternehmen auf die Fremdkapitalgeber. Damit allein gehen jedoch noch keine Minderung der zu verteilenden Zahlungen und demnach auch keine Ex-ante-Minderung des Marktwertes des Unternehmens einher. Mit der Insolvenz sind jedoch spezielle Kosten verbunden, sogenannte **Insolvenzkosten**.

---

[56] *Hax* (1982).
[57] Vgl. *Ott* (2013) für einen umfassenden Überblick über die Entwicklung der Finanzierungsabhängigkeit bei der Besteuerung deutscher Kapitalgesellschaften seit 1960.

Abzugrenzen sind direkte und indirekte Insolvenzkosten.[58] **Direkte Insolvenzkosten** sind die Kosten der Abwicklung des Insolvenzverfahrens, bei dem beispielsweise Anwälte ihre Honorare und Gerichte ihre Gebühren erhalten. Zudem droht eine ineffiziente Verwertung des Schuldnervermögens. Solche Kosten bzw. Mindererlöse fließen nicht den Kapitalgebern zu. Direkte Insolvenzkosten schlagen sich in finanzierungsabhängiger Weise im Marktwert nieder, weil die Finanzierungsweise die Insolvenzwahrscheinlichkeit beeinflusst; bei einer sehr hohen Eigenkapitalquote ist die Insolvenzgefahr gering.

Neben den bisher vorgestellten Abflüssen von einem gegebenen Zahlungsstrom sind **Veränderungen des Investitionsprogramms** von Bedeutung. Die Prämisse exogener Gesamtzahlungsströme erweist sich häufig als nicht angemessen.

Dies betrifft zunächst die **indirekten Insolvenzkosten**. Sie resultieren aus Anpassungsmaßnahmen von Unternehmensbeteiligten, die im Zuge einer Insolvenz eine Beeinträchtigung ihrer Interessen befürchten müssen. Arbeitnehmer, die ihren Arbeitsplatz vermutlich verlieren werden, können sich bei drohender Insolvenz bereits anderweitig orientieren. Erschwerend kommt hinzu, dass vor allem die besonders gut qualifizierten Arbeitnehmer Alternativen haben und das Unternehmen verlassen, sodass eine Verschlechterung der Durchschnittsqualifikation eintritt. Ebenso wechseln Kunden vielleicht zu konkurrierenden Anbietern, weil in dem insolvenzgefährdeten Unternehmen Garantieleistungen und Ersatzteilversorgung nicht mehr gesichert sind.[59] Lieferanten sind nicht mehr bereit, Zahlungsziele zu gewähren, sondern bestehen auf umgehender Bezahlung, und so weiter. Somit folgt bereits aus der **drohenden Insolvenz** eine Behinderung der Geschäftstätigkeit, sodass sich die Rückflüsse und damit der Marktwert des Unternehmens verringern. Als Finanzierungsregel ergibt sich aus dieser Logik, schon den Zustand der drohenden Insolvenz zu vermeiden; dies lässt sich durch die **Begrenzung des Verschuldungsgrades** erreichen.

Die beiden bisher vorgetragenen Argumente Steuern und Insolvenzkosten lassen sich zur sogenannten **Trade-off-Theorie** zusammenfassen.[60] Das Steuerargument legt nahe, möglichst viel Fremdkapital zu verwenden; das Insolvenzkostenargument legt zur Minimierung der Wahrscheinlichkeit einer finanziellen Krise eine Verwendung von viel Eigenkapital nahe. Dies spräche per Saldo vielleicht für einen mittleren Verschuldungsgrad. Allerdings verhöhnt *Miller* diese Argumentation mit einiger Berechtigung als Rezept für einen „horse and rabbit stew", wobei der Eintopf aus einem Pferd (nämlich der Steuerwirkung) und einem Kaninchen (nämlich der Insolvenzkostenwirkung) bestehen soll.[61]

---

[58] *Haugen/Senbet* (1978).
[59] Dieses Argument wurde im Jahr 2009 von den Unterstützern der Rettungspläne für den angeschlagenen Autohersteller Opel vorgebracht.
[60] Vgl. *Kraus/Litzenberger* (1973).
[61] *Miller* (1977), S. 264.

In den Abschnitten über die Unternehmensverfassung und über Idealtypen der externen Finanzierung haben wir gezeigt, dass Finanzierungsverträge nicht nur die Verteilung vorgegebener Zahlungsströme implizieren, sondern auch Anreize für Entscheider herbeiführen. Demnach gibt es einen **direkten Zusammenhang zwischen Investition und Finanzierung**. Jede Finanzierungsweise erzeugt bestimmte Fehlanreize, das heißt Anreize zur Abweichung vom optimalen Leistungsprogramm. Weil mit solchen Abweichungen Wertminderungen verbunden sind, lohnt sich der Einsatz kostenträchtiger Kontrollmaßnahmen. Die vollständige Beseitigung aller Fehlanreize wird in der Regel jedoch nicht möglich sein oder, selbst wenn sie möglich wäre, sich infolge zu hoher Kontrollkosten nicht lohnen. Bei der Unternehmensfinanzierung geht es auch darum, die wertmäßigen Auswirkungen der Kontrollkosten und der verbleibenden Fehlanreize insgesamt zu minimieren. Man spricht auch von **Agency-Kosten**[62], weil sie aus der Delegationsbeziehung zwischen Kapitalgebern und der Unternehmensleitung herrühren.

Die Anreize beziehen sich auf das Verhalten der Kapitalnehmer **nach Abschluss** eines Finanzierungsvertrages. Aber auch informationsbedingte Probleme **bei Abschluss** der Verträge sind von Bedeutung. Dies gilt insbesondere im Hinblick auf die für einen Kapitalgeber wichtigen, aber nur schwer überprüfbaren Informationen (beispielsweise über das Ausfallrisiko bei einem Kredit oder über den erwarteten Ertrag bei einer Beteiligung). Nicht nur bei Verhaltensunsicherheit, sondern auch in Bezug auf Qualitätsunsicherheiten ist der Informationsbedarf eines Kapitalgebers im Fall der Kreditfinanzierung niedriger. Sieht ein Kreditvertrag auch Kreditsicherheiten vor, gilt dies umso mehr.

7.3.6.4 Vorteile und Grenzen der Kreditfinanzierung

Um aus den vorgetragenen Überlegungen wenigstens grobe Finanzierungsregeln ableiten zu können, ist es zweckmäßig, von der Situation des Eigentümers eines Unternehmens auszugehen, der das Unternehmen leitet und weiteren Finanzierungsbedarf durch externe Beteiligungs- oder Kreditfinanzierung decken muss. Fehlanreize lassen sich in beiden Fällen nicht völlig vermeiden.

> Bei der **Kreditfinanzierung** bringen Informations- und Anreizprobleme im Allgemeinen **geringere Agency-Kosten** mit sich als bei der Beteiligungsfinanzierung.

Die Kontrollkostenvorteile der Kreditfinanzierung setzen sich aus mehreren Elementen zusammen:

---

[62] Der Begriff geht auf *Jensen/Meckling* (1976) zurück.

Es besteht ein geringerer **Kontrollbedarf**. Solange Zahlungen an Kreditgeber vertragsgemäß erfolgen und davon auch für die Zukunft auszugehen ist, sind Kontrollen im Wesentlichen entbehrlich.[63] Bei der Beteiligungsfinanzierung ist hingegen eine auch für externe Instanzen nachvollziehbare Erfolgsmessung unbedingt erforderlich, weil das Erfolgsmaß die Ansprüche der Beteiligungsgeber unmittelbar beeinflusst.

Kostenträchtig ist auch die **Durchsetzung** von Anpassungsmaßnahmen bei Fehlentwicklungen wie die Zahlungsunfähigkeit oder die drohende Zahlungsunfähigkeit. Das gesetzliche Insolvenzverfahren erleichtert hier die Durchsetzung von Sanktionen. Überdies kann schon ein einzelner Kreditgeber ein Insolvenzverfahren auslösen und damit dem Schuldner die Verfügungsmacht über sein Vermögen entziehen.[64] Den Eigenkapitalgebern steht ein solches Instrument nicht zur Verfügung. Das stärkste Instrument zur Sanktionierung einer Unternehmensleitung, nämlich deren Entlassung, erfolgt bei Aktiengesellschaften über den Aufsichtsrat. Zudem hat ein einzelner Gesellschafter de facto keinen Einfluss auf Zusammensetzung und Aktivitäten des Aufsichtsrates.

Ein weiterer Vorteil der Kreditfinanzierung ist die weitgehende **Internalisierung** externer Effekte. Bei Leitung eines Unternehmens durch die Eigentümer haben diese auch alle durch eine Entscheidung ausgelösten Vor- und Nachteile zu tragen, solange es nicht zur Insolvenz kommt. Selbst bei einem gewissen Insolvenzrisiko verbleiben die Entscheidungswirkungen so weit wie eben möglich beim Entscheider.[65] Externe Effekte sind dagegen bei „außenstehenden" Eigentümern stets größer.

Fehlanreize kommen bei der Kreditfinanzierung erst dann verstärkt auf, wenn das **Ausfallrisiko** ansteigt.[66] Dies ist der Fall, wenn das zunächst als Verlustpuffer dienende Eigenkapital durch vorangegangene Verluste fast aufgezehrt ist. Ein weiterer Nachteil der Kreditfinanzierung ist deren **mangelnde** Eignung für eine gute **Risikoverteilung**.

Sicherheiten unterstützen die Vorteile der Kreditfinanzierung. Häufig gibt es jedoch einen Mangel an Vermögen, das für Sicherungszwecke geeignet ist. Insbesondere bei spezifischen Vermögensgegenständen, die infolge geringer Liquidationserlöse mit Sunk Costs verbunden sind, ist die Kreditfinanzierung deshalb erschwert. Daraus ergibt sich, dass spezifisches Vermögen eher durch Eigenkapital finanziert sein sollte.[67]

---

[63] *Gale/Hellwig* (1985).
[64] *Neus* (2001), S. 112.
[65] *Innes* (1990).
[66] *Neus* (1991a).
[67] *Williamson* (1988).

> Bei *sehr hoher Verschuldung* überwiegen aufgrund der mit der Insolvenzgefahr verbundenen Fehlanreize die **Nachteile der Kreditfinanzierung**.

Insgesamt erweist sich die Kreditfinanzierung solange als überlegen, wie das Insolvenzrisiko nicht allzu groß ist. Beteiligungsfinanzierung dient im Wesentlichen dazu, den insolvenzbezogenen Wertminderungen vorzubeugen. Das bedeutet auch, dass Unternehmen, deren optimales Leistungsprogramm ein hohes Risiko aufweist, stärker mit Eigenkapital finanziert sein sollten als Unternehmen, die einem nur geringen Risiko ausgesetzt sind. Ferner gewinnt bei hohem Risiko nicht nur die Höhe der Eigenkapitalausstattung, sondern auch deren Verteilung auf viele Beteiligungsgeber, also die Risikoverteilung, eine zunehmende Bedeutung. Ein idealer Verschuldungsgrad und eine ideale Anzahl von Beteiligungsgebern lassen sich jedoch nicht angeben.

7.4 Komplexe Vertragsgestaltungen im Finanzbereich

Komplexe Vertragsgestaltungen im Finanzbereich bestehen aus einem Bündel von Investitions- und Finanzierungsmaßnahmen. Dabei erhalten die beteiligten Parteien Mitgestaltungsrechte, um finanzierungsbedingte Wertminderungen zu verringern. Im Folgenden stellen wir die Beispiele Finanzierungsleasing, Venture Capital und die Projektfinanzierung vor.

7.4.1 Finanzierungsleasing

7.4.1.1 Formen und empirische Bedeutung des Leasing

Grundsätzlich haben Leasing-Verträge eine enge Verwandtschaft zur Miete. Ein Unternehmen (der Leasingnehmer, LN) verzichtet dabei auf den Kauf der von ihm genutzten Vermögensgegenstände und benötigt weder Kredite, noch Beteiligungen oder intern aufgebrachte Mittel zu deren Finanzierung. Stattdessen veräußern andere, spezialisierte Unternehmen (die Leasinggeber, LG) vorübergehend das Recht zur Nutzung dieses Gegenstandes an den LN.

Tabelle 7.15 zeigt verschiedene Differenzierungen für das Leasing. Die meisten der genannten Unterscheidungen sprechen für sich selbst. Einige Punkte sind aber für das Weitere von größerer Bedeutung.

Merkmal	Unterscheidungsmöglichkeit
Leasinggeber	Herstellerleasing, institutionelles Leasing
Serviceumfang	Service-Leasing, Net-Leasing
Leasinggüter	Investitionsgüterleasing, Konsumgüterleasing; Immobilienleasing, Mobilienleasing
Fristigkeit, Kündbarkeit	Operating-Leasing, Finanzierungsleasing
Deckung der Anschaffungskosten durch Leasingraten	Vollamortisationsvertrag, Teilamortisationsvertrag
Zahlungen am Ende der Grundmietzeit	Kaufoption, Verlängerungsoption, Verkaufsoption, Erlösbeteiligung, Mehrerlösbeteiligung

Tabelle 7.15: Differenzierung von Leasingverträgen.

Zentral ist die Unterscheidung in **Operating- und Finanzierungsleasing**. Bei ersterem handelt es sich um kurzfristige oder kurzfristig kündbare Verträge, die das Investitionsrisiko dem LG auferlegen. Das Risiko besteht darin, dass es für den Leasinggegenstand keine dauerhaft gewinnbringende Einsatzmöglichkeit gibt. Das Finanzierungsleasing ist durch eine lange Grundmietzeit gekennzeichnet, während der ein LN nur unter hohen Vertragsstrafen den Vertrag kündigen kann. Das Investitionsrisiko trägt dann überwiegend der LN. Deshalb stellt das Finanzierungsleasing eine direkte Alternative zu einem anderweitig finanzierten Kauf eines Investitionsgutes dar. Im Folgenden steht das Finanzierungsleasing im Mittelpunkt.

Beim **Herstellerleasing** handelt es sich ähnlich wie etwa auch bei einem Lieferantenkredit überwiegend um eine absatzwirtschaftliche Maßnahme. Dagegen ist das **institutionelle Leasing** dadurch gekennzeichnet, dass Leasinggesellschaften (häufig Bankentöchter) Vermögensgegenstände eigens erwerben, um sie anschließend zu vermieten. Bei einer solchen Leasinggesellschaft handelt es sich zugleich um einen güterwirtschaftlichen und finanzwirtschaftlichen Intermediär. Hier interessiert insbesondere das institutionelle Leasing.

Die Leasingraten sind bei **Vollamortisationsverträgen** so kalkuliert, dass aus Sicht des LG schon nach der Grundmietzeit das Leasingobjekt amortisiert ist, das heißt der Barwert der Leasingraten die Anschaffungskosten des Objekts deckt. Anders als bei **Teilamortisationsverträgen** sind deshalb zur Vermeidung von Verlusten keine weiteren Zahlungen erforderlich. Diese bestehen bei Teilamortisationsverträgen in Abschlusszahlungen des LN an den LG oder in für den LG erzielbaren Erlösen bei der erneuten Vermietung oder Veräußerung des gebrauchten Investitionsgutes.

Die **Optionskomponenten** und **Abschlusszahlungen** haben zwei Aufgaben: Zum einen dienen sie bei Teilamortisationsverträgen dazu, die noch bestehende Amortisationslücke zu schließen. Bei einer Kaufoption hat der LN das Recht, das Leasingobjekt zu einem vorher festgelegten Preis zu kaufen. Hat der LG eine Verkaufsoption (man spricht auch von einem Andienungsrecht), kann er das

Objekt zu einem bestimmten Preis an den LN verkaufen. Bei einer Mehrerlösbeteiligung erhalten LG und LN jeweils einen Teil des bei einem Verkauf des Objektes über eine bestimmte Summe hinaus erzielten Mehrerlöses. Solche Regelungen haben offenbar auch einen großen Einfluss darauf, welche Anreize der LN hat, Maßnahmen zu Erhaltung des Wertes des Objektes zu ergreifen (beispielsweise schonende Nutzung, sorgfältige Wartung usw.).

Tabelle 7.16 belegt die ungeachtet eines gewissen Rückgangs am jüngeren Ende sehr große empirische Bedeutung des Leasing.

Jahr	Brutto-Anlageinvestitionen (Mrd. €)	davon Leasing (Mrd. €)	Leasingquote (%)
2015	344,4	52,2	15,1%
2013	317,6	46,8	14,7%
2011	326,3	48,6	14,9%
2009	279,7	42,6	15,2%
2007	319,6	54,9	17,2%
2005	270,5	50,0	18,5%
2003	261,2	46,0	17,6%
2001	290,1	47,2	16,3%
1999	283,3	42,3	14,9%
1997	259,9	35,3	13,6%

Quelle: *Städtler* (2005, 2011, 2017).

Tabelle 7.16: Gesamtwirtschaftliche Investitionen und Leasingfinanzierung in Deutschland.

7.4.1.2 Beurteilung des Finanzierungsleasing

Im Weiteren zeigen wir, dass die häufig beobachtbare Form der **Vollamortisationsverträge** mit einer **Kaufoption für den LN** dazu geeignet ist, Leasing zu einer besonders interessanten Finanzierungsmöglichkeit zu machen. Dafür ist zu erklären, welche Wohlfahrtspotenziale das Finanzierungsleasing erschließen kann, die bei einem kreditfinanzierten Kauf oder bei einer reinen Miete ungenutzt bleiben. Als **Abgrenzungsmerkmal** zwischen Kauf, Leasing und Miete lässt sich die Wahrscheinlichkeit dafür angeben, mit der das Objekt an den LG (bzw. Käufer, Vermieter) zurückfällt. Diese Wahrscheinlichkeit beträgt bei der Miete Eins, beim Leasing ist sie kleiner als Eins, aber positiv. Bei Kauf beträgt diese Wahrscheinlichkeit Null.[68]

---

[68] *Krahnen/Meran* (1987).

> Die wesentlichen **Beurteilungskriterien** für den Vergleich von Kauf, Miete und Leasing sind
> - Beschaffungskosten,
> - Finanzierungskosten,
> - Verwertungserlöse nach der Grundmietzeit und
> - Wartungsanreize.

Zunächst geht es um die **Beschaffung** des Leasingobjektes. Die erforderlichen Anfangsauszahlungen könnten sich durchaus unterscheiden. Vermutlich kann eine Leasinggesellschaft als regelmäßiger Erwerber bestimmter Investitionsgüter mit einer größeren Verhandlungsmacht beim Hersteller auftreten, was sich in günstigeren Konditionen niederschlagen müsste. Dieses Argument gilt vor allem dann, wenn es sich bei dem LN um ein kleineres Unternehmen handelt. Derartige Beschaffungsvorteile ergäben sich aber auch bei der echten Miete.

Es sollte derjenige Vertragspartner die **Finanzierung** des Leasinggutes, also die Aufbringung der Anschaffungsauszahlung vornehmen, der geringere Finanzierungskosten aufweist. Es spricht einiges dafür, dass dies der LG (bzw. der Vermieter) ist.

Zunächst ist auf **steuerliche Vorteile** des Leasing zu verweisen. Entscheidend ist dabei nicht, dass sich die Steuerlast des LN verringert. Wenn nämlich im gleichen Umfang die Steuerlast des LG steigt, ergibt sich kein Vorteil, da der LG über die Leasingraten auch die Steuermehrbelastung abgelten muss.[69] Es ist jedoch denkbar, dass sich durch Leasing auch die Gesamtsteuerlast verringert. Früher bestanden hier erhebliche Potenziale. Infolge verschiedener Änderungen bei Bilanzierung und ertragsteuerlicher Behandlung spielt das Steuerargument aber keine sehr große Rolle mehr.

Weitere Kapitalkostenvorteile können sich daraus ergeben, dass institutionelle Leasinggesellschaften als **Bankentöchter** Vorteile bei der Kreditfinanzierung haben. Dies kann man mit einer geringen Informationsasymmetrie begründen, sodass eine weniger intensive Kontrolle erforderlich ist. Zudem haben Leasinggesellschaften bessere Möglichkeiten der Absicherung von Forderungen, da Leasing anders als die für Banken relevante Sicherungsübereignung ein Aussonderungsrecht (§ 47 InsO) statt lediglich eines Absonderungsrechts (§§ 49-51 InsO) herbeiführt. Ein Aussonderungsrecht lässt die Verwertung eines Gutes außerhalb des Insolvenzverfahrens zu. Ein Absonderungsrecht kann der Gläubiger lediglich innerhalb des Insolvenzverfahrens geltend machen; somit hängen die Verwertungsmöglichkeiten auch vom Insolvenzverwalter und der Gläubigergesamtheit ab.

---

[69] *Kruschwitz* (1991).

Verglichen mit dem LN haben Leasinggesellschaften auch deshalb möglicherweise geringere Finanzierungskosten, weil sie einem geringeren Ausfallrisiko ausgesetzt sind. Da Leasinggesellschaften zahlreiche Objekte betreuen, kommt es in Bezug auf das Investitionsrisiko zu einer risikovermindernden **Diversifikation**, und die Kapitalkosten enthalten eine geringere Risikoprämie. Dieses Argument ist jedoch zu relativieren, wenn es sich bei dem LN um eine börsennotierte Gesellschaft handelt. Denn in diesem Fall könnten die Anteilseigner eine Diversifikation in ihrem Privatportefeuille vornehmen, und die Risikoprämie wäre nicht größer als bei der Leasinggesellschaft.

Bei der **Verwertung** des Leasingobjektes im Anschluss an die Grundmietzeit gibt es grundsätzlich zwei Möglichkeiten, die Fortführung und die Liquidation. **Fortführung** bedeutet, dass das Gut im Besitz des LN verbleibt und dieser das damit verbundene Investitionsprojekt weiterführt. Die **Liquidation** impliziert die Veräußerung des Objekts durch denjenigen Vertragspartner, dem nach Beendigung der Grundmietzeit das Gut gehört. Die Fortführungsalternative kommt nur dann in Frage, wenn das Objekt beim LN verbleibt. Die Liquidation ist unabhängig vom Verbleib des Leasinggutes möglich. Es ist zu vermuten, dass im Fall der Liquidation der LG einen höheren Erlös erzielen kann, weil sie zu seinem Kerngeschäft gehört. Deshalb hat er verglichen mit dem LN Spezialisierungsvorteile, insbesondere in Bezug auf Absatzkanäle und Kontakte zu möglichen Erwerbern gebrauchter Investitionsgüter.

Bei Abschluss des Leasingvertrags ist noch unsicher, ob am Ende der Grundmietzeit die Fortführung oder die Liquidation die bessere Alternative darstellt. Ein Leasingvertrag könnte überlegen sein, weil er infolge der Optionskomponenten **flexibel** genug ist, das Gut dorthin zu lenken, wo sich der höchste Verwertungserlös erzielen lässt. Demgegenüber ist es bei einem Kauf stets der Käufer (entsprechend dem LN), bei der Miete stets der Vermieter (entsprechend dem LG), der das Gut zu verwerten hat.

Mit dem Leasingvertrag sind **Wartungsanreize** verbunden. Dabei fassen wir unter Wartung (oder Instandhaltung) alle Maßnahmen des LN zur Werterhaltung zusammen, die sich mangels Beobachtbarkeit nicht vertraglich festlegen lassen. Der Umfang solcher Maßnahmen des LN hängt davon ab, inwieweit er davon ausgehen kann, dass das Objekt am Ende der Grundmietzeit bei ihm verbleibt. Je größer ex ante die Wahrscheinlichkeit dafür ist, dass dem LG das Gut zufällt, desto größer sind die externen Effekte der Wartung und desto weniger trägt der LN zur Werterhaltung bei.

Offensichtlich kann man über die Verwertung und über die Wartungsanreize nicht unabhängig voneinander entscheiden. Die Kombination eines Vollamortisationsvertrages mit einer Kaufoption für den LN stellt jedoch in Bezug auf Verwertung und Wartung ein sinnvoll geschnürtes **Paket von Vertragselementen** dar. Ähnlich wie beim Franchising zeigen sich hier also eine Komplementarität in der institutionellen Ausgestaltung.

Die Wartungsprobleme lassen sich durch Internalisierung externer Effekte begrenzen. Dazu muss mit hoher Wahrscheinlichkeit der LN nach Abschluss der Grundmietzeit das Objekt verwerten. Dies wiederum erfordert einen niedrigen Ausübungspreis der Kaufoption. Denn der LN übt die Option nur dann aus, wenn der für ihn erzielbare Verwertungserlös höher ist als der Ausübungspreis. Der Barwert aller dem LG zufließenden Einzahlungsüberschüsse muss zumindest die Anschaffungsauszahlung decken, damit für diesen Leasing ein lohnendes Geschäft darstellt. Bei einem niedrigen Ausübungspreis fließt dem LG am Ende der Grundmietzeit ein geringer Betrag zu, deshalb muss es sich um einen Vollamortisationsvertrag handeln, damit der LG auf seine Kosten kommt.

Wir können davon ausgehen, dass der LG das Gut besser verwerten kann, wenn die Liquidation besser ist als die Fortführung. Demnach sollte sichergestellt werden, dass der LN genau dann das Gut verwertet, wenn der Fortführungswert größer ist als der Liquidationswert, den der LG erzielen könnte. Dies wäre bei einem sicheren Liquidationserlös durch die Kaufoption leicht zu garantieren: Der Ausübungspreis müsste genauso hoch sein wie der Liquidationserlös des LG. Sind aber Liquidations- und Fortführungswert unsicher, ist es nicht möglich, die optimale Verwertung für jeden denkbaren Fall zu gewährleisten.[70] Das Problem der Vermittlung von Wartungsanreizen ist daher bei großer Unsicherheit darüber, ob sich später die Fortführung oder die Liquidation als besser erweist, schwieriger zu lösen.

Insgesamt lässt sich das Leasing mit den wesentlichen Alternativen, nämlich dem kreditfinanzierten Kauf und der Miete, wie folgt vergleichen:

	Finanzierung	Beschaffung	Verwertung		Wartung
			Fortführung	Liquidation	
Kauf	−	−	+	−	+
Miete	±	+	−	+	−
Leasing	+	+	±	±	±

Tabelle 7.17: Vergleich von Leasing, Kauf und Miete,[71]

wobei
+ gute Ausschöpfung denkbarer Vorteile
− geringe Ausschöpfung denkbarer Vorteile
± Ausschöpfung von Vorteilen je nach Konstellation.

Verglichen mit dem Kauf ist Leasing von Vorteil, wenn auch die Liquidation eine relevante Verwertungsalternative ist. Dazu muss es für das Leasinggut einen funktionierenden Sekundärmarkt geben. Dies ist nur möglich, wenn das Gut so **wenig spezifisch** ist, dass es auch alternative Nutzer gibt.[72] Daneben sichert

---
[70] *Neus* (1991b).
[71] Nach *Neus* (1991b), S. 1446.
[72] Vgl. *Williamson* (1988), S. 584.

Leasing Vorteile bei Beschaffung und Finanzierung, die sich beim Kauf nicht realisieren lassen. Verglichen mit der Miete hat Leasing den Vorteil verbesserter Wartungsanreize, weil im Fall der Miete das Gut an den Vermieter zurückfällt und Wartungsanreize besonders niedrig sind. Bei **wartungsempfindlichen** Gütern, deren Verwertungserlös stark von der Wartungssorgfalt abhängt, ist Leasing daher die bessere Lösung als Miete, führt aber nur bedingt zu einer gleich guten Lösung wie der Kauf.

> Die **Vorteile des Leasing** überwiegen, wenn es sich um wenig spezifische, nicht allzu wartungsempfindliche Güter handelt und gleichzeitig eine Leasinggesellschaft auf Finanz- und Beschaffungsmärkten eine verglichen mit dem LN überlegene Position innehat.

7.4.2 Venture Capital

7.4.2.1 Finanzierungsprobleme bei Unternehmensgründungen

Bei Unternehmensgründungen oder bei schnellem Wachstum kleiner Unternehmen können spezifische Finanzierungsprobleme aufkommen, die ohne weiteres nicht bewältigbar sind. Sie können sogar dazu führen, dass eine sinnvolle Unternehmensgründung oder eine rentable Erweiterungsinvestition unterbleibt. Im Weiteren analysieren wir den Fall der Unternehmensgründung, weil die entscheidenden Punkte dabei besonders deutlich werden.

Bei einer Unternehmensgründung besteht ein erheblicher Bedarf an *externer Finanzierung*. Dies ergibt sich schon daraus, dass eine interne Finanzierung ausgeschlossen ist. Auch die Möglichkeit zur vollständigen Aufbringung der Anfangsinvestitionen aus den Eigenmitteln des Gründers oder durch dessen Familie oder Freunde („*3 F*": Founder, Family, and Friends – bisweilen ironisiert zu: Family, Friends, and Fools) wird eher die Ausnahme darstellen. Doch selbst bei einem hinreichenden Vermögen besteht das Problem, dass infolge der Bindung von Human- und Geldkapital an dasselbe Projekt mangels Diversifikation sehr hohe Risikoprämien die Finanzierung verteuern. Zur Deckung des Kapitalbedarfs sind also Kredite oder Beteiligungen erforderlich.

Banken sehen sich bisweilen mit dem Vorwurf konfrontiert, sie würden sich in Bezug auf die Gründungsfinanzierung *zu passiv* verhalten und einschlägige Kreditanträge zu häufig ablehnen. Jedoch lässt sich gut begründen, dass dies nicht Ausdruck einer negativen Einstellung zu Gründungen ist, sondern die Kreditvergabe an typischen Hindernissen scheitert.

Anders als bei bereits länger bestehenden Unternehmen liegen bei Gründungen keinerlei Erfahrungswerte vor. Dies gilt zunächst für die Person des Gründers, dessen Vertrauenswürdigkeit und unternehmerische Qualifikation sich nur schwer einschätzen lassen. Die **persönliche Kreditwürdigkeit** ist also unsicher. Dieses Problem wiegt schwer, weil die Qualität des Managements als eine wichtige Determinante des Erfolgs einer Gründung gilt. Handelt es sich um Gründungen mit innovativen Geschäftsideen, sind deren Ertragsaussichten ebenfalls besonders ungewiss. Auch die **wirtschaftliche Kreditwürdigkeit** ist also unklar. Relativierend könnte man zunächst einwenden, dass eine riskante Unternehmensgründung nur dann sinnvoll ist, wenn trotz des hohen Risikos die erwartete Rendite hoch ist; dazu muss der Gewinn im Erfolgsfall besonders hoch ausfallen. An diesen besonders hohen Gewinnen ist ein Kreditgeber jedoch nicht beteiligt, da sein Anspruch auf Zins und Tilgung beschränkt ist.[73] Das folgende Beispiel verdeutlicht, dass der Kredit generell ein **schlecht geeignetes** Instrument zur Finanzierung **riskanter Projekte** darstellt.

Ein Projekt mit einem Finanzierungsbedarf von $I = 100$ erzeugt nach einer Periode folgende unsichere Rückflüsse:

$$z = \begin{cases} 10 & \text{mit} & 30\% \\ 100 & \text{mit} & 60\% \\ 500 & \text{mit} & 10\% \end{cases}$$

Die Erfolgsaussichten sind Venture-Capital- (VC-) Projekten nachempfunden. Dort gilt es als Regel, dass ein beträchtlicher Anteil aller Projekte mit einem nahezu vollständigen Ausfall endet, ein sehr großer Anteil um das wirtschaftliche Überleben kämpfen muss (sogenannte „**Living Dead**") und nur ein kleiner Teil zu einem Erfolg wird, der dann aber sehr hoch ausfallen kann (sogenannte „**High Flyer**").[74]

Nun lässt sich bestimmen, zu welchem Kreditzins i eine (risikoneutrale[75]) Bank bereit wäre, das Projekt durch einen Kredit zu finanzieren. Beträgt die Alternativverzinsung der Bank $r = 8\%$, muss der erwartete Rückfluss an die Bank $E\{R\} = 108$ betragen. Da der erwartete Rückfluss aus dem Projekt mit $E\{z\} = 113$ größer ist, handelt es sich um ein lohnendes Projekt und die Möglichkeit der Finanzierung ist grundsätzlich gegeben. Für den Kreditzins i ergibt sich allgemein die Anforderung

$$E\{R\} = E\{\min\{z; (1+i)I\}\}.$$

Unter Verwendung des numerischen Beispiels gilt

$$E\{R\} = 0{,}3 \cdot 10 + 0{,}6 \cdot 100 + 0{,}1(1+i)I = 108.$$

Daraus folgt für den Mindestzinssatz $i = 350\%$. Nur bei einem abenteuerlich hohen Zinssatz könnte also die Bank einen erwarteten Rückfluss erzielen, der

---

[73] *Neus* (2001), S. 116 ff. Vgl. auch Abschnitt 7.3.4.
[74] Vgl. *Schmidt* (2000), S. 258.
[75] Wäre die Bank risikoavers, müsste der Zinssatz sogar noch höher sein. Die Annahme begünstigt also die Möglichkeit der Kreditfinanzierung.

die Kapitalkosten deckt. Zinssätze wie der berechnete sind schon deshalb in der Praxis nicht zu beobachten, weil – völlig ungeachtet der nachvollziehbaren Kalkulation – die Rechtsprechung grob gesprochen Zinssätze, die (cum grano salis) das Doppelte der marktüblichen Verzinsung überschreiten, nach § 138 BGB als sittenwidrig einstuft. Da sich weiter auf Basis „normaler" Zinssätze so hohe Ausfallrisiken, wie sie mit VC-Projekten verbunden sind, nicht kompensieren lassen, scheidet die vollständige Kreditfinanzierung grundsätzlich aus. Gibt man für Argumentationszwecke als Maximalzinssatz den doppelten Wert der Kapitalkosten der Bank vor, also $i_{max} = 16\%$, so kann man bestimmen, wie hoch der maximale Kredit aus Sicht der Bank sein darf. in einer impliziten Darstellung gilt allgemein

$$E\{\min\{z; (1 + i_{max})K_{max}\}\} = (1 + r)K_{max}$$

und im numerischen Beispiel

$$0{,}3 \cdot 10 + 0{,}6 \cdot 1{,}16 K_{max} + 0{,}1 \cdot 1{,}16 K_{max} = 1{,}08 K_{max} \Rightarrow K_{max} = 11{,}2.$$

Projekte mit den beschriebenen Risikostrukturen erlauben also nur in sehr begrenztem Umfang eine Kreditfinanzierung. Der Kredit erweist sich als ein besonders ungeeignetes Instrument zur Bewältigung großer Risiken, weil die Erfolgsbeteiligung auf einen limitierten Kreditzins beschränkt ist und deshalb die Kompensation der Ausfallgefahren nicht gelingt. Für die Gründungsfinanzierung bedarf es also anderer Finanzierungsformen.

Die Heranziehung von Kreditsicherheiten könnte vielleicht geeignet sein, das Finanzierungsproblem zu mildern. Jedoch fällt die Bereitstellung von Kreditsicherheiten schwer, wenn für die erforderlichen Aktiva kein funktionsfähiger Sekundärmarkt existiert, weil es sich um spezifische, anderweitig kaum verwendbare Vermögensgegenstände handelt. Bei Innovationen ist dies eher die Regel als die Ausnahme. Ein hoher Liquidationserlös ließe sich vor allem im Erfolgsfall erzielen, wenn sich eine Innovation durchsetzt. Genau dann erweisen sich aber Kreditsicherheiten als im Nachhinein nicht erforderlich; sie führen dann auch nicht zu einer erhöhten Rückzahlung an die Bank. Bei der Finanzierung von Forschung ist es sogar möglich, dass im Misserfolgsfall überhaupt keine verwertbaren Erlöse resultieren. Insgesamt lässt sich die **Zurückhaltung der Banken** bei der Gründungsfinanzierung also gut begründen. Sie ist nicht Zeichen einer unangemessenen Risikoaversion oder der Ausnutzung einer herausragenden Marktposition.

Die erforderliche externe Finanzierung könnte alternativ durch eine **Beteiligung** erfolgen. Zwar sind auch im Fall der Beteiligung durch externe Kapitalgeber deren Ausfallgefahren beträchtlich; da die Kapitalgeber aber auch an sehr hohen Überschüssen mit ihrer Beteiligungsquote partizipieren, können sie die Verluste kompensieren. In unserem Beispiel lässt sich die erforderliche Beteiligungsquote α wie folgt bestimmen:

$$E\{\alpha z\} = (1+r)I \;\Rightarrow\; \alpha = \frac{(1+r)I}{E\{z\}} = \frac{108}{113} = 0{,}956.$$

Der Beteiligungsgeber muss sich also eine Beteiligung von gut 95% einräumen lassen, um seine Kapitalkosten zu decken. Umgekehrt kann der Unternehmensgründer, der seine Unternehmensidee und seine Bereitschaft zur Unternehmensführung, aber keinerlei finanzielle Mittel einbringt, einen Unternehmensanteil von knapp 5% für sich behalten.

Die Beteiligungsfinanzierung hat also gegenüber der Kreditfinanzierung den Vorteil, dass aufgrund der Partizipation an hohen Gewinnchancen die Bereitschaft steigt, auch erhebliche Verlustgefahren hinzunehmen. Auch hoch riskante Projekte lassen sich finanzieren, wenn die erwartete Rendite – wie im vorliegenden Fall – die Alternativverzinsung deckt. Problematisch ist jedoch auch hier die geringe Präzision verfügbarer Informationen. Bei Beteiligungen gilt dies sogar in verstärktem Maße, weil die adäquate Einlage für eine bestimmte prozentuale Gewinnbeteiligung von der gesamten Wahrscheinlichkeitsverteilung künftiger Überschüsse abhängt, nicht nur von deren unterem Ende. Hinzukommen könnte insbesondere bei hoher Eigenkapitalausstattung die Gefahr, dass ein Gründer zu sehr seinen technischen Interessen nachgeht, anstatt strikt wirtschaftliche Prinzipien zu beachten. Da die Beteiligungsfinanzierung keine zwingenden Zahlungsverpflichtungen hervorruft, besteht ein geringer Druck zur Kostenersparnis.[76] Nicht zufällig ist manchmal auch von einem „Eigenkapitalpolster" die Rede, das bisweilen ein (zu) sanftes Ruhekissen sein kann. Demnach fällt auch die Beschaffung von Beteiligungskapital schwer.

7.4.2.2 Merkmale und empirische Bedeutung von Venture Capital

Bei VC-Gesellschaften handelt es sich um Kapitalbeteiligungsgesellschaften, die sich auf die Finanzierung von Unternehmensgründungen oder Erweiterungen kleiner Unternehmen spezialisiert haben. Kapitalbeteiligungsgesellschaften im Allgemeinen sind Unternehmen, die sich überwiegend durch Einlagen von Anlegern in Sondervermögen (**Fonds**) finanzieren und die aufgenommenen Mittel in Portefeuilles von Beteiligungen an anderen Unternehmen investieren. Der unmittelbare Vorteil einer solchen Konstruktion ist, dass für die Inhaber der Anteile an Sondervermögen schon bei kleinen Anlagebeträgen eine ausgeprägte Diversifikation möglich ist. Eine Reihe weiterer Merkmale trägt dazu bei, dass VC-Gesellschaften gut dazu in der Lage sind, Probleme der Finanzierung von Unternehmensgründungen zu verringern.

VC-Gesellschaften beschränken sich nicht auf die Kapitalanlage, sondern betreuen die Gründungen auch auf der leistungswirtschaftlichen Ebene. In zwei

---

[76] *Grossman/Hart* (1982).

Punkten kann dabei ein **Spezialisierungsvorteil** eintreten: Da VC-Gesellschaften generell das Marktsegment der Gründungen und speziell innovativer Unternehmensgründungen bearbeiten, erwerben sie ein besonderes Know-how in der **Beurteilung** der entworfenen Projekte. Die intensive Prüfung der Projektanträge vor Aufnahme der Finanzierung verringert die Gefahr eines überoptimistischen Gründers, der vielleicht mit anderer Leute Geld seine Kreativität auslebt. Die Expertise mindert aber auch die Gefahr einer zu vorsichtigen Beurteilung durch einen Anleger, der bei schlecht abschätzbaren Risiken generell von einer Finanzierung Abstand nimmt. Daneben geben VC-Gesellschaften eine **aktive Hilfestellung** bei der Unternehmensführung. Empirischen Untersuchungen zufolge ist das Scheitern eines Unternehmens kurz nach der Gründung häufig auf mangelnde Kenntnis elementarer betriebswirtschaftlicher Sachverhalte zurückzuführen.[77] Die Ergänzung der Beteiligungsfinanzierung um Beratungsleistungen erhöht die Erfolgswahrscheinlichkeit des Unternehmens. Zudem können VC-Gesellschaften dazu beitragen, kaufmännischen Überlegungen verglichen mit technischen Spielereien das angemessene Gewicht zu verleihen.

Ein weiteres kennzeichnendes Merkmal der VC-Finanzierung ist die gemeinsame Finanzierung von Projekten durch mehrere VC-Gesellschaften (**Syndizierung**). Angesichts der hohen Risiken ist eine Risikoaufteilung besonders wertvoll. Zum anderen ist es möglich, die Expertise mehrerer VC-Gesellschaften auszunutzen und so die Gefahr einer Fehleinschätzung bei der Auswahl von zu finanzierenden Projekten zu vermindern.[78]

Jahr	Bruttoinvestitionen	Veränderung	Gesamtportfolio	Veränderung
2007	7.451,54	104,8%	24.499,04	6,0%
2008	7.108,68	-4,6%	31.916,49	30,3%
2009	2.412,95	-66,1%	33.424,87	4,7%
2010	4.898,49	103,0%	36.137,60	8,1%
2011	4.470,45	-8,7%	33.148,80	-8,3%
2012	5.315,33	18,9%	35.707,46	7,7%
2013	6.146,46	15,6%	37.221,51	4,2%
2014	5.921,88	-3,7%	39.391,18	5,8%
2015	5.996,24	1,3%	38.631,16	-1,9%
2016	5.752,96	-4,1%	39.602,41	2,5%

Bruttoinvestitionen und Gesamtportfolio in Mio. €;
Quelle: BVK-Statistiken, verschiedene Jahrgänge, Branchenstatistik.
Tabelle 7.18: Bruttoinvestitionen und Gesamtportfolio der BVK-Mitglieder.

---

[77] Kück (1990), Jungbauer-Gans/Preisendörfer (1991).
[78] Vgl. dazu auch Abschnitt 10.2.5.1.

Die Kapitalaufbringung durch VC-Gesellschaften hat sich seit der zweiten Hälfte der 90er Jahre stark entwickelt. Tabelle 7.18 zeigt aber[79], dass in einem schwierigen Kapitalmarktumfeld – beispielsweise nach dem Höhepunkt der Banken- und Finanzkrise im Jahr 2009 – das Finanzierungspotenzial zumindest vorübergehend deutlich einbrechen kann.

Bei der Erörterung der VC-Finanzierung bezieht man sich häufig auf verschiedene Phasen, in denen sich ein zu finanzierendes Unternehmen befinden kann (Tabelle 7.19).

Jahr	Volumen	Seed	Start Up	Expansion	Later Stage	Buy Outs	Sonstige
2007	7.451,54	0,8%	4,9%	2,9%	8,6%	82,8%	0,0%
2008	7.108,70	1,4%	5,1%	10,8%	6,7%	75,4%	0,6%
2009	2.412,95	2,6%	15,7%	13,6%	8,6%	57,5%	1,9%
2010	4.898,49	1,0%	8,2%	7,2%	10,8%	69,1%	3,8%
2011	4.470,46	1,0%	9,3%	8,9%	12,9%	67,4%	0,5%
2012	5.315,32	0,6%	6,4%	5,3%	9,6%	77,6%	0,5%
2013	6.146,46	0,7%	5,7%	5,7%	5,6%	82,0%	0,3%
2014	5.922,07	0,6%	6,2%	5,6%	5,7%	81,7%	0,2%
2015	5.996,24	0,7%	6,4%	8,3%	9,2%	75,3%	0,1%
2016	5.752,96	0,9%	8,8%	7,5%	5,7%	77,0%	0,1%

Volumen in Mio. €; Later Stage inkl. Bridge-Financing und Replacement Capital; Quelle: BVK-Statistiken, Branchenstatistik, verschiedene Jahrgänge.

Tabelle 7.19: Bruttoinvestitionen nach Finanzierungsphasen.

In der **Seed-Phase** geht es um die Finanzierung von der Idee über ihre Ausreifung bis hin zu vorläufigen Resultaten, zum Beispiel einem Prototyp, auf deren Basis sich ein Geschäftskonzept erstellen lässt. Bei einem **Start Up** geht es um die eigentliche Gründung. Das Unternehmen hat seine Tätigkeit aufgenommen, jedoch fallen noch kaum Umsätze an. Dies geht offenbar mit einem ansteigenden Finanzierungsbedarf einher. In der Phase der **Expansion** hat sich das Unternehmen als überlebensfähig herausgestellt und muss sich nun, auch quantitativ, auf dem Markt etablieren. Dies erfordert die Finanzierung der Erweiterung von Kapazitäten und gegebenenfalls einer Produktdiversifikation. Schließlich benötigt das Unternehmen eine **Überbrückungsfinanzierung**, um im Vorfeld einer Börseneinführung Finanzierungsengpässe, vor allem beim Eigenkapital, zu vermeiden. Grob der beschriebenen Phaseneinteilung folgend ist die VC-Finanzierung auch dadurch gekennzeichnet, dass erst nach erfolgreicher Be-

---

[79] Die Jahresstatistiken des BVK (Bundesverband deutscher Kapitalbeteiligungsgesellschaften) weisen keine über die Jahre hinweg konstante Struktur auf. Auch veränderte sich die Anzahl der einbezogenen Beteiligungsgesellschaften. In den Tabellen 7.18 bis 7.20 sind die Angaben zu einem Jahr stets der Jahresstatistik des nachfolgenden Jahres entnommen, beispielsweise also die Zahlen für 2010 der Jahresstatistik 2011.

wältigung einer bestimmten Entwicklungsphase die Bereitstellung der Finanzmittel für die nächste Stufe erfolgt. Diese Rundenfinanzierung (*"Staging"*) ermöglicht es zum einen, über den ex ante unsicheren Projekterfolg dazuzulernen, zum anderen erzeugt dies für den Gründer deutliche Anreize, von vornherein auch den wirtschaftlichen Erfolg anzustreben.[80]

Wenn auch nicht unmittelbar zum VC zählend, gehört zum Geschäft von Kapitalbeteiligungsgesellschaften schließlich auch die Bereitstellung von **Private Equity**, also die Finanzierung von Beteiligungen an Unternehmen, die nicht börsennotiert sind oder die sich von der Börse zurückziehen wollen. Von wesentlicher Bedeutung sind hier Maßnahmen des Management Buy Out (MBO), bei dem das angestellte Management das Unternehmen übernimmt, ebenso das Management Buy In (MBI), bei dem es sich um ein externes Managementteam handelt, und des Leveraged Buy Out (LBO), bei dem externe Eigenkapitalinvestoren unter Hinzuziehung einer fühlbaren Verschuldung das Unternehmen mehrheitlich übernehmen. Nicht selten ist mit einer solchen Transaktion der Rückzug von der Börse (*"Going Private"*) verbunden.[81]

Offenbar hat die Frühphasenfinanzierung in Deutschland keine sehr große Bedeutung. Zudem verlagerte sich das Engagement der VC-Gesellschaften nach dem Platzen der Dot-com-Blase im März 2000 zunehmend in den Bereich des Private Equity. Infolge der limitierten Frühphasenfinanzierung haben sich nochmals besondere Kapitalgeber etabliert, sogenannte **Business Angels**.[82] Darunter versteht man vermögende Privatpersonen mit einschlägigen Vorkenntnissen, häufig frühere Manager, die neben der Finanzierung auch Know-how bereitstellen. Der Unterschied zu den VC-Gesellschaften besteht in der geringeren Institutionalisierung und infolge dessen auch geringeren Formalisierung.

Die Beteiligung einer VC-Gesellschaft ist **nicht auf Dauer** angelegt, sondern dient der Unterstützung in der Aufbauphase. Nach eingetretener Konsolidierung zieht sich die VC-Gesellschaft aus dem Unternehmen zurück. Der Rückzug (*"Exit"*) von VC-Gesellschaften aus einem erfolgreichen, nun gut eingeführten Unternehmen ist sinnvoll, weil die *früheren Spezialisierungsvorteile* keine Rolle mehr spielen. Die Desinvestition führt keineswegs zu einem Verzicht auf die Beteiligung an künftigen Erfolgen, denn die Veräußerung von Anteilen an erfolgreichen Gründungen führt zu einem hohen Erlös. Die Desinvestition bedeutet ebenfalls nicht, dass es zum Abzug von Kapital aus dem Unternehmen kommt. Vielmehr ersetzen hinzutretende Beteiligungsgeber die VC-Gesellschaften, im Idealfall im Zuge eines *Going Public*, das heißt der Börseneinführung der Gesellschaft.[83] Dies setzt selbstverständlich die Rechtsform der Aktiengesellschaft voraus. Wesentliche Alternativen zum Going Public bestehen in der

---
[80] *Gompers/Lerner* (2006), Kapitel 8.
[81] *Eisele* (2006).
[82] Vgl. bspw. *Grupp/Neus/Walter* (2006).
[83] Vgl. dazu *Neus/Walz* (2005).

Rückzahlung der Mittel durch die Gründer (*Buy Back*) und dem Verkauf der Anteile an andere Unternehmen, die häufig ein strategisches Interesse verfolgen (*Trade Sale*). Daneben werden viele Beteiligungen an andere Finanzinvestoren weitergereicht (*Secondary Purchase*). Infolge des beträchtlichen Risikos sind natürlich auch die Totalverluste eine typische Form der Desinvestition.

Jahr	Volumen	Buy Back	Trade Sale	IPO	Finanz-investor	Total-verluste	Sonstige
2007	4.956,47	12,9%	36,1%	20,1%	21,9%	2,3%	6,7%
2008	2.261,66	12,0%	42,3%	9,6%	28,8%	6,1%	1,3%
2009	2.099,45	16,2%	30,6%	1,4%	8,1%	42,8%	0,9%
2010	3.221,34	12,0%	21,8%	16,6%	28,4%	20,3%	1,0%
2011	5.346,44	7,9%	35,9%	14,2%	23,7%	17,8%	0,5%
2012	3.877,22	5,6%	22,2%	23,6%	31,3%	11,9%	5,4%
2013	6.167,83	13,0%	23,9%	14,2%	25,5%	23,2%	0,2%
2014	7.479,92	12,0%	20,9%	11,6%	19,8%	11,5%	24,3%
2015	5.731,23	11,4%	21,9%	21,2%	39,1%	5,9%	0,5%
2016	4.360,25	13,1%	56,5%	2,9%	22,5%	3,4%	1,7%

Volumen in Mio. €;
Quelle: BVK-Statistiken, Marktstatistik, verschiedene Jahrgänge.

Tabelle 7.20: Exitvolumen und wichtige Exitkanäle.

Mit Blick auf die relative Bedeutung der Exitkanäle (Tabelle 7.20) springen die ausgeprägten Verschiebungen der Bedeutung von **Börseneinführungen**[84] ins Auge. Diese Entwicklung hängt offensichtlich mit dem Verlauf der Börsenkurse zusammen. In Zeiten des Börsenbooms wie bis zum Ausbruch der Finanzkrise 2007 ist der Verkauf über die Börse besonders lukrativ. In den Krisenzeiten (vor allem 2008 und 2009) brach auch der Going-Public-Markt zusammen. Wenig verwunderlich ist, dass Totalverluste in der Rezession ansteigen.

Den aus Sicht der VC-Gesellschaft entstehenden Kreislauf aus Mittelbeschaffung, Investition und Exit bezeichnet man griffig auch als „*Venture Capital Cycle*"[85]. Abschließend lassen sich die wesentlichen Merkmale der VC-Finanzierung noch einmal zusammenfassen: Die Beteiligung der VC-Gesellschaften an der Unternehmensführung kompensiert mögliche Know-how-Defizite der Gründer. Zugleich mildert dies die ausgeprägten Informationsnachteile externer Kapitalgeber. VC-Finanzierung leistet die angesichts hoher Risiken bedeutsame Risikoübernahme. Hinzu kommt, dass VC-Gesellschaften ihre Erträge im Wesentlichen nicht in Form von Ausschüttungen realisieren, sondern in Form

---

[84] Die Begriffe Börseneinführung, *Going Public und Initial Public Offering* (IPO) verwenden wir synonym.
[85] So der Titel des Buches von *Gompers/Lerner* (2006).

einer Wertsteigerung der Anteile. Geringe Ausschüttungen entschärfen die liquiditätsmäßige Anspannung des gegründeten Unternehmens und unterstützen die Innenfinanzierungsfähigkeit. Die VC-Gesellschaft erweist sich ihrerseits trotz erheblicher übernommener Risiken als tragfähig, weil fühlbaren Ausfällen bei einem Teil der Beteiligungen sehr hohe Erträge bei anderen Beteiligungen gegenüberstehen. Auf Basis der Kreditfinanzierung gelingt die Kompensation solch hoher Ausfälle nicht.

7.4.3 Projektfinanzierung

7.4.3.1 Merkmale und empirische Bedeutung

> „Unter **Projektfinanzierung** wird (...) die Finanzierung einer sich selbst tragenden Wirtschaftseinheit (das Projekt) verstanden, bei der sich die Financiers in ihrer Kreditentscheidung primär auf den zukünftigen Cash-flow und im Weiteren auf die Aktiva des Projekts als Sicherheit für die Rückzahlung der von ihnen vergebenen Kredite stützen."[86]

Ausgehend von dieser Definition stellt sich die Frage, wo eigentlich Besonderheiten der Projektfinanzierung gegenüber der Unternehmensfinanzierung schlechthin liegen. Da jedes Unternehmen mit erwerbswirtschaftlichem Charakter sich selbst tragen muss, kann hier die Besonderheit nicht liegen. Drei Merkmale gelten als charakteristisch für die Projektfinanzierung:

Es soll sich um eine *cash-flow-orientierte Finanzierungsform* handeln. Wie die vorgestellte Definition verdeutlicht, stellen die künftig erwarteten Cash-flows die primäre Basis für die Beiträge der Kreditgeber dar. Dementsprechend sind einerseits die Perioden Cash-flows zum Perioden-Schuldendienst in Relation zu setzen, andererseits der Barwert der künftigen Cash-flows zum Schuldenbestand. Die erste Kennzahl erlaubt einen Schluss auf die Liquidität eines Projekts, die zweite Kennzahl auf die Vermeidung einer Überschuldung im ökonomischen Sinn.

In der Literatur zur Projektfinanzierung steht bisweilen der Eindruck, als sei es *nur* der Cash-flow, der beliehen wird. Projekte, bei denen nicht von vornherein genügend als Sicherheiten geeignete Aktiva verfügbar sind, benötigen offenbar eine cash-flow-orientierte Finanzierung. Daher könnte die Konstruktion der Projektfinanzierung dazu beitragen, die Durchführung lohnender Projekte zu gewährleisten, die anderenfalls mangels Finanzierbarkeit scheitern würden. Die obenstehende Definition betont allerdings zurecht, dass zusätzlich die Ak-

---
[86] *Backhaus/Schill/Uekermann* (1993), S. 532 f.

tiva der Projekte als Kreditsicherheiten bereitstehen und demzufolge das Kreditaufnahmepotenzial beeinflussen. Angesichts der generell weitgehend abgesicherten Bankkredite bei der Finanzierung von Unternehmen ergeben sich hier also lediglich graduelle Unterschiede.

Ein weiteres, häufig genanntes Merkmal der Projektfinanzierung ist die *Bilanzunwirksamkeit* der Finanzierung. Demzufolge erscheinen die Projektaktiva nicht unmittelbar in der Bilanz des Projektinitiators. Dazu ist es generell erforderlich, eine eigene Projektgesellschaft zu gründen. Weiter darf die Projektgesellschaft nicht in eine konsolidierte Konzernbilanz des Initiators einbezogen werden.

Die Bilanzunwirksamkeit könnte von Interesse sein, wenn Kreditgeber sich vor allem an bestimmten Bilanzrelationen orientieren. Eine in der Bilanz aufscheinende Projektfinanzierung hat die Auswirkung, dass die Schulden und das Anlagevermögen anwachsen und somit auch der Verschuldungsgrad als Relation von Fremd- und Eigenkapital steigt.[87] Die zunehmende Verschuldung ist ein Indikator für eine zunehmende finanzielle Anspannung des Unternehmens, sodass die Insolvenzgefahr als nicht mehr vernachlässigbar erscheint. Weiter könnte man ein hohes Anlagevermögen als Indikator eines langfristig gebundenen Kapitals und daher einer mangelnden Flexibilität des Unternehmens interpretieren. Beides wäre kritisch, die Vermeidung des Bilanzausweises könnte daher als vorteilhaft erscheinen. Allerdings kann diese Argumentation nicht überzeugen. Potenzielle Kreditgeber entscheiden nicht schematisch nach Bilanzkennzahlen, sondern überprüfen die zugrunde liegenden ökonomischen Zusammenhänge (insbesondere also die Gefahr der Zahlungsunfähigkeit). Diese hängen aber nicht von der Frage der Bilanzierung ab. Überdies ist im Regelfall die Konsolidierungspflicht gegeben, sodass zumindest die Konzernbilanz die Informationen über das Projekt offenlegen. Wäre also tatsächlich die Bilanzunwirksamkeit das zentrale Motiv für die Projektfinanzierung, ließe sich höchstens „bei den Banken ein Bedarf für eine verbesserte Technik der Kreditwürdigkeitsprüfung" erkennen.[88]

Was als nennenswertes Argument im Zusammenhang mit der Bilanzunwirksamkeit verbleibt, ist die **haftungsrechtliche Trennung** infolge der Gründung einer eigenen Projektgesellschaft. Wird das Projekt innerhalb eines integrierten Unternehmens abgewickelt, gibt es anders als bei rechtlicher Trennung einen Haftungsverbund, sodass ein sehr großer Verlust aus dem Projekt auch das Rest-Unternehmen in Mitleidenschaft ziehen kann. Umgekehrt füttert möglicherweise ein florierendes Mutterunternehmen ein notleidendes Projekt mit durch. Die haftungsrechtliche Trennung erfordert daher geeignete risikopolitische Begleitmaßnahmen, damit die Projektgesellschaft kreditwürdig bleibt.

---

[87] Vgl. zu diesen Bilanzpositionen Abschnitt 8.4.2.1.
[88] *Rudolph* (1998), S. 57.

Vor allem sind also Maßnahmen zur **Risikoverteilung** kennzeichnend für die Projektfinanzierung. Typisch ist ein umfangreiches Bündel von Regelungen zur geeigneten Verteilung der häufig großen Risiken aus dem zu finanzierenden Projekt. Ein hohes Risiko ergibt sich aus den Eigenarten der finanzierten Projekte: Zum Beispiel ist bei Erdölbohrungen (und ähnlichen auf die Gewinnung von Rohstoffen gerichteten Projekten) leicht einsichtig, dass sich die Vorleistungen nicht auszahlen werden, wenn die Bohrung nicht zu einem Erfolg führt. Einen solchen Fehlschlag kann man von vornherein nicht ausschließen. Im Erfolgsfall entstehen aber erhebliche Überschüsse. Bei der Finanzierung von Rohstoff- oder Infrastrukturprojekten als typische Anwendungsbeispiele[89] ergibt sich das besondere Risiko zum einen aus der Höhe der zu tätigenden Investition, zum anderen aus der sehr langen Dauer der Nutzung, die naturgemäß mit einer ausgeprägten Unsicherheit über die künftigen Rückflüsse verbunden ist.

Der Begriff „Projektfinanzierung" steht letztlich für ein dichtes Geflecht vertraglicher Vereinbarungen zwischen vielen ein Projekt tragenden Parteien. Ein solches Vertragsgeflecht erweist sich insbesondere bei Großprojekten als hilfreich, die ein hohes Risiko aufweisen und besondere Maßnahmen der Risikopolitik erfordern. Infolge der Vielzahl **endogener Risiken** ist bei der Risikoverteilung auch den damit verbundenen Anreizen Rechnung zu tragen. Aus diesem Grund ist die Projektfinanzierung ein besonders interessantes Anwendungsbeispiel institutionenökonomischer Überlegungen.

Es gilt als gesicherte Erkenntnis, dass die Projektfinanzierung eine erhebliche empirische Bedeutung hat. Zuverlässige Zahlen lassen sich allerdings schon deshalb nicht angeben, weil eine trennscharfe Abgrenzung der Projektfinanzierung von anderen Formen der Finanzierung nicht möglich ist. Tabelle 7.21 enthält einige Angaben aus einer breit angelegten empirischen Untersuchung, die etwa 90% des Marktes für Projektfinanzierung umfasst.[90]

7.4.3.2 Projektbeteiligte

Der Erfolg einer Projektfinanzierung hängt davon ab, wie gut es gelingt, die Interessen verschiedener Projektbeteiligter aufeinander abzustimmen. Dabei lässt sich eine Reihe von Interessengruppen identifizieren.

Im Mittelpunkt stehen die Projektinitiatoren. Sie bringen die wesentliche unternehmerische Idee mit und stellen in der Regel auch einen Teil des erforderlichen Eigenkapitals zur Verfügung. Die Initiatoren heißen in der Sprache der Projektfinanzierung **Sponsoren**. Kennzeichnend für die Projektfinanzierung ist,

---

[89] Ein frühes, spektakuläres Beispiel für eine Projektfinanzierung ist die Errichtung des Suezkanals Mitte des 19. Jahrhunderts. Ein ähnlich großes Projekt aus der jüngeren Vergangenheit ist der Bau des Tunnels unter dem Ärmelkanal.

[90] *Pinto* (2017), S. 206. Ein etwas älteres OECD-Forschungsprojekt kommt in den Relationen zu ganz ähnlichen Ergebnissen; vgl. *Della Croce/Gatti* (2014).

dass die Sponsoren eine eigene Projektgesellschaft gründen, häufig als *"Special Purpose Vehicle"* (SPV) bezeichnet. Sofern es sich um Sponsoren aus verschiedenen Unternehmen handelt, nimmt die Projektgesellschaft die Form eines Joint Venture an.

Jahr	Anzahl	Volumen	nach Branchen	Anzahl	Volumen	Mittel
2000	271	68,7	Versorgung	1.999	627,9	314,1
2001	255	58,5	Bau	727	284,5	391,3
2002	232	48,3	Produktion	621	265,8	428,0
2003	224	63,9	Transport	422	226,1	535,8
2004	234	58,9	Bergbau	444	224,9	506,5
2005	222	76,3	Landwirtschaft	658	186,3	283,1
2006	211	100,8	Dienstleistungen	394	110,6	280,7
2007	332	153,3	Immobilien	346	75,2	217,3
2008	535	214,2	Öffentl. Verwaltung	198	74,5	376,3
2009	468	166,5	Finanzdienstleist.	52	19,5	375,0
2010	597	203,8	Handel	72	13,0	180,6
2011	609	218,7	Sonstige	2	0,4	197,8
2012	537	195,1				
2013	588	221,9	nach Regionen			
2014	620	259,9	Asien/Pazifik	1.508	729,4	483,7
Summe	5.935	2.108,8	Europa	1.993	587,0	294,5
			Afrika/Naher Osten	1.217	403,4	331,5
			Amerika	1.217	389,1	319,7

Volumen in Mrd. US-$; Mittelwert in Mio. US-$; Quelle: *Pinto* (2017).
Tabelle 7.21: Projektfinanzierung nach Jahren, Branchen und Regionen.

Zusätzlich zu den häufig eher geringen von den Sponsoren aufgebrachten Mitteln tragen in beträchtlichem Umfang externe **Kreditgeber** zur Finanzierung der Projektgesellschaft bei.[91] Für diese Kreditgeber gilt, dass sie im Rahmen der Projektfinanzierung stärker als üblich, aber keineswegs ausschließlich die Kreditvergabeentscheidung auf den künftig zu erwartenden Cash-flow stützen. Die Kreditgeber kommen überwiegend aus der Gruppe der privaten Geschäftsbanken. Daneben betätigen sich auch *öffentliche Einrichtungen* wie die Europäische Investitionsbank oder die Kreditanstalt für Wiederaufbau in der Projektfinanzierung.

Auf Seiten der leistungswirtschaftlich Beteiligten sind zunächst die **Lieferanten** zu nennen. Dazu gehören zum einen Unternehmen, welche die wesentlichen Teile des Anlagevermögens liefern. Infolge der großen Bedeutung der Anlagen werden bisweilen die Projektersteller als gesonderte Gruppe hervor-

---

[91] Vgl. *Laux* (1997), S. 842.

gehoben. Zu der Projekterstellung zählt nicht nur die Lieferung der Investitionsgüter, sondern in der nachfolgenden Betriebsphase auch die Bereitstellung von Dienstleistungen zur Sicherung der Funktionsfähigkeit der Anlagen. Zum anderen gibt es Lieferanten von Umlaufvermögen, die ein dauerhaftes Lieferinteresse am Projekt haben können. Aus Sicht des Projekts ist die Gewährleistung der Verfügbarkeit von Roh-, Hilfs- und Betriebsstoffen unabdingbar; die Konditionengestaltung beeinflusst den Erfolg des Projekts ebenfalls stark.

Weiter sind die **Abnehmer** der Projektleistung in das Beziehungsgeflecht einbezogen. Dies gilt insbesondere bei Projekten der Rohstoffgewinnung, wobei eine längerfristige Absicherung von Absetzbarkeit und Absatzkonditionen von Bedeutung ist. Jedoch ist es grundsätzlich auch möglich, die Projektleistungen im Sinne einer generellen Marktofferte anzubieten, sodass es keine langfristigen Abnahmeverpflichtungen gibt.

Schließlich spielen **staatliche Instanzen** für den Erfolg des Projekts eine wichtige Rolle. Da die Projekte häufig international ausgelegt sind (im Wege einer Kooperation, beispielsweise der Eurotunnel) oder aus Sicht der Sponsoren im Ausland erbracht werden (beispielsweise bei Bohrungen einer amerikanischen Ölgesellschaft in Nigeria), sind Genehmigungen erforderlich, zudem sind Konvertibilität und Transferierbarkeit[92] der erlösten Devisen zu sichern. Daneben ist das besondere Souveränitätsrisiko zu beachten, wenn der Staat zugleich Abnehmer der Projektleistungen ist. Das Souveränitätsrisiko besteht darin, dass es kaum eine Möglichkeit gibt, im Ausland Verträge durchzusetzen, wenn der Staat vertragliche Vereinbarungen nicht einhält. Außerdem kann der Staat durch veränderte Gesetze einseitig die Möglichkeiten und Risiken des Projekts verändern. Auch der Heimatstaat der Sponsoren ist häufig am Projekt beteiligt, insbesondere in Form von Exportkreditversicherungen (in Deutschland zum Beispiel die Hermes Kreditversicherungs-AG), welche die Finanzierung durch Kreditgeber nicht selten erst ermöglichen.

Die an einem Projekt beteiligten Parteien unterscheiden sich letztlich nicht grundsätzlich von den Interessengruppen eines Unternehmens. Infolge der Projekteigenschaften, insbesondere der Projektrisiken, sind jedoch besondere Vorkehrungen zur Minderung endogener Risiken und zur angemessenen Verteilung der exogenen Risiken zu ergreifen. Die im Folgenden untersuchte Risikoverteilung ist daher der zentrale Punkt einer jeden Projektfinanzierung.

7.4.3.3 Risikoverteilung

Der Risikoverteilung geht stets eine eingehende Risikoanalyse voraus. Sie besteht in einer systematischen Aufdeckung und Quantifizierung der exogenen

---

[92] **Konvertibilität** steht für die Möglichkeit, die Fremdwährung in Heimatwährung umzutauschen; die **Transferierbarkeit** ist gegeben, wenn es zulässig ist, die Mittel ins Heimatland zu übertragen. Insbesondere in wenig entwickelten Ländern ist beides nicht selbstverständlich.

Zufallsfaktoren sowie deren Einfluss auf den Projekterfolg. Zudem sind denkbare risikopolitische Maßnahmen zu erfassen und auf ihre Eignung zu überprüfen. Entscheidend ist schließlich, welcher Beteiligte welche Risiken tragen soll. Für die **Risikoverteilung** spielen einige allgemeingültige Kriterien eine Rolle. Dies sind die individuelle Risikobereitschaft[93] sowie eng damit verbunden die Risikotragfähigkeit, die mit den Vermögensreserven einhergeht.

Grundsätzlich sind präventive risikopolitische Maßnahmen anzustreben, die Verluste gar nicht erst entstehen lassen.[94] Die Fähigkeit möglicher Projektbeteiligter, die geforderten Beiträge tatsächlich zuverlässig zu erbringen, lässt sich dadurch überprüfen, ob der betreffende Beteiligte bereit ist, Garantien für bestimmte Projekteigenschaften zu übernehmen. Garantien stellen zuverlässige Indizien für die Fähigkeit und Bereitschaft zur Risikovermeidung dar. Wir haben bereits herausgearbeitet,[95] dass mit der Verteilung von Risiken stets auch eine Zuweisung bestimmter Verhaltensanreize verbunden ist. Demzufolge sollte die Haftung für bestimmte Risiken möglichst denjenigen Beteiligten zufallen, welche auf diese Risiken am stärksten einwirken können. Dies ist vornehmlich dann sinnvoll, wenn Vorsorgemaßnahmen allseits überprüfbar sind, weil es dann auch möglich ist, deren Unterlassung zu sanktionieren. Die anreizbezogene Risikozuweisung folgt dem **Verursachungsprinzip**. Da sich aber nicht alle Risiken kausal einem Verursacher zuordnen lassen, muss es wenigstens eine Instanz geben, welche die verbleibenden Risiken trägt. Per Konstruktion der Projektgesellschaft sind dies vorrangig die Sponsoren sowie nachrangig, nämlich wenn das bereitgestellte Eigenkapital als Verlustpuffer nicht ausreicht, die Kreditgeber.

Die bisher vorgetragenen Überlegungen zur Risikoverteilung waren eher allgemein. Tabelle 7.22 enthält beispielhaft eine konkretere Zuordnung von Risiken, risikotragenden Beteiligten und Maßnahmen der Risikozuweisung, wie sie insgesamt plausibel und auch üblich ist. Natürlich ist zu beachten, dass Projektfinanzierung eine privat ausgehandelte Kooperationsform darstellt und daher die rechtliche und wirtschaftliche Konstruktion stets auf den Einzelfall zugeschnitten ist. Von den in der Tabelle genannten Elementen erläutern wir aus jeder Projektphase eines näher.

In der **Entwicklungsphase** besteht unter anderem die Gefahr, dass das Projekt aus technologischen Gründen scheitert. Bei einem Tunnelprojekt könnte sich im Zuge von Probebohrungen erweisen, dass das Gestein nicht hart genug ist, um die Tunnelröhre zu stabilisieren. Ein solch fundamentales Risiko ist nicht unmittelbar beeinflussbar und verbleibt daher bei dem Sponsor. Dessen Risikoübernahme besteht in der Bereitstellung des Eigenkapitals für die Projektgesellschaft.

---

[93] Im Sinne der entscheidungstheoretischen Risikotoleranz; vgl. Abschnitt 10.3.7.
[94] *Rudolph* (1998).
[95] Vgl. Abschnitt 5.1.3.5.

Projektphase/Risiko	Beteiligte	Maßnahmen
Entwicklungsphase		
Technologisches Risiko	Sponsoren	Eigenkapital
Kreditrisiko	Banken	Kreditzusagen, Rating-Agenturen
Ausschreibungsrisiko	Sponsoren	Eigenkapital
	Berater	Erfolgshonorare
Konstruktionsphase		
Fertigstellungsrisiko	Projektersteller, Lieferanten	Garantie
	Sponsoren	Schlüsselfertige Übergabe
Kostenüberschreitungsrisiko	Sponsoren	Kreditzusagen
	Projektersteller, Lieferanten	Festpreisverträge
Politische Risiken	Sponsoren	Steuerbefreiungen, Privat-öffentliche Joint Ventures
Betriebsphase		
Kostenüberschreitungsrisiko	Lieferanten	Festpreisverträge
Unfallrisiko	Projektstaat	Sozialversicherung
	Versicherungen	Privatversicherung
Erlösrisiko	Abnehmer	„Take or Pay", „Take and Pay" Vorauszahlungen

Tabelle 7.22: Beispiele für die Verteilung von Projektrisiken.[96]

Während der **Konstruktionsphase** könnte sich herausstellen, dass sich die in der ursprünglichen Planung ausgewiesenen Erstellungskosten nicht einhalten lassen. Dieses Risiko ist insofern endogen, als es durch den Projektersteller und dessen Lieferanten beeinflussbar ist. In offensichtlicher Weise ungeeignet sind dagegen Abgeltungsregeln, bei denen das Entgelt für den Bauleiter mit den Baukosten ansteigt (wie es offenbar beim Berliner Großflughafen der Fall ist). Festpreisverträge zwischen der Projektgesellschaft und dem Projektersteller schaffen für letzteren starke Anreize, eine effiziente Kostenkontrolle zu betreiben. Gut möglich ist allerdings, dass eine vollständige Verlagerung des Kostenrisikos auf den Ersteller ausscheidet. Dann verbleibt ein Teil des Risikos bei dem Sponsor, der es letztlich mit dem Eigenkapital auffangen muss. Eventuelle Liquiditätsprobleme kann man durch Kreditzusagen für den Fall von Kostenüberschreitungen auffangen. Das Erlösrisiko ist typisch für die **Betriebsphase**. Ein Teil dieses Risikos kann man bei Vereinbarung von Vorauszahlungen den Abnehmern aufbürden. Noch weiter gehen Vereinbarungen wie die „Take and Pay"-Klausel, bei der eine Abnahmeverpflichtung besteht, oder gar die „Take or

---

[96] Nach *Beidleman/Fletcher-Brown/Veshosky* (1990), S. 49.

Pay"-Klausel, wo die Zahlungsverpflichtung sogar dann besteht, wenn die Projektgesellschaft die Güter nicht liefern kann. Eine derart extreme Lösung kann offenbar nur dann relevant sein, wenn der Abnehmer die Projektgesellschaft beherrscht und entsprechende Einflussmöglichkeiten hat.

Als **Fazit** zur Projektfinanzierung lässt sich festhalten, dass die Besonderheit verglichen mit einer „gewöhnlichen" Unternehmensfinanzierung weniger in den häufig genannten Merkmalen Cash-flow-Orientierung oder Bilanzunwirksamkeit besteht. Kennzeichnend ist vielmehr das ausgefeilte Geflecht der **Zuordnung von Risiken**, das angesichts ausgeprägter Risiken bei Großprojekten hilft, die allseitige Vorteilhaftigkeit zu sichern.

Wiederholungsfragen und Übungsaufgaben

Lösungshinweise *https://online.mohr.de/elib/neus*.

Aufgabe 7.1

Ein Unternehmen möchte ein neues Produkt zur Marktreife entwickeln. Zu Beginn des ersten Jahres sind Investitionen in Höhe von 280.000 € für Entwicklung und Markteinführung erforderlich. Auf dieser Basis lässt sich 5 Jahre lang ein jeweils am Ende des Jahres realisierter Einzahlungsüberschuss von 75.000 € erzielen. Es wäre jedoch auch möglich, das Produkt im nächsten Jahr weiter zu verfeinern, was ein Jahr in Anspruch nähme. Für die Weiterentwicklung wäre zu Beginn der zweiten Periode eine zusätzliche Investition erforderlich; zudem ist der Erfolg unsicher. Nur mit 75% Wahrscheinlichkeit hat die Weiterentwicklung den erwünschten Erfolg. Allerdings ließe sich im Erfolgsfall in den restlichen 4 Jahren nach Produkteinführung ein Überschuss von 120.000 € erzielen. Im Misserfolgsfall bliebe es bei den 75.000 €. Der Kalkulationszinsfuß beträgt 8%.

Wie hoch darf die für die Weiterentwicklung erforderliche Investition höchstens sein, damit sie sich für das risikoneutrale Unternehmen lohnt?

Aufgabe 7.2

Der Markt für ein Modeprodukt wird bald erschöpft sein. Um jetzt konsequent den Markt abzuschöpfen, soll eine Werbekampagne die Nachfrager noch einmal zum Kauf ermuntern. Die Marktforschungsabteilung hat dafür zwei Strategien entwickelt, die jeweils sofort bzw. am Ende der beiden nächsten Perioden zu folgenden Zahlungsüberschüssen führen: $s_1 = \{-150; 114; 69{,}6\}$ sowie $s_2 = \{-200; 70; 184\}$ (jeweils in Tausend €).

a) Welche der Strategien führt zu einer höheren Rendite?

b) Spielt die sogenannte „Wiederanlageprämisse" bei der Entscheidung auf Basis der Rendite eine Rolle?

Die nähere Planung zeigt, dass der Investor Eigenkapital in Höhe von maximal 40 für das Projekt bereitstellen kann. Zudem ist zu beachten, dass der Habenzinssatz $i_h = 10\%$ beträgt, der Sollzinssatz $i_s = 12\%$.

c) Überprüfen Sie alle Handlungsmöglichkeiten des Modeproduktherstellers. Welche ist optimal, wenn die Zielsetzung in der Maximierung des Vermögens am Ende der Laufzeit der Projekte besteht?
d) Erklären Sie die Relation von Endvermögen und Rendite.
e) Erklären Sie die Relation zwischen der realisierten Eigenkapitalrendite und der zugrunde liegenden Investitionsrendite.

Aufgabe 7.3

Ein Einzelkaufmann steht vor der Überlegung, die ihm verfügbaren Eigenmittel in Höhe von 240 (Tausend €) gewerblich oder in eine Finanzanlage zu investieren. Die Finanzanlage erbringt eine Verzinsung von 10%. Die gewerbliche Investition erzeugt in den folgenden Perioden Einzahlungsüberschüsse vor Steuern in Höhe von {15; 60; 100; 142}, wiederum jeweils in Tausend €. Die steuerlichen Vorschriften sehen eine lineare Abschreibung, einen unmittelbaren Verlustausgleich sowie einen Steuersatz von einheitlich 40% vor. Als Maßnahme zur Förderung arbeitsplatzschaffender gewerblicher Investitionen steht nun die Einführung eines gespaltenen Steuertarifs (25% für gewerbliche Einkünfte, 40% für alle anderen Einkünfte) zur Diskussion. Zur Gegenfinanzierung ist allerdings der Verlustausgleich zu streichen.

a) Ermitteln Sie die Kapitalwerte für den Fall ohne Steuer, mit dem geltenden Steuertarif und mit dem Tarif nach Investitionsförderung.
b) Beurteilen Sie (für den vorliegenden Fall) die Wirkungen der beiden diskutierten Steuersysteme nach dem angestrebten Ziel und nach dem Kriterium der effizienten Kapitalverwendung.

Aufgabe 7.4

Gegeben sei ein Investitionsprojekt mit dem Zahlungsstrom {−100; 84; 88,2}. Der Kalkulationszinssatz beträgt 5%.

Zeigen Sie nur mit Hilfe eines Finanzplans, ohne den Endwert mit einer geschlossenen Gleichung auszurechnen, welcher Betrag am Ende der Laufzeit für den Konsum zur Verfügung steht, wenn keinerlei Eigenmittel vorhanden sind.

Aufgabe 7.5

Zwei einander ausschließende Investitionsprojekte weisen die Zahlungsströme $A = \{-200; 500; 900\}$ bzw. $B = \{-800; 300; 1.700\}$ auf.
a) Handelt es sich bei den Projekten um Normalinvestitionen? Wie groß sind die internen Zinsfüße der Investitionen?
b) Wie lautet der Zahlungsstrom der Differenzinvestition? Ist auch diese eine Normalinvestition?
c) Sie haben keinerlei Information über den Kalkulationszinsfuß, außer, dass er positiv ist. Können Sie trotzdem entscheiden, welche der Investitionen vorzuziehen ist?

Aufgabe 7.6

a) Beschreiben Sie die wesentlichen Elemente eines typischen Forderungstitels (Kredits).
b) Warum hat der Inhaber eines Forderungstitels (der Kreditgeber) einen geringeren Bedarf an Mitgestaltungsrechten im weitesten Sinn als der Inhaber eines Beteiligungstitels (Eigentümer)?
c) Geben Sie je ein Beispiel für ein vertragliches und ein gesetzliches Mitgestaltungsrecht eines Kreditgebers.

Aufgabe 7.7

a) Was bedeuten „Leverage-Effekt" und „Leverage-Risiko"?
b) Verdeutlichen Sie dies an Erwartungswert und Standardabweichung der Eigenkapitalrendite.

Aufgabe 7.8

a) Was besagt das Wertadditionstheorem?
b) Erklären Sie, warum aus dem Wertadditionstheorem auf einem vollkommenen Kapitalmarkt ohne Steuern und Konkurskosten die Irrelevanz jeder Finanzierungsweise folgt.

Aufgabe 7.9

Der risikoindifferente Investor A ist Gesellschafter-Geschäftsführer einer Ein-Mann-GmbH und stellt zusammen mit seiner ebenfalls risikoindifferenten Hausbank B Überlegungen über geeignete Strategien für die Durchführung eines Investitionsprojekts an. Es kommen eine vorsichtige und eine riskante Strategie in Frage. Unabhängig von der verfolgten Strategie erfordert die Investition eine Anfangsauszahlung von $I = 100$ und führt zu unsicheren Rückflüssen, wobei jeweils mit 90% Wahrscheinlichkeit ein Erfolg, mit der Gegenwahrscheinlichkeit ein Misserfolg eintritt. Nach der gemeinsamen Einschätzung von A und B unterscheiden sich aber die Einzahlungsüberschüsse am Ende des einperiodigen Planungshorizontes je nach verfolgter Strategie:

Strategie	Erfolg	Misserfolg
geringes Risiko	115	95
hohes Risiko	120	45

Der Kalkulationszinsfuß beträgt einheitlich $i = 8\%$.
a) Welche Strategie ist „objektiv" die bessere?
b) A will sich mit seinem maximal verfügbaren Eigenkapital von $EK = 30$ an der Finanzierung beteiligen; es ist also ein Kredit von $FK = 70$ erforderlich. Wie hoch ist der erwartete Gewinn für A, wenn die weniger riskante Strategie gewählt wird und B einen Kreditzinssatz von $r = 8\%$ verlangt?
c) B kennt zwar die Investitionspläne, kann jedoch im Erfolgsfall nicht beurteilen, welche Strategie tatsächlich zur Anwendung kommt. Welche Überlegungen muss B bei der Kreditvergabe anstellen?
d) Welchen Zinssatz r muss B bei Berücksichtigung der Ergebnisse unter c) mindestens verlangen, um bei einem Kredit von $FK = 70$ im Erwartungswert keinen Verlust zu erzielen? Wie hoch ist dann der erwartete Gewinn von A?
e) Wie könnte A auf dieses Ergebnis reagieren?

Aufgabe 7.10

Es gebe zwei Unternehmen U_1 und U_2. U_1 ist rein eigenfinanziert, U_2 zum Teil fremdfinanziert. Für die jährlichen Gewinne vor Zinsen x_1 bzw. x_2 gilt

	gute Konjunktur	schlechte Konjunktur
x_1	400	300
x_2	800	600

Für verschiedene Marktwerte gilt
- Marktwert des Eigenkapitals von U_1: $v_{E1} = 3.500$
- Marktwert des Eigenkapitals von U_2: $v_{E2} = 3.000$
- Marktwert des Fremdkapitals von U_2: $v_{F2} = 3.000$

Der Zinssatz für risikolose Kredite oder Anlagen beträgt $r = 10\%$.
a) Wie hoch sind die jährlichen Nettogewinne (nach Zinsen) von U_2?

b) Auf welche Weise könnte ein Anleger, der mit 1% an U_1 beteiligt ist, ohne zusätzlichen Kapitaleinsatz eine risikolose Erhöhung seiner Überschüsse erreichen? Wie hoch ist der maximale risikolose Zusatzgewinn?

c) Wenn v_{E1} und v_{F2} konstant bleiben: Auf welchen Wert müsste sich v_{E2} verändern, damit Arbitragegewinne wie unter b) ausgeschlossen sind?

Aufgabe 7.11

Ein Kleinkünstler erhält die Gelegenheit, gegen eine im Zeitpunkt $t = 0$ zu zahlende Lizenzgebühr von $\ell = 15.000$ in einem Badeort an der Ostsee zwei Jahre lang eine Unterhaltungsshow betreiben zu dürfen. Der Künstler geht davon aus, dass der Betrieb der Show in $t = 1$ einen Einzahlungsüberschuss von $z_1 = 12.000$, in $t = 2$ einen Überschuss von $z_2 = 8.000$ erbringen wird. Zur Finanzierung bietet eine Bank zwei Formen von Krediten an:

1. einen nach Ablauf von zwei Jahren fälligen Festkredit mit einem Zinssatz von $f = 6\%$. Eine vorzeitige Tilgung ist ausgeschlossen. Bei Auszahlung des Kredits kommen 4% des Kreditbetrages als Bearbeitungsgebühr zum Abzug – auch teilweise – rückzahlbar ist.

Für eine zwischenzeitliche, einjährige Geldanlage könnte der Künstler einen Habenzins von $h = 4,8\%$ erzielen.

a) Wie hoch ist der Kapitalkostensatz des Festkredits? Welcher Kredit erweist sich nach dem Kapitalkostenkriterium als optimal?
b) Der Künstler ist an einem möglichst großen Vermögen am Ende des zweiten Jahres interessiert. Wie ist die unter a) getroffene Finanzierungsentscheidung dann zu beurteilen? Wie hoch ist das maximale Endvermögen?
c) Kommentieren Sie die Ergebnisse unter a) und b).

Aufgabe 7.12

Beurteilen Sie, ob die folgenden Aussagen richtig oder falsch sind.
a) Von zwei Investitionen ist stets die mit der größeren Annuität vorzuziehen.
b) Die Erhöhung von Rückstellungen bezeichnet man als interne Eigenfinanzierung.
c) Die Größentransformation bei Finanztiteln besteht darin, dass ein großer langfristiger Kapitalbedarf in viele kleine kurzfristige zerlegt wird.
d) Der Kalkulationszinsfuß nach Steuern ist normalerweise größer als der Kalkulationszinsfuß vor Steuern.
e) Das Risikoanreizproblem resultiert daraus, dass die Kreditgeber stets ein größeres Verlustrisiko tragen als die Inhaber der Beteiligungstitel.
f) Bei Einbeziehung von Steuern kann sich das gesamte Volumen der Innenfinanzierung durch Verrechnung von mehr Abschreibungen erhöhen.

g) Leasing erweist sich vor allem deshalb als eine interessante Alternative, weil der Leasingnehmer Steuern auf den Leasinggeber abwälzen kann.
h) Einer der Vorteile von Venture Capital ist, dass man möglichen kaufmännischen Defiziten von Tüftlern abhelfen kann.
i) Der Barwert eines Zahlungsstroms entspricht seinem aufgezinsten Endwert.
j) Beteiligungstitel sind vor allem deshalb regelmäßig mit Mitgestaltungsrechten ausgestattet, weil ihre Einzahlungen besonders stark von den Entscheidungen der Unternehmensleitung abhängen.
k) Die Gewinnvergleichsrechnung berücksichtigt als dynamisches Verfahren Zahlungen in verschiedenen Zeitpunkten.

Literaturhinweise

Aus der Menge gut geeigneter Lehrbücher wird hier für verschiedene Niveaus nur jeweils eines angegeben:

Kruschwitz (2010) enthält einen umfassenden Überblick über die Finanzmathematik. Einen hervorragenden Standard zur Investitionsrechnung setzt *Kruschwitz* (2014). Für die institutionellen Aspekte (Beschreibung von Finanzierungsformen und gesetzliche Vorschriften) ist *Wöhe u. a.* (2013) zu empfehlen. Investitions- und Finanzierungsentscheidungen stehen auf einem fortgeschrittenen Niveau bei *Franke/Hax* (2009) im Mittelpunkt.

Das Buch von *Brealey/Myers/Allen* (2017) ist der Welt-Marktführer im Bereich von Investition und Finanzierung. Über den dadurch gesetzten Standard sollte jeder Student im Bilde sein.

Zusammenfassung

1. Teilaufgaben im Finanzbereich eines Unternehmens sind Entscheidungen über die Investition (die Bindung liquider Mittel) und die Finanzierung (die Art der Bereitstellung der erforderlichen liquiden Mittel).
2. Die Investitionsrechnung ist im Wesentlichen eine Entscheidungstechnik. Als das angemessene Kriterium für Investitionsentscheidungen erweist sich der Kapitalwert der Investition, also der Barwert künftiger Einzahlungsüberschüsse abzüglich der Anfangsauszahlung für die Investition. Der Kapitalwert steht für den durch die Investition hervorgerufenen Zuwachs an Konsummöglichkeiten. Demnach ist die Durchführung einer Investition dann vorteilhaft, wenn der Kapitalwert positiv ist.

3. Andere Entscheidungskriterien wie der Endwert, die äquivalente Annuität oder der interne Zinsfuß sind entweder von vornherein äquivalent zum Kapitalwert, oder sie müssen auf ihre Vereinbarkeit mit dem Kapitalwert überprüft werden. Einen eigenen Erkenntniswert besitzen sie nicht.
4. Bei der externen Finanzierung von Unternehmen sind Kapitalgeber in das Netz von Verträgen einzubeziehen. Finanzierungstitel als Bündel von Rechten und Pflichten sind die Instrumente, die eine Abstimmung von Kapitalbeschaffungserfordernissen der Unternehmen und Anlagewünschen der Kapitalgeber ermöglichen. Die Idealtypen sind Forderungstitel und Beteiligungstitel; daneben gibt es Mischformen.
5. Spezifische Fehlanreize der Kreditfinanzierung (insbesondere das Risikoanreizproblem) kommen angesichts eines fühlbaren Insolvenzrisikos auf. Die Ursache dafür ist das asymmetrische Zahlungsprofil eines Kredits: Kreditgeber haben bei einer Risikoerhöhung die zusätzlichen Verluste in der Insolvenz zu tragen, im Erfolgsfall profitieren aber alleine die Kreditnehmer (Eigentümer des Unternehmens) von zusätzlichen Erfolgen. Durch Kreditsicherheiten im weitesten Sinne lassen sich Fehlanreize verringern und Informationskosten senken.
6. Informations- und Anreizprobleme wirken sich bei der Beteiligungsfinanzierung stärker aus als bei der Kreditfinanzierung. Als Verlustpuffer trägt Eigenkapital jedoch dazu bei, die Transaktionskosten der Kreditfinanzierung zu begrenzen. Die ausgeprägte Streuung der Beteiligungstitel in der Publikumsgesellschaft hat zudem den Vorteil einer guten Risikoverteilung.
7. Die interne Finanzierung eines Unternehmens erfolgt durch nicht abfließende Zahlungsüberschüsse. Häufig führt man die interne Finanzierung aber auf bilanzielle Größen zurück. In Deutschland wird der überwiegende Teil der Investitionen intern finanziert. Bei der internen Finanzierung scheinen sich die informationsbedingten Probleme der externen Finanzierung vermeiden zu lassen. Jedoch unterliegt die Kapitalverwendung nur sehr indirekt einer Kontrolle durch den Kapitalmarkt.
8. Ausgangspunkt für die Suche nach der optimalen Finanzierung ist die auf einem vollkommenen Kapitalmarkt gültige Irrelevanz der Finanzierung für den Marktwert eines Unternehmens. Als wesentliche Determinanten für die Auswahl zwischen Finanzierungsformen erweisen sich die Steuerbelastung, die Insolvenzkosten sowie die Agency-Kosten. Über die optimale Finanzierung lassen sich allerdings nur Tendenzaussagen ableiten.
9. Das Finanzierungsleasing verbindet Elemente des kreditfinanzierten Kaufs und der Miete von Investitionsgütern. Die variablere Ausgestaltung von Leasingverträgen und die dabei erzielbaren Spezialisierungsvorteile führen dazu, dass in bestimmten Konstellationen das Leasing seinen Alternativen überlegen ist.

10. Venture Capital ist eine Form der Beteiligungsfinanzierung, der auf Unternehmensgründungen zugeschnitten ist und die Finanzierungs- und Risikoübernahmefunktion mit Beratungselementen verbindet. Dadurch ist Venture Capital besser als Kreditfinanzierung und Beteiligungsfinanzierung in der Lage, die erheblichen Finanzierungsprobleme neu gegründeter oder schnell wachsender junger Unternehmen zu lösen.
11. Mit der Projektfinanzierung verbindet man eine differenzierte Risikoverteilung bei der Finanzierung und Durchführung von Großprojekten im Rohstoff- und Infrastrukturbereich.

Schlüsselbegriffe

Agency-Kosten
Arbitragefreiheit
Finanzbereich
Finanzierungsbedingte
    Wertminderungen
Finanzierungstitel
Interner Zinsfuß
Kapitalwert

Kreditsicherheiten
Leasing
Leverage-Effekt
Partenteilung
Projektfinanzierung
Steuerparadoxon
Venture Capital
Wertadditionstheorem

Kapitel 8

Rechnungswesen

Zum Inhalt von Kapitel 8

Das Rechnungswesen ist ein zentraler Bereich für die Beschäftigung mit betriebswirtschaftlichen Fragestellungen, da sich alle betrieblichen Sachverhalte darin niederschlagen. Für eine vernünftige Ausgestaltung des Rechnungswesens ist es unerlässlich, aus den leistungs- und finanzwirtschaftlichen Sachproblemen diejenigen Planungs- und Kontrollaufgaben abzuleiten, deren Unterstützung das Rechnungswesen dient. Deshalb behandeln wir das Rechnungswesen in diesem Buch erst nach dem Leistungs- und dem Finanzbereich.

In Abschnitt 8.1 charakterisieren wir die **Aufgaben des Rechnungswesens** näher. Dabei erweist es sich als sinnvoll, nach zwei Kriterien zu differenzieren: nach den zu lösenden Aufgaben (im Wesentlichen Entscheidungsrechnungen und Kontrollrechnungen) und nach den Adressaten des Rechnungswesens (Unternehmensleitung und externe Adressaten).

Die einzelnen Bestandteile des Rechnungswesens unterscheiden sich in den verwendeten **Rechengrößen**. Unabhängig davon ist zudem die Unterscheidung in Bestands- und Bewegungsrechnungen von Bedeutung. Solche Abgrenzungen stellen wir in Abschnitt 8.2 in der gebotenen Kürze vor.

Angesichts der Orientierung am Einkommen der Eigentümer und der normativen Vorgabe des Kapitalwertes als Zielgröße liegt es nahe, zunächst ein zahlungsbezogenes Rechnungswesen zu diskutieren. Aus verschiedenen Gründen ist es sinnvoll, einen Periodenerfolg zu ermitteln. Daher steht in Abschnitt 8.3 der **ökonomische Gewinn** als investitionsrechnerischer Periodenerfolg im Mittelpunkt. Stärken und Schwächen von zahlungsbezogenen Rechnungen lassen sich dabei verdeutlichen.

In Abschnitt 8.4 geht es um die Grundzüge des **handelsrechtlichen Jahresabschlusses**. Dessen Analyse ist zum einen wegen der im Ergebnis sehr begrenzten Eignung des ökonomischen Gewinns erforderlich, zum anderen, weil die Anwendung handelsrechtlicher Vorschriften einfach ein gesetzliches Erfordernis darstellt.

Auch wenn aufgrund der Einkommensorientierung die Investitionsrechnung und der Jahresabschluss im Mittelpunkt stehen, ist eine eigene Rechnung für Planungs- und Kontrollaufgaben im Leistungsbereich unumgänglich. Diese **Kosten- und Erlösrechnung** ist Gegenstand von Abschnitt 8.5.

8.1 Aufgaben des Rechnungswesens

Ganz allgemein ist es die Aufgabe des Rechnungswesens, **quantitative Informationen** über das Unternehmen und sein Umfeld bereitzustellen. Die Informationen sind kein Selbstzweck, sondern sollen die Planung und Kontrolle wirtschaftlicher Aktivitäten verbessern.

Neben das Rechnungswesen tritt als weitere betriebswirtschaftliche Teildisziplin das Controlling. Dessen Abgrenzung vom Rechnungswesen ist mehr durch eine bestimmte Definition eines Untersuchungsprogramms gekennzeichnet als durch exklusive Inhalte geprägt. Weil der Aufbau des vorliegenden Buches nicht zu dieser Abgrenzung passt, taucht „Controlling" nicht als gesonderter Abschnitt auf. Teilgebiete des Controlling behandeln wir in den Kapiteln 5, 6, 8 und 12.

8.1.1 Informationsbedarf nach Aufgaben

8.1.1.1 Abgrenzung der Informationszwecke

Für die Planung ist es erforderlich, über zukunftsbezogene Informationen zu verfügen. Sie tragen dazu bei, künftige Randbedingungen, die den Erfolg jetziger **Entscheidungen** beeinflussen, besser abzuschätzen. Hier ist zunächst ein Missverständnis auszuräumen: Bestimmten Rechenwerken (insbesondere der Bilanz) wirft man bisweilen vor, die darin enthaltenen Informationen seien zu sehr vergangenheitsbezogen und damit für Entscheidungszwecke nur schlecht geeignet. Diese Kritik kann sich jedoch nicht darauf beziehen, dass die Informationsquellen der Vergangenheit entnommen sind. Denn schon logisch ist ausgeschlossen, dass ein Entscheider Informationsquellen aus der Zukunft heranzieht. Mangelnde Zukunftsorientierung heißt lediglich, dass die Prognose künftiger Daten und die Auswirkungen jetziger Entscheidungen nur unzureichend in den Kalkül einfließen. Dies gilt zum Beispiel dann, wenn Wertansätze für Vermögensgegenstände nicht den damit verbundenen, diskontierten Einzahlungsüberschüssen entsprechen, sondern wegen gesetzlicher Vorschriften ein niedrigerer Ansatz zur Anwendung kommen muss oder darf.[1]

Die in diesem Buch in den Mittelpunkt gerückte Sichtweise wirtschaftlicher Aktivitäten impliziert, dass in Unternehmen die Delegation von Entscheidungen unvermeidbar ist. Zugleich bleibt die Delegation stets unvollkommen, weil sich jeder Entscheider innerhalb seiner Handlungsspielräume an seinen eigenen Zielvorstellungen orientiert. Deshalb erfordert die Delegation auch eine **Kontrolle** der nachgelagerten Instanzen und die Möglichkeit der Einflussnahme bei Eintritt von Fehlentwicklungen oder besser noch in deren Vorfeld. Um eine Be-

---

[1] Vgl. Abschnitt 8.4.3.

messungsbasis für die Entlohnung oder sonstige Anreizinstrumente zu erhalten, sind geeignete Indikatoren für die Leistung einer angestellten Unternehmensleitung oder untergeordneter Entscheidungsinstanzen zu finden. Beispiele wären der auf Entscheidungen des aktuellen Managements zurückführbare Teil des Unternehmenserfolges oder die durchschnittliche Bearbeitungsdauer für Fertigungsaufträge gleichen Typs durch ein Team von Arbeitern. Die durch sinnvolle Leistungsindikatoren unterstützte partielle Interessenharmonisierung trägt dazu bei, Delegationsprobleme zu verringern.

Schon diese sehr grobe Einteilung von Aufgaben des Rechnungswesens zeigt, dass der jeweilige Informationsbedarf für die Erfüllung der Aufgabe eines bestimmten Rechenwerkes unterschiedlich ist. Für die Entscheidung über den Erwerb einer neuen EDV-Anlage sind andere Informationen erforderlich als für die Werbemittelgestaltung. Ohne weiteres leuchtet auch ein, dass deshalb für unterschiedliche Informationszwecke unterschiedliche Rechenwerke anzuwenden sind.

> Die beiden wesentlichen Informationszwecke sind die **Planung** (Entscheidungsvorbereitung) und die **Kontrolle**.

Mit den genannten Zwecken verbunden ist die Dokumentationsfunktion.[2] Auf deren nähere Einbeziehung verzichten wir hier, weil sich zumindest für externe Adressaten ohne **Dokumentation** keiner der Informationszwecke erreichen lässt. Die Erfüllung der hier genannten Informationszwecke impliziert daher die sachgerechte Dokumentation.

8.1.1.2 Entscheidungsrechnungen

Entscheidungsrechnungen sind Ex-ante-Rechnungen und sollen die zu erwartenden Wirkungen von Entscheidungen offenlegen. Generell kann man langfristig und kurzfristig wirksame Entscheidungen unterscheiden.

Entscheidungen über Investitionen haben in der Regel einen langfristigen Einfluss auf die Unternehmenstätigkeit. Maßgeblich für die Beurteilung von Investitionen ist die damit verbundene Steigerung des konsumierbaren Vermögens. Der sinnvollste Maßstab für dessen Beurteilung ist der **Kapitalwert** der mit einer Investition verbundenen Zahlungsreihe.[3] Dass bei weit in die Zukunft reichenden Entscheidungen die Unsicherheit besonders ausgeprägt ist, ändert nichts an dem grundsätzlichen Vorgehen. So gut wie eben möglich sind Informationen über die gegenwärtige und die künftig zu erwartende Marktsituation,

---

[2] Vgl. bspw. *Ruhnke/Simons* (2018), S. 6.
[3] Vgl. Abschnitt 7.2.3.1.

über eigene Handlungsspielräume und diejenigen von Kooperationspartnern und Konkurrenten einzubeziehen.

Tatsächlich umfassen Investitionsentscheidungen jedoch nicht die Festlegung aller künftigen wirtschaftlichen Aktivitäten. Vielmehr setzen sie nur den Rahmen für **operative Entscheidungen**. Im theoretischen Ideal ist diese Unterscheidung überflüssig, weil die Investitionsplanung zugleich deren Umsetzung im Detail umfasst. Die Unsicherheit der Erwartungen stellt dabei kein grundsätzliches Problem dar. Sie kann man in der sogenannten **flexiblen Planung**[4] durch vollständige, bedingte Pläne einbeziehen. Dabei liegen (zum Beispiel) für alle denkbaren Konjunktur- und Preisentwicklungen detailliert ausgearbeitete Eventualpläne gewissermaßen in der Schublade. Bei begrenzter Rationalität und bei Vorliegen positiver Informations- und Transaktionskosten ist die tatsächliche Relevanz vollständiger, bedingter Pläne wohl eher vernachlässigbar. Genau darauf zielt die Vorstellung von der nachträglichen Ausfüllung eines langfristig wirksamen Rahmens durch kurzfristig wirksame Entscheidungen. Dies betrifft etwa die Festlegung von Produktionsmengen und Absatzpreisen oder die Art der Anpassung an Absatzschwankungen. Ex ante nur grob geplant, sollten Entscheider in Kenntnis der eingetretenen Entwicklungen die Pläne präzisieren. Dabei entsteht ein engerer Bezug zu leistungswirtschaftlichen Aspekten. Eine Rechnung auf Basis von Ein- und Auszahlungen stellt für diese Zwecke nicht die angemessenen Informationen bereit. Man muss zu einer leistungswirtschaftlichen Rechnung übergehen, die beispielsweise Faktorverbräuche, Kapazitäten oder den durchschnittlichen Krankenstand zu erfassen erlaubt.

Für Entscheidungsrechnungen geeignete Informationen sind **zukunftsbezogen** und lassen im Falle von Investitionsentscheidungen insbesondere Schlüsse auf künftige Zahlungen zu. Im Fall der Informationsbereitstellung durch Dritte gewinnt zudem das Kriterium der **Manipulationsfreiheit** an Bedeutung. Denn wir müssen grundsätzlich davon ausgehen, dass der Informierende ein Interesse an verzerrter Informationsweitergabe haben könnte. Manipulationsfreiheit bedeutet, dass der Informierende die Information nur in einer nachprüfbaren Weise gestalten darf. Dies gilt zum Beispiel für die periodenbezogene erwartete Absatzobergrenze, deren Abschätzung nachvollziehbar sein muss.

8.1.1.3 Kontrollrechnungen

> Kontrollrechnungen dienen vor allem zwei Wirkungen, dem **Anpassungseffekt** und dem **Verhütungseffekt**.[5]

---

[4] *Laux* (1971).
[5] *Laux* (1979), S. 270.

Angesichts der Vermutung, dass Entscheider ohne weiteres eher ihre eigenen Ziele verfolgen als die der delegierenden Instanz, ist Kontrolle erforderlich, um möglicherweise auftretende Fehlentwicklungen aufzudecken und gegebenenfalls korrigierend einzugreifen. Dies bezeichnet man als **Anpassungseffekt** der Kontrolle. Zwei Informationen sind für dessen Umsetzung erforderlich: Dies betrifft zunächst das **Ist** der betreffenden Größen (beispielsweise Kosten als Bemessung des Ressourceneinsatzes oder Erlöse als Bemessung der positiven Erfolgsbeiträge). Diesem Ist ist eine Vorstellung über ein **Soll** gegenüberzustellen, um den Grad der Zielerreichung relativ zur Planung überprüfen zu können. Das Soll resultiert unmittelbar aus Entscheidungsrechnungen. Die schlichte Differenz zwischen Soll und Ist reicht aber für einen sinnvollen Eingriff in betriebliche Prozesse nicht hin. Sie ist im Rahmen einer **Abweichungsanalyse** einzelnen Ursachen zuzurechnen. Zum Beispiel sollte eine durch gestiegene Vorproduktpreise ausgelöste Kostensteigerung nicht die produzierenden Stellen belasten, während die Beschaffungsstelle möglicherweise durchaus eine solche Entwicklung zu verantworten hat.

Der Anpassungseffekt der Kontrolle setzt erst nach Fehlentwicklungen an. Besser wäre jedoch deren Vermeidung. Auch dazu kann Kontrolle beitragen; dies bezeichnet man als den **Verhütungseffekt**. Diese Wirkung besteht darin, die Entscheider dazu zu veranlassen, sich stärker für die Ziele der Zentrale einzusetzen, zum Beispiel auch unter besonderen Mühen eine große Sorgfalt walten zu lassen und Fehler zu vermeiden. Die Entscheider wissen, dass ihre Aktivitäten einer Kontrolle unterliegen und dass die Kontrollergebnisse zu positiven oder negativen Sanktionen führen. Dies vermittelt die erforderlichen Anreize zur Planerfüllung und verhütet Fehlentwicklungen. Für die Umsetzung des Verhütungseffekts sind Informationen erforderlich, die einen möglichst genauen Rückschluss auf Entscheidungen (beispielsweise über den Arbeitseinsatz) oder Handlungen zulassen. Der Grad der Kosteneinhaltung oder die Ausschussquote sind Beispiele für solche Indikatoren.

Auch für Kontrollrechnungen reicht eine Betrachtung der Totalperiode (also der Zeitspanne bis zum Planungshorizont) nicht aus. Zumindest für die Umsetzung des Anpassungseffektes ist es erforderlich, in kurzen Abständen Informationen über die Entwicklung des Ist zu erhalten, um eingetretene Fehlentwicklungen frühzeitig abstellen zu können. Daher kommt **Periodenerfolgsrechnungen** eine große Bedeutung zu.

> Kontrollrechnungen sollten den Anforderungen Manipulationsfreiheit und Entscheidungsverbundenheit genügen.

Manipulationsfreiheit bedeutet zum einen, dass die für die kontrollierende Instanz bereitgestellten Informationen nicht verzerrt sind (insoweit besteht kein Unterschied zu Entscheidungsrechnungen). Zum anderen ist es aber auch für den Kontrollierten wichtig, dass die Maßstäbe für eine positive oder negative Sanktionierung nicht der Willkür unterliegen. Sollen in der Universität die Mittelzuweisung zu den Fakultäten und Lehrstühlen leistungs- und belastungsabhängig erfolgen, ist dies eine gewiss vernünftige Idee. Wenn aber die Bemessungsgrundlagen von Jahr zu Jahr variieren und die aktuellen Verrechnungsschlüssel erst ex post allgemein bekannt werden, lässt sich der angestrebte Anreizeffekt niemals erreichen; der Verhütungseffekt greift nicht. Ebenso wenig hilfreich ist, wenn in Zeiten ernster Budgetprobleme öffentlicher Haushalte die Anreizmittel als erstes dem Rotstift zum Opfer fallen und damit das Vertrauen in die Belohnung guter Leistungen untergraben wird.

Das zweite wichtige Eignungskriterium für Kontrollrechnungen ist die *Entscheidungsverbundenheit*. Die gemessenen Größen sollen einen möglichst zuverlässigen Rückschluss auf die getroffenen Entscheidungen und auf die erbrachten Leistungen zulassen. Der Manager eines Aktienfonds kann für die Entwicklung der Gesamtbörse (beispielsweise gemessen durch den DAX) nicht verantwortlich gemacht werden, weder negativ noch positiv. Die von ihm erzielte Wertsteigerung des Fonds relativ zum DAX ist dagegen durchaus seinen Anlagedispositionen zurechenbar.

Die Ausführungen zur Kontrolle zeigen, dass wir hier einen sehr weiten Kontrollbegriff verwenden, der auch Ex-ante-Wirkungen einbezieht und sich somit dem Begriff der *Steuerung* (um nicht zu sagen: dem Controlling) annähert.

8.1.2 Informationsbedarf nach Adressaten

> Nach den Adressaten des Rechnungswesens unterscheidet man das *interne* und das *externe Rechnungswesen*.

8.1.2.1 Externes Rechnungswesen

Das externe Rechnungswesen richtet sich an alle Adressatengruppen, die nicht die Unternehmensleitung innehaben. Wird die Unternehmensleitung durch ein angestelltes Management ausgeübt, zählen auch die Eigentümer zu den externen Adressaten. Generell sind zudem alle Vertragspartner des Unternehmens, der Fiskus und die im weitesten Sinn von der Unternehmenstätigkeit betroffene Öffentlichkeit einzubeziehen.

Externe Instanzen benötigen für ihre **Entscheidungsrechnungen** Informationen über künftige Zahlungsüberschüsse und Vermögensbestände des Unternehmens. Dies betrifft vor allem die Investitionsentscheidungen externer Financiers (Beteiligungs- oder Kreditgeber). Aber auch bei leistungswirtschaftlichen Aktivitäten besteht Bedarf an Informationen über die künftige Zahlungsfähigkeit des Vertragspartners. Wer einen langfristigen Abnahmevertrag mit einem Kunden abschließen möchte, benötigt Informationen darüber, ob dieser seine Gegenleistung wird erbringen können. Jedoch bleibt schon definitionsgemäß die Steuerung betrieblicher Vorgänge der Unternehmensleitung oder den internen Instanzen vorbehalten, an welche die Leitung Entscheidungen delegiert hat. Güterwirtschaftliche Rechnungen spielen deshalb für externe Adressaten eine geringe Rolle.

Interessengruppen, deren Ansprüche vom Periodenerfolg abhängen, haben einen unmittelbaren Bedarf an einer Periodenerfolgsmessung. Dies betrifft vor allem die Inhaber der **Residualansprüche**. Unter den externen Adressaten sind dies die Eigentümer, sofern sie nicht unmittelbar an der Unternehmensführung partizipieren, und der Fiskus in Bezug auf die Ertragsteuern. Mittelbar sind aber auch die Inhaber von **Kontraktansprüchen** an Informationen über Periodenerfolge interessiert. Der Periodenerfolg wird nämlich häufig als eine Obergrenze für die Entnahme durch (bzw. für die Ausschüttung an) die Eigentümer angesehen. Dann hängt es auch von der Methode zur Ermittlung des Periodenerfolgs ab, wie groß das Vermögen ist, das nach Ausschüttungen für die Sicherstellung der Leistungen an die Inhaber von Kontraktansprüchen zur Verfügung steht. Konkret könnte zum Beispiel eine Vorverlagerung von Periodenerfolgen vor die Fälligkeit von Kontraktansprüchen und die vollständige Ausschüttung der auf diese Weise ermittelten Erfolge dazu führen, dass später ein hinreichendes Vermögen für die Bedienung künftiger Kontraktansprüche nicht mehr zur Verfügung steht; es käme zur Insolvenz.[6] Die Manipulationsfreiheit der Periodenzurechnung von Erfolgen ist demnach auch für Kreditgeber oder Lieferanten erforderlich, um die Gefahr der Nichterbringung von Gegenleistungen zuverlässig abschätzen zu können.

Die sachgerechte Periodenaufteilung von Erfolgen ist für die **Kontrollrechnungen** externer Adressaten von zentraler Bedeutung. Dagegen ist eine feinere Differenzierung von Erfolgen, etwa danach, in welchen Unternehmensbereichen sie angefallen sind, für die externe Kontrollrechnung eher unwichtig, da die Unternehmensleitung den Gesamterfolg nach außen zu vertreten hat. Entscheidungsverbundenheit der Erfolgsmessung bedeutet daher in diesem Fall, dass die ausgewiesenen Periodenerfolge die Aktivitäten dieser Periode reflektieren und somit eine verursachungsgerechte Periodenzuordnung erfolgt. Man erkennt hier erhebliche Spielräume insbesondere bei langfristigen Fertigungsaufträgen wie beispielsweise im Schiffbau.

---

[6] Damit wäre eine höchst problematische Implikation verbunden: Möglicherweise blieben nämlich Kontraktansprüche unbefriedigt, während die Inhaber von Beteiligungen Ausschüttungen erhalten, welche die Anfangsinvestition übersteigen. Die in Kapitel 5 vorgestellte Argumentation zur Orientierung an den Einkommensinteressen der Unternehmenseigentümer als Zielgröße wäre damit ad absurdum geführt. Vgl. zu diesem Problem *Schneider* (1986), S. 562.

8.1.2.2 Internes Rechnungswesen

Das interne Rechnungswesen richtet sich im Wesentlichen an die Unternehmensleitung oder an die von ihr beauftragten Stellen. Die bereitgestellten Informationen beziehen sich allerdings keineswegs nur auf interne Vorgänge des Unternehmens, sondern umfassen auch externe Daten, die für die Koordination von Entscheidungen wichtig sind, beispielsweise Beschaffungs- und Absatzpreise. Aufgrund des internen Adressatenkreises gibt es, zumindest in Bezug auf die Unternehmensleitung, eine Personenidentität zwischen dem Adressaten und demjenigen, der das Rechnungswesen konzipiert. Die Unternehmensleitung ist im Wesentlichen frei in der Gestaltung des internen Rechnungswesens. Jedoch gilt (wenigstens in der Aktiengesellschaft): „Der Vorstand hat geeignete Maßnahmen zu treffen, insbesondere ein Überwachungssystem einzurichten, damit den Fortbestand der Gesellschaft gefährdende Entwicklungen früh erkannt werden." (§ 91 Abs. 2 AktG) Zudem gelten vereinzelt auch branchenspezifische Vorschriften, wie sich beispielsweise für Banken aus den Mindestanforderungen an das Risikomanagement (**MaRisk**) ergeben.

Entscheidungsrechnungen interner Instanzen umfassen die Investitionsrechnung, daneben aber auch Informationen für die operative Steuerung des Unternehmens, also den güterwirtschaftlichen Bereich. Bei Investitionsentscheidungen spielt es keine große Rolle, ob die Informationen sich an interne oder externe Adressaten richten. Für interne Adressaten ist das Kriterium der Manipulationsfreiheit jedoch weniger wichtig und nur dann von Bedeutung, wenn Informationen nachgelagerter Instanzen in die Rechnungen eingehen. Dies ist zum Beispiel bei der Kapitalbudgetierung in einem divisional organisierten Unternehmen der Fall. Für güterwirtschaftliche Entscheidungen sind generell detailliertere Informationen erforderlich, die für Externe nur von nachrangigem Interesse wären. Beispielsweise wird es den Fiskus kaum interessieren, auf Basis welcher Daten das Problem der Reihenfolgeplanung von mehreren Aufträgen bei Kapazitätsengpässen gelöst ist.

Kontrollrechnungen der Unternehmensleitung gehen weiter als die Kontrollrechnungen der externen Adressaten und müssen die Kontrolle operativer Entscheidungen einbeziehen. Dabei geht es vor allem um eine sinnvolle Zuweisung des Erfolgs zu den einzelnen **Stellen**. Die Periodenaufteilung der Erfolge tritt etwas in den Hintergrund. Das zentrale Kriterium sowohl für den Anpassungs- als auch für den Verhütungseffekt der Kontrolle ist die **Verursachungsgerechtigkeit** der Erfolgszuweisung. Weil es sich um die Kontrolle operativer, also kurzfristig wirksamer Entscheidungen handelt, ist zudem eine kürzere Periodenlänge erforderlich. Die Einteilung in Jahre ist zu wenig, um Fehlentwicklungen abzuhelfen oder vorzubeugen.

8.1.3 Zum Bedarf an Regulierung des externen Rechnungswesens

Für externe Adressaten ist die Glaubwürdigkeit der bereitgestellten Informationen nicht von vornherein gegeben. Deshalb ist zu überlegen, ob staatliche Vorschriften zur Rechnungslegung erlassen werden sollten und wie diese gegebenenfalls aussehen sollten.[7]

> Inhalt der Regulierung könnten die **Gestaltung**, die **Prüfung** durch Dritte und die **Publizität** der Rechnungslegung sein.

Eigentümer und Inhaber von Kontraktansprüchen stehen in einer vertraglichen Beziehung zum Unternehmen. Grundsätzlich könnte eine Unternehmensleitung davon profitieren, wenn die Adressaten der Rechnungslegung verzerrten Informationen Glauben schenken. Dennoch besteht nicht unbedingt ein Anlass, bestimmte Regeln für das externe Rechnungswesen vorzugeben. Aus eigenem Interesse an reibungslos funktionierenden vertraglichen Beziehungen sollten verantwortliche Stellen die erforderlichen Informationen bereitstellen und geeignete Maßnahmen zur Gewährleistung der Glaubwürdigkeit der vermittelten Informationen ergreifen. Demnach bedürfte es nicht einmal gesetzlicher Vorschriften über das Einschalten einer neutralen Prüfungsinstanz (eines Wirtschaftsprüfers). Tatsächlich ist dies jedoch bei mittelgroßen und großen Kapitalgesellschaften der Fall (§§ 316 ff. HGB).

Die allgemeine Öffentlichkeit hat zwar von vornherein keine vertragliche Beziehung zum Unternehmen. Aus den Überlegungen zum *Coase-Theorem* ist jedoch bekannt, dass sich unter den Bedingungen vollkommener Märkte externe Effekte durch eigens dafür eingegangene Vereinbarungen internalisieren lassen.[8]

Angesichts diverser Marktunvollkommenheiten müssen wir jedoch davon ausgehen, dass die gerade in den Raum gestellte, privatvertragliche Internalisierung externer Effekte tatsächlich nur begrenzt gelingen kann. Daher ist die Frage nach dem Bedarf an verbindlichen Rechnungslegungsvorschriften grundsätzlich zu bejahen. Die Nachprüfbarkeit von Rechnungslegungsinformationen hängt wesentlich vom Grad ihrer **Standardisierung** ab. Zwar könnte sich eine Standardisierung auch auf dem Markt herausbilden. Jedoch ist zu vermuten, dass staatliche Vorschriften den dafür erforderlichen Koordinationsaufwand verringern. Insgesamt spricht aufgrund der vorgetragenen Gründe viel dafür, dass rechtliche Vorschriften zur externen Rechnungslegung (und zu deren Prüfung sowie Offenlegung) dazu beitragen, den Informationsbedarf externer Adressaten kostengünstiger zu decken. Dies impliziert allerdings noch kein Urteil über die relative Vorteilhaftigkeit konkreter Rechnungslegungsvorschriften

---

[7] *Hax* (1988), *Wagenhofer/Ewert* (2015), S. 28 ff.
[8] Vgl. Abschnitt 4.3.2.

wie dem (deutschen) HGB oder den internationalen Rechnungslegungsstandard (IFRS – International Financial Reporting Standards).[9]

Dass allerdings ein externes Rechnungswesen für *fiskalische Zwecke* unbedingt gesetzlicher Vorschriften bedarf, erfordert wohl keine nähere Begründung. Wäre die Ermittlung der Steuerbemessungsgrundlagen in das Ermessen des Steuerpflichtigen gestellt, würde das Steueraufkommen schnell gegen Null tendieren. Das im Jahr 1849 erlassene Preußische Dreiklassenwahlrecht erzeugte Anreize zur freiwilligen Steuerzahlung, weil die Gewichtung der Stimmen bei Parlamentswahlen an die Höhe der Steuerzahlung gebunden war. Derartige Lösungen sind heute aber wohl nicht mehr vermittelbar.

8.2 Bestands- und Bewegungsgrößen

Unabhängig davon, welche Größen im Einzelnen in ein Rechenwerk eingehen, können wir Bestands- und Bewegungsrechnungen unterscheiden.

Bestandsrechnungen dienen grundsätzlich der Beschreibung von Zuständen und sind demnach zeitpunktbezogen. Durch den Vergleich von Bestandsgrößen zu verschiedenen Zeitpunkten kann man jedoch auch den Erfolg in der Periode zwischen den beiden Zeitpunkten messen.[10] *Bewegungsrechnungen* beschreiben grundsätzlich Veränderungen von Bestandsgrößen innerhalb einer Periode; solche Veränderungen bezeichnet man als Stromgrößen. Bewegungsrechnungen sind demnach zeitraumbezogen. Den grundlegenden Zusammenhang zwischen diesen Rechnungen stellt die *Bilanzgleichung* her. Es gilt

> Endbestand = Anfangsbestand + Zugang – Abgang.

Die Bilanzgleichung ergibt sich aus der schlichten Fortschreibung von Beständen. Etwas spöttisch ist auch vom *„Badewannentheorem"* die Rede, weil sich der Bilanzgleichung folgend Wasserstandsveränderungen aus der Differenz von Zuflüssen und Abflüssen ergeben.

Aus der Bilanzgleichung kann man in zweierlei Weise eine Erfolgsgröße ableiten. Bestandsbezogen ist die Differenz zwischen End- und Anfangsbestand (zum Beispiel von Vermögen) heranzuziehen. Nach der Bilanzgleichung stimmt diese Differenz mit der Nettostromgröße überein:

---

[9] Zu dazu näher Abschnitt 8.4.4.
[10] Siehe zur Relation von Zeitpunkten und Perioden Abschnitt 7.2.2.1, Abbildung 7.2.

> Periodenerfolg = Endbestand – Anfangsbestand
> = Zugang – Abgang.

Unabhängig von dem verwendeten Verfahren der Erfolgsermittlung gibt es zwei Erfolgsquellen, nämlich die Neubewertung vorhandener Bestände sowie laufende Nettozugänge (Bestandsveränderungen). Ein Vermögenszuwachs lässt sich also durch die Höherbewertung vorhandener Vermögensbestände oder durch einen Netto-Zugang neuer Vermögensbestände erzielen. Entsprechendes gilt für eine Vermögensminderung.

8.3 Der ökonomische Gewinn als investitionsrechnerischer Erfolg

8.3.1 Die Grundkonzeption

Nach der in diesem Buch eingenommenen Sichtweise ist es das Hauptziel betriebswirtschaftlicher Entscheidungen, die **Einkommenserzielung** zu fördern. Dafür stellt die Investitionsrechnung, insbesondere die Kapitalwertrechnung, das maßgebliche Kriterium für langfristig wirksame Entscheidungen bereit. In den voranstehenden Abschnitten haben wir aber erklärt, dass eine solche Totalerfolgsrechnung nicht ausreicht. Erforderlich ist vielmehr auch eine Periodenerfolgsrechnung. Angesichts der Hervorhebung der Investitionsrechnung liegt der Gedanke nahe, auf deren Basis auch zu einem geeigneten Ausweis von Periodenerfolgen zu kommen.

Der oben vorgenommenen Zweiteilung der Erfolgsquellen folgend kann man den Periodenerfolg, im Weiteren als **Gewinn** bezeichnet, definieren als Summe aus der Wertveränderung von Vermögensbeständen und den laufenden Zugängen an Vermögen:

$$g_t = \Delta v_t + z_t = v_t - v_{t-1} + z_t,$$

wobei

g_t Gewinn in der Periode t
Δv_t Vermögenszuwachs in der Periode t durch Veränderung der Bewertung von bereits in $t-1$ vorhandenen Vermögensbeständen
z_t laufender Nettozugang an Vermögen in der Periode t.

Die Präzisierung des Gewinns zum **ökonomischen Gewinn** ist durch die investitionsrechnerische Ausfüllung der einzelnen Bausteine des Gewinns gekennzeichnet. Der Wert eines Vermögens ergibt sich demnach als Barwert künftiger Einzahlungsüberschüsse; man spricht auch vom **Ertragswert**. Der laufende Nettozugang ergibt sich als Einzahlungsüberschuss der betreffenden Periode. Bei Heranziehung quasi-sicherer Erwartungen gilt

$$v_t = \sum_{\tau=t+1}^{T} z_\tau (1+i)^{-(\tau-t)},$$

wobei
v_t Vermögen am Ende der Periode t (im Zeitpunkt t)
i Kalkulationszinsfuß.

Für den Wert des Vermögens zu Beginn der Periode gilt

$$v_{t-1} = \sum_{\tau=t}^{T} z_\tau (1+i)^{-[\tau-(t-1)]} = \frac{1}{1+i} \sum_{\tau=t}^{T} z_\tau (1+i)^{-(\tau-t)}$$

$$= \frac{1}{1+i} \left[z_t + \sum_{\tau=t+1}^{T} z_\tau (1+i)^{-(\tau-t)} \right] = \frac{1}{1+i} (z_t + v_t).$$

Einsetzen von $(1+i)v_{t-1}$ für $(z_t + v_t)$ in die Gewinngleichung ergibt

$$g_t = i v_{t-1}.$$

Der ökonomische Gewinn ergibt sich also als die **Verzinsung des Anfangsvermögens** einer Periode, wobei das Vermögen gemessen wird als Barwert künftiger Einzahlungsüberschüsse.

8.3.2 Erweiterungen

Verfeinerungen des ökonomischen Gewinns setzen an bei kritischen Implikationen der Prämissen für die Berechnung des ökonomischen Gewinns.[11]

In die Berechnung gehen die Einzahlungsüberschüsse aus der gegebenen Menge von Investitionsprojekten ein. In den Wert v_t geht dieselbe Menge von Projekten ein wie in den Wert v_{t-1}. Überdies gehen die Projekte mit denselben Einzahlungsüberschüssen ein. Insgesamt haben also Entscheidungen der betreffenden Periode keinerlei Einfluss auf den ökonomischen Gewinn. Das Kriterium der Entscheidungsverbundenheit ist offensichtlich verletzt.

Daher ist erklärungsbedürftig, woraus eigentlich der Periodenerfolg resultiert. Der Vermögenszuwachs ist schlicht eine Folge dessen, dass künftige Einzahlungsüberschüsse um eine Periode weniger weit in der Zukunft liegen und deshalb die Diskontierung weniger stark ins Gewicht fällt. In der vorgestellten Grundkonzeption ergibt sich der ökonomische Gewinn allein aus dem Zeitablauf; deshalb spricht man auch vom **Zeiteffekt**.

Zinsen stellen zwar einen Erfolg dar, für die Beurteilung der Leistung von Managern sind sie jedoch nicht geeignet. Insofern kann man den Zeiteffekt korrigieren, indem man den ökonomischen Gewinn um **kalkulatorische Zinsen** auf

---

[11] *Laux* (2006), Abschnitte IV.4-5.

das Anfangsvermögen bereinigt. Der Bemessung der kalkulatorischen Zinsen liegt derselbe Zinsfuß zugrunde wie der Bewertung künftiger Einzahlungsüberschüsse. Deshalb nimmt der modifizierte ökonomische Gewinn den Wert Null an, wenn keinerlei Entscheidungs- oder Informationswirkungen vorliegen.

Perioden sind nicht allein durch den Zeitablauf und durch die Einbeziehung neuer Projekte gekennzeichnet, sondern auch dadurch, dass sich die Unsicherheit weiter konkretisiert. Einfacher formuliert: Im Zeitablauf lernt man dazu. Um diesen Effekt sichtbar zu machen, geben wir die Beschränkung auf quasi-sichere Erwartungen auf und beziehen stattdessen **unsichere Erwartungen** explizit in den Kalkül ein.

Der Informationszuwachs betrifft zum einen den laufenden Einzahlungsüberschuss der Periode: Vor der Periode bestehen unsichere Erwartungen, sodass der erwartete Einzahlungsüberschuss in die Barwertberechnung eingeht. Am Ende der Periode ist aber die Realisation des Zufalls, also das „Ist" des Einzahlungsüberschusses bekannt. Ist der tatsächliche Einzahlungsüberschuss größer als sein Erwartungswert zu Beginn der Periode, geht die Differenz positiv in den ökonomischen Gewinn ein. Eine besondere Leistung ist damit jedoch nicht verbunden. Ebenso wenig wäre eine negative Differenz als eine mangelnde Leistung auszulegen. Beides ist schlicht eine Folge des Zufalls.

Zum anderen verändern sich häufig während einer Periode die Erwartungen über künftige Einzahlungsüberschüsse, sodass v_t auf Basis einer anderen Wahrscheinlichkeitsverteilung ermittelt wird als v_{t-1}. Je nach Art der Erwartungsrevision wirken die zusätzlich gewonnenen Informationen erhöhend oder verringernd auf den ökonomischen Gewinn. Zusammengefasst ergeben die beiden Aspekte den **Informationseffekt**.

Erst nach Bereinigung des ökonomischen Gewinns um den Zeiteffekt und den Informationseffekt verbleibt eine entscheidungsverbundene Periodenerfolgsgröße, die man folglich als den **Entscheidungseffekt** bezeichnet.

8.3.3 Ein einfaches Beispiel

Zins-, Entscheidungs- und Informationseffekt lassen sich grundsätzlich voneinander separieren. Zur Verdeutlichung ziehen wir als Beispiel ein Unternehmen heran, dessen verbleibende Aktivitäten sich über zwei Perioden erstrecken und dessen ökonomischer Gewinn für die erste dieser Perioden zu ermitteln ist. Der Bestand an alten Projekten führt zu unsicheren Überschüssen am Ende der Perioden 1 und 2. Am Ende von Periode 1 entscheidet der Manager zudem über ein „neues" Projekt, das eine unmittelbare Anfangsauszahlung erfordert und am Ende von Periode 2 ebenfalls zu unsicheren Einzahlungsüberschüssen führt. Zu beachten ist ferner, dass am Ende von Periode 1 der realisierte Einzahlungsüberschuss mit Sicherheit bekannt ist und dass sich die Einschätzung über die möglichen Erfolge der alten Projekte geändert hat. Tabelle 8.1 fasst die Daten zusammen:

	$t = 1$		$t = 2$	
Erwartungen in $t = 0$	0,95	0,05	0,9	0,1
alte Projekte	350	200	380	150
Erwartungen in $t = 1$			0,95	0,05
alte Projekte		350	400	200
neues Projekt		−100	120	0

Tabelle 8.1: Beispiel zum ökonomischen Gewinn.

Der risikoangemessene Kalkulationszinsfuß beträgt 10%. Am Anfang der Periode 1 gilt damit für den Wert der erwarteten künftigen Einzahlungsüberschüsse

$$v_0 = \frac{0{,}95 \cdot 350 + 0{,}05 \cdot 200}{1{,}1} + \frac{0{,}9 \cdot 380 + 0{,}1 \cdot 150}{1{,}1^2} = 606{,}40.$$

Am Ende von Periode 1 ergibt die Schätzung des Wertes der künftig erwarteten Einzahlungsüberschüsse:

$$v_1 = \frac{0{,}95 \cdot (400 + 120) + 0{,}05 \cdot (200 + 0)}{1{,}1} = 458{,}18.$$

Bei der Ermittlung des realisierten Einzahlungsüberschusses ist auch die Anfangsauszahlung für das neue Projekt einzubeziehen:

$$z_1 = 350 - 100 = 250.$$

Insgesamt erhält man für den ökonomischen Gewinn von Periode 1 also

$$g_1 = 458{,}18 - 606{,}40 + 250 = 101{,}78.$$

Dieser Gewinn ist, wie zuvor erläutert, auf unterschiedliche Ursachen zurückzuführen. Der **Zeiteffekt**, also die Wirkung der geringeren Diskontierung späterer Überschüsse, beträgt

$$0{,}1 \left(\frac{0{,}95 \cdot 350 + 0{,}05 \cdot 200}{1{,}1} + \frac{0{,}9 \cdot 380 + 0{,}1 \cdot 150}{1{,}1^2} \right) = 60{,}64$$

und entspricht der Verzinsung des Ertragswerts zu Beginn von Periode 1.

Hinzu tritt der **Informationseffekt**. Er ergibt sich daraus, dass die Überschüsse aus den alten Projekten in Periode 1 realisiert sind und nicht mehr nur einen Erwartungswert darstellen. Außerdem gelten nun andere Einschätzungen über die künftigen Aussichten der alten Projekte: Im Beispiel tritt der Erfolg in Periode 2 nun mit höherer Wahrscheinlichkeit ein; zudem fallen unabhängig vom eintretenden Umweltzustand höhere Einzahlungsüberschüsse an als ursprünglich erwartet. Man erhält für den Informationseffekt

$$\underbrace{\left(350 + \frac{0{,}95 \cdot 400 + 0{,}05 \cdot 200}{1{,}1}\right)}_{\text{Barwert von realisiertem Cash-flow in } t=1 \text{ und erwartetem Cash-flow in } t=2 \text{ auf Basis der } t=1\text{-Erwartungen}}$$

$$- \underbrace{\left((0{,}95 \cdot 350 + 0{,}05 \cdot 200) + \frac{0{,}9 \cdot 380 + 0{,}1 \cdot 150}{1{,}1}\right)}_{\text{Barwert der erwarteten Cash-flows in } t=1 \text{ und } t=2 \text{ auf Basis der } t=0\text{-Erwartungen}} = 37{,}50.$$

Der verbleibende **Entscheidungseffekt** ergibt sich aus dem zusätzlich in Gang gesetzten Projekt und entspricht dessen Kapitalwert. Dafür gilt

$$\frac{0{,}95 \cdot 120 + 0{,}05 \cdot 0}{1{,}1} - 100 = 3{,}64.$$

Die Summe von Zeit-, Informations- und Entscheidungseffekt ergibt wieder den gesamten *ökonomischen Gewinn*:

$$60{,}64 + 37{,}50 + 3{,}64 = 101{,}78.$$

8.3.4 Beurteilung des ökonomischen Gewinns

Für Zwecke der externen Entscheidungsfindung ist der ökonomische Gewinn redundant. Da er aus dem Kapitalwert abgeleitet ist, könnte man genauso direkt den Kapitalwert verwenden. Dies belegt im Übrigen auch die Abgrenzung des Entscheidungseffektes. Für eine davon abweichende interne Entscheidungsrechnung ist der ökonomische Gewinn ebenfalls ungeeignet, weil er als zahlungsbezogener Periodenerfolg kaum die richtigen Informationen für die leistungswirtschaftliche Feinsteuerung bereitstellt. Das gleiche gilt im Wesentlichen für interne Kontrollrechnungen. Insgesamt kommt der ökonomische Gewinn also am ehesten für *externe Kontrollrechnungen* in Frage.

Für die externe Kontrolle ist von den drei genannten Effekten vor allem der Entscheidungseffekt ein sinnvolles Kriterium für die Bemessung des Periodenerfolgs. Offenbar ist es im Rahmen von abstrakten Überlegungen auch möglich, den Entscheidungseffekt von anderen Effekten zu isolieren.

Tatsächlich dürfte dies jedoch schwierig sein. Investitionsprojekte sind nicht durch eine einmalige Entscheidung zu charakterisieren. Wie oben erläutert, bedarf es regelmäßig der Ausfüllung des dadurch geschaffenen Rahmens durch operative Entscheidungen. Dies ist Ausfluss der begrenzten Rationalität von Entscheidern. Sofern sich nun in einer Periode die erwarteten Einzahlungsüberschüsse verändern, kann man nicht unterscheiden, inwieweit dies Folge der Realisation des Zufalls oder der operativen Entscheidungen ist. Grob formuliert gilt die Erkenntnis, dass Faulheit (oder Dummheit) verbunden mit Glück zu derselben Erwartungsänderung führen kann wie Fleiß (oder Intelligenz) verbunden mit Pech. Zu beachten ist ferner, dass die Qualität gezielter Informationsbeschaffungsaktivitäten mit obiger Gleichung überhaupt nicht erfasst werden kann. Das oben ausgestellte, positive Urteil in Bezug auf die **Entscheidungsverbundenheit** ist demnach zu relativieren.

Als weiteres Problem ergibt sich angesichts des externen Adressatenkreises, dass in die Barwertbildung Prognosen eingehen, deren Fundierung nur schwer einzuschätzen ist. Bei unsicheren Erwartungen ist die Einbeziehung subjektiver Wahrscheinlichkeiten unvermeidbar. Ob die Unternehmensleitung die Wahrscheinlichkeiten sachgerecht oder zu optimistisch auslegt, können außenstehende Adressaten ex ante nicht beurteilen und auch ex post nicht aufdecken. Das vor allem für das externe Rechnungswesen wichtige Kriterium der **Manipulationsfreiheit** ist nur schwer zu erfüllen.

Der ökonomische Gewinn liefert zwar eine klare theoretische Basis für die Periodenerfolgsmessung. Insbesondere angesichts unsicherer Erwartungen lässt jedoch die praktische Umsetzbarkeit stark zu wünschen übrig. Immerhin lässt sich im Hinblick auf Entscheidungen über die Entnahme bzw. Ausschüttung für Konsumzwecke eine Orientierungshilfe erkennen. Konsum in Höhe des ökonomischen Gewinns schränkt künftige Konsummöglichkeiten nicht ein; umgekehrt ist ein über den ökonomischen Gewinn hinausgehender sofortiger Konsum nur bei Minderung künftiger Konsummöglichkeiten darstellbar. Den ökonomischen Gewinn kann man daher als geeigneten **Repräsentant für die nachhaltigen Konsummöglichkeiten** interpretieren.[12]

8.4 Der handelsrechtliche Jahresabschluss

Bisher haben wir die Investitionsrechnung als Ausgangspunkt zur Periodenerfolgsrechnung für externe Zwecke genommen. Jedoch zeigte sich, dass dieser Ansatz den Zweck des Rechnungswesens kaum umfassend erfüllen kann. Deshalb schlagen wir nun einen anderen Weg ein: Statt in abstrakter Weise nach einem geeigneten Rechenwerk zu suchen, gehen wir von dem **gesetzlich verpflichtenden Rechenwerk** des handelsrechtlichen Jahresabschlusses aus. Zwar ist dessen praktische Relevanz unabhängig von seinem Grad an Zweckerfüllung gegeben. Dennoch überprüfen wir nach seiner Darstellung, inwiefern er erforderliche Informationen bereitstellt.

---

[12] *Engels/Müller* (1970).

8.4.1 Abgrenzung von der Zahlungsmittelrechnung

Die Zahlungsmittelrechnung ist durch Ein- und Auszahlungen als Bewegungsgrößen und durch Zahlungsmittelbestände als Bestandsgrößen gekennzeichnet. Die Vermögensbewertung erfolgt durch die Bildung von Barwerten künftiger Einzahlungsüberschüsse. Beim externen Rechnungswesen nach dem Handelsrecht – man spricht auch von der **Finanzbuchhaltung** – stehen Ertrag und Aufwand als Bewegungsgrößen und das Reinvermögen (Eigenkapital) als Bestandsgröße im Mittelpunkt. Das Ziel der Modifikation besteht darin, die durch Geschäftsvorfälle ausgelösten Zahlungen in einer sinnvollen Weise erfolgswirksam den einzelnen Perioden zuzuordnen.

> Die einer Periode erfolgswirksam zugerechneten Auszahlungen heißen *Aufwand*, die einer Periode erfolgswirksam zugerechneten Einzahlungen *Ertrag*.

Nicht alle Einzahlungen einer Periode stellen auch einen Ertrag dieser Periode dar, entsprechend sind nicht alle Auszahlungen mit Aufwand in derselben Periode verbunden. Dies wollen wir zunächst an einem einfachen, sich über zwei Perioden erstreckenden *Beispiel* verdeutlichen. Folgende Sachverhalte liegen zugrunde:

> **Periode 1:**
> 1. Das Unternehmen nimmt einen Kredit in Höhe von 480 auf.
> 2. Weiter kauft die Produktion eine Anlage, deren Nutzungsdauer 2 Jahre umfasst. Die Anschaffungsauszahlung beträgt 180.
> 3. Für Rohstoffe und Löhne fallen laufende Auszahlungen in Höhe von 240 an.
> 4. Die Umsatzerlöse betragen 380; die Abnehmer bezahlen davon jedoch 60 erst in der Folgeperiode.
> 5. Das Unternehmen entrichtet die Miete für beide Jahre in Höhe von 60.
> 6. Auf den Kredit fallen 10% Zinsen an; zudem tilgt das Unternehmen bereits die Hälfte des Kredits. Der Schuldendienst beträgt also 288.
>
> **Periode 2:**
> 7. Die laufenden Auszahlungen betragen 360.
> 8. Die Umsatzerlöse steigen auf 570.
> 9. Das Unternehmen verzinst und tilgt den Restkredit; die Auszahlung beträgt 264.

Tabelle 8.2 enthält die Zusammenstellung aller Ein- und Auszahlungen der beiden Perioden und die daraus resultierenden Perioden-Zahlungsüberschüsse.

1. Periode				2. Periode			
Auszahlungen		Einzahlungen		Auszahlungen		Einzahlungen	
2.	180	1.	480	7.	360	4.	60
3.	240	4.	320	9.	264	8.	570
5.	60			EZÜ	6		
6.	288						
EZÜ	32						
Summe	800	Summe	800	Summe	630	Summe	630

Tabelle 8.2: Zahlungsüberschussrechnung 1. und 2. Periode.

Die durch die Einzahlungsüberschüsse (EZÜ) gekennzeichnete Aufteilung des Gesamterfolges auf die beiden Perioden ist aus verschiedenen Gründen keine sinnvolle Lösung für die Messung des Periodenerfolges:

1., 6. und 9.: Eine Kreditaufnahme stellt zwar eine Einzahlung dar, aber keinen Erfolg, denn in gleicher Höhe kommt es zu einem Anstieg der Verbindlichkeiten. Umgekehrt ist die Kredittilgung eine erfolgsneutrale Auszahlung, weil zugleich die Verbindlichkeiten sinken.

2.: Mit dem Kauf der Anlage ist zwar eine Auszahlung verbunden, zugleich aber auch ein Zugang an Sachvermögen. Während der Periode mindert sich durch Abnutzung der Wert des Sachvermögens zu einem gewissen Teil. Dennoch kann das Unternehmen die Anlage auch in der zweiten Periode noch nutzen, sodass der Wert der Abnutzung in der ersten Periode geringer als die Auszahlung ist. Wir gehen hier davon aus, dass sich die Abnutzung zu gleichen Teilen auf die beiden Perioden verteilt. Nur die Hälfte der Auszahlung für die Anlage stellt deshalb in der ersten Periode einen negativen Erfolgsbeitrag dar.

4.: Für die Realisierung des Markterfolgs ist es maßgeblich, dass die Produkte an Kunden verkauft sind. Wenn für einen Teil der verkauften Produkte die Zahlungen erst in der zweiten Periode eingehen, bedeutet dies zwar eine Mindereinzahlung. Es handelt sich jedoch nicht um einen Mindererfolg, weil ein Zugang an Forderungen die Mindereinzahlung ausgleicht. Entsprechend stellt der zugehörige Zahlungseingang in der zweiten Periode keinen Erfolg dar.

5.: Bei der Miete handelt es sich teilweise um eine Mietvorauszahlung. Auch wenn dies die Zahlungsmittelrechnung belastet, handelt es sich dabei nicht um eine Erfolgsminderung der ersten, sondern der zweiten Periode. Daher nimmt man eine Rechnungsabgrenzung vor, um der zweiten Periode den auf sie entfallenden Mietanteil zuzurechnen.

Die Erfolgsrechnung in Tabelle 8.3 beruht auf der erfolgswirksamen Zurechnung der Ein- und Auszahlungen auf die beiden Perioden.

	1. Periode				2. Periode		
Aufwendungen		Erträge		Aufwendungen		Erträge	
2.	90	4.	380	2.	90	8.	570
3.	240	Verlust	28	5.	30		
5.	30			7.	360		
6.	48			9.	24		
				Gewinn	66		
Summe	408	Summe	408	Summe	570	Summe	570

Tabelle 8.3: Erfolgsrechnung 1. und 2. Periode.

Die Periodenerfolge auf Basis von Einzahlungen und Auszahlungen bzw. auf Basis von Erträgen und Aufwendungen weichen also voneinander ab. Die Totalerfolge als ungewichtete Summe aller Periodenerfolge stimmen aber überein. Dies ist nicht zufällig, sondern ergibt sich zwingend aus dem Grundsatz der **Pagatorik** (§ 252 Abs. 1 Nr. 5)[13]. Die Übereinstimmung der Totalerfolge folgt aus dem **Kongruenzprinzip**, man spricht auch vom **Clean Surplus Accounting**.[14] Darauf basierende Rechenwerke erfassen alle zahlungswirksamen Vorgänge, aber auch nur diese. Ausgenommen sind lediglich die Einzahlungen durch die Eigentümer oder Auszahlungen an die Eigentümer des Unternehmens. Diese Zahlungen verschieben lediglich Vermögen zwischen der Privatsphäre der Eigentümer und der betrieblichen Sphäre. Dies ist weder in der Zahlungsmittelrechnung noch in der Reinvermögensrechnung erfolgswirksam.

Die Erfolgswirksamkeit von Geschäftsvorfällen ergibt sich aus den Stromgrößen und aus der **Bewertung** einzelner Bestandsgrößen (siehe Abschnitt 2 dieses Kapitels). Die Bedeutung der Bewertung erkennt man besonders deutlich bei der Verteilung der Anschaffungsauszahlung für eine Anlage auf die verschiedenen Perioden der Nutzung. In Bezug auf die Wertentwicklung der Anlage haben wir unterstellt, dass die **Abschreibung** sich **gleichmäßig** auf die Perioden verteilt. Das impliziert einen Wertverlust von jeweils 90 in beiden Perioden. Man könnte jedoch mit guten Argumenten auch zu anderen Wertansätzen kommen. Anhand der laufenden Auszahlungen und der Umsatzerlöse ist ersichtlich, dass der Schwerpunkt der leistungswirtschaftlichen Aktivitäten in der zweiten Periode liegt. Deshalb wäre eine Aufteilung der Wertminderung **proportional zu den Erlösen** (also 72 in der ersten, 108 in der zweiten Periode) keinesfalls unplausibel. In diesem Fall würde sich der Verlust in der ersten Periode auf 10 verringern, der Gewinn in der zweiten Periode auf 48 sinken. Die Gewinnsumme bliebe mit 38 jedoch konstant. Analog könnte man mit dem Verweis auf **Marktpreise für gebrauchte Anlagen** argumentieren, der nach einer

---

[13] Die in Abschnitt 8.4 zitierten Paragraphen stammen generell aus dem HGB, wenn nicht ausdrücklich etwas anderes angegeben ist.
[14] *Wagenhofer/Ewert* (2015), S. 124.

Periode 80 betragen möge. Gegenüber dem Beispiel erhöht dies den Wertverlust und damit den Verlust der ersten Periode, steigert aber den Gewinn in der zweiten Periode.

Die grundsätzlichen Zusammenhänge zwischen Einzahlungen und Ertrag sowie Auszahlungen und Aufwand lassen sich unter Verweis auf die Bestandsgrößen übersichtlich darstellen. Es gilt:

> Reinvermögen =
> Vermögen – Verbindlichkeiten =
> [Geldvermögen + Sachvermögen] – Verbindlichkeiten =
> [(Zahlungsmittel + Forderungen) + Sachvermögen] – Verbindlichkeiten.

Aufwand entsteht durch Reinvermögensminderungen, also durch eine Abnahme von Zahlungsmitteln, Forderungen oder Sachvermögen (dazu zählen auch Bestände an immateriellen Gütern wie Patente u. ä.) sowie durch eine Zunahme von Verbindlichkeiten; das Analoge gilt für den Ertrag. Auf Basis dieser Vorüberlegungen sind die Fälle, in denen die Zahlungsgrößen nicht mit den Erfolgsgrößen übereinstimmen, leicht nachzuvollziehen:

Auszahlung, kein Aufwand: Aufgrund der oben dargestellten Zusammenhänge muss es sich bei Zustandekommen einer erfolgsneutralen Auszahlung um einen Vorgang handeln, der mit einem Abgang an Zahlungsmitteln verbunden ist und zugleich eine Zunahme an Forderungen oder Sachvermögen oder eine Abnahme von Verbindlichkeiten herbeiführt. Dies gilt – mit einem Teil der Beträge – in den Fällen der Anschaffungsauszahlung für die Anlage, der Mietvorauszahlung und der Kredittilgung.

Aufwand, keine Auszahlung: Unter auszahlungslosem Aufwand sind Vorgänge anzuführen, die Forderungen oder Sachvermögen vermindern oder Verbindlichkeiten erhöhen, aber in der betreffenden Periode nicht zu einer Zahlung führen. Beispiele sind die Nutzung der Anlage und des angemieteten Gebäudes in der zweiten Periode.

Einzahlung, kein Ertrag: Es kommt zu erfolgsneutralen Einzahlungen, wenn ein Zugang an Zahlungsmitteln mit einem Abgang an Forderungen oder Sachvermögen oder mit einem Zugang an Verbindlichkeiten verbunden ist. Beispiele sind die Kreditaufnahme und die erst in der zweiten Periode eingehenden Einzahlungen für in der ersten Periode verkaufte Produkte.

Ertrag, keine Einzahlung: Einzahlungsloser Ertrag betrifft schließlich Geschäftsvorfälle, die einen Zugang an Forderungen oder Sachvermögen oder einen Abgang an Verbindlichkeiten bewirken, ohne dass damit eine Einzahlung verbunden ist. Hier könnte man den Verkauf von Produkten auf Ziel als Beispiel anführen.

8.4.2 Bestandteile des Jahresabschlusses

> Der *Jahresabschluss* besteht grundsätzlich aus der Bilanz und der Gewinn- und Verlustrechnung (§ 242 Abs. 3). Bei Kapitalgesellschaften zählt auch der Anhang zum Jahresabschluss (§ 264 Abs. 1).
>
> Kapitalgesellschaften müssen zusätzlich zum Jahresabschluss einen *Lagebericht* erstellen.

8.4.2.1 Bilanz

Die Bilanz ist die Zusammenstellung aller Vermögensgegenstände und Verbindlichkeiten. Die Vermögensgegenstände stehen auf der Aktivseite der Bilanz. Die Aktivseite zeigt, in welchen, gegebenenfalls auch immateriellen, Gegenständen finanzielle Mittel gebunden sind. Verbindlichkeiten und das Eigenkapital stehen auf der Passivseite, die somit die Vermögensquellen offenlegt.

Aktiva	Passiva
Anlagevermögen	Eigenkapital
Umlaufvermögen	Rückstellungen
Rechnungsabgrenzungsposten	Verbindlichkeiten
	Rechnungsabgrenzungsposten

Tabelle 8.4: Bilanz.

Per Konstruktion ist die Bilanz ausgeglichen, weil das **Eigenkapital** als **bilanzielles Reinvermögen** die Saldogröße aus Vermögen und Verbindlichkeiten darstellt. Die Bilanzpositionen sind grundsätzlich nach dem Kriterium der Liquidität geordnet. Vermögensgegenstände, in denen Kapital langfristig gebunden ist, und langfristig zur Verfügung gestellte Mittel stehen oben in der Bilanz. Für bestimmte Typen von Unternehmen gibt es jedoch davon abweichende Vorschriften. Zum Beispiel sind Bankbilanzen nach dem umgekehrten Liquiditätskriterium zu ordnen, es stehen also die kurzfristigen Positionen oben (Verordnung über die Rechnungslegung der Kreditinstitute).

„Beim *Anlagevermögen* sind nur die Gegenstände auszuweisen, die bestimmt sind, dauernd dem Geschäftsbetrieb zu dienen." (§ 247 Abs. 2) Das Anlagevermögen lässt sich unterteilen in das immaterielle Anlagevermögen (beispielsweise Patente oder Lizenzen), Sachanlagen (beispielsweise Immobilien, Maschinen oder die Geschäftsausstattung) und Finanzanlagen (beispielsweise Beteiligungen).

Das **Umlaufvermögen** ist derjenige Teil des Vermögens, der nicht Anlagevermögen ist. Das Umlaufvermögen besteht aus Vorräten (beispielsweise Rohstoffe oder unfertige Erzeugnisse), Forderungen, Wertpapieren und Zahlungsmitteln (Kassenbestand, Schecks und Guthaben bei Kreditinstituten). Die Abgrenzung des Umlaufvermögens vom Anlagevermögen ist nicht immer trennscharf; zum Beispiel können Wertpapiere je nach intendiertem Verwendungszweck in beide der Kategorien fallen. Maßgeblich für die Einordnung als Anlagevermögen ist die Absicht der dauernden Nutzung.

„Als **Rechnungsabgrenzungsposten** sind auf der Aktivseite Ausgaben vor dem Abschlussstichtag auszuweisen, soweit sie Aufwand für eine bestimmte Zeit nach diesem Tag darstellen." (§ 250 Abs. 1 Satz 1) Ein Beispiel sind geleistete Mietvorauszahlungen.

Das **Eigenkapital** ist allgemein die Saldogröße, welche die Aktivseite und die Passivseite der Bilanz betragsmäßig zum Ausgleich bringt. Bei personengebundenen Unternehmen hängt die Höhe des Eigenkapitals wesentlich davon ab, welche Teile des Vermögens des Einzelkaufmanns bzw. der Gesellschafter als betrieblich gelten und nicht der Privatsphäre angehören. Bei Kapitalgesellschaften sind verschiedene Bestandteile des Eigenkapitals zu differenzieren. Als das **gezeichnete Kapital** (oder Nominalkapital) bezeichnet man den Nennwert aller ausgegebenen Aktien bzw. GmbH-Anteile. In der AG heißt das gezeichnete Kapital Grundkapital, in der GmbH Stammkapital. Neben dem gezeichneten Kapital gibt es **Rücklagen**, die entweder aus zusätzlich eingezahlten Beträgen (Kapitalrücklagen) oder aus nicht ausgeschütteten Gewinnen resultieren (Gewinnrücklagen). Vor der abschließenden Entscheidung über die Verwendung des Jahresüberschusses zählt auch dieser zum Eigenkapital.

„**Rückstellungen** sind für ungewisse Verbindlichkeiten und für drohende Verluste aus schwebenden Geschäften zu bilden." (§ 249 Abs. 1 Satz 1) Die Ungewissheit der Verpflichtungen kann sich auf deren Höhe beziehen oder darauf, ob es später tatsächlich zu Auszahlungen kommt oder nicht. Im ersten Fall ist zwar die Zahlungsverpflichtung gewiss, nicht aber deren genaue Höhe. Dagegen sind Verbindlichkeiten dem Grunde nach ungewiss, wenn zwar eine begründete Vermutung besteht, dass es zu einer Auszahlungsverpflichtung kommt, dies jedoch keineswegs sicher ist. Dies gilt zum Beispiel für ein Garantieversprechen, das möglicherweise, aber nicht sicher zu Auszahlungen führt. Der vom Volumen her bedeutendste Anlass zur Rückstellungsbildung sind Verpflichtungen zur betrieblichen Altersversorgung der Arbeitnehmer in Form der Direktzusage (**Pensionsrückstellungen**). Bei Direktzusagen zahlt das Unternehmen die Betriebsrenten direkt aus den laufenden Überschüssen, nicht über eine Versicherung oder einen ausgegliederten Fonds.

Schwebend sind solche Geschäfte, bei denen weder Leistung noch Gegenleistung erbracht sind, die Vertragspartner sich aber zu diesen Leistungen verpflichtet haben. Dies gilt zum Beispiel für die Zusage, eine bestimmte Produktmenge bis zu einem bestimmten Datum zu liefern, oder für sogenannte Dauerschuldverhältnisse (beispielsweise Mietverträge), die eine dauerhafte Leistung und Gegenleistung vorsehen. Grundsätzlich geht man davon aus, dass bei solchen Geschäften Leistung und Gegenleistung im Wert einander entsprechen. Eine Bilanzierung der daraus entstehenden Rechte und Pflichten ist daher nicht vorgesehen. Es ist jedoch denkbar, dass aus schwebenden Geschäften Verluste zu erwarten sind. Beispielsweise könnte einer Zusage, bestimmte Produkte für einen Stückpreis von 145 zu liefern, zunächst die Erwartung von Stückkosten[15] in Höhe von 139 zugrunde liegen. Besteht nun aber die Gefahr, dass die Stückkosten auf 148 steigen, droht ein Verlust, der zugleich dem Grunde und der Höhe nach ungewiss ist. Dafür ist eine Rückstellung zu bilden.

Der Aufwand in Höhe der Rückstellungsbildung bedeutet eine **Vorwegnahme künftiger Auszahlungen**. Die später gegebenenfalls eintretende Auszahlung ist hingegen erfolgsneutral, weil sie mit einer Verminderung der Rückstellungen verbunden ist. Die Rückstellungsbildung und die spätere Auszahlung stimmen infolge der Ungewissheit jedoch nur zufällig überein. War die Rückstellung zu hoch, ergibt sich bei deren Auflösung ein ungeplanter Ertrag, anderenfalls ein ungeplanter Aufwand. Die Erfassung in der Gewinn- und Verlustrechnung erfolgt unter den Positionen sonstiger betrieblicher Ertrag bzw. Aufwand.

Die **Verbindlichkeiten** umfassen im Wesentlichen ausgegebene Anleihen, Verbindlichkeiten gegenüber Kreditinstituten, Verbindlichkeiten aus Lieferungen und Leistungen sowie erhaltene Anzahlungen.

Passive **Rechnungsabgrenzungsposten** sind zu bilden für „Einnahmen vor dem Abschlussstichtag (...), soweit sie Ertrag für eine bestimmte Zeit nach diesem Tag darstellen" (§ 250 Abs. 2).

8.4.2.2 Gewinn- und Verlustrechnung

Die Gewinn- und Verlustrechnung dient der Ermittlung des Periodenerfolges im Wege einer Bewegungsrechnung. Zusammengestellt sind alle Erträge und Aufwendungen, also alle Veränderungen des Reinvermögens. Der Saldo der Gewinn- und Verlustrechnung (**Jahresüberschuss** bzw. **Jahresfehlbetrag**) verändert die Eigenkapitalposition in der Bilanz. Eine Grobgliederung der Gewinn- und Verlustrechnung sieht wie folgt aus:

---

[15] Zwar der begrifflichen Systematik nach korrekt, im praktischen Gebrauch aber eher ungewöhnlich wäre hier der Begriff „Stückaufwand". Auch im Gesetzestext des HGB ist mehrfach von Kosten die Rede, wenn es tatsächlich Aufwand heißen müsste. Siehe zur Abgrenzung von Aufwand und Kosten Abschnitt 8.5.2.

Aufwendungen	Erträge
Herstellungskosten	Umsatzerlöse
Verwaltungskosten	sonstige Erträge
Vertriebskosten	(Jahresfehlbetrag)
sonstige Aufwendungen	
(Jahresüberschuss)	

Tabelle 8.5: Gewinn- und Verlustrechnung.

Die in der Tabelle vorgenommene Gliederung weicht von den gesetzlichen Vorschriften über die Darstellung der Gewinn- und Verlustrechnung bei Kapitalgesellschaften (§ 275) geringfügig ab, die einzelnen Bestandteile sind so aber deutlicher erkennbar. Die Positionen Umsatzerlöse sowie Herstellungs-, Verwaltungs- und Vertriebskosten sprechen im Wesentlichen für sich selbst. Deren Saldo bezeichnet man als **Betriebsergebnis**. Sonstige Erträge und Aufwendungen resultieren zum einen aus dem Zinsaufwand, soweit dieser nicht in den Herstellungskosten enthalten ist (§ 255 Abs. 3). Zum anderen sind generell die im Zusammenhang von Finanzanlagen anfallenden Erträge und Aufwendungen anzuführen. Man spricht vom **Finanzergebnis**.[16]

Die dargestellte Form der Gewinn- und Verlustrechnung entspricht ungefähr dem sogenannten **Umsatzkostenverfahren** (§ 275 Abs. 3). Dabei stehen die am Markt erzielten Umsätze und der damit verbundene Aufwand im Mittelpunkt. Es handelt sich also um eine absatzorientierte Erfolgsrechnung. Daneben ist es auch zulässig, die Herstellung stärker in den Mittelpunkt zu rücken. Das bezeichnet man als **Gesamtkostenverfahren** (§ 275 Abs. 2). Der Unterschied besteht darin, dass im Gesamtkostenverfahren Erhöhungen und Verminderungen an Beständen von unfertigen und fertigen Erzeugnissen explizit als Ertrag bzw. Aufwand zum Ausweis kommen. Bei Anwendung des Umsatzkostenverfahrens gehen hingegen die Nettobestandsveränderungen in die Herstellungskosten ein. Die beiden Verfahren unterscheiden sich nur in der Darstellung, nicht im ermittelten Periodenerfolg. Angesichts des Ziels der Unternehmenstätigkeit, nämlich Einkommen für die Eigentümer zu erzeugen, ist das Umsatzkostenverfahren vorzuziehen, da Einkommen letztlich auf dem Markt entsteht.

Der Idee nach leistet die Gewinn- und Verlustrechnung eine **Erfolgsspaltung** in das Betriebsergebnis und das Finanzergebnis. Dies ist für den Adressaten des Jahresabschlusses grundsätzlich eine wichtige Information. Inwieweit sie aber tatsächlich als Entscheidungsgrundlage geeignet ist, hängt von der Ausfüllung der einzelnen Positionen, also von Bewertungsfragen ab. Sich darauf beziehende Vorschriften behandeln wir im Abschnitt über die Grundsätze ordnungsmäßiger Buchführung.

---

[16] Vor Inkrafttreten des BilRUG (Bilanzrichtlinie-Umsetzungsgesetz) im Jahr 2015 waren zudem außerordentliche Erträge und Aufwendungen sowie das außerordentliche Ergebnis auszuweisen. Diese Positionen mit Bezug auf Vorkommnisse, die „außerhalb der gewöhnlichen Geschäftstätigkeit anfallen" (§ 277 Abs. 4 Satz 1 HGB a.F.) sind seither aber weggefallen.

8.4.2.3 Anhang

Der Jahresabschluss von Kapitalgesellschaften muss neben Bilanz sowie Gewinn- und Verlustrechnung einen Anhang enthalten. Der Anhang dient allgemein dem besseren Verständnis der anderen Bestandteile des Jahresabschlusses. Die §§ 284 und 285 enthalten Vorschriften zum Inhalt des Anhangs. Konkret sind Erläuterungen zu Bilanz und Gewinn- und Verlustrechnung vorzunehmen (beispielsweise zu den verwendeten Bewertungsmethoden) und Angaben zu ergänzen (beispielsweise in Bezug auf finanzielle Verpflichtungen, die nicht in der Bilanz erscheinen, etwa aus Leasinggeschäften).

Nach der **Generalnorm** des § 264 Abs. 2 Satz 1 hat der Jahresabschluss „ein den tatsächlichen Verhältnissen entsprechendes Bild der Vermögens-, Finanz- und Ertragslage der Kapitalgesellschaft zu vermitteln". Jedoch steht diese Norm unter dem **Vorbehalt** der „Beachtung der Grundsätze ordnungsmäßiger Buchführung", die wir in Abschnitt 8.4.3 vorstellen. Deshalb ist es denkbar, dass Bilanz und Gewinn- und Verlustrechnung nicht ein den tatsächlichen Verhältnissen entsprechendes Bild vermitteln. Auch in diesem Fall sind im Anhang zusätzliche Angaben zu machen (§ 264 Abs. 2 Satz 2).

8.4.2.4 Lagebericht

Der Lagebericht ist nicht Bestandteil des Jahresabschlusses. Kapitalgesellschaften müssen ihn aber zugleich mit diesem erstellen. Nach § 289 Abs. 1 sind der Geschäftsverlauf und die Lage der Kapitalgesellschaft den tatsächlichen Verhältnissen entsprechend zu vermitteln. Dabei ist auch auf die Chancen und Risiken der künftigen Entwicklung einzugehen. Daneben soll auf zukunftsgerichtete Sachverhalte eingegangen werden, zum Beispiel auf die voraussichtliche Entwicklung der Gesellschaft und den Bereich Forschung und Entwicklung. Zu ergänzen ist auch eine nichtfinanzielle Erklärung (§ 289 Abs. 3), die verschiedene Aspekte der **Corporate Social Responsibility**[17] offenlegen soll.

Der Lagebericht könnte für externe Adressaten wesentliche Informationen liefern; die gesetzlichen Vorschriften dazu sind aber **sehr unergiebig**. Empirische Untersuchungen zur Aussagekraft von Lageberichten zeigen zudem, dass vor allem in kleineren Unternehmen vielfach nur Allgemeinplätze geäußert werden.[18]

8.4.3 Pflicht zur Erstellung eines Jahresabschlusses

Nach § 242 ist jeder Kaufmann zur Erstellung eines Jahresabschlusses verpflichtet, sofern das Unternehmen die Größenkriterien von § 241a (Umsatz von

---

[17] Vgl. dazu Abschnitt 5.2.5.
[18] *Schildbach/Beermann/Feldhoff* (1990), S. 2299 ff.

600.000 € und Jahresüberschuss von 60.000 €) überschreitet. Zu den Kaufleuten zählen per se alle Personenhandelsgesellschaften und Kapitalgesellschaften. Für letztere gibt es nach den §§ 264 ff. zusätzliche Regeln für Form und Inhalt des Jahresabschlusses, wobei es umgekehrt für kleine und mittlere Kapitalgesellschaften wieder größenabhängige Erleichterungen gibt (§§ 274a, 276, 288).

Ein Konzern muss zusätzlich zu den Einzelabschlüssen der Mutter- und Tochterunternehmen einen Konzernabschluss erstellen, wenn das Mutterunternehmen eine Kapitalgesellschaft ist (§ 290 Abs. 1). Der Konzernabschluss hat einzig eine Informationsfunktion; Auszahlungsbemessungsfunktionen, beispielsweise in Form einer Ausschüttungssperre oder einer Steuerbemessungsgrundlage, kommen ihm nicht zu. Auf Konzernebene kann der Abschluss nach Internationalen Rechnungslegungsstandards (International Financial Reporting Standards, IFRS) den Abschluss nach HGB ersetzen, sofern ersterer in deutscher Sprache aufgestellt ist (§ 291 Abs. 1). Für eine bestimmte Gruppe von Kapitalgesellschaften, nämlich die kapitalmarktorientierten Unternehmen (§ 264d), besteht die Verpflichtung, einen IFRS-Konzernabschluss zu erstellen (§ 315e).

8.4.4 Grundsätze ordnungsmäßiger Buchführung (GoB)

Verschiedene Vorschriften verweisen darauf, dass die Buchführung und der Jahresabschluss nach den Grundsätzen ordnungsmäßiger Buchführung (GoB) zu erstellen sind (beispielsweise §§ 238 Abs. 1 Satz 1, 243 Abs. 1). Die GoB sind jedoch als solche im Gesetz nicht kenntlich gemacht. Sie ergeben sich implizit aus einzelnen gesetzlichen Vorschriften sowie deren Auslegung. Es ist auch eine Frage der Auslegung, welche Hierarchien man in einem System von GoB erkennt.[19] Für diese Einführung mag es genügen, anhand wichtiger Beispiele zu zeigen, wie die einzelnen GoB ineinandergreifen und welche Wirkungen sie insgesamt auf das Rechenwerk Jahresabschluss entfalten.

Offenbar umfassen die GoB unter anderem eine Reihe von Grundsätzen, die man kaum anders als trivial bezeichnen kann. Zum Beispiel muss die Buchführung „so beschaffen sein, dass sie einem sachverständigen Dritten innerhalb angemessener Zeit einen Überblick über die Geschäftsvorfälle und über die Lage des Unternehmens vermitteln kann" (§ 238 Abs. 1 Satz 2). Ähnlich naheliegend sind die Grundsätze der Klarheit und Übersichtlichkeit (§ 243 Abs. 2), der Vollständigkeit (§ 246 Abs. 1 Satz 1) sowie der Kontinuität (§ 246 Abs. 3). Daneben gibt es einige Grundsätze, die eine substantielle Bedeutung haben, hier aber nicht näher diskutiert werden, zum Beispiel die Fortführungsprämisse (§ 252

---

[19] Siehe bspw. *Ruhnke/Simons* (2018), S. 207 ff.

Abs. 1 Nr. 2) und der Grundsatz der Pagatorik (§ 252 Abs. 1 Nr. 5). Grundsätzlich gilt zudem der Grundsatz der Einzelbewertung (§ 252 Abs. 1 Nr. 3). Allerdings gibt es hierzu Ausnahmen, nämlich bei der Verrechnung von Altersversorgungsverpflichtungen und den dafür reservierten Vermögensgegenständen (§ 246 Abs. 2 ff.) sowie bei der Bildung von Bewertungseinheiten für Hedgingzwecke[20] (§ 254).

Nachstehend stellen wir das *Vorsichtsprinzip* (§ 252 Abs. 1 Nr. 4) etwas näher vor. Dieses schlägt sich in weiteren Grundsätzen und zudem in vielen Einzelregelungen zum Ansatz und zur Bewertung von Jahresabschlusspositionen nieder. Bewertungsfragen haben eine erhebliche Bedeutung für den Ausweis von Periodenerfolgen, wie bereits die Behandlung von Abschreibungen im obigen Beispiel[21] erkennen ließ.

Das Vorsichtsprinzip ist Ausfluss der Vorstellung, dass es Kennzeichen der vernünftigen kaufmännischen Beurteilung ist, sich eher arm als reich zu rechnen. In Bezug auf das externe Rechnungswesen korrespondiert dies mit der Forderung, höchstens einen solchen Betrag als Periodenerfolg auszuweisen und maximal als Entnahme bzw. Ausschüttung vorzusehen, der das den Gläubigern als Verlustpuffer dienende Reinvermögen nicht mindert. Die das gesamte Handelsrecht durchziehende Idee des **Gläubigerschutzes** wird hier besonders deutlich. Aus dem Vorsichtsprinzip ergibt sich auch, nur bei einer hinreichenden Gewissheit Vermögenssteigerungen als gesichert anzusehen. Diese Überlegung korrespondiert mit dem Kriterium der Manipulationsfreiheit, dem zufolge das externe Rechnungswesen besser nicht auf in der Regel schwer nachvollziehbare und leicht manipulierbare Planungsgrößen zurückgreifen sollte.

Drei Konzeptionen konkretisieren das *Vorsichtsprinzip* näher, nämlich
- das Realisationsprinzip,
- das Imparitätsprinzip und
- das Niederstwertprinzip.

Nach dem Realisationsprinzip setzt der Ausweis eines Erfolges dessen Realisierung voraus. Das heißt, die auf dem Markt realisierten Umsätze übersteigen die für Herstellung und Absatz aufgewendeten Beträge. Die Wertsteigerung von Stückherstellungskosten von beispielsweise 134 auf den zu erwartenden Stückerlös von beispielsweise 142 stellt einen Erfolg dar, der nicht schon mit der Herstellung einer Produkteinheit, sondern erst mit deren Verkauf als realisiert gilt. Die Bewertung hat demnach bis zur Veräußerung erfolgsneutral mit 134 je

---

[20] Als **Hedging** bezeichnet man eine Risikominderungsstrategie, die einem Preisänderungsrisiko ausgesetzte Geschäfte um andere Geschäfte ergänzt, die eine systematisch gegenläufige Wertentwicklung aufweisen, sodass das Risiko der Bewertungseinheit im Idealfall verschwindet.
[21] Vgl. Abschnitt 8.4.1.

Stück zu erfolgen. Jedoch gibt es auch hier gewisse Ausnahmen: So ist nach § 256a bei der Währungsumrechnung der Stichtagskurs anzusetzen. Ist der Wechselkurs[22] zwischen Anschaffung eines Vermögensgegenstandes und Bilanzstichtag gesunken, führt die seit 2009 geltende Vorschrift zu einem Ausweis noch nicht realisierter Gewinne; das Gleiche gilt für eine Verbindlichkeit und den Fall eines gestiegenen Wechselkurses. Zudem gilt – wenn auch nur für Kreditinstitute – die Vorschrift des § 340e Abs. 3, demzufolge Finanzinstrumente des Handelsbestandes[23] mit dem beizulegenden Zeitwert abzüglich eines Risikoabschlages anzusetzen sind. Je nach Entwicklung der Finanzmärkte kann dieser Wert deutlich über den Anschaffungskosten liegen, sodass damit trotz noch nicht erfolgter Realisierung ein Erfolgsausweis verbunden ist. Den somit relativierten Gläubigerschutz versucht das HGB dadurch zu gewährleisten, dass die Banken mindestens 10% des Nettoertrags aus dem Handelsbestand in den Sonderposten „Fonds für allgemeine Bankrisiken" einstellen müssen (§ 340e Abs. 4).

Das **Imparitätsprinzip** verlangt die Ungleichbehandlung unrealisierter Gewinne und unrealisierter Verluste. Anders, als es im Regelfall bei den Gewinnen der Fall ist, sind auch erwartete, aber noch nicht realisierte Verluste zu erfassen. Sind angesichts der Stückherstellungskosten von 134 nur Stückerlöse von 132 zu erwarten, stellt die Differenz einen erwarteten Verlust dar, der unmittelbar zu verbuchen ist. Bestände an fertigen Erzeugnissen sind mit dem Wert von 132 je Stück anzusetzen. Die Differenz von 2 je Stück mindert den Periodenerfolg.

Dem Vorsichtsprinzip ist auch das **Niederstwertprinzip** zuzurechnen (§ 253 Abs. 2 und 3). Demnach sind Vermögensgegenstände grundsätzlich höchstens mit den Anschaffungs- oder Herstellungskosten anzusetzen. Gegenstände des abnutzbaren Anlagevermögens sind um planmäßige Abschreibungen zu vermindern. Daneben darf man (bei nur vorübergehenden Wertminderungen im Anlagevermögen – *gemildertes* Niederstwertprinzip) bzw. muss man (bei voraussichtlich dauerhaften Wertminderungen im Anlagevermögen und generell beim Umlaufvermögen – *strenges* Niederstwertprinzip) außerplanmäßige Abschreibungen vornehmen. Als maßgeblich für die Bemessung der Wertminderungen gilt der Börsen- oder Marktpreis beim Umlaufvermögen bzw. ein anderer „beizulegender Wert" beim Anlagevermögen und beim Umlaufvermögen, wenn ein Börsen- oder Marktpreis nicht ermittelbar ist. Ein Beispiel soll die Zusammenhänge anhand von Wertpapieren verdeutlichen:

---

[22] Der **Wechselkurs** ist der Preis für eine Einheit der ausländischen Währung, ausgedrückt in Einheiten der inländischen Währung. Ein Anstieg des Wechselkurses entspricht daher der Abwertung der Heimatwährung, ein Rückgang des Wechselkurses der Aufwertung der Heimatwährung.

[23] Bei **Finanzinstrumenten des Handelsbestandes** handelt es sich im Wesentlichen um solche Anlagemöglichkeiten, die eine Bank zum Zweck der Wiederveräußerung – also zu Spekulationszwecken – hält und nicht, um dauerhafte Erträge zu erzielen. Der beizulegende Wert ist, sofern verfügbar, der Marktwert der entsprechenden Wertpapiere.

Eine Beteiligung im **Anlagevermögen** erfordert Anschaffungskosten in Höhe von 2,5 Mio. €. Planmäßige Abschreibungen sind dafür nicht anzusetzen. Es möge sich nun eine Wertminderung auf 2,3 Mio. € ergeben. Ist diese Wertminderung nur vorübergehend, **darf** das Unternehmen eine den Periodenerfolg mindernde außerplanmäßige Abschreibung in Höhe von 0,2 Mio. € vornehmen. Bei voraussichtlich dauerhafter Wertminderung wäre die Abschreibung **zwingend**. Den Verzicht auf einen Zwang zur Abschreibung bei nur vorübergehender Wertminderung kann man damit rechtfertigen, dass bei einer dauerhaften Nutzung eine spätere Wertsteigerung voraussichtlich den vorübergehenden Verlust ausgleicht. Steigt der Wert hingegen auf 2,8 Mio. €, ist eine Zuschreibung unzulässig. Die Anschaffungskosten stellen die absolute Wertobergrenze dar. Erst nach Realisierung durch Verkauf der Wertpapiere darf man einen über die Anschaffungskosten hinausgehenden Wertzuwachs als Periodenerfolg ausweisen.

Handelt es sich um Wertpapiere des **Umlaufvermögens**, muss man auch bei einer nur vorübergehenden Wertminderung die Abschreibung vornehmen. Wegen der nicht dauerhaften Nutzung ist davon auszugehen, dass selbst eine nur vorübergehende Wertminderung zur Verlustrealisierung führen wird, nämlich im Zuge der Veräußerung der Wertpapiere. Auch wenn das Imparitätsprinzip grundsätzlich weiterhin gilt, relativieren die oben angesprochenen Ausnahmen vom Realisationsprinzip (§§ 256a und 340e Abs. 3) zugleich auch das Imparitätsprinzip.

Das Vorsichtsprinzip umfasst auch einige **Aktivierungsverbote** (§ 248). Das heißt, die Aktivierung bestimmter Sachverhalte ist unzulässig, selbst wenn damit künftige Einzahlungen verbunden sind. Dies betrifft beispielsweise den Aufwand für die Gründung eines Unternehmens oder die Beschaffung von Eigenkapital sowie für selbst geschaffene Marken, Kundenlisten oder vergleichbare immaterielle Vermögensgegenstände des Anlagevermögens. Eine Begründung für dieses Bilanzierungsverbot könnte man vielleicht darin erkennen, dass ein beizulegender Wert nur schwer konkretisierbar ist – besonders überzeugend ist eine solche Begründung freilich nicht. Ein Bilanzierungsverbot besteht generell nicht bei einem entgeltlichen Erwerb von immateriellen Gütern des Anlagevermögens. Durch den Wert der Gegenleistung, in der Regel der Kaufpreis, ist eine hinreichende Konkretisierung gegeben.

Dem **Maßgeblichkeitsprinzip** folgend gelten die Wertansätze aus der Handelsbilanz auch für die Steuerbilanz. Das Maßgeblichkeitsprinzip zählt zwar nicht zu den GoB, gleichwohl gehört es zu den zentralen Vorschriften für die Bewertung von Vermögensgegenständen. § 5 Abs. 1 EStG (Einkommensteuergesetz) fordert: „Bei Gewerbetreibenden ... ist für den Schluss des Wirtschaftsjahrs das Betriebsvermögen anzusetzen ..., das nach den handelsrechtlichen Grundsätzen ordnungsmäßiger Buchführung auszuweisen ist, es sei denn, im

Rahmen der Ausübung eines steuerlichen Wahlrechts wird oder wurde ein anderer Ansatz gewählt." Das Maßgeblichkeitsprinzip ist von erheblicher praktischer Bedeutung. Aus steuerlichen Gründen besteht die Neigung, Erfolge in spätere Perioden zu verschieben. Da infolge des Grundsatzes der Pagatorik die ungewichtete Summe aller Periodenerfolge konstant ist, gilt dies bei Konstanz der Steuersätze auch für die Summe aller Steuerzahlungen. Deshalb entspricht eine Steueraufschiebung einem *zinslosen Steuerkredit*. Eine frühere Steuerminderzahlung korrespondiert mit späteren, betragsmäßig in der Summe übereinstimmenden Steuerzahlungen. Infolge der stärkeren Diskontierung späterer Zahlungen ist deren Barwert geringer, wenn die Steuern später anfallen.

Das Interesse an einem geringeren Steuerbarwert bewirkt angesichts der Maßgeblichkeit grundsätzlich eine Neigung, im Rahmen geltender Wahlrechte auch in der Handelsbilanz Vermögenssteigerungen in die Zukunft zu verlagern und Vermögensminderungen zeitlich vorzuziehen. Freilich ist die Erfolgsrelevanz zinsloser Steuerkredite angesichts des seit Jahren extrem niedrigen Zinsniveaus mittlerweile als eine vernachlässigbare Größe anzusehen.

8.4.5 Zum Informationsgehalt des Jahresabschlusses

Zu untersuchen ist die Eignung von Jahresabschlussinformationen für Entscheidungs- und Kontrollrechnungen externer Adressaten, speziell bei Kapitalgesellschaften. Personengebundene Unternehmen lassen sich schwer in die Argumentation einbeziehen, weil für einige Informationszwecke zusätzliche Informationen über das Privatvermögen der Gesellschafter einzuholen wären, die aus dem Jahresabschluss keinesfalls ersichtlich sind.

Wie oben ausgeführt, benötigen externe Adressaten für ihre Entscheidungen Informationen. Der Informationsbedarf unterscheidet sich dabei nach den Adressatengruppen. Es ist zweckmäßig, zwischen den Inhabern von Festbetragsansprüchen und von Restbetragsansprüchen zu differenzieren und dabei jeweils auch potenzielle Inhaber solcher Ansprüche einzubeziehen.

Inhaber von *Festbetragsansprüchen* (Gläubiger) haben einen geringeren Informationsbedarf. Für sie ist es eine hinreichende Information zu wissen, ob es für das Vermögen des Unternehmens eine *zuverlässige Untergrenze* gibt, die höher liegt als der Nominalwert aller Verpflichtungen.

Diesbezüglich könnte der Informationsgehalt des handelsrechtlichen Jahresabschlusses im Wesentlichen durch zwei nicht unabhängige Elemente eingeschränkt sein – durch die zwangsweise vorgenommene Bildung „stiller Reserven" sowie durch Ansatz- und Bewertungswahlrechte. *Stille Reserven* sind dadurch gekennzeichnet, dass der Buchwert von Vermögensgegenständen geringer ist als deren „tatsächlicher Wert". Dieser Begriff sollte stets in Anführungszeichen stehen, um dem falschen Eindruck vorzubeugen, es ließe sich ein "wahrer Wert" ermitteln. Dies wäre nur beim Handel aller Güter und aller Güterbündel auf einem vollkommenen Markt der Fall.[24] Für die Quantifizierung des „tatsächlichen Werts" sollten angesichts der Einkommensorientierung die mit den Vermögensgegenständen verbundenen, künftig erwarteten Einzahlungen maßgeblich sein.[25] Verglichen damit besteht in Handelsbilanzen infolge der mit den GoB verbundenen Bewertungsvorschriften eine Tendenz zur Entstehung stiller Reserven. **Wahlrechte** (zum Beispiel die Beibehaltung niedriger Wertansätze auch nach Wegfall des Grundes für eine außerplanmäßige Abschreibung) tragen überdies dazu bei, den Rückschluss vom Bilanzansatz auf den „tatsächlichen Wert" zu erschweren.

Trotz dieser Hindernisse ist zu konstatieren, dass der oben beschriebene Informationsbedarf der Gläubiger im Wesentlichen gedeckt ist. Bilanzansätze nach HGB kann man als **vorsichtige Abschätzung künftiger Einzahlungen** interpretieren.[26] Natürlich fällt es bei nicht marktgängigen Vermögensgegenständen nicht immer leicht, zu beurteilen, ob eine Abschätzung tatsächlich vorsichtig ist. Sofern aber das bilanzielle Eigenkapital nicht kleiner ist als die selbst bei vorsichtiger Schätzung mögliche Überschätzung des Vermögens, reicht das Unternehmensvermögen aus, um alle Inhaber von Kontraktansprüchen zu befriedigen. Dies gilt zunächst nur für die Momentaufnahme, die eine Bilanz liefert. Im Zusammenspiel mit gesellschaftsrechtlichen Ausschüttungsbegrenzungen (§§ 30 GmbHG, 57 AktG) steht aber Vermögen zumindest in Höhe des Nominalkapitals dauerhaft als Verlustpuffer für die Gläubiger zur Verfügung.

Zudem haben Gläubiger ein Interesse daran, eine **Verschlechterung** der Vermögens-, Finanz- und Ertragslage eines Unternehmens *frühzeitig zu erkennen*. Dann bestehen noch Spielräume für Anpassungsmaßnahmen, welche dazu beitragen, die Realisierung von Gläubigerverlusten zu vermeiden. Man kann bezweifeln, ob es die geltenden Rechnungslegungsvorschriften stets erzwingen, eine verschlechterte Lage zeitnah vollumfänglich offenzulegen. Ob sich stille Reserven verringert haben, geht aus dem Vergleich aufeinanderfolgender Jahresabschlüsse nur dann hervor, wenn dies Folge aktiver Maßnahmen der Unternehmensleitung ist. Beispiele für solche Maßnahmen erkennt man in der Realisierung stiller Reserven durch Veräußerung unterbewerteter Vermögensgegenstände oder im Ausweis von Wertsteigerungen infolge einer veränderten Ausübung von Wahlrechten; letztere erfordern nämlich eine Angabe im Anhang. Wir können also zunächst festhalten, dass handelsrechtliche Vorschriften eine **aktive Gläubigerschädigung** erschweren. Unentdeckt bleiben jedoch Wertminderungen durch **externe Einflüsse**, solange nicht das Niederstwertprinzip greift. Beispielsweise kann ein vor geraumer Zeit für 2,8 Mio. € erworbenes Grundstück durchaus einen Marktwert von 13 Mio. € haben. Infolge des

---

[24] Ähnlich *Schildbach* (2017), S. 3005.
[25] *Rieger* (1929), S. 213.
[26] Vgl. *Ordelheide* (1988); ähnlich bereits viel früher *Barth* (1939).

Niederstwertprinzips darf jedoch der bilanzielle Ansatz 2,8 Mio. € nicht überschreiten. Käme es aus irgendwelchen Gründen zu einer Marktwertminderung auf 6,5 Mio. €, ginge dies aus dem Jahresabschluss nicht hervor. Trotz dieser Relativierung lässt sich festhalten:

> Der handelsrechtliche Jahresabschluss erfüllt im Wesentlichen die Informationsbedürfnisse der Gläubiger.

Externe **Inhaber von Beteiligungstiteln** haben einen größeren Informationsbedarf. Für sie reichen Untergrenzen für den Wert des Vermögens nicht aus. Vielmehr benötigen sie für richtige Investitionsentscheidungen zuverlässige Abschätzungen der gesamten Bandbreite künftig möglicher Überschüsse des Unternehmens.[27] Aus der bisherigen Argumentation geht hervor, dass die Bilanzansätze gewiss **keinen sinnvollen Repräsentanten** für diese Bandbreite darstellen. Seit geraumer Zeit gibt es eine lebhafte Diskussion darüber, ob nach internationalen Rechnungslegungsstandards erstellte Jahresabschlüsse einen größeren Informationsgehalt haben. Dies betrifft insbesondere die US-GAAP und die IAS/IFRS.[28] Es gibt die Vermutung, dass deren Wertansätze – dem Prinzip des Fair Value Accounting folgend – näher am Marktwert von Vermögensgegenständen liegen.

Unabhängig davon, ob man diese Vermutung für gerechtfertigt hält oder nicht, müssen wir festhalten, dass der **Konflikt** zwischen der **Zukunftsbezogenheit** und der **Manipulationsfreiheit** von Rechenwerken letztlich nicht auflösbar ist. Amerikanische oder internationale Rechnungslegungsvorschriften setzen dabei lediglich andere Akzente als das deutsche Handelsrecht.[29] Verschiedene jüngere Reformen des HGB lassen eine gewisse Annäherung an die internationalen Rechnungslegungsstandards erkennen. Man kann einen „Perspektivenwechsel von bilanziellem Gläubigerschutz (…) zu rechnungslegungsbezogenem Investorenschutz"[30] konstatieren. Ob aber eine stärker zukunftsbezogene und zugleich weniger manipulationsfreie Rechnungslegung tatsächlich eine für Entscheidungszwecke externer Adressaten besser geeignete Grundlage liefert, ist eine lediglich empirisch zu beantwortende Frage. Tatsächlich gibt es eine breite empirische Jahresabschlussforschung, die sich auch dieser Frage widmet. Die Ergebnisse fallen sehr unterschiedlich aus. Es gibt Beiträge, welche dem

---

[27] Die Bewertung sollte daher – die Begrifflichkeit der IFRS verwendend – „neutral" erfolgen und somit eine „glaubwürdige Darstellung" ermöglichen.
[28] Siehe umfassend *Pellens u. a.* (2017).
[29] Ähnlich bereits *Schildbach* (1998), S. 3 f.
[30] *Ballwieser* (2018), S. 5.

deutschen HGB eine höhere Wertrelevanz bescheinigen[31], und andere, bei denen das Gegenteil der Fall ist[32]. Angesichts der hohen Bedeutung des Vorsichtsprinzips im deutschen HGB könnte man vermuten, die Bewertung in HGB-Abschlüssen sei in der Breite vorsichtiger als die Bewertung beispielsweise nach den US-GAAP. Nicht einmal diese Vermutung erweist sich als gerechtfertigt.[33] Man könnte schließlich auch überlegen, ob aus Marktpreisen abgeleitete Bewertungen überhaupt geeignet sein können, den Informationswert von Bilanzen zu erhöhen, denn: „Auf Marktwissen gestützte Informationen als solche bereichern das Wissen auf den Märkten nicht."[34]

> Die Informationsbedürfnisse der Eigentümer sind schwieriger zu erfüllen. Es ist unklar, ob internationale Rechnungslegungsstandards besser dazu geeignet sind als das HGB.

Die Diskussion um den Informationsgehalt des Jahresabschlusses wäre unvollständig, wenn wir nicht dessen Interaktion mit und dessen Implikationen für die **Corporate Governance** einbezögen.

Kritiker der deutschen Rechnungslegungsvorschriften bemängeln häufig deren mangelnde Ausrichtung auf die Aktionärsinteressen. In der Tat gibt es Anhaltspunkte dafür, dass die dem Vorstand und Aufsichtsrat eingeräumten Wahlrechte die Bildung stiller Reserven ermöglichen, diese weiter Ausschüttungssperren mit sich bringen, die ihrerseits Teile der Unternehmenserfolge der **Verfügungsmacht der Aktionäre** entziehen. Ist dies nun aber kritisch zu sehen? Oben haben wir die Ausrichtung von Unternehmen an Eigentümerinteressen damit begründet, dass auf diese Weise die Internalisierung externe Effekte am besten gelingen kann.[35] Dies trifft aber nur dann zu, wenn tatsächlich die Haftung durch die Eigentümer verwirklicht ist. Und dafür ist es erforderlich, dass diese dem Unternehmen nicht über Gebühr Vermögen entziehen, zumal dann nicht, wenn der zukünftige Unternehmenserfolg allzu unsicher ist.

Ein zweiter Argumentationsstrang bezieht sich auf die Einbindung der Rechnungslegungsvorschriften in das Finanzsystem einer Volkswirtschaft. Ein funktionsfähiges Finanzsystem erfordert, dass dessen Elemente zueinander passen, dass sie also **komplementär** sind.[36] Das deutsche Finanzsystem ist bekanntlich dadurch gekennzeichnet, dass sich Unternehmen in erheblichem Maße über

---

31 Beispielsweise *Harris/Lang/Möller* (1995).
32 Beispielsweise *Barth/Landsman/Lang* (2008).
33 Vgl. *Ball/Kothari/Robin* (2000).
34 *Schildbach* (2017), S. 2006.
35 Vgl. Abschnitt 5.2.4.1.
36 Vgl. zur Bedeutung der Komplementarität der Elemente eines Finanzsystems *Schmidt/Tyrell* (2004), S. 27-29.

Bankkredite finanzieren und – verglichen etwa mit dem US-amerikanischen Finanzsystem – weniger über den Aktienmarkt. Dann ist es aber auch nur natürlich, wenn auch die Rechnungslegungsvorschriften stärker auf die Bedürfnisse der Kreditgeber zugeschnitten sind als auf die Bedürfnisse der Aktionäre. Dass sich dies in den USA mit einem kapitalmarktorientierten Finanzsystem anders herum verhält, ist ebenfalls nur plausibel. Über die Eignung konkreter Rechnungslegungsvorschriften kann man eben nur im jeweiligen institutionellen Kontext ein sinnvolles Urteil fällen.[37]

Insgesamt leistet der Jahresabschluss, was man überhaupt von einer externen Rechnungslegung erwarten kann. Über den Informationsgehalt für Entscheidungs- und Kontrollzwecke sollte man sich aber **keinen Illusionen** hingeben. Die Funktion der Bemessung von Zahlungen (Steuerzahlungen und Ausschüttungsbegrenzungen) steht eindeutig im Vordergrund.

8.5 Kosten- und Erlösrechnung

8.5.1 Zweck der Kosten- und Erlösrechnung

Verglichen mit den bisher vorgestellten Rechenwerken hat die Kosten- und Erlösrechnung (*Betriebserfolgsrechnung*) einen weniger engen Bezug zum Einkommensziel. Sie reflektiert aber genauer die wirtschaftlichen Aktivitäten, die das Einkommen generieren. Der Fokus liegt demnach auf der **Leistungserstellung und -verwertung**. Kosten und Erlöse sind die hierbei relevanten Erfolgsgrößen. Da die Erlöse vergleichsweise einfach zu messen sind, spricht man häufig kurz von der Kostenrechnung.[38]

Zur Erfüllung ihrer Informationsaufgaben muss die Kostenrechnung zwei Zurechnungsaufgaben bewältigen, die Zurechnung von Kosten zu Produkten (Kostenträgern) und zu Verantwortungsbereichen (Kostenstellen).

Durch Verteilung der insgesamt anfallenden Kosten auf die Produkte ermittelt man die **Stückkosten** (Selbstkosten). Für Entscheidungsrechnungen hat die Einteilung der Gesamtkosten in variable Kosten und Fixkosten eine noch größere Bedeutung. *Fixkosten* sind diejenigen Kosten, die unabhängig von der Produktionsmenge anfallen (beispielsweise Gehälter oder Abschreibungen). Die Höhe der *variablen Kosten* hängt hingegen von der Produktionsmenge ab (beispielsweise Akkordlöhne oder der Einsatz von Rohstoffen). Für absatzwirt-

---

[37] *Leuz/Wüstemann* (2004, S. 450) bezeichnen deshalb Vorurteile über die HGB-Rechnungslegung zurecht als „Mythen".

[38] So bspw. *Friedl/Hofmann/Pedell* (2013). Ebenfalls geläufig ist die Bezeichnung „Kosten- und Leistungsrechnung" – so etwa der Titel des Buches von *Schildbach/Homburg* (2009). Der Begriff „Leistung" umfasst auch solche Erfolge, die nicht (auch nicht in einer anderen Periode) zu Erlösen führen. Dadurch erhöht sich der Produktionsbezug zu Lasten des Marktbezugs.

schaftliche Entscheidungen ist es wichtig, in welcher Höhe bei einer Absatzausweitung zusätzliche Kosten anfallen oder welche Kosten bei einer Verringerung des Absatzes wegfallen. Offensichtlich haben Fixkosten darauf keinen Einfluss, sofern nicht zugleich auch die Kapazitäten Gegenstand der Entscheidung sind.[39] Die Unterscheidung von fixen und variablen Kosten ermöglicht eine erste Abweichungsanalyse in Kontrollrechnungen. Die durch eine Verringerung der Absatzmenge ausgelöste Stückkostensteigerungen ist anders zu beurteilen als eine Erhöhung der variablen Kosten für eine zusätzliche Produkteinheit (**Grenzkosten**).

Die Zuordnung von Kosten zu einzelnen Bereichen ist erforderlich, um den Erfolg der dort verantwortlich tätigen Mitarbeiter überprüfen und hinreichende Anreize vermitteln zu können. Zu vergleichen sind die bei effizientem Faktoreinsatz zu erwartenden Kosten (**Plankosten**) mit den Kosten, die tatsächlich angefallen sind (**Istkosten**). Jedoch ist eine eindeutige Zurechenbarkeit von Kosten nur in Grenzen möglich. Einer Kostenstelle (oder auch einem Kostenträger) nach dem Verursachungsprinzip eindeutig zurechenbare Kosten bezeichnet man als **Einzelkosten**. Daneben gibt es **Gemeinkosten**, für deren Zurechnung Annahmen erforderlich sind, die nicht zwingend fixiert werden können, sondern denen stets und unvermeidbar eine gewisse Willkür anhaftet.

8.5.2 Abgrenzung von der Finanzbuchhaltung

> **Kosten** sind definiert als bewerteter, sachzielbezogener Güterverzehr in einer Periode.

Infolge ihrer Definition können sich Kosten in drei Merkmalen von Aufwendungen unterscheiden:

1. Die **Bewertung** erfolgt in der Finanzbuchhaltung nach gesetzlichen Vorschriften, an die man in der Kostenrechnung nicht gebunden ist. Grundsätzlich kommen zwei Wertmaßstäbe in Frage: pagatorische und wertmäßige Kosten.

Aus Zahlungsgrößen abgeleitete Kosten (**pagatorische Kosten**) können mit dem Aufwand übereinstimmen. Dies wird häufig bei Löhnen oder dem Materialeinsatz der Fall sein. Es ist jedoch auch möglich, dass Zahlungsgrößen Verwendung finden, die nicht mit dem Ansatz von Aufwendungen vereinbar sind. Dies gilt zum Beispiel dann, wenn die Quantifizierung von Abschreibungen nicht auf der Basis von Anschaffungskosten, sondern von Tagespreisen oder künftigen Wiederbeschaffungskosten erfolgt.

Bei **wertmäßigen Kosten** ermittelt man den Wertansatz für die Kosten nach dem **Opportunitätsprinzip**. Dabei entspricht die Bewertung dem entgangenen

---

[39] Vgl. Abschnitt 6.4.1.

Erfolg, der sich bei der besten anderen Verwendung der betreffenden Güter hätte erzielen lassen. Eine solche Bewertung ist für Lenkungszwecke grundsätzlich gut geeignet. Übersteigt der positive Erfolgsbeitrag die wertmäßigen Kosten, ist die optimale Verwendung gefunden, weil selbst die beste Alternative keinen höheren Erfolgsbeitrag liefert. Opportunitätskosten können nur dann positiv sein, wenn es sich um knappe Güter handelt. Bei liquiden Mitteln wird dies stets der Fall sein. Bei kurzfristig nicht veräußerbaren Anlagegütern kann es sich jedoch ergeben, dass die Kapazitäten infolge mangelnder Auslastung nicht knapp sind. Dann sollte man nach dem Opportunitätsprinzip für die Inanspruchnahme solcher Anlagen keine Kosten verrechnen.[40]

2. Das Kriterium der **Sachzielbezogenheit** spielt bei der Abgrenzung des Aufwands keine Rolle. Wie gesehen, steht dabei die Messung des Reinvermögens als Verlustpuffer gegenüber den Gläubigern im Mittelpunkt. Welche Ursachen für eine Erhöhung oder Verminderung dieses Puffers verantwortlich sind, ist unerheblich. Für den Erfolg der leistungswirtschaftlichen Tätigkeit sind hingegen sachfremde Erfolgsbeiträge herauszurechnen. Dies gilt insbesondere für Finanzanlagen. Hohe Wertpapiererträge sagen nichts darüber aus, ob die Leistungserstellung effizient ist. Ebenso ist ein hoher Aufwand für die Instandhaltung vermieteter Räumlichkeiten kein Zeichen unwirtschaftlicher Betriebsführung (sofern nicht in der Vermietung der Betriebszweck liegt). Gleichwohl ist die Sachzielbezogenheit nicht irrelevant für die Beachtung der Einkommensinteressen. Ist nämlich ein bestimmter Geschäftszweig dauerhaft nicht erfolgsträchtig, müsste man über eine grundsätzliche Neuausrichtung des Unternehmens nachdenken.

Mit dem Kriterium der Sachzielbezogenheit verwandt ist die **Ordentlichkeit** des Güterverzehrs. Ordentlich ist ein solcher Güterverzehr, der im Rahmen des üblichen Betriebsablaufs zu erwarten ist. Für bestimmte Rechenzwecke (beispielsweise die Kalkulation von Selbstkosten) kann es sinnvoll sein, nur den ordentlichen Güterverzehr in die Kosten einzubeziehen. Sinn dieser Abgrenzung ist die Vermeidung von Schwankungen infolge reiner Zufälligkeiten. Zum Beispiel sollten sich katastrophenbedingte Schäden nicht in langfristigen Preisuntergrenzen niederschlagen. Umgekehrt sollte man bei gefahrengeneigter Produktion immer wieder einmal auftretende Schäden normalisiert, also in Höhe des zu erwartenden Schadens einbeziehen, unabhängig davon, ob es tatsächlich zu einem Schaden kommt oder nicht. Für andere Rechenzwecke (beispielsweise für die Zuweisung von Erfolgen zu Stellen) ist die Einbeziehung realisierter Schäden sinnvoller, beispielsweise dann, wenn die Schadenswahrscheinlichkeit von Sorgfalt oder ähnlichem abhängt.

3. Infolge der **Periodenbezogenheit** ist ein Güterverzehr nicht zu erfassen, wenn er einer früheren oder einer späteren Periode zuzurechnen ist. Auch bei

---

[40] Vgl. Abschnitte 6.4.1 und 12.2.4.

den Kosten ist also eine Rechnungsabgrenzung vorzunehmen. Ein Unterschied zum Aufwand besteht aber darin, dass der Güterverzehr früherer Perioden nicht zum Ansatz kommt. Ergibt sich zum Beispiel eine nicht vorhergesehene Steuernachzahlung für eine vergangene Periode, stellt dies zwar einen Aufwand, nicht jedoch Kosten dar.

Abbildung 8.1 fasst die Unterschiede zwischen Aufwand und Kosten zusammen.

AUFWAND				
Neutraler Aufwand		Zweckaufwand		
Aufwand, keine Kosten	Aufwand, Kosten in anderer Höhe			
		Grundkosten	Anderskosten (Aufwand in anderer Höhe)	Zusatzkosten (kein Aufwand)
			Kalkulatorische Kosten	
		KOSTEN		

Abbildung 8.1: Aufwand und Kosten.

Wenn Aufwand überhaupt nicht mit Kosten verbunden ist, kann dies seine Ursache in den Merkmalen Sachzielbezogenheit oder Periodenbezogenheit haben. Daneben gibt es **neutralen Aufwand**, der mit Kosten in anderer Höhe verbunden sind; dies ist Folge einer anderen Bewertung. Aufwand, der auch der Höhe nach den Kosten entspricht, heißt **Zweckaufwand**; dieser entspricht den **Grundkosten**. Neben den Grundkosten gibt es **kalkulatorische Kosten**, die sich in **Anderskosten** und **Zusatzkosten** einteilen lassen. Zusatzkosten haben keinerlei Verbindung mit Aufwendungen. Das typische Beispiel sind kalkulatorische Eigenkapitalkosten, die infolge des Opportunitätsprinzips anzusetzen sind. Handelsrechtlich stellen diese Kosten einen Teil des Gewinns dar, der demzufolge nicht in die Gewinnermittlung eingeht.

8.5.3 Gliederungen von Kosten

Im voranstehenden Abschnitt haben wir bereits gesehen, dass sich Kosten nach einigen Kriterien differenzieren lassen. Eine erläuterte Zusammenstellung (Tabelle 8.6) hilft, den Überblick zu behalten.

Istkosten sind vergangenheitsbezogen und geben an, welcher Güterverzehr eingetreten ist. Bei der Interpretation von Istkosten sollte man sich allerdings vergegenwärtigen, dass auch sie in der Regel gewisse Planungselemente enthalten. Dies haben wir schon am Beispiel der Abschreibungen verdeutlicht, für deren Bemessung eine Prognose der Nutzungsdauer erforderlich ist. **Plankosten** sind diejenigen Kosten, die bei Umsetzung der geplanten Aktivitäten realisiert werden. Plankosten sind also zukunftsbezogene Kosten. **Sollkosten** stellen eine Variante der Plankosten dar, die im Rahmen der Kostenabweichungsanalyse wichtig ist. Unter Sollkosten versteht man die Plankosten bei der Ist-Produktionsmenge. Gibt es also Mengenabweichungen vom Plan, kompensiert der Ansatz von Sollkosten (statt der Plankosten) die Wirkungen der Mengenabweichung. Über Mengenabweichungen hinaus lassen sich weitere Veränderungen von Bedingungen einbeziehen, die der Entscheider nicht beeinflussen kann.

Differenzierungskriterium	Differenzierungen
Zeitbezug	Istkosten, Plankosten, (Sollkosten)
Abhängigkeit von der Produktionsmenge	fixe Kosten, (Sunk Costs), variable Kosten, Grenzkosten, (Stückkosten)
Verursachungsprinzip	Einzelkosten, Gemeinkosten
Umfang der Zurechnung	Vollkosten, Teilkosten
Bezug zu Zahlungen	pagatorische Kosten, wertmäßige Kosten, (Opportunitätskosten)

Tabelle 8.6: Differenzierungen von Kosten.

Fixe Kosten fallen unabhängig von der Produktionsmenge an – im Gegensatz zu **variablen Kosten**. Häufig bezieht man Fixkosten auf Entscheidungen über die Produktionsmenge, also auf eher kurzfristige Wirkungen. Bei einer längerfristigen Betrachtung, die auch Kapazitätsentscheidungen einbezieht, sind diese Kosten aber durchaus variabel. Für die Bestimmung etwaiger Überkapazitäten sind **abbaubare Fixkosten**[41] zu identifizieren. Wenn bei einer bestimmten Fragestellung Missverständnisse auftreten können, sollte man lieber etwas umständlicher, aber genauer von produktionsmengenunabhängigen (oder: beschäftigungsunabhängigen) Kosten sprechen. Die variablen Kosten der marginalen Produkteinheit bezeichnet man als **Grenzkosten**. Sie stellen den durch die letzte Produkteinheit hervorgerufenen Kostenzuwachs dar. Für eine mathematisch saubere Formulierung müssten die Produkteinheiten beliebig teilbar sein und die Kostenfunktion überall differenzierbar. Zumeist bezieht man Grenzkosten aber auch auf die letzte ganze Produkteinheit. **Stückkosten** sind der Quotient aus Gesamtkosten und Produktionsmenge, variable Stückkosten der Quotient aus den variablen Kosten und Produktionsmenge. Bei linearen Kostenfunktionen stimmen Grenzkosten und variable Stückkosten überein.

Von den fixen Kosten abzugrenzen sind **Sunk Costs**, also irreversible Kosten.[42] Wie gesehen, lassen sich auch Fixkosten durchaus beeinflussen. Dagegen haben Sunk Costs die Eigenschaft, dass sie sich, einmal aufgewendet, nicht mehr in liquide Mittel zurücktransformieren lassen. Solche Irreversibilitäten entste-

---

[41] *Hax* (1984), S. 27 f.
[42] Siehe dazu ausführlicher Abschnitt 4.5.3.2.

hen vor allem bei Investitionen in spezifische Vermögensgegenstände oder Fähigkeiten, die ausschließlich in der von vornherein geplanten Verwendungsrichtung zu Erträgen (Leistungen) führen.

Einzelkosten sind zunächst diejenigen Kosten, die man einer Produkteinheit nach dem Verursachungsprinzip zurechnen kann. Für solche Kosten gilt, dass sie bei einem Verzicht auf das Produkt wegfallen. *Gemeinkosten* lassen sich auf diese Weise nicht zurechnen. Bei einer weitergehenden Betrachtung kann man unter Einzelkosten aber auch diejenigen Kosten verstehen, deren Entstehung auf eine bestimmte Entscheidung zurückzuführen ist (und nicht nur der Entscheidung über die Erstellung einer Produkteinheit). Dies führt zu der Konzeption von relativen Einzelkosten oder auch *entscheidungsrelevanten Kosten*.[43] Das gesamte betriebliche Geschehen lässt sich bei dieser Erweiterung in einer Hierarchie von *relativen Einzelkosten* erfassen. Der Entscheidung zum Beispiel über die Gründung eines Unternehmens sind in diesem Sinne *alle* Kosten und Erlöse zurechenbar, die im Weiteren anfallen.

Man spricht von *Vollkosten* bei Verrechnung sämtlicher Kosten, bei *Teilkosten* gilt dies naturgemäß nur für einen Teil davon. Im Falle von Teilkosten sind es in der Regel die entscheidungsunabhängigen Kosten, die außer Betracht bleiben (je nach Betrachtungsweise also fixe Kosten, Sunk Costs oder Gemeinkosten). Daraus ergibt sich unmittelbar, dass für Entscheidungszwecke eine Vollkostenrechnung häufig nicht gut geeignet sein wird.

Pagatorische (zahlungsbezogene) Kosten und *wertmäßige Kosten* (Opportunitätskosten) sind nicht überschneidungsfrei, wenn man als Ziel wirtschaftlicher Tätigkeiten die Einkommenserzielung vorgibt, was letztlich auf Einzahlungen hinausläuft. Opportunitätskosten sind jedoch im Gegensatz zu pagatorischen Kosten dadurch gekennzeichnet, dass man zusätzlich solche Kostenbestandteile ansetzen kann, die auch jenseits der Periodisierung keinen unmittelbaren Bezug zu Auszahlungen haben.

8.5.4 Basiselemente einer Kostenrechnung

Wie das Rechnungswesen insgesamt dient auch die Kostenrechnung für sich genommen mehreren Zwecken. Unabhängig von der Ausgestaltung im Einzelnen enthält eine Kostenrechnung regelmäßig drei Basiselemente: die *Kostenartenrechnung*, die *Kostenstellenrechnung* und die *Kostenträgerrechnung*. Parallel zur Kostenstellenrechnung erfolgt heute häufig auch eine prozessorientierte Rechnung.

---

[43] *Riebel* (1994).

8.5.4.1 Kostenartenrechnung

Die Kostenartenrechnung hat die Frage zu beantworten, *welche* Kosten anfallen. Zu erfassen sind dafür die **Primärkosten**, also die Kosten für den Einsatz von aus externen Quellen bezogenen Faktoren. Die Kostenartenrechnung muss die Mengen- und die Wertkomponenten der Einsatzgüter zusammenstellen. Daneben sollte eine zielgerechte Strukturierung der Kostenarten erfolgen, die den Erfordernissen der Kostenstellenrechnung und der Kostenträgerrechnung genügt. Insbesondere ist es sinnvoll, die Kosten danach zu differenzieren, ob sie sich einem Kostenträger (einem Produkt) oder einer Kostenstelle als Einzelkosten zurechnen lassen oder nicht. Eine typische Gliederung von Kostenarten folgt der Unterscheidung von Produktionsfaktoren (beispielsweise Arbeitskosten, Materialkosten, Anlagenkosten, Dienstleistungskosten, Kapitalkosten und sonstige Kosten).

8.5.4.2 Kostenstellenrechnung

Die Kostenstellenrechnung gibt an, *in welchem Verantwortungsbereich* Kosten entstehen. Eine wichtige Vorüberlegung besteht in der sinnvollen Einteilung des Unternehmens in Kostenstellen. Die Strukturierung sollte den Aufgaben der Kostenstellenrechnung folgen und es also erlauben, saubere Verantwortlichkeiten herzustellen. Eine räumliche Abgrenzung von Stellen ist wenig hilfreich, wichtiger sind Entscheidungsstrukturen und Weisungsrechte. Die Aufteilung der Kosten auf die Stellen geht in zwei Schritten vor sich:

Zunächst sind die primären Kosten auf die Kostenstellen zu verteilen. Bei **Kostenstelleneinzelkosten** (beispielsweise der Lohn eines Arbeitnehmers, der nur für eine Kostenstelle tätig ist) ist das unproblematisch. Daneben gibt es aber auch **Kostenstellengemeinkosten**, das heißt Kosten für einen Güterverzehr, der mehrere Stellen betrifft (beispielsweise die Miete für ein angemietetes Gebäude, in dem mehrere Kostenstellen untergebracht sind). Generell ist das **Verursachungsprinzip** in sinnvolles Verteilungskriterium. Wenn dies nicht hinreicht, definitionsgemäß also bei Stellengemeinkosten, sollte man nach Verteilungsregeln suchen, die das Verursachungsprinzip gut annähern. Im genannten Mietbeispiel könnte dies eine Schlüsselung nach belegten Geschossflächen sein (Beispiel für einen **Mengenschlüssel**). Kalkulatorische Zinsen könnte man nach dem in den Stellen gebundenen Kapital verteilen (Beispiel für einen **Wertschlüssel**), usw.

Anschließend ist die Sekundärkostenrechnung vorzunehmen. **Sekundärkosten** sind Kosten für die Inanspruchnahme von innerbetrieblich erstellten Leistungen, etwa innerbetriebliche Dienstleistungen (etwa Reparaturen) oder Vorprodukte in einer mehrstufigen Fertigung. Die Sekundärkostenrechnung dient auch dazu, den leistenden Stellen positive Erfolgsbeiträge, den empfangenden

Stellen Kosten zuzuweisen. Die Kostenverrechnung erfolgt auf Basis von Verrechnungspreisen für innerbetriebliche Leistungen.[44]

Üblicherweise unterscheidet man **Hilfskostenstellen** und **Hauptkostenstellen**. Erstgenannte haben die Eigenschaft, dass sie keine Leistungen direkt an den Markt angeben. Dagegen fallen bei letztgenannten auch solche Einzelkosten an, die man direkt den Marktleistungen (Produkten) zurechnen kann.

8.5.4.3 Kostenträgerrechnung

Der dritte Baustein der Kostenrechnung ist die Kostenträgerrechnung. Darin ist die Frage zu beantworten, **wofür** Kosten anfallen. Zumeist betrifft dies die Verrechnung von Kosten auf einzelne Produkteinheiten oder Produktionsaufträge. Informationen über Stückkosten sind vor allem für absatzwirtschaftliche Entscheidungen erforderlich. **Kostenträgereinzelkosten** kann man den Produkteinheiten direkt zuweisen. Dies betrifft vor allem die in das Produkt eingehenden Rohstoffe oder Fertigungslöhne im Falle von Akkordlöhnen. Bei **Kostenträgergemeinkosten** ist das Verursachungsprinzip nicht anwendbar, dann sind andere geeignete Verteilungsverfahren zu bestimmen.

Welches Verfahren sich anbietet, hängt wesentlich vom **Produktionsprogramm** ab. Im Fall der Massenfertigung einer Produktart ist es sinnvoll, alle Kosten gleichmäßig auf die Produkteinheiten zu verteilen. Bei einer Sortenfertigung, also der Herstellung unterschiedlicher Varianten des im Grunde gleichen Produktes (beispielsweise Zäune in unterschiedlicher Höhe), ist das vielleicht schon in Frage zu stellen. Für eine Serienfertigung, also der Produktion unterschiedlicher Produkte in beträchtlichen Stückmengen (beispielsweise bei einem Automobilhersteller), sind bereits differenzierte Zurechnungsverfahren erforderlich. Das Gleiche gilt erst recht für die Einzelfertigung.

Generell gilt, dass es eine „richtige" Verteilung von Gemeinkosten nicht geben kann. Trotz aller Annäherungen an das Verursachungsprinzip ist ein Willkürelement unvermeidbar. Dies wiegt umso schwerer, wenn ein hoher Teil der Kosten Gemeinkosten sind. Zum Beispiel gibt es bei der Produktion von Dienstleistungen fast keine Einzelkosten. Für diese Fallgruppe eignet sich die Prozesskalkulation.[45]

8.5.4.4 Ein Beispiel

Das Zusammenspiel von Kostenartenrechnung, Kostenstellenrechnung und Kostenträgerrechnung wollen wir nun anhand eines einfachen Beispiels skizzieren. Das Beispielunternehmen unterscheidet vier Kostenarten (Lohnkosten,

---

[44] Siehe Abschnitt 8.5.6.
[45] Siehe Abschnitt 8.5.4.5.

Materialkosten, Abschreibungen und Kapitalkosten) und ist in vier Kostenstellen gegliedert (Hilfskostenstelle, Fertigungsstelle, Materialstelle sowie Verwaltungs- und Vertriebsstelle). Der Weg von der Erfassung der einzelnen bewerteten Ressourcenverbräuche bis zur Kalkulation eines einzelnen Produktionsauftrags lässt sich anhand des *Betriebsabrechnungsbogens* (BAB) verfolgen:

	Hilfskostenstelle	Fertigungsstelle	Materialstelle	Verwaltungs-/Vertriebsstelle	Summe
Lohnkosten					
Fertigungslöhne	–	(930)	–	–	(930)
Gemeinkosten	300	50	85	285	720
Materialkosten					
Fertigungsmaterial	–	–	(430)	–	(430)
Gemeinkostenmaterial	50	60	60	50	220
Abschreibungen	220	600	560	390	1.770
Kapitalkosten	180	250	150	60	640
primäre Gemeinkosten	750	960	855	785	3.350
Umlage Hilfskostenstelle	–750	300	375	75	0
Endkosten	0	1.260	1.230	860	3.350
Zuschlagsbasis					
Fertigungslöhne	–	930	–	–	–
Fertigungsmaterial	–	–	430	–	–
Herstellkosten	–	–	–	3.850	–
Zuschlagsätze					
Fertigungsgemeinkosten	–	135,5%	–	–	–
Materialgemeinkosten	–	–	286,0%	–	–
Verw.-/Vertriebskosten	–	–	–	22,3%	–

Tabelle 8.7: Betriebsabrechnungsbogen.

Der oberste Teil des BAB umfasst die Kostenartenrechnung. Im Beispiel sind die Lohnkosten und die Materialkosten bereits danach differenziert, ob es sich um Einzelkosten (Fertigungslöhne bzw. Fertigungsmaterial) oder um Gemeinkosten handelt; die Einzelkosten sind durch Klammern gekennzeichnet. Zudem enthält dieser Teil des BAB die Verteilung der primären Gemeinkosten auf die Kostenstellen, also den ersten Teil der Kostenstellenrechnung. Die Verteilung der primären Gemeinkosten erfolgt, wie oben erläutert, jeweils nach einem geeigneten Schlüssel. Im Ergebnis erhält man die Summe der einer Kostenstelle zugewiesenen primären Gemeinkosten.

Der zweite Teil des BAB besteht in der Sekundärkostenrechnung. Dabei kommt es zu einer Entlastung der Stellen, die innerbetriebliche Vorleistungen erbringen. Im Gegenzug erfolgt eine Belastung derjenigen Stellen, die innerbetriebliche Leistungen empfangen. Die Verteilung der Sekundärkosten erfolgt proportional zur Inanspruchnahme der Leistungen dieser Stelle. Das Ergebnis der Sekundärkostenrechnung sind die Endkosten, also die Summe der einer Kostenstelle zugerechneten Gemeinkosten, die einer Kostenstelle zugerechnet werden, welche Marktleistungen erbringt (*Hauptkostenstelle*). Zwar erbringt auch die Verwaltungs- und Vertriebsstelle keine unmittelbaren Marktleistungen. Dennoch ist es üblich, auch die Verwaltungs- und Vertriebsgemeinkosten erst im Rahmen der Kostenträgerrechnung zu verteilen.

Die unteren Abschnitte des BAB liefern die Grundlage für die Kostenträgerrechnung, die hier als **differenzierende Zuschlagskalkulation** ausgelegt ist. Das heißt, die Verteilung der Gemeinkosten auf die Kostenträger erfolgt auf Basis unterschiedlicher Bemessungsgrundlagen: die Lohngemeinkosten auf Basis der Fertigungslöhne, die Materialgemeinkosten auf Basis des Fertigungsmaterials sowie die Verwaltungs- und Vertriebsgemeinkosten auf Basis der **Herstellkosten**[46], die sämtliche Fertigungs- und Materialkosten (Einzelkosten sowie Endkosten der Fertigungs- und Materialstelle) umfassen. Als Zuschlagssatz erhält man den Quotienten von Endkosten einer Kostenstelle und der entsprechenden Zuschlagsbasis, beispielsweise im Falle der Fertigungsgemeinkosten 1.260/930 = 135,5%. Diesen prozentualen Aufschlag rechnet man zusätzlich zu den Einzelkosten einem Produkt zu.

Betrachten wir die Kalkulation eines bestimmten Produktionsauftrags anhand eines Beispiels: Die Einzelkosten umfassen 23 € für Fertigungslöhne und 24 € für Fertigungsmaterial. Damit erhält man folgendes Kalkulationsschema:

	Fertigungslöhne	23,00
+	Fertigungsgemeinkosten	
	(135,5% der Fertigungslöhne)	31,17
+	Fertigungsmaterial	24,00
+	Materialgemeinkosten	
	(286,0% des Fertigungsmaterials)	68,64
=	Herstellkosten	146,81
+	Verwaltungs- und Vertriebsgemeinkosten	
	(22,3% der Herstellkosten)	32,74
=	Selbstkosten	179,55

Sowohl für die Kostenstellenrechnung als auch für die Kostenträgerrechnung gibt es zahlreiche weitere Verfahren.[47] Das vorgetragene Beispiel hatte die Aufgabe, das Zusammenspiel von Kostenarten-, Kostenstellen- und Kostenträgerrechnung zu verdeutlichen.

---

[46] Wegen der Ähnlichkeit der Begriffe kann man die **Herstellkosten** leicht mit den **Herstellungskosten** verwechseln. Herstellungskosten sind der handelsrechtlich für die Produktion eines Vermögensgegenstandes angesetzte **Aufwand**. Dessen Bemessung richtet sich nach § 255 Abs. 2-3 HGB.

[47] Vgl. bspw. *Friedl/Hofmann/Pedell* (2013), Kapitel 3 bis 5.

8.5.4.5 Prozessorientierte Kostenrechnung

Beschränkt man sich bei der Kostenrechnung auf die vorgestellten Basiselemente, werden die Rechenziele häufig nur unbefriedigend erreicht. Dies liegt häufig daran, dass die Relation von Einzelkosten zu Gemeinkosten seit geraumer Zeit abnimmt.[48] Ursachen dafür sind die zunehmende Kapitalintensität der Produktion und die wachsende Bedeutung von Dienstleistungen, die ein hohes Know-how erfordern und daher nicht wie eine manuelle Fertigung über einen Stücklohn zur Abrechnung kommen. Die übliche Zuschlagskalkulation verteilt also einen immer größeren Teil der Kosten anhand einer immer kleineren Zuschlagsbasis. Da jede Gemeinkostenschlüsselung schon per Definition der Gemeinkosten ein gewisses Beliebigkeitselement enthält, nimmt die Fragwürdigkeit der Ergebnisse immer mehr zu. Das Argument besonders einfacher Berechnungen hat angesichts der Verfügbarkeit leistungsfähiger DV-Anlagen kein Gewicht mehr. Einen Beitrag, diesen Problemen abzuhelfen, soll die prozessorientierte Kostenrechnung leisten.

> Die wesentlichen Schritte der **Prozesskostenrechnung** („activity based costing") lassen sich wie folgt zusammenfassen:
> - Tätigkeitsanalyse;
> - Festlegung von Prozessgrößen;
> - Ermittlung von Prozesskostensätzen.

Die **Tätigkeitsanalyse** besteht in der Zerlegung der betrieblichen Aktivitäten in elementare Schritte. Aktivitäten, die regelmäßig im Verbund auftreten, fasst man zu **Teilprozessen** zusammen. Tätigkeiten und Teilprozesse spielen sich innerhalb einer Kostenstelle ab. Auf der nächst höheren Ebene sind kostenstellenübergreifende, aus verschiedenen Teilprozessen bestehende **Hauptprozesse** zu identifizieren, die ihrerseits ebenfalls in standardisierter Form ablaufen.

Bei der Analyse von Prozessen ist weiter zu überlegen, ob deren Anfall mit der Outputmenge variiert oder nicht. Im ersten Fall handelt es sich offenbar um mengenvariable Prozesse, anderenfalls um fixe Prozesse. Im Rahmen der prozessorientierten Kostenrechnung hat sich dafür ein anderes Begriffspaar herausgebildet: So spricht man von *„leistungsmengeninduzierten"* statt von variablen Prozessen sowie von *„leistungsmengenneutralen" Prozessen* anstelle von fixen Prozessen. Die Begriffe stehen dafür, dass weniger die Frage nach den Kosten einer zusätzlichen Produkteinheit im Mittelpunkt des Interesses steht, sondern die Frage, wie bestimmte Prozesse Teile der Kapazität in Anspruch nehmen. Zum Beispiel ist es in der Kostenrechnung einer Bank eher unwichtig

---

[48] *Reichling/Köberle* (1992), S. 488 ff.

zu wissen, was die Erbringung einer zusätzlichen Beratungsleistung kostet. Die Entlohnung eines Bankangestellten erfolgt nämlich zunächst unabhängig davon, wie viele Kunden er tatsächlich an einem 8-Stunden-Tag berät. Wichtiger ist vielmehr die Frage, welchen Anteil der Beratungskapazität dieses Angestellten eine einzelne Beratung belegt. Neben dem Verursachungsprinzip erkennt man hier das **Beanspruchungsprinzip** als Kriterium für die Abgrenzung leistungsmengeninduzierter Prozesse.[49]

Diesen Prozessen sind sodann **Prozessgrößen** zuzuweisen, die den Ressourcenverzehr möglichst genau repräsentieren sollen. Da es sich bei Prozessen um wiederholte Aktivitätsbündel handelt, bietet sich häufig die geplante Anzahl von Prozessen an. Die Prozesskostenrechnung gilt im Bereich von Dienstleistungen als gut geeignet; diese sind wie in obigem Bankbeispiel besonders personalintensiv. Daher kommen die erforderlichen Bearbeitungszeiten in Frage, zumal diese Zeit bereits im Rahmen der Tätigkeitsanalyse erfasst wird. Die Prozessgrößen umschreibt man häufig als **Kostentreiber** (Cost Driver).

Zur Ermittlung von **Prozesskostensätzen** für die leistungsmengeninduzierten Prozesse sind schließlich Prozesskosten und Prozessmengen zu bestimmen, bei einer Planungsrechnung also zu planen. Bei der üblichen Proportionalisierung ergibt sich der Prozesskostensatz als Quotient von Prozesskosten und Prozessgrößeneinheiten (beispielsweise Anzahl der Prozesse). Die Verrechnung der Kosten für leistungsmengenneutrale Prozesse in die Prozesskostensätze erfolgt in bekannter Weise im Wege der Zuschlagskalkulation.

Mit der Prozesskostenrechnung gewinnt man nur dann einen genaueren Einblick in die Gemeinkosten, wenn sich tatsächlich kostenstellenübergreifende Hauptprozesse identifizieren lassen, die durch dieselben Prozessgrößen charakterisiert sind (beispielsweise die Beanspruchung von Personal). *Ewert/Wagenhofer* schlagen vor, „etwa sieben bis zehn Hauptprozesse zu bilden"[50]. Durch eine (gegebenenfalls gewichtete) Addition der Prozesskostensätze lassen sich auch die Kostensätze für Hauptprozesse ermitteln.

Wenn auch dies von der Konzeption her keineswegs zwingend ist, handelt es sich bei der Prozesskostenrechnung zumeist um eine **Vollkostenrechnung**. Daher ist sie für kurzfristige Entscheidungszwecke nicht gut geeignet. Sofern es aber tatsächlich gelingt, die Transparenz der Gemeinkostenverrechnung zu erhöhen, lassen sich für strategische Zwecke wichtige Erkenntnisse gewinnen. Beispielsweise könnte es sich herausstellen, dass bestimmte Tätigkeiten, die für einen Kunden nicht mit einem eigenen Nutzen verbunden sind und die dieser auch nicht durch einen höheren Preis abzugelten bereit ist, erhebliche Kosten

---

[49] *Schiller/Lengsfeld* (1998), S. 527 f.
[50] *Ewert/Wagenhofer* (2014), S. 679.

mit sich bringen. Dann ist dringend eine Kostensenkung herbeizuführen, insbesondere wäre zu überprüfen, ob die geplante Prozessmenge wirklich erforderlich ist und wie sie sich gegebenenfalls verringern lässt.

Trotz dieser und möglicher anderer Vorteile ist zu konstatieren, dass die Prozesskostenrechnung keineswegs etwas völlig Neues darstellt, sondern lediglich das bekannte Prinzip der direkten Zurechnung von Einzelkosten und der verschlüsselten Zurechnung von Gemeinkosten etwas verfeinert.

8.5.5 Kosteninformationen und Absatzentscheidungen

8.5.5.1 Fragwürdige Kostenaufschlagsmethode

Historisch gesehen ist es eine der ältesten Aufgaben der Kostenrechnung, die Stückkostenermittlung als Nachkalkulation vorzunehmen, die in der Zuweisung von Istkosten zu den einzelnen Kostenträgern (Produkten) besteht. Eine einfache Preissetzungsregel besagt, dass der Preis den **Stückkosten plus Gewinnaufschlag** entsprechen soll (**Kostenaufschlagsmethode**, Cost Plus Method). Im Weiteren zeigen wir anhand eines Beispiels, dass für marktbezogene Absatzentscheidungen die genannte Regel zu völlig ungeeigneten Folgerungen führen kann. Die Kostenfunktion lautet

$$K = 1.000 + 5x,$$

wobei
K Gesamtkosten
x Produktionsmenge.

Daraus ergibt sich für die Stückkosten

$$k = 5 + \frac{1.000}{x},$$

wobei
k Stückkosten.

Der prozentuale Gewinnaufschlag soll 10% betragen:

$$p = (1 + g)k = 1{,}1\left(5 + \frac{1.000}{x}\right),$$

wobei
p verlangter Absatzpreis
g prozentualer Gewinnaufschlag.

Aus der Gleichung für den Preis geht hervor, dass er auch von der Produktionsmenge abhängt. Bei einer größeren Menge sind die Stückkosten und damit der Preis geringer, weil sich die Fixkosten auf eine größere Anzahl von Produkteinheiten verteilen. Unterstellen wir in einem ersten Planungsschritt eine Absatzmenge von $x_0 = 80$. Damit erhält man Stückkosten in Höhe von $k_0 = 17{,}5$ und einen geforderten Absatzpreis von $p_0 = 19{,}25$, der bis hierhin freilich jeden Aspekt der Nachfrage außer Acht lässt.

Die tatsächlich absetzbare Menge hängt allerdings natürlich vom Preis ab. Die **Preis-Absatz-Funktion** erfasst diesen Zusammenhang. Es möge hier gelten

$$x = 300 - 12p.$$

Bei einem Preis von $p_0 = 19{,}25$ fragen die Kunden daher nur $x_1 = 69$ Produkteinheiten nach. Dies erfordert eine Korrektur des Plans. Bei der verringerten Produktionsmenge steigen die Stückkosten an; sie betragen nunmehr $k_1 = 19{,}49$. Unter Einbeziehung des Gewinnaufschlags sollte dann ein Preis von $p_1 = 21{,}44$ verlangt werden. Dieser Preis wiederum lässt nur einen Absatz von nicht mehr als $x_2 = 42$ Stück zu. Diese Menge wäre mit nochmals höheren Stückkosten verbunden usw. Die Argumentation ließe sich einige Stufen weiter fortsetzen. Der entscheidende Punkt wurde jedoch bereits deutlich: „In einer solchen Situation würde sich das Unternehmen selbst aus dem Markte hinausmanövrieren"[51], weil jede Preiserhöhung eine Mengenverringerung herbeiführt, die ihrerseits eine weitere Preiserhöhung nach sich zieht. Abbildung 8.2 skizziert (nicht maßstabsgerecht) die ersten drei Schritte.

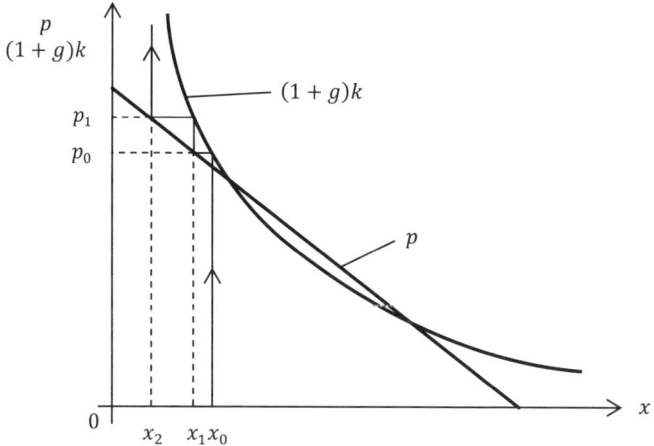

Abbildung 8.2: Stückkostenorientierte Preiskalkulation.

Es lässt sich unschwer erkennen, dass die treibende Kraft für das unerwünschte Phänomen die **Preiselastizität der Nachfrage** ist:[52] je höher die Elastizität, desto stärker die Mengenwirkung einer Preiserhöhung. Im Beispiel der linearen

---

[51] Jacob (1971), S. 115.
[52] Vgl. Abschnitt 6.3.1.4.

Preis-Absatz-Funktion ist die Elastizität umso größer, je höher der Preis ist. Daraus ergibt sich, dass die beschriebene Gefahr umso virulenter ist, je höher die Kosten relativ zu dem Prohibitivpreis sind.

Tatsächlich ist das genannte Vorgehen bei bekannter Preis-Absatz-Funktion von vornherein unsinnig. Es wäre dann offensichtlich optimal, von vornherein den gewinnmaximalen Plan umzusetzen. Selbst wenn wir die Kostenaufschlagsmethode als Trial-and-Error-Methode bei unbekannter Preis-Absatz-Funktion interpretieren, erweisen sich mit einem Gewinnzuschlag versehene Stückkosten im Allgemeinen als für die Preissetzung ungeeignet. Preise sind marktorientiert zu bestimmen. Die Kosten stellen nur eine neben anderen Einflussgrößen dar. Maßgeblich für kurzfristige Entscheidungskalküle sind überdies nicht die vollen Stückkosten, sondern die Grenzkosten.[53]

Marktorientiert ist auch die Umkehrung des skizzierten Vorgehens. Ausgangspunkt ist der Preis, den die Nachfrager für eine bestimmte Produktmenge und -qualität maximal zu zahlen bereit sind. Anschließend ist durch eine geeignete Konstruktion und Fertigung sicherzustellen, dass die Stückkosten nicht höher sind als dieser Preis. Ein solches Vorgehen bezeichnet man als **Zielkostenrechnung** oder Target Costing.[54]

8.5.5.2 Preisuntergrenzen für Zusatzaufträge

Trotz der genannten Probleme stellen Kostenkalküle wichtige Informationen für Preisuntergrenzen bereit. Die wesentlichen Entscheidungsprinzipien haben wir bereits im Abschnitt über die Frage Eigenfertigung oder Fremdbezug untersucht.[55] Zu unterscheiden sind kurzfristige Entscheidungen (bei gegebenen Kapazitäten) und langfristige Entscheidungen.

Bei gegebenen Kapazitäten hängt die Preisuntergrenze für Zusatzaufträge davon ab, ob die Kapazitäten ausgelastet sind oder nicht. Sind freie Kapazitäten in hinreichendem Umfang vorhanden, umfassen die Grenzkosten nur die Einzelkosten des Zusatzauftrages. Alle anderen Kosten fielen auch ohne den Zusatzauftrag an. Ein Auftrag, dessen Erlöse über seinen Grenzkosten liegen, erzeugt einen positiven **Deckungsbeitrag** (definiert als Differenz zwischen den Erlösen und den variablen Kosten). Selbst wenn die Vollkosten nicht gedeckt sind, steigt in diesem Fall der Gesamterfolg des Unternehmens.

Bei unzureichenden freien Kapazitäten setzt die Annahme des Zusatzauftrags die Stornierung, mindestens aber das Aufschieben eines anderen Auftrags voraus. Dann führt der Zusatzauftrag zu einem Minderertrag in Höhe des Deckungsbeitrags des anderen Auftrags. Dessen Erlöse und dessen Grenzkosten

---

[53] Vgl. Abschnitt 6.3.2.1.
[54] Siehe näher *Ewert/Wagenhofer* (2014), S. 270 ff.
[55] Siehe Abschnitt 6.4.

fallen nicht mehr an. Daraus ergibt sich, dass bei ausgelasteten Kapazitäten Preisuntergrenzen stets höher liegen als bei freien Kapazitäten.

Verallgemeinert man die bisherigen Aussagen über Preisuntergrenzen über Gebühr, kann sich das folgende Problem ergeben: Nimmt man alle Aufträge an, die irgendeinen, vielleicht auch nur sehr geringen Beitrag zur Deckung der produktionsmengenunabhängigen Kosten leisten, reicht die Summe der Deckungsbeiträge vielleicht nicht aus, um die Fixkosten zu decken. Die Orientierung an den Grenzkosten gilt daher nur für **kurzfristige Preisuntergrenzen**. Längerfristig sind Produktion und Absatz so zu planen, dass die Kapazitäten ausgelastet sind und die Preise zugleich die Vollkosten (Einzelkosten plus anteilige Gemeinkosten) decken. Ist eine bereits eingerichtete Kapazität zu groß, als dass sie sich dauerhaft auslasten ließe, und liegen die hohen Stückkosten bei Teilauslastung oberhalb der erzielbaren Preise (wie im voranstehenden Beispiel), dann ist ein die Fixkosten senkender Kapazitätsabbau zu empfehlen. Scheidet dies aus (zum Beispiel infolge von Unteilbarkeiten) und bestehen auch keine anderen Möglichkeiten zur Kostensenkung oder zur Absatzförderung, ist sogar die Stilllegung des Betriebs anzuraten. Die **langfristige Preisuntergrenze** besteht in aller Regel in den vollen Stückkosten.

8.5.6 Verrechnungspreise

Die Herstellung der auf dem Markt abgesetzten Leistungen erfolgt häufig nicht in einem Zug, sondern aufgeteilt auf mehrere Produktionsstufen. Daher gibt es innerbetriebliche Stellen, die ihre Leistungen zumindest teilweise nicht an den Markt abgeben, und andere, die ihre Vorleistungen zumindest teilweise nicht vom Markt beziehen. Sinnvoll zugeschnittene Unternehmen zeichnen sich dadurch aus, dass die innerbetriebliche Koordination von Leistungen ausschließlichen Marktkontakten überlegen ist.[56] In der Kostenstellenrechnung stellt sich die Frage nach der Bewertung innerbetrieblicher Leistungen, also nach der Bemessung von Verrechnungspreisen. Zur Beantwortung dieser Frage ist zunächst zu klären, welche Aufgaben Verrechnungspreise erfüllen sollen.

8.5.6.1 Anwendungsmöglichkeiten

Verrechnungspreise dienen drei wesentlichen Zwecken:
- der **Bewertung** der innerbetrieblichen Leistungsmengen,
- der **Ermittlung des Erfolgs** einzelner Kostenstellen und
- der **Lenkung** dezentral getroffener Entscheidungen.

---

[56] Vgl. Abschnitt 4.5.3.

Diese Zwecke sind offensichtlich nicht unabhängig voneinander.

Oben haben wir bereits die Sekundärkostenrechnung angesprochen, also die **Verrechnung von innerbetrieblichen Leistungen**. Für die Ermittlung der Kosten von Endprodukten (seien es Istkosten oder Plankosten) ist es erforderlich, eine konsistente Überwälzung der Primärkosten vornehmen zu können. Den Verrechnungspreisen kommt dabei die Aufgabe zu, die güterwirtschaftliche Komponente zu bewerten. Dies gilt insbesondere für die Inanspruchnahme von Vorprodukten und von innerbetrieblich erbrachten Dienstleistungen. In größeren Unternehmen (und generell in Banken) fließen auch Zahlungsströme zwischen den einzelnen Abteilungen. Dafür sind (explizit oder implizit) **kalkulatorische Zinssätze** anzusetzen, die ebenfalls den Charakter von Verrechnungspreisen haben. Die Anwendung innerbetrieblicher Verrechnungspreise ermöglicht eine konsistente Belastung belieferter und Entlastung liefernder Stellen.

Neben der reinen Kosten- und Erlösanalyse dient dieses Vorgehen vor allem der **Zuweisung von Erfolgen** zu einzelnen Stellen. Konkret müssen dafür Stellen, die innerbetriebliche Leistungen abgeben, einen positiven Erfolgsbeitrag, also innerbetriebliche Erlöse zugewiesen bekommen. Denn im Umfang der innerbetrieblichen Leistungsabgabe haben sie keine Möglichkeit, Markterlöse zu erzielen. Ebenso muss man die empfangenden Stellen mit den Kosten für die innerbetrieblich in Anspruch genommenen Leistungen belasten, um zu aussagekräftigen Erfolgskennzahlen zu kommen.

Eine vernünftige Erfolgsermittlung ist nicht nur für den Gesamtbetrieb, sondern auch für einzelne Abteilungen oder Stellen aus verschiedenen Gründen erforderlich. Bei Stellen, die trotz Ausschöpfung von Kostensenkungspotenzialen dauerhaft negative Erfolge erzielen, ist zu überlegen, ob die dabei erbrachten Leistungen betriebsnotwendig sind oder ob sie entbehrlich sind. Wenn der Erfolg anderer Stellen davon nicht nachhaltig beeinflusst wird, sollte man die entsprechende Abteilung schließen, zumindest aber die dort abgewickelten Transaktionen überprüfen. Als weitere Alternative ist die Möglichkeit des Fremdbezugs dieser Leistungen zu untersuchen. Die Erfolge einzelner Stellen lassen sich schließlich als Maßstab für eine positive oder negative Sanktionierung der hier verantwortlich Tätigen heranziehen. Die Anreize dienen dazu, die Mitarbeiter auf das Unternehmensziel zu verpflichten.

Die am weitesten gehende Anwendung von Verrechnungspreisen findet sich bei stark dezentralisierter Organisation mit großer Selbständigkeit der Stellen. Dann sind die Stellen nicht mit konkreten Planvorgaben konfrontiert, die sie zu erfüllen haben. Vielmehr erhalten sie die **implizite Verhaltensnorm**, ihren Bereichserfolg zu maximieren. Dies entspricht je nach Ausgestaltung der Profit-Center- oder der Investment-Center-Organisation. Nach Vorgabe von Verrechnungspreisen für innerbetrieblich abgesetzte oder empfangene Leistungen steht es den Stellen frei, in welchem Umfang sie innerbetriebliche „Umsätze" tätigen wollen. Verrechnungspreise, welche diese Aufgabe erfüllen sollen, bezeichnet man als Lenkpreise, das Steuerungsprinzip als **pretiale Lenkung**.[57] Die Idee hinter der pretialen Lenkung ist die Rekonstruktion der Steuerung durch Preise auf einem gut funktionierenden Wettbewerbsmarkt.[58]

8.5.6.2 Ermittlung von Verrechnungspreisen

> Für die Bestimmung von Verrechnungspreisen gibt es verschiedene Ansatzpunkte:
> - Marktpreise,
> - Kosten und
> - Verhandlungen zwischen den beteiligten Stellen.

1. **Marktpreise** kommen offensichtlich nur dann als Basis für Verrechnungspreise in Frage, wenn für die betreffenden Leistungen auch ein Markt existiert. Marktpreise geben eine Obergrenze für den Preis vor, den die belieferte Stelle zu zahlen hat, und eine Untergrenze für den Preis, den die liefernde Stelle erhalten soll. Im Falle eines vollkommenen Marktes stimmen Beschaffungs- und Absatzpreis für ein Gut überein. Dann ist mit dem Preis ein eindeutiger Maßstab für die Bewertung innerbetrieblicher Leistungen gefunden. Ein zusätzlicher Vorteil ist die allgemeine Beobachtbarkeit des Bewertungsfaktors, sodass Befürchtungen über eine etwaige Benachteiligung keine Bedeutung haben.

Marktunvollkommenheiten erschweren jedoch diese sehr einfache Lösung. Sind die gehandelten Güter nur ähnlich und nicht gleichwertig, muss man fragen: Welche Auswirkungen hat dies auf die Relation zwischen Marktpreis und innerbetrieblichem Verrechnungspreis? Handelt es sich um einen Markt mit wenig ausgeprägter Konkurrenz, variiert der Preis mit den gehandelten Mengen. Welcher Preis ist dann angemessen? Preissetzungen auf Märkten können auch strategisch erfolgen, zum Beispiel, um Konkurrenten vom Markt zu verdrängen oder vom Markteintritt abzuhalten. Sind solche Preise geeignet für die innerbetriebliche Koordination?

Aus den offenen Fragen ergibt sich, dass Marktpreise **nur auf vollkommenen Märkten** einen unmittelbar geeigneten Maßstab für Verrechnungspreise darstellen. Genau in diesem Fall bedarf es allerdings keines Unternehmens zur Koordination von Entscheidungen. Ist hingegen das Unternehmen der überlegene Koordinationsmechanismus, rekonstruieren Marktpreise bei Verwendung als Lenkpreise lediglich eine suboptimale Allokation. Bei Einsatz der Preise für

---

[57] *Schmalenbach* (1947).
[58] Vgl. Abschnitt 3.4.2.2.

die Bemessung von Erfolgen schließt sich die Frage an, wie die Kooperationsvorteile auf die einzelnen Stellen zu verteilen sind. Hierfür objektive Maßstäbe zu finden ist ausgeschlossen.

Fazit ist also, dass die Heranziehung von Marktpreisen als innerbetriebliche Verrechnungspreise im Allgemeinen weder für die Erfolgsmessung noch für die Steuerung von Entscheidungen besonders gut geeignet ist.

2. Kosteninformationen bilden den zweiten Ansatzpunkt für die Ermittlung von Verrechnungspreisen. Sinnvollerweise sollten Verrechnungspreise die Eigenschaft haben, dass deren Verwendung bei dezentralen Entscheidungen zu denselben Ergebnissen (beispielsweise Produktionsmengen) führt wie eine optimale Gesamtplanung. Dies hätte den Vorteil, dass man auf eine teure, weil auf viele Einzelinformationen angewiesene zentrale Planung verzichten könnte.

Diese Möglichkeit wollen wir nun anhand eines sehr einfachen Beispiels mit nur zwei Stellen überprüfen. Stelle A stellt ein Zwischenprodukt her, Stelle B verarbeitet dieses Zwischenprodukt weiter und setzt es auf dem Markt ab. Der Absatzpreis für eine Produkteinheit hängt nicht von der Absatzmenge x ab und beträgt konstant p. Bei der Herstellung des Zwischenprodukts fallen Kosten in Höhe von $k_A(x_A)$ an, die Kosten der Weiterverarbeitung betragen $k_B(x_B)$.

Als Messlatte für eine dezentrale Lösung ist zunächst der optimale **Gesamtplan** zu entwickeln, der durch gewinnmaximale Produktionsmengen gekennzeichnet ist. Es gilt

$$g(x_A, x_B) = p x_B - k_A(x_A) - k_B(x_B),$$

wobei
g Gesamtgewinn
x_A Menge an Zwischenprodukten
x_B Menge an Fertigprodukten
p Absatzpreis je Stück
$k_A(\cdot)$ Kostenfunktion des Zwischenprodukts
$k_B(\cdot)$ Kostenfunktion der Weiterverarbeitung.

Als Restriktion bei der Gewinnmaximierung durch geeignete Wahl der Produktions- und Absatzmengen ist zu beachten, dass die Menge der Endprodukte nicht größer sein kann als die Menge der Zwischenprodukte. Annahmegemäß soll es für das Zwischenprodukt keinen Markt geben. Daraus folgt (bei Beschränkung auf nur eine Periode) unmittelbar, dass die optimale Lösung durch $x_A = x_B = x$ gekennzeichnet ist. Somit ergibt sich als notwendige Bedingung für die Gewinnmaximierung

$$g'(x^*) = p - [k'_A(x^*) + k'_B(x^*)] = 0,$$

wobei
x^* die den Gesamtgewinn maximierende Produktionsmenge.

Kap. 8: Rechnungswesen 453

Dies entspricht der wohlbekannten Bedingung, dass die Grenzerlöse mit den Grenzkosten übereinstimmen sollen:[59] Hier sind die Grenzerlöse konstant, die Grenzkosten setzen sich aus den Grenzkosten der Fertigung des Zwischenprodukts und den Grenzkosten der Weiterverarbeitung zusammen.

Im Falle *dezentraler Entscheidungen* erhalten die Abteilungen die implizite Verhaltensnorm, den jeweiligen Bereichsgewinn zu maximieren. Die Stelle A erhält je gelieferter Produkteinheit einen Verrechnungspreis v als Erlös zugerechnet, der zugleich den innerbetrieblich verrechneten Kosten der Stelle B entspricht. Es gilt also

$$g_A = vx_A - k_A(x_A),$$
$$g_B = px_B - vx_B - k_B(x_B),$$

wobei
g_i Bereichsgewinn der Stelle i ($i = A, B$)
v Verrechnungspreis für eine Zwischenprodukteinheit.

Für den jeweils maximalen Bereichsgewinn muss gelten

$$g'_A(x_A) = v - k'_A(x_A) = 0,$$
$$g'_B(x_B) = p - v - k'_B(x_B) = 0.$$

Der zu ermittelnde Verrechnungspreis sollte die Eigenschaft haben, dass die individuellen Entscheidungen der beiden Stellen miteinander korrespondieren. Dies ist dann der Fall, wenn die Stelle A genauso viel liefern wie die Stelle B abnehmen möchte. Zudem sollte die Produktmenge mit dem optimalen Gesamtplan x^* übereinstimmen. Dies ist, wie gesehen, dann der Fall, wenn die Summe der Grenzkosten der beiden Abteilungen dem Absatzpreis entspricht. Im Kalkül der Stelle B werden vor Ansatz des Verrechnungspreises zwar die vollen Grenzerlöse, aber nur die Bereichs-Grenzkosten einbezogen. Die Belastung der Stelle B mit dem Verrechnungspreis muss also die Lücke zu den gesamten Grenzkosten schließen, um die optimale Entscheidung zu gewährleisten. Dies ist genau dann der Fall, wenn gilt

$$v^* = k'_A(x^*).$$

Das behauptete Ergebnis können wir leicht beweisen, indem wir diesen Verrechnungspreis in die notwendigen Bedingungen für die maximalen Bereichsgewinne einsetzen. Bei der Lösung der so entstehenden Gleichungen ist zu beachten, dass die Grenzkosten $k'_A(x^*)$ für die Stellen A und B keine Variable mehr darstellen, sondern eine vorgegebene, fixe Größe. Somit zeigt sich, dass genau die Wahl $x_A = x^*$ den Bereichsgewinn von A maximiert, ebenso wird auch der Bereichsleiter von B $x_B = x^*$ wählen. Daher gilt:

---

[59] Vgl. Abschnitt 6.3.2.1.

> Wählt man als Verrechnungspreis für ein Zwischenprodukt die **Grenzkosten der liefernden Stelle** im Gesamtoptimum, so kann man das Gesamtgewinnmaximum durch autonome (dezentrale) Entscheidungen der beiden beteiligten Stellen rekonstruieren.[60]

Diese Aussage scheint gute Delegationsmöglichkeiten zu eröffnen. Das Ergebnis zeigt jedoch zugleich eine entscheidende Schwäche: Im Allgemeinen sind die Grenzkosten nicht konstant. Dann muss für die Ermittlung des Verrechnungspreises $k'_A(x^*)$ das Zentralplanungsproblem gelöst werden, um die zugehörige Menge x^* zu bestimmen. Die einzelnen Stellen sind also nur scheinbar selbständig. Vor allem kann man den Planungsaufwand für die Zentrale nicht verringern, den eigentlich angestrebten Effekt also nicht erreichen.

Der Versuch einer Lösung für dieses Problem könnte darin liegen, dass die Zentrale nicht einen bestimmten Wert für den Verrechnungspreis festlegt, sondern die Stelle B dazu verpflichtet, der Stelle A die Grenzkosten als Verrechnungspreis abzugelten. Zugleich müsste man die Stelle A verpflichten, genau die von der Stelle B erwünschte Menge bereitzustellen. Dies versetzt die Stelle B jedoch in die Lage eines mengenfixierenden **Nachfragemonopolisten**.[61] Wiederum führt dies nur dann zur Rekonstruktion der optimalen Gesamtlösung, wenn die Grenzkosten der Stelle A konstant sind. Weisen aber tatsächlich alle Stellen konstante Grenzkosten auf, müssen wir zusätzlich hier nicht einbezogene Randbedingungen, insbesondere Kapazitätsgrenzen, explizit einbeziehen, um zu einer eindeutigen Lösung zu kommen.

Auch die umgekehrte Kompetenzzuordnung, bei der die Stelle A die Grenzkosten als Verrechnungspreis ersetzt bekommt und die Stelle B zur Abnahme verpflichten kann, führt nicht zu einem sinnvollen Ergebnis. Bei steigenden Grenzkosten würde die Absatzmenge über das gewinnmaximale Maß hinaus ausgedehnt; im Fall von konstanten Grenzkosten wäre die Lösung unbestimmt.

Im behandelten Beispiel geht es um die Heranziehung von Verrechnungspreisen für die Steuerung von Produktionsmengen. Ein weiteres interessantes Anwendungsfeld für die pretiale Lenkung ist die Inanspruchnahme knapper Ressourcen. Das Problem ist typisch für die kurzfristige Produktionsprogrammplanung. Gibt es **Engpassfaktoren**, auf die mehrere Stellen zugreifen, stellt sich die Frage, was der angemessene Preis für die Inanspruchnahme einer Einheit des Engpassfaktors ist. Verrechnungspreise für die Inanspruchnahme der Engpassfaktoren sollten dann zwei Eigenschaften haben: Sie sollen dafür sorgen, dass keine Übernachfrage nach knappen Kapazitäten entsteht, und sie sollten das optimale Produktionsprogramm rekonstruieren.

---

[60] *Hirshleifer* (1956), (1957).
[61] *Ewert/Wagenhofer* (2014), S. 587.

Bei einer analytischen Lösung kommt man erneut zu dem bereits angesprochenen Problem. Zwar lassen sich Verrechnungspreise mit den erwünschten Eigenschaften ermitteln. Auch hier bestimmte man aber zugleich mit Berechnung der Verrechnungspreise auch das optimale Produktionsprogramm. Eine dezentrale Entscheidung auf Basis der Verrechnungspreise bietet keine Vorteile mehr. Dieses **Dilemma der Kostenbewertung** wird in Kapitel 12 ausführlich in analytischer Form dargestellt.

3. Die dritte grundsätzliche Möglichkeit, Verrechnungspreise zu finden, besteht in unmittelbaren **Verhandlungen** zwischen den beteiligten Stellen ohne jede Einschaltung einer Zentralinstanz. Dies nähert die Marktkoordination innerhalb eines Unternehmens weitgehend an. Jedoch kann man sich von dieser Lösung aus verschiedenen Gründen nicht das Effizienzergebnis eines gut funktionierenden Wettbewerbsmarktes erwarten. Insbesondere ist die Wettbewerbsprämisse verletzt. In der Regel ist es nur eine Stelle, die bestimmte Leistungen erstellt. Häufig gilt das Gleiche für die Nachfrageseite.

Herrscht nur auf einer Seite ein Monopol, kommt es in jedem Fall zu einer Verzerrung. Es droht jeweils eine zu geringe Menge, weil der Liefer-Monopolist einen zu hohen Preis, der Abnehmer-Monopolist einen zu geringen Preis durchsetzen kann. Gibt es jeweils nur einen Anbieter und einen Nachfrager, kommt es zu Verhandlungen, bei denen die Partner nicht grundsätzlich unterschiedliche Positionen innehaben. Probleme könnten sich innerhalb eines Unternehmens daraus ergeben, dass Verhandlungen mit direkt ersichtlichen Umverteilungswirkungen besonders **konfliktträchtig** sind. Dies steht im Widerspruch zu dem Motiv für Unternehmensgründungen, die auf einem unvollkommenen Markt entstehenden Reibungsverluste zu verringern. Schließlich ist davon auszugehen, dass nicht alle Stellen Kenntnis über die Kostensituationen der jeweiligen Verhandlungspartner hat. Deshalb ist anzunehmen, dass Verhandlungen durch Taktieren gekennzeichnet sind, um Rückschlüsse auf individuelle Kostensituationen zu erschweren.

8.5.6.3 Beurteilung von Verrechnungspreisen

Die Probleme bei der Anwendung von Verrechnungspreisen hängen überwiegend mit ihrer Ermittlung zusammen. Die herausgearbeiteten Probleme wirken sich bei den verschiedenen Anwendungsbereichen von Verrechnungspreisen unterschiedlich aus. Zu diskutieren ist insbesondere die Eignung für die Erfolgsermittlung und für die Entscheidungssteuerung.

Die erste schwierige Frage ist, ob **Vollkosten** oder **Teilkosten** als Verrechnungsbasis dienen, wobei unter Teilkosten hier zumeist die durch eine Entscheidung ausgelösten Kostenzuwächse zu verstehen sind. Für Zwecke der Entscheidungsorientierung sind Grenzkosten vorzuziehen. Die Orientierung an Grenzkosten hat den Vorteil, dass nicht wie bei der Ermittlung von Vollkosten eine Schlüsselung von nicht eindeutig zurechenbaren Kosten erforderlich ist. Vollkosten haben deshalb stets eine gewisse Willkürkomponente. Schon die nähere Betrachtung des Beispiels mit zwei Stellen zeigt jedoch, dass auch Grenzkosten problematisch sind. Zu diesem Zweck sei unterstellt, dass die Stückkostenfunktion der Stelle A fallend verläuft:

$$\left(\frac{k_A(x)}{x}\right)' < 0.$$

Diese Eigenschaft ist schon dann erfüllt, wenn die Grenzkosten fallen oder wenn bei konstanten Grenzkosten positive Fixkosten auftreten. Selbst bei zunehmenden Grenzkosten ist bei positiven Fixkosten die Relation häufig erfüllt. Überall fallende Stückkosten haben die Implikation, dass die Grenzkosten stets niedriger sind als die Stückkosten:

$$\left(\frac{k_A(x)}{x}\right)' = \frac{xk'_A(x) - k_A(x)}{x^2} = \frac{1}{x}\left(k'_A(x) - \frac{k_A(x)}{x}\right) < 0.$$

Diese Ungleichung impliziert ihrerseits, dass bei einem Verrechnungspreis in Höhe der Grenzkosten der liefernden Stelle deren Stückkosten nicht gedeckt sind, sodass die liefernde Stelle stets einen negativen Bereichsgewinn erzielt. Dies muss im Einzelfall gar kein verzerrendes Ergebnis sein. Es handelt sich jedoch um ein systematisches Ergebnis, das wie gesehen nur im Fall stark ansteigender Grenzkosten keine Gültigkeit besitzt. Grenzkostenorientierte Verrechnungspreise benachteiligen also in aller Regel die liefernde Stelle. Für die Zuweisung von Erfolgen zu Stellen könnte man das vielleicht durch eine Heranziehung von Pauschalen kompensieren; deren Bemessung wäre aber ziemlich willkürlich. Zumindest zeigt sich, dass es kaum gelingt, die Aufgaben Erfolgsbemessung und Entscheidungssteuerung mit demselben Instrument gut zu lösen.

Problematisch ist insbesondere, dass die einzelnen Stellen ihren eigenen Vorteil suchen (was wenigstens teilweise auch intendiert ist), dabei aber einen **Informationsvorteil** gegenüber der koordinierenden Zentrale haben. Es liegt im Interesse der Abteilungen, ihre Plankosten hoch anzusetzen. Dies hängt bei einer liefernden Stelle einerseits mit dem späteren Soll-Ist-Vergleich zusammen, andererseits damit, dass höhere Grenzkosten zu einem höheren Verrechnungspreis führen. Es sind also zusätzliche Maßnahmen erforderlich, um eine wahrheitsgemäße Weitergabe von Kosteninformationen zu erreichen.

Bisher standen vor allem kurzfristige Mengenentscheidungen im Mittelpunkt. Die beschriebene Gestaltung von Verrechnungspreisen vermindert aber auch Anreize, Investitionen in fixkostenerhöhende, aber grenzkostensenkende Maßnahmen zu unterstützen. **Rationalisierungsinvestitionen** haben jedoch häufig genau diese Eigenschaften.

Verrechnungspreise sind, wie gesehen, für die Steuerung dezentraler Entscheidungen schon deshalb wenig geeignet, weil die Ermittlung geeigneter Verrechnungspreise die Lösung von **Gesamtplanungsproblemen** voraussetzt. *Schneider* umschrieb diesen Zusammenhang einmal sehr anschaulich als „marktwirtschaftlicher Wille und planwirtschaftliches Können" der Betriebswirtschaftslehre.[62] Eine gewisse Relativierung dieses harten Urteils liegt darin, dass Verrechnungspreise dennoch ihre Aufgaben erfüllen können, wenn auch ohne Lösung des Zentralplanungsproblems eine einigermaßen zuverlässige Schätzung möglich ist.[63] Es lässt sich jedoch nicht grundsätzlich ausschließen, dass in einzelnen Fällen selbst bei einer nur geringfügig falschen Schätzung von Verrechnungspreisen das Optimum deutlich verfehlt wird.

Schließlich liegt ein grundsätzlicher gedanklicher Fehler darin, mit Hilfe von Verrechnungspreisen die effiziente Ressourcenallokation eines gut funktionierenden **Wettbewerbsmarktes** innerhalb eines Unternehmens rekonstruieren zu wollen.[64] Unternehmen haben gerade da ihren Sinn, wo die Marktallokation zu größeren Reibungsverlusten führt als alle Koordinierungsprobleme innerhalb eines Unternehmens. Deshalb kann man resümieren:

> „'Richtige' Verrechnungspreise ließen sich nur dann erreichen, wenn es sich nie gelohnt hätte, die Unternehmung zu gründen."[65]

Dieses Urteil klingt hart, besagt zugleich aber keineswegs, dass die Verwendung von Verrechnungspreisen schlechthin wenig sinnvoll ist. Namentlich in Situationen mit einer asymmetrischen Informationsverteilung eröffnen sich breite Anwendungsfelder.[66] Dies geht über eine Einführung aber weit hinaus.

8.5.7 Zur Vereinbarkeit von Kosten- und Investitionsrechnung

Zum Abschluss des Abschnitts über die Kostenrechnung wollen wir noch einmal auf deren Beziehung zu einer zahlungsbezogenen Rechnung, insbesondere der Investitionsrechnung eingehen. Diese Beziehung ist deshalb diskussionsbedürftig, weil die Investitionsrechnung mit dem Kapitalwertkriterium normativ eine Vorgabe für die Auswahl zwischen langfristig wirksamen Handlungsmöglichkeiten gibt. Die Kostenrechnung führt hingegen unter anderem zu einer betriebsbezogenen Periodenerfolgsrechnung, die eine Basis für die Beurteilung der verantwortlichen Entscheider bereitstellt.

---

[62] So der Titel des Beitrags von *Schneider* (1989).
[63] *Laux/Liermann* (2005), S. 413.
[64] *Neus* (1997).
[65] *Schauenberg/Schmidt* (1983), S. 265.
[66] *Pfaff/Pfeiffer* (2004).

Entscheidungen sollen also dem Kapitalwertkriterium genügen, die **Beurteilung** der Entscheider folgt jedoch einem anderen Maßstab, nämlich der Betriebserfolgsrechnung. Man muss davon ausgehen, dass die Entscheider primär anhand der Betriebserfolgsrechnung entscheiden, wenn deren Größen maßgeblich für die Beurteilung und die Verhängung positiver oder negativer Sanktionen sind. Deshalb drohen **Fehlentscheidungen**, wenn Betriebserfolgsrechnung und Investitionsrechnung, also Kontroll- und Entscheidungsrechnung nicht miteinander vereinbar sind.[67]

Der Entscheider kann mit einer Beteiligung an Periodenerfolgen rechnen. Im Zeitpunkt der Investitionsentscheidung ist der Entscheider daher an einem möglichst großen Barwert von Periodenerfolgen interessiert. Die Kontrolle und Sanktion anhand von Periodenerfolgen ist demnach mit dem Kapitalwertkriterium vereinbar, wenn der Barwert der Periodenerfolge mit dem Nettobarwert der Einzahlungsüberschüsse (also dem Kapitalwert) übereinstimmt. Zusätzliche Bedingungen sind: Der Planungshorizont des Entscheiders darf nicht kürzer sein als die Laufzeit der Investition. Der Entscheider muss denselben Kalkulationszinsfuß haben wie die Eigentümer des Unternehmens. Das **Lücke-Theorem**[68] gibt die Bedingungen dafür an, unter denen die Vereinbarkeit zwischen den Rechenwerken gegeben ist:

> Berechnet man den Periodenerfolg als Differenz von Einzahlungsüberschuss, Nettozuwachs des gebundenen Kapitals und kalkulatorischen Zinsen, stimmt der **Barwert der Periodenerfolge** mit dem **Kapitalwert** überein.

Der Periodenerfolg, neudeutsch der **Economic Value Added** oder traditioneller der Residualgewinn, ist somit definiert als

$$\hat{g}_t = z_t - (v_{t-1} - v_t) - i v_{t-1} = z_t - (1+i)v_{t-1} + v_t,$$

wobei
$\hat{g}_t$ Periodenerfolg (Residualgewinn, „Economic Value Added") in Periode t
z_t Einzahlungsüberschuss in Periode t
v_t in Periode t gebundenes Kapital
i Kalkulationszinsfuß.

Der Residualgewinn ist also ein modifizierter Einzahlungsüberschuss der betreffenden Periode. Zunächst erfolgt eine Korrektur um Veränderungen in der Kapitalbindung. Die Brücke zwischen der Zahlungsrechnung und der Periodenerfolgsrechnung besteht in der Einbeziehung solcher Vorgänge, bei denen Zahlungsströme und Erfolgsströme nicht übereinstimmen. Bei einer **Kapitalfreisetzung** ($v_{t-1} > v_t$) liegt der Einzahlungsüberschuss über dem Periodenerfolg.

---

[67] *Hax* (1989), S. 156.
[68] *Lücke* (1955).

Dies ist der Fall bei auszahlungslosem Aufwand (beispielsweise Abschreibungen oder Zuführungen zu Rückstellungen) oder bei erfolgsneutralen Einzahlungen (beispielsweise einer Kreditaufnahme). Um solche Beträge ist der Einzahlungsüberschuss gegebenenfalls zu vermindern. Bei einer Zunahme der **Kapitalbindung** ($v_{t-1} < v_t$) fallen die Zahlungen relativ zum Periodenerfolg zu niedrig aus. Zu einer solchen Relation kommt es bei einzahlungslosem Ertrag (beispielsweise Verkauf auf Ziel) oder bei erfolgsneutralen Auszahlungen (beispielsweise Investitionsauszahlungen). Um diese Beträge ist der Einzahlungsüberschuss zu erhöhen. Bis hierhin gibt es keinen konzeptionellen Unterschied zur Bestimmung des kaufmännischen Gewinns.[69] Jedoch gehen in den Residualgewinn außer Veränderungen der Kapitalbindung auch **kalkulatorische Zinsen** auf das während der Periode gebundene Kapital ein. Diese Verrechnung kalkulatorischer Zinsen ist der wesentliche Unterschied zwischen dem Residualgewinn und dem kaufmännischen Gewinn, was insbesondere bei Einsatz von Eigenkapital offensichtlich ist.

Das *Lücke*-Theorem lässt sich wie folgt beweisen:

$$\sum_{t=1}^{T} \hat{g}_t (1+i)^{-t} = \sum_{t=1}^{T} [z_t - (1+i)v_{t-1} + v_t](1+i)^{-t}$$

$$= \sum_{t=1}^{T} z_t(1+i)^{-t} - \sum_{t=1}^{T} v_{t-1}(1+i)^{-(t-1)} + \sum_{t=1}^{T} v_t(1+i)^{-t}$$

$$= (kw - z_0) - \sum_{t=0}^{T-1} v_t(1+i)^{-t} + \sum_{t=1}^{T} v_t(1+i)^{-t}$$

$$= (kw - z_0) - v_0 + v_T(1+i)^{-T} = kw,$$

wenn

$$v_0 = -z_0 \text{ und } v_T = 0,$$

wobei
kw Kapitalwert
I_0 Anfangsauszahlung.

Der Barwert der Residualgewinne stimmt also mit dem Kapitalwert überein, wenn die anfängliche Kapitalbindung der Anfangsauszahlung für das Investitionsprojekt entspricht und der Endbestand des gebundenen Vermögens (v_T) den Wert Null annimmt.[70] Die erste Bedingung scheint unproblematisch zu sein,

---

[69] Vgl. Abschnitt 8.4.1.
[70] Sind diese **hinreichenden Bedingungen** erfüllt, gilt das *Lücke*-Theorem systematisch, ansonsten höchstens zufällig.

setzt aber immerhin voraus, dass die gesamten Anfangsauszahlungen „aktiviert" werden dürfen.[71] Die zweite Bedingung gibt unter anderem eine Beschränkung von zulässigen Abschreibungsverfahren vor, und zwar nicht, was deren zeitliche Verteilung anlangt, sondern in Bezug auf die Abschreibungssumme. Diese muss genau so groß sein wie die Anfangsauszahlung. Nach dem Grundsatz der Pagatorik (*Kongruenzprinzip*) ist das in der Gewinn- und Verlustrechnung selbstverständlich. Im Rahmen der Kostenrechnung findet sich jedoch auch die Forderung, Wiederbeschaffungskosten als Abschreibungsbasis heranzuziehen.[72] Sind die Wiederbeschaffungskosten größer als die Anschaffungskosten, sind die Bedingungen für das *Lücke*-Theorem nicht erfüllt, es sei denn, man setzt in der letzten Periode eine Zuschreibung in Höhe der zuvor vorgenommenen Zusatzabschreibungen an.[73] Bei Wiederbeschaffungskosten über den Anschaffungskosten wäre sonst der Barwert der Residualgewinne kleiner als der Kapitalwert. Durch den Ansatz von **Wiederbeschaffungskosten** für Abschreibungen würde somit der für eine Investition verantwortliche Manager unangemessen kritisch beurteilt.

Der Residualgewinn erinnert stark an den **ökonomischen Gewinn**.[74] Allerdings besteht beim ökonomischen Gewinn der Wertansatz für Vermögensbestände in den Barwerten künftiger Einzahlungsüberschüsse. Das Lücke-Theorem ist dem gegenüber allgemeiner, weil es nicht auf einem bestimmten Bewertungsansatz beruht. Zugleich ist es einschränkender, weil der Kapitalwert nicht in die Bewertung einfließen darf. Typischerweise geht man von den Anschaffungskosten der Sachgüter aus und verrechnet im Fall von dauerhaft genutztem Betriebsvermögen planmäßige Abschreibungen.

Das *Lücke*-Theorem wollen wir nun anhand von Beispielen verdeutlichen. Dabei greifen wir auf das Beispiel-Investitionsprojekt aus Kapitel 7 zurück.[75] Der Kalkulationszinsfuß soll wieder 10% betragen. Als hier maßgebliche Abweichung zwischen Zahlungs- und Erfolgsrechnung berücksichtigen wir alleine Abschreibungen. Diese Vereinfachung ist gerechtfertigt, weil die (verdienten) Abschreibungen bei deutschen Unternehmen im Jahr 2016 knapp 90% der nicht zahlungswirksamen Erfolgsgrößen ausmachten.[76]

---

[71] Im handelsrechtlichen Jahresabschluss ist dies nicht ausnahmslos erfüllt. Vgl. Abschnitt 8.4.3.
[72] *Schierenbeck/Wöhle* (2016), S. 833, sprechen sogar vom „kostenrechnerisch allein richtigen Ansatz".
[73] *Laux* (2006), S. 95.
[74] Vgl. Abschnitt 8.3.
[75] Vgl. Abschnitt 7.2.3.1.
[76] Vgl. *Deutsche Bundesbank* (2017). Das aggregierte Jahresergebnis der einbezogenen Unternehmen betrug 221,0 Mrd. €, der aggregierte Cash-flow 427,5 Mrd. €, die aggregierten Abschreibungen 184,5 Mrd. €. Es verbleibt also eine Nettodifferenz von 22,0 Mrd. € für alle anderen nicht zahlungswirksamen Erfolgsgrößen.

t	z_t	v_t	$v_t - v_{t-1}$	$i \cdot v_{t-1}$	$\hat{g}_t$
0	-100	100	-100	-	-
1	20	75	25	10	-15
2	30	50	25	7,5	-2,5
3	40	25	25	5	10
4	45	0	25	2,5	17,5
Barwert	3,76	-	(0)	-	3,76

Tabelle 8.8: *Lücke*-Theorem, Beispiel 1.

t	z_t	v_t	$v_t - v_{t-1}$	$i \cdot v_{t-1}$	$\hat{g}_t$
0	-100	100	-100	-	-
1	20	60	40	10	-30
2	30	30	30	6	-6
3	40	10	20	3	17
4	45	0	10	1	34
Barwert	3,76	-	(0)	-	3,76

Tabelle 8.9: *Lücke*-Theorem, Beispiel 2.

Die Beispiele 1 und 2 unterscheiden sich durch den zeitlichen Verlauf der Abschreibungen. Beide Varianten erfüllen aber die hinreichenden Bedingungen für die Vereinbarkeit von Kostenrechnung und Investitionsrechnung. Beispiel 2 ist durch eine schnellere Kapitalfreisetzung gekennzeichnet. Angesichts desselben Investitionsprojekts kann dies nur Folge einer anderen kalkulatorischen Erfassung im **Abschreibungsplan** sein. Eine schnellere Kapitalfreisetzung hat auf den Strom von Residualgewinnen zwei Auswirkungen: Zum einen verlagert sie den Gewinn in spätere Perioden, sodass der Barwert der Gewinne abnimmt. Zum anderen verringern sich infolge der schnelleren Kapitalfreisetzung aber auch die kalkulatorischen Zinsen. Die Minderung der kalkulatorischen Zinsen gleicht bei der Berechnung des Barwerts der Residualgewinne den erstgenannten Effekt genau aus. Man erkennt, dass die **kalkulatorischen Zinsen** die wesentliche Brücke zwischen Kostenrechnung und Investitionsrechnung darstellen. Der Ansatz von kalkulatorischen Zinsen führt dazu, dass eine beliebige Umperiodisierung von Erfolgen barwertneutral ist.

Um vielleicht aufkommende Missverständnisse zu vermeiden: Oben war bei den Finanzplänen im Zusammenhang mit Kapitalwert, Annuität und dergleichen ebenfalls von Kapitalfreisetzung die Rede.[77] Das bezog sich jedoch auf Verzinsungs- und Tilgungspläne von Krediten, es ging dabei also ausschließlich um Zahlungen. Die hier vorgenommene „Kapitalfreisetzung" in Form von Abschreibungen hat demgegenüber kalkulatorischen Charakter.

---

[77] Vgl. Abschnitt 7.3.2.1.

In Beispiel 3 übersteigt die verrechnete Kapitalfreisetzung in ihrer Summe die Anschaffungskosten. Dies ist praktisch nicht ungewöhnlich. Für die Ermittlung von Ist-Vollkosten wird häufig auf Wiederbeschaffungskosten zurückgegriffen, weil vollkostendeckende Preise die Wiederbeschaffung der entsprechenden Anlagen sichern soll. Dahinter steht die Idee der **realen Substanzerhaltung**, also der Sicherung eines bestimmten Produktionsapparates. Diese Grundidee ist von vornherein fragwürdig, weil sie jeden Opportunitätsgedanken vernachlässigt. Unabhängig davon zeigt Tabelle 8.10, dass es bei diesem Vorgehen zu Fehlentscheidungen kommen kann. Infolge der Belastung der Periodenerfolge mit insgesamt zu hohen Abschreibungen ist das Projekt aus Sicht eines anhand von Periodenerfolgen beurteilten Entscheiders nicht lohnend. Der Kapitalwert zeigt jedoch, dass mit dem Verzicht auf das Projekt ein Einkommensverlust für die Eigentümer verbunden wäre.

t	z_t	v_t	$v_t - v_{t-1}$	$i \cdot v_{t-1}$	$\hat{g}_t$
0	-100	100	-100	-	-
1	20	70	30	10	-20
2	30	40	30	7	-7
3	40	10	30	4	6
4	45	(-30)	30	1	14
Barwert	3,76	-	(20)	-	-9,90

Tabelle 8.10: *Lücke*-Theorem, Beispiel 3.

Das wesentliche Ergebnis ist, dass Kostenrechnung und Investitionsrechnung bei adäquater Ausgestaltung der Kostenrechnung miteinander vereinbar sind, die **Konsistenz** verschiedener Teile des Rechnungswesens lässt sich also gewährleisten. Die dafür erforderlichen Bedingungen sind im Wesentlichen eine Kapitalfreisetzung, die in ihrer Summe mit der anfänglichen Kapitalbindung übereinstimmt, und der Ansatz kalkulatorischer Zinsen, der den Residualgewinn vom kaufmännischen Gewinn unterscheidet. Für kostenrechnerische Probleme im engeren Sinn gibt das *Lücke*-Theorem allerdings nicht viel her: Die Frage nach „richtigen" Abschreibungsplänen und damit nach „richtigen" Periodenerfolgen lässt sich nicht beantworten, weil im Licht des *Lücke*-Theorems alle Abschreibungspläne richtig sind, die dem Kongruenzprinzip genügen. Über die Zurechnung von Kosten zu Stellen oder über Verrechnungspreise lassen sich ebenfalls keine Aussagen ableiten. Ein Altvorderer der Betriebswirtschaftslehre formuliert daher pointiert: „Die Lücke, die ein Verzicht auf das *Lücke*-Theorem hinterlässt, ersetzt es vollkommen."[78]

---

[78] *Schneider* (1989), S. 39.

Wiederholungsfragen und Übungsaufgaben

Lösungshinweise *https://online.mohr.de/elib/neus*.

Aufgabe 8.1

In einem Unternehmen mit zweistufiger Fertigung kommt der Vorstand auf die Idee, den Fertigungsstufen den Status entscheidungsautonomer Geschäftsbereiche zuzuordnen. Die Steuerung der Geschäftsbereiche soll durch Vorgabe eines internen Verrechnungspreises für das Zwischenprodukt erfolgen. Folgende Daten sind zu berücksichtigen:

Kostenfunktion der liefernden Stelle 1: $\quad k_1 = (x_1 + 25)^2$
Kostenfunktion der belieferten Stelle 2: $\quad k_2 = 50x_2 + 350$
Fertigungstechnologie: $\quad x_2 \leq x_1$
Preis-Absatz-Funktion: $\quad p = 300 - x_2$.

x_i steht dabei für die Fertigungsmenge der Stelle i ($i = 1, 2$). Die Zwischenprodukte sind nicht lagerfähig.

a) Bestimmen Sie im Wege der Zentralplanung die den Gesamtgewinn des Unternehmens maximierenden Produktionsmengen sowie den maximalen Gesamtgewinn.
b) Welchen Wert sollte der Verrechnungspreis v annehmen, wenn die Geschäftsbereiche tatsächlich autonom sind und jeweils ihren Bereichsgewinn maximieren und zugleich ein maximaler Gesamtgewinn gewährleistet sein soll?
c) Diskutieren Sie, inwiefern die Lösung unter b) einer dezentralen Planung gleichkommt.

Aufgabe 8.2

Zur Durchführung der Snowboard-Weltmeisterschaft im Jahre T wird zu Beginn des Jahres $T-1$ eine Projektgesellschaft mbH gegründet, die nach der Veranstaltung, am Ende des Jahres T, wieder aufgelöst wird. Folgende Geschäftsvorfälle sind zu beachten:

- Bei Gründung nimmt die Gesellschaft einen Kredit in Höhe von 2 Mio. € auf. Die jährliche Verzinsung beträgt 10%. Die Tilgung des Kredits erfolgt bei Liquidation.
- Ebenfalls bei Gründung kauft das Unternehmen für Funktionäre, VIPs und Sportler Pkw im Wert von 1,2 Mio. €. Bei Auflösung der Gesellschaft lässt sich für deren Veräußerung ein Erlös von 0,6 Mio. € erzielen.
- Für Büros und sonstige Räumlichkeiten sind jährliche Mietzahlungen in Höhe von 0,1 Mio. € zu leisten.
- Löhne und Gehälter betragen jährlich 1,5 Mio. €.

- Für die Versicherung der Zuschauer werden in T 0,5 Mio. € fällig.
- Noch im Jahr $T-1$ verkauft die Gesellschaft die Werberechte. Der Preis in Höhe von 6 Mio. € ist sofort zahlbar.
- Die Preisgelder für die Sportler kommen nach den Wettkämpfen zur Ausschüttung. Sie betragen insgesamt 2 Mio. €.
- Die Zuschauer bezahlen für die Eintrittskarten 2,8 Mio. €. (Es gibt keinen Vorverkauf.)

a) Ermitteln Sie die Perioden-Einzahlungsüberschüsse für die Jahre $T-1$ und T.

b) Welche konkreten Ansatzpunkte sehen Sie dafür, dass die Perioden-Einzahlungsüberschüsse keine sinnvolle Periodenerfolgsmessung gewährleisten?

Aufgabe 8.3

Bestimmen Sie auf Basis der Kostenfunktion $k(x) = 2.000 + 3x$ die bei Produktionsmengen von $x_1 = 10$ und $x_2 = 20$ anfallenden

a) Grenzkosten,
b) Stückkosten,
c) variablen Kosten und
d) Fixkosten.

Aufgabe 8.4

Eine Leasinggesellschaft setzt das gesamte Eigenkapital in Höhe von 5 Mio. € für den Kauf von Leasinggütern ein, und vermietet diese umgehend. Nach zwei Jahren beendet die Leasinggesellschaft plangemäß ihre Geschäftstätigkeit. Liquidationserlöse fallen nicht an. Die jährlichen Leasingraten betragen insgesamt 4 Mio. €. An weiteren (aufwandsgleichen) Kosten sind lediglich die Abschreibungen zu berücksichtigen. Der kalkulatorische Zinssatz beträgt 10%.

a) Die verrechneten Abschreibungen betragen 3 Mio. € für die erste, 2 Mio. € für die zweite Periode. Bestimmen Sie den Kapitalwert und den Barwert der Residualgewinne. Wie hoch ist der ökonomische Gewinn der beiden Perioden?

b) Was ändert sich bei einer umgekehrten Periodenzuordnung der Abschreibungsbeträge?

c) Bei welchen Abschreibungsbeträgen sind die Residualgewinne in beiden Perioden gleich hoch? Erklären Sie, warum dafür in der ersten Periode die Abschreibungsbeträge niedriger sein müssen.

d) Gehen Sie davon aus, dass lineare Abschreibungen auf Basis des Wiederbeschaffungswertes von 6 Mio. € erfolgen sollen. Durch welche „Kunstgriffe" lässt sich hier das *Lücke*-Theorem dennoch anwenden?

Aufgabe 8.5

Die „Ertragswertabschreibung" besteht in der Minderung des Ertragswertes vom Anfang einer Periode zum Ende der Periode.

a) Ermitteln Sie die Ertragswertabschreibungen der vier Perioden für die Reihe von jeweils am Periodenende realisierten Einzahlungsüberschüssen {120; 430; 340; 200}. Der Kalkulationszinsfuß beträgt 6%.
b) Stellen Sie bei Verwendung der Ertragswertabschreibung den Zusammenhang her zwischen dem ökonomischen Gewinn und dem Residualgewinn.

Aufgabe 8.6

Gegeben sind die Kostenfunktion sowie die Preis-Absatz-Funktion aus Abschnitt 8.5.5.

a) Bei welcher Produktionsmenge lässt sich der geforderte Gewinnaufschlag tatsächlich realisieren?
b) Welcher prozentuale Gewinnaufschlag wäre maximal realisierbar?
c) Erklären Sie, warum das in Abbildung 8.2 implizierte Unternehmenshandeln bei bekannter Preis-Absatz-Funktion ökonomisch widersinnig ist.

Aufgabe 8.7

Ein Unternehmen hat zwei große Abteilungen, die beide innerbetrieblich und an den Markt Leistungen abgeben. Folgende Daten liegen vor:

	Gesamt-liefermenge	innerbetriebliche Lieferungen	Lieferungen an den Markt	Primärkosten
Abteilung 1	3.050	305	2.745	691.250
Abteilung 2	3.800	475	3.325	493.750

Ermitteln Sie die Verrechnungspreise, mit denen sich die innerbetrieblichen Leistungen konsistent bewerten lassen.

Aufgabe 8.8

a) Was sind stille Reserven?
b) Geben Sie wenigstens je ein Beispiel für die Pflicht und für das Recht zur Bildung stiller Reserven.
c) Inwiefern könnte die Bildung stiller Reserven aus Sicht externer Bilanzadressaten kritisch sein? Unterscheiden Sie auch hier zwischen Rechten und Pflichten.

Aufgabe 8.9

Investitionsentscheidungen sollte man bekanntlich nach dem Kapitalwertkriterium treffen. Die Investitionskontrolle erfolgt häufig auf der Basis kostenrechnerischer Kennzahlen.
a) Welche Schwierigkeiten sehen Sie vor diesem Hintergrund in einem divisional organisierten Unternehmen, in der die Abteilungen dezentral auch über die Investitionen entscheiden?
b) Könnte man diese Probleme durch eine geeignete Kostenrechnung (für Zwecke der Investitionskontrolle) beseitigen?
c) Wie ist vor diesem Hintergrund die in der Kostenrechnung häufig verwendete Abschreibung von Wiederbeschaffungswerten zu beurteilen?

Aufgabe 8.10

Ein Bauunternehmen kauft in einer Periode Rohstoffe für insgesamt 24.000 €. Innerhalb dieses Zeitraums bezahlt es die Hälfte des Kaufpreises. Ein Drittel der Rohstoffe wird sofort verbraucht, der Rest wird auf Lager genommen. Durch einen Brand infolge eines Blitzeinschlages verderben Rohstoffe im Wert von 5.000 €.
In welcher Höhe fallen Auszahlungen, Aufwendungen und Kosten an?

Aufgabe 8.11

Überlegen Sie, ob bei den folgenden Vorfällen Auszahlungen, Aufwendungen oder Kosten entstehen. (Die Möglichkeiten schließen einander nicht aus.)
a) Rohstoffe werden bar gekauft.
b) Rohstoffe werden auf Ziel gekauft.
c) Lieferantenverbindlichkeiten werden beglichen.
d) Eine Lagerhalle brennt ab.
e) Löhne für Fertigungsmitarbeiter werden gezahlt.
f) Ein Möbelhersteller spendet vier selbsterstellte Sitzgruppen für wohltätige Zwecke.
g) Aus dem Fertigwarenlager werden Produkte unter Herstellungskosten verkauft. Ursache ist ein völlig überraschender Preisrückgang.
h) Für die Nutzung einer Maschine wird eine Abschreibung vorgenommen.
i) Es ist eine Steuernachzahlung zu leisten, für die in der Vorperiode bereits eine Rückstellung gebildet wurde.
j) Mitarbeiter eines Lebensmitteleinzelhandelsgeschäfts erhalten regelmäßig als Zusatzentlohnung Naturalien.
k) Außerdem dürfen diese Mitarbeiter Waren mitnehmen, deren Verfalldatum abgelaufen ist.

l) Zum Ausgleich für einen ungewöhnlich hohen Krankenstand werden Leiharbeiter eingestellt und bezahlt.

Aufgabe 8.12

Beurteilen Sie, ob die folgenden Aussagen richtig oder falsch sind.
a) Es ist inkonsequent, durch Verwendung von internen Verrechnungspreisen den Marktmechanismus imitieren zu wollen, weil Unternehmen gegründet werden, um Nachteile der Marktkoordination zu verringern.
b) Das Prinzip der umgekehrten Maßgeblichkeit besagt, dass Wertansätze in der Handelsbilanz grundsätzlich auch für die Steuerbilanz gelten.
c) Im Rechnungswesen werden gleichermaßen geplante wie realisierte Geschäftsvorgänge erfasst.
d) Eine externe Rechnungslegung für die Kreditgeber bedarf zwingend einer gesetzlichen Regelung.
e) Eine externe Rechnungslegung für den Fiskus bedarf zwingend einer gesetzlichen Regelung.
f) Die Kontrollaufgabe des Rechnungswesens besteht nur darin, realisierte Fehlentwicklungen aufzudecken.
g) Eine Reinvermögensrechnung berücksichtigt neben dem Geldvermögen auch das Sachvermögen.
h) Gibt es neben proportionalen variablen Kosten auch fixe Kosten, verläuft die Stückkostenkurve monoton fallend.
i) In der Kostenrechnung sind steuerrechtliche Vorschriften maßgeblich für die Wertansätze.
j) Herstellungskosten sind immer aufwandsgleich.
k) Herstellkosten sind immer aufwandsgleich.

Literaturhinweise

Dem Zusammenhang zwischen Investitions- und Kostenrechnung galten die Stichworte „ökonomischer Gewinn" und „*Lücke*-Theorem". Eine Lehrbuchdarstellung dazu findet sich bei *Laux* (2006). Einen kurzen Überblick, in dem die wesentlichen Argumente enthalten sind, bietet der Aufsatz von *Hax* (1989).

Zum handelsrechtlichen Jahresabschluss gibt es eine endlose Anzahl von Lehrbüchern. Als Standard kann das Buch von *Coenenberg/Haller/Schultze* (2016) angesehen werden. Besonders empfehlenswert ist auch *Schildbach* (2013). Ein Standardwerk zur Internationalen Rechnungslegung liefern *Pellens u. a.* (2017). Für eine etwas ungewöhnliche Interpretation der ausgewiesenen Periodenerfolge ist der Aufsatz von *Ordelheide* (1988) lesenswert. Den aktuellen Stand der Theorie zur externen Unternehmensrechnung unter Einbeziehung der einschlägigen Empirie findet man im lesenswerten Buch von *Wagenhofer/Ewert* (2015). *Ewert/Wagenhofer* (2014) haben einen ähnlichen Zugang zur Kosten- und Erlösrechnung wie das vorliegende Buch. Ihre Analyse geht aber deutlich tiefer und die Darstellung erfordert einige Vorkenntnisse. Für die Grundlagen sei auf *Friedl/Hofmann/Pedell* (2013) verwiesen.

Zusammenfassung

1. Rechnungswesen ist der Überbegriff für die Instrumente zur Bereitstellung quantitativer Informationen in einem Unternehmen. Es handelt sich dabei jedoch nicht um ein einheitliches Rechenwerk, sondern es besteht aus mehreren, sehr unterschiedlichen Teilgebieten. Anders kann man der Verschiedenheit der Aufgaben des Rechnungswesens nicht gerecht werden.
2. Die Rechenwerke unterscheiden sich nach den Adressaten (Unternehmensleitung und Dritte), nach den Aufgaben (Planungs- und Kontrollrechnungen) und danach, ob es um langfristig wirksame Investitionsentscheidungen geht oder um deren operative, leistungswirtschaftliche Ausfüllung. Für Planungs- und Kontrollaufgaben sind nicht nur die Totalerfolge zu messen, sondern auch deren Verteilung auf die einzelnen Perioden.
3. Der ökonomische Gewinn ist der investitionsrechnerisch ermittelte Periodenerfolg. Trotz der klaren theoretischen Konzeption ist der ökonomische Gewinn für praktische Zwecke nicht gut geeignet. Für langfristige Entscheidungen kann man direkt den Kapitalwert verwenden, für kurzfristige Entscheidungen geben Zahlungsgrößen nicht die erwünschten Auskünfte, für Kontrollzwecke ist insbesondere die ausgeprägte Zukunftsbezogenheit und die mangelnde Manipulationsfreiheit kritisch zu beurteilen.
4. Die Periodenerfolgsmessung ist eine wesentliche Aufgabe auch des handelsrechtlichen Jahresabschlusses. Bestände an Sachvermögen, Forderungen und Verbindlichkeiten sowie deren Veränderungen ergänzen die reine Zahlungsmittelrechnung. Aufgrund der verschiedenen Ausprägungen des Vorsichtsprinzips und wegen des Zusammenhangs zwischen Handels- und Steuerbilanz (Maßgeblichkeitsprinzip) hat der handelsrechtliche Jahresabschluss die Tendenz, Periodenerfolge zeitlich nach hinten zu verschieben. Das Ausmaß der Verschiebung lässt sich von den externen Adressaten nur schwer abschätzen. Für Inhaber von Festbetragsansprüchen mögen die Jahresabschlussinformationen hinreichen, für (externe) Eigentümer gilt dies weniger.

5. Die Umsetzung von Vorschlägen, Vermögensgegenstände und Verbindlichkeiten „marktnäher" zu bewerten, würde daran nicht sehr viel ändern. Es besteht ein grundsätzlicher Konflikt zwischen der Zukunftsbezogenheit, die für Entscheidungszwecke erforderlich ist, und der Manipulationsfreiheit, die für Kontrollzwecke erfüllt sein muss. Zwischen diesen Anforderungen kann man unterschiedliche Akzente setzen, auflösen kann man den Konflikt nicht. Zudem ist es immanent unlogisch, das Wissen auf dem Markt durch Heranziehung von Marktpreisen verbessern zu wollen.
6. Die Kosten- und Erlösrechnung dient vor allem der kurzfristigen Steuerung des Leistungsbereichs. Deshalb geht es weniger um die Zurechnung von Erfolgen zu Perioden als um die Zurechnung zu einzelnen Stellen oder Produkten. Generell ist die Orientierung am Verursachungsprinzip anzustreben. Dies reicht jedoch für die Zurechnung aller Kosten nicht hin. Eine „richtige" Kostenzurechnung gibt es deshalb nur in engen Grenzen. Für Entscheidungszwecke, zum Beispiel im Absatzbereich, sind Teilkostenrechnungen auf Basis von Grenzkosten ohnehin vorzuziehen.
7. Viele kostenrechnerische Fragen lassen sich auf Verrechnungspreise für innerbetriebliche Leistungen zurückführen. Es wäre allerdings verfehlt, den Marktmechanismus innerhalb des Unternehmens rekonstruieren zu wollen.
8. Hinsichtlich der Vereinbarkeit von Entscheidungs- und Kontrollrechnungen ist es eine wichtige Erkenntnis, dass die Kostenrechnung und die Investionsrechnung miteinander vereinbar sind, wenn die Bemessung von Kapitalfreisetzung und kalkulatorischen Zinsen bestimmten Regeln genügt.

Schlüsselbegriffe

Bilanz
Controlling
Gewinn- und Verlustrechnung
Grundsätze ordnungsmäßiger
    Buchführung
Jahresabschluss
Kosten- und Erlösrechnung

Lücke-Theorem
Manipulationsfreiheit
Ökonomischer Gewinn
Rechnungswesen
Verrechnungspreise
Zukunftsbezogenheit

Teil IV

Analytische Instrumente für die Betriebswirtschaftslehre

Zum Inhalt von Teil IV

Aus den bisherigen Ausführungen geht hervor, dass es für die Untersuchung der einkommensbezogenen Entscheidungen von Individuen häufig zweckmäßig ist, die formalisierte Entscheidungslogik der Mathematik anzuwenden. In den ersten acht Kapiteln haben wir darauf verzichtet, einen auch nur annähernd systematischen Zugang zu diesen Methoden zu vermitteln, um den Gang der sachbezogenen Argumentation nicht allzu sehr zu unterbrechen. Einen solchen Überblick wollen wir in den folgenden vier Kapiteln nachholen. Dies ist im Rahmen einer Einführung in die Betriebswirtschaftslehre kein Exkurs, sondern integraler Bestandteil, weil die präsentierten Methoden im Laufe eines betriebswirtschaftlichen Studiums immer wieder anzuwenden sind.

In Kapitel 9 zeigen wir, dass **Gleichungen** eine völlig unterschiedliche Aussagequalität haben können. Damit wird zugleich deutlich, dass die formalen Instrumente nicht Selbstzweck sind. Vielmehr dienen sie der Vermittlung wirtschaftlicher Inhalte, die ihrerseits als Interpretation aus der Gleichung hervorgehen.

Anknüpfend an das Kapitel über Robinson Crusoe behandelt Kapitel 10 ausführlich die betriebswirtschaftliche **Entscheidungstheorie**. Wie schon in Kapitel 2 begründet, ist es dabei sinnvoll, die Entscheidungen bei Risiko in den Mittelpunkt zu stellen.

Da in aller Regel nicht nur ein einzelner, sondern mehrere Menschen ökonomisch handeln, kommt der Interaktion von deren Entscheidungen eine hohe Bedeutung zu. Deshalb hat Kapitel 11 die **Spieltheorie** zum Gegenstand. Der Schwerpunkt liegt auf der Theorie nicht-kooperativer Spiele, weil den Verhaltensannahmen der Institutionenökonomik folgend ein einzelner Mensch zunächst seine eigenen Interessen fördern möchte und nicht unmittelbar die einer Gruppe von Menschen.

Bei der Formalisierung ökonomischer Entscheidungsprobleme ergeben sich mathematische **Optimierungsaufgaben**. Für zwei wichtige Klassen von Modellen stellen wir in Kapitel 12 die Lösungsverfahren vor.

Die Ausführungen der Kapitel 9 bis 12 zu den quantitativen Methoden dienen zugleich der Wiederholung, Vertiefung oder Ergänzung betriebswirtschaftliche Inhalte. Da in Teil IV des Buches jedoch die Methoden im Mittelpunkt stehen, sind in den einzelnen Kapiteln gesonderte Ausführungen zum Inhalt der Kapitel und eigene Zusammenfassungen nicht erforderlich.

Kapitel 9

Typen von Gleichungen

9.1 Definitionsgleichungen

Definitionen sollen Begriffe mit Inhalt füllen. Von Definitionen schlechthin ist bekannt, dass sie nicht richtig oder falsch sein können, sondern nur mehr oder weniger *zweckmäßig* für ein bestimmtes Untersuchungsziel. Zur Zweckmäßigkeit gehört auch, sich von üblichen Begriffsverwendungen nicht – jedenfalls nicht ohne Not – allzu weit zu entfernen, damit nicht der Vorteil einer gemeinsamen Sprache verloren geht. Im Zweifel kann es sich als sinnvoll erweisen, Begriffe zu verwenden, die in der Alltagssprache nicht auftauchen. Dies dient der Vermeidung von Missverständnissen. Das Gleiche gilt natürlich auch für Definitionen in Form einer mathematischen Gleichung.

Ein Beispiel für eine Definitionsgleichung ist:

$$p(u) = \sum_{i=1}^{n} p(y_i),$$

wobei
$p(u)$ Marktwert eines Unternehmens
$p(y_i)$ Marktwert des mit dem Finanzierungstitel i ($i = 1, \ldots, n$) dieses Unternehmens verbundenen Einkommensstroms y_i.

In Worten besagt die Definition, dass sich der Marktwert eines Unternehmens ergibt als Summe der Marktwerte aller von dem Unternehmen ausgegebenen Finanzierungstitel (also Aktien, Anleihen, aber auch Bankkredite, Kommanditeinlagen etc.).[1] Die Definition ist nichts weiter als eine Begriffsbestimmung. Für eine weitere Untersuchung ist zu klären, wodurch die Marktwerte von Einkommensströmen bestimmt sind, wie bestimmte Entscheidungen den Marktwert verändern und ob Interdependenzen zwischen den Marktwerten verschiedener Finanzierungstitel bestehen. Zur Gewinnung empirischer Aussagen und von Empfehlungen bestimmter Finanzierungsweisen sind Messmethoden für den Marktwert von Finanzierungstiteln erforderlich.

---

[1] Vgl. Abschnitt 7.3.6.2.

9.2 Identitätsgleichungen

Identitätsgleichungen sind dadurch gekennzeichnet, dass sie keinen eigenen Aussagegehalt haben. Gleichwohl kann die Verwendung von Identitätsgleichungen sinnvoll sein, weil sich mit ihrer Hilfe weitergehende Aussagen leichter formulieren lassen. Die ausschließliche Verwendung einer formalen Logik trägt überdies dazu bei, Fehler in der Argumentation zu vermeiden.

Ein Beispiel für eine Identitätsgleichung ist:

$$\sum_{i=1}^{n_a} a_i = \sum_{i=1}^{n_p} p_i,$$

wobei
a_i Wert der bilanziellen Aktivposition i
p_i Wert der bilanziellen Passivposition i
n_j Anzahl von Aktiv- ($j = a$) bzw. Passivpositionen ($j = p$).

In verbaler Formulierung drückt die Gleichung aus, dass die Summe aller Aktivwerte einer Bilanz mit der Summe aller Passivwerte übereinstimmt.[2] Der Satz hat keinen eigenen Aussagegehalt, sondern ist eine unmittelbare Folge daraus, dass eine Bilanz **per Konstruktion** ausgeglichen ist. Dies wiederum ist darauf zurückzuführen, dass die Passivposition des Eigenkapitals als Differenz von Vermögen und Verbindlichkeiten eine Saldogröße ist. Die Passivseite legt die Herkunft aller Mittel eines Unternehmens offen, die Aktivseite gibt die Verwendung der Mittel an.

9.3 Annahmen

Analytische Modelle beruhen auf formalisierten Annahmen. Für eine zweckmäßige Abbildung individueller Entscheidungen ist zu überlegen, auf welcher Basis diese fußen. Auch nach der Vorab-Beschränkung auf Fragen der Einkommenserzielung sind Präferenzen, also Vorstellungen über die Vorziehenswürdigkeit, zu konkretisieren.

Ein Beispiel dafür ist der Nutzen eines Individuums in Abhängigkeit von konsumierten Gütermengen.[3] Eine denkbare Annahme ist:

$$u(x_1, \ldots, x_n) = \prod_{i=1}^{n} x_i^{\alpha_i},$$

---

[2] Vgl. Abschnitt 8.4.2.1.
[3] Vgl. Abschnitt 2.1.1.3.

wobei
u   Nutzen
x_i von Gut i konsumierte Menge
α_i Gewichtungsfaktor für das Produkt i
n Anzahl der Güter.

Annahmen sind nicht unmittelbar überprüfbar. Plausibilitätsüberlegungen lassen sich aber ebenso anstellen wie Versuche, **Implikationen** dieser Annahmen empirisch zu überprüfen. Als plausibel gilt zum Beispiel, dass der Nutzen bei einer Zunahme der konsumierten Gütermengen steigt (positiver Grenznutzen) und dass der Nutzenzuwachs sinkt, wenn die Gütermengen hoch sind (abnehmender Grenznutzen). Diese Eigenschaften sind erfüllt, wenn in der angeführten Nutzenfunktion die Gewichtungsfaktoren α_i positive Werte annehmen, die in der Summe nicht größer als eins sind.

9.4 Verhaltensgleichungen

Häufig sind ökonomische Zusammenhänge so kompliziert, dass sich nicht alle Rückwirkungen in einem einzigen Totalmodell endogen erklären lassen. Dann ist es erforderlich, in einem Partialmodell einige Elemente per Annahme vorzugeben. Beziehen sich solche Annahmen auf das Verhalten von Individuen (oder Gruppen von Individuen), spricht man von Verhaltensgleichungen. Diese stellen also eine bestimmte Form von Annahmen dar. Sie unterscheiden sich von den zuvor skizzierten Annahmen dadurch, dass sie sich theoretisch aus anderen, vorgelagerten Modellen ableiten lassen. Darüber hinaus sollten sie auch einer **empirischen Überprüfung** zugänglich sein. Verhaltensgleichungen sollten theoretisch begründet und empirisch nicht widerlegt sein.

Ein Beispiel für eine Verhaltensgleichung ist die Preis-Absatz-Funktion, die eine Aussage über Absatzmengen eines Gutes in Abhängigkeit vom Preis dieses Gutes (und je nach Modellformulierung auch der Preise anderer Güter) macht. Ein wichtiges Anwendungsfeld für Preis-Absatz-Funktionen ist die Preisgestaltung auf dem Absatzmarkt.[4] Konkret könnte etwa gelten

$$x_i^N(p_1, \ldots, p_n) = a_i - b_i p_i + \sum_{j \neq i} c_{ij} p_j \quad (i = 1, \ldots, n),$$

wobei
x_i^N von Gut i nachgefragte Menge
p_i Preis des Gutes i
a_i, b_i positive Koeffizienten
c_{ij} positive oder negative Koeffizienten.

---

[4] Vgl. Abschnitt 6.3.1.1.

Eine typische Annahme über eine Preis-Absatz-Funktion ist, dass mit steigendem Absatzpreis eines Gutes die abgesetzte Menge dieses Gutes zurückgeht. Wie die Preise anderer Güter die Absatzmenge beeinflussen, hängt davon ab, ob es sich um komplementäre oder substitutive Güter handelt. Als üblich wird auch angesehen, dass es einen Preis gibt, bei dem jede Nachfrage zum Erliegen kommt (**Prohibitivpreis**). Schließlich gibt es häufig eine Nachfragemenge, die selbst bei kostenloser Verfügbarkeit der Güter nicht überschritten wird (**Sättigungsmenge**). Die theoretische Fundierung einer bestimmten Preis-Absatz-Funktion gelingt insbesondere, wenn sie sich auf eine plausible Annahme über die Nutzenfunktionen der Haushalte zurückführen lässt.

9.5 Optimalitätsbedingungen

In Modellen zur Ableitung **praktisch-normativer Aussagen** gibt es Gleichungen, die Bedingungen für das Optimalverhalten formulieren. In Fortführung des letztgenannten Beispiels lässt sich für den Produzenten des Gutes i mit der oben angeführten Preis-Absatz-Funktion eine notwendige Bedingung für das Gewinnmaximum angeben. Der Gewinn ergibt sich als Differenz zwischen Erlösen und Kosten, sodass gelten muss:

$$\frac{\partial g_i}{\partial p_i} = \frac{\partial e_i}{\partial p_i} - \frac{\partial k_i}{\partial p_i} = 0 \text{ oder } \frac{\partial e_i}{\partial p_i} = \frac{\partial k_i}{\partial p_i},$$

wobei
g_i Gewinn des betrachteten Produzenten
e_i Erlös (Preis × Absatzmenge)
k_i Kosten.

Verbal umschrieben bedeutet die notwendige Optimalitätsbedingung, dass der durch eine Preiserhöhung bewirkte Mehrerlös mit den hervorgerufenen Mehrkosten übereinstimmen soll.[5] Zu beachten ist, dass der Preis unmittelbar auf den Erlös wirkt, aber über die Preis-Absatz-Funktion auch auf die Menge und damit auch auf die Kosten. Neben der angeschriebenen notwendigen Bedingung[6] ist auch die hinreichende Bedingung zu beachten, hier muss gelten $\partial^2 g_i / \partial p_i^2 < 0$. Sofern die hinreichende Bedingung erfüllt ist, bewirkt eine Preiserhöhung bei einem Preis, der unterhalb des optimalen Preises liegt, einen verglichen mit den Zusatzkosten höheren Zusatzerlös; die Preiserhöhung lohnt sich also. Da ökonomische Variablen häufig auf endliche, nichtnegative Werte beschränkt sind, ist auch die Möglichkeit von Randlösungen zu überprüfen.

---

[5]   Vgl. Abschnitt 6.3.2.1.
[6]   Man spricht auch von der Bedingung erster Ordnung oder „**First Order Condition**".

9.6 Gleichgewichtsbedingungen

Gelegentlich ist in der Betriebswirtschaftslehre von Gleichgewichten die Rede. Häufig ist damit ein Marktgleichgewicht gemeint. Ein Marktgleichgewicht ist – von wenigen theoretischen Sonderfällen abgesehen[7] – gekennzeichnet durch eine Menge von Preisen, bei denen kein Marktteilnehmer (kein Anbieter und kein Nachfrager) seine individuellen Dispositionen mehr ändern möchte und zugleich der Markt geräumt ist. **Markträumung** bedeutet, dass bei allen Gütern die gewünschten Angebotsmengen und die gewünschten Nachfragemengen übereinstimmen.[8]

Das erstgenannte Merkmal verweist offenbar auf das individuelle Planungsoptimum, das soeben anhand der Optimumbedingungen für den Anbieter verdeutlicht wurde. Die zusätzliche Bedingung lautet:

$$x_i^N(p_1, \ldots, p_n) = x_i^A(p_1, \ldots, p_n) \quad (i = 1, \ldots, n),$$

wobei
x_i^A Angebotsmenge von Gut i.

9.7 Theoreme

Einen letzten Typ von Gleichungen stellen die Hauptergebnisse eines Modells zur Beschreibung und Erklärung von Sachverhalten dar. Wesentlich für solche Theoreme (oder auch: Sätze, Propositionen) ist, dass sie **zu beweisen** sind, sich also als analytische oder wenigstens logische Folge aus Annahmen, Optimalitätsbedingungen etc. ableiten lassen müssen. Als Beispiel sei hier das Wertadditionstheorem angeführt. Demnach muss auf einem vollkommenen Kapitalmarkt gelten:[9]

$$p\left(\sum_{i=1}^{n} y_i\right) = \sum_{i=1}^{n} p(y_i),$$

mit den gleichen Symbolen wie in Abschnitt 9.1.

---

[7] Ein Beispiel für einen solchen Sonderfall besteht in der Kreditrationierung; vgl. *Stiglitz/Weiss* (1981).
[8] Vgl. Abschnitt 3.4.2.2.
[9] Vgl. Abschnitt 7.3.6.2.

Kapitel 10

Entscheidungen bei Risiko

10.1 Einordnung der Entscheidungen bei Risiko

Wie in der Betriebswirtschaftslehre schlechthin findet sich auch in der Entscheidungstheorie das Nebeneinander deskriptiver und normativer Theorien. Gegenstand deskriptiver Entscheidungsforschung ist die Identifizierung von Situationsmerkmalen, die bestimmte tatsächliche Entscheidungen erklären. Auch der **deskriptiven Entscheidungstheorie** liegen Modelle zugrunde: Modelle, welche die Suche nach einschlägigen Situationsmerkmalen erleichtern, und Modelle, welche eine Hypothesenbildung erlauben, die einer empirischen Überprüfung zugänglich sind. Die (praktisch-) **normative Entscheidungstheorie** dient dazu, Entscheidungsempfehlungen abzuleiten. Demnach ist zu erklären, wie wir ausgehend von einer fixierten Zielsetzung aus einer Menge von Handlungsalternativen diejenige mit der besten Zielerreichung auswählen können. Die praktisch-normative Entscheidungstheorie steht im Mittelpunkt der folgenden Überlegungen. Die vorgegebenen Zielsetzungen sind die Einkommenserzielung und die Verringerung von Einkommensunsicherheiten. Die geeignete Umsetzung dieser generellen Zielorientierung, zum Beispiel die angemessene Einbeziehung von Risikopräferenzen, ist Gegenstand dieses Kapitels.

Die Elemente des **Grundmodells der Entscheidungstheorie** sind bereits bekannt:[1] Handlungsalternativen, Umweltzustände (gleichbedeutend war auch von Zukunftsentwicklungen die Rede) und Ergebnisse. Je nachdem, wie viele Umweltzustände eintreten können und welche Informationen über Eintrittswahrscheinlichkeiten vorliegen, lassen sich Entscheidungen bei Sicherheit, bei Risiko und bei Ungewissheit unterscheiden. Im Weiteren betrachten wir ausschließlich Entscheidungen bei Risiko. Wir setzen also voraus, dass der Entscheider in der Lage ist, mindestens eine grobe subjektive Wahrscheinlichkeitsverteilung für die Zustände anzugeben. Der Fall sicherer Erwartungen ist als Grenzfall der degenerierten Wahrscheinlichkeitsverteilung darin enthalten.

Entscheidungen bei Risiko setzen Wahrscheinlichkeitsurteile voraus. Daher ist es erforderlich, mit einigen Grundlagen der Wahrscheinlichkeitsrechnung zu beginnen, auf denen Kalküle für Risikosituationen beruhen. Anschließend befassen wir uns mit wichtigen Entscheidungsprinzipien für Risikosituationen,

---

[1] Siehe Abschnitt 2.1.5.

nämlich mit dem *Bernoulli*-Prinzip, mit dem (μ, σ)-Prinzip und mit der stochastische Dominanz.

10.2 Wahrscheinlichkeitsrechnung

10.2.1 Zufallsvariablen und Wahrscheinlichkeitsverteilungen

> Eine **Zufallsvariable** ist eine Funktion, die jedem Elementarereignis aus einer Ereignismenge eine reelle Zahl zuordnet.

Die Ereignismenge ist der Definitionsbereich der Zufallsvariablen, deren Wertebereich ist die Menge der reellen Zahlen oder eine Teilmenge davon. In der Sprache des oben vorgestellten Grundmodells der Entscheidungstheorie[2] entspricht ein Elementarereignis einem Zustand. Die Ereignismenge kann zum Beispiel darin bestehen, dass die Marktentwicklung bei einem bestimmten Produkt normal, gut oder schlecht verlaufen kann. Das Elementarereignis „normale Marktentwicklung" entspricht einem Zustand in der Terminologie des Grundmodells der Entscheidungstheorie. Ein Ereignis kann aber auch mehrere Zustände enthalten, zum Beispiel das Ereignis: „Die Marktentwicklung ist schlecht oder normal." Eine Zufallsvariable ordnet einer jeden Ausprägung der Marktentwicklung ein bestimmtes Absatzpotenzial zu (beispielsweise 300, 400 oder 120 Produkteinheiten je Tag).

Man spricht von einem **zufälligen Vorgang**, wenn auch bei einem fixierten Bedingungsrahmen das Resultat durch die Entscheidung nicht eindeutig determiniert ist. Der Bedingungsrahmen besteht beispielsweise in den eingesetzten absatzpolitischen Maßnahmen, im entscheidungstheoretischen Sinn also in den möglichen Aktionen. Im Mangel an Vorhersagbarkeit schlägt sich der Einfluss des Zufalls nieder. Für einen Statistiker zu ungenau, bei betriebswirtschaftlichen Fragestellungen aber akzeptabel ist es, den Zufall als die Wirkung all dessen zu beschreiben, über das wir keine präzisen Aussagen machen können. Gerade mit Blick auf die Anwendung in der Entscheidungstheorie ist schließlich hervorzuheben, dass ein zufälliges Ergebnis nicht ausschließlich durch den Zufall bestimmt wird, sondern auch der Entscheider durch Wahl einer Aktion einen Einfluss ausübt, wenn gleich eben nicht in einer sicheren Art und Weise.

Wesentlich für die quantitative Erfassung des Zufalls sind Wahrscheinlichkeiten. Als **Wahrscheinlichkeitsverteilung** bezeichnet man eine Zuordnung von Zahlen zu Ereignissen, die bestimmten Axiomen genügt:[3]

---

[2] Siehe dazu Abschnitt 2.1.5.
[3] Vgl. bspw. *Bamberg/Baur/Krapp* (2017), S. 74.

1. Die Wahrscheinlichkeit für den Eintritt irgendeines Zustands (oder allgemein: eines Ereignisses) ist nichtnegativ und nicht größer als Eins:

$$0 \leq w(z_j) \leq 1 \quad (j = 1, \ldots, n),$$

wobei
$w(z_j)$ Wahrscheinlichkeit für den Eintritt des Zustands j.

2. Aufgrund der Vollständigkeit der Einteilung aller denkbaren Umweltentwicklungen muss irgendeiner der Umweltzustände eintreten. Das Ereignis „Eintritt irgendeines Zustands" ist demnach das sichere Ereignis. Die Wahrscheinlichkeit für den Eintritt des sicheren Ereignisses beträgt Eins:

$$w(s) = 1,$$

wobei
s sicheres Ereignis (Vereinigungsmenge aller Zustände: $s = \cup_j z_j$).

3. Per Konstruktion des Grundmodells der Entscheidungstheorie sind die einzelnen Zustände überschneidungsfrei abgegrenzt. Der Eintritt eines Zustands ist also mit dem Eintritt anderer Zustände unvereinbar. Die Wahrscheinlichkeit, dass von zwei Zuständen (oder allgemein: von zwei unvereinbaren Ereignissen) der eine oder der andere eintritt, ergibt sich deshalb aus der Summe der einzelnen Wahrscheinlichkeiten:

$$w(z_j \cup z_k) = w(z_j) + w(z_k) \quad (j, k = 1, \ldots, n; k \neq j),$$

wobei
$z_j \cup z_k$ Ereignis, dass Zustand j oder Zustand k eintritt.

Von besonderer Bedeutung ist die Beachtung dieser Axiome vor allem bei Verwendung subjektiver Wahrscheinlichkeiten, was bei betriebswirtschaftlichen Fragestellungen häufig der Fall ist.

In der angegebenen Form gelten die Axiome für **diskrete Zufallsvariablen**, also für solche Zufallsvariablen, die nur abzählbar viele Werte annehmen können. Daneben gibt es auch **stetige Zufallsvariablen**; diese werden wir im Weiteren allerdings nicht explizit einbeziehen.[4]

10.2.2 Wahrscheinlichkeits- und Verteilungsfunktion

Die Wahrscheinlichkeiten für den Eintritt bestimmter Ereignisse sind ein wichtiger Baustein der quantitativen Erfassung der Unsicherheit von Erwartungen. Letztlich geht es aber um die Erwartung bezüglich der Ergebnisse. Sie lassen sich durch die Wahrscheinlichkeitsfunktion und die Verteilungsfunktion beschreiben.

---

[4] Vgl. dazu ausführlich *Bamberg/Baur/Krapp* (2017), Abschnitte 8.5 und 8.6.

> Die **Wahrscheinlichkeitsfunktion** $f(x)$ gibt an, mit welcher Wahrscheinlichkeit einzelne Ergebnisse x eintreten.

Im Beispiel der Marktentwicklung kann die Wahrscheinlichkeitsfunktion das folgende Aussehen haben:[5]

$$f(x) = w(\tilde{x} = x) = \begin{cases} 0{,}2 & \text{für } x = 120 \\ 0{,}6 & \text{für } x = 300, \\ 0{,}2 & \text{für } x = 400 \end{cases}$$

wobei
x Marktentwicklung, gemessen in täglich absetzbaren Produkteinheiten.

Grundsätzlich ist zu fragen, welche Wahrscheinlichkeitsfunktion in einer bestimmten Situation zu unterstellen ist. Im vorgetragenen Beispiel kann sie das Ergebnis der Expertise eines Gutachters sein, die neben den Wahrscheinlichkeiten für die einzelnen Szenarien auch die Quantifizierung von „normaler", „schlechter" und „guter" Marktentwicklung umfassen muss. Realistisch gestellte Entscheidungsprobleme sind häufig nur durch derartig **grobe Informationen** beschreibbar. Eine derartige Grobanalyse bezeichnet man als **Szenariotechnik**.[6]

Sofern es sich um eine diskrete Zufallsvariable handelt, ist auch die Wahrscheinlichkeitsfunktion eine diskrete Funktion. Die grafische Darstellung einer Wahrscheinlichkeitsfunktion entspricht einem Stabdiagramm. Abbildung 10.1 gibt das oben angeführte Beispiel wieder.

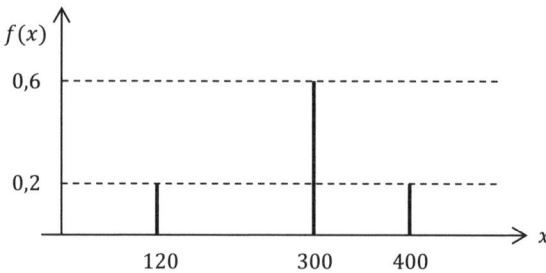

Abbildung 10.1: Wahrscheinlichkeitsfunktion des Absatzpotenzials.

Neben der Wahrscheinlichkeitsfunktion dient auch die Verteilungsfunktion der Beschreibung einer Wahrscheinlichkeitsverteilung.

---

[5] In diesem Abschnitt über die Wahrscheinlichkeitsrechnung sind Zufallsvariable $\tilde{x}$ zur Verdeutlichung mit Tilden gekennzeichnet, die entsprechenden Größen ohne Tilden stehen für bestimmte Ausprägungen (Realisationen) der Zufallsgrößen.
[6] Siehe dazu *Brockhoff* (2011), S. 786.

Die **Verteilungsfunktion** $F(x)$ gibt an, mit welcher Wahrscheinlichkeit die Zufallsvariable einen bestimmten Ergebniswert x nicht überschreitet.

Für die Verteilungsfunktion an der Stelle x gilt

$$F(x) = w(\tilde{x} \leq x) = \sum_{e \leq x} w(e).$$

Aufgrund dieser Definitionen und der Axiome der Wahrscheinlichkeitsrechnung hat die Verteilungsfunktion einen Wertebereich von $[0; 1]$, außerdem ist sie (zumindest schwach) monoton steigend. Angewendet auf das Beispiel der Marktentwicklung erhält man

$$F(x) = \begin{cases} 0 & \text{für} & x < 120 \\ 0{,}2 & \text{für} & 120 \leq x < 300 \\ 0{,}8 & \text{für} & 300 \leq x < 400 \\ 1 & \text{für} & 400 \leq x \end{cases}.$$

Die Verteilungsfunktion hat also die Gestalt einer Treppenfunktion:

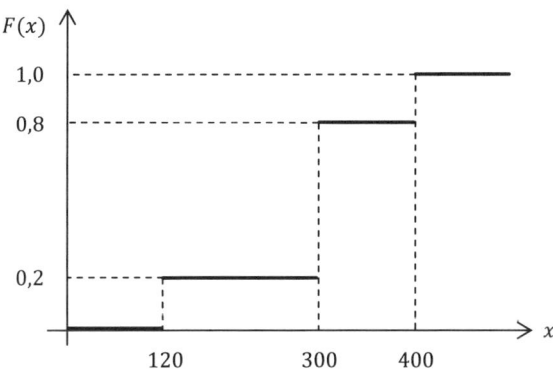

Abbildung 10.2: Verteilungsfunktion des Absatzpotenzials.

Die Umkehrfunktion der Verteilungsfunktion ordnet den Wahrscheinlichkeitsniveaus die zugehörigen Quantile zu.

Das w-**Quantil** ist definiert als der kleinste Wert des Wertebereichs einer Zufallsvariablen, für den die Verteilungsfunktion mindestens den Wert w annimmt.

Folglich ist das w-Quantil der kleinste Ergebniswert x_w, der mit einer Wahrscheinlichkeit von mindestens w nicht überschritten wird.

Es gilt also

$$x_w = \min\{x | F(x) \geq w\}.$$

Unter den Quantilen besonders hervorzuheben ist das 50%-Quantil, das man als **Median** oder Zentralwert bezeichnet. Abbildung 10.3 verdeutlicht dies wieder anhand unseres Beispiels der Marktentwicklung:

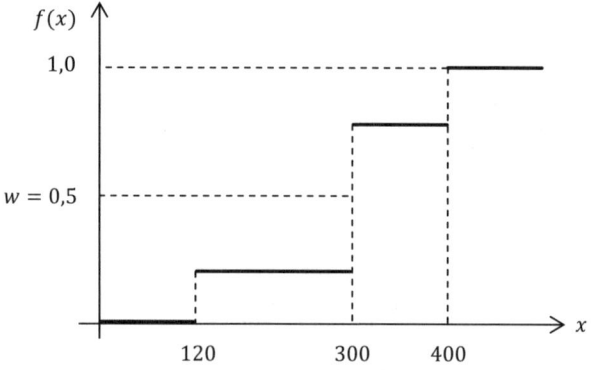

Abbildung 10.3: Median des Absatzpotenzials.

Im vorliegenden Beispiel hat der Median also den Wert 300. Der Median hat bei Verteilungen mit einer stetigen Verteilungsfunktion die Eigenschaft, dass mit gleicher Wahrscheinlichkeit größere und kleinere Ergebnisse resultieren. Unser Beispiel zeigt, dass dies bei diskreten Verteilungen nicht immer gilt. Die umständliche, aber korrekte Formulierung lautet: Maximal 50% der Werte liegen oberhalb des Medians und maximal 50% der Werte darunter.

10.2.3 Parameter von Wahrscheinlichkeitsverteilungen

Wahrscheinlichkeits- und Verteilungsfunktion erfassen *alle* Informationen über eine Wahrscheinlichkeitsverteilung. Allerdings kann das Arbeiten mit diesen Funktionen unhandlich sein. Problematisch ist zudem der hohe für die Schätzung einer kompletten Wahrscheinlichkeitsverteilung erforderliche **Informationsbedarf**. Daher beschränkt man sich häufig auf bestimmte Parameter von Wahrscheinlichkeitsverteilungen, welche die wesentlichen Charakteristika der Verteilung wiedergeben. Zwar ist damit, von wenigen Ausnahmen abgesehen, eine **Einschränkung des Informationsgehalts** gegeben, zugleich sinkt jedoch der Schätzaufwand. Zu beachten ist, dass sich die Parameter direkt, ohne Rückgriff auf die Wahrscheinlichkeitsverteilung, schätzen lassen.

Charakterisierende Eigenschaften einer Wahrscheinlichkeitsverteilung sind vor allem die Lage der Verteilung, deren Streuung und deren Symmetrie. Im Weiteren heben wir insbesondere die beiden erstgenannten Merkmale hervor.

> Der **Erwartungswert** ist definiert als die mit den Eintrittswahrscheinlichkeiten gewichtete Summe der Ergebnisse.

$$E\{\tilde{x}\} = \mu_x = \sum_{j=1}^{n} x_j f(x_j),$$

wobei
$E\{\cdot\}$ Erwartungswertoperator[7]
μ_x Kurzschreibweise für den Erwartungswert.

Der Erwartungswert ist ein Lageparameter und steht für das mittlere Niveau von Ergebnissen, mit dem man angesichts der Zufallseinflüsse rechnen kann. Aus der Definition des Erwartungswertes ergibt sich, dass gleichermaßen bessere oder schlechtere Ergebnisse eintreten können. Deshalb ist die Streuung der Ergebnisse um den Erwartungswert herum eine wesentliche Eigenschaft einer Zufallsvariablen. Das wichtigste Streuungsmaß ist die Varianz.

> Die **Varianz** ist definiert als Erwartungswert der quadrierten Abweichung einer Zufallsvariablen von ihrem Erwartungswert.

$$\text{Var}\{\tilde{x}\} = \sigma_x^2 = E\{(\tilde{x} - \mu_x)^2\},$$

wobei
$\text{Var}\{\cdot\}$ Varianzoperator
σ_x^2 Kurzschreibweise für die Varianz.

Den gleichen Informationsgehalt wie die Varianz hat die **Standardabweichung**. Sie ist definiert als positive Quadratwurzel der Varianz; folglich verwendet man das Symbol σ_x. Die Standardabweichung erlaubt eine anschaulichere Interpretation als die Varianz, weil sie dieselbe Dimension wie die Ergebnisse hat und infolge dessen gut mit dem Erwartungswert vergleichbar ist. Dagegen ist die Dimension der Varianz weniger anschaulich (bei Geldbeträgen zum Beispiel €²). Aufgrund der Definition des Risikos[8] kann man Varianz und Standardabweichung unmittelbar als Risikomaße interpretieren.

Mit der Varianz eng verbunden ist die **Kovarianz**. Sie misst den linearen Zusammenhang zwischen zwei Zufallsvariablen. Die Kovarianz steht damit für den Risikozusammenhang, also für die Gleichartigkeit der Auswirkungen des Zufalls auf zwei Zufallsvariablen.

---

[7] Ein **Operator** ist eine bestimmte Rechenvorschrift, die auf das nachfolgende Argument auszuführen ist, im vorliegenden Fall die Erwartungswertbildung.
[8] Siehe Abschnitt 2.1.5.

Die **Kovarianz** ist definiert als Erwartungswert des Produkts der Abweichungen zweier Zufallsvariablen von ihrem Erwartungswert.

$$\text{Cov}\{\tilde{x}; \tilde{y}\} = \sigma_{xy} = E\{(\tilde{x} - \mu_x)(\tilde{y} - \mu_y)\},$$

wobei
Cov{·;·}   Kovarianzoperator
σ_{xy} Kurzschreibweise für die Kovarianz.

Anders als die Varianz kann die Kovarianz auch negative Werte annehmen. Dies ist der Fall, wenn die Ausprägungen der Zufallsvariablen x tendenziell dann hoch sind, wenn die Ausprägungen von y niedrig sind, und umgekehrt. Nimmt die Kovarianz den Wert Null an, besteht kein linearer Zusammenhang zwischen den Zufallsvariablen.

Neben der Kovarianz kann man den **Korrelationskoeffizienten** als Maß für den Risikozusammenhang verwenden. Er ist definiert als

$$\rho_{xy} = \frac{\sigma_{xy}}{\sigma_x \sigma_y},$$

wobei
ρ_{xy} Korrelationskoeffizient zwischen x und y
σ_j Kurzschreibweise für die Standardabweichung von j ($j = x, y$).

Der Korrelationskoeffizient ist auf den Wertebereich $\rho_{xy} \in [-1; +1]$ beschränkt und gibt deshalb einen Einblick nicht nur in die Richtung, sondern auch in die Stärke des linearen Zusammenhangs zwischen x und y.

Ein genauerer Blick auf Kovarianz und Varianz zeigt, dass man die Varianz als einen Spezialfall der Kovarianz ansehen kann, nämlich als die Kovarianz einer Zufallsgröße mit sich selber. Dies erkennen wir unmittelbar, wenn wir in der Definition der Kovarianz $\tilde{y}$ durch $\tilde{x}$ ersetzen:

$$\text{Cov}\{\tilde{x}; \tilde{x}\} = \sigma_{xx} = \sigma_x^2 = \text{Var}\{\tilde{x}\}.$$

Die Ermittlung von Parametern einer Wahrscheinlichkeitsverteilung und Möglichkeiten zu deren Interpretation seien anhand der ergänzten Fortführung unseres Beispiels der Marktentwicklung verdeutlicht. Es geht um die Absatzpotenziale verschiedener Produkte in Abhängigkeit von der Entwicklung eines bestimmten, innovativen Marktsegmentes. Die Produkte 1 und 2 sind Produktinnovationen. Das zum Vergleich herangezogene Produkt 3 stellt eine traditionelle Produktvariante dar. Insgesamt lassen in unserem Beispiel die vorhandenen Informationen die folgende Abschätzung zu:

Absatzpotenzial	Entwicklung des innovativen Marktsegments		
	schlecht (0,2)	normal (0,6)	gut (0,2)
Produkt 1	100	300	400
Produkt 2	240	260	380
Produkt 3	360	240	120

Tabelle 10.1: Marktentwicklung und Absatzpotenzial.

Die Berechnung der Verteilungsparameter ist nachstehend jeweils anhand eines Beispiels ausführlich aufgeschrieben. Insgesamt erhalten wir:

$$\mu_1 = 0{,}2 \cdot 100 + 0{,}6 \cdot 300 + 0{,}2 \cdot 400 = 280;$$

$$\mu_2 = 280; \quad \mu_3 = 240;$$

$$\sigma_1^2 = 0{,}2(100-280)^2 + 0{,}6(300-280)^2 + 0{,}2(400-280)^2 = 9.600;$$

$$\sigma_2^2 = 2.560; \quad \sigma_3^2 = 5.760;$$

$$\sigma_{12} = 0{,}2(100-280)(240-280) + \\ 0{,}6(300-280)(260-280) + 0{,}2(400-280)(380-280) = 3.600;$$

$$\sigma_{13} = -7.200; \quad \sigma_{23} = -3.360;$$

$$\rho_{12} = \frac{3.600}{\sqrt{9.600}\sqrt{2.560}} = 0{,}565;$$

$$\rho_{13} = -0{,}968; \quad \rho_{12} = -0{,}875.$$

Die Parameter zeigen, dass die neuen Produkte einen höheren Absatz erwarten lassen als die traditionelle Variante (μ_3 ist kleiner als μ_1 und μ_2). Bei Produkt 2 streuen die Absatzmengen deutlich weniger stark um ihren Erwartungswert (σ_2^2 ist relativ klein) als bei den anderen Produkten. Zudem erkennt man, dass sich die Absatzmengen der Innovationen 1 und 2 tendenziell ähnlich entwickeln (ρ_{12} ist deutlich größer als 0), das eingeführte Produkt hingegen dann höhere Absatzmengen verspricht, wenn der Markt für Innovationen sich nicht gut entwickelt ($\rho_{13}, \rho_{23} < 0$).

10.2.4 Rechenregeln für Verteilungsparameter

Bei der Lösung von Modellen ist es häufig erforderlich, Rechenregeln für die Verteilungsparameter anzuwenden. Es gilt

$$\mathrm{E}\{a + b\tilde{x}\} = a + b\mu_x;$$

$$\mathrm{E}\{a\tilde{x} + b\tilde{y}\} = a\mu_x + b\mu_y;$$

$$\mathrm{E}\left\{\sum_{i=1}^{n} a_i \tilde{x}_i\right\} = \sum_{i=1}^{n} a_i \mu_i;$$

$$\mathrm{Var}\{\tilde{x}\} = \mathrm{E}\{\tilde{x}^2\} - (\mathrm{E}\{\tilde{x}\})^2;$$

$$\text{Var}\{a + b\tilde{x}\} = b^2\sigma_x^2;$$

$$\text{Var}\{a\tilde{x} + b\tilde{y}\} = a^2\sigma_x^2 + b^2\sigma_y^2 + 2ab\sigma_{xy};$$

$$\text{Var}\left\{\sum_{i=1}^{n} a_i\tilde{x}_i\right\} = \sum_{i=1}^{n} a_i^2\sigma_i^2 + \sum_{\substack{i=1 \\ j\neq i}}^{n}\sum_{j=1}^{n} a_ia_j\sigma_{ij} = \sum_{i=1}^{n}\sum_{j=1}^{n} a_ia_j\sigma_{ij};$$

$$\text{Cov}\{\tilde{x}; a\} = 0;$$

$$\text{Cov}\{\tilde{x}; \tilde{y}\} = \text{E}\{\tilde{x}\tilde{y}\} - \text{E}\{\tilde{x}\}\text{E}\{\tilde{y}\};$$

$$\text{Cov}\{(a + b\tilde{x}); (c + d\tilde{y})\} = bd\sigma_{xy};$$

$$\text{Cov}\{(\tilde{x} + \tilde{z}); (\tilde{y} + \tilde{z})\} = \text{Cov}\{(\tilde{x} + \tilde{y}); \tilde{z}\}$$
$$= \text{Cov}\{\tilde{x}; \tilde{z}\} + \text{Cov}\{\tilde{y}; \tilde{z}\} = \sigma_{xz} + \sigma_{yz};$$

$$\rho\{\tilde{x}; a\} = 0;$$

$$\rho\{(a + b\tilde{x}); (c + d\tilde{y})\} = \rho_{xy}.$$

Neben diesen elementaren Rechenregeln ist die **Jensensche Ungleichung** von Interesse. Es gilt

$$\text{E}\{f(\tilde{x})\} < f(\text{E}\{\tilde{x}\}),$$

wenn $f(\text{E}\{\tilde{x}\}) < \infty$ und $f(\cdot)$ eine konkave Funktion ist ($f''(\cdot) < 0$). Ist $f(\cdot)$ eine konvexe Funktion, kehrt sich das Vorzeichen um.

10.2.5 Mehrdimensionale Zufallsvariablen

10.2.5.1 Gemeinsame, bedingte und Randverteilungen

Häufig wirken zwei oder mehrere Zufallswirkungen auf ein unsicheres Ergebnis. Zum Beispiel vereinbart ein Exporteur, dass der Kaufpreis bis spätestens drei Monate nach Lieferung in der Währung des Abnehmers zu begleichen ist (vereinbarter Abnahmepreis: 1.100 \$). Dann hängt der in Euro bewertete Verkaufserlös einerseits davon ab, ob der ausländische Abnehmer seiner Forderung nachkommen kann (denkbar ist, dass er aufgrund einer Insolvenz nur einen geringeren Betrag zu zahlen imstande ist oder die Zahlung sogar ganz ausfällt), andererseits bestimmt auch die unsichere Wechselkursentwicklung den Erlös in Heimatwährung. Solche Zusammenhänge lassen sich durch mehrdimensionale Zufallsvariablen erfassen.

Die **gemeinsame Wahrscheinlichkeitsfunktion**

$$w(x_j \cap y_k),$$

wobei

$x_j \cap y_k$ Ereignis, dass zugleich $x = x_j$ und $y = y_k$ eintreten, gibt die Wahrscheinlichkeit dafür an, dass die Zufallsvariable $\tilde{x}$ die Ausprägung x_j und die Zufallsvariable $\tilde{y}$ die Ausprägung y_k annehmen. Aus der gemeinsamen Wahrscheinlichkeitsfunktion resultiert die **Randverteilung**, also die isolierte Wahrscheinlichkeitsfunktion für eine einzelne Zufallsvariable. Es gilt

$$w(x_j) = \sum_{k=1}^{n_y} w(x_j \cap y_k),$$

wobei
n_ℓ Anzahl der Ausprägungen der Zufallsvariablen ℓ ($\ell = x, y$).

Sowohl für die Zahlung in Auslandswährung (hier: US-Dollar) als auch für den Dollar-Wechselkurs gebe es jeweils zwei mögliche Ausprägungen: $x_1 = 1.100[\$]$, $x_2 = 500[\$]$ sowie $y_1 = 0{,}75[€/\$]$, $y_2 = 0{,}78[€/\$]$. Die gemeinsame Wahrscheinlichkeitsfunktion und die Randwahrscheinlichkeitsfunktionen stellt man üblicherweise in einer Matrix dar, woraus sich auch die Bezeichnung Randverteilung ergibt.

	$y = 0{,}78$	$y = 0{,}75$	Summe
$x = 1.100$	0,5	0,45	0,95
$x = 500$	0	0,05	0,05
Summe	0,5	0,5	1

Tabelle 10.2: Gemeinsame Wahrscheinlichkeitsverteilung und Randverteilungen.

Weitere Informationen erhalten wir, wenn wir aus der gemeinsamen Wahrscheinlichkeitsverteilung bedingte Wahrscheinlichkeiten ermitteln. Die bedingte Wahrscheinlichkeit $w(y_k|x_j)$ gibt die Wahrscheinlichkeit für das Ereignis $\tilde{y} = y_k$ an, unter der Bedingung, dass der Eintritt des Ereignisses $\tilde{x} = x_j$ als gegeben betrachtet wird. Für bedingte Wahrscheinlichkeiten gilt

$$w(y_k|x_j) = \frac{w(y_k \cap x_j)}{w(x_j)}.$$

Konkret erhalten wir beispielsweise:

$$w(\tilde{x} = 500|\tilde{y} = 0{,}78) = \frac{0}{0{,}5} = 0$$

oder

$$w(\tilde{y} = 0{,}75|\tilde{x} = 1.100) = \frac{0{,}45}{0{,}95} = 0{,}474.$$

Ein hoher Dollar-Wechselkurs lässt sich als Zeichen für eine gute Wirtschaftsentwicklung in den USA interpretieren. Somit zeigt die erste Gleichung an, dass bei einer guten Konjunktur der Abnehmer nie zahlungsunfähig wird.

Die unbedingte Wahrscheinlichkeit für ein Ereignis lässt sich aus den bedingten Wahrscheinlichkeiten rekonstruieren, indem man den Erwartungswert der bedingten Wahrscheinlichkeiten über die Bedingungen bildet (*Satz über die totale Wahrscheinlichkeit*):

$$w(y_k) = \sum_{k=1}^{n_y} w(y_k \cap x_j) = \sum_{j=1}^{n_x} w(x_j)w(y_k|x_j).$$

Dies lässt sich unschwer am Beispiel der Wahrscheinlichkeit für den Wechselkurs von 0,75[€/$] belegen. Es gilt

$$w(\tilde{y} = 0{,}75) = w(\tilde{y} = 0{,}75 \cap \tilde{x} = 1.100) + w(\tilde{y} = 0{,}75 \cap \tilde{x} = 500)$$
$$= 0{,}45 + 0{,}05 = 0{,}5$$

oder, bei Verwendung der zweiten Gleichung,

$$w(\tilde{y} = 0{,}75) = w(\tilde{x} = 1.100)w(\tilde{y} = 0{,}75|\tilde{x} = 1.100)$$
$$+ w(\tilde{x} = 500)w(\tilde{y} = 0{,}75|\tilde{x} = 500) = 0{,}95 \cdot \frac{0{,}45}{0{,}95} + 0{,}05 \cdot 1 = 0{,}5.$$

10.2.5.2 *Bayes*ianisches Lernen

Aus der Definition von bedingten Wahrscheinlichkeiten und dem Satz über die totale Wahrscheinlichkeit folgt der Satz von *Bayes*:

$$w(x_j|y_k) = \frac{w(x_j)w(y_k|x_j)}{\sum_{h=1}^{n_x} w(x_h)w(y_k|x_h)}.$$

Der *Satz von Bayes* ermöglicht den Schluss von beobachtbaren Variablen (Signalen) auf Ausprägungen einer nicht beobachtbaren Zufallsvariablen. Dies erfordert Kenntnisse über systematische stochastische Zusammenhänge. Da Unsicherheitssituationen generell durch einen Mangel an Informationen gekennzeichnet sind, ist es wichtig, verfügbare Informationen möglichst gut auszunutzen. Zur Verdeutlichung nehmen wir ein konkretes Beispiel:

Der Manager einer Venture-Capital- (VC-) Gesellschaft[9] erwägt die Investition in ein innovatives Projekt. Aus langjähriger Erfahrung weiß er, dass die große Menge der ihm vorgelegten Projektanträge nur einen sehr kleinen Anteil tatsächlich lohnender Projekte enthält ist. Für das nachfolgende numerische Beispiel möge dieser Anteil 10% betragen. Dieser Erfahrungswert stellt eine erste Schätzung für die Wahrscheinlichkeit eines Projekterfolgs dar.

---

[9] Vgl. zum Venture Capital ausführlich Abschnitt 7.4.2.

Es gilt also

$$w(g) = 0{,}1; \quad w(\bar{g}) = 0{,}9,$$

wobei
g \quad Ereignis erfolgreiches Projekt
$\bar{g}$ \quad Ereignis erfolgloses Projekt (Ereignis „nicht g").

Die Wahrscheinlichkeiten $w(g)$ und $w(\bar{g})$ bezeichnet man als **A-priori-Wahrscheinlichkeiten**; ihre Schätzung beruht auf dem Kenntnisstand vor Gewinnung zusätzlicher Informationen.

Ein kennzeichnendes Merkmal des VC-Geschäfts besteht in der sogenannten **Due-Diligence-Prüfung** der Projekte. Eine solche Prüfung führt zu einer detaillierten Abschätzung der Erfolgschancen eines konkreten Projekts. Eine solche Prüfung ist natürlich nur sinnvoll, wenn sie einen Einfluss auf die Entscheidung hat. Daher kommt es nur dann tatsächlich zur Finanzierung des Projekts, wenn die Prüfung ein positives Signal ergibt. Im Fall eines negativen Signals nehmen die Kapitalgeber von einer Finanzierung Abstand.

Allerdings ist selbst eine sorgfältige Prüfung nicht perfekt, sondern geht mit kaum vermeidbaren Fehleinschätzungen einher. Zu unterscheiden sind **Fehler erster Art** und **Fehler zweiter Art**. Der Fehler erster Art (auch: „α-Fehler") besteht darin, ein tatsächlich lohnendes Projekt als nicht lohnend zu klassifizieren. Der Fehler zweiter Art (auch: „β-Fehler") tritt auf, wenn ein tatsächlich nicht lohnendes Projekt als lohnend klassifiziert wird. Grundsätzlich möchte man gerne beide Fehler vermeiden. Die Gefahr eines Fehlers erster Art lässt sich durch eine sehr vorsichtige Abschätzung des Projekterfolges vermindern. Genau dies würde aber den Fehler zweiter Art erhöhen. In aller Regel besteht also ein Trade-off zwischen den beiden Fehlerarten. Für die Abwägung im Einzelnen ist von Bedeutung, welcher Fehler die schwerer wiegenden Nachteile mit sich bringt. In unserem Beispiel gehen wir davon aus, dass einer VC-Gesellschaft sehr viele Projekte vorliegen, sodass die verfügbaren Finanzmittel nicht ausreichen, um alle tatsächlich guten Projekte zu finanzieren. In diesem Fall ist es besonders wichtig, die knappen Mittel nur in gute Projekte zu investieren; dagegen ist es weniger schädlich, eines der guten Projekte als schlecht zu klassifizieren. Daher sollte der VC-Manager die Prüftechnik so einstellen, dass der Fehler erster Art kleiner ist als der Fehler zweiter Art. Für das numerische Beispiel soll gelten $\alpha = 0{,}06$ sowie $\beta = 0{,}12$.[10] Man erhält für die bedingten Wahrscheinlichkeiten der Prüfergebnisse:

---

[10] $\alpha = 0{,}06$ bedeutet: Man akzeptiert eine höchstens sechsprozentige Wahrscheinlichkeit dafür, ein gutes Projekt als schlecht einzustufen. Umgekehrt sollte ein gutes Projekt also mit mindestens 94% Wahrscheinlichkeit auch ein gutes Prädikat erhalten. Eine entsprechende Aussage gilt für den β-Fehler.

$$w(p|g) = 0{,}94; \ w(\bar{p}|g) = \alpha = 0{,}06;$$
$$w(p|\bar{g}) = \beta = 0{,}12; \ w(\bar{p}|\bar{g}) = 0{,}88,$$

wobei

p   Ereignis, dass die Prüfung ein positives Signal ergibt
$\bar{p}$ Ereignis des negativen Signals (Ereignis „nicht p").

In Kenntnis dieser Eigenschaften der Due-Diligence-Prüfung lassen sich die A-priori-Wahrscheinlichkeiten nunmehr anpassen; dies bezeichnet man als **Bayesianisches Lernen**. Die Anwendung des Satzes von *Bayes* führt im Falle eines positiven Signals zu

$$w(g|p) = \frac{w(g)w(p|g)}{w(g)w(p|g) + w(\bar{g})w(p|\bar{g})} = \frac{0{,}1 \cdot 0{,}94}{0{,}1 \cdot 0{,}94 + 0{,}9 \cdot 0{,}12} = 0{,}4653$$

sowie im Falle eines negativen Signals zu

$$w(g|\bar{p}) = \frac{w(g)w(\bar{p}|g)}{w(g)w(\bar{p}|g) + w(\bar{g})w(\bar{p}|\bar{g})} = \frac{0{,}1 \cdot 0{,}06}{0{,}1 \cdot 0{,}06 + 0{,}9 \cdot 0{,}88} = 0{,}0075.$$

Diese modifizierten Schätzungen für den Projekterfolg bezeichnet man als **A-posteriori-Wahrscheinlichkeiten**, weil ihre Abschätzung nach Heranziehung der zusätzlichen Informationen erfolgt.

Im vorliegenden Beispiel zeigt der Kalkül an, dass trotz des a priori sehr hohen Anteils schlechter Projekte nach einem positiven Signal mit einer beträchtlichen Wahrscheinlichkeit davon ausgegangen werden kann, dass es sich um ein lohnendes Projekt handelt. Dagegen ist die Wahrscheinlichkeit für ein gutes Projekt nach einem schlechten Signal nur noch verschwindend gering.

In Fortführung dieses Beispiels könnte man weiter überlegen, ob es sich lohnt, eine zusätzliche, unabhängige Expertise durch einen zweiten Kapitalgeber einzuholen.[11] Erneut wird dies nur dann geschehen, wenn das zusätzliche Signal die Entscheidung beeinflusst. Im modifizierten Szenario wird das Projekt also nur finanziert, wenn beide Kapitalgeber im Rahmen ihrer jeweiligen Due-Diligence-Prüfung zu einem positiven Urteil kommen. Wendet der zweite Kapitalgeber eine Prüftechnologie mit denselben Parametern α und β an, führt die Bedingung zweier positiver Signale zu einer A-posteriori-Wahrscheinlichkeit für den Projekterfolg von

---

[11] Siehe dazu im Einzelnen *Neus/Sturm* (2010). Damit die zusätzliche Prüfung tatsächlich zu einem unabhängigen Ergebnis führt, sollte der zweite Kapitalgeber über ein anderes Spezialwissen verfügen als der erste.

$$w(g|p \cap p) = \frac{w(g)w(p \cap p|g)}{w(g)w(p \cap p|g) + w(\bar{g})(1 - w(p \cap p|\bar{g}))}$$

$$= \frac{0{,}1 \cdot 0{,}94^2}{0{,}1 \cdot 0{,}94^2 + 0{,}9 \cdot 0{,}12^2} = 0{,}8721.\,[12]$$

Die nochmals sehr stark angestiegene A-posteriori-Wahrscheinlichkeit zeigt eine weitere deutliche Verringerung der Gefahr eines fehlgeschlagenen Projekts für den Fall an, dass zwei unabhängige Prüfungen zum selben Ergebnis kommen. Dies ist eine Erklärung dafür, warum das VC-Geschäft als Regelfall eine **Syndizierung** vorsieht, also eine gemeinsamen Finanzierung von Projekten durch zwei VC-Gesellschaften.

10.3 *Bernoulli*-Prinzip

10.3.1 Die Konzeption

Das *Bernoulli*-Prinzip geht zurück auf einen Aufsatz aus dem 18. Jahrhundert.[13] Ziel dieses Beitrags war die Entwicklung einer Theorie zur Bewertung unsicherer Einkommensaussichten („Lotterien"). Als eine erste Idee für eine solche Bewertung kann man den erwarteten Gewinn[14] der Lotterie ansehen. Auf den ersten Blick scheint der Erwartungswert als Repräsentant der mittleren Gewinnchancen ein guter Anhaltspunkt für den Wert zu sein. Jedoch zeigt *Bernoulli* unter Verweis auf das „*St. Petersburger Spiel*", dass der Erwartungswert ein möglicherweise höchst unplausibler Bewertungsansatz für Gewinnchancen ist.

Die Spielregeln sind wie folgt: Die Gewinne werden durch Münzwürfe bestimmt. Fällt bei dem ersten Wurf „Kopf", erfolgt eine Gewinnauszahlung von $g = 1$ und das Spiel ist beendet; bei „Zahl" gibt es keine Auszahlung und das Spiel geht weiter. Fällt beim zweiten Wurf „Kopf", erfolgt eine Gewinnauszahlung von $g = 2$ und das Spiel ist beendet; bei „Zahl" gibt es keine Auszahlung und das Spiel geht weiter, usw. Zusammengefasst gilt: Das Spiel endet beim ersten Eintritt des Ergebnisses „Kopf"; tritt dieses Ereignis im n-ten Wurf ein, beträgt die zugehörige Gewinnauszahlung $g = 2^{n-1}$. Die unsicheren Gewinnaussichten haben insgesamt die Eigenschaft, dass es mit relativ hohen Wahrscheinlichkeiten zu relativ geringen Gewinnen kommt, mit sehr kleinen Wahrschein-

---

[12] Die nochmalige Anwendung des Satzes von *Bayes* unter Verwendung der ersten A-posteriori-Wahrscheinlichkeit $w(g|p)$ als neue A-priori-Wahrscheinlichkeit führt zum selben Ergebnis.
[13] *Bernoulli* (1738).
[14] „Gewinn" steht hier für die Auszahlung an den Spieler vor damit verbundenen Aufwendungen wie beispielsweise der Kaufpreis eines Lotterieloses. Es handelt sich also nicht um einen ökonomischen oder bilanziellen Gewinn.

lichkeiten aber zu sehr hohen Gewinnen. Der Gewinnerwartungswert ist grundsätzlich in der Lage, dies zu einer Wertziffer zusammenzufassen. Für das St. Petersburger Spiel gilt[15]

$$E\{g\} = \frac{1}{2} \cdot 1 + \frac{1}{4} \cdot 2 + \frac{1}{8} \cdot 4 + \frac{1}{16} \cdot 8 + \cdots = \sum_{k=1}^{\infty} \frac{1}{2^k} \cdot 2^{k-1} = \sum_{k=1}^{\infty} \frac{1}{2} = \infty.$$

Im Ergebnis beträgt der Gewinnerwartungswert im St. Petersburger Spiel also ∞. Nun stellt sich die Frage, ob dieses Ergebnis Teil eines sinnvollen Bewertungsansatzes sein kann. Dies wäre dann der Fall, wenn die Zahlungsbereitschaft für die Teilnahme an diesem Spiel dem ermittelten „Wert" entspricht. Tatsächlich ist aber kaum vorstellbar, dass irgendein Spieler einen unendlich hohen Preis für die Teilnahme an dem Spiel bezahlen würde. Dies lässt ernste Zweifel an der generellen Eignung des Erwartungswertes für die Bewertung unsicherer Einkommensaussichten aufkommen.

Laut *Bernoulli* ist dies darauf zurückzuführen, dass ein Spieler die Gewinnentwicklungen ungleich wahrnimmt. Eine Gewinnsteigerung ausgehend von dem Gewinn 1 im ersten Wurf wird anders bewertet als eine Gewinnsteigerung ausgehend von dem Gewinn 67.108.864 im 27-sten Wurf. Angesichts des riesigen Ausgangsgewinns von über 67 Mio. wäre ein geringerer Nutzenzuwachs zu erwarten. Mit anderen Worten, in die Bewertung von Lotterien sollte der abnehmende Grenznutzen[16] eingehen. *Bernoulli* selbst schlägt die logarithmische Nutzenfunktion $u(g) = \ln g$ vor. Überdies plädiert er für die Einbeziehung des Anfangsvermögens, sodass letztlich nicht der Gewinn, sondern das Endvermögens die relevante Bezugsgröße ist. Infolge der individuellen Bewertung des Endvermögens mit der Nutzenfunktion ist der **Nutzenerwartungswert** das maßgebliche Entscheidungskriterium. Auf Basis der logarithmischen Nutzenfunktion erhält man bei einem Anfangsvermögen von Null den Nutzenerwartungswert[17]

$$E\{u(g)\} = \sum_{k=1}^{\infty} \frac{1}{2^k} \cdot \ln 2^{k-1} = \ln 2 \left(\underbrace{\sum_{k=1}^{\infty} \frac{k}{2^k}}_{=2} - \underbrace{\sum_{k=1}^{\infty} \frac{1}{2^k}}_{=1} \right) = \ln 2.$$

Der Nutzenerwartungswert in Höhe von $E\{\ln g\} = \ln 2$ entspricht einer Zahlungsbereitschaft (einem „**Sicherheitsäquivalent**"[18]) von $s = 2$. Dieser Wert für das skizzierte St. Petersburger Spiel wirkt nicht unplausibel. Vom Ergebnis her vermag der von *Bernoulli* vorgeschlagene Bewertungsansatz demnach eher

---

[15] Vgl. *Bernoulli* (1738/1954), S. 31.
[16] Siehe dazu Abschnitt 2.1.1.3.
[17] Vgl. für die Umformungen *Levy/Sarnat* (1984), S. 113.
[18] Siehe dazu Abschnitt 10.3.6.

zu überzeugen als die Heranziehung des Gewinnerwartungswertes. Unbefriedigend bleibt jedoch die alleine aus einer gewissen Plausibilität heraus vorgenommene Wahl der Nutzenfunktion.

Diese Schwäche ist zugleich der Ausgangspunkt für eine axiomatische Herangehensweise an das Problem der Bewertung unsicherer Einkommen. Die Grundidee lässt sich so beschreiben: Aus bestimmten Annahmen über rationales Handeln in Risikosituationen ergibt sich zwingend eine Nutzenfunktion über die Ergebnisse. Im englischen Sprachraum findet sich die Bezeichnung *v. Neumann-Morgenstern*-Nutzenfunktion[19]; im deutschen Sprachraum ist auch der Begriff *Bernoulli*-Nutzenfunktion geläufig. Entscheidungskriterium für einen rationalen Entscheider ist der Erwartungswert des Nutzens, der mit einer Aktion verbunden ist.

Das *Bernoulli*-Prinzip ist das am weitesten akzeptierte Entscheidungsprinzip für Risikosituationen, teilweise gilt es sogar als Synonym für Rationalverhalten in Risikosituationen.[20] Inwieweit diese starke Einschätzung zu teilen ist, hängt von der Beurteilung der Verhaltensannahmen ab, die dem *Bernoulli*-Prinzip zugrunde liegen.

Für die Darstellung der Annahmen über rationales Handeln ist es sinnvoll, eine bestimmte Schreibweise für Wahrscheinlichkeitsverteilungen zu verwenden. Die Bezeichnung **Lotterie**

$$L = \{(x_1, w_1); \ldots ; (x_n, w_n)\} \text{ mit } \sum_{j=1}^{n} w_j = 1$$

steht für ein Szenario, in dem die Ergebnisse x_j ($j = 1, \ldots, n$) mit den Wahrscheinlichkeiten w_j realisiert werden.

Man spricht von einer **zusammengesetzten Lotterie**, wenn mindestens eines der Ergebnisse seinerseits wieder eine Lotterie ist. Bei der zusammengesetzten Lotterie

$$L = \{(x_1, w_1); \ldots ; (x_{n-1}, w_{n-1}); ([x_{n1}, \hat{w}, x_{n2}], w_n)\}$$

werden mit den Wahrscheinlichkeiten w_j die Ergebnisse x_j ($j = 1, \ldots, n-1$) realisiert, mit der Restwahrscheinlichkeit w_n kommt es zur Ausspielung einer weiteren Lotterie, die mit $\hat{w}$ zum Ergebnis x_{n1} und mit $(1 - \hat{w})$ zu x_{n2} führt.

Lotterien mit nur zwei Ergebnissen nennt man **Basislotterien**. Diese lassen sich etwas vereinfacht darstellen als

$$L = \{x_1; w_1; x_2\},$$

weil das zweite Ergebnis mit der Wahrscheinlichkeit $1 - w_1$ eintritt.

---

[19] Nach *v. Neumann/Morgenstern* (1944).
[20] *Bitz* (1981), S. 192.

10.3.2 Annahmen über rationales Handeln

Nachstehend stellen wir das Annahmensystem nach *Luce/Raiffa* vor.[21] Es ist zwar etwas umfangreicher als das nach *v. Neumann/Morgenstern*, zeichnet sich aber durch eine leichtere Zugänglichkeit aus und verdeutlicht überdies, welcher gedankliche Prozess die Bestimmung der Nutzenfunktionen ermöglicht. Zudem nehmen wir mit dem Ziel einer besseren Nachvollziehbarkeit bei der Vorstellung der Annahmen kleine formale Ungenauigkeiten in Kauf. Zum Beispiel lassen wir die Möglichkeit unendlicher Mengen von Ergebnissen außer Betracht.

Ordnung der Ergebnisse

Der Entscheider kann alle Ergebnisse in eine Präferenzordnung bringen, die transitiv ist. Für jedes Paar von Ergebnissen x_1 und x_2 gilt

$$x_1 \succ x_2, \quad x_1 \sim x_2 \quad \text{oder} \quad x_1 \prec x_2,$$

das heißt, entweder zieht der Entscheider x_1 dem Ergebnis x_2 vor ($\succ$), es herrscht Indifferenz zwischen x_1 und x_2 ($\sim$) oder der Entscheider sieht x_1 gegenüber x_2 als minderwertig an ($\prec$). Zudem ist die Präferenzordnung transitiv, das heißt, für drei Ergebnisse x_1, x_2 und x_3 gilt

$$x_1 \begin{Bmatrix} \succ \\ \sim \\ \prec \end{Bmatrix} x_2 \quad \text{und} \quad x_2 \begin{Bmatrix} \succ \\ \sim \\ \prec \end{Bmatrix} x_3 \quad \Rightarrow \quad x_1 \begin{Bmatrix} \succ \\ \sim \\ \prec \end{Bmatrix} x_3.$$

Wenn der Entscheider x_1 dem Ergebnis x_2 vorzieht und weiter x_2 dem Ergebnis x_3, so zieht er auch x_1 dem Ergebnis x_3 vor. Die analogen Aussagen gelten für die schwache Präferenz[22] und für die Indifferenzrelation. Eine vollständige Präferenzordnung über die Ergebnisse enthält folglich ein bestes Ergebnis x_{max} und ein schlechtestes Ergebnis x_{min}.

Stetigkeit

Zu jedem Ergebnis x_j gibt es eine Basislotterie

$$L_j = \{x_{max}; \pi(x_j); x_{min}\}$$

mit der Eigenschaft $x_j \sim L_j$. Der Entscheider ist also in der Lage, zu jedem Ergebnis eine individuell äquivalente Basislotterie mit dem besten bzw. schlechtesten Ergebnis zu benennen. Die Herstellung der Äquivalenz erfolgt durch subjektive

---

[21] *Luce/Raiffa* (1957), S. 23 ff.
[22] Die schwache Präferenz schließt die Indifferenz ein, ist also entsprechend dem mathematischen „$\geq$" konstruiert.

Wahl der Indifferenzwahrscheinlichkeiten $\pi(x_j)$ oder kurz π_j. Aufgrund der Definition von x_{max} und x_{min} gilt für die zugehörigen Indifferenzwahrscheinlichkeiten zwingend $\pi_{max} = 1$ und $\pi_{min} = 0$.

Substituierbarkeit

In einer Lotterie L darf jedes Ergebnis x_j durch die äquivalente Lotterie L_j ersetzt werden. Gibt es eine einfache Lotterie

$$L = \{(x_1; w_1); \ldots; (x_n; w_n)\}$$

und eine zusammengesetzte Lotterie

$$L^* = \{(L_1; w_1); \ldots; (L_n; w_n)\}$$
$$= \{([x_{max}; \pi_1; x_{min}]; w_1); \ldots; ([x_{max}; \pi_n; x_{min}]; w_n)\},$$

dann gilt $L \sim L^*$. Die Lotterie L^* ist eine zusammengesetzte Lotterie, in der letztlich nur die Ergebnisse x_{min} oder x_{max} eintreten können.

Reduktion zusammengesetzter Lotterien

Jede zusammengesetzte Lotterie ist gleichwertig zu einer Lotterie mit denselben Einzelergebnissen und nach den Regeln der Wahrscheinlichkeitsrechnung ermittelten Wahrscheinlichkeiten. Gibt es eine zusammengesetzte Lotterie

$$L^* = \{([x_{max}; \pi_1; x_{min}]; w_1); \ldots; ([x_{max}; \pi_n; x_{min}]; w_n)\}$$

und eine **reduzierte Lotterie**

$$L^{**} = \left\{ x_{max}; \sum_{j=1}^{n} \pi_j w_j ; x_{min} \right\},$$

dann gilt $L^* \sim L^{**}$.

Monotonie

Ein Entscheider zieht eine Basislotterie einer anderen Basislotterie mit denselben Ergebnissen genau dann vor, wenn das präferierte Ergebnis mit der höheren Wahrscheinlichkeit eintritt. Bei

$$x_1 \succ x_2$$

gilt

$$\{x_1; w; x_2\} \succ \{x_1; \widehat{w}; x_2\}$$

genau dann, wenn $w > \widehat{w}$, sowie entsprechend für die schwache Präferenz.

Transitivität der Präferenz zwischen Lotterien

Die Präferenz zwischen Lotterien ist transitiv. Es gilt also

$$L\left\{\genfrac{}{}{0pt}{}{\succ}{\sim}{\prec}\right\}L^* \text{ und } L^*\left\{\genfrac{}{}{0pt}{}{\succ}{\sim}{\prec}\right\}L^{**} \;\Rightarrow\; L\left\{\genfrac{}{}{0pt}{}{\succ}{\sim}{\prec}\right\}L^{**}.$$

Insbesondere gilt weiter

$$L_1^{**} \succ L_2^{**} \;\Rightarrow\; L_1 \succ L_2.$$

Ableitung der Entscheidungsvorschrift

Gibt es also zwei Lotterien L_1 und L_2, dann sind diese wegen der Stetigkeit und der Substituierbarkeit äquivalent zu L_1^* bzw. L_2^* und weiter wegen der Reduzierbarkeit äquivalent zu L_1^{**} bzw. L_2^{**}. Infolge der Monotonie gilt

$$L_1^{**} \succ L_2^{**} \;\Leftrightarrow\; \sum_{j=1}^{n} \pi_{1j} w_j > \sum_{j=1}^{n} \pi_{2j} w_j.$$

Schließlich folgt wegen der Transitivität der Präferenz zwischen Lotterien

$$L_1 \succ L_2 \;\Leftrightarrow\; \sum_{j=1}^{n} \pi_{1j} w_j > \sum_{j=1}^{n} \pi_{2j} w_j.$$

Aus den Verhaltensannahmen des *Bernoulli*-Prinzips folgt demnach zwingend die Entscheidungsvorschrift „Maximiere den Erwartungswert der Indifferenzwahrscheinlichkeiten". Da die individuelle Bewertung genau durch die Zuweisung der Indifferenzwahrscheinlichkeiten π_j erfolgt lassen sich diese Wahrscheinlichkeiten als Nutzen u der Ergebnisse interpretieren:

$$u(x_j) = \pi_j.$$

10.3.3 *Bernoulli*-Befragung

10.3.3.1 Der Entscheidungsprozess

Ausgangspunkt einer Entscheidung nach dem *Bernoulli*-Prinzip ist das Grundmodell der Entscheidungstheorie: Die Auswahl einer bestimmten Aktion a_i führt zu einer Lotterie, bei der je nach Zustand eines der Ergebnisse x_{ij} eintritt. Durch die „*Bernoulli*-Befragung"[23] kann man den Entscheidungsprozess klären:

    1. Zunächst bringt der Entscheider nach der Ordnungsannahme alle Ergebnisse x_{ij} in eine Präferenz-Reihenfolge.

---

[23] Vgl. bspw. *Laux/Gillenkirch/Schenk-Mathes* (2014), S. 117 ff.

2. Anschließend weist er nach der Stetigkeitsannahme allen Ergebnisse seine individuellen Indifferenzwahrscheinlichkeiten $\pi(x_{ij}) = \pi_{ij}$ zu.

3. Nach der Substituierbarkeitsannahme kann der Entscheider alle Ergebnisse x_{ij} durch die äquivalenten Basislotterien $L_{ij} = \{x_{max}; \pi_{ij}; x_{min}\}$ ersetzen, ohne dass sich seine Präferenz über die ursprünglichen, komplexen Lotterien verändert. Die modifizierten, zusammengesetzten Lotterien führen nur noch zu den Ergebnissen x_{max} oder x_{min}.

4. Nach der Reduktionsannahme kann der Entscheider die zusammengesetzten Lotterien reduzieren; dies führt bei Alternative a_i zu

$$L_i = \left\{ x_{max}; \sum_{j=1}^{n} \pi_{ij} w_j ; x_{min} \right\},$$

da die Indifferenzwahrscheinlichkeiten π_{ij} nur von den Ergebnissen abhängen, aber nicht von den Umweltzuständen.

5. Nach der Monotonieannahme zieht der Entscheider diejenige Basislotterie vor, bei der mit der höheren Wahrscheinlichkeit das bessere Ergebnis eintritt.

6. Da infolge der Transitivitätsannahme die Präferenzordnung über Lotterien transitiv ist, erfasst der Ausdruck

$$\sum_{j=1}^{n} \pi_{ij} w_j = \mathrm{E}\{\pi_{ij}\}$$

vollständig die Präferenz über die Alternativen a_i. Es ist diejenige Alternative auszuwählen, die den Erwartungswert der Indifferenzwahrscheinlichkeiten (oder kürzer: den Nutzenerwartungswert) maximiert. Die Entscheidungsvorschrift des *Bernoulli*-Prinzips lautet also:

> Wähle diejenige Handlungsalternative, die den maximalen **Erwartungswert des Nutzens** der Ergebnisse herbeiführt.

10.3.3.2 Ein Beispiel

Ein Beispiel mag den Sachverhalt zusätzlich verdeutlichen. Ausgangspunkt sei die folgende Ergebnismatrix:

	z_1 (0,25)	z_2 (0,5)	z_3 (0,25)
a_1	120	120	160
a_2	100	160	100

Tabelle 10.3: Ergebnismatrix.

Der erste Schritt besteht darin, die Präferenzordnung über die Ergebnisse festzustellen. In diesem Fall ist das leicht, weil es sich um eindimensionale Größen (zum Beispiel um Vermögen) handelt. Es gilt 160 ≻ 120 ≻ 100. Im zweiten Schritt betrachten wir Lotterien, die entweder zum besten ($x_{max} = 160$) oder zum schlechtesten Ergebnis ($x_{min} = 100$) führen. Bei dem schlechtesten bzw. besten Ergebnis müssen die Indifferenzwahrscheinlichkeiten per Konstruktion und somit unabhängig von individuellen Präferenzen $\pi(x_{min}) = 0$ bzw. $\pi(x_{max}) = 1$ betragen. Für das dritte Ergebnis $x = 120$ muss der Entscheider die Indifferenzwahrscheinlichkeit $\pi(120)$ bestimmen mit der Eigenschaft 120~{160; $\pi(120)$; 100}. Einzig an dieser Stelle gehen individuelle Präferenzen in den Entscheidungsprozess ein. Die Befragung eines Entscheiders ergebe die folgende Indifferenzwahrscheinlichkeit:

x	100	120	160
$\pi(x)$	0	0,5	1

Tabelle 10.4: Indifferenzwahrscheinlichkeiten.

Aufgrund des Substitutionsprinzips können wir die einzelnen Ergebnisse in der Ergebnismatrix durch die zu ihnen äquivalenten Lotterien ersetzen. Demnach sind alle Alternativen äquivalent zu zusammengesetzten Lotterien, bei denen mit unterschiedlichen Wahrscheinlichkeiten nur die Ergebnisse 160 oder 100 eintreten. Die Alternativen unterscheiden sich durch die Gesamtwahrscheinlichkeit für das beste Ergebnis oder, anders ausgedrückt, durch die Erwartungswerte der Indifferenzwahrscheinlichkeiten. Für sie gilt hier:

$$E\{\pi|a_1\} = 0{,}75\pi(120) + 0{,}25\pi(160) = 0{,}625,$$

$$E\{\pi|a_2\} = 0{,}5\pi(100) + 0{,}5\pi(160) = 0{,}5.$$

Aus Sicht des Entscheiders hat die Aktion 1 also den höheren Erwartungswert der Indifferenzwahrscheinlichkeiten (des Nutzens), deshalb zieht er a_1 ihrer Alternative vor. Um den Bezug zu *Bernoullis* Ausgangspunkt herzustellen, sei darauf hingewiesen, dass die Aktionen a_1 und a_2 gleichermaßen zu einem Ergebniserwartungswert von $E\{x|a_1\} = E\{x|a_2\} = 130$ führen. Bei Bewertung alleine auf Basis des Erwartungswerts wären die Aktionen also gleichwertig. Die Maximierung des Nutzenerwartungswertes führt offenbar im Allgemeinen zu einer anderen Entscheidung als die Maximierung des Ergebniserwartungswertes.

10.3.4 Normierte Nutzenwerte und positive Lineartransformationen

Die *Bernoulli*-Nutzenfunktionen sind zunächst auf Nutzenwerte im Intervall zwischen 0 (bei x_{min}) und 1 (bei x_{max}) normiert. Da es sich bei dem *Bernoulli*-Prinzip jedoch nicht um eine Methode zur Nutzenmessung handelt, sondern der **Auswahl aus Handlungsalternativen** dient, spielt das überhaupt keine Rolle.

Der Erwartungswert ist ein linearer Operator (E$\{a + bx\} = a + b$E$\{x\}$). Deshalb führt eine positive Lineartransformation der Nutzengrößen nicht zu einer veränderten Reihenfolge der Alternativenbewertung. Die Maximierung von E$\{a + b\pi_{ij}\}$ führt bei $b > 0$ (daher die Einschränkung auf *positive* Lineartransformationen) stets zu derselben Entscheidung wie die Maximierung von E$\{\pi_{ij}\}$. Nutzenfunktionen, die durch eine positive Lineartransformation auseinander hervorgehen, sind im Sinne des *Bernoulli*-Prinzips identisch.

Die allgemeine quadratische Nutzenfunktion

$$u(x) = a + bx + cx^2,$$

lässt sich im Falle von $b > 0$ transformieren zu

$$v(x) = \frac{u(x) - a}{b} = x + \hat{c}x^2,$$

mit $\hat{c} = c/b$. Offenbar ist die Nutzenfunktion $v(x)$ leichter handhabbar als $u(x)$, führt aber stets zu derselben Entscheidung wie die Funktion $u(x)$. Daher bietet es sich an, aus einer Klasse äquivalenter Nutzenfunktionen stets die einfachste auszuwählen.

10.3.5 Kritik an den Verhaltensannahmen

Ernstzunehmende Kritik am *Bernoulli*-Prinzip muss an den Rationalitätsannahmen ansetzen. Empirische Untersuchungen kommen häufig zu dem Ergebnis, dass es Regelmäßigkeiten im Entscheidungsverhalten von Individuen gibt, die mit bestimmten Annahmen, insbesondere der **Substitutionsannahme**, nicht vereinbar sind. Experimente, die ein solches Verhalten ausweisen, sind allerdings häufig in einer besonders unübersichtlichen Art und Weise konstruiert. Dies wollen wir hier anhand eines bekannten Beispiels, dem **Allais-Paradoxon**, verdeutlichen:

Allais ließ in den 50er Jahren Teilnehmer an Experimenten aus zwei Lotteriepaaren (a_1, a_2) und (b_1, b_2) jeweils eine Lotterie auswählen. Konkret gilt[24]

$$a_1 = \{100 \text{ Mio.}; 1; 0\}, \qquad a_2 = \{500 \text{ Mio.}; 0{,}98; 0\},$$
$$b_1 = \{100 \text{ Mio.}; 0{,}01; 0\}, \qquad b_2 = \{500 \text{ Mio.}; 0{,}0098; 0\}.$$

Die Entscheider äußerten überwiegend die Präferenzen $a_1 \succ a_2$ und $b_2 \succ b_1$. Leicht lässt sich zeigen, dass dieses Entscheidungsverhalten mit dem *Bernoulli*-Prinzip nicht vereinbar ist. Denn $a_1 \succ a_2$ impliziert

---

[24] *Allais* (1979), S. 91. Nach Anpassung um Währungsreformen und Inflationsraten sind 100 Mio. FF aus dem Jahr 1953 mit einem heutigen Betrag von gut 2,8 Mio. € vergleichbar.

$$1 \cdot u(100) + 0 \cdot u(0) > 0{,}98 \cdot u(500) + 0{,}02 \cdot u(0) \Leftrightarrow$$
$$u(100) > 0{,}98 \cdot u(500) + 0{,}02 \cdot u(0).$$

Die zweite Auswahl, $b_2 \succ b_1$, erfordert

$$0{,}01 \cdot u(100) + 0{,}99 \cdot u(0) < 0{,}0098 \cdot u(500) + 0{,}9902 \cdot u(0) \Leftrightarrow$$
$$0{,}01 \cdot u(100) < 0{,}0098 \cdot u(500) + 0{,}0002 \cdot u(0) \Leftrightarrow$$
$$u(100) < 0{,}98 \cdot u(500) + 0{,}02 \cdot u(0).$$

Offensichtlich ist es also im Sinne des *Bernoulli*-Prinzips widersprüchlich, zugleich a_1 und b_2 auszuwählen, und dies völlig **unabhängig von der Nutzenfunktion** des Entscheiders. Genau dies macht das *Allais*-Paradoxon aus. Die Intuition hinter den Entscheidungen ist dabei durchaus nachvollziehbar. Aus den a-Lotterien erscheint a_1 offenbar deshalb vorziehenswürdig, weil der sehr hohe Betrag von 100 Mio. ohne jede Verlustgefahr realisierbar ist. Angesichts dessen fällt die Steigerung auf 500 Mio. weniger ins Gewicht als die zweiprozentige Möglichkeit eines Totalverlustes. Bei den b-Lotterien sieht das anders aus. Offensichtlich fühlen sich hier zwar die 100 Mio. und die 500 Mio. als fühlbar andere Beträge an, die Probanden empfinden jedoch die Gewinnwahrscheinlichkeiten von 0,98% und 1% offenbar als fast identisch. Auch in anderen Experimenten lässt sich ein Entscheidungsverhalten nachweisen, das einerseits die Bedeutung geringer Wahrscheinlichkeiten oder geringer Wahrscheinlichkeitsunterschiede unterschätzt und das andererseits bei extrem hohen Gewinnen und Verlusten nicht hinreichend differenziert, jeweils verglichen mit den Anforderungen des *Bernoulli*-Prinzips.

Die **Kritiker** des *Bernoulli*-Prinzips folgern daraus, dass Individuen häufig in einer mit dem *Bernoulli*-Prinzip nicht vereinbaren Weise entscheiden. Das *Bernoulli*-Prinzip wäre demnach als deskriptive Theorie überhaupt nicht geeignet und sollte auch als Basis für eine normative Theorie keine Verwendung finden. Den Kritikern zufolge bezeichnen Entscheider Verhaltensannahmen nur deshalb als plausibel und akzeptiert sie, weil sie die Implikationen der Annahmen nicht erkennen. Die einschlägigen Beispiele dienen dazu, kritische Implikationen aufzudecken.

Die **Befürworter** des *Bernoulli*-Prinzips argumentieren natürlich anders: Sie werfen den Designern der Experimente vor, Beispiele so zu entwickeln, dass Fehlentscheidungen wahrscheinlich sind. In „normalen" Entscheidungssituationen kommt es nicht zu derartigen Fehlern. Überdies erweist sich die Stärke des *Bernoulli*-Prinzips genau bei solchen Entscheidungen, die zunächst schwer zu durchschauen sind. Das *Bernoulli*-Prinzip führt durch eine bessere Strukturierung von Entscheidungssituationen zur Vermeidung von Fehlern. Die Fehler in verwickelten Situationen sind demnach gerade kein Argument gegen das *Bernoulli*-Prinzip, sondern belegen im Gegenteil dessen Stärke.

Diese Sichtweise lässt Argumente anhand einer recht bekannten Grafik verdeutlichen (Abbildung 10.4).[25] Gefragt ist, welche der beiden horizontalen Linien länger ist. Die spontane Antwort eines jeden Betrachters wird lauten: die obere Linie. Tatsächlich sind die beiden Linien aber exakt gleich lang, die optische Fehleinschätzung wird durch die umgekehrte Anordnung der Pfeilspitzen hervorgerufen. Der erste Eindruck trügt also, das Messinstrument eines Zentimetermaßes legt die richtige Antwort offen.

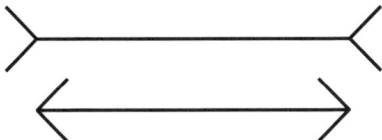

Abbildung 10.4: Optische Täuschung als Beispiel für falsche Entscheidungen.

Spontane, intuitiv geprägte Entscheidungen stehen, wie etwa das *Allais*-Paradoxon belegt, häufig im Widerspruch zu den Implikationen des *Bernoulli*-Prinzips. Muss man deshalb aber folgern, das *Bernoulli*-Prinzip sei empirisch falsch? Oder handelt es sich – wie analog das Zentimetermaß – um ein Analyseinstrument, das es ermöglicht, in komplizierten Risikosituationen normativ richtige Entscheidungen zu treffen? Zumindest für das Gebiet normativer Entscheidungstheorien ist zu konstatieren, dass es trotz der genannten Befunde keine weithin akzeptierte Alternative zum *Bernoulli*-Prinzip gibt.[26]

Mit Blick auf deskriptive Entscheidungstheorien kommt man zu einer anderen Antwort. Denn zum einen gibt es neben dem dargestellten *Allais*-Paradoxon zahlreiche weitere empirische Regelmäßigkeiten, welche der Gültigkeit des *Bernoulli*-Prinzips im Besonderen und dem Rationalverhalten im Allgemeinen widersprechen.[27] Zum anderen liegen deskriptive Entscheidungstheorien wie beispielsweise die **Prospect-Theorie**[28] vor, welche einige der Anomalien besser zu erfassen erlauben. Und schließlich gilt diese Beobachtung nicht nur für Ansätze mit nur einem Entscheider, sondern auch für spieltheoretische Modelle. Hier erfährt beispielsweise die Verwendung von Nutzenfunktionen mit **Ungleichheitsaversion** eine zunehmende Verbreitung.[29] Auch dabei dient die Loslösung vom *Bernoulli*-Prinzip dazu, reichhaltigere und offenbar empirisch besser zutreffende Ergebnisse herbeizuführen.

---

[25] Vgl. bspw. *Kahneman* (2012), S. 41.
[26] Ähnlich *Bamberg/Trost* (1996), S. 659 f.
[27] Eine umfassende Abhandlung zu den Regelmäßigkeiten begrenzt rationalen Entscheidungsverhaltens präsentiert *Kahneman* (2012).
[28] Oder auch: Neue Erwartungstheorie; *ebenda*, S. 342 ff.
[29] Vgl. bspw. *Fehr/Schmidt* (1999); im Falle der Ungleichheitsaversion empfindet ein Entscheider eine ungleiche Ergebnisverteilung als nutzenmindernd.

Kahnemans Theorie vom schnellen (intuitiven) und langsamen (rationalen) Denken erklärt in beeindruckender Eleganz und Schlüssigkeit, wie sich das Nebeneinander von spontanen Handlungen und komplexen Abwägungen bei der menschlichen Entwicklung bewährt hat. Dennoch sind die vielen nachgewiesenen „Effekte" nicht geeignet, die Eignung des *Bernoulli*-Prinzips als normative Theorie, also als Instrument des langsamen Denkens, komplett zu widerlegen.

10.3.6 Nutzenfunktionen und Risikoeinstellungen

Im Weiteren betrachten wir nur noch *Bernoulli*-Nutzenfunktionen. Die Auswahl zwischen Alternativen hängt offenbar vom Verlauf der Nutzenfunktion ab. Wir folgen der generellen Annahme, dass der Entscheider ein größeres Ergebnis einem geringeren Ergebnis stets vorzieht. Bei der überwiegend unterstellten Ergebnisdimension des Vermögens bedarf das keiner näheren Erläuterung. Bei anderen Ergebnisdimensionen (zum Beispiel Arbeitszeit) behilft man sich in der Regel damit, dass man sie in Form ihres monetären Äquivalents einbezieht.

Die positive Steigung allein charakterisiert die Nutzenfunktion jedoch nur unzureichend. Insbesondere lassen sich damit keine Aussagen über Risikopräferenzen treffen. Wir haben häufig betont, dass Entscheider risikoavers sind und deshalb weniger riskante Alternativen ceteris paribus vorziehen. Das *Bernoulli*-Prinzip erlaubt eine genaue Definition der Risikoaversion.

> Bei **Risikoaversion** zieht der Entscheider einen sicheren Betrag in Höhe des Ergebniserwartungswertes der unsicheren Ergebnisverteilung vor. Es gilt also $u(E\{x\}) > E\{u(x)\}$.

Eine im Ausgangspunkt etwas weniger technische Umschreibung von Risikoaversion lautet: Ein risikoaverser Entscheider mit einem beliebigen Ausgangsvermögen von w wird an einer unsicheren Lotterie L mit einem Gewinnerwartungswert von $E\{\tilde{g}\} = 0$ nicht teilnehmen. Der Nutzenerwartungswert ist also ohne die Lotterie größer als mit:

$$E\{u(w)\} = u(w) = u(E\{w + \tilde{g}\}) > E\{u(w + \tilde{g})\}.$$

Beide vorstehenden Ungleichungen sind angesichts der *Jensen*schen Ungleichung[30] genau bei einer **konkaven Funktion** $u(\cdot)$ erfüllt, also bei einer Funktion mit abnehmender Steigung. Eine solche Nutzenfunktion ist demnach Ausdruck der Risikoaversion. Mit der Risikoaversion geht die Präferenz einher, dass positive Abweichungen von einem bestimmten Ergebnis weniger stark ins Gewicht fallen als gleich hohe negative Abweichungen. Der Verlauf einer Risiko-

---

[30] Siehe Abschnitt 10.2.4.

aversion abbildenden Nutzenfunktion ist also **oberhalb eines bestimmten Ergebnisses flacher** als unterhalb. Eine hierzu passende Redensart lautet: „Geld zu haben ist weniger gut, als keines zu haben schlecht ist."

Die Interpretation, dass ein risikoaverser Entscheider jedes Risiko vermeidet, wäre allerdings **völlig verfehlt**. Die generelle Risikovermeidung trifft nur dann zu, wenn alle anderen Merkmale der Ergebnisverteilung (beispielsweise der Erwartungswert) übereinstimmen. Zwar ist Risiko ein Ungut, für dessen Übernahme der Entscheider einen Preis, nämlich eine Risikoprämie, fordert. Ist diese Risikoprämie nur groß genug, wäre der Entscheider jedoch bereit, ein beliebig hohes Risiko zu übernehmen. Umgekehrt gibt es zu jeder positiven Risikoprämie eine maximale Risikomenge, die ein Entscheider zu übernehmen bereit ist. Ein risikoaverser Entscheider „always takes some part of a favorable gamble"[31]. Dabei ist eine Lotterie „favorable", wenn sie einen positiven Gewinnerwartungswert hat.

Analog zur Risikoaversion (oder Risikoscheu) spricht man von **Risikofreude**, wenn in obiger Ungleichung das umgekehrte Vorzeichen gilt. Stimmen der Nutzen des Erwartungswerts und der Erwartungswert des Nutzens überein, spricht man von **Risikoindifferenz** oder Risikoneutralität. Im Weiteren befassen wir uns durchweg mit der Risikoaversion und beziehen lediglich als Grenzfall manchmal die Risikoindifferenz ein.

Mit der Definition der Risikoaversion eng verbunden ist das sogenannte Sicherheitsäquivalent einer Lotterie.

Das **Sicherheitsäquivalent** einer Lotterie ist der sichere Ergebniswert, welcher den Entscheider indifferent lässt zwischen ebendiesem Ergebniswert und der unsicheren Lotterie.

Es gilt also

$$u(s) = E\{u(x)\} \Leftrightarrow s = u^{-1}(E\{u(x)\}),$$

wobei
s Sicherheitsäquivalent
u^{-1} Umkehrfunktion der Nutzenfunktion.

Bei Risikoaversion ist das Sicherheitsäquivalent stets kleiner als der Erwartungswert des unsicheren Ergebniswertes. Dies ergibt sich zum einen intuitiv daraus, dass ein risikoaverser Entscheider ein risikoloses Ergebnis einer unsicheren Lotterie gleich schätzt, wenn das mittlere Niveau des unsicheren Ergebnisses höher ist. Die erwartete Ergebnissteigerung ausgehend vom Sicherheitsäquivalent muss größer sein als die erwartete Ergebnisminderung, damit beides einander ausgleicht. Zum anderen folgt dies wiederum aus den formalen

---

[31] Arrow (1970), S. 100.

Eigenschaften einer konkaven Nutzenfunktion und der *Jensen*schen Ungleichung. Den gleichen Informationsgehalt wie das Sicherheitsäquivalent hat die Risikoprämie.

> Die **Risikoprämie** λ ist definiert als Differenz zwischen Erwartungswert und Sicherheitsäquivalent.

Im Falle der Risikoaversion ist die Risikoprämie positiv:

$$\lambda = E\{x\} - s = E\{x\} - u^{-1}(E\{u(x)\}) > 0,$$

wobei
λ Risikoprämie.

Für ein numerisches Beispiel gehen wir von der konkaven Nutzenfunktion $u(x) = \sqrt{x}$ aus. Zu beurteilen ist die Basislotterie $L = \{1; 0,5; 49\}$. Der Erwartungswert des Ergebnisses beträgt $E\{x\} = 25$, der Nutzen eines sicheren Ergebnisses in Höhe dieses Erwartungswerts $u(E\{x\}) = 5$. Für den Nutzenerwartungswert gilt $E\{u(x)\} = 0,5 \cdot 1 + 0,5 \cdot 7 = 4$. Das Sicherheitsäquivalent ergibt sich aus $\sqrt{s} = 4$ mit $s = 16$, die Risikoprämie als $\lambda = E\{x\} - s = 9$. Grafisch dargestellt erhält man:

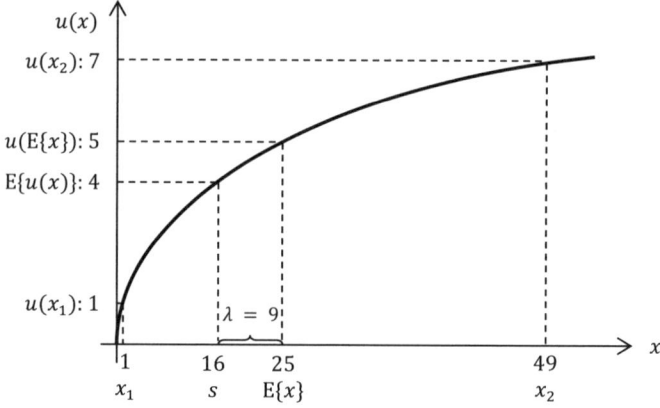

Abbildung 10.5:
Erwartungswert, Sicherheitsäquivalent und Risikoprämie bei Risikoaversion.

10.3.7 Maßgrößen für die Risikoaversion

Da sich Risikoaversion in der Rechts-Krümmung (Konkavität) der Nutzenfunktion äußert, könnte es angemessen erscheinen, den Grad der Krümmung, ausgedrückt durch den Betrag der zweiten Ableitung der Nutzenfunktion, als Maßstab für die Risikoaversion zu verwenden. Dies erweist sich jedoch als nicht zweckmäßig, wie man angesichts der Eigenschaft der Gleichwertigkeit positiv lineartransformierter Nutzenfunktionen leicht erkennt. Eine derartige Transformation kann nämlich die zweite Ableitung der Funktion verändern, ohne zugleich irgendeinen Einfluss auf Entscheidungen zu haben. Diesen Effekt kann man durch Einbeziehung der ersten Ableitung der Funktion eliminieren.

Die **absolute Risikoaversion** ist definiert als

$$r_a(x) = -\frac{u''(x)}{u'(x)},$$

wobei
$r_a(x)$ absolute Risikoaversion.

Man bezeichnet sie auch als **Pratt-Arrow-Maß**.[32] Neben der absoluten Risikoaversion verwendet man auch die Kennzahlen **relative Risikoaversion** und (absolute) **Risikotoleranz**. Diese Kennzahlen sind definiert als

$$r_r(x) = x r_a(x) = -x\frac{u''(x)}{u'(x)},$$

$$r_t(x) = \frac{1}{r_a(x)} = -\frac{u'(x)}{u''(x)},$$

wobei
$r_r(x)$ relative Risikoaversion
$r_t(x)$ Risikotoleranz.

Anhand der Eigenschaften dieser Kennzahlen können wir Klassen von Nutzenfunktionen bilden, die typische Implikationen haben. Die relative Risikoaversion lässt sich von der absoluten Risikoaversion anhand des folgenden Entscheidungsproblems anschaulich abgrenzen: Ein Kapitalanleger hat die Möglichkeit, einen Geldbetrag v auf eine riskante und eine risikolose Anlagemöglichkeit aufzuteilen. Für sein unsicheres Endvermögen gilt dann

$$\tilde{w} = (1 + \tilde{r})x + (1 + i)(v - x)$$
$$= (1 + i)v + (\tilde{r} - i)x,$$

wobei
$\tilde{w}$ unsicheres Endvermögen
$\tilde{r}$ unsichere Rendite der riskanten Investition
i Verzinsung der risikolosen Anlagemöglichkeit
v Anfangsvermögen
x unsicher investierter Geldbetrag.

Die Entscheidung über x hängt neben der Risikoeinstellung ab von der Rendite der risikolosen Anlage, von der erwarteten Rendite der riskanten Anlage und vom damit verbundenen Risiko. Hat der Entscheider eine konstante absolute

---

[32] Nach *Pratt* (1964) und *Arrow* (1970).

Risikoaversion, verändert sich der optimale riskant angelegte Geldbetrag x^* bei einer Veränderung des Anfangsvermögens v nicht. Nimmt hingegen die absolute Risikoaversion ab (bzw. zu), steigt (bzw. verringert sich) der **riskant angelegte Betrag** und damit das absolut übernommene Risiko mit wachsendem Vermögen. Es gilt also

$$\left\{\begin{matrix}\text{abnehmende}\\\text{konstante}\\\text{zunehmende}\end{matrix}\right\} \text{ absolute Risikoaversion } \Leftrightarrow \frac{\partial x^*}{\partial v} \left\{\begin{matrix}>\\=\\<\end{matrix}\right\} 0.$$

Für die relative Risikoaversion gelten ganz ähnliche Aussagen, nun jedoch bezogen auf den **riskant angelegten Anteil am Anfangsvermögen**, definiert als $y = x/v$, also das relativ übernommene Risiko. Man erhält

$$\left\{\begin{matrix}\text{abnehmende}\\\text{konstante}\\\text{zunehmende}\end{matrix}\right\} \text{ relative Risikoaversion } \Leftrightarrow \frac{\partial y^*}{\partial v} \left\{\begin{matrix}>\\=\\<\end{matrix}\right\} 0,$$

wobei
y unsicher investierter Anteil des Anfangsvermögens v.

Die Abhängigkeit von absoluter und relativer Risikoaversion vom Anfangsvermögen ermöglicht Aussagen über die **Vermögenswirkungen auf Entscheidungen**.

Die Risikotoleranz erweist sich im Zusammenhang mit Fragen der Risikoaufteilung als besonders anschaulich. Die **Risikoaufteilung** zwischen verschiedenen Individuen ist optimal, wenn jede Partei einen Risikoanteil übernimmt, der dem Anteil der eigenen Risikotoleranz an der Summe aller Risikotoleranzen entspricht.[33]

Häufig verwendete Nutzenfunktionen lassen sich wie folgt einordnen:

Nutzenfunktion	absolute Risikoaversion	relative Risikoaversion
Lineare Funktion $u(x) = x$	konstant (null)	konstant (null)
Logarithmische Funktion $u(x) = \ln x$	abnehmend	konstant
Potenzfunktion $u(x) = x^\gamma \ (0 < \gamma < 1)$	abnehmend	konstant
Exponentielle Funktion $u(x) = 1 - \exp(-\gamma x)$	konstant	zunehmend
Quadratische Funktion $u(x) = x - \gamma x^2$	zunehmend	zunehmend

Tabelle 10.5: Nutzenfunktionen und Risikoaversionsmaße.

---

[33] Vgl. Abschnitt 5.1.3.5.

Empirische Untersuchungen kommen überwiegend zu dem Ergebnis, dass die absolute Risikoaversion abnehmend ist und die relative Risikoaversion einen konstanten Wert aufweist.[34] Die logarithmische und die Potenzfunktion weisen demnach besonders plausible Eigenschaften auf. Dennoch verwenden zahlreiche Entscheidungsmodelle andere Nutzenfunktionen; der damit verbundene Vorteil der analytischen Vereinfachung kann den Nachteil problematischer empirischer Implikationen überwiegen. Dies gilt insbesondere bei solchen Fragestellungen, bei denen es auf den Grad der Risikoaversion ankommt, nicht aber auf die Vermögenswirkungen auf Entscheidungen.

10.4 (μ, σ)-Prinzip

10.4.1 Idee der Vereinfachung

Das *Bernoulli*-Prinzip hat offenbar spezifische Vorzüge, insbesondere die ausgeprägte Orientierung an rationalem Verhalten und das Vermeiden von Verstößen gegen das Rationalitätspostulat. Insbesondere in komplizierten Entscheidungssituationen kann jedoch die analytische Handhabung schwierig sein. Das Vermögen als das Argument der Nutzenfunktion kann in einer mehr oder minder komplizierten Weise von den Entscheidungsvariablen abhängen. Es ist leicht einzusehen, dass allein die Formulierung der notwendigen Bedingung für das Optimum erhebliche Probleme aufwerfen kann.

Daher ist der Gedanke naheliegend, ähnlich wie bei der Beschreibung von Wahrscheinlichkeitsverteilungen durch deren Parameter, Entscheidungen lediglich auf Basis der **Verteilungsparameter** des unsicheren Vermögens zu treffen. Angesichts der Erfassung von Risiko und Risikoeinstellungen bietet es sich an, Erwartungswert und Varianz des Vermögens heranzuziehen. Dies kennzeichnet das (μ, σ)-Prinzip. Unschwer sind dabei Varianz oder Standardabweichung als Risikomaße zu identifizieren. Betrachtet man als Grenzfall das risikoindifferente Verhalten, reduziert sich das (μ, σ)-Prinzip auf das μ-Prinzip, weil das Risiko für die Beurteilung keine Rolle spielt.

10.4.2 (μ, σ)-Prinzip und Risikoeinstellung

Eine allgemeine Nutzenfunktion nach dem (μ, σ)-Prinzip kann man als $u = u(\mu, \sigma^2)$ darstellen und gegebenenfalls in eine äquivalente (μ, σ)-Nutzenfunktion überführen.

Die für das *Bernoulli*-Prinzip abgeleiteten Aussagen über Risikoeinstellungen lassen sich bei geringfügiger Modifikation auf das (μ, σ)-Prinzip übertragen. Ein Entscheider ist risikoavers, wenn gilt

---

[34] *Friend* (1977), S. 66.

$$\frac{\partial u(\mu, \sigma^2)}{\partial \sigma^2} < 0.$$

Als Maß für die absolute Risikoaversion dient die Grenzrate der Substitution zwischen μ und σ^2 (und der Kehrwert als Maß für die Risikotoleranz):[35]

$$r_{a(\mu,\sigma)} = \left.\frac{d\mu}{d\sigma^2}\right|_{u=konst.} = -\frac{\partial u/\partial \sigma^2}{\partial u/\partial \mu}.$$

Das Sicherheitsäquivalent s muss die Bestimmungsgleichung

$$s = u(s, 0) = u(\mu, \sigma^2)$$

erfüllen. Die Risikoprämie ergibt sich wieder als Differenz zwischen dem Erwartungswert des Ergebnisses und seinem Sicherheitsäquivalent:

$$\lambda = \mu - u(s, 0).$$

Eine besonders einfache, häufig verwendete (μ, σ)-Nutzenfunktion lautet

$$u(\mu, \sigma^2) = \mu - \frac{1}{2}\gamma\sigma^2.$$

In diesem Fall stimmt der Nutzen mit dem Sicherheitsäquivalent überein. Weiter erhält man

$$r_{a(\mu,\sigma)} = \frac{1}{2}\gamma \text{ sowie } \lambda = \frac{1}{2}\gamma\sigma^2.$$

für den Risikoaversionskoeffizienten bzw. für die Risikoprämie.

In grafischen Darstellungen wie in Abbildung 10.6 verwendet man zumeist die Standardabweichung als Risikomaß. Das Sicherheitsäquivalent s zu einer beliebigen (μ, σ)-Kombination x ergibt sich als Schnittpunkt der zugehörigen (μ, σ)-Indifferenzkurve mit der Ordinate. Die Abbildung zeigt auch, dass eine flacher verlaufende Indifferenzkurve eine geringere Risikoaversion impliziert, da dieselbe riskante Position x mit einem höheren Sicherheitsäquivalent und einer geringeren Risikoprämie verbunden ist. Der Grenzfall der Risikoindifferenz ist durch eine horizontale Indifferenzkurve gekennzeichnet.

10.4.3 Schwächen des (μ, σ)-Prinzips

Zwar ist die analytische Handhabung des (μ, σ)-Prinzips einfacher als die des *Bernoulli*-Prinzips, auch kann man die wesentlichen Erkenntnisse in Bezug auf Risikoeinstellungen entsprechend anpassen. Jedoch sind auch deutliche Nachteile des (μ, σ)-Prinzips zu konstatieren.

---

[35] Vgl. *Meyer* (1987), S. 424, der die Standardabweichung statt der Varianz verwendet.

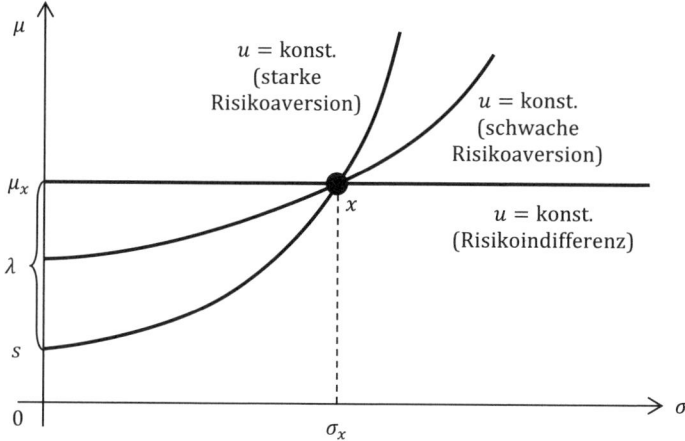

Abbildung 10.6:
Indifferenzkurve, Sicherheitsäquivalent und Risikoprämie beim (μ, σ)-Prinzip.

Kritikwürdig ist zunächst, dass sehr unterschiedliche Verteilungen doch als äquivalent eingestuft werden. Besonders deutlich zeigt sich dieses Problem bei Einbeziehung des dritten zentralen Moments, die **Schiefe**, als Maß für die Symmetrie der Verteilung.[36]

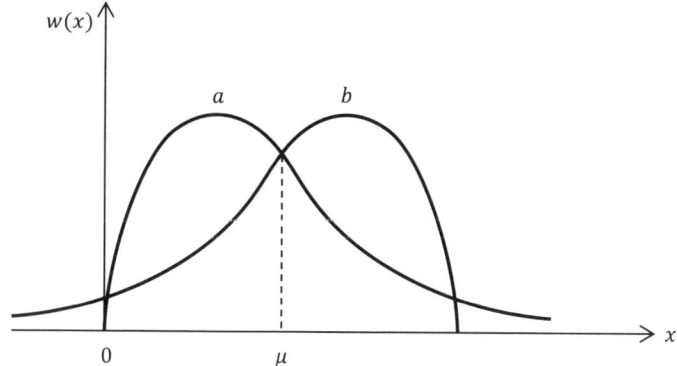

Abbildung 10.7:
Unterschiedliche Wahrscheinlichkeitsverteilungen mit übereinstimmenden Erwartungswerten und Varianzen.

Die beiden Verteilungen in Abbildung 10.7 haben denselben Erwartungswert sowie dieselbe Varianz und weisen dennoch offensichtlich eine völlig andere

---

[36] Die Schiefe ist definiert als $E\{(\tilde{x} - \mu)^3\}$. In Abbildung 10.7 ist die Verteilung a durch eine positive Schiefe gekennzeichnet, sie ist „rechtsschief" oder auch „linkssteil"; dagegen ist die Verteilung b „linksschief" oder „rechtssteil", hat also eine negative Schiefe.

Charakteristik auf. Bei Verteilung a sind negative Ergebnisse ausgeschlossen, und es können sehr hohe Gewinne anfallen. Bei Verteilung b gibt es hingegen eine niedrigere Obergrenze für Gewinne und gleichzeitig erhebliche Verlustgefahren. Trotz gleicher Parameter μ und σ^2 werden die meisten Individuen die rechtsschiefe Verteilung a vorziehen. Diese Beobachtung besagt aber letztlich nur, dass mit der Beschränkung auf zwei Parameter eine **Einschränkung des Informationsgehalts** verbunden ist. Das ist der Preis für die Vereinfachung der formalen Handhabung und der Herabsetzung des Informationsbedarfs. Vereinfachte Modelle sind stets ungenauer.

Ein zweiter Kritikpunkt gegenüber dem (μ, σ)-Prinzip wiegt schwerer: Bei Anwendung des (μ, σ)-Prinzips kann es zu einer **Verletzung der Zustandsdominanz** kommen. Das heißt, obwohl eine in allen Zuständen mit einem höheren Ergebnis verbunden ist als eine andere Aktion, kann die Bewertung mit einer (μ, σ)-Nutzenfunktion eine Ergebnisverteilung kann als suboptimal ausweisen. Dies sei an einem einfachen Beispiel belegt. Ein Entscheider mit der Nutzenfunktion

$$u(\mu, \sigma) = \mu - 0{,}3\sigma^2$$

soll zwischen zwei Aktionen a_1 und a_2 auswählen:

	z_1 (0,5)	z_2 (0,5)	μ	σ^2	u
a_1	10	12	11	1	10,7
a_2	16	30	23	49	8,3

Tabelle 10.6: Verletzung der Zustandsdominanz.

a_2 führt in beiden Zuständen zu einem höheren Ergebnis als a_1 und ist deshalb nach dem Dominanzprinzip vorzuziehen. Gleichwohl weist a_2 einen geringeren (μ, σ)-Nutzen auf. Ursache für eine solche Verletzung der Dominanz ist, dass ein risikoaverser Entscheider die Abweichung von einem festen Erwartungswert auch dann als unangenehm empfindet, wenn es sich um eine positive Abweichung handelt. Bei a_2 geht ausgehend von dem Erwartungswert von $\mu_2 = 23$ der Rückfall von auf 16 mit gleichem Gewicht in die Varianzberechnung ein wie der Anstieg aus 30. Dies wäre bei einer konkaven *Bernoulli*-Nutzenfunktion anders.

10.4.4 Vereinbarkeit mit dem *Bernoulli*-Prinzip

Insbesondere angesichts des letzten Einwands gegen das (μ, σ)-Prinzip stellt sich die Frage, ob und unter welchen Bedingungen die jeweiligen spezifischen Vorteile von *Bernoulli*-Prinzip (ausgeprägte Rationalität) und (μ, σ)-Prinzip (einfache Handhabung) gemeinsam erfüllt sind. Ansatzpunkte für die Vereinbarkeit der Entscheidungsprinzipien ergeben sich zum einen bei den Nutzenfunktionen, zum anderen bei den Wahrscheinlichkeitsverteilungen.

Bei Vorliegen einer **quadratischen Nutzenfunktion**

$$u(x) = x - \gamma x^2$$

ist der Nutzenerwartungswert stets durch Erwartungswert und Varianz der Ergebnisse eindeutig determiniert:

$$\mathrm{E}\{u(x)\} = \mathrm{E}\{x - \gamma x^2\} = \mathrm{E}\{x\} - \gamma \, \mathrm{E}\{x^2\} = \mathrm{E}\{x\} - \gamma[(\mathrm{E}\{x\})^2 + \mathrm{Var}\{x\}]$$
$$= \mu - \gamma(\mu^2 + \sigma^2).$$

Allerdings geht mit der quadratischen Nutzenfunktion eine zunehmende absolute Risikoaversion einher, also eine ziemlich unplausible Risikoeinstellung. Außerdem ist zu gewährleisten, dass sämtliche Ausprägungen einer Zufallsvariablen auf dem steigenden Ast der Parabel liegen, da anderenfalls die generelle Annahme eines positiven Grenznutzens verletzt ist. Diesen Einwand kann man auch nicht durch eine Anpassung der Lage des Scheitelpunkts entkräften. Denn der Parameter γ bestimmt zugleich eindeutig die Lage des Scheitelpunkts und den Grad der Risikoaversion. Im Falle der quadratischen Nutzenfunktion erhält man für das *Pratt-Arrow*-Maß

$$r_a = \frac{1}{\frac{1}{2\gamma} - x}.$$

Die individuelle Präferenz des Entscheiders schlägt sich also ausschließlich im Parameter γ nieder; eine im Parameter γ modifizierte Nutzenfunktion stünde für eine andere Risikoaversion.

Das (μ, σ)-Prinzip ist auch dann mit dem *Bernoulli*-Prinzip vereinbar, wenn die Wahrscheinlichkeitsverteilung der (μ, σ)-Klasse angehört, wenn es sich also um eine Verteilung handelt, die durch Erwartungswert und Varianz vollständig beschrieben ist. Aus den Verteilungen der (μ, σ)-Klasse hat allein die **Normalverteilung** die sogenannte Reproduktionseigenschaft, also die Eigenschaft, dass lineare Funktionen normalverteilter Zufallsvariablen wiederum normalverteilt sind.

Häufig unterstellt man zugleich die Normalverteilung und die exponentielle Nutzenfunktion. Der Vorteil dieses sogenannten **Hybrid-Modells**[37] ist die sehr einfache Gestalt der zugehörigen (μ, σ)-Nutzenfunktion, denn es gilt:[38]

$$\mathrm{E}\{u(x)\} = \int_{-\infty}^{+\infty} [1 - \exp(-\gamma x)] \frac{1}{\sigma\sqrt{2\pi}} \exp\left(-\frac{1}{2}\left(\frac{x-\mu}{\sigma}\right)^2\right) dx$$
$$= 1 - \exp\left(-\gamma\left(\mu - \frac{1}{2}\gamma\sigma^2\right)\right) = u\left(\mu - \frac{1}{2}\gamma\sigma^2\right).$$

---

[37] Der Begriff ist von *Bamberg* (1986), S. 21, übernommen.
[38] Siehe für die Umformungen *Stadler* (2003), S. 339.

Man erhält also eine einfache lineare Funktion von Erwartungswert und Varianz der Zielgröße als Sicherheitsäquivalent:

$$s = \mu - \frac{1}{2}\gamma\sigma^2.$$

Da das Hybrid-Modell auf der exponentiellen Nutzenfunktion basiert, impliziert es mit der konstanten absoluten Risikoaversion eine ebenfalls nicht völlig plausible Risikoeinstellung. Sofern der Risikoaversionsparameter γ geeignet kalibriert wird, lassen sich allerdings mit der Gestalt des Sicherheitsäquivalents die Ergebnisse der direkten Nutzenmaximierung sehr gut annähern.[39] Die genannte Formulierung ist daher recht weit verbreitet.

10.5 Stochastische Dominanz

10.5.1 Idee und Begriff

Sowohl das *Bernoulli*-Prinzip als auch das (μ, σ)-Prinzip sind für den Entscheider Instrumente zur Auswahl der für ihn vorziehenswürdigen Wahrscheinlichkeitsverteilung und tragen daher seinen individuellen Präferenzen Rechnung. Im *Bernoulli*-Prinzip geschieht dies durch die Heranziehung der Nutzenfunktion, im (μ, σ)-Prinzip durch Gewichtung von Erwartungswert und Standardabweichung der Zielgröße. Gerade die präzise Bestimmung der individuellen Charakteristika kann sich allerdings als besonders schwierig erweisen.

Es wäre also von Vorteil, auch ohne Rückgriff auf präzise bestimmte individuelle Präferenzen eine Auswahl oder wenigstens eine Vorauswahl zwischen unsicheren Ergebnissen vornehmen zu können. Zu diesem Zweck übertragen wir das allgemeine Dominanzprinzip auf Wahrscheinlichkeitsverteilungen und kommen zur Konzeption der **stochastischen Dominanz** als Kriterium der Reihung von Wahrscheinlichkeitsverteilungen.[40] Hervorzuheben sind die stochastische Dominanz ersten Grades und zweiten Grades.

Von zwei Wahrscheinlichkeitsverteilungen A und B ist A genau dann **stochastisch dominant ersten Grades** relativ zu B, wenn der Wert der Verteilungsfunktion von A nie größer und für mindestens eine Ausprägung kleiner ist als der Wert der Verteilungsfunktion von B. Formal gilt also

$$A \succ_{SD1} B \Leftrightarrow \begin{cases} F_A(x) \leq F_B(x) \text{ für alle } x \text{ und} \\ F_A(x) < F_B(x) \text{ für mindestens ein } x, \end{cases}$$

wobei
$F_i(\cdot)$ Verteilungsfunktion der Zufallsvariablen i $(i = A, B)$.

---

[39] Vgl. *Pulley* (1981) und *Kroll/Levy/Markowitz* (1984).
[40] *Hadar/Russell* (1969).

Die Schreibweise „$\succ_{SD1}$" steht für „wird im Sinne der stochastischen Dominanz ersten Grades ($SD1$) vorgezogen".

Die Verteilungsfunktion gibt bekanntlich an, mit welcher Wahrscheinlichkeit eine bestimmte Ergebnisausprägung x nicht überschritten wird. Ein niedrigerer Wert der Verteilungsfunktion ist demnach gleichbedeutend damit, dass ein größerer Teil des Wahrscheinlichkeitsgewichts auf Werte von größer als x entfällt; umgekehrt ist zu jeder Wahrscheinlichkeit der zugehörige Ergebniswert x (das zugehörige Quantil) nicht niedriger. $SD1$ steht also für im stochastischen Sinne größere Ergebniswerte.

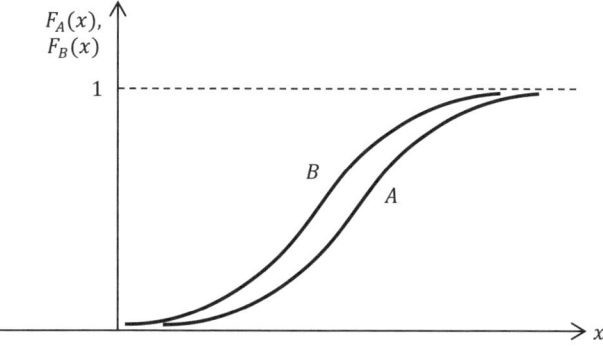

Abbildung 10.8: Stochastische Dominanz ersten Grades ($SD1$).

Grafisch dargestellt bedeutet dies, dass eine nach $SD1$ überlegene Verteilungsfunktion (A) stets rechts bzw. unterhalb der unterlegenen Verteilungsfunktion (B) verläuft. Abbildung 10.8 verdeutlicht dies für einen der Normalverteilung nachempfundenen Verteilungstyp. Bei diskreten Zufallsvariablen ergeben sich jeweils Treppenfunktionen,[41] auch dabei steht ein Verlauf unterhalb oder weiter rechts für die $SD1$-dominante Verteilung. In jedem Fall gilt: Besteht zwischen zwei Verteilungen die Relation der $SD1$, so schneiden sich deren Verteilungsfunktionen nicht.

Nun ist allerdings keineswegs stets von zwei Verteilungen eine stochastisch dominant nach $SD1$; es handelt sich daher lediglich um ein partielles Reihungskriterium. Das heißt, es gibt Situationen, in denen der Entscheider alleine auf Basis der $SD1$ keine endgültige Entscheidung vornehmen kann.

Dies wirft die Frage auf, ob ein weniger strenger Dominanzbegriff hier weiterhelfen könnte. Die **stochastische Dominanz zweiten Grades** ($SD2$) ist eine solche weniger strenge Dominanzrelation. Eine Verteilung A erfüllt die Eigen-

---

[41] Vgl. Abschnitt 10.2.2.

schaft der $SD2$ gegenüber B, wenn die oben genannte Relation nicht für die Verteilungsfunktion, sondern für das Integral über die Verteilungsfunktion gilt, formal also:

$$A \succ_{SD2} B \Leftrightarrow \begin{cases} \int_{x_{min}}^{x} F_A(\xi)d\xi \leq \int_{x_{min}}^{x} F_B(\xi)d\xi & \text{für alle } x \text{ und} \\ \int_{x_{min}}^{x} F_A(\xi)d\xi < \int_{x_{min}}^{x} F_B(\xi)d\xi & \text{für mindestens ein } x. \end{cases}$$

Ist die $SD1$ gegeben, so ist stets auch die $SD2$ erfüllt, aber nicht umgekehrt; daher ist die $SD2$ eine schwächere Bedingung. Auf Basis der $SD2$ lassen sich mehr Verteilungen in eine Reihung bringen, als es bei der $SD1$ der Fall ist. Abbildung 10.9 zeigt ein Beispiel dafür, dass zwar $SD2$ vorliegt, nicht aber $SD1$. Letzteres erkennt man daran, dass sich die Verteilungsfunktionen schneiden.

Abbildung 10.9 verdeutlicht, dass bei kleineren Ergebnissen die Verteilung A gegenüber B im Vorteil ist; das Ausmaß spiegelt sich in der Integraldifferenz, also der Fläche zwischen den Verteilungsfunktionen wider. Jenseits des Schnittpunkts der Verteilungsfunktionen holt B gegenüber A auf. Die Integralbedingung für die $SD2$ besagt gerade, dass B die Verteilung A nicht überholt. Auch diese Überlegungen lassen sich auf Treppenfunktionen und damit auf diskrete Verteilungen übertragen.[42]

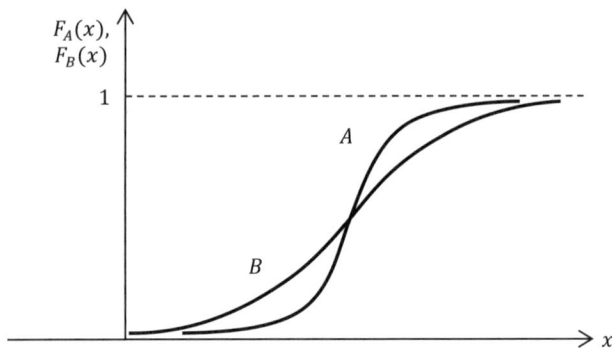

Abbildung 10.9: Stochastische Dominanz zweiten Grades ($SD2$) ohne $SD1$.

Für die weitere Interpretation sei festgehalten, dass die nach $SD2$ unterlegene Verteilung B ein höheres Wahrscheinlichkeitsgewicht bei sehr großen und sehr kleinen Ergebniswerten aufweist; dies ist am größeren Anstieg der Verteilungsfunktion B bei den betreffenden Ergebniswerten zu erkennen. Die Verteilung B ist daher schon nach einer ersten Intuition mit einem größeren Risiko verbunden als die Verteilung A.

---

[42] Vgl. Abschnitt 10.5.3.

10.5.2 Relation zum *Bernoulli*-Prinzip

Mit den beiden vorgestellten Ausprägungen der stochastischen Dominanz sind zunächst weitere Reihungskriterien eingeführt. Solange keine klare Relation zu den zuvor eingeführten Entscheidungsprinzipien hergestellt wird, bleibt unklar, was damit gewonnen ist. Tatsächlich lassen sich solche Relationen aber nachweisen.[43] In Bezug auf $SD1$ gilt

> Es ziehen genau dann **alle Entscheider** mit stets positive, Grenznutzen eine bestimmte Ergebnisverteilung vor, wenn sie $SD1$-dominant ist.

Eine ähnliche Aussage lässt sich auch für die $SD2$ ableiten:

> Es ziehen genau dann **alle risikoaversen Entscheider** eine bestimmte Ergebnisverteilung vor, wenn sie $SD2$-dominant ist.

Die strengere Bedingung der $SD1$ impliziert unmittelbar, dass jeder Entscheider, der mehr Geld weniger Geld vorzieht, die $SD1$-dominante Verteilung wählt, unabhängig davon, welche Risikopräferenz er aufweist. Die schwächere Bedingung der $SD2$ impliziert, dass ein risikoaverser Entscheider stets eine $SD2$-dominante Verteilung präferiert, unabhängig von der Stärke seiner Risikoaversion. Sofern also die Relation der stochastischen Dominanz gegeben ist, sind darauf beruhende Entscheidungen stets vereinbar mit dem *Bernoulli*-Prinzip, einmal schlechthin, einmal mit Blick auf alle risikoaversen Entscheider.

Allerdings kann man weder mit der $SD1$ noch mit der $SD2$ eine vollständige Reihung beliebiger Wahrscheinlichkeitsverteilungen vornehmen. Dies erfordert im Allgemeinen genauere Informationen über die Präferenzen des Entscheiders. Der zwischen den beiden wünschenswerten Anforderungen an Entscheidungsprinzipien „Allgemeingültigkeit" und „Ordnungsfähigkeit" bestehende Zielkonflikt lässt sich nicht vollständig auflösen.

10.5.3 Ein Beispiel

Nachdem wir zuvor die stochastische Dominanz grafisch anhand einer kontinuierlichen Zufallsvariablen verdeutlicht haben, wollen wir nun ein konkretes Beispiel für die Entscheidungsfindung mittels stochastischer Dominanz bei einer diskreten Verteilung analysieren. Zu diesem Zweck greifen wir das bereits oben eingeführte Beispiel[44] zur Einführung innovativer Produkte wieder auf:

---

[43] Siehe hier und im Folgenden für die Beweise *Hadar/Russell* (1969) und *Wolfstetter* (1999).
[44] Siehe Abschnitt 10.2.3.

	Entwicklung des innovativen Marktsegments		
Absatzpotenzial	schlecht (0,2)	normal (0,6)	gut (0,2)
Produkt 1	100	300	400
Produkt 2	240	260	380
Produkt 3	360	240	120

Tabelle 10.1: Marktentwicklung und Absatzpotenziale.

Bei den Produkten 1 und 2 handelt es sich um unterschiedliche Innovationen, Produkt 3 stellt eine konventionelle Produktvariante dar. Nachstehende Abbildung 10.10 gibt die zugehörigen Verteilungsfunktionen wieder. Die gestrichelte Linie bezieht sich dabei auf das Produkt 1, die durchgezogene Linie auf Punkt 2 sowie die gepunktete Linie auf Produkt 3.

Der Vergleich der Verteilungsfunktionen zeigt, dass die durchgezogene Linie für Produkt 2 teilweise auf gleicher Höhe, teilweise unter, aber niemals über der lang gestrichelten Linie der Verteilungsfunktion von Produkt 3 verläuft. Die oben angegebene Gleichung für das Vorliegen von $SD1$ ist damit erfüllt. Daher zieht im Falle der Absatzpotenziale als Entscheidungskriterium jeder Entscheider mit einer *Bernoulli*-Nutzenfunktion die Absatzverteilung von Produkt 2 vor. Die Beibehaltung der konventionellen Produktvariante 3 scheidet also aus.

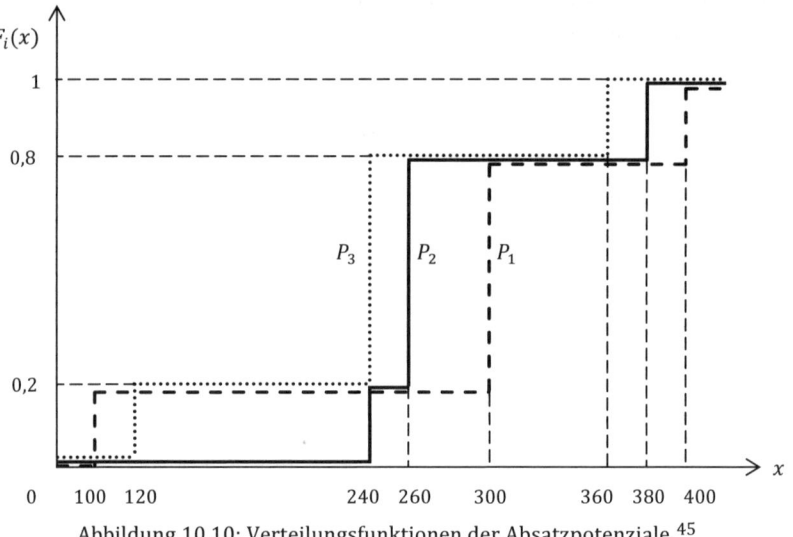

Abbildung 10.10: Verteilungsfunktionen der Absatzpotenziale.[45]

Die Verteilungsfunktionen der innovativen Produktvarianten 1 und 2 schneiden sich. Die durchgezogen verdeutlichte Verteilungsfunktion von Produkt 2

---

[45] Um den Funktionsverlauf deutlicher kenntlich zu machen, sind auch die Sprungstellen der Treppenfunktionen eingezeichnet; zudem sind die Verteilungsfunktionen bei den Produkten 2 und 3 jeweils etwas nach oben abgesetzt.

verläuft im Intervall von $100 \leq x < 240$ unterhalb der gestrichelten Funktion von Produkt 1; in den Intervallen $260 \leq x < 300$ sowie $380 \leq x < 400$ verhält es sich umgekehrt. Zwischen den Absatzverteilungen besteht also keine Relation der $SD1$. Demnach kann man *ohne weiteres* keine Entscheidung über die Vorteilhaftigkeit der beiden innovativen Produktvarianten treffen.

Allerdings lassen sich die Verteilungen auf das Kriterium der $SD2$ hin überprüfen. Zu diesem Zweck sind die Integrale über die jeweiligen Verteilungsfunktionen miteinander zu vergleichen. Aus den Treppenfunktionen resultieren abschnittsweise linear ansteigende Funktionen $\int F_i(\xi)d\xi$. Analytisch gilt

$$\int_0^x F_1(\xi)d\xi = \begin{cases} 0 & \text{für} \quad 0 \leq x < 100 \\ 0{,}2(x-100) & \text{für} \quad 100 \leq x < 300 \\ 40 + 0{,}8(x-300) & \text{für} \quad 300 \leq x < 400 \\ 120 + (x-400) & \text{für} \quad 400 \leq x \end{cases}$$

$$\int_0^x F_2(\xi)d\xi = \begin{cases} 0 & \text{für} \quad 0 \leq x < 240 \\ 0{,}2(x-240) & \text{für} \quad 240 \leq x < 260 \\ 4 + 0{,}8(x-260) & \text{für} \quad 260 \leq x < 380 \\ 100 + (x-380) & \text{für} \quad 380 \leq x \end{cases}$$

Abbildung 10.11 gibt die entsprechenden Funktionen grafisch wieder.

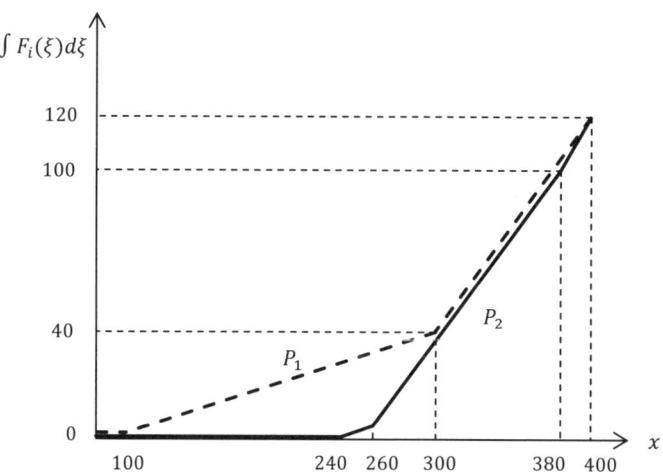

Abbildung 10.11: Integrale über die Verteilungsfunktionen.

Das P_2-Integral verläuft im Intervall $100 < x < 400$ unterhalb des P_1-Integrals; außerhalb dieses Intervalls haben die Integrale einen identischen Verlauf. Somit sind die Bedingungen für $SD2$ erfüllt: Jeder risikoaverse Entscheider zieht die Absatzverteilung von Produkt 2 der Absatzverteilung von Produkt 1 vor. Kenntnisse über den Grad der Risikoaversion sind für diese Folgerung nicht erforderlich.

10.5.4 Relation zum (μ, σ)-Prinzip

Im Abschnitt über die Parameter von Wahrscheinlichkeitsverteilungen sind für die in Tabelle 10.1 angegebenen Verteilungen auch die Erwartungswerte und Varianzen angegeben.[46] Es gilt:

	Erwartungswert	Varianz
Produkt 1	280	9.600
Produkt 2	280	2.560
Produkt 3	240	5.760

Tabelle 10.7: Verteilungsparameter der Absatzpotenziale.

In diesem Beispiel wird die nach $SD2$ für alle risikoaversen Entscheider überlegene Absatzverteilung von Produkt 2 auch nach der (μ, σ)-Dominanz eindeutig vorgezogen: Bei keiner anderen Verteilung ist der Erwartungswert höher und bei keiner anderen Verteilung ist die Varianz niedriger als bei den Absatzmengen von Produkt 2.

Über den Zusammenhang zwischen der stochastischen Dominanz und der Relation von Verteilungsparametern lassen sich einige allgemeingültige Zusammenhänge festhalten:[47]

> Bei einer $SD1$-dominanten Verteilung ist stets der Erwartungswert höher.

> Der Erwartungswert einer $SD2$-dominanten Verteilung ist nicht kleiner als der einer $SD2$-dominierten Verteilung.

> Ist eine Verteilung $SD2$-dominant und hat den gleichen Erwartungswert, so hat sie eine kleinere Varianz als die $SD2$-dominierte Verteilung.

Die Gültigkeit der Aussagen lässt sich für das vorliegende Beispiel unschwer überprüfen. Mit Blick auf die Reichweite der Aussagen ist aber zu beachten, dass der Umkehrschluss nicht gilt:

> Aus einem höheren Erwartungswert folgt nicht zwingend die $SD1$.

> Eine bei gleichem Erwartungswert geringere Varianz impliziert nicht zwingend die $SD2$.

---

[46] Vgl. Abschnitt 10.2.3.
[47] Siehe auch *Neus* (2007), Sp. 1774 f.

Zusammenfassend lässt sich daher noch einmal festhalten, dass die stochastische Dominanz relativ zum (μ, σ)-Prinzip gegebenenfalls die zuverlässigeren Entscheidungen ermöglicht. Die mit der vereinfachenden Heranziehung nur zweier Verteilungsparameter verbundenen Schwächen[48] lassen sich nur durch differenziertere Instrumente wie die stochastische Dominanz oder – wenn sich Nutzenfunktionen bestimmen lassen – das *Bernoulli*-Prinzip vermeiden.

Wiederholungsfragen und Übungsaufgaben

Lösungshinweise *https://online.mohr.de/elib/neus*.

Aufgabe 10.1

Ein Unternehmer verfügt über zwei Unternehmensstrategien 1 und 2. Die damit verbundenen Gewinnaussichten schätzt er wie folgt ein:

$$g_1 = \begin{cases} 40 & \text{mit } 50\% \\ 160 & \text{mit } 50\% \end{cases}; \quad g_2 = \begin{cases} -80 & \text{mit } 10\% \\ 120 & \text{mit } 90\% \end{cases}.$$

a) Welche Strategie zieht der Unternehmer vor, wenn er risikoindifferent ist?
b) Wie würde der Unternehmer entscheiden, wenn er risikoavers ist und sich nur an Erwartungswert und Varianz des Gewinns orientiert?
c) Beurteilen Sie das (μ, σ)-Prinzip angesichts Ihrer Antwort unter b).

Aufgabe 10.2

Ein vorsichtiger Beamter muss eine Entscheidung treffen, aufgrund derer er möglicherweise zu einer Amtshaftpflicht herangezogen werden kann. Seine Schadensersatzpflicht hängt vom Eintritt ihm unbekannter und nicht beeinflussbarer Sachverhalte sowie von der Sorgfalt der Erledigung seiner Aufgabe ab. Über die Höhe des Schadens und die Eintrittswahrscheinlichkeiten sind dem Beamten folgende Informationen bekannt:

Schaden	Zustand (Wahrscheinlichkeit)		
	z_1 (95%)	z_2 (4%)	z_3 (1%)
Sorgfalt	0	0	500
Schlamperei	0	500	500

---

[48] Vgl. Abschnitt 10.4.3.

Wenn der Beamte den Schaden ersetzen muss, wird sein Einkommen von 4.000 um den Schadensbetrag gekürzt. Der Beamte möchte seinen Nutzenerwartungswert maximieren, wobei er sein Einkommen x mit der folgenden Nutzenfunktion bewertet:

$$u(x) = x - \frac{x^2}{10.000}.$$

a) Wäre der Beamte, der sich selbst für unbedingt zuverlässig hält, bereit, eine Prämie von 10 für eine Haftpflichtversicherung zu bezahlen?
b) Wenn es zu einem Versicherungsabschluss kommt: Womit muss die Versicherung rechnen, für die der Beamte ein Neukunde ist?

Aufgabe 10.3

Ein Unternehmer schätzt die Gewinnaussichten seines Unternehmens für das folgende Jahr wie folgt ein:

$$g = \begin{cases} 0 & \text{mit} \quad 10\% \\ 1.000.000 & \text{mit} \quad 40\% \\ 4.000.000 & \text{mit} \quad 40\% \\ 9.000.000 & \text{mit} \quad 10\% \end{cases}.$$

Er bewertet den Gewinn mit der Nutzenfunktion $u(g) = \sqrt{g}$.
a) Wie hoch ist der Nutzenerwartungswert des Unternehmers?
b) Welchen Wert nimmt das Sicherheitsäquivalent des Gewinns an?
c) Wie hoch ist die Risikoprämie?

Aufgabe 10.4

Eine Versicherung möchte ihre Produktpalette durch eine Rechtsschutzversicherung abrunden. Vor der Produkteinführung hat die Versicherung ausgiebige Marktuntersuchungen vorgenommen und folgende Erkenntnis erzielt:
• Die potenzielle Kundschaft umfasst 95% wenig streitlustige Kunden, aber 5% notorische Querulanten, die wegen jeder Kleinigkeit vor Gericht ziehen.
• Von je 100.000 wenig streitlustigen Kunden werden es voraussichtlich jährlich 20 zu einem Prozess kommen lassen.
• Bei je 100.000 Querulanten kommt es jährlich voraussichtlich zu 1.500 Prozessen.
• Im Durchschnitt wird ein Prozess für die Versicherung zu Kosten von 20.000 führen.
a) Welche jährliche Versicherungsprämie muss die Versicherung zur Abdeckung der erwarteten Prozesskosten kalkulieren, wenn die tatsächliche Kundschaft genauso zusammengesetzt ist wie die potenzielle Kundschaft?
b) Welche Gefahr besteht für die Versicherung bei dieser Kalkulation?

Aufgabe 10.5

Ein Investor steht vor der Entscheidung, das ihm zur Verfügung stehende Budget in Höhe von $b = 2{,}5$ Mio. € auf risikolose Staatspapiere mit der Rendite $i = 6\%$ und auf eine Beteiligung an einem Unternehmen aufzuteilen. Die Beteiligung erbringt eine unsichere Rendite r mit dem Erwartungswert $\mu = 8\%$ und der Standardabweichung von $\sigma = 4\%$. Der Investor bewertet sein Endvermögen y mit der (μ, σ)-Nutzenfunktion

$$u = \text{E}\{y\} - \frac{\text{Var}\{y\}}{250.000}.$$

a) Wie hoch ist der optimale in das Unternehmen investierte Betrag I?

Nun wird eine einfache lineare Gewinnsteuer mit konstantem Steuersatz $s = 50\%$ einbezogen, die gegebenenfalls einen vollen Verlustausgleich vorsieht. Bemessungsgrundlage für die Gewinnsteuer ist das Endvermögen y abzüglich des Budgets b. Es gilt also für die Steuerzahlung $S = s(y - b)$. Der Nutzen bezieht sich nun auf das Endvermögen nach Steuern $y_s = y - S$.

b) Wieviel wird jetzt in das Unternehmen investiert?
c) Erklären Sie den zunächst vielleicht überraschenden Effekt.

Aufgabe 10.6

Zwei Controller eines Unternehmens streiten über die richtige Bemessungsgrundlage für kurzfristig wirksame Entscheidungen. Es stehen zwei Handlungsalternativen zur Disposition, von denen die eine einen sicheren Gewinn von 500 €, die andere mit je 50% Wahrscheinlichkeit einen Gewinn von 200 € oder 1.200 € verspricht. In die Gewinnberechnung gehen jeweils Fixkosten in Höhe von 300 € ein. Ziel ist unstrittig die Maximierung des Nutzenerwartungswerts sowie die Gültigkeit der Nutzenfunktion

$$u(x) = x - \frac{x^2}{2.800}.$$

Strittig ist dagegen die Frage Vollkostenbasis oder Teilkostenbasis, oder anders: Soll die Entscheidung anhand von Gewinnen oder von Deckungsbeiträgen erfolgen?

a) Bestimmen Sie die optimale Alternative zum einen auf Basis von Gewinnen, zum anderen Basis der Deckungsbeiträge.
b) Erklären Sie das Ergebnis.
c) Welcher Kalkül ist aus Sicht des *Bernoulli*-Prinzips vorzuziehen?

Aufgabe 10.7

a) Definieren Sie in Worten (also ohne Zuhilfenahme von Gleichungen) die Begriffe Sicherheitsäquivalent und Risikoprämie.
Ein Entscheider mit der Nutzenfunktion $u(x) = (x+6)^2$ soll die folgende Lotterie bewerten:

$$x = \begin{cases} 0 & \text{mit} \quad 40\% \\ 10 & \text{mit} \quad 60\% \end{cases}.$$

b) Wie hoch ist die von ihm verlangte Risikoprämie λ?
c) Welche Risikoeinstellung besitzt der Entscheider?

Aufgabe 10.8

Zwei Eigenschaften interessieren Sie an Ihrem Geschäftspartner ganz besonders: Ist er ehrlich oder nicht? Und: Ist er fähig oder nicht?
  Die Wahrscheinlichkeit dafür, dass er ehrlich ist, schätzen Sie mit 60% ein. Mit 15% Wahrscheinlichkeit gehen Sie davon aus, dass er zwar ehrlich, aber unfähig ist.
  Bestimmen Sie die Wahrscheinlichkeit dafür, dass er unfähig ist, für den Fall, dass Ihnen ein Dritter unzweifelhaft bestätigt, Ihr Geschäftspartner sei ehrlich.

Aufgabe 10.9

Berechnen Sie in allgemeiner Form die Varianz einer Zufallsvariablen, die im Intervall $[0; z]$ stetig gleichverteilt ist.

Aufgabe 10.10

Sie haben Aktien zweier Unternehmen a und b erworben. Mit 20% Wahrscheinlichkeit steigt nur der Kurs von Aktie a. Mit 50% Wahrscheinlichkeit steigen beide Aktienkurse, mit 30% Wahrscheinlichkeit steigt keiner der Kurse.
a) Sie erfahren, dass Kurs a gestiegen ist. Wie hoch ist die Wahrscheinlichkeit dafür, dass auch Kurs b gestiegen ist?
b) Sie erfahren, dass Kurs b gestiegen ist. Wie hoch ist die Wahrscheinlichkeit dafür, dass auch Kurs a gestiegen ist?
c) Mit welcher Wahrscheinlichkeit steigt nur Kurs b?

Aufgabe 10.11

Beurteilen Sie, ob die folgenden Aussagen richtig oder falsch sind.
a) Das *Bernoulli*-Prinzip ist allgemeiner als das (μ, σ)-Prinzip, weil ersteres nicht nur für Risikosituationen, sondern auch für den Fall der Ungewissheit geeignet ist.
b) Die Risikoprämie ist definiert als die Differenz zwischen Erwartungswert und Sicherheitsäquivalent.
c) Die empirische Entscheidungsforschung zeigt, dass bei sehr hohen Ergebniswerten und bei sehr geringen Wahrscheinlichkeiten bisweilen Entscheidungen getroffen werden, die mit dem *Bernoulli*-Prinzip nicht vereinbar sind.
d) Die Kovarianz ist auf den Bereich zwischen Null und Eins normiert.
e) Die quadratische Nutzenfunktion erfüllt zwar generell die Vereinbarkeit von *Bernoulli*-Prinzip und (μ, σ)-Prinzip, infolge des fallenden Astes der Nutzenfunktion kann es dennoch zur Verletzung des Dominanzprinzips kommen.
f) Risikoaverse Entscheider ziehen bei normalverteilten Gewinnen mit gleichem Erwartungswert stets die Lösungen mit der geringsten Varianz vor.
g) Risikoaverse Entscheider ziehen stets die Lösung mit der geringsten Varianz vor.
h) Empirischen Untersuchungen zufolge riskieren Menschen mit geringem Vermögen mehr als Menschen mit hohem Vermögen.
i) Mit Hilfe des Satzes von *Bayes* kann man rationales Lernen bei unsicheren Erwartungen quantifizieren.
j) Im Rahmen des *Bernoulli*-Prinzips führt eine positiv-lineare Transformation der Nutzenfunktion keinesfalls dazu, dass nach der Transformation eine andere Alternative gewählt wird als vorher.
k) Nur die lineare Nutzenfunktion weist die Eigenschaft der konstanten absoluten Risikoaversion auf.

Literaturhinweise

Die Wahrscheinlichkeitsrechnung gehört zur Grundausbildung in Statistik. Empfehlenswert sind die Darstellungen bei *Bamberg/Baur/Krapp* (2017), Teil II, und *Poddig/Dichtl/Petersmeier* (2008), insb. Kapitel 2, letztere mit Anwendungsbezug in Richtung Finanzmärkte.

Viele Lehrbücher zur Entscheidungstheorie befassen sich mit dem *Bernoulli*-Prinzip und dem (μ, σ)-Prinzip. Hier sei auf *Eisenführ/Weber/Langer* (2010) und *Laux/Gillenkirch/Schenk-Mathes* (2014) verwiesen. Eine umfassende Kritik der Theorie rationaler Entscheidungen aus Sicht der verhaltensorientierten Entscheidungslehre bietet *Kahneman* (2012); dieses exzellent geschriebene Buch kann man durchaus auch zuhause auf dem Sofa mit Genuss lesen. Einen verglichen mit dem vorliegenden Abschnitt 5 weiter gehenden, aber gut zugänglichen Zugang zur Stochastischen Dominanz vermitteln *Kruschwitz/Husmann* (2012), Abschnitt 3.3.

Schlüsselbegriffe

Bernoulli-Prinzip
(μ, σ)-Prinzip
Risikoaversion
Risikoprämie

Satz von *Bayes*
Sicherheitsäquivalent
Stochastische Dominanz

Kapitel 11

Theorie nicht-kooperativer Spiele

11.1 Grundelemente und Darstellungsformen

Die Entscheidungstheorie stellt das angemessene Instrumentarium zur Untersuchung der Entscheidungen einzelner Menschen bereit. Der überwiegende Teil der Betriebswirtschaftslehre beschäftigt sich jedoch, wie gesehen, mit der Interdependenz von Entscheidungen mehrerer Individuen; dafür gibt die Entscheidungstheorie nicht sehr viel her. Vielmehr ist dies Gegenstand der Spieltheorie, die sich somit als die angemessene Methodik zur Untersuchung der Interaktion wirtschaftlich handelnder Menschen erweist. Weit überwiegend werden wir uns auf die Untersuchung *rationaler Individuen* beschränken.

Es gibt einige Gemeinsamkeiten zwischen Entscheidungstheorie und Spieltheorie: Die Konsequenzen einer Entscheidung hängen nicht alleine von der Entscheidung selbst ab, sondern auch von äußeren Umständen. Im Fall der Entscheidungstheorie ist dies der Zufall, also eine exogene Unsicherheit. Im Fall der Spieltheorie ergibt sich dagegen die Mehrwertigkeit der Entscheidungsfolgen aus den Entscheidungen anderer Individuen. Dies schließt natürlich nicht aus, dass zusätzlich der von keinem Individuum beeinflussbare Zufall mitwirkt. In ökonomischen Anwendungen ist dies sogar die Regel, auch wenn die Zufallswirkungen in spieltheoretischen Ansätzen nicht immer explizit aufscheinen.

Der Begriff der Spieltheorie entstand zunächst in der mathematischen Theorie von Spielen wie Schach oder Skat. Auch in der Untersuchung militärischer Fragen wie der richtigen Strategie bei der Androhung von Nuklearschlägen zu Zeiten des Kalten Krieges bestand ein wichtiges Anwendungsfeld der Spieltheorie. Die Fruchtbarkeit der Übertragung auf ökonomische Fragestellungen ist offensichtlich, insbesondere bei einer Untersuchung der Gestaltung von Kooperationen. Daher gehört insbesondere in *institutionenökonomischen Ansätzen* die Spieltheorie zum üblichen Instrumentarium.

Ein Spiel ist durch seine Regeln gekennzeichnet. Sie umfassen die Festlegung der teilnehmenden Spieler, der einzelnen Spielzüge und der Ergebnisse. Daher sind diese Elemente bei der Modellierung einer ökonomischen Interaktion als Spiel vorab präzise zu beschreiben. *Spieler* sind alle Individuen, die eigenständige Entscheidungen treffen können. Daneben kann der Zufall als weiterer Spieler einbezogen werden, dessen „Handlungen" jedoch nicht der Rationalität folgen. In Bezug auf die *Spielzüge* ist genau zu bestimmen, welcher Spieler wann einen Zug ausführen kann, welche Handlungsmöglichkeiten ihm dabei offenstehen und über welchen Informationsstand er dabei verfügt. Die Möglichkeit eines Zufallszuges, also eines Zuges des Spielers „Zufall", ist dabei eingeschlossen. Die Reihenfolge von Spielzügen, also deren zeitliche oder logische Abfolge, ist von großer Bedeutung. In Bezug auf den Informationsstand eines Spielers kommt es beispielsweise darauf an, ob er in Kenntnis oder Unkenntnis der Züge der anderen Spieler handelt. Die Ergebnisse bezeichnet man als **Auszahlungen**, sie resultieren als Folge aller realisierten Spielzüge. Nach herrschendem Verständnis[1] ist mit der Auszahlung an einen Spieler der (v. Neumann-Morgenstern-) Nutzen gemeint. Dadurch lassen sich unsichere Erwartungen und Risikoaversion ohne weiteres einbeziehen.

Alle weiteren Grundelemente der Spieltheorie seien anhand eines einfachen (Bei-) Spiels vorgestellt. Es handelt sich dabei um eine vereinfachte Variante des *„Tausendfüßler-Spiels"*[2]: Es gibt zwei Spieler (*A* und *B*). Zuerst zieht Spieler *A*, der zwischen den Zügen *„ja"* und *„nein"* wählen kann. Wählt er *„ja"*, ist Spieler *B* am Zuge, bei *„nein"* ist das Spiel beendet, und die Auszahlungen betragen jeweils 1 für beide Spieler. Auch Spieler *B* kann zwischen *„ja"* und *„nein"* wählen, wenn er an der Reihe ist. Bei *„ja"* ist wieder Spieler *A* an der Reihe, bei *„nein"* ist das Spiel beendet mit Auszahlungen von 0 für Spieler *A* und 3 für Spieler *B*. Der (eventuelle) zweite Zug von Spieler *A* beendet das Spiel in jedem Fall. Wählt *A* erneut *„ja"*, betragen die Auszahlungen 1 für *A* und 4 für *B*, bei *„nein"* resultieren jeweils 2 für *A* und *B*.

In der narrativen Form wirkt das Spiel sehr unübersichtlich. Für die analytische Darstellung gibt es zwei Möglichkeiten: Die **strategische Form** (Normalform) ordnet in Matrixform den Strategiekombinationen der Spieler die entsprechenden Auszahlungsverteilungen zu. Insbesondere bei Spielern mit zwei Spielern erlaubt dies eine recht übersichtliche Darstellung. In der **extensiven Form** bezieht man die zeitliche oder logische Abfolge der Spielzüge in einen Spielbaum ein.

In jedem Fall ist zunächst der Begriff der Strategie eines Spielers zu präzisieren.

> Die **Strategie** eines Spielers ist ein „Plan, der angibt, welche Wahl er zu treffen hat in allen nur möglichen Situationen, für jede nur mögliche wirkliche Information, die er in diesem Augenblick (...) besitzen kann".[3]

Bei einer Strategie handelt es sich also nicht um eine Ad-hoc-Festlegung einzelner Entscheidungen. Vielmehr enthält eine Strategie einen bedingten Plan für

---

[1] Vgl. bspw. *Holler/Illing* (2009), S. 4.
[2] *Kreps* (1990), S. 77-82.
[3] *V. Neumann/Morgenstern* (1944), S. 79.

alle Eventualitäten, die sich im Zuge des Spiels ergeben können. Diese Eventualitäten umfassen alle zulässigen Züge der anderen Spieler und alle denkbaren Resultate von Zufallszügen. In mehrstufigen Spielen ist daher für eine Vielzahl von Bedingungen ex ante ein Plan zu bestimmen. Die maßgebliche Entscheidung in einem Spiel liegt in der Auswahl einer Strategie, also eines **vollständigen, bedingten Plans**, aus der Menge aller zulässigen Strategien.

Eine jede Strategie des Spielers A umfasst im eingeführten Beispiel die Auswahl bei seinem ersten Zug, und für jede mögliche Reaktion des Spielers B die Auswahl bei seinem zweiten Zug. Im vorliegenden Beispiel ist die Situation relativ einfach, weil der zweite Zug nicht noch zusätzlich auf die Wahl des Spielers B bedingt werden muss: Es kommt nur dann zu einem zweiten Zug von Spieler A, wenn Spieler B sich für „ja" entschieden hat. Mögliche Strategien von Spieler A sind deshalb $a_1 = (ja, ja)$, $a_2 = (ja, nein)$ und $a_3 = (nein)$. Bei a_3 könnte man noch in $(nein, ja)$ und $(nein, nein)$ differenzieren; da aber im Falle eines unmittelbaren „nein" das Spiel beendet ist, unterscheiden sich die Varianten nicht hinsichtlich der Auszahlungen an beide Spieler. Die Strategien des Spielers B umfassen jeweils nur eine einzige Aktion, die überdies nur dann zum Tragen kommt, wenn Spieler A die Strategien a_1 oder a_2 wählt. Es gilt $b_1 = (ja)$ und $b_2 = (nein)$.

Bei der Darstellung eines Spiels in **strategischer Form** erfolgt eine Zuordnung von Auszahlungen zu den Strategiekombinationen der Spieler. Der üblichen Konvention folgend fließt die erste Komponente des Auszahlungsvektors an den Spieler, dessen Strategien in der Vorspalte abgetragen sind, die zweite Komponente geht an den Kopfzeilen-Spieler. Im angeführten Beispiel hat die Auszahlungsmatrix folgendes Aussehen:

	B	
A	b_1 (ja)	b_2 ($nein$)
a_1 (ja, ja)	1; 4	0; 3
a_2 ($ja, nein$)	2; 2	0; 3
a_3 ($nein$)	1; 1	1; 1

Tabelle 11.1: Tausendfüßlerspiel in strategischer Form.

Bei drei Spielern würde sich die Darstellung verkomplizieren. Man benötigt so viele verschiedene Matrizen, wie dem dritten Spieler Strategien offenstehen.

Die Darstellung in **extensiver Form** (Abbildung 11.1) hat den Vorzug, dass die Reihenfolge der Spielzüge offengelegt wird und kein Informationsverlust eintritt. Die extensive Form ist durch **Spielbäume** gekennzeichnet, die sich von Zug zu Zug weiter verzweigen. Bei jeder Verzweigung ist zu vermerken, welcher Spieler gerade zieht. Die Verzweigung umfasst so viele Äste, wie Zugmöglichkeiten für den betreffenden Spieler bestehen. Jedem Endknoten ist der zugehörige Auszahlungsvektor zugeordnet.

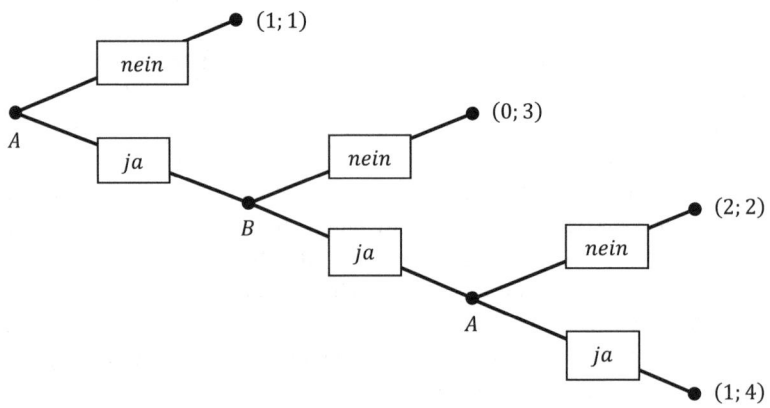

Abbildung 11.1: Tausendfüßlerspiel in extensiver Form.

Eine wesentliche Unterscheidung von Spielen ist die in kooperative und nicht-kooperative Spiele. Man spricht von **kooperativen Spielen**, wenn die Spieler sich an gemeinsame Absprachen binden können. Dann ist es möglich, von vornherein das Gruppeninteresse in den Mittelpunkt zu rücken und auf diese Weise den zu verteilenden Kuchen zu maximieren. Der Sicherung des individuellen Interesses kann man durch ebenfalls bindende Ausgleichszahlungen Rechnung tragen. Im Falle von **nicht-kooperativen Spielen** sind derartige Absprachen ausgeschlossen. Dennoch kann eine Kooperation im Sinne der Interaktion mehrerer Spieler zustande kommen. Sie muss aber so konstruiert sein, dass die Beachtung der Kooperationsregeln für ein Individuum stets von Vorteil ist, die Kooperationsregeln müssen also anreizverträglich sein. Da nach der grundlegenden Verhaltensprämisse der Institutionenökonomik Individuen ihren eigenen Nutzen (und nicht den einer Gruppe von Individuen) verfolgen, stehen im Weiteren nicht-kooperative Spiele im Mittelpunkt.

Schließlich verdient die Unterscheidung in Nullsummenspiele (oder allgemeiner: Konstantsummenspiele) und Nichtnullsummenspiele eine Hervorhebung. **Nullsummenspiele** sind dadurch gekennzeichnet, dass es lediglich zu einer Umverteilung zwischen den einzelnen Spielern kommt. Bei Nullsummenspielen im engeren Sinn entspricht der Gewinn des einen Spielers zugleich dem Verlust der Gesamtheit aller anderen Spieler. Ist die Auszahlungssumme zwar konstant, aber von Null verschieden, verändert das offenbar lediglich die Basis für die Umverteilung. Im Hinblick auf die Gesamtauszahlung sind alle zulässigen Lösungen von Nullsummenspielen effizient. Die als Summe der Einzelauszahlungen gemessene Gesamtwohlfahrt ist konstant. Bei Spielen mit nicht-konstanter Auszahlungssumme ist genau diese Eigenschaft nicht erfüllt. Eine Umverteilung ist dann regelmäßig auch mit einer Veränderung der Gesamtwohlfahrt verbunden. Da es im Rahmen der Institutionenökonomik um die Sicherung gefährdeter Kooperationsvorteile geht, behandeln wir im Folgenden fast ausschließlich Nichtnullsummenspiele.

In vielen spieltheoretischen Modellen wird eine wichtige Annahme über die Rationalität der Spieler getroffen:

> Jeder Spieler ist rational, unterstellt auch allen anderen Spielern Rationalität und kann umgekehrt davon ausgehen, dass auch diese ihm Rationalität unterstellen (**Common Knowledge of Rationality**).

Die Implikationen dieser Annahme sind weitreichend und diskussionsbedürftig.[4] Die Spieler bilden in der Spieltheorie Erwartungen nicht nur über den Eintritt zufälliger Ereignisse, sondern auch über das Verhalten der anderen Spieler. Diese Erwartungen beruhen häufig auf einem unvollkommenen oder unvollständigen Informationsstand.[5] Beispielsweise ist es möglich, dass Spieler gleichzeitig ziehen und sie deshalb nicht auf den Zug der jeweiligen Mitspieler *reagieren* können. Vielmehr müssen die Spieler ihren eigenen Zug auf Vermutungen über den Zug des Mitspielers abstimmen. Möglich ist auch, dass bestimmte Merkmale der Mitspieler (beispielsweise die Kostenfunktionen der Konkurrenten auf einem Absatzmarkt) nicht mit Sicherheit bekannt sind. Dann sind Erwartungen darüber zu bilden, welche Ausprägungen diese Merkmale annehmen könnten *und* wie ein Spieler mit einer bestimmten Merkmalsausprägung entscheiden würde.

Verschiedene Gleichgewichtskonzeptionen unterscheiden sich in den Anforderungen an die Bildung von Erwartungen über die Strategiewahl der anderen Spieler. Die wesentlichen Konzeptionen haben jedoch gemeinsam, dass die jeweiligen Erwartungen nicht systematisch enttäuscht werden (**rationale Erwartungen**).

Im Folgenden betrachten wir zunächst einstufige Spiele, das heißt, für jeden Spieler gibt es nur einen einzigen Spielzug, und die Spielzüge aller Spieler erfolgen gleichzeitig. Anschließend beziehen wir auch mehrstufige Spiele und asymmetrische Informationen ein.

---

[4] *Heap/Varoufakis* (2004), S. 27 ff.
[5] Siehe dazu näher Abschnitt 11.4.

11.2 Gleichgewicht in einstufigen Spielen

11.2.1 Gleichgewicht in dominanten Strategien

Einer besonders robusten Erwartung an das Verhalten folgend wählen Spieler die dominante Strategie, wenn eine solche existiert. Dies ist eine Übertragung des allgemeinen Dominanzprinzips[6] auf die Strategiewahl.

> Eine **dominante Strategie** des Spielers A führt verglichen mit den **dominierten Strategien** bei keiner Strategie der anderen Spieler zu einer kleineren Auszahlung und bei mindestens einer Strategie der anderen Spieler zu einer größeren Auszahlung bei Spieler A.

Einfacher formuliert: Ergibt sich bei Vergleich der durch die Strategien hervorgerufenen Auszahlungsvektoren eines Spielers ein dominanter Vektor, ist die zugehörige Strategie dominant. Dies lässt sich anhand des folgenden Beispiels verdeutlichen:

A	B	
	b_1	b_2
a_1	5; 8	4; 5
a_2	6; 4	8; 3

Tabelle 11.2: Beispiel für dominante Strategien.

Der Spieler A erzielt bei Wahl von Strategie a_1 den Auszahlungsvektor $(5; 4)$. Dessen erste Komponente wird realisiert, wenn Spieler B die Strategie b_1 wählt; bei Strategie b_2 erhält A die Auszahlung 4. Der bei der Strategie a_2 realisierbare Auszahlungsvektor $(6; 8)$ ist demgegenüber dominant und wird deshalb vorgezogen. Entsprechend lässt sich die Dominanz der Strategie b_1 von Spieler B nachweisen [$(8; 4) \succ (5; 3)$]. Die Strategiekombination $(a_2; b_1)$ bildet also ein **Gleichgewicht in dominanten Strategien**.

Das Vorliegen dominanter Strategien für jeden Spieler ist allerdings eher ein Sonderfall, deshalb sind im Allgemeinen weitere Überlegungen erforderlich. Kaum weniger plausibel als die Vorziehenswürdigkeit dominanter Strategien ist die Außerachtlassung dominierter, also ineffizienter Strategien. Es gibt Konstellationen, in denen eine wiederholte Anwendung der Streichung dominierter Strategien das Gleichgewicht bestimmt. In einem solchen Fall spricht man von **iterativer Dominanz**.

In Tabelle 11.3 sind infolge der zusätzlichen Strategien a_3 und b_3 die Strategien a_2 und b_1 nicht mehr dominant. Zudem dominiert keine der Strategien von Spieler B von vornherein irgendeine andere, sodass letztere gestrichen werden

---

[6] Vgl. Abschnitt 2.2.1.

könnte. Die Überprüfung der Auszahlungsvektoren zeigt jedoch, dass die Strategie a_1 die Strategie a_3 dominiert [(5; 4; 6) ≻ (4; 3; 2)]. *Beide* Spieler können deshalb davon ausgehen, dass Spieler *A* keinesfalls die Strategie a_3 wählt, und diese vom weiteren Kalkül ausschließen. Die entsprechende Zeile wird also aus der Auszahlungsmatrix gestrichen. *Unter dieser Prämisse* erweist sich die Strategie b_1 wieder als dominant und für Spieler *B* optimal. Wiederum unter dieser Prämisse zieht Spieler *A* die Strategie a_2 vor. Das Gleichgewicht ist also auch hier durch die Strategiekombination $(a_2; b_1)$ und das Auszahlungspaar (6; 4) gekennzeichnet.

A	b_1	b_2	b_3
a_1	5; 8	4; 5	6; 5
a_2	6; 4	8; 3	1; 2
a_3	4; 3	3; 5	2; 6

Tabelle 11.3: Beispiel für ein Gleichgewicht in iterativer Dominanz.

Auch das eingangs vorgestellte Tausendfüßler-Spiel lässt sich durch iterative Dominanz lösen. Durch Analyse der strategischen Form (Tabelle 11.1) lassen sich sukzessive die Strategien a_1, b_1 und a_2 eliminieren, sodass sich die Strategiekombination $(a_3; b_2)$ als Gleichgewicht erweist.

Bei der Gleichgewichtskonzeption der iterativen Dominanz zeigt sich deutlich die Bedeutung der Annahme des Common Knowledge of Rationality.

11.2.2 *Nash*-Gleichgewicht

Nach einer allgemeineren Konzeption liegt ein Gleichgewicht dann vor, wenn alle Spieler auf Basis ihrer Erwartungen über das Verhalten des Gegenspielers ihre optimale Strategie wählen und diese Erwartungen einander wechselseitig bestätigen.[7] Diese Konzeption lässt sich leicht konkretisieren, indem man zunächst den Begriff der besten Antwort einführt:

> Eine Strategie a_i ist die **beste Antwort** (oder **Reaktion**) des Spielers *A* auf eine gegebene Strategie b_j des Spielers *B*, wenn a_i unter der Voraussetzung von b_j für den Spieler *A* die höchste Auszahlung herbeiführt.[8]

---

[7] *Nash* (1951).
[8] Anders als es die Begriffe „beste Antwort" oder „Reaktion" sprachlich suggerieren, handelt es sich im Allgemeinen keineswegs um eine tatsächliche „Antwort" auf ein Verhalten der anderen Spieler, sondern um das Ergebnis einer rein gedanklichen Analyse, die man auch bei simultanen Zügen anstellen kann.

> Ein **Nash-Gleichgewicht** ist durch eine Kombination von Strategien gekennzeichnet, die wechselseitig beste Antworten darstellen.

In vielen Fällen, aber nicht immer existiert ein *Nash*-Gleichgewicht. Existiert kein *Nash*-Gleichgewicht, muss eine Gleichgewichtskonzeption verwendet werden, die weniger strenge Anforderungen an eine stabile Lösung stellt. Darauf gehen wir hier jedoch nicht weiter ein, sondern setzen voraus, dass ein *Nash*-Gleichgewicht existiert.

Eine dominante Strategie ist die beste Antwort auf *alle* Strategien des Gegenspielers. Daher ist ein Gleichgewicht in dominanten Strategien stets auch ein *Nash*-Gleichgewicht. Jedoch stellt die *Nash*-Gleichgewichtsstrategie im Allgemeinen die beste Antwort nur auf die Gleichgewichtsstrategie des Gegenspielers dar. Weicht der Gegenspieler aus irgendwelchen Gründen vom Gleichgewicht ab (beispielsweise infolge eines Irrtums), ist die eigene Gleichgewichtsstrategie nicht immer optimal. Dies unterstreicht nochmals die Bedeutung der wechselseitig unterstellten Rationalität.

Das folgende Beispiel verdeutlicht die Konzeption des *Nash*-Gleichgewichts:

	B	
A	b_1	b_2
a_1	2; 3	* 6; 8 *
a_2	* 7; 5	4; 6 *
a_3	3; 6 *	5; 3

Tabelle 11.4: Beste Antworten[9], *Nash*-Gleichgewicht.

a_2 ist die beste Antwort von A auf b_1, b_2 ist die beste Antwort von B auf a_1, usw. Die Strategiekombination $(a_1; b_2)$ besteht aus wechselseitig besten Antworten und stellt das in diesem Fall eindeutige *Nash*-Gleichgewicht dar.

Die oben angesprochene Eigenschaft der selbstbestätigenden Erwartungen lässt sich leicht belegen. Erwartet Spieler A von B die Strategie b_2, ist für ihn die Strategie a_1 optimal. Unter dieser Prämisse ist für B tatsächlich die Strategie b_2 vorzuziehen. Spieler B kann für seine Erwartungen dieselben Überlegungen anstellen. Angesichts der Erwartung der Gleichgewichtsstrategien erweisen sich die Gleichgewichtsstrategien für alle Spieler als optimal. Unter dem für die Institutionenökonomik zentralen Gesichtspunkt eigennützigen Verhaltens hat das *Nash*-Gleichgewicht eine bedeutende Eigenschaft:

> Für keinen Spieler lohnt sich ein **einseitiges** Abweichen vom *Nash*-Gleichgewicht

---

[9] Hier und im Folgenden sind die besten Antworten mit einem Sternchen gekennzeichnet.

In diesem Sinne weist das *Nash*-Gleichgewicht eine wichtige Stabilitätseigenschaft auf.

Die **Reaktionsfunktion** ist die Gesamtheit der besten Antworten auf alle jeweiligen Strategien der anderen Spieler. Somit ergibt sich das *Nash*-Gleichgewicht grafisch als Schnittmenge beider Reaktionsfunktionen:

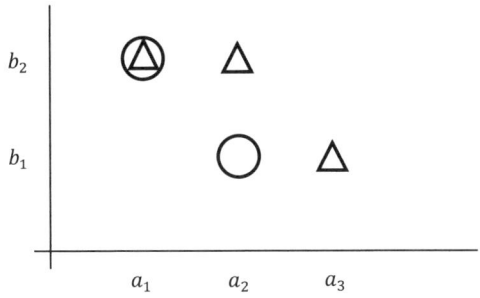

Abbildung 11.2:
Nash-Gleichgewicht als Schnittmenge von Reaktionsfunktionen,

wobei
○   beste Reaktion von A auf eine Strategie von B
△   beste Reaktion von B auf eine Strategie von A.

11.2.3 Einige Beispiele

11.2.3.1 Gefangenendilemma

Eine ganze Kategorie von Spielen weist die Merkmale des Gefangenendilemmas auf. Der Name lässt sich durch folgende „Geschichte" belegen: Die Polizei hat zwei Kriminelle aufgegriffen und verhört sie nun getrennt voneinander.[10] Jeder von ihnen überlegt, ob er das ihnen gemeinsam zur Last gelegte Kapitalverbrechen gestehen oder es leugnen soll. Leugnen beide, können sie nur wegen eines minderschweren Delikts (beispielsweise Waffenbesitz) zu einer einjährigen Gefängnisstrafe verurteilt werden. Gestehen beide, kann ein Gericht das Geständnis als mildernden Umstand werten und lediglich achtjährige Strafen verhängen. Beide Delinquenten sind sich aber der **Kronzeugenregelung** bewusst, nach der ein einzelner Geständiger unmittelbar freikommt und gleichzeitig über den Nicht-Geständigen die Maximalstrafe von zehn Jahren Haft verhängt wird. Beide Gefangene sehen sich also folgendem Spiel gegenüber, wobei zu beachten ist, dass die „Auszahlungen" nun ein negatives Vorzeichen haben.

---

[10] Das Ergebnis verändert sich nicht, wenn zwar beide nacheinander verhört werden, der später Verhörte aber nicht weiß, wie sich der andere zuvor verhalten hat.

		B	
A		Gestehen	Leugnen
Gestehen		* –8; –8 *	* 0; –10
Leugnen		–10; 0 *	–1; –1

Tabelle 11.5: Gefangenendilemma.

Ohne weiteres ist zu erkennen, dass für beide Gefangenen „Gestehen" eine dominante Strategie darstellt. Dementsprechend hat das eindeutige *Nash*-Gleichgewicht zur Folge, dass beide zu einer achtjährigen Haftstrafe verurteilt werden. Die Besonderheit dieses Ergebnisses liegt darin, dass *beide* Spieler sich verbessern könnten, wenn sie die Möglichkeit zu einer bindenden Absprache hätten. Diese Möglichkeit besteht aber nicht, insbesondere deshalb nicht, weil ein vorher gegebenes Versprechen, keinesfalls zu gestehen, **unglaubwürdig** wäre. Wechselseitig besteht die Gewissheit, dass es für den Kumpanen (und für sich selbst) dominant besser ist, das Versprechen nicht einzuhalten.

> Gleichgewichte vom Typ **Gefangenendilemma** sind dadurch gekennzeichnet, dass die individuelle Rationalität zu einer kollektiv suboptimalen Lösung führt.

Man kann daher auch von einer **Rationalitätsfalle** sprechen. Die ökonomische Folgerung ist, nach Kooperationsformen zu suchen, die ein Versprechen glaubwürdig machen. In Fortführung des Kriminellen-Beispiels könnte man auf eine Form des organisierten Verbrechens verweisen, bei der nicht inhaftierten Mitglieder dieser Organisation Geständige oder deren Familienangehörige ermorden – wobei selbstverständlich diese Drohung glaubwürdig sein muss. Parallelen zu realen kriminellen Vereinigungen sind gewiss nicht zufällig.

In den voranstehenden Kapiteln haben wir bereits viele Beispiele mit den Eigenschaften des Gefangenendilemmas angesprochen. In diese Modellklasse gehören unter anderem die Team-Produktion, der Konflikt zwischen Anreizvermittlung und Risikoteilung oder Fehlanreize bei der Kreditfinanzierung.[11] Gefangenendilemma-Situationen sind **typisch für institutionenökonomische Ansätze**, weil sie mögliche, aber gefährdete Kooperationsvorteile abbilden. Die institutionenökonomische Antwort auf Spiele des Typs Gefangenendilemma besteht darin, eine Veränderung der Spielregeln durch Institutionenbildung zu bewirken, um das allseits suboptimale Ergebnis des Gefangenendilemmas zu vermeiden. Es geht also darum, die individuelle Rationalität mit einem kollektiven Optimum in Einklang zu bringen. Schließlich bietet das Szenario des Gefangenendilemmas auch eine gute Basis für wirtschaftsethische Erwägungen.[12]

---

[11] Vgl. Abschnitte 4.5.2.2, 5.1.3.5 bzw. 7.3.2.2.
[12] Vgl. Abschnitt 5.2.5.6.

11.2.3.2 Homogenes Mengendyopol

Ein bekanntes Beispiel für die Anwendung des *Nash*-Gleichgewichts ist das **Cournot-Nash-Dyopol**[13]. Daher stellt dieser Abschnitt zugleich eine Ergänzung zum Marktverhalten von Unternehmen im Oligopol dar.[14] Auf der methodischen Ebene verdeutlicht dieses Beispiel, wie wir ein *Nash*-Gleichgewicht bei einer kontinuierlichen Strategiemenge bestimmen können.

Zwei Anbieter homogener Produkte stehen vielen Nachfragern gegenüber, und die Bestimmung des Gleichgewichts genügt der *Nash*-Konzeption. Der Annahme von *Cournot* folgend setzen die Anbieter ihre Angebotsmengen und nicht die Preise als Wettbewerbsparameter ein. Das Modell verdeutlichen wir anhand eines möglichst einfach gehaltenen numerischen Beispiels.

Der Zusammenhang zwischen der Gesamtangebotsmenge und dem realisierbaren Preis ergibt sich aus der inversen Nachfragefunktion

$$p = a - (x_1 + x_2),$$

wobei
a Prohibitivpreis
p Absatzpreis
x_i Absatzmenge von Anbieter i.

Es führt nicht zu einer grundsätzlichen Änderung der Ergebnisse, wenn wir zur Verschlankung der weiteren Darstellung von konstanten Stückkosten c ausgehen und die Differenz zwischen Prohibitivpreis und Stückkosten auf $a - c = 1$ normieren. Unter dieser Prämisse erhalten wir für die Gewinnfunktionen

$$g_i = \bigl(1 - (x_i + x_{3-i})\bigr)x_i \quad (i = 1, 2),$$

wobei
g_i Gewinn von Anbieter i.

Der Gewinn eines Produzenten hängt nicht nur von dessen eigener Absatzmenge ab, sondern auch von der des Konkurrenten. Der Gewinnmaximierungskalkül bedarf daher einer Erwartung über das Verhalten des Konkurrenten. Das *Nash*-Gleichgewicht fordert einander bestätigende Erwartungen. Dazu müssen die gewählten Strategien wechselseitig beste Antworten sein. Als notwendige Bedingungen für die jeweils beste Antwort auf eine gegebene Menge des Konkurrenten erhalten wir

$$\frac{\partial g_i}{\partial x_i} = 1 - 2x_i - x_{3-i} = 0 \;\Rightarrow\; R_i\colon x_i = \frac{1}{2}(1 - x_{3-i}) \quad (i = 1, 2).$$

---

[13] Die Bezeichnung des Modells zeigt an, dass die Idee der Mengenstrategie auf *Cournot* (1838) zurückgeht. Im Alternativmodell der nach *Bertrand* (1883) benannten Preisstrategien zeigen sich – jedenfalls bei homogenen Produkten – erstaunlicherweise deutlich andere Ergebnisse. Siehe für einen Vergleich der Modelle *Eichberger* (2004), S. 238 ff.
[14] Vgl. Abschnitt 6.3.2.2.

Infolge der unterstellten Symmetrie gehen die Reaktionsfunktionen bei einer grafischen Darstellung durch Spiegelung an der Winkelhalbierenden auseinander hervor (vgl. Abbildung 11.3). Zudem verlaufen beide **Reaktionsfunktionen** fallend und es gibt einen eindeutigen Schnittpunkt, weil der Ordinatenabschnitt der Reaktionsfunktion R_1 von Anbieter 1 höher liegt und die Kurve steiler verläuft als die Reaktionsfunktion R_2 von Anbieter 2. Das Gleichgewicht ist durch den gemeinsamen Punkt beider Reaktionsfunktionen gekennzeichnet.

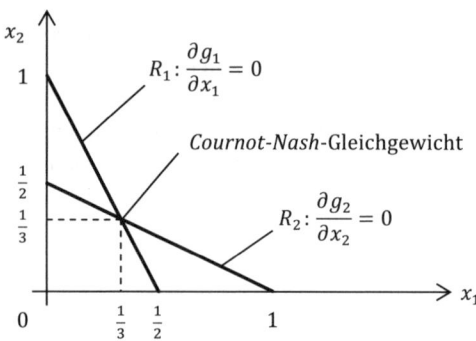

Abbildung 11.3: Reaktionsfunktionen und *Cournot-Nash*-Gleichgewicht.

Die analytische Lösung des Gleichungssystems in (x_1, x_2) führt in unserem Beispiel zu

$$x_1 = x_2 = \frac{1}{3}; \quad g_1 = g_2 = \frac{1}{9}.$$

Tatsächlich weist auch das *Cournot-Nash*-Gleichgewicht gewisse Eigenschaften eines Gefangenendilemmas auf. Um dies zu verdeutlichen, bestimmen wir nun Mengen, Preise und Gewinne für den Fall, dass die beiden Anbieter eine **gemeinsame Gewinnmaximierung** betreiben. Dies entspricht zugleich der Lösung, wie sie sich in einem **Mengenkartell** ergäbe. Aus

$$g_1 + g_2 = \bigl(1 - (x_1 + x_2)\bigr)(x_1 + x_2) \to \max_{x_1 + x_2}!,$$

erhält man

$$x_1 + x_2 = \frac{1}{2}$$

sowie weiter unter der Prämisse der gleichmäßigen Marktaufteilung

$$x_1 = x_2 = \frac{1}{4}; \quad g_1 = g_2 = \frac{1}{8}.$$

Die gemeinsame Gewinnmaximierung bzw. Kartelllösung führt zum gleichen Marktergebnis wie das Monopol und geht verglichen mit der *Cournot-Nash-*

Wettbewerbslösung mit einer geringeren Gesamtmenge und einem höheren Gewinn für die Unternehmen einher.[15]

Bereits aus der inneren Logik der Reaktionsfunktionen, deutlich aber auch aus Abbildung 11.3 erkennt man, dass sich in diesem Fall für beide Anbieter ein einseitiges Abweichen auszahlen würde. Unter der Prämisse, dass Anbieter 2 die Kartellabsprache einhält, wäre es für den Anbieter 1 optimal, im Wege einer Abweichungsstrategie die höhere Menge von $\hat{x}_1 = 3/8$ zu wählen, die für ihn mit einem Gewinn von $\hat{g}_1 = 9/64$ verbunden wäre. Darin schlägt sich die generelle Tendenz zur Instabilität eines Kartells nieder.[16]

Aus dem Kontinuum möglicher Mengenstrategien sind drei Mengen besonders exponiert: die Kartellstrategie ($x_k = 1/4$), die Wettbewerbsstrategie ($x_w = 1/3$) und die Strategie des Ausbruchs aus dem Kartell ($x_a = 3/8$). Die nachstehende Tabelle 11.6 enthält die Gewinne der beiden Anbieter für jede der Strategiekombinationen.

	Anbieter 2		
Anbieter 1	x_k	x_w	x_a
x_k	72; 72	60; 80	54; 81 *
x_w	80; 60	* 64; 64 *	* 56; 63
x_a	* 81; 54	63; 56 *	48; 48

Tabelle 11.6: Gewinne bei verschiedenen Mengenstrategien (alle Werte mit 576 multipliziert).

Per Konstruktion bilden alleine die (*Cournot-Nash-*) Wettbewerbsstrategien ein Gleichgewicht. Weiter sehen wir, dass sich zwar das einseitige Abweichen von der Kartellvereinbarung lohnt. Gehen jedoch beide Anbieter von der irrigen Annahme aus, sie würden alleine vom Kartell abweichen, führt dies zu für beide Unternehmen zu den geringsten Gewinnen. Und natürlich (wiederum per Konstruktion) führt die Kombination der Kartellstrategien zu der höchsten Gewinnsumme.

11.2.3.3 Elfmeter und Kontrollspiele

Die Situation vor einem Elfmeter in einem Fußballspiel lässt sich etwas stilisiert wie folgt beschreiben: Der Schütze wird den Elfmeter dann verwandeln können, wenn er nicht in die Ecke schießt, in die der Torwart springt. Umgekehrt kann der Torwart den Elfmeter stets halten, wenn er in die Ecke springt, in die der

---

[15] Siehe für den Fall des Preiswettbewerbs entsprechend Abschnitt 6.3.2.2.
[16] Dies gilt jedenfalls bei einmaligem Ausspielen des Wettbewerbs. In Abschnitt 11.3.2 werden wir überprüfen, inwieweit sich die Instabilitätsaussage verändert, wenn wir von einem wiederholten Wettbewerbsspiel ausgehen.

Schütze schießt. Weitere Möglichkeiten seien vernachlässigt. Man erhält die folgende Auszahlungsmatrix:

	Schütze	
Torwart	Rechte Ecke	Linke Ecke
Rechte Ecke	* 1; – 1	– 1; 1 *
Linke Ecke	– 1; 1 *	* 1; – 1

Tabelle 11.7: Elfmeter.

Beim Elfmeter handelt es sich offenbar um ein **Nullsummenspiel**. Tabelle 11.7 zeigt zudem, dass es keine Kombination sich wechselseitig bestätigender Strategien gibt. Während der Schütze stets die Ecke wählen möchte, die der Torwart nicht wählt, zieht der Torwart stets die vom Schützen gewählte Ecke vor. Mit den bisher vorgestellten Konzeptionen der Spieltheorie kann man also weder eine Vorhersage abgeben, für welche Strategie sich die Spieler entscheiden werden (positive Sichtweise), noch lässt sich eine Empfehlung aussprechen (normative Sichtweise).

Auch für den Elfmeter gibt es ökonomische Entsprechungen, insbesondere bei **Kontrollsituationen**. Der Überwachte kann sich für oder gegen die Einhaltung von Regeln entscheiden. Offenbar hat die Kontrollmöglichkeit nur dann eine relevante Funktion, wenn es ohne Kontrolle für den Überwachten individuell besser wäre, die Regel nicht zu befolgen. Gleichzeitig führt die Entdeckung der Nichtbeachtung der Regel zu einer Bestrafung. Für den Prüfer besteht die Möglichkeit, die Prüfung durchzuführen oder sie zu unterlassen, wobei die Durchführung der Kontrolle mit Kosten verbunden ist. Die Bestrafung für die Nichtbeachtung von Regeln setzt eine vorherige Prüfung voraus. Unter der Prämisse der Nichtprüfung wird der Überwachte deshalb die Regel nicht beachten. Unter der Prämisse der Nichtbeachtung der Regel ist Prüfung besser. Unter der Prämisse der Prüfung ist die Beachtung der Regel besser. Unter der Prämisse der Regelbeachtung ist Nichtprüfung besser, usw. Ein stabiles Gleichgewicht lässt sich mit den bisher vorgestellten Instrumenten also nicht identifizieren.

Eine für diesen Fall geeignete Weiterentwicklung der Spieltheorie besteht in der Einbeziehung **gemischter Strategien**. Bei gemischten (oder randomisierten, also zufallsgesteuerten) Strategien wählt der Spieler zwischen den reinen Strategien mit Hilfe eines Zufallsmechanismus aus, über dessen Wahrscheinlichkeitsverteilung der Spieler entscheidet. Eine **reine Strategie** entspricht in dieser Sichtweise dem Grenzfall einer gemischten Strategie, in der eine reine Strategie mit Wahrscheinlichkeit Eins gewählt wird, alle anderen reinen Strategien mit Wahrscheinlichkeit Null.

> Ein *Nash*-Gleichgewicht in **gemischten Strategien** ist durch sich wechselseitig bestätigende Erwartungen über Wahrscheinlichkeitsverteilungen gekennzeichnet, also eine **Kombination von Wahrscheinlichkeitsverteilungen**, die wechselseitig beste Antworten darstellen.

Im Elfmeterbeispiel gilt bei Einbeziehung gemischter Strategien für den erwarteten Nutzen der Spieler:

$$u_t = \alpha[1\beta + (-1)(1-\beta)] + (1-\alpha)[(-1)\beta + 1(1-\beta)],$$
$$u_s = \beta[(-1)\alpha + 1(1-\alpha)] + (1-\beta)[1\alpha + (-1)(1-\alpha)],$$

wobei
u_i erwarteter Nutzen von Spieler i (t: Torwart, s: Schütze)
α Wahrscheinlichkeit des Torwarts für die rechte Ecke
β Wahrscheinlichkeit des Schützen für die rechte Ecke.

Mit Wahrscheinlichkeit α wählt der Torwart die rechte Ecke. Dabei kann er mit Wahrscheinlichkeit β damit rechnen, dass der Schütze ebenfalls die rechte Ecke wählt, was zu einem Nutzen von 1 führt. Mit Wahrscheinlichkeit $(1-\beta)$ wählt der Schütze jedoch die linke Ecke, was für den Torwart zu einem Nutzen von (-1) führt. Entsprechend kann man alle anderen Summanden erklären. Die besten Antworten ermittelt man durch Überprüfung der notwendigen Bedingungen für ein Maximum des erwarteten Nutzens. Für den Torwart gilt

$$\frac{\partial u_t}{\partial \alpha} = 4\beta - 2 \begin{cases} > 0 & \text{wenn} \quad \beta > 0{,}5 \\ = 0 & \text{wenn} \quad \beta = 0{,}5. \\ < 0 & \text{wenn} \quad \beta < 0{,}5 \end{cases}$$

Daraus ergibt sich seine Reaktionsfunktion:

$$R_t: \alpha = \begin{cases} 0 & \text{wenn} \quad \beta < 0{,}5 \\ \in [0;1] & \text{wenn} \quad \beta = 0{,}5. \\ 1 & \text{wenn} \quad \beta > 0{,}5 \end{cases}$$

Bei $\beta = 0{,}5$ ist der Torwart indifferent zwischen allen Verteilungen. Ebenso erhält man für den Schützen

$$\frac{\partial u_s}{\partial \beta} = -4\alpha + 2 \begin{cases} > 0 & \text{wenn} \quad \alpha < 0{,}5 \\ = 0 & \text{wenn} \quad \alpha = 0{,}5, \\ < 0 & \text{wenn} \quad \alpha > 0{,}5 \end{cases}$$

und damit

$$R_s: \beta = \begin{cases} 0 & \text{wenn} \quad \alpha > 0{,}5 \\ \in [0;1] & \text{wenn} \quad \alpha = 0{,}5. \\ 1 & \text{wenn} \quad \alpha < 0{,}5 \end{cases}$$

Die Reaktionsfunktionen kann man grafisch zusammenfassen:

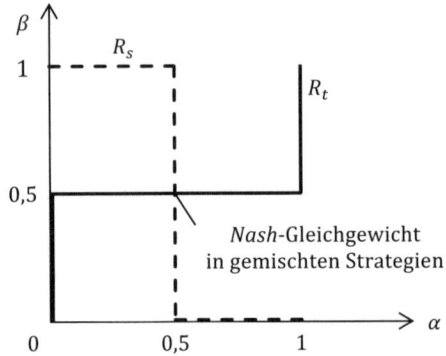

Abbildung 11.4:
Reaktionsfunktionen und Gleichgewicht in gemischten Strategien.

Offensichtlich kennzeichnet die Bedingung $\alpha = \beta = 0{,}5$ das eindeutige *Nash-Gleichgewicht in gemischten Strategien*. Dies lässt sich zusätzlich verdeutlichen, wenn die jeweiligen Gleichgewichtsstrategien mit den zugehörigen Auszahlungen in die Normalform des Spiels einbezogen werden.

		Schütze	
Torwart	$\beta = 1$	$\beta = 0{,}5$	$\beta = 0$
$\alpha = 1$	* 1; -1	* 0; 0	-1; 1 *
$\alpha = 0{,}5$	0; 0 *	* 0; 0 *	0; 0 *
$\alpha = 0$	-1; 1 *	* 0; 0	* 1; -1

Tabelle 11.8: Elfmeter und gemischte Strategien.

Aus Abbildung 11.4 und Tabelle 11.8 erkennt man gleichermaßen eine allgemeingültige Eigenschaft: Bei den Gleichgewichtsstrategien ist der **Gegenspieler indifferent** zwischen allen reinen oder gemischten Strategien: Wählt der Torwart $\alpha = 0{,}5$, erzielt der Schütze unabhängig von seiner Strategie stets eine erwartete Auszahlung von 0. Für $\beta = 0{,}5$ gilt mutatis mutandis das Gleiche.

Unter Zuhilfenahme dieser Erkenntnis lassen sich die gemischten Gleichgewichtsstrategien einfacher ermitteln als mit dem etwas umständlichen Rückgriff auf die Reaktionsfunktionen:

> Ein Spieler wählt seine **gemischte Strategie** (hier beispielsweise α) so, dass die gemischte Strategie des anderen Spielers (hier beispielsweise β) keinen Einfluss auf dessen Nutzen hat. Im Gleichgewicht muss also beispielsweise für α gelten $\partial u_s / \partial \beta = 0$. Die Aussagen für β lauten entsprechend

Die Vorstellung, dass statt einer klaren Entscheidung für eine Strategie lediglich über eine Wahrscheinlichkeitsverteilung entschieden werden soll, ist gewöhnungsbedürftig. Andererseits ist für eine derartige Situation die Empfehlung (an den Torwart und an den Schützen bzw. an den Überwachten und an den Prüfer) sehr wohl plausibel, dass eine klare Ausrechenbarkeit Nachteile mit sich bringt und ein Spieler daher die **geplante Unausrechenbarkeit** zum Prinzip machen sollte. Und die zweckmäßigste Möglichkeit, Unausrechenbarkeit in einem Modell abzubilden, ist ein Zufallsmechanismus. Zudem geht es in der Spieltheorie darum, aus aus rationalem Verhalten konsistente Erwartungen abzuleiten. Hier erweisen sich die Erwartungen über gemischte Strategien als die einzigen Erwartungen, die nicht zu Widersprüchen führen.

Wie bereits mehrfach erwähnt, stehen **Kontrollspiele** für betriebswirtschaftlich besonders relevante Szenarien mit Auszahlungsrelationen, die dem Elfmeterspiel entsprechen. Zur näheren Verdeutlichung untersuchen wir die strategische Interaktion zwischen dem Vorstand einer Aktiengesellschaft, der die Aufgabe der Jahresabschlusserstellung hat, und dem Wirtschaftsprüfer, dessen Aufgabe es ist zu prüfen, ob der Jahresabschluss den Rechnungslegungsvorschriften entspricht. Dafür treffen wir die folgenden Annahmen:[17]

Der Vorstand V und der Prüfer P beziehen aus ihrer jeweiligen Tätigkeit einen Basisnutzen von x_v bzw. x_p. Durch eine manipulierte Rechnungslegung kann der Vorstand einen Zusatznutzen von v erreichen, wenn die Manipulation nicht entdeckt wird. Dieser Zusatznutzen kann beispielsweise in einer höheren Entlohnung des Vorstands bestehen, wenn die Manipulation zu einem höheren Ergebnisausweis führt. Entdeckt jedoch der Prüfer die Manipulation, führt dies zur Entlassung des Managers und somit für ihn zu einem Mindernutzen von e. Der Prüfer hat die Möglichkeit, oberflächlich oder sorgfältig zu prüfen. Die sorgfältige Prüfung ist für ihn mit zusätzlichen Kosten von k verbunden. Nur bei einer sorgfältigen Prüfung kann er eine tatsächliche Bilanzmanipulation entdecken. Nimmt der Prüfer nur eine oberflächliche Prüfung vor, offenbart sich die möglicherweise vorgenommene Manipulation erst später, nach Erteilung des Testats. In diesem Fall entsteht dem Prüfer ein Reputationsschaden in Höhe von r. Somit ergibt sich die Auszahlungsmatrix aus Tabelle 11.9.

Vorstand V	Wirtschaftsprüfer P	
	sorgfältige Prüfung	oberflächliche Prüfung
korrekte Bilanz	* x_v; $x_p - k$	x_v; x_p *
manipulierte Bilanz	$x_v - e$; $x_p - k$ *	* $x_v + v$; $x_p - r$

Tabelle 11.9: Bilanzerstellung und Abschlussprüfung,

---

[17] Im Ganzen sehr ähnlich *Ewert* (1993).

wobei
x_i Basisnutzen von Vorstand ($i = v$) bzw. Prüfer ($i = p$)
k Zusatzkosten für eine sorgfältige Prüfung
e Mindernutzen des Vorstands infolge der Entlassung
v Zusatznutzen des Vorstands bei einer unentdeckt manipulierten Bilanz
r Reputationsschaden beim Wirtschaftsprüfer infolge des Bekanntwerdens einer nur oberflächlichen Prüfung.

Bei der Bestimmung der besten Antworten unterstellen wir, dass die dem Prüfer entstehenden Zusatzkosten für eine sorgfältige Prüfung geringer sind als der Reputationsschaden bei entdeckter Schlamperei ($k < r$); anderenfalls wäre die sorgfältige Prüfung niemals vorteilhaft. Offensichtlich gibt es **kein Gleichgewicht in reinen Strategien**. Als stabil erweist sich daher ausschließlich eine **Lösung in gemischten Strategien**. Dies entspricht auch dem realen Prüfungsalltag, wenn man an Empfehlungen zu Stichprobenprüfungen denkt.[18] Mit Blick auf den Vorstand lässt sich die gemischte Strategie so interpretieren, dass er bei einigen Sachverhalten manipuliert, bei anderen nicht.

Für die erwartete Auszahlung u_v des Vorstands und u_p des Prüfers erhält man nach Zusammenfassen

$$u_v = x_v + (1 - \alpha)[v - \beta(v + e)],$$
$$u_p = x_p - [\beta k - (1 - \beta)(1 - \alpha)r],$$

wobei
α vom Vorstand gewählte Wahrscheinlichkeit für eine korrekte Bilanz
β vom Prüfer gewählte Wahrscheinlichkeit für eine sorgfältige Prüfung.

Oben haben wir die Überlegung abgeleitet, dass im Gleichgewicht der Prüfer seine Wahrscheinlichkeit β so wählen muss, dass der Vorstand indifferent ist zwischen einer korrekten und einer manipulierten Bilanz. Ebenso muss der Vorstand seine Wahrscheinlichkeit α so wählen, dass der Prüfer indifferent ist zwischen einer sorgfältigen und einer oberflächlichen Prüfung. Daraus ergibt sich für das eindeutige Gleichgewicht in gemischten Strategien:

$$\alpha^* = \frac{r - k}{r}; \quad \beta^* = \frac{v}{v + e}.$$

Aus diesem Ergebnis lässt sich Einiges über die innere Logik von Gleichgewichten in gemischten Strategien ableiten: Der Vorstand wird vor allem dann eine korrekte Bilanz aufstellen, wenn die Zusatzkosten der sorgfältigen Prüfung niedrig sind und wenn der Reputationsschaden bei entdeckter Schlamperei des Prüfers hoch ausfällt. Beide Determinanten führen unmittelbar zu einem starken Anreiz für den Prüfer, eine sorgfältige Prüfung vorzunehmen. Darauf reagiert der Vorstand mit einer erhöhten Wahrscheinlichkeit für eine korrekte Bilanz. Nur unter dieser Bedingung kann es dem Prüfer gleichgültig sein, ob er

---

[18] Vgl. *Ewert* (2005), S. 506 f.

sorgfältig prüft oder nicht. Umgekehrt wird der Prüfer vor allem dann sorgfältig prüfen, wenn der Vorstand von einer manipulierten Bilanz stark profitiert (v hoch) und wenn er bei einer Entlassung nicht viel zu verlieren hat (e niedrig) – zum Beispiel, weil er ohnehin bald altersbedingt ausscheidet. In beiden Fällen hätte der Vorstand starke Anreize, eine manipulierte Bilanz vorzulegen. Auf diese Anreize reagiert der Prüfer mit einer hohen Wahrscheinlichkeit für eine sorgfältige Prüfung, um die Gesamtanreize für den Vorstand auszubalancieren.

Man erkennt also, dass die **Anreize indirekt** auf die Gleichgewichtslösung **wirken**. Die Gleichgewichts-Wahrscheinlichkeit für eine sorgfältige Prüfung hängt von den auf den Manager wirkenden Anreizen ab. Umgekehrt hängt die Gleichgewichts-Wahrscheinlichkeit für die korrekte Bilanzierung von den auf den Prüfer wirkenden Anreizen ab. Eine Argumentation beispielsweise, die Intensität der Prüfung dadurch zu erhöhen, dass man dem Prüfer eine höhere Haftung aufbürdet (dies entspräche in unserem Modell einem erhöhten r), hätte im Gleichgewicht keinerlei Einfluss auf die Wahrscheinlichkeit für eine sorgfältige Prüfung. Immerhin ergäbe sich allerdings eine höhere Wahrscheinlichkeit für eine korrekte Bilanzierung. Insgesamt zeigt sich hier besonders deutlich, wie wichtig es ist, die strategische Interaktion zwischen Spielern systematisch zu erfassen.

11.2.3.4 Koordinationsspiele

Koordinationsspiele sind dadurch gekennzeichnet, dass alle Spieler grundsätzlich gleichgerichtete Interessen haben. Dennoch ist es nicht ohne weiteres möglich, sich an eine bestimmte Handlungsweise zu binden. Auch das wollen wir anhand einiger Beispiele diskutieren.

A	B	
	b_1	b_2
a_1	* 100; 100 *	0; 0
a_2	0; 0	* 1; 1 *

Tabelle 11.10: Koordinationsspiel 1.

Ein typisches Merkmal von Koordinationsspielen ist die Existenz **mehrerer Nash-Gleichgewichte**. Neben den beiden in Tabelle 11.10 vermerkten Gleichgewichten in reinen Strategien gibt es noch ein weiteres Gleichgewicht in gemischten Strategien, auf das wir im Weiteren jedoch keinen Bezug nehmen.[19] Der Verweis auf die Konsistenz rationaler Erwartungen reicht bei mehreren

---

[19] Dieser Zusammenhang lässt sich verallgemeinern: Gibt es in Spielen mit zwei Spielern mit jeweils zwei reinen Strategien zwei Gleichgewichte in reinen Strategien, so gibt es stets ein drittes Gleichgewicht in gemischten Strategien.

Gleichgewichten nicht aus, zusätzlich benötigen beide Spieler ein plausibles Kriterium für die Auswahl zwischen den Gleichgewichten.

Im Fall von Koordinationsspiel 1 ist dies nicht allzu schwierig. Das Gleichgewicht (a_1, b_1) ist ein *(auszahlungs-) dominantes Gleichgewicht*, sodass es für beide Spieler eine natürliche Wahl darstellt. Zu beachten ist der Unterschied zwischen einem Gleichgewicht in dominanten Strategien, in dem sich die Dominanz auf die Strategievektoren eines Spielers bezieht, und einem dominanten Gleichgewicht, in dem sich die Dominanz auf Auszahlungspaare der verschiedenen Spieler bezieht.

Jedoch ist es keineswegs zwingend, dass es ein dominantes Gleichgewicht gibt oder sich eine natürliche Lösung nach anderen Kriterien anbietet:

A	b_1	b_2
a_1	* 100; 100 *	0; 0
a_2	0; 0	* 100; 100 *

Tabelle 11.11: Koordinationsspiel 2.

Bei einem Spiel wie in Tabelle 11.11 ist die Spieltheorie mit ihrer Prognosekraft am Ende. Dann muss man außerhalb der Spieltheorie nach Kriterien für eine Lösung des Spiels suchen, wie sich sich beispielsweise aus einer allgemeinen Fokussierung auf die erstgenannten Strategien ergeben könnten. Ökonomisch handelnde Individuen würden an dieser Stelle selbstverständlich versuchen, die Spielregeln zu modifizieren, insbesondere durch Einbeziehung von **Kommunikation** zwischen den Spielern.[20] Mangels Interessenkonflikten besteht auch nicht die Gefahr einer irreführenden Kommunikation oder der Verletzung einer Absprache. Scheitert eine direkte Kommunikation zwischen den Spielern, kann eine staatlich vermittelte Kommunikation oder, noch direkter, eine staatliche Auflage für bestimmte Strategien eine Lösung herbeiführen (beispielsweise das Rechtsfahrgebot im Straßenverkehr[21]). Allerdings sind dies keine Aussagen der Spieltheorie, sondern ökonomisch begründete Vorschläge zur Vermeidung von **Koordinationsfehlern**.

A	b_1	b_2
a_1	* 100; 100 *	0; 99
a_2	99; 0	* 99; 99 *

Tabelle 11.12: Koordinationsspiel 3.

---

[20] *Cooper u. a.* (1989), (1992).
[21] Mit Blick auf die britischen Inseln zeigt dieses Beispiel überdies, dass es bei reinen Koordinationsspielen nicht darauf ankommt, *wie* koordiniert wird, sondern *dass* koordiniert wird.

Tabelle 11.12 enthält mit dem Koordinationsspiel 3 ein Beispiel dafür, dass selbst im Falle eines dominanten Gleichgewichts einiges dafür sprechen kann, dass die Spieler eine andere Lösung realisieren: Wieder gibt es zwei Gleichgewichte, von denen eines dominant ist. Die Strategien a_2 und b_2 haben aber die Eigenschaft, dass im Falle des zugehörigen Gleichgewichts jeweils eine nur unwesentlich geringere Auszahlung erfolgt als im dominanten Gleichgewicht. Zudem ist diese Auszahlung nicht vom Erreichen des Gleichgewichts abhängig. Sofern man abweichend von den bisherigen Annahmen zulässt, dass sich Spieler **nicht uneingeschränkt rational** verhalten, sondern dass sie sich irren können oder ihnen möglicherweise Fehler unterlaufen, gewinnen andere Kriterien zusätzlich an Bedeutung. Im konkreten Fall sind die Auszahlungen bei a_2 und b_2 robust gegenüber Irrtümern des anderen Spielers.

Eine Verallgemeinerung dieser Überlegungen entwickeln *Harsanyi/Selten*.[22] Ausgehend von der Frage, wie hoch die eigenen Verluste beim Abweichen von einem Gleichgewicht sind, kommen sie zur **Risikodominanz** als Kriterium zur Auswahl zwischen multiplen Gleichgewichten. Bei eigenem Abweichen vom Gleichgewicht (a_1, b_1) verlöre jeder Spieler einen Betrag von $100 - 99 = 1$. Bei eigenem Abweichen vom Gleichgewicht (a_2, b_2) betrüge der individuelle Verlust dagegen jeweils $99 - 0 = 99$. Daher ist der **Widerstand** gegenüber einem Abweichen vom Gleichgewicht (a_2, b_2) größer als der Widerstand gegen ein Abweichen vom Gleichgewicht (a_1, b_1). *Harsanyi/Selten* machen die Risikodominanz am Produkt der Abweichungsverluste fest. Somit ist das Gleichgewicht (a_1, b_1) zwar auszahlungsdominant, jedoch erweist sich das Gleichgewicht (a_2, b_2) als risikodominant.[23] Experimente zeigen, dass in solchen Situationen tatsächlich häufig das risikodominante und nicht das auszahlungsdominante Gleichgewicht zustande kommt.[24]

11.3 Gleichgewicht in mehrstufigen und wiederholten Spielen

In mehrstufigen (oder: dynamischen) Spielen gibt es eine zeitliche oder logische Abfolge von Spielzügen. Darunter ist stets der Fall zu subsumieren, dass Spieler mehrere Entscheidungen sukzessive zu treffen haben. In die Rubrik fallen aber auch solche Spiele, in denen es zu einer Wiederholung einzelner Zugkombinationen kommt, also der Fall wiederholter Spiele.

Ist die maximale Anzahl von Spielzügen oder die Anzahl der Wiederholungen von Spielen durch eine Zahl $z < \infty$ nach oben begrenzt, spricht man von einem

---

[22] Vgl. *Harsanyi/Selten* (1988), S. 82-84 und S. 86-90.
[23] Vgl. zur Relation zwischen Auszahlungsdominanz und Risikodominanz ausführlicher *Neus* (2018).
[24] *Cooper u. a.* (1990).

endlichen Spiel. Kann dagegen nach jedem Spielzug möglicherweise ein weiterer folgen, bezeichnet man ein Spiel als **unendlich**. Der letztgenannte Fall ist als Umschreibung ökonomischer Entscheidungssituationen keineswegs ungewöhnlich: So ist eine Kapitalgesellschaft in der Regel auf Dauer angelegt und dient nicht lediglich der Abwicklung bestimmter Projekte. Dies stellt umgekehrt aber auch keinen Widerspruch dazu dar, dass ein solches Unternehmen möglicherweise infolge einer Insolvenz oder aus anderen Gründen seine Tätigkeit einstellt.

11.3.1 Endliche Spiele

11.3.1.1 Das Rekursionsprinzip

In endlichen Spielen kommt eine spezifische Technik zur Lösung der Entscheidungsprobleme (also zur Bestimmung der optimalen Strategien) zum Einsatz, das *Rekursionsprinzip*.

Eine Strategie besteht nicht in der Ad-hoc-Festlegung von Aktionen, sondern in der Auswahl eines vollständigen, bedingten Verhaltensplans. Deshalb bezieht eine vernünftige Strategie den Einfluss bestimmter Aktionen (Spielzüge) auf die späteren Entwicklungen, Entscheidungen der Mitspieler und die dann auszuwählenden Aktionen ein. Spätere Aktionen hängen aber ihrerseits davon ab, in welcher Weise sie die nochmals späteren Handlungen beeinflussen. Der einzige Zug, bei dessen Festlegung nicht noch davon ausgehende, künftige Auswirkungen einzubeziehen sind, ist der letzte Spielzug. Nur für den letzten Spielzug kann man ohne weiteres beurteilen, in welcher Weise er rational auszuführen ist.

Andererseits ist die konkrete Situation, in welcher es zum letzten Zug kommt, abhängig von früheren Zügen, häufig auch von Zufallszügen. Das heißt, im Rahmen eines vollständigen Verhaltensplans muss ein Spieler für jede denkbare vorangegangene Entwicklung des Spiels bis hin zur letzten Spielstufe eine bedingt optimale Antwort festgelegen. Dieses bedingt optimale Verhalten im letzten Spielzug kann er und können die anderen Spieler in den vorgelagerten Spielstufen voraussetzen (antizipieren). Eine Entscheidung auf der vorletzten Stufe induziert also mit der Auswahl einer Aktion zugleich das bedingt optimale Verhalten auf der letzten Stufe. Ebenso kann man auf der drittletzten Stufe usw. bis hin zur ersten Spielstufe verfahren. Dieses Vorgehen nennt man **Rückwärts-Induktion** oder Rekursion, weil jeder Spieler ausgehend vom Ende des Spiels seine optimale Strategie bestimmt.

Zur Verdeutlichung der Lösungstechnik der Rekursion führen wir ein **nichtkooperatives Verhandlungsspiel** ein. Es gibt zwei beteiligte Parteien A und B, die über die Verteilung eines maximalen Kooperationsgewinns in Höhe von g verhandeln. Die Verhandlungsregeln legen fest, dass A einen ersten Verteilungsvorschlag macht, den B annehmen oder ablehnen kann. Nimmt B an, kommt es zur vorgeschlagenen Auszahlung. Lehnt B indes ab, kann er umgekehrt A einen Verteilungsvorschlag unterbreiten. Diesen wiederum kann A annehmen oder ablehnen und einen erneuten Gegenvorschlag machen, usw. Grundsätzlich könnte dieses Verhandlungsspiel aus unendlichen vielen Spielstufen bestehen.

Dies ändert sich jedoch, wenn wir in einer bestimmten Weise **Verhandlungskosten** einführen.[25] Konkret soll hier gelten, dass nach jeder ohne Erfolg abgeschlossenen Verhandlungsrunde – bestehend aus einem Angebot und dessen Ablehnung durch die andere Partei – Verhandlungskosten in Höhe von $k = g/n$ den zu verteilenden Gewinn g schmälern. Nach n erfolglosen Verhandlungsrunden ist daher der Kooperationsgewinn komplett aufgezehrt und es gibt nichts mehr zu verteilen. Dadurch findet das Verhandlungsspiel sein definitives Ende.

Das Rekursionsprinzip verdeutlichen wir für den Fall $n = 2$. Demnach gibt es maximal zwei Verhandlungsrunden, das Spiel hat vier Stufen. Abbildung 11.5 zeigt das Spiel in extensiver Form:

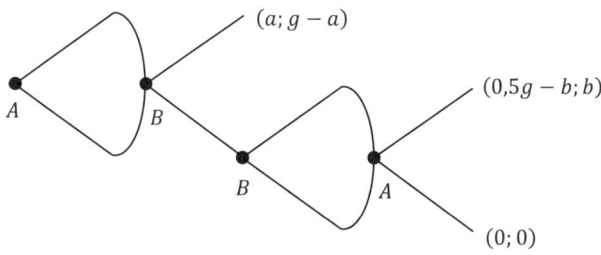

Abbildung 11.5: Nicht-kooperatives Verhandlungsspiel,

wobei
a Verteilungsvorschlag von A auf der ersten Spielstufe
b Verteilungsvorschlag von B auf der dritten Spielstufe
g maximaler Verteilungsgewinn.

Auf der ersten Spielstufe fordert A für sich selbst den Betrag a und bietet B den Rest von $g - a$ an. Die Tatsache, dass A aus einem Kontinuum möglicher Strategien wählen kann ($a \in [0; g]$), verdeutlicht man durch den Bogen zwischen den Ästen. Nimmt B an (wird also der obere Ast verfolgt), kommt es zur Auszahlung, lehnt B ab (unterer Ast), macht er auf der dritten Spielstufe sein Angebot. Wegen der erfolglosen Beendigung der ersten Verhandlungsrunde steht aber nur

---

[25] Das Modell entspricht einer in endliche Zeit und diskrete Zeitabschnitte transformierten Fassung des Verhandlungsmodells von *Rubinstein* (1982). Die Idee folgt einem Doktorandenkurs von *Michael Riordan*.

noch $g - k = g - 0{,}5g = 0{,}5g$ für die Verteilung zur Verfügung. B verlangt davon b für sich selbst und überlässt A die Differenz $0{,}5g - b$. Dies kann A schließlich annehmen oder ablehnen.

Rekursives Vorgehen bedeutet nun: Auf der letzten Spielstufe entscheidet A über Annahme oder Ablehnung. Da rationale Individuen nutzenmaximierend, aber neidfrei sind, wird A stets annehmen, wenn $0{,}5g - b \geq 0$ und somit $b \leq 0{,}5g$. Diese Entscheidung kann B auf der vorletzten Spielstufe antizipieren und wählt unter dieser Restriktion den größtmöglichen Betrag für sich selbst: $b^* = 0{,}5g$. Auf der zweiten Spielstufe hat B zu entscheiden, ob er das Angebot $g - a$ von A annehmen soll oder nicht. Dies ist für B dann nicht von Nachteil, wenn $g - a \geq b^* = 0{,}5g$. Dementsprechend nimmt B das Angebot von A an, wenn gilt $a \leq 0{,}5g$. Aus diesem Annahmebereich wählt A den größten Betrag für sich selbst, also $a^* = 0{,}5g$. Ein kleinerer Betrag wäre für ihn von vornherein suboptimal, bei einem größeren Betrag lehnt B ab, schlägt b^* vor, und A hätte keine bessere Möglichkeit, als dies anzunehmen. Das Gleichgewicht ist also dadurch gekennzeichnet, dass A sofort a^* vorschlägt und B sofort annimmt und seinerseits $g - a^*$ erhält.

Die Verhandlungskosten sind hier die treibende Kraft hinter der Lösung. Dennoch ist das Gleichgewicht dadurch gekennzeichnet, dass die Spieler durch eine sofortige Einigung die Kosten umgehen. Weiter erkennt man eine gleichmäßige Verteilung des Kooperationsgewinns, was – wie bereits diskutiert[26] – üblichen Vorstellungen über Gerechtigkeit oder Fairness entgegenkommt. Allerdings ist zu beachten, dass die gleichmäßige Verteilung weder bei Verhandlungsspielen schlechthin noch auch nur innerhalb der Klasse des vorgestellten Verhandlungsspiels allgemeingültig ist.

Die vorgestellte Klasse von Spielen lässt sich nämlich für beliebige endliche n konkretisieren und nach dem vorgestellten Verfahren lösen. Die Ergebnisse finden sich in Tabelle 11.13.

Anteil an g für	n gerade	n ungerade
A	$\dfrac{1}{2}$	$\dfrac{1}{2}\dfrac{n+1}{n}$
B	$\dfrac{1}{2}$	$\dfrac{1}{2}\dfrac{n-1}{n}$

Tabelle 11.13: Verhandlungslösungen und Anzahl von Spielstufen.

Offensichtlich erfolgt bei einer geraden Anzahl maximaler Verhandlungsrunden stets eine gleichmäßige Aufteilung des Verhandlungsgewinns. Bei einer ungeraden Anzahl maximaler Runden gibt es hingegen einen Vorteil für den Erstziehenden, der umso größer ausfällt, je größer die Verhandlungskosten sind, das heißt je kürzer die maximale Verhandlungsdauer ist.

---

[26] Vgl. Abschnitt 3.4.1.2.

Als Grenzfall ($n = 1$) ist auch das **„Ultimatumspiel"** in der Spielklasse enthalten. Dieses Spiel verdient seinen Namen durch die Eigenschaft, dass der Erstziehende dem Nachziehenden gewissermaßen die Pistole auf die Brust setzen und sich den gesamten Gewinn persönlich aneignen kann.

Zur weiteren Verdeutlichung der Rekursion möge die Lösung des eingangs dieses Kapitels vorgestellten Tausendfüßlerspiels[27] dienen: Spieler A hat den definitiv letzten, dritten Zug. Kommt es zu diesem Zug und wählt A die Antwort „*ja*", resultieren die Auszahlungen (1; 4), bei „*nein*" hingegen (2; 2). Offensichtlich ist für A die Antwort „*nein*" besser, da er die höhere Auszahlung von 2 vorzieht. Diese bedingte Entscheidung des Spielers A im dritten Zug kann Spieler B bei seinem vorangehenden Zug voraussehen. Wählt B „*nein*", resultieren unmittelbar die Auszahlungen (0; 3), wählt er „*ja*", resultieren nach der antizipierten, rationalen Entscheidung des Spielers A in der dritten Stufe die Auszahlungen (2; 2). Demnach wählt Spieler B die Antwort „*nein*", weil er dabei die höhere Auszahlung von 3 erhält. Dieses Spielende kann wiederum A bei seiner Entscheidung auf der ersten Spielstufe voraussehen. Wählt er „*nein*", kommt es unmittelbar zu den Auszahlungen (1; 1), bei „*ja*" muss er davon ausgehen, dass B „*nein*" wählt und die Auszahlungen (0; 3) resultieren. Demnach wählt A „*nein*", und das Spiel endet unmittelbar. Im vorliegenden Spiel ist diese Lösung das einzige *Nash*-Gleichgewicht, wie sich auch durch Überprüfung von Tabelle 11.1 leicht feststellen lässt. Überdies erkennt man, dass auch das Tausendfüßlerspiel ein Spiel des Typs Gefangenendilemma ist.

11.3.1.2 Teilspielperfektes Gleichgewicht

In endlichen mehrstufigen Spielen besteht die Möglichkeit, dass es zwar mehrere *Nash*-Gleichgewichte gibt, unter denen aber einige nur bei Vernachlässigung der zeitlichen oder logischen Reihenfolge eine plausible Lösung darstellen. Ein bekanntes Beispiel für einen solchen Sachverhalt bildet das **Markteintrittsspiel** ab:

Ein einzelner Anbieter (Monopolist) auf einem Markt erzielt hohe Gewinne. Diese Gewinne könnten einen anderen Produzenten (Konkurrent) dazu verleiten, auf diesem Markt ebenfalls anzubieten. Kommt es zum Markteintritt und verhält sich der vormalige Monopolist wettbewerbsfriedlich, erzielen beide Anbieter jeweils einen positiven Gewinn. Allerdings ist selbst die Gewinnsumme geringer als der vormalige Monopolgewinn. Nach einem Markteintritt kann der Monopolist aber auch mit scharfem Wettbewerb (aufwendige Werbemaßnahmen, Verringerung des Absatzpreises usw.) auf den Konkurrenten reagieren, was die Gewinne vollständig aufzehrt. Stellt man die Ergebnisse in einer Auszahlungsmatrix zusammen, könnte sich folgendes Bild ergeben:

---

[27] Siehe Abschnitt 11.1.

	(potenzieller) Konkurrent	
(vormaliger) Monopolist	Eintritt	kein Eintritt
friedliches Verhalten	* 2; 2 *	* 5; 1
Wettbewerb bei Eintritt	0; 0	* 5; 1 *

Tabelle 11.14: Markteintrittsspiel in Normalform.[28]

Genauer wäre es, die möglichen Strategien des Monopolisten vollständig zu formulieren. Demnach wären für jeden der beiden denkbaren Entscheidungsknoten (Eintritt oder Nicht-Eintritt) mögliche Entscheidungen zu explizieren. Denkbar sind dann vier Strategien: In beiden Fällen friedliches Verhalten, in beiden Fällen Wettbewerb, Wettbewerb nur bei Nicht-Eintritt oder Wettbewerb nur bei Eintritt. Wir vernachlässigen jedoch die beiden mittleren Strategien, weil sie im vorliegenden Beispiel von vornherein ungeeignet sind.

Offenbar gibt es **zwei Nash-Gleichgewichte**: Markteintritt und friedliches Verhalten sowie die Androhung des Wettbewerbs, die den Markteintritt des potenziellen Konkurrenten abschrecken soll. Die zweite Möglichkeit ist jedoch nur unter Vernachlässigung der dynamischen Komponente des Spiels eine sinnvolle Lösung. Denn wir sollten wiederum nach dem Rekursionsprinzip vorgehen. Nach dem Markteintritt interessiert es nicht mehr, wie sich dieser vielleicht hätte verhindern werden können. Es stellt sich nur noch die Frage, wie auf den Eintritt am besten zu reagieren ist. Wettbewerb nach Eintritt eines Konkurrenten führt für den ehemaligen Monopolisten zu einem geringeren Gewinn als friedliches Verhalten. Daher verzichtet er auf die zuvor angedrohte „Bestrafung" des Konkurrenten. Da dieser ein solches Verhalten voraussehen kann, ist die Wettbewerbsandrohung von vornherein **unglaubwürdig** und kommt deshalb als Teil eines sinnvollen Gleichgewichts nicht in Frage. Das einzige vernünftige Gleichgewicht ist der Markteintritt, an den sich ein friedliches Verhalten anschließt. Im Markteintrittsspiel ergibt sich das vernünftige Gleichgewicht bereits aus Dominanzüberlegungen, denn für den Monopolisten stellt das friedliche Verhalten eine dominante Strategie dar. Häufig reicht das Dominanzkriterium jedoch nicht so weit wie die explizite Erfassung der Mehrstufigkeit.

Zunächst lehrt dieses Beispiel, dass bei mehrstufigen Spielen die extensive Darstellung von Spielen vorzuziehen ist, da kein Informationsverlust im Hinblick auf die Entscheidungssituationen eintritt und wir das Rekursionsprinzip unmittelbar anwenden können. Zudem zeigt sich, dass es unplausible *Nash*-Gleichgewichte geben kann, weil sie an einzelnen Entscheidungsknoten ein suboptimales Verhalten eines Spielers voraussetzen. Dies führt zu einer Verfeinerung der Konzeption des *Nash*-Gleichgewichts, nämlich zur Teilspielperfektheit von Gleichgewichten.[29]

---

[28] Vgl. *Selten* (1978), S. 129.
[29] *Selten* (1965).

> Ein **Teilspiel** ist der Teil eines Spiels, der an einem eindeutig bestimmten Knoten eines mehrstufigen Spiels beginnt und bis zum Ende des Spiels führt.
>
> Strategiekombinationen formieren ein **teilspielperfektes Gleichgewicht**, wenn sie für alle Teilspiele ein *Nash*-Gleichgewicht bilden, das heißt, wenn die Strategiekombinationen nicht nur im Ausgangsknoten, sondern stets beste Reaktionen auf das Gleichgewichtsverhalten der Mitspieler sind.

Vereinfacht formuliert fordert die Teilspielperfektheit, dass die Spieler sich jederzeit, nicht nur im Planungszeitpunkt, rational verhalten.

Die Teilspielperfektheit ist ein Beispiel unter vielen anderen möglichen Verfeinerungen des *Nash*-Gleichgewichts.[30] Solche Verfeinerungen sind dann von Bedeutung, wenn es mehrere Gleichgewichte gibt, aus denen eines als das sinnvollste oder plausibelste ausgewählt werden soll. Die Anforderung, Drohungen oder Versprechungen auf Glaubwürdigkeit zu überprüfen, stellt sicherlich ein überaus plausibles Auswahlkriterium für Gleichgewichte dar.

11.3.2 Unendliche Spiele

Zur Bestimmung des Gleichgewichts in einem unendlichen Spiel können wir das Rekursionsprinzip offensichtlich nicht heranziehen: Es gibt **keinen letzten Spielzug**, an dem die Rekursion ansetzen könnte. Wenn man unendliche Spiele diskutiert, handelt es sich zumeist um eine unendlich häufige Wiederholung bestimmter Zugmöglichkeiten (**Superspiele**). Gleichgewichte müssen dabei dem Kriterium der rationalen Erwartungen genügen. Das heißt, es sind solche Erwartungen über Reaktionen der Mitspieler zu ermitteln, die dem Verhalten entsprechen, das sich in allen jeweiligen Spielzügen als individuell optimal erweist.

Das Szenario lässt sich gut anhand eines **wiederholten** Spiels des **Gefangenendilemma**-Typs verdeutlichen.[31] Von Seiten beider Spieler ist zu entscheiden, ob sie eine gerichtlich nicht durchsetzbare Vereinbarung einhalten („Vertragstreue") oder nicht („Betrügen"). Das einstufige Basisspiel hat in strategischer Form das folgende Aussehen:

---

[30] Als andere Beispiele haben wir bereits die Auszahlungsdominanz und die Risikodominanz kennengelernt. Vgl. Abschnitt 11.2.3.4.
[31] Vgl. sehr ähnlich *Berninghaus/Ehrhardt/Güth* (2010), S. 395 ff.

	B	
A	Vertragstreue	Betrügen
Vertragstreue	$c;c$	$a;d*$
Betrügen	$*d;a$	$*b;b*$

Tabelle 11.15: Einstufiges Basisspiel.

Dabei soll annahmegemäß gelten $a < b < c < d$. Im Basisspiel besteht – dem Gefangenendilemma entsprechend – das eindeutige Gleichgewicht in dominanten Strategien im beiderseitigen Betrügen. Zwar brächte die beiderseitige Vertragstreue für beide Spieler eine größere Auszahlung mit sich, jedoch ist die einseitige Abweichung davon für beide Spieler von Vorteil.

Bei unendlich häufiger Wiederholung dieses Basisspiels kann die beiderseitige Vertragstreue allerdings Bestand haben. Um dies zu zeigen, sind zunächst die angesichts der wiederholten Züge erforderlichen Annahmemodifikationen zu erklären. Entscheidungskriterium für die Spieler ist der Barwert der Auszahlungen, die sie über das gesamte Spiel hinweg erhalten:

$$bw = z_0 + \sum_{t=1}^{\infty} z_t \delta^t,$$

wobei
bw Barwert der Auszahlungen an einen Spieler
z_t Auszahlung im Zeitpunkt t
$\delta < 1$ Diskontfaktor der Spieler.[32]

Um zu überprüfen, ob die durchgängige Vertragstreue ein Gleichgewicht darstellen kann, müssen wir den Gleichgewichtsbarwert mit dem Auszahlungsbarwert für den Fall eines möglichen Abweichens vom Gleichgewicht vergleichen; letzterer darf nicht größer sein. Infolge der unendlichen Wiederholung gibt es jedoch unendlich viele Möglichkeiten, vom Gleichgewicht abzuweichen, sodass diese Überprüfung sehr mühsam wäre. Tatsächlich können wir für den Fall konstanter Auszahlungsströme aber auf das *„One Stage Deviation Principle"*[33] zurückgreifen. Demnach lohnt es sich unter keinen Umständen, vom Gleichgewicht abzuweichen, wenn es sich nicht lohnt, sofort einmalig von der Gleichgewichtsstrategie abzuweichen und anschließend – wenn möglich – wieder zur Gleichgewichtsstrategie zurückzukehren. Daher können wir uns auf die Überprüfung des sofortigen, einmaligen Abweichens beschränken. Die Logik hinter diesem Theorem beruht darauf, dass sich die zu unterschiedlichen Zeitpunkten beginnenden Teilspiele infolge der unendlichen Wiederholung nicht voneinander unterscheiden, auch nicht hinsichtlich der verbleibenden Periodenanzahl.

---

[32] Der Diskontfaktor erfasst die Minderbewertung der künftigen Auszahlungen und drückt somit die Gegenwartspräferenz aus. Bei Einbeziehung des Kapitalmarktes könnte man ihn in Verbindung zum Marktzinssatz setzen. Vgl. Abschnitt 7.2.2.1.

[33] Siehe *Fudenberg/Tirole* (1991), S. 108-110.

Da der Betrug allseits beobachtbar ist, gehört zur umfassenden Beschreibung von Strategien auch die Einbeziehung der Bestrafungsstrategien. Die härteste Sanktion besteht darin, nach einmaligem Betrug des anderen Spielers selbst dauerhaft vom Vertrag abzuweichen. Oder anders: Ein einmalig unkooperatives Verhalten führt zu einem unwiederbringlichen Verlust der Vertrauenswürdigkeit. Diese härteste aller denkbaren Bestrafungsstrategien bezeichnet man üblicherweise als „**Trigger-Strategie**". Weil nach eigenem einmaligem Abweichen der andere Spieler stets die Bestrafung wählt, lohnt es sich auch nicht mehr, selbst zur Vertragstreue zurückzukehren ($a < b$).

Es ist also zu überprüfen, ob die beiderseitige Strategie „Übe Vertragstreue und reagiere auf einmaligen Betrug mit einer unendlichen Bestrafungsperiode." ein *Nash*-Gleichgewicht darstellt. Dies ist der Fall, wenn

$$\underbrace{c + \sum_{t=1}^{\infty} c\delta^t}_{\text{durchgängige Vertragstreue}} \geq \underbrace{d + \sum_{t=1}^{\infty} b\delta^t}_{\substack{\text{Betrug mit unendlicher} \\ \text{Bestrafungsperiode}}}$$

oder

$$c + c\frac{\delta}{1-\delta} \geq d + b\frac{\delta}{1-\delta} \Leftrightarrow \delta \geq \frac{d-c}{d-b}.$$

Der Trade-off besteht in der Abwägung zwischen dem Vorteil bei einmaligem Betrug ($d - c$) und dem Nachteil, anschließend die periodischen Mehrauszahlungen bei beiderseitiger Vertragstreue zu verlieren ($c - b$). Durch die Umformung erkennt man, dass die Diskontierung künftiger Auszahlungen eine hohe Bedeutung hat. Eine starke Diskontierung (ein niedriges δ) bedeutet, dass künftige Erfolge viel weniger wert sind. Dies erschwert die Vertragstreue und begünstigt den Betrug. Werden künftige Auszahlungen hingegen überhaupt nicht diskontiert ($\delta = 1$), kommt es zur unbedingten Vertragstreue. Da der Diskontsatz auch die Dauer zwischen zwei Spielrunden reflektiert, lässt sich weiter folgern, dass bei schneller aufeinander folgenden Kooperationen die Vertragstreue leichter zu erreichen ist als bei seltenerer Kooperation. Schließlich gilt, dass die Vertragstreue eher Teil des Gleichgewichts ist, wenn die Bestrafung sehr ausgeprägt ist, also beiderseitiger Betrug zu sehr geringen Auszahlungen führt (b niedrig). Zusammengefasst gilt:

> Zu *förderlichen Bedingungen für* eine nicht erzwingbare **Vertragstreue** (oder allgemeiner: für ein kooperatives Verhalten) gehören:
> - eine geringe Diskontierung bzw. eine häufige Kooperation; beides steht für einen hohen Wert der Zukunft,
> - ein hoher Verlust bei abweichendem Verhalten und
> - ein geringer kurzfristiger Vorteil durch Betrug.

Nachfolgend wollen wir die Auswirkungen der wiederholten Abwicklung eines Basisspiels auch anhand einer unmittelbar ökonomischen Fragestellung verdeutlichen. Dazu greifen wir den Wettbewerb in einem Mengendyopol wieder auf. Oben hat sich herausgestellt,[34] dass eine Kartellabsprache zwischen zwei Wettbewerbern notorisch instabil ist, weil sich ein einseitiges Abweichen für jeden der beiden Anbieter lohnt. Diese Aussage gilt für den Fall des einmal durchgespielten Wettbewerbs.

Das Ergebnis hat jedoch nicht zwingend Bestand, wenn es zu einem anhaltenden, wiederholten Wettbewerb kommt. Im Folgenden bestimmen wir Bedingungen für die **Kartellstabilität** bei unendlich oft wiederholtem Wettbewerb. Ausgangspunkt sind die Mengen, der Preis und die Gewinne in den oben als besonders relevant herausgearbeiteten Strategien Kartell, einseitiges Abweichen vom Kartell sowie Wettbewerbsverhalten. Tabelle 11.15 enthält die entsprechenden Größen basierend auf dem in Abschnitt 11.2.3.2 eingeführten Beispiel.

Strategie	Menge	Preis	Gewinn
Kartell	$x_k = \dfrac{1}{4}$	$p_k = \dfrac{1}{2}$	$g_k = \dfrac{1}{8}$
einseitiges Ausbrechen	$x_a = \dfrac{3}{8}$	$p_a = \dfrac{3}{8}$	$g_a = \dfrac{9}{64}$
Wettbewerb	$x_w = \dfrac{1}{3}$	$p_w = \dfrac{1}{3}$	$g_w = \dfrac{1}{9}$

Tabelle 11.15: Preise, Mengen und Gewinne bei verschiedenen Strategien.

Damit sich ein Kartell als stabil erweist, muss der Barwert der Gewinne bei dauerhaftem Befolgen der Absprache höher sein als die Summe aus dem einmaligen (höheren) Abweichungsgewinn, dem anschließend dauerhaft der (niedrigere) Wettbewerbsgewinn nachfolgt. Dafür muss in unserem Beispiel gelten

$$g_k + \sum_{t=1}^{\infty} g_k \delta^t \geq g_a + \sum_{t=1}^{\infty} g_w \delta^t \Leftrightarrow \delta \geq \frac{g_a - g_k}{g_a - g_w} = \frac{9}{17}.$$

Auch hier erfordert das Einhalten eines Versprechens einen hinreichend hohen Diskontfaktor, also eine hinreichend hohe Bewertung der Zukunft.

Die für die beiden Unternehmen vorteilhafte Kartellstabilität geht aus gesamtwirtschaftlicher Sicht mit einer Unterversorgung und einem zu hohen Preis einher. Dies erklärt den Bedarf an wettbewerbsrechtlichen Kartellbeschränkungen.[35] Ein wichtiges Element ist dabei die **Kronzeugenregelung**, also die Sanktionsminderung oder gar Belohnung für ein Kartellmitglied, das den Wettbewerbsbehörden gegenüber die Kartellabsprache offenlegt.[36] Es lässt

---

[34] Vgl. Abschnitt 11.2.3.2.
[35] Vgl. Abschnitt 5.2.3.1.
[36] Vgl. für einen Literaturüberblick *Schwalbe* (2010).

sich zeigen, dass bzw. unter welchen Bedingungen die Kronzeugenregelung geeignet ist, auch im Szenario unendlich wiederholter Spiele Kartelle zu destabilisieren.[37]

Zur Beurteilung der Reichweite aller in diesem Abschnitt bisher abgeleiteten Ergebnisse sind zwei Punkte zu ergänzen:

1. Die Wiederholung des Spiels muss **nicht tatsächlich unendlich oft** erfolgen, sondern nur potenziell. Es reicht aus, wenn in jeder Periode eine positive Wahrscheinlichkeit dafür besteht, dass es zu einer weiteren Spielstufe kommt. Allerdings ist der eine kooperative Lösung stützende Parameterbereich umso kleiner, je geringer die Wahrscheinlichkeit für eine Fortsetzung ist. Die Wahrscheinlichkeit für die vorzeitige Beendigung des Spiels wirkt wie eine Verringerung des Diskontfaktors, weil sich auch hier der Wert künftiger Kooperationsgewinne verringert.

2. Die Wiederholung des Spiels muss *allerdings zumindest potenziell unendlich oft* erfolgen. Gäbe es nämlich eine definitiv letzte Wiederholung des Basisspiels, müssten sich die Partner vergegenwärtigen, dass es in der letzten Periode vorteilhaft wäre, die Absprache zu brechen und zu betrügen. Die Motivation für die Vertragstreue, nämlich künftige Kooperationsgewinne zu schützen, kann auf der letzten Spielstufe keine Rolle mehr spielen. Dies weiß Spieler A und Spieler B weiß, dass A es weiß. Wenn aber auf der letzten Spielstufe Vertragstreue keinesfalls erreichbar ist, lohnt es sich schon in der vorletzten Periode nicht, den Vertrag einzuhalten, um den Kooperationsgewinn in der letzten Periode zu schützen, usw. Die *Glaubwürdigkeit* von Drohungen oder Versprechungen bricht aufgrund der rationalen Rekursion zusammen, und von Beginn an betrügen die Spieler. Die Auswirkung eines zusammenbrechenden Vertrauensmechanismus in einem endlichen Spiel mit vollständiger Information bezeichnet man in Anlehnung an eine Untersuchung zum endlich oft wiederholten Markteintrittsspiel als *Chain Store Paradox*[38]. Bei endlichen Wiederholungen kann es nur dann und auch nur vorübergehend Vertrauenseffekte geben, wenn es neben der Verhaltensunsicherheit eine weitere Unsicherheitsquelle gibt, die einen zwingenden Rückschluss unmöglich macht. Diesen Zusammenhang werden wir im Abschnitt über perfekte *Bayes*ianische Gleichgewichte aufgreifen.[39]

Eine unbefriedigende Tatsache bei unendlichen Spielen ist, dass es häufig eine extreme Vielzahl von Erwartungen gibt, die sich selbst bestätigen. Die Erwartung zum Beispiel, dass nach Betrug von Spieler A der Spieler B genau dreimal seinerseits den Vertrag und anschließend wieder zur Vertragstreue zurück-

---

37 Vgl. *Neus* (2010).
38 Titel des Aufsatzes von *Selten* (1978).
39 Vgl. Abschnitt 11.4.3.

kehrt, kann (bei entsprechenden Parameterkonstellationen) ebenfalls selbstbestätigend und also ein Gleichgewicht sein. In Bezug auf mögliche Gleichgewichte in unendlich oft wiederholten Spielen gibt es ein vielzitiertes Ergebnis:

> **Folk-Theorem**:
> Alle Erwartungen, die zu einer Nutzenverteilung führen, bei der sich keiner der Spieler schlechter stellt als bei Verzicht auf jedes kooperative Verhalten, können ein *Nash*-Gleichgewicht stützen.

Das Folk-Theorem verdankt seinen Namen nicht wie viele andere Theoreme einem bestimmten Verfasser, sondern der Tatsache, dass die Erkenntnis bereits vor der ersten Veröffentlichung[40] eine Art mündlich überlieferter „Folklore" darstellte. Das Theorem impliziert, dass es in der beschriebenen Klasse von Spielen bei einem hinreichend hohen Diskontfaktor unendlich viele *Nash*-Gleichgewichte gibt. Eine gehaltvolle Begründung von Marktergebnissen oder Kooperationsformen ist dann ohne weiteres nicht möglich. Ebenso wenig lässt sich ohne weiteres eine sinnvolle Verhaltensvorschrift formulieren. Erneut stellt sich daher die Frage nach Verfeinerungen der *Nash*-Konzeption. Die Bestimmung des **dominanten Gleichgewichts** wäre wiederum an erster Stelle zu nennen. Im konkreten Fall unterstützt dieses Kriterium die vorgestellte Strategie der härtesten Bestrafung, also die hier vorgestellte Lösung.

11.4 Einbeziehung von Informationsdefiziten

11.4.1 Unvollkommene und unvollständige Information

Wir können im Allgemeinen nicht davon ausgehen, dass in einer strategischen Interaktion alle beteiligten Parteien den gleichen Informationsstand aufweisen. Hinsichtlich der Informationsunterschiede lassen sich zwei Möglichkeiten unterscheiden: Die Parteien können unterschiedliche Erwartungen hegen, ohne dass irgendeiner Seite eine qualitative Überlegenheit der Information zugestanden werden muss. Dies gilt zum Beispiel für zwei Wettpartner, die bei einem Boxkampf unterschiedliche Wahrscheinlichkeiten für den Sieg des einen Boxers ansetzen. Diesen Fall bezeichnet man als heterogene Information. Hat hingegen einer der beiden Partner gesicherte Kenntnisse darüber, dass der Boxkampf geschoben ist, hat der Insider einen qualitativen Informationsvorteil. Dies bezeichnet man als asymmetrische Informationsverteilung.[41]

---

[40] *Friedman* (1971).
[41] Vgl. Abschnitt 4.1.3.1.

Der zweite Fall wird nun weiter differenziert, denn insbesondere bei einer asymmetrischen Informationsverteilung sind Vorkehrungen erforderlich, welche den negativen Auswirkungen von Informationsnachteilen vorbeugen sollen. Informationsasymmetrien werden in der Spieltheorie durch die Konzeptionen der unvollkommenen und der unvollständigen Information erfasst.

Bei **unvollkommener Information** kennen die Spieler nicht alle Züge aus den vorangegangenen Spielstufen. Bereits vorgenommene Handlungen oder getroffene Entscheidungen sind also nicht beobachtbar. Dies gilt zum Beispiel für die Höhe von Rationalisierungsinvestitionen, die ein Konkurrent vornimmt, um sich über die Minderung der Stückkosten einen Wettbewerbsvorteil zu erarbeiten. Aber auch wenn die getätigten Investitionen nicht beobachtbar und die genauen Kosten der Konkurrenten unbekannt sind, ist das Gleichgewicht dadurch charakterisiert, dass die Konkurrenten Erwartungen über die jeweiligen Investitionen und demnach die Kosten bilden, die sich wechselseitig bestätigen.

Lösungstechnisch ist das Rekursionsprinzip anzuwenden: Zuerst ist zu überlegen, welche Absatzentscheidungen bei gegebenen Investitionen und somit bei gegebenen Kosten getroffen werden. Man ermittelt also das Marktgleichgewicht für fixierte Investitionen. Anschließend ist zu überprüfen, wie bei Antizipation des dadurch ausgelösten Marktverhaltens Investitionen vorgenommen werden sollten (Ermittlung des Investitionsgleichgewichts).

Vom Ergebnis her kommt es der unvollkommenen Information gleich, wenn die Spieler ihre Züge gleichzeitig vornehmen. Die Entscheidungssituation bei simultanen Zügen entspricht nämlich dem Fall, dass ein Zug des anderen Spielers zwar zeitlich oder logisch früher erfolgt als der eigene, aber nicht beobachtbar ist. Greift man als Beispiel das Gefangenendilemma heraus, spielt es offenbar keine Rolle, ob der Mitgefangene gleichzeitig in einem anderen Raum verhört wird oder ob dessen Verhör bereits abgeschlossen ist, man aber nicht weiß, ob er gestanden hat oder nicht (oder der andere später verhört wird und dieser dabei nicht weiß, ob man selbst gestanden hat). Stets muss man folgern, dass „Gestehen" die dominante Strategie ist.

Bei **unvollständiger Information** hat ein Spieler eine mangelnde Information über Eigenschaften anderer Spieler. Das kann sich auf individuelle Charakteristika der anderen Spieler beziehen, aber auch auf deren Handlungsmöglichkeiten. Die formale Einbeziehung unvollständiger Information geschieht durch eine **Wahrscheinlichkeitsverteilung** für bestimmte „Typen", die andere Spieler annehmen könnten. Man erkennt die enge Verwandtschaft zum Phänomen der Qualitätsunsicherheit.[42]

Für die Lösung von Spielen mit unvollständiger Information bedarf es einer Verfeinerung der Konzeption des *Nash*-Gleichgewichts. Bei statischen Spielen

---

[42] Vgl. Abschnitt 4.1.3.2.

mit unvollständiger Information ist ein *Bayes*ianisches Gleichgewicht zu bestimmen. Sofern es sich um ein dynamisches Spiel handelt, ist analog zum (teilspiel-) perfekten Gleichgewicht ein perfektes *Bayes*ianisches Gleichgewicht zu ermitteln.

11.4.2 *Bayes*ianisches Gleichgewicht

> Ein ***Bayesianisches Gleichgewicht*** ist durch eine Menge von typenspezifischen Strategien gekennzeichnet, die für jeden Spieler bei gegebenen Gleichgewichtsstrategien aller denkbaren Typen der jeweiligen Gegenspieler den Auszahlungserwartungswert maximieren. Die Bildung des Erwartungswerts erfolgt über die Wahrscheinlichkeitsverteilung der Typen.

Zur Verdeutlichung dieser Konzeption untersuchen wir erneut die Frage der Kartellstabilität in einem homogenen Mengendyopol. Wir haben bereits nachgewiesen,[43] dass bei einmaliger Ausspielung des Wettbewerbs das Versprechen einer Kartellabsprache komplett unglaubwürdig ist, weil sich das einseitige Abweichen davon stets lohnt. Es stellt sich die Frage, ob diese Aussage auch dann noch Gültigkeit besitzt, wenn aus Sicht eines Anbieters eine Unsicherheit darüber besteht, ob der andere Anbieter vielleicht ein ehrlicher Typ ist, der einmal gegebene **Versprechungen stets einhält** und nicht nach Maßgabe der individuellen Vorteilhaftigkeit strikt eigennützig entscheidet.

Konkret wollen wir unterstellen,[44] dass es sich bei den Spielern mit Wahrscheinlichkeit α um einen solchen ehrlichen Spieler vom Typ E handelt, der seine Versprechungen unbedingt einhält. Mit der komplementären Wahrscheinlichkeit $1 - \alpha$ handelt es sich dagegen um den rationalen Typ R, der stets seinen individuellen Gewinn maximiert.

Die Bestimmung der typspezifischen Strategie von Typ E ist trivial, weil er annahmegemäß die Kartellabsprache unbedingt einhält und daher die vereinbarte Menge $x_E = x_k = 1/4$ auf den Markt bringt. Eine nähere Analyse ist nur für den rationalen Typ R erforderlich. Aus dessen Sicht ergibt sich der erwartete Gewinn

$$E\{g_i\} = \alpha \underbrace{(1 - (x_i + x_k))x_i}_{\text{Gewinn, wenn der andere Spieler vom Typ } E \text{ ist}} + (1 - \alpha) \underbrace{(1 - (x_i + x_{3-i}))x_i}_{\text{Gewinn, wenn der andere Spieler vom Typ } R \text{ ist}} \quad (i = 1, 2),$$

---

[43] Vgl. Abschnitt 11.2.3.2. Dort finden sich auch die Beschreibung der Annahmen im Einzelnen sowie die Bestimmung von Mengen und Gewinne bei Einhalten der Kartellabsprache sowie bei Abweichen davon.
[44] Vgl. *Neus* (2010), S. 135 ff.

wobei
α A-priori-Wahrscheinlichkeit für das Vorliegen für Typ E
x_k Angebotsmenge laut Kartellvereinbarung ($= 1/4$).

Aus den notwendigen Bedingungen ergeben sich die Reaktionsfunktionen

$$R_i: x_i = \frac{1}{2}\bigl(1 - (\alpha x_k - (1-\alpha)x_{3-i})\bigr) \ (i=1,2)$$

und daraus weiter die Mengenstrategie eines rationalen Spielers:

$$x_i = \frac{1}{2}\bigl(1 - (\alpha x_k + (1-\alpha)x_{3-i})\bigr) \ (i=1,2).$$

Im *Bayes*ianischen Gleichgewicht wählen rationale Spieler unter Berücksichtigung von $x_k = 1/4$ somit die Menge

$$x_R^* = \frac{4-\alpha}{12-4\alpha}.$$

Die gewählte Strategie hängt offenbar maßgeblich von der **Erwartung** darüber ab, mit welcher Wahrscheinlichkeit der andere Spieler ehrlich oder aber ebenfalls rational ist. Handelt es sich mit Sicherheit um einen ehrlichen Spieler, entspricht die Lösung dem bereits bestimmten Verhalten des einseitigen Ausbruchs aus dem Kartell ($x_R^*(\alpha = 1) = 3/8 = x_a$).[45] Handelt es sich bei dem Konkurrenten dagegen mit Sicherheit ebenfalls um den rationalen Typ, fällt das *Bayes*ianische Gleichgewicht mit dem *Cournot-Nash*-Gleichgewicht zusammen ($x_R^*(\alpha = 0) = 1/3 = x_w$). Im Intervall zwischen den Extremlösungen ist die Angebotsmenge umso größer, je höher die Wahrscheinlichkeit für das Vorliegen des ehrlichen Typs ist. Festzuhalten ist zudem, dass der rationale Typ stets von der Kartellvereinbarung abweicht. Seine Erwartung über den anderen Spieler bestimmt lediglich, mit welcher Intensität der rationale Spieler sein Kartellversprechen bricht.

Der erwartete Gewinn $E\{g_R\}$ eines rationalen Spielers beträgt im *Bayes*ianischen Gleichgewicht

$$E\{g_R\} = \left(\frac{4-\alpha}{12-4\alpha}\right)^2.$$

Im *Bayes*ianischen Gleichgewicht hat das Kartell nur dann Bestand, wenn zufällig zwei ehrliche Spieler aufeinandertreffen. Sobald mindestens ein rationaler Spieler involviert ist, wird von der Kartelllösung abgewichen. Daher gilt aus dem Blickwinkel eines rationalen Spielers auch hier, dass ein Kartell in einem einstufigen Spiel nicht stabil sein kann.

---

[45] Vgl. Abschnitt 11.2.3.2.

11.4.3 Perfektes *Bayes*ianisches Gleichgewicht

Situationen mit unvollständiger Information kommen natürlich nicht nur in einstufigen, sondern auch in mehrstufigen Spielen vor. Analog zum Nebeneinander von *Nash*-Gleichgewicht und teilspielperfektem Gleichgewicht gibt es bei unvollständiger Information ein Nebeneinander des *Bayes*ianischen Gleichgewichts und des perfekten *Bayes*ianischen Gleichgewichts.

Ein *perfektes Bayesianisches Gleichgewicht* ist durch zwei Elemente gekennzeichnet:
1. *Typspezifische Strategien* für jeden Spieler, die sich bei gegebenen Erwartungen dieses Spielers und bei gegebenen Gleichgewichtsstrategien aller Mitspieler in jedem Entscheidungsknoten als individuell optimal erweisen,
2. *Erwartungen*, die auf der Basis von Ausgangserwartungen (A-priori-Wahrscheinlichkeitsverteilung) unter der Annahme der Gleichgewichtsstrategien aller Spieler angepasst werden, sofern das möglich ist (A-posteriori-Wahrscheinlichkeitsverteilung).

Prägnanter formuliert gilt: Ein perfektes *Bayes*ianisches Gleichgewicht besteht aus einer solchen Kombination von Strategien und Erwartungen, dass die Strategien optimal in Bezug auf die Erwartungen und die Erwartungen konsistent mit den Strategien sind.

Die innere Logik dieser Konzeption lässt sich so erklären: In einem dynamischen Spiel mit unvollständiger Information kommt als Komplikation hinzu, dass nicht nur wie im perfekten Gleichgewicht die Strategien in jedem Entscheidungsknoten individuell rational sein müssen. Vielmehr **passen die Spieler** auch **ihre Erwartungen an**, das heißt sie modifizieren die Wahrscheinlichkeitsverteilungen über die Typen, sofern beobachtbare Indikatoren einen Rückschluss zulassen. Häufig können die Spieler, wenn auch möglicherweise nur unscharf, von einem beobachtbaren Verhalten auf den zugrunde liegenden Typ schließen. In unserem Beispiel der Kartellstabilität steht zunächst zu erwarten, dass der ehrliche Spieler die vereinbarte Kartellmenge auf den Markt bringt, während ein rationaler Spieler – in Abhängigkeit von seinen Erwartungen über die Typenverteilung – eine höhere Menge anbietet. Daher kann in einer späteren Spielrunde von der Menge auf den Typ geschlossen werden.

Dieser Sachverhalt eröffnet nun die Möglichkeit eines recht subtilen *strategischen Verhaltens*: Ein rationaler Typ könnte in anfänglichen Spielrunden den Anschein erwecken, der ehrliche Typ zu sein, um diese Erwartung in späteren Runden zum eigenen Vorteil auszunutzen. Wenn tatsächlich ein solcher Anreiz besteht, kann keineswegs mehr unbedingt von der Menge auf den Typ geschlossen werden. Die Argumentation belegt, dass die Anpassung der Erwartungen stets auch eine bestimmte Annahme über das Verhalten der Mitspieler voraussetzt. Genau dies wird durch die Definition des perfekten *Bayes*ianischen Gleichgewichts erfasst.

Für die Ermittlung von Gleichgewichten wird gewöhnlich so vorgegangen: Zuerst sucht man nach „Kandidaten" für ein Gleichgewicht, also nach Strategiekombinationen, von denen man erwarten könnte, dass sie und die damit verbundenen Regeln für die Erwartungsrevision zu konsistenten Ergebnissen führen (**rationale Erwartungen**). Dann sind diese Kandidaten auf Konsistenz zu überprüfen, das heißt darauf, ob die zugehörigen Bedingungen individueller Rationalität tatsächlich in jedem Entscheidungszeitpunkt erfüllt sind.

Auch das perfekte *Bayes*ianische Gleichgewicht muss natürlich das *Nash*-Kriterium erfüllen; ein einseitiges Abweichen darf sich also nicht lohnen. Im Gleichgewicht muss daher der erwartete Auszahlungsbarwert höher sein als bei einseitigem Abweichen vom Gleichgewicht. Der Vergleich erfordert ein konkretes Alternativszenario. Auch das vom Gleichgewicht abweichende Verhalten hat einen Einfluss auf die Erwartungen über die Typen in den Folgeperioden. Daraus ergibt sich, dass bei der Bestimmung des perfekten *Bayes*ianischen Gleichgewichts stets auch **Annahmen über Züge außerhalb des Gleichgewichts** und die dadurch ausgelösten Erwartungen zu treffen sind.

Zur Anwendung dieser Konzeption greifen wir erneut unser Modell der Kartellstabilität auf und unterstellen nachfolgend eine zweimalige Ausspielung des Basisspiels. Auf der sachlichen Ebene ist vor allem die Frage von Interesse, ob die wiederholte Kooperation dazu führen kann, dass sich eine Kartellabsprache wenigstens vorübergehend als stabil erweist. Wir suchen also nach den Bedingungen für das Zustandekommen einer Reputationswirkung.[46]

Ein solches **Reputationsgleichgewicht** weist die folgenden Merkmale auf:

1. Verhalten von Typ E: Annahmegemäß hält Typ E die Kartellabsprache ein, solange der Konkurrent sie seinerseits nicht gebrochen hat. E wählt also gewiss in der ersten Periode x_k. Sofern der Konkurrent die Kartellabsprache eingehalten hat, wählt Typ E in der zweiten Periode wiederum x_k.

2. Verhalten von Typ R: Im Reputationsgleichgewicht wählt Typ R in der ersten Periode die Kartellmenge. In der zweiten Periode folgt er dem rationalen *Bayes*ianischen Kalkül und wählt die optimale Strategie aus dem einstufigen Spiels mit Typenunsicherheit.

3. Erwartungen bei Gleichgewichtsverhalten: Nach Beobachtung der Kartellmenge bleibt die A-priori-Erwartung erhalten, weil alle Spieler die Kartellabsprache eingehalten haben. Wenn alle Typen dasselbe tun, kann man daraus nichts lernen.

---

[46] Die nähere Analyse des Spiels zeigt, dass es zusätzlich ein Gleichgewicht ohne Reputationswirkungen gibt. Der rationale Typ verhält sich dabei in der ersten Periode wie im einstufigen Spiel. Diesem Gleichgewicht wollen wir hier jedoch keine nähere Aufmerksamkeit widmen.

4. **Erwartungen bei abweichendem Verhalten:** Beobachtet ein Spieler auf der ersten Spielstufe abweichend vom Gleichgewicht ein Ausbrechen aus dem Kartell, führt dies zwingend zur Erwartung, der andere Spiel sei vom Typ R.

5. **Verhalten außerhalb des Gleichgewichts:** Ist der andere Spieler als Typ R identifiziert, führt dies in der zweiten Periode zum Wettbewerbsverhalten.

Im Weiteren ist zu überprüfen, ob die genannte Kombination von Strategien und Erwartungen tatsächlich ein Gleichgewicht darstellen. Dies ist der Fall, wenn für Typ R der Barwert der erwarteten Gewinne im Gleichgewicht höher ist als bei abweichendem Verhalten.

Im Gleichgewicht gilt

$$\mathrm{E}\{G_R\} = \underbrace{(1 - x_k - x_k)x_k}_{\substack{\text{Gewinn bei Einhalten}\\ \text{der Kartellabsprache}}}$$

$$+\delta \Bigg(\underbrace{\alpha(1 - x_R - x_k)x_R + (1 - \alpha)(1 - x_R - x_R)x_R}_{\text{Gewinn von Typ } R \text{ bei Typenunsicherheit}} \Bigg)$$

$$\mathrm{E}\{G_R\} = g_k + \delta \, \mathrm{E}\{g_R\} = \frac{1}{8} + \delta \left(\frac{4 - \alpha}{12 - 4\alpha}\right)^2,$$

wobei
$\mathrm{E}\{G_R\}$ Barwert der erwarteten Gewinne von Typ R im Gleichgewicht.

Wählt Typ R dagegen in einseitiger Abweichung vom Gleichgewicht in der ersten Periode die Menge x_a, denn das ist per Konstruktion die optimale Abweichung, ergibt sich sein Gewinnbarwert zu

$$\hat{G}_R = \underbrace{(1 - x_a - x_k)x_a}_{\text{Abweichungsgewinn}} + \delta \Bigg(\underbrace{(1 - x_w - x_w)x_w}_{\text{Wettbewerbsgewinn}} \Bigg),$$

$$\hat{G}_R = g_a + \delta g_w = \frac{9}{64} + \delta \frac{1}{9},$$

wobei
$\hat{G}_R$ Gewinnbarwert von Typ R bei einseitigem Abweichen vom Gleichgewicht.

Die Stabilität des Reputationsgleichgewichts erfordert $\mathrm{E}\{G_R\} \geq \hat{G}_R$ oder

$$\delta \geq \delta^* = \frac{g_a - g_k}{\mathrm{E}\{g_R\} - g_w} = \frac{9(12 - 4\alpha)^2}{64\alpha(24 - 7\alpha)},$$

wobei
δ^* kritischer Diskontfaktor.

Die Analyse dieses Ausdrucks zeigt, dass es in der Tat Parameterkombinationen von α und δ gibt, welche das Reputationsgleichgewicht stützen, wie aus Abbildung 11.6 hervorgeht:

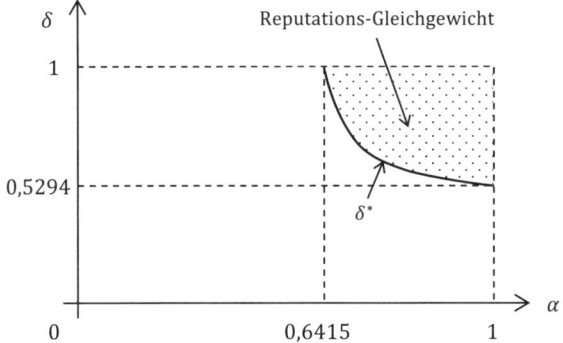

Abbildung 11.6: Zur Möglichkeit eines Reputationsgleichgewichts.

Die analytische Gleichgewichtsbedingung lässt ebenso wie Abbildung 11.6 erkennen, dass ein Reputationsgleichgewicht eher dann zustande kommt, wenn die Parameter α und δ jeweils einen hohen Wert annehmen. Die **verhaltensbeeinflussende Wirkung der Reputation** ergibt sich aus dem Vergleich des bei Abweichen in der ersten Periode erzielbaren Vorteils (der Abweichungsgewinn ist größer als der Gewinn bei Einhalten der Kartellabsprache) mit dem bei Kartellverhalten höheren Gewinn in der zweiten Periode (der erwartete Gewinn von Typ R bei Typenunsicherheit ist größer als der Wettbewerbsgewinn). Eine höhere A-priori-Wahrscheinlichkeit α für das Vorliegen von Typ E erhöht die letztgenannte Differenz; ein höherer Diskontfaktor δ erhöht das relative Gewicht dieser positiven Differenz.

Die vorgestellte Analyse zeigt, dass die Konstruktion eines perfekten *Bayes*ianischen Gleichgewichts eine **erhebliche gedankliche Komplexität** aufweist. Tatsächlich ist das vorgestellte Beispiel jedoch noch recht einfach konstruiert, und dies aus zwei Gründen. Zum einen ist das Verhalten von Typ E durch dessen ehrlichen Charakter vordeterminiert und folgt nicht einem eigenen rationalen Kalkül. Zum anderen impliziert die Beschränkung auf zwei Perioden für das perfekte *Bayes*ianische Gleichgewicht, dass im Reputationsgleichgewicht in der ersten Periode die Reputationswirkung zustande kommt, während die zweite Periode durch ein „Melken" der Reputation gekennzeichnet ist. In der vorgestellten Modellklasse gibt es stets ein sogenanntes „**Endspiel**", in welchem das Interesse an einem guten Ruf keine Wirkung mehr entfaltet. Bei einer höheren Anzahl von Perioden ist es jedoch zunächst offen, wie lange die Reputationswirkung vorhält und ab wann der rationale Typ beginnt, seine Reputation zu melken. Zwar lässt sich der Beginn des Endspiels grundsätzlich bestimmen, dies ist jedoch ein recht mühsames Unterfangen.[47]

---

[47] Vgl. bspw. *Diamond* (1989).

Wiederholungsfragen und Übungsaufgaben

Lösungshinweise *https://online.mohr.de/elib/neus*.

Aufgabe 11.1

Zwei Manager M_1 und M_2 aus konkurrierenden Unternehmen haben strategische Entscheidungen zu treffen. Jeder Manager kann zwischen zwei Strategien auswählen, die zu den folgenden Erfolgen führen:

	$s_1(M_2)$	$s_2(M_2)$
$s_1(M_1)$	100; 80	0; 70
$s_2(M_1)$	90; 0	90; 70

Die erste Ziffer in den Klammern steht jeweils für den Erfolg des ersten Managers, die zweite Ziffer für den Erfolg des zweiten Managers.

a) Welche Strategien wählen Manager 1 bzw. Manager 2, wenn sie uneingeschränkt rational sind und beide dies wissen?
b) Manager 1 muss allerdings damit rechnen, dass Manager 2 nicht genau weiß, was er tut. Könnte dies dazu führen, dass Manager 1 eine andere Strategie vorzieht als unter a)? Zu welcher Strategie würde angesichts dessen ein erfahrener Kollege dem Manager 2 raten?

Aufgabe 11.2

Die notorischen Spieler Alt und Radler können in einem neuen Spiel jeweils zwischen drei Strategien wählen. In der folgenden Tabelle sind die resultierenden Auszahlungspaare zusammengestellt, wobei die erste Ziffer für die Auszahlung an Alt, die zweite für die Auszahlung an Radler steht.

	r_1	r_2	r_3
a_1	5; 2	7; 5	6; 4
a_2	6; 7	4; 6	4; 5
a_3	4; 6	8; 5	3; 9

a) Bestimmen Sie das oder die *Nash*-Gleichgewicht(e).
b) Interpretieren Sie das gefundene Ergebnis zum einen als normative, zum anderen als positive Aussage.

Aufgabe 11.3

Leitende Mitarbeiter von Herstellern zweier konkurrierender Markenprodukte A und B treffen sich am Rande einer Messe und beklagen sich, dass der scharfe

Wettbewerb die realisierbaren Gewinne erheblich verringert. Könnten sich beide Unternehmen auf eine gemeinsame Preiserhöhung verständigen, würde beidseitig der Gewinn ansteigen. Angesichts des geltenden Wettbewerbsrechts verständigen sie sich nur augenzwinkernd, die angedachte Preiserhöhung umzusetzen. Auf der Rückreise von der Messe überlegt sich der Vertreter von A, ob er tatsächlich den Preis erhöhen soll. (Die festgelegten Preise behalten für ein Jahr Gültigkeit.) Dabei bezieht er in seine Überlegungen ein, was passiert, wenn er selbst den Preis erhöht, B hingegen nicht. Für das nächste Jahr ergeben seine Kalkulationen

A	B erhöht Preis	behält Preis bei
erhöht Preis	600; 600	400; 880
behält Preis bei	880; 400	550; 550

Die Zahlen in der Tabelle stehen für den jährlichen Gewinn in Mio. €. Die erste Zahl steht für den Gewinn von A, die zweite für den Gewinn von B.
a) Wie soll sich A bei einer kurzfristigen (einperiodigen) Betrachtung entscheiden?

A überlegt weiter, dass eine einperiodige Betrachtung eigentlich nicht hinreicht. Vielmehr geht es um den Barwert aller künftigen Gewinne, der bei einem unendlichen Planungshorizont und einem Zinssatz von 10% erzielt werden kann. Weiter ist zu beachten, dass künftig der höhere Preis nur dann glaubwürdig sein kann, wenn sofort der Preis erhöht wird. Erhöht eines der Unternehmen den Preis nicht, gehen beide Unternehmen davon aus, dass es stets bei dem geringeren Preis bleibt.
b) Zu welchem Ergebnis in Bezug auf die Preiserhöhung kommt A in der mehrperiodigen Analyse?

Aufgabe 11.4

Ein risikoneutraler Wirtschaftsprüfer soll den von einem Manager vorgelegten Jahresabschluss prüfen. Das Prüfungshonorar beträgt 60.000 €. Eine sorgfältige Prüfung verursacht Prüfkosten von 55.000 € und legt mit Sicherheit einen Manipulationsversuch des Managers offen. Der Prüfer kann allerdings auch ungenau arbeiten; in diesem Fall betragen die Kosten lediglich 45.000 €, eine Manipulation entgeht dem Prüfer dann aber. Wird ein unsorgfältiger Prüfer als solcher erkannt, gehen ihm Aufträge mit einem Gegenwartswert von 40.000 € verloren.

Der ebenfalls risikoneutrale Manager hat ein Interesse daran, vergangene Misserfolge zu verschleiern. Gelingt es ihm, den Jahresabschluss unentdeckt zu manipulieren, kommt dies einer Nutzensteigerung im Gegenwert von 30.000 €

gleich. Wird der manipulierte Jahresabschluss allerdings (sofort oder später) als solcher erkannt, kommt es statt der Nutzensteigerung zu einer Reputationsminderung, die für den Manager einen Gegenwert von 20.000 € hat. Wenn der Vorstand nicht manipuliert, ändert sich sein Nutzenniveau nicht.

Wenn der Manager manipuliert und der Prüfer dies nicht entdeckt, stellt sich beides mit einer Wahrscheinlichkeit von 50% kurze Zeit später heraus. Anderenfalls bleiben Manipulation und Schlamperei unentdeckt.

a) Stellen Sie das Szenario als Spiel in strategischer Form dar.
b) Offenbar hat das Spiel kein *Nash*-Gleichgewicht in reinen Strategien. Ermitteln Sie das Gleichgewicht in gemischten Strategien: Mit welcher Wahrscheinlichkeit π prüft der Prüfer sorgfältig, mit welcher Wahrscheinlichkeit μ legt der Manager einen korrekten Jahresabschluss vor?

Aufgabe 11.5

Ein Anbieter will eine neue Produktvariante auf den Markt bringen, die grundsätzlich zwei Jahre lang verkauft werden könnte. Die Qualität der Produkte hängt von der eingesetzten Produktionstechnik ab, die nach Einführung nicht mehr geändert werden kann. Die für eine gute Produktqualität erforderliche Technik erfordert (auszahlungsgleiche) Stückkosten von $k_g = 10$, für die schlechte Produktqualität fallen lediglich Stückkosten von $k_s = 8$ an.

Die tatsächliche Qualität erschließt sich den Käufern erst bei Nutzung des Produkts. Die Käufer sind ausschließlich an guter Produktqualität interessiert. Dem Anbieter ist daher klar, dass er im nächsten Jahr nur dann eine positive Absatzmenge erzielen kann, wenn er gute Produkte anbietet.

Der Anbieter kalkuliert nach dem Kapitalwertverfahren und hat einen Kalkulationszinsfuß von 10%. Die Überschüsse des ersten Jahres bleiben undiskontiert.

a) Welchen Preis müssen die Kunden mindestens zu zahlen bereit sein, damit der Anbieter tatsächlich gute Qualität anbietet? Gehen Sie von einer normierten und nicht veränderlichen Produktionsmenge von 1 pro Jahr aus.
b) Welche Folgerung wäre zu ziehen, wenn der Anbieter, anders als bisher unterstellt, nach der ersten Periode kostenlos die Produktionstechnik wechseln kann?

Aufgabe 11.6

In einer kleinen Marktnische für Musikcomputer gibt es zwei Hersteller H_1 und H_2, die jeweils eine der beiden erforderlichen Komponenten herstellen. Für die Schnittstelle zwischen den beiden Komponenten gibt es zwei Ausgestaltungsmöglichkeiten A und B, die grundsätzlich gleichwertig sind. Passen sie jedoch nicht zusammen, müssen sich die Kunden einen zusätzlichen Adapter kaufen.

Infolge der dabei für die Kunden anfallenden Zusatzkosten sinkt der Absatz von jeweils 150 auf jeweils 120 Stück.
a) Stellen Sie die Situation als Spiel in strategischer Form dar und bestimmen Sie das *Nash*-Gleichgewicht. Welche Gefahr erkennen Sie?
b) Schlagen Sie einige Maßnahmen vor, mit denen dieser Gefahr zuverlässig vorgebeugt werden kann.

Aufgabe 11.7

Zwei Konkurrenten stellen differenzierte Produkte her. Die Absatzmengen x_i hängen von den Preisen p_i ab und werden auch von den Preisen des jeweils anderen Produkts p_j beeinflusst. Es gilt

$$x_i = 120 - 2p_i + p_{3-i} \quad (i = 1,2).$$

Die Herstellung der Produkte erfordert konstante Stückkosten von $k_1 = 3$ bzw. $k_2 = 2$.
a) Stellen Sie für beide Wettbewerber die Gewinnfunktionen in Abhängigkeit von den Preisen auf.
b) Ermitteln Sie die jeweiligen Reaktionsfunktionen für die Wahl der Preise.
c) Ermitteln Sie grafisch und analytisch die Preise, die sich im *Nash*-Gleichgewicht einstellen.

Aufgabe 11.8

a) Was besagt die Annahme des „Common Knowledge of Rationality"?
b) Was spricht für diese Annahme, und welche Kritik zieht sie auf sich?

Aufgabe 11.9

a) Stellen Sie das LEN-Modell[48] als ein Spiel in extensiver Form dar.
b) Zeigen Sie, dass dieses Modell die Situation eines Gefangenendilemmas abbildet.

Aufgabe 11.10

Beurteilen Sie, ob die folgenden Aussagen richtig oder falsch sind.
a) Die Darstellung von Spielen in Matrixform bezeichnet man als strategische Form oder Normalform.
b) Eine Reaktionsfunktion (oder: Beste-Antwort-Funktion) gibt an, welche Strategie für einen Spieler optimal ist, vorausgesetzt, der andere Spieler ändert die ihm unterstellte Strategie nicht.

---
[48] Siehe Abschnitt 5.1.3.5.

c) Spiele vom Typ „Gefangenendilemma" sind stets durch multiple *Nash*-Gleichgewichte in reinen Strategien gekennzeichnet.

d) Nicht-kooperative Nichtnullsummenspiele sind die adäquate Modellierung für ökonomische Probleme, wenn Allokation und Verteilung nicht sinnvoll getrennt untersucht werden können.

e) Ein *Nash*-Gleichgewicht ist durch eine Kombination von Strategien gekennzeichnet, die wechselseitig beste Antworten darstellen.

f) Ein *Nash*-Gleichgewicht ist stets auch ein Gleichgewicht in dominanten Strategien.

g) Ein Gleichgewicht in dominanten Strategien hat die Eigenschaft, dass die Gleichgewichtsstrategie der Spieler unabhängig von der tatsächlich gewählten Strategie der Gegenspieler optimal ist.

Literaturhinweise

Seit einigen Jahren ist die Anzahl von guten Lehrbüchern zur Spieltheorie stark angestiegen. Empfehlenswerte deutschsprachige Bücher sind *Berninghaus/Ehrhardt/Güth* (2006) und *Holler/Illing* (2009), im Übrigen die sehr gute Einführung von *Gibbons* (1992) sowie die kritische Untersuchung spieltheoretischer Konzeptionen bei *Kreps* (1990). Eine eher unterhaltsame Einführung, die auf eine ausgeprägte Formalisierung verzichtet, geben *Dixit/Nalebuff* (1995). Noch sparsamer mit analytischen Elementen erfolgt die Darstellung bei *Winter* (2015).

Schlüsselbegriffe

*Bayes*ianisches Gleichgewicht
Gefangenendilemma
Nash-Gleichgewicht
Nicht-kooperative Spiele

Rationale Erwartungen
Reaktionsfunktion
Rekursionsprinzip
Strategien

Kapitel 12

Lineare und konvexe Optimierung

12.1 Kurzfristige Produktionsprogrammplanung als Beispiel für ein Optimierungsproblem

Aufgabe der Produktionsprogrammplanung ist es, die von den einzelnen Produktarten zu produzierenden Mengen festzulegen. Üblicherweise versteht man dies als eine kurzfristige Aufgabe, sodass viele grundsätzlich gestaltbare Sachverhalte als fixiert anzusehen sind. Die Produktionsprogrammplanung stimmt nur dann mit der kurzfristigen Absatzplanung überein, wenn man Lagerbestandsveränderungen außer Acht lässt.

Das Ziel der Produktionsprogrammplanung folgt aus dem Gesamtziel des Unternehmens. Unter Vernachlässigung unsicherer Erwartungen kann man von der Gewinnmaximierung ausgehen. Die hier übliche Operationalisierung des Gewinns ist die Differenz zwischen Erlösen und Kosten. Infolge der Kurzfristigkeit der Planung handelt es sich bei einem beträchtlichen Anteil der Kosten um Fixkosten, auf die das Produktionsprogramm keinen Einfluss hat. Solche Kosten können wir für den Optimierungsvorgang vernachlässigen. Somit erhält man als Zielgröße den Deckungsbeitrag, also die Differenz zwischen den Erlösen und den variablen Kosten. Bei der Produktionsprogrammplanung handelt es sich demnach um das typische Beispiel einer *Grenzplankostenrechnung*, weil die Rechnung auf Basis der zusätzlichen Kosten erfolgt und Plankosten Anwendung finden.

Restriktionen für die Optimierung ergeben sich aus der Produktion, aus dem Markt und aus strategischen Aspekten. Hinsichtlich der **Produktion** ist insbesondere auf knappe Ressourcen zu verweisen, deren Einsatzmenge sich kurzfristig nicht ausweiten lässt. Produktionskapazitäten können durch Anlagen, durch den Faktor Arbeit oder durch Rohstoffe begrenzt sein. Im Sonderfall der **Kuppelproduktion** ist außerdem zu beachten, dass die verschiedenen Produktmengen in einem technisch fixierten Verhältnis anfallen (zum Beispiel bei der Rohölraffinerie). Das eigentliche Programmplanungsproblem degeneriert daher bei der Kuppelproduktion zu einem einfachen Mengenplanungsproblem. Die wesentliche **Marktrestriktion** besteht im Zusammenhang zwischen den Absatzmengen der Produkte und den erzielbaren Absatzpreisen, also der Preis-Absatz-Funktion. Eine mögliche Variante besteht darin, dass der Preis nicht variabel ist, aber eine strikt einzuhaltende absolute Mengenobergrenze existiert.

Eine **strategische Restriktion** bestünde darin, für den Absatz eine Mindestmenge vorzugeben, um die Marktpräsenz des Unternehmens in einem interessanten Segment zu erhalten oder um einen wesentlichen Abnehmer nicht zu verprellen. Ein solches Verhalten kann man bei einer kurzfristigen Planung nicht endogen erklären und geht deshalb als Restriktion in den Kalkül ein.

Offensichtlich sind alle genannten Restriktionen bei einer längerfristigen Planung nicht fixiert, sondern variabel. Kapazitäten können erhöht oder verringert werden, Grenzkostenverläufe können sich infolge der **Verfahrenswahl** ändern, Preis-Absatz-Funktionen lassen sich durch Einsatz von Werbung verschieben usw. Im Ergebnis besteht also die Produktionsprogrammplanung in der operativen Ausfüllung eines Rahmens, über den auf einer höheren Hierarchieebene der Planung entschieden wurde.

Die Produktionsprogrammplanung stellt vor allem dann ein interessantes Problem dar, wenn sich das Produktionsprogramm aus mehreren Produktarten zusammensetzt, die um die Inanspruchnahme von **Engpassfaktoren** konkurrieren, und wenn es eine Absatzverbundenheit gibt. Typischerweise lässt sich ein Problem der Produktionsprogrammplanung formulieren als

$$D = \sum_{j=1}^{n} x_j p_j(x_1, \ldots, x_n) - k_v(x_1, \ldots, x_n) \to \max_{x_1, \ldots, x_n} !$$

unter den Nebenbedingungen

$$g_i(x_1, \ldots, x_n) \leq b_i \ (i = 1, \ldots m),$$

$$x_j \geq 0 \ (j = 1, \ldots, n),$$

wobei
D gesamter Deckungsbeitrag
x_j hergestellte und abgesetzte Menge von Produktart j
p_j Absatzpreis von Produktart j
k_v variable Kosten
g_i die eine Restriktion kennzeichnende Funktion
b_i einzuhaltende Grenze der Restriktion
n Anzahl von Produktarten
m Anzahl von Faktoren.

Die nachhaltigste Vereinfachung bei dieser Formulierung ist die Gleichsetzung von Produktions- und Absatzmengen. Durch Einbeziehung zusätzlicher, nicht-negativer Lagervariablen ließe sich aber ein Unterschied ohne allzu große Komplikationen einbeziehen. Außer den Nichtnegativitätsbedingungen sind die Restriktionen als Obergrenze formuliert. Gibt es auch Untergrenzen (zum Beispiel für Absatzmengen), lässt sich die formale Äquivalenz durch Multiplikation der Nebenbedingung mit (-1) herstellen.

Die anzuwendende Lösungstechnik hängt davon ab, wie die Funktionen $p_j(\cdot)$, $k_v(\cdot)$ und $g_i(\cdot)$ im Einzelnen aussehen.

12.2 Lineare Optimierung und das Preistheorem

12.2.1 Ein Problem der linearen Optimierung

Ein Optimierungsproblem bezeichnen wir als linear, wenn die Zielfunktion und die Restriktionen lineare Funktionen der Entscheidungsvariablen sind.

Das Programmplanungsproblem hat diese Eigenschaften nur, wenn für alle Produkte die Stückdeckungsbeiträge d_j, also die Differenz zwischen dem Absatzpreis und den variablen Stückkosten, konstant sind. Dafür ist es im Allgemeinen erforderlich, dass sowohl die Verkaufspreise als auch die variablen Stückkosten konstant sind. Dann kennzeichnen die variablen Stückkosten zugleich die Grenzkosten und es gilt

$$d_j = p_j - k_j,$$

wobei
d_j Stückdeckungsbeitrag von Produkt j
k_j variable Stückkosten von Produkt j.

Außerdem müssen die Restriktionen eine lineare Form annehmen. Die Restriktionen interpretieren wir zur Verdeutlichung als **Kapazitäten** von für mehrere Produktarten eingesetzte Anlagen. Weiter ist es für die lineare Optimierung erforderlich, dass die Produktionskoeffizienten a_{ij} konstant sind und ihrerseits nicht von den Produktionsmengen abhängen.

Insgesamt hat die Aufgabe der linearen Optimierung das folgende Aussehen:

$$D = \sum_{j=1}^{n} d_j x_j \to \max_{x_1,\ldots,x_n} !$$

unter den Nebenbedingungen

$$\sum_{j=1}^{n} a_{ij} x_j \leq b_i \ (i = 1, \ldots, m),$$

$$x_j \geq 0 \ (j = 1, \ldots, n),$$

wobei
a_{ij} Produktionskoeffizient des Produkts j in Bezug auf den Faktor i.

Neben dem optimalen Produktionsprogramm könnte es zusätzlich von Interesse sein, für die Inanspruchnahme der knappen Kapazitäten b_i eine geeignete Zuweisung von Kosten zu den einzelnen Produktarten zu bestimmen. Gesucht ist damit derjenige **Verrechnungspreis** c_i (beispielsweise für eine Maschinenstunde), der die Knappheit der Ressource widerspiegelt. Ein solcher Verrechnungspreis steht für den Deckungsbeitrags-Zuwachs, der sich realisieren ließe, wenn die betreffende Kapazität um eine Einheit größer wäre (**Opportunitätskosten**).

12.2.2 Primal und Dual

Zu der beschriebenen Aufgabe der Gewinn- bzw. Deckungsbeitragsmaximierung („**Primal**") lässt sich eine komplementäre Aufgabe der Kostenminimierung („**Dual**") formulieren mit

$$Q = \sum_{i=1}^{m} c_i b_i \to \min_{c_1,\ldots,c_m} !$$

unter den Nebenbedingungen

$$\sum_{i=1}^{m} a_{ij} c_i \geq d_j \quad (j = 1, \ldots, n),$$

$$c_i \geq 0 \quad (i = 1, \ldots, m),$$

wobei
Q gesamte verrechnete Opportunitätskosten
c_i Schattenpreis für eine Maschinenstunde bei Maschine i.

Variablen dieser Kostenminimierungsaufgabe sind die Bewertungsfaktoren (**Schattenpreise**) c_i für die gemeinsam genutzten Ressourcen. Diese Schattenpreise sind nichtnegativ. Die Untergrenze für die einer Produktart zugerechneten Kosten ergibt sich aus dem Deckungsbeitrag dieses Produkts. Dies ist plausibel, weil bei vernünftigem Verhalten ein Produkt mindestens sich selbst, anderenfalls aber ein rentableres Produkt verdrängt.

12.2.3 Das Preistheorem

Zwischen den Optimallösungen $(x_1^*, \ldots, x_n^*)$ und $(c_1^*, \ldots, c_m^*)$ von Primal bzw. Dual besteht ein Zusammenhang, den man als Preistheorem bezeichnet,[1] das seinerseits aus fünf Aussagen besteht:

1. Bei einer Produktart mit positiver Menge decken die verrechneten Opportunitätskosten genau den Stückdeckungsbeitrag ab:

$$x_j^* > 0 \quad \Rightarrow \quad \sum_i a_{ij} c_i^* = d_j.$$

2. Bei einem Stückdeckungsbeitrag unter den verrechneten Opportunitätskosten ist der Verzicht auf diese Produktart optimal:

$$\sum_i a_{ij} c_i^* > d_j \quad \Rightarrow \quad x_j^* = 0.$$

---

[1] *Hax* (1974), S. 130 ff.

3. Die Schattenpreise sind nur dann positiv, wenn die Kapazität ausgelastet ist:

$$c_i^* > 0 \Rightarrow \sum_j a_{ij} x_j^* = b_i.$$

4. Ist die Kapazität nicht ausgelastet, nehmen die Schattenpreise den Wert Null an. Nur bei knappen Ressourcen können Opportunitätskosten entstehen:

$$\sum_j a_{ij} x_j^* < b_i \Rightarrow c_i^* = 0.$$

5. Die Schattenpreise zeigen an, um wieviel der gesamte Deckungsbeitrag steigt, wenn von der betreffenden Ressource i eine Einheit mehr zur Verfügung steht. Weil alle Zusammenhänge linear sind, ergibt sich der gesamte Deckungsbeitrag als Summe aller bewerteten Ressourcenverbräuche:

$$D^* = \sum_j d_j x_j^* = \sum_i b_i c_i^* = Q^*.$$

12.2.4 Verrechnungspreise und wertmäßige Kosten

Mit den Schattenpreisen der dualen Lösung c_i^* sind die adäquaten Verrechnungspreise für die Inanspruchnahme der Ressourcen gefunden. Die wertmäßigen Kosten ergeben sich durch Addition der Opportunitätskosten (mengenmäßige Inanspruchnahme der Kapazitäten, bewertet mit den Schattenpreisen) und der pagatorischen (zahlungswirksamen) Grenzkosten:

$$w_j = k_j + \sum_{i=1}^{m} a_{ij} c_i^*,$$

wobei
w_j wertmäßige Kosten einer Produkteinheit j.

Für Produkte mit im Optimum positiven Produktionsmengen entsprechen die gesamten Stück-Opportunitätskosten dem Deckungsbeitrag. Dies geht aus der ersten Teilaussage des Preistheorems hervor. Deshalb haben die wertmäßigen Kosten genau die Höhe des Verkaufspreises:

$$w_j = k_j + \sum_{i=1}^{m} a_{ij} c_i^* = k_j + d_j = k_j + (p_j - k_j) = p_j.$$

Bei Produktarten mit der Optimalmenge von Null sind die wertmäßigen Kosten größer als die Verkaufspreise. Dies erklärt zugleich den Verzicht auf die Produktion.

12.2.5 Ermittlung der Produktionsmengen und der Verrechnungspreise

12.2.5.1 Analytische Lösung: Der Simplex-Algorithmus

Der Simplex-Algorithmus ist ein Verfahren zur systematischen Verbesserung der Lösung, bis das Optimum erreicht ist. Heute ist es nicht mehr erforderlich, Aufgaben der linearen Optimierung auf dem Papier zu lösen, da einschlägige Programme auf jedem PC laufen. Dennoch präsentieren wir hier das Verfahren, weil Lösung und Lösungsweg nicht nur mathematische, sondern auch ökonomische Erkenntnisse vermitteln.

Zunächst führen wir für das Simplex-Verfahren zusätzliche, nichtnegative Variablen für jede Kapazitätsrestriktion ein, die sogenannten **Schlupfvariablen** s_i. Sie geben an, in welchem Umfang die knappen Kapazitäten bei einer bestimmten Lösung nicht ausgelastet sind. Unter Einbeziehung der Schlupfvariablen lassen sich die Kapazitätsrestriktionen stets als Gleichung darstellen. Diejenigen Variablen (Produktionsmengen und Schlupfvariablen), die einen von Null verschiedenen Wert annehmen, bezeichnet man als **Basisvariablen**.

Das wesentliche Hilfsmittel bei Anwendung des Simplex-Algorithmus sind Tableaus, die eine bestimmte Anordnung der Zielfunktion und der Restriktionen vornehmen. In einer systematischen Weise variiert man die Tableaus solange, bis die optimale Lösung gefunden ist. In der allgemeinen Darstellung hat das Anfangstableau folgendes Aussehen:

	x_1	...	x_j	...	x_n	s_1	...	s_i	...	s_m	D	RS
s_1	a_{11}	...	a_{1j}	...	a_{1n}	1	...	0	...	0	0	b_1
...	...	...	...	...	...	...	...	...	...	...	...	...
s_i	a_{i1}	...	a_{ij}	...	a_{in}	0	...	1	...	0	0	b_i
...	...	...	...	...	...	...	...	...	...	...	...	...
s_m	a_{m1}	...	a_{mj}	...	a_{mn}	0	...	0	...	1	0	b_m
D	$-d_1$	...	$-d_j$	...	$-d_n$	0	...	0	...	0	1	0

Tabelle 12.1: Anfangstableau in allgemeiner Form.

In die Kopfzeile der Tableaus sind die Variablen (x_j, s_i), die Zielgröße (D) und der Wert der rechten Seite (RS) eingetragen. Die Zeilen des Ausgangstableaus enthalten die Restriktionen als Gleichungen, so etwa die erste Zeile:

$$a_{11}x_1 + \cdots + a_{1n}x_n + 1 \cdot s_1 + \cdots + 0 \cdot s_m + 0 \cdot D = b_1,$$

und völlig analog alle anderen Restriktionen $i = 2, \ldots, m$. Die Fußzeile des Tableaus enthält die Zielfunktion:

$$(-d_1)x_1 + \cdots + (-d_n)x_n + 0 \cdot s_1 + \cdots + 0 \cdot s_m + 1 \cdot D = 0.$$

In den Tableaus erkennt man die Basisvariablen durch zugehörige Einheits-Spaltenvektoren; zur Verdeutlichung stellt man die Basisvariablen gerne in einer Vorspalte zusammen. Die Ausprägungen der Basisvariablen ergeben sich aus der rechten Seite (RS). Im Anfangstableau haben nur die Schlupfvariablen einen positiven Wert; alle Produktvariablen sowie der Deckungsbeitrag nehmen den Wert Null an.

Den Wechsel von Basisvariablen bezeichnet man als Basistausch. Der erste Basistausch besteht darin, jenes Produkt mit einer positiven Menge herzustellen, das den größten Stückdeckungsbeitrag aufweist. Für dieses Produkt sehen wir die größte Menge vor, die mit allen Restriktionen vereinbar ist. Diese beiden Kriterien definieren ein Schlüsselelement (**Pivot-Element**). Der Basistausch ist formal dadurch gekennzeichnet, dass wir die Pivot-Spalte zum Einheitsvektor umformen, wobei an die Stelle des Pivot-Elements eine „1" rückt. Danach ist eine Produktvariable ein Element der Basis, während eine Schlupfvariable, nämlich die für die jetzt bindende Restriktion, aus der Basis herausfällt und somit den Wert Null annimmt. Mit dem so modifizierten Tableau fahren wir solange analog fort, bis in der Zielfunktionszeile kein negativer Wert mehr enthalten ist. Das gesamte Vorgehen lässt sich durch das folgende Ablaufschema beschreiben:

> **Simplex-Algorithmus**:
> 1. Suche in der Zielfunktionszeile den betragsmäßig größten negativen Wert von d_j ($\rightarrow$ Pivot-Spalte).
> 2. Suche für die Pivot-Spalte die Zeile mit dem geringsten Quotienten b_i/a_{ij} ($\rightarrow$ Pivot-Zeile).
> 3. Dividiere die Pivot-Zeile durch a_{ij}.
> 4. Subtrahiere von den anderen Restriktions-Zeilen $k \neq i$ das jeweils a_{kj}-fache der modifizierten Pivot-Zeile. Addiere das d_j-fache der modifizierten Pivot-Zeile zur Zielfunktionszeile.
> 5a. Gibt es noch einen negativen Koeffizienten in der Zielfunktionszeile, fahre im modifizierten Gesamttableau fort mit Punkt 1.
> 5b. Anderenfalls ist das Optimaltableau erreicht.

Das **Optimaltableau** enthält als Basisvariablen die positiven Produktionsmengen, den verbleibenden Schlupf bei nicht ausgelasteten Kapazitäten und den optimalen Zielwert. Die rechte Seite gibt die optimalen Ausprägungen der Basisvariablen an. Außerdem enthält das Optimaltableau die Schattenpreise für die ausgelasteten Kapazitäten, und zwar als Koeffizienten in der Zielfunktionszeile unter denjenigen Schlupfvariablen, die nicht Basisvariablen sind. Alle Schlupfvariablen, die sich auf ausgelastete Kapazitäten beziehen, fallen aus der Basis heraus. Aus dem Preistheorem folgt, dass sich nur in diesem Fall aus dem Optimaltableau ein positiver Schattenpreis ergeben kann.

Entsprechend der Logik des Preistheorems bestimmt also der Simplex-Algorithmus die optimalen Produktionsmengen und die Verrechnungspreise in einem Zuge. Die mangelnde Eignung von so gewonnenen Verrechnungspreise für die dezentrale Steuerung von Entscheidung liegt auf der Hand.

12.2.5.2 Umschreibung der grafischen Lösung

Gibt es nur zwei Variablen x_j, lässt sich ein Problem der linearen Optimierung auch grafisch lösen. In einem (x_1, x_2)-Diagramm werden dabei zunächst alle Restriktionen als Geraden erfasst. Zulässig sind diejenigen (x_1, x_2)-Kombinationen, die mit allen Restriktionen vereinbar sind und im positiven Quadranten liegen. Die Zielfunktion lässt sich durch eine fallende Geradenschar (Kurven mit gleichem Gesamtdeckungsbeitrag) beschreiben, wobei eine höher verlaufende Gerade für einen größeren Zielwert steht. Die Gerade ist fallend, wenn beide Stückdeckungsbeiträge positiv sind, wovon wir ausgehen.

Die optimale Lösung liegt offenbar dort, wo die höchste Zielwert-Gerade einen Punkt des Bereichs zulässiger Lösungen tangiert. Die Lösung liegt entweder auf einer Ecke dieses Bereichs oder stimmt zwischen zwei Ecken mit einer der Restriktionen über. In allgemeiner Form ist die Lösung wenig erhellend. Sie wird deshalb nun, ebenso wie der Simplex-Algorithmus, an einem numerischen Beispiel vorgeführt.

12.2.6   Ein Beispiel

12.2.6.1 Analytische Lösung

Ein Zweiproduktunternehmen erzielt für seine Produkte Absatzpreise in Höhe von $p_1 = 20$ bzw. $p_2 = 15$ je Stück. Die variablen Stückkosten sind konstant und betragen $k_1 = 5$ und $k_2 = 3$. Bei der Maximierung des Gesamtdeckungsbeitrags sind neben den Nichtnegativitätsbedingungen drei Restriktionen zu beachten. Das Optimierungsproblem hat folgendes Aussehen:

$$D = 15x_1 + 12x_2 \to \max!$$

unter den Nebenbedingungen

$$2x_1 + x_2 \leq 400$$

$$x_1 + x_2 \leq 270$$

$$2x_1 + 3x_2 \leq 720$$

$$x_1, x_2 \leq 0.$$

Kap. 12: Lineare und konvexe Optimierung

Zunächst lösen wir dieses Problem mit Hilfe des Simplex-Algorithmus. Das Anfangstableau ergibt sich als:

	x_1	x_2	s_1	s_2	s_3	D	RS
s_1	2	1	1	0	0	0	400
s_2	1	1	0	1	0	0	270
s_3	2	3	0	0	1	0	720
D	-15	-12	0	0	0	1	0

Tabelle 12.2: Anfangstableau des Beispiels.

Als Pivot-Spalte erhält man die x_1-Spalte, weil das Produkt 1 den höchsten Stückdeckungsbeitrag aufweist. Die Pivot-Zeile ergibt sich mit der s_1-Zeile, weil 400:2 < 270:1 < 720:2. Wir nehmen nun also das Produkt 1 in die Basis auf, und zwar mit einem Produktionsumfang, der die am schärfsten wirkende Kapazitätsrestriktion (Maschine 1) gerade noch erfüllt.

Das nächste Tableau erhält man, indem man die alte s_1-Zeile durch 2 dividiert, damit an der Stelle des Pivot-Elements die „1" des neuen Einheits-Spaltenvektors steht. Dies ergibt die neue x_1-Zeile. Diese Zeile subtrahieren wir 1-fach von der alten s_2-Zeile und 2-fach von der alten s_3-Zeile und addieren sie 15-fach zu der D-Zeile. Es ist erforderlich, diese Transformationen mit den ganzen Zeilen durchzuführen, damit die anderen Stellen des neuen **Einheitsvektors** tatsächlich eine Null enthalten. Tabelle 12.3 zeigt das nächste Tableau.

	x_1	x_2	s_1	s_2	s_3	D	RS
x_1	1	0,5	0,5	0	0	0	200
s_2	0	0,5	-0,5	1	0	0	70
s_3	0	2	-1	0	1	0	320
D	0	-4,5	7,5	0	0	1	3.000

Tabelle 12.3: Erstes modifiziertes Tableau des Beispiels.

Laut dem zweiten Tableau ist für Produkt 1 eine Menge von $x_1 = 200$ vorgesehen, auf den Maschinen 2 und 3 sind noch unausgelastete Kapazitäten von $s_2 = 70$ bzw. $s_3 = 320$ Maschinenstunden vorhanden, und der realisierte Gesamtdeckungsbeitrag beträgt $D = 3.000$. Ferner ergibt sich aus der Zielfunktions-Zeile, dass die Hinzunahme des Produktes 2 den Gesamtdeckungsbeitrag nur noch um 4,5 je Produkteinheit steigern würde (nicht mehr um 12, weil die dazu erforderliche Verminderung der x_1-Menge zu berücksichtigen ist) und dass eine größere Kapazität bei der ersten Maschine den Gesamtdeckungsbeitrag um $c_1 = 7,5$ je zusätzlicher Maschinenstunde erhöhen würde.

Mit diesem zweiten Tableau gehen wir nun entsprechend vor: In der Zielfunktions-Zeile steht nur noch ein negativer Koeffizient, nämlich in der x_2-Spalte. Dies ist die neue Pivot-Spalte. Als neue Pivot-Zeile ergibt sich die s_2-

Zeile, weil 70: 0,5 < 320: 2 < 200: 0,5. Zur Ermittlung des dritten Tableaus multiplizieren wir die s_2-Zeile mit 2 und erhalten die neue x_2-Zeile. Diese neue Zeile subtrahieren wir ½-fach von der x_1-Zeile und 2-fach von der s_3-Zeile subtrahiert sowie addieren sie 4½-fach zu der D-Zeile, sodass auch in der x_2-Spalte nun ein Einheitsvektor steht. Das dritte Tableau sieht wie folgt aus:

	x_1	x_2	s_1	s_2	s_3	D	RS
x_1	1	0	1	-1	0	0	130
x_2	0	1	-1	2	0	0	140
s_3	0	0	1	-4	1	0	40
D	0	0	3	9	0	1	3.630

Tabelle 12.4: Schlusstableau des Beispiels.

Das Schlusstableau beschreibt die Optimallösung, da sich in der Zielfunktions-Zeile kein negativer Koeffizient mehr befindet. Die Lösung ist durch die Produktionsmengen $x_1^* = 130$ und $x_2^* = 140$ sowie durch einen Gesamtdeckungsbeitrag von $D^* = 3.630$ gekennzeichnet. Die Maschine 3 hat einen Schlupf von $s_3 = 40$ Maschinenstunden. Die Maschinen 1 und 2 sind ausgelastet. Die für ihre Inanspruchnahme verrechneten Maschinenstundensätze betragen $c_1^* = 3$ bzw. $c_2^* = 9$. Die gesamten verrechneten Opportunitätskosten haben mit $Q^* = 3 \cdot 400 + 9 \cdot 270 = 3.630$ die gleiche Höhe wie der Gesamtdeckungsbeitrag. Die Aussagen des Preistheorems lassen sich somit leicht belegen.

12.2.6.2 Grafische Lösung

Abbildung 12.1 zeigt die grafische Darstellung. Die Optimallösung liegt im Schnittpunkt der Restriktionen R_1 und R_2, die beide als Gleichungen erfüllt sind. Dementsprechend sind die Maschinen 1 und 2 ausgelastet. Die Optimallösung liegt auf einer Ecke. Die Grafik verdeutlicht zudem die Idee des Simplex-Algorithmus: Ausgehend von der Ausgangslösung des Nichtstuns (0; 0) bewirkt ein Basistausch den Übergang zu einer benachbarten Ecke. Dem Produkt mit dem höheren Stückdeckungsbeitrag (Produkt 1) wird eine Menge zugewiesen, die mit der schärfsten Restriktion (R_1) noch vereinbar ist (200; 0). Der zweite Eckentausch bedeutet die Hinzunahme von Produkt 2, die jedoch mit einer Verringerung der Menge von Produkt 1 einhergeht. Dieser Tausch erfolgt entlang der Restriktion R_1, bis die nächste Ecke (130; 140) erreicht ist. Eine weitere Erhöhung von x_2 müsste entlang der Restriktion R_2 erfolgen. Dies würde aber einen verringerten Zielwert mit sich bringen. Ursache dafür ist, dass R_2 flacher verläuft als die Zielfunktionsgerade.

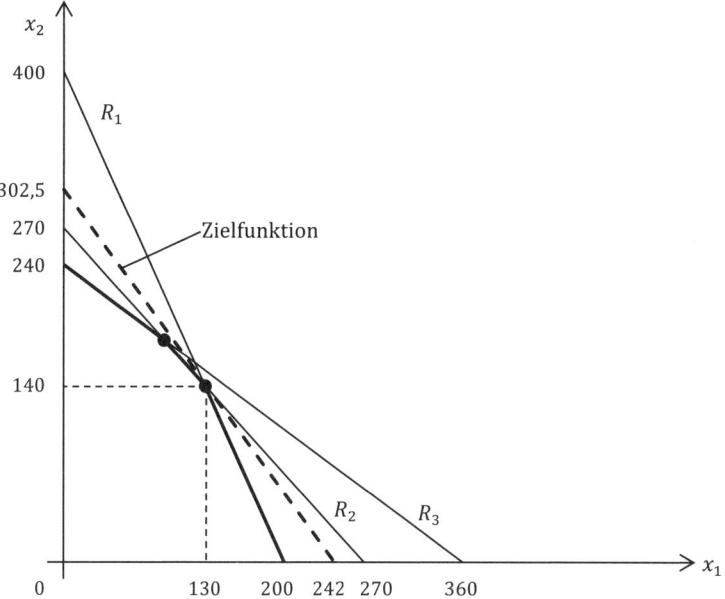

Abbildung 12.1: Grafische Lösung der linearen Optimierung.

12.3 Nichtlineare Optimierung

12.3.1 Die grundlegende Situation

Lineare Funktionen lassen sich besonders leicht in Optimierungsaufgaben einbeziehen. Bei realen Optimierungsproblemen treten jedoch häufig **Nichtlinearitäten** auf. Bei der Produktionsprogrammplanung gilt dies schon für die Zielfunktion. Zumeist hängen die Preise nämlich von den Mengen ab; auch verläuft die Kostenfunktion selten linear. Schließlich müssen auch die Restriktionen nicht notwendigerweise eine lineare Form haben. Es ist beispielsweise nicht ungewöhnlich, wenn die Produktionskoeffizienten mit den Produktionsmengen variieren. Dann verlaufen die Restriktionen konvex oder konkav. Ein Problem der nichtlinearen Optimierung lässt sich allgemein wie folgt darstellen:

$$f(x_1, \ldots, x_n) \to \max_{x_1, \ldots, x_n} !$$

unter den Nebenbedingungen

$$g_i(x_1, \ldots, x_n) \leq b_i \ (i = 1, \ldots, m)$$
$$x_j \geq 0 \ (j = 1, \ldots, n),$$

wobei
f, g_i irgendwelche lineare oder nichtlineare Funktionen.

12.3.2 Der Satz von *Kuhn* und *Tucker*

Für Probleme der nichtlinearen Optimierung nennt der Satz von *Kuhn* und *Tucker* notwendige Bedingungen für das Optimum. Die Bedingungen sind zugleich hinreichend, wenn die in der nachstehenden Tabelle zusammengestellten Bedingungen erfüllt sind:

Aufgabe	Zielfunktion f	Restriktionen g_i
Maximierung	konkav	(schwach) konvex[2]
Minimierung	konvex	(schwach) konvex

Tabelle 12.5: Bedingungen für die konvexe Optimierung.

Für die Formulierung der *Kuhn-Tucker*-Bedingungen ist zunächst die **Lagrange-Funktion** aufzustellen. Dafür sind die Restriktionen jeweils mit einem Multiplikator zu versehen und der Zielfunktion anzuhängen:[3]

$$L = f(x_1, \ldots, x_n) + \sum_{i=1}^{m} \lambda_i [b_i - g_i(x_1, \ldots, x_n)],$$

wobei
L *Lagrange*-Funktion
λ_i *Lagrange*-Multiplikator für die Restriktion i.

Die *Lagrange*-Funktion stimmt mit der Zielfunktion überein, wenn der Multiplikator den Wert Null annimmt oder wenn die Restriktion als Gleichung erfüllt ist. Man erkennt leicht die Bedeutung des **Lagrange-Multiplikators**. Er gibt an, um wieviel die Zielgröße ansteigt, wenn von der betreffenden Ressource eine (marginale) Einheit mehr zur Verfügung steht: $\lambda_i = \partial L / \partial b_i$. Die Multiplikatoren sind demnach als Knappheitsindikatoren aufzufassen, also als Preise für die Inanspruchnahme einer Einheit der knappen Ressource. Die notwendigen Bedingungen für das Optimum (**Kuhn-Tucker-Bedingungen**) lauten

$$\frac{\partial L}{\partial x_j} = \frac{\partial f}{\partial x_j} + \sum_{i=1}^{m} \lambda_i \frac{\partial g_i}{\partial x_j} \leq 0; \quad x_j \frac{\partial L}{\partial x_j} = 0; \quad x_j \geq 0 \quad (j = 1, \ldots, n),$$

$$\frac{\partial L}{\partial \lambda_i} = b_i - g_i(x_1, \ldots, x_n) \geq 0; \quad \lambda_i \frac{\partial L}{\partial \lambda_i} = 0; \quad \lambda_i \geq 0 \quad (i = 1, \ldots, m).$$

Die *Kuhn-Tucker*-Bedingungen stellen eine **Verallgemeinerung des Preistheorems** dar. Die bei jeder Produktvariable x_j und jedem *Lagrange*-Multiplikator λ_i jeweils in der Mitte eingefügte Bedingung besagt: Eine Variable nimmt den

---

[2]   Die schwache Konvexität schließt die Linearität ein.
[3]   In der *Lagrange*-Funktion kann man die Restriktionen auch mit einem Minuszeichen anhängen. Dann ist offensichtlich auch das Vorzeichen in der eckigen Klammer umzukehren.

Wert Null an, oder die für sie relevante Bedingung ist als Gleichung erfüllt (***Regel des komplementären Schlupfes***). Das heißt, ein Produkt geht nur dann mit einer positiven Menge x_j in das optimale Produktionsprogramm ein, wenn die notwendige Bedingung $\partial L/\partial x_j$ als Gleichung erfüllt ist. Anderenfalls ergibt sich die Randlösung $x_j = 0$. Nur im Fall $\partial L/\partial x_j = 0$ ist der (marginale) Stückdeckungsbeitrag $\partial f/\partial x_j$ hoch genug, um die mit den Schattenpreisen bewertete marginale Inanspruchnahme aller knappen Ressourcen $\sum_i \lambda_i \partial g_i/\partial x_j$ zu kompensieren. Wie im Preistheorem gilt zudem, dass der Schattenpreis nur dann einen positiven Wert haben kann, wenn die zugehörige Restriktion bindet. Der Unterschied zum Preistheorem besteht darin, dass die marginalen Stückdeckungsbeiträge und die marginale Inanspruchnahme der Ressourcen nicht konstant sein müssen.

Die *Kuhn-Tucker*-Bedingungen stellen ein Ungleichungssystem dar, anhand dessen wir prüfen können, ob eine vorgegebene Lösung zulässig und optimal ist. Statt der Erörterung von **Lösungsalgorithmen** für Aufgaben der konvexen Optimierung[4] betrachten wir hier lediglich ein Beispiel näher.

12.3.3 Ein Beispiel

12.3.3.1 Analytische Lösung

Wie schon erklärt, führt die Produktionsprogrammplanung zu einer Aufgabe der nichtlinearen Optimierung, wenn die Preise auch von den Absatzmengen abhängen oder wenn die Kostenfunktion nichtlinear ist. Unser Beispiel beschränkt sich auf einen nicht konstanten Preis. Ein Zweiproduktunternehmen sieht sich den folgenden (inversen) Preis-Absatz-Funktionen gegenüber:

$$p_1 = 105 - x_1; \quad p_2 = 48 - x_2.$$

Die konstanten variablen Stückkosten, also die Grenzkosten, betragen

$$k_1 = 25; \quad k_2 = 8.$$

Bei der Programmplanung sind zwei Restriktionen zu beachten:

$$x_1 + x_2 \leq 60,$$
$$2x_1 + x_2 \leq 80.$$

Daneben müssen selbstverständlich die Nichtnegativitätsbedingungen erfüllt sein. Für die *Lagrange*-Funktion erhält man

$$L = x_1(105 - x_1 - 25) + x_2(48 - x_2 - 8)$$
$$+ \lambda_1(60 - x_1 - x_2) + \lambda_2(80 - 2x_1 - x_2).$$

---

[4] Siehe dazu *Stepan/Fischer* (2009).

Somit erhält man als *Kuhn-Tucker*-Bedingungen

$$80 - 2x_1 - \lambda_1 - 2\lambda_2 \leq 0; \quad x_1(80 - 2x_1 - \lambda_1 - 2\lambda_2) = 0; \quad x_1 \geq 0;$$
$$40 - 2x_2 - \lambda_1 - \lambda_2 \leq 0; \quad x_2(40 - 2x_2 - \lambda_1 - \lambda_2) = 0; \quad x_2 \geq 0;$$
$$60 - x_1 - x_2 \geq 0; \quad \lambda_1(60 - x_1 - x_2) = 0; \quad \lambda_1 \geq 0;$$
$$80 - 2x_1 - x_2 \geq 0; \quad \lambda_2(80 - 2x_1 - x_2) = 0; \quad \lambda_2 \geq 0.$$

Bei derart einfachen Problemen lässt sich die Lösung häufig durch **intelligentes Ausprobieren** bestimmen. Im vorliegenden Fall hilft zunächst die Beobachtung, dass die Maximierung des Gesamtdeckungsbeitrags unter Vernachlässigung der Restriktionen durch die Lösung $(x_1; x_2) = (40; 20)$ herbeigeführt wird. Bei dieser Lösung wird zwar die erste Restriktion gerade noch eingehalten, die zweite jedoch verletzt. Durch eine somit erforderliche Verringerung der Produktionsmengen erreicht man, dass die zweite Restriktion gerade noch erfüllt ist; allerdings bindet die erste Restriktion dann nicht mehr. Die somit begründete Vermutung über die optimale Lösung führt schnell zu

$$x_1^* = 32; \quad x_2^* = 16; \quad \lambda_1^* = 0; \quad \lambda_2^* = 8.$$

Die Lösung erfüllt alle notwendigen Bedingungen und ist aufgrund der Konkavität der Zielfunktion und der Restriktionen optimal.

12.3.3.2 Grafische Darstellung

Bei Aufgaben der nichtlinearen Optimierung sind die Kurven gleichen Deckungsbeitrags nicht linear. Liegt – wie im vorgetragenen Beispiel – eine Aufgabe der quadratischen Optimierung vor, haben die Kurven gleichen Deckungsbeitrags die Gestalt von **Ellipsen**; im vorliegenden Beispiel handelt es sich um den Spezialfall von Kreisen. Die Anwendung auf das vorliegende Beispiel ergibt die in Abbildung 12.2 wiedergegebene Darstellung.

Der Mittelpunkt der Ellipsenschar ist mit dem höchsten Zielwert verbunden. Ist das unrestringierte Optimum – wie hier – nicht mit den Restriktionen vereinbar, liegt die optimale Lösung im Tangentialpunkt einer Ellipse mit dem Bereich zulässiger Lösungen. Daraus ergibt sich, dass in der Regel nur eine der Restriktionen einen Tangentialpunkt hat und demnach bindet. Im Ausnahmefall könnte der Tangentialpunkt auch auf dem Schnittpunkt zweier Restriktionen liegen, sodass zwei Restriktionen binden. Im Kreismittelpunkt $(x_1, x_2) = (40; 20)$ liegt das denkbare Deckungsbeitragsmaximum; damit verbunden wäre ein Deckungsbeitrag von 2.000. Allerdings ist diese Lösung nicht zulässig, weil die zweite Restriktion verletzt ist. Der engste Kreis, welcher den Bereich zulässiger Lösungen erreicht, tangiert die zweite Restriktion im Punkt $(x_1^*, x_2^*) = (32; 16)$. Die optimale Lösung bringt einen Deckungsbeitrag von 1.920 mit sich.

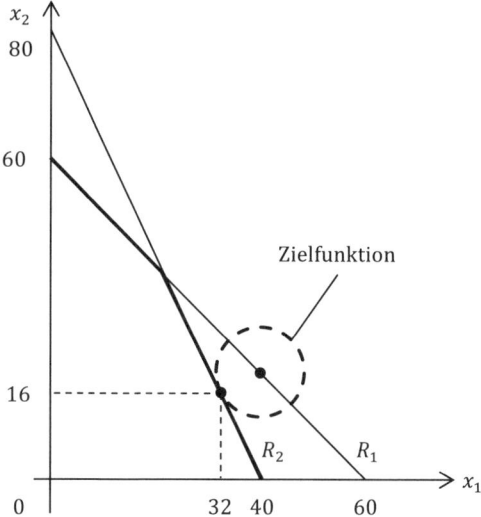

Abbildung 12.2: Optimale Lösung bei quadratischer Optimierung.

12.3.3.3 Wertmäßige Kosten

Auf Basis der optimalen Lösung lassen sich auch die wertmäßigen Kosten für die Produkte angeben. Analog zur linearen Optimierung gilt

$$w_j = k_j + \sum_{i=1}^{m} \lambda_i \frac{\partial g_i}{\partial x_j} \quad (j = 1, 2).$$

In diesem sehr einfachen Beispiel sind die Produktionskoeffizienten $\partial g_i/\partial x_j = a_{ij}$ konstant, sodass sich die Gleichung vereinfacht zu

$$w_j = k_j + \sum_{i=1}^{2} \lambda_i a_{ij} \quad (j = 1, 2).$$

Man erhält

$$w_1 = 25 + 0 \cdot 1 + 8 \cdot 2 = 41; \quad w_2 = 8 + 0 \cdot 1 + 8 \cdot 1 = 16.$$

Wenn die für ein einzelnes Produkt verantwortlichen Instanzen ihr Optimierungsproblem auf Basis der wertmäßigen Kosten lösen, werden die für den Gesamtbetrieb geltenden Kapazitätsgrenzen eingehalten, ohne dass die Instanzen die Restriktionen eigens einbeziehen müssen. Zudem ergibt sich dieselbe Lösung wie bei der Optimierung auf Basis pagatorischer Kosten und expliziter Einbeziehung der Restriktionen.

Bei Formulierung auf Basis wertmäßiger Kosten lautet die Zielfunktion

$$f_w = x_1(105 - x_1 - 41) + x_2(48 - x_2 - 16).$$

Das Subkript „w" soll kennzeichnen, dass nun auf Basis wertmäßiger Kosten gerechnet wird. Der zu beweisenden Behauptung entsprechend müssen wir die Restriktionen nicht eigens erfassen.

Aus den notwendigen Bedingungen für die optimale Lösung $\partial f_w/\partial x_j = 0$ ($j = 1, 2$) ergibt sich unmittelbar

$$x_{1,w} = 32; \quad x_{2,w} = 16.$$

Die Lösung ist dadurch gekennzeichnet, dass die optimalen Produktionsmengen mit den oben ermittelten übereinstimmen, was zu beweisen war.

Die verallgemeinerbare Erkenntnis ist also, dass man auf Basis der wertmäßigen Kosten optimale Lösungen ohne explizite Einbeziehung der Ressourcen ermitteln kann. Entscheidend dafür ist die Einbeziehung der bewerteten Inanspruchnahme knapper Ressourcen. Wie im Kapitel zum Rechnungswesen ist jedoch auch hier zu betonen, dass die Ermittlung der „richtigen" Verrechnungspreise für die Bemessung der wertmäßigen Kosten die Lösung des gesamten Optimierungsproblems voraussetzt. Erneut zeigt sich also das **Dilemma der Kostenbewertung**.

Wiederholungsfragen und Übungsaufgaben

Lösungshinweise *https://online.mohr.de/elib/neus*.

Aufgabe 12.1

Ein Unternehmen produziert zwei Produkte a und b. Die Absatzpreise sind kurzfristig nicht variierbar und betragen $p_a = 20$ und $p_b = 15$. Die variablen Stückkosten sind ebenfalls konstant; es gilt $k_a = 5$ und $k_b = 3$. Daneben fallen Fixkosten in Höhe von $k_f = 2.150$ an.

Bei Fertigung der beiden Produkte werden drei Stellen beansprucht, die sich vielleicht als Engpässe erweisen könnten. Für die Bearbeitungszeiten und die kurzfristig nicht erweiterbare Kapazität dieser Stellen gilt:

	Produkt a	Produkt b	Kapazität
Stelle 1	2	1	400
Stelle 2	1	1	270
Stelle 3	2	3	720

a) Formulieren Sie das Problem als eine Aufgabe der linearen Optimierung.

Kap. 12: Lineare und konvexe Optimierung   587

b) Welches ist das optimale Produktions- und Absatzprogramm?
c) Wie hoch ist der maximale Gewinn?
d) Welche Verrechnungspreise c_1, c_2, c_3 sind für die Inanspruchnahme der Stellen anzusetzen?

Aufgabe 12.2

In einem Zweiproduktunternehmen zeigen Kosten- und Marktanalysen:
- Die erzielbaren Absatzpreise hängen von den Absatzmengen ab. Es gilt $p_1(x_1) = 3.800 - 4x_1$ sowie $p_2(x_2) = 2.900 - 7x_1$.
- Bei einer pagatorischen Betrachtung betragen die variablen Stückkosten $k_1 = 200$ und $k_2 = 100$, für die pagatorische Fixkosten gilt $k_f = 920.000$.
- Eine Maschine könnte sich als Engpassfaktor erweisen. Die Kapazität beträgt $b = 2.400$ Maschinenstunden, die Fertigung einer Produkteinheit erfordert bei Produktart 1 $a_1 = 4$ Maschinenstunden, bei Produktart 2 $a_2 = 2$ Maschinenstunden.

a) Formulieren Sie für die Ermittlung des optimalen Produktionsprogramms Zielfunktion und Restriktionen.

Weitere Kalkulationen ergeben für das optimale Produktionsprogramm $x_1^* = 450$ und $x_2^* = 200$ sowie für die wertmäßigen variablen Stückkosten $w_1^* = 240$ und $w_2^* = 120$.

b) Wie hoch ist dann der Verrechnungspreis λ für die Inanspruchnahme einer Maschinenstunde?
c) Kann die ermittelte Lösung richtig sein?

Aufgabe 12.3

Gegeben sei folgende Aufgabe der linearen Optimierung:

$$300x_1 + 240x_2 \to \max!$$

unter den Nebenbedingungen

$$3x_1 + 7x_2 \leq 420$$
$$2x_1 + 5x_2 \leq 300$$
$$4x_1 + 4x_2 \leq 280$$
$$8x_1 + 4x_2 \leq 400$$
$$x_1, x_2 \geq 0.$$

a) Welche der Restriktionen ist von vornherein redundant?
b) Bestimmen Sie allein aus den verbleibenden Restriktionen diejenigen vier Lösungen, unter denen sich das Optimum befinden muss.
c) Ermitteln Sie mit Hilfe des Simplex-Verfahrens die optimale Lösung. Erklären Sie ökonomisch die Wirkungen, die mit den einzelnen Optimierungsschritten verbunden sind.

Aufgabe 12.4

In einem Zweiproduktunternehmen gilt:
- Die erzielbaren Absatzpreise hängen von den Ansatzmengen ab. Es gilt $p_1(x_1,x_2) = 200 - x_1 - 0{,}5x_2$ und $p_2(x_1,x_2) = 150 - x_2 - 0{,}5x_1$. Produktions- und Absatzmengen stimmen überein.
- Die variablen Stückkosten betragen $k_1 = 8$ und $k_2 = 6$.
- Für die Herstellung beider Güter steht nur eine begrenzte Menge eine Rohstoffes zur Verfügung: $b = 150$. Die Herstellung einer Produkteinheit erfordert einen Rohstoffeinsatz von $a_1 = 2$ bzw. $a_2 = 1$.
- Die Fixkosten betragen $k_f = 7.500$.

Begründen Sie, ohne die optimale Lösung zu bestimmen, für jede der Angaben a) bis e), dass sie nicht Teil der optimalen Lösung sein kann:
a) Es kann nur ein Verlust erzielt werden. Der minimale Verlust beträgt $g^* = -7.540$.
b) Die wertmäßigen variablen Kosten für die beiden Produkte betragen $w_1^* = 29$ und $w_2^* = 27$.
c) Die optimalen Produktionsmengen betragen $x_1^* = 55$ und $x_2^* = 32$, der Verrechnungspreis für eine Rohstoffeinheit $\lambda^* = 21$.
d) Die optimalen Produktionsmengen betragen $x_1^* = 60$ und $x_2^* = 32$.
e) Die wertmäßigen variablen Kosten je Einheit von Produkt 2 betragen $w_2^* = 27$, der Verrechnungspreis für eine Maschinenstunde $\lambda^* = 20$.
f) Bestimmen Sie die optimale Lösung (Produktionsmengen, Verrechnungspreis und Gewinn).

Aufgabe 12.5

Gegeben sei folgende Aufgabe der linearen Optimierung:

$$2x_1 + 3x_2 \to \max!$$

unter den Nebenbedingungen

$$x_1 + x_2 \leq 12$$
$$2x_1 + x_2 \leq 20$$
$$x_1 + 2x_2 \leq 20$$
$$x_1, x_2 \geq 0$$

a) Formulieren Sie das zu dieser Aufgabe duale Problem.
b) Welche der folgenden Lösungen kann keinesfalls optimal sein (Symbole wie in Abschnitt 2.3):
 1. $x_1 = 3$; $x_2 = 9$; $c_1 = c_2 = 0{,}5$;
 2. $x_1 = 3$; $x_2 = 8$; $c_1 = c_2 = c_3 = 0$;
 3. $x_1 = 4$; $x_2 = 9$; $c_1 = c_2 = c_3 = 1$;
 4. $x_1 = 4$; $x_2 = 8$; $Q = 30$;

5. $x_1 = 4$; $x_2 = 8$; $c_2 = 0$;
6. $x_1 = 4$; $c_1 = c_2 = 1$;
7. $x_2 = 8$; $c_1 = c_2 = 2$;
8. $D = 32$; $c_1 = c_3 = 1$.

Aufgabe 12.6

Ein Unternehmen stellt zwei Produktarten in den Mengen x_1 und x_2 her. Bei der Produktion fallen nur variable pagatorische Kosten an, und zwar $k_1 = 0{,}5 x_1^2$ sowie $k_2 = 0{,}1 x_2^2$. Für die Produktion stehen $b = 270$ Maschinenstunden zur Verfügung. Die erste Produktart benötigt $a_1 = 6$ Maschinenstunden je Produkteinheit, die zweite $a_2 = 3$. Die erzielbaren Stückpreise sind konstant und betragen $p_1 = 54$ und $p_2 = 27$.
a) Formulieren Sie die Optimierungsaufgabe.
b) Wie hoch sind die wertmäßigen Kosten der Produktart 1?

Aufgabe 12.7

a) Diskutieren Sie kritisch die Annahmen, die der Linearisierung eines Produktionsprogrammplanungsproblems zugrunde liegen.
b) Welche Annahmen halten Sie selbst bei einer kurzfristigen Planung für kritisch?

Aufgabe 12.8

Beurteilen Sie, ob die folgenden Aussagen richtig oder falsch sind.
a) Das Preistheorem impliziert, dass wertmäßige Kosten stets größer sind als pagatorische Kosten.
b) Im Simplex-Verfahren findet man die optimale Lösung durch eine systematische Überprüfung der Ecken des Bereichs zulässiger Lösungen.
c) Der Satz von *Kuhn* und *Tucker* kennzeichnet den Lösungsalgorithmus für Probleme der konvexen Optimierung.
d) Die Ermittlung wertmäßiger Kosten ist für Planungszwecke redundant.

Literaturhinweise

Die dargestellten Lösungsverfahren finden sich in Büchern zum Operations Research. *Ellinger/Beuermann/Leisten* (2003) bieten eine gut verständliche Darstellung, speziell für das Preistheorem sei auf *Hax* (1974) verwiesen. Eine sehr anschauliche Beschreibung des Vorgehens bei der nichtlinearen Optimierung unter Nebenbedingungen liefert *Kreps* (1995) in Anhang 1.

Schlüsselbegriffe

Lagrange-Funktion
Preistheorem
Produktionsprogrammplanung

Satz von *Kuhn* und *Tucker*
Schattenpreise
Simplex-Algorithmus

Teil V

Schluss

Kapitel 13

Rückblick: Zum Vorgehen in diesem Buch

Zum Abschluss wollen wir den Argumentationsbogen noch einmal kurz **nachvollziehen**. Vier Punkte machen den Kern dieser Einführung in die Betriebswirtschaftslehre aus.

13.1 Gegenstand der Betriebswirtschaftslehre

In Kapitel 1 definieren wir die Betriebswirtschaftslehre als die Untersuchung von **individuellen, einkommensbezogenen Entscheidungen**. Somit rücken wir einen bestimmten Aspekt menschlichen Handelns in den Mittelpunkt. Es sei angemerkt, dass wir dadurch keineswegs die Bedeutung weiterer Aspekte, die wir nicht explizit in die Untersuchung einbeziehen, negieren.

Die allgemeine Struktur entscheidungstheoretischer Modelle ist der zentrale Gegenstand von Kapitel 2. Das Heranziehen von **Robinson Crusoe** (und nicht der XYZ-GmbH) als „Fallstudie" macht besonders deutlich, dass ein beträchtlicher Teil der Entscheidungsprobleme unabhängig von einer Kooperation mit anderen Menschen entsteht. Nicht erst durch die Einbeziehung von Kooperationen verdienen einkommensbezogene Entscheidungen das Prädikat „betriebswirtschaftlich".

13.2 Die eingenommene Sichtweise

Das weit überwiegend herangezogene Untersuchungsprogramm ist die **Institutionenökonomik**. Deren Grundidee ist, dass Menschen ihre Möglichkeiten der Einkommenserzielung verbessern können, wenn sie ihre Entscheidungen aufeinander abstimmen, wenn sie also kooperieren. Dies belegen wir im dritten Kapitel anhand zahlreicher Beispiele. Ein wichtiges Zwischenergebnis ist: Unter den idealisierten Bedingungen vollkommener Märkte gewährleistet die dezentrale Koordination von Entscheidungen über Märkte die Umsetzung aller möglichen Vorteile. **Eigennutz** und **Gesamtwohlfahrt** sind auf vollkommenen Märkten **harmonisierende Ziele**. Allerdings erweist sich unter diesen Bedingungen die Ausgestaltung von Institutionen als irrelevant.

Institutionen zur Gestaltung der Kooperation gewinnen an Bedeutung, wenn Kooperationsvorteile gefährdet sind. Die Gefährdung ergibt sich aus der Kombination zweier Grundannahmen der Institutionenökonomik: **Opportunismus** ist eine Ausprägung eigennützigen Verhaltens, die auch Betrug (im weitesten Sinne) als Mittel zum Zweck nicht ausschließt. **Transaktionskosten** machen vollständige Regelungen bezüglich aller Rechte und Pflichten von Vertragspartnern unmöglich oder wenigstens unwirtschaftlich. Vielfältige Formen der Gestaltung unvollständiger Verträge und insbesondere Unternehmen lassen sich als Antwort auf endogene Risiken einer Kooperation (Verhaltens- und Qualitätsunsicherheiten) interpretieren. Dieser Gedankengang ist Gegenstand von Kapitel 4.

Die **Existenz von Unternehmen** können wir auf vollkommenen, transaktionskostenfreien Märkten nicht sinnvoll erklären. Daher sind für die Untersuchung des Handelns in Unternehmen oder im Umfeld von Unternehmen Rahmenbedingungen heranzuziehen, die den Transaktionskosten Rechnung tragen. Konkret ist es wenig sinnvoll, das Unternehmenshandeln auf vollkommenen Märkten zu thematisieren. Die Betriebswirtschaftslehre als Fach lebt also von der Einbeziehung unvollkommener Märkte.

Trotz der Fokussierung auf individuelle Entscheidungen kann es sich bei vereinfachenden Partialmodellen als sinnvoll erweisen, „das Unternehmen" wie einen eigenen Akteur zu behandeln. Dann ist zu klären, welche Zielsetzungen diesem Akteur zu unterstellen sind. In Kapitel 5 zeigen wir, dass das **Einkommen der Eigentümer** (oder neudeutsch: der Shareholder Value) nur auf dem vollkommenen Kapitalmarkt eine ohne weiteres theoretisch gerechtfertigte Zielgröße darstellt. Auf unvollkommenen Märkten ist es dagegen erforderlich, die Ansprüche anderer Stakeholder durch geeignete (private und staatliche) Begleitmaßnahmen abzusichern. Die Argumentation ist zugleich ein Beitrag zur im Übrigen etwas vernachlässigten ethisch-normativen Betriebswirtschaftslehre. Das zentrale Basiswerturteil (die ökonomische Effizienz, also die Vermeidung einer Ressourcenverschwendung) stammt dabei aus dem ökonomischen Bereich. Weil man auch andere Basiswerturteile heranziehen könnte, kann die Argumentation zur Orientierung am Shareholder Value von vornherein keine „Beweiskraft" beanspruchen. Jedoch ist es grundsätzlich vorzuziehen, in wirtschaftswissenschaftlichen Untersuchungen auch wirtschaftswissenschaftliche Wertmaßstäbe zu verwenden. Sowohl Gegner einer Konzeption des Shareholder Value, die vielleicht für ihre Vorstellungen ein geschärftes Feindbild benötigen, als auch Befürworter, die ihre Eigeninteressen unter einem wissenschaftlichen Deckmantel verstecken wollen, neigen bisweilen zu einer interessengeleiteten Pervertierung der Idee des Shareholder Value.

Anzumerken bleibt, dass durch die Fokussierung auf die Institutionenökonomik die vorliegende *Einführung in die Betriebswirtschaftslehre* zugleich eine Einführung in wesentliche Teile der Volkswirtschaftslehre und demzufolge eine Einführung in die Wirtschaftswissenschaft darstellt.

13.3 Entscheidungen in Unternehmen

Entscheidungen in existierenden Unternehmen sowie Entscheidungen über die Existenz von Unternehmen bilden den Kern der Betriebswirtschaftslehre.

Infolge der Hervorhebung individueller Einkommensinteressen stehen in Unternehmen finanzwirtschaftliche Entscheidungen im Mittelpunkt. Hier ist der Bezug zum Einkommen der Eigentümer am größten. Dennoch behandeln wir *Investitions- und Finanzierungsentscheidungen* erst in Kapitel 7, weil die analysierten Zahlungsströme aus leistungswirtschaftlichen Entscheidungen resultieren.

Diese *leistungswirtschaftlichen Entscheidungen* umfassen typischerweise Beschaffung, Produktion und Absatz. In Kapitel 6 befassen wir uns schwerpunktmäßig mit der Personalwirtschaft und der Absatzwirtschaft, weil dabei die Kooperation von Individuen im Mittelpunkt steht und weniger die technischen Zusammenhänge. Dem gegenüber rückt die Produktionswirtschaft stark in den Hintergrund.

Eine asymmetrische Informationsverteilung ist kennzeichnend für die Institutionenökonomik. Daher gehören Rechenwerke zur Informationsbeschaffung zum Kern einer institutionenökonomischen Betriebswirtschaftslehre. Das *Rechnungswesen* stellen wir im achten Kapitel vor. Im Mittelpunkt steht weniger der Aspekt der Berechnung einzelner Größen als die Frage der Anreizverträglichkeit und damit der Glaubwürdigkeit von Informationen aus dem Rechnungswesen.

Der Konzeption dieses Buches entsprechend heben wir in den Kapiteln über die Funktionsbereiche des Unternehmens die institutionenökonomische Sichtweise besonders hervor. Dessen ungeachtet vermitteln wir – gewissermaßen im Vorbeigehen – auch Grundlagen, bei denen Informationsprobleme noch keine Rolle spielen.

13.4 Quantitative Methoden

Die Betriebswirtschaftslehre ist eine quantitative Wissenschaft; dies unterstreicht bereits der Verweis auf „Einkommen" als Zielgröße. Eine quantitative Wissenschaft bedarf adäquater Untersuchungsmethoden, diese führen wir in Teil IV des Buches in knapper Form ein.

Zunächst sollte man sich vergegenwärtigen, dass die mathematische Form *Gleichung* für unterschiedliche Qualitäten von ökonomischen Aussagen stehen kann. Dies zu verdeutlichen ist Aufgabe von Kapitel 9.

Da die Betriebswirtschaftslehre im Wesentlichen eine praktisch-normative Entscheidungstheorie darstellt, gehört die **Entscheidungstheorie** zum Handwerkszeug eines Betriebswirts. In Kapitel 10 stehen Entscheidungen bei Risiko im Mittelpunkt, weil angesichts knapper Informationen auch unvollständige Informationen in ein (möglicherweise nur grobes) Wahrscheinlichkeitsurteil einfließen sollten. Die Theorie der Entscheidungen bei Risiko setzt Grundkenntnisse der Wahrscheinlichkeitsrechnung voraus, deren Grundlagen werden deshalb ebenfalls präsentieren.

Bei vielen betriebswirtschaftlichen Fragestellungen sind die Entscheidungen rationaler Akteure interdependent, sind also voneinander abhängig. Kooperationen in Unternehmen, aber auch Kontakte auf einem Markt mit unvollständiger Konkurrenz belegen dies. Grundsätzlich ist deshalb die **Spieltheorie** das adäquate Instrumentarium. Kapitel 11 beschränkt sich auf eine Einführung in die Theorie nicht-kooperativer Spiele, weil angesichts der Verhaltensprämissen der Institutionenökonomik (Opportunismus) davon auszugehen ist, dass Individuen Absprachen nur dann einhalten, wenn dies auch in ihrem individuellen Interesse liegt.

Kapitel 12 stellt kurz die Grundlagen zur Lösung von Aufgaben der **Maximierung unter Nebenbedingungen** zusammen.

13.5 Vereinfachungen und Verkürzungen

Das vorliegende Buch ist eine **Einführung** in die Betriebswirtschaftslehre. Daher ist es selbstverständlich, dass wichtige Teile der Betriebswirtschaftslehre gar nicht oder nur stark verkürzt vorgestellt werden.

Dies gilt zunächst für viele **inhaltliche** Aspekte. Jedes einzelne Kapitel könnten wir inhaltlich weiter vertiefen. Zudem übergehen wir fast komplett zweifellos wichtige Teilgebiete der Betriebswirtschaftslehre. Dies betrifft zum Beispiel die Produktionswirtschaft (belegt durch die Stichworte Produktionsfunktionen oder Logistik) oder die Unternehmensführungslehre, soweit sie sich als eine ganzheitliche Managementwissenschaft versteht – dies widerspräche allerdings auch der hier vertretenen Konzeption der Betriebswirtschaftslehre als Aspektlehre.

Zu fehlen scheinen zudem die heute vielfach beschworenen **internationalen Bezüge**. Es ist jedoch anzumerken, dass es so viele Besonderheiten einer „Internationalen Betriebswirtschaftslehre" gar nicht gibt. Es geht um wirtschaftliche Verflechtungen mit einem anderen Sprach- und Kulturraum, mit einem anderen

Währungsraum und mit einem anderen Regulierungsraum (was Rechnungslegung und Besteuerung einschließt). Die ökonomischen Prinzipien ändern sich dadurch jedoch nicht. Allerdings ist ein zusätzliches Tatsachen- und Institutionenwissen zu berücksichtigen, zumal auch länderspezifische Kulturen einen erheblichen Einfluss auf das Gelingen von Geschäften haben. Mit dieser Relativierung führt das Buch auch in eine „Internationale Betriebswirtschaftslehre" ein.

Die **Methoden** der Deskription und empirischer Untersuchungen setzen wir nur sehr spärlich ein. An „Unternehmenskunde"[1] bedarf es der weiteren Beschreibung zum Beispiel von Finanzierungsformen, Entlohnungsformen oder der Mitbestimmungsregeln. Aus Gründen des Umfangs nehmen wir hier eine Beschränkung auf Literaturverweise vor.

Die Methoden der empirischen Forschung sind komplett beiseitegelassen. Deren große Bedeutung als Grundlage ökonomischer Theorien (besonders deutlich beispielsweise im Bereich der Marktforschung) oder der empirischen Überprüfung von theoretischen Aussagen bedarf keiner weiteren Erläuterung.

All diese Verkürzungen sind **schmerzlich**. Das Kriterium für die Auswahl zwischen hier vorgestellten und hier nicht vorgestellten Teilen der Betriebswirtschaftslehre ist die relative Nähe zum institutionenökonomischen Untersuchungsprogramm.

---

[1] *Schneider* (1990), S. 277.

Glossar

Das Glossar dient der Erklärung wichtiger Begriffe und ist aus sich selbst heraus verständlich. Die Querverweise innerhalb des Glossars (durch *Kursivschrift* gekennzeichnet) erleichtern das Verständnis zusammengehöriger Begriffe. Hinweise auf die angegebenen Seiten dieses Buches oder anderer Quellen dienen der Vertiefung und brauchen für eine erste Begriffsklärung nicht beachtet zu werden. Adjektiv-Substantiv-Zusammensetzungen sind mit Ausnahme der aus dem Englischen übernommenen Fachausdrücke unter dem Substantiv angeordnet.

Abszisse: „x-Achse" eines Schaubilds.

Adverse Selection: Siehe *Qualitätsunsicherheit*.

Agency-Kosten: Als Agency-Kosten bezeichnet man die gewöhnlich in Geldeinheiten ausgedrückte Wohlfahrtsminderung, die infolge einer *asymmetrische Informationsverteilung* (siehe *Information, asymmetrische*) in einer Kooperationsbeziehung entsteht. Sie bestehen aus den Kosten für Kontrollmaßnahmen im weitesten Sinn sowie aus den *Opportunitätskosten* (siehe dort) relativ zum denkbaren Optimum bei symmetrischer Informationsverteilung (siehe *First Best*) entstehen.

Agency-Theorie: Siehe *Institutionenökonomik*.

Allokation: Allokation[1] steht für die Lenkung von Ressourcen auf verschiedene Wirtschaftseinheiten. Die anzustrebende Eigenschaft einer Allokation ist das *Pareto-Optimum* (siehe dort).

Anreizverträglichkeit: Anreizverträglichkeit (S. 109) (oder Anreizkompatibilität) ist eine bei der Vertragsgestaltung zu berücksichtigende Restriktion, der insbesondere bei einer *asymmetrischen Informationsverteilung* (siehe *Information, asymmetrische*) eine hohe Bedeutung zukommt. Anreizverträglichkeit ist erfüllt, wenn es für die Vertragsparteien individuell vorteilhaft ist, vertragliche Vereinbarungen einzuhalten. Anreizverträgliche Vereinbarungen sind daher selbstdurchsetzend. Deren Abschluss setzt voraus, dass die Parteien zutreffend voraussagen können, wie der jeweilige Vertragspartner auf eine vertragliche Vereinbarung reagiert. Dies bezeichnet man als Fähigkeit zur Bildung rationaler Erwartungen.

Arbitragefreiheit: Ein Markt ist arbitragefrei, wenn gleiche Güter gleiche Preise haben und ein besseres Gut einen höheren Preis hat als das schlechtere. Das häufigste Anwendungsfeld dieser Regel sind Kapitalmärkte, wo die gehandelten Güter Zahlungsströme sind (S. 363). Auf einem vollkommenen

---

[1] Das zugehörige Verb heißt „allozieren". Aus unerfindlichen Gründen verwendet eine erstaunliche Vielzahl von Autoren das falsche Wort „alloziieren", beispielsweise *Mayer* (2018), S. 309.

Markt (siehe *Markt, (un)vollkommener*) ist Arbitragefreiheit eine Gleichgewichtsbedingung (siehe *Marktgleichgewicht*). Anderenfalls könnte es nämlich bei herrschenden Preisen nicht zum Ausgleich von Angebots- und Nachfragemengen kommen. Arbitragefreiheit umschreibt man auch als „Law of Indifference" oder als „Law of One Price", als Gesetz der Unterschiedslosigkeit der Preise.[2]

Axiom: Axiome sind grundlegende Annahmen theoretischer Konzeptionen, deren Gültigkeit gerade nicht endogen erklärt, sondern vorausgesetzt wird. Wichtige Beispiele für Axiomensysteme in der Wirtschaftswissenschaft stammen von *v. Neumann/Morgenstern* zur Ableitung des *Bernoulli-Prinzips* (siehe dort) und von *Nash* zur Ableitung einer kooperativen Verhandlungslösung (siehe *Nash-Verhandlungslösung*).

Bedingung erster Ordnung: Die Bedingung erster Ordnung (oder „first-order condition") entspricht der notwendigen Bedingung einer Optimierungsaufgabe. Sie formalisiert damit die Marginalanalyse (siehe dort).

Bernoulli-**Prinzip:** Das *Bernoulli*-Prinzip ist ein Entscheidungsprinzip für die Risikosituation, also für eine Situation, in der die Zukunft unsicher ist und der Entscheider für mögliche Zukunftsentwicklungen eine Wahrscheinlichkeitsverteilung angeben kann. Das *Bernoulli*-Prinzip basiert auf einigen Annahmen über rationales Entscheidungsverhalten (S. 493 ff.). Aus diesen Annahmen ergibt sich eine Nutzenfunktion für den Entscheider. Als Entscheidungsregel erhält man die Maximierung des Nutzenerwartungswertes.

Beteiligungsfinanzierung: Die Beteiligungsfinanzierung (S. 351 ff.) besteht in der Zuführung von Eigenkapital durch alte oder neue Eigentümer eines Unternehmens. Als Gegenleistung erhalten die Financiers einen Residualanspruch, also einen Anspruch auf den nach Befriedigung aller vertraglichen und gesetzlichen Verpflichtungen verbleibenden Einzahlungsüberschuss. Angesichts der damit verbundenen vorrangigen Risikoübernahme haben die Inhaber von Beteiligungstiteln weitreichende Mitwirkungsrechte.

Ceteris paribus: Unter sonst gleichen Bedingungen, also bei Konstanthaltung anderer Einflussgrößen. Das analytische Äquivalent ist die partielle Ableitung.

Coase-**Theorem:** Nach dem *Coase*-Theorem spielt die Verteilung von *Verfügungsrechten* (siehe dort) durch eine staatliche Rechtsordnung keine Rolle für die Marktergebnisse. Durch privatvertragliche Regelungen lassen sich Defizite einer Rechtsordnung beheben; daher ist das Ergebnis stets effizient. Die Gültigkeit des *Coase*-Theorems ist an eine Reihe von Voraussetzungen gebunden (S. 120). Eine der Aufgaben bei der Gestaltung von Rechtsordnungen könnte daher sein, die Gültigkeit dieser Voraussetzungen zu fördern.

---

[2] *Jevons* (1871).

Compliance: Nach dem Deutschen Corporate-Governance-Kodex versteht man unter Compliance „die Einhaltung der gesetzlichen Bestimmungen und der unternehmensinternen Richtlinien" sowie deren Durchsetzung durch die Unternehmensleitung.

Corporate Governance: Corporate Governance im Sinne der Institutionenökonomik umfasst alle Maßnahmen zur Sicherung der Ansprüche von Anteilseignern gegen opportunistisches Verhalten der Unternehmensleitung.[3] Somit ist der Begriff eng verwandt mit *Unternehmensverfassung* (siehe dort). Im Zuge der öffentlichen Diskussion hat der Begriff eine Erweiterung erfahren im Sinne der guten Unternehmensführung mit Blick auf die Interessen aller Stakeholder. So soll der deutsche Corporate-Governance-Kodex „das Vertrauen der internationalen und nationalen Anleger, der Kunden, der Mitarbeiter und der Öffentlichkeit in die Leitung und Überwachung deutscher börsennotierter Gesellschaften fördern".

Corporate Social Responsibility: Unter Corporate Social Responsibility (CSR) kann alle Maßnahmen eines Unternehmens subsumieren, die nicht von vornherein auf die Einkommensinteressen der Eigentümer zielen. Indikatoren für CSR-Aktivitäten lassen sich an den Merkmalen kommunales Engagement, Diversität, Mitarbeiterbeziehungen, Umwelt, Produktsicherheit, Corporate Governance sowie Menschenrechte festmachen. Es ist Gegenstand einer intensiven Debatte, ob bzw. unter welchen Umständen CSR-Aktivitäten nicht doch letztlich den Interessen der Unternehmenseigentümer dienen.

Cum grano salis: Mit einem Körnchen Salz, also: grob gesprochen, unter Außerachtlassung von bei genauer Analyse erforderlichen Relativierungen.

Diversifikation: Diversifikation bedeutet Risikostreuung. Wer diversifiziert, setzt verfügbare Ressourcen nicht einem einzigen *Risiko* (siehe dort) aus, sondern verteilt sie auf unterschiedliche Risiken. („Lege nicht alle Eier in einen Korb.") Da man angesichts verschiedener Risikoquellen nicht davon ausgehen muss, dass alle Ergebnisse gut oder alle Ergebnisse schlecht ausfallen, mindert sich durch die Streuung das Gesamtrisiko. Das klassische Anwendungsbeispiel ist die Zusammenstellung von Wertpapierportefeuilles. Der Grundgedanke lässt sich jedoch auf viele andere Probleme übertragen.

Dominanz: Das Dominanzprinzip kommt bei Entscheidung anhand mehrerer Kriterien zur Anwendung. Demnach zieht jeder Entscheider eine Lösung vor, wenn sie hinsichtlich keines Kriteriums schlechter ist als eine andere Lösung und hinsichtlich mindestens eines Kriteriums besser. Umgekehrt ist eine Lösung keinesfalls optimal, wenn sie von einer anderen Lösung dominiert wird. Die Menge der nicht dominierten Lösungen bezeichnet man als effizient. Der Grundgedanke von Dominanz und Effizienz findet sich unter anderem im

---

[3] Ähnlich *Richter/Furubotn* (2010), S. 587.

Konzept des *Pareto-Optimums* (siehe dort), im *Rationalprinzip* (siehe dort), im (μ, σ)-*Prinzip* (siehe dort), bei dominanten Strategien (S. 532) oder bei dominanten Gleichgewichten (S. 546).

Due Diligence: Das Institut der Wirtschaftsprüfer (IDW) definiert die Due Diligence als „detaillierte und systematische Analyse von Daten und Informationen zu der Zielgesellschaft".[4] Dies entspricht einer etwas konkretisierten Umschreibung der wörtlichen Übersetzung „gebotene Sorgfalt".

E contrario: Aus dem Gegenteil heraus. Beweistechnik, die darauf beruht, dass das Gegenteil der zu beweisenden Behauptung zu einem Widerspruch führt.

Effekte, externe: Bei Vorliegen externer Effekte fallen einem Entscheider nicht alle Handlungsfolgen zu. Es drohen Fehlentscheidungen, weil der eigennützige Entscheider nicht alle, sondern nur die ihm persönlich zufallenden Vor- und Nachteile seiner Entscheidungen gegeneinander abwägt. Sinnvolle privatvertragliche Regelungen internalisieren nach Möglichkeit die externen Effekte, das heißt, sie verlagern sie auf den Entscheider zurück. Unter den Bedingungen des *Coase-Theorems* (siehe dort) ist dies möglich.

Effizienz: Siehe *Dominanz*.

Endogen: Innerhalb eines theoretischen Bezugsrahmens erklärt, also nicht per Annahme vorgegeben, in Abgrenzung zu *exogen*.

Erwartungen, rationale: Siehe *Anreizverträglichkeit*.

Ex ante: Im Vorhinein, bevor die in Rede stehende Maßnahme ergriffen wird.

Ex post: Im Nachhinein, nach Durchführung der in Rede stehenden Maßnahme.

Exogen: Von außen vorgegeben, nicht innerhalb eines theoretischen Bezugsrahmens erklärt, in Abgrenzung zu *endogen*.

Falsifizierung: (Empirische) Widerlegung.

Finanzierungstitel: Finanzierungstitel sind die vertraglichen Instrumente der externen Unternehmensfinanzierung, insbesondere also der *Beteiligungsfinanzierung* (siehe dort) und der *Kreditfinanzierung* (siehe dort). Finanzierungstitel legen die für die Kapitalgeber und Kapitalnehmer entstehenden Rechte und Pflichten genau fest.

First Best: Beim First-Best-Optimum handelt es sich um eine wohlfahrtsoptimale Lösung, die nur technologischen und Budgetrestriktionen unterliegt.[5] Dem First Best, wie es auf vollkommenen Märkten zustande kommt, ist das *Second Best* (siehe dort) gegenüberzustellen.

First Order Condition: Siehe *Bedingung erster Ordnung*.

Fisher-Separation: Die *Fisher*-Separation besagt, dass es bei einem vollkommenen Kapitalmarkt möglich ist, Investitions- und Konsumentscheidungen

---

[4] *IDW* (2014), S. 309.
[5] *Mas-Colell/Whinston/Green* (1995), S. 819.

unabhängig voneinander zu treffen.[6] Die individuellen Konsumwünsche des Entscheiders spielen bei Investitionsentscheidungen keine Rolle. Vielmehr gilt als objektive Entscheidungsregel das Kapitalwertkriterium (siehe *Kapitalwert*). Weil Investitionen mit positivem Kapitalwert den Gesamtwert aller Zahlungsansprüche steigern, befürworten alle Anspruchsinhaber einstimmig kapitalwertsteigernde Investitionen. Daher liefert die *Fisher*-Separation einen Teil der theoretischen Begründung des *Shareholder Value* (siehe dort) als Unternehmenszielgröße.

Franchising: Franchising (S. 292 ff.) steht für ein Bündel von Verträgen im Produktions- und Absatzbereich von Unternehmen. Der Franchisegeber erlaubt dem Franchisenehmer, bestimmte Marken zu nutzen, und unterstützt ihn mit Know-how. Der Franchisenehmer hat das Recht und die Pflicht, das Franchise-Paket gegen Entgelt zu nutzen. Das bekannteste Beispiel für eine Franchise-Kette ist wohl McDonald's.

Gefangenendilemma: Als Gefangenendilemma (S. 535 f.) bezeichnet man eine Konstellation, in der individuell rationales Verhalten (siehe *Anreizverträglichkeit*) zu einer kollektiv schlechten Lösung führt. Wäre eine bindende Absprache zwischen Kooperationsparteien möglich, ließe sich eine für alle Seiten gute Lösung umsetzen. Die Unmöglichkeit dieser Bindung erzeugt das Dilemma.

Gewinn- und Verlustrechnung: Die Gewinn- und Verlustrechnung (oder Finanzbuchhaltung) ist die handelsrechtlich gebotene Zusammenstellung jährlicher Erträge und Aufwendungen, also der einer Periode erfolgswirksam zugeordneten Ein- und Auszahlungen.

Gewinn, ökonomischer: Der ökonomische Gewinn (S. 411 ff.) ergibt sich aus einem investitionsrechnerischen Kalkül und entspricht der Verzinsung des Ertragswertes des Unternehmens, also des Barwertes künftiger Einzahlungsüberschüsse. Bei einer Ausschüttung in Höhe des ökonomischen Gewinns bleibt der Ertragswert des Unternehmens genau erhalten, es kommt nicht zu einer Substanzverringerung. Demnach kennzeichnet der ökonomische Gewinn das nachhaltige Ausschüttungspotenzial eines Unternehmens.

Haftung: Aus ökonomischer Sicht bedeutet Haftung Einstehen für Entscheidungsfolgen. Abweichend vom üblichen Sprachgebrauch schließt dies positive Handlungsfolgen ein. Sofern Haftung rechtlich (durch Gesetz oder Verträge) oder faktisch (durch ein begrenztes Vermögen) beschränkt ist, drohen externe Effekten (siehe *Effekte, externe*). Unter Anreizgesichtspunkten ist daher die unbegrenzte Haftung stets vorzuziehen.

---

[6] *Kruschwitz/Husmann* (2012), S. 21 ff.

Heuristik: Heuristiken sind Problemlösungsverfahren, die zu einer guten, häufig aber nicht zu der optimalen Lösung führen, zugleich aber den Rechenaufwand in Grenzen halten. Die Eignung einer Heuristik hängt zum einen vom Umfang ab, mit dem die optimale Lösung verfehlt wird, zum anderen vom Ausmaß der Vereinfachung des Entscheidungsprozesses.

Individualismus, methodologischer: Der methodologische Individualismus ist ein bestimmter Zugang zu sozialwissenschaftlichen Fragen (also auch zur Wirtschaftswissenschaft). Der Grundgedanke ist, dass Menschen sich in Präferenzen und Eigenschaften unterscheiden und eigene Ziele verfolgen. Daher sind es die einzelnen Individuen, an denen eine ökonomische Untersuchung ansetzt, nicht Kollektive wie „das Unternehmen" oder „der Staat". Theoretische Ansätze sollten das Entstehen solcher Kollektive nicht schlicht voraussetzen, sondern nach Möglichkeit endogen erklären. Der methodologische Individualismus ist ein zentrales Merkmal institutionenökonomischer Untersuchungen.

Information, asymmetrische: Ein kennzeichnendes Merkmal institutionenökonomischer Ansätze ist die asymmetrische Informationsverteilung zwischen den handelnden Parteien (S. 102 ff.). Angesichts von Informationsasymmetrien (siehe auch *Qualitätsunsicherheit* und *Verhaltensunsicherheit*) ist es ökonomisch sinnlos, vertragliche Pflichten festzulegen, deren Einhaltung die vertragschließenden Parteien oder eine gerichtliche Instanz nicht überprüfen (siehe auch *Kontrahierbarkeit* und *Verifizierbarkeit*) können.

Institutionenökonomik (im Kern gleichbedeutend: Prinzipal-Agent-Theorie, Agency-Theorie, Vertragstheorie): Kennzeichnend für die Institutionenökonomik ist zum einen das Untersuchungsziel: Es geht um die Suche nach Arrangements zur Sicherung möglicher, aber gefährdeter Kooperationsvorteile. Zum anderen gibt es wenigstens zwei typische Annahmen: eigennütziges Verhalten in der Ausprägung des *Opportunismus* (siehe dort) und unvollkommene Märkte (siehe *Markt, (un)vollkommener*).

Interessenmonismus: Das Schlagwort Interessenmonismus formuliert als Vorwurf, dass bei einem Unternehmensziel der Maximierung des Gewinns oder des *Shareholder Value* (siehe dort) einzig die Interessen der Anteilseigner das Kriterium bilden und somit die Interessen aller weiteren Gruppen gar nicht in die Entscheidungsfindung eingehen. Bei der gegenteiligen Herangehensweise an Unternehmensziele, nämlich dem Interessenpluralismus, gehen bildet die Gesamtheit der Interessen aller Anspruchsinhaber die Zielfunktion.

Joint Venture: Als Joint Venture bezeichnet man ein gemeinsames Tochterunternehmen von ansonsten unabhängigen Mutterunternehmen.

Kalibrierung: Numerische Festlegung von Modellparametern zur Anpassung von Modellen an beobachtbare Sachverhalte oder theoretische Ergebnisse (vgl. bspw. S. 514).

Kapitalwert: Der Kapitalwert (oder: Nettobarwert, Net Present Value, NPV) einer Investition ist definiert als Summe der durch die Investition hervorgerufenen und mit dem Kalkulationszinsfuß diskontierten künftigen Einzahlungsüberschüsse, abzüglich der Anfangsauszahlung. Auf Basis des Kapitalwertes lässt sich die zentrale Regel für Investitionsentscheidungen formulieren: Investitionen sind vorteilhaft, wenn sie einen positiven Kapitalwert aufweisen (S. 326).

Komplementarität: Der Begriff „komplementär" steht für „sich ergänzend".
1. Dies kann sich zunächst auf Güter beziehen. Komplementäre Güter stiften in Kombination miteinander einen höheren Nutzen als jeweils für sich genommen (beispielsweise ein ausgedehntes Menü sowie ein Espresso und – wenn man es mag – ein Digestif). Möglicherweise entsteht sogar nur dann ein positiver Nutzen, wenn beide Güter zugleich verfügbar sind (beispielsweise Pfeifen und Pfeifentabak – jedenfalls wenn es sich um einen Pfeifenraucher handelt). Der entgegengesetzte Begriff ist die *Substitutionalität* (siehe dort).
2. Komplementarität kann sich jedoch auch auf institutionelle Arrangements beziehen. Zum Beispiel sind die verschiedenen für Franchise-Verträge typische Vereinbarungen (S. 297 ff.) für sich genommen auf einem vollkommenen Markt vielleicht sogar hinderlich. Infolge der tatsächlich gegebenen Marktunvollkommenheiten erweisen sie sich jedoch gerade in ihrer Kombination als hilfreich. Etwas Ähnliches kann man vom Finanzierungsleasing behaupten.

Kongruenzprinzip: Das Kongruenzprinzip oder gleichbedeutend der Grundsatz der Pagatorik verlangt, dass in einer Periodenerfolgsrechnung alle Zahlungen und ausschließlich Zahlungen auf die Perioden verteilt werden. Daraus folgt unmittelbar, dass bei Summierung über alle Perioden hinweg die Einzahlungsüberschüsse mit den Periodenerfolgen übereinstimmen. Man spricht auch vom „Clean Surplus Accounting".

Kontrahierbarkeit: Kontrahierbar sind solche Vertragskomponenten, deren Einhaltung sich durch vertragschließende Parteien sowie gerichtliche Instanzen überprüfen lässt. Kontrahierbarkeit setzt also *Verifizierbarkeit* (siehe dort) voraus. Mangels gerichtlicher Durchsetzbarkeit nicht verifizierbarer Anspruchsgrundlagen erweisen sich darauf bezogene Vertragsinhalte als sinnlos (S. 106).

Kosten- und Erlösrechnung: In der Kosten- und Erlösrechnung (oder Betriebsbuchhaltung) werden Erfolge bestimmten Elementen der Leistungserstellung und -verwertung zugeordnet. Es geht also um die Wirtschaftlichkeit

der Verfolgung bestimmter Sachziele (zum Beispiel die Automobilproduktion oder die Erstellung von Informationsdienstleistungen), nicht unmittelbar um die Einkommenserzielung der Eigentümer von Unternehmen.
Kostenvorteile: Kostenvorteile sind in mehrfacher Weise von Belang:
1. Die Ausnutzung von Kostenvorteilen (S. 65 ff.) ist ein wesentlicher Grund für die Kooperation von Individuen. Kostenvorteile können sich durch Unterschiede in den verfügbaren Produktionsmöglichkeiten (Technologien, siehe *Produktionsfunktion*) ergeben, aber auch im Wege der Arbeitsteilung durch unterschiedliche Spezialisierung (siehe *Spezialisierungsvorteil*).
2. Im Wettbewerb zwischen Unternehmen sind Kostenvorteile ein wesentlicher Erfolgsfaktor. Das Faktum, ob ein Unternehmen gegenüber den Wettbewerbern Kostenvorteile oder Kostennachteile aufweist, ist daher ein wesentliches Kriterium für die Bestimmung des optimalen Produktionsprogramms.
Kreditfinanzierung: Die Kreditfinanzierung (S. 342 ff.) besteht in der Zuführung von Fremdkapital durch alte oder neue Gläubiger des Unternehmens. Als Gegenleistung erhalten die Financiers einen Festbetragsanspruch, also ein Zahlungsversprechen, dessen Höhe unabhängig vom Erfolg des Unternehmens ist. Die Inhaber solcher Forderungstitel sind daher einem besonders geringen Risiko ausgesetzt und benötigen auch keine ausgeprägten Mitspracherechte.
Lean Production: Die sogenannte schlanke Produktion ist Ausdruck der Philosophie, dass Unternehmen sich auf ihre Kernkompetenzen beschränken sollten (S. 299), also auf die Herstellung und den Absatz solcher Produkte, bei denen sie erkennbare Wettbewerbsvorteile aufweisen. Die Ergänzung um vorgelagerte oder nachgelagerte Produktionsstufen (vertikale Integration) oder um nicht verwandte Produkte (laterale Integration) wäre demzufolge mit mehr Nachteilen als Vorteilen verbunden. (Siehe auch *Make or Buy*.)
Leasing: Grob gesprochen entspricht Leasing (S. 371 ff.) der Miete von Investitions- oder Konsumgütern, ergänzt um bestimmte Zusatzvereinbarungen. Bei geeigneter Ausgestaltung lassen sich mit Leasing die jeweiligen Vorteile eines kreditfinanzierten Kaufs und der „nackten" Miete verbinden, also die gute Anreizwirkung des Eigentums und die *Spezialisierungsvorteile* (siehe dort) von Leasinggesellschaften.
LEN-Modell: Das LEN-Modell (S. 186 ff.) ist ein Modell der delegierten Aufgabenerfüllung bei *Verhaltensunsicherheit* (siehe dort). Der Name ergibt sich aus drei vereinfachenden Annahmen: **L**ineare Erfolgsbeteiligung des Auftragnehmers (Agenten), **E**xponentielle Nutzenfunktionen aller Beteiligten und **N**ormalverteilung der Zufallskomponente. Im LEN-Modell wird der fundamentale Konflikt zwischen der Vermittlung richtiger Anreize und der richtigen Risikoverteilung besonders deutlich.
Lerneffekte: Siehe *Spezialisierungsvorteil*.

Leverage-Effekt: Der Leverage-Effekt (S. 360 ff.) beschreibt die Rendite- und Risikowirkung einer zunehmenden Verschuldung: Die Eigenkapitalrendite steigt mit zunehmender Verschuldung, wenn die Gesamtrendite höher ist als der Fremdkapitalzins. Zugleich steigt aber auch die Varianz der Eigenkapitalrendite, also das *Risiko* (siehe dort).

Limitationalität: Den Begriff „limitational" verwendet man für Faktoreinsatzbedingungen, unter denen ein einziges Faktoreinsatzverhältnis effizient ist. Der Mehreinsatz eines einzelnen Produktionsfaktors führt bei Limitationalität nicht zu einem höheren Output (S. 41). Der Gegensatz dazu besteht in substitutionalen Faktoreinsatzbedingungen. Siehe dazu *Substitutionalität*.

***Lücke*-Theorem**: Das *Lücke*-Theorem (S. 459) gibt die Bedingungen an, unter denen die Kostenrechnung mit der Investitionsrechnung vereinbar ist. Der zentrale Punkt liegt im adäquaten Ansatz kalkulatorischer Zinsen. Der daraus resultierende Residualgewinn hat die Eigenschaft, dass dessen Barwert mit dem Kapitalwert übereinstimmt. Dies erzeugt für den Entscheider den Anreiz, auch bei Erfolgskontrolle anhand von Periodenerfolgen kapitalwertmaximale Entscheidungen zu treffen.

Make or Buy: Die Antwort auf die Frage „Make or Buy" (oder nach der optimalen Fertigungstiefe, S. 297 ff.) gibt Aufschluss darüber, welche Vor- und Zwischenprodukte ein Unternehmen selbst erstellen und welche fremdbeziehen sollte. Die Antwort darauf hängt nicht allein von kurzfristigen Kostenvorteile an (siehe *Kostenvorteile 2*), sondern auch von strategischen Aspekten wie der Verfügbarkeit von Ressourcen und Know-how sowie der Flexibilität. Der Idee der *Lean Production* (siehe dort) folgend wäre der Fremdbezug vorzuziehen, allerdings kann diese Folgerung keine Allgemeingültigkeit beanspruchen.

Marginalanalyse: Die Marginalanalyse ist das im Rahmen der Ökonomie überwiegend angewandte Entscheidungsverfahren. Maßgeblich ist dabei die durch eine Entscheidung hervorgerufene Veränderung gegenüber dem Status quo (zum Beispiel Ertrags- und Kostenzuwächse). Einfach gefragt: Was bringt und was kostet eine weitere Einheit? Bei nahezu stetig variierbaren Entscheidungsvariablen (zum Beispiel die Produktionsmengen oder die Höhe einer Finanzinvestition), ist der Punkt zu wählen, an dem sich die zusätzlichen Vorteile und Nachteile der letzten Entscheidungseinheit (zum Beispiel die durch die Produktionsausweitung ausgelösten Zusatzkosten und Zusatzerträge, S. 273) gerade entsprechen.

Market for Corporate Control: Siehe *Markt für Unternehmenskontrolle*.

Markt für Unternehmenskontrolle: Unter Unternehmenskontrolle („Control") versteht man die Berechtigung zur Leitung eines Unternehmens. Da mit der Befugnis zur Unternehmensleitung die Möglichkeit verbunden ist, sich persönliche Vorteile zu verschaffen, ist die Leitung eines Unternehmens ein Gut mit positivem Wert. Transaktionen zur Übertragung der Unternehmensleitung finden auf dem Markt für Unternehmenskontrolle statt; dazu zählen Fusionen und Übernahmen (Mergers and Acquisitions, M&A). Gegenstand des Handels auf dem Markt für Unternehmenskontrolle sind bestimmte *Verfügungsrechte* (siehe dort) an Unternehmen. Da Stimmrechte an Aktien gebunden sind, hat der Markt für Unternehmenskontrolle eine enge Verbindung zum Aktienmarkt.

Markt, interner: Die Koordination individueller Entscheidungen erfolgt idealtypisch dezentral über den Markt oder zentral in einer Hierarchie (einem Unternehmen). Aus verschiedenen Gründen kann es sich aber als sinnvoll erweisen, einzelne Elemente einer dezentralen Koordination auch in ein Unternehmen einzubeziehen. Dann spricht man von einem internen Markt. Wesentliche Anwendungsbeispiele dieser Idee sind *Profit Center* (siehe dort) oder die Verwendung innerbetrieblicher Verrechnungspreise (S. 449 ff.).

Markt, (un)vollkommener: Auf einem vollkommenen Markt verhalten sich alle Marktteilnehmer uneingeschränkt rational im Sinne der individuellen Nutzenmaximierung. Zugleich gibt es keinerlei *Transaktionskosten* (siehe dort) und keine Marktzugangsbeschränkungen. Ein Markt ist unvollkommen, wenn er mindestens eines dieser Merkmale nicht aufweist. Eine besonders wichtige Marktunvollkommenheit besteht in der *asymmetrischen Informationsverteilung* (siehe *Information, asymmetrische*).

Marktgleichgewicht: Ein Marktgleichgewicht (S. 88 f.) ist gekennzeichnet durch eine Menge von Preisen, bei denen kein Marktteilnehmer seine individuellen Dispositionen verändern möchte (Planungsoptimum, individuelle Nutzenmaximierung bei gegebenen Preisen) und zugleich das Gesamtangebot mit der Gesamtnachfrage übereinstimmt (Markträumung).

Median: Der Median ist der mittlere Wert einer (Wahrscheinlichkeits-)Verteilung (S. 484). Kurz und ungenau heißt das, je 50% der Beobachtungen (bzw. Realisationen) liegen oberhalb und unterhalb des Medians.

Moral Hazard: Siehe *Verhaltensunsicherheit*.

Mutatis mutandis: Mit den nötigen Abänderungen.

(μ, σ)-Prinzip: Das (μ, σ)-Prinzip (S. 509 ff.) ist ein Entscheidungsprinzip für die Risikosituation, bei dem sich der Entscheider ausschließlich an Erwartungswert (μ) und Standardabweichung (σ) der Zielgröße orientiert.

***Nash*-Gleichgewicht**: Das *Nash*-Gleichgewicht (S. 533 ff.) ist die zentrale Konzeption für die Lösung nicht-kooperativer Spiele. Alle Spieler wählen dabei eine Strategie, welche die beste Reaktion auf die Gleichgewichtsstrategien der jeweils anderen Spieler ist. Daher lohnt sich für keinen Spieler ein einseitiges Abweichen vom Gleichgewicht. *Nash*-Gleichgewichte sind in diesem Sinn stabil.

Nash-**Verhandlungslösung**: Eine in der ökonomischen Theorie häufig herangezogene Lösung für Verhandlungssituationen ist die *Nash*-Verhandlungslösung (S. 84 ff.). Aus grundlegenden Axiomen für eine plausible Verhandlungslösung resultiert die Verteilungsvorschrift: Maximiere das Produkt der Nutzenzuwächse. Unter gewissen Normierungsbedingungen folgt daraus eine gleichmäßige Verteilung der Verhandlungsmasse. Anders als das *Nash-Gleichgewicht* (siehe dort) bezieht sich die *Nash*-Verhandlungslösung auf ein kooperatives Spiel.

Net Present Value: Siehe *Kapitalwert*.

Nirvana Approach: Der Nirvana Approach[7] besteht im Vergleich einer realen Lösung in der realen Welt unvollkommener Märkte mit einem nur theoretisch denkbaren Optimum aus einer Welt vollkommener Märkte.

Nutzenfunktion: Die Nutzenfunktion ist die mathematische Beschreibung der Präferenzen eines Entscheiders. Alle die individuelle Vorziehenswürdigkeit beeinflussenden Aspekte gehen darin ein, zum Beispiel die Höhe der Zielgröße, deren Unsicherheit und deren zeitliche Verteilung. Hervorhebenswert ist die Nutzenfunktion nach dem *Bernoulli-Prinzip* (siehe dort), auch als *v. Neumann-Morgenstern*-Nutzenfunktion bezeichnet. Per Definition der Nutzenfunktion will ein Entscheider seinen Nutzen maximieren, bei Risiko dessen Erwartungswert.

Opportunismus: Opportunismus oder opportunistisches Verhalten (S. 12) ist eine der zentralen Verhaltensannahmen der Institutionenökonomik. Opportunismus ist eine konsequentere Formulierung der Eigennutzprämisse. Demnach verhalten sich Individuen selbst dann eigennützig, wenn damit rechtlich oder moralisch fragwürdige Handlungen verbunden sind. Der Sinn der Opportunismus-Annahme wird bisweilen fehlinterpretiert: Sie soll nicht beobachtbares Verhalten beschreiben und schon gar nicht eine Handlungsempfehlung darstellen, sondern die Gefahren aufzeigen, die auftreten, wenn keinerlei vertrauensbildende Maßnahmen ergriffen werden.

Opportunitätskosten: Opportunitätskosten entsprechen entgangenen Vorteilen. Bei Geld im Sparstrumpf verzichtet man auf mögliche Zinseinnahmen und nimmt daher Opportunitätskosten in Kauf.

Ordinate: „*y*-Achse" eines Schaubilds.

Organisation, divisionale: Bei einer divisionalen Organisation eines Unternehmens folgt die Strukturierung unter der Leitung dem Objektprinzip. Als Gliederungsmerkmal dienen dabei zumeist Produkte oder Produktgruppen. Die einzelnen Divisionen sind dabei recht hoch aggregierte *Profit Center* (siehe dort) mit entsprechender Ergebnisverantwortung.

---

[7] Der Begriff geht zurück auf *Demsetz* (1969), der verschiedene Fehler kritisiert, die bei einem solchen Vorgehen auftreten können.

Organisation, funktionale: Die funktionale Organisation ist durch eine Gliederung des Unternehmens nach Funktionen gekennzeichnet. Dies ermöglicht die Ausnutzung von Spezialisierungsvorteilen, allerdings um den Preis, dass sich weniger leicht als bei divisionaler Organisation eine umfassende Ergebnisverantwortlichkeit erreichen lässt.

Outside Option: Die Outside Option in einer Verhandlungssituation besteht in der bestmöglichen Alternative für den Fall der Nicht-Einigung. Das Produkt der Nutzenzuwächse relativ zu dieser Outside Option ist das Lösungskriterium der *Nash-Verhandlungslösung* (siehe dort).

Pareto-**Optimum**: *Pareto*-optimal ist eine Situation, in der es nicht möglich ist, irgendeinem Individuum einen höheren Nutzen zukommen zu lassen, ohne zugleich einem anderen Individuum eine Nutzenminderung abzuverlangen. Ein *Pareto*-Optimum hat also stets die Eigenschaft der Effizienz (siehe *Dominanz*).

Partialanalyse: Bei einer Partialanalyse (einem Partialmodell) werden nicht alle grundsätzlich variablen Elemente in eine Modelllösung einbezogen. Vielmehr fokussiert ein Partialmodell bestimmte einzelne Sachverhalte. Ein Beispiel für ein Partialmodell aus dem Bereich der Absatzwirtschaft ist die Gewinnmaximierung über die Preispolitik, wobei die Produktgestaltung und die Werbemaßnahmen als gegeben gelten. Der Gegensatz zur Partialanalyse ist die Totalanalyse. Sie erweist sich in aller Regel als zu komplex; das ist der Hauptgrund dafür, Partialanalysen anzustellen.

Potenzial, akquisitorisches: Das akquisitorische Potenzial gibt an, in welchem Umfang der Anbieter eines Gutes in der Lage ist, Kunden an sich zu binden (S. 290 ff.). Kundenbindung steht für die eigenständige Vorliebe eines Kunden für einen bestimmten Anbieter. Die Kundenbindung ermöglicht es dem Anbieter, für ansonsten identisch ausgestattete Produkte höhere Preise zu erzielen.

Preis-Absatz-Funktion: Die Preis-Absatz-Funktion (S. 266) oder auch Nachfragefunktion beschreibt den für ein Unternehmen gültigen Zusammenhang zwischen den erzielbaren Absatzpreisen p und Absatzmengen x: $x = f(p)$.

Prinzipal-Agent-Theorie: Siehe *Institutionenökonomik*.

Prinzip, ökonomisches: Siehe *Rationalprinzip*.

Privatautonomie: Privatautonomie bedeutet, dass ein Entscheider über sein Verhalten selbständig befindet. Daher müssen privatvertragliche Vereinbarungen stets allen autonom handelnden Parteien nutzen; anderenfalls würde wenigstens eine Seite den Vertrag so nicht abschließen. Privatautonomie ist eine der tragenden Säulen der Marktwirtschaft, findet ihre Grenzen aber in staatlichen Gesetzen sowie im Wettbewerb (S. 192 f.).

Produktionsfunktion: Eine Produktionsfunktion beschreibt den formalen Zusammenhang zwischen Einsatzgütern (Produktionsfaktoren, Input) und

Ausbringungsgütern (Produkten, Output). Demgegenüber steht der Begriff Technologie für das verfügbare Wissen um Produktionsmöglichkeiten. Leider heißt es häufig „Technologie", wenn eigentlich einfach die „Technik" gemeint ist.

Profit Center: Ein Profit Center ist eine Organisationseinheit mit Gewinnverantwortung. Für die sinnvolle Einrichtung eines Profit Centers ist er erforderlich, der verantwortlichen Instanz Entscheidungskompetenzen einzuräumen, die es ihr ermöglichen, auf positive und negative Erfolgsbeiträge maßgeblichen Einfluss zunehmen.

Projektfinanzierung: Unter Projektfinanzierung (S. 385 ff.) versteht man nicht schlicht die Finanzierung irgendeines Projektes, sondern ein Bündel von Vereinbarungen zur Finanzierung besonders großer Projekte, häufig im Rohstoff- oder Infrastrukturbereich. Das wesentliche Merkmal ist ein dichtes Geflecht von Vereinbarungen zur Verteilung der mit dem Projekt verbundenen Risiken.

Property Rights: Siehe *Verfügungsrechte*.

Qualitätsunsicherheit: Bei Qualitätsunsicherheit (oder Adverse Selection) sind die Parteien bei Abschluss eines Vertrages unterschiedlich gut über maßgebliche Charakteristika geplanter Projekte oder der Vertragspartner selbst informiert. Dadurch ist es ohne weiteres nicht möglich, eine genau der wahren Qualität angemessene Vertragsgestaltung vorzunehmen.

Quasi-Rente: Eine Quasi-Rente ist eine ex post erzielbare *ökonomische Rente* (siehe *Rente, ökonomische*), deren Entstehung eine vorherige Investitionen erfordert. Die Ex-post-Rente ist also erforderlich, damit sich die Investition auszahlt. Zu einer Quasi-Rente kommt es häufig im Zusammenhang der *fundamentalen Transformation* (siehe *Transformation, fundamentale*).

Rationalprinzip: Das Rationalprinzip (oder ökonomische Prinzip, S. 5) ist das ökonomische Basiswerturteil, demzufolge die Verschwendung von Gütern zu vermeiden ist. Mit gegebenen Mitteln sollte man also stets das weiteste Ziel anstreben (Maximumprinzip) und ein gegebenes Ziel stets mit den geringsten Mitteln erreichen (Minimumprinzip).

Recht, dispositives: Eine rechtliche Vorschrift ist dispositiv, wenn vertragschließende Parteien sie einvernehmlich durch eine private Regelung ersetzen können. Umgekehrt kann man nicht-dispositives Recht nicht durch einen Vertrag oder durch eine Satzung abbedingen. Daher spricht man auch vom zwingenden Recht. Beispielsweise können Arbeitnehmer und Arbeitgeber auch bei Einvernehmen keinen Vertrag schließen, der das gesetzliche Kündigungsschutzrecht des Arbeitnehmers ausschließt.

Regulierung: Der Begriff Regulierung steht für die Gesamtheit der staatlichen Regelungen (Gesetze, Verordnungen usw.), welche die Entscheidungsautonomie bei Markthandlungen von Privatpersonen und Unternehmen (eigentlich: der in Unternehmen handelnden Personen) begrenzen. Ziel der Regulierung ist aus ökonomischer Sicht das Abwenden schädlicher Auswirkungen von Marktunvollkommenheiten. Zudem dient die Regulierung aus politischer Sicht dazu, gesellschaftliche Werturteile in die Ausgestaltung der Wirtschaftsordnung einfließen zu lassen.

Rente, ökonomische: Eine Rente im ökonomischen Sinne hat nichts mit Altersversorgung zu tun. Als ökonomische Rente (S. 256) bezeichnet man vielmehr den Überschuss einer Faktorentlohnung über die bestmögliche Alternativentlohnung hinaus oder die Beschaffungsvorteile gegenüber der nächstbesten Beschaffungsmöglichkeit. Die Unternehmerrente ist zum Beispiel dem Gewinn gleichzusetzen. Bei ausgeprägtem Wettbewerb werden Renten wegkonkurriert.

Reputation: Reputation steht allgemein für den guten Ruf, die eine Person oder Institution genießt, und damit für das Vertrauen, das andere Parteien der betreffenden Person oder Institution entgegenbringen. Die ökonomische Bedeutung der Reputation liegt in dem damit bereitgestellten Vertrauenspfand; bisweilen ist sogar recht drastisch von einer Geisel die Rede. Seinem eigenen guten Ruf zuwiderzuhandeln zerstört einen Vermögenswert. Eine gute Reputation erzeugt daher den Anreiz, Versprechungen einzuhalten, die man ansonsten vielleicht brechen würde. Häufig ist es die Reputation, die es ermöglicht, glaubwürdige Versprechungen abgeben zu können.

Risiko: Abweichend von der Umgangssprache versteht man in der Wirtschaftswissenschaft unter Risiko nicht nur die Gefahr des Misslingens, sondern allgemein die Möglichkeit des Abweichens einer Zielgröße von ihrem Erwartungswert. Risiko ist damit generell ambivalent. Es steht nicht einseitig für Verlustgefahren, sondern umfasst zugleich die Gewinnchancen.

Second Best: Bei der Second-Best-Lösung handelt es sich um ein restringiertes Wohlfahrtsoptimum. Relativ zum *First Best* (siehe dort) steht die Wohlfahrtsmaximierung hier unter zusätzlichen Restriktionen. In institutionenökonomischen Ansätzen hat insbesondere die Restriktion der *Anreizverträglichkeit* (siehe dort) eine hohe Bedeutung. Die zusätzliche Restriktion hat zur Folge, dass sich nicht dasselbe Wohlfahrtsniveau erreichen lässt wie in vollkommenen Märkten.

Shareholder Value: Der Shareholder Value steht für das (Unternehmens-) Vermögen der Anteilseigner. Der Shareholder Value wird zu einer unternehmenspolitischen Konzeption, wenn sich begründen lässt (S. 213 ff.), dass der Shareholder Value eine aus ökonomischer Sicht zu befürwortende Zielsetzung für Entscheidungen in Unternehmen ist. Dies ist jedoch nur auf vollkommenen Märkten uneingeschränkt der Fall. Die Kritik am Shareholder Value als Leitlinie für die Unternehmenspolitik zielt überwiegend auf einen pervertierten Begriff des Shareholder Value, der sich ausschließlich an einer kurzfristigen Steigerung des Aktienkurses orientiert und dabei jede Nachhaltigkeit außer Acht lässt.

Spezialisierungsvorteil: Durch Beschränkung der eigenen Aktivitäten auf einen bestimmten Tätigkeitsbereich kommt es infolge von Lerneffekten zu einem Spezialisierungsvorteil (S. 65 ff.). Spezialisierungsvorteile äußern sich in der Regel in Kostenersparnissen. Das Entstehen von Spezialisierungsvorteilen ist der Hauptgrund für die Arbeitsteilung innerhalb und zwischen Unternehmen.

Spezifität: Spezifität (S. 139) ist eine Eigenschaft von Ressourcen, Investitionen oder auch Koordinationsmechanismen. Im Falle einer ausgeprägten Spezifität ist es nicht möglich, die betreffenden Ressourcen (usw.) auch losgelöst von ihrer zunächst geplanten Verwendung effizient einzusetzen. Zum Beispiel führt eine spezifische Ausbildung nur dann zu einer hohen Produktivität, wenn ein Unternehmen einen Arbeitnehmer seiner Ausbildung entsprechend einsetzt. Eine unspezifische Ausbildung ist dagegen allgemein produktivitätssteigernd. Weil bei hoher Spezifität und anderweitiger Verwertung ein großer Wertverlust stattfindet, sind spezifische Investitionen mit *Sunk Costs* (siehe dort) verbunden.

Stakeholder Value: Beim Stakeholder Value handelt es sich um die Verallgemeinerung des Shareholder Value. Er umfasst nicht nur die Einkommensinteressen der Anteilseigner, sondern die Forderungen aller Anspruchsinhaber gegen ein Unternehmen. Auf einem vollkommenen Markt führt die Maximierung des Shareholder Value stets auch zur Maximierung des Stakeholder Value; auf einem unvollkommenen Markt ist das jedoch nicht allgemein der Fall. Dann können Konzeptionen wie *Corporate Social Responsibility* (siehe dort) eine Bedeutung gewinnen.

Steuerparadoxon: Man spricht vom Steuerparadoxon (S. 336), wenn der *Kapitalwert* (siehe dort) nach Einbeziehung von Steuern höher ist als ohne Steuern. Die Aussage erscheint paradox, weil sie suggeriert, der Investor könne von Steuern profitieren. Die Erklärung liegt darin, dass auch die Alternativen der Besteuerung unterliegen und von dieser sogar stärker betroffen sind Dadurch sinken die *Opportunitätskosten* (siehe dort) der Investition und deren Vorteilhaftigkeit steigt.

Substitutionalität: Substitution steht für Ersetzen. Unter Substitutionalität lassen sich ökonomische Güter durcheinander ersetzen, ohne das Gesamtergebnis zu beeinflussen.

1. Diese Überlegung kann sich zunächst auf Faktoreinsatzbedingungen beziehen, wenn der Mehreinsatz eines Faktors so den Mindereinsatz eines anderen Faktors kompensiert, dass die gleiche Produktmenge resultiert (S. 44).

Die entgegengesetzte Relation bezeichnet man als *Limitationalität* (siehe dort).

2. Auch Konsumgüter können substitutional sein. In diesem Fall lassen sich die konsumierten Mengen zweier Güter so durcheinander ersetzen, dass der gleiche Konsumnutzen zustande kommt. Ein Beispiel für substitutionale Güter sind Lachsfilets und Rindersteaks im Rahmen eines Menüs. Der entgegengesetzte Begriff ist die *Komplementarität* (siehe dort).

3. Von erheblicher Bedeutung ist auch die intertemporale Substitution. Dabei geht es um die zeitliche Verteilung von Konsum oder von Einkommen. Gewöhnlich wird eine größere Konsummenge in der Zukunft erforderlich sein, um einen bestimmten Minderkonsum in der Gegenwart zu kompensieren (Gegenwartspräferenz, S. 320 f.).

Sunk Costs: Sunk Costs (oder auch irreversible Kosten) ergeben sich aus Investitionen, deren Auszahlungen nicht durch Liquidation des Projekts zurückgewinnen lassen. Erwirbt einer Fluggesellschaft ein Flugzeug, kann sie die damit verbundene Auszahlung durch Veräußerung des Flugzeugs zu einem hohen Anteil wieder rückgängig machen. Dagegen ist zum Beispiel jede Investition in Ausbildung „sunk"; sie kann sich auszahlen oder auch nicht, aber man kann sie keinesfalls veräußern.

Synergie: Als Synergie bezeichnet man den Erfolgszuwachs (gemessen beispielsweise durch den Gewinn oder den Marktwert) durch Integration bestimmter Aktivitäten („2 + 2 = 5"). Synergien können sich gleichermaßen in Kostensenkungen (Produktions-, Finanzierungs- oder Transaktionskosten) wie in Umsatzsteigerungen niederschlagen. Die Hoffnung, Synergien heben zu können, ist eines der wesentlichen Motive für Unternehmenszusammenschlüsse (Fusionen).

Tâtonnement: Siehe *Walras-Auktionator*.

Technologie: Siehe *Produktionsfunktion*.

Trade-off: Ein Trade-off ist das Abwägen zwischen Vor- und Nachteilen eines bestimmten Vorgehens oder einer bestimmten Lösung. Jedem ökonomischen Entscheidungsproblem liegt ein solcher Trade-off zugrunde.

Transaktionskosten: Transaktionskosten (S. 99 ff.) sind die Kosten der mit der Vorbereitung, Abwicklung und Durchsetzung einer Transaktion verbundenen Koordinationsmechanismen. Sie lassen sich nach verschiedenen Kriterien differenzieren. Typisch für transaktionskostentheoretische Ansätze ist die Einbeziehung der nach einer Vereinbarung entstehenden Kosten, etwa Durchsetzungs- und Kontrollkosten. Transaktionskosten sind das wichtigste Merkmal eines *unvollkommenen Marktes* (siehe *Markt, (un)vollkommener*).

Transformation, fundamentale: Die fundamentale Transformation (S. 257) hat folgende Merkmale: Vor Eingehen einer Kooperation kommen auf beiden

Seiten sehr viele mögliche Partner in Frage. Für die Kooperation sind spezifische Vorleistungen (siehe *Spezifität*) erforderlich. Nach Aufbringung der spezifischen Vorleistungen sind die Partner einseitig oder auch wechselseitig aneinander gebunden. Es besteht also vollkommene Konkurrenz ex ante und ein einseitiges oder bilaterales Monopol ex post.

Ultimatum-Angebot: Ein Ultimatum-Angebot (oder „take it or leave it-offer") lässt in einer Verhandlungssituation einer Partei nur die Möglichkeit der abschließenden Zustimmung oder der Nicht-Einigung. Hingegen ist es nicht möglich, mit einem anders lautenden Gegenvorschlag zu antworten.

Unternehmensverfassung: Die Zuordnung von Entscheidungskompetenzen und die Festlegung von Entscheidungsregeln auf der Leitungsebene von Unternehmen kennzeichnen die Unternehmensverfassung (S. 158 ff.). Wesentliche Elemente der Unternehmensverfassung sind die Rechtsform, der Gesellschaftsvertrag sowie die Leitungsorganisation eines Unternehmens. (Siehe auch *Corporate Governance*.)

Venture Capital: Venture Capital (VC, S. 377 ff.) ist eine Form der *Beteiligungsfinanzierung* (siehe dort) für in der Regel junge Unternehmen. Diese erhalten das Kapital von VC-Fonds, die sich ihrerseits bei privaten oder institutionellen Investoren refinanzieren. Die Manager der VC-Fonds unterstützen die Unternehmen nicht nur mit Risikokapital, sondern auch mit unternehmerischem Know-how. Das Engagement von VC-Gesellschaften ist nicht auf Dauer angelegt, sondern nur vorübergehend.

Verfügungsrechte: Das umfassende Eigentum an einem Gut besteht aus mehreren unterscheidbaren und unabhängig voneinander zuordenbaren Verfügungsrechten (Property Rights), nämlich aus den Rechten zum Gebrauch, zur Aneignung der Erträge, zur Veränderung und zum Verkauf. Zielrichtung der Verfügungsrechtstheorie ist es, eine gesamtwirtschaftlich optimale Verteilung von Verfügungsrechten auf die Individuen zu ermitteln. Dem *Coase-Theorem* (siehe dort) zufolge ist auf vollkommenen Märkten die staatliche Zuordnung von Verfügungsrechten irrelevant, wenn Individuen mit Verfügungsrechten frei handeln dürfen.

Verhalten, strategisches: Strategisches Verhalten (S. 286 ff.) umfasst Aktivitäten der Beeinflussung zeitlich oder logisch nachgelagerter Handlungen zur verbesserten eigenen Zielerreichung. Zielrichtung strategischen Verhaltens kann im Prinzip jeder sein: Lieferanten, Abnehmer, Konkurrenten, der Staat (dann spricht man von Lobbyismus) und sogar der Entscheider selbst, der sich an bestimmte Verhaltensweisen binden möchte.

Verhaltensunsicherheit: Im Fall der Verhaltensunsicherheit (oder Moral Hazard) ist das Verhalten von Vertragsparteien nach Abschluss einer Vereinbarung nicht für alle Seiten beobachtbar. Unbeobachtbare Verhaltensweisen kann man nicht zum Gegenstand eines Vertrages machen, sie sind nicht kontrahierbar (siehe *Kontrahierbarkeit*).

Verifizierbarkeit: Verifizierbarkeit bedeutet, dass nicht nur die vertragschließenden Parteien sondern auch eine Konfliktlösungsinstanz wie ein Gericht überprüfen können, ob vertragliche Verpflichtungen erfüllt und ob Informationen korrekt übermittelt sind. Verifizierbarkeit führt also zur *Kontrahierbarkeit* (siehe dort).

Verrechnungspreis: Siehe *Markt, interner*.

Vertragstheorie: Siehe *Institutionenökonomik*.

Verursachungsgerechtigkeit: Verursachungsgerechtigkeit ist ein wichtiges Zurechnungskriterium in der *Kosten- und Erlösrechnung* (siehe dort). Das Ziel besteht darin, jeder Ursache die durch sie ausgelösten Wirkungen möglichst umfassend zuzurechnen. Die Zuweisung von Verantwortlichkeit zu Individuen trägt dazu bei, *Haftung* (siehe dort) zu verwirklichen und *externe Effekte* (siehe *Effekte, externe*) zu verringern.

***Walras*-Auktionator**: Die Idee des *Walras*-Auktionators (S. 89 f.) ist ein Gedankenspiel, das verdeutlicht, wie auf einem Markt auch ohne eine allwissende Instanz Gleichgewichtspreise (siehe *Marktgleichgewicht*) gefunden werden können. Dieser fiktive Auktionator muss lediglich wissen, ob zu einem bestimmten Preis eine Übernachfrage oder ein Überangebot herrscht. Über einen Prozess von Versuch und Irrtum tastet sich der Auktionator an den Gleichgewichtspreis heran („Tâtonnement"). Mit Hilfe des *Walras*-Auktionators lässt sich verdeutlichen, dass Preise ein dezentral wirkender Koordinationsmechanismus sind.

Literaturverzeichnis

Adams, M. (2004): Ökonomische Theorie des Rechts. Konzepte und Anwendungen, 2. Aufl.

Admati, A./Hellwig, M. (2014): Des Bankers neue Kleider: Was bei Banken wirklich schief läuft und was sich ändern muss, 3. Aufl.

Aghion, P./Bolton, P. (1992): An incomplete contracts approach to financial contracting. Review of Economic Studies 59, 473-494.

Akerlof, G. A. (1970): The market for „lemons": Quality uncertainty and the market mechanism. Quarterly Journal of Economics 84, 488-500.

Akerlof, G. A. (1976): The economics of caste and of the rat race and other woeful tales. Quarterly Journal of Economics 90, 599-618.

Albach, H. (1991): Ansprache anlässlich der Eröffnung der 52. Wissenschaftlichen Jahrestagung des Verbandes der Hochschullehrer für Betriebswirtschaft in der Universität Frankfurt am 06.06.1990. In: Betriebswirtschaftslehre und ökonomische Theorie, hrsg. von *D. Ordelheide, B. Rudolph* und *E. Büsselmann*, 3-9.

Albach, H./Albach, R. (1989): Das Unternehmen als Institution. Rechtlicher und gesellschaftlicher Rahmen.

Albers, S. (1989): Kundennähe als Erfolgsfaktor. In: Elemente erfolgreicher Unternehmenspolitik in mittelständischen Unternehmen, hrsg. von *S. Albers u. a.*, 101-122.

Alchian, A. A./Demsetz, H. (1972): Production, information costs and economic organization. American Economic Review 62, 777-795.

Alchian, A. A./Woodward, S. (1987): Reflections on the theory of the firm. Journal of Institutional and Theoretical Economics 143, 110-136.

Alewell, D. (1993): Interne Arbeitsmärkte. Eine informationsökonomische Analyse.

Allais, M. (1979): The foundations of a positive theory of choice involving risk and a criticism of the postulates and axioms of the American School. In: Expected Utility Hypotheses and the Allais Paradox, hrsg. von *M. Allais* und *O. Hagen*, 27-145.

Antes, R. (2014): Nachhaltigkeit und Betriebswirtschaftslehre. Eine wissenschafts- und institutionentheoretische Perspektive.

Arrow, K. J. (1969): The organization of economic activity: Issues pertinent to the choice of market versus non-market allocation. In: The Analysis and Evaluation of Public Expenditures: The PPB-System, Joint Economic Committee, 91st Congress, 1st Session, Bd. 1, 47-64.

Arrow, K. J. (1970): The theory of risk-bearing. In: *Derselbe*: Essays in the Theory of Risk-Bearing, 90-120.

Backes-Gellner, U./Lazear, E. P./Wolff, B. (2001): Personalökonomik. Fortgeschrittene Anwendungen für das Management.

Backhaus, K./Schill, J./Uekermann, H. (1993): Projektfinanzierung. In: Handbuch des Finanzmanagements. Instrumente und Märkte der Unternehmensfinanzierung, hrsg. von *G. Gebhardt, W. Gerke* und *M. Steiner*, 532-556.

Ball, R./Kothari, S. P./Robin, A. (2000): The effect of international institutional factors on properties of accounting earnings. Journal of Accounting Research 29, 1-51.

Ballwieser, W. (2018): Fragwürdige Bilanzen – 1948, heute und in Zukunft? Der Betrieb 71, 1-8.

Balzer, A. (1988): Firmeninterne Arbeitsmärkte. Ein Erklärungsbeitrag aus Sicht der Neuen Institutionellen Ökonomie.

Bamberg, G. (1986): The hybrid model and related approaches to capital market equilibria. In: Capital Market Equilibria, hrsg. von *G. Bamberg* und *K. Spremann*, 7-54.

Bamberg, G./Baur, F./Krapp, M. (2017): Statistik, 18. Aufl.
Bamberg, G./Trost, R. (1996): Entscheidungen unter Risiko. Empirische Evidenz und Praktikabilität. Betriebswirtschaftliche Forschung und Praxis 48, 640-662.
Barth, K. (1939): Die Jahresbilanz, ihre wirtschaftliche Bedeutung und rechtliche Regelung, systematisch und geschichtlich dargestellt an Hand der Ergebnisse der heutigen Bilanztheorie, Dissertation Tübingen.
Barth, M. E./Landsman, W. H./Lang, M. H. (2008): International accounting standards and accounting quality. Journal of Accounting Research 46, 467-498.
Baur, W. (1967): Neue Wege der betrieblichen Planung.
Bea, F. X. (2009): Entscheidungen des Unternehmens. In: Allgemeine Betriebswirtschaftslehre, Bd. 1: Grundfragen, hrsg. von *F. X. Bea* und *M. Schweitzer*, 10. Aufl., 332-437.
Bea, F. X./Göbel, E. (2010): Organisation. Theorie und Gestaltung, 4. Aufl.
Beidleman, C. R./Fletcher Brown, D./Veshosky, D. (1990): On allocating risk: The essence of project finance. Sloan Management Review 31, Spring, 47-55.
Berger, P. G./Ofek, E. (1995): Diversification's effect on firm value. Journal of Financial Economics 37, 39-65.
Berninghaus, S. K./Ehrhardt, K.-M./Güth, W. (2010): Strategische Spiele. Eine Einführung in die Spieltheorie, 3. Aufl.
Bernoulli, D. (1738/1954): Specimen theoriae novae de mensura sortis. Commentarii Academiae Scientiarum Imperialis Petropolitanae 5, 175-192; zitiert nach der englischen Übersetzung: „Exposition of a new theory on the measurement of risk". Econometrica 22, 23-36; vorliegende deutsche Übersetzung: „Entwurf einer neuen Theorie zur Bewertung von Lotterien". Die Betriebswirtschaft 56, 733-742.
Bertrand, J. (1883): Besprechung der Bücher „Théorie mathématique de la richesse sociale" par *L. Walras* (1883) und „Recherches sur le principes mathématique de la théorie des richesses" par *A. Cournot* (1838). Journal des Savants, 499-508.
Bitz, M. (1981): Entscheidungstheorie.
Böckem, S. (1993): Marktnischen oder Trendprodukte? Zeitschrift für betriebswirtschaftliche Forschung 45, 535-547.
Brealey, R. A./Myers, S. C./Allen, F. (2017): Principles of Corporate Finance (Global Edition), 12. Aufl.
Brennan, G. (2014): „Für Ökonomen muss alles auf eine einzige Leinwand passen". Perspektiven der Wirtschaftspolitik 15, 334-345.
Breyer, F./Kolmar, M. (2014): Grundlagen der Wirtschaftspolitik, 4. Aufl.
Brockhoff, K. (2011): Prognosen. In: Allgemeine Betriebswirtschaftslehre, Bd. 2: Führung, hrsg. von *F. X. Bea* und *M. Schweitzer*, 10. Aufl., 785-825.
Buch, C. M., u. a. (2007), Analyse der Beweggründe, der Ursachen und der Auswirkungen des so genannten Offshoring auf Arbeitsplätze und Wirtschaftsstruktur in Deutschland. Gutachten im Auftrag des Bundesministeriums für Wirtschaft und Technologie.
Buchanan, J. M. (1964): What should economists do? Southern Economic Journal 30, 213-222.
Budäus, D./Gerum, E./Zimmermann, G. (Hrsg.) (1988): Betriebswirtschaftslehre und Theorie der Verfügungsrechte.
BVK (Bundesverband Deutscher Kapitalbeteiligungsgesellschaften) (2018): BVK Statistik. Das Jahr in Zahlen (auch: ältere Jahrgänge 2007-2017).
Carr, J. L./Mathewson, F. (1990): The economics of law firms: A study in the legal organization of the firm. Journal of Law and Economics 33, 307-330.
Coase, R. (1937): The nature of the firm. Economica 4, 386-405.
Coase, R. (1960): The problem of social cost, Journal of Law and Economics 3, S. 1-40.

Coenenberg, A. G./Haller, A./Schultze, W. (2016): Jahresabschluss und Jahresabschlussanalyse. Betriebswirtschaftliche, handelsrechtliche, steuerrechtliche und internationale Grundsätze, 24. Aufl.
Cooper, R. W., u. a. (1989): Communication in the battle of the sexes game: Some experimental results. Rand Journal of Economics 20, 568-587.
Cooper, R. W., u. a. (1990): Selection criteria in coordination games: Some experimental results. American Economic Review 80, 218-233.
Cooper, R. W., u. a. (1992): Communication in coordination games. Quarterly Journal of Economics 107, 739-771.
Copeland, T. E./Weston, J. F./Shastri, K. (2008): Finanzierungstheorie und Unternehmenspolitik. Konzepte der kapitalmarktorientierten Unternehmensfinanzierung, 4. Aufl.
Cournot, A. (1838): Recherches sur les principes mathématiques de la théorie des richesses.
Cyert, R. M./March, J. G. (1963): A Behavioral Theory of the Firm.
Darby, M. R./Karni, E. (1973): Free competition and the optimal amount of fraud. Journal of Law and Economics 16, 67-88.
Davidson, R. H./Dey, A./Smith, A. (2016): CEO materialism and corporate social responsibility. Booth Working Paper Series 16-11, März 2016.
DeAngelo, H. (1981): Competition and unanimity. American Economic Review 71, 18-27.
Defoe, D. (1719): Robinson Crusoe, zitiert nach der deutschsprachigen Ausgabe des Diogenes Verlags, 1985.
Denis, D. (2016): Corporate governance and the goal of the firm: In defense of shareholder wealth maximization. Review of Finance 51, 467-480.
Della Croce, R./Gatti, S. (2014): Financing infrastructure – international trends. OECD-Journal: Financial Market Trends No. 104, 123-138.
Demsetz, H. (1969): Information and efficiency: Another viewpoint. Journal of Law and Economics 12, 1-22.
Deutsche Bundesbank (2017): Hochgerechnete Angaben aus Jahresabschlüssen deutscher Unternehmen von 1997 bis 2016. Dezember 2017.
DFV (Deutscher Franchise-Verband) (2018a): Was ist Franchising. https://www.franchiseverband.com/wissen/franchising-definition, 18.04.2018.
DFV (Deutscher Franchise-Verband) (2018b): Systeme Finden. https://www.franchiseverband.com/systeme-finden, 18.04.2018.
Diamond, D. W. (1984): Financial intermediation and delegated monitoring. Review of Economic Studies 51, 393-414.
Diamond, D. W. (1989): Reputation acquisition in debt markets. Journal of Political Economy 97, 828-862.
Dixit, A. K./Nalebuff, B. J. (1995): Spieltheorie für Einsteiger. Strategisches Know-how für Gewinner.
Dixit, A. K./Pindyck, R. S. (1994): Investment under Uncertainty.
Dnes, A. W. (1992): Unfair contractual practises and hostages in franchise contracts. Journal of Institutional and Theoretical Economics 148, 484-504.
Dymke, B. (2011): Directors' Dealings in Deutschland. Empirische Analyse der Eigengeschäfte von Unternehmensinsidern.
Eichberger, J. (2004): Grundzüge der Mikroökonomik.
Eisele, F. (2006): Going Private in Deutschland. Eine institutionelle und empirische Analyse des Rückzugs vom Kapitalmarkt.
Eisenführ, F./Weber, M./Langer, T. (2010): Rationales Entscheiden, 5. Aufl.

Ellinger, T./Beuermann, G./Leisten, R. (2003): Operations Research. Eine Einführung, 6. Aufl.
Engels, W./Müller, H. (1970): Substanzerhaltung: eine betriebswirtschaftliche Konsumtheorie. Zeitschrift für betriebswirtschaftliche Forschung 22, 349-358.
Ewert, R. (1993): Rechnungslegung, Wirtschaftsprüfung, rationale Akteure und Märkte: Ein Grundmodell zur Analyse der Qualität von Unternehmenspublikationen. Zeitschrift für betriebswirtschaftliche Forschung 45, 715-747.
Ewert, R. (2005): Wirtschaftsprüfung. In: Vahlens Kompendium der Betriebswirtschaftslehre, hrsg. von *M. Bitz u. a.*, 5. Aufl., Bd. 2, 479-534.
Ewert, R./Wagenhofer, A. (2014): Interne Unternehmensrechnung, 8. Aufl.
Fama, E. F. (1980): Agency problems and the theory of the firm. Journal of Political Economy 88, 288-307.
Fama, E. F./Jensen, M. C. (1983a): Separation of ownership and control. Journal of Law and Economics 26, 301-325.
Fama, E. F./Jensen, M. C. (1983b): Agency problems and residual claims. Journal of Law and Economics 26, 327-349.
Fehr, E./Schmidt, K. M. (1999): A Theory of fairness, competition, and cooperation. Quarterly Journal of Economics 114, 817-868.
Feld, L. P./Frey, B. S./Kirchgässner, G. (2013): Demokratische Wirtschaftspolitik, 4. Aufl.
Ferrell, A./Liang, H./Rennebog, L. (2016): Corporate responsible firms. Journal of Financial Economics 122, 585-606.
Fisher, I. (1930): The Theory of Interest.
Frank, R. H. (1987): If homo economicus could choose his own utility function, would he want one with a conscience? American Economic Review 77, 593-604.
Franke, G. (1989): Finanzielle Haftung aus Sicht der Kapitalmarkttheorie. In: Geldwirtschaft und Rechnungswesen, hrsg. von *H.-D. Deppe*, 229-255.
Franke, G. (2016): Reputationsmanagement. In: FIRM Jahrbuch 2016, hrsg. v. Frankfurter Institut für Risikomanagement und Regulierung, 94-96.
Franke, G./Hax, H. (2009): Finanzwirtschaft des Unternehmens und Kapitalmarkt, 6. Aufl.
Friedl, G./Hofmann, C./Pedell, B. (2013). Kostenrechnung. Eine entscheidungsorientierte Einführung, 2. Aufl.
Friedman, J. W. (1971): A non-cooperative equilibrium for super games. Review of Economic Studies 38, 1-12.
Friend, I. (1977): The demand for risky assets. Some extensions. In: Financial Decision Making under Uncertainty, hrsg. von *H. Levy* und *M. Sarnat*, 65-82.
Fudenberg, D./Tirole, J. (1984): The fat-cat effect, the puppy-dog ploy and the lean and hungry look. American Economic Review 74, Papers and Proceedings, 361-366.
Fudenberg, D./Tirole, J. (1991): Game Theory.
Furubotn, E. G./Pejovic, S. (1970): Property rights and the behavior of a firm in a socialist state: The example of Yugoslavia. Zeitschrift für Nationalökonomie 30, 431-454.
Gale, D./Hellwig, M. (1985): Incentive-compatible debt contracts. The one-period problem. Review of Economic Studies 52, 647-663.
Gerum, E./Mölls, S. (2009): Unternehmensordnung: In: Allgemeine Betriebswirtschaftslehre. Bd. 1: Grundfragen, hrsg. von *F. X. Bea* und *M. Schweitzer*, 10. Aufl., 225-331.
Gibbons, R. (1992): Game Theory for Applied Economists.
Gimpelson, V./Treisman, D. (2018): Misperceiving inequality. Economics and Politics 30, 27-54.
Gompers, P. A./Lerner, J. (2006): The Venture Capital Cycle, 2. Aufl.

Götz, A. (2001): Juristische und Ökonomische Analyse des Eigenkapitalersatzrechts. Eine kritische, interdisziplinäre Untersuchung zur Begründbarkeit der Regeln über den Eigenkapitalersatz.
Greenpeace (2015): Brent-Spar-Kampagne: die Chronologie.
Grossman, S. J. (1981): The role of warranties and private disclosure about product quality. Journal of Law and Economics 24, 461-483.
Grossman, S. J./Hart, O. D. (1982): Corporate financial structure and managerial incentives. In: The Economics of Information and Uncertainty, hrsg. von *J. J. McCall*, 103-137.
Grossman, S. J./Hart, O. D. (1986): The costs and benefits of ownership: A theory of vertical and lateral integration. Journal of Political Economy 94, 691-719.
Grupp, B./Neus, W./Walter, A. (2006): Der Erfolg von Börseneinführungen mit Business-Angels-Beteiligung. Eine empirische Untersuchung für den deutschen Kapitalmarkt. Finanzbetrieb 8, 343-351.
Gutenberg, E. (1983): Grundlagen der Betriebswirtschaftslehre, Band 1: Die Produktion, 24. Aufl.
Gutenberg, E. (1984): Grundlagen der Betriebswirtschaftslehre, Band 2: Der Absatz, 17. Aufl.
Güth, W. (1994): Markt- und Preistheorie.
Hardin, G. (1968): The tragedy of the commons. Science 162, 1243-1248.
Harris, M./Holmström, B. (1982): A theory of wage dynamics. Review of Economic Studies 49, 315-333.
Harris, T. S./Lang, M./Möller, H. P. (1995): Zur Relevanz der Jahresabschlussgrößen Erfolg und Eigenkapital für die Aktienbewertung in Deutschland und den USA. Zeitschrift für betriebswirtschaftliche Forschung 47, 996-1028.
Harsanyi, J. C./Selten, R. (1988): A General Theory of Equilibrium Selection in Games.
Hart, O. (1995): Firms, Contracts, and Financial Structure.
Hart, O./Zingales, L. (2017): Companies should maximize shareholder welfare not market value. ECGI Working Paper 521/2017, August 2017.
Haugen, R. A./Senbet, L. W. (1978): The insignificance of bankruptcy costs to the theory of optimal capital structure. Journal of Finance 33, 383-393.
Hax, H. (1963): Rentabilitätsmaximierung als unternehmerische Zielsetzung. Zeitschrift für handelswissenschaftliche Forschung (Neue Folge) 15, 337-344.
Hax, H. (1969): Die Koordination von Entscheidungen. In: Unternehmerische Planung und Entscheidung, hrsg. von *W. Busse von Colbe und P. Meyer-Dohm*, 39-54.
Hax, H. (1970): Für wen kann und soll die betriebswirtschaftliche Fachsprache verständlich sein? Zeitschrift für betriebswirtschaftliche Forschung 22, 575-578.
Hax, H. (1974): Entscheidungsmodelle in der Unternehmung. Einführung in Operations Research.
Hax, H. (1977): Die Legende von der ewigen Lampe. Markenartikel 39, 412-418.
Hax, H. (1981): Unternehmung und Wirtschaftsordnung. In: Zukunftsprobleme der sozialen Marktwirtschaft, hrsg. von *O. Issing*, 421-440.
Hax, H. (1982): Finanzierungs- und Investitionstheorie. In: Neuere Entwicklungen in der Unternehmenstheorie, hrsg. von *H. Koch*, 49-69.
Hax, H. (1984): Überkapazitäten als betriebswirtschaftliches Problem. In: Kapazitätsrisiken und Unternehmenspolitik. Zeitschrift für betriebswirtschaftliche Forschung, Sonderheft 18·84, 22-31.
Hax, H. (1985): Die arbeitsgeleitete Unternehmung. Kritische Überlegungen zu einer alternativen Unternehmenskonzeption für die Marktwirtschaft. In: Selbstinteresse und Gemeinwohl, hrsg. von *A. Rauscher*, 121-156.

Hax, H. (1988): Rechnungslegungsvorschriften. Notwendige Rahmenbedingungen für den Kapitalmarkt? In: Unternehmungserfolg. Planung, Ermittlung, Kontrolle, hrsg. von *M. Domsch u. a.*, 187-201.
Hax, H. (1989): Investitionsrechnung und Periodenerfolgsmessung. In: Der Integrationsgedanke in der Betriebswirtschaftslehre, hrsg. von *W. Delfmann*, 153-170.
Hax, H. (1991): Theorie der Unternehmung. Information, Anreize und Vertragsgestaltung. In: Betriebswirtschaftslehre und ökonomische Theorie, hrsg. von *D. Ordelheide, B. Rudolph und E. Büsselmann*, 51-72.
Hax, H. (1993): Unternehmensethik – Ordnungselement der Marktwirtschaft? Zeitschrift für betriebswirtschaftliche Forschung 45, 769-779.
Hax, H. (1995): Unternehmensethik. Fragwürdiges Ordnungselement in der Marktwirtschaft. Zeitschrift für betriebswirtschaftliche Forschung 47, 180-181.
Hax, H. (1998): Finanzierung. In: Vahlens Kompendium der Betriebswirtschaftslehre, 4. Aufl., Bd. 1, hrsg. von *M. Bitz u. a.*, 175-233.
Hax, H. (2005): Unternehmen und Unternehmer in der Marktwirtschaft.
Hax, H./Laux, H. (1969): Investitionstheorie. In: Beiträge zur Unternehmensforschung, hrsg. von *G. Menges*, 227-284.
Hax, H./Laux, H. (1975): Einleitung. In: Die Finanzierung der Unternehmung, hrsg. von *H. Hax* und *H. Laux*, 11-33.
He, L. (1998): Joint Venture im Lichte der Theorie der Unternehmung.
Heap, S. P. H./Varoufakis, Y. (2004): Game Theory. A Critical Text, 2. Aufl.
Hecker, R. (2000): Regulierung von Unternehmensübernahmen und Konzernrecht.
Hemmert, M. (1999): ‚Intermediate organization' revisited: a framework for the vertical division of labor in manufacturing and the case of the Japanese assembly industries. Industrial and Corporate Change 8, 487-517.
Hirshleifer, J. (1956): On the economics of transfer pricing. Journal of Business 29, 172-184.
Hirshleifer, J. (1957): Economics of the divisionalized firm. Journal of Business 30, 96-108.
Holler, M. J./Illing, G. (2009): Einführung in die Spieltheorie, 7. Aufl.
Holmström, B. (1982): Moral hazard in teams. Bell Journal of Economics 13, 324-340.
Homann, K. (2015): „Wir sind mit unseren intuitiven Moralvorstellungen noch nicht in der Moderne angekommen". Perspektiven der Wirtschaftspolitik 16, 44-56.
Homann, K./Blome-Drees, F. (1992): Wirtschafts- und Unternehmensethik.
Homann, K./Suchanek, A. (2005): Ökonomik. Eine Einführung, 2. Aufl.
Homburg, C./Küster, S./Krohmer, H. (2013): Marketing Management. A Contemporary Perspective, 2. Aufl.
Hong, H./Kubik, J. D./Scheinkman, J. A. (2012): Financial constraints on corporate goodness. NBER Working Paper 18476, October 2012.
Hopfenbeck, W. (2002): Allgemeine Betriebswirtschaftslehre und Managementlehre. Das Unternehmen im Spannungsfeld zwischen ökonomischen, sozialen und ökologischen Interessen, 14. Aufl.
IDW (Hrsg.): WP-Handbuch 2014. Wirtschaftsprüfung, Rechnungslegung, Beratung, Bd. II, 14. Aufl.
Innes, R. D. (1990): Limited liability and incentive contracting with ex-ante action choices. Journal of Economic Theory 52, 45-67.
Jacob, H. (1971): Preispolitik, 2. Aufl.
Jensen, M. C. (1986): Agency costs of free cash flow, corporate finance, and takeovers. American Economic Review 76, Papers and Proceedings, 323-329.
Jensen, M. C. (2010): Active investors, LBOs, and the privatization of bankruptcy. Journal of Applied Corporate Finance 22, 77-85.

Jensen, M. C./Meckling, W. H. (1976): Theory of the firm. Managerial behavior, agency costs and ownership structure. Journal of Financial Economics 3, 305-360.
Jevons, W. S. (1871): The Theory of Political Economy.
Jost, P.-J./Weitzel, U. (2007): Strategic Conflict Management. A Game-Theoretical Introduction.
Jung, B./Kohler, W. (2017): Wie vorteilhaft ist internationaler Handel. Ein neuer Ansatz zur Vermessung der Gewinne. Perspektiven der Wirtschaftspolitik 18, 32-55.
Jungbauer-Gans, M./Preisendörfer, P. (1991): Verbessern eine gründliche Vorbereitung und sorgfältige Planung die Erfolgschancen neugegründeter Betriebe? Zeitschrift für betriebswirtschaftliche Forschung 43, 987-996.
Kaas, K.-P. (1992): Kontraktgütermarketing als Kooperation zwischen Prinzipalen und Agenten. Zeitschrift für betriebswirtschaftliche Forschung 44, 884-901.
Kahneman, D. (2012): Schnelles Denken, langsames Denken.
Kahneman, D./Knetsch, J. L./Thaler, R. H. (1991): Anomalies: The endowment effect, loss aversion, and status quo bias. Journal of Economic Perspectives 5, 193-206.
Kern, W. (1992): Industrielle Produktionswirtschaft, 5. Aufl.
Kistner, K.-P./Steven, M. (2002): Betriebswirtschaftslehre im Grundstudium 1. Produktion, Absatz, Finanzierung, 4. Aufl.
Klein, B./Crawford, R. G./Alchian, A. A. (1978): Vertical integration, appropriable rents and the competitive contracting process. Journal of Law and Economics 21, 297-326.
Klein, B./Leffler, K. B. (1981): The role of market forces in assuring contractual performance. Journal of Political Economy 89, 615-641.
Knauer, T./Lachmann, M. (2011): Kapitalmarktreaktionen auf Personalabbauprogramme: Welchen Einfluss haben Motiv, Umfang und Freiwilligkeit? Zeitschrift für Betriebswirtschaft 81, 1109-1140.
Kosiol, E. (1968): Einführung in die Betriebswirtschaftslehre.
Krahnen, J. P. (1985): Kapitalmarkt und Kreditbank. Untersuchungen zu einer mikroökonomischen Theorie der Bankunternehmung.
Krahnen, J. P. (1990): Über den Wert impliziter Treueprämien. Betriebliche Altersversorgung aus finanzierungstheoretischer Sicht. Zeitschrift für betriebswirtschaftliche Forschung 42, 199-215.
Krahnen, J. P./Meran, G. (1987): Why leasing? An introduction to comparative contractual analysis. In: Agency Theory, Information, and Incentives, hrsg. von *G. Bamberg* und *K. Spremann*, 255-280.
Krahnen, J. P./Schmidt, R. H./Terberger, E. (1985): Der ökonomische Wert von Flexibilität und Bindung. In: Information und Wirtschaftlichkeit, hrsg. von *W. Bullwieser* und *K.-H. Berger*, 253-285.
Kräkel, M. (2015): Organisation und Management, 6. Aufl.
Kraus, A./Litzenberger, R. H. (1973): A state-preference-model of optimal financial leverage. Journal of Finance 28, 911-922.
Krelle, W. (1992): Ethik lohnt sich ökonomisch. Über die Lösung einer Klasse von Nicht-Nullsummenspielen. In: Unternehmensethik. Konzepte, Grenzen, Perspektiven, Ergänzungsheft 1/92 der Zeitschrift für Betriebswirtschaft, 35-49.
Kreps, D. M. (1990): Game Theory and Economic Modeling.
Kreps, D. M. (1995): A Course in Microeconomic Theory, 6. Aufl.
Kroll, Y./Levy, H./Markowitz, H. M. (1984): Mean-variance versus direct utility maximization. Journal of Finance 39, 47-61.
Kruschwitz, L. (1991): Leasing und Steuern. Zeitschrift für betriebswirtschaftliche Forschung 43, 99-118.
Kruschwitz, L. (2010): Finanzmathematik, 5. Aufl.
Kruschwitz, L. (2014): Investitionsrechnung, 14. Aufl.

Kruschwitz, L./Husmann, S. (2012): Finanzierung und Investition, 7. Aufl.
Kück, M. (1990): Typische Finanzierungsprobleme von kleinen Unternehmen. In: Aspekte der Finanzierung des Kleinbetriebssektors, hrsg. von *M. Kück*, 23-29.
Kürsten, W. (2005): Finanzierung. In: Vahlens Kompendium der Betriebswirtschaftslehre, 5. Aufl., Band 1, hrsg. von *M. Bitz u.a.*, 173-235.
Laux, C. (1997): Projektfinanzierung – Vorteile auch für kapitalkräftige Unternehmen? Die Betriebswirtschaft 57, 840-856.
Laux, H. (1971): Flexible Investitionsplanung. Einführung in die Theorie der sequentiellen Entscheidungen bei Unsicherheit.
Laux, H. (1979): Grundfragen der Organisation: Delegation, Anreiz und Kontrolle.
Laux, H. (2006): Unternehmensrechnung, Anreiz und Kontrolle. Die Messung, Zurechnung und Steuerung des Erfolgs als Grundprobleme der Betriebswirtschaftslehre, 3. Aufl.
Laux, H./Gillenkirch, R./Schenk-Mathes, H. Y. (2014): Entscheidungstheorie, 9. Aufl.
Laux, H./Liermann, F. (2005): Grundlagen der Organisation. Die Steuerung von Entscheidungen als Grundproblem der Betriebswirtschaftslehre, 6. Aufl.
Lazear, E. P. (1979): Why is there mandatory retirement? Journal of Political Economy 87, 1261-1284.
Lazear, E. P./Rosen, S. (1981): Rank-order tournaments as optimum labor contracts. Journal of Political Economy 89, 841-864.
Leland, H. E. (1979): Quacks, lemons, and licensing: A theory of minimum quality standards. Journal of Political Economy 87, 1328-1346.
Leland, H. E./Pyle, D. H. (1977): Informational asymmetries, financial structure, and financial intermediation. Journal of Finance 32, 371-387.
Leuz, C./Wüstemann, J. (2004): The role of accounting in the German financial system. In: The German Financial System, hrsg. von J. P. Krahnen/R. H. Schmidt, 450-477.
Levy, H./Sarnat, M. (1984): Portfolio and Investment Selection: Theory and Practice.
Luce, R. D./Raiffa, H. (1957): Games and Decisions. Introduction and Critical Survey.
Lücke, W. (1955): Investitionsrechnung auf der Grundlage von Ausgaben oder Kosten? Zeitschrift für handelswissenschaftliche Forschung (Neue Folge) 7, 310-324.
Mas-Colell, A./Whinston, M. D./Green, J. R. (1995): Microeconomic Theory.
Matthes, A. (2010): The impact of horizontal and vertical FDI on labor demand for different skill groups, IAW-Diskussionspapier 59, Februar 2010.
Mayer, N. (2018): Financial Capability in der Kunde-Bank-Beziehung. Eine wissensbasierte Analyse und Modellkonzeption.
McDonald, I. M./Solow, R. M. (1981): Wage bargaining and employment. American Economic Review 71, 896-908.
Meckling, W. H./Jensen, M. C. (1983): Reflections on the corporation as a social invention. Midland Corporate Finance Journal 1, Heft 3, 6-15.
Meyer, J. (1987): Two-moment decision models and expected utility maximization. American Economic Review 77, 421-430.
Milgrom, P./Roberts, J. (1992): Economics, Organization, and Management.
Milgrom, P./Stokey, N. (1982): Information, trade and common knowledge. Journal of Economic Theory 26, 17-27.
Miller, M. H. (1977): Debt and taxes. Journal of Finance 32, 261-276.
Mises, L. v. (1929): Kritik des Interventionismus (zitiert nach dem Nachdruck 1976).
Miyazaki, H. (1977): The rat race and internal labor markets. Bell Journal of Economics 8, 394-418.
Modigliani, F./Miller, M. H. (1958): The cost of capital, corporation finance, and the theory of investment. American Economic Review 48, 261-297.

Möller, H. P./Hüfner, B. (2004): Betriebswirtschaftliches Rechnungswesen. Die Grundlagen von Buchführung und Finanzberichten.
Monissen, H. G./Wenger, E. (1987): Specific human capital and collective codetermination rights. In: Efficiency, Institutions, and Economic Policy, hrsg. von *R. Pethig* und *U. Schlieper*, 127-148.
Mossin, J. (1973): Theory of Financial Markets.
Myers, S. C. (1984): The capital structure puzzle. Journal of Finance 39, 575-592.
Myerson, R. B. (1991): Game Theory. Analysis of Conflict.
Nash, J. F. (1950): The bargaining problem. Econometrica 18, 155-162.
Nash, J. F. (1951): Non-cooperative games. Annals of Mathematics 54, 286-295.
Nelson, P. (1970): Information and consumer behavior. Journal of Political Economy 78, 311-329.
Neumann, J. v./Morgenstern, O. (1944): Theory of Games and Economic Behaviour, zitiert nach der deutschen Übersetzung der dritten Auflage: Spieltheorie und wirtschaftliches Verhalten (1961).
Neus, W. (1989a): Ökonomische Agency-Theorie und Kapitalmarktgleichgewicht.
Neus, W. (1989b): Die Aussagekraft von Agency Costs. Eine Untersuchung anhand von Finanzierungsbeziehungen im Kapitalmarktzusammenhang. Zeitschrift für betriebswirtschaftliche Forschung 41, 472-490.
Neus, W. (1991a): Unternehmensgröße und Kreditversorgung. Zeitschrift für betriebswirtschaftliche Forschung 43, 130-156.
Neus, W. (1991b): Finanzierungsleasing aus vertragstheoretischer Sicht. Zeitschrift für Betriebswirtschaft 61, 897-915.
Neus, W. (1993): Emissionskredit und Reputationseffekte. Zur Rolle der Banken bei Aktienersemissionen. Zeitschrift für Betriebswirtschaft 63, 897-915.
Neus, W. (1995): Zur Theorie der Finanzierung kleinerer Unternehmungen.
Neus, W. (1997): Verrechnungspreise. Rekonstruktion des Marktes innerhalb der Unternehmung? Die Betriebswirtschaft 57, 38-47.
Neus, W. (1998): Gegenstand der Betriebswirtschaftslehre. In: Springers Handbuch der Betriebswirtschaftslehre, Bd. 1, hrsg. v. *R. Berndt, C. Fantapie Altobelli* und *P. Schuster*, 1-39.
Neus, W. (1999): Unternehmungen in unvollkommenen Märkten. Das Wirtschaftsstudium 28, 955-961.
Neus, W. (2000): Zur Bildung von Konzernen. Eine Analyse auf Basis unvollständiger Verträge. In: Ökonomische Analyse von Verträgen, hrsg. von *W. Franz, H. J. Ramser* und *M. Stadler*, 54-91.
Neus, W. (2001): Finanzierung. In: Der Transaktionskostenansatz in der Betriebswirtschaftslehre, hrsg. von *P. J. Jost*, 107-153.
Neus, W. (2007): Unsicherheitstheorie. In: Handwörterbuch der Betriebswirtschaft, hrsg. von *R. Köhler, H.-U. Küpper* und *A. Pfingsten*, 6. Aufl., 1770-1781.
Neus, W. (2010): Kronzeugenregelung als Instrument der Kartellbekämpfung. Korreferat zu U. Schwalbe. In: Marktmacht, hrsg. von *H. J. Ramser* und *M. Stadler*, 131-139.
Neus, W. (2018): Auszahlungsdominanz und Risikodominanz bei der Gleichgewichtsauswahl in Koordinationsspielen. Wirtschaftswissenschaftliches Studium 47, Heft 2-3, 19-26.
Neus, W./Nippel, P. (1996): Was ist strategisch an strategischem Verhalten? Überlegungen zur Präzisierung eines inflationär benutzten Begriffs am Beispiel von Investitionsentscheidungen. Zeitschrift für betriebswirtschaftliche Forschung 48, 423-441.
Neus, W./Riepe, J. (2018): Regulierung der Finanzverfassung: ökonomische Grundlagen. In: Handbuch Bankenaufsichtsrecht, hrsg. v. *J.-H. Binder, A. Glos* und *J. Riepe*, 241-266.

Neus, W./Sturm, P. (2010): Zur Vorteilhaftigkeit mehrerer Projektprüfungen bei Venture-Capital- und Kreditfinanzierung. Wirtschaftswissenschaftliches Studium 39, 378-383.
Neus, W./Walter, A. (2009): Kurssteigerungen durch Entlassungspläne? Erste Ergebnisse aus Deutschland. Perspektiven der Wirtschaftspolitik 10, 1-20.
Neus, W./Walz, U. (2005): Exit timing of venture capitalists in the course of an initial public offering. Journal of Financial Intermediation 14, 253-277.
Nippel, P. (1997): Strategische Investitionsplanung und Finanzierung.
Ordelheide, D. (1988): Zu einer neuinstitutionalistischen Theorie der Rechnungslegung. In: Betriebswirtschaftslehre und Theorie der Verfügungsrechte, hrsg. von *D. Budäus, E. Gerum* und *G. Zimmermann*, 269-295.
Ott, M. (2013): Steuerwirkungen auf die Finanzierung von Kapitalgesellschaften. Die Betriebswirtschaft 73, 401-424.
Pellens, B., u. a. (2017): Internationale Rechnungslegung, 10. Aufl.
Pfaff, D./Pfeiffer, T. (2004): Verrechnungspreise und ihre formaltheoretische Analyse. Zum State of the Art. Ist das Dilemma der pretialen Lenkung wirklich ein Dilemma? Die Betriebswirtschaft 64, 296-319.
Picot, A. (1981): Der Beitrag der Theorie der Verfügungsrechte zur ökonomischen Analyse von Unternehmungsverfassungen. In: Unternehmungsverfassung als Problem der Betriebswirtschaftslehre, hrsg. von *K. Bohr u. a.*, 153-197.
Picot, A. (1991): Ein neuer Ansatz zur Gestaltung der Leistungstiefe. Zeitschrift für betriebswirtschaftliche Forschung 43, 336-357.
Pies, I./Blome-Drees, F. (1993): Was leistet die Unternehmensethik? Zur Kontroverse um die Unternehmensethik als wissenschaftliche Disziplin. Zeitschrift für betriebswirtschaftliche Forschung 45, 748-768.
Pies, I./Blome-Drees, F. (1995): Zur Theoriekonkurrenz unternehmensethischer Konzepte. Zeitschrift für betriebswirtschaftliche Forschung 47, 175-179.
Pinto, J. M. (2017): What is project finance? Investment Management and Financial Innovations 14, 200-210.
Poddig, T./Dichtl, H./Petersmeier, K. (2008): Statistik, Ökonometrie, Optimierung. Methoden und ihre praktische Anwendung in Finanzanalyse und Portfoliomanagement, 4. Aufl.
Posselt, T. (2001): Die Gestaltung von Distributionssystemen. Eine institutionenökonomische Untersuchung mit einer Fallstudie aus der Mineralölwirtschaft.
Pratt, J. W. (1964): Risk-aversion in the small and in the large. Econometrica 32, 122-136.
Pulley, L. B. (1981): A general mean-variance approximation to expected utility for short holding periods. Journal of Financial and Quantitative Analysis 16, 361-373.
Rawls, J. (1971): A Theory of Justice.
Reichling, P./Köberle, G. (1992): Gemeinkosten-Controlling mit der Prozesskostenrechnung. In: Controlling. Grundlagen – Informationssysteme – Anwendungen, hrsg. von *K. Spremann* und *E. Zur*, 487-510.
Ricardo, D. (1817): Principles of Political Economy and Taxation.
Richter, R./Furubotn, E. G. (2010): Neue Institutionenökonomik. Eine Einführung und kritische Würdigung, 4. Aufl.
Riebel, P. (1994): Einzelkosten- und Deckungsbeitragsrechnung. Grundfragen einer markt- und entscheidungsorientierten Unternehmensrechnung, 7. Aufl.
Rieger, W. (1929): Einführung in die Privatwirtschaftslehre.
Riordan, M. H./Williamson, O. E. (1985): Asset specificity and economic organization. International Journal of Industrial Organization 2, 365-378.

Rohlfing, A./Sturm, P. (2011): Contractual relations and organizational structure in franchising. Empirical Evidence from Germany. Zeitschrift für Betriebswirtschaft 81, 393-421.
Roll, R. (1986): The hubris hypothesis of corporate takeovers. Journal of Business 59, 197-216.
Rose, K./Sauernheimer, K. (2006): Theorie der Außenwirtschaft, 14. Aufl.
Rosen, S. (1985): Implicit contracts: A survey. Journal of Economic Literature 23, 1144-1175.
Rubinstein, A. (1982): Perfect equilibrium in a bargaining model. Econometrica 50, 97-109.
Rudolph, B. (1998): Projektfinanzierung aus ökonomisch-theoretischer Sicht. In: Historische Erfahrungen mit Projektfinanzierungen, Bankhistorisches Archiv, Beiheft 32, 53-64.
Ruhnke, K./Simons, D. (2018): Rechnungslegung nach IFRS und HGB, 4. Aufl.
Sachverständigenrat zur Begutachtung der gesamtwirtschaftlichen Entwicklung (2017): Für eine zukunftsorientierte Wirtschaftspolitik. Jahresgutachten 2017/18.
Sadowski, D. (1988): Währt ehrlich am längsten? Personalpolitik zwischen Arbeitsrecht und Unternehmenskultur. In: Betriebswirtschaftslehre und Theorie der Verfügungsrechte, hrsg. von *D. Budäus, E. Gerum* und *G. Zimmermann*, 219-238.
Sadowski, D. (2002): Personalökonomie und Arbeitspolitik.
Sadowski, D., u. a. (1994): Weitere 10 Jahre Personalwirtschaftslehren. Ökonomischer Silberstreif am Horizont. Die Betriebswirtschaft 54, 397-410.
Schäfer, H.-B./Ott, C. (2013): Lehrbuch der ökonomischen Analyse des Zivilrechts, 5. Aufl.
Schanz, G. (2009): Wissenschaftsprogramme der Betriebswirtschaftslehre. In: Allgemeine Betriebswirtschaftslehre, Bd. 1: Grundfragen, hrsg. von *F. X. Bea* und *M. Schweitzer*, 10. Aufl., 81-162.
Schauenberg, B. (2005): Gegenstand und Methoden der Betriebswirtschaftslehre. In: Vahlens Kompendium der Betriebswirtschaftslehre, 5. Aufl., Band 1, hrsg. von *M. Bitz u. a.*, 1-56.
Schauenberg, B./Schmidt, R. H. (1983): Vorarbeiten zu einer Theorie der Unternehmung als Institution. In: Rekonstruktion der Betriebswirtschaftslehre als ökonomische Theorie, hrsg. von *E. Kappler*, 247-276.
Schierenbeck, H./Wöhle, C. B. (2016): Grundzüge der Betriebswirtschaftslehre, 19. Auflage.
Schildbach, T. (1998): Harmonisierung der Rechnungslegung – ein Phantom. In: Betriebswirtschaftliche Forschung und Praxis 50, 1-22.
Schildbach, T. (2013): Der handelsrechtliche Jahresabschluss, 10. Aufl.
Schildbach, T. (2017): Fair value accounting, Marktinformation und Abschlussprüfung. Der Betrieb 70, 3005-3011.
Schildbach, T./Homburg, C. (2009): Kosten- und Leistungsrechnung, 10. Aufl.
Schildbach, T./Beermann, M./Feldhoff, M. (1990): Lagebericht und Publizitätspraxis der GmbH. Eine empirische Untersuchung. Betriebs-Berater 45, 2297-2301.
Schiller, U./Lengsfeld, S. (1998): Strategische und operative Planung mit der Prozesskostenrechnung. Zeitschrift für Betriebswirtschaft 68, 525-547.
Schmalenbach, E. (1928): Die Betriebswirtschaftslehre an der Schwelle der neuen Wirtschaftsverfassung. Zeitschrift für handelswissenschaftliche Forschung 2, 241-251.
Schmalenbach, E. (1947): Pretiale Wirtschaftslenkung. Band 1: Die optimale Geltungszahl.
Schmalenbach, E. (1963): Kostenrechnung und Preispolitik, 8. Aufl.

Schmidt, K. M. (2000): Anreizprobleme bei der Finanzierung von Wagniskapital. In: Ökonomische Analyse von Verträgen, hrsg. von *W. Franz, H. J. Ramser* und *M. Stadler*, 248-284.
Schmidt, R. H. (1987): Agency costs are not a „flop"! In: Agency Theory, Information, and Incentives, hrsg. von *G. Bamberg* und *K. Spremann*, 495-509.
Schmidt, R. H. (2013): Corporate Governance in der sozialen Marktwirtschaft und ihr Beitrag für nachhaltiges Wirtschaften – Ein Statement aus der Sicht der Wissenschaft. Die Wirtschaftsprüfung 66, Sonderheft 1/2013, S13-S14.
Schmidt, R. H./Spindler, G. (1997): Shareholder-Value zwischen Ökonomie und Recht. In: Wirtschafts- und Medienrecht in der offenen Demokratie, hrsg. von *H.-D. Assmann*, 515-555.
Schmidt, R. H./Tyrell, M. (2004): What constitutes a financial system in general and the German financial system in particular? In: The German Financial System, hrsg. von *J. P. Krahnen/R. H. Schmidt*, 19-67.
Schneider, D. (1986): „Angemessenes haftendes Eigenkapital" für Euronotes-Fazilitäten? Die Bank, 560-568.
Schneider, D. (1987): Agency costs and transaction costs. Flops in the principal-agent-theory of financial markets. In: Agency Theory, Information, and Incentives, hrsg. von *G. Bamberg* und *K. Spremann*, 481-494.
Schneider, D. (1989): Marktwirtschaftlicher Wille und planwirtschaftliches Können. 40 Jahre Betriebswirtschaftslehre im Spannungsfeld zur marktwirtschaftlichen Ordnung. Zeitschrift für betriebswirtschaftliche Forschung 41, 11-43.
Schneider, D. (1990): Verfehlte Erwartungen an eine Allgemeine Betriebswirtschaftslehre. Eine Stellungnahme zum Münsteraner Thesenpapier. Die Betriebswirtschaft 50, 272-280.
Schneider, D. (1995): Betriebswirtschaftslehre, Band 1: Grundlagen, 2. Aufl.
Schneider, D. (2008): Dreierlei Einführungen in eine studienreformierte Betriebswirtschaftslehre. Zeitschrift für betriebswirtschaftliche Forschung 60, 601-611.
Schumann, J./Meyer, U./Ströbele, W. (2011): Grundzüge der mikroökonomischen Theorie, 9. Aufl.
Schwalbe, U. (2010): Kronzeugenregelungen als Instrument der Kartellbekämpfung. In: Marktmacht, hrsg. von *H. J. Ramser* und *M. Stadler*, 99-129.
Selten, R. (1965): Spieltheoretische Behandlung eines Oligopolmodells mit Nachfrageträgheit. Teil I: Bestimmung des dynamischen Preisgleichgewichts. Zeitschrift für die gesamte Staatswissenschaft 121, 301-324.
Selten, R. (1978): The chain store paradox. Theory and Decision 9, 127-159.
Servaes, H./Tamayo, A. (2013): The impact of corporate social responsibility on firm value: The role of customer awareness. Management Science 59, 1045-1061.
Shapiro, C. (1983): Premiums for high quality products as returns to reputations. Quarterly Journal of Economics 98, 659-680.
Shleifer, A./Summers, L. H. (1988): Breach of trust in hostile takeovers. In: Corporate Takeovers: Causes and Consequences, hrsg. von *A. J. Auerbach*, 33-56.
Simon, H. A. (1997): Administrative Behavior, 4. Aufl.
Smith, A. (1776): An Inquiry into the Nature and Causes of the Wealth of Nations, zitiert nach der 5. Aufl. (1861).
Spence, M. (1973): Job market signaling. Quarterly Journal of Economics 87, 355-374.
Spindler, G. (2008): Unternehmensinteresse als Leitlinie des Vorstandshandelns. Berücksichtigung von Arbeitnehmerinteressen und Shareholder Value, Gutachten im Auftrag der Hans-Böckler-Stiftung.
Spremann, K. (1987): Agent and principal. In: Agency Theory, Information, and Incentives, hrsg. von *G. Bamberg* und *K. Spremann*, 3-37.

Spremann, K. (1990): Asymmetrische Information. Zeitschrift für Betriebswirtschaft 60, 561-586.
Spremann, K. (1996): Wirtschaft, Investition und Finanzierung, 5. Aufl.
Spremann, K. (2013): Wirtschaft und Finanzen. Einführung in die BWL und VWL.
Stackelberg, H. v. (1951): Grundlagen der theoretischen Volkswirtschaftslehre, 2. Aufl.
Stadler, M. (2003): Leistungsorientierte Besoldung von Hochschullehrern auf der Grundlage objektiv messbarer Kriterien? Wirtschaftswissenschaftliches Studium 32, 334-339.
Städtler, A. (2005): Bessere Investitionsklima stärkt Leasingwachstum. Ifo-Schnelldienst 58, Heft 23, 42-52.
Städtler, A. (2011): Leasing zurück auf der Überholspur. Ifo-Schnelldienst 64, Heft 23, 69-80.
Städtler, A. (2017): Leasing und Anlageinvestitionen weiter auf Wachstumskurs. Ifo-Schnelldienst 64, Heft 23, 25-34.
Statista (2018): Dossier Franchising. https://de.statista.com/statistik/studie/id/12449/dokument/franchise--statista-dossier-2012, 18.04.2018.
Steinmann, H. (1969): Das Großunternehmen im Interessenkonflikt.
Steinmann, H./Löhr, A. (1988): Unternehmensethik – eine „realistische Idee". Versuch einer Begriffsbestimmung anhand eines praktischen Falles. Zeitschrift für betriebswirtschaftliche Forschung 40, 299-317.
Steinmann, H./Löhr, A. (1991): Der Beitrag von Ethik-Kommissionen zur Legitimation der Unternehmensführung. In: Unternehmensethik, hrsg. von *H. Steinmann* und *A. Löhr*, 2. Aufl., 269-279.
Steinmann, H./Löhr, A. (1995): Unternehmensethik als Ordnungselement in der Marktwirtschaft. Zeitschrift für betriebswirtschaftliche Forschung 47, 143-174.
Stepan, A./Fischer, E. O. (2009): Betriebswirtschaftliche Optimierung. Einführung in die quantitative Betriebswirtschaftslehre, 8. Aufl.
Stiglitz, J. E./Walsh, C. E. (2010): Mikroökonomie. Band I zur Volkswirtschaftslehre, 4. Aufl.
Stiglitz, J. E./Weiss, A. (1981): Credit rationing in markets with imperfect information. American Economic Review 71, 393-410.
Stiglitz, J. E./Weiss, A. (1994): Sorting out the differences between screening and signalling models. In: Mathematical Models in Economics, hrsg. von *M. O. L. Bacharach u. a.*
Stützel, W. (1981): Die Aktie und die volkswirtschaftliche Risiko-Allokation. In: Geld und Versicherung. Analysen, Thesen und Perspektiven im Spannungsfeld liberaler Theorie, hrsg. von *M. Jung, R. R. Lucius* und *W. G. Seifert*, 193-211.
Süß, S./Altmann, S. (2015): Verhaltenswissenschaften und Ökonomik! Die Betriebswirtschaft 75, 3-20.
Tirole, J. (1988): The Theory of Industrial Organization, zitiert nach der deutschen Übersetzung: Industrieökonomik (1995).
Tirole, J. (2002): Rational irrationality: some economics of self-management. European Economic Review 46, 633-655.
Varian, H. R. (1994): Mikroökonomie, 3. Aufl.
Wagenhofer, A./Ewert, R. (2015): Externe Unternehmensrechnung, 3. Aufl.
Walras, L. (1874): Eléments d'Economie Politique Pure ou Théorie de la Richesse Sociale.
Weizsäcker, C.-C. v. (1982): Staatliche Regulierung – positive und normative Theorie. Schweizerische Zeitschrift für Volkswirtschaft und Statistik 118, 325-343.
Wenger, E. (1984): Die Verteilung von Entscheidungskompetenzen im Rahmen von Arbeitsverträgen. In: Ansprüche, Eigentums- und Verfügungsrechte, hrsg. von *M. Neumann*, 199-217.

Wenger, E. (1987): Managementanreize und Kapitalallokation. Jahrbuch für Neue Politische Ökonomie 6, 217-240.
Wenger, E. (1989): Allgemeine Betriebswirtschaftslehre und ökonomische Theorie. In: Die Betriebswirtschaftslehre im Spannungsfeld zwischen Generalisierung und Spezialisierung, hrsg. von *W. Kirsch* und *A. Picot*, 155-181.
Wenger, E./Knoll, L./Kaserer, C. (1999): Stock Options. Wirtschaftswissenschaftliches Studium 28, 35-38.
Werder, A. v./Bartz, J. (2013): Corporate Governance Report 2013: Abweichungskultur und Unabhängigkeit im Lichte der Akzeptanz und Anwendung des aktuellen DCGK, in: Der Betrieb 66, S. 885-895.
Werder, A. v./Bartz, J. (2014): Corporate Governance Report 2014: Erklärte Akzeptanz des Kodex und tatsächliche Anwendung bei Vorstandsvergütung und Unabhängigkeit des Aufsichtsrats. Der Betrieb 67, 905-914.
Werder, A. v./Turkali, J. (2015): Corporate Governance Report 2015: Kodexakzeptanz und Kodexanwendung. Der Betrieb 68, 1357-1367
Wilhelm, J. (1987): On stakeholders' unanimity. In: Agency Theory, Information, and Incentives, hrsg. von *G. Bamberg* und *K. Spremann*, 179-204.
Williamson, O. E. (1979): Transaction-cost economics: The governance of contractual relations. Journal of Law and Economics 22, 233-162.
Williamson, O. E. (1981): The modern corporation: Origins, evolution, attributes. Journal of Economic Literature 19, 1537-1568.
Williamson, O. E. (1983): Credible commitments: Using hostages to support exchange. American Economic Review 73, 519-540.
Williamson, O. E. (1985): The Economic Institutions of Capitalism. Firms, Markets, Relational Contracting.
Williamson, O. E. (1988): Corporate finance and corporate governance. Journal of Finance 43, 567-591.
Williamson, O. E./Wachter, M. L./Harris, J. E. (1975): Understanding the employment relation: The analysis of idiosyncratic exchange. Bell Journal of Economics 6, 250-280.
Wilson, R. (1968): The theory of syndicates. Econometrica 36, 119-132.
Winter, S. (1996): Relative Leistungsbewertung. Ein Überblick zum Stand von Theorie und Empirie. Zeitschrift für betriebswirtschaftliche Forschung 48, 898-926.
Winter, S. (2015): Grundzüge der Spieltheorie.
Woeckener, B. (2002): Spatial competition with an outside good and distributed reservation prices. Journal of Economics 77, 185-196.
Wöhe, G., u. a. (2013): Grundzüge der Unternehmensfinanzierung, 11. Aufl.
Wöhe, G./Döring, U. (2016): Einführung in die Allgemeine Betriebswirtschaftslehre, 26. Aufl.
Wunderer, R./Mittmann, J. (1983): 10 Jahre Personalwirtschaftslehren. Von Ökonomie nur Spurenelemente. Die Betriebswirtschaft 43, 623-655.
Zelewski, S. (2008): Grundlagen. In: Betriebswirtschaftslehre, hrsg. von *H. Corsten* und *M. Reiß*, 4. Aufl., 1-97.
Zimmermann, G. (2002): Investitionsrechnung. Fallorientierte Einführung, 2. Aufl.

Sachverzeichnis

Die *kursiv* gesetzten Seitenzahlen geben an, wo das betreffende Stichwort definiert oder ausführlicher behandelt wird. Adjektiv-Substantiv-Zusammensetzungen sind mit Ausnahme der aus dem Englischen übernommenen Fachausdrücke unter dem Substantiv angeordnet.

Absatzmethode 267
Absatzwirtschaft *265*
Abschreibungen 335, 358, 419, 460
Abweichungsanalyse 405
Adverse Selection 104, 108, 609
AG *Siehe* Aktiengesellschaft
Agency-Kosten 369, *597*
Akkordlohn 240, 251, 299
Aktiengesellschaft 165
  kapitalmarktorientierte 166
Allais-Paradoxon 501
Allmende 124
Allokation 597
Anhang 425
Anlagevermögen 421
Anlegerschutz 202
Anleihe *Siehe* Schuldverschreibung
Annuität 324, 330
Annuitätenfaktor 325
Anpassungseffekt 405
Anreiz-Beitrags-Theorie 237
Anreize 111
Anreizverträglichkeit 13, *109*, 130, 131, 189, 244, 530, *597*
Antwort, beste 533
Arbeitsleid 10
Arbeitsmarkt
  interner *260*
  vollkommener 247, 263
Arbeitsrecht 197
Arbeitsteilung 71
Arbeitsvertrag, impliziter 259
Arbitragefreiheit 363, 366, *597*
Aufsichtsrat 164, 166, 180
Aufwand 417, 437
Ausschüttung, fremdfinanzierte 347

Außenfinanzierung *Siehe* Finanzierung, externe

Badewannentheorem 410
Bankenaufsicht 202
Bankkredit 342
Barwert 323
Bedingung erster Ordnung 476
Beobachtbarkeit 106
Bernoulli-Befragung 498
Bernoulli-Prinzip 40, *493*, 512, 517, 598
Bestandsrechnung 410
Beteiligung 171
Beteiligungsfinanzierung 351, 353, 355, 379, 598
Beteiligungstitel 340, 341
Betrieb *2*
  öffentlicher 3
  privater 3
Betriebsabrechnungsbogen 442
Betriebserfolgsrechnung 434
Betriebsergebnis 424
Bewegungsrechnung 410
Beweislast 121
Beweislastumkehr 204, 206
Bilanz 316, *421*
Bilanzgleichung 410
Bilanzunwirksamkeit 386
Bindung, glaubwürdige *Siehe* Glaubwürdigkeit
Börse 101, 107
Börsenzulassung 203
Budgetrestriktion 33
Bürgschaft 348
Business Angels 383
Buy Back 383

Capital Asset Pricing Model 191
Chain Store Paradox 557
Cheap Talk 243
Clean Surplus Accounting *Siehe* Kongruenzprinzip
Coase-Theorem *120*, 409, 598
Cobb-Douglas-Funktion 67
Common Knowledge of Rationality 531
Compliance 211, 599
Comply or Explain 211
Controlling 402
Corporate Governance 158, 599, *Siehe auch* Unternehmensverfassung
Corporate Social Responsibility 214, 425, *599*
Corporate-Governance-Kodex *210*, 599
Costly State Verification 104
Cournot-Nash-Dyopol 537
Covenants 349

Deckungsbeitrag 448, 571
Definitionsgleichungen 473
Delegation 52, 183, 303
Differenzinvestition 333
Dilemma der Kostenbewertung 455, 586
Diskontierung 320
Diversifikation 35, 177, 599
Diversity 211
Dominanz *43*, 599
　iterative 533
　stochastische 514
　Zustands- 512
Drohung, unglaubwürdige *Siehe* Glaubwürdigkeit
Due Diligence 491, 600

EBIT 356
Economic Value Added *Siehe* Residualgewinn
Effekt, externer *111*, 125, 127, 129, 208, 348, 600
　negativer 113, 176
　positiver 113, 176, 184

Effizienz *43*
Eigenkapital 422
Eigentum 117
Eigenverantwortlichkeit 192
Einkommenserzielung 4, 6
Einlegerschutz 202
Einzahlungsüberschuss 417
Einzelkaufmann 161
Endspiel 565
Endwert 323, 329
Engpassfaktor 299, 454, 572
Entscheidungen 7
　bei Risiko 39
　bei Sicherheit 38
　bei Ungewissheit 40
Entscheidungsprozess 42
Entscheidungsverbundenheit 406, 412, 416
Erfahrungseigenschaften 283
Erfahrungsgegenstand 2
Ergebnisunsicherheit *Siehe* Costly State Verification
Erkenntnisgegenstand 2
Ertrag 417
Ertragswert 411
Erwartungen
　homogene 366
　rationale 109, 531, 563, 597
Erwartungswert 76, *485*, 520
Ex-post-Überraschung 42

Fähigkeiten 241
Fairness 81, 104, 141, 550
Falsifizierung 14, 600
Fehlanreize 11, 17, 177, 343
Fehler
　erster Art 491
　zweiter Art 491
Fertigkeiten 241
Festbetragsanspruch 159, 341, 407, 430
Finanzbereich *314*
Finanzierung *316*
　externe 337, 377
　interne 355
　revolvierende 339
Finanzierungstitel 337, 600

Finanzintermediär 341
Finanzinvestitionsbereich 314
Finanzplan 326
First Best 131, 145, 192, 600
First Mover Advantage 80, 287
First Order Condition 476
Fisher-Separation 328, 600
Fixkosten 434
Flexibilität 301
Folk-Theorem 558
Forderungstitel 340, 341, 342
Franchising *292*, 601
Free Lunch 364
Free Riding 115
Fristentransformation 339
Funktionen, charakteristische 353
Fusion 172

Garantie 110, 283
Gefährdungshaftung 281
Gefangenendilemma 132, 224, *535*, 601
Gegenwartspräferenz 30, 320
Gehaltsdifferenzierung 245
Geisel 284, 610
Gemeinschaftseigentum 118
Gemeinwohl 16
Generally Accepted Accounting Principles 432
Gesamtkostenverfahren 424
Gesamtwohlfahrt 62
Gesellschaft mit beschränkter Haftung 163
Gewinn- und Verlustrechnung *423*, 601
Gewinn, ökonomischer *411*, 460, 601
Gewinnvergleichsrechnung 318
Gini-Koeffizient 222
Gläubigergleichbehandlung 347
Gläubigerschutz 163, 165, 199, 427
Glaubwürdigkeit 79, 111, 209, 284, 291, 536, 552, 557
Gleichgewicht
  Bayesianisches 560
  dominantes 546, 558
  perfektes Bayesianisches 562

teilspielperfektes 551
Globalisierung 70
GmbH *Siehe* Gesellschaft mit beschränkter Haftung
GoB *Siehe* Grundsätze ordnungsmäßiger Buchführung
Going Private 181, 383
Grenzkosten 435, 454, 456
Grenznutzen *31*, 475
  abnehmender 63
Grenzplankostenrechnung 571
Grenzproduktivität 247
Grenzrate der Substitution 321
Größentransformation 339
Grundmodell der Entscheidungstheorie *38*, 479
Grundsätze ordnungsmäßiger Buchführung 426
Güter
  heterogene 269, 275
  homogene 272
  komplementäre 30, 270, 272
  öffentliche *124*
  substitutive 30, 270, 272

Haftung 9, *115*, 201, 352, 386, 601
  begrenzte 343
  unbegrenzte 161, 175
Hand, unsichtbare 90
Hauptversammlung 166
Hedging 427
Herstellkosten 443
Herstellungskosten 443
Heuristik 99
Hierarchie 89, 126, 301
Hold Up 149
Homo Oeconomicus 17, 20
Hybrid-Modell 513

Identitätsgleichungen 474
Imparitätsprinzip 428
Imperativ, kategorischer 223
Individualismus, methodologischer 4, 219, 602
Information
  asymmetrische 102, 602
  heterogene 102, 558

unvollkommene 559
unvollständige 559
Informationsasymmetrie *Siehe*
 Information, asymmetrische
Informationskosten 99
Informationsökonomik 10
Informationsrente 246
Innenfinanzierung *Siehe*
 Finanzierung, interne
Insiderhandel 203
Insolvenz 170
Insolvenzkosten 367
Institutionenökonomik 10, *11*, 13, 16, 602
Instrumentarium, absatzpolitisches 267
Integration, vertikale *141*, 297
Interessenmonismus 193, 602
Intermediär 267
Internalisierung 113, *115*, 278
International Financial Reporting Standards 432
Investition *316*
Investitionsrechnung 317
 dynamische 319
 statische 318
Irrelevanz 121
 der Finanzierung 362
Isokostenlinie 52
Isolohnkurven 245
Isoquante 44
Istkosten 251, 435, 437

Jahresabschluss 356, *416*, 421
Jahresüberschuss 423
Jensensche Ungleichung 488
Joint Venture 150, 172, 302, 602

Kalibrierung 603
Kapazität 268, 291, 299, 454
Kapitalbedarf 317, 338
Kapitalbindung 317, 327, 332, 459
Kapitalfreisetzung 317, 327, 458
Kapitalgesellschaft 163
Kapitalwert 326, 603
Kapitalwertfunktion 332
Kartell 196, 538

Kartellstabilität 556
Kenntnisse 241
Kernkompetenz 300
KG *Siehe* Kommanditgesellschaft
Kommanditgesellschaft 162
Komplementarität 263, 297, 375, 603
Konfliktlösung 78
Kongruenzprinzip 335, 359, 419, 460, 603
Konkurrenz
 monopolistische 275
 vollkommene 272
Konsum 34
Konsumplan 45
Kontrahierbarkeit 603
Kontraktanspruch *Siehe*
 Festbetragsanspruch
Kontrolle 403
Kontrollspiele 539
Konzern 171
Kooperation 10, 12, 63
Koordination 12, 79
Koordinationsfehler 546
Koordinationsspiele 545
Korrelation 486
Kosten
 fixe *Siehe* Fixkosten
 irreversible *Siehe* Sunk Costs
 kalkulatorische 437
 pagatorische 435, 439
 relevante 298
 variable 435, 438
 wertmäßige 439, 575, 585
Kosten- und Erlösrechnung *434*, 603
Kostenartenrechnung 440
Kostenaufschlagsmethode 446
Kostenstellenrechnung 440
Kostenträgerrechnung 441
Kostenvergleichsrechnung 318
Kostenvorteile 604
 absolute *65*
 komparative *68*
Kovarianz *486*
Kreditfinanzierung 342, 355, 369, 604

Kreditrationierung 350
Kreditsicherheiten 338, 348
Kreditwürdigkeit 378
Kreuzpreiselastizität 271
Kronzeugenregelung 535, 557
Kundenanzahlung 342
Kundennähe 289
Kündigungsschutz 119
Kuppelproduktion 571

Lagebericht 421, 425
Lagrange-Funktion 582
Lagrange-Multiplikator 582
Laisser faire 122
Lean Production 299, 604
Leasing *371*, 604
Leistungsbereich 234
Leistungsbewertung, relative 253
Leistungsturnier 255
Lenkung, pretiale 451
LEN-Modell *186*, 604
Lerneffekte 71, 254
Lernen, Bayesianisches 490
Leveraged Buy Out 383
Leverage-Effekt 360, 605
Lieferantenkredit 342
Limitationalität 605
Lizenzierung 286
Lobbying 206, 288
Lohnpfad, ansteigender 253
Lotterie 495
Lücke-Theorem *458*, 605

Make or Buy 297, 448, 605
Management Buy Out 181, 383
Manipulationsfreiheit 404, 405, 416, 432
Marginalanalyse 605
Marke 284, 293, 295
Market for Corporate Control Siehe Markt für Unternehmenskontrolle
Markt
  interner 606
  unvollkommener 98
  vollkommener *98*, 366, 606
Markt für Unternehmenskontrolle 158, 180, 605

Markteintrittsspiel 551
Marktgleichgewicht 88, 363, 477, 606
Marktmacht 144
Marktversagen 127
Marktvolumen 279
Marktwert Unternehmen 209, 365
Marktwirtschaft 9
Maßgeblichkeitsprinzip 429
Maximumprinzip 5
Median 484, *606*
Mehrheitsbesitz 171
Mengenanpassung 273
Mergers and Acquisitions 606
Minimalkostenkombination 52
Minimumprinzip 5
Mitbestimmung 164
Mobbing 7
Mobilität 238
Monopol 273
  natürliches 128
Moral 53, 223
Moral Hazard 103, 186, 189, 192, 613
(μ, σ)-Prinzip 40, *509*, 520, 606

Nash-Gleichgewicht 130, *533*, 606
Nash-Verhandlungslösung Siehe Verhandlungen, Nash-Lösung
Net Present Value Siehe Kapitalwert
Nettobarwert Siehe Kapitalwert
Niederstwertprinzip 428
Nirvana Approach *607*
Nirwana-Approach 100
No Trade Theorem 107
Normalinvestition 331
Nullsummenspiel 530, 540
Nutzen 6
Nutzenfunktion 31, 41, 607
  v Neumann-Morgenstern- 495
Nutzenindifferenzkurve 47

Obsoleszenz, geplante 280
Offene Handelsgesellschaft 161
OHG Siehe Offene Handelsgesellschaft

Ölflecktheorem 199
Oligopol 273, 275, 278, 537
One Stage Deviation Principle 554
Opportunismus 12, 138, 607
Opportunitätskosten 69, 100, 299, 439, 607
Optimierung
 lineare 573
 nichtlineare 581
Organisation 235
 divisionale 607
 funktionale 608
Organisation, divisionale 294
Outside Option 81, 608
Outsourcing 297
Ownership and Control 159, 172, 352

Pagatorik 335, 419, 603
Par condicio creditorum *Siehe* Gläubigergleichbehandlung
Pareto-Optimum 89, 608
Partenteilung 339
Partialanalyse 608
Partialmodell 269, 475
Pecking-Order-Theorie 359
Periodenbezogenheit 436
Periodenerfolgsrechnung 405
Person, juristische 163
Personalwirtschaft *236*
Personengesellschaft 161
Personensicherheiten 348
Pivot-Element 577
Plankosten 435
Planung 403
 flexible 319, 404
 simultane 325
Plastizität 202, 348
Potenzial, akquisitorisches 262, 288, 608
Potenzialfaktoren 36
Pratt-Arrow-Maß 507
Preis 87
Preis-Absatz-Funktion 266, 270, 447, 475, 608
Preiselastizität 270, 447
Preiskartell 277

Preispolitik 268, 272, 275
Preistheorem 574
Preisuntergrenzen 448
Price Taker Siehe Mengenanpasser
Primärkosten 440
Primärmarkt 101
Prinzip, ökonomisches 5, *Siehe* Rationalprinzip
Privatautonomie 9, 62, 192, 608
Private Equity 383
Privatwirtschaftslehre 8
Produktdifferenzierung 268
 horizontale 278
 vertikale 280
Produktfehler 204
Produktgestaltung 268, 289
Produktionsfaktoren 33, 35
Produktionsfunktion 35, *36*, 235, 608
Produktionskoeffizient 66
Produktionsprogrammplanung 571
Produktqualität 265, 281
Produzentenhaftung 204, 281
Profit Center 450, *609*
Profit-Center 294
Prohibitivpreis 476
Projektfinanzierung *385*, 609
Prokrastination 320
Property Rights *Siehe* Verfügungsrechte
Prospect-Theorie 503
Prozesskostenrechnung 444
Publikumsgesellschaft 167, 181
Publizität 161, 164, 166, 409

Qualifikation *241*, 254, 258, 286
Qualitätsunsicherheit Siehe Adverse Selection
Quantil 483
Quasi-Rente *257*, 263, 296, 609

Randverteilung 489
Rationalisierung 253
Rationalität, begrenzte 99, 138, 239
Rationalitätsfalle 536

Sachverzeichnis

Rationalprinzip 16, 609, *Siehe* Prinzip, ökonomisches
Rationierung 88
Rattenrennen 255
Reaktionsfunktion 535
Realisationsprinzip 427
Realoptionen 320
Realsicherheiten 348
Rechnungsabgrenzungsposten 422, 423
Rechnungswesen *401*
  externes *406*
  internes 408
Rechtsformen *160*, 175
Rechtssicherheit 121
Regulierung 9, 118, 127, 195, 609
Reinvermögen 420
Rekursionsprinzip 278, 548
Rent Seeking 206
Rentabilität 318
Rentabilitätsrechnung 318
Rente *256*, 323, 610
Rentenbarwertfaktor 324
Reputation 141, 284, 563, 610
Reserven, stille 430
Residualeinkommen 159, 174, 182, 407
Residualgewinn 458
Restbetragsanspruch 341, *Siehe* Residualeinkommen
Restschuldbefreiung 201
Risiko 30, *40*, 610
  endogenes 338, 387
  exogenes 338
Risikoabgeltung 351
Risikoanreizproblem 201, 345
Risikoaversion 75, *504*, 509
  absolute 507
  relative 507
Risikobegrenzung 351
Risikodominanz 547
Risikofreude 505
Risikoindifferenz 505
Risikoprämie *506*, 510
Risikoteilung 53, *75*, 111, 175, 176, 181, 294, 370, 387, 389, 508
  optimale 191

Risikotoleranz 191, 507
Risikotransformation 78, 340
Risikoübernahme *Siehe* Risikoteilung
Rücklagen 422
Rückstellungen 356, 422
Rückwärts-Induktion *Siehe* Rekursionsprinzip
Run 200

Sabotage 252
Sachzielbezogenheit 436
Satisfizierung 138
Sättigungsmenge 476
Satz von Bayes 490
Satz von Kuhn und Tucker 582
Schadensersatz 123, 204, 206
Schattenpreis 574
Schiefe 511
Schleier der Unwissenheit 215, 263
Schuldverschreibung 342
Second Best 131, 190, 610
Sekundärkosten 440
Sekundärmarkt 101, 339
Selbstfinanzierung 357
Self Selection 246
Separationstheorem 51
Separierung 247
Shareholder Value *207*, 610
Sicherheitsäquivalent 494, *505*, 510
Signaling 244, 246, 296
Simplex Algorithmus 576, *577*
Skonto 342
Societas Europaea 167
Sollkosten 251, 438
Sozialplan 198, 303
Special Purpose Vehicle 388
Spezialisierung 176
Spezialisierungsvorteil 381, 611
Spezifität 139, 143, 258, 611
Spiel
  extensive Form 529
  kooperatives 84, 530
  mehrstufiges 547
  nicht-kooperatives 530
  strategische Form 529

unendliches 553
Sponsoren 387
St. Petersburger Spiel 493
Staatsversagen 127
Staging 382
Stakeholder 193
Stakeholder Value *207*, 611
Stammkundschaft 288
Standardmodell 334
Start Up 382
Steuerkredit, zinsloser 336, 430
Steuern 334, 367, 374, 410
Steuerparadoxon 336, 611
Strategie 528
　dominante 532
　gemischte 540
　reine 540
Stückkosten 434, 438, 446
Substanzerhaltung 462
Substituierbarkeit 36, 44
Substitution *611*
Sucheigenschaften 282
Sunk Costs *140*, 295, 438, 612
Superspiel 553
Syndizierung 381, 493
Synergie 74, 129, 612
Szenariotechnik 42, 482

Target Costing 448
Tâtonnement 90
Tausch 64
Tausendfüßler-Spiel 528
Teamproduktion 73, 128
Technologie *36*, 609
Teilkosten 439, 455
Teilnahmebedingung 12, 183, 190, 244
Teilspiel 553
Theorie
　messende 16
　normative 5, *15*
　positive 5, *13*
Totalmodell 475
Trade Sale 384
Trade-off-Theorie 368
Transaktionskosten *99*, 101, 127, 135, 612

Transformation, fundamentale 149, 257, 301, 612
Trigger-Strategie 555
Trittbrettfahrerverhalten 115

Überinvestition 115, 125
Übernahme 203
　feindliche 180
Überschuldung 199, 350
Ultimatum 81
Ultimatumspiel 18, 551
Umlaufvermögen 422
Umweltschutz 205
Ungleichheitsaversion 19, 503
Unterinvestition 125, 129, 184
Unternehmen 4, *126*, 134
　arbeitsgeleitetes 182
　eigentümergeleitetes 174
　managergeleitetes 176
Unternehmensethik *213*
Unternehmensgründung 377
Unternehmensinteresse 207, 211
Unternehmensverfassung *158*, 613

Varianz 76, *485*, 520
Venture Capital *377*, 490, 613
Verbindlichkeiten 423
Verbraucherschutz 204
Verbrauchsfaktoren 35
Verfügungsrechte 78, *116*, 158, 613
　Exklusivität 118
　Veräußerbarkeit 118
Verhalten
　Stackelberg- 287
　strategisches *286*, 613
Verhaltensgleichungen 475
Verhaltensnorm
　implizite 450
Verhaltensunsicherheit *Siehe* Moral Hazard, *Siehe* Moral Hazard, *Siehe* Moral Hazard
Verhandlungen 79
　Nash-Lösung *84*, 144, 607
　nicht-kooperative Lösung 548
Verhandlungsgeschick 83
Verhandlungskosten 80
Verhandlungsmacht 81, 85

Verhütungseffekt 405
Verifizierbarkeit 106
Verlustpuffer 351
Verrechnungspreis *449*, 573, 575
Verschmelzung 172
Verschuldenshaftung 281
Verschuldungsgrad 359
Versicherung 75
Verteilungsfunktion 483
Vertrag 12
  impliziter 13, 106
  langfristiger 302
  unvollständiger 138, 240
  vollständiger 239
Vertragstheorie 10
Vertrauenseigenschaften 285
Verursachungsgerechtigkeit 614, *Siehe* Verursachungsprinzip
Verursachungsprinzip 390, 408
Vollkosten 439, 455
Vorsichtsprinzip 427
Vorstand 166
Vorzugsaktien 166

Wahrscheinlichkeit
  A-posteriori- 492
  A-priori- 491
  totale 490
Wahrscheinlichkeitsfunktion 482
  gemeinsame 488
Wahrscheinlichkeitsrechnung 480

Wahrscheinlichkeitsverteilung 480
Walras-Auktionator 89, 614
Wechselkurs 428
Weisungen *Siehe* Hierarchie
Werbung 265, 285, 289
Wertadditionstheorem 364
Wertgrenzprodukt 248, 250
Wertminderung,
  finanzierungsbedingte 367
Wettbewerb 9, 87, 195, 269
Wettbewerbsintensität 279
Wettbewerbsrecht 196
Wiederanlageprämisse 325, 332
Wiederbeschaffungskosten 460
Wirtschaften 4
Wirtschaftseinheit 3
Wirtschaftsprüfung 409, 543
Wohlfahrtsökonomik
  Erster Hauptsatz 88, 120
  Zweiter Hauptsatz 89
Zahlungsunfähigkeit 199
Zeitlohn 240, 252
Zeitpräferenzen 320
Zielkonflikt 111, 186, 192
Zielkostenrechnung Siehe Target Costing
Zinseffekt 337
Zinsen, kalkulatorische 412, 459
Zinsfuß, interner 331
Zufallsvariable 480
Zukunftsbezogenheit 404, 432

Neue ökonomische Grundrisse

herausgegeben von
Jürgen Eichberger und Werner Neus

begründet von Rudolf Richter

Die neoklassisch geprägte Wirtschaftswissenschaft steht seit einiger Zeit unter kritischer Beobachtung. Tatsächlich trägt die ausdrückliche Einbeziehung unvollkommener Märkte, institutioneller Rahmenbedingungen und eines nur beschränkt rationalen Verhaltens erheblich dazu bei, haltbare Aussagen über Zustand und Entwicklung von Gesamtwirtschaft und Betrieben abzuleiten.

Die *Neue Institutionenökonomik* sieht wirtschaftliches Handeln eingebettet in historisch gewachsene und politisch geformte institutionelle Rahmenbedingungen. Die Bedeutung der institutionellen Rahmenbedingungen für die Ergebnisse wirtschaftlichen Handelns wird dadurch erkennbar. Informationsökonomik und Spieltheorie bieten Analysemethoden, die bei der ökonomischen Analyse des Rechts, in Public Choice, in der Verfassungsökonomik und nicht zuletzt in der Betriebswirtschaftslehre Anwendungen finden. Stärker noch ist die verhaltensorientierte Wirtschaftswissenschaft durch Fokussierung auf beschränkt rationale Verhaltensweisen gekennzeichnet.

Die Reihe *Neue ökonomische Grundrisse* umfasst Lehrbücher, die diese Sichtweisen berücksichtigen und die Themen in ihrer Komplexität erfassen. Sie eröffnet den Studierenden der Wirtschaftswissenschaften, der Volkswirtschaft wie der Betriebswirtschaft, einen aktuellen Zugang zu Wissen und Methoden der Ökonomik in allen Bereichen der Lehre.

Die Reihe wird von den zwei Herausgebern gemeinsam verantwortet. Alle Manuskripte durchlaufen ein anonymes Peer-Review-Verfahren.

ISSN: 1434-3363
Zitiervorschlag: NöG
Alle lieferbaren Bände finden Sie unter *www.mohrsiebeck.com/noeg*

Mohr Siebeck
www.mohrsiebeck.com